구조에서 감성으로

전면 개정 증보판

구조에서 감성으로

그레마스 기호학 및 일반 의미론의 연구

김성도

KOREA
UNIVERSITY
PRESS
고려대학교
출판문화원

추천의 글

그레마스(Algirdas Julien Greimas)의 저술은, 프랑스와 유럽에서 구조주의가 풍미했던 시대에 꽃을 피운 모든 저술들 가운데, 집단적 연구 프로그램으로서 구성되었다는 특이성을 지닌다. 이 같은 시각에서 벗어나는 유일한 저서는 그레마스가 출간한 자신의 처녀작《구조 의미론》이라 할 수 있는데, 그 이유는 다름 아니라 그레마스가 그 책에서, 그 이후에 전개될 모든 발전들의 이론적 토대를 홀로 수립했기 때문이다. 또한 그 책에는 흔히 별다른 주목을 받지 못한 채 그냥 지나쳐 버리는 핵심적 세부 사항들이 실려 있다는 점도 기억할 일이다.

이 같은 다양한 발전들은 몇몇 분야에서는 여전히 그레마스 혼자서 도맡아서 이루어졌다. 이를테면 그의 두 권의 저서,《의미에 관하여》(1권과 2권)의 경우가 그렇다. 하지만 그의 저술들의 대부분은 자신을 비롯해, 그가 길러 낸 제자들을 중심으로 이루어진 공동 연구자들의 성과를 결합시킨 집단적 결과물이라 할 수 있다. 그 가운데 대표적인 학자들과 저서를 명시하면 다음과 같다. 에리크 란도프스키,《사회과학에서의 담론 분석 입문》(Eric Landowski, *Introduction à l'analyse du discours en sciences sociales*), 자크 퐁타니유,《정념의 기호학—사물의 상태에서 정신의 상태로》(Jacques Fontanille, *Sémiotique des passions: Des états de choses aux états d'âme*). 다른 성과물들은 그의 공동 협력자들 가운데 단독으로 수행되기도 했다. 이런 경우에 해당되는 대표적 사례를 들면 다음과 같다. 장-마리 플로슈(Jean-Marie Floche)의 조형 기호학, 에리크 란도프스키의 사회기호학, 장-프랑수와 보르동(Jean-François Bordron)의 지각 기호학, 드니 베르트랑의 문학 기호학, 자크 퐁타니유의 삶의 실천과 형식들의 기호학 등을 손꼽을 수 있다. 최초로 "기호학적 4각형"(carré sémiotique) 모델을 제시한 너무나도 유명한 논문인 〈기호학적 제약들의 놀이〉의 경우,[1] 그것이 최초로 학계에서 빛을 본 것은 당시 젊은 연구자였으며 전도 유망했던, 프랑수와 라스티에(François Rastier)와의 공동 작업에 힘입어 가능했다. 이와 더불어 그레마스가 그의 제자들과 작성한 다른 논문들 역시 언급되어야 할 것이다.

이 같은 상황은 인문과학에서 상당히 희소한 경우로서, 그레마스 자신이 원했던 바이고, 또한 그는 그 같은 협업 연구 방식을 주도적으로 조직했던 장본인이었다. 그 결과 이른바 "그레마스 기호학"에서 창조된 이론적 제안들, 개념들, 방법들의 저자는 빈번하게 집단적 저자이다. 그렇지만 그 모든 이론, 개념, 방법은 그 기원을 그레마스의 토대적 작업들 속에 두고 있으며 거의 모든 것은 이 분야의 거장이며 스승으로 추앙받았던 그레마스 자신이 제안하거나 추인했다. 바로 그런 이유에서 오늘날 그레마스 기호학의 주요 개념들의 전체에 대한 종합을 제시하는 것은 진정한 학문적 도전이라 할 수 있다. 바로 이 책에서 김성도 교수는 그레마스 기호학의 이론적 체계 전반을 제시하는 그 같은 엄청난 학술적 작업을 수행하고 있다. 그레마스 자신의 업적으로 귀결되어야 할 것과 그의 공동 연구자들에게서 비롯된 것 사이에서 어떻게 정당한 몫을 할애할 것인가? 그의 공동 연구자들을 통해 자신이 발명한 새로운 개념들의 사용 관례가 안착되는 과정에서도 그 같은 개념들에 생명력을 불어넣은 그레마스가 갖고 있던 최초의 정신을 어떻게 하

---

1 Greimas, A. J. & François Rastier, "The interaction of semiotic constraints," *Yale French Studies* 41 (Yale University Press, 1968), pp. 86-105. A. J. Greimas(ed.), *On meaning: Selected writings in semiotic theory*(Minneapolis, MN: University of Minnesota Press, 1987), pp. 48-62. 다음의 프랑스어 저서에 재수록: "Le Jeu des contraintes sémiotiques," in A. J. Greimas, *Du Sens*(Paris: Seuil, 1970), pp. 135-155.

면 존중하도록 할 것인가?

만약, 이를테면 서사 이론의 사용 관례들과 그것의 이론적 발전들을 통하여 그레마스 서사 이론의 역사에 대한 토대를 수립한다면, 그것은, 엄격하게 행동자들의 유형론, 즉 프로프의 모델에서 나온 정형화된 서사 도식에 토대를 둔 최초의 단계를 겪었으며, 오직 그 다음에야 양태성 이론과 이어서 올 정념 이론에 할애된 두 번째 단계를 거쳤다고 생각할 수 있다. 그렇지만, 《구조 의미론》을 다시 검토해 보면, 행동자들, 제반 접속들과 양태성들에 의해서 성립되는 다양한 이론들의 집합이 이미 하나의 분리될 수 없는 전체를 성립한다는 점을 깨닫게 된다. 그 전체에서 제반 양태성들은 심지어 하나의 중추적 역할을 갖게 되며, 여기서 말하는 전체는 이미 하나의 이름을 지니는데, 그것은 "의미론적 미시 세계"(micro-univers sémantiques)이다.

김성도 교수의 저서는 무엇보다 구조 기호학의 초반에 그 정초가 수립된 핵심 개념들에 초점을 두면서 이 같은 어려움에 맞서 작업한 성과물이다. 김 교수는 인식론적 방법론적 개념들을 비롯해, 이론과 관련하여, 보다 구체적으로 말하면 1960년대에 이루어진 구조 의미론의 탄생, 이어서 서사 기호학의 탄생에 참여하는 개념들에 연구의 초점을 두고 있다. 가장 본질적인 개념이라 할 수 있는, 동위소, 의미 작용의 기본 구조, 행동자 이론과 양태성 이론이 그것이다. 그렇지만 김 교수는 이에 머물지 않고 보다 최근에 이루어진 이론적 발전들 역시 검토하고 있는데, 특히 정념들의 기호학과 감성의 기호학 등을 언급할 수 있다.

더구나, 김 교수의 저서는 그레마스 기호학의 세 개의 토대적 주춧돌을 강조하고 있는데, 그것은 그레마스 기호학 사상의 정곡을 찌르고 있는 것이다. 언어학과 언어 이론, 현상학 그리고 인류학이 그것이다.

언어학은 이들 주춧돌들 가운데 최초의 것인데, 그 이유는 그레마스가 처음에는 어휘론 연구자였기 때문이다. 그렇지만 그는 기존의 어휘론 연구 방법론의 이론적 부족함에 불만을 갖고, 의미론으로 연구 방향을 전환했다. 특히 그가 수립한 기호학은 무엇보다 소쉬르가 구성하고, 이이서 옐름슬레우가 다시 정교하게 구축한 언어 이론으로부터 직접적으로 파생되었기 때문이다. 구조언어학에서 사용되는 "기호들"과 "언어"(langage)는 그 어의에 있어 가장 큰 외연에서 파악되어야 할 용어들로서, 음성으로 이루어진 구두 자연 언어의 범주를 훨씬 뛰어넘으며, 기호학 전체를 아우른다.

현상학은 두 번째 주춧돌이라 할 수 있는데 그 이유는 구조주의의 지적 세계에서 현상학은 과도한 숫자의 미규정된 범주들을 전제로 하지 않고, 오히려 재구성 방법을 장려했고, 다른 한편으로는 상징화, 의미 작용, 달리 말하면, 언어와 기호들에 대해 본질적 자리를 할애했던 유일한 지식 철학이기 때문이다. 바로 그런 이유에서, 《구조 의미론》의 저자는 자신이 설정한 기획으로서, 지각 속에서 파악되는 주어지는 바대로의 의미 작용을 설명하는 작업을 제시하고 있다. 언어적 의미 작용을 분절하는 것은 따라서 무엇보다 의미를 머금고 있는 최초의 불연속성들을 지각 속에서 파악하는 것이다.

인류학은 이들 주춧돌 가운데 세 번째 주춧돌이라 해도 결코 그 중요성이 덜하지 않다. 왜냐하면 현상학적 시각에서 파악되고 분절된 제반 의미 작용들은 인간 지각 속에서 주어지는 바대로의 의미를 설명할 수 있을 뿐만 아니라, 보다 정확히는 사회 속에 놓여 있는 인간들에게서 생산되는 의미를 설명할 수 있기 때문이다. 소쉬르의 계보에서, 구조 기호학은 따라서 개별적 인간 정신의 토대에 기초하는 인지과학이 되지 않고, 인간 집단들에 의해서 수반되고 전달되는 유의미한(주로 서사적) 조직화들을 설명하게 될 하나의 사회적 과학이 될 것이다.

그레마스 기호학의 학문적 정체성을 성립하는 것은 다름 아닌 이 세 개의 주춧돌 사이의 긴장과 연대이다. 만약 이들 가운데 어느 하나가 약화되면, 그 얼개는 본질이 퇴색될 것이다. 언제라도 다양한 인지적 기호학들을 상상할 수 있을 테지만, 그런 접근법들은 다양한 기호들과 기호 현상들(semioses)이 어떻게 그리고 어떤 점에서 사회적 관계의 강화 또는 변형에 공현하는가를 설명할 수 없을 것이다. 순전히 언어학적이며 형식적인 기호학들을 상상할 수 있을 테지만, 다양한 기호 현상들이 어떻게 다른 표현 방식들, 더 나아가 감각 세계의 전체적 지각 속에서 전이될 수 있는가를 설명할 수 없을 것이다. 순전히 인류학적인 기호학들을 상상할 수 있을 것이나 상이한 기호 현상들과 자연 언어들과의 양립 가능성을 설명할 수 없을 것이다. 언어 이론, 지각 현상학, 인류학, 이것이 그레마스가 희망했고 설립하고자 했던 바대로의 기호학의 완결적이며, 필요하고 충분한 계통이다. 아울러 이 세 개의 주춧돌들에 대해서 그레마스의 기획은 그 자신으로부터 멀리 떨어져 실현되고 있으나 늘 그와 더불어 실현되고 있다는 점에서, 이 같은 기획 속에서 지속적으로 스스로의 정체성을 인식하는 제2세대와 제3세대의 연구자들을 통해 인간 세계들을 의미의 세계들로서 사유하는 것을 가능케 한다.

2020년 3월 5일

자크 퐁타니유(Jacques Fontanille)

개정 증보판 서문

이 책은 2002년 출간된 《구조에서 감성으로》의 전면 개정 증보판이다. 본래는 초판이 나온 지 10년째가 되고, 1992년에 서거한 그레마스 선생의 타계 20주년을 추모할 수 있는 2012년에 개정판을 출간하려 했다. 하지만 여러 상황 변화로 본래 저서의 내용을 전면적으로 수정 및 보완하고 상당 분량의 새로운 내용을 추가하는 개정판을 우여곡절 끝에 2020년에서야 내놓을 수 있게 되었다. 저자는 비록 파리 유학 시절, 선생을 지척에 두고도 생전에 직접 뵙지는 못했으나 부족한 본 개정판을 감히 선생에게 헌정하고자 한다.

그레마스는 리투아니아인 부모로부터 오늘날의 러시아 영토에 속하는 툴라(Tula)에서 1917년 3월 9일 태어났다. 유년 시절과 대학 학부를 고국에서 보낸 후 국비 장학생 자격으로 프랑스로 건너가 전통 프랑스 문헌학으로 박사 학위를 취득하고, 그 이후 구조 언어학 연구의 외연과 지평을 확대하면서 바르트, 레비-스트로스와 지적 교분을 쌓았으며, 파리 기호학파를 형성함으로써 프랑스 기호학의 탄탄한 방법론적 토대를 수립함과 동시에 새로운 제도적 장을 열어 놓았다. 지적 명민함, 학문적 카리스마와 인간적 겸손을 두루 갖춘 이 슬라브 혈통의 이방인 학자에게 당시 프랑스를 비롯한 유럽과 남미의 우수한 젊은 연구자들과 뛰어난 소장 학자들이 몰려들었고, 그의 원대한 비전과 탁월한 학문적 지도력을 구심점으로 삼아 기호학을 의미 작용이 발생하는 방대한 인간 문화의 세계에 적용하는 흥미진진하면서도 창조적인 지적 실험이 진행되었다. 자연 언어는 물론이요, 문학, 신화(학), 의례, 회화, 건축, 사진, 음악, 미디어, 사회 과학 담론, 광고, 디자인 등, 현대 기호학의 전방위적 활동이 그의 학문적 통찰로부터 영감을 받아 화려하게 펼쳐졌다. 특히, 기호학의 하위 연구 분야들의 그 같은 다양화와 외연 확대에 기여한 것에 못지않게 그의 활동에서 높이 평가해야 될 대목은, 인류학, 생물학, 정신분석학, 사회학, 수학 등 자연과학과 인문과학의 경계를 넘나들며 초학제적 정신에 입각하여 타 학문과의 적극적 대화를 모색하면서 방법론적·인식론적 접점을 구축했다는 사실이다. 그 결과 기호학의 학문적 생산성을 제고함과 동시에 현대 인문학과 사회과학의 칸막이화를 탈피하며 초학제성 모델의 전범을 제시했다는 상찬을 받아 마땅하다.

그레마스의 주요 저술들은 영어, 독일어, 스페인어, 이탈리아어, 중국어, 일본어 등 약 15개 국어로 번역되었다는 객관적 수치에서 짐작할 수 있듯이 그의 기호학 사상은 프랑스와 유럽에 국한되지 않고, 남미, 동구권, 아시아 등 전 세계에 영향을 미쳤다.

이 책의 기본 얼개에 대한 설명은 이미 초판의 머리말에서 밝혔으므로 독자의 이해를 위해서 이번 개정판에서 첨가된 부분들에 대해서 간략하게 지적하는 것으로 개정판 서문을 갈음하고자 한다. 앞에서 언급한 것처럼, 본서는 서론에서 결론에 이르는 전체 부분에 걸쳐, 주제 내용 또는 서지상의 미비점과 오류를 수정하고 이해가 어려운 표현들을 바로잡았으며, 지나치게 번쇄한 부분을 생략 또는 축소하고, 새로운 주제를 첨가하기도 했다. 무엇보다 치밀한 참고 문헌을 작성하려 노력했으며, 초판에서 생략된 원전의 본문을 직접 확인하여 추가한 경우도 있고, 새로운 분석 사례를 보강하거나, 아예 새로운 장의 내용을 첨가한 경우 등, 그 양식은 다양하다. 특히, 책의 말미에 실린 참고 문헌의 경우, 그레마스의 저술을 다양한 문헌 조사를 통해서 보완했으며, 한국어로 된 학위 논문과 일반 논문의 서지를 추가했고, 최근의 그레마스 연구 성과가 반영된 상당 분량의 참고 문헌을 수록했다.

추가 및 보완한 상세 내용은 다음과 같다.

먼저 서론 부분에서 랑그와 파롤의 변증법적 관계에 대한 바르트의 진술과, 언어 이론에서 의미 연구에 대해 소극적 입장을 견지한 블룸필드가 제시한 정신주의자와 기계주의자의 이분법에 대한 진술을 원전을 찾아 간략하게 언급하고 해당 부분을 명시하였다. 아울러, 역동적 과정과 다층적 작동들을 강조하는 그레마스의 기호 개념에 대한 미국의 그레마스 연구자 브로넨 교수의 논지를 추가하고, 그레마스의 기호학 저술이 현대 인문학에 미친 효과와 의미에 대한 보다 광범위한 평가를 제공한다는 취지에서, 미국의 문학 비평가 컬러 교수, 언어 철학자 헤르만 파레트 교수의 견해를 반영했다.

이어서 그레마스의 지성사를 다룬 제1부에서 보강한 내용은 다음과 같다. 먼저 그레마스의 전기와 주요 저술을 언급한 제2장에서는 최근에 발표된 그레마스의 지성사를 다룬 새로운 연구물의 결과를 반영하였다. 초판에서는 당시 유일한 관련 문헌이었던 코케 교수의 연구물에 의존했으나, 그레마스 자신의 자전적 논문을 비롯하여 다섯 편의 추가 연구물의 내용을 파악하여 새롭게 반영하였다. 그의 육성 증언을 통하여 프랑스로 유학을 떠나기 전에 이미 보들레르와 베를렌 등, 프랑스 상징주의 시인들의 번역 습작을 통하여 문학적 감성을 키웠고, 돈키호테에 대한 문학 비평을 통해 문단에 데뷔했으며, 동시에 니체, 쇼펜하우어, 하위징아 등의 저서들을 탐독하면서 철학과 역사 공부를 통한 인문 지성의 기초를 쌓았다는 점을 새롭게 기술하였다. 제3장 〈그레마스 기호학 이론의 형성 과정〉에서도 초판의 내용의 순서를 조정하고 상당 분량의 내용을 추가하였다. 특히, 전통적 어휘론에 기초하여 19세기 프랑스의 복식 잡지를 분석한, 1948년 파리 소르본 대학에 제출된 그레마스의 박사 학위 논문(50년이 지난 2000년에 출간)의 주요 내용을 서술하였다. 그레마스 자신이 본인의 학위 논문에 대해 보여 준 자기 비판적이면서 회의적인 태도에도 불구하고, 어휘론과 문명사를 조합한 자신의 스승 마토레(Georges Matoré) 교수의 영향을 받아 작성된 이 박사 논문의 가치는 역사적 방법과 구조적 실천 사이의 전환기에서 두 전통 모두를 흡수하고 있다는 점에서 새로운 평가를 요구한다고 말할 수 있다.

제4장 〈그레마스 패러다임의 인식론적 토대〉에서는 당대의 다양한 지적 전통들을 소화하면서 그레마스가 보여 준 탁월한 전유 능력과 종합 능력을 지적하고, 그의 기호학 사상에서 목격되는 의미에 대한 윤리적 애착과 위대한 실천적 감각을 지적한 그의 수제자 란도프스키 교수의 예리한 해석을 비롯하여, 프랑스 학계의 의미 연구의 지적 계보도에서 그레마스가 차지하는 위상을 포착한 에노 교수의 연구물을 참조하였다. 초판에서 그레마스 기호학 사상의 지적 패러다임의 자양분으로 지적한 문헌학, 구조 언어학, 서술학(개정판에서는 서사학으로 변경), 현상학을 아우르면서 더 나아가 구조 신화학과 정신분석학이 그레마스의 기호학 이론 형성에 제공한 인식론적 방법론적 토대에 대해서 상술하였다. 특히, 정신분석학에 대한 부분은 텍스트, 무의식, 욕망의 관계를 중심으로 서술했으나, 정신분석학에 대한 저자의 지식이 부족하여, 최근에 나온 관련 문헌들에 기초하여 핵심 논지를 정리했다는 점에서 아쉬움이 남는다.

제2부에서도 적지 않은 내용을 추가하였다. 제5장 〈구조 기호학의 기본 개념〉에서 형식과 실질(표현과 내용), 체계와 과정, 내재성과 발현 개념에 대한 옐름슬레우의 기호학 이론이 제시된 그의 원전을 다시 확인하고, 옐름슬레우의 구조 언어학 이론의 가장 빼어난 주석 가운데 하나인 코르네이 교수의 설명을 추가하였다. 제6장 〈의미의 최소 단위〉는, 별다른 내용 첨언이 없었으나, '머리'에 대한 의소 분석에 있어 세부 해석에서 약간의 수정을 가하였다.

제7장 〈동위소〉에서는 동위소 개념을 다룬 고전적 논문들을 초반부에서 명시하여 보다 다양한 시각을 부각시켰다. 제8장 〈기호학적 사각형〉에서는 레비-스트로스의 요리 삼각형 도식을 적용한 부분에서 삼각형 도식의 개념을 상세히 제시하고 관련 논문을 명시하였다.

제3부 '서사 기호학'의 제10장 〈발화체와 표층의 서사 통사론〉에서는 발

화체 개념을 제공하는 그레마스의 원전 문헌들의 서지를 보다 세밀하게 명시했고, 그의 주저 《구조 의미론》의 내용에 기초하여 '프로프로부터 행동자 모델로'라는 섹션을 추가하였으며 이 부분에서 상태와 변형의 개념을 한국 시조 전승의 서사에 적용한 연구물의 주요 내용을 소개하였다. 제11장 〈행동자 모델〉에서도 역시 관련 원전, 특히 《구조 의미론》을 다시 독해하면서 정확한 서지를 제공하였으며, 특히 최근에 캐나다의 저명한 기호학자인 루이 에베르 교수가 출간한 연구물에 기초하여 행동자들의 유형을 세분화한 내용과 이를 신약 성서에 적용한 사례를 보태어 내용을 보강하였다.

제12장 〈서사 프로그램〉에서는 상당 분량의 내용 추가가 이루어졌다. 서사 도식에 대한 5쪽 분량의 내용을 첨가했고, 앞서 언급한 에베르 교수의 연구 성과를 참조하여 네 번째 섹션에서 표준 서사 도식에 대해 상술했다. 에베르 교수가 라퐁텐의 우화에 적용한 사례는 독자들의 이해를 도와줄 것으로 기대된다. 제13장 〈생성 행로〉에서는 파레트 교수의 논문을 비롯하여 관련 연구 문헌 서지를 보다 세밀하게 명시하였다. 제14장 〈그레마스 서사 기호학 모델의 적용〉에서는 〈춘향전〉에 대한 최근의 기호학적 연구 결과를 반영하였으며 〈콩쥐팥쥐〉를 기호학적으로 분석한 국내 학위 논문의 서지를 명시하였고, 〈별주부전〉에서도 국문학 전공자가 내놓은 종합적 연구물을 참조하여 보완하였다.

제4부 '양태성의 기호학'의 제15장 〈양태성의 이론〉에서는 그레마스의 구조 의미론에서 방법론적 혁신을 이룩했다는 평가를 내리고 있는 양태성에 대한 최근 연구 성과를 반영하였다, 이를 위해 양태화의 발생과 전개 과정을 다룬 섹션을 마련하였고 그레마스의 관련 저술들의 서지를 보다 정확하게 명시하였다. 제16장 〈가치론〉에서는 기호학에서 다루어진 세 가지의 가치 개념(언어학적 어의, 경제학적 어의, 가치론적 어의)을 보다 체계적으로 서술하려 했다. 특히 '가치의 서사적 의미'와 '가치의 서사적 구조와 유형론'은 새롭게 첨가된 내용들이다. 또한 '기호학적 가치 모델과 윤리'라는 세 번째 섹션을 추가하여, 그레마스의 가치 이론과 윤리의 밀접한 관련성을 지

적하였으며, 이해를 돕기 위해 성서 기호학의 권위자로서 최근에 타계한 프랑스의 파니에 교수의 분석 사례를 제시하였다. 제17장 〈상과 생성〉에서는 말미에서 기호학적 대상들의 존재적 생성에 대한 퐁타니유의 이론을 소개하였다. 제18장 〈모파상의 '두 친구' 분석〉은 이번 개정판에서 새롭게 추가한 부분이다. 기호학적 분석의 치밀성과 분석력을 십분 발휘한 그레마스 기호학의 수작으로 인정받고 있는 그의 주저 《모파상》에서는 그의 기호학 이론, 개념, 모델이 무려 150개가 적용되고 있다는 점에서 문학 작품을 대상으로 성취된 기호학적 분석의 백미라 할 수 있다. 그가 제시한 12개의 시퀀스 가운데 두세 개의 시퀀스를 선별하여 주요 개념이 적용되는 과정에 대해서 상술하였다.

제5부 '감성의 기호학' 제19장 〈정념의 고고학과 인식론〉에서는 '감각과 신체'라는 새로운 섹션을 마련하여 그레마스의 기호학 연구에서 중기 이후로 접어들면서 의미 연구에서 감각적 신체와 감성의 문제가 통합되었다는 점을 강조하였다. 특히, 그가 1968년 발표한 〈공통 감각의 사회학을 위하여〉라는 제목의 논문에 주목하였고, 프랑스어 단어 'sens'와 'sensible'의 다의성을 풀이하였다. 두 번째 섹션 '정념의 고고학'에서는 최근에 국내에서 이 문제에 대한 새로운 관심의 부상을 일러 주는 국내 철학자들의 연구물과 학술 대회를 언급했으며 정념론을 다룬 데카르트와 스피노자의 한국어 번역본을 명시하였다.

제20장 〈정념의 기호학의 발생 과정〉에서는 《기호학 사전》을 열람하여 정념의 문제가 일찌감치 그레마스의 기호학 이론에 통합될 수 있는 가능성이 싹트고 있다는 진술을 새롭게 포함시켰고, 최근 발표된 파리 기호학파의 연구를 참고하여 기분과 심미성의 문제가 양태성 이론에서 잉태되었다는 점을 지적하였다. 또한 '기분'의 기호학적 분석 사례로서 에베르 교수의 연구 성과를 반영하여 보다 상세한 '기분'의 기호학적 의의에 대한 내용을 보강하였다.

제21장 〈정념의 기호학의 인식론적 토대〉에서는 정념의 기호학과 관련된

약 10여 편의 국내외 연구물의 서지를 상세하게 언급하였다. 또한, 정념의 기호학의 문제를 오랫동안 천착해 온 홍정표 박사와 《정념의 기호학》의 한국어 공동 번역자 가운데 한 명인 최용호 교수가 정념의 기호학의 인식론적 함의에 대해서 진술한 핵심 요지를 반영하였다. 특히, '연속체로서의 세계'에서는 이탈리아 기호학계의 거두인 파브리 교수와 캐나다의 중진 기호학자 페롱 교수의 공동 연구물과 소장 기호학자 아블리의 연구 성과를 종합화하여 주체, 의미 작용의 선조건, 기호학적 장치 등의 개념에 대해 중점적으로 서술하였다. 제23장 〈그레마스 기호학의 미학적 전회〉에서는 그의 말년에 출간된 《불완전성에 대하여》를 중심으로 최근에 이루어진 연구 성과물을 제시하면서 내용을 세분화하였다. 특히 현상학과 미학의 융합 부분을 다룬 섹션은 새롭게 마련된 내용이다.

끝으로 결론부에서는 그레마스 기호학의 진화 과정을 압축적으로 요약하는 내용을 덧붙여 독자의 이해를 돕고자 했다.

내용 수정과 더불어 주요 용어에서도 변경이 있었음을 지적한다. 서술학은 서사학으로, 서술부는 서술어로, 서술 이론은 서사 이론으로 고쳐 용어를 통일시켰다.

약 1,100여 개에 가까운 번쇄한 각주들의 숫자가 시사하듯, 본서는 그레마스의 저술을 보다 면밀하게 숙독하고 그 핵심을 정리하고, 이와 동시에 관련 2차 문헌들을 평행적으로 소화하면서 그레마스 기호학 사상의 전모를 소개하려는 해설서의 성격을 띠고 있으며, 저자의 독특한 관점을 투사하여 새롭게 그의 이론을 해석하거나 비판하는 데 목적을 두지 않았다.

하지만 그레마스가 사용하는 구조 언어학과 기호학의 전문 학술 용어를 옮긴 한국어 번역어가 여전히 추상적이고 생소한 데다 아직 용어 통일이 이루어지지 못한 상황에서 일반 독자들도 이해할 수 있는 쉽고 명료한 언어로 표현된 친절한 안내서라고 내놓기에는 아직 미흡한 것이 사실이다.

그레마스의 주요 저술들을 강의와 연구를 위해 여러 번 숙독하고, 새롭게 나온 관련 연구물들의 독해를 통하여 그레마스의 기호학 이론 체계에 대한 이해의 깊이를 심화시키려고 노력해 왔으나, 여전히 부족한 저자의 역량의 한계를 절감하고 있다. 사실, 그레마스 이론의 주석서에 못지않게 더 시급한 작업은 그의 주요 저술의 한국어 번역 작업이라는 필자의 주장은 대부분의 국내 기호학 연구자들이 동의할 것으로 믿는다. 특히 그의 초기 작품《구조 의미론》의 한국어 번역은 그레마스 기호학 이론의 본격적 수용을 위해서 필수불가결한 과제라 할 수 있다.

이번 전면 개정 증보판의 준비는 2009년 초반부터 개시되었으나 강의 준비와 학회 발표 등, 여러 잡다한 일로 주로 방학 기간을 이용하여 진행되어, 예상한 것보다 훨씬 많은 시간이 경과되었다. 처음 계획은 비문, 잘못된 서지나 오류를 수정하는 차원에서 작업을 하려 했으나, 작업이 전면적인 증보로 확대되어 초판본에 견주어 그 분량이 두 배로 늘어났다.

끝으로 한국 독자들을 위해 본 개정판의 서문을 써 달라는 저자의 요청을 흔쾌히 수락해 주신, 살아 있는 파리 기호학파의 화신이자 세계 기호학계의 거장인 퐁타니유 교수에게 진심으로 감사하는 마음을 전하고자 한다.

아무쪼록 이번 전면 개정증보판이 미력하나마 기호학에 관심을 갖고 있는 국내의 인문학 연구자들에게 그레마스 기호학 사상의 작은 길잡이 역할을 할 수 있다면 저자로서는 큰 보람일 것이다.

2020년 초가을
안암동 서재에서
저자 김성도

초판 서문

그레마스 기호학에 관한 주석서 성격의 저서를 집필한다는 것은 필자에게 적지 않게 고통스러운 작업이었다. 무엇보다 필자가 겪었던 문제는 그가 새롭게 만든 신조어들과 개념들이 아직까지 국내 학계에서 정착되지 못한 상황에서, 적절한 한국어 대역어를 만들어 내는 일이었다. 그레마스의 글쓰기 스타일은 지극히 추상적인 문체로서, 한국어로 옮길 때 숙명적으로 그 맛과 멋은 사라진다.

필자는 먼저 그레마스가 넓게는 현대 프랑스 사상사에서 또 좁게는 현대 기호학과 언어학에서 어떤 의미를 갖는지를 지적하였다. 먼저 그의 전기를 비교적 소상히 정리하고 주요 저작물에 대한 설명을 첨가했으며, 그의 연구서지 목록을 작성하였다. 이어서, 그레마스 기호학이 형성되는 과정을 몇 가지로 나누어 보았다. 크게, 파레트의 시각과 에노의 구분법을 비롯하여 그레마스 자신의 분할법을 참조하여 문헌학에서 출발해서, 구조 의미론, 서사 기호학, 양태 기호학, 정념의 기호학으로 이어져 오는 변모 과정을 살펴보았다. 그레마스 패러다임의 인식론적 토대를 다루는 제3장에서 필자는 그 주요 자양분으로서, 구조 언어학, 서사학, 현상학을 지적하였고, 뒤르켐의 사회학주의가 미친 사상적 영향의 가능성을 시사하였다.

제2부에서는 먼저, 구조 기호학의 기본 초석이라 할 수 있는 몇 가지 중추적 개념들을 설명하고, 그레마스 기호학의 핵심적 이론소들이라 할 수

있는, 의소, 의미소, 동위소, 기호학적 사각형에 대해서 그 기본적인 정의를 정리한 후, 이어서 각각의 개념들이 내포하는 인식론적 문제들을 검토하였다.

제3부는 서사 기호학이란 제목 아래, 기본 발화체와 서사 통사론을 정의하고, 행동자 모델, 서사 프로그램, 생성 행로 등을 소개하였다. 서사성은 그레마스 기호학의 가장 핵심적인 요인이라 할 수 있을 정도로 그 근간을 이룬다.

제4부 양태성의 기호학은 그레마스 기호 사상의 중반기 이후부터의 관심 영역으로서, 양태성 이론을 기호학적 사각형에서 도해하고, 가치론과 상(相)의 문제를 다루었다.

제5부 감성의 기호학에서는 먼저 서구 사상사적 관점에서 정념의 문제를 고고학적 원근법으로 정리하고, 파리 기호학파에서 정념의 기호학이 발생한 배경을 지적함과 동시에 그 인식론적 조건과 문제점들을 검토하였다.

이 책의 내용은 크게 일반 의미론, 기호학, 언어 인식론 등에 대한 그레마스의 이론을 한 축으로 하고 있으며, 다른 한 축은 가능한 한 그의 이론에 대한 비판을 담고 있는 관련 문헌의 정리라고 볼 수 있다. 첫 번째 축은 그의 원작품에 기초한 필자 나름대로의 해석을 바탕에 깔고 있으며, 두 번째 축은 그레마스 기호학 사상의 발생, 전개, 전망을 보여 주기 위한 서지학적 인식론적 보조 장치라고 말할 수 있을 것이다. 약 360여 개의 번쇄한 각주의 분량에서 나타나듯이, 가능한 한 이 책의 저술 내용과 관련된 정보 및 아이디어를 제공한 문헌을 모두 밝히려고 했다. 하지만, 본의 아니게 누락이 되었을 수도 있다. 이 책의 유일한 의미가 있다면, 그레마스의 초기 저서부터 말기 작품을 모두 조망하면서 그의 기호학 사상의 궤적을 탐색했다는 데 있을 것이다. 필자가 알기로는 이 같은 연구를 단독으로 행한 것은 국내외를 통틀어 최초라고 판단된다. 80년대 중반 영어로 출판된 한 권의 연구서가 있으나 그레마스의 초기 이론을 정리한 것에 불과하며, 파리 기호학파의 구성원들의 이론적 성과를 완전히 백안시하고 있다. 프랑스어로 나온 유일한 그레마스의 해설서는 에노 교수의 두 권의 저서가 있으나, 역시 80년대 초반부에 출판되었기 때문에, 그레마스 기호학 사상의 전모를 밝혀 주지는 못한다. 다행히 그레마스 사상에 대한 세계적 권위자들의 연구 모음집이 나와 있으나, 그레마스의 이론에 대한 내적 발전 과정에 대한 연구보다는 주로 그의 이론의 응용 측면이나 현대 사상에서의 의미를 밝히는 데 주안점을 두고 있다. 국내의 경우는 주로 초기 모델의 요소인 기호학적 사각형과 서사 통사론에 대한 개념을 풀이한 논문들이 주종을 이루고 있고, 다행히 양태성과 정념의 기호학에 대한 논의가 최근 일부 학자들에 의해서 이루어진 바 있다. 하지만 그의 이론의 인식론적 토대와 초기부터 말기까지의 전개 과정에 대한 논의는 거의 전무하며, 특히 그의 의미 이론 및 개념들을 한국어로 적용한 사례도 찾아볼 수 없는 실정이다.

본 저서의 기본적인 서지 정보를 수집하고 초안을 잡은 시점은 1996년 12월부터 다음 해 1월 말까지였으며(장소는 파리 소재 사회 과학 고등 연구원의 도서관이었다) 그 후 그레마스의 원작을 다시 꼼꼼하게 읽고 새로운 자료들을 독파하면서 수차례에 걸쳐 수정 보완하였다. (최종 편집 및 첨삭은 현재 필자가 연구년을 보내고 있는 옥스퍼드에서 완료하였다.) 파리 체류 기간 동안 체재비 및 자료 구입비를 제공해 준 프랑스 외무성 측과 1998년 겨울 방학 기간 동안 캐나다의 그레마스 전문가들과의 면담과 자료 조사를 재정적으로 도와준 캐나다 정부 측에도 감사의 말을 전한다. 아울러 1년 동안 옥스퍼드대학교에서 연구년을 보낼 수 있도록 재정적으로 후원해 준 LG 연암 문화 재단 측에도 심심한 감사의 말을 전한다.

끝으로 본서의 출판을 맡아 준 고려대학교출판부의 배려에 감사한다. 이 책은 세 차례에 걸쳐 진행된 고려대학교 언어과학과 대학원 강의에서 다양한 전공의 학생들에 의해서 제기된 비판적 고찰과 토론에 결코 작지 않은 신세를 졌다. 토론에 참여한 학생들에게 고마운 마음을 전한다. 이경신, 신정애, 조성택, 이지영, 전단열, 김미란, 변진경, 김미경에게 감사한다. 특히, 원고 교정을 성심껏 도와준 변진경, 김미경에게 감사한다.

옥스퍼드 보들레이언 도서관에서

2002년 1월

김성도

차례

제2부 의미 작용의 미시 구조

제3부 서사 기호학

제1장

서론—현대 기호학의 의미 탐험

투박하게 말해서 기호학의 대상은 의미이다. 하지만 의미라는 추상적이며 모호한 대상을 과학적으로 연구하는 것은 여러모로 지난한 작업이다. 무엇보다 의미 연구의 어려움은 그것의 비물질적 성격에 기인한다.[1] 의미의 여러 파편들과 그것에 대한 구체적 경험들이 존재하는 것은 분명하지만, 의미 자체는 볼 수도 없고 냄새도 없으며 손으로 촉지 불가능하다. 의미라는 추상적 현상은 단지 정신의 어떤 내적 수순과 기제에 의해서 지각될 뿐이다. 의미는 객관적으로 관찰하고 기술하는 것으로 만족할 수 있는 저 바깥쪽에 있는 대상이 아니라, 바로 인간의 총체적 현실을 성립하는 것 그 자체이다. 뱅베니스트는 "의미한다는 것은 모든 것의 토대에 있으며 언어의 가장 심오한 심장부에 있다"[2]는 진술을 남긴 바 있다. 물론 의미한다는 것은 순전히 지적인 행위로 환원될 수 없으며 단순한 인지 작용에 속하지도 않는다. 의미는 신체, 살을 참여시키는 주체적 경험의 산물이며 궁극적으로 신

---

1 A. Hénault, *Les enjeux de la sémiotique* (Paris: PUF, 1979), pp.7-19(에노, 《기호학으로의 초대》, 홍정표 옮김, 어문학사, 1997, pp.9-19). 개정 증보판: A. Hénault, *Les enjeux de la sémiotique*, coll. Quadrige(Paris: PUF, 2012).

2 E. Benveniste, *Problèmes de linguistique générale II* (Paris: Gallimard, 1974), p.229(뱅베니스트, 《일반언어학의 제문제》, 황경자 옮김, 민음사, 1992, p.282). "이제 우리의 기억 속에는, 델포이 신전의 신탁을 내리는 신에게 우리가 언어 활동의 가장 깊은 중심부에 위치시키는 속성을 부여하던 늙은 헤라이클레이토스의 명쾌하고 신비스러운 다음과 같은 말이 되살아납니다: Oute légei, oute krýptei 〈그는 말하지도 않고 숨기지도 않습니다〉, alla semaínei 〈그러나 그는 의미합니다〉."

비스러운 현상이다. 즉 의미는 "세계에 대한 우리의 경험과 우리가 사물 그 자체와 맺는 접촉"[3]을 반영한다.

따라서 생동하는 현실 차원에서 언어적 감정에 대한 호소는 온전한 의미론의 수립을 위해서 늘 불가피하다. 이 같은 상황에서 의미에 관한 현상학적 시각은 균형 잡힌 기호학 이론에서 빠져서는 안 될 필수적인 요인으로 부각된다.[4]

아울러 의미의 사회학적 관점에서는 개인적 주관성과 대립될 수 있는 상호 주관적인 언어적 감정의 몫이 존재함을 직시해야 할 것이다. 다시 말해 언어 주체들 각자는 자신만의 고유한 언어적 감정을 갖고 있지만 언어 자체가 사회적 결정체라는 점에서 다른 주체들과 언어 현상을 공유한다. 그래서 소쉬르는 언어학자의 궁극적 과제는 바로 이 언어 주체들이 갖고 있는 언어 감정(sentiment linguistique)의 본질을 파헤치는 것이라고 설파한 바 있다.[5] 또한 소쉬르는 언어(랑그)의 존재론적 지평을 설명하면서 언어 주체의 의식 속에 현존하는 모든 것은 구체적이라고 진술한다.[6]

그리고 이런 주관성들이 서로 겹쳐지고 포개어지기 때문에 언어 체계는 완전히 동질적이거나 총체적이지는 않더라도 부분적으로나마 원만하게 작동할 수 있다. 예를 들자면, 사전, 문법, 공영 방송, 인터넷, 페이스북, 트위터 등 다양한 도구와 매체들을 통해 언어의 사회적 수렴이 이루어지는 공간이 창출된다. 잘라 말해 언어와 관련된 모든 집단적 행동과 생산은 사회적 구속력을 전제한다는 점에서 이 같은 사회적 수렴을 구성한다고 말할

---

3 J.-Cl. Coquet, *La quête du sens* (Paris: PUF, 1997), p.2.

4 J.-Cl. Coquet, *Phusis et logos. Une phénoménologie du langage* (Paris: Presses Universitaires de Vincennes, 2007).

5 소쉬르의 언어감정 개념에 대해서는 다음 연구 문헌 참조.

① Emmanuele Fada, "La notion de 'sentiment', la morphologie et la cognition langagière (in)consciente," *Communication au Congrès International des Linguistes*, 2013.

② Emmanuele Fada, "'Sentiment': entre mot et terme. Quelques notes sur la langue et le travail de Ferdinand de Saussure," *CFS* 66 (2013), pp.49-65.

6 *Lexique de la terminologie saussurienne,* par Rudolf Engler (Utrecht/Anvers: Spectrum Éditeur, 1968), p.17.

수 있다.

각자가 마음속으로 구성하는 의미는 단지 개인적 의미만이 아니라, 사회적 소통이라는 점에서 이중적 본질을 띤다. 첫 번째는 개인적 본질로서, 기호학자 에노는 이것을 '개인 방언적 직관' 또는 '언어적 감정'이라고 부른다. 두 번째는 사회적 본질로서, 객관적이며 사회적 소통의 망에 결속되어 있다는 점에서 상호 연대적이다. 기호학에서는 이것을 가리켜 '기호(학)적 의식' 또는 '의미적 연대성'이라고 부른다.[7] 우리가 언급한 의미의 개인성과 사회성은 주관성과 객관성의 변증법에 관한 문제로서, 바르트가 일찌감치 간파했듯이, 소쉬르가 설정한 '파롤'(개인의 발화)과 '랑그'(체계와 사회적 제도로서의 언어) 사이에 존재하는 미묘한 상보적 관계의 본질에 속한다. 즉, 하나의 사회적 제도이며 관습적 가치 체계인 '랑그'는 보편적 생물학적 능력인 언어 활동의 사회적 부분이며, 반면 '파롤'은 본질적으로 언어 주체 각자의 선택과 현실적 실현으로 이루어진 개인적 행위이다. 그 두 개가 표면적으로는 이분법적 구조를 이루지만, 양자가 "완전한 의미를 얻는 것은 둘을 결합하는 변증법적 과정으로부터 비로소 가능하다. 파롤 없이는 랑그도 없으며, 랑그를 벗어나서는 파롤도 존재하지 않는다."[8] 발화자가 의미를 전달하는 행위가 영속적인 기호화의 운동 속에 참여하고 있는 이유는, 그 같은 행위가 단지 음성(소음)만을 발성하는 것이 아니라 의사소통을 가능케 할 수 있는, 약호 판독이 가능한 의미를 성립하기 때문이다.

의미를 논할 때는 이러한 두 가지 내용의 지각 형식(이 둘은 각각 소쉬르의 이분법 '랑그'와 '파롤'에 해당된다고 볼 수 있다)을 구분해야 할 것이다. 따라서 기호학은 일체의 의미 분석을 무조건적으로 거부하는 일부 구조 언어학자들의 단절적 태도를 경계한다. 주지하다시피 언어학에서 그 같은 부정적 태도를 명시적으로 선언하게 되는 것은 블룸필드에 와서이다.[9] 그는

---

7 A. Hénault, 앞의 책, pp.8-9.

8 R. Barthes, "Éléments de la sémiologie," in *L'aventure sémiologique* (Paris: Seuil, 1985[1964]), p.22.

9 L. Bloomfield, *Language* (London: George Allen & Unwin, 1957), 제9장, pp.139-157.

언어 의미에 대한 두 가지 접근법으로서 정신주의자(mentalist)와 기계주의자(mechanist)를 구별한 후 양자 모두 의미를 화자의 상황과 청자의 반응으로 정의하고 있다고 진술한 바 있다. 블룸필드의 주장에 따르면, 화자가 언어 의미에 대해서 갖는 정신적 이미지나 느낌은 개별 화자마다 다를 뿐만 아니라, 상황에 따라 변하는 모호한 내적 자극에 불과하다. 하지만 아무런 증명도 없이 반정신주의(anti-mentalism)의 기치 아래 선험적으로 의미의 지각에 대한 체계적 기술의 시도를 처음부터 포기하거나 거부하는 것은 납득될 수 없다.[10] 이 점에 대해서 야콥슨은 멋진 답을 한 적이 있다: "의미에 대한 물음들이 아무런 의미를 가지지 않는다고 말하는 사람은 자기모순에 빠지고 말 것이다."[11] 의미론에 과학적 위상을 부여하는 일은 일체의 주관주의를 제거함으로써, 마치 하나의 수학적 증명처럼 재생산될 수 있는 해석들을 생산하는 데 주안점을 둔 것이다. 또한 의미론의 과학성은 형식적 이정표에 토대를 두었기 때문에 객관적으로 정당화될 수 있다. 따라서 의미에 관한 형식주의적 패러다임을 현실적 경험에 근거하여 무작정 폐기시킬 수 없다. 필자의 견해로는 구조 기호학의 미래는 의미에 관한 내재주의 원칙과 실재 원칙(principe de réalité)[12] 사이의 긴장을 어떻게 화해시키느냐에 달려 있다. 이 문제는 의미의 객관성과 관련한 존재론적, 인식론적, 방법론적 문제점들을 결집한다는 점에서 몇 가지 핵심 사항을 지적하고 넘어가야 할 것이다.

기호학을 비롯하여 언어학, 문헌학, 해석학 등에서 한 편의 텍스트의 의미를 다루는 방식은 각각의 연구 분야에서 가정하는 일정한 객관성과 대상

---

10 이 같은 '반정신주의'의 인식론적 문제점을 제기하면서 언어학 이론에서 정신주의(mentalism)가 갖는 방법론적 우월성을 설파한 다음 논문을 참조할 것. Jerrold J. Katz, "Mentalism in Linguistics," *Language* 40, no.2 (1964), pp.124-137.

11 R. Jakobson, *Essais de linguistique générale* (Paris: Minuit, 1963), pp. 38-39. 이 구절은 의미론의 과학성을 논할 때 가장 빈번하게 인용되는 야콥슨의 재치가 넘치는 표현 가운데 하나이다. A. Hénault (2012)에서 재인용, p.5. A. J. Greimas, *Sémantique structurale: Recherche de méthode* (Paris: Larousse, 1966), p.7 참조.

12 J.-Cl. Coquet, "Réalité et Principe d'immanence," in *Langages* 103 (Paris: Larousse, 1991), pp.23-35.

의 유형에 달려 있는 것이 사실이다. (프랑스어와 영어에서 'objectivity'는 객관성을 의미할 뿐만 아니라, 액면 그대로 일정한 대상의 존재, 즉 객체성을 의미한다는 점을 상기하자.) 즉, 정도의 차이의 문제일 뿐, 의미 연구를 지향하는 과학적인 일반 의미론의 존재 자체를 가능케 하는 전제 조건은 그 같은 최소한의 객관성 또는 대상의 존재이다. 하나의 학술 분야로 정립되기 위해서는 고유한 문제 틀, 방법, 그리고 무엇보다도 하나의 연구 대상을 갖추고 있어야 한다.[13] 앞서 말했듯이, 누구나 의미에 쉽게 접근할 수 있다는 인상을 갖고 있지만 사실 언어적 내용은 결코 즉각적으로 주어지지 않는다. 의미 해석의 과정 속에 포함된 복잡성에 대한 최근의 인지 과학의 연구 성과가 산출되기 전에, 언어학에서는 의미론적 사실을 다른 사회적 사실들과 마찬가지로 단지 구성된 것으로만 보았다. 그 결과, 프랑스 언어학계를 대표하는 라스티에 교수의 표현을 빌리자면, 하나의 '그릇된 딜레마'가 지난 수십 년 동안 의미 연구 영역을 지배해 왔다.[14] 즉, 의미를 수용하는 해석 주체들은 적절한 절차들을 통하여 하나의 텍스트의 내재적 의미를 발견한다는 주장과 마주하면서, 이들이 의미를 구성할 뿐만 아니라 이 같이 구성된 의미는 무한한 수의 해석의 가능성으로 열려 있다는 가설이 맞선 것이다. 첫 번째 테제는 물론 정통 구조주의자들의 주류에 의해서 제시되었으며, 그들은 오직 약호 해독의 보편적 원칙들을 텍스트 자체로 국한시켜 그것들을 텍스트의 내재적 구조에 적용시켰다. 따라서 의미를 접하는 사람은 올바른 방법과 요령만 갖추게 되면 텍스트의 의미를 올바르게 파악할 수 있다. 그런데 문제는 제안된 방법이 지나치게 일반적이거나 추상적일 때, 또는 그와는 반대로 충분히 명시적이지 못할 때, 동일한 텍스트에 대해서 전혀 다른 해석들이 생산될 수 있다는 데 있다. 사실, 텍스트의 의미를 텍스트 안쪽에서 찾으려는 내재주의는 서구의 지성사에서 보면 의미의 과학적

13 의미의 다양한 접근법을 종합화한 다음 연구서 참조. Jean Clam, *Sciences du sens: Perspectives théoriques* (Strasbourg: Presses universitaires de Strasbourg, 2006).
14 F. Rastier, *Meaning and Textuality* (Toronto: University of Toronto Press, 1997), p.3.

기술을 지향한 현대의 모든 기획에 선행하는 전통이라 할 수 있는 성서 주석의 역사 속에 뿌리를 두고 있다고 볼 수 있다. 의미의 계시에 토대를 두고 있는 이 같은 전통에서 의미는 '신' 또는 그 누군가가 텍스트 속에 갖다 놓은 그 무엇이며 해석자는 그것을 찾아내면 된다. 이와 같은 내재주의적 전통과 달리, 의미의 객관성과 내재성을 거부하고 의미의 다원주의와 주관성을 신봉하는 초월주의는 의미의 무한한 복수성을 상정함과 동시에 의미는 주체 속에 위치하고 있으며, 텍스트 자체에서 의미가 만들어지는 것이 아니라, 주체의 무의식 또는 텍스트의 무의식 속에 진정한 의미가 숨겨져 있다고까지 말을 한다. 풀어 말해서 의미는 텍스트를 벗어나며 그것을 초월한다. (이 같은 의미의 초월성은 물론 사상적 지형도에 따라서 보다 세심하게 그 유형론을 구축해야 할 것이다. 요컨대, 의미의 표류에 대한 데리다의 테제와 퍼스의 무한 기호 작용의 가설은 동일 선상에서 논의되기 힘들 것이다.)[15]

이 같은 두 가지 테제는 상호 배제되어야 할 것이 아니라, 상호 보완적임을 기억해야 한다. 이를테면 내재적인 근본적 의미를 상정한다고 해서 반드시 구조적 독법의 다양성에 한계를 긋거나 그 같은 의미의 다원성을 부정할 필요는 없다.

요컨대 의미의 절대적 객관성 또는 절대적 주관성을 단언하는 것은 의미 연구에서 결코 건강한 노선이 아니며 비생산적이다. 바람직한 의미 연구는 주체(주관성)와 객체(객관성)의 신축적 위상과 양자의 상대화를 인식하면서, 텍스트가 설득력 있는 독법을 제약하는 정도에 따라서 일정한 의미의 상호 객관성이 존재한다는 점을 받아들이는 것이다. 하지만 의미가 자신의 발화 행위와 해석을 벗어나서 그 자체로 존재할 수 있다는 언어의 도구관이나 자율성 테제는 받아들이기 힘들다. 의미는 현실로부터 유리된 전언이 아니라, 공동체 속에서 이뤄지는 사회적 문화적 규범과 실천을 포함하는 일

15 이 점에 대해서는 에코의 다음 문헌 참조. Umberto Eco, *I limiti dell'interpretazione* (Milano: Bompiani, 1990)(에코, 〈무한한 표류의 기호 현상〉, 《해석의 한계》, 김광현 옮김, 열린책들, 1995, pp.430-448).

련의 조건들과 상황을 포함하기 때문이다. 따라서 의미의 객관성에 대한 지나친 실증주의적 개념은 경계해야 한다. 의미는 실증 과학에서 연구 대상으로서 취하는 순수한 외재성으로 환원되지 않기 때문이다: "의미는 텍스트, 주체들, 그리고 상황 사이의 상호 작용(또는 의사소통 조건들의 집합)이다. 텍스트 자체 속에 내재하는 내재적 의미의 위상은 흐릿해진다."[16] 텍스트의 의미가 단번에 직접적으로 주어지는 것이 아니라 구성되는 것이라면, 그 의미의 객체화(객관화) 역시 단번에 고정되는 단일한 과정은 아닐 것이다. 물론 텍스트의 의미는 텍스트의 물질성에 토대를 둘 테지만 그 같은 물질성 자체만으로 의미라는 건축물이 세워질 수는 없는 노릇이다. 텍스트의 '의미의 객체화'는 새로운 상황이 발생할 때마다 새롭게 갱신될 수밖에 없다. 그렇다고 이것이 해체론에서 말하듯 의미의 방황 또는 표류로 치닫는 것을 뜻하지는 않는다. 의미 독해의 상황에 따른 다양한 종류의 제약이 존재하며 공동체 구성원들 사이에서 이루어지는 의미 해석의 수렴 과정이 존재하기 때문이다. 이 점에서 라스티에 교수의 해석 의미론은 내재주의와 형식화로 인한 그레마스 기호학의 인식론적 취약성을 보완할 수 있는 중요한 관점이라고 사료된다.[17]

기호학이 출현하면서 제기된 또 다른 어려움 또는 불편함은 다른 영역들과의 학문적 영토 분쟁에 있다. 특히 언어학과의 관계 설정이 그러한데, 이에 대해 소쉬르와 바르트는 완전히 상반된 프로그램을 제시한 것으로 유명하다. 소쉬르에게 있어서 기호학은 "자의적으로 고정된 가치들을 탐구하는 과학들"[18]의 유형으로서 언어학이라는 특수한 과학을 포괄하는 상위 학문이다.[19] 한편, 퍼스의 학문 계통 분류에서 언어학은 분류론적 심리학에 할

---

16 F. Rastier, 앞의 책, p.6.

17 Cf. F. Rastier, *Sémantique interprétative* (Paris: PUF, 1987).

18 R. Godel, *Les sources manuscrites du Cours de linguistique générale* (Genève: Droz-Minard, 1957), p.275.

19 물론 소쉬르의 일반 언어학 프로그램에 있어서 언어학과 기호학의 관계는 방법론, 인

당되며, 퍼스는 기호학을 규범 과학인 논리학으로부터 유도한다. 하지만 퍼스는 언어학을 "정신적 수행과 산출물을 연구하는 연구들 가운데에서 언어학은 광대하며 찬란하게 발달된 과학"[20]이라고 칭송하면서 언어학이 누릴 영광을 예기한 바 있다. 그 후에 블룸필드는 언어학이 기호학의 주요 공헌자가 될 것이라고 진술했는가 하면,[21] 레비-스트로스도 언어학을 '사회 과학의 첨단 과학'이라고 밝힌 바 있다.[22] 그렇지만 인간 과학에서 언어학이 맡을 중심적 입지는 바르트의 논지에서 최고조에 다다른다.

바르트는 언어학이 기호들의 일반 과학의 특권화된 한 부분이라는 소쉬르의 진술이 나온 지 정확히 50년이 지나, "기호학은 다름 아닌 언어학의 한 부분으로서 담화의 커다란 유의미적 단위들을 담당할 것이다"[23]라는 전복적 발언을 서슴지 않았다.

1960년대 초, 반세기 동안의 망각 끝에, 구조주의의 물결 속에서 다시 태어난 구조 기호학에 제공된 인식론적·방법론적 모델들은 언어학 모델이었다. 이 모델의 근간은 음운론에서 제공된 변별적 자질과 '환입' 개념이 대표적이다. 옐름슬레우는 음운론 모델을 의미 작용의 연구에 부과하는 데 공헌한 대표적 이론가이다.[24] 그러나 의미 분석을 실행하는 과정에서 기호학이라는 새로운 과학을 구조화하려고 하던 초기의 의미 연구자들은 언어학

식론, 존재론 차원에서 복잡한 문제를 내포한다. Cf. F. de Saussure, *Cours de linguistique générale* (Paris: Payot, 1916), p.33.

20 C. S. Peirce, *Collected Papers* (1931), 제1권, 단락 271. 퍼스의 학문 계통 분류에 대해서는 졸고, 〈기호학의 안과 밖—현대 기호학의 몇 가지 새로운 패러다임〉, 《현대 비평과 이론》 제9권 1호 (1999), pp.15-21; 찰스 샌더스 퍼스, 《퍼스의 기호사상》, 김성도 옮김(민음사, 2006) 참조.

21 L. Bloomfield, *Linguistic aspects of science* (Chicago: University of Chicago Press, 1939), p.55.

22 "음운론은 가히 핵물리학이 자연과학 전반에 대해서 행사한 역할에 맞먹는 것과 마찬가지로 사회 과학 전반에 대해서 혁신적 역할을 맡았다." Claude Lévi-Strauss, *Anthropologie structurale* (Paris: Plon, 1958), p.39.

23 R. Barthes, "Éléments de sémiologie," *Communications* 4 (Paris: Seuil, 1964), p.2.

24 Louis Hjelmslev, *Essais linguistiques*, coll. Arguments (Paris: Les Éditions de Minuit, 1971).

에서 직접적으로 파생된 형식적 방법들을 포기할 수밖에 없었다. 언어학적 방법과 모델로 기호학적 대상의 복잡성과 이질성을 설명하기에는 불충분했던 것이다. 따라서 기호학은 언어학으로부터 독립하여 구성되어야 한다는 사고가 형성된다. 기호학의 연구 대상은 의미 작용을 이루는 요소들에 대한 분석이라기보다는 의미 작용의 조직화에 대한 개념화이다. 따라서, 기호학의 연구 대상 차원이 텍스트 단위 또는 담화가 되는 만큼 문장 단위의 분석에 쓰이는 방법으로는 설명될 수 없다는 것이 직관적으로 판단된다.

바로 이 같은 문맥에서 담화 기호학이 출현한다. 특히 이 점에서 뱅베니스트는 담화 기호학의 선구자로서 자리매김되어야 할 것이다.[25] 그는 담화를 '작용 중에 있는 언어'로 정의한 후에, '기호적인 것'(le sémiotique)의 방식에 속하는 언어의 분류 기능과, '의미적인 것'(le sémantique)의 방식에 속하는 통합체의 생산 기능을 나눈 바 있다. 이 같은 관점에서 볼 때 담화는 단순한 발화 행위로 환원될 수 없는 복잡한 언어 활동이다. 담화는 실행 주체의 존재를 상정하고 발화자가 세계와 맺는 관계를 표시하기 때문이다. 뱅베니스트의 표현을 빌리자면, "발화 작용에서 언어는 세계와 일정한 관계를 표현하는 데 사용된다."[26]

기호학은 기존의 언어학적 틀로부터 서서히 벗어나 점증적으로 언어학과 결별할 수밖에 없었다. 이 과정에서 역설적인 현상이 벌어졌는데, 그것은 곧 소쉬르의 기호 개념의 문제 틀에서 벗어나 새로운 연구 대상이 개척됐다는 사실이다. 즉 현대 기호학에서 의미 작용을 연구한다는 것은 기호들에 관한 교리나 학설(doctrine)을 구성하는 것이 아니라 오히려 기호로부터 자유로워지는 것이다. 단순히 기호들의 '컬렉션' 또는 계통론적 유형론에 관심을 갖지 않고, 관념의 생산을 설명할 수 있는 역동적 형상(figure dynamique)을 구성하는 것이 기호학의 역할이다.[27] 기호들의 이산적 단위들

---

25 J.-Cl. Coquet, "Linguistique et sémiologie," *Actes Sémiotiques, Documents* 88 (1987).

26 E. Benveniste, 앞의 책, p.82.

27 A. Hénault, 앞의 책, p.17.

만으로는 결코 한 덩어리의 의미 조직을 설명하기에 부족하다.

요컨대 기호학적 시도는 이제까지 의미 작용을 지각하는 데 있어 우세했던 의미에 대한 순간적이며 즉발적인 직관적 경험주의를 비판하면서 적극적으로 획득한 학문적 공간에 각인된다. 자신도 모르는 사이에 일상생활에서 기호학적 실천을 해 왔던 인간들이 그것을 분석과 설명의 대상으로 부각시키면서 기호학적 각성이 일어났던 것이다. 퍼스는 "인간 자신이 기호"라고 정의했는데, 필자는 모든 사람은 자신도 모르게 기호학자의 역할을 수행하고 있다고 말하고 싶다. 이러한 기호학적 각성은 마치 프로이트가 정신분석학을 통해 인간의 무의식을 발견한 것과, 뒤르켐이 한 사회의 집단적 표상의 존재를 밝힌 것에 견줄 수 있는데, 그것은 무엇보다 형식적 분석의 기구라는 중개를 통해서 가능했다. 기호학과 더불어 우리는 의미의 '카오스'에서 '로고스'로 비약했다고 말할 수 있다. 바야흐로 의미의 발생·생산·수용·진화, 즉 '세미오시스'의 포착을 전문화하고 도구화해야 하는 기호학적 시대가 도래한 것이다. 그레마스의 제자로서 그의 이론을 대중화시키는 데 크게 기여한 에노 교수에 따르면 지난 반세기 동안의 기호학 연구는 실증적 결과들보다는 혁신적인 절차, 방법, 프로그램에 의해서 특징지어질 수 있으며, 이 같은 형식적 기구들은 하나의 제도적 운동을 창발시키는 동시에 의미 작용에 속하는 다양한 사실들에 대해 사람들이 갖고 있는 세계에 대한 포착과 이해 방식을 변형시켰다. 그녀는 기호학의 중추적 쟁점을 "기호학적 의식의 체계적 구조화의 시도"[28]라고 규정한다.

필자는 이미 일련의 선행 연구에서 현대 기호학의 존재론적·역사적·인식론적·방법론적 본질에 대해서 논의했으므로 이에 대해 반복하는 것은 불필요할 것이다.[29] 다만, 한 가지 지적할 사실은 기호학에 대한 관심은 일시적 유행의 사조로 사라질 것이라는 예상과는 달리 국내외에서 형성되고 있는 다양한 제도적 망들 속에서 그 연구 하부 구조가 축적되어 가고 있다

28 A. Hénault, 앞의 책, p.11(개정 증보판, 2012, p.6.)

29 졸저, 《현대 기호학 강의》(민음사, 1998).

는 점이다. 인간 사회에서 이루어지는 의미적 실천들을 분석하는 것은 기호학의 궁극적 목표이다. 기호학에서 인간은 기호와 의미를 생산하는 상징 제작의 동물로 규정된다. 인간이 의미를 어떻게 생산하고 수용하는가에 관한 규칙들을 추출하는 것이 바로 기호학의 지향점이다. 기호학자는 의미와 가치가 인간 사회에서 어떻게 구성되고 소비되며, 순환되는가에 대한 궁극적인 물음을 집요하게 탐색한다. 이점에서 인간을 상징적 동물로 규정했던 독일 철학자 카시러(Ernst Cassirer, 1874-1945)는 기호학의 정신과 완벽하게 일맥상통한다는 점에서 간략하게나마 그의 상징철학을 환기시킬 필요가 있다.

무엇보다 그는 언어, 신화, 종교, 예술, 문학, 자연과학 등, 인간 문화의 주요 장들을 연구하는 데 평생을 바쳤다는 점에서 20세기 최고의 독창적 기호학자로 새롭게 자리 매김되어야 한다는 것이 필자의 확고부동한 믿음이다. 그 같은 믿음의 확실한 근거는 카시러의 관점에서, 기호학의 연구 대상인 이 같은 문화적 활동들이야말로 다른 종들에 견주어, 인간이란 존재를 특징짓는 가장 중요한 특수성이며 차별성이고 고유성으로 파악되기 때문이다. 아울러 그는 이 같은 모든 문화적 활동들을 낳게 하는 것은 인간의 자연 발생적이고 창조적인 정신(Geist)이라고 보았다. 이 같은 기호학적 시각에서, 카시러는 자연계의 다른 부분들, 또는 동물의 왕국과 구별시켜 주는 인간의 특징을, 물리적이거나 형이상학적 토대에 근거한 특정 단일 기준으로 환원시키는 사변적인 입장을 경계함과 동시에, 한 걸음 더 나아가 인간의 본질을 그의 모든 잠재력이 만개하는 창조적 존재로 고려하면서 상징을 제작할 수 있는 인간의 기호학적 능력에 대한 팽창적 관점을 채택하는 보다 현실적인 태도를 취했다. 요컨대, 그의 통찰에 기대어 말한다면, 인간이 어떤 존재인가를 간파할 수 있는 구체적 방법은 오직 인간이 행하는 일체의 활동들의 원기 왕성한 활기와 풍요로움을 파악하는 것이다. 그 결과, 카시러의 학문 세계에서 인간학적 철학은 인간 문화의 철학, 즉 '상징형식들의 철학'으로서 펼쳐지고 있음을 간파할 수 있다. 카시러의 상징철학이 기호학과 접맥되는 접점은 그가 동물 세계를 떠나 인간 문화의 중심부로 진입하기 위한 핵심으로 사용할 상징 개념을 구축할 때 부각된다.

인간을 동물들과 구별시키는 것은 결코 금수들이 인간과 공유하지 못하는 실체적 요인, 예컨대 불멸하는 영혼의 소유가 아니라, 인간 정신을 특징짓는 고유한 기능으로서, 그것은 인간만이 상징적 차원이라는 현실의 또 다른 차원에서 삶을 영위한다는 사실이다. 동물과 인간 모두 지각이라는 중개를 통해 외부 환경에 즉각적으로 접근할 수 있으나 그 환경에서 상징들과 기호들을 파악하고 알아볼 수 있는 능력은 인간만이 갖고 있다. 연기는 불의 기호이고, 포식자의 냄새는 그가 가까이 다가온다는 것의 기호이며, 주인의 손에 놓인 개 줄은 개에게는 산책 시간이라는 것을 알려 주는 신호이다. 각각의 경우에, 신호는 하나의 구체적인 존재를 갖고 있고, 그것과 직접적으로 결합된 물체 또는 사건과 더불어 인과율에 기초한 물리적 연계성에 힘입어 물체나 사건을 지시한다. 여기서 카시러는 기호학의 핵심 개념에서 중요한 구별인 신호와 상징의 차이에 대해 다음과 같이 명료하게 설명하고 있다.

> 신호들과 상징들은 두 개의 상이한 담화 세계에 속한다. 하나의 신호는 존재의 물리적 세계의 한 부분이다. 상징은 의미라는 인간 세계의 한 부분이다. (…) 신호들은 심지어 있는 그대로 이해되거나 사용될 때에도 일종의 물리적이거나 실체적인 존재를 갖는다. 상징들만이 오직 하나의 기능적 가치를 갖는다.[30]

바로 이 같은 이유에서 상징은 인간 이외에는 어떤 동물도 넘어서지 못한 문턱을 성립하며, 동시에 인간 실존의 고유한 차원으로 진입하는 문이라

---

30 E. Cassirer, *An Essay on Man: An Introduction to the Philosophy of Human Culture*, (New Haven: Yale University Press, 1944), p.32(에른스트 캇시러, 《인간이란 무엇인가》, 최명관 옮김, 서광사, 1988).

할 수 있다. 오직 상징만이 인간 정신으로 하여금 물리적 환경에 대한 기계적 종속 상태를 넘어서게 해 주고, 동물은 어쩔 수 없이 옭아 매어질 수밖에 없는 '여기 그리고 지금'(hic et nunc)의 굴레로부터 인간을 벗어날 수 있게 해 준다. 상징은 인간으로 하여금 상징들의 은하계, 특히 예술, 언어, 과학 등과 같은 위대한 문화 세계들을 창조적이고 즉발적으로 생산하기 위한 정신적 기관의 도구로 사용된다. 요컨대, 카시러에 의하면 "상징성의 원리는 그것의 보편성과 일반적 적용가능성과 더불어, 고유한 인간 세계, 즉 인간 문화 세계에 접근하게 해줄 수 있는 마술적 단어이다."[31]

이렇듯 카시러에게 있어 인간학적 철학은 문화 철학으로서 추구되었으며, 그것의 고유한 과제는 철학적 종합화의 형식을 통해, 통일적이며 유기체적인 전체를 성립하는 상징 형식들의 각각의 특수한 구조를 추출하면서 인간 정신 세계의 전체를 파악하는 데 있었다. 그 작업의 요체가 바로 '상징형식의 철학'(Philosophie der symbolischen Formen)이며 그의 대작이라 할 수 있는 기념비적 삼부작을 통해 집대성되었다.[32]

이점에서 개별 분과 학문의 장벽을 허물고, 문화, 지식, 의미의 구성적 성격의 원리에서 출발해 위대한 종합을 마련한 카시러의 상징철학은 일반 기호학의 위대한 성취라고 말해도 과언이 아닐 것이다. 이 같은 맥락에서 프랑스 언어학계의 석학인 라스티에 교수는 그의 상징형식 이론은 진정한 기호 이론이며 21세기 문화과학은 다른 어떤 분야보다도 그로부터 영감을 받을 필요가 있다는 점을 강조하고 있다.[33] 카시러는 무엇보다 인간 문명의 시

---

31 같은 책, p.35.

32 Cassirer, E. *La Philosophie des Formes Symboliques*. 3 tomes. *1. Le lanage 2. La Pensée Mythique; 3.La Phénoménologie de la Connaissance*(Paris: Les Editions de Minuit)(에른스트 카시러, 《상징형식의 철학》, 박찬국 옮김, 1권 언어/2권/신화적 사유/3권 인식의 현상학(아카넷, 2019).

33 François Rastier, "Cassirer et la création du structuralisme," *Texto! Textes et cultures*, vol.XXII-n.4, 2017 (다음 학술지에 동시 발간. *Acta Structuralistica. International Journal for Structuralist Research*, Special Issue n.1, Phenonomology and Structuralism, 2018, pp.1-24). 라스티에 교수는 전통적인 사변적 언어 철학과 단절하며 구조주의의 계보에서 독창적 언어 사상과 문화 철학을 구축한 카시러를 소홀히 하거나 과소평가한 시대적 맥락을 짚어 내고

초부터 공존해 왔던 상징형식들의 복수성과 다원성을 부각시키고 있음과 동시에 이 같은 상징들의 특수성, 그것들의 기능적 윤곽을 보여 주려는 시도를 했다. 하지만 그의 사유 시스템은 특정 방법론과 개별 학문 분야에 닫혀 있지 않았고, 그의 모델은 열려 있으며 문화를 다루는 다양한 학문들의 역동성과 성찰성을 존중했다. 상징형식들을 그것들의 다양성 속에서 구성하려는 현상학적 행로는 일반 기호학의 관점에서 세 가지 중요한 특질을 갖고 있다. 하나는 초영역성(trans-domanialité)으로서, 하나의 상징형식은 결코 개별 영역의 울타리에 국한되지 않는다. 다른 하나는 전달가능성(transmissibilité)으로서, 상징형식들은 시간을 통해 유산으로 물려받은 의례화된 실제적인 참여들로서 일정한 부동의 힘을 소유하고 있다. 셋째, 제3항(tiers-terme)의 특징으로서, 상호 작용이 이루어지는 근원과 관련해, 원래의 근원이 공간적으로 동떨어져 있거나, 부재하는 상황이다. 수많은 예들을 사례로 제시할 수 있을 것이다. 그 근원을 알 수 없는 토템들, 조상들, 제도들, 아울러 그 기원의 불투명성으로 인해, 우리가 상호 작용하는 제도들의 뿌리에 놓여 있는 가치들의 수립이 명시적 계약에 기초하지 않은 채, 그 가치들의 기원을 파악할 수 없는 경우이다.

카시러가 제시한 언어로서의 상징형식들은 소쉬르가 언어(랑그)의 사회성을 강조하기 위해 명명했던 사회적 제도들(institutions sociales)에 상응한다. 따라서 소쉬르의 기호학과 카시러의 상징형식 이론은 다양한 문화들을 성립하는 기호학적 체계들의 다양성과 상호작용들을 기술하며, 한 걸음 더 나아가 문화과학을 아우른다는 동일한 목적을 공유한다고 말할 수 있다.

특히, 흥미로운 것은, 카시러가 상징형식을 다룸에 있어 갈릴레이와 케플러 이후 자연과학의 성공을 정초했던 모델이라 할 수 있는 수학화를 거부하지 않았다는 점이다. 요컨대, 현대 기호학은 카시러의 상징 철학 형식에서,

---

있다. 그는 현대 인문학에서 카시러에 대한 이 같은 침묵의 근본적 원인은 유대인 출신으로 독일학계에서 승승장구하던 카시러와 학문적 경쟁 관계에 놓였던 하이데거의 질시와 폄훼에 기인한 의도적 망각과 흔적 지우기(damnatio)에 기인한 것이라고 비판한다.

소쉬르의 구조 기호학과 퍼스의 화용 기호학 전통을 완결지을 수 있는, 자신의 인식론적 문제들에 대한 성찰의 씨앗을 발견할 수 있을 것이다. 특히, 그의 상징 철학은 구조주의의 발전과 동시대에 이루어졌다는 점에서 그레마스 기호학과의 비교 연구도 의미가 있을 것이다.[34]

주지하다시피 통상 현대 기호학의 양대 산맥은 퍼스의 프래그머티시즘에 기초하여 그 기반을 다진 역동적 화용 기호학과 소쉬르에서 그 단초가 새겨진 구조 기호학으로 갈라진다. 이 중 그레마스가 창립한 파리 기호학파는 논리주의와 실증주의를 기반으로 하는 퍼스의 기호학과는 상반되는 견지를 갖고 있다. 파리 기호학파는 단지 프랑스의 일부 인문학 전공자들의 전유물 또는 '기호학적 클럽'이 아니라, 유럽과 미국, 남미 등의 학자들도 동참하고 있는 국제적인 운동이다. 이 학파는 지리적 다양성뿐만 아니라, 학제적 성격을 지니고 있음을 분명히 한다. 문학, 언어학, 철학, 조형예술, 건축학, 민속학, 음악학, 수학 등 거의 모든 분야의 종사자들을 포괄하고 있다.[35] 그런데 이 학파의 특징은 무엇보다도 기호에 대한 계통적 분류와 대수학적 조합을 "거의 신임하지 않는다"는 데 있다.[36] 역설적으로 들리지만 그레마스를 중심으로 모인 파리 기호학파의 구성원들 사이에서는 기호 이론을 다루는 것 자체가 반소쉬르적인 것으로 낙인찍힌다. 그레마스 기호학의 궁극적 대상은 기호가 아니다. 그것이 겨냥하는 과녁은 기호를 소멸시키고 기호를 통합하는 관계들의 망을 기술하는 데 있다. 따라서 파리 기

---

34 이점에서 최근에 이루어진 연구 성과 참조. Jean Lassègue, *Ernst Cassirer. Du Transcendantal au sémiotique* (Paris: Vrin, 2016).

특히, 그레마스의 구조 기호학 관점에서 카시러 철학의 심오함을 가장 먼저 강조한 기호학자는, 그레마스 제자들 가운데 의미의 긴장과 관련해 가장 독창적인 기호 이론을 구축했다는 평가를 받고 있는, 2018년 타계한 질베르베르그이다. 그의 다음 저서 참조. Claude Zilberberg, *Éléments de grammaire tensive* (Limoges; PULIM, 2006), pp.38-40; *La structure tensive* (Liège: Presses universitaires de Liège, 2012).

35 P. Perron & F. Collins, ed., *Paris School Semiotics I, II* (Amsterdam-Philadelphia: John Benjamins, 1989).

36 M. Arrivé & J.-Cl. Coquet, *Sémiotique en jeu ā partir et autour de l'œuvre de A. J. Greimas* (Paris-Amsterdam: Editions Hadès-Benjamins, 1987), p.7.

호학파에 있어서 오직 기호가 일차적으로 용해되고, 기표와 기의가 서로 분리되어 개별적으로 연구될 수 있게 되면서 비로소 방법론적 진보가 성취된다고 말할 수 있다. 미국의 그레마스 기호학 이론의 전문가인 브로덴에 따르면 파리 기호학파는 이원적 기호 모델이건 삼원적 기호 모델이건 구체화된 실재로서의 기호 개념을 회피하고 과정으로서의 의미 작용의 다면적 작동들에 대해서 주의를 기울였던 것이다.[37] 즉 기호가 의미 작용을 발동시키는 것은 발현된 기호들의 심층에 있는 상관 관계들의 체계에서 자리 잡을 때 비로소 가능하다. 따라서 기호는 체계의 효과에 불과하다.[38] 좀 더 지나치게 말하면, 기호는 의미의 껍데기에 불과하다. 기호에 있는 그 순수한 외관을 넘어서 존재하는 고유한 속성들과 작동들은 기호 속에 또는 그 기저에 깔려 있는 체계에 의해서 조절된다. 이 같은 체계를 구축하려는 노력은 하나의 기호학적 문법을 전제로 하는데, 이 문법은 고유한 형태론, 통사론, 의미론의 작동들을 성립시키려고 한다. 이 같은 프로젝트를 일러, 아리베와 코케는 그레마스에게 헌사로 바친 논문 모음집 서문에서 "정태성에 견주어서 역동성의 강조"라는 압축적 표현을 통해 시사한 바 있다.[39] 이 같은 역동성에 대한 관심은 '작용(action)의 기호학'에 대한 이론화로 나타난다.

기호학을 의미 작용의 일반 이론으로 보는 그레마스적 시각과 기호와 기호 체계의 이론으로 보는 고전적 정의 사이에서 나타나는 차이는 결정적인 인식론적 파급 효과를 낳는다. 파리 기호학파의 지지자들에게는 관찰 가능한 현상들을 하나의 명시적이며 적합하고 수미 일관적인 방식으로 모사하는 것은 메타언어의 모델을 산출하고 구축하는 문제에 속한다. 하지만 문제가 되는 현상의 현실적 위치를 결정하기란 까다로운 문제여서 본질적으로는 인식론적 결단을 내리는 데에 달려 있다고 할 수 있다. 기호의 측면에서 보았을 때 초점을 맞추어야 할 현상은 유의미적 표상을 촉발시키거나

37 T. F. Broden, "The sign in Paris semiotics," *Semiotica* 111, 1/2 (1996), pp.2-3.

38 Jean-Claude Coquet, *Sémiotique: L'École sémiotique de Paris* (Paris: Hachette, 1982).

39 M. Arrivé & J.-Cl. Coquet, 앞의 책 참조.

번역하는 형태 요소들의 경험적 물질성일 것이다. 이것은 기호와 지시체의 관계 방식에 따른 상이한 유형의 기호들을 계통적으로 분류하는 작업이다. 반면에 의미 작용면에서는 기호가 담화 속에서 실현된다는 바로 그 사실 때문에 기호들을 통해서 생성되는 의미적 효과의 물질성을 따로 분리하는 데 주안점을 둔다. 이것은 형태 분절의 고유한 현상으로서 의미 작용의 통일성은 발화 작용 주체의 생산과 포착이라는 시각에서 다양한 매개체를 통해서 나타남을 전제로 한다. 따라서 기호학의 대상을 성립시키는 것은 "담화의 실행화와 조직화의 과정이다."[40] 기호학의 대상은 결국 점증적으로 발전하면서 그 타당성의 문제를 재분절하는 위계화에 따른 도구들과 절차들의 개념적 집합으로 볼 수 있다. 이에 대해 크게 세 개의 영역을 언급할 수 있다. 첫째로 분석의 가능성과 그 같은 분석의 토대가 되는 형식화를 탐구함으로써 구조 개념에 대한 보다 역동적인 공식을 새로이 마련하는 것이며, 이어서 두 번째로 기호학의 기술적 개념들의 방법론적 동질성을 확보하는 일이다. 서사적 담론을 넘어 양태 통사론의 비약적 발전에 있어서 이 점을 주목해야 할 것이다. 마지막으로 기호학의 영역에 새로운 문제 틀을 적극적으로 재도입하는 일이다. 이를테면 정념, 구상성, 윤리 등의 문제들을 포섭하는 작업이 그것이다.

그레마스의 기호학 이론은 몇 가지 핵심적인 인식론적 공식을 전제 조건으로 삼는다. 첫째, 텍스트를 그 대상으로 삼으면서 기호학의 작동 수준을 규정하여, 언어 이론과 담화로서의 실현에 대한 이론의 틀 안에 위치시킨다. 그의 기호학은 무엇보다도 텍스트가 자기 자신의 울타리의 원칙을 포함하는 의미 작용의 전체를 형성한다는 점을 전제로 한다. 그의 기호학은 지시체의 심리적 또는 사회 문화적 세계로부터 오는 규정들의 중요성을 부정하지 않지만 초점은 의미 작용의 형태들의 분절에 둔다. 두 번째, 텍스트의 세계를 자율적인 것으로 보는 내재성의 공리와 더불어, 의미를 기술하

40 D. Bertrand, "Narrativity and Discoursivity," in *Paris School Semiotics I* (Amsterdam: John Benjamins, 1989), p.105.

기 위한 추상화의 상이한 수준들을 상정한다. 이 수준들은 상호 변환될 수 있는 메타언어적 수준들이다. 다시 말하면 그것들은 방법론적 모형 내지는 모사물(simulacrum)이다. 세 번째로 의미 작용은 문맥 속에서만 나타난다는 점에서 의미 분석은 문맥 의미론이다. 따라서 의미 분석은 어휘소에 내재적으로 귀속된 내용의 단위, 즉 의소 분석과 어휘소의 문맥화에 연결된 부류소를 구분해야 할 것이다. 밀접하게 연결된 이 같은 두 가지 단위의 연대성은 하나의 조합 체계를 형성하여 의미적 효과인 의미소를 낳는다. 각각의 단위 유형은 기호학적 사각형이라는 시차적 구조 안에 각인됨으로써 다시 정의된다. 이상의 언급으로 미루어 보았을 때 그레마스의 의미 이론에서 핵심 사안은 객관적 형상으로서의 기호가 아니라 의미 구성에서의 기호 사용이라는 점에서 기존의 기호 이론과 매우 동떨어져 있음을 알 수 있다. 요컨대 그레마스는 자신이 추구하는 기호학의 목표가 과학성을 지향한다는 점을 누차 강조한 바 있다. "기호학자로서 제 평생 동안 저의 유일한 근심은 기호학을 작동가능하고 효율적인 것으로 만드는 일이었습니다."[41] "기호학이 하나의 과학적 기획이라는 것은 나의 신념입니다."[42] 그레마스는 자신의 기호학을 '하나의 과학적 기획'으로서 정의했으며, 자신의 작업이 현재 진행형이라는 점을 강조하기 위해 결코 완수된 과학이 아님을 누차 환기시킨 바 있다(Greimas et Courtés 1979: III). 특히, 그는 이 같은 작업이 결코 단기간에 완성될 수 없다는 점에서 긴 호흡으로 다수의 기호학자들이 집단적 구축 작업에 참여할 것을 희망했다. 퐁타니유 교수는 이 같은 관점에서 그레마스의 기호학적 작품을 검토하면서 그것이 "다양한 방향들 속에서 진행될 하나의 열려진 프로그램으로 제시된다"는 점을 주목한다. 그는 그레마스의 연구 프로그램을 일러, 긴 여정 속에서 실천되어야 할 하나의 일반적 포맷으로 규정한다.[43] "이 같은 이론적 방법론적 포맷은 인식론적 공간 속

---

41 A. J. Greimas, "Les universaux de la narrativité," *Semiotica* 214 (2017)(1984년 발표 미간행원고), p.31.

42 같은 글, p.32.

43 Jacques Fontanille, "La sémiotique de Greimas: un projet scientique de long terme,"

에서 정의와 국부화(localisation)의 절차로 이루어지며, 다루어야 할 문제들의 위계화되고 상호의존적인 긴 시리즈의 절차로 이루어진다."[44] 그 같은 포맷은 장기간적인 안목에서 연구의 주요 이정표를 세웠으며. 그레마스는 일련의 문제들 가운데 일부분만을 다루었다. 이 같은 상이한 진화들의 주요 연구 주제를 언급하면 다음과 같다. 주체 기호학(Coquet 1985, 1997), 긴장 기호학(Zilberberg et Fontanille 1998; Zilberberg 1988, 2011, 2012), 형태 동학 기호학(Petitot 1985), 심리 기호학(Darrault et Klein 1993, 2007), 사회기호학(Landowski 1985, 1997, 2004), 시각 조형 기호학(Floche 1990, 1995), 공간 기호학.

그레마스에 관한 연구서를 쓴다는 것은 여러모로 시대착오적인 발상으로 비추어질 수 있다. 그런 이유 중의 하나는 그레마스를 구심점으로 형성된 이른바 파리 기호학파가 그가 타계한 1992년 이후 정체성 자체가 해체되어 가고 있는 양상을 보여 주고 있기 때문이다. 구체적으로 몇몇 그의 옛 제자들은 그레마스의 부재로 인해 분열과 단절의 위기에 직면했다는 직언을 발설하고 있다. 하지만 그가 말년에 심취한 심미성과 감성에 대한 기호학적 비전은 비록 그 이론적 윤곽을 확연하게 제시하지는 못했다 해도 그의 제자들에게 기호학의 새로운 패러다임을 제공했다고 사료된다.[45] 더구나 소쉬르, 옐름슬레우의 계보를 이어오면서 구조 기호학이란 산맥의 준봉을 차지했던 그레마스 기호학의 발생과 전개 과정에 대해서 역사적 인식론적 관점에서 비판적 종합을 시도하는 작업은 현대 기호학의 흐름을 파악하기 위해서는 필수 불가결한 것으로 판단되었다.

그레마스 기호학 사상의 패러다임의 정체와 그 한계를 밝히는 것이 본서의 목표이다.[46] 특히, 그가 말년에 자신의 수제자인 퐁타니유 교수와 공저로

Semiotica 214 (2017), p.92.

44 같은 글, p.92.

45 Cf. A. J. Greimas, *De l'imperfection* (Périgueux: P. Fanlac, 1987).

46 그레마스의 생존 시, 그리고 그가 타계한 1992년 이후, 그의 제자들이 이뤄 낸 업적들과 파리 기호학파의 역사를 정리하는 작업은 보다 방대한 기호학사와 프랑스 현대 지성사에 속한다는 점에서 본서의 범위를 훌쩍 뛰어넘는다.

발표한,《정념의 기호학》의 인식론적 함의를 고찰하며, 감성과 윤리의 문제가 어떻게 기호학적으로 조명될 수 있는지에 대한 가능성을 타진하였다. 이 연구는 결국 주체와 '살'이 제거된 기계론적인 구조주의의 한계를 지적함과 동시에, 새로운 패러다임의 도래를 예고할 것이다. 필자는 그것을 일러 '현대 기호학에 도래한 새로운 실재론과 현상학의 부흥'이라고 부를 것이다.

그레마스의 저술은 당대의 철학자, 문학 비평가, 미학 이론가, 논리학자, 심리학자, 정신분석학자들과의 통찰력 깊은 대화에 기초한 과학적 창조성으로 번뜩이며, 그러면서도 경박한 유행이나 '에세이즘'으로 흐르지 않고, 개념적 엄정성을 견지했다는 것이 서구 기호학계의 중론이다.[47] 영국의 비평가 제임슨은 그레마스가 활성화시킨 파리 기호학파의 능력을 "참신하며 긴박한, 아울러 흥분시킬 만한 문제들을 산출했다"[48]는 사실로 평가하기도 했다. 실제로, 그레마스 기호학 모델은 상상하는 것 이상으로 인문학과 사회과학의 여러 분야에서 활용되고 있다. 가장 대표적인 사례로는 프랑스의 과학 사회학자로서 과학 인류학의 새로운 장을 열었다는 평가를 받고 있는 라투르(Bruno Latour)가 발명한 행위자 네트워크 모델을 손꼽을 수 있다.[49] 실제로 라투르는 과학의 수사학적 차원을 주제로 삼아 이탈리아 기호학자 파브리와 공동으로 발표했던 그의 초기 논문[50]에서부터 프랑스 법정에 대한 민족지학적 관찰을 적용한 근래의 연구[51]에 이르기까지 시종일관 기호학을 기본적인 이론적 도구로 사용해 왔다. 특히 과학 분야에서 행위자의

47 T. F. Broden, "Commemorative essay, A. J. Greimas (1917-1992)," *Semiotica* 105, 3/4 (1995), pp.207-242.

48 F. Jameson, "Introduction," in *On Meaning. Selected Writings in Semiotic Theory,* trans. P. Perron & F. Collins (Minneapolis: University of Minnesota Press, 1987), p.vii.

49 라투르의 이론에서 그레마스 기호학 이론의 활용에 대한 상세한 논의는 다음 논문을 참조할 것. Roar Høstaker, "Latour - Semiotics and Sciences Studies," *Science Studies* 18, no.2 (2005), pp.5-25.

50 B. Latour & P. Fabbri, "La *Rhétorique* de la science. Pouvoir et devoir dans un article de science exacte," *Actes de la recherche en sciences sociales* (1977, Fevrier), pp.81-95.

51 B. Latour, *La fabrique du droit: Une ethnographie du Conseil d'État* (Paris: La Découverte, 2002).

중요성과 테크놀로지의 매개 문제를 집중적으로 탐구했던 1980년대와 90년대에 발표된 그의 주요 저술을 검토해 보면 그레마스의 행동자 모델과 서사 프로그램 모델이 라투르의 설명적 이론에 결정적인 영감을 주었음을 어렵지 않게 감지할 수 있다.[52]

또한 1970년대부터 라투르는 그레마스의 발화작용 기호학 이론을 차용하여 아인슈타인의 과학 텍스트를 연구 대상으로 삼아 상대성 이론에서 지시체가 생산되는 과정을 분석하는 논문을 발표하였다. 라투르의 인식론에 있어 실존(existence)과 과정(또는 사행事行)(procès) 이전에는, 소쉬르가 말하는 '랑그'나 '시스템'은 존재하지 않는다. 그 기원에 있어, 이를테면 먼저 활동이 없는 부동의 것들(무생명의 질료)을 지속시키게 해 준 힘들의 연속체가 존재하고 이어서 생명체의 계보가 힘들을 형태들로 차별화시키고 변형시키는 과정들로부터 창발한다. 그 다음에 이어지는 방식들 속에서 그 같은 힘들과 형태들은 발화작용의 차원과 발화체의 차원 사이에서의 구별과, 발화 주체와 피발화자 사이의 구별을 가능케 한다. 랑그와 시스템, 아울러 자연 언어 영역을 벗어남으로써 라투르로 하여금 그의 탐구를, 언어 과학 이전에 존재하는 것, 즉 힘들의 분절과 생명체들의 계보로 확대시키는 것을 가능케 한다. 이들 물리적 생물학적 영역은 발화체가 부재하는 것은 물론 발화주체와 피발화자의 역할의 부재로 특징지어질 수 있다.[53]

또한 그 이후의 논문에서는 자신이 발화작용의 체제들(régimes d'énonciation)(재생산, 대치, 누락, 테크닉, 허구, 과학, 종교, 정치, 법)이라고 부르는 행동의 과정에 관심을 표명했으며 최종적으로는 실존 방식의 문제에도 그레마스의 발화작용 이론을 적용하였다. 예컨대, 누락의 체제(또는 믿음)에

---

52 B. Latour, *Science in Action: How to Follow Scientists and Engineers through Society* (Cambridge, Mass.: Harvard University Press, 1987); *The Pastoration of France* (Cambridge, Mass. and London, Harvard University Press, 1988); *Pandora's Hope: Essays on the Reality of Science Studies* (Cambridge, Mass. and London, Harvard University Press, 1999).

53 라투르가 사용한 발화작용의 기호학에 대해서는 다음 논문 참조. Maria Giulia Dondero, "Bruno Latour et la sémiotique de l'énonciation : fondements et évolutions," *Symposium* 22, no.1 (2018), pp.22-40.

서는 모든 흔적의 자리를 정확히 할당시킬 수 없는데 그 이유는 그것의 뿌리를 상실했기 때문이다. 또한 타성의 체제에서는 모든 것이 자연적이고 이미 주어진 것으로 나타나는데 이것은 의미의 형성으로 유도된 과정이 일체의 흔적을 상실한 방식에 해당된다. 발화작용의 불투명성의 형태 모두가 소멸되는 곳에서, 즉 의미가 형성되는 곳에서 세계는 총체적으로 투명하게 나타난다.[54]

라투르가 사회적 장을 몇 개의 대표적 영역들(과학, 법, 허구, 기술, 정치, 도덕, 타성, 재생산, 변신, 타성, 결속, 조직화, 지시 준거 등등)로 구조화하고 있는 15개의 실존 방식들을 기술할 때, 우리는 그가 그레마스의 기호학 이론으로부터 차용된 특수한 행동자 모델과 함께 발화작용 이론을 사용하고 있음을 직감할 수 있다. 실제로, 각각의 실존 방식은 기초적이며 일반적인 의미론적 통사적 구조를 분절하고 있다. 보다 구체적으로는 다양한 실천들의 기호학적 구조를 표상한다고 말할 수 있다. 물론 여기서 말하는 실천은 텍스트적 실천이 아니라, 현실 세계에서의 실천들을 뜻하며 라투르가 말하는 실존은 하나의 흐름으로서 간주되어야 할 것이다. 라투르가 수립한 15개의 실존 방식 각각은 모두 기호학적 실재들과 기호학의 유형들로 환원될 수 있다. 예컨대, 도덕은 조종과 제재, 조직화는 서사 프로그램화, 법은 텍스트의 기호학적 실재에 해당되며, 변신, 재생산, 타성은 지각 기호학에 할당될 수 있으며, 정치, 종교, 기술은 행동 기호학, 법과 지시 준거는 해석 기호학에 해당된다고 볼 수 있다.[55]

---

54 Bruno Latour, "A Relativist Account of Einstein's Relativity," *Social Studies of Science* 18 (1988), pp.3-44.

Bruno Latour, "Petite philosophie de l'énonciation," in Passo & L.Corrain (eds.), *Elogio del senso: Dialoghi semiotici per Paolo Fabbri, Orizzonti, compiti et dialoghi della semiotica* (Milan: Cosa & Nolan, 1998), pp.71-94.

Bruno Latour, *Enquête sur les modes d'existence. Une anthropologie des modernes* (Paris: La Découverte, 2012).

55 라투르의 실존 방식에 사용된 기호학적 모델화에 대해서는 다음 논문 참조. Nicolas Couégnas et Aurore Famy, "La part sémiotique de l'anthropologie des modernes," *Semiotica* 219 (2017), pp.435-454.

물론, 그레마스의 기호학 모델을 비롯한 이른바 기호학적 전회(semiotic turn)가 과학 연구(sciences studies) 분야에 미친 긍정적 효과에도 불구하고 따가운 비판을 가하는 학자도 없지 않다. 이를테면 자연의 과학적 구성을 하나의 텍스트로 간주하는 구조주의적 접근법에 의문을 제기함과 동시에 문화의 역사적 설명과 물질성을 부각시켜야 한다는 주장을 내세우는 이들 비판적 학자들은 라투르가 전폭적으로 수용한 그레마스의 서사 문법을 곱지 않게 바라본다.[56]

미국의 대표적인 문학 비평 전문가 컬러 교수는 그의 명저 《구조주의 시학》에서[57] 문학과 언어학의 접면으로 의미의 세계를 지적하면서 특히 의미론이 문학 분석에 유용할 것이라는 진단을 한 바 있다. 특히 영미권에서 제시된 의미론은 문학에 적용되기에 요원한 반면, 그레마스의 이론은 문학 자료에 대한 의미론적 주제적 기술을 위한 알고리즘을 제공한다는 진술을 하고 있다. 따라서 그레마스의 작업은 "문학 언어의 기술에 대해서 언어학적 모델들을 적용하는 특이한 방식의 가장 야심만만한 예증이다."[58] 하지만 컬러는 모든 의미 이론이 작동의 적합성과 기술적 적합성을 지향해야 하지만, 현재로서 의미 이론은 수미일관적이며 명시적 메타언어를 사용하거나, 의미론적 효과를 설명해야 하는 등, 이 같은 모든 요건을 만족하는 경우가 없으며, 그레마스의 경우 역시 예외가 아니라고 말하면서 그 한계를 지적하고 있다.

파벨 교수는 그레마스가 기호학 발전에서 결정적으로 기여한 분야는 언어학과 문학 연구는 물론 특히 서사학에 대한 혁신적 장을 개방시켰음을 강조한다.[59] 특히, 그레마스의 논쟁은 보다 높은 추상화의 수준에서 펼쳐

56 이 점에 대해서는 다음 논문 참조할 것. Timothy Lenoir, "Was That Last Turn A Right Turn ?: The Semiotic Turn and A. J. Greimas," *Configurations* 2 (1994), pp.119-136.

57 Jonathan Culler, *Structuralist poetics* (Ithaca & New York: Cornell University Press, 1975), pp.75-95.

58 같은 책, p.76.

59 Thomas Pavel, "Human action in narrative grammars," *Semiotica* 214 (2017), p.219.

졌다는 점을 환기시킨다.[60] 그 가운데 행동자들의 배열은 인간의 상상력이 세계를 조직화하는 방식에 대해 본질적인 통찰을 계시하고 있다고 상찬한다.[61] 끝으로 그레마스 서사 이론의 가장 위대한 장점들 가운데 하나는 서사물의 다채로운 켜들 사이에 존재하는 밀접한 연결고리들을 제공하고 있다는 점이다. 심층적인 기호학적 구조, 행동자들, 행위자들, 형상들, 이야기의 담론적 제시 등이 그것이다. 그렇지만 파벨 교수는 기호학은 자연과학이 아니라 정신을 다루는 학술 분야라는 점에서 여전히 해석이 필요한 분야임을 주목한다.[62]

그레마스의 제자로서 미학과 기호학을 접목시켜 일가를 이룬 파레트 교수는 그레마스의 기획이 야심적이라는 핵심적 이유로 그것이 의미의 일반 이론을 지향하며, 일체의 사회 과학에 대해서 평가적 제어, 더 나아가 인식론적 '전복'의 기능을 행사할 것을 선포했기 때문이라는 진단을 내린 바 있다. 그레마스의 야심 찬 프로그램에서 기호학은 하나의 메타-학술 분야의 특징을 갖고 있다는 것이 파레트의 주장이다.[63]

이점에서, 그레마스의 기호학은 다른 과학들과의 대화에 대해 시종일관 열린 태도를 취해 왔다고 말할 수 있다. 그레마스 기호학의 권위자들은 구조 기호학이 인문학을 비롯한 타 학문들에 대해 보여 주었던 그 같은 적극적 대질과 대화하는 태도는 제반 현상들의 구조화와 관련된 세 개의 상이한 가능성들에 따라 실현될 수 있다고 보고 있다.

첫째, 언어과학에 그 출발점의 뿌리를 두고, 구조 언어학의 과학적 기획들에 참여하면서 소쉬르와 옐름슬레우로부터 영감을 받은 기호학은 다른 과학들이 다루는 담론, 예컨대 생물학의 담론, 역사학의 담론, 물리학의 담론, 건축학의 담론에 대한 연구를 목표로 삼았다. 이 첫 번째 노선은 옐름

---

60 같은 글, p.225.
61 같은 글, p.225.
62 같은 글, p.228.
63 Herman Parret, "Approches sémiologiques," *Recherches en communication* 11 (1999), pp.44-45.

슬레우가 명시적으로 지적한 노선으로서, 제 과학들이 자신들의 메타 언어를 통해 생산하는 담론들에 대한 기호학적 분석을 실천해 온 노선이라 할 수 있다. 짧게 말해 이 같은 노선의 접근법은 과학 담론들에 대한 기호학적 분석을 제안하는 데 있다. 요컨대, 그레마스가 자신이 기획한 기호학의 궁극적 목적을 '의미 작용의 과학'(science de la signification)으로서 규정하는 입장을 천명함으로써 다른 과학들과의 대화를 통해 각각의 개별 과학을 특징짓는 탐구 방식과 설명 실천들에 관여하는 현상학적 층위 속에서 이들 상이한 과학들과의 분절을 추구한다고 볼 수 있다.

그레마스가 발굴한 두 번째 노선은 다른 개별 분과 학술 분야들을 특수한 개별 기호학들로서 분절시키는 원근법이라 할 수 있다. 《구조 의미론》(1966)에서 정식화된 이 같은 기획은 이미 구두 담론들을 넘어, 인간이 지각하는 바대로의 의미의 모든 우주들(univers de sens)을 과녁으로 삼았다. 예컨대, 건축학과 도시과학과의 대화 속에서 그레마스 기호학은 건물이나 도시의 조직에 대한 담론들을 통해서가 아니라, 건축 형태들과 도시 형태들을 직접적으로 분석하면서 건축과 도시 공간의 의미 작용을 설명하려는 시도를 해 왔다. 또한, 분자 생물학과 관련해, 그레마스 기호학의 분석 목표는 생물학의 담론이 아니라 생명체와 그것의 환경 사이에서 이루어지는 정보와 메시지의 교환 과정 속에 스며 있는 기호학적 본질을 파악하는 데 있었다. 이 같은 노선을 통해 구조기호학은 각각의 개별 학술 분야가 머금고 있는 고유한 기호학적 잠재력을 탐구한다. 그레마스는 1960년대 말부터 구조 기호학의 기초를 세 개의 핵심적 주춧돌에 기초하여 구축했다. 구두 언어들의 이론이라 할 수 있는 언어학, 언어들의 현상학이라 할 수 있는 철학, 그리고 커뮤니케이션과 일반화된 교환들의 이론이라 할 수 있는 인류학이 그것이다. 이어서 그레마스 기호학은 사회학(사회 언어학), 심리학(심리 기호학), 생태학(기호 행태학), 자연과학(생명기호학), 환경과학(생태기호학), 역사학, 지리학, 마케팅, 미술사, 문학사, 인간공학, 디자인 등과 더불어 적극적 대화를 모색했다.

그레마스 자신이 권장했던 이 같은 기호학 방법론과 연구 영역의 팽창 운동은 1960년대에 상이한 학문들의 횡단을 시도하며 이루어진 기호학적 기획의 기반을 제공했던 하나의 파격적 가설에 기초하고 있다. 즉, 모든 과학들에서, 하나의 개별 기호학이 작동하고 있으며 기호학이 맡은 숙제 가운데 하나는 하나의 '오르가논'(organon), 즉 제 학문들에 적용될 수 있는 보편적 방법과 모델을 제시하고, 이 같은 개별 기호학들 사이에서의 대화의 조건을 제안하는 데 있다. 하나의 개별 기호학을 구비한 상이한 과학들에 대한 이 같은 기호학의 기획은 그레마스 자신이 인문과학과 사회과학의 필요에 대한 반응으로서 정식화된 바 있다. 최근에 출판된 리투아니아어로 작성된 그의 글들을 검토해 보면, 기호학이 맡아야 할 이 같은 초학제적 본질에 대해 보다 분명하게 표현하고 있음을 알 수 있다.[64] 요컨대, 그레마스의 주장에 의하면, 기호학은, 마치 정밀과학과 자연과학에 대해서 수학이 맡아야 할 역할과 마찬가지로, 인문과학과 사회과학에 대해서 그 같은 동일한 역할을 맡아야 한다는 것이다.

그레마스가 열어 놓은 세 번째 노선은 아직 미완의 작업으로서, 다양한 표현 질료들의 구조화에 초점을 두면서 이루어지는 자연적 상동성들을 발견하는 노선이라고 할 수 있다. 그 방법은 인류학, 심리학, 사회학, 동물행태학 등의 인문과학에 의해 탐구된 행동양식들의 구조화를 물리학, 생물학, 신경학 등의 표현 질료들과 교차시키는 작업으로서, 이때 인문과학은 내용의 질료들을 탐구하게 된다.[65]

그레마스의 기호학 사상에 대한 기존의 평가들을 종합해 본다면, 그레마스의 기호학 사상은 인문학적 상상력의 탁월한 전범이라고 해도 지나친 발언이 아닐 것이다.

---

64 A. J. Greimas, *Du sens en exil: chroniques lithuaniennes*, textes présentés par I. Darrault-Harris & D. Bertrand, traduit du lithuanien par L.Perkauskyté (Limoges, Lambert_Lucas, 2017).

65 Jacques Fontanille et Alessandro Zinna, "Le dialogue entre la sémiotique structurale et les sciences. Hommages à Algirdas Julien Greimas," *Langages* 213 (2019), pp.5-19

제1부

그레마스 기호학의 역사적 형성

그레마스 Algirdas Julien Greimas

1917년 리투아니아에서 태어나 법학을 전공한 후 1936년 프랑스의 그르노블 대학으로 유학, 중세 연구와 어휘 분석으로 학자의 길을 시작했다. 1949년 이집트의 알렉산드리아 문과 대학에서 전임 강사로 임명되어 프랑스어사를 강의했으며, 이어서 1958년 터키의 앙카라 대학에서 프랑스어와 프랑스 문법 분야의 교수직을 수행했으며, 1960년 이스탄불 대학에서 교편을 잡았다. 1960년 파리로 돌아와 당시 프랑스의 대표적 언어학자들이었던, 뒤부아, 슈발리에, 미테랑 등과 함께 프랑스어 연구 학회(SELF)를 창립한다. 1962년 푸아티에 대학의 프랑스어학 정교수로 임명되었으며, 이어서 1963-1964년 푸앵카레 연구소에서 《구조 의미론》을 강의했다. 같은 해인 1964년 그는 바르트 등과 더불어 프랑스 언어학계의 대표적 학술지인 《랑가주》(*Langages*)를 창간했다. 이후 1965년 고등 연구 실천원(École pratique des hautes études)의 책임 연구소장으로 임명되어 이곳에서 장차 파리 기호학파의 기초가 될 기호학 연구 모임을 조직했다. 주요 저서로는, 그의 제자 쿠르테스와 공동으로 집필한 《기호학 사전》을 비롯해, 《모파상, 텍스트 기호학—실제 연습》, 《불완전성에 대하여》, 《기호학과 사회 과학》, 《정념의 기호학》을 비롯해 다수가 있다(서지 목록 참조). 1992년 서거하였으며, 유해는 청년시절을 보낸 정신적 고향이라 할 수 있는 리투아니아의 카우나스에 안장되었다. 그레마스는 높은 설명력을 갖춘 생산적인 텍스트 기호학 이론을 잉태시켰으며, 연구 영역에 있어서도 문학 작품의 한정된 틀을 깨고, 공간 기호학, 회화, 신학, 법, 사회 과학 등 문화의 전 영역을 아우르면서 고밀도의 창조적인 기호학 이론과 일반 인식론 분야에서 결정적인 공헌을 했다는 평가를 받고 있다.

제2장

그레마스는 누구인가 — 생애와 주요 저술 일람[1]

대부분의 위대한 과학자와 인문학자가 그렇듯, 그레마스 역시 다면적 인물이다. 구조 기호학의 태두이며, 프랑스어사의 권위자, 사전학자, 에세이스트, 문학 비평가였으며 완벽한 이개국어 사용자로서 평생 프랑스어와 리투아니아어로 글을 썼다. 그는 언어학과 기호학 분야에서는 프랑스어를 사용했으며, 신화 연구와 문학 비평 이외에도 다양한 에세이를 모국어인 리투아니아어로 발표했다. 따라서 그레마스의 지적 유산에서 이 두 영역 사이의 관계에 대한 성찰이 필요하다. 하지만 아쉽게도 그레마스의 지성사에 대한 기존의 연구에서는 리투아니아의 문화, 신화를 다룬 그의 글들을 상세히

---

1 그레마스의 지성사에 대한 가장 완결된 연구는 코케 교수의 정리이다. 다음의 내용은 코케의 연구에 크게 의존하고 있음을 분명히 밝혀 둔다. J.-Cl. Coquet, "Note bio-bibliographique," in *Exigences et perspectives de la sémiotique, Recueil d'hommages pour Algirdas Julien Greimas*, textes présentés par H. Parret & H.-G. Ruprecht (J. Benjamins Pub. Co., 1985), pp. liii-lxxxv. 이 밖에 필자가 참고한 그레마스의 삶과 저술을 중심으로 그의 전기를 다룬 연구문헌들의 서지는 다음과 같다. 특히 리투아니아에서의 청년기 시절을 회고한 자전적 전기가 도움이 되었다.

① Monica Rector, "Algirdas J.Greimas: An Intellectual Biography," *The Semiotic Web 1987* (New York, De Gruyter Mounton, 1988), pp.23-36.

② Herman Parret & Hans-George Ruprecht, "Introduction," in *Exigences et perspectives de la sémiotique* (J. Benjamins Pub. Co., 1985).

③ Greimas가 자신의 저서 *Du Sens* (1970)와 *Du Sens II* (1983)에 쓴 서론과 서문.

④ Ronald Schleifer, *A. J. Greimas and the Nature of Meaning* (London: Croom Helm, 1987).

⑤ 그레마스가 이탈리아에서 발간되는 기호학 학술지 *VS*(Versus)(1971년 기호학자 움베르토가 창간)의 편집자와 나눈 대담록(Greimas 1986).

분석한 사례를 찾기가 어렵다. 그레마스의 지적 형성에 적지 않은 영향을 미친 리투아니아의 문화적 아성을 프랑스어로 기술한 연구는 찾아보기 힘든 실정이다. 다행히 그레마스의 리투아니아 글 모음집의 프랑스어 판이 최근에 출판되어 공백을 메웠다.[2]

1980년대 중반 미국에 소재하는 리투아니아 문예지의 창립자이며 발행인인 카볼리스(Vytaustas Kavolis)와 나눈 한 대담에서 그레마스 자신은 자서전이 한 사람의 삶을 미화시키는 꾸밈이 될 수밖에 없다는 다소 회의적 시각을 내비치면서도, 비교적 담담하고 소상하게 자신의 삶을 들려주고 있다.[3]

그레마스는 자신의 삶의 의미 체계를 형성하는 데 있어 최초로 경험했던 추억이 무엇이냐는 물음에 대해 이렇게 답하고 있다. "추억이란 자명한 것이 아닙니다. 어떤 사람들은 갖고 있으나, 다른 사람들은 갖고 있지 않습니

---

⑥ 그레마스의 자서전, Greimas, "An attempt at an intellectual autobiogrpahy," *LITUANIUS* (Lithuanian Quaterly Journal of Arts and Sciences) volume 41, no.3(1995 Fall).

⑦ Thomas F. Broden, "Chronology of A. J. Greimas," *Semiotica* 214 (2017), pp.9-13.

⑧ Thomas Broden, "A. J. Greimas Jeunesse, parcours, œuvre," *Congrès du centenaire de la naissance d'A. J. Greimas, Greimas aujourd'hui: l'avenir de la structure*, 2017.

⑨ Thomas Broden, "Vie et œuvre d'A. J. Gréimas(1917-1992)", *Texto! Textes et Cultures*, vol. XXII, no.3 (2017), pp.1-38

⑩ Algirdas Julien Greimas, *Du sens en exil: Chroniques lithuaniennes*, textes réunis par Saulius Zukas et Kestutis Nastopka, présentés par Ivan Darraux-Harris et Denis Bertrnd, traduits du lithuanien par Lina Perkauskytè (Limoges: Lambert-Lucas, 2017).

⑪ A. J. Greimas, "Essai d'autobiographie intellectuelle," in Algirdas Julien Greimas, *Du sens en exil: Chroniques lithuaniennes* (Limoges: Lambert-Lucas, 2017), pp.17-36.

⑫ A. J. Greimas, "De la sémiologie à la sémiotique. Choix de lettres d'A. J. Greimas," *Semiotica* 214 (2017)(1966-1990), pp.51-66.

그는 그르노블 대학 시절부터 타계한 1992년까지, 그의 가족, 친구, 동료 연구자들, 제자들과 더불어 상당한 분량의 서신을 규칙적으로 교환하였다. 그는 그르노블 대학 학부 시절 일주일에 무려 30통 이상의 편지를 그의 가족, 친구들, 공동연구자들에게 보낸 바 있다. 하지만 그가 받은 서간문 상당 부분을 소각했다.

2 Algirdas Julien Greimas, *Du sens en exil: Chroniques lithuaniennes* (Limoges: Lambert-Lucas, 2017).

3 *Metmenys* 50 (1985), pp.10-20 & 51 (1986), pp.21-30.

다. 제 경우, 기억은 단지 13살 때부터 작동하기 시작합니다. (…) 저의 최초의 추억은—상징성이 지적 전기에서 어떤 의미를 갖는다는 조건에서 말씀드립니다—제 자신이 되지 않으려는 갈망에서 비롯됩니다. 그 갈망은 저의 유년시절부터 발현되었습니다. 저는 엄숙하고 단호하게 이렇게 말했습니다. "나는 그레마스가 아니야. 나는 알지르다스 게이디마욱카스 베즈뒤카스(Algirdas Geidimauckas Bezdukas)야!"[4]

그레마스(Algirdas Julien Greimas)는 리투아니아인 부모로부터 1917년 3월 9일 러시아의 툴라(Tula)에서 태어났다. 그는 고등학교를 졸업한 후(1934년) 리투아니아의 카우나스(Kaunas)에서 법학을 전공했다. 지적으로 조숙했던 그레마스는 리기스키우 요나스(Rygiskiu Jonas) 고등학교 재학 시절부터 인간의 가치 체계와 그것에 대한 평가가 전혀 명료하지 않아 보였다는 고백을 했던 것으로 전해진다. 청년 그레마스는 모국어인 리투아니아어 이외에 독일어를 제1 외국어로 선택했으나 이미 보들레르와 베를렌과 같은 프랑스 상징주의 시인들의 주요 작품들을 번역서를 통해 접했다고 회고한 바 있다. 또한 오스카 와일드, 니체, 특히 쇼펜하우어의 명저 《의지와 표상으로서의 세계》(*Die Welt als Wille und Vorstellung*) 등의 고전들을 섭렵해 나갔다. 그레마스가 말년에 소개한 추억의 편린에 따르면, 빌니우스(Vilnius)에서 카우나스(Kaunas)로 삶의 거처를 옮긴 청년 시절 당시 영국과 미국에서 살다 조국으로 돌아온 자기 또래의 리투아니아 청년들의 영향을 받아 한때 '스노비즘'과 국제풍의 분위기에 휩싸였었다고 고백한다. 그런 다소 들뜬 분위기 속에서도 청년 그레마스는 트로츠키, 슈펭글러, 하위징아 등의 저자들을 자신의 필독서 목록 속에 포함시켰으며 문학적 취향과 더불어 일찌감치 역사의 의미를 간파할 수 있을 정도로 지적 능력이 일취월장하며 자신의 지적 토대가 탄탄해져 갔음을 밝히고 있다.

그는 약관 20세까지 리투아니아에서 살았고 그 후, 서방 세계의 문화적 심장부라 할 수 있는 프랑스로 건너가 나머지 50여 년 동안 학술 활동을 비

4 A. J. Greimas, "Essai d'autobiographie intellectuelle," p.18.

빌니우스 대학 전경(필자 촬영)

카우나스 대학 전경(필자 촬영)

카우나스 시청 전경(필자 촬영)

롯한 다양한 지적 편력을 계속했으나, 그레마스 자신은 결코 이 두 시기를 고립된 시기로 보지 않았다. 오히려 자신이 경험한 두 개의 문화 세계가 상호성과 대립 속에서 공존해 왔다는 점을 강조해 왔다. 특히 그레마스는 자신의 인생을 회고하면서 성인이 된 이후의 삶을 지리적으로나 정신적으로 하나의 정신 분열증 환자처럼 보내 왔다는 자조 섞인 표현을 쓰기도 했다. 그는 청년기부터 철학과 역사 분야에서 독일 문화의 정신을 체득했으며, 스칸디나비아 반도의 전통과 정신세계를 지각하면서 적지 않은 문화적 영향을 받았다는 점을 지적했고 이 같은 상이한 자양분은 프랑스와 같은 옛 로마 제국의 민족들에게는 이해될 수 없는 요소들이라는 점을 지적하기도 했다.

1934년 그레마스가 리투아니아에 소재하는, 게르만 전통을 계승하는 고등학교(Rygiskiu Jono)에서 치룬 졸업 시험에 합격했을 때, 그의 부친은 합격에 대한 보상으로 청년 그레마스에게 니체의 독일어 원전 저술들을 선물했다는 일화에서 청년 그레마스가 독일의 지적 전통과 맺은 인연을 어렵지 않게 감지할 수 있다. 같은 해 가을 무렵, 그레마스는 양차 대전 동안 리투아니아의 수도였던 카우나스에 소재하는 비타우타스 마그누스(Vytautas Magnus) 대학에 등록한다. 1922년 개교한 이 대학의 본래 명칭은 리투아니아 대학이었으나, 15세기 리투아니아의 부흥기 통치자였던 비타우타스 대왕 타계 500주년을 추모하기 위해 1930년 학교 명칭을 그의 이름으로 변경하였다. 그레마스는 당시 자신이 처한 상황으로 인해 전공 선택을 할 수 없었던 연유를 다음과 같이 회고한 적이 있다. "나는 고등학교를 마치고 나서 대학에서 전공하기를 희망했던 철학이나 수학을 공부할 수 없었습니다. 왜냐하면 이 두 분야의 전공과정은 시간이 너무 많이 소모되고, 너무 많은 비용이 들 수 있었기 때문입니다. 그래서 저는 결국 법학을 공부했습니다. (…) 강의는 오후와 저녁 시간에 진행되었고, 그 덕분에 낮에는 일할 수 있는 시간이 허락되었습니다."[5] 결국 그는 법학 분야의 과목들을 집중적으로 수강했고, 첫해에는 공법, 리투아니아법의 역사, 로마 법, 정치경제학, 농업의 사회사, 심리학, 독일어, 러시아어 과목을 수강했다. 학업과 동시에 그는 카우나스에 소재한 공증 사무실에서 일했다. 2학년 동안에는 상업과 경제 관련 과목을 집중 수강했으며 두 학기는 금융과목, 다른 두 학기에는 통계학을 수강했다. 그는 한 대담에서 이 당시 베버와 한스 켈센(Hans Kelsen)의 철학을 연구했다고 회고한 바 있다.[6]

그런데 그 시절 그레마스의 청년기에서 가장 중요한 사건이 발생한다. 정규 법학 관련 교과목을 벗어나, 청년 그레마스는 그에게 결정적 영향을 미칠 한 명의 진정한 지적 스승을 카우나스에서 만나게 된 것이다. 그 스승은 볼세비키 혁명 당시 정치적 박해를 피해, 독일과 프랑스에서의 망명 생활

---

5 "Au commencement était Greimas," propos recueillis par Philippe Manière, *Le Quotidien de Paris* 11 (1986년 2월), p.12 (Broden 앞의 논문에서 재인용, p.2).

6 Thomas F. Broden, "A. J. Greimas: les années de formation," *Texto! Textes & Cultures*, Volume XX, 2(2015), pp.1-16.(www.revue-texto.net/docannexe/.../broden_annees_de_formation_d_ajg_amende.pdf)

에 이어 마침내 리투아니아에 안착해 세계사 교수직을 담당하고 있었고 형이상학자이자, 중세 및 종교철학의 역사 분야에서 추앙받는 러시아의 석학 카르사빈(Lev P. Karsavine, 1882-1952)이었다.[7] 청년 그레마스는 그가 행한 중세 기독교 철학에 대한 강의를 청강생 자격으로 경청하면서 그의 지적 아우라에 심취했다.

당시 아침 여가 시간에 청년 그레마스는 레온 톨스토이, 쿠르지오 말라파르테(Curzio Malaparte)를 비롯해 오스발트 슈펭글러, 요한 하위징아(Jonan Huizinga) 등의 저술을 탐독했다. 이들 사상가들은 그레마스에게 역사적 시각을 심어주는 데 공헌했으며, 특히 역사는 그의 초기 언어 연구에서 인식론적 기초를 수립하는 데 중요한 역할을 맡았다. 당시 학창시절 청년 그레마스는 저녁 시간에는 학우들과 시를 읽고, 암송하고, 낭송하면서 문학적 열정을 불살랐다.

리투아니아에서 받은 초등 교육과 중등 교육은 문학, 인문학 분야에서 그에게 탄탄한 학문적 기초를 형성하는 데 결정적 일조를 했으며, 특히 리투아니아어의 언어, 역사, 문화 분야에서 그 같은 기초는 진가를 발휘했다. 친가의 농가에서 여름휴가를 보내면서 그는 시골에 사는 소박한 리투아니아 사람들이 기독교 이전에 갖고 있던 관습과 신앙의 세계에 깊이 빠져들었으며 그것은 그가 나중에 착수한 리투아니아의 신화와 민속학 분야의 연구에 직접적인 영향을 미쳤다. 리투아니아뿐만 아니라, 그레마스가 머물렀거나 여행했던 장소들 도처에서, 그의 주변 인물들은 그가 읽은 책만큼이나 그의 사유 방식 형성과, 관심 분야에 대한 안목을 심어 주는 데 중요한 역할을 맡았다. 특히 그의 애국심은 리투아니아에 대한 정서적 애착을 고양시켰으며, 그의 모국어를 고취시키려는 욕망을 불러일으켰다. 당시 고국을 떠나 유배 생활을 하던 그의 동향의 지식인들이 유럽 현지의 국제적 언

7 카르사빈이 리투아니아의 지식인들에게 미친 영향에 대한 그레마스의 회고에 대해서는 다음 논문 참조. Saulis Zukas, "Karsavin et le monde intellectuel lituanien : à travers les souvenirs de A. J. Greimas," *Revue des études slaves* vol.68, no.3 (1996), pp.367-373.

어로만 자신을 표현했던 것과 달리, 그레마스는 거의 평생 동안 규칙적으로 모국의 정기 간행물에 글을 발표했다.[8] 그레마스는 자신의 리투아니아인으로서의 정체성에 대해서 그것은 무엇보다 어떤 깊이에서 나오는 자부심이라는 점을 강조한다. 특히 리투아니아인은 소수 민족에 속한다는 점, 그리고 그것은 자신감의 결여, 열등감 등의 감정을 만들어 낼 수 있다는 점도 지적한다. "소수에 속하는 것, 이 같은 소수의 대표자라는 것은 단지 민족적 자부심의 감정을 보존하는 데 있는 것만은 아닙니다. 이것은 또한 다수에 적응하고, 자신의 개인적 민족적 가능성들을 발전시켜 나가기 위해 자신을 다수에 통합시키는 것에 있기도 합니다."[9]

이 밖에도 그레마스는 슬라브 문화와 게르만 문화의 지적 유산을 모두 물려받았다는 점에서 축복받은 지식인이었다. 특히 북유럽과 동유럽 지역에서 그가 전유한 문화적 뿌리는 러시아가 배출한 두 명의 세계적 언어학자인 야콥슨과 트루베츠코이의 구조주의적 방법을 채택하는 데 보다 개방적인 태도를 취하게 해주었으며, 옐름슬레우와 브뢴달과 같은 덴마크 출신의 불세출의 언어학자들의 이론을 채택할 수 있게 만들어 준 혜안을 주었을 것이다. 그 자신의 회고에 의하면 게르만의 지적 유산과 관련해서 니체의 독서는 청년 그레마스로 하여금 존재론보다는 가치론에 공력을 집중하도록 설득하는 데 영향을 미쳤다. 이를테면 니체 사상은 비효율적인 가치들을 비판할 수 있다는 확실성을 심어 주었고 기존 세대와는 다른 가치들을 추구해야 할 확실한 과제로 그 중요성을 인식하게 만들었다.[10] 니체의 주저, 《선과 악을 넘어서》[11]와 《도덕의 계보》[12]는 그레마스의 학문적 정신 성향의

---

8 같은 논문, p.7.

9 A. J. Greimas, "Être lithuanien," in *Du sens en exil*, textes réunis par Saulius Zukas et Kestutis Nastopka, présentés par Ivan Darraux-Harris et Denis Bertrnd, traduits du lithuanien par Lina Perkauskytè(Limoges: Lambert-Lucas, 2017), p.111(이 글의 원 출처는 다음과 같다. *Prancûzijos lietuviy zinos*〔프랑스 거주 리투아니아인들의 소식지〕, n.40, 1970).

10 "Algirdas Julien Greimas," propos recueillis par Francesa Piolot, France Culture, 라디오 방송, "A voix nue. Entretiens d'hier et d'aujourd'hui," 13-17, 1989, 2월, Broden, 앞의 논문, p.10.

11 니체, 《선과 악을 넘어서》, 한성간 옮김(다락원, 2009).

기본 틀을 축조하면서, 그가 추구했던 기호학의 궁극적 목적인 가치문제와 관련하여 가장 중요한 영감을 불어넣었을 것이라는 것이 브로덴 교수를 비롯한 그레마스의 전기 연구자들의 견해이다. 실제로 그레마스는 1986년 자신이 추구하는 집단적 연구 기획의 목표를 기술하면서 이렇게 회고한 바 있다. "오늘날 기호학은 인간이 존재하는 바 그대로가 아니라, 어떤 모습으로 존재해야 할 것인지의 당위 문제에 초점을 두면서 가치들을 '갱신할 것'을 제안한다."[13]

이처럼 다양한 문화와 사상의 전통을 흡수한 청년 그레마스는 카우나스의 법대에 입학하여 켈센(Kelsen, 1880-1945)의 법철학, 막스 베버의 사회경제 이론들을 학습했다. 그의 회고에 의하면 당시 자신이 재학했던 법대는 파리의 정치 고등 사범 학교 졸업생 출신이며 국제 법률가였던 뢰메르(Michel Pius Römer) 총장에 의해서 지배되고 있었다.

카우나스에서 그레마스가 기억하고 있는 또 다른 유명한 인물은 앞서 언급한 카르사빈 교수로서 그가 행한 중세 기독교 철학 강의를 수강한 단 두 명의 학생 가운데 한 명이 바로 자신이었다는 사실에 대해 자부심을 피력하였다. 그레마스는 그의 강의를 통해서 자신의 모국어인 리투아니아어도 명료성과 정교성, 교양성을 확보할 수 있다는 점을 깨달았다고 훗날 회고한 바 있다.[14] 그레마스는 30년 만에 모교를 방문했을 때 그의 스승 카르사빈

---

12 니체, 《도덕의 계보》, 강태원 옮김(다락원, 2009).

13 "Au commencement était Greimas," propos recueillis par Philippe Manière, *Le Quotidien de Paris*, 11, 1986년 2월, 22쪽(Broden 앞의 논문에서 재인용, p.9).

14 그레마스와 카르사빈의 기호학적 철학적 대화에 대해서는 다음 논문 참조. Inna Merkoulava, "Algirdas Julien Greimas et Lev Karsavine: dialogue sémiotique et philosophique," in: *A. J. Greimas: L'avenir de la structure. Actes du congrès de l'AFS 2017*, AFS Éditons, juin 201, pp.258-263.

그레마스가 일종의 정신적 유언이라고 고려했던 그의 최후의 시론인 《불완전성에 대하여》는 시공을 뛰어넘어 카르사빈의 마지막 논문 〈완전성에 대하여〉와 기호학과 철학 차원에서 공명한다. 카르사빈에게 있어 피조물의 완전성은 그 자체에 최대의 불완전성을 담고 있다. 그레마스의 해석에 의하면 완전성은 충만성이고, 존재했던 그리고 앞으로 존재할 모든 것의 보편성이며, 존재의 보편성이다. 그레마스에 있어 불완전성은 우리로 하여금 목적, 완벽성에 도달케 하는 불가피한 수단이다. 불완전성의 감정이야 말로 의미 추구의 진정한 동력이라 할 수 있다.

교수를 일러, 자신이 학창 시절 만났던 학자들 가운데 가장 진솔하고 우아한 학자였다고 힘주어 말한 바 있다.[15] 요컨대 철학자 카르사빈은 청년 그레마스에게 인생에서 그가 걸어갈 여정을 선택하는 것을 도와준 결정적 인물을 표상한다. 그것은 기호학적 용어로 풀어 말하면 삶에 의미를 부여하는 것, 삶의 문제로부터 인생을 사는 법으로 이동하는 것이라 할 수 있다. 특히, 그레마스가 카르사빈에게 동병상련을 느낀 이유는 러시아의 정치적 박해를 피해 망명한 그의 스승과 마찬가지로, 자신의 정신세계에서 리투아니아 문화와 프랑스 문화의 공존에 대해 치열한 성찰을 했던 스스로의 모습과 닮아 있기 때문이었다. 흥미로운 것은 자신의 직계 스승인 카르사빈 이외에 그에 버금가는 아름다움과 교양을 구비하며 최고 수준의 지적 언어를 구사하는 또 다른 인물로서 독일 학자 아도르노(Theodor W. Adorno, 1903-1969)를 손꼽고 있다는 점이다. 이 두 사람을 제외하고는 자신은 다른 어떤 교수로부터도 이렇다 할 영감을 받지 못했으며 자신의 지적 형성은 오로지 자가 학습으로 성취되었다는 점을 분명히 하고 있다. 1936년부터 1939년까지 프랑스의 그르노블 대학에서 프랑스 정부 장학생 자격으로 수학하며 중세 연구에 심취하여 학사 학위를 받았고, 그 후로 뒤라푸르(Durafour) 교수의 지도 아래 프랑스어-프로방스어 방언학 연구에 입문했다. 그 후 조국 리투아니아로 귀국해 군 복무를 끝냈는데 당시 그의 조국은 소련인들과 독일인들에 의해서 차례로 무력 침공에 의해 정복당할 무렵이었다. 이때 그레마스는 강대국에 짓밟힌 조국의 암담한 상황을 염두에 두고 리투아니아 민족의 생존을 위한 저항에 대한 글을 발표한 바 있다. "저항은 따라서 음모를 성립하는 것이 아니며, 민족과 마찬가지로 개인의 한복판에서 그것을 성립하는 것은 삶과 죽음 앞에서 개인의 근본적 태도이다. 그것은 하나의 독창적인 도덕적 기후로서, 그 기후에서 역사의 소용돌이에 의해 휘말린 한 민

15 그레마스는 카르사빈에 대해 다음과 같이 극찬한다. "내가 만나 봤던 학자들 가운데 가운데 가장 진솔하고 가장 세련된 인물이었습니다." A. J. Greimas, "Essai d'autobiographie intellectuelle," in *Du sens en exil*, p.21.

족은 새로운 가능성들을 획득하고 그의 새로운 운명을 의식한다. 저항은, 인간으로 하여금 민족을 역사적 주체의 수준으로 고양시키면서 민족 투쟁 속에서 인간으로 하여금 의미의 증가를 가져오도록 해 주는 하나의 '세계관'이다."[16]

제2차 세계대전이 한창이던 1943년 두 편의 글을 리투아니아 문학 기관지에 게재하면서 그레마스는 문학 비평 분야에 첫발을 내디뎠다. 그것은 리투아니아의 아방가르드 시인이며 리투아니아의 미래파를 이끌었던 빈키스(Kazys Binkis, 1893-1942)의 죽음을 애도하는 글과, 세르반테스의《돈키호테》에 대한 비평이었다. 그레마스는 돈키호테의 위대함과 천부성에 대해 다음과 같이 극찬한다. "세르반테스의 작품을 대면하는 독자는 총체적으로 자신의 인간적 열등감을 체험한다. 그 자신을 한 천재 사상의 지고함과 분리시키는 심연을 절감할 뿐만 아니라, 한편으로는 저자 세르반테스와 그의 작품을 읽는 독자의 시대, 그리고 다른 한편으로는 세르반테스의 작품과 독자들 사이에 존재하는 엄청난 불균형을 의식하면서 그 같은 체험을 하게 될 것이다."

이 두 편의 논문은 모두 진지한 문제의식을 보여 주고 있으며 청년 작가의 통찰을 계시해 주고 있다. 그 비평의 요지에 의하면, 모더니즘 문학사조의 선봉에 섰던 빈키스는 서정 시인으로서 민족 문화의 거대한 기획을 포괄하려는 야심을 지녔음을 강조하고 있다. 다음은 1942년 빈키스의 타계 추모식이 열린 1942년에 행한 강연이다. "빈키스는 문학 학파를 만들거나, 시에서 실험을 하는 작업에는 신경쓰지 않았다. 그는 민족문화와 교양화된 민족을 위해 투쟁한다. (…) 빈키스는 리투아니아 인간의 운명에 대한 그의 깨달음이 그에게 지시했던 직선을 옹골차게 추구했다." 요컨대, "빈키스는 무엇인가를 창조했던 인간이었으며, 창조자로서 그는 세상을 긍정했다"라는 진술로 강연을 끝맺고 있다.[17] 한 인간이 소속된 문화는 한 민족의 생존

---

16 A. J. Greimas, "La notion de résistance," in *Du sens en exil*, p.97.

17 A. J. Greimas, "Kazys Binkis, porte-drapeau," in *Du sens en exil*, pp.236, 238.(원 출처

을 위한 투쟁 속에서 중추적 역할을 맡는다.[18] 그레마스는 소비에트와 스탈린의 리투아니아 점령기 무렵 발표한 시론에서 리투아니아 민족의 강인함을 다음과 같이 피력한다.

> 어떤 경우에도 불구하고, 리투아니아 민족의 미래에 대한 나의 신뢰는 부서지지 않았다. (…) 단지 인내를 필요로 한다. 저항하고 동시에 그 어떤 역사적 상황들과 국면들에라도 적응할 수 있는 리투아니아의 능력은 리투아니아 미래를 보증해 주는 요인이다.[19]

그레마스는 세르반테스와 관련하여, 다음과 같은 유명한 경구를 평생의 좌우명으로 삼는다. "그 결과 빈곤하고, 흐릿하며 모호한 형태들의 이 세계를 넘어서는 곳에는 더 진실되고 더 아름다운 또 다른 현실이 존재함을 깨닫는다. 그것은 인간이 그의 신적 이미지에 따라 창조한 사상들과 형태들의 세계이다." 그리고 그레마스는 돈키호테의 명언을 인용한다. "치열하게 위대한 것들을 치열하게 생각하라. 그리고 생각만이 세계의 유일한 현실이라는 점을 알라."[20] 흔히 관념과 현실적 대상은 서로 배제적인 것으로 인식되곤 한다. 그런데 리투아니아의 한 연구자에 따르면, 그레마스는 이 같은 대립을 제거했을 뿐만 아니라, 최고의 수준에서 사유가 현실의 위상을 갖도록 해 주었다.[21]

는 다음과 같다. Varpai, n.1, 1943)

18 A. J. Greimas, "Cervantès et Don Quichotte," in *Du sens en exil*, p.174. (이 서평의 원 출처는 다음과 같다. *Varpai* 창간호. 1943. 이 문예지는 그레마스의 주도아래 창간되었으며 1989년 복간되었다.)

19 A. G. Greimas, "Données pour la phénoménologie du lithanien soviétique," in Algirdas Julien Greimas, *Du sens en exil*, textes réunis par Saulius Zukas et Kestutis Nastopka, présentés par Ivan Darraux-Harris et Denis Bertrnd, traduits du lithuanien par Lina Perkauskytè (Limges: Lambert-Lucas), 2017, p.122. (이 글의 원문 출처는 다음과 같다. *Darbas (Travail)*, vol.XII-1, n.36, 1958, n.36, 1958, pp.10-12.)

20 A. J. Greimas, "Cervantès et Don Quichotte," in *Du sens en exil*, p.180.

21 다음 논문 참조. Viktorija Daujotypé, "La réalité de la pensée greimassienne," *Nouveaux Actes Sémiotiques* 112 (2009).

위에서 언급된 그의 문학 평론 등단 논문의 제목은 〈세르반테스와 그의 돈키호테〉로 반(反)나치 저항의 메타포였다. 그렇지만 프랑스어로 그레마스가 최초로 자신의 지적 역량을 보여 준 글은 당시 미술사, 특히 로마네스크 미술의 세계적 권위자로서 소르본 대학과 카우나스 대학에서 강의했던 유리스 발트루사티스(Jurgis Baltrušatis, 1903-1988)의 저서 《환상의 중세》(*Le moyen âge fantastique*)에 대한 서평이었다. 그는 《환상의 중세》에 대해서 그 독창적 가치를 다음과 같이 기술한다. "환상적이며 초인간적인 중세를 사실주의적이며 인문주의적 중세와 대립시키면서 발트루사티스의 저서는 단숨에 현재적 시사성 속에 자리 잡는다."[22] 그는 중세에 대한 남다른 애정, 아울러 역사에 대한 새로운 접근에 관심을 피력하고 있으나, 중세는 자신의 지적 전기에 있어서 여러 요소들 가운데 하나에 불과했음을 실토한다. 요컨대 그레마스의 관심 영역은 동시 병렬적으로 진행된 다양한 주제들을 아우른다. 그런데 그의 전기를 꼼꼼히 살펴본 연구자들은 그 같은 그레마스의 관심 분야들이 모종의 대비를 이룰지언정 결코 대립적인 것은 아니었음을 강조한다.

어떤 학자는 이 같은 특징을 음악적 비유를 들어 설명하면서 그의 사상은 하나의 대위법으로 이루어진 독특한 체계라고 진술한다.

그레마스는 비범한 지식인으로서 무엇보다 그가 탐구했던 방대한 관심 영역들로 부각된다. 특히 문학과 철학으로부터의 심오한 영향으로 얻은 내면적 자유는 그레마스의 기호학 사상을 파악하는 데 있어 핵심적 요소이다. 그는 독창적인 기호학 이론의 창시자이며, 기호학에 바탕을 두고 인문과학의 엄밀한 방법론을 창안했으나 자신이 구축한 이론의 굴레에 얽메이지 않았다. 그레마스는 그 어떤 이론이나 방법도 절대화시키지 않았으며 오히려 문학, 특히 시적 상상력에 힘입어 특정 이론과 방법으로부터 해방되

---

22 A. J. Greimas, "Le moyen âge fantastique de Jurgis Baltrusaitis," in *Du sens en exil*, p.218. (프랑스어로 작성된 이 서평 원문의 원 출처는 다음과 같다. Jurgis Blatrusaitis, *Le Moyen Âge fantastique. Antiquités et exotismes dans l'art gothique*, Paris: Armand Colin, 1955)

었다는 것이 그의 사후에 내려진 연구자들의 중론이다.

그레마스는 리투아니아 문학 비평의 역사에서도 특별한 자리를 차지한다. 한편으로 그는 리투아니아 시를 기호학적으로 분석했으며, 대위법으로 이루어진 그레마스 텍스트들 가운데 하나는 시인 코수(Jonas Kossu-Alekandravicius, 1904년 7월 4일 카우나스 근교에서 출생, 1973년 6월 13일 미국 워싱턴 D.C.에서 타계. 그의 정식 이름은 Jonas Aistis)의 시를 분석한 것이다. 흥미로운 것은 그의 언어는 규칙들과 방법에 의해서 지배되지 않는다는 점을 그레마스가 시인하고 있다는 사실이다. "구상적 차원이 아닌 다른 차원에서 시인 '코수'를 생각할 수 없다는 나의 무능함에 스스로 놀란다: 나의 펜에서, 그의 인물과, 그의 시에서 추상화된 특징들을 규정하는 개념들 대신, 끊임없이 이미지들과 상징들이 돌출한다."[23]

이듬해 리투아니아가 소비에트에 의해 점령되면서(1944년), 그레마스는 프랑스로 다시 돌아가 브뤼노(Ch. Brunot) 교수의 지도를 받기 위해 대학 박사 논문 연구 계획서를 등록한다. 이 논문은 곧이어 그의 국가 박사 논문으로 완성된다. 이 무렵 마토레(G. Matoré) 교수의 지도 아래 19세기 프랑스 복식 잡지에 사용된 주요 의상 어휘들에 관한 학위 논문을 작성한다(1947년). 이렇게 해서 1948년 학위 논문 〈1830년대의 복식. 당시의 복식 잡지에 따른 의상 어휘들의 기술 시론〉(La Mode en 1830. Essai de description du vocabulaire vestimentaire d'après les jounraux de mode de l'époque, 타이핑 원고 431쪽)을 완성한다.[24]

그의 두 번째 학위 논문의 제목은 〈1830년대에 있어서 사회적 삶의 몇 가지 반영들〉(Quelques reflets de la vie sociale en 1830, 타이핑 원고 147쪽)이다. 이 논문에서 그는 자신의 지도 교수였던 마토레의 어휘 분석 방법론에 따른 공시적 또는 정태적 분석 모델을 사용하고 있다. 같은 해 그레마스는 마

23 그레마스의 자서전, Greimas, "An attempt at an intellectual autobiogrpahy," *LITUANIUS* (Lithuanian Quaterly Journal of Arts and Sciences) vol. 41, no.3 (Fall 1995).

24 이 학위 논문은 그의 청년기 시절의 역사 어휘론에 관한 글들과 더불어 다음 제목으로 최근에 출판되었다: *La mode en 1830* (Paris: PUF, 2000).

토레와 공동으로 논문 〈어휘론의 방법〉(La méthode en lexicologie. A propos de quelques thèses récentes, in *Romanische Forschungen* LX)을 발표했다. 바로 그 해에 프랑스 국립 과학 연구원(CNRS)에서 연구원으로 선발되었으며, 그 다음 해인 1949년에는 이집트의 알렉산드리아 문과 대학 조교수로 임명되어 프랑스어사 강의를 담당한다. 이 무렵 그레마스는 부카레스트에서 알렉산드리아로 옮겨 온 바르트(R. Barthes) 그리고 생주뱅(Charles Singevin)과 더불어 평생동안 지속될 돈독한 우정을 쌓았고 활발한 지적 교류의 풍요로운 창조적 시간을 공유했다. 박사 학위 논문 제출 이후 약 8년 동안 거의 출판이 전무했던 그레마스는 마토레와 공조하여 첨단 언어학을 역사적 사회학적 시각에 연결시키는 학제적 어휘 연구의 방법론을 구축하려는 노력에 착수한다. 하지만 그 명민성과 열정에도 불구하고, 그레마스는 회화 작품의 어휘를 체계적으로 분석하려는 시도에 실패하면서 마토레 식의 어휘론과 거리를 두게 된다.[25] 1950년에 그레마스는 다시 마토레와 함께 논문 〈어휘론의 방법〉(La méthode en lexicologie, in *Romanische Forschungen* LXII)을 발표하지만 이 논문을 끝으로 그레마스는 의미론적 장들을 구조화하는 데 있어 분명한 한계를 노정한 전통적 어휘론을 포기하는 상황에 이른다.

그레마스가 기호학의 기획에 본격적으로 착수한 첫 번째 계기는 1956년 발표한 논문 〈소쉬르주의의 현재성〉(L'actualité du saussurisme, in *Le français moderne* 3)이다. 이 논문의 학술적 의의에 대해서 아리베 교수는 이렇게 총평하고 있다. "그 야심, 대담성, 깊이를 통하여, 몇 가지 침묵과 모호성에도 불구하고, 소쉬르학에서뿐만 아니라, 언어학과 인문학의 역사에서 탁월한 전범이다."[26] 다음 장에서 상세히 분석할 테지만 이 논문에서 그레마스는 메를로-퐁티와 레비-스트로스의 업적에 기초해서 소쉬르의 구조적 공식이 인문과학의 통합적 방법론을 구축하는 것을 가능케 할 것이라고 주장한다.

---

25 Cf. Thomas F. Broden, "A. J. Greimas (1917-1992): Commemorative Essay," *Semiotica* 105.3-4 (1995), pp.219-221. G. Matoré et A. J. Greimas, "La naissance du "génie," XVIIIe siècle. Etude lexicologique," *Le français moderne* 25 (1957), pp.256-272.

26 M. Arrivé, "La préface," in A. J. Greimas, *La mode en 1830* (Paris: PUF, 2000), XX.

'인간 세계는 그 의미 작용에 있어서 구조적으로 파악될 수 있다'는 것이 그의 요지이다. 소쉬르 연구사에 있어 한 획을 그은 명논문이라는 평가를 받고 있는 〈소쉬르주의의 현재성〉은 그레마스가 역사주의적 구조주의로 전향했음을 선포했던 글이라는 점에서 그의 기호학 사상에서 중요한 계기를 마련한 통찰로 번득이는 일종의 선언문이라고 할 수 있다. 이 논문은 소쉬르의 몇 가지 가정들이 옐름슬레우와 야콥슨의 재해석을 통하여 구조적 분석의 기초를 놓을 수 있는 가능성을 소묘하고 있다. 한편으로는 한 사회를 특징짓는 담론들 전체, 다른 한편으로는 일반 기호학 한복판에서 비언어적인 사회적 표현들에 대한 구조적 분석의 가능성을 엿보고 있다. 더 나아가 그는 구조주의적 보편주의를 거부하고, 공시태와 통시태의 지향점을 접합시키면서 언어의 생성 과정을 파악할 필요성을 강조한다. 특히, 같은 논문에서 그레마스가 언어사와 문화사에 대해서 보여 주는 관심을 특별히 주목할 필요가 있다.[27]

위 논문에서 어휘를 매개로 제 사회들의 역사를 기술하려는 어휘론적 기획은 언어 전체로 확대되며 소쉬르 언어학의 새로운 이론적 기초 및 방법론적 절차들을 수용하는 방향으로 나아간다. 그레마스는 그 같은 방법론의 생산성을 레비-스트로스의 인류학과 메를로-퐁티의 철학적 성찰 속에서 직시하고 있다.

그레마스는 1958년 터키의 앙카라 대학의 전임교원으로 발령받아 그곳에서 프랑스어와 문법 강좌를 담당한 바 있으며 이어서 1960년부터 이스탄불 대학에서 강의를 맡았다.[28] 그의 학구열은 이집트의 알렉산드리아에서

27 그레마스가 역사 언어학에 대해서 보여 준 관심과 연구 결과 성과에 대해서는 Thomas F. Broden, "Avant-dire," in A. J. Greimas, *La mode en 1830* (Paris: PUF, 2000), XLII

28 Nedret Öztokat, "A. J. Greimas: un professeur à l'université turque," *Semiotica* 214 (2017), pp.129-137. 그레마스가 1958년부터 1962년까지 보낸 터키 대학에서서의 교편생활을 통해 길러낸 제자들을 비롯해 터키의 언어학과 기호학 발전에 미친 영향에 대해서는 다음 연구문들을 참조할 것. 특히, 터키 기호학에 대한 그레마스의 기여는 대부분 그의 저술을 터키어로 번역하면서 확산시킨 바르다르(Berke Vardar)와 유셀(Tahsin Yücel) 교수의 작업

도 식지 않았다. 그곳에서 그레마스는 대학강의와 동시에 가톨릭 교회에서 운영하는 여학생 기숙학교에서 교편을 잡으면서 프랑스 역사, 지리, 문학을 학습하고 철학 수업을 모조리 청강하여 프랑스 고등학교의 모든 교과 내용을 수강했다는 일화를 자랑스럽게 소개한 바 있다. 그는 알렉산드리아의 체류 기간 동안 주경야독의 정신으로 성취한 프랑스 고등학교 교과과정의 학습을 통하여 프랑스의 문화 세계에 훨씬 더 쉽게 통합될 수 있었으며 국외자의 시선이 아니라 내부자의 관점에서 프랑스의 다양한 문제들에 대한 한 단계 진일보한 접근을 할 수 있었다는 점을 지적한 바 있다.

그레마스는 9년 동안 체류했던 알렉산드리아에서 철학 클럽을 조직하여 그 자신과 바르트의 정신적 스승이었던 생주뱅(Charles Singevin)으로부터 지적 세례를 받았다.[29]

생주뱅은 세계의 모든 역사, 인문학, 수학, 시, 철학은 물론 중세의 민속가요, 오페라 등에 대한 무불통지의 지식을 그레마스에게 전수했으며, 그 방대한 지식의 스펙트럼은 문화를 하나의 보편적인 동질적 현상으로 이해할 수 있는 안목을 지닌 미래의 기호학자를 키워 내기 위해 뿌려진 소중한 씨앗이었고 지적 자양분이었다.[30]

당시 바르트는 보편성과 영원성을 지향하는 고전적 철학의 배경에 맞서

에 신세지고 있다. 특히, 바르다르 교수는 그레마스와 세 차례(1976, 1981, 1987)에 걸쳐 대담을 하는 등, 두 사람의 교분은 돈독했다.

Jean-Claude Chevalier, "Barthes et Greimas à Alexandrie, 1949-1950, précédé de: Barthes à Bucarest, 1947-1948," in *Documents pour l'histoire du français de langue étrangère ou seconde*, (온라인), n.27, 2001, http://dhfles.revues.org/2579.

Osman Snemoglu, "De Leo Spittzer à A. J. Greimas La création du département de langue et littérature française de la Faculté des Lettres de l'Université d'Istanbul," Documents pour l'histoire du français langue étrangère ou seconde (온라인), n.27, 2001, http://dhfles.revues.org/2593.

François Dosse, *Histoire du structuralisme, tome II: le champ du cygne* (Paris: La découverte, 1992), pp.89-93 ("Les portes d'Alexandrie").

29 그의 주저 참조. Charles Singebin, *Essai sur l'Un* (Paris; Seuil, 1969).

30 그레마스가 생주뱅에게 헌정한 다음의 짧은 시론 참조. A. J. Greimas, "Hommage à Charles Singebin," in: *Le discours en perspective*, édité par Jacques Geninasca (Limoges: PULIM, 1990), pp.1-4.

마르크스주의와 후설의 현상학을 조합하려는 모색을 하고 있었다. 바르트의 안내 덕분에 후설과 메를로-퐁티는 그레마스에게 친근하게 다가올 수 있었다. 당시 철학 클럽에는 철학자, 사회학자, 심리학자, 문학 비평가, 미술사가 등이 있었으며 모든 사람들에게 공통된 주제가 다루어졌다. 당시 그레마스는 진지한 문헌학 전공자인 동시에 시 애호가였으나, 그 당시 이루어진 지적 교류의 충격을 표현하기 위해 철학적 사이클론과 허리케인에 비견될 정도로 그 아우라에 압도되었다고 비유적으로 회고한 바 있다.

최근에 들어와 미국 기호학계의 중진인 브로덴 교수는 그레마스의 미간행 문헌들을 발굴하면서 여러 편의 그레마스 전기관련 논문을 출간한 바 있다. 특히, 그는 그레마스의 지적 형성과정에서 발생한 결정적인 학문적 변모과정을 설명하기 위해서 언어학에서 영감을 받아 구축한 두 개의 통시적인 모델들을 사용했다.

먼저, 한 학자의 학문 활동들과, 그가 속한 역사적 지리적 제도적 차원에서 전개되는 일련의 사건들 사이에 존재하는 상관 관계들을 수립하면서 통시태의 사실들을 추출할 수 있다. 아울러 한 학자가 겪는 통시적 사건들은 내재적 시각과 외재적 시각이 어떻게 그의 학문적 행로에서 서로 결합되고 섞여 있는지를 일러 준다. 그의 시각에 따르면 개별 사실들과 상황들이 상당 부분, 예측 불가능하며 우연적인 요소들인 경우도 있는가 하면, 이와 달리 한 시대의 비교 가능한 다양한 작용들이 축적되어 하나의 일반적 경향과 유의미적 효과들을 생산하기도 한다. 따라서 한 학자의 지적 전기를 탐구하는 연구가 지향해야 할 본질적 과제들 가운데 하나는 바로 그 같은 수미일관적인 집합을 추출하고 규명하는 일이라 할 수 있다. 보다 구체적으로 그는 한 학자의 전기 연구자가 열람하고 제시해야 할 세 개의 자료 범주를 제시했는데, 그것들은 각각 학자의 학문적 연구 성과, 아카이브 성격의 자료들, 자서전 성격의 개인적 증언들을 아우른다.

여러 문서들에서 발굴한 사료들이 제공하는 다양한 사실들은 해당 학자와 관련된 학문 활동의 사회적 제도들과 지적 활동의 시간적 단위들을 정의하는 데 있어 의미가 있다. 아울러 서간문과 전기적 요소들을 담고 있는 대담들은 객관적 사실과 더불어 한 개인으로서의 학자가 여러 지성사적 의의를 지닌 사건들에 대해서 표출하는 판단들을 제시하면서 정서적 감각적 극적인 차원을 가져다준다.[31]

한 학자의 학문적 변화를 설명하기 위해 통시태의 시각을 적용할 경우, 두 개의 설명 방식이 가능하다. 한 학자의 학문적 변화들은 그의 저술의 총체성에 존재하는 내재적 합리성에 의해서 정당화될 수 있다. 또는 이와 달리 저술의 학문적 내용을 벗어나 시대의 배경 또는 우연적 요소들의 다양한 결합에 속하는 현상들에 의해서 설명되기도 한다. 예컨대, 어휘론을 수립하려는 시도가 실패로 돌아감에 따라 그레마스가 의미론을 탐구하게 되고, 더 나아가 의미론이 지니는 너무나 협소한 한계들을 넘어서야 할 필요성 때문에 자신이 구조 기호학의 이론적 토대를 수립하는 데 이르렀다고 설명하는 방식은 순전히 학문적인 목적론적 행로의 종착지점으로서 기호학을 제기하는 것이라 할 수 있다.

이 같은 내재적 설명 방식의 틀과 달리, 한 학자의 학문적 변천을 외재적 요인들을 강조함으로써 설명할 수 있다. 예컨대, 1949년 당시 소장 학자였던 그레마스는 이집트의 알렉산드리아에서 전임 교수직을 수행하기 위해 파리를 떠났으며 그곳에서 10년을 머물렀다. 그리고 프랑스에 귀국해서 대략 10년이 경과되었을 쯤 무렵에 나눈 한 대담에서 그레마스는 이 같은 자신의 거주 환경의 변화가 학문적 여정에 어떻게 영향을 미쳤는가에 대해서 다음과 같이 진술한 바 있다.

"생각건대, 내가 기호학자가 된 것은 당시까지 작업하던 일을 스스로 포기했기 때문입니다. 알렉산드리아 대학의 교수에 임명되면서, 나는 어휘론 연구를 계속하는 대신, 어휘론의 존재 조건들과 실천들에 대해서, 보다

---

31 Thomas F. Broden, "Diachronies et régimes discursifs de la biographie intellectuelle," in: *Sémiotique et diachronie*. Actes du congrès de l'AFS 2013, pp.1-11. afsemio.fr/wp-content/uploads/Sémiotique-et-Diachronie.Ensemble.pdf, 2016년 6월 5일 열람.

일반적으로는 의미 작용들의 분석 가능성에 대해 성찰하는 데 이르렀습니다."[32]

이집트에서 만난 동료 연구자들은 그레마스의 지적 발전을 이뤄내는 데 결정적 기여를 했다. 이집트 체류 동안 그의 프랑스 동료들과 나누며 축적된 학문적 대화는 그의 기호학적 원근법을 구축하는 데 있어 밑거름이 되었다. 프랑스 문헌학의 전문가들 사이에서 이루어진 협소한 전공지식의 교환 대신, 문학, 철학, 역사 등의 인문과학의 소장 학자들과 나눈 지적 대화는 축복의 시간이었다고 말할 수 있다. 이를테면 그레마스와 철학자 생주뱅과 이루어진 10년 동안의 지적 교류 기간은 어휘론 전공자 그레마스로 하여금, 언어와 의미 현상의 인식론적 물음에 대한 그의 지적 능력과 취향을 고양시켰으며, 특히 바르트와 나눈 격의 없는 토론은 그레마스로 하여금 의미와 의사소통의 일반적 탐구를 촉발시킨 결정적 계기가 되었다. 그레마스는 당시 전도유망하던 바르트라는 걸출한 인문적 문학 비평가를 새로운 언어학 연구의 최근 동향에 입문시켰으며, 그 반대급부로서 바르트는 언어학자 그레마스에게 언어학 모델이 문학, 복식, 광고 이미지와 영화 등에 적용될 수 있음을 일깨워 주었다.[33] 그레마스는 자신의 지적 성향과 바르트의 감성을 비교하며, 바르트가 섬세함의 정신(esprit de finesse)의 소유자인 반면, 자신은 기하학의 정신(esprit de géométrie)을 갖고 있다고 바르트에게 귀띔해 주었다는 일화가 있다. 그레마스는 한 대담에서 알렉산드리아에서

---

32 A. J. Greimas, "Entretien avec A.-J.Greimas," propos recueillis par Berke Vardar, *Dibilim* 1, p.29.

33 그레마스와 바르트의 지적 교류와 학문적 공조에 대해서는 다음 연구 참조. Thomas Broden, "La collaboration entre A. J. Greimas et R. Barthes: de la lexicologie à la sémiologie et « une autre voie »du structuralisme," in: *A. J. Greimas:L'avenir de la structure. Actes du congrès de l'AFS 2017*, AFS Éditions, juin 2019, pp.215-228.

브로덴 교수는 그레마스와 바르트의 대화-논쟁을 크게 3단계로 나누어 설명한다. 1950-54년 역사 어휘론을 발전시키기 위한 동일한 연구 네트워크에 참여하며 처음으로 서로를 알아가던 전주(prélude)의 시기, 1955년부터 1970-1973년까지 기호학을 구축하기 위해 협력하던 화해의 시기, 그리고 68혁명 사건에 이어 두 사람의 저술과 삶에서 대립과 불일치가 증폭된 후기(postface) 시기가 그것이다.

시작하고 파리에서 계속된 바르트와의 학문적 공조를 다음과 같이 들려준 바 있다.

"바르트는 나에게 자신의 원고를 하나 보여 주었습니다. 그것은 장차 그가 발표할 저서 《미슐레》(*Michelet*)였습니다. 하지만 그의 원고는 상아탑의 형식을 취하고 있었으며 150쪽이었습니다. 나는 그에게 이렇게 말했습니다. '아주 훌륭해, 정말 흥미진진한 내용이야.' 하지만 당시 나는 비교적 젊었고 조목조목 따졌습니다. '소쉬르만 참고하면 금상첨화일 것 같은데.' 그가 물었지요. '소쉬르, 뭐하는 사람인데?' '자네 연구에서 피해 갈 수 없는 인물이야.' 우리는 새로운 연구에 대한 열정, 그리고 이데올로기적으로 정당화된 과학적 기획에 대한 신념을 공유했습니다."[34]

이 단락은 그레마스가 특정 시기 동안 어떻게 바르트의 언어학 선생 역할을 맡았는가를 묘사하고 있고, 특히 청년 언어학자 그레마스의 개성 넘치는 성격을 소묘하고 있으며, 두 천재적 학자가, 과학과 사회적 윤리를 결합시키는 '기호학적 모험'을 어떻게 체험했는가를 극적으로 말해 주고 있다. 1950년부터 그레마스와 바르트가 규정한 기호학적 기획은 미래의 기호학에 영감을 불어넣을 수 있는 4개의 목표를 전면에 내세웠다. 첫째, 넓은 의미에서의 기호학의 부각, 곧 다양한 매체들 속에서 실현되는 표현 면과 내용 면이 맺는 관계들의 부각을 말한다. 둘째, 통시적 분석을 위한 작동 가능한 개념들과 방법들의 집합을 형성하는, 다양한 문화들의 역사를 다루는 이론의 구축이다. 셋째, 당대의 사회적 쟁점이 되는 도전적 의제들에 대한 탐문, 넷째, 다른 접근법들과 학문들과의 대화, 토론, 교환들의 심화를 손꼽을 수 있다.[35]

1958년 〈역사와 언어학〉(Histoire et Linguistique, in *Annales* 1: pp.110-114)을

34 Propos recueillis par Louis-Jean Calvet, 그레마스가 장 루이 칼베 교수와 나눈 대담을 담고 있는 두 개의 녹취 테이프, Broden, 앞의 논문, p.10.

35 같은 논문, pp.226-227.

발표하는데 이 논문에서 그레마스는 소쉬르 이론이 다른 인간 과학의 인식론적 모델인 동시에 첨단 분야라는 점을 강조한다. 그레마스는 이 논문에서 "상징적 체계로서의 언어는 다름 아닌 역사가 통과하는 장소"라는 의미심장한 내용을 서술하고 있다.[36]

1960년 브장송에서 할리데이(M. A. K. Halliday), 헤거(K. Heger)와 교류하면서 시청각, 계통적 분류, 자동 번역 등에 관심을 갖게 된다. 특히 뒤부아(J. Dubois), 슈발리에(J.-Cl. Chevalier), 미테랑(H. Mitterand) 등과 함께 '프랑스어 연구 학회'(Société d'Etude de la Langue Française)를 창립하기로 결정하고 그해 10월에 〈프랑스어에서의 명사구〉(Le syntagme nominal en français)라는 논문으로 학회의 서두를 장식했다.

그는 메를로-퐁티가 서거한 해인 1961년에 앙카라 대학에서 짧은 노트를 작성한 적이 있는데, 이 노트에서 "언어 현상은 사회적 상부 구조들의 존재 방식으로서 간주되며 인류의 역사적 생성의 현실이 자리 잡는 장소로 각인된다"라고 밝힌 바 있다. 1962년 그레마스는 마침내 푸아티에(Poitiers) 대학의 프랑스어학 교수로 임명된다. 1963년에 나온 두 편의 논문은 본격적인 기호학 논문에 속한다는 점에서 각별한 주목을 요한다: a) 〈부정어들을 어떻게 정의할 것인가?〉(Comment définir les indéfinis?), b) 〈의미론 기술에 대한 시론〉(Essai de description sémantique, in *Etudes de linguistique appliquée* 2: pp.110-125). 이 논문은 덴마크의 언어학자 브뢴달(V. Brøndal)의 'omnis'와 'totus'에 관한 논문을 참조하고 있다.

1963년에 발표한 세 번째 논문 〈의미 작용의 기술과 비교 신화학〉(La description de la signification et la mythologie comparée, in *Homme*, sept-dec., pp.51-66)은 앙카라에서 뒤메질(G. Dumezil)에게 헌사로 바친 것이다. 이 논문은 그의 주저 《의미에 관하여》(*Du Sens*)에 재수록되었는데, 이 논문은 〈비교 신

36 1984년까지 그레마스의 초·중기 주요 저술의 서지를 정리한 다음 논문을 참조할 것. J.-Cl. Coquet, "Note bio-bibliographique," in *Exigenceo et perspectives de la sémiotique. Recueil d'hommages pour Algirdas-Julien Greimas*, ed. H. G. Ruprecht, 2 vol (Amsterdam: Benjamins, 1985), pp. liii-lxxxv.

화론〉(La mythologie comparée, 1970, pp.117-134)이란 제목으로 변경되어 실려 있다. 여기서 그레마스는 신화 연구가 상부 구조의 연구와 사회적 이데올로기를 기술할 수 있는 모델로 사용될 수 있음을 보여 주고 있으며, 레비-스트로스의 신화 읽기 방식에 따라 계열체의 관점에서 분석을 실행하고 있다. 1963년과 1964년 두 해에 걸쳐 그는 파리에 소재하는 푸앵카레 연구소에 소속된 계량 언어학 연구소에서 구조 의미론 강의를 진행하였다.

1964년은 프랑스 기호학사에서 특기할 만한 해이다. 당시 고등 연구 실천원(L'Ecole Pratique des Hautes Etudes)의 제6분과 소장이었던 바르트가 《코뮈니카시옹》(*Communications*) 4호(pp. 91-135)에 〈기호학 요강〉(Eléments de sémiologie)을 출간한 해이기 때문이다. 이 논문의 출간과 더불어 기호학 연구는 방법론적 모형을 통해 자연 언어 이외의 다른 의미 작용 체계들의 작동을 재구성하는 것을 목표로 삼게 된다. 그 분석 사례로서 바르트는 패션, 식량, 가구, 건축 등을 열거하고 있다. 이 논문에서 그는 옐름슬레우의 주요 대립 쌍들인 체계-과정, 외시-공시 등을 활용함과 동시에 통시적 변형의 중요성을 강조하며 형식들의 역사를 발견할 것을 제안한다. 1964년에 그레마스가 발표한 세 편의 논문은 다음과 같다: a) 〈토폴로지, 어휘소 부류의 정의 시론〉(Les topologiques, essai de définition d'une classe de lexèmes, in *Cahiers de lexicologie* 4: pp.17-28), b) 〈언어학에서 의미 작용의 기본 구조〉(La structure élémentaire de la signification en linguistique, in *L'Homme* 4: pp.5-18), c) 〈의미 작용, 그리고 담화 속에서 그것의 발현〉(La signification et sa manifestation dans le discours, in *Cahiers de lexicologie* 5: pp.17-27)

1965년에 발표한 논문은 〈러시아 민담, 기능적 분석〉(Le conte populaire russe, analyse fonctionnelle, in *International Journal of Slavic Linguistics and Poetics* IX: pp.152-175)이다. 이 해에 그레마스는 고등 연구 실천원의 제6분과의 연구 주임으로 선발되었다.

그레마스의 학문 형성 과정에서 1966년은 여러모로 중요한 사건이 발생한 해이다. 먼저 그레마스는 바르트, 뒤부아, 포티에, 케마다, 뤼베와 함께 《랑가주》(*Langages*)를 창간한다. 잡지의 제목이 복수로 쓰인 이유는 모든 유의미적 체계의 총합을 포괄하려 한다는 포부를 표현하기 위해서이다. 또 같은 해 유네스코의 후원 아래 야콥슨은 폴란드의 카지미에르스(Kazimierz)에서 기호학회를 조직하는 데 성공하는데, 이 학회는 곧 국제 기호학회(Association internationale de sémiotique) 결성의 모태가 된다. 이 학술대회의 총무를 맡아 〈의미에 관한 고찰〉(Considérations sur le langage)을 발표하기도 했다.[37] 이 논문에서 그는 자신을 소쉬르의 계보에 올려놓은 후, 언어이론이 보편성에 대한 소명을 확고부동하게 지향해야 한다는 주장을 펼쳤다.

다른 한편 레비-스트로스의 도움을 빌어, 또 바르트의 참여와 더불어 그레마스는 고등 연구 실천원과 프랑스의 또 다른 개방형 연구 및 교육기관이라 할 수 있는 콜레주 드 프랑스(Collège de France)의 사회 인류학 연구소 내에서 최초의 기호-언어학 연구회를 결성한다. 이 모임의 창단 구성원들로는 코케(J.-Cl. Coquet), 뒤크로(O. Ducrot), 주네트(G. Genette), 크리스테바(J. Kristeva), 메츠(C. Metz), 라스티에(F. Rastier), 토도로프(T. Todorov) 등을 손꼽을 수 있다.[38]

그 해에 나온 연구 업적들 가운데 가장 대표적인 저술로는 《구조 의미론》(*Sémantique structurale-Recherche de méthode*)을 손꼽을 수 있다. 이 책에서 그는 전통적인 어휘론의 방법론적 실패를 실토하고, 무한한 수의 기호들로부터 한정된 수의 형상소들(figurae)의 연구로 관점을 이동시킬 것을 주장한다.[39] 그는 브뢴달, 야콥슨, 옐름슬레우, 소쉬르의 이론을 종합해서 의미 작용의 기본 구조의 모델을 제안한다. 그리고 최초로 문장을 넘어서는 담화 차원의

---

37 A. J. Greimas, *Du Sens*, 1970, pp.19-38(그레마스, 《의미에 관하여》, 김성도 엮고, 옮기고, 씀, 인간사랑, 1997에 재수록, pp.206-241).

38 Cf. 당시 이 연구회에 대한 소개는 다음 글을 참조할 것: "Une équipe de recherche sémiotique en France," *Informations sur les Sciences Sociales* VI, 5 (oct. 1967), pp.223-229.

39 A. J. Greimas, *Sémantique structurale: Recherche de méthode* (Paris: Larousse, 1966), p.262.

통사 이론과 의미 이론을 제시한다. 이 책은 그 후로 형성된 그레마스 기호학의 토대를 세워 주는 저서라는 점에서 차분한 일독을 필요로 한다.

1969년에 나온 가장 중요한 논문은 〈서사 문법의 기본 요소들〉(Eléments d'une grammaire narrative, in *L'Homme* IX 3: pp.71-92)이다.[40] 이 논문은 기본 문법의 상이한 수준들을 제시하고 있다. "의미 작용의 생성은 발화체의 생산과 담화로서의 조합으로 통하지 않으며, 그 행로에 있어서 서사 구조들에 의해 중계된다. 즉, 유의미적 담화를 발화체로 분절시켜 생산하는 것은 바로 서사 구조들이다"[41]라는 논지를 적고 있다.

1970년에 그레마스는 이탈리아의 우르비노에서 '국제 기호학 연구 및 언어학 센터'(Centro Internazionale di Semiotica e di Linguistica)를 창립하고 초대 소장으로 선출되었다.[42] 같은 해 출간된 《의미에 관하여》(*Du Sens-Essais sémiotiques*)에서는 저서의 목표를 "의미의 현존의 다양한 형식들과 그 존재 방식들을 규정하고, 그것들을 의미 작용의 수평적 요인들과 수직적 수준들로서 해석하는 것을 목표로 삼으며, 내용들의 전환 행로와 변형들의 행로를 기술하는 것을 목표로 삼는다"[43]라고 밝히고 있다.

1971년에는 그의 제자 란도프스키(E. Landowski)와 더불어 법률 담론의 기호학적 분석을 시도하여 법률 언어의 특수한 속성들을 도출해 내는 데 성공한다. 그 구체적 결과가 바로 회사의 행동자적 구조에 관한 분석이다. 바로 이 논문에서 법률적 영역에서의 집단적 행동자가 정의된다.[44] 그레마스의 초기 저술 중 손꼽히는 또 다른 업적은 1972년에 나온 《시 기호학 시

---

40 A. J. Greimas, *Du Sens*, 1970(그레마스, 《의미에 관하여》, 김성도 엮고, 옮기고, 씀, 인간사랑, 1997, pp.157-183 재수록).

41 A. J. Greimas, *Du Sens*, 1970, p.159.

42 이 연구소에서는 1971년부터 매년 여름 3-4개의 주제를 설정하여 세계의 권위자들을 초빙하여 세미나를 개최하고 있으며, 예비 논문(working papers)의 형식으로 장·단편의 논문들을 출간해 오고 있다(Internet: www.uniurb.it/semiotica/home.htm).

43 A. J. Greimas, *Du Sens*, 1970, p.17.

44 이 논문의 제목은 "Analyse sémiotique d'un discours juridique : la loi commerciale sur les sociétés et les groupes de sociétés"(법률 담론의 기호학적 분석)로서 다음 저서에 재수록되어 있다. A. J. Greimas, *Sémiotique et sciences sociales* (Paris: Seuil, 1976), pp.79-128.

그레마스의 유해가 안장되어 있는 카우나스 근교 공동묘지의 묘비(필자촬영)

론》(*Essai de sémiotique poétique*)이다. 이 책의 서설에서 그레마스는 〈시 담론의 이론을 위하여〉란 제목을 달면서 시적 사실에 고유한 담화의 구조적 체계가 존재하는지를 묻고 있다.[45]

1976년에 출간한 《모파상. 텍스트 기호학—실제 연습》(*Maupassant. La sémiotique du texte : exercices pratiques*)에서 그레마스는 모파상의 단편 〈두 친구〉를 가지고 프로프의 서사적 도식에 기초하여 서사적 구상적 담론들의 조직에 대한 보편적 모델 수립을 목표로 삼는다(총 분량 277쪽). 이 책은 문학 작품에 대한 일종의 해부학적 분석이라 말할 수 있을 정도로 정치한 분석의 전범을 보여 주었다. 같은 해에 나온 《기호학과 사회 과학》(*Sémiotique et Sciences sociales*)(216쪽)은 사회적 소통, 사회 언어학, 법률 담론, 토폴로지(공간

45 A. J. Greimas, ed., *Essais de sémiotique poétique* (Paris: Larousse, 1972), pp.5-24.

위상학) 기호학, 역사학, 민족 기호학 등의 주제를 다룬 논문 모음집이다. 그 다음 해인 1977년 마침내 파리 학파의 최초의 학술지 《기호학 학술지-회보》가 창간되어 연구의 방향과 성과물을 알렸다. 1979년 이후로 이 학술지는 매년 4회씩 출간되었다. 이와 더불어 1979년 다양한 관점의 연구를 소개하는 《기호학 학술지—자료편》을 제자들의 도움을 빌려 창간했다. 참고로, 이 학술지는 1989년 《신기호학 학술지》(*Nouveaux Actes Sémiotiques*)로 명칭을 변경하여 프랑스 리모주 대학교 언어·기호학 연구소에서 간행하고 있다. 2020년 5월 현재 통권 123호를 간행했으며 학술지 명칭은 다시 《기호학 학술지》(*Actes Sémiotiques*)로 최종 변경되었다.

1979년에 그레마스는 그의 제자 쿠르테스와 함께 20년간의 기호학 연구 성과를 총정리한 《기호학 사전》(*Sémiotique: Dictionnaire raisonné de la théorie du langage*)을 출간하였다. 이 사전은 그레마스 기호학의 요체라 할 수 있으며, 650개의 기본 개념과 술어들을 정리하고 있으며, 1986년 《기호학 사전》 제2권이 출간되었다. 이어서 1983년 《의미에 관하여 II》를 출간했다. 이 책의 내용은 수프 요리법, 분노, 도전, 존재의 양태화 등 다양한 테마를 포함한다. 겉으로 보기에는 주제가 이질적이지만 그레마스가 시사하는 연구의 지향점은 일관되게 의미와 가치의 관계, 아울러 가치화 일반의 문제를 향한다. 특히 양태적 조합은 상호 주관적 관계뿐만 아니라 대상과 관계를 맺는 역할을 맡고 있으며 그레마스는 이 역할을 체계적으로 분석하는 데 성공했다. 또 한 가지 중요한 논문은 차후에 나올 정념의 기호학의 시초가 되는 〈존재의 양태화에 관하여〉라는 논문이다. 이 논문에서 그레마스는 보다 구체적으로 분노라는 어휘소를 생생한 예로 택해 어휘소적 기술이 담화 분석의 효과적인 방법으로 쓰일 수 있음을 보여 주었다.

그 밖에도 그레마스는 리투아니아 신화학을 다룬 《신들과 인간들》(*Des dieux et des hommes*)(1985)을 비롯하여 미학과 가치론에 관한 에세이 형식의 소책자 《불완전성에 대하여》(*De l'imperfection*)(1987)를 내놓았다. 그레마스에게 리투아니아의 신화, 언어적 풍요로움, 특히 문학은 상상력의 원천이었다.

그레마스는 구 소련의 무력으로 수립된 정치체제와 자신의 정치적 지주였던 모국 리투아니아를 결코 동일시하지 않았다. 빌니우스 대학에서 그는 신화, 신들, 그리고 고대의 여신들에 대한 강의를 했으며 상당수의 청중을 매료시켰다.

평생 동안 의미와 의미 작용에 대한 일반적 형식화에 공력을 모았던 그레마스의 의식의 저 깊은 곳에는 합리적 절차들에 기초한 기호학 이론의 형식화를 시종일관 추구했던 강인한 정신이 자리 잡고 있었다. 그와 동시에 더 깊은 곳에는 삶의 시적 본질을 꿰뚫어 보려는 그의 대위법의 위대한 기획이 존재했다.[46] 예컨대 《불완전성에 대하여》라는 에세이에서 그는 정념으로 확대된 인간적인 의미 작용들의 장들을 포괄할 수 있는 미학을 시도한다. 이 작은 소책자에서 그는 완벽한 정신적 구성을 창조하려는 노력, 가장 최고의 수준에서 미완성의 시련을 감수하는 것, 즉 삶의 시련에 대해서 말하고 있다.

그 시론에서 삶은 "우리로 하여금 무의미함으로부터 의미로 투사시키는 도약대"로서 나타난다. 어떤 식으로든 우리는 의미를 만나야 하며 이것은 곧 의미의 '시뮬레이션'과 그것의 방법론적 모방들에 맞서서 우리를 보호해 주는 믿음과 신뢰를 다시 느끼도록 해 준다.

그의 처녀 논문 〈세르반테스와 그의 돈키호테〉 속에서 《불완전성에 대하여》의 씨앗을 찾아낼 수 있는 일말의 가능성이 존재한다. 세르반테스의 가장 위대한 미덕들 가운데 하나는 그가 "자신의 성격의 순발성을 보존하고 옹호하는 것이 얼마나 중요한지를 보여 주었다는 데 있다." 세계와의 유일한 접촉만이, 세계의 발현들 가운데 어느 하나의 접촉만이 의식 속에서 황홀함 또는 계시를 감수할 수 있을 정도로 강렬하다. 세르반테스에 대한 논문에서, 그레마스는 고결한 기사는 행복을 추구하지 않고, "완결된 실현, 삶의 정당성과 의미를 추구한다"고 말하고 있다. 그것은 인간의 근본적 문

46 이 점에 대해서는 다음 논문 참조. Viktorija Daujotypé, "La réalité de la pensée greimassienne," *Nouveaux Actes Sémiotiques* 112 (2009).

제이다.

그레마스는 타계하기 일 년 전인 1991년 퐁타니유 교수와 함께 《정념의 기호학 시론》(*Essai de la sémiotique des passions*)을 출간하였다. 정념 이론은 정서와 인간 정신의 내면적 과정에 관한 연구를 위한 '접근'을 제안하며 사물의 상태(états de choses)에 대한 상보물로서 정신의 상태(états d'âme)의 기호학 이론을 전개시키고 있다. 이 저서는 파리 학파의 구성원인 질베르베르그(Cl. Zilberberg) 등의 연구에서 제시된 새로운 아이디어들을 통합시키고 있는데 그것은 곧 상적, 연속적 과정을 도입함으로써 생성 행로를 다시 축조해야 한다는 요지를 담고 있다. 이 책은 80년대에 축적된 새로운 연구 방향을 종합하면서 '의미 작용의 선조건'과 같은 새로운 건축물의 토대를 세우고 있으며, 그 이론적 주춧돌로서 양태성, 담화화, 상의 문제 틀을 제시하였다.

그레마스는 1992년에 서거했으며 그의 유해는 고향 카우나스 근교의 공동 묘지 공원에 안장되어 있다. 그의 저술 목록은 공동연구물을 포함하여 약 100여 편의 논문과 20여 권의 저서를 아우른다.

제3장

그레마스 기호학 이론의 형성 과정

그레마스 지성사의 형성 과정과 그의 기호학 이론의 발전 단계에 대해서는 다양한 시기 분할이 가능하겠으나 그의 주요 저술들의 발표 시기와 핵심 주제를 근거로 모두 3단계로 나누는 것이 통상적인 구분법이다. 예컨대, 에노는 구조 의미론, 서사 기호학, 정념의 기호학으로 나누고 있다.[1]

반면, 질베르베르그는 자신의 긴장 이론을 포함하여 다음과 같은 네 단계로 그레마스 기호학 이론의 전개 과정을 나누고 있다.[2] 첫째, 소쉬르의 언어학, 옐름슬레우의 언어학, 그리고 그레마스의 구조 의미론을 통하여 이루어진 토대 수립 단계, 둘째, 그레마스와 쿠르테스의 공조 및 그들의 출판물, 특히 1979년에 출판된 《기호학 사전》 제1권에 의해서 시도된 공고화(consolidation) 단계, 셋째, 1986년에 출판된 《기호학 사전》 제2권으로 귀결된 대결(confrontation) 단계, 넷째, 질베르베르그가 1981년 출판한 《긴장적 양태성에 대한 시론》, 1991년 계속된 《정념의 기호학》과 그 이후로 완성된 《긴장과 의미 작용》에 의해서 강화된 재토대 수립 단계가 그것이다.[3]

이렇듯 그레마스 지성사의 시대구분 방법에 대해서는 다양한 시각이 있

1 A. Hénault, *Histoire de la sémiotique*, coll. Que sais-je? (Paris: PUF, 1992), pp.102-119 (에노, 《기호학사》, 박인철 옮김, 한길사, 2000).

2 Cl. Zilberberg, "Greimas et le paradigme sémiotique," in *Raison et poétique du sens*, (Paris: PUF, 1988), pp.65-94.

3 Jacques Fontanille et Claude Zilberberg, *Tension et signification* (Bruxelles: Mardaga, 1998).

다. 또 다른 사례로서 음악기호학의 태두인 핀란드의 타라스티 교수는 최근 논문에서 그레마스 사상의 형성과정을 4단계로 나누고 9개의 섹션을 할애하여 설명하고 있다.[4]

제1단계, 그의 고향 카우나스에서 형성된 지적형성의 기원; 제2단계, 《구조 의미론》(1966)으로 대표되는 초기 형성기; 제3단계, 절정기; 제4단계, 후기 그레마스의 발전기. 1. 청년기를 비롯한 초기의 지적 형성. 카우나스 시절; 2. 프로프의 영향[5]; 3. 그레마스 구조주의의 시작; 4. 기호학적 4각형과 동위소로부터 서사학까지; 5. 절정기: 《기호학 사전》과 생성 행로; 6. 양태성; 7. 후기 그레마스 시기; 8. 인식론적 성찰; 9. 실존적 전회가 그것이다.

또 다른 그레마스 연구자 페롱은 그레마스 기호학 이론의 발전 단계를 3개의 시기로 나누어 설명한 바 있다. a) 정형적인 서사 도식에 의해 주체와 대상의 관계를 규정하는 시기, 즉, 주체가 하나의 대상을 갖거나 그것과 연접하거나, 또는 대상을 갖지 않아 그것과 이접한다. b) 주체의 능력을 묘사하는 양태 문법 c) 정념의 기호학, 즉 정념들이 어떻게 행동을 변형시키는가의 문제를 연구했던 시기이다.[6]

한편, 잠시 후 상세히 서술하겠으나 그레마스는 자신의 기호학 형성 과정을 모두 4단계로 구별한 바 있다. 소쉬르 사상의 창조적 수용, 옐름슬레우 이론의 심화를 통해 산출된 구조 의미론, 담화 문법과 서사성 이론, 담화

---

4 Eero Tarasti, "The semiotics of A. J. Greimas: A European intellectual heritage seen from he inside and the outside," *Sign Systems Studies* 45 (1/2) (2017), pp.33-53. 타라스티 교수는 후기 그레마스 시대의 다양한 이론적 성과들을 일별하면서, 특히 자신이 구축한 실존 기호학을 기존의 기호학을 갱신하는 21세기의 신기호학으로 제시하고 있다. 실존 기호학(existential semiotics)의 출발점은 시간성, 주체성, 변화의 논리, 흐름, 질적 연구, 체험, 실존성, 다양한 가치들, 초월성이었다(cf.Eero Tarasti, *Existential semiotics*, Bloomington: Indiana University Press, 2000). 여기서 그가 말하는 초월성은 신학적, 심리학적, 인류학적 기원을 포함하지 않으며, 실존적 차원에 기초한 개념적 철학적 기원을 갖는 것으로 정의되고 있다. 그것은 의미의 세계, 우리가 정박하고 있는 살아 있는 세계가 닫혀 있다는 관념과 대립하며 초월성에 대한 초문화적 이론을 지향한다(같은 논문, pp.50-51).

5 같은 논문, pp.36-38.

6 Paul Perron, "Greimas," in Paul Cobley, eds., *The Routledge Companion to Semiotics and Linguistics* (London: Routledge, 2001), pp.194-195.

통사론의 구축 시기 등이 그것이다. 하지만 필자는 그레마스가 박사 논문에서 연구한 어휘론 분야를 그의 기호학 이론의 일종의 선사 시기로 파악함과 동시에, 그가 말년에 사회 과학 고등 연구원에서 다룬 진·선·미의 담론, 즉 가치론의 기호학적 연구 시기를 포함하여 모두 6단계의 형성 단계로 나누는 것이 가능할 것이라는 주장을 조심스럽게 피력하고자 한다. 또한 본서의 마지막 장에서 다룰 감성과 정념의 문제는 넓은 의미에서의 미의 담론에 대한 연구라 해도 크게 무리가 없을 것이다.

초반기에는 구조 언어학과 민속학 및 신화로부터 영감을 받아 형성된 그레마스의 기호학은 1960년대에 들어와 그 자율성을 주장하기에 이르렀다. 즉 그의 기호학은 의미 이론인 동시에 텍스트 및 오브제를 분석하기 위한 실제적 방법론으로서 정의되고 설계되었다고 말할 수 있다. 기호학이 다양한 문화 현상들을 설명할 수 있는 이론적 방법론적 도구로서 비교적 신속하게 발전하고, 다른 인접 학문 분야에 영향을 미치기 시작하면서 역설적으로 기호학자들 자신은 기호학의 인식론적 위상 및 그 개념들의 역사에 대해서 냉철하게 되돌아보는 반성적 계기가 마련되었다. 그레마스 자신이 이른바 '기호학적 기획'의 개념적 발전사에 대한 여러 편의 논문과 저서를 남겼는데, 그중 두 편의 논문은 그레마스의 기호학 사상을 이해할 수 있는 첩경이라 할 수 있다.

첫 번째 논문은 《의미에 관하여》(*Du sens II*, 1983)에 수록된 논문 모음집에 붙인 서론[7]이며, 두 번째 논문은 영어로 옮겨진 〈On Meaning〉(1989)이다.[8] 두 논문은 그 내용에 있어 상당히 유사한데, 이는 그레마스 기호학의 발전 단계 및 탐구 방향의 전개 과정에 대한 개괄적 보고를 담고 있기 때문이다. 물론 그레마스의 지성사 및 개념적 발전사를 다룬 적지 않은 문헌들이 존재하지만 그 간결성과 명료성 차원에서 그레마스 기호학의 자화상을 그레마스 자신의 솜씨에 견줄 만한 수려한 터치로 소묘하지는 못했다.

---

7 "Introduction," *Du sens 2: Essais sémiotiques* (Paris: Seuil, 1983), pp.7-18.

8 "On Meaning," *New Literary History* 20, no 3 (1989), pp.539-550.

1976년에 그레마스는 기호학 이론을 일러 과학적 소명을 띤 미래 지향적 기획으로서 정식화했으며, 이는 획득된 지식보다는 하나의 이데올로기 차원에 머무르고 있음을 시인한 것이다. 기호학의 포괄적 임무는 모든 인문학과 사회 과학을 연결하는 하나의 방대한 인간학을 창조하는 데 있다. 그 같은 인간학의 도래야말로 진정한 의미에서의 인문과학의 혁명이 발생하는 계기이다. 기호학적 기획을 영속적으로 진화하는 과정으로서 표상함으로써 변화의 연쇄 및 과정으로서 기호학을 역사적 차원에서 해석하는 것이 가능해진다. 그레마스는 자신의 기호학 이론의 진화에서 4개의 주요 단계들을 추적하고 있는데, 거기에 한 단계를 첨가하여 그의 이론적 발전사를 파악하는 것이 가능하다.[9]

가장 먼저 지적해야 할 시기는 그레마스 기호학의 최초 단계로서 그의 문헌학적 재능과 어휘론적 분석의 치밀성과 구조주의적 방법의 잉태를 보여주는 초기 연구에 대한 기술이 필요할 것이다. 아리베 교수는 이 시기를 그레마스 기호학의 선사 시대라 부르고 있다.[10] 아리베 교수는 어휘론이 맡았던 역할을 자신의 스승인 그레마스에게 정식으로 문의한 바 있으며 스승은 이에 대해 상세히 답변한 바 있다.[11] 그레마스는 "어휘론 분야의 연구 경험을 통해 얻은 것은 실패라는 자극적 기능이었다"라는 진술을 하고 있다. 즉, 어휘론은 현상들의 구조화 및 포괄적 이해를 허락지 않았으며, 바로 사물의 본질은 기호들의 밑에서(sous les signes) 진행된다는 사실을 깨달았다는 자신의 내밀한 교훈을 고백한 것이다. 그레마스 자신의 말대로라면, 전통적 어휘론 분석의 방법을 활용한 자신의 박사 학위 논문에 대해서 특별한 가치를 부여하고 있지 않았다. 한마디로 쓰라린 실패만을 경험했다는 것이

9 다만, 코케의 서지 정리는 그레마스의 지성사에 있어서 필수 불가결하다.

10 M. Arrivé, "préface mêlée de souvenirs sur la préhistoire de la sémiotique," in A. J. Greimas, *La mode en 1830* (Paris: PUF, 2000), pp.XI–XXV.

11 M. Arrivé & J.-C. Coquet, éd., *Sémiotique en jeu. A partir et autour de l'œuvre d'A. J. Greimas* (Paris/Amsterdam: Hadès/Benjamis, 1987), pp.302.

다. 반면 그레마스가 1966년 완성하게 될 그의 명저 《구조 의미론》은 바로 발현의 기저에 존재하는 체계를 구성하도록 해 준다.

그렇다면 그레마스의 기호학 이론과 그가 학위 논문의 주제로 삼았던 패션(복식의 어휘사)의 관계는 무엇인가? 패션은 바르트 기호학과 그레마스 기호학의 토대에서 중요한 역할을 맡았다는 것이 주석가들의 중평이다. 그가 학위 논문에서 견지한 입장들을 언어학 용어로 설명하자면 지시체의 문제라 할 수 있다.

"의복이라는 개념 속에서 완전하게 정의되고 포함되었으며, '의복의 우아함'이라는 개념에 의해서 포함된 특정 영역의 객관적 기술을 참작하면서 가능한 한 사물들을 가장 면밀하게 참작할 것이다: 연구의 출발점으로서 낱말들의 세계가 아닌 현실들의 세계를 취한다."[12]

이 같은 입장은 소쉬르의 입장과 대척점을 이루며 그레마스가 《기호학 사전》에 수록한 지시체(référent)에 대한 항목에서 제시하는 정의와도 사뭇 다른 것이다. 마치 그의 박사 논문이 앞으로 구조 기호학으로 생성될 이론적 토대와 모델을 공허하게 만드는 것처럼 논리가 진행된다.

먼저 이 학위 논문의 자료적 가치를 언급해 보자.[13] 어휘사의 차원에서 그 가치는 실로 엄청난 것이다. 그레마스는 엄청난 코퍼스의 분량을 다루면서 인내심을 갖고 문헌학적 정밀성에 입각하여 계통적 분류를 수행하였다.

비록, 그레마스는 엄밀하게 말해 공시태의 관점을 채택했지만, 단호하게 언어 역사가의 입장을 자처한다. 이 박사 논문에서는 소쉬르라는 이름 자체가 호명되지 않았을 뿐만 아니라 소쉬르 기호학의 개념도 전혀 언급되고 있지 않다.

그렇다면 공시적 언어 분석의 모델인 소쉬르의 언어학 이론을 선택하지 않은 채 특정 시기의 어휘 상태를 분석하려 했던 이 같은 청년 그레마스의

---

12 A. J. Greimas, *La mode en 1830* (Paris: PUF, 2000), p.7.

13 학위 논문의 주요 내용은 다음 문헌에 기초하여 작성되었음. M. Arrivé, 앞의 논문, pp.XI-XXV.

어휘 체계 기술 속에서 역사의 자리를 어디서 찾을 수 있단 말인가? 바로 그레마스가 설정한 기획과, 그 서론과 결론에서 찾아볼 수 있다. "주어진 시대에 있어 한정된 어휘에 대하여 충분한 자료를 구성하여, 동일한 어휘의 그 이전과 그 이후의 상태들과의 비교를 염두에 둔 것이다."[14] 아울러 그레마스는 "의미의 변형을 다루는 학문"이라는 기획을 합류시키기 위해 프랑스 문헌학자 다르메스테테르(Darmesteter)를 참조한다. 따라서 그레마스가 작성한 두 편의 논문들은 엄밀하게 공시태의 입장을 취했음에도 불구하고 역사적 과녁을 조준하고 있다는 진술이 가능하다.[15]

아울러 그레마스의 근본적 기획은 어휘적 현상들과 사회학적 자료를 관련짓는 데 있다.

"어휘론적 영역과 사회학적 영역의 접맥은 학문적 관심을 표상할 수밖에 없다."[16]

그런데 그 같은 프로그램을 위해서 어떻게 역사라는 요인을 회피할 수 있단 말인가 라는 물음이 남는다. 그레마스는 경제적 사회적 조건들과 그것들의 어휘적 반영 사이의 역사적 관계들에 대한 연구를 과감하게 시도했다.

"생활의 편리함이라는 것은 영국적 관념이지만 동시에 자본주의적 관념이며, 이것은 프랑스의 산업화가 관념의 진화에 견주어서 낙오되어 있다는 점에서 프랑스에서 편리함이라는 생각이 뿌리를 내리는 데 걸린 완만함을 설명해 준다."[17]

아리베 교수는 그레마스가 자신의 청년 시절 발표한 박사 논문에 대해서 내린 냉혹한 자기 평가를 수긍하기 힘들다는 견해를 피력하면서도, 그의 박사 논문이 근본적으로 양가성을 띠고 있다는 점을 주목한다. 그 학위 논문이 보존하고 있는 자료적 가치를 넘어서 이중적 성격을 지니고 있다는 것

---

14 A. J. Greimas, 앞의 책, p.8.

15 M. Arrivé, 앞의 논문, p.XIV.

16 A. J. Greimas, 제2박사논문, p.260(M. Arrivé 앞의 논문에서 재인용).

17 A. J. Greimas, 제2박사논문, p.263(같은 논문에서 재인용).

이다. 먼저, 역사 사회 어휘론이라는 야심찬 기획을 읽어 낼 수 있으며 기호학을 탄생시키게 될 몇 가지 핵심적 관심사를 판별해 내는 것이 가능하다는 것이다.[18]

그레마스가 1830년대의 어휘론 연구를 주제로 택한 것은 그의 지도 교수였던 샤를 브뤼노(Charles Bruneau) 교수가 페르디낭 브뤼노(Ferdinand Brunot) 교수와 함께 준비한 기념비적 저술인, 《프랑스어사》(*Histoire de la langue française*)를 완성 지으면서, 그의 지도 학생들로 하여금 19세기의 프랑스어 어휘를 집중적으로 연구하게 만든 것이 주요인이다. 일례로, 그레마스가 학위 논문을 준비하면서 알게 된 프랑스어사의 대가인 마토레(Georges Matoré) 교수는 1946년 고티에(Théophile Gautier)의 산문에 대한 학위 논문을 제출한 바 있었다. 한편, 복식사의 차원에서 왕정 복권기의 의복들은 근대 서구의 의복이 될 것을 선명하게 예고하는 최초의 의복이다. 특히, 1829-1830년 시기는 최고 수준의 새로운 복식 잡지들의 출현이라는 차원에서 주목할 만한 가치가 있으며, 그 가운데 《모드》라는 잡지에 발자크는 다섯 편에 걸쳐 〈우아한 생활론〉(Traité de la vie élégante)을 게재한 바 있다.

그런데 이처럼 중요한 학위 논문이 지난 50년 동안 출판되지 않은 이유를 어떻게 설명할 수 있을까? 그레마스는 자신의 학위 논문에 대해 이중적 태도를 갖고 있었다. 한편으로는 관련 전문가들에게 유용하게 사용될 수 있는 학위 논문의 출판을 희망했으나, 다른 한편으로는 진지한 문헌학적 작업임에도 불구하고 더 이상 스스로가 신뢰하지 않은 분석 원칙들에 의해서 작성된 논문의 가치에 대해서 그 자신이 회의적이었다.[19] 더구나 학위 논문을 제출했을 무렵 이집트의 알렉산드리아 대학에서 대학교수 생활을 막 시작한 시점에서 출판을 추진하기는 어려웠다.

그레마스의 전기에 정통한 브로델 교수는 박사 학위 논문의 의미를 논하면서 연대기적 한계 설정, 핵심적 자료 수집, 언어학적 시각을 통하여 핵심

---

18 M. Arrivé, 앞의 논문, p.XV.

19 B. Quemada, "Greimas lexicologue," *Nouveaux Actes Sémiotiques* 25 (1993), pp.49-50.

적 기여를 한 것이라 단언한다. 특히, 이 학위 논문이 역사적 방법과 구조적 실천 사이에서의 전환기에서 두 전통 모두를 아우르고 있다는 점에서 언어 과학과 인문과학의 진화에서 그레마스라는 지적 인물의 형성 과정에 대해서도 중요한 정보를 제공한다는 점을 강조한다. 따라서 어휘 분석 방법론의 성격과 그 한계에 대해서 언어학사의 관점에서 상세히 서술할 필요가 있다.[20]

그레마스는 그르노블 대학의 뒤라푸르(Antoine Duraffour) 교수 아래에서 엄정한 학문적 훈련을 받음과 동시에 문헌학의 소양을 쌓았으며 파리로 상경해서는 브뤼노 밑에서 학위 논문을 준비했다. 그레마스는 점차로 방언학과 고대 프랑스어에서 멀어져 어휘 연구라는 특수한 영역에 몰두했다. 당시 프랑스의 의미론 연구 전통은 크게 세 흐름으로 대별된다. 인간의 정신을 강조하는 브레알의 의미론, 사회학적 시각을 강조하는 메예의 사회 의미론, 그리고 단어를 살아 있는 유기체로 간주하는 다르메스테테르의 시각이 그것이다. 특히, 제2차 세계대전 이후에 프랑스의 어휘론 연구를 지배한 것은 세 번째 범주의 연구 시각이다.[21] 19세기 자연사 패러다임의 영감을 받은 유기체적 시각은 어휘 전체를 탄생, 성장, 사멸하는 어휘들의 집합으로 파악한다. 이와 같은 시각의 결정적 기여는 개별 어휘소들이 겪는 사용 변화들을 참작하는 기제를 추출하는 데 있다. 이 같은 연구 흐름은 언어학, 의미론, 역사학, 수사학, 심리학 등을 활용하면서 브레알의 연구와 일정 부분 수렴한다. 하지만 프랑스어 단어들 대부분의 역사에 대해서 이 같은 설명을 적용하기에는 충분한 자료가 제공되지 못한 상황이었고, 고립된 표현들의 분석으로부터 어휘체의 일반적 특징으로 넘어가는 데는 무리가 따르는 것

20 A. J. Greimas, *La mode en 1830* (Paris: PUF, 2000), p.XXXI.

21 Cf. Michel Bréal, *Essai de sémantique. Science des significations* (Paris: Hachette, 1897); Antoine Meillet, "Comment les mots changent de sens," *L'année sociologique* 9 (1906), pp.1-37, repris in *Linguistique historique et Linguistique générale*, t.1 (Paris: Champion, 1926): pp.230-271; Arsène Darmesteter, *La vie des mots étudiée dans leurs significations*, 1887, nouv. éd. (Paris: Champ Libre, 1979).

으로 드러났다.

더 정확히 말해서, 소르본 대학 시절 그레마스에게 제공된 전통적 모델은 기껏해야 어휘 분석과 문학 문체론을 조합하는 수준에 머물렀다. 즉, 탁월한 몇몇 작가들이 프랑스어의 진화에 있어 결정적 영향력을 미친다는 원칙에서 출발하여 특정 작가의 언어를 세밀하게 해부하고, 그의 어휘적 대담성과 창조적 표현들을 목록화하는 것이다. 그리고 해당 시대의 사전들은 이 같은 편차와 혁신을 가늠하기 위한 시금석으로 사용되었다.

그레마스는 이 같은 접근법을 우회하여 어휘론을 혁신하려는 연구자들과 공동의 노력을 경주하였다. 즉 한편으로는 어휘의 역사적 분석을 심화하면서, 다른 한편으로는 언어학자 메예의 전통을 받아들여서 연구 대상으로서 개인이 아닌 사회적 관례와 사용을 삼았다. 요컨대 문학 문체론을 내버려둔 채, 그의 동료 연구자들(켄지에F. Mac Kenzie, 마토레G. Matoré, 벡슬러P. J. Wexler)이 주도한 어휘론에서 이루어진 새로운 연구는 어휘의 사회적 관례와 사용이라는 보다 중요한 몫을 포용하고 언어를 사회적 맥락 속에 위치시키려는 참신한 시도였다.

전통적 연구에 맞서서 그의 학위 논문은 하나의 특수한 사회적 역동체를 정의하고 그 주제의 핵심적인 대표적 코퍼스를 세밀하게 분석함과 동시에, 문화적 현상과 그것의 어휘를 의미론적 차원에 초점을 두면서, 선택된 영역의 유의미한 단어들을 식별하고 치밀하게 논증한다. 그레마스는 당시의 다양한 접근법들을 소화해 내며 종합화했는데, 그 가운데 어휘론과 문명사를 조합한 마토레의 영향은 결정적이었다.

청년 그레마스가 그르노블 대학에서 체득한 엄밀한 문헌학적 소양은 일차 자료에 대한 면밀한 검토와 수많은 인용과 예들로 이루어진 세밀한 자료 수집을 통하여 발휘되었다.

정확히 말해서 그의 박사 학위 논문은 비교 문법에 토대를 둔 역사 언어학 방법론에 토대를 두었으며, 주 논문에서 그가 역사적 관점을 지양했다는 점을 피력했음에도 불구하고 이 점은 엄연한 사실이다. 주 논문의 결론은 단어들의 형성을 분석하기 위해서는 다르메스테테르가 구축한 방법을 준수해야 한다는 점을 강조한다. 해당 자료체에서 출현하는 단어들의 최초의 사용사례를 기록하고, 가장 빈번하게 사용된 시기와 희소화되는 시기, 그리고 어휘가 사라지는 시기 등을 기록하고 있다는 점에서 전형적인 유기체적 관점이라 할 수 있다. 그런데 다른 한편으로는 그의 학위 논문은 언어학 방법론을 자연과학에 종속시키는 일체의 시각을 비판하고 있다는 점이 특이하다.

"단어들은 현실의 빛바랜 이미지에 불과하며, 불확실한 방식으로 현실을 반영할 뿐이다. 그 결과 기호와 기의 사이의 완전한 일치는 결코 도달될 수 없다."[22]

살아 있는 유기체로 언어를 파악하는 기존 언어 개념에 대한 그레마스의 비판은 소쉬르가 《일반 언어학 강의》에서 표명했던 자연주의적 언어 개념에 대한 비판과 호응한다. 반면 위 인용문은 그레마스의 연구가 기호를 내재적이며, 단순하고, 안정된 단위로서 간주하는 소쉬르의 시각과 맞서는 기호학적 입장을 노출하고 있음을 보여 준다. 실제로 언어의 자율성을 장려하는 수순들과 맞서 그레마스는 학위논문에서 사회학적 시각을 주장하고 있으며, 어휘 발달이 오직 물질문화와 정신문화에 비추어서만 이해될 수 있다는 사실을 강조한다. 제2박사 학위 논문은 그레마스와 마토레가 공동으로 개발한 방법을 사용하고 있는데, 그 방법에 따르면 어휘 연구자는 단어들의 출현과 소멸 속에서 단어들의 무리화를 추적하며, 그 의미 변화, 기능 변화, 빈도수 변화를 추구하고, 역사적 경향들을 노출하는 소중한 지표들을 발견한다. 어휘소는 곧 그 같은 사회적 변형들을 정의, 개발, 규정하는 시대의 증언 단어(mots témoins)가 된다.[23] 새로운 기계들을 지칭하는 단

---

22 A. J. Greimas, 앞의 책, pp.132-133.

23 Cf. A. J. Greimas & G. Matoré, "Notes lexicologiques," *Le français moderne* 15 (1947), pp.129-142. A. J. Greimas, "Notes lexicologiques," *Le français moderne* 17 (1949), pp.281-306. G. Matoré, *Le vocabulaire et la société sous Louis-Philippe* (1951), nouv. éd. (Genève, Slatkine, 1967).

어들은 산업적 진보를 표시하는 기호들로 사용되며, 패션의 상업과 문화적 현상의 발전을 알려 주는 단어이면서 현대 문명에 대한 서구의 개념 속에서 물질적 편리함이 차지하는 핵심적 자리를 알려 준다. 브뤼노의 시론을 지시하는 '증언 단어'라는 표현처럼, 복식 전체에 대한 연구는 브뤼노가 집필한 《프랑스어사》의 연구가 밝혀 주고 있는 사회적 맥락 속에서 어휘의 진화에 대한 종합적 검토로부터 영감을 받은 것이다.[24] 그의 학위 논문은 사회적 방향에서 메예(Antoine Meillet)가 어원론을 개혁하기 위해서 전개한 목적을 차용하여 자신의 것으로 삼았다.

브뤼노의 학위 논문은 구조화된 공시적 집합으로서의 한 시대의 어휘를 분석하기 위한 보다 최근의 노력들을 증언한다. 박사 학위의 주 논문 서문에서 그는 연구 과제로서 "주어진 언어의 한 상태에 대한 정태적 기술"을 설정하고 있으며, 불연속적인 재단들에 대한 비교 분석으로서 언어의 역사적 연구를 겨냥하면서 독일 언어학자 트리어(Jost Trier)를 인용한다. 이렇듯 그레마스의 박사 논문은 복식 어휘의 자료체를 하나의 유기체화 된 전체로서 제시하는 시도를 하고 있는 것이다.

요컨대 그는 지역적 상호 종속성에 기초해 몇몇 복식 항목들을 연결 짓고 있다. 복식 담론을 통일시키고 정렬하려는 이 같은 시도들은 이미 그레마스의 명논문 〈소쉬르주의의 현재성〉으로 그를 유도하는 목표들을 예고한다. 동시에, 그의 논문은 언어 과학의 발전에서 결정적인 전환기 시점에서 작성된 것이다. 그는 19세기 언어학의 성취를 참작하면서도, 다른 한편으로는 20세기 방법을 쇄신하게 될 다양한 방법들의 구성에 착수하고 있다. 이점에 있어 그레마스의 구조 의미론과 기호학은 언어 메커니즘과 인지적 과정들의 수렴을 강조하는 브레알의 작업에 접맥된다.

---

24 F. Brunot, "Les mots témoins de l'histoire," in Institut de France, séance publique annuelle de l'Académie des inscriptions et belles lettres du vendredi 23 novembre 1928, t.II, no.22 bis, (Paris: Firmin Didot, 1928). F. Brunot, *Histoire de la langue française*, t. 2: La Renaissance (Paris, Armand Colin, 1906), pp.161-241, et t. 4, partie 1: La langue classique (1912, nouv. éd. 1947), pp.219-622.

한편, 그레마스 기호학 이론의 형성에 있어서《구조 의미론》과《기호학 사전》의 출간은 두 개의 커다란 분수령을 이룬다. 먼저 그의 최초의 본격적인 기호학 저서인《구조 의미론》에 대해서 상세히 언급할 필요가 있다.

《구조 의미론》은 그 제목이 주는 인상과는 달리 코케 교수가 최초의 언어 기호학으로 파악하여 "앞으로 생성될 기호학의 토대를 이루는 책"으로 평가할 정도로 최초의 이론적 종합으로 인정받는 저서다.[25] 그레마스는 파리에 입성하기 전부터 이미 200여 쪽에 이르는 의미론을 완성시켰으나, 1958년 알렉산드리아에 머무를 때 옐름슬레우의 주저《언어 이론 서설》의 영문판을 읽고 그 학문적 독창성과 논리적 심오함에 큰 감화를 받아 의기소침해진 나머지 자신의 초고 원고를 파기했던 유명한 일화가 남아 있다. 그가 옐름슬레우로부터 받은 영향은 익히 잘 알려져 있다. 옐름슬레우의 저서에 있는 그 개념적 엄밀성과 단순성, 투명성은 그에게 핵폭탄급의 충격으로 다가왔다. 실제로《구조 의미론》에서 그는 덴마크의 천재적 언어학자 옐름슬레우와 브뢴달을 빈번하게 참조하고 있다.

《구조 의미론》의 성공은 무엇보다 의소 분석들의 탁월한 예증에 힘입고 있으며, 그 예들은 폭넓은 시각을 제공한다. 무엇보다 구조 기호학의 고전이라 할 수 있는 이 획기적 연구서는 문학 연구의 갱신을 가능케 했으며 어휘론에서 의미론적 연구들에 대한 새로운 비전을 제공했다는 평가를 받는다. 그러나 이 같은 일회적 성공보다는 이 책의 현실적 파장을 간파해야 한다. 그레마스 기호학 이론을 특징짓는 핵심적 아이디어들은 이 기념비적 저서에서 방법론적 변별성을 시험한다. 이 책의 의미에 대해서 에노 교수는 다음과 같이 그 정곡을 찌르고 있다: "사실을 말하자면, 그레마스가 연구자로서 그의 존재가 계속되는 동안 자신이 탐구할 일체의 공리적 기초와 가설들의 총합은, 인식론, 기호학적 이론과 실천을 포괄할 이 책에서 그 자

25 이 책의 당시 평가에 대해서는 다음 서평 논문들을 참조할 것. G. Mounin, "Travaux récents de sémantique," *Linguistique* vol. 4, Fasc 1(1968), pp.131-140; J.-Cl. Coquet, "Questions de *Sémantique structurale*," *Critique* tome. XXIV, no. 248 (1968), pp.70-85.

리가 새겨진다."[26]

《구조 의미론》에서 제시된 전체적 이론의 얼개는 에노 교수의 두 권의 저서에서 체계적으로 정리된 바 있다.[27] 먼저 실천적 차원에서 이 책의 핵심인 '기술의 견본'은 소설가 베르나노스 작품의 상상 세계의 집합과, 1976년 모파상의 단편 〈두 친구〉의 분석을 실현시킬 방법과 내용을 착상시키고 있다. 그것은 구조 기호학 이론이 창안한 새로운 개념들의 가설적 가치를 입증하고 있다. 특히, 다음 네 가지 개념을 체계적으로 수립하고 있다: 1. 동위소, 2. 의미 작용의 기본 구조, 3. 의미소(semème), 4. 의소적 조합(부류소〔classème〕, 어휘소〔lexème〕 등).

이론 차원에서 방금 전 언급한 개념들 전체는 이론의 작동을 위한 것으로 간주된다. 위의 핵심개념들은 서로 총체적으로 연결되어 있으며 상호 규정된다. 풀어 말해 그것들은 상호 정의되며 매우 제한된 수의 공리들에 근거를 둔다. 그레마스에게 있어서 '이론'이란 개념은 명백하게 기술적인 가치를 취하며, 인식론적 토대와 더불어 엄밀한 수미일관성으로서 구체적인 분석들을 실현할 수 있는 능력으로 특징지어진다. 따라서 그레마스의 문맥에서 이론은 실재와 대립하지 않는다. 엄밀한 의미에서 이론은 공리화된 방법론으로서 오직 실재에 의해서만 가치를 갖는 반면, 이론의 인식론적 수준은 지적 방법론의 토대를 세우는 것이다.

인식론의 수준에서 《구조 의미론》은 그레마스가 '프랑스어 연구회'(SELF)에서 발표한 프로젝트를 작동시키고 있는데, 그 기획은 그때까지 문장 차원의 연구에 머물렀던 표층적 구조를 넘어 심층적 수준에서 담화의 수미일관성을 확보할 초문장적 구조로 연구의 초점을 옮겨 놓았다.

프로프가 마련한 형식화의 노력을 연장시키려는 복안을 갖고 그레마스는 이 핵심적 문제를 접근할 수 있는 효과적 수단들을 구비한다. 실제로,

26 A. Hénault, *Histoire de la sémiotique*, p.103.

27 A. Hénault, *Les enjeux de la sémiotique* (Paris: PUF, 1979)(에노, 《기호학으로의 초대》, 홍정표 옮김, 어문학사, 1997); *Narratologie -Sémiotique générale* (Paris: PUF, 1983).

프로프의 결론에 레비-스트로스의 구조적 독법을 적용시키려는 노력은 그를 진퇴양난으로 몰아갔고, 거기서 나올 수 있게 도운 것은 다음과 같은 공식이었다. 즉, 프로프의 서사적 연쇄들에 대한 연구, 즉 시퀀스들의 출현 순서를 조건 짓는 것에 반대하여 순전히 통합체 차원의 관계에 연연하지 말고 텍스트의 한 부분을 다른 부분에 연결시킬 수 있는 보다 추상적인 관계들에 집중을 해야 한다는 것이 그 요지이다. 왜냐하면 그런 추상적 관계들은 변별적 자질들의 발달과 팽창에 토대를 두기 때문이다. 그 같은 작업은 요소들의 부류들, 즉 계열체들을 성립시킨다. 이 계열체들은 동일 부류의 내부에서 유사하며, 대립되는 부류의 요소들과 관련하여 구분된다. 프로프의 형태론의 계열체화는 민담이 언제나 명령과 수령, 금기/금지와 복종 대 불복종 등으로 구성되며 이 같은 의미론 세계는 두 무리의 대립들 사이의 특수한 관계의 창조로서 특징지어진다.

이어서 그레마스는 서사의 미시 단위인 시련(épreuve)을 정의하고 있는데, 그의 시련 개념은 세 가지 종류의 계열체 차원의 부류를 포함하고 있다. 시련은 그 형식이 무엇이건, 항시적인 통사적 조직을 함의하는데, 그 이유는 계속되는 순서의 차원에서, 다음과 같은 기능들과 기능들의 쌍들을 포함하고 있기 때문이다. 명령 대 수용, 대결 대 성공, 그리고 그 파급 결과. 어쨌거나, 시련의 파급결과는 다채로운 형식들 아래서, 주체에 의한, 욕망하는 대상의 획득을 표상한다. 그레마스의 서사 도식에서 엄밀한 의미에서의 추구(quête)는 주요 시련과 결부되며, 그것은 서사물의 가장 강력한 극적 부각을 성립한다.

그레마스는 여기서 문제의 난점을 해결할 수 있는 단서를 찾아낸다. 그는 다름 아닌 레비-스트로스가 신화분석에서 구축했던 행동들의 계열체 표상을 사용했다. 실제로 그레마스의 서사 기호학 모델은 통합체 차원의 관계들을 계열체 차원의 관계들과 상관 관계를 맺고 있어야 한다는 점을 보여주었다. 에노 교수는 바로 이 점에서 《구조 의미론》을 일러 "그레마스의 최초의 독창적 종합"[28]이라고 진단한다.

---

28 A. Hénault, *Histoire de la sémiotique*, p.106.

《구조 의미론》은 겉으로는 이질적인 이론적 총합들을 병렬시키고 있다. 한편으론 의미 작용의 기본 구조와 관련하여(pp.18-171) 프라하 학파처럼, 다양한 범주적 대립들의 종류에 관심을 보였다. 다른 한편으론 '행동자 모델'과 변형 모델에 대한 성찰들(pp. 172-221)이 프로프의 서사모델에 대한 철저한 환원과 구조화로부터 파생된다. 즉 그가 세운 6개의 행동자 목록인 '주체-대상', '발신자-수신자', '조력자-대립자'를 포함하여, 다른 한편으론 서사물 속에서 지속적으로 관찰되는 전개 도식이 그것이다.[29]

이 도식은 첫째, 주체의 자격 행로(주인공은 검을 정복한다)로서 이것은 주체로 하여금 자격 시련을 겪게 만든다. 둘째, 결정적인 행동의 주요 시련으로서 여기서 주인공은 그의 임무를 완수한다. 세 번째는 영광 시련으로서 그는 자신의 업적에 대한 보상을 받는다.

하지만 인간 중심적 문법과 수학적 형식적 논리 사이의 불일치로 인해 온전한 담화 이론에는 이를 수 없었다. 《구조 의미론》의 출간부터 그레마스는 이 같은 인식론적 문제에 봉착했다. 1966년부터 1979년까지 그는 집중적으로 인식론적 재평가들을 수용한다. 이 시기는 프라하 학파의 음운론과 코펜하겐 학파의 언리학이 명증화한 이원적 논리적 대립들이 어떻게 서사 문법의 유인류적 모델들과 더불어 분절될 수 있는지를 탐색하는 시기였다.

바로 이 순간에 접어들어 서사 문법은 구상적 서사물들의 분석을 넘어서 구상적 인물이 존재하지 않는 모든 종류의 담론들을 연구하는 데 이른다. 그 단계에서 그레마스는 하나의 추상적 서사성을 제시한다. 법률 담론, 도시의 공간 담론, 요리법의 프로그램 담론에 대한 분석 등이 그것이다. 예컨대, 란도프스키와 함께 발표한 〈법률 담론의 기호학적 분석〉(Analyse sémiotique d'un discours juridique)(1971)에서 법률 언어의 특수한 속성들을 추출하였으며 회사의 행동자적 구조들을 분석한 바 있다. 그는 '권력을 갖

29 행동자(actant)는 문법적 역할들로서 행동과 엄밀한 관계에 의해서 정의된다. 그 역할들은 서사물에서 일어나는 일을 표상하는 것을 가능케 한다. 그 수는 한정되어 있지만, 모든 텍스트에서 불가피한 현존은 이 당시 대단한 발견이었다. 서사물의 인물들은 구상적 규정들을 첨가하면서 행동자들을 구현한다.

고 있는 회사'(sociétés de pouvoir)와 '소유 회사'(sociétés de possession)를 구분하는 등 사회 무리의 유형론을 제안했다. 바로 이 텍스트에서 법률적인 집단적 행동자와 수량적 존재들의 상이한 존재 방식들이 정의된다.

이 시기에 접어들어, 《구조 의미론》에서 '조력자'와 '대립자'라고 명명된 구상적 행동자는 사라지고, 네 개의 통사적 위치들이 프로프가 설정했던 구상적 인물들의 자리에 장치된다. 주체-대상, 발신자-수신자가 그것으로서 그 각각의 것은 새로운 의소 범주의 사각형에 따라 배치될 수 있다. 예컨대, 서사물은 언제나 주체의 상반항, 그것의 반주체를 현동화한다. 이 순간에 그레마스는 기호학의 관심을 다양화시켰다. 한편으론 역사학의 글쓰기에 대한 관심과, 다른 한편으로는 문화 기호학에 대한 관심들이 증폭되었다.

이 시기의 그레마스 논문 중에서 가장 많이 인용되는 것은 〈기호학적 제약의 놀이들〉(Les jeux des contraintes sémiotiques)로서, 인간 정신은 문화적 대상들을 구성하기 위해 간단한 요소에서 시작해 내재성에서 발현으로 유도하는 하나의 행로를 추적한다는 가설이 제시되었다.[30] 이른바 '구성 모델'(modèle constitutionnel)이라 불려지는 기호학적 사각형을 배치하여 성 관계들의 체계를 구성 모델의 의미론적 투자의 예로서 보여 준다. 요컨대 이 논문은 성 관계의 사회적, 경제적, 개인적 가치들을 검토함으로써 최초의 서사 구조들의 전망을 그려 내고 있다.

그 밖에 논문 〈자연 세계의 기호학의 조건〉(Conditions d'une sémiotique du monde naturel)(1970)[31]에서는 의미 작용의 모든 형식들과 발현을 설명할 수 있는 일반 기호학이 자연 세계의 기호학을 총괄해야 함을 설파한다.[32] 이 시기에 나온 또 다른 대표적 논문인 〈서사 문법의 요소들〉(Eléments d'une grammaire narrative)(1970)에서 그레마스는 "의미 작용의 생성은 먼저 발화체의 생산에 이어서 그것들의 담화에로의 조합으로 통하지 않는다. 그것은

---

30 A. J. Greimas, *Du Sens* (1970), pp.135-155 (그레마스, 《의미에 관하여》, pp.180-205).
31 같은 책, pp.49-91(그레마스, 《의미에 관하여》, pp.98-158).
32 감각 세계란 의미 작용을 탐구하는 데 총체적 대상이다.

그 행로에 있어서 서사 구조들에 의해서 중계되며 바로 발화체로 분절된 유의미한 담화를 생산하는 것은 그 같은 서사 구조들이다"라고 밝히고 있다. 그레마스는 1970년대 중반기부터 양태성 이론과 관련된 심도 있는 논문들을 발표하는데, 이 중 〈행동자, 행위자, 형상소〉(Les actants, les acteurs et les figures)라는 논문은 양태성 이론을 수립하려는 최초의 본격적 탐색이다.[33] 양태성들에 대한 성찰은 새로운 이론적 통합의 기회를 제공한다. 이 점에서 결정적인 행위는 양태적 구조로 표상되며 이렇게 해서 서사 문법은 도처에서 양태적 문법으로서 나타난다.

이 같은 맥락에서 1976년에 발표된 〈양태성의 이론을 위하여〉(Pour une théorie des modalités)는 각별한 주목을 끈다.[34] 여전히 프로프의 서사 도식에 충실하면서 그레마스는 논리학자가 아니라 담화 분석가로서 제반 양태성들을 고려한다. 그의 전형적인 수순에 따라 간단한 것에서 시작해서 복잡한 것으로 진행하는데, 이에 따라 기본 발화체들을 검토한다. '행동하다의 존재'(l'être du faire)인 능력(compétence)과 행동-존재인 수행(performance)은 간단한 양태적 구조들로 간주된다. 이어서 초양태화는 프랑스어의 네 개의 양태 동사(원하다(vouloir), 해야 한다(devoir), 할 수 있다(pouvoir), 할 줄 안다(savoir)의 조합을 가능케 한다. 주체의 양태화는 '하다'와 관계를 맺는 반면, 대상의 양태화는 '이다'와 관계를 맺는다. 이 논문은 서사 문법의 양태적 성분에 대한 기호학적 지식에 있어서 중요한 기여를 한 논문으로 그 독창성을 인정받는다.

제반 양태성들을 다루었던 문제 틀의 발전은 기호학사에서 중요한 전환점이다. 행동 프로그램과 존재 프로그램을 정확한 행동자적 행로들로 파편화한다. 다른 한편으론, 서사적 독서를 구두 텍스트, 조형 텍스트, 행동 텍스트로 그 외연을 확장시켜 나갔다. 그리고 이때부터, 프로프의 형태론에서 도출한 세 가지 시련의 정형화된 도식은 이데올로기적 도식으로서 고려

---

33 그레마스, 《의미에 관하여》, 김성도 옮김(인간사랑, 1997), pp.374-399.
34 같은 책, pp.400-432.

된다. 다시 말해 그 같은 도식은 언어를 통한 삶의 의미를 기억하려는 작업으로서 파악될 수 있다는 점에서 인간사에서 의미를 발생시키는 행동들의 연쇄체들의 구조화를 뜻한다.

1980-1991년은 세 번째의 이론적 종합 시기로 특징지어진다. 《구조 의미론》 제2권이 출간되었고, 그레마스의 제자 질베르베르그(Cl. Zilberberg)는 기호학의 영역에 긴장성과 감응(phorie)을 기호학의 한복판에 갖다 놓았으며, 이 밖에도 코케는 주체의 기호학 이론을 담화 이론과 발화 작용의 시점에서 창발시켰다.

그레마스의 마지막 작업은 감정의 영역과 관련된 모든 것을 상적인 술어들로서 재해석하는 노력의 경주에 해당된다. 담화 차원의 상화, 다양한 가치화와 관련된 심오한 상화, 정념의 기호학이 그 예들이다.

앞서 제시된 에노 교수의 삼 단계 구분법과 달리 그레마스 자신은 자신의 기호학 이론의 점증적 개념화를 모두 네 단계로 나눈 바 있다.[35] 제1단계는 1956년에 발표한 논문 〈소쉬르주의의 현재성〉(L'actualité du saussurisme)에서 잉태되었는데 이 논문에서 그레마스는 메를로-퐁티, 레비-스트로스의 저술들을 검토하며, 소쉬르 공식이 인문·사회 과학의 통합적 방법론을 제시할 수 있다는 결론에 이른다.(이 논문에 관해서는 뒤에서 상술하였음.) 특히 그는 이 시기에 뒤메질과 레비-스트로스의 신화 분석에 영향을 받았으며, 프로프의 영향도 결정적이었음을 분명히 밝히고 있다.

그레마스는 구조주의자들이 언어학적 시각에서 다양한 영역에 걸쳐서 언어의 문제들에 초점을 맞추고 소쉬르의 원칙을 도입함으로써 인문과학의 마당을 혁명화시키고 있음을 지적한다. 예컨대, 인류학과 신화학 분야에서 시도된 레비-스트로스와 뒤메질의 작업, 문학 작품 분석에서 이루어진 바르트의 시도, 정신분석학 분야에서 제시된 라캉의 새로운 시도 등으로 대표된다. 하지만 정작 언어학 분야에서는 그 같은 동일한 차원의 작업을 의식하지 못했으며, 자신은 의미론의 지평을 넓히기 위해서 소쉬르와 옐

35 A. J. Greimas, "On Meaning," *New Literary History* 20, n. 3 (1989), pp.539-550.

름슬레우의 언어학을 새롭게 갱신시켜 새로운 언어학의 발판을 마련하겠다는 포부를 다지고 있다. 따라서 엄밀하게 언어학의 영역을 떠나서 언어 이론을 일반 기호학과 연계 짓는 시도를 하려 한다. 그레마스 기호학의 최초 형성 단계에서 심오한 영감을 준 것은 민속학, 특히 프로프의 민담 분석이다. 그의 저서 《민담의 형태론》은 서사 분석을 위한 출발점으로서 선택되었으며 동시에 보다 포괄적인 이론들을 위한 기초로 사용된다. 프로프의 모델은 서사물의 표층 구조를, 즉 행동의 시퀀스, 다시 말하면 통합체의 차원을 설명하려는 시도인데, 여기서 신화에 대한 레비-스트로스 방법의 계열체 분석을 도입함으로써 보완될 수 있다는 독창적 생각이 피력된다. 그레마스는 쌍으로 맺어질 수 있는 4개의 주요 '세그먼트'를 주목하고 그 같은 4개의 쌍들 가운데 두 개는 레비-스트로스의 도식에 따라서 구성될 수 있음을 꿰뚫어 보았다. 프로프의 모델에 있어서 제 기능들의 구조화는 선형적으로 정전화된 연속 배후에 하나의 논리적 의미론적 구조를 포함하고 있다. 따라서, 두 개의 상보적인 서사 모델을 조화롭게 화해시키면서, 다양한 이야기들의 다채로운 표면 구조는 시간적 연속으로서 현동화될 수 있는 심층 구조들의 한정된 집합으로부터 생성된다는 사실이 자명해진다. 기능들의 구조화, 이야기의 통합체 차원의 전개에 계열체 차원의 범주들을 투사시킴으로써 보다 새롭고 완결된 모델, 즉 서사 도식(narrative schema)을 산출하기에 이른다.

그레마스 기호학의 두 번째 단계는 옐름슬레우의 언어학과 기호학 이론에 대한 세미나에서 태동하며 《구조 의미론》의 출판과 더불어 최고 절정에 이른다. 《구조 의미론》은 최초의 언어 기호학의 구축이며 파리 기호학파의 토대를 마련해 준 그레마스의 최고 걸작 중 하나이다. 그 목표는 그가 담화라고 부른 텍스트의 의미론적 통사적 분석으로서, 《구조 의미론》은 그 제목이 시사하는 바와는 달리, 단어와 문장의 의미를 기술하는 차원을 훨씬 뛰어넘는다. 그의 시도는 문장 차원을 넘어 하나의 완결된 텍스트가 담지하고 있는 의미의 수미일관성과 총체성을 설명하는 데 있으며, 소설가 베르나노스의 서사 세계에 대한 실제 분석으로서 결론을 맺고 있다. 그레마스의 의미 이론에서 제안된 주요 구성 요소는 의미 작용의 기본 구조로서 훗날 유명한 기호학적 사각형 모델로 발전된다. 그 모델은 하나의 의미론적 미시 세계 안에서 의미의 최초 분절을 설명하려는 시도로서 풀이될 수 있다. 하지만 《구조 의미론》의 초점은 서사 텍스트 및 담화의 서사적 차원에 모아진다. 특히 프로프의 기능들에 대한 구조화 및 행동자 모델은 그레마스의 이론적 독창성이 유감 없이 발휘되는 곳으로서 파리 기호학파 최초의 서사학을 형성하고 있다. 초기의 서사학은 사건들, 행동자들, 계약들, 교환들 사이의 관계에 대해서 초점이 모아지며, 나중에 가서 보다 복잡한 추상적 양태 문법으로서 이동한다.

제3단계는 1970년대 초 담화 문법과 서사성 이론에 착수하던 시기를 말한다. 그의 출발 원칙은 동사가 두 개의 항에 의해서 구성된다고 보는 테니에르 문법에서 암시를 받았다. 이 당시 그레마스는 서사 문법의 구성에 있어서 양태성의 중요성을 인식한다. 이런 관점에서 보면 전체 문법은 양태들로 이루어진다는 가설에서 출발한다. 문법의 양태적 토대를 인식한 후에 그는 강력한 동질적 모델의 필요성을 역설한다. 이어서 그는 텍스트의 담화 분석에 착수했는데, 그렇게 함으로써 연구 영역을 문학 기호학에서 사회과학의 영역으로 확장시키면서 사회학자들에게 행동 조직의 모델을 제공할 수 있었다. 끝으로 서사성은 단순히 서사성으로 끝나지 않고 세계의 조직화의 통합적 형식으로 나간다. 이 단계에서 그레마스는 프로프의 분석 모델을 포기하고 보다 엄밀한 통사 체계를 구축하는 작업에 착수한다. '주체/대상', '연접/이접', '변형' 등의 개념이 만들어진 것도 이 지점에서다. 간단히 말해, 서사 구조를 파악하는 데 있어 핵심은 다양한 서사적 양태들 사이에 존재하는 기본 통사를 마련하는 데 있다. 그 결과 프로프 모델은 다음과 같이 세분화된다.

ㄱ. 조종의 기호학(a semiotics of manipulation): 발신자가 주체를 조종하

는 것

ㄴ. 행동의 기호학(a semiotics of action): 수행을 수반하기 위해 어떻게 능력이 획득되는가의 문제

ㄷ. 제재와 대가의 기호학(a semiotics of sanction): 자아, 타자, 사물에 대한 판단

이 같은 탈(脫)프로프 모델의 관점에서 서사 도식(narrative schema)은 일반화될 수 있었다.

세 번째 단계는 담화 분석의 상이한 두 분야인 서사학과 문학 텍스트 연구에 집중된다. 그 초점은 양태성과 상적 특질에 모아진다. 예컨대, '…하기를 원하다', '…을 해야 한다', '…할 줄 안다', '…하기를 바란다' 등의 양태 동사는 행동의 본질을 비롯하여 양태 문법의 구성에 대한 새로운 시각을 열어놓는다. 이 같은 양태 문법은 담화의 인지적 차원을 포괄하고 있다.

1976년 프로프의 서사 도식을 재정의한 후에, 그레마스는 모파상의 단편 소설 〈두 친구〉에 대해 무려 260쪽에 이르는 치밀한 분석을 성공시키고 있다.[36] 그가 내린 결론은 서사 도식 모델은 간단한 민담뿐만 아니라 보다 정교한 문학 텍스트에도 적용될 수 있다는 것이었다. 본격적인 문학 기호학의 출발점을 알린 《모파상》(1976)은 단지 초기 기호학 모델의 적용이 아니라, 분석자로 하여금 한 편의 텍스트의 표층 구조와 그것의 심층적인 의미론적 구조 사이의 간극을 메우며, 다양한 방법론적 매개 변수를 사용하면서, 텍스트적 사실과 작동 개념들의 복수성을 발견하는 데 있다. 풀어 말해서, 이 책은 명작 단편 소설의 해석과 동시에 방법론의 탐색이라는 것이다. 바로 이 시기에 그레마스는 서사성을 모든 담론들의 조직적 원칙으로서 세계의 조직화의 통사적 형식으로서 파악한다.

제3단계의 기호학 연구에서 추구된 접근법은 서사학과 연결되며, 프로프 도식의 직관적 구성 요소들의 점증적인 형식화로 이루어진다. 이때부터

---

36 A. J. Greimas, *Maupassant: La sémiotique du texte : exercices pratiques* (Paris: Seuil, 1976).

그레마스는 프로프의 모델을 과감히 쇄신하여, 보다 추상적인 통사법으로 그것을 대체한다. 예컨대 기호 서사 통사론은 프로프의 주인공과 악당에 대한 개념으로부터 두 개의 주체 사이의 대결이라는 관념을 취하며 그것을 일종의 격론, 또는 계약에 토대를 둔 관계로서 해석한다. 결과적으로 모든 상호 작용을 본질상 논쟁적이며 계약적인 것으로 상정한다.

서사물의 가장 간단하면서도 초보적인 모델로서, 프로프의 도식의 분석 및 재평가는 조종의 기호학, 행동 기호학, 제재 및 대가의 기호학 등을 비롯한 사회 기호학의 단초를 마련해 준다.

마지막 단계인 제4단계는 담화 통사론의 구성 시기로 요약된다. 특히 이 시기에서 그레마스는 담화 통사의 핵심 성분으로서 '상'(aspect)의 문제를 지적하였다. 예를 들어 고대 프랑스어에서는 두 개의 격만이 있었다. 그 이후 근대 프랑스어에 오면서 곡용 체계가 상실된다. 그러나 이 과정이 정확히 언제 일어났는지는 아무도 알 수 없다. 이것은 지속과 생성의 양태성의 문제로서, 즉 연속적 점증화(graduation)의 문제이며 곧 상의 문제이다.

또 다른 축은 '진행적 상성'(processual aspectuality)의 문제로서 '시발성-지속성-종결성'(inchoativity–durativity–terminativity)으로 이루어진다. 사회의 가치 체계는 양태성이나 상에 달려 있다. 예를 들어 성질이 급한 사람은 쉽게 흥분하고 사소한 이유로 행동한다. '지속성'(durativity)은 인내에 상응하고, '종결성'(terminativity)은 능수능란함을 말한다. 즉, '종결성'이란 일을 훌륭하게 완료함을 의미한다. 쉽게 말해서 상의 문제는 흑백의 논리가 아니라, 긴장과 이완으로 이루어진 점증성의 보다 신축적인 인식이다.

끝으로 다름 아닌 이 양태성 이론의 구축 단계에서 우리는 정념의 전통적 개념에 대한 기호학적 해석을 부여할 수 있다. 초기 기호학에서 '행동자'(actant)는 활동하는 주체, 성격이나 기질이 없는 존재였을 뿐이다. 정념 이론은 서양의 주요 고전 체계에서 한 부분을 이룬다. 그러나 정념은 '양태 통사론'(modal syntax)으로 볼 수 있다. 바로 이 같은 양태 통사론은 바로 '정념적 기호학'(a pathemic semiotics)으로, 주체의 생명의 행로를 설명하는 모델들을 구성하는 작업을 목표로 삼는다.

1980년대 초에 시작한 기호학의 네 번째 단계는 서사 통사론으로부터 담화 통사론으로 이동하며 상적 통사론을 구성한다. 중반기까지의 이원적 대립과 달리, 상적 특질들은 긴장적, 가치적, 점증적이다. 시간적 상 구조의 두드러진 특질들은 지속과 생성으로서 이것은 모두 연속적이며 점증적인 과정들이다. 이 단계에서 기호학은 인물들을 단지 행동의 보조적 역할들로서 파악하는 한계들을 극복할 수 있게 된다. 프로프 이후로 구조 시학과 기호학은 텍스트 속에서의 인물을 심리적 본질로 파악하는 것을 지양한다. 예컨대 행동자 개념은 인물의 심리적 쟁점과는 차별화된다. 기호학은 행동자 모델에서부터 시작해서 오직 주체에게 행동할 수 있는 능력만을 부여했었다. 1979년 이후에 열린 새로운 연구 방향은 주체가 느끼고, 반응하고, 평가하는 능력을 다루어야 할 필요성을 피력한다. 바로 이 무렵부터 전통적 철학에서 개진된 정념에 대한 이론을 기호학적으로 재해석하는 작업에 착수한다. 그레마스는 정념이 결코 단일한 주체에 연결된 고독한 정념이 아니라 언제나 행동자적 구조의 성립을 요구하는 것임을 설파한다. 정념에 대한 이 같은 기호학적 해석은 거의 배타적으로 양태성 차원에서만 시도된다. 따라서 정념은 양태 통사론 차원에서 기술되며 최소한 두 개의 상호 종속적인 행동자 차원에서 기술된다. 기호학의 이 같은 정념적 축에 대해서 그레마스는 자신의 수제자인 퐁타니유 교수와《정념의 기호학》이란 공저에서 상세히 다루고 있다.

다섯 번째 단계는 그레마스가 타계하기 직전에 파리의 사회 과학 고등 연구원 세미나에서 선보인 관심 분야로서, 가치의 근본적 쟁점들에 심혈을 기울였던 시기를 말한다. 그의 관심의 초점은 개인들이 어떻게 진, 선, 미와 관련지어서 가치들을 선별하는가의 문제로 압축되며, 동시에 개인들이 어떻게 이 같은 가치들을 평가하고, 승인하고, 판단하고, 중시 여기는가를 연구하려는 프로그램이다. 달리 말해서, 기호학은 개인들이 추구하는 가치들을 비롯하여 담화 속에서 가치 체계들의 기능 작동에 대한 관심으로 향한다.

실제로 그레마스는 그의 말년에 진, 선, 미에 관한 전통적 담론을 기호학적 시각에서 해명하는 작업을 시작했다. 이때 그는 생명을 가진 주체가, 하나의 텍스트에서 가치들을 선별하는 양상들과, 가치 체계의 작동에 초점을 두었다. 이를테면, 설득과 논증은 '인식적 가치론'(epistemic axiology)이며, 또는 문화권마다 다르게 나타나는 '상적 범주들'(aspecutal categories)로 이해된다. 또한 그는 윤리적 공간에서도 의무, 욕망, 쾌락과 같은 양태적 유형의 고전적 도덕들을 고찰할 필요성을 피력했다. 예를 들어 지나침과 모자람의 대립적 도덕들이 세계 문화권에서 어떻게 나타나는지를 연구해 볼 필요가 있다. '심미적 가치론'(aesthetic axiologies)에 대해서도 동일한 관찰이 가능하다. 한마디로 담화의 양태적 분절의 중요성을 인식할 필요성을 강조했던 것이다. 그레마스는 기호학은 일종의 '문화적 존재론'(cultural ontology)이 아니라 '존재의 가치론'(axiology of being)으로 제시한다. 한 대담에서 그레마스는 이것을 일러 "가치론적 모험"(aventure axiologique)이라고 부른 바 있다.[37] 인식적, 윤리적, 미학적 가치학을 연구한 결과, 기호학적 행위의 기초는 서사적 프로그램이라는 것을 깨달았다는 것이다: "서사 프로그램이란 무엇입니까? 그것은 가치 대상의 추구입니다. 지금까지 구성한 바대로 기호학은 하나의 가치론적 기호학이며, 이것은 인간 주체를 가치를 추구하는 존재로 상정합니다. (…) 결국 문제의 핵심은 문화적으로 그리고 초문화적으로 발견되는 체계들이 무엇인지를 보기 위해 가치론적 체계들을 구성하는 일이며, 이어서 이데올로기적 사명으로서 기호학에 세계의 가치화를 부여하는 일입니다. (…) 세계는 이미 하나의 가치 체계입니다. (…) 역사의 마지막 단어는 가치론적 모험입니다."[38]

결론적으로 그는 자신의 기호 서사 문법이 세 가지 주요 문제를 제기했다는 결론에 이른다. 언어의 정념적 효력, 언어의 윤리적 도덕화, 언어의 미학

---

37 A. J. Greimas, "Conversation," *Versus* 43 (1986), p.57.
38 같은 논문, p.57.

화가 그것이다.

끝으로 그레마스의 이론적 형성을 다루는 본 장을 마감하면서 그레마스 글쓰기의 체계성 및 그의 용어에 대해 몇 가지 지적을 해 둘 필요가 있다. 그의 말기의 일부 미학적 에세이를 제외한다면, 그레마스의 거의 모든 저술 활동의 역사는 전적으로 그 체계성에 기초를 두고 있다고 말할 수 있다. 아마도 그 같은 체계성은 그가 주도한 파리 기호학파에 우수한 신진 기호학자들을 끌어들였던 결정적 이유 중의 하나였을 것이다. 하지만 그의 유명세 덕분에 구조 의미론의 주요 공리들은 경험적 확인도 없이, 아울러 그것의 인식론적 위상에 대한 논의도 생략된 채, 다른 분야에서 반복적으로 활용되고 말았다. 그 결과 하나의 과학적 방법론보다 하나의 교리 또는 철학으로 탈바꿈된 경향을 보여 주었다.[39] 하지만 그의 이론적 성공의 또 다른 이유는 광범위한 인문 사회 과학 영역에서 유용한 하나의 기호학 언어—메타언어—를 창조할 수 있다는 확신을 보여 주었기 때문이다. 실제로 그의 신조어 및 신개념들의 창의성은 다음과 같은 세 가지 형식을 띠고 있다. 1) 다른 언어학자들이 사용하던 용어들 또는 다른 과학 분야로부터 파생된 전문 술어들의 어의를 그대로 받아들이거나 그 용어를 변용 내지 강조하는 것, 2) 프랑스어 용어의 파생어 또는 추상적 용어들의 창안, 3) 의미론 분야를 확대하기 위해 일련의 관련 용어들을 구성하는 것 따위가 그것이다. 몇 가지 예를 들어 보면 다음과 같다. actant(행동자-테니에르), catalyse(촉매), manifestation(발현), monoplane(단일면-옐름슬레우), classème(분류소-포티에), compétence(능력-촘스키), donateur(증여자-프로프), effet de sen(의미 효과-기욤), énonce/énonciation(발화체/발화 작용-뱅베니스트), isotopie(동위소-물리학과 화학).

특히 그레마스의《기호학 사전》에 등재된 용어들 가운데 상당수는 옐름슬레우와 포티에로부터 빌려 온 것이다. 특히 흥미로운 것은 다른 학자

39 이 점에 대해서는 다음 논문 참조. C. Segre, "Greimas's Dictionary: From Terminology to Ideology," *Semiotics* 50 (1984), pp.269-278.

들로부터 빌려 온 용어로부터 다양한 파생어를 만들어 그 의미를 새롭게 만들었던 그의 재능이다. 그 대표적 예가 테니에르로부터 차용한 'actant'로, 이 용어로부터 그레마스는 행동자적 범주, 행동자적 위상, 소통의 행동자, 서사의 행동자 등의 명사구를 만들었다. 그 밖에도 기호학적 사각형, 조종자, 입범자, 반발신자 등 그 수는 헤아리기가 힘들 정도다. 특히, 그가 빈번하게 만드는 파생어들, 이를테면 '-sation'과 같은 접미사가 붙어서 만들어진 'actualisation', 'discurvisation', 'figurativisation', 'spatialisation', 'temporalisation' 등의 용어는 한국어로 옮길 때 매우 많은 어려움을 준다 (각각 현동화, 담화화, 구상화, 공간화, 시간화 등으로 옮겼다).

끝으로 그레마스의 지성사에서 던져야 할 중요한 물음들 가운데 하나는 어휘론과 구조 언어학을 비롯해 언어학자 그레마스가 어떤 계기에서 그리고 어떻게 기호학자 그레마스로 변모하게 되었는가라는 물음이다. 그 학문적 변형에 대한 심도 있는 논의는 의외로 찾아보기 어렵다. 다소 과격한 은유를 사용하는 일부 언어학자들은 그것을 일러 일종의 탈당 또는 전향, 심지어 변절이라는 표현도 서슴지 않는다. 하지만 보다 중요한 또 다른 물음은 그의 지성사를 비롯해 두 학문의 경계설정과 관련된 현 상태에서 언어학과 기호학의 상호 작용의 관계를 어떻게 규정할 수 있는가라는 문제이다.

앞서 자세히 살펴본 바와 같이, 그레마스는 본격적인 구조 의미론과 기호학의 이론 체계를 구축하기 전에, 1945년부터 1955년까지, 열정적인 어휘론 연구자였다. 프랑스 그레지보당(Grésivaudan) 지역의 지명 속에 나타나는 켈트어 기층 어휘에 대한 연구와 1830년대 프랑스의 복식 어휘에 대한 연구 등, 그는 그 누구보다도 어휘론 연구에 헌신했다. 그의 절친인 바르트가 건네준 미슐레에 대한 초고 원고를 읽은 그레마스는 바르트에게 그 작업을 어휘론 연구로 전환시킬 것을 조언했다는 일화에서 그점을 확인할 수 있다.

동료 연구자였던 마토레(Georges Matoré)와 더불어 출판한 《어휘론 방법》(2권, 1948-1950)은 이 분야의 필수적 참고 문헌이 되었고, 특정 문화의 총체성을 어휘를 통해 재구성하려는 야심작이었다. 뿐만 아니라, 그레마스는《기호학사전》과《중세 프랑스어 사전》등, 다양한 사전 편찬 작업을 평생 동안 계속해 왔다는 중요한 사실도 환기할 필요가 있다. 그 결과 어휘론과 그로부터 파생된 사전편찬학을 통한 어휘 연구는 그의 학문 지성사에서 상시적인 요소였다. 심지어, 어휘 연구는 그레마스의 기호학 이론의 제시와 구축 방식을 모델화하는 데 결정적인 도움을 주었다. 그가 심혈을 기울여 완성한《기호학 사전》에 대해, 철학자 리쾨르가 "왜 사전인가"라는 비판적 물음을 던졌을 때, 그레마스의 답은 이점에 있어 시사하는 바가 크다. 그레마스는 기호학은 고유한 전문술어 체계로 성립된 하나의 메타언어이며, 기호학 사전의 선순환성은 일종의 수미일관성을 확보하게 해 주며, 동시에 교육적 기능의 성격을 띨 수 있다고 답한 바 있다.

어쨌거나, 그레마스의 저술과 작품에서, 어휘론 연구는 수량 차원에서 가장 많은 분량을 차지한다는 점을 강조할 필요가 있다. 그렇다면 어휘 차원으로부터 텍스트 이론, 이어서 일반적이며 더 나아가 보편적인 기호학으로 어떻게 이동한 것인가라는 핵심적 물음에 대한 답을 준비해야 할 것이다. 라스티에 교수는 그것의 이동 동선을 세 개로 파악하고 있다.[40]

첫째, 앞서 살펴본 것처럼, 그레마스는 소쉬르 사후 40년 주년을 추모하며 쓴 명논문, 〈소쉬르주의의 현재성〉에서 소쉬르로부터 영감을 받은 언어학은 어휘 차원을 넘어서려는 야심을 갖고 있다고 보았다. 이 논문에서 그레마스는 역사 비교 언어학 전통에 자신을 위치시키고 있다. 그 결과, 구조주의를 결코 공시태에 중심을 둔 사조 또는 비역사적인 접근법으로 고려하는 것과는 거리가 멀게, 역사적 진화들을 기술하기 위한 오르가논(organon), 즉 다양한 학문들에서 사용할 수 있는 방법과 도구로 인식했다. 공시태와 통시태의 이원성이 문화과학 전체에 있어 근본적인 이분법으로 남아 있었던 반면, 이 같은 가르침은 기호학에서는 망각되었다는 것이 라

40 François, Rastier, "Greimas et la linguistique," in: *A. J. Greimas: L'avenir de la structure. Actes du congrès de l'AFS 2017*, AFS Éditions, Publication en ligne: afsemio.fr/juin 2019, 2019, pp.203-213.

스티에 교수의 주장이다.

두 번째 동선은 역사 비교 언어학이 그 대상으로서 다양한 문화들의 기술을 설정했을 때 부각된다. 그레마스가 리투아니아 신화에 긴 기간에 걸쳐 연구를 해 왔다는 점을 언급할 필요가 있다. 1985년에 프랑스에서 출판된《신들과 인간들》는 그레마스 신화학 연구의 대표적 저서이다.

그레마스에 있서 자신의 조국인 리투아니아의 신화 체계는 민족 문화의 핵심 부분을 이루고 아울러 그 같은 민족 문화를 통해 그는 정치를 규정하고 있다. 그레마스는 "정치가 민족 문화를 가치들의 체계로 촉진시키는 기능을 갖고 있다"고 말한 바 있다.[41]

보다 일반적으로 말해, 역사 비교 언어학은 프랑스 인문 지성사에서 신화 연구와 불가분의 관계에 있었으며 구조주의가 태동하던 시대에도 그 같은 관계는 지속되었으며, 이점은 그레마스가 레비-스트로스와 뒤메질 등, 당시의 문화 인류학, 비교 신화학, 민족학 등에 갖고 있던 지속적 관심의 배경을 보여 준다.

세 번째 동선은, 그레마스가 터키 체류 시절부터, 어휘론의 한계를 절감하면서, 의미 작용의 문제들을 접근할 수 있는 새로운 방법에 대한 성찰에서 싹트고 있으며, 그것은 곧 구조 의미론의 탄생을 말한다. 사실, 1950년대 중반부터, 그레마스는 18세기 프랑스에서 예술의 어휘를 형식화시키려는 시도를 하면서 의미론적 장을 규정하기 위한 인식론적 장애들에 봉착하게 된다. 그리고 마침내는 어휘론이 더 이상 유효하지 않다고 천명하게 된다.

구조 의미론에서 그레마스는 이중적 운동을 통해 어휘 의미론을 넘어선다. 한편으로는 어휘부에 대한 보다 미세한 분석을 위해 어휘 형태소 또는 문법 형태소들의 내용을 의소들로 분석한다. 다른 한편으로는 어휘 차원을 넘어 텍스트들의 서사 분석과 주제 분석을 체계화한다. 여기서 그가 제시

---

41 A. J. Greimas, *Du sens en exil: Chroniques lithuaniennes* (Limoges: Lambert-Lucas, 2017), p.139.

하는 동위소라는 독창적 개념은 텍스트 현상들과 해석의 수미일관성을 설명해 줄 수 있는 미시적 차원의 의미론적 단위들의 반복을 정의하면서 단어들의 보다 미시적 세계와 단어들의 층위를 뛰어넘는 거시적 층위를 결합시킨다. 그 결과 그레마스는 구조 의미론 강의에서 어휘 의미론으로부터 기호학 또는 텍스트 의미론으로 향하게 된다. 이점에서 당시 대부분 어휘 의미론의 상태로 남아 있던 유럽의 구조 의미론과 달리, 의미론을 텍스트 이론과 결합시키는 독창성을 보여 주고 있다는 것이 라스티에 교수의 통찰이다.

그 결과 그레마스 기호학은 문학 텍스트 분석 영역에서 엄청난 반향을 불러일으키는 성공을 거두게 되며, 특히 1977년 발표한《모파상—텍스트 기호학》은 텍스트 의미론에서 이루어진 그의 연구 가운데 보석과 같은 걸작이라 할 수 있다.

요컨대, 그레마스는 의미론을 기호학의 토대로 삼았다. 상이한 자연언어들과 기호 체계들이 무엇이건, 동일한 의미론이 작동되고 있다는 것이 그가 수립한 기호학의 전제이다. 그 같은 의미론은 따라서 일반적이며 더 정확히 말하면 보편적이다. 라스티에 교수가 정확히 파악한 것처럼, 그레마스는 이 같은 가정에서 결코 단절한 바가 없는데, 사실, 이 같은 가정은 역사 비교 언어학의 형성 이전에 이미 고전주의 시대의 일반 문법들을 정초하는 사고의 논리적 단일성과 일맥상통한다. 그레마스는 논리의 그 같은 단일성에다, 메를로-퐁티를 참조하면서 지각의 단일성을 부과시킨다. 그 결과, 언어 의미론은 인간 세계(monde humain)를 반영하면서 기호학의 토대를 놓는데 결정적 역할을 맡는다. 풀어 말해, 이 같은 그레마스의 테제에 의하면, 자신이 구축한 의미론은 모든 자연언어들과 기호 체계들에 있어 일반화되고 보편화될 수 있다는 것이다. 그레마스 기호학파에서는 이 같은 확장을 합법적인 것으로 간주한다.

기호학자의 과제는 상이한 의미 작용들의 체계들을 연구하는 것이다. 이것은 곧 그레마스에게 있어 기호학은 의미론의 일반화이며, 일반 의미론의 모든 특징들을 갖추고 있다는 점을 일러준다.

그렇다면, 그레마스가 설정한 기호학적 층위는 무엇인가? 그레마스는 기호학적 층위와 언어학적 층위를 다음과 같이 설명하고 있다.

"공통의 기호학적 층위는 언어학적 층위와 구별되며, 그 발현을 위해 선택된 언어가 무엇이건, 그것에 논리적으로 선행한다."[42]

이 같은 맥락에서, 그 같은 기호학적 층위는 발화작용을 지배하는 정념들을 구비한 기호학적 주체의 거점이 된다. 소쉬르로부터 영감을 받은 구조 언어학의 흐름에서 보았을 때, 그레마스는 언어학과 단절했다고 말할 수 있다. 물론 그가 계속해서 기호학의 전문 어휘와 고대 프랑스어와 중세 프랑스어 사전 작업을 평생 계속했다는 점에서, 그 같은 단절은 단순히 이론 차원에서 이루어졌다고 봐야 할 것이다. 사실, 언어들의 다양성은 그레마스 기호학에서는 하나의 주변적 현상에 불과하며, 언어학은 자연언어들의 기호학으로서 그 가치를 인정받지 못하고, 시각 언어와 비구두 언어의 세계를 선호하는 영역으로 삼았다.

---

42 A. J. Greimas, *Du sens* (Paris: Seuil, 1970), p.158.

제4장

그레마스 패러다임의 인식론적 토대

제2장과 제3장의 내용은 각각 그레마스의 전기 및 그레마스 기호학의 역사적 형성 과정에 대한 연대기적 서술이었다. 관점을 달리하여, 그레마스가 자신의 기호학 패러다임을 형성하는 데 지적 인식론적 자양분으로 섭취한 현대 인문학 사상의 자원들을 탐구해 볼 필요가 있다.

그레마스는 파리 기호학파의 설립자로서 약 30년간 이 학파를 선도한 인물로 평가된다. 파리 기호학파란 표현을 최초로 사용한 학자는 그레마스의 수제자였던 코케 교수로서 그 명칭은 그가 편집한 책에서 유래했다.[1] 이 글에서 그는 파리 기호학파의 출발은 기호학의 궁극적 연구대상으로서 의미 작용을 설정하고 기존의 기호 개념을 철저하게 비판한다는 사실을 강조했다: "기호학은 자신이 완수해야 할 기획으로서 의미 작용의 체계에 대한 일반 이론을 수립하는 것을 목표로 삼는다."[2] 코케 교수에 따르면 다른 기호학파에서는 기호가 관찰 가능한 대상으로 간주되는 반면, 파리 기호학파에서의 시작에서 기호는 무엇보다 구성된 대상으로 인식된다.

파리 기호학파의 인식론적 정체성을 따지기 전에 먼저 학파의 정의에 대해서 일정한 정의를 내릴 필요가 있다. 물론 이 문제는 지식 사회학에서 심

---

1 J.-Cl. Coquet, "L'Ecole de Paris," in *Sémiotique L'Ecole de Paris* (Paris: Hachette, 1994), pp.5-64.

2 같은 책, p.5.

도 있게 다룰 문제일 것이다.[3] 그는 세 가지 관점을 제시하고 있다. 첫째, 학파 개념은 특정 연구 세계의 출현을 가능케 한다. 둘째, 학파에 따라붙는 장소명이 첨가됨으로써 지리적 정체성의 식별을 도와준다. 셋째, 연구 분야의 명칭을 명시적으로 표현한다.

그렇다면 그레마스 기호학이라는 지적 모험의 대항해를 위한 출항을 가능케 했던 주요 사상의 정박 지점들을 어디에서 찾을 수 있을 것인가라는 본질적 물음을 던져 볼 수 있을 것이다.

그레마스의 인식론적, 방법론적 토대에 대해서는 통상적으로 구조 언어학, 서사학, 현상학으로 보는 것이 통설이지만, 질베르베르그와 같은 기호학자는 이를 보다 세분해서 그 유산들을 설명하기도 한다.[4] 그는 상호 영향(confluence)이란 단어를 사용하면서 모두 여섯 종류의 현대 언어 사상의 유산을 지적하고 있다: 1) 주네브 유산, 2) 프라하 유산, 3) 덴마크 유산, 4) 러시아 유산, 5) 프랑스 유산, 6) 독일 유산. 이 같은 풍성한 지적 환경 속에서 그레마스는 두 가지 어려움을 극복하며 자신의 기호학의 인식론적 방법론적 정체성을 구축하였다. 하나는 여러 유산들을 동질화하고 궁극적 성과들을 선별하면서 인식론적 연속성을 확보하는 일이었으며, 다른 하나는 이 같은 개념적 얼개를 자신만의 고유한 관점으로 창조적으로 전유하고 조직화하는 작업이었다.

그레마스가 흡수한 다양한 지적 유산들을 적극적으로 수용한 것은 다른 분야의 연구 방법의 타당성에 대해 그가 학문적 신뢰를 부여했다는 것을 뜻하며, 그 같은 다양한 지적 전통에 대한 합리적이면서 동시에 비판적인 관심의 표출로 볼 수 있다.

---

3 예컨대 다음 저서는 근대 언어학사의 성립 과정을 지식 사회학적 시각에서 체계적으로 입증한 탁월한 연구로서 참고가 될 만하다.

Amsterdamska, *The Schools of thought, The development of linguistics, From Bopp to Saussure* (Dordrecht: Reidel, 1987). (암스테르담스카, 《언어학파의 형성과 발달》, 임혜순 옮김, 아르케, 1999)

4 Cl. Zilberberg, "Greimas et le paradigme sémiotique," in *Raison et poétique du sens* (PUF, 1988), pp.65-94.

그런데 그레마스의 수제자 가운데 한 명으로서 사회 기호학과 법 기호학에 정통했던 란도프스키는 무엇보다 그레마스의 세계관의 기저에 흐르는 심오한 성찰의 스타일, 의미에 대한 모종의 윤리에 대한 애착이야말로 가장 심오한 것이라고 보고 있으며, 오늘날의 기호학자들이 실천하는 그레마스의 기호학 이론은 하나의 삶의 형식 내지는 삶의 스타일이 되었다는 흥미로운 진술을 하고 있다.[5] 그의 증언에 의하면 그레마스는 생존 시 비범한 실천적 감각을 구비한 인물로 통했다. 즉, 어떤 종류의 연구 활동을 하건 그는 성공하기 위해서 실행되어야 할 작동들의 정확한 전개 과정을 예측하고, 기획하고, 그 같은 행동 지침들을 적재적소에 배치시킬 수 있는 인물이었다. 그레마스 기호학은 동시대에 획득된 가장 괄목할 만한 혁신적 이론들을 그 자신의 것으로 체화하면서 성취된 것이다. 이 같은 그레마스의 탁월한 전유 능력과 종합 능력을 일러 에노 교수는 그레마스의 사유 스타일을 대화적(dialogique) 성격을 띠고 있는 것으로 평가하면서, 프랑스 현상학 사상의 의문적(interrogative) 스타일과 에코의 백과사전적 스타일과 대비시킨 바 있다.[6]

여기서 특히 흥미로운 사실은 그가 그레마스의 지적 계보도를 제안하는 데 있어 그 기점을 1860년대로 소급하고, 보다 구체적으로 파리에 소재하는 고등연구실천원(L'Ecole pratique des hautes études, EPHE)[7]을 제도적 거점으로 파악한다는 점이다.[8] 에노의 견해에 따르면, 1860년대부터 20세기 말까지, 파리는 사회생활 속에서 다양한 종류의 의미 작용이 도래하고, 순환하

---

5 E. Landowski, "Honoris causa," in *Nouveaux Actes Sémiotiques* 112 (2009).

6 A. Hénault et A. Beyaert, *Ateliers de sémiotique visuelle* (PUF, 2004), p.205.

7 한국어로 직역하면 '고등 연구 실천학교'로 번역될 수 있다. 1868년 당시 공공 교육부 장관이었던 빅토르 뒤뤼이(Victor Duruy)에 의해서 창립되었으며, 이론교육의 강화 및 확산을 실현하기 위한 다양한 실천들에 주안점을 두었다. 소쉬르, 프랑스 중국학의 태두 그라네, 비교 신화학의 창시자 뒤메질 등이 강의했던, 프랑스 인문학의 산실 가운데 하나이다. 현재는 세 개의 섹션으로 이루어져 있으며(1. 생명과학 및 지구 과학, 2. 역사학 및 문헌학, 3.종교학), 사회 과학 고등 연구원(L'EHESS)은 제4 섹션으로 분리되어 독립 연구·교육기관으로 제도화되었다.

8 같은 책, Post-scriptum, pp.227-234.

고, 부과되며, 파악되는 양상을 다룰 수 있는 최적의 공간이었다. 또한 파리는 과학적 목표를 향해 합리적 관찰을 수행한 다양한 학문적 사조들이 운집했던 특권화된 실험실이었다. 당시의 지배적 사상의 흐름은 과거와는 철저하게 상이한 관점을 채택하고 있었는데, 요컨대 정신의 자양분으로서 간주된 의미의 실체론적 철학적 양상을 괄호 속에 넣었으며 그 이유는 문화적 인공물로서의 의미의 형식적 양상, 즉 의미의 구성과 성립 과정을 보다 더 명확하게 연구하기 위한 것이었다. 즉, 의미를 실체적으로 소비하는 것을 지양하고, 그것을 보다 정밀하게 관찰하고 기술하기 위해서 의미에 대한 순전히 형식적인 파악이라는 착상을 하게 되었는데, 그 같은 관점의 변화는 가히 혁명적이었다. 그 같은 혁신적 사상이 세상에 완전히 길을 터놓는 데에는 100여 년의 시간이 걸렸다. 그 계보의 선두에 있는 것은 콜레주 드 프랑스(Collège de France)에서 1868년 의미론 강의를 최초로 시도한 브레알(Michel Bréal)이었다. 그의 연구는 파리에서 진행되었고 자신의 강의를 계승한 소쉬르로 이어졌으며 소르본 대학과 콜레주 드 프랑스에서 사회학, 인류학, 인문과학 등이 나란히 발전하면서 언어의 문제들이 인식론의 중핵으로 부상했다. 뒤르켐의 사회학, 타르드(Tarde)의 사회 심리학, 경제 심리학 또는 모스의 사회학, 수리오(Souriau), 메를로-퐁티, 바슐라르의 시학과 인식론, 뒤메질의 인도유럽어족 신화들의 비교 신화학, 레비-스트로스의 신화학과 인류학 등, 언어 현상학과 사회적 소통에 대한 이 같은 다양한 학술 분야들의 관심들이 수렴된 이 시기는 그레마스 기호학 사상의 지적 계보를 파악하는 데 있어서 매우 중요한 의미를 지니며 프랑스 인문 지성사의 근간을 이루고 있으나 아직도 체계적 연구가 이루어진 바 없다. 에노에 따르면 엄정함과 깊이를 갖추면서 당시까지 분산되어 있었던 의미에 대한 체계적 연구 분야들을 하나로 꿰고 종합을 기획한 것은 바로 "발트 해 연안에서 온 이 지칠 줄 모르는 독서가가 현대 이론과 사상에 대해 갖고 있던 이론적 배고픔이었다."[9]

9 같은 책, p.227.

언어 철학이 아니라 하나의 진정한 이론의 반열에 오르고 싶었던 그레마스의 기호학은 바로 이 같은 다양한 지적 유산들의 종합이라는 진지한 지적 탐구의 과정 속에서 탄생한 성과로서 1960년대로부터 오늘날까지 국제적 운동으로 확대되었다. 이런 맥락에서 그레마스가 한 대담에서 파리를 일러서 인문학 분야에서 탁월한 두뇌들이 모여 있는 지성의 최대 집결지라는 표현을 사용했던 이유를 깨달을 수 있다. 13개의 국립대학과 수십여 개의 명문 그랑제콜, 그리고 수만 명의 교수들과 연구자들이 모여 지(知)의 향연을 펼치는 곳, 파리는 그 자체로 엄청난 지적 특권을 누릴 수 있는 곳이었다. 그레마스가 들려 주는 흥미로운 비유를 들자면 다른 곳에서는 3개월의 시간을 들여 도서관에서 열심히 자료 조사를 해야 찾아낼 수 있는 문제를, 카페에서 전공자와 15분만 담소를 나누면 그 해답을 얻을 수 있는 도시가 바로 파리였다.

1. 문헌학적 소양—전통적 어휘론을 넘어

앞서 언급한 그레마스 기호학 사상의 주춧돌 가운데 하나로서 그레마스가 대학 교육에서 최초로 사사한 문헌학적 훈련의 기능과 역할을 가장 먼저 지적해야 할 것이다. 그레마스 자신은 이렇게 술회하고 있다: "내가 받은 최초의 교육은 문헌학이었다." 여기서 문헌학이란 곧 텍스트와 타자의 사상에 대한 그레마스의 존경을 뜻한다. 그레마스는 텍스트와 관련된 일체의 실천에 있어서 문헌학으로부터 받은 영향이 절대적이었음을 여러 번 지적한 바 있다. 그에 따르면 모든 기호학적 분석의 선행 조건은 문헌학, 다시 말해 텍스트에 대한 문헌학적 준비를 말한다. 여기서 그레마스 자신의 증언을 들어 보자: "역사가이건 언어학자이건 논리학자이건, 텍스트가 무엇인지 알아야 한다: 텍스트가 곧 출발점이다."[10] 그레마스에 따르면 오직 텍

10 M. Arrivé & J.-Cl. Coquet, eds., "Algirdas Julien Greimas mis à la question," in *Sé-*

스트만이 기호학자가 자신의 현실 세계와 맺는 유일한 관계라는 것이다.[11]

그레마스가 또 다른 정신적 스승을 만났던 곳은 프랑스의 유서 깊은 대학 도시 그르노블에서이며 그는 19세기 역사 언어학의 메카였던 독일의 라이프치히 대학에서 수학했던 다름 아닌 뒤라푸르(Antonin Duraffour, 1879-1956) 교수이다.[12] 그레마스는 뒤라푸르 교수로부터 19세기부터 축적된 탄탄한 전통적 문헌학을 학습했다는 사실을 분명히 밝히고 있다. 그레마스는 자신의 스승이 문헌에 대한 집요하며 치밀한 분석, 언어의 체계적 본질에 대한 이해, 사회 현상 일반에 대한 심층적 이해를 터득할 수 있는 혜안을 갖도록 도와주었으며, 학문과 아름다움에 대한 존경심을 갖게 해 주었다는 진술을 적고 있다. 특히, 그레마스는 '미'와 관련된 문제들을 프랑스에 도착해서 본격적으로 제기하기 시작했다는 점을 밝힌 바 있다. 이렇듯 그는 아름다운 세상에서 이루어지는 모든 것들의 생산과 지각의 문제는 자신의 전체 지성사에 있어 중심적 자리를 차지한다는 점을 강조했다.

본래 제2차 세계대전 이전부터 그레마스는 알프스 지방의 그레시보당(Grésivaudan) 계곡에 있는 켈트어 기층의 지명들에 대한 박사 논문을 준비할 생각이었다. 그는 당시 이미 열성적인 문헌학자가 되어 있었다. 하지만 제2차 세계대전 종료 후 그레마스는 점차로 언어학 분야로 관심을 옮겨 갔으며 소쉬르를 읽은 후로는 전통적 문헌학의 문제들에 대해서 회의를 갖기 시작했다. 바로 그때 그레마스는 역사 모델, 그리고 현대에 적합한 철학 모

miotique en jeu -A partir et autour de l'œuvre d'A. J. Greimas (Paris/Amsterdam/Philadelphia: Editions Hadès-Benjamins, 1987), p.302.

11 그의 이 같은 문헌학적 존경은 다음과 같은 중세 및 르네상스의 프랑스어 사전 편찬으로 열매를 맺는다.

① *Dictionnaire de l'ancien français: le moyen age* (nouv. ed.)(Paris: Larousse, 1994). (초판 출판 연도 1979).

② *Dictionnaire du moyen français: la Renaissance* (Paris: Larousse, 1992).

12 언어학자, 문헌학자, 음성학자, 방언학자, 프랑스어 사전 편찬학자로서 특히 프로방스 방언에 대한 많은 저술을 남겼으며 1932년부터 1952년까지 그르노블대학의 문과 대학 교수를 역임했다. 대표적 저술은 다음과 같다. *Lexique patois-français du parler de Vaux-en-Bugey: Ain, 1919-1940* (Grenoble: Institut de phonétique, 1942).

델을 제공한 사람은 마르크스가 아니라 소쉬르였다는 다소 급진적 견해를 피력한 바 있는 메를로-퐁티를 접하게 된다. 따라서 그레마스는 문헌학을 포기하지 않은 상태에서, 현대 언어학에 대한 접근이 새로운 '에피스테메' 에 대한 점증적 자각의 발로였다고 설명하고 있다.

보다 구체적으로 정리하면 여기서 말하는 문헌학은 곧 역사 어휘론을 가리킨다. 1940년대에 소르본 대학의 박사 과정에 있을 때 그레마스는 어휘론을 쇄신하여 그것을 현대 언어학의 궤도에 갖다 놓으려는 전후의 흥분된 분위기에 휩싸였다.[13] 마토레(Georges. Matoré, 1908-1998)와 공동 작업을 하면서, 그는 어휘의 역사적 연구를 세대에서 세대로 이어지면서 진화하는 사회-문화적 산물로서 파악했던 당시의 언어 이론들을 종합하였다. 연구 프로그램을 제시하는 이 두 사람의 공동 연구 선언에서는 프랑스어 어휘에서 역사적 자료를 확장하고 집중시킬 것을 제안했으며 특수한 어휘 영역에 대한 담화적·공시태적 분석을 산출할 것을 제안했다. 이 같은 방법론은 문헌학, 언어사, 사전 편찬학, 어원론에 바탕을 두고 있으면서도 갓 태동한 구조 의미론의 방법들을 통합시키면서, 고립된 실증적 사실보다는 수미일관된 종합을 추구하는 새로운 학문적 패러다임으로 부상하였다. 역사에 대한 통합적 연구를 지향하면서 그 같은 어휘론은 민족학, 사회학, 그리고 신역사학의 언어학적 확장으로서 정의되었다. 역사 어휘론의 방법론은 단어의 의미를 강조하면서 주어진 역사적 시점에서 한 사회의 상태에 해당하는 전반적인 의미론적 기술들의 모델을 위한 탐구를 주요 목표로 삼았다. 역사 어휘론자들은 통시적 시각에서 작업함과 동시에 새로운 단어들의 창조와 기존의 언어 형식의 의미에서의 이동을 추적하면서 사회적 문화적 발달의 윤곽을 잡으려고 했다. 아래에서 상술할 1948년 완성된 그의 박사 학위 논문은 〈1830년대 프랑스 패션〉으로서 19세기 초기의 프랑스의 패션 어휘

13 전통 어휘론에서 그레마스가 맡은 역할과 공헌에 대해서는 다음 논문을 참조할 것. B. Quemada, "Greimas lexicologue," in Fontanille, éd., *Hommages à A. J. Greimas*, numéro spécial de *Nouveaux Actes Sémiotiques* 25 (1993).

를 분석하는 데 공시태 접근법을 채택하고 있다. 당시의 의상 잡지의 자료체에 기초하여 이 논문은 옷, 헤어스타일, 액세서리 등과 관련된 2천여 개의 단어들을 조사하여 그 의미를 논하고 있다. 그 논문의 결론은 패션은 하나의 살아 있는 사회적 사실로서, 다양한 활동, 태도 그리고 공동체 안에서 유통되는 품목들의 조직화로서 발현된다는 것이다. 또한 고급 패션의 세계는 낭만주의와 영국 문화 애호와 같은 문화적 현상들의 구체적 표현들을 제공한다. 앞 장에서 이미 강조한 바와 같이 이 학위 논문은 기술적인 어휘 연구로서의 가치뿐만 아니라 언어 예술에 대한 방법론적 의미를 겸비한 수작이다.

1948년 그레마스가 소르본 대학에 제출한 두 편의 박사 학위 논문은 50년이 지나서야 출판될 수 있었다.[14] 그레마스의 최초의 저서인《구조 의미론》이전에 작성된 유일한 장편 연구물이라 할 수 있는 그의 박사 학위 연구 주제는 왕정 복권의 복식 어휘를 상세하게 검토하고 있으며, 당시의 세련된 화장술을 기술하고 있고, 당시의 경제적, 사회적, 도덕적 현상들을 논의하는 다양한 묘사들을 분석하고 있다. 그레마스가 채집한 어휘집의 체계성으로 인해서, 청년 그레마스가 제출한 두 편의 박사 논문은 프랑스 복식사와 프랑스어사에 중요한 학문적 기여를 한 것으로 평가받는다.

주 논문의 제목은〈1830년의 패션. 당시 복식 잡지에 근거한 복식 어휘의 기술 시론〉(La mode en 1830. Essai de description du vocabulaire vestimentaire d'après les journaux de l'époque)이며 약 3천여 개의 의상 관련 어휘를 채집하고, 각 개별 어휘의 의미, 사용, 기원을 분석하고 있는 백과사전적 성격을 띠고 있는 방대한 자료체를 이루고 있다.[15] 브로델의 지적처럼, 이 같은 어휘

---

14 1940년대 중반기에 프랑스에서 대학 교원이 되기 위해서는 두 개의 논문을 제출하여 심사를 통과해야 했는데, 그 가운데 제1논문을 주 논문(thèse principale)이라 하고, 제2논문을 보완 논문(thèse complémentaire)이라 부른다. 보완 논문의 의무 조항은 1968년이 되어서야 사라진다. 그가 이 논문을 제출한 것은 31세라는 점에서, 그리고 당시 국가 박사 제출자의 평균 연령이 40세에 육박했다는 점에서, 그레마스의 지적 조숙성을 일러 주는 지표이다. (아리베 교수의 증언에 기초함.)

15 그레마스의 복식 어휘사를 다룬 이 책의 상세한 내용 분석은 다음 문헌을 참조할 것.

소들의 역사는 상이한 의복의 색채, 길이, 명칭들과 결부된 문화적 함축을 규명하면서 당시 복식 표현의 사회적 지표의 가치를 알려 주는 흥미로운 연구이다.[16]

브로덴 교수에 의하면, 1948년 12월 발표된 그레마스의 박사 논문은 프랑스 문헌학 연구에 사용된 소르본 대학의 연구 템플릿과는 철저하게 단절했다. 단일 작품이나 작가를 탐구하는 대신, 이 박사 논문은 패션 잡지, 회고, 여행 문학, 픽션 등의 보조적 연구 자료를 통해 1830년 프랑스에서의 세련된 복식 어휘를 검토하고 있다. 신조어 또는 비표준어에 초점을 두는 대신, 그의 학위 논문들은 복식의 전체 어휘부를 대상으로 설정하고 3천 개에 이르는 어휘소를 파악하고, 그것을 논의하고 있다. 방법론적 차원에서 그레마스의 박사 논문은 기술적 분석의 전범이며, 종합적 연구를 제안하고 있다. 요컨대, 그의 학위 논문은 의미론적 시각의 기초를 마련하고, 어휘소들에 대한 구조적 개념화를 소묘하고 있다는 것이 최근 연구자들의 중평이다.[17]

그레마스는 학위 논문 서문에서, 자신이 다루는 단어들이 전문 장인들의 특수한 어휘라기보다는 의복과 관련된 상당수의 사회적 계층을 대변하는 사람들에 의해서 형성된 어휘임을 강조하고 있다. 다른 한편으론, 그레마스는 엄밀한 의미에서의 의복 유형보다는 머리 장식, 화장품, 그 밖에 치장품 등에 대해서 보다 큰 관심을 표명했다. 그레마스 학위 논문의 학술적 가치는 무엇보다 그것의 풍부한 자료에서 기인하며, 특히 당시 복식 관련 잡지 6편과, 복식술에 관한 수많은 교과서들에 대한 체계적 발굴, 분석을 제시했다는 데 있다. 특히, 1797년 서점을 운영하던 셀레크(Jean-Baptiste Sellèque)가 창간하고, 1801년부터는 가톨릭 사제 신분의 라메랑제르(Pierre

---

Thomas F. Broden, "Avant-dire: A. J. Greimas et la linguistique française," in A. J. Greimas, *La mode en 1830* (PUF, 2000), pp.XXVII-XLIV.

16 같은 책, p.XXVII.

17 Thomas F. Broden, "A. J. Greimas's historical lexicology (1945-1958) and the place of the lexeme in his work," *Sign Systems Studies* 45 (1/2) (2017), pp.104-119.

Antoine Leboux de la Mésangère)가 이어 받아 발행한 《여성 패션 잡지》(*Le Journal des dames et des modes*)는 소중한 문헌적 가치를 갖는 자료로서 다루어졌다. 창간년도인 1797년 3월 20일 발행을 시작하여 1839년 1월 19일까지 매 5일마다 간행되었으며, 왕정 복권기에 해당되는 기간 동안 복식의 풍부함과 진화를 상세하게 묘사하는 기사들과 도판들로 가득 차 있다. 프랑스 혁명이 종료될 무렵부터 왕정복권기에 이르는 동안 프랑스 복식과 장식의 진정한 백과사전이라는 평가를 받고 있다.[18] 그레마스가 택한 자료체의 한정된 시기 덕분에 그는 복식 관련 신상품들의 총칭적 형식을 모두 기록할 수 있었을 뿐만 아니라, 그 작품들의 적절한 명칭들과 더불어 특수한 구현 방식을 기술할 수 있었다.

이 학위 논문에서 다루어진 세밀한 논의는, 그의 박사 논문을 한 권의 유용한 참고 자료로 삼게 만들며, 따라서 어휘론 학자, 사회학자, 역사학자, 문학 비평가 등에 의해서 논의되어야 할 일차적 자료라 할 수 있다. 결론 부분에서 당시 복식 어휘들의 형성이 이루어지는 상이한 언어학적 절차를 검토하고 있으며, 색인에서는 자료체에서 식별된 348개의 색채명의 목록을 작성하였으며, 여성의 장신구에 쓰인 271종의 꽃 종류, 468개의 직물 유형과 29개의 자수 종류가 명시되어 있다. 참고 문헌은 17종류의 당시 사전들과 헤어스타일에 대한 6개의 교과서와 영어 표현에 대한 12종류의 책자를 담고 있다.

제2논문인 〈당시 복식 잡지의 어휘 속에 나타나는 1830년대의 사회생활의 몇 가지 반영들〉(Quelques reflets de la vie sociale en 1830 dans le vocabulaire des journaux de mode de l'épopque)은 낭만주의, 영국문화 애호, 프랑스 혁명과 산업 혁명이 불러온 경제적 사회적 변화와 같은 세 가지 경향들이 어떻게 왕정 복권기 동안 복식의 어휘 형성 속에서 하나의 특권적 역할을 맡았는가를 보여 준다. 이 박사 논문은 실제로 복식의 보편적 경제적 이론들을

---

18 다음 연구 문헌 참조. Annemarie Kleinert, *Le « Journal des Dames et des Modes » ou la conquête de l'Europe féminin, 1797-1839* (Stuttgart:Thorbecke, 2001).

장려하는 연구들에 맞서고 있다. 이 같은 이론들에서 복식의 진화는 역사와 독립하여 진행되며 영속적인 내재적 기준들의 변환에 따라서 이루어진다. 반면 그레마스의 학위 논문은 차별화된 몸치장과 그것을 뽐내는 담론이 역사와 문화와 내밀하게 소통한다는 점을 강조한다. 이를테면 면직 산업은 산업 혁명에 의해서 변형된 일차적 섹터들 가운데 하나이며 복식의 의미는 광범위한 민주화를 촉발시켰다. 참고로, 사회적 기제를 복식의 담론으로부터 분석할 수 있다는 가능성은 그레마스와 절친한 사이였던 바르트에게 영감을 주었으며, 그로 하여금 복식에 대한 일련의 논문을 발표하게 만들고, 마침내 그의 명저《패션의 시스템》을 출간하게 만들었다.[19]

이 같은 자신의 탁월한 연구 성과에도 불구하고 궁극적으로 그레마스는 전통적인 어휘론의 한계를 일찌감치 절감했으며, 새로운 의미 연구의 방법론을 모색하게 된다. 그의 회고대로라면 이것은 새로운 탐구의 노정을 위한 실패라고 볼 수 있을 것이다. 5-6년간 연구한 어휘론이 진퇴양난에 빠져, 현상들에 대한 구조화나 전반적 이해가 가능하지 못했다는 것이다.

청년 그레마스는 어휘소 단위나 기호들을 연구하는 것은 한계가 있으며, 기호들을 초월하고 더 나아가 기호들 사이에서 진행되는 것을 간파하는 것이 문제의 관건이라는 것을 깨달았다. 그레마스에게 이 같은 깨달음은 곧 기호들은 애초부터 기호학의 대상이 될 수 없다는 것을 뜻하며 초기의 어휘론 분석에서 기호의 비변별성을 몸소 체험했음을 일러 준다. 그레마스는 한 인터뷰에서 이렇게 술회하고 있다: "어휘소로는 아무것도 할 것이 없었습니다. 다시 말해 낱말들은 하나의 체계—그것이 사고의 체계거나 다른 어떤 유의미적 체계이건—를 기술하는 것을 가능케 하는 변별적 단위들이 아니었습니다. 따라서 낱말들 아래에 있는 단위들을 찾아야 했습니다."[20] 그

19 R. Barthes, *Le système de la mode* (Paris: Le Seuil, 1967). 그레마스와 바르트의 패션 연구와의 관계에 대해서는 다음 저서를 참고할 것. Louis-Jean Calvet, *Roland Barthes, 1915-1980* (Paris: Flammarion, 1990).

바르트의 패션 관련 논문 모음집을 참조할 것. R. Barthes, *The Language of Fashion*, trans. Andy Stafford, ed. Andy Stafford and Michael Carter (Berg: Oxford New York, 2006).

의 지도 교수였던 마토레와 더불어 이론적 정초를 수집하려고 했던 어휘론은 이렇게 해서 타산지석의 교훈이 된다.[21] 결국 그레마스는 단호하게 어휘장 분석을 거부한다.

그가 전통적인 어휘론의 한계를 직시하고 본격적인 기호학적 기획에 착수하게 된 결정적인 계기는 소쉬르와 옐름슬레우를 읽기 시작할 무렵이다. (흥미로운 사실은 그의 회고에서 엿보이는 프랑스 언어학계의 대부 앙드레 마르티네에 대한 혹평이다. 그에 따르면 마르티네 언어학의 실증주의적 실재론은 기호학의 발전을 가로막은 걸림돌이었다는 것이다.) 실제로 그레마스는 바르트와 함께 소쉬르와 야콥슨, 이어서 레비-스트로스와 옐름슬레우를 독파한다. 구체적으로 그는 1956년 이전에 이미 옐름슬레우를 알고 있었다고 술회한 바 있다. 그리고 이 무렵 결정적인 것은 1964년 푸앵카레 연구소에서 바르트와 공동으로 옐름슬레우 이론을 강의했다는 사실이다. 소쉬르와 관련하여 그레마스는 인도·유럽어의 모음 체계를 다룬 그의 불후의 저작인 '석사 논문'(Mémoire)[22]이 언어 체계를 제 요소들의 상관 관계의 집합으로 설명한 최초의 업적임을 꿰뚫어 보았다.

그레마스의 지적 형성과 그의 저술 세계에서 역사 어휘론과 어휘소 개념이 차지하는 의의에 대해 브로덴 교수는 최근 치밀한 고증에 기초한 논문을 발표한 바 있다.[23]

사실 그레마스가 프랑스 정부 국비 장학생 자격으로 유학을 와서 어휘론을 연구 주제로 삼게 된 것은 그의 자발적 선택이라기보다는 당시 프랑스 언어학계의 제도적 상황에 기인하는 바가 컸다. 그는 프랑스 문헌학 공부에 매진하기로 결정하고 그르노블 대학의 학부 과정에 등록하여 은사였던 뒤

---

20 H.-G. Ruprecht "Ouvertures métasémiotiques: entretien avec A. J. Greimas," *RSSI* vol. 4, n.1 (1984), p.5.

21 Cf. G. Matoré, *La méthode en léxicologie* (Paris: Didier, 1953).

22 Ferdinand de Saussure, *Mémoire sur le système primitif des voyelles dans les langues indo-européennes* (Berlin: B. G. Teubner, 1879).

23 Thomas F. Broden, "A. J. Greimas's historical lexicology (1945-1958) and the place of the lexeme in his work," *Sign Systems Studies* 45 (1/2) (2017), pp.104-119.

라푸르(Antonin Duraffour) 교수의 지도를 받으며 방언학, 역사 음성학, 형태론을 비롯해 프로방스어와 프랑스어의 문화적 배경과 문헌적 기초를 연마했다.

학부를 마치고 나서, 청년 그레마스가 파리 대학 언어학 박사과정에 등록하여 학위 논문을 준비할 무렵, 당시 소르본 대학은 최고의 언어학자들이 포진하고 있었는데, 그 가운데서 샤를 브뤼노(Charles Bruneau, 1883-1969) 교수는 프랑스어사[24]를 집대성한 페르디낭 브뤼노(Ferdinand Brunot, 1860-1938)의 유산을 물려받아 19세기 동안 프랑스어의 진화, 특히 어휘사에 대한 연구를 수행할 박사 지망생들을 모집하고 있었다. 이에 따라 그레마스는 그를 박사과정 지도교수로 선택했다.[25]

당시 브뤼노의 지도 아래 프랑스 문헌학에서 완성된 박사 학위 논문들은 특정 문학적 인물의 언어적 생산에 초점을 두고 그에 따라 진행된 프랑스어의 발전 과정을 연구하는 방법론적 템플릿을 그레마스에게 이미 제공한 상태였다.

그레마스가 19세기 프랑스 어휘에 대한 박사 논문을 완성했을 때, 지도교수 이외에도, 그는 어휘부를 분석하기 위한 새로운 방법들을 개발하는 데 있어 그의 동료 연구자였던 마토레와 공동연구를 진행하고 있었다. 당시 그레마스와 같이 연구했던 케마다(Bernard Quemada) 교수의 회고에 의하면 이때부터 소르본 대학에서 그레마스는 동료들 가운데서 가장 탄탄한 이론적 토대를 제공했다고 전해진다.

그레마스와 마토레는 1948년과 1950년에 출간된 이론 논문에서 자신들의 박사 논문의 핵심 테제를 압축적으로 개괄하였다. 이들의 공동 논문, 〈어휘론에서의 방법〉은 어휘 과학으로서의 어휘론의 자율적 학술 분야를 명시적으로 주창하고 있다.[26]

---

24 Ferdinand Brunot, *Histoire de la langue française des origines à nos jours*, 13 vols (Paris: Arman Colin, 1905-1953).

25 Thomas F. Broden, 앞의 논문, p.105.

26 A. J. Greimas, et G. Matoré, "La méthode en lexicologie," *Romanische Forschungen* 60

브로델 교수에 의하면 1948년 논문은 세 개의 상호 관련된 사항들을 통해 종래의 문헌학 연구에 비판을 가하고 있다. 첫째, 문학 작가들이 한 언어의 진화를 지배한다는 개념은 그릇된 개념화를 표상한다고 보았다. 그레마스와 마토레의 주장에 의하면, 그 과정을 도치시켜, 오히려 먼저 한 시대의 어휘를 연구하고, 이어서 한 작가의 어휘부에 의해 표상되는 독창성을 규정하려는 시도를 해야 한다는 것이다. 둘째, 그레마스와 마토레는 단어들을 선별하기 위한 전통적 기준들에 대해서도 이의를 제기했다. 초기의 연구는 주로 신조어에 집중했는데, 이 같은 신조어들은 특정 언어에서 최초로 문어적 형태 또는 구어적 형태들이 출현한 어휘소들로서 정의되었다. 그런데 이 두 명의 젊은 언어학자들은, 단어들의 외적인 출현에만 너무나도 도취된 나머지, 전통적 문헌학자들은 보다 역동적인 새로운 의미의 창발을 무시하고 말았다는 것이다. 어휘부는 사상, 감정 등의 점증적 진화의 반영으로서 작동되기 때문에, 새로운 단어들의 창조에 의해서라기보다는 의미론적 발전에 의해서 갱신된다는 것이 그들의 논지였다.

셋째, 당시 소르본 대학의 고전 문헌학 박사 논문들은 연구 대상의 어휘들을 알파벳 순서나 형태론적 기준에 따라 일정한 목록으로 제시했다. 그런데 어휘의 과학이라는 목표는 그것을 독립적인 학술 분야로서 성립시키기 위해, 단어들의 의미를 연구하는 데 있다. 따라서 어휘론은 종합적 구성에 도달할 수 있는 분류 절차들을 개발해야 한다는 것이 그들의 생각이었다. 아울러 1948년 논문은 문학적 스타일보다는 보통의 언어적 사용 관례를 탐구할 것과 단지 특정 작가를 분석하기보다는 광범위한 코퍼스를 분석할 것을 주창했다.[27] 따라서 다음과 같은 결론이 가능하다. "어휘 의미에 초점을 둔 방법들의 추구는 그레마스와 마토레로 하여금 언어 의미론의 세계로 데려갔다."[28] 어쨌거나, 그레마스가 기호학을 탐구하기 위해 그의 시각

(3) (1948), pp.411-419, & 62 (2-3) (1950), pp.208-221.

27 Thomas F. Broden, "A. J. Greimas's historical lexicology (1945-1958) and the place of the lexeme in his work," *Sign Systems Studies* 45 (1/2) (2017), p.106

28 같은 논문, p.107.

을 확대시켰음에도 불구하고, 단어에 대한 그의 관심과 연구는 결코 사라지지 않았다는 점을 강조할 필요가 있다.[29]

이를테면 1970년대와 80년대부터, 감정과 정념에 대한 새로운 연구를 개시했을 때, 그 자신이 착수한 것은 다름 아닌 일련의 어휘 분석이었다. 이 책에서 상세히 다룬, 분노, 향수, 인색함에 대한 그의 탁월한 어휘 분석들이 그 같은 예들이라 할 수 있다.

2. 구조 언어학 — 소쉬르와 옐름슬레우의 창조적 수용

문헌학 및 전통적 어휘론과 결별한 그레마스는 1960년대 초부터 발흥하기 시작한 기호학의 새로운 부흥 운동에 참여한다. 그렇다면 프랑스 기호학사에서 그레마스 기호학의 지형도를 어떻게 그릴 수 있을까? 코케 교수는 '프랑스어 연구 학회'의 창립이 이루어진 1960년을 그 기점으로 보고 있다.

특히 당시 유행하던 해리스의 분포주의 방법론을 거부하고 언어학적 사실의 구성이라는 일반 인식론의 문제에 천착한 일군의 언어학자들을 중시한다. 소쉬르가 "언어는 형식이지 실질이 아니다"라는 준칙에 따라 발화 행위에 필요한 형식적 체계들을 기술하는 것을 겨냥한 것이다. 따라서 마르티네식의 기능주의 언어학은 설득력을 갖지 못했다. 소쉬르의 가르침은 그와는 전혀 다른 것이었다. 언어는 처음 보았을 때 우리에게 지각 가능한 실재들을 제공하지 않는다는 통찰력으로 번득이는 소쉬르의 명언에 그들은 주목했다. 더 나아가 언어 이론을 어떻게 구성할 것인지를 곰곰이 따졌다. 따라서 코케 교수가 소쉬르의 중추적 역할을 강조하는 것은 당연한 귀결이다: "소쉬르가 기호학이 사용할 최초의 작동적 개념들을 제공하기 때문이다."[30] 이어서 계열체와 통합체 등 옐름슬레우의 이분법적 쌍들이 모든 의

29 같은 논문, p.115.

30 J.-Cl. Coquet, 앞의 책, p.9.

미 작용 총합의 상보적 조직을 밝혀 준다는 것을 강조한다. 물론 이 같은 소쉬르의 중요성을 이해하기 위해서는 그레마스의 고전적 논문인 〈소쉬르 주의의 현재성〉을 다시 읽어야 할 것이다. 그레마스는 이 논문에서 인문과학이 소쉬르의 주요 이분법들로부터 얻어 낼 수 있는 인식론적 지평을 부각시키고 있다. 질베르베르그에 따르면, 이 테제는 "프로그램적인 가치를 간직한다."[31]

물론 그레마스는 소쉬르가 기호학에 대해서 기여한 본질적 기여에 대해서 다소 모호한 태도를 보여 준 일면도 있다. 이를테면 다음과 같은 진술이 대표적이다.

"소쉬르가 기호학에 대해서 말한 것은 물론 흥미롭다. 하지만, 그것은 일화적이다." "소쉬르의 작품에서 핵심적인 것은 그의 '석사 논문'이며, 소쉬르가 언어학의 비교주의를 통해 19세기 전체를 집약하는 방식이다. 하나의 시스템을 상관 관계들의 전체로서 다루는 것이 그의 생각이다. 이미 그것에 기호학이 존재했었다. 위대한 소쉬르는 바로 거기에 있다."[32]

하지만 1950년대 말의 그레마스에게 소쉬르는 더 이상 모호한 참조의 수준에 머물지 않았으며 그는 소쉬르의 본격적인 독자로 나섰다. 하지만 그레마스는 소쉬르 이론이 프랑스에서 별다른 반향을 갖지 못했음을 개탄했다. 소장 학자 그레마스의 그 같은 판단은 다소 과장된 것이다. 이미 1938년 프랑스의 대표적 언어학자였던 구겐하임(Georges Gougenheim)은 소쉬르가 파리에서 언어학을 강의하며 남긴 그의 심오한 가르침에 대해 공시태와 통시태의 구별을 가능케 한 토대적 역할을 맡았다는 말을 한 바 있다.[33] 아울러

31 Cl. Zilberberg, 앞의 책, p.66.

32 M. Arrivé, "Saussure, Barthes, Greimas," *CFS* 56 (2003), pp.89-109에서 재인용. Michel Arrivé, "Greimas et la linguistique, la posétique et la sémiotique au quotidien, d'après sa correspondance inédite avec Michel Arrivé," *Semiotica* 214 (2017), pp.67-90.

33 Georges Gougenheim, *Les mots français dans l'histoire et dans la vie* (Paris: Picard, 1962), réédition 2008; Georges Gougenheim, *Grammaire de la langue française du seizième siècle* (Paris: Picard, 1974).

다른 언어학자(바그너, 마토레 등) 역시 소쉬르의 가치를 일찌감치 인정했다는 점에서, 그레마스의 독창성은 소쉬르의 《일반 언어학》을 발견했다기보다는 다른 학술 분야들에 미칠 파장과 효과를 정확히 꿰뚫어 보았다는 데 있다(아리베 교수의 증언). 동시에 그는 인문과학들 가운데 언어학이 맡은 모델 기능을 세밀하게 파악했다. 《일반 언어학 강의》 출간 40주년을 기념하기 위하여 그레마스는 프랑스 언어학의 대표적 학술지 《르 프랑세 모데른》(*Le Français moderne*)에 〈소쉬르주의의 현재성〉이라는 논문을 발표한다. 그 논문은 그레마스가 얼마나 소쉬르에 흠뻑 빠져 있는가를 생생하게 증언해 주고 있다. 그레마스는 엄밀한 사유를 통해서, 소쉬르가 제시한 3개의 이분법(랑그/파롤, 기표/기의, 공시태/통시태) 등을 검토하고 있다. 그레마스는 언어학의 장 내부에 남기보다는 "언어학의 틀을 넘어서 인간 과학의 일반 인식론에 의해서 실제적으로 다시 취해지고 사용될 수 있는 소쉬르 사상의 효율성을 보여 주려 한다."[34]

소쉬르와 더불어 그레마스가 근본적으로 겨냥한 것은 소쉬르의 지식 이론과 방법론을 다른 인문과학으로 확대하는 작업이었다. 그런데 그레마스가 보기에 그 같은 방법론적 외삽(extrapolation)의 두 가지 전범이 이미 진행 중이었는데 이는 바로 메를로-퐁티의 현상학과 레비-스트로스의 구조인류학이 그것이다.

그레마스는 소쉬르 사상의 독창성을 이렇게 압축하고 있다: "소쉬르 공헌의 독창성은, 우리 생각으론, 그것의 고유한 세계관의 변형에 있다. 이 세계관은 세계를 관계들의 거대한 망으로서, 의미를 지닌 형식들의 건축물로 파악했다는 데 있다. 그것은 고유한 지식 이론과 언어학 방법론을 구성하고 있다."[35] 물론, 이 논문에서는 어떤 구체적인 기호학 이론이나 개념도 제시되지 않지만 몇 가지 중요한 방향이 설정되고 있는데 크게 세 가지 주장을 담고 있다. 하나, 언어는 형식적 대상이다. 언어는 형식이지 실질이 아니

34 A. J. Greimas, "L'actualité du saussurisme," *Le Français moderne* 24 (1956), p.191.
35 같은 글, p.192.

기 때문에 동질적 본질에 속하며 따라서 체계적 분석을 지지한다. 둘, 언어는 의미론적 대상이다. 그것은 "의미를 담고 있는 형식들의 건축물이다."[36] 셋, 언어는 사회적 대상이다. 소쉬르의 표현을 빌리자면 언어가 갖고 있는 사회적 제도성은 구성원들 사이에 맺어진 계약에 의해서 존재 근거를 얻는다. 이에 대한 코케 교수의 설명은 다음과 같다. 무엇보다 언어가 관계들의 체계로 환원 가능하다면 그것은 다른 형식적 대상들과 견줄 수 있다. 이는 과학적 분석에 속한다. 다시 말해 언어는 다른 제2의 언어, 즉 메타언어를 통해 명시화될 수 있다. 물론 의미 작용 체계를 갖는 것은 언어만이 아니라 조형 형식들, 음악 구조들도 사회적 공간의 중요한 영역을 점유한다. 그레마스는 이 같은 연구가 이미 메를로-퐁티와 레비-스트로스에 의해 시도되었음을 환기시키면서 이 세 대가의 통합성을 강조한다. 메를로-퐁티가 특별히 그레마스의 관심을 끈 이유는 그가 소쉬르를 명시적으로 언급했기 때문이 아니라, 언어가 갖고 있는 의미적 차원을 강조하고 주체와 체계 그리고 역사의 관계를 강조했다는 점에서이다. 다른 한편, 레비-스트로스를 일컬어서는 "소쉬르 이론이 사회학으로 확장된 것"[37]을 의미한다는 주석을 달고 있다.

물론 뒤르켐의 사회학주의가 프랑스 언어학에 스며든 지성사를 일괄하면, 언어학과 사회학의 접목이 어렵지 않게 수긍이 갈 수 있다. 초기의 그레마스는 옐름슬레우의 체계와 과정을 사회적 공간의 탐구, 구조화된 의미 총합의 한계를 설정하는 도식으로 삼는다. 예를 들어 여자의 소통과 재화 및 용역의 소통 그리고 메시지의 소통은 각각 친족 구조, 경제 구조, 언어 구조를 상정한다. 그레마스는 신화와 종교 체계를 염두에 두고 있지만, 특히 문학을 중요한 의미 공간으로 간주했다.[38] 바로 이런 맥락에서 그레마스는 바르트의 주저 《글쓰기의 영도》(*Le degré zèro de l'écriture*)를 문학의 사회적

---

36 같은 글, p.192.
37 같은 글, p.193.
38 같은 글, p.197.

차원을 부각한 수작으로서, 또한 소쉬르 사상을 간파한 통찰의 증거로 제시했다.

인식론적 방법론적 관점에서 이 논문은 두 가지 사실에 초점을 두고 있다. 하나는 소쉬르의 역설에 대한 재론이고 다른 하나는 의미 작용의 객관성이다. 첫 번째 점은 이렇게 설명된다. 소쉬르에게 있어서 당대 언어학의 상황은 당혹스러웠다. 다른 기호 체계들과 비교하였을 때 언어는 단지 가장 중요한 기호체계일 뿐이다. 그리고 자신이 세우려고 했던 새로운 학술 분야, 즉 기호학에 대해서 "언어학은 이 같은 일반 과학의 한 부분일 뿐이다."[39]

그러나 다른 관점에서 언어학은 기호학에 선행하는데, 그 이유는 "기호학은 아직 존재하지 않기 때문이다."[40] 그레마스의 수순은 기호 체계들의 자율성과 종속성을 동시에 단언하는 데 있다: "이 경우, 언어는 이 같은 의미 작용 총합들에 대해서 자율적 상태로 남아 있으면서 동시에 도구로 사용되며, 중계화된 사고 차원, 즉 메타언어를 구성하는 데 사용된다. 언어가 기호 체계로 구성되기 위해서 음운 구조들을 사용하는 것과 마찬가지로 (…) 메타언어는 그것들의 자율적인 형식들을 전개하기 위해 언어 기호들을 사용한다."[41] 바로 이 같은 언어 기능의 동시 발생성을 유념해야 할 것이며, 종속성은 기호 체계들이 언어 체계 속에 잠수된 것에 기인한다. 다른 한편으론 이 체계들은 자율적이다. 이 같은 자율성이 없으면 체계들의 파악이 이루어질 수 없기 때문이다.

그레마스의 기호학은 세계를 파악하는 하나의 형식으로서 언어를 파악한 옐름슬레우의 최대주의와, 언어로부터 지고 있는 빚을 무시하는 다른 이론들의 무관심 사이에 위치하는 중간적 입장이다. 이것은 곧 언어학과 기호학의 관계와, 언어와 다른 기호 체계들의 관계라는 고전적인 문제에 속

---

39 F. de Saussure, *Cours de linguistique générale* (Paris: Payot), p.33.

40 같은 책, p.33.

41 A. J. Greimas, "L'actualité du saussurisme," *Le Français moderne* 24 (1956), pp.197-198.

한다.

두 번째 관점은 기호학의 대상과 관련된다. 객체성은 의미 작용이라는 대상에 풍부한 분석을 가능케 하는 성질들의 부여를 의미한다. 그레마스는 그것을 기표의 전체성과 기의의 전체성으로 규정한다. 이 같은 이중적 단정은 분석에 일정한 타당성을 허락하는 공리들을 규정하는 것을 가능케 한다: "비록 몇 가지 점에 있어 랑그 개념이 뒤르켐의 '집단적 의식'에 근거하는 것 같아 보일지라도, 그 개념은 다음과 같은 사실에서 그것을 초월한다. 정신의 근본적 범주들에 대한 도움을 요청하는 대신, 궁극적인 분석에서 논리적인 것과 선논리적인 것, 의식적인 것과 무의식적인 것 등의 전통적이며, 자의적인 구분들에 호소하는 대신, 그 개념은 기표의 전체성의 도움으로 일체의 사회적 공간을 포괄하고, 이어서 사회적 공간을 동질적이며 울타리로 둘러싸인 체계로 연구하는 것을 가능케 한다."[42] 그 결과 그레마스는 이 논문에서 기표의 전체성, 동질성, 내재성(울타리)이라는 공리를 구성한다. 질베르베르그는 이 세 가지 요건을 옐름슬레우의 경험주의 원칙의 세 가지 조건들(정밀성, 무모순성, 단순성)과 견주고 있다.

먼저 기표의 전체성은 무의미성과는 상반된 세계를 지향한다. 또한 의미는 단 하나의 체계를 요구하지 않고, 체계들의 체계를 요구한다. 또한 의미론적 울타리를 실체적으로 규정하는 것을 지양해야 할 것이다. 구조주의 정신에 따르면, 하나의 체계는 가능한 것들에 대한 계산(calcul)을 지칭한다. 동질성은 소쉬르에게 있어서 언어에는 오직 차이들만이 있을 뿐이라는 것을 의미한다. 그레마스에게 있어서 동질성은 두 가지 절차에 의해서 획득된다. 하나는 텍스트화로서 곧 생성 행로가 특정 수준에서 중단될 수 있음을 뜻하며, 다른 한편으론 기호학적 사각형은 오직 심층 구조에만 한정된 것이 아니라, 동위적 요소라고 알려진 모든 데이터들의 총합을 모델화할 수 있다.

트루베츠코이와 야콥슨의 구조주의의 이원론으로 집약되는 프라하 학파

---

42 같은 글, p.194.

의 유산은 그레마스로 하여금 자신의 기호학의 가장 핵심적인 토대들 가운데 하나를 세우는 것을 가능케 했다. 의미 작용의 기본 구조가 그것이다. 그는 야콥슨에게서 의미 작용의 기본 구조들의 두 가지 유형의 관계를 차용했다.[43] 야콥슨에 따르면 "청자는 동일 범주에 속하는 양극단의 성질들 사이에서, 둔탁한 음/날카로운 음, 즉 하나의 성질의 존재와 부재 사이에서, 유성음/비유성음, 비음/비비음 등을 선택해야 한다."[44]

먼저 그레마스는 차이와 닮음을 동일한 차원에 갖다 놓았다. 이것은 프라하 학파의 배타적 파악과 코펜하겐 학파의 결여적 파악을 종합하려는 시도였다. 둘째, 이원론은 특히 단위들의 계열체 단위의 크기를 중시하지만 그레마스는 결여적 대립(부재/현존)을 모순항들의 축에서 부정의 작동으로 삼으면서 기호학적 사각형의 기초를 다졌다. 그리고 이어서 그는 서사성의 문제를 포착했다. 내재적인 것에서 외연적인 것으로, 국부적인 것에서 전체적인 것으로의 이동은 다음 세 가지 사항에서 행해진다. 첫째, 기의와 기표의 전체성과 그 실현, 둘째, 동위성, 셋째, 서사성의 현저성(prégnance)과 양태성의 역할이 그것이다.

위에서 언급한 그레마스의 논문보다 10년 앞선 1940년대 이미 레비-스트로스는 트루베츠코이와 야콥슨으로 대표되는 프라하 학파의 방법론적 인식론적 교훈을 통해 '소쉬르로 다시 돌아가는 작업'을 실천한다. 레비-스트로스는 이른바 커뮤니케이션의 통합 과학을 조준하면서 친족 관계, 경제, 언어 등 세 가지 방식이 동일한 층위에 있지 않지만 동일한 방법론에 편입될 수 있음을 강조한 바 있다.[45] 그것들은 단지 전략적 수준에서만 차이가 날 뿐이다. 그레마스는 가능한 한도 내에서 최대한의 경우들의 의미 작용 체계를 판독 가능하게 만들고 예측 가능하게 만들기 위해서는 추상적이며 연역적인 방법론을 채택할 것을 제안했다. 여기서 옐름슬레우의 통찰은

---

43 이 점에 대해서는 다음을 참조할 것. A. J. Greimas, *Sémantique structurale* (Paris: Larousse, 1966), pp.18-29.

44 R. Jakobson, *Essai de linguistique générale* (Paris: Minuit, 1963), p.105.

45 Cf. Cl. Lévi-Strauss, *Anthropologie structurale* (Paris: Plon, 1958), pp.326-327.

그레마스에게 결정적 실마리를 제공했다: "그 적합성에 따라서 언어 이론은 자의적 성격 덕분에 하나의 경험적 작업을 실행한다. 그것은 다름 아닌 하나의 계산(미적분, calcul) 작업을 실행하는 것이다."[46]

언어학을 인문학과 사회 과학의 핵심적 모델로서 그 토대를 정립하려고 했던 소쉬르의 시도는 프라하 학파에 이어서 옐름슬레우의 이론에서 그 절정에 다다른다. 그 천부적 언어학자의 서언에 따르면, 개념적 구축은—즉 언리학은—앞서 있던 모든 것을 백지 상태로 만들고, "하나의 새로운 실천을 건축할 순수한 이론"[47]을 갈망했다. 언리학은 그 분석과 개념화, 그것의 인식론을 통해서 계속해서 긍정적 반응을 획득했다. 잘라 말해, 구조 기호학의 구축에서 옐름슬레우가 행사한 영향력은 결정적인 것이다. 그레마스 이론의 형성에 옐름슬레우의 언어 이론은 과학적 성격을 갖춘 최초의 기호학 이론으로 각인되었다.

아리베 교수 역시 "옐름슬레우의 무게는 그레마스와 바르트 모두에게 있어서 결정적이다"[48]라는 진술을 하고 있다. 하지만 아리베 교수는 옐름슬레우가 그 가치를 인정받는 것은 가장 명시적으로 그 자신이 지칭하는 사람, 즉 소쉬르가 있을 때 비로소 가능하다는 점도 첨언한다.

그레마스는 이탈리아 출신의 세계적 기호학자인 지나 교수와 나눈 대담에서 옐름슬레우를 일러 다음과 같은 증언을 한 바 있다: "물론 그것은 이론적 준거이지만, 특히 일종의 근원입니다", "태초에 옐름슬레우가 있었습니다."[49] 즉 그레마스는 옐름슬레우의 학문적 유산의 핵심을 기호학의 차원에서 조망해야 하며 좁은 의미의 언어 이론으로 해석하는 것은 위험천만하다고 못 박는다. 아울러 그레마스는 옐름슬레우가 언어의 생산성 개념을

46 L. Hjelmslev, *Prolégomène à une théorie du langage* (Paris: Editions de Minuit, 1967-1971), p.33.

47 *Actes du sixième congrès international des linguistes* (Paris: Klincksieck, 1949), p.475.

48 M. Arrivé, "Saussure, Barthes, Greimas," *CFS* 56 (2003), p.92.

49 A. J. Greimas, "Conversation," *Versus* 43 (1986), pp.41-57. 대담자는 A. Zinna이다.

만들어 낸 장본인이라고 말한다. 무엇보다 소쉬르를 형식화시킨 공을 부각시키면서 소쉬르 해석에 있어 가장 괄목할 만한 이론이라고 칭송한다.

옐름슬레우에 의한 그 같은 소쉬르 이론의 심화와 확대는 두 가지 조건을 전제로 한다. 첫 번째 조건은 기표를 '그 전체 속에서 간주된 언어 면으로 간주하고, 그것의 분절들을 통하여 기의들의 총체성을 포괄하는 것'으로 정의하는 데 있다. 두 번째 조건은 이미 구성된 기호들의 체계를 기표로 삼는 이 같은 특수한 언어들을 참작하는 데 적절한 모델을 제자리에 갖다 놓는 데 있다. 이 같은 두 가지 조건을 구비하는 데 소쉬르의 《일반 언어학 강의》는 미흡하다. 바로 그런 이유에서 1956년 그레마스는 옐름슬레우에 의해서 재해석된 소쉬르를 제시했던 것이다.

그는 수제자 질베르베르그의 논문에 대한 서문에서, 이렇게 말하고 있다.

> 소쉬르에 대한 재독서는 오직 옐름슬레우를 통해서만 가능하며, 그야말로 그는 소쉬르의 유일한 합법적 계승자이다. 옐름슬레우는 우리가 그를 위치시켰던 곳에 있지 않다.[50]

그 결과 옐름슬레우, 더 정확히 말해 옐름슬레우화된 소쉬르는 점차적으로 《일반 언어학 강의》의 소쉬르를 대체한다. 《일반 언어학 강의》는 비록 부분적으로 옐름슬레우 언리학에 의해서 중계되지만 구조 언어학의 위대한 재토대화를 마련한 텍스트이며, 기호학의 토대적 텍스트로 나타난다.

또한 1972년에 자신의 제자이며 미학과 기호학을 접목시킨 철학자 파레트 교수와 가졌던 대담에서 그레마스는 심미성의 감각에 힘입어 그에게 매료되었음을 고백한다[51]: "내가 옐름슬레우주의자인지의 여부와 아울러 왜 그런지 질문하신다면, 분명 심미성(esthéticisme)에 대한 저의 느낌 때문이라고 답변을 드리겠습니다. 《언어 이론 서설》(*Prolégomène à une théorie du langage*)

---

50 A. J. Greimas, Avant-propos à C.Zilbergberg (1985), pp.3-4.
51 H. Parret, ed., *Discussing Language* (The Hague/Paris: Mouton, 1974), pp.55-79.

은 제가 이제껏 읽은 언어학 텍스트 중 가장 아름답다고 봅니다."[52] 여기서 말하는 미적이란 말은 곧 수학자가 하나의 공식이 그 엄밀성과 단순성에 힘입어 세련되었다고 생각할 때 마음 속에 스며드는 바로 그런 종류의 느낌이라 할 수 있다. 그렇다면 그는 옐름슬레우로부터 무엇을 배웠는가. 두 가지를 지적할 수 있다. 하나는 언어는 단지 기호 체계만은 아니라는 점과, 다른 하나는 형식 개념의 철저함과 독창성이다. 덴마크의 언어학자는 전통적인 형식과 내용의 이분법을 유의미적 형식(signifying form)이라는 새로운 개념으로 용해시켰다.

한편, 옐름슬레우가 속했던 코펜하겐 학파의 동료였던 브뢴달의 이론도 그레마스로 하여금 야콥슨류의 이원주의가 야기할 수 있는 난관을 극복하게 해 주었다. 예컨대, 브뢴달은 의미 작용의 기본 구조들에 대해서 양극성의 원칙과 더불어 중립항과 복합항을 도입하며 다음과 같은 정의를 제시한 바 있다: "중립항이 부정도 긍정도 아닌 사실로서 규정된다면 복합항은 부정인 동시에 긍정이라는 사실로 정의된다."[53] 그러나 질베르베르그에 따르면, 그레마스 기호학은 옐름슬레우의 저술들과 가장 밀접한 관계를 맺는다. 그 점은 '범주화의 중심성'과 '기호의 소멸'에서 극명하게 드러난다.[54]

이 같은 맥락에서 그레마스는 옐름슬레우의 네 가지 크기 단위인 '표현'과 '내용', '형식'과 '실질'을 자기 것으로 만들었다. 이 4원성은 기호학의 인식론적 장의 경계를 설정한다. 먼저 '표현-내용'의 쌍은 기호학적 함수(기능)를 제기하는 것을 가능케 했다. 즉 '표현의 형식'과 '내용의 형식'이 서로 결속되는 방식을 탐구하는 것을 가능케 한다. 또한 '형식-실질'의 쌍은 '내용의 형식'과 '표현의 형식' 사이에서 발견한 함의를 제대로 평가하게 해 주었다. 범주화는 무엇보다 개념의 작동과 관련된 표현이다: "범주라는 개념

52 A. J. Greimas, "Conversation," *Versus* 43 (1986), p.58.

53 V. Brøndal, *Essai de linguistique générale* (Copenhague: E. Munksgaard, 1943), p.16. 이에 대한 참고 논문은 Cl. Zilberberg, "Actualité de Brøndal," in *Raison et poétique Du Sens*, pp.41-63.

54 Cl. Zilberberg, 앞의 논문, p.71.

과 더불어 우리는 중심점에 이르며 그레마스 이론의 '신비적 다락방'(보들레르)에 접근한다."[55] 옐름슬레우의 건축물은 바로 '범주들의 과학'이었다. 실제로 옐름슬레우는 자신의 초기 저술부터 범주화의 문제를 본질적인 것으로 고려하였다: "의미적 내용을 갖춘 형식적 범주들을 추출하는 것", "범주들은 어휘론적 의미와 상관없이 추출되어야 한다."[56] 간단히 말해서 옐름슬레우는 범주가 하나의 기능을 구비한 최소 부류라고 정의한다. 즉, '관계의 힘'을 갖추고, 계열체 차원(형태론적인 것)과 통합체 차원(통사적인 것)의 접속은 이 같은 범주적 사상을 특이한 효율성의 도구로 만든다. 다른 한편, 그레마스 기호학에 있어서, 범주적 사상은 그의 기호학 이론의 전개에서 주로 서사성과 행동자의 역할 개념과 관련된다.

두 번째 사항인 기호의 소멸은 모든 과학적 수순의 결과라고 봐야 할 것이다. 기호가 아닌 기호의 부분들의 수준으로 이동한다는 것은 무엇을 의미하는가? 옐름슬레우는 이 같은 기호의 부분들을 《언어 이론 서설》에서 형상소(figures)로 지칭한다. 형상소는 표현 차원에서는 음소 구성소(phèmes)이고 내용 차원에서는 의소(sèmes)를 지시한다. 내용에 대한 최초의 접근이 음운론적 절차의 액면적 적용이었다면, 이어서 파악한 서사적 효율성과 서사적 역동성의 발견과 그 보편성의 이해는 기호들이 단지 형상소나 소쉬르적 편차들만을 포함하는 것이 아니라, 양태적 서사적 발화체들임을 함의한다. "기호는 단지 나누어질 수 있고, 세분화될 수 있을 뿐만 아니라, 서사성에 의해서"[57] 구조화될 수 있다. 기호는 하나의 부차물에 불과하다. 이것은 분명 기호학의 역설이지만 이득이 되는 역설이다. "기호의 폭정에서 벗어남으로써, 기호학은 담화의 마당을 열어 놓는 것이다."[58] 하지만, 그레마스는 옐름슬레우의 인식론을 수용하면서도, 주체를 배제한 그

55 같은 논문, p.72.

56 L. Hjelmslev, *Principe de grammaire générale* (Copenhague: Host & Son, 1928), p.202.

57 Cl. Zilberberg, 앞의 논문, p.74.

58 하지만 그레마스 기호학에서 기호의 위상은 보다 복잡하다. 다음 논문 참조. T. F. Broden, "The sign in Paris semiotics," *Semiotica* 111-1/2 (1996), pp.1-33.

의 인식론적 한계를 지적하는 것을 잊지 않는다.

좀 더 부연해서 설명해 본다면, 옐름슬레우의 기호학과 명시적 단절을 보여 주는 것은, 그레마스 기호학 사상에서 나타나는 '감응(phorie)'이라는 기질적 범주로서, 《기호학 사전》에 따르면 이것은 "의미론적 미시 세계를 가치론으로 변형시키는 데 있어서 근본적인 역할을 맡는다."[59] 옐름슬레우가 철옹성처럼 설정한 체계와 과정의 이분법의 불충분성을 그 누구보다도 그레마스는 감지하였던 것이다. 제5부에서 다룰 정념의 기호학의 도입은 바로 그레마스 기호학에서 '기분'의 문제가 차지할 결정적 자리를 각인시킨다.[60] 요컨대 옐름슬레우의 유산은 그레마스 자신을 포함해 그가 이끌었던 파리 기호학파의 이론적 토대를 제공했을 뿐만 아니라 의미의 새로운 대상들을 연구하는 데 있어 진정한 영감의 원천이었다. 예컨대, 그레마스 사후에 구축된 긴장 기호학, 실천기호학, 오브제의 기호학 등은 모두 그 이론의 바탕에는 옐름슬레우의 개념들이 자리잡고 있다.[61]

3. 서사학의 유산

그레마스 기호학 패러다임의 형성에 있어 당대의 서사 이론으로부터 물려

59 A. J. Greimas & J. Courtés, *Sémiotique I* (1979), p.336.
60 국내 학계에서 옐름슬레우에 대한 심도 있는 연구는 찾아보기 힘든 실정이다. 그의 이론을 개괄하고 있는 두 편의 연구물을 제시한다. ① 서정철, 《기호에서 텍스트로》(민음사, 1998), 제2장, pp.109-163. ② 박인철, 《파리학파의 기호학》(민음사, 2003), pp.63-100.
유럽의 경우 옐름슬레우의 기호학에 대한 연구는 최근까지도 새로운 연구서들이 나올 정도로 그에 대한 연구는 계속되고 있다. 네 권의 참조 문헌을 제시한다. ① A. Zinna, éd., *Hjelmslev Aujourd'hui* (A l'occasion du 50ème anniversaire de la publication de Omkring sproteoriens grundloeggelse, 1943-1993) (Brepolis: Turnhout, 1997). ② M. Rasmussen, éd., *Louis Hjelmslev et la sémiotique contemporaine* (Copenhague: Cercle Linguistique de Copenhague, 1993). ③ Cosimo Caputo, *Su Hjelmslev: la nuova di Amleto: segno, senso e filosofia del linguaggio* (Napoli, Scientifiche Italiane, 1993). ④ Sémir Badir, *Hjelmslev* (Paris: Les Belles Lettres, 2000).
61 다음 연구 문헌 참조. Alessandro Zinna, "Hjelmslev, la sémiotique et l'École de Paris," *Semiotica* 219 (2017), pp.455-470.

받은 지적 유산의 중요성에 대해서는 주지한 바와 같다. 무엇보다 프로프의 중요성을 손꼽을 수 있다. 그레마스의 서사 이론은 프로프의 재발견에 의해서 가능했다는 것이 중론이다. 즉, 프로프가 "담화의 일반적 조직화에 대한 최초의 모델을 제안했다"[62]는 그레마스의 평가에서도 이 점은 명시적으로 부각된다.

기본 서사 구조 또는 서사 도식은 "이데올로기적인 그 어떤 것이다."[63] 기호학자 그레마스에게 프로프의 저술들은 과학적 탐구가 지니고 있어야 할 두 가지 근본적인 원칙들을 준수하고 있다는 장점을 가진다. '단순성'과 '보편성'이 그것이다. 구비 문학 또는 구전 문학, 요컨대 구두로 생산된 서사 구조들은 상대적으로 길이가 짧고 내용이 간단하며 문자 문학의 서사 구조보다 덜 복잡해서 분석이 용이하다. 또한 구전 문학은 유럽의 민담을 비롯해서 아프리카와 인도의 민속학에 이르기까지 두루 퍼져 있다는 점에서 지리적 보편성을 제공하기 때문에 비교 가능한 담화 구조를 발견하는 것이 가능하다. 따라서 일반적인 서사 모델을 발견하는 것이 가능하며, 구성된 모델은 복잡한 서사적 담화를 설명해 준다.

이런 맥락에서 가장 간단한 민담부터 시작하는 것이 효율적임은 자명하다. 이것은 또한 그레마스가 취한 수순이기도 하다. 먼저 민속학에서 서사성의 기본 형식들을 밝힌 이후에 모파상의 단편 〈두 친구〉에 대한 세밀한 분석과 〈서사 기호학의 한 가지 문제〉로 이어지는 그레마스의 연구 노선을 참조하면 이 점은 분명해진다.[64] 보편성이라는 교훈에 따라 구비 서사물은 그것의 지리적 역사적 외연이 분명하며 서사 형식들의 보편성을 확인시켜 줌과 동시에 유럽 중심주의의 함정에 빠지는 것을 막아 준다. 이 두 가지 원칙으로부터 "정형화된 서사 도식"[65]의 수립이 가능하다. 그 수립은 통사적-

62 Hans-George Ruprecht, "Ouvertures métasémiotiques: entretien avec A. J. Greimas," *RSSI* 4, H.I. (1984).

63 A. J. Greimas, 앞의 대담.

64 그레마스, 《의미에 관하여》, 김성도 옮김(인간사랑, 1997), pp.332-373.

65 A. J. Greimas & J. Courtés, *Sémiotique: Dictionnaire raisonné de la théorie du langage*

의미론적 규칙성의 식별에 기초한다. 그중 몇 가지는 많이 알려진 통합체의 차원에서 일련의 시련들의 연속으로 나타난다. 계열체의 차원에서 내용들의 도치는 연구자로 하여금 결핍, 주체-반주체, 계약 등과 같은 결정적인 관계들을 포착할 수 있도록 해주는 작동이다. 특히 계약은 서사 도식의 전체를 지배하는 관계와 더불어서 발신자라고 불리는 제3의 행동자를 개입시킨다.

프로프의 저술들은 다수이지만, 그중 《민담의 형태론》[66]은 서사 구조를 천착한 그레마스 기호학에 결정적인 영향을 미쳤다. 이 점에서 프로프의 서사이론에 대한 비판과 수용의 문제와 별도로 그 핵심적 내용을 이해하는 것은 필수적이다. 1928년 러시아어로 출간된 《민담의 형태론》은 비록 러시아 형식주의의 영향을 받았으나 문학 장르의 심리적 연구를 목표로 삼지 않았다. 프로프의 의도는 민담의 기원과 진화라는 역사적 문제를 해결하는 일이었다. 이 같은 시각에서 민담에 대한 형태론적 기술은 민담의 변형들에 관한 연구를 위한 선결적인 조건으로 부각된 것이다. 이 책의 서문에서 그는 형태론이란 낱말에다 식물학에서 사용되는 것과 동일한 의미를 부여한다: "형태론(morphologie)이란 낱말은 형태들의 연구를 의미한다. 식물학에서 형태론은 하나의 초목을 구성하는 부분들을 비롯해 그 부분들 사이의 관계와 부분들과 전체 사이의 관계에 대한 연구를 포함한다. 달리 말해, 그것은 하나의 초목의 구조에 관한 연구이다. 그 누구도 '민담의 형태론'이란 개념과 전문 학술 용어의 가능성을 생각하지 않았다. 민담 영역에서 형태들의 연구와 그 구조를 지배하는 법칙들을 설정하는 작업은 유기체적 형성의 형태론만큼이나 정밀하게 만드는 것이 가능하다."[67]

프로프에게서 민담의 구조 연구는 곧 다양한 민담들의 분류의 문제와 밀접하게 연관된다. 민속학자들이 이야기의 자료를 분할하는 방식을 분석하면서 프로프는 그들이 성공적인 결과에 도달할 수 없다는 사실을 깨닫게

(Hachette Université, 1979), p.244.

66 V. Propp, *Morphologie du conte* (Seuil, 1970)(프롭, 《민담의 형태론》, 황인덕 옮김, 예림기획, 1998).

67 같은 책, p.6(《민담의 형태론》, p.26).

되었다. 그 이유는 서사물을 근본적인 요소로 나눌 수 있는 고유한 원칙이 결여되었기 때문이다. 20세기 초반 당시까지 민담의 구조를 가장 명백하게 기술한 러시아 민속학자 베젤로브스키(Alexander Veselovski, 1838-1906)와 프랑스 중세문학의 석학으로서 다양한 문학 장르 작품들의 기원의 문제에 천착했던 베디에(Joseph Bédier, 1864-1938)[68]와 같은 학자들의 민담 연구는 민담을 이야기의 플롯에 선행하여 존재하는 모티프들의 짜깁기 정도로 묘사한 것이 고작이었다. 그렇다면 모티프란 무엇인가? 각각의 모티프는 수없이 많은 변이형들로 이루어진다. 그렇다면 특정 변이형 속에서 민담의 정체성의 원칙은 어디에 존재하느냐는 물음이 제기된다.

프로프에 따르면 모티프의 변이적 부분은 드라마 인물(dramatis personae)의 이름과 성격을 지칭하는 속사들을 다루는 반면, 불변적 부분은 인물들의 행동과 관련된다. 쉽게 말해서, 민담은 상이한 인물들에 대해서 동일한 행동 또는 기능들을 부여할 수 있다. 따라서 인물들의 기능들은 기존의 모티프 개념을 대체할 수 있는 구성 요소들을 표상한다. 따라서 민담 연구의 시발점은 기능 연구이며, 특히 기능이 이야기의 전개에 있어 소유한 의미를 참작해야 한다는 것이다. 이 같은 관찰로부터 프로프는 모두 네 가지 결론을 제시한다: 1) 민담의 항상적이며 영속적인 요소들은 인물들의 기능들이며, 그 인물들의 성격과 기능들이 충족되는 방식은 부수적이다. 기능들은 민담의 근본적인 구성 요소들이다. 2) 민담이 포함하는 기능들의 수는 한정되어 있다. 3) 기능들의 연속은 언제나 동일하다. 4) 모든 동화는 그것의 구조와 관련하여 동일한 유형에 속한다.[69]

이 같은 분석 원칙을 러시아의 민담에 적용하여 프로프는 이야기의 구조가 모두 31개의 기능들의 연쇄로 이루어짐을 보여 준다. 그 31개의 기능은 다음과 같다: 멀어짐, 금지, 금지의 위반, 탐문, 정보 획득, 사기, 공모, 결

---

68 그의 주저는 다음과 같다. ① *Le Roman de Tristan et Iseut* (Paris: Henri Piazza éditeur d'art, 1900). ② *Légendes épiques, recherches sur la formation des chansons de geste* (Paris: Champion, 1908-1913).

69 V. Propp, 앞의 책, pp.31-34.

핍, 위임, 주인공의 결단, 출발, 시련 부과, 시련 감수, 조력자 수용, 장소의 이동, 결투, 표시, 승리, 결핍 해소, 돌아옴, 추격, 구출, 익명으로 도착, 가짜 주인공의 근거 없는 주장, 임무의 부과, 성공, 감사, 가짜 주인공의 정체 폭로, 주인공의 나타남, 처벌, 결혼. 이 같은 기능들은 이야기의 플롯을 지배하는 논리적 심미적 필요성에 따라 결정적인 순서로 진행된다. 프로프는 유형별 분류를 통해 1910년, 1928년 최초로 민담들의 색인화를 가능케 함으로써 국제적 분류를 수립한 두 명의 민속학자 아른(Aarne, 1867-1925)과 톰슨(Thompson, 1885-1976)의 자료체 색인[70] 가운데 300번에서 749번까지의 기적 동화를 면밀하게 분석한 후에 어떤 기능도 다른 기능을 배제하지 않는다는 점을 간파했으며 이로부터 위에서 제시한 결론 4에 도달했던 것이다.

제 기능들은 그것들이 기본적인 시퀀스에서 계속되는 것과 독립하여 두 가지 방식으로 통일된다. 첫째, 프로프는 하나의 기능이 빈번하게 다른 기능과 더불어 항시적 쌍을 이루며 연계된다는 점을 주목한다. 예컨대, 싸움과 승리, 금지와 위반, 보냄과 돌아옴, 임무 완수와 감사 등이 그렇다. 두 번째, 몇 가지 기능들의 무리는 인물의 행동 영역을 규정한다. 악당의 행동 영역은 주인공에 대한 사악함과 싸움으로 특징지어진다. 주인공의 행동 영역은 결핍된 것을 찾아 떠나고 증여자의 요구에 반응을 하는 것과 왕비와의 결혼 등의 기능으로 특징지어진다. 프로프가 제시한 31개의 기능은 모두 일곱 명의 극 중 인물에 해당하는 일곱 개의 행동 영역으로 분할된다. 악당, 증여자, 조력자, 파견자, 찾아내야 할 인물, 주인공, 가짜 주인공이 그것이다. 이 같은 행동 영역들은 이야기 속에서 그 수에 대응하는 여러 명의 인물들로 반드시 체현될 필요는 없다. 한 명의 인물이 다수의 행동 영역에 참여할 수 있으며 단일한 행동 영역이 다수의 인물에서 나타날 수도 있다. 전체

70 Hans-Jörg Uther, *The Types of International Folktales. A Classification and Bibliography*, based on the System of Antti Aarne and Stith Thompson, 3 volumes, FF Communications no. 284-286 (Helsinki: Suomalainen Tiedeakatemia, 2004).

적 유기체로서의 민담은 때때로 단일한 운동으로 한정된다. 하지만 대부분의 경우, 이야기는 다양한 방식으로 조합된 다수의 운동을 포함한다. 러시아 민담의 기본 유형은 싸움과 승리, 어려운 임무와 그것의 완수 등 두 개의 운동이 쌍으로 이어지는 것으로 특징지어진다.

프로프의 《민담의 형태론》[71]은 구소련을 비롯해 서방 세계에서조차 망각되었다가, 영어 번역본이 출간되자 야콥슨과 레비-스트로스의 적극적 소개로 언어학자들과 인류학자들에게 알려졌는데, 이런 긍정적 수용 과정에서 그레마스도 이 책을 접하게 되었다. 프로프가 발견한 개념들 가운데 중추적 개념이라 할 수 있는 기능 개념은 그 이후로도 변형된 형식을 거쳐 계승되었다. 예컨대, 각각의 항이 고정된 단선적 시퀀스에서 발생하는 기능들은 그의 이론의 약점으로 지적되었다. 즉, 레비-스트로스가 정확히 지적했듯이, 서사물의 통사를 적절하게 분석하기 위해서는 원인과 결과, 수단과 목적 등과 같은 논리적 관계들을 참작해야 할 것이다. 서사물이 상투적 유행에 매몰된 장르의 강제적 법칙에서 벗어나면서 동일한 상황에서 다수의 결과가 나올 수도 있으며, 반대로 다수의 수단들이 동일한 목적으로 유도될 수도 있다. 줄여 말해, 대립적인 기능들 사이의 선택에 대한 계열체의 체계가 요청된다. 아울러 시퀀스에 나타나는 기능들 사이의 관계에 대해서도 보다 정교한 형식화를 제시해야 한다는 견해가 개진되었다. 요컨대, 몇몇 기능들은 특정 문맥에서 보다 일반적인 기능들의 특수화의 경우에 다름 아닌 것이다. 예를 들어 가짜 주인공의 터무니없는 주장은 악당의 특수한 경우일 뿐이다. 따라서 기본 단위들의 수를 줄일 수 있으며, 각각의 에피소드의 특수한 의미를 강조하기 위해서 기본 단위들을 조합할 수도 있다. 그레마스는 바로 프로프의 적용 모델을 확장시키면서 모델의 추상화를 제시한 장본인이다. 예컨대, 심층 수준과 표층 수준으로 나누어 형식화의 과정의 결과를 서사 문법으로서 제시했다고 말할 수 있다. 그 같은 이론적 구성

---

71 V. Propp, *Morphology of the Folktale*, trans. Laurence Scott(Austin: University of Texas Press, 1968).

의 기저에 있는 논리적 모델은 그레마스 모델의 보편성을 제고시켰다. 일례로, 민담의 일곱 가지 행동 영역은 그의 행동자 모델에서 6개의 요소로 변형된다.

《기호학 사전》은 프로프의 중요성에 대해 다음과 같이 그 핵심을 짚어내고 있다: "서사성에 관해서 여전히 일체의 성찰을 자극하는 반드시 참조해야할 이데올로기적 모델이다."[72] 프로프는 다양한 민담들에 대한 세밀한 분해를 통해 무엇보다 하나의 형태론을 제시하는 데 성공했다. 여기서 프로프가 취한 수순의 현대성을 강조하는 것이 관건이다. 먼저 그는 상수와 변수를 갈라놓는다. 상수를 그는 '기능'이라고 부르고, 나중에는 '인물들'로 불렀으며 모두 7개의 행동 영역을 구분했다. 프로프의 기능 개념은 이중적으로 해석될 수 있다. 첫째, 계열체의 시각에서, 프로프는 기능을 의미라고 명명한다. 계열체 차원의 분석은 분해 가능성과 비교 가능성을 갖는다. 하나의 기능은 선별되기 전에 먼저 연합체 차원의 무리에 속한다.

두 번째는 통합체 차원의 규정으로서, "서사물에서의 상황"을 지칭한다. 즉 이것은 일련의 접속사로 이어지는 이야기 구성을 말한다. 그런데 레비-스트로스는 이 같은 프로프의 형태론에 대해서 그것의 단점을 지적한다. 그의 비판 요지는 먼저 기능만을 우선시하는 배타성과, 기능들이 그 순서나 수에 있어서 인위적으로 설정된 목적성을 갖는다는 것이다.[73]

그레마스는 프로프의 관점을 전복하여 《구조 의미론》 이후, 보편적인 것을 조준하는 대신 일반적인 것을 식별하고, 서사 문법의 일차적 분절들을 인지하는 데 주안점을 두었다. 물론, 프로프의 서사모델에 대해 레비-스트로스가 제시한 비판들은 구성적이다. 프로프는 민담은 31개의 기능들이 언제나 동일한 연속으로 이루어진다고 선언했다.[74] 그런데 레비-스트로스는 이 수를 줄일 것을 제안한다. 그 이유는 이 기능들 중의 일부는 '변형 관계'

---

72 A. J. Greimas & J. Courtés, 앞의 책, p.247.
73 Cl. Lévi-Strauss, *Anthropologie structurale deux* (Paris: Plon, 1973).
74 V. Propp, *Morphologie du conte*, coll. Points (Paris: Seuil, 1970), p.32.

속에 있기 때문이다. 그레마스는 바로 이 작업을 《구조 의미론》에서 수행한 바 있다. 그런데 흥미로운 것은 레비-스트로스가 프로프를 비난하는 또 다른 이유이다. 요컨대 그는 우주론적 대립들이 약화되고 최소화되고 작은 층위로 전환된 민담을 신화에 견주어 더 선호하는 프로프의 입장을 비난하고 나섰다.[75]

특히 레비-스트로스는 내용이 결여된 형식과 형식이 결여된 경험적 내용 사이의 이분법을 비난한다. 두 번째 비판의 핵심은 통사론만으로는 민담의 심층적 의미를 구성할 수 없다는 논지이다. 레비-스트로스에 따르면 어휘가 없으면 문법은 형식주의적인 상태로 남아 있을 뿐이다. 프로프가 조준한 통사는 근본적인 민담의 보편성을 겨냥했다. 이런 점에서 레비-스트로스의 비판은 설득력을 갖는다. 그레마스의 독창성은 서사성을 기본 조건으로 제시하고, 통사론에서 다른 조건들과 조합할 수 있는 실현 가능한 요소들을 식별했다는 데에 있다. 이런 의미에서 통사론은 생성 행로의 중요한 요소를 구성한다.

하지만 프로프의 민담 연구 결과의 차용을 비롯한 수용 과정에 대한 비판적 견해도 만만치 않다. 그 비판의 요지는 다음과 같이 요약될 수 있다.[76]

그레마스는 행동자 모델을 설정하고, 그것의 기능적 모델을 설정하기 위해서 프로프의 《민담의 형태론》을 참조했다. 그런데 프로프는 모든 러시아 민담들이 31개의 기능들의 조합에 기초하고 있음을 보여 준 바 있다. 그리고 그것은 철저하게 경험적 연구이다.

반면, 그레마스의 모델은 방법상 순전히 사변적인 특징을 노출한다. 자료 자체에 대한 검토 없이 순전히 논리적인 방식으로 자료를 조합한 것이다. 더구나 프로프의 모델은 현실적으로 오직 민담이라는 한 가지 방식에 해당되는데, 그것을 모든 서사 기호학으로 확대하는 것은 무리가 따른다는 주장이 제기되었다. 즉 결코 보편적이며 추상적인 모델을 염두에 두지 않았던

75 Cl. Lévi-Strauss, 앞의 책, pp.139-174.

76 Thomas Pavel, *Le mirage linguistique* (Paris: Minuit, 1988), pp.153-157.

프로프의 모델로부터 추상적 형식주의를 도출하는 것은 논리적 비약이라는 비판을 피하기 어렵다는 것이다.

풀어 말해 프로프의 형식주의는 《민담의 형태론》에서 명시적인 이론적 해석을 수용하지 않았다는 점에서, 그레마스의 모델에 의해서 작동된 프로프 서사 모델 체계의 단순화가 프로프 자신이 원하던 방향으로 이루어졌다는 주장에는 무리가 따른다는 것이다. 예컨대, 민담의 형태론으로부터 획득한 도식에 근거하여 존재하는 모든 이야기들의 의미를 설명할 수 있다는 가정은 잘못되었다는 것이 비판의 요지이다.

4. 구조 신화학의 수용 — 레비-스트로스와 뒤메질

신화학에 대한 연구는 그레마스의 기호학 이론의 형성에 있어 핵심적 요소라고 할 수 있다. 그레마스 자신도 《기호학 사전》에서 비교 신화학이 프랑스 기호학의 사상적 원천이었다는 점을 명시적으로 언급한 바 있다. 실제로 심층적인 의미론적 범주들(자연/문화, 삶/죽음), 서사문법의 구조들과 문법적 시퀀스, 구상성 등의 이론적 성취들은 신화와 민속에 대한 구조인류학과 비교신화학의 연구 결과물로부터 결정적 영감을 받아 생산된 결과물이다.

구조 인류학의 설립자인 레비-스트로스와의 최초의 만남은 그레마스가 터키에서 돌아온 해인 1962-63년에 이루어진다. 하지만 이 만남에 대한 당사자들의 직접적 증언은 희소하며 두 사람의 최초의 만남을 기록한 문헌은 부재한다. 이뿐만 아니라 레비-스트로스는 그의 수많은 저술 속에서 그레마스를 단 한 차례도 인용하지 않았다. 레비-스트로스의 대담록인 《가까이 그리고 멀리서》[77]에서도 그레마스에 대한 언급을 찾아볼 수 없다. 그레

---

77 Cl. Lévi-Strauss, *De près et de loin : Suivi de "Deux ans après"* (Paris: Odile Jacob, 1988) (레비스트로스, 《가까이 그리고 멀리서》, 송태현 옮김, 강, 2003).

마스 역시 1970년대 이후로(즉 그의 주저 《구조 의미론》, 《의미에 대하여》 이후) 레비-스트로스를 인용하지 않는다. 그레마스는 레비-스트로스와의 진정한 만남은 모스의 저서 《증여론》(*Essai sur le don*)에 대한 레비-스트로스의 서론을 읽은 후라고 회고한다. 그의 회고에 따르면 이 책은 자신이 읽은 가장 아름다운 책들 가운데 하나였으며, 레비-스트로스의 서론은 마치 진리를 발견했을 때의 섬광처럼 다가왔다고 말하고 있다. "레비-스트로스와의 진정한 만남은 그가 쓴 마르셀 모스의 저서 《증여론》[78]의 서론을 읽었을 때였습니다. 그 순간, 이 책은 내가 읽었던 책들 가운데 가장 멋진 책이었으며 레비-스트로스의 서론[79]은 진리의 발견에 기인한 하나의 계시였습니다."[80] 다소 과장된 표현일 수 있다는 점을 시인하면서도, 그는 이 책의 독서를 통하여 자신의 '인류학적' 시기가 시작되었으며 리투아니아 신화 체계의 재구성에 대한 자신의 시도와 더불어 인류학적 동기로 작용하였음을 강조한다. 하지만 레비-스트로스가 지휘하는 연구소에서 5년 동안 시간을 보냈음에도 불구하고, 진정한 우정을 맺는 데까지 도달하지 못할 정도로 레비-스트로스는 가까이 다가가기엔 매우 어려우면서도 미묘한 인물로 그의 마음 속에서는 기억되고 있다.[81] 그레마스가 레비-스트로스를 인용하는 최초의 문

---

78 Marcel Mauss, "Essai sur le don. Forme et raison de l'échange dans les sociétés," *L'Année Sociologique*, seconde série, 1923-1924, tome 1, Introduction de Florence Weber, coll. Quadrige (Paris: Presses universitaires de France, 2007)

79 Marcel Mauss, *Sociologie et anthropologie*, précédé d'une Introduction à l'oeuvre de Marcel Mauss par Claude Lévi-Strauss (Paris: Presses universitaires de France, 1966). 레비-스트로스는 모스의 사회학과 인류학을 총평한 장편의 서론에서 다음과 같이 서술하고 있다. "언어학에서 음운론이 맡은 역할과 마찬가지로 《증여론》은 인문과학을 위해 새로운 시대를 열어 놓았다"(1950, p.XXXV). 레비-스트로스는 《증여론》이 '총체적인 사회적 사실'(fait social total) 개념을 도입했다는 점에서 구조주의의 선언문으로 간주될 수 있다는 해석을 내놓았다.

80 A. J. Greimas, "Essai d'autobiographie intellectuelle," in *Du sens en exil* (Limoges, Lambert-Lucas, 2017), p.25.

81 그레마스와 레비-스트로스의 만남과 학문적 교류에 대해서는 다음 논문 참조: Ivan Darrault-Harris, "La rencontre Greimas/Lévi-Strauss:une convergence éphémère?," *Actes sémiotiques* 112 (2009)(2020년 5월26일 열람. URL:http://www.unilim.fr/actes-semiotiques/1963).

헌은 앞에서 상세히 분석한 그의 논문 〈소쉬르주의의 현재성〉이다. "더 중요한 것은 사회학으로 소쉬르 이론을 확장한 것으로서, 그 확장의 장점은 클로드 레비-스트로스에 신세를 지고 있다"라는 언급이 대표적이다.[82]

그레마스는 위의 논문에서 레비-스트로스를 모스와 뒤르켐의 계승자로 간주한다. 특히 그는 레비-스트로스의 명저 《슬픈 열대》[83]에서 이루어진 "보다 중요하고 보다 타당한 범주, 즉 기표의 범주의 발견"에 대해서 경의를 표한다. 그레마스는 그 저서에서 소쉬르 공식의 적용을 목격하고 있다. "소쉬르 공식의 적용은 사회학자 레비-스트로스로 하여금 여성들의 소통 과정을 친족 구조와 대립시키고, 재화와 서비스의 교환을 경제 구조에 대립시키는 것을 가능케 한다."[84]

따라서 소쉬르 공식의 변별성의 인정과, 그 적용을 사회적 장의 전 분야로 확대할 수 있다는 가능성은 그레마스와 레비-스트로스를 접속시키는 최초의 지점이다. 하지만 그레마스는 특히 포괄적이면서 자율적인 의미 작용을 도출시키는 특권화되고 구조화된 총합들을 염두에 두고 있다.

그레마스에 따르면 레비-스트로스에게서 제 사실들은 보다 투명하다. 그의 작업의 특수성은 '랑그'와 '파롤'의 소쉬르 이분법을 엄밀한 의미에서의 언어학 장을 벗어난 곳으로 전이시켜 놓았다는 데 있다. 이 점에서 소쉬르를 옐름슬레우의 시각에서 읽어 내는 작업에 있어 선견지명을 갖고 있었다는 점을 주목해야 할 것이다. 이를테면 그는 랑그와 파롤을 체계와 과정의 대립으로 읽어 냈다.

흥미로운 사실은 그레마스는 레비-스트로스가 프로이트와 소쉬르의 관계맺기 작업을 시도하는 것에 대해 전혀 놀라지 않았다는 점이다. 그레마스는 레비-스트로스의 주저 《슬픈 열대》의 명구절을 인용한다.

---

82 A. J. Greimas, "L'actualité du sussurisme," *Français Monderne* 24 (1956). 이 문헌은 다음 저서에 재수록되었으며 쪽수는 이 저서의 것을 밝힘: *La mode en 1830* (Paris: PUF, 2000), p.373 (pp.371-382).

83 Claude Lévi-Strauss, *Tristes Tropiques* (Paris: Plon, 1955).

84 A. J. Greimas, 앞의 책, p.374.

> 무엇보다, 이성적인 것을 넘어서, 기표라는 보다 중요하고 풍요로운 범주가 존재하는데, 그것은 이성적인 최고의 방식이며, 우리의 스승들은 (소쉬르의 《일반 언어학 강의》보다는 《의식의 직접적 소여에 대한 시론》에 더 많은 관심을 피력한 나머지) 그 이름조차 발설하지 않았다.[85]

1980년대 중반에 리투아니아어로 출간된 리투아니아 신화학 연구의 서론 부분을 읽어 보면, 그레마스가 당시 프랑스 신화학의 인식론적 토대를 완벽하게 전유하고 있었음을 확인할 수 있으며, 이들 신화학의 대가들로부터 직간접적인 영감을 받았음을 어렵지 않게 추정해 볼 수 있다. 따라서 뒤메질과 레비-스트로스의 신화 사상에 대한 그의 설명을 간략하게 서술하고자 한다.[86]

그레마스는 먼저 이데올로기로서의 신화학 체계를 정립한 뒤메질에 대해서 진술하고 있다. 그에 따르면 "사회 과학의 자율적 학술 분야에서 신화학의 성립은 뒤메질(Georges Dumezil, 1898-1986)이라는 이름과 결부된다".[87]

이른바 삼 기능성(trifonctionalité) 이론의 제시를 통해 비교신화학을 수립한 뒤메질은 신화를 한낱 상상력의 작품으로서 간주하는 기존 신화학의 애호가들에 맞서서 수십 년 동안 투쟁했으며, 신화의 의미 작용을 탐구하는 것이 아니라 신화적 사실들을 맹렬하게 추구하는 실증주의적 역사학자들과 대립하였다. 그의 외로운 싸움은 60년대가 지나면서 승리로 끝을 맺었다. 신화학을 합법적인 연구 기획이 가능한 영역으로서 인정하는 것이 가능케 된 것이다.[88]

뒤메질의 출발점은 매우 단순하다. 그것은 신의 세계와 인간 세계 사이에

---

85 같은 책, pp.371-374.

86 A. J. Greimas, *Des dieux et des hommes* (PUF, 1995), pp.11-27. 리투아니아어 원제목은 "*Apie dievus ir žmones*"이다.

87 같은 책, p.11.

88 이 점에 있어 기호학과 비교신화학을 비교한 1963년에 발표한 논문을 뒤메질에게 헌정하고 있다는 점을 환기할 필요가 있다. A.-J. Greimas, "La description de la signification et la mythologie comparee," *Homme* 3-3 (1963), pp.51-66.

존재하는 일정한 대응 방식을 진술하는 것이다. 신의 세계는 어떤 의미에서 인간 세계의 반영에 불과하다. 즉, 그 세계는 인간 세계의 조직, 긴장, 근본적인 목표 추구의 반영일 뿐이다. 인도·유럽어권의 언어를 사용하는 민족들의 종교 텍스트들에 대한 분석은 뒤메질로 하여금 다음과 같은 가설을 정식화하는 것을 가능케 했다. 인도·유럽어족 민족들의 일반적인 사회적 구조는 그 윤곽에 있어서 신의 세계의 구조 속에서, 아울러 신의 기능들의 분할 속에서 등가를 갖는다. 달리 말해서 한 민족의 종교는 그 공동체가 스스로를 사유할 수 있도록 만들어 주는, 그리고 인간들과 그들의 모순들 사이의 관계를 사유하도록 해 주는 이데올로기 그 자체로서 간주될 수 있다. 그 결과, 인도·유럽어족에 속하는 사회들을 특징짓는 세 개의 사회적 부류들, 즉 사제들, 전사들, 농경자와 목축업자들에게 신의 주권이 지닌 세 가지 세계가 대응한다. 사제의 부류에는 신성한 통치의 세계가, 전사들의 계층에는 힘에 토대를 둔 통치권이, 농경업자들에게는 세계의 모든 재화들을 보호하는 영역이 해당된다.[89]

그레마스의 설명에 따르면 뒤메질의 중요한 기여는 다음과 같은 본질적 사실들을 깨닫게 해 주었다는 데 있다.

첫째, 신들도 신화적 존재들도 인간 상상계의 단순한 환상적 피조물들이 아니다. 우화는 인간에 대해서, 세계에 대해서, 우주의 질서에 대해서 말하도록 해 주는 구상적 수준들이다.

둘째, 신화적 사유는 혼란스럽지도 우연적이지도 않다. 그것은 신적 활동들의 조직화된 틀 속에서, 그리고 그것들의 기능들의 체계 내부에서 실행된다.

셋째, 신화학은 특정 사회의 정치적 이데올로기를 표현하는 데 호출된다.

요컨대 그레마스는 뒤메질로부터, 신화가 하나의 구조라는 근본적 사실

89 이 점에 대해서는 그의 주저를 참조할 것: G. Dumezil, *L'Idéologie tripartie des Indo-Européens* (Latomus, 1958); *Mythe et épopée; I : L'idéologie des trois fonctions dans les épopées des peuples indo-européens* (Paris: Gallimard, 1968).

을 터득했다. 신화학에 대한 그 같은 개념화로부터 방법론적으로 중요한 또 다른 인식이 가능해진다. 신화학은 주어진 민족의 신화들의 '컬렉션'이 결코 아니라, 일체의 문학적 형식 속에서 스스로를 발현할 수 있는 이데올로기적 구조를 성립한다는 사실이다.

즉 "신화적 서사물들은 신화적 구조들의 재구성을 시도할 수 있도록 해주는 수많은 근원들 가운데 하나를 성립할 뿐이다."[90]

그 다음으로 언급하는 것은 철학으로서의 신화학을 집대성한 레비-스트로스이다. 그레마스에 따르면 아메리카 원주민들의 신화들을 연구 소재로 택한 레비-스트로스는 뒤메질이 구축한 신화학을 각색하고 확대시킨다. 하지만 그 출발점은 다르다. 그레마스에 따르면, 오이디푸스 신화 분석에 이어서, 레비-스트로스는 모든 신화가 두 가지 방식으로 읽힐 수 있다는 사실을 증명했다. 신화는 수평적으로 읽으면 마치 투명한 콩트처럼 자명해 보이며, 이와 동시에 아무것도 의미하지 않는 것으로 나타난다. 반면 신화적 서사물을 수직적으로 읽으면, 즉 서사물의 몇 가지 의미론적 특질들을 관찰할 경우, 그것들이 상이한 형상들에 의해서 변화무쌍하게 제시된다 하더라도 지속적으로 반복되고, 조직화된 의미 작용의 구조들의 형식을 취한다는 점을 깨닫게 된다. 신화는 혼란스럽고 쉽게 해독될 수 없는 난해한 텍스트로서 나타나지만, 구조적 의미를 지닌다. 신화학의 과제는 신화 텍스트들에 대한 독서 방법을 구축하는 데 있다.

그레마스는 양자의 차이를 다음과 같이 세련되게 피력한다.

> 뒤메질의 기여를 부정하지 않은 채, 레비-스트로스는 따라서 뒤메질이 제기한 문제 틀을 확대시킨다: 뒤메질이 오직 사회적 이데올로기의 표현을 지각했던 곳에서, 레비-스트로스는 특정 문화의 차원에 대해서 철학의 발현을 판별한다.[91]

90 같은 책, p.12.
91 같은 책, p.13.

신화에 대한 피상적 독서가 용납될 수 없다는 점을 분명하게 함으로써, 신화의 심층에 존재하는 심오한 의미의 존재가 전혀 의심할 여지가 없다는 이유에 답하기 위해 레비-스트로스는 그 결론으로서 집단적 무의식의 가설을 시사한다. 신화의 체계가 해결하려는 문제들이 보편적 유형에 속한다는 점에서, 그리고 표현의 구상적 수단들은 모든 민족 공동체의 구어가 개인의 변덕에 종속되지 않는 것과 마찬가지로, 해당 사회의 공통적 유산을 성립한다. 신화적 서사물의 형식을 통해 전달된 내용은 사람들 사이에서 계속해서 순환한다.

> 신화 텍스트는 다른 어떤 서사물과 마찬가지로, 오직 그것의 발신자가 수용된 텍스트를 해독할 수 있도록 해 주는 의미론적 약호를 구비하고 있다는 조건에서만 이해될 수 있다.[92]

즉, 의미론적 약호의 문제는 이 같은 영역에서 신화학의 결정적 성립을 위해서 필요한 조건으로서 나타난다. 풀어 말해서 신화학은 특정 사회의 문화를 표현한다는 점에서 문화 텍스트가 된다. 신화학은 바로 그 같은 텍스트를 조직화하는 내재적 체계의 도움을 빌려서, 읽혀지고 해석될 수 있다는 것이다. 내재주의적 관점을 채택한 구조 신화학에서는 외부로부터 부과된 선험적 범주들에 의해서 읽혀지고 해석되어서는 안 된다는 점을 강조한다. 신화학이 일종의 문화 고고학이라면, 그 발굴을 가능케 하는 방법들은 이론적으로 몇 개의 파편으로부터 엄청난 크기의 유리병을 재구성하는 것이며, 몇 개의 성벽의 흔적으로부터 도시의 도면을 재구성하도록 하는 것이다. 달리 말해서, 모든 신화적 사실은 보다 방대한 전체의 통합적인 부분으로서 간주되어야 한다는 것이 그레마스가 현대 신화학의 두 거장으로부터 깨달은 교훈이다.

사실, 리투아니아의 인문학자들에게 그레마스는 구조 기호학에 입각해

92 같은 책, p.14.

파리 기호학파를 수립한 기호학자의 위상 못지않게 고대 리투아니아의 신앙들에 대한 탁월한 연구를 수행했던 신화학자로서 인정받았다.[93] 최근 발표된 리투아니아 기호학자들의 연구에 의하면, 기호학자 그레마스와 신화학자 그레마스는 불가분의 관계에 있다는 것이다. 리투아니아 신화지에 대한 그레마스의 연구는 《신들과 인간들》(1979), 《민족의 기억을 찾아서》(1990)라는 두 권의 저서에 집약되어 있다.[94]

첫 번째 연구서에서 그레마스는 하나의 고립된 태곳적 농촌 사회에 고유한 고대의 의례들과 관습들을 재구성하려는 노력을 경주한다. 이를 위해 그는 원시 부족 사회들의 신화들을 기술하면서 레비-스트로스가 적용한 방법론적 노선을 채택한다. 두 번째 저서에서 그레마스는 고대 리투아니아의 고대 편년지(chronique)에 등록된 신화들의 분석을 통해, 기독교가 수용되기 이전 리투아니아 사회가 실천했던 종교의 흔적들을 발견한다. 이때 그레마스가 사용한 방법론은 비교 신화학의 설립자인 뒤메질이 인도 유럽어족에 속하는 고대 사회들의 분석에 적용했던 비교 방법이다.

리투아니아 신화지에 대해 발표한 이 두 권의 저서에서 그레마스는 역사와 구조의 관계라는 매우 첨예한 인식론적 방법론적 문제들을 제기하고 있다. 리투아니아 신화지에서는 일반적으로 신들의 여러 세대들을 구별하고 있다. 그레마스는 태초의 운명과 우주적 질서의 설립자들인 거인들로 이루어진 옛 세대의 신들은 인간 종이 대지 위에 뿌리를 내리도록 도와주고, 그의 운명을 확실하게 마련해 주는 다양한 선물들을 나누어 준다는 점을 보여 주고 있다. 첫 번째 세대의 신들은 이어서 새로운 인류의 동시기적인 주권 신들의 삼신(triade)에 의해서 대체된다. 그레마스는 이 두 번째 판테온이 뒤메질이 인도 유럽어족 사회들에서 파악했던, 신적인 세 개의 기능들에 대

93 이 점에 대해서는 다음 논문 참조: Paolo Fabbri, "Greimas. Une mythologie," in *Greimas aujourd'hui: L'avenir de la structure, Actes du congrès de l'Association Française de Sémiotique 2017* (AFS Éditions, Publication en ligne : afsemio.fr/juin 2019), pp.156-164.

94 리투아니아어 원 제목은 다음과 같다. *Apie dievus ir zmones*(1979), *Tautos atmintіes beiestant*(1990).

응하는 고대 리투아니아 신화의 변이형을 표상한다는 점을 입증한다. 그렇지만, 신화학자 그레마스는 이 같은 세 가지 기능성과 경제적 구조들 사이의 직접적 관련성이 존재한다는 뒤메질의 가정에 이의를 제기한다. 다시 말해, 역사적 차원을 도입하면서도 그레마스는 리투아니아 신화에서 표현된 삼신의 이데올로기를 경제적 구조와 직접적으로 결부시키지 않았고, 위계화된 사회적 구조로서 착상된 봉건성과 관련지었다.[95]

신화에 대한 그레마스의 이론적 테제들과 현장에서 직접 자료를 채집한 작업은 당시의 유형론적 실증주의로부터 영감을 받아 이루어진 텍스트 분석이 아니며 보편적 신화학을 상정하지도 않는다. 그레마스는 신화를 그것의 문화, 삶의 형식들, 집단을 구성하는 개인들의 실존 방식들과 관련지어 사유했다. 기호학적 활동은 신화를 의미 작용에 대한 사유의 경험으로부터 평가한다. 그것은 구성적 활동이라 할 수 있는데, 그 이유는 신화는 언어, 의미, 몸짓의 양상을 포함하고 있는 하나의 복잡한 문화적 현상이기 때문이다. 그레마스에 의하면 신화의 도처에는 의미가 내재하고 암묵적으로 존재한다. 그것은 하나의 퍼즐이다. 그레마스는 리투아니아 신화의 텍스트 구조의 형식들과 의미를 비롯해, 문화의 체험을 존재하게 만드는 다양한 힘들과 애착들을 해석하는 데 성공했다.

5. 현상학

그레마스는 그의 초기 저술부터 말기 연구에 이르기까지 지속적으로 현상학적 시각을 수용해 왔으며 여러 번에 걸쳐서 자신의 기호학 이론에 영감을 불어넣은 사상가들 중의 한 명으로 메를로-퐁티를 손꼽았다. 파레트 교수와의 대담에서 그레마스는 의미의 성립에 있어 지각의 역할을 논하면서

---

95 Kestutis Nastopka, "Les recherches de Greimas sur la mythologie lithanienne," *Semiotica* 214 (2017), p.151.

자신이 받은 현상학으로부터의 영향에 대해서 긍정적으로 대답한다: "물론 저는 메를로-퐁티와 후설 모두로부터, 또 현상학 일반으로부터 영향을 받았습니다. 이것은 제 청년기의 '에피스테메'였습니다."[96] 언어의 파악에서 지각적 심급은 결정적인 것이다. 공간적 메타포인 '심리적 파악'(seizure)은 본질적으로 편차의 토대적 중요성의 인지로 환원된다: "의미를 파악하는 것은 균열, 차이를 파악하는 것입니다. (…) 모든 과학의 조건은 연속성에 불연속성을 도입하는 것입니다."[97]

현상학과 기호학적 기획의 수렴에 대해서는 그레마스가 이미 1956년에 선언한 바 있다: "바로 이 같은 전망에서 소쉬르 언어학은 언어의 심리학을 구축하려는 메를로-퐁티의 노력을 감사하는 마음으로 축복할 것이다. 이 이론에서 사고와 언어의 이분법은 언어 활동이라는 개념을 위해 포기되며, 이 개념에서 의미는 언어 형식에 내재한다. (…) 여러 측면에서 이 작가의 개인적 톤을 감안한다면, 이것은 소쉬르 사상의 자연스런 연장으로 보인다."[98] 몇몇 이탈리아 기호학자들의 탁월한 논문을 통해서 해명된 바 있듯이,[99] 메를로-퐁티의 성찰과 그레마스의 성찰 사이에는 심오한 친화성이 존재한다. 특히, 그 같은 친화성은 그레마스가 단독으로 집필한 최후의 작품 《불완전성에 대해서》에서 보다 생동감 있게 발현된다. 1956년부터 그레마스는 매우 명료하게 메를로-퐁티의 기획의 중요성을 파악하고 있었다. 실제로 문제의 관건은 "언어 심리학을 구축하는 일이었는데, 거기서 사고와 언어의 이원성은 의미가 언어 형식에 내재하는 언어 개념을 위하여 포기되었다."[100] 여기서 그레마스는 《지각의 현상학》(1945)을 참조하고, 특히 〈표현으로서의 신체와 말〉이라는 장을 참조한다.[101] 소쉬르라는 이름은 이 텍스트

---

96 H. Parret, ed., *Discussing Language* (The Hague/Paris: Mouton, 1974), pp.68-69; A. J. Greimas, *Sémantique structurale*, pp.8-10.

97 H. Parret, 앞의 책, p.69.

98 A. J. Greimas, "L'actualité du saussurisme," *Le Français moderne* 3, p.193.

99 Cf. Maria-Pia Pozzato, "L'arc phénoménologique et la flèche sémiotique," in *Lire Greimas*, éd. Landowski (Limoges: PULIM, 1997), pp.61-84.

100 A. J. Greimas, 앞의 논문, p.373.

에서 언급되지 않는다. 반면, 《철학의 찬양》[102]이라는 책에서 매우 구체적으로 소쉬르가 언급되고 있다. 특히 〈언어 현상학에 대하여〉[103]에서도 마찬가지다.

그런데, 소쉬르 이론에 정통했던 언어학자 그레마스는 메를로-퐁티의 소쉬르 언어이론 해석에 놀라게 된다. 이를테면, 메를로-퐁티가 진술한 "소쉬르는 파롤의 공시태 언어학과 랑그의 통시태 언어학을 구별하였다"[104]라는 내용을 접할 때 소쉬르 전문가로서 그는 의아해한다. 하지만 이 같은 사소한 부정확성을 논외로 한 채, 그레마스가 보기에 메를로-퐁티가 제시한 《일반 언어학 강의》에 대한 전반적 해석은 "여러 면에서 소쉬르 사상의 자연스러운 확장으로서 나타난다."[105] 마찬가지로, 메를로-퐁티의 시사를 수용하기 위해서는 사려 깊은 성찰을 필요로 한다. 그 시사에 따르면, "소쉬르는 새로운 역사 철학을 소묘했다고 말할 수 있을 것이다."[106] 어쨌거나, 그레마스는 언어학자들의 전통적인 견해와 대척점에 놓여 있었다. 아리베 교수의 진단에 따르면 철학자 메를로-퐁티의 현상학에서 《일반 언어학 강의》의 기저에 깔려 있는 사상을 판별할 수 있었던 그레마스의 통찰을 찬양해야 할 것이다.[107]

감각 작용의 성질을 일차적 데이터로 간주하는 것을 거부하면서 메를로-퐁티는 지각을 의미적 행위로 파악한다: "현상 그 자체로 돌아가면서 그 근본적 층위에 하나의 환원 불가능한 의미가 이미 스며들어 있는 총화를 발견하게 된다."[108] 메를로-퐁티에게 있어서 현상학적 접근은 그것이 근본적으로 '중개적'이라는 특성을 갖는다. 그는 지성과 신체 기관(motricité) 사이

---

101 M. Merleau-Ponty, *Phénoménologie de la perception* (Paris: Gallimard, 1945), pp.203-232(메를로-퐁티, 《지각의 현상학》, 류의근 역, 문학과 지성사, 2003, pp.272-308).

102 M. Merleau-Ponty, *Éloge de la philosophie* (Paris: Gallimard, 1953-1960).

103 M. Merleau-Ponty, *Phénoménologie de la perception* (Paris: Gallimard, 1945).

104 같은 책, p.76.

105 A. J. Greimas, 1956 (2000), p.373.

106 M. Merleau-Ponty, *Éloge de la philosophie* (Paris: Gallimard, 1953-1960), p.56.

107 M. Arrivé, "Saussure, Barthes, Greimas," *CFS* 56(2003), p.92.

108 M. Merleau-Ponty, *Phénoménologie de la perception* (Paris: Gallimard, 1976), p.29.

의 참여적 관계를 강조한다. 세계와 주체 사이에 하나의 중개자인 몸을 설치할 때 기호학과의 수렴은 가시화된다. 이때부터 의미 작용은 중개자가 되고 몸과 언어는 특정 조건 아래서 정체가 파악될 수 있다. 이 점에서 메를로-퐁티의 가르침은 결정적이다.

기호학은 최초의 표명에서부터 기호적 수준인 '의소들'과 의미론적 수준인 '부류소'를 구분하면서 이원주의에 한 자리를 내주었다. 이것은 각각 '외향적 의소들', '내향적 의소들', '자기 지향적 의소들'을 목록화하면서 가능해졌다. 이 같은 구분은 하나의 외재성을 전제로 하며 공간의 외재성, 공간성과 자기 몸의 분열을 전제로 한다. 이 점에서 메를로-퐁티의 말은 정곡을 찌른다: "현재로서 유일하게 우리의 관심을 끄는 공간성과 관련하여 고유한 몸은 형상과 바탕의 구조에서 제3의 항이다. 모든 형상은 외부적 공간과 몸의 공간 사이의 이중적 지평에서 윤곽을 잡는다."[109] 몸은 단지 내부 지향적 자기 지향적 의소들 속에만 참여하는 것이 아니라 외부 지향적 의소들에 대해서도 중요한 자리를 차지한다.

그레마스는 의미의 본질을 분석하려는 시도를 평생 동안 진행해 왔으며, 그의 작업에서 그는 의미를 무엇보다 몸으로 느낀 의미로서 기술하고 있다. 그레마스에게 의미 작용의 파악과 이해는 인지 행위와 마찬가지로 느껴진 체험이라는 것이다. 아울러 슐레이퍼 교수에 의하면, 그것은《구조 의미론》의 핵심적 용어인 '의미 효과'(effet de sens)라는 개념에 의해서 암시된 가정이라는 것이다.《기호학 사전》에서도 그레마스와 쿠르테스는 '의미 효과'를 의미와 접촉할 때, 우리의 감각들에 의해 생산되는 '현실 인상'으로서 정의 내리고 있다. 더 나아가 이것은 그레마스가 '의미 효과들'이라고 부른 것이 의미의 느껴진 감각과 의미의 체험이라는 점을 암시한다. 사실, 이 같은 의미 작용의 현상적 본질을 출발점으로 삼은 학파는 그레마스 이외에도 퍼스의 기호학, 뱅베니스트의 발화 작용 이론, 데리다의 탈구조주의 등, 다양한 흐름들과 접맥될 수 있다는 점에서 20세기 인문학에서 현상학 패러다임은

109 같은 책, p.117.

지대한 영향을 행사했다.[110]

이 점에서 그레마스가 '머리'라는 어휘소에서 인지한 의소들은 흥미롭다. 먼저 '말단성'이란 의소는 분명히 상적인 의소이다. 즉 이것을 통해 관찰자의 묵시적 존재가 밝혀진다. 타원성이라는 의소는 '깊이'라는 의소를 포함하며 메를로-퐁티는 《눈과 정신》(*L'œil et l'esprit*)[111]에서 이 점에 대해서 탁월한 분석을 내놓은 바 있다.

마지막으로 지적할 것은, 기질적인 자기 수용적 가치들과 구상적인 가치들 사이의 관계와 관련된다. 구조적 관점에서 예측해야 할 것은 상시적인 것으로서의 기질적 가치, 변수로서의 구상적 가치를 설정해야 한다는 사실이다.

그레마스는 메를로-퐁티의 저술들을 숙독하며 현상학 중에서도 특히 지각의 역할에 대한 구상적 모델을 중시 여긴다. 예컨대 언어 이론 구성에서 서양 장기의 예를 사용하는 것에서 이를 확인할 수 있다. 메를로-퐁티의 경우 큐브가 그 예이다: "자율적 대상으로서의 담화에 대한 훌륭한 정의가 있다. '텍스트를 벗어나서 구원은 없다.' 이 정의는 발신자와 수신자가 성립하는 변수들과 독립하여 담화에 대해 언급하는 것을 가능케 한다. 큐브처럼 언제나 텍스트가 있다. 텍스트적 또는 서사적 구조가 하나의 불변항으로 존재한다."[112]

특히 지각의 역할에 대하여 그레마스는 주목할 만한 언급을 남기고 있다. 예컨대 기호학적 사각형은 철학적 유형에 속하며 판단의 문제로 귀착된다. 기호학적 판단은 본질적으로 인식적 판단으로서 그레마스는 그것을 인정과 제재(sanction)의 영역에 위치시킨다. 이 영역은 하나의 발신자, 즉 판단하는 인식적 주체와 하나의 명제를 전제로 한다. 의미의 출현의 토대를 세우는 최초의 판단 행동은 무엇인가. 이것은 곧 지각의 문제이다. 《지각의

---

110 Ronald Schleifer, "The semiotics of sensation," *Semiotica* 214(2017), pp.173-192.

111 M. Merleau-Ponty, *L'œil et l'esprit*, coll. Folio essais (Paris: Gallimard, 1989).

112 같은 책, p.311.

현상학》에서 부과되는 것은 견고한 현실 원칙이다. 주체와 합리성에 중심적이며 절대적인 자리를 부여하는 대신 인간과 세계 사이의 공자연성의 관념이 지속적으로 나타난다. 메를로-퐁티에게 있어서 나-세계의 관계는 '포괄적 파악'으로서 그 속에서 각각의 존재는 서로 이해된다. 따라서 주체가 세계를 파악하기 전에 '늘 이미' 존재하는 세계가 성립시킨 한계는 절대적인 한계가 아니다. 절대적 이타성은 존재하지 않으며 모든 활동은 세계의 '프레그넌시'에 의해서 지배된다. 주체와 세계 사이의 공유에서 주체 자신은 하나의 과정이 된다. 어떤 의미에서 메를로-퐁티의 현상학은 정념에 대한 최초의 기호학적 정의를 다시 참작할 것을 주문했다. 아울러 그의 현상학은 그레마스 기호학의 이론적 형성에 있어 주체와 대상에 대해 근본적으로 과정적인 원근법을 암시했으며 점증성의 의미에서 능동적인 것과 수동적인 것의 재검토를 시사한다. 메를로-퐁티에 따르면 지각은 결코 원인과 결과의 객관적인 차원에서만 기술될 수 없으며 현상들은 오히려 유동적이며 상이하고 교체될 수 있는 개념들을 매개로 기술될 수 있다. 지각에 대한 이 같은 서사적 개념 파악에 따르면 서사 기호학에서와 마찬가지로 의미는 주체의 프로그램과 일치한다. 이 같은 서사적 개념은 메를로-퐁티가 완성시킨 깊이와 운동 개념의 한복판 속에 있다. 한편, 메를로-퐁티에게 있어서 지각 이론은 세계에 대한 우리의 경험이 종속되는 자연적 자아로서 이해되는 신체적 '도식'(셰마, schéma) 개념에 집중된다. 마지막으로 지적할 것은 메를로-퐁티의 현상학에서 노정되는 핵심 중의 하나인 주관적인 것과 객관적인 것 사이의 모호성은 의식이나 존재의 한계로서가 아니라 그것 자체의 정의로서 이해되어야 한다는 것이다. 거의 동일한 표현들을 사용하여 그레마스는《불완전성에 대하여》에서 이 같은 문제 설정을 다시 취하고 있다. 이 책에서 주체와 대상 사이에서 체험된 거리는 존재를 성립시키는 불완전성으로서, 본질적으로 인간적인 공간으로서, 정체성과 삶과 앎의 충만성을 향한 긴장으로서 정의된다.

이른바 현상학이 기호학에 미친 영향은 보다 심도 있는 연구를 필요로

할 것이다.[113] 먼저 양차 대전이 진행되는 동안 현상학은 뷜러(K. Bühler)와 포스(J. H. Poss) 그리고 야콥슨의 현상학적 구조주의[114]의 흐름 속에서 이해되어야 한다.[115] 프랑스 인문학계의 경우 현상학이 기호학에 이론적 영감을 불어넣은 것은 후설 저술들의 수용 양상과 불가분의 관계에 있다. 1950-60년대를 가로지르면서 이 흐름은 메를로-퐁티의 노력에 힘입은 바가 크다. 의미의 생산과 언어 이론에 대한 용광로를 마련한 것이다. 그레마스가 보기에 메를로-퐁티의 언어 사상은 소쉬르 언어학의 연장으로 판단되었다.

그레마스가 밟은 수순들의 맥락에서 볼 때 기호 언어학적 사상의 담론을 만들기 위해 연구의 결과들을 산출하고 변형하는 것은 반드시 의무 본분적인 양태화를 전제로 한다. 그는 양태적 능력의 자리매김을 통해서 이 같은 근본적인 목표에 착수한다. 존재는 양태적 존재만을 가지며 존재자의 존재론적 위상을 갖는 것으로 파악된다. 그레마스는《구조 의미론》이후로 내재적 분석의 원칙은 의미의 형식으로서 의미의 성층화된 변형적인 분석임을 누차 강조해 왔다.

결론적으로 말해서, 내용을 기의로서 구성하는 기호학적 문제는 지각과 지식의 문제와 불가분의 관계에 있을 수밖에 없다. 바로 지각과 지식이 우리의 경험에 의미를 부여하는 추동력이기 때문이다. 이런 맥락에서 보자면, 기호학적 기의와 지각적 기의 그리고 현상학적 기의는 숙명적인 동의어

---

113 최근에 나온 대표적인 연구는 다음과 같다. I. Darrault-Harris, "Phénoménologie et sémiotique", *Actes Sémiotiques* 114 [En ligne], Disponible sur : <http://epublications.unilim.fr/revues/as/2734>. M. Pozzato, "L'arc phénomènologique et la flèche sémiotique (Notes à propos de Merleau-Ponty et de Greimas)," in E. Landowski, ed., *Lire Greimas* (Limoges: PULIM,1997), pp.61-84.

또 다른 각도의 연구로서 후설과 그레마스에게서 지식의 양태화를 비교한 논문을 소개한다. H.-G. Ruprecht, "Ecueils de parcours: la modalisation de la connaissance chez E. Husserl et A. J. Greimas," *Sémiotique en jeu*, pp.65-81; D. Ablali, "Sémiotique et phénoménologie," *Semiotica* 151-1/4 (2004), pp.219-240.

114 Cf. E. Holenstein, *Jakobson ou le structuralisme phénoménologique* (Paris: Seghers, 1975).

115 최근에 코케는 일련의 논문에서 소쉬르-옐름슬레우-그레마스로 대표되는 구조 기호학과는 다른 또 하나의 구조 언어학의 흐름을 야콥슨과 뱅베니스트로 이어지는 현상학적 구조주의의 계보를 밝혀낸 바 있다.

가 될 수밖에 없으며 이 삼자의 관계에 대한 심도 있는 현대 기호학의 더 이상 피할 수 없는 과제가 된다.

이런 맥락에서, 최근에 발표된 퐁타니유 논문의 서두는 십분 이해가 간다: "오늘날 기호학의 과제 중의 하나는 바로 지각 체험을 있는 그대로 분절하는 일이다. 언어학 전통의 탈신체화된 기호, 옐름슬레우의 체계와 도식(schéma) 역시 몸으로부터 분리된 것이지만, 그것들은 다시 주체의 고유한 몸과 관계를 맺게 될 것이다. 바로 몸이 그 동질성의 감각적 조건이기 때문이다. 실제로, 내적 지각(기의의 요인)과 외재적 지각(기표의 요인)은 오직 지각의 통일성에 의해서 특징지어지는 감각적 체험성으로 그것들을 귀결시키지 않을 때만 차이가 난다. 그렇게 되면, 표현 면과 내용 면 사이의 상호 전제 조건은 '세미오시스'를 정의하는 관계로서 고려되며, 자기 수용적 지각에 의해서 제 지각의 통합 효과가 된다."[116]

언어학에서 신체가 상대적으로 무시된 것은, 만약 랑그만을 연구 대상으로 삼고, 문장의 형식적 규칙들만을 연구 대상으로 삼는다면 별로 문제 될 것이 없을 것이다. 하지만 담화와 발화 작용과 관련된다면 상황은 전혀 다르다. 감각적 정념적 차원이 당연히 분석의 영역에 들어오기 때문이다.[117]

요컨대, 의미는 더 이상 형식적인 것이 아니라 우리의 몸을 통해 체현된다. 그레마스가 그의 기호학 사상의 초기부터 기획한 자연 세계 기호학의 최종 단계에서 발견할 수 있는 것은 몸의 기호학이다. 그가 구상한 자연 세계의 기호학이 개발한 노선을 따라가면 감성의 차원을 고려하게 되고, 의미는 그 기원을 감각적 체험들 속에서 취하고 있다는 점을 간파하게 된다.[118]

---

116 J. Fontanille, "La base perceptive de la sémiotique," *Degrés* 81 (1995), pp.4–5.

117 Cf. A. J. Greimas & J. Fontanille, *Sémiotique des passions* (Paris: Seuil, 1991).

118 이점에 대해서는 다음 논문 참조: Jean-Marie Klinkenberg, "Greimas et la sémiotique du monde naturel", in *A. J. Greimas: L'avenir de la structure*, AFS Éditions, juin 2019, pp.33-46.

6. 정신분석학—텍스트, 무의식, 욕망

현대 기호학(또는 현대 언어학)과 정신분석학의 관계에 대해서는 아직 본격적 연구가 이루어졌다고 보기 어렵다. 소쉬르, 라캉, 프로이트를 접맥시키는 비교 인식론에 대한 작업은 아리베 교수의 작업[119]이 독보적이나 그레마스가 프로이트의 정신분석 이론으로부터 받은 사상적 영향에 대해서는 이제 막 연구가 개시된 상태이며 그레마스와 라캉의 비교 연구가 몇 편 있는 정도이다.[120] 기호학, 정신분석학, 언어학 사이의 사상사적 계보에 대해서는 보다 체계적인 연구를 필요로 한다.[121]

그레마스는 이미 그의 초기 핵심 저서인 《구조 의미론》에서 정신분석학의 창시자인 프로이트를 여러 차례 인용하고 있다. 실제로 최근에 공개된 한 서간에서 자신의 이론(특히 동위소 이론) 구성은 프로이트로부터 영감을 받았음을 고백한 바 있다.[122] 물론 그레마스와 프로이트의 인식론적 계보 관계, 더 나아가 구조 서사 기호학과 정신분석학의 역사적 인식론적 관계에 대한 연구는 방대한 주제이다. 본 절에서는 그레마스의 기호학 이론 형성에 미친 정신분석학 패러다임의 영향력을 살펴보는 것으로 만족한다. 그레마스 기호학 이론과 프로이트 정신분석학의 인식론적 방법론적 접점은 크게 세 개의 문제로 좁혀질 수 있다. 연구 대상의 구성적 본질, 담화의 잠복성과 발현성, 욕망의 문제가 그것이다.[123]

---

119 M. Arrivé, *Linguistique et psychanalyse* (Paris: Méridiens-Klincksieck, 1986); M. Arrivé, *Le linguiste et l'inconscient* (Paris : PUF, 2008)(미셸 아리베, 《언어학자와 무의식》, 김성도 옮김, 고려대학교출판문화원, 2017).

120 Phillip E. Wegner, "Lacan avec Greimas", *Minnesota Review* 77 (2011), pp.62-86; "Greimas Avec Lacan; or, from the Symbolic to the Real in Dialectical Criticism", *Criticism* 51, no. 2 (Spring 2009), pp.211-245.

121 ① Jean-Marc Lemelin, "Sémiotique et psychanlyse : psychanalyse ou sémiotique ?," www.ucs.mun.ca/~lemelin/semiopsy.htm.htm ② M Derycke, "Carré, khôra: l'excès de la structure sémiotique," Nouveaux Actes sémiotique (PULIM, 1993), N. 29-30.

122 Ivan Darrault-Harris, dir., "Semiotica y psicoanalsis," *Topoicos des Seminario* 11(juin 2004)(éd. Puebla, présentation du numéro).

123 본 절은 그레마스의 프로이트의 사상적 계보에 대한 다음 연구물에 기초하여 작성

그레마스의 구조 기호학과 정신분석학, 두 분야 모두 궁극적으로는 의미를 다루는 학술 분야들로서 상징계, 의미 작용, 정신세계를 연구하는 공통점을 지닌다. 정신분석학은 무의식의 원리와 기제를 해명하려는 노력을 경주하며, 구조 기호학은 의미 생산의 합리성을 연구한다. 그레마스가 기호학의 주요 연구 대상으로 설정한 의미 작용은 결코 표면적으로 드러나는 기호들의 목록체로서 환원되지 않으며, 기호의 이면으로 내려가야 발견할 수 있다. 즉, 기호가 관찰 가능한 범주인 반면, 의미 작용은 구성된 범주로 간주되며, 그레마스가 채택한 두 번째 관점에서 텍스트는 기호들을 기초로 이루어진 구성체로서 파악되고, 이때 핵심은 의미의 분절 작동, 의미 작용의 구성이라 할 수 있다. 풀어 말해서, 그레마스 기호학에서 기호들의 분석은 의미 작용의 재구성으로 향하는 한 단계에 불과한 것이다. 즉, 의미 작용은 이미 존재하거나 숨겨진 약호의 열쇠가 아니라 기호학자의 작업을 통해서 구축되는 것이다. 텍스트의 의미 작용은 심층 구조에 대한 참조를 통하여 투명하게 나타나는 것이며 심층 구조의 핵심 고리는 의미 작용의 기본 구조이다. 제3부 4장에서 제시할 생성 행로라는 개념 역시 의미 작용은 구축되고, 구조화되고, 생성된 현상임을 분명히 한다. 의미 작용이 생산되는 과정, 즉 그 행로는 기호학 이론의 일반 체계로서 모든 기호학적 대상은 그것의 생산 방식에 따라서 정의될 수 있음을 상정한다. 그것은 텍스트 속에서 의미 작용의 창발 조건을 겨냥한다. 그것은 방법론적 모사물로서, 방법 행로로서 취해질 수 있다.

의미 작용이 관찰 가능한 범주가 아니라 구성된 대상이며 역동적이며 비가시적이기 때문에, 기호학자의 부단한 작업을 통하여 의미 작용이 획득될 수 있다는 사실은 바로 무의식을 추구하는 정신분석학자의 작업과의 유추 관계를 시사한다. 실제로 무의식은 꿈과 충동과 같은, 다양한 경험과 현상

되었음을 밝혀 둔다. Driss Ablali, *La sémiotique du texte : du discontinu au continu* (Paris: L'Harmattan, 2003), pp.97-118; Cristina, "Le statut de la pulsion dans la sémiotique narrative morphodynamique," *Semiotica* 157, 1/4 (2005), pp.431-451.

의 표면적 질감에서 노출되는 비일관성으로부터 일정한 표상을 통해 구성된 대상이라 할 수 있다.[124]

무의식은 직접적으로 접근될 수 없는데, 왜냐하면 프로이트가 지적한 바 있듯이, 무의식 속에서 충동은 오직 표상을 통해서만 재현될 수 있기 때문이다. 따라서 정신분석학자의 작업은 무의식의 구축에 참여하는 역동적 과정들을 파악하는 데 있다.

그레마스는 이 같은 정신분석학 작업의 요체를 초기 저술부터 말기의 저술에 이르기까지 시종일관 주목하고 기호학의 모델과 의미 탐구의 전범적 모델로서 파악하고 있다. 그는 이 점에 대해서 "프로이트의 꿈의 해석 작업(Traumdeutung)은 기호학이라는 단어만 사용하지 않았을 뿐, 기호학적 분석의 탁월한 작업"이라 평한 바 있다.[125]

실제로 정신분석학이 《구조 의미론》에 미친 영향력을 감지하는 것은 어렵지 않다. 이 책에서 소쉬르의 인용 횟수보다 많은 10여 차례 이상 프로이트라는 이름이 명명되고 있으며, 그의 마지막 저서인 《정념의 기호학》에서도 프로이트는 약방의 감초처럼 인용되고 있다.[126]

옐름슬레우의 내재주의를 철두철미하게 수용한 그레마스가 처음부터 강조하는 것은 의미 작용의 물리적 실현 양상, 즉 그것의 실질은 부차적이라는 점이다. 다시 말해 내재주의는 의례, 언어, 몸짓 등, 의미 작용은 사용된 기표의 실질과 물질성과는 무관하다는 사실을 부각시킨다. 바로 이 같은 구조 기호학의 기본 출발점은 무의식이 여러 개의 물리적 실질을 통하여 발현될 수 있다는 사실을 출발점으로 삼는 정신분석학과 일맥상통한다. 꿈을 비롯하여, 말실수, 누락, 독서 오류 등 여러 노선들을 통하여 무의식은

---

124 D. Ablali, 앞의 책, p.102.

125 A. J. Greimas & J. Courtés, *Sémiotique. Dictionnaire raisonné de la théorie du langage I* (Paris: Hachette, 1979), p.302.

126 《구조 의미론》(*Sémantique structurale*)에 프로이트와 정신분석학이 언급된 곳을 각각 명기하면 다음과 같다: pp.12, 58-60, 91-93, 98-101, 125-126, 185-186, 189-191(프로이트); pp.5-6, 58-60, 98-101, 149-152, 177-178, 183-191, 218-219, 221(정신분석).

발현될 수 있다. 이것이 바로 프로이트가 일상생활의 정신 병리학이라 부른 것이다. 바로 이 같은 맥락에서 그레마스가 프로이트를 호출하는 지점을 파악해야 할 것이다.

"프로이트 이후로, 주지하다시피 신화학에서와 마찬가지로 정신분석학에서 모든 것은 남근적 상징이 될 수 있다: 신체의 부분들은 초목, 나무, 물고기, 제작품 등, 모든 물체의 총체성으로서 간주될 수 있다. 남근적 은유는 일종의 골동품으로 가득 찬 열려진 부류로서 오직 비교의 세 번째 항(tertium comparationis)이 변별적 요소를 구성한다. 하지만, 이 같은 부류를 구성하는 경우들이 언어적, 시각적, 또는 자연적 대상이건 그것은 중요치 않으며, 그 관계, 즉 모든 부류에 공통적인 요소(…)는 더 이상 하나의 대상 기표가 아니라, 기의 차원에 속하는 의소적 분절, 기껏해야 핵 형상소이다."[127]

의미 작용의 경우에서처럼, 남근 역시 가장 다양한 표상들 속에서 의미 작용으로서 발견된다. 프로이트에게서 남근의 상징적 표상은 관찰 가능한 대상으로서 발견할 수 있는 현실이 아니라, 이 같은 형상화된 다양한 변신들로부터 구성할 수 있는 변형 가능하며, 다채롭고, 역동적인 대상이다. 하지만, 그레마스는 프로이트의 정신분석학 이론을 무비판적으로 수용하는 자세를 지양하고, 기호학의 관점에서 문제점을 지적하는 성실함도 보여 주고 있다. 이를테면, 꿈을 발현적 단계와 잠복적 단계로 구분한 프로이트의 대립을 비변별적이며 토대가 없는 것으로 비판한다.

"심층 심리학(Tiefpsychologie)에 이어서 나온 프로이트의 정신분석학은 우리들로 하여금 모든 의사소통에서 의미 전달의 두 차원을 구별하는 데 익숙하게 만들었다. 하나는 발현적인 차원이며, 다른 하나는 잠복적 차원이다. 이 같은 구별은 그것의 기능 작동 속에서 파악된 담화와 관련된다는 점에서 우리에게 타당한 것으로 보이지 않는다. 한편으로, 모든 것은 담화 속에서 그 메시지의 발신자가 동시에 메시지의 수신자가 된다는 조건에서 발

127 A. J. Greimas, *Sémantique structurale* (Paris: Seuil, 1966), p.59.

현된다. 다른 한편으로, 담화는 늘 암호화되어 있다는 의미에서 거기서 모든 것은 잠복적, 즉 내재적이며, 코드 해독의 작동은 전적으로 수신자에게 돌아온다."[128]

그레마스는 발현적 담화 대(對) 잠복적 담화라는 프로이트의 대립을 보다 포괄적인 이분법인 텍스트 대 메타 텍스트라는 또 다른 이분법으로 대체한다. 텍스트는 역설적으로 판독 가능하며 동시에 엉뚱한 것으로 제시되고, 메타 텍스트의 경우 처음에는 판독 불가능하고 부조리한 것으로 읽어야 한다. 그런데 분석을 해 보면 그것은 나름대로 의미가 있고 접근될 수 있는 담화로 나타난다. 바로 이 지점에서 그레마스는 최소한 상이한 두 개의 부류소에 속할 수 있는 담화들을 특징짓기 위하여 복합 동위소라는 개념을 개입시킨다. 따라서 담화에는 절대로 판독될 수 없는 양상이 존재하며, 그것은 메타 텍스트의 작업과 더불어 텍스트의 수준에서 창발할 수 있다. 하지만 프로이트가 꿈을 잠복적 내용과 발현적 내용으로 분할한 것과 달리, "그레마스의 기호학 모델의 심층 구조는 결코 프로이트가 말하는 잠복적 수준의 본질과 기능을 갖고 있지 않다. 잠복적 수준은 꿈의 사유의 수준으로서, 검열을 통하여 명료하고 의식적인 발현을 차단한다."[129]

즉 텍스트는 오직 발현을 통해서만 정의된다. 그레마스는 텍스트 내부에서 모든 것은 발현적이며, 단지 텍스트 안에서 읽힐 수 있는 부류소들만이 존재하며, 그것은 마치 메타 텍스트의 지배 아래 놓여 있는 보다 정교한 부류소들이 존재하는 것과 마찬가지다. 즉, 그레마스는 잠복적 수준과 심층 수준 사이에서 하나의 편차를 설정하는데, 그 이유는 이 두 수준 사이의 불일치 때문이며, 이것 때문에 그레마스는 정신분석학 담론과 단절하게 된다.

"여기서 담화의 잠복적 차원과 발현적 차원에 대한 프로이트의 정의 속에서 더 이상 그를 따를 수 없게 만드는 주요 이유들 가운데 하나가 존재한

---

128 같은 책, p.98.

129 J. Darrault-Harris & J. P. Klein, *Pour une psychiatrie de l'ellipse* (Paris: PUF, 1994), p.38.

다. 하나의 텍스트의 속성들에 대해서 입장을 정하기 위하여 기준으로 선택된 것은 코드 해독자의 개성이다. 그 같은 텍스트의 존재는 언어적이라는 이유에서 분명 객관적인데도 말이다."[130]

여기서 그 같은 상동화의 불가능성을 결정짓는 정확한 이유를 규명할 필요가 있다. 그레마스에게서 표면 구조와 심층 구조는 둘 모두 표면에 있는 것이며, 바로 그런 이유에서 표면이라는 개념을 발현이라는 개념과 상관 관계를 맺도록 추구해서는 곤란하다는 것이 그의 생각이다. 즉, 표면과 발현을 혼동해서는 안 된다는 것이 그레마스가 강조하고 싶은 생각이다. 요컨대 그레마스에 따르면 텍스트는 무엇보다 표면 구조와 더불어 의미 작용의 전체로서 제시되며 그 같은 표면 구조 아래서 그것과 상관 관계를 이루는 심층 수준을 파악할 수 있다는 것이다.

하지만 그레마스는 텍스트의 무의식이 존재할 수 있다는 가능성을 인정하고 있다. 그것의 분석은 발현, 즉 의식을 통해서만 정의될 수 있는 것이다. 무의식은 곧 지각에서 벗어나는 표상이며, 다른 의식적 발현을 통해서만 재구성될 수 있다는 것이다.

그레마스가 프로이트의 정신분석학으로부터 영향을 받은 또 다른 중요한 문제는 욕망의 개념이라 할 수 있다.[131] 욕망이라는 개념을 통하여 기호학과 정신분석학 사이의 또 다른 연결선을 발견할 수 있는 것이다. 요컨대, 기호학과 정신분석학은 욕망에 대한 동일한 개념을 갖고 있으며, 그 기원에 있어서 결핍, 결여, 상실을 함의하는 욕망과 율법의 변증법에 대해서 동일한 개념을 함의한다. 욕망은 양자 모두에 있어서 단지 모방적인 것이 아니다. 기호학과 정신분석학은 행동 양식과 감정들을 사회학이나 심리학과는 다른 방식으로 다루기 때문이다.

여기서는 그레마스와 프로이트의 성찰 속에서 욕망의 자리를 간략하게 기술하는 차원으로 논의의 한계를 설정한다. 그레마스 기호학에서 욕망의

---

130 A. J. Greimas, 앞의 책, p.99.
131 이 점에 대해서는 D. Ablali, 앞의 책, pp.107-118.

문제는 서사성(narrativité)의 전면을 차지한다고 말해도 과언이 아닐 것이다. 그레마스는 주체와 대상의 두 개의 극점으로 이루어진 욕망이라는 축을 설정한다.

"지금부터 주목해야 할 것은 주체와 대상 사이의 관계는 (…) 여기서 두 개의 발명자들 속에서 동일한 의미론적 투자, 즉 욕망의 투자와 더불어 나타난다는 사실이다."[132]

그레마스의 서사 기호학에서 욕망은 빈번하게 대상의 추구와 더불어 표현된다. 거칠게 말해서 욕망은 앞을 향하고 있다. 즉 욕망의 시간성은 명시적으로 미래이며 앞을 내다보는 전망적 투사이다. 이처럼 양자의 접속을 특징짓는 특정 대상을 향한 의지의 한정된 운동은 지향성으로 규정될 수 있다. 그레마스가 파악하는 욕망의 미래 투사적 지향성은 가치 대상을 소유하기 위하여 앞쪽으로 향하는 주체의 이동으로 특징지어진다. 그 결과, 그레마스는 자신의 행동자 모델과 프로이트가 제안하는 개념 작동 도식 사이의 유추를 파악한다.

"이 지점에서 정신분석학을 언급하지 않을 수 없다. 행동자 모델은 모든 신화적 발현을 포괄할 수 있다는 주장을 펼칠 수 있다는 점에서, 정신분석학이 구축한 모델들과 비교되거나 갈등을 일으킬 수 있다. 이를테면, 프로프와 수리오 모두에게서 발견되는 욕망은 대상 관계를 설정하는 프로이트의 리비도와 닮아 있다."[133]

프로이트는 꿈에 대한 이론을 제시하면서 욕망에 대해서 명료한 진술을 남긴 바 있다.

"일정한 지각의 기억 이미지는 욕구로부터 결과되는 흥분의 기억 흔적과 결합된 채로 남아 있다. 이 같은 욕구가 다시 도래하면서 이미 설정된 연관성 덕분에 이 같은 지각의 기억 이미지를 재투자하고 이 같은 지각을 상기하려 하는, 즉 첫 번째 만족의 상황을 재설정하려는 정신적 발현이 생산된

---

132 A. J. Greimas, 앞의 논문, p.176.
133 같은 논문, p.187.

다. 그 같은 발현을 우리는 욕망이라 명명한다. 지각의 재출현은 욕망의 완수이다."[134]

이 같은 유추 관계는 물론 기호학과 정신분석학에서 제시된 두 종류의 욕망 개념이 동일하다는 것을 말하는 것이 아니라 욕망의 구조화가 어떻게 구성되는가를 살펴보기 위한 것임을 분명히 지적할 필요가 있다. 프로이트의 욕망 개념이 무의식의 현상과 연관되는 반면, 그레마스에게서 욕망은 무의식과 의식 등의 문제와는 전혀 관련이 없다. 그레마스의 유일한 관심은 주체가 욕망하는 대상 속에 투자한 가치이다. 가치 대상의 성(性)적 의미도 중요치 않으며 오직 욕망하는 대상을 획득하게 만들어 주는 특수한 능력이 관건이다. 따라서 그레마스에게서 욕망은 그 자체로 이해되어서는 안 되며 욕망의 축이라는 명명 아래서 보다 광범위한 현상의 특수한 경우로서 이해되어야 한다. 이 점에서 욕망이라는 개념은 기호학과 정신분석학 모두에서 가설적, 발견적 가치를 갖는다는 점을 강조해야 할 것이다.

정신분석학에서 제시된 욕망 개념을 파악하기 위해서는 먼저 그의 충동 이론을 참조해야 할 것이다. 다양한 충동들과 변형 개념 사이의 관계를 짚어 볼 필요가 있다. 충동은 하나의 상태에서 다른 상태로 유도되는 순서화된 연속으로서 특징지어진다. 욕망의 대상을 획득한다는 것은 먼저 반드시 통과해야 하는 충동의 여러 단계들을 거쳐야 함을 말한다.

"심리적 행위 일반은 두 단계, 두 상태를 통과하는데, 그 양자 사이에서 일종의 시련(검열)이 개입한다. 첫 번째 단계에서, 그것은 무의식이며 무의식 시스템에 속한다. 만약 검열을 통해서 그가 감수할 시련에 의해서 그것이 제거된다면, 두 번째 단계에로의 통과는 그에게서 거부된 것이다. 그것은 억압되었다고 말해지며 필연적으로 무의식적인 상태로 남아 있게 된다."[135]

---

134 Sigmund Freud, "Pulsions et destins des pulsions,"(1915) *Métapsychologie*, Folio (Paris: Gallimard, 1986), p.59.

135 Sigmund Freud, "L'inconscient," 같은 책, p.76.

이 텍스트를 자세히 읽어 보면, 그레마스가 왜 프로이트의 정신분석학을 일급의 기호학 중 하나로 간주하게 되었는가를 감지할 수 있다. 프로이트와 그레마스의 접점은 양자가 설정한 토픽(topiques)의 유사성이다. 첫 번째 토픽은 그레마스가 구상적이라 부른 것에 속한다. 즉 의미론적 투자를 부여받은 모든 대상을 말하며, 이때 수신자는 자연 세계의 형상으로서 그 같은 투자를 파악할 수 있다. 두 번째 토픽은 주제적이며 보다 추상적인 차원 속에 등록된다. 그 두 개의 토픽은 각각 세 개의 성층에 의해서 지배된다. 그리고 흥미로운 것은 하나의 성층에서 다른 성층에로의 통과이다. 하나의 충동이 어떻게 의식으로부터 무의식으로 통과하는가의 여부가 바로 핵심 물음이다. 그리고 두 번째 토픽에서, 하나의 충동에서 다른 충동으로 이동하는 메커니즘은 무엇인가라는 물음 역시 핵심적이다. 무의식적 내용들이 의식적 시스템으로 통과 이동하는 것은 주체의 균열을 동반하며 주체는 가치 대상을 손안에 넣기 위해서 고통 받는다. 바로 이 점에서 정신분석학은 주체의 세 가지 존재 방식들 가운데 가장 변별적인 방식을 제공하며, 그레마스는《기호학 사전》에서 다음과 같이 설명하고 있다.

> 행동자 문법의 최근 발전은 기호학으로 하여금 (…) '인물'로 명명된 행위자의 '내적 삶'을 상당수의 (통사적) 주체들이 공존하고 대질하며 다양한 행로들을 실행하고 전술적 전략적 작업에 참여하는 통사적 실천들의 장으로서 파악하게 만든다—그 같은 비전은 정신분석학이 제시하는 광경("자아", "초자아", "그것" 등과 더불어)과 접맥될 수 있다.[136]

프로이트가 제시하는 충동에 대한 설명은 탁월한 서사적 성격을 노출하고 있다.

"앞으로 밀어내는" 성격은 충동들의 일반적 속성이다. 심지어 충동의 본

136 A. J. Greimas & J. Courtés, *Dictionnaire raisonné de la théorie du langage* (Hachette, 1979), p.302.

질이다. 모든 충동은 활동의 한 단편이다. (…) 충동의 목적은 늘 만족으로서, 그것은 충동의 근원에서 흥분 상태를 제거하면서만 만족될 수 있다."[137]

프로이트 자신이 충동을 욕구와 내재적 연관성을 갖고 있는 내적 자극으로서 정의한다는 점에서 충동은 일정한 서사 프로그램을 담지하고 있는 것이다.[138] 프로이트에게서 의미 작용, 이야기, 충동 사이의 모호한 윤곽을 발견할 수 있다. 즉 의미 작용은 하나의 서사적 형식을 가지며, 이 같은 서사적 형식은 충동의 리비도적 실체 속에 뿌리를 두고 있는 것이다. 실제로, 그레마스의 수제자 퐁타니유 교수는 다양한 충동들, 리비도(libido)를 비롯해 정신적 에너지의 다른 형태들 속에서 '세미오시스'의 정념적 강도와 집중성(intensité)의 '심리적 상관관계물'(corrélat psychologique)이라는 위상을 인정하고 있다. 프로이트가 설정한 충동의 체제(régime pulsionnel)는 자연 세계에 대한 기호학적 수용을 촉발시키는 문턱으로서 주체에게 의미를 생성하기 위한 '살'(chair)의 최초의 감성화로서 파악될 수 있을 것이다. 순수한 힘, 활력, 방향, 벡터 등을 구비한 충동의 체제는 이미 일종의 상징적 세계이나 그것의 표상의 두께가 얇아 의미의 구조는 취약한 상태라 단지 병리적 체제(régime pathologique)로 전환될 수 있을 뿐이다. 하지만, 라캉이 충동의 언어적 본질을 파악한 바 있듯이, 충동의 긴장적 변조들(modulations tensives)과 특이한 양태화 속에서 충동의 담화 구조들을 기호학의 관점에서 기술하는 것이 가능하다. 이 같은 충동의 병리적 체제는 인간 주체성의 필연적 여정이라 할 수 있다. 풀어 말해, 충동의 차원으로부터 병리의 차원으로의 이동 속에서 주체가 그가 욕망하는 대상에 설정하는 틀에 따라 그는 자신의 정념적 구조로부터 자신의 신경증(névrose)을 결정하거나 선택한다. 달리 말해, 그것은 충동적 주체와 그의 리비도가 미치는 객체 사이에 존재하는 대상관계(relation d'objet)이다.[139]

---

137 S. Freud, "Pulsions et destin des pulsions," 앞의 책, pp.18-19.

138 Cf. Maria Pia, Pozzato, "Le monde textuel," *Nouveaux Actes Sémiotiques* 18 (Limoges: PULIM).

139 이 점에 대해서는 다음 논문 참조: Waldir Beividas, "La sémioception et le pulsionnel

《꿈의 해석》 말미에서 프로이트는 무의식적 욕망의 현실에 대해서 다음과 같이 말하고 있다.

> 무의식적 욕망에 하나의 현실을 부여해야 한다면, 지금부터 아울러 그 같은 욕망이 어떤 종류의 것이 될 수 있는가 말할 수 있을 것이다. 전이와 연결의 사유 속에는 물론 그 같은 것들이 없다. 일단 무의식적 욕망들이 최종의 진정한 표현으로 귀결된다면, 정신적 현실은 하나의 특이한 존재 형식으로 물질적 형식과 혼동해서는 안 될 것이라 말할 수 있다.[140]

여기서 프로이트가 말하는 특수한 존재 방식은 바로 기호학적 방식이라 할 수 있다.

기호 서사 문법 차원에서 기호학과 정신분석학은 동일한 대상, 즉 동일한 행동자들을 가지며, 특히 주제 자체가 매우 흡사하다. 하지만 두 분야는 동일한 방법과 관점을 갖고 있지 않다. 기호학에 있어서 주체는 대상을 추구하는 주체이다. 즉 고전적이며 데카르트적 의미에서 행동의 주체(subjectum)이다. 반면, 정신분석학에 있어서 주체는 그 욕망에 있어서 대상에 결착된 주체로서, 정념과 결부된 주체(subjectus)이다. 정전화된 서사 도식 속에서 정념은 행동보다 더 큰 역할을 맡는다. 일반적으로, 주체는 발신자에게 또는 다른 주체에게 예속된다. 이를테면 율법, 금기가 그것이다. 이 점은 기호학으로 하여금 행동자 모델을 강조하게 만드는데, 그 도식은 논쟁적 구조 속에서 이야기의 적대적(antagonique) 도식이다.

정신분석학에서는 적대적 도식에 견주어서 몰락적 도식이 우세하다. 투쟁과 번민 속에서 주체는 종말을 맞으며, 주인공 또는 적대자가 되기 이전에 몰락해 가는 주체이다. 담화 통사의 수준과 담화화의 수준에서 연극이

---

en sémiotique Pour l'homogénéisation de l'univers thymique", *Actes sémiotiques* 119 (2016) [en ligne].

140 지그문트 프로이트, 《꿈의 해석(하)》, 김인순 역(열린책들, 1997), p.760.

나 영화에서처럼 발화 작용적 실천의 수준에서 기호학과 정신분석학의 공통적 관심이 존재한다. 그 공통분모는 지시 체계(deixis)이다. 발화 작용의 차단분리(débrayage)는 최초의 근본적인 행위이다. 그것은 말하는 인간종의 근간을 이루며, 인간은 유일하게 지금 그리고 여기를 벗어난 세계를 지시할 수 있는 동물이다. 또한 인간은 단어들과 사물들을 분리할 수 있다. 이 같은 작동은 말을 통해서 가능해지며 말은 담화와 구별된다. 언어의 정수이며 직능이 바로 말이다. 말, 즉 발화 작용은 언어의 뿌리에 있으며, 담화의 뿌리에 있다. 즉 말은 의미 작용과 문법, 그리고 커뮤니케이션의 뿌리에 있다. 그것은 주체를 성립하며, 생물학적인 것과 사회적인 것을 봉합하고, 객관적인 것과 주관적인 것의 토대를 이룬다. 행위자화(actorialisation)는 사람이나 사물로서 이해되는 개체의 행위자화를 말한다. 여기서 개체는 사람이나 동물일 수 있다. 행동자의 연동작용(embrayage)과 차단분리작용(débrayage) 주체가 스스로를 다른 주체들 또는 세계와 구별하도록 해 주는 작동이나 절차이다. 주체는 스스로 자신의 식별 지점이 될 수 없다. 식별은 오직 공간과 시간과 관련해서만 존재하며, 공간적 시간적 연동작용 및 차단분리작용과 관련해서만 이루어진다. 소재지화 또는 공간적 시간적 프로그램화에서, 부분적 공간들은 특별히 중요한 역할을 맡는다. 이질적 공간들은 주체를 대상으로부터 멀어지게 만든다. 따라서 양자는 이접된다. 영도의 공간과 관련하여, 즉 허구적 중심에서, 주체를 괴롭히거나 강박 관념에 빠지게 만드는 것은 원심적(centrifuges) 공간들이다. 유토피아적 공간은 주체에게 있어서, 주체와 대상의 연접의 공간으로서, 권태로움 또는 열정, 기만 또는 황홀의 근원이다.

이 밖에도, 정서들에 해당되는 양태성들 역시 기호학과 정신분석학을 접맥시키는데, 특히 발신자의 믿음과 희망, 행동 희망의 양태성들은 주체의 의무 행동을 규정하거나 제어한다. 믿음은 서사 경로의 서사적 축이며, 서사 경로와 서사 전략의 핵심 축이다.

기호학은 희망의 양태적 구조들을 정의하기 위한 양태적 가치들을 구비하고 있지 않다. 반면 정신분석학은 기호학적 사각형 수준의 동일한 수준에서 도움을 줄 수 있다. 존재 희망의 의지적 양태성들은 한편으로는 리비도의 압력이나 제어 아래 놓이며 다른 한편으로는 율법이나 금기의 제어 아래 놓인다. 충동으로서의 욕망, 강박으로서의 억압 또는 거부 등이다. 욕구와 필요는 소유 의무(devoir-avoir)이고 요구는 소유 희망(vouloir-avoir)인 반면, 의지 결핍증은 원하지 않는(non vouloir) 상태이다. 소유와 소유 희망의 양태성들이 존재한다면, 그것은 요구, 꺼림, 포기, 욕구이며, 갈망(강렬한 욕망)은 요구이며 동시에 욕구이다. 무시 또는 초연함은 포기와 동시에 꺼림이다.

서사 의미론은 진정한 존재론, 즉 존재와 세계의 이론이다. 하지만 그것은 아직 삶의 이론은 아니다. 삶이 비록 한 편의 이야기가 될 수 있고 심지어 이야기가 하나의 삶이라 해도 말이다. 그것은 가치화의 세계, 즉 암묵적 가치들의 체계로서 가치들의 변형들의 세계이다. 그것은 상식 세계가 담론, 텍스트로 변형되는 것이다.

프로이트의 중요성은 그레마스 기호학에서 텍스트의 정념적 차원에 대한 관심의 증가와 더불어 재인식되었다. 정념의 기호학이라는 새로운 연구 주제를 발굴하면서 프로이트 정신분석학에서 단골 주제라 할 수 있는 정념 개념을 주목하게 되었던 것이다.[141] 정신분석학자가 환자의 상호 작용적 놀이를 그의 말과 행동에서 기술하는 반면, 기호학자는 정념들에 대한 담론을 연구하면서 무엇보다 정신적인 것을 의미 작용의 사건으로 전환시킬 것을 전제로 한다. 즉, 기호학자가 다루는 정념은 심리적 정념이 아니라, 담론화된 정념인 것이다. 정신분석학을 통하여 정념의 기호학에 접근한다는 것은 정서, 느낌, 긴장, 감응 등의 문제와 정념의 문제를 분절시켜야 함을 말한다. 그레마스의 수제자들인 퐁타니유와 질베르베르그는 정신분석학과의 연대 가능성을 시사하고 특히 프로이트의 메타 심리학이 담화의 정념적 차원을 연구하는 데 있어 결정적 도움을 줄 것으로 기대한다.

따라서 담화의 정념화 문제와 관련하여 정신분석학이 정교한 이론적 방

141 Cf. Claude Zilberberg, "Les passions chez Freud," *Actes Sémiotiques Bulletin* 9 (1979).

법론적 기구를 제안한다는 것은 주지의 사실이다. 이미 어휘론적 관점에서 정념을 천착하면서 그레마스는 정신분석학과의 접맥 필요성을 시사한 바 있다.

> 기호학은 오랫동안 심리학 영역에 속하는 모든 것을 건드리는 것을 스스로에게 금지시켰다. 하지만 이 같은 결단은 오늘날 더 이상 부과될 수 없다. 오히려 담화 속에서 마주치는 "종이" 위의 감정들과 정념들을 다룰 때, 야기되는 분석 도구의 부재는 이미 자의적인 방법론적 한계로서 나타난다. 그 결과, 기호학 발전의 내재적 요청은 (…) 우리로 하여금 정념 이론에 대한 체계적 검토를 시도하도록 장려한다.[142]

정념의 기호학은 상태라는 새로운 문제를 천착할 것을 제안하는데, 그것은 더 이상 가상적, 현실적, 실현된 주체의 존재 방식이 아니라, 그레마스와 퐁타니유가 원형 행동자(protoactant)라고 부른 것에 해당된다. 정념의 기호학의 주된 요구는 담화 분석에서 상태가 차지하는 자리를 부여하는 일이다. 정념의 기호학에서는 기호학과 정신분석학 사이의 관계를 파악하기 위하여 필수불가결한 분리를 도입한다. 즉, 그 분리의 핵심은 정신의 정념과 신체의 정념을 구별하는 데 있다. 첫 번째 정념에 대해서 정신분석학이 기호학에 기여할 수 있는 것이 전무한 반면, 두 번째 정념에 있어서 그것은 충동의 기원과 선조건에 대한 프로이트의 강조와 더불어 중요한 시사점을 제공할 수 있다. 정념의 고유함은 바로 그것의 신체적 성격에 있다는 점에서, 신체 이론을 갖고 있지 못한 기호학은 정신분석학으로부터 결정적 도움을 받을 수 있을 것이다.[143]

지금까지 상술한 다양한 현대 인문학의 사조들 이외에도 그레마스의 기

142 A. J. Greimas, *Du Sens II* (Éditions du Seuil, 1983), p.15.

143 이 점에서 정신분석학 이론을 수용하여 신체의 현상, 언어 누락 등의 새로운 문제를 타룬 퐁타니유의 다음 연구물은 의의가 크다. Jaques Fontanille, *Soma et Séma: figures du corps* (Paris: Maisonneuve & Larose, 2004).

호학 사상에 영향을 준 사조로서 '사회학주의'를 손꼽을 수 있을 것이다. 그레마스는 자신의 언어학적 바탕과 인식론적 지평에서 뒤르켐의 영향이 엄청난 것이었음을 실토한 바 있다.[144] 즉 언어는 무엇보다도 사회적인 것이라는 생각이다. 언어의 의미적 차원은 개인에 선행하는 것으로 나타나며, 언어의 보편소들은 일반적 형식들로서 인간 정신의 보편적 형식들이다. 더구나 뒤르켐은 '기본 형식들'이라는 표현을 사용한 장본인이다. 그레마스에 따르면, 문제의 핵심은 의미 체계들의 사회적 본질을 파악하는 일이다. 뿐만 아니라 그레마스의 독서 목록에는 앙드레 말로의《예술 심리학》(*La psychologie de l'art*)이 존재하며 바슐라르의 불과 물에 대한 정신분석학적 시론들이 포함되었다. 이렇듯 그레마스는 성스러우며 신비로운 세계의 의미에 대해서 성찰했다. 또한 그는 당시 막 창간된 학술지《정신분석학》(*La Psychanalyse*)에 실린 라캉의 글을 독파했다.

일부 그레마스 연구자에 의하면, 그레마스 기호학의 과학적 기획은 마르크스주의의 정치적 참여의 기층에 뿌리를 내리고 있다.[145] 이 같은 기층은 일련의 연구 주제들을 제공했는데, 기호학은 그 같은 주제들을 개념적 연구 틀로서 번역했고, 그 같은 번역은 과학과 이데올로기의 화해라는 문제와 지식인의 사회적 기능이라는 첨예한 문제에 봉착하게 했다.[146] 실제로, 그레마스의 주저 가운데 하나인《기호학과 사회과학》속에 실린 논문들 가운데 상당 부분은 이 같은 사회적 제도적 정치적 지평의 문제 의식을 반영하고 있다.〈사건사와 기초사〉[147]라는 논문에서 그레마스는 역사적 구조들에 의해서 생산된 의미에 대해, 아울러 그 같은 역사적 구조들을 설명하는 역사

---

144 H.-G. Ruprecht "Ouvertures métasémiotiques: entretien avec Algirdas Julien Greimas," *RSSI* 4, no. 1 (1984), pp.1-23.

145 François Provenzano, "Politiques de la sémiotique: Flux et reflux de la critique idéologique chez A. J. Greimas," *Semiotica* 214(2017), p.115.

146 같은 논문, p.116.

147 A. J. Greimas, "Sur l'histoire événementielle et l'histoire fondamentale," in Reinhart Koselleck & Wolf-Dieter Stempel (eds.), *Geschichte – Ereignis und Erzählung*, Poetik und Hermeneutik V (München 1973), pp.139-153. 다음의 프랑스 단행본에도 재수록: *Sémiotique et sciences sociales* (Paris: Seuil, 1976), pp.161-174.

적 담론의 기능 작동에 대해 물음을 던지고 있다. 그레마스는 이렇게 적고 있다.

> 다음과 같은 사실을 목격하는 것은 흥미로우면서 동시에 안타까운 일이다. 사회적 성층화에 대한 마르크스주의적 이론이라는 이미 존중할 만한 연령에도 불구하고, 역사학은 사회들의 상이한 층위들에 대해 동질적이고 비교 가능한 기술들을 구축하려는 진지한 노력을 경주하지 않았다. 그렇지만, 마르크스의 유산은 자본주의라고 불려지는 경제적 구조의 이를테면 전범적 기술을 포함하고 있다. 그 같은 기술의 장점은 그것의 내재적 가치와는 독립하여, 구성된 모델이라는 점, 더 나아가 비시간적 모델이라는 점이다.[148]

그레마스의 성찰에서 마르크스주의는 구조적 층위들의 동질적 기술을 위한 인식론적 모델을 제공한다. 이 문제를 보다 치밀하게 연구하기 위해서는 구조 기호학의 사회사에 천착해야 할 것이다.

요컨대 그레마스 기호학의 지성사에 있어 마르크스주의와의 관계는 아직도 치밀하게 분석된 사례가 없는데, 그 이유는 일차적으로 그와 절친한 사이였던 바르트와 달리, 그레마스의 저술에서 마르크스를 명시적으로 참고한 바가 없다는 간단한 사실로 설명될 수 있다. 하지만 최근에 발견된 그레마스의 아카이브에 대한 연구들은 그레마스가 마르크스의 문제설정을 정확히 인식하고 있었고, 그것에 견주어 자신만의 분명한 입장을 갖고 있었음을 보여 주고 있다. 이 점에 있어 그레마스의 기호학 사상에서 마르크스 사상의 흔적을 간파할 수 있는 논문으로서 리투아니어로 작성된 〈신화들과 이데올로기〉[149]에 주목할 필요가 있다. 《구조 의미론》(1966)의 출판년

148 *Sémiotique et sciences sociales* (Paris: Seuil, 1976), pp.165-166.

149 A. J. Greimas, "Mythes et idéologies," in *Du Sens en exil* (Limoges: Lambert-Lucas, 2017), pp.123-139.

도와 같은 해 발표된, 본격적인 기호학 이론 형성 시기 이전에 작성된 이 논문에서 그레마스는 이데올로기 일반에 대한 자신의 관점을 피력하고 있다. 이 논문에서 한편으로는 이데올로기에 대한 인간학적 비전을, 다른 한편으로는 네오마르크스주의의 비전을 발견할 수 있다. 그 같은 비전은 세 개의 핵심 테제를 통해 발현된다. 첫째, 이데올로기와 신화의 결속, 둘째, 가치 판단의 평가를 배제한 가치 중립적인 접근법의 선택, 셋째, 이데올로기 비판의 거부이다. 이 세 개의 사항들에 대해 간략하게 부연 설명하면 다음과 같다. 그의 초기 논문인 〈신화와 이데올로기〉에서 그레마스는 청년 마르크스가 신화와 이데올로기의 결속을 수립했다는 주장을 펼치고 있다. 마르크스주의가 이데올로기 비판의 뿌리에 놓여 있는 것은 사실이나, 청년 마르크스가 신화를 통해 이데올로기의 은폐를 언급하고 있다는 그레마스의 주장은 그릇된 해석이다. 따라서 그레마스의 해석과 가장 일치하는 신화와 이데올로기의 결속의 기원은 구조 인류학에서 찾아야 할 것이다. 이를테면 뒤메질의 비교신화학과 레비-스트로스의 구조 인류학에서 의식의 문제, 기존 사회 정치 질서의 전복, 이데올로기 왜곡의 문제들은 배제된다.

둘째, 이른바 인간과학의 영역에서 그레마스의 기호학은 이데올로기에 대한 가치 평가를 배제한 개념화 분석을 제공한다. 그 결과 기호학은 도덕적 개념으로서의 이데올로기(이것은 경우에 따라 비판받고 비난받는다)가 분석적, 즉 과학적 개념이 되는 것을 가능케 한다. 진정한 과학의 목적은 사물을 평가하지 않고 그것을 기술하는 데 있기 때문이다. 이를테면 서구의 관점에서 다른 민족들의 관습과 문화에 대해 관찰한 민족학의 데이터들을 자신의 세계관과 가치관에 따라 판단하는 것을 거부하는 것은 타자의 문화에 맞서 근대 인류학이 취한 고유한 해석학적 태도이다. 그레마스는 《구조 의미론》에서 구조 분석은 수용될 수 있는 가치들과 수용될 수 없는 가치들, 이데올로기적 진리와 이데올로기적 거짓을 구별하기 위한 적합한 기준들을 제공할 수 없다는 점을 언급하고 있다.

셋째, 그레마스는 이데올로기 비판을 거부하고 있는데, 그 이유는 그가 이성의 힘에 대해, 이데올로기적 악들을 치유할 수 있는 힘에 대해, 이른바 의식화가 갖는 해방적 힘에 대해 회의적이기 때문이다. 그레마스는 해방과 자유를 실현하려는 비판의 자리에, 창조적 탈신화화(démythification)을 제안한다. 즉, 인간 또는 민족으로 하여금 기존의 신화 체계를, 다른 신화 체계로 대치시키는 것을 가능케 하는 새로운 신화들과 이데올로기들을 창조하는 것을 말한다.[150]

이처럼 현대의 온갖 사상들의 융합이 이루어지는 지적 용광로 속에서 그레마스는 언어학을 자신의 관심 분야들의 초점으로 유지하려고 애썼다. 이 같은 균형적 태도는 야콥슨의 프라하 언어학파와 코펜하겐의 옐름슬레우로의 두 경향과 더불어 소쉬르의 사상을 확대하면서 비로소 가능했다.

지금까지 필자는 그레마스의 기호학 사상의 진화와 인식론적 토대를 상론하였다. 필자가 지향한 것은 인식론적 시각에서 그의 기호학 사상의 개념적 이론의 구상화 과정으로서, 이를 위해 개념적 기층에 있는 근본적인 요소들을 부각시켰다. 한마디로 그는 의미의 생산에 대한 과학적 소명의 담론을 유지해 왔으며 의미의 생산 조건들을 문제의 중심으로 삼았다. 그러나 그레마스는 자신의 기획을 확실한 지식 체계에 기초한 담론이 아니라 진행 중인 탐색의 기획으로 제시하는 겸손함을 잃지 않았다.

기호학 이론의 본질에 대해서도 그는 철저한 가설적, 과오적 성격을 강조한다: "이론은 가설적, 연역적이어야 한다. 먼저 가설을 갖고 있어야 한다. 이 가설들은 국부적이다. 빈번하게 예측된 이론에 따라 작동하지 않는 무엇인가가 있으며 이것이 방해물들을 만들어 낸다. (…) 만약 지금까지 알려지지 않은 현상을 만난다면, 당신은 그것을 있는 그대로 분석하지 말고, 변별성의 규칙 아래 분석해야 할 것이다. 다시 말해, 비교 가능한 본질의 현

150 그레마스와 마르크스의 이데올로기 개념의 비교에 대해서는 다음 두편의 논문 참조.
① Nijolé Kersyté, "L'idéologie réactualisée dans la sémiotique de Greimas," *Actes Sémiotiques* [En ligne] 123, 2020.
② Nijolé Kersyté, "Rethinking Ideology: Greimas's semiotics, neomarxisme, and cultural anthropology," *Semiotica* 219 (2017), pp.485-509.

상들이 서열적 메타 수준, 즉 서열적으로 상위에 있는 수준으로부터 설명될 수 있기 위해서는 그 현상을 서열적으로 상위에 있는 수준에 등록시켜야 한다."[151]

그레마스의 판단에 의하면 기호학은 자신의 개념들이 상호 정의되고 결속된 수미일관된 이론을 가지지 못했다는 점에서 아직 원숙한 형식화와 과학성에 이르지 못했다. 그의 시각에서 본다면 과학주의(scienficism)를 표방하는 촘스키의 언어 이론은 마치 자연과학의 형식화 수준에 도달한 것 같은 환상을 만들어 냈을 뿐이다.

---

151 H.-G. Ruprecht, 앞의 논문, p.7.

제2부

의미 작용의 미시 구조

제5장

구조 기호학의 기본 개념

현대 기호학의 흐름을 볼 때, 기호학은 아직도 동질성을 구비한 단일한 학술 분야라고 말하기는 어렵다. 지난 반세기 동안 이루어진 발전에서 기호학의 탐구 대상과 관련해서 몇 가지 가시적인 변화를 감지할 수 있다. 퍼스와 더불어서 기호학은 기호들을 다루는 과학으로 자리 잡았으며 아직도 퍼스에게서 영감을 받은 사람들은 다양한 종류들의 기호를 분류하고 그 속성을 연구하는 작업을 기호학의 특권화된 탐구 영역으로 간주한다. 반면 소쉬르는 언어를 하나의 기호 체계로 보면서 관심을 자연 언어의 문제에 집중시켰다. 소쉬르와 더불어 수립된 구조기호학에서는 더 이상 기호라는 단일 단위의 본질에 대한 물음은 필요치 않게 되었고, 오히려 자연 언어의 발화 생산을 가능케 하는 심층부에 존재하는 체계, 또는 구조적으로 비교될 수 있는 언어 현상들의 발현 기저에 있는 내적 조직화가 핵심적인 요소로 부각되었다. 옐름슬레우와 더불어 이 같은 내재주의적 비전은 커뮤니케이션을 통해 발생한 사건들로부터 체계화되어 언어 연구에서 우위를 차지한다. 그가 말하는 랑그(la Langue)는 모든 기호체의 구조로서 기호들에 선행하여 존재하는 영속적인 규칙 속에 있다. 구조 기호학의 새로운 관점은 바로 의미 작용의 체계를 밝히는 데 있다. 따라서 개별 기호들의 비교가 아닌 의미 작용 체계의 비교가 더 중요하게 여겨진다. 아울러, 상이한 의미 작용 체계들의 공통적인 속성을 해명하는 작업도 구조 기호학의 주요 임무이다. 이 같은 맥락에서 볼 때 그레마스의 독창성을 이해하기 위해서는 구조 기호학의 몇 가지 핵심적인 개념들을 이해하는 것이 선결 조건이라고 할 수 있다.[1]

1. 구조 및 관계

'구성하다'란 의미를 갖고 있던 라틴어 동사 'struere'에서 파생한 구조라는 용어는 본질적으로 하나의 조직화된 전체 안에서 부분들을 유기적으로 묶어 주는 연계성들의 체계를 지시한다.[2] 구조라는 단어는 언어학을 비롯해, 사회 과학 및 자연과학에서 전문적인 술어로 사용되고 있다. 따라서 각각의 대상에 따라서 구조라는 술어는 상이한 내용과 인식론적 가치를 가질 수밖에 없다.[3]

구조 개념은 철학과 이데올로기 차원에서 여전히 쟁점의 대상이다. 특정 실질의 조직화의 관념적 형식으로서 구조 그 자체는 분명 지각될 수 있는 현상이 아니다. 구조의 실질적 실현과 효과는 분명하게 관찰되고 분석

1　다음에 제시한 구조 기호학의 주요 개념은 다음과 같은 기호학 관련 사전들에 기초하여 작성되었음을 밝혀 둔다. ① J. Dubois, *Dictionnaire de linguistique* (Paris: Larousse, 1973). ② A. J. Greimas & J. Courtés, *Sémiotique: Dictionnaire raisonné de la théorie du langage I & II* (Hachette Université, 1979, 1986). ③ T. A. Sebeok, ed., *Encyclopedic Dictionnary of Semiotics*, Tome 1 & 2 (Berlin-New York-Amsterdam: Mouton de Gruyter, 1986). ④ B. Martin, *Dictionary of semiotics* (London: Cassell, 2000). ⑤ P. Bouissac, *Encyclopedia of Semiotics* (New York: OxfordUniversity Press, 1988).

2　프랑스어와 영어 'structure'는 건물 또는 건물을 지탱시켜 주는 보강재의 의미를 갖고 있던 라틴어 'structura'에서 왔으며, 이 단어는 건축물의 의미 이외에도 건물에 장치한 일체의 것, 조정(adjustment)의 의미를 갖고 있었다. 아울러 이 명사의 어근 'struct-'는 라틴어 동사 'struere'에서 파생한 과거 분사형으로서, 동사 'struere'는 설비하다, 세우다, 모으다, 배열하다 등의 의미를 갖고 있었다. 이 단어는, 쌓아 올린 더미를 의미하는 인도·유럽어 어근 'strues'(streu-, strou)에서 파생한 것으로 밝혀졌다. 다음 사전 참조: Chambers, *Dictionary of Etymology* (New York: The H. W. Wilson Company, 2000); J. Ayto, *Dictionary of Word Origins* (London: Bloomsbury Publishing Plc, 2001).

3　Cf. T. A. Sebeok, ed., *Encyclopedic Dictionnary of Semiotics*, tome 2 (Berlin-New York-Amsterdam: Mouton de Gruyter, 1986), pp.991-1025; R. Bastide, éd., *Sens et usage du terme structure dans les sciences humaines et sociales* (The Hague: Mouton, 1962).

될 수 있지만 구조 그 자체는 비가시적이다. 바로 이 같은 이유 때문에 모든 구조는 하나의 이론적 대상이지 관점과 이론으로부터 독립된 하나의 기정사실은 아니다. 따라서 문제의 난점은 어떤 발생 과정을 거쳐 구조가 실질의 모습으로 실현되는가를 이해하는 작업이다. 이 점은 모든 구조 개념의 '아포리아'로서 들뢰즈는 다음과 같이 강조한 바 있다: "아마도 잠재성(virtualité)이란 단어는 정확히 구조의 방식 또는 이론의 대상을 지칭할 것이다. 다만, 잠재성이란 단어의 모호함을 제거한다는 조건에서 말이다. 잠재적인 것은 자신의 고유한 현실을 가지며 이것은 실제적 현실(réalité actuelle)과, 현재의 또는 과거의 어떤 실제성과 혼동되지 않는다. 잠재성은 그 어떤 가능한 이미지도, 추상적 관념과도 혼동되지 않는 자신의 고유한 관념성을 갖고 있다. 구조에 대해서 우리는 이렇게 말할 수 있을 것이다: "실제적이지 않으면서도 실재적인, 추상적이지 않으면서도 관념적인 것 (…) 한 영역의 구조를 추출한다는 것은 이 영역의 존재들, 대상들 그리고 작업들에 선행하여 존재하는 공존의 잠재성을 규정하는 일이다. 모든 구조는 잠재적 공존의 다양성이다."[4] 바로 그 자체의 관념적 위상 때문에 구조는 존재론적으로 모호할 수밖에 없다. 에코는 이렇게 묻고 있다: "구조는 그것이 구조화된다는 점에서 하나의 대상인가, 아니면 대상을 구조화하면서도 대상으로부터 추상화될 수 없는 관계들의 집합인가?"[5] 구조는 인간의 지성이 세계를 인식하는 '프레임워크'(틀)인 동시에 구조화된 대상을 말한다. 구조에 대한 실재론적 입장과 인식론적 입장이 갈라서는 지점이 바로 여기에서다. 전자의 입장은 레비-스트로스의 존재론적 구조주의에서 극명하게 드러난다. 언어학과 인류학 연구를 통해 드러난 의사소통 구조는 실제로 존재하며 인간 존재의 항구적이며 불변하는 태도일 수 있다. 줄여 말해 보편적이며 심오한 정신적 메커니즘을 표상하는 궁극적 구조가 있다

4 G. Deleuze, "A quoi reconnaît-on le structuralisme ?," *Histoire de la Philosophie 8*, éd. F. Chatelet (Paris: Hachette, 1973), pp.312-313.

5 U. Eco, *La structure absente* (Paris: Mercure de France, 1972), p.322.

고 보는 것이다. 다른 한편에서 에코는 이 같은 존재론적 구조주의의 한계를 지적하면서 '시리즈적 사유'의 변증법적 필요성을 역설한 바 있다. '시리즈적 사유'는 약호가 역사적이고, 전복적 메시지에 의해서 변화될 수 있으며 커뮤니케이션의 약호와 경제적-역사적 관계 사이의 반영과 변증법적 상호 작용 사이에는 일정한 관계가 있음을 전제로 한다.[6] 한마디로 구조는 미리 규정된 실재가 아니라 역사적 상황에 따라서 지속적으로 갱신되는 가설로 존재한다는 것이다.

우리는 여기서 구조 기호학의 모델을 구성하기 위해 필수적인 구조 언어학의 틀로 이 개념의 정의를 한정시키면서 그 구성 요소를 언급하는 것으로 만족한다. 구조란 하나의 가시적인 실체가 아니라, 현상의 이면을 설명하는 데 사용되는 작동적 성격을 띠는 것이다. 구조에 대한 개념을 가장 명시적으로 밝힌 옐름슬레우의 정식화를 보자면, 구조는 다양한 위계질서로 구성된 자율적이며 내적인 관계들의 실재이다. 이 정의를 이해하기 위해서는 그 정의를 이루고 있는 개별 요소들에 대한 이해가 선결되어야 할 것이다. 첫째, 이 같은 정의는 요소들에 비해 관계들에 우선권을 부여한다. 구조는 무엇보다 관계적 망으로서 그것의 교차점들은 구성 항들을 성립시킨다. 둘째, 구조를 정의하는 관계적 망은 하나의 위계질서, 즉 부분들로 분해될 수 있는 크기를 가진다. 이때 부분들은 자기들끼리 연결되어 있고, 그것들을 이루는 전체와 관계들을 맺는다. 셋째, 구조는 자율적인 실재라고 했는데, 이것은 곧 자신보다 광범위한 총합과 관련하여 일반 종속 및 상호 종속의 관계들을 맺으면서도 자기만의 고유한 내적 조직을 갖추고 있음을 말한다. 넷째, 구조는 그 개념을 작동시키기 위해서 그것의 존재론적 위상에 대한 물음을 필요로 하지 않으며, 오히려 그 같은 존재론적 개념을 괄호 속에 넣어야 한다.[7]

---

6 U. Eco, "Pensée structurale et pensée sérielle," in *La structure absente* (Paris: Mercure de France, 1972), p.360, 한국어 번역본, 조형준 역, 《열린 예술 작품》, 새물결, 1995, p.295.

7 A. J. Greimas & J. Courtés, *Sémiotique: Dictionnaire raisonné de la théorie du langage* (Hachette Université, 1979), p.361.

따라서, 구조가 대상 안에서 귀속적으로 존재하는가의 여부, 또는 구조가 인식 주체의 인지적 활동에서 결과된 구성물인가의 여부에 대한 물음은, 비록 그것이 철학적 관점에서 근본적일지라도, 엄밀한 의미에서의 기호학적인 관심 영역에서는 배제되어야 한다. 마찬가지로, 구조 개념의 토대를 받쳐 주는 철학적 전제 조건들은 언어학자들마다 다른 색깔을 띠지만—예를 들어, 옐름슬레우와 뱅베니스트의 구조 개념에는 상당한 차이가 있다—이것은 구조라는 개념의 작동적 성격에 해를 끼치지 않고 오히려 인식론적-방법론적 도구성을 풍성하게 해 준다.

구조에 대한 그 같은 개념 파악은 구조 기호학 이론의 기초를 제시한다. 구조를 그것 자체로 고려한다면, 기호학이나 다른 인문과학만의 고유하며 특수한 속성은 아니다. 몇 가지 변형을 제외시키고 나면 구조는 과학적 조준을 지향하는 모든 기획과 수순 속에 묵시적으로 함의되어 있다고 말할 수 있다. 아울러 구조에 대한 그 같은 개념이 늘 작동하는 것은 아니다. 너무 일반적인 유형에 속하여 그 개념은 조직화된 것으로 추측되는 모든 총화에 적용된다. 관계적 망으로서 정의된 구조는 관계라는 개념으로 귀결되며, 기호학에서 효과적으로 작동하기 위해서는 보다 세밀한 관계들의 유형론이 전제되어야 할 것이다. 구조를 단지 관계들의 망으로만 고려하면 그것의 깊이와 넓이에 대해서도, 또 그 복잡성에 대해서도 아무것도 일러 주지 못하기 때문이다. 이를테면 그레마스가 천착한 최소의 구조적 조직이라 할 수 있는 의미 작용의 기본 구조라는 문제가 자연스럽게 제기된다. 바로 이 기본 구조만이 보다 복잡한 집합들의 존재 및 작동 방식을 이해하는 것을 가능케 하기 때문이다.

구조를 관계적 망으로 정의하는 것을 받아들인다면, 기본 구조에 대한 성찰은 먼저 단순 관계로 간주된 단 하나의 관계에 초점을 두게 될 것이다. 동일한 정의의 틀 속에서, 세계의 대상들은 그것 자체로는 인식될 수 없고 오직 그들의 규정들을 통해서만 알려질 수 있다면, 즉 소쉬르의 관점 이론에 따라 대상을 규정할 수 있는 관점의 채택이 우선이라면, 바로 이 규정들이란 다른 것들과 상대적으로 자리매김되는 가치들로서만 인지될 수 있다. 따라서 속성들을 설정하는 것은 오직 관계뿐이며, 속성들은 대상들에 대한 규정으로 사용되고 그 대상들의 인식을 가능케 한다. 그 같은 이른바 기본 관계는 이중적인 양상 아래서 제시된다. 즉 그 같은 관계는 가치들 사이의 차이를 가능케 하는 토대이지만, 의미를 갖기 위해서는 가치들을 서로 관련지어 위치시키는 상대적 자리매김에 기초할 수밖에 없다. 관계를 이렇게 해석하면 기본 구조의 토대를 세워 주는 관계는 언어의 통합체 축과 계열체 축의 관계들을 포함한다. 최소한 두 개의 가치를 설정하는 관계로서 정의되는 기본 구조는 의미 작용의 파악과 생산의 최소적 조건들을 결합하는 개념으로 간주되며, 다른 한편으로는 모든 언어와 기호학적 단위의 최소적 정의를 포함하는 모델로서 간주된다. 기본 구조의 개념은 그 구조가 일정한 논리적 해석과 정식화에 종속될 때만 비로소 작동할 수 있다. 상반성, 모순성, 상보성 등의 기본 관계들의 유형론은 앞으로 살펴볼 기호학적 사각형의 형식 아래 기본 구조의 표상을 가능케 한다.

2. 형식과 실질

'형식'이란 단어의 다양한 사용은 기실 서구 사상사를 관통한다고 말할 수 있을 것이다. 특정 기호학 이론에서 이 개념에 부여된 위상 역시 그 개념의 인식론적 토대들을 쉽게 인지하게 해 준다. 실제로 형식과 그 개념은 아리스토텔레스 전통으로부터 그 자리를 물려받았다고 볼 수 있다. 형식은 질료와 대립하여 인식 가능한 대상을 형성하면서 그 대상의 영속성과 정체성을 보장하는 것이다. 이런 어의 속에서 형식은 구조 개념과 가까이 있다.[8]

형식 개념이 사고라는 대상에 적용될 때, 그것이 형성하는 질료는 의미, 내용, 바탕 등으로 해석된다. 이런 관점에서 보면 형식이란 단어는 표현과

8 같은 책, , p.155.

거의 동의어가 된다. 불변하는 요소로 간주된 바탕은 음성학적, 통사적, 문체론적 차원에서 변이형들의 대상이다. 그와 대립하여 의미를 '존재하지만 알 수 없는 그 무엇'으로 보는 이론에서는, 형식에 대해서만 언어적 분석이 가능하다고 보기 때문에 형식에 가치를 부여한다.

바로 이런 문맥에서, 소쉬르의 진술을 호출해야 할 것이다. 소쉬르 이론은 언어학과 기호학에서 형식과 실질과 관련하여 가장 영향력 있는 시각으로서, "기표와 기의의 결합은 실질이 아닌 형식을 산출한다"는 그의 진술은 구조 기호학의 좌우명이 되었다. 형식은 물리적 실질도, 심적인 실질도 아니며 그 양자의 수렴 장소로서, 메를로-퐁티는 형식을 유의미적 구조로 보았다. 이 같은 소쉬르의 관점은 순수한 사유나 소리 모두 한계가 그어져 있지 않은 마치 떠도는 구름과 같다는 진술, 아울러 체계로서의 언어는 기표와 기의의 양면을 차이들의 체계로 분할함으로써 형식을 창조한다는 가설에 기초한다. 기의와 기표 양면에서 형식은 분절화된 차이들로 이루어져 있는 반면, 실질은 양면에서 분할되지 않은 연속체이다: "언어를 분절의 영역이라고 할 수 있는데 (…) 각 언어 용어는 하나의 작은 지체(肢體), 즉 분절체(articulus)로서, 이 속에서 개념이 소리 안에 고정되고, 소리는 개념의 기호가 된다. 언어는 또한 한 장의 종이에 비교될 수 있다. 생각은 소리의 앞면이고 소리는 그 뒷면이다. 앞면을 자르면 동시에 뒷면도 잘라진다. 마찬가지로 언어에서도, 생각에서 소리를 고립시킬 수 없고, 소리에서 생각을 고립시킬 수 없다. 그렇게 하려면 추상을 통해서만 가능한데, 그 결과는 순전히 심리학이 되거나 순전한 음운론이 될 것이다. 따라서 언어학은 두 차원의 요소가 결합하는 경계 지역을 다룬다. 이 결합에 의해 생기는 것은 형식이지 실질이 아니다."[9] 소쉬르는 모든 언어학의 오류가 다름 아닌 언어에 실질을 부여하는 데 기인하였음을 지적하고 있다: "언제 어디서나, 상호 규정되는 구성 항들의 복합적인 균형, 바로 그것만이 있다. 달리 말하면 언어는

---

9 F. de Saussure, *Cours de linguistique générale*, pp.156-157, 한국어 번역본, 최승언 역, 《일반 언어학 강의》(민음사, 1990), p.159.

형식이지 실질이 아니다. 이 사실은 아무리 명심해도 지나치지 않을 것이다. 왜냐하면 우리들이 쓰는 학술 용어의 모든 오류와, 언어 현상을 지칭할 때 나타나는 모든 그릇된 방식은 언어 현상 속에 어떤 실질이 있으리라는 무의식적 가정에서 기인하기 때문이다."[10]

옐름슬레우가 소쉬르의 형식 개념을 심화시키면서 독창적인 기호학의 인식론적 방법론적 도구를 창안한 것은 주지의 사실이다.[11] 그는 두 개의 실질들 각각에 고유한 형식을 설정한다.

표현의 형식과 내용의 형식이 그것이다. 그 양자는 기호학적 도식을 산출하는 결합 이전에 개별적으로 인지되고 분석되어야 한다. 언어의 양면의 각각에서 고유한 두 개의 형식을 인지함으로써, 일반적인 이론적 틀 속에서 표현의 형식을 연구하는 음운론을 실질을 연구하는 음성학과 독립시킬 수 있다. 이것은 내용 차원에도 그대로 전이되어 구조 의미론의 잉태를 가능케 한다. 옐름슬레우는 실질과 형식의 종속 관계를 다음과 같이 표현한다: "실질은 언어 형식을 위한 필요 전제 조건이 아니며 반대로 언어 형식이 실질을 위한 필요 전제 조건이다. 달리 말해, 발현은 하나의 선별로서 그 같은 선별 속에서 언어 형식은 상수이며 실질은 변수가 된다."[12]

옐름슬레우가 '표현 면'이라고 지칭한 것은 소쉬르의 기표에 해당한다. 기표는 청각 영상으로서 종이의 앞면과 뒷면의 관계처럼 기의와 대응한다. '표현 면'은 '내용 면'과 상호적 전제 조건의 관계에 있으며 언어적 행위를 통하여 그 양자가 결합되면 세미오시스에 해당한다. 옐름슬레우 이론에 있어서 언어를 표현과 내용의 양면으로 구분하는 것은, 그 양면을 형식과 실

10 같은 책, p.145.

11 옐름슬레우의 언어 이론을 칭하는 '언리학'(glossematics)에 대한 연구물을 소개한다. ① *Recherches structurales* 1949: *Interventions dans le débat glossematique*, Travaux de Cercle linguistique de Copenhague, vol.5 (Copenhague: Nordisk Sprog-og Kulturforlag, 1949). ② K. Togeby, "*La glossematique: l'héritage de Hjelmslev au Danemark*," *Langages* 6 (Paris: Didier Larousse, 1967). ③ G. Graffi, *Struttura, forma e sostanza in Hjelmslev*, Studi linguistici et semiologici 3 (Bologna: Mulino, 1974).

12 L. Hjelmslev, *Essais linguistiques* (Copenhagen: Munksgaard, 1959).

질로 분할하는 것보다 선행한다. 표현의 형식이 음운론의 연구 대상이라면 표현의 실질은 음성학에 속한다.

다른 한편, 옐름슬레우가 내용이라고 부른 것은 소쉬르의 기의에 해당한다. 다만 언어적 형식을 파악하는 소쉬르와 옐름슬레우의 관점에서 차이가 드러난다. 소쉬르에게 있어서 언어적 형식이 쌍방으로 형성되며, 두 개의 실질의 결합이란 사실로부터 유일무이한 언어적 형식을 산출하는 기표와 기의의 불가분의 관계로서 파악된 반면, 옐름슬레우는 각각의 언어 면에 대해서 자율적인 형식과 실질을 구분한다. 그의 견해에 따르면 기호학적 형식을 구성하는 것은 두 개의 실질이 아니라 '표현 면'과 '내용 면'의 결합이다. 정리해서 말하면, 옐름슬레우는 언어 기호를 표현 형식과 내용 형식 사이의 연대성으로 간주하며 그 결과 기호는 순전히 형식적인 실재로서 정의된다.

옐름슬레우의 언어 이론에서, 표현과 내용은 오직 대립과 상대적 방식을 통해서만 상호 정의될 수 있는 동일한 함수(fonction)에 속하는 함수소(fonctifs)들이다. 이미 언어는 실증적 항들이 없이 오직 차이들로 이루어진 것이라고 소쉬르는 설파한 바 있다. 마찬가지로 언어에서 표현과 내용은 고유한 실질적 존재를 갖지 않으며 그 자체로는 아무것도 의미하지 않는다. 이 항들의 실재는 오직 상호 전제 관계를 통해서만 포착될 수 있다. 옐름슬레우는 기호가 하나의 내용의 표현에 불과하다는 전통적 개념과 대립한다. 그는 언어 단위는 기표와 기의의 관계화로부터 비롯되는 양면으로 이루어진 실재로서 파악된다는 소쉬르의 이론을 수용한다. 그 결과 내용은 언어의 부분을 이루며 과학적 기술의 대상이 될 수 있다는 점을 깨닫는다. 소쉬르가 기표와 기의의 불가분성을 강조하기 위해 제시한 유명한 종이의 예를 상기하면서, 옐름슬레우는 다음과 같은 진술을 남긴다.

> 표현과 내용은 연대적이며 서로가 서로를 전제로 한다. 하나의 표현이 표현인 이유는 오직 그것이 하나의 내용의 표현이기 때문이며, 하나의

> 내용이 내용인 이유는 오직 그것이 하나의 표현의 내용이기 때문이다. (…) 만약 어떤 사람이 말을 하지 않으면서 생각한다면, 그 사유는 언어적 내용이 아니다. (…) 만약 한 사람이 어떤 의미도 결속시키지 않은 채 일련의 음성들만을 생산하면서, 사유하지 않은 채 말을 한다면 그는 언어학적 표현을 획득하지 못한다.[13]

옐름슬레우의 언어학에서 표현과 내용의 연대적 관계는 모든 언어를 구성하는 원리이다. 그 같은 관계는 단지 다른 기호학적 체계들에 견주어서 자연 언어들을 보다 구체적으로 특징짓는 데 머무르지 않고 다른 종류의 기호 체계에 견주어 인간 언어의 특수성에 대해서 사유하게 만든다. 상상할 수 있는 가장 초보적인 약호는 내용의 요소들의 숫자만큼에 해당되는 표현의 요소들을 포함할 것이다. 이 같은 체계는 그것의 명료성에서 뛰어나며 어떤 중의성과 모호함이 있을 수 없다. 모든 상징 부호들이 구별되고 각각은 오직 하나만의 의미를 상기시키기 때문이다. 예컨대, 고속 도로의 상징 기호 가운데 휘발유를 주입하는 상징은 하나만의 의미, 즉 정유가 가능한 장소라는 것을 의미한다. 오른쪽으로 휘어진 화살표는 우회전을 의미한다. 하지만 이것은 교통 신호 부호라는 한정된 영역에서는 작동될 수 있으나, 인간 경험의 무한한 변화무쌍함을 전달할 수 있기 위해서는 엄청나게 많은 분량의 상징 부호들을 필요로 할 것이다. 따라서 그 같은 약호는 실제 생활에서 불가능할 것이다. 그 결과 보다 완성된 체계에서는 표현의 요소들의 숫자가 축소될 수 있을 것이다. 예컨대 모르스 부호는 그 자체로는 선과 점이라는 두 개의 조형적 요소만을 포함한다. 옐름슬레우는 가장 간단한 체계의 예로서 매시간을 알리는 벽시계를 제시한다. 그 같은 체계에서 표현면은 분해될 수 없는 유일한 요소만을 포함한다. 즉, 시계의 자명종 소리이다. 시계 자명종 소리의 숫자는 경과된 시간의 수를 지시한다. 표현 면과 내용 면의 관계는 따라서 늘 그 자체와 동일하며, 이 경우를 일러 일대일(bi-

---

13 L. Hjelmslev, *Prolégomènes à la théorie du langage* (1943), pp.72-73.

unique) 대응이라 말한다. 교통 신호 체계 역시 이 같은 일대일 대응의 관계로서, 적색은 오직 정지라는 의미를 전달한다는 점에서 하나의 표현 요소에는 오직 하나의 내용의 요소가 대응한다. 그런데 자연 언어를 고려할 경우, 그것은 표현과 내용의 일대일 관계의 부재로 특징지어진다. 즉 표현의 항에, 내용의 항이 일대일로 대응하는 것이 반드시 존재하는 것은 아니다. 자연 언어는 표현 면과 내용 면이 서로 일치 없이 진행된다. 표현과 내용은 완전히 자율적이지도 않으며 절대적으로 상호 종속적인 것도 아니다. 즉 두 면 사이의 구별을 필연적으로 만들고 다른 언어들과 대립하여 자연 언어를 정의하도록 해 주는 것은 표현과 내용 사이의 관계가 비일대일 관계라는 것이다.[14]

이 같은 관점의 차이는 상당한 파급 효과를 낳는다. 소쉬르의 기호학이 기호 체계들에 관한 연구라는 점에서, 기호들의 면은 기호학적 형식의 발현 장소이다. 반면 옐름슬레우에게 있어서 기호들의 수준은 오직 기호들을 넘어서, 형상소들의 영역으로 이동하는 것을 가능케 할 때만 비로소 분석될 필요가 있다. 그 결과 '내용 면'의 분석은 의미론의 실천 장소가 되며 그 자율성을 인식론적으로 획득한다: "하나의 언어는 그것의 목적에 따라 일차적으로 그리고 무엇보다도 하나의 기호 체계이다. 충분히 적합하기 위해서 그것은 언제나 새로운 기호들, 새로운 단어들 또는 새로운 어근들을 형성할 준비가 돼 있어야 한다. 하지만, 언어는 그것의 무한계의 풍성함과 더불어 획득과 사용에 있어서 다루기 쉽고 실제적이어야 한다. 기호들의 수는 무제한적이어야 한다는 요청 아래서 이것은 기호들이 비기호(non-signs)들에 의해서 구성될 수 있다는 것에 의해서 완수되거니와, 비기호들의 숫자는 제한되어 있으며, 가능하다면 엄격하게 제한되어 있다. 그 같은 비기호들은 우리가 형상소(figurae)라고 부를 기호들의 부분들로서 기호 체계 속에 들어온다."[15]

14 표현 면과 내용 면의 관계에 대한 상세한 설명은 다음 문헌 참조. Jean-Pierre Corneille, *La linguistique structurale* (Paris: Larousse, 1976), pp.144-179.

그 결과—그레마스의 견해에 따르면—옐름슬레우로부터 영감을 받은 기호학은 소쉬르의 기호학에 그대로 상응하지 않는다. 옐름슬레우의 기호학의 궁극적 연구 대상은 더 이상 언어 체계도 기호 체계도 아니다. 그의 기호 이론은 '표현 면'과 '내용 면'의 보다 더 작은 단위들인 의소적 범주들과 음소 구성소의 범주들을 다루기 때문이다.

그의 언어 이론의 완결된 기술을 담고 있는 〈언어의 성층화〉(La stratification du langage)(1954)란 논문에서 옐름슬레우는 앞서 지적한 네 가지의 층위를 구분했으며, '표현 형식'과 '내용 형식'의 조합을 '기호학적 함수'라고 불렀다. '표현의 실질'과 '내용의 실질'은 각각 세 가지 층위로 나뉘어졌다. 표현의 실질: ㄱ. 지각적 또는 청취적 수준, ㄴ. 생리적 또는 분절적 수준, ㄷ. 순전히 물리적 또는 음향적 수준. 내용의 실질: ㄱ. 지각적 수준 또는 집단적 이해수준(어떤 매개 없이 즉각적으로 주어지는 기호학적 실질), ㄴ. 사회 생물학적 수준, ㄷ. 물리적 수준.

한 가지 유념할 점은 옐름슬레우가 실질을 언급할 때 그것은 기호학적으로 형성된 실질을 말한다는 것이다. 형식화되지 않은 실질을 그는 '질료'(purport)라고 불렀으며 이것은 형식에 영향을 미치지 못한다.

3. 체계와 과정

'체계'는 구조화된 세계의 상보적인 존재 방식 중의 하나로서 '과정'과 조응한다. 옐름슬레우에게 있어서 이 개념은 매우 광범위하고 일반적인 의미에서 사용되며 언어학의 틀뿐만 아니라 기호학적 대상으로만 국한될 수 없다.[16] 그는 기호학적 과정과 체계를 지칭하기 위한 전통적인 술어로 통합체

15 L. Hjelmslev, *Prolegomena to a theory of language* (Madison: University of Wisconsin Press, 1963), p.46. 한국어 번역본, 김용숙·김혜련 역《랑가쥬 이론 서설》(동문선, 2000), p.63.

16 다음 문헌 참조. Greimas & Courtés, 앞의 책, pp.293, 384-385.

와 계열체를 선택한다. 또한 언어 문제로 국한시켜서는 과정을 텍스트로, 체계를 언어(랑그, langue)로 부를 것을 제안한다: "하나의 과정과 그 과정에 속하는 체계는 더불어 하나의 함수를 형성하며 그 함수는 관점에 따라서 관계 또는 상관 관계로 파악될 수 있다. 이 같은 함수(기능)을 보다 면밀하게 탐구하면 그것은 체계가 상수가 되는 규정임을 보여 준다. 과정은 체계를 규정한다."[17]

체계 개념은 잠시 후 설명할 통합체와 계열체 관계와 유기적 관련성을 맺고 있다. 소쉬르와 옐름슬레우로 이어지는 구조 기호학의 핵심 테제에서 언어(랑그)의 실재는 이 두 가지 관계와 독립해서 어떤 가치도 가질 수 없으며, 바로 이 같은 테제는 구조 기호학의 근간을 이룬다고 말할 수 있다. 체계 개념은 바로 이 같은 시각에서 핵심적 중요성을 지닌다. 그레마스가 자신이 읽었던 언어학 저서 가운데 가장 아름다운 저서로 칭송했던 《언어 이론 서설》에서 이 덴마크의 천재적 언어학자 옐름슬레우는 다음과 같은 진술을 하고 있다. "언어 이론은 과정의 기저에 있는 체계의 존재, 그리고 변동의 기저에 존재하는 상수들의 존재라는 가설을 검증할 것을 스스로에게 제안해야 한다."[18] 과학적 언어학을 구성할 수 있는 가능성은 바로 그 같은 증명에 달려 있다는 것의 그의 진단이다. 무엇보다 먼저 지적할 것은 과정(procès)은 주어진 것으로 나타난다는 것이며, 분석의 출발점을 제공한다는 것이다. 반면, 체계는 이론에 있어서 가설적 성격을 띠고 있다는 사실이다. 즉, 체계는 언어학에서 연구의 귀결점을 표상한다. 옐름슬레우에 따르면, 과정은 몇몇 도식들에 따라서 서로 결합될 수 있는 반복적 요소들로 이루어진 유한수의 집합으로 이루어져 있다. 따라서 전통적으로 소쉬르 언어학에서 제시된 통합체 차원의 연구(la syntagmatique)와 겹쳐진다. 체계는 계열체 축의 연구를 말하며, 조합 차원의 친화성에 따라서 요소들을 다시 무리 지으며 그 요소들의 양립 가능성들을 정밀하게 설명할 수 있는 규칙들

---

17 L. Hjelmslev, 앞의 책, p.39.

18 L. Hjelmslev, *Prolégomènes à la théorie du langage* (1943), p.19.

을 포함한다.

언어 단위들은 두 가지 유형의 관계들에 따라서 특징지어질 수 있다. 과정 속에서 언어 단위들은 조합되며 체계 속에서 그것들은 서로 다른 것들로 대치된다. 구조 기호학의 토대에 대한 온전한 이해를 위해서는 다음 사실을 간파하는 것이 핵심적이다. 즉, 통합체 관계와 계열체 관계의 존재는 그것들의 상호 종속성에 비해서 덜 중요하다는 점이다. 즉, 두 축 사이에는 밀접한 연대성이 존재하며 양자는 서로 상보적이며, 언어 요소들의 정체 파악은 오직 이 같은 연접한 두 가지 차원들에 대한 참조를 통해서만 이루어질 수 있다.

한편, 옐름슬레우에게 있어서 체계와 과정 사이의 관계는 언어(랑그)와 텍스트 사이의 관계와도 공통점을 지닌다. 양자는 모두 동일한 요소들을 포함하며 그 요소들의 목록체는 동일하다.

끝으로 체계와 과정 사이에는 본질적인 차이가 존재한다. 언어(랑그) 속에는 발화(파롤) 그 이상의 것이 존재한다. 즉, 체계는 잠재적이며, 과정 속에서 반드시 실현되지 않을 수 있는 관계들을 포함한다. "하나의 체계가 주어진 말 연쇄로부터 추론될 때, 그것은 과정 속에서 언젠가 실현될 수 있으나 관찰된 과정 속에서 기술될 수 없는 몇 가지 가능성들을 조합할 수 있다. 이같은 가능성들의 실현은 체계 속에 진입할 수 있을 것이다. 체계는 과정을 훤히 밝혀 주며, 체계 없이는 우리가 결코 볼 수 없었던 것을 보여 준다. 이것은 곧 일정 정도에 있어서 새로운 조합들이 하나의 텍스트 속에 도입될 수 있다는 사실을 함의한다. 이때 이 텍스트가 말해지거나 적혀지는 언어에 대해서 영향을 미치지 않은 상태로 말이다."[19] 미리 설정된 가능성들의 망으로서 체계를 정의하는 옐름슬레우의 시각은 구조 언어학에 과학적 위상을 구비하도록 해 준다. 다시 그의 진술을 경청해 보자.

> 체계는 무엇보다 가능성들의 체계이다. 여러 가능성들이 정확한 한계

19 같은 책, p.204.

들을 갖고 있다 해도 말이다. (…) 체계를 과정의 단순한 기계적 반영으로 고려하도록 우리를 유도할 수 있을 것이다. 하지만 체계는 과정만으로는 우리에게 제공할 수 없는 그 무엇인가를 우리에게 가져다준다. 그것은 바로 과학의 특권이다. 즉 가능한 사건들을 예측할 수 있는 능력을 말한다.[20]

체계란 개념은 소쉬르에게 있어서 '랑그'를 '기호들의 체계'로 정의하는 것을 가능케 했다. 소쉬르가 사용한 체계 개념은 그 요소들이 서로 종속된 수미일관된 전체를 지칭한다는 점에서 다분히 전통적인 귀속을 드러낸다고 볼 수 있다. 하지만 소쉬르는 랑그-체계 개념을 해당 구성 항들이 연상적 관계를 맺는 연상적 장의 총합으로 간주하면서 체계 개념을 혁신시켰다. 구성 항들 사이의 연상은 계열체라는 틀 속에서 이루어지는데, 하나의 계열체의 각각의 구성 항은 그 자신이 아닌 다른 것에 견주어 부정적으로 정의되며, 다른 구성 항들과 대립한다. 계열체가 다른 계열체와 대립하는 것은 오직 차이적 특질에 기인한다. 체계 개념은 이런 식으로 가다듬어져서, 랑그는 단지 상호 종속적인 요소들의 총합이 되는 것을 멈추고 시차적 대립적 관계들의 체계가 된다. 체계로서의 랑그는 성층화된 총합을 성립하며 표현 면과 내용 면을 포함하고 그 각각은 다양한 분절 수준들을 출현시킨다. 음소와 음소 구성소, 의미소와 의소 등이 그 예이다. 이를테면 체계 아래의 하위 체계들을 인지하는 것이 가능하다.

다른 한편, 과정 개념 역시 소쉬르의 이분법인 랑그와 파롤에 대한 보다 일반적인 해석에서 나왔다고 말할 수 있다. 인식 주체가 인식해야 할 대상을 체계 또는 과정으로 볼 수 있다는 것이 옐름슬레우의 해석이다. 기호학적 과정은 옐름슬레우의 술어에서는 언어의 통합체 축을 지칭하며, 계열체 축을 나타내는 기호학적 체계와 대립한다.

---

20 같은 책, p.205. 옐름슬레우의 체계 개념에 대한 설명은 다음 문헌 참조. Jean-Pierre Corneille, *La linguistique structurale* (Paris: Larousse, 1976), pp.127-143.

옐름슬레우에 따르면 선험적으로 모든 과정에 해당하는 체계가 있으며 체계를 통해서 과정은 한정된 전제 조건들을 매개로 하여 분석되고 기술될 수 있다는 것은 타당한 논지이다. 또한 모든 과정은 다양한 조합에서 발생하는 한정된 수의 요소들로 분석될 수 있다는 점도 전제되어야 한다. 그리고 나서 이 같은 기본 요소들을 조합의 가능성에 따라서 다양한 부류로 질서화하는 것이 가능해진다. 따라서 최종적으로는 가능한 조합에 대한 일방적이면서도 정밀한 계산 체계를 세우는 것이 가능해질 수 있다는 것이다: "언어 이론의 목적은 하나의 과정이 기저 체계를 가진다는 사실—하나의 파동은 그 기저에 항상성을 갖는다는 것—을 시험하는 일이다."[21]

4. 통합체 축과 계열체 축

위에서 강조했듯이 모든 인지 가능한 대상은 두 가지 근본적인 양상 아래서 파악될 수 있다. 체계와 과정이 그것이다. 통합체 차원은 문제가 되는 대상이 기호학적 본질에 속할 경우 그 과정을 지칭할 때 사용된다. 계열체 축과 대립하여, 통합체 축은 병치와 열거 유형의 관계들의 망으로 특징지어질 수 있다.

통합체 연구(la syntagmatique)는 언어 단위들을 그것들의 연속이라는 관점에서 연구하는 것을 말한다. 말 연쇄에서 각각의 단위는 두 개의 집합에 속한다. 통합체 축과 계열체 축이 그것이다. 통합체 축은 서로 연대를 이루는 하나의 발화체의 단위들로서, 이 발화체는 선조성의 지배를 받는다. 이 같은 개념화의 핵심은 이미 옐름슬레우, 야콥슨 등의 이론에서도 발전됨을 알 수 있다. 최소 의미소, 음소 등의 언어적 단위들은 두 가지 유형의 관계를 갖고 있다. 하나는 단위들 사이에 존재하는 통합체의 관계로서, 예컨대, '어느 파란 가을 하늘에'라는 통합체에서 어느, 파란, 가을, 하늘, 에 등의

21 L. Hjelmslev, 앞의 책, p.10.

관계를 말한다. 두 번째 관계는 계열체의 관계로서, 동일한 발화체에서 동일 장소에 나타날 수 있는 모든 단위들 사이에 존재하는 관계이다. 물론 이 단위들은 동일 발화체에서 동시에 나타날 수 없다는 점에서 서로 배제된다. 예컨대, 위의 문장에서 가을 대신 겨울이 올 수 있으나, 두 단어가 동시에 나타날 수 없다. 소쉬르는 이같은 계열체 관계를(소쉬르 자신은 연합 관계라고 명명했다) 부재 속(in absentia) 관계라고 불렀으며, 세 가지 유형으로 나누었다. 의미와 형태의 이중적 공동체에 토대를 두는 유형(enseignement, enseigner, enseignons 등등), 형태의 공동체에 근거를 두는 유형(비슷한 음소들로 이루어진 단어들), 의미의 공동체에 토대를 두는 유형이 그것이다.[22]

어순은 자유로울 수 있거나 또는 고정적일 수 있다. 첫 번째 경우, '세그먼트'들은 발화 행위 속에서 결합된다. 즉 일정한 순서로 낱말을 말해야 한다. 하지만 그 낱말들의 조합은 약호화되어 있지 않다. 만약 그 조합을 변형시킬 경우, 단지 문체적 변이를 획득할 뿐이다. 그것과 정반대의 경우에, 순서 관계는 제약적이다. 즉 그 관계는 의무적인 통사적 규칙을 성립한다. 따라서 그것은 메시지, 즉 과정에 속하면서 동시에 코드 즉 체계에 속한다. 달리 말해서, 계열체 관계는 체계 속에서 결합된 요소들을 작동시키지만 결코 과정 속에 있는 요소들을 작동시키지 않는다. 반대로, 맥락이 약호화 되느냐 그렇지 않느냐에 따라서 통합체 관계에는 두 가지 유형이 존재한다. 전후 관계인 병치의 통합체 관계는 미국 구조 언어학 분포주의 방법론의 토대로 사용되었다. 이와 달리, 계열체 기능에 해당되는 환입(commutation)에 토대를 두는 프라하 언어학파와 통합체 관계를 특권시하는 미국의 분포주의는 상이한 접근법을 사용하지만 유사한 결과에 도달한다.

통합체란 하나의 정의 가능한 발화체에서 공존하는 요소들의 조합을 지칭한다. 통합체 축은 순전히 관계적인 본질에 속하는 것임을 강조해야 할 것이다. 통합체의 관계들이 구축되는 것은 바로 공존에 바탕을 둔 상대

22 다음 사전 참조. Georges Mounin, *Dictionnaire de la linguistique* (PUF, 1974), pp.245, 317-318.

적이며 관계적 망에 의해서 성립되는 바탕에서이다. 그 결과 옐름슬레우는 세 가지 유형의 가능한 관계의 유형들을 구분한다. 단순 조합에 '선별'(selection)—여기서는 하나의 항의 공존이 다른 항의 존재를 전제로 하며, 그 역은 참이 아니다—과 '연대성'(solidarity)—여기서는 두 개의 항이 쌍방으로 상호 전제한다—을 덧붙인다. 통합체는 따라서 하나의 관계적 위계로서 나타난다.[23]

하나의 항이 다른 항을 전제로 하며 그 역도 참인 쌍방 종속을 그는 '상호 종속'(interdependance)이라고 부르며, 하나의 항이 다른 항을 전제로 하지만 그 역은 참이 아닌 경우를 '규정'(determination)이라고 부르며, 두 개의 항이 양립 가능하지만 서로를 전제로 하지 않는 자유로운 관계를 '성좌'(constellation)라고 부른다. 이 같은 특별한 지칭을 다시 과정 또는 체계로 나누어 생각할 때 각각의 명칭을 새롭게 붙일 수 있다. 하나의 과정 속에서 항들의 상호 종속은 '연대성'(solidarity)인 반면, 체계 속에서는 '상보성'(complementarity)이라 부른다. 마찬가지로 과정 속에서의 항들의 규정은 '선별'(selection)이며, 체계 속에서의 항들의 규정은 '한정'(specification)이다. 끝으로, 과정 속에서 성좌는 '조합'(combination), 체계 속에서의 성좌는 '자율성'(autonomie)이라고 정의된다.[24]

모든 과정은 기호학적 체계의 존재를 전제로 하기 때문에 순전히 통합체만을 다루는 기호학을 말하는 것은 가능하지 않다. 담화는 통합체적 조직을 소유하지만 상호 텍스트성 속에 놓이며, 따라서 다른 담화들과 상관 관계 속에 놓인다. 반면 계열체 축은 이접 관계들에 의해서 분절되는 계열체들의 총합에 의해서 성립된 기호학적 체계로서 정의된다. 계열체 축은 소쉬르의 랑그 개념의 재공식화로서 간주될 수 있지만, 옐름슬레우의 체계는 계열체들 사이의 단순한 상관 관계로 구성되지 않고 범주들 사이의 상관 관계들로 구성된다는 점을 분명히 해야 할 것이다. 계열체란 통합체 차원의

23 A. J. Greimas & J. Courtés, 앞의 책, p.376.

24 L. Hjelmslev. 앞의 책, pp.24-25.

연쇄에서 동일한 자리를 차지할 수 있는 요소들의 부류이다. 다시 말해 동일한 문맥에서 서로 대체될 수 있는 요소들의 총합을 말한다.

한편, 함수와 더불어 합계(sum)의 시각에서 옐름슬레우는 하나의 통합체 차원의 합계는 '단위'로, 계열체 차원의 합계는 '범주'로 부를 것을 제안한다.

5. 내재성과 발현

소쉬르, 옐름슬레우, 그레마스로 이어지는 구조 언어학 또는 구조 기호학의 인식론적 중핵은 바로 내재성의 원리를 공유한다는 점이다. 기존의 문헌학, 역사 언어학 등은 결코 언어에 대한 지식 그 자체를 철저하게 연구 목적으로 삼지 않았다는 점에서 언어 이외의 관심사로 분산되고 말았다. 이를테면 전통적 문헌학은 오직 문헌의 정확한 해석을 위해서 사용되는 수단에 불과하다. 19세기에 축적된 통시적 연구들도 인간의 의사소통의 기저에 존재하는 기제를 해명하는 데 무게 중심을 두지 않았으며, 언어 구조의 내재적 인식으로 유도되지 않은 채, 제 언어들의 확산과 다양화의 사회 역사적 조건들에 대한 연구에 주안점을 두었다. 이 같은 조건들 속에서 언어는 결코 자율적 실재로서 인식되지 못했으며, 이질적 사실들의 총합으로 제시되는 데 그쳤다.

언어학의 내재성의 원칙과 필연적 자율성의 원칙이라는 이름 아래 구조주의 언어학은 문법적 범주들은 형태적 기준들로부터 배타적으로 수립되어야 한다는 점을 강조한다. 이를테면 옐름슬레우는 이미 그의 박사 논문 〈일반 문법의 원리〉[25]에서 전통 문법의 주관주의를 맹렬하게 비판하고 있다. 그는 구조 언어학은 논리학 또는 심리학에 대한 다른 일체의 참조로부터 독립하여 언어학의 범주들을 합당하게 수립할 수 있다는 점을 강조하고

25 L. Hjelmslev, *Principes de grammaire générale* (A. Fred Høst & Søn, 1928).

있다. 1939년의 한 논문에서 그는 다음과 같은 진술을 한 바 있다. "모든 형이상학뿐만 아니라, 일체의 심리주의는 정의상 선험적이다. 한 언어의 구조는 객관적 데이터이다."[26]

소쉬르가 강조한 언어학의 자율성은 옐름슬레우에 의해서 '내재성의 원칙'의 형식 아래 다시 표명된다. 옐름슬레우는 소쉬르야말로 기호학을 순수 형식의 과학으로 이해했으며 언어를 하나의 추상적인 변형 구조로서 파악했다는 사실을 피력한다.[27] 소쉬르는 기호학적 구조의 본질적 특성이 게임으로 불리는—예컨대 체스—구조 속에서 재발견될 수 있음을 간파했으며, 언어학을 보다 넓은 연구 공간인 기호학 위에서 세우려면 내재적 토대에 근거를 두어야 한다는 주장을 펼쳤다. 내재성의 원칙이란, 언어학의 대상은 형식이기 때문에, 언어 외적인 사실에 대한 모든 지시는 기술(description)의 동질성에 해를 끼칠 소지가 있기 때문에 배제되어야 한다는 것이다. 내재성 개념은 '내재성/발현'의 이분법에 참여하는데, 논리적으로 발현은 발현되는 것을 전제로 한다: "발현은, 달리 말해, 하나의 선별로서 그 선별 속에서 언어 형식은 상수가 되고, 실질은 변수가 된다."[28] 옐름슬레우는 발현을 위계들 사이에서 또 상이한 위계들의 부분들 사이에서의 선별로 규정한 바 있는데, 발현 속에서의 상수(즉 발현된 것)는 소쉬르를 참조한다면 형식으로 불려질 수 있다. 즉 내재적 기호학적 형식을 전제로 한다. 기호학적 구조들의 내재성을 단정한다는 것은 따라서 그 구조들의 존재 방식과 관련하여 존재론적 차원의 문제를 제기한다. 기호학적 구조들의 인식은 하나의 기술, 즉 내재적인 형식들의 단순한 명시화로서 하나의 구성으로 간주되어야 하는지 아니면 세계는 단지 구조화될 수 있고 인간 정신에 의해서 그 형식이 부여될 수 있는지의 여부에 대한 물음이 제기될 수 있다.

26 L. Hjelmslev, *Essais linguistique* (Copenhague: Nordisk Sprog-og Kulurforlag, 1959), p.112. 구조 언어학의 자율성 원리에 대한 논의는 다음 문헌 참조. Jean-Pierre Corneille, *La linguistique structurale* (Larousse, 1976), pp.63-126.

27 A. J. Greimas & J. Courtés, *Dictionnaire*, pp.181-182.

28 L. Hjelmslev, 앞의 책, p.106.

기호학 이론 속에 일체의 형이상학적인 논쟁이 끼어드는 것을 막기 위해서, 몇 가지 작동적 개념들의 자리 배치를 하는 것으로 족할 것이다. 이를테면, 그 기술에 선행하여 존재하는 일체의 기호적인 것을 '의미적 우주'라고 부르며, 구성된 메타언어의 도움으로 그 세계를 명시화한 것을 '기호학적 대상'이라 칭할 수 있다.

그와 동일한 취지 속에서 일체의 존재론적 입장을 피하면서 최소한의 의미적 투자와 더불어 진위성의 범주의 두 가지 축을 명명할 수 있다. 존재의 축인 내재성의 축과, 나타남의 축인 발현의 축이 그것이다.

내재주의적 시각에서 기호학적 형식이 발현된 것으로서 고려되는 반면, 실질은 질료 속에서 발현을 시키는 요소이다. 발현에 견주어 내재성의 논리적 선존성은 흔히 발현과 불투명성 또는 명시적인 것과 암묵적인 것의 이분법과 상동화시킬 수 있는 가능성을 시사한다. 언어의 발현 면과 내용 면의 대립은 궁극적으로는 생성 언어학자들의 표층 구조와 심층 구조 사이의 구분과 동화될 수 있는 것처럼 비춰지기도 했지만, 사실은 그렇지 않다.

실질 속에서 형식의 현존화로서 파악된 발현은 표현과 내용이라는 두 개의 형식을 연접하는 '세미오시스'를 그 선결 조건으로서 전제하기 때문이다. 따라서 발현은 무엇보다 기호 차원의 형성이며 발화체를 생산할 때 표현 면이 전제되어야 함을 뜻한다. 반대로, 그 발화체를 읽을 때 내용 면의 부여라고 말할 수 있다. 기호학에 대한 내재적 분석은 언어의 각각의 면에 대한 연구라 할 수 있다.

따라서 두 개의 대립 쌍, 내재성/발현, 심층/표층은 상동화될 수도 없고, 중첩될 수도 없다.[29] 구분이 가능한 심층의 상이한 수준들은 언어의 두 면의 각각의 분절들이다. 반대로 발현은 사건, 중단, 일탈이다.

이론적 전제와 기호학적 분석의 원칙으로서, '텍스트를 벗어나서는 구원은 없다'는 표어로 압축되는 내재성 원칙은 파리 기호학파 내부에서 여러 번에 걸쳐 비판적으로 재고려되었다. 퐁타니유 교수는 이 같은 그레마스

29 A. J. Greimas & J. Courtés, 앞의 책, p.220.

의 슬로건이 엄밀한 의미에서의 텍스트 구조로부터 오브제들과 사회적 실천들의 분석으로 연구의 초점을 옮겨 간 그레마스 사후에 전개된 기호학에는 더 이상 적합한 표어가 아니라는 주장을 전개한 바 있다. 퐁타니유는 '기호학적 대상들(오브제들)이 없이는 구원은 없다'(Hors des sémiotiques-objet, point de salut!)는 새로운 슬로건을 제시하기도 했다. 또한 그는 맥락적 재료들을 포함시킴으로써 내재성의 한계들을 소묘하려는 시도에 대해서도 회의적이다. 그 같은 시도를 방법론적 이론적 정체성에 대한 위협으로 간주하기 때문이다.[30]

란도프스키는 이 문제를 다룸에 있어 보다 신중을 기하는데, 맥락은 세미오시스의 과정에 불가피하게 참여한다는 주장을 펼치고 있다. 단, 다른 이론들에서와 달리, 맥락은 의미 생성 과정에 선행하는 것도 아니고, 그것을 넘어서 존재하는 것이 아니라는 점을 분명히 한다. 맥락은 기호학적 연구 대상의 통합된 부분이라는 것이 그의 일관된 주장이다.[31]

내재성의 원칙의 역사에 대해서 파리 기호학파의 형성과정의 역사적 추이를 종합화한 최근 연구에서 카르부크는 내재성의 원칙을 형식적 내재성과 분리시킬 것을 제안한다. 여기서 내재성의 원칙은, 체감하는 주체와 역사적, 문화적, 사회적 맥락의 존재를 망각하지 않으면서도, 이 같은 매개변인들을 괄호 속에 넣은 채, 하나의 구체적 텍스트 또는 대상의 구조들에서 의미 창조를 연구하기 위한 방법론적 전제이며, 인식론적 결단으로서 이해된다.[32]

한편, 내재주의(immanentism)는 내재성 원칙의 극단적 견해이며, 그 같은 견해에서 텍스트 또는 오브제는 객관적 의미의 출현을 위한 유일한 거점으

30 Jacques Fontanille, "Pratiques sémiotiques: immanence et pertinence, efficience et optimisation," *Nouveaux actes sémiotiques* 104/106 (2006), pp.13-75.

31 Eric Landowski, *La Société réfléchie* (Paris: Seuil, 1985), pp.227-228.

32 Ahmed Kharbouch, "Le principe d'immanence et la transivité du langage." *Actes Sémiotiques*(온라인) 118(2015). http://epublications.unilim.fr/revues/as/5437. 2017년 8월 9일 접속.

로서 간주된다. 이 같은 견해는 텍스트 또는 오브제, 물질적 대상이나 사회적 실천이 경험적 사실이 아니라 하나의 구성물이라는 생각을 부정하는 것이라 할 수 있다. 물질적 대상이나 사회적 실천은 특정 소통의 조건에서 역사적 기원과 기능을 갖는 다차원적 현상들이다.[33]

이탈리아의 기호학자 마로네 교수는 기호학의 인식론은 철저하게 구성주의적이라는 점을 강조한다. 텍스트-대상과 텍스트 모델을 분리시킨 후에, 그는 기호학적 연구 대상의 오브제들(대상들)로서, 대상과 모델 양자 모두 구성물이라는 점을 강조한다. 즉, 기호학적 대상은 오직 기술하려는 기획의 프레임워크 안에서만 존재한다는 점에서 메타 기호학을 전제로 한다. 따라서 기호학의 경험주의에서 자연적인 것은 전혀 없다. 기호학자는 대상의 경계들, 수미일관성의 조건들을 규정해야 한다는 점에서, 기호학 대상은 이미 구성된 것이라고 봐야 한다는 것이다.[34]

텍스트 구성에서 밟아야 할 수순들 가운데 하나는 기호학적 분석 대상의 탈맥락화이다. 즉, 맥락을 제거하기보다는 그것을 괄호 속에 넣는 것이다. 가치 체계들의 역사성과 사회적 본질은 그레마스의 저술에서 모두 세심하게 인식되고 있다. 이를테면 《구조 의미론》에서, 그레마스는 연구자는 분석이 되는 유의미한 대상의 역사적 차원을 그의 시야에서 결코 놓쳐서는 안 될 것이라는 점을 힘주어 강조한 바 있다. 단지, 그 같은 역사적 해석의 연구, 즉 발화 작용의 조건에 대한 연구는 역사학, 사회학, 심리학 등 다른 분야에서 맡아 줄 것을 시사한다.

그레마스를 비롯해 유럽의 구조 기호학에서는 다양한 이론적 사조들 속에서 내재성의 개념을 어떻게 준수할 것인가의 문제에 직면했다. 그 원칙은 핵심적이면서도 까다로운 자리를 차지한다고 말할 수 있다. 내재성은 기호학과 다른 담화 이론들 사이에서 심지어 그레마스의 기호학 내부에서도 불

33 Dalia Satkauskytė, "The impossibility of immanence: A contemporay perspective on Algirdas Julius Greimas's Maupassant," *Sign Systems Studies* 45 (1/2), 2017, p.123.

34 Gianfranco Marrone, "L'invention du texte," *Actes Sémiotiques* 111(2008).(온라인) http://epublications.unilim.fr/revues/as/1643.

일치의 원인이 되었다. 내재성에 대해 비판적 시각을 개진하는 학자들의 견해에 의하면, 내재성 개념은 그레마스의 초기 기호학에서 분석 대상을 기술하는 데 있어 방법론적 제어 역할을 맡았고 이제는 그 소임을 완수했다는 것이다. 즉, 그가 남긴 유명한 격언이라 할 수 있는, "텍스트를 벗어나서는 구원도 없다"는 표어는 이제 그 유효성이 소멸되었다는 것이다. 따라서 텍스트의 울타리를 벗어나야 하며, 기존의 내재성 개념에 맥락, 상호텍스트, 사회적 실천들, 상호작용의 경험, 요컨대 인간적 체험을 아우르는 포괄적 현상학을 통합시키기 위해서 내재성의 개념을 재고해야 한다는 주장을 내놓는다. 이 같은 인식론적 난점에 직면해 몇몇 학자들은 내재성 개념을 확대할 것을 제안한다. 하지만, 내재성의 차원들이 구체적인 특수한 대상들을 기술하는 데 있어, 변별성을 지닌 내재성 개념 또는 작은 국부적 존재론들과 어떻게 구별될 수 있는가에 대한 물음에 시원스러운 해답을 내놓는 경우는 드물다. 이 같은 상황에서, 내재성 개념은 구조 기호학의 초기에 갖고 있던 생명력을 비롯해 그것의 가설 발견적 힘을 상실했다고 보는 목소리도 있다. 이와는 달리, 내재성 개념이 구조 기호학 전반에 미친 영향력을 최소화하는 대신, 그 원칙을 더 철저하게 재해석하려는 시도도 있다.[35] 요컨대, 내재성의 원칙을 수립함으로써, 언어와 기호 현상에서 '실재하는 세계'(le réel)의 문제는 은폐되거나 중단되고 정지된 상태로 남아 있다. 이 같은 재해석을 참조한다면, 그레마스의 전체적 의도는 세 개로 압축된다. 첫째, 그레마스는 의미 구조를 일반 인식론 이론의 체계 속에 갖다 놓으려 했다. 둘째, 실체로서의 세계에 대한 개념을 상이한 종류들의 언어들을 통해 점증적으로 분절되는 것으로 제안한다. 셋째, 그는 제반 과학들을 실체의 형식을 특수한 방식으로 발현하는 구성된 언어들로서 정의하려 했다. 넷째, 그레마스는 제반 과학들이 언어들로서 구성된 과학적 형식들 외 다름 아니라는 점을 수립하였다. 다섯째, 그레마스는 마침내는 언어 외적인 지시체를

35 이점에 대해서는 다음 논문 참조. Waldir Belvidas, "La sémiotique de Greimas: une épistémologie (discursive) immanente," *Semiotica* 219 (2017), pp.55-74.

언어적 내용의 차원, 즉 의미론적 구조로 이동시키려는 설명을 시도했다. 다시 말해, 외부 세계의 내면화 현상을 설명하고, 과학적 세계와 의미적 세계의 기술을 위한 동질저 차원을 설정할 수 있는 가능성을 엿 보려는 시도라 할 수 있다.

이에 기초하여 브라질의 기호학자 베이다스 교수는 세 개의 분절 층위 속에서 형식 개념을 심화시키고 있다. 언어(학)적 형식, 기호(학)적 형식, 과학적 형식이 그것이다. 그레마스는 이 개의 형식이 각각의 자율성을 갖고 있다는 점을 강조한다. 예컨대 구두 언어의 표현 면에서, 그래픽의 실질에 견주어 음성적 실질의 형성에 있어 자율성이 존재하며 특정 실질의 기호학적 형식은 동일한 실질의 과학적 형식과는 상이하다. 예컨대, 화학은 H_2O와 같은 통합체 차원의 공식을 통해 그 같은 실질의 형식화를 수립한다. 이때 이 같은 과학적 형식은 기호학적 형식, 언어 형식 일반과 상관관계를 맺는다. 한국어 단어 '물', 영어 단어 'water'는 그 같은 언어적 형식들이며 이들 단어들은 다양한 담화들 속에서 다양한 의미구조를 생산할 수 있다. 예컨대, 물은 '건강', '소생', '위생' 등의 의미들을 만들어 낼 수 있다. 또한 그것은 기호학적 형식 차원에서, 비구두 언어들 속에서, 이를테면 비가 오는 사진, 물기에 젖은 창문, 나뭇 잎에 떨어지는 물방울을 그린 회화 등을 통해서 표상될 수 있다. 요컨대, 과학적 형식, 기호학적 형식, 언어학적 형식은 그것들의 특수한 언어들 속에서 조응하고 코드변환이 가능한 세 개의 형식들이라 할 수 있다.[36]

그레마스는 텍스트의 울타리를 개방하면서 의미의 세계가 우리에게 제기하는 형이상학적 덫에 빠지는 것을 경계했다. 그레마스의 통찰에 의하면, 의미(론)적 구조가 의미의 우주에 내재하고 그 기저에 존재하는 것이지, 아니면 그 같은 구조는 주어진 그 같은 우주를 설명하는 메타 언어적 구성물에 불과한 것인지를 알아내는 것은 문제는 변별성이 없다고 보았다. 그는 이렇게 말하고 있다. "의미는 언제나 늘 하나의 즉각적인 데이터

36 이점에 대해서는 같은 논문, pp.71-73.

(donnée)로 나타난다. 무엇인가를 의미하는 세계에서 인간이 살고 행동하기 위해서는 그것으로 족하다."[37]

이 같은 삼중의 형식 모델을 제안함으로써, 외부 세계의 내면화 현상, 다시 말해, 언어 외재적 지시체로부터 하나의 의미론적 구조의 언어적 내용 차원으로 이동하는 것을 설명하는 데 있어 보다 풍성한 노선을 제공할 수 있으며, 자연과학에서 연구하는 실재로 존재하는 세계와, 인문과학에서 상정하고 있는 기표의 세계 사이에서 연속성의 해결책을 제시할 수 있으며, 과학적 우주와 의미론적 우주에 대한 기술을 위한 보다 동질적인 차원을 상정할 수 있는 노선들을 제공할 수 있을 것이다. 그러나 무엇보다도 이 같은 삼중적 형식 개념이 갖는 가치는 이율배반적인 기존의 이분법, 즉 외재적 지시체와 내재적 지시체, 실재로 존재하는 우주와 무엇인가를 의미하는 우주, 즉 자연과학과 인간과학 사이의 이분법의 틀을 탈피할 수 있는 가능성을 열어 놓았다는 점이다.

6. 발화 작용과 담화

1) 뱅베니스트의 발화작용 이론

그레마스는 일체의 표현 면에서 발현하는 담화의 생산과 해석을 기호학의 연구 대상으로 수립했다. 그레마스에 의하면, 담화는 체계와 사건 모두에 속하며, 있는 바 그대로 역사의 영향을 받는다. 체계(시스템)는 하나의 주어진 문화가 창조하고 그것을 보편적인 것으로 취하는 불변소들(invariants), 즉 의미론적 일반화들로 구성된다. 그 같은 일반화는 그 자체가 하나의 사건인 담화 속에서 다양하게 구체화된다. 그런데 바로 여기서 하나의 첨예한 문제가 발생한다. 체계의 가상성은 어떻게 담화적 실현이 되는가

37 A. J. Greimas, *Du sens* (Paris: Seuil, 1970), p.39.

라는 물음이다. 이 문제는 소쉬르의 언어이론에서 시작해 구조 언어학에서 계속하여 제기되어왔다. 특히, 뱅베니스트가 랑그와 파롤의 소쉬르 이분법을 논하면서 제기한 동일한 쟁점이기도 하다. 《일반언어학 강의》에서 소쉬르는 랑그와 파롤의 중개와 매개 과정에 대해서는 초점을 두지 않았다. 뱅베니스트가 지적한 것처럼, 소쉬르는 랑그와 그것의 행사와 실행 차원을 차별화하고 있는데 그 이유는 양자가 현실의 상이한 위상들을 갖고 있기 때문이다. 랑그 그 자체는 잠재적 상태의 가상성인 반면, 랑그를 행사하고 실행하는 것은 단순히 하나의 가상성이 아니라 구체적 실현이다. 이때 가상성으로부터 실현화되는 이동을 가능케하는 것은 발화작용이다. 뱅베니스트는 발화작용을 사용과 관례의 개별 행위를 수단으로 하여 작동하는 랑그라고 정의한다.[38] 이 같은 정의는 발화작용을 랑그와 담화 사이의 중개화의 심급(instance)으로 간주한다. 여기서 프랑스어 단어 'instance'의 한국어 번역어는 전공자들마다 상이한데, 일부학자들은 현동태 또는 발화기원이라고 번역하고 있는데, 하나의 특수한 영역을 창조하는 범주들의 집합으로 이해할 수 있을 것이다. 따라서, 중개화의 이 같은 심급은 소쉬르의 용어를 갖고 설명하자면, 랑그를 파롤로 실행에 옮기는 것을 가능케 하는 범주들의 집합이다. 이 같은 범주들은 뱅베니스트가 발화작용의 형식적 기구라고 명명한 것을 성립하며 사람, 공간, 시간을 아우른다.[39] 따라서 발화작용은 자아(ego), 여기(hic) 그리고 지금(nunc)의 심급이다. 발화작용을 통해, 누군가 특정 장소와 특정 시간에서 랑그에 의해 창조된 단어를 취해 담화를 생산한다. 발화작용의 주체는 누군가에게 말을 건네는 '나'로서 설정되고 이때 그 누군가는 '너'로서 설정된다. 뱅베니스트는 발화작용의 원근법으로부터 담화의 복잡한 형식들을 분석할 수 있다고 설명한다. 그가 랑그의 행사와 실행 차원에 대해 학문적 위상을 부여했을 때, 그는 사실상 구조 언어학과 구조 기호학에다 담화라는 새로운 연구 대상을 수립한 것이라고 말할

38 Emile Benveniste, *Problèmes de linguistique générale*, vol. 2 (Paris:Gallimard, 1974), p.80.
39 같은 책, pp.79-88.

수 있다. 담화를 통해 언어(랑그)는 사회적 삶, 문화, 역사의 공간에 들어가는 것이다.[40]

2) 그레마스의 발화작용 기호학 이론

그레마스는 담화가 구조와 사건 둘 모두에 속한다는 사실을 기술하기 위해 의미의 생성 행로라는 개념을 발전시키고 있다. 심층 층위와 서사 층위는 실존의 기호학적 방식을 갖고 있는데, 이 같은 기호학적 존재 방식은 소쉬르의 랑그 개념과, 촘스키의 언어 능력(competence) 개념을 참조하고 있다. 이 같은 층위들의 실재들은 잠재성 또는 가상성의 영역에 있다. 담화 층위는 가상성들의 행사이며 실행이다. 따라서 그레마스는 발화작용을 심층 층위들과, 담화 층위 사이에 위치시키고 있다. 뱅베니스트와 마찬가지로, 그레마스의 기호학 이론에 있어서도 발화작용은 중개화의 심급이다. 그렇지만, 이 경우, 발화작용은 언어(랑그)와 담화 사이의 중개화가 아니며, 이와 달리, 기호-서사 구조들로 이루어진 기호학적 가상성들과 잠재력들의 공간이 현실화되는 현동화이다. 이런 의미에서, 그레마스는 발화작용의 개념에 담화적 위상을 부여하고 있다. 발화작용은 다양한 발화체들을 생산하는데, 기호학적 프레임워크에서, 이 같은 발화체들은 그것들의 문장 차원에서 파악되서는 안 되며, 문장 차원을 초월하고 그것을 넘어서는, 따라서 담화를 포함하는 전체적인 통합체의 연쇄 차원에서 파악되어야 한다.[41] 하나의 발화체는 말해진 것, 문자로 씌어진 것, 즉 소통된 것이다. 발화작용이 발화체를 성립하는 심급이라면, 언어 영역은 발화작용의 몇몇 특질들과 자질들을 포함하는 발화체의 존재에 의해 논리적으로 전제되는 것이다.

---

40 발화작용 개념에 대한 그레마스와 뱅베니스트 모델의 비교에 대해서는 다음 논문 참조. Alain Rabatel, "L'énoniciation, la praxis énonciative et le discours", *Semiotica* 219 (2017), pp.273-291.

41 A. J. Greimas, "L'énonciation; Une posture épistémologique," *Significação* 2 (1975), p.9.

발화작용과 대립하여, 발화체는 그것의 통합체 차원과 상관없이, 발화 작용 행위의 결과물로서 이해되어야 한다.

발화작용이 발화체와 대립되나, 그것은 하나의 주체, 서술어, 그리고 목적어(대상)을 갖고 있기 때문에 하나의 기본적 발화체의 구조를 포함하고 있다. 예컨대, "나는 매우 바쁘다고 나는 말한다"라는 문장에서, '나'라는 주어와 '말한다'라는 서술어는 발화작용에 속하는 반면, '나는 매우 바쁘다'라는 목적절은 그 자체가 발화체이다. 그렇지만 주목할 것은, 이 같은 예에서, 발화작용은 발화된 것이다. 그레마스는 '발화작용'과 '발화된 발화작용' 사이의 혼동을 경계했다. 그는 뱅베니스트 이상으로, 발화작용을 텍스트에 내재하는 현상으로 사유했다.

따라서, 발화작용의 주체는 담화적 주체이며 존재론적 주체가 아니다. 즉, 담화적 주체는 언어의 존재이며, 세계의 존재가 아니다. 구조주의의 내재주의 방법론 원칙에 따라 그레마스는 기호학 연구에서 언어 외부에 존재하는 지시체의 존재를 인정하지 않는다. 그에 따르면, 텍스트는 발현된 담화이며, 이것만이 언어학과 관련된 유일한 현실이다.

발화작용 기호학의 혁신적 파급 범위는 그레마스와 쿠르테스가 공동 편찬한 《기호학 사전》에서 제안한 발화작용의 정의를 기준으로 삼아 측정될 수 있을 것이다.[42] 그것은 모두 7개로 압축될 수 있다. 1) 발화작용은 발화체의 존재 그 자체에 의해 논리적으로 전제되는 언어학적 심급으로서 간주된다. 이때 언어 행위는 고려되지 않는다. 언어 행위는 오직 비언어학적이고 지시체 차원의 구조와 관련되어서만 고려될 수 있다. 2) 뱅베니스트의 원근법에서, 핵심 관건들 가운데 하나는 랑그의 사회적 시스템을 개인적 심급에 의해 인수 담당하는 과정을 참작하는 데 있다. 3) 기호학적 능력은 발화작용의 주체가 담화의 형식 아래 실현을 맡는 가상적인 기호학적 구조들을 포함한다. 4) 발화작용의 주체의 설정은 차단분리 작용과 연동 장치라는 두 개의 작동을 부여받는다. 5) 지향성이라는 개념은 세계의 조준을 지

42 A. J.Greimas & Joseph Courtés, 앞의 책, pp.125-128.

시한다. 6) 행위로서의 발화작용은 세미오시스의 생산 기원에 놓여 있다는 점에서, 그것의 이면에는 텍스트화(발현)의 절차들이 발생한다. 7) 연구 대상으로서 설정된 발화된 발화작용(l'énonciation énoncée)은 담화 내부에서 발화작용 행동의 모사물(모델)이다. 발화된 발화작용의 관점을 채택한다는 것은 텍스트를, 응집적, 수미일관적, 완수되고 안정화된 하나의 전체로서 간주한다는 것을 말한다. 그 같은 텍스트는 발화작용의 위상에 가능성의 조건을 부여한다. 가정된 발화작용은 가상적이며 가설적이다.

한편, 발화작용을 실천으로서 고려하면서 텍스트 표지들의 변화를 강조할 수 있다. 이를테면 4개의 구성 요소를 포함하는 텍스트화의 모델을 고려하는 것이 가능하다. 주제, 어휘, 문법과 관련된 선택을 말하는 텍스트 구성요소, 텍스트 속에 감각적인 차원을 각인시키는 발화작용의 몸짓으로 압축되는 체험적 구성요소, 집단적 발화작용에 해당되는 실천적 구성요소, 매개적 구성요소(발화작용 행위의 매체와 매개적 부분)가 그것이다.[43]

그레마스에 의하면, 텍스트는 의사소통의 사회 기호학적 문법의 장소이다. 왜냐하면, 의사소통에서, 우리는 살과 뼈를 갖고 있는 살아 있는 특정 인물에게 말을 건네는데, 이 인물은 존재론적 존재이나, 또한 특정 역할을 담당하는 논리적 구성물이기 때문이다.[44]

기호학의 인식론적 토대, 따라서 그레마스의 발화 작용 개념은 그의 유명한 표어, "텍스트를 벗어나서는 구원도 없다"에서 잘 요약되어 있다. 이 같은 공식은 빈번하게 잘못 해석되었는데, 이를테면, 그레마스는 담화의 생산 조건을 고려하지 않았고, 텍스트를 그것의 역사성으로부터 분리시켰다는 비판을 받았다. 그렇지만, 그 같은 섣부른 판단은 그레마스의 이론을 정확히 읽지 못한 데서 비롯된 것이다. 그는 텍스트를 벗어나는 모든 것은 결국 텍스트로부터 도래하는 것이라고 계속해서 강조한 바 있다. 간단히 말해,

43 이점에 대해서는 다음 논문 참조. Marion Colas-Blaise, "Texte, textualisation et pratique: Le devenir de l'énonication," *Semiotica* 219 (2017), pp.293-314.

44 Greimas, "L'énonciation; Une posture épistémologique"(1975), p.22.

텍스트 내부에 존재하는 것들에 초점을 두는 것이 가능하다는 것이다. 그레마스는 발화작용을 철저하게 반형이상학적인 방식으로 파악하였다. 하지만 이것은 결코 실재적인 발화작용이 존재하지 않는다는 것을 의미하지 않는다. 핵심 쟁점은 발화작용은 발화작용의 과정들과 작동들을 언급하는 것을 가능케 하는 하나의 방법론적 모사물(simulacrum), 즉 모델을 창조함으로써 오직 텍스트 속에 투사되었다는 이유에서, 실재적 발화작용 차원에서 논의할 수 있다는 것이다. 따라서 실재적인 발화작용은 오직 논리적 전제 조건을 통해서만 분석될 수 있다. 즉, 발화작용은 발화될 수 있는 속성을 갖고 있기 때문에, 발화되지 않은, 암묵적 발화작용이 무엇인지를 정의할 수 있을 것이다. 이런 의미에서, 사회 기호학적 문법을 언급할 수 있는데, 그 이유는 우리가 그것을 텍스트들 속에서 인식할 수 있기 때문이다. 코케 교수에 의하면 발화작용은 그 정의상 언제나 발화된 발화작용이다. 하지만, 그레마스는 인간이 세계와 맺는 관계는 결코 직접적 관계가 아니며, 언어를 통해 매개된다는 소신을 피력한 언어학자들과 언어철학자들의 전통을 따르고 있다. 따라서, 텍스트를 벗어나 실재적 발화작용의 연구를 상정하는 것은 외재적 지시체들과 더불어 작동하는 것이며 이것은 그레마스 인식론을 총체적으로 벗어나는 것이다. 다른 한편, 담화 그 자체가 하나의 사건이라면, 그것은 필연적으로 역사적이다. 그레마스의 주장에 의하면 그 같은 역사성은 발화작용의 상황에 대한 일화를 말함으로써 포착될 수 있는 것이 아니라, 텍스트 내부에서 포착될 수 있다. 풀어 말해, 우리에게 언어, 세계, 역사에 대해서 알고 싶은 것의 베일을 벗겨 주는 것은 발화체 그 자체라는 것이다. 이 같은 사실은 담화가 세계 속에서 이루어지는 인간 행동, 역사 속에서 이루어지는 인간의 참여, 인간의 천부적 능력들의 모사물, 즉 모델이기 때문이다. 바로 이 같은 맥락에서 그레마스는 텍스트를 벗어나서는 아무것도 없으며, 전적으로 텍스트만이 존재한다는 점을 부각시키고 있다.[45]

45 그레마스의 발화작용 개념에 대한 상세한 논의는 다음 논문 참조. José Luiz Fiorin, "Two concepts of enunication," *Semiotica* 219 (2017), pp.257-271.

3) 발화작용적 실천

발화작용은 그레마스 기호학에서 핵심적 개념 가운데 하나로서 구조 기호학의 연구자들은 최근까지도 계속하여 이 문제에 대해 심화된 연구를 내놓고 있다.[46] 이 가운데 발화작용 실천과 관련하여 두 개의 핵심사항에 대해 기술해 본다.

① 개인적 발화작용, 비인칭적 발화작용

1995년 베르트랑 교수는 발화작용에 대한 주체적이며 개인적 개념화와 나란히 상호주체적, 대화적, 공동체적, 신용적 접근법을 도입해야 한다는 점을 강조한 바 있다. 바로 그런 맥락에서 그는 그 같은 특수한 발화 작용 형식을 기술하기 위해 발화작용적 실천(praxis énonciative)이라는 용어를 제안한 바 있다.[47] 발화작용적 실천은, 담화 행위들의 무한한 축적과 그 같은 행위들을 표상하는 발화체의 반복을 통해, 문화적으로 계승되고 일정한 제약을 받아 고정된, 형성체들로 안정화되는 집단적 형상화들을 투사한다.

발화작용의 실천은, 도식, 규범들, 사용 관례들을 상이한 문화적 담론들 속에 참여시키면서, 상이한 기호학적 크기들을 상이한 층위들에 참여시켜, 기호 시스템 전체의 기능 작동을 그것의 통합성 속에 투자한다.

발화작용 실천이라는 시스템을 통해 널리 확산된 이 같은 새로운 발화작용은, 최초의 발화작용 이론의 핵심이었던 주체성의 발화작용의 관념과는 상당히 동떨어져 있다. 고전적 발화작용 이론은 우리로 하여금 언어적 주체성은 매우 구체적인 몇 개의 언어학적 범주들에 중심을 두고 정박한다고 생각하는 타성에 빠지게 만들었다. 무엇보다, 인칭이라는 범주, 이어서 시

---

46 발화작용에 대한 최근의 종합적 연구성과로는 다음 문헌 참조. Marion Colas-Blaise, Laurent Perrin, et Gian Maria Tore et al. (éds.), *L'énonciation aujourd'hui. Un concept clé des sciences du langage* (Limoges: Lambert-Lucas, 2016).

47 Denis Bertrand, "L'Impersonnel de l'énonciation. Praxis énonciative: conversion, convocation, usage," *Protée* 21, 1 (1995), pp .25-32.

간과 장소라는 범주, 동사 시제, 지시적 표현들이 그것이다. 발화작용의 고전적 체계의 기초에 있는 "나-여기-지금"은 발화체에서 이 같은 첫 번째 정박으로부터 연속적으로 분리된다. 하지만, 발화작용이 횡단하는 상이한 단위들에 기초하는 발화작용 관념이 '말하는 나'의 주체성에 통합적으로 기초한 발화작용 개념과 더불어 양립할 수 있는가라는 물음을 제기할 수 있다. 답은 확실치 않다. 베르트랑과 퐁타니유가 이미 구축한 비인칭적 발화작용에 대한 최초의 정식화로부터 주체성 개념에 대한 보다 복잡한 구축을 이해하는 것이 필요하다. 두 저자는 각각 이렇게 말하고 있다.

> 개인적 발화작용은 그것에 선행하고 그것을 가능케 하는 집단적 발화작용들의 방대한 골격으로부터 독립하여 조준될 수 없다. 역사로부터 결과되는 유의미적 구조들의 침전화는 모든 언어 행위를 규정한다. 문화적 기억 속에 배치되고, 언어와 어휘적 의미들 속에 '아카이브화'되고, 장르들과 표현 형식들의 약호화에 의해 제어되는 담화의 도식들 속에 고정된, 의미가 이미 존재한다. 발화자가 파롤의 개인적 행사 때, 그가 반복하고, 되풀이하고, 또는 정반대로 거부하고, 갱신하고, 변형시키는 의미가 존재한다.[48]

> 그 누구도 최초의 담화를 자기 것이라고 주장할 수 없다: 담화 활동은 언제나 하나의 연쇄, 더 나가 그 활동이 끊임없이 참조하는 다른 담화들의 깊이 속에 놓여 있다.[49]

이 두 개의 인용문에서 공통적으로 강조하고 있는 바는, 발화작용 각각의 행위에 앞서 이미 의미가 존재한다는 것이며, 결코 최초의 담화라는 것

---

48 Denis Bertrand, *Précis de sémiotique littéraire* (Paris: Nathan, 2000), 58-59.

49 Jacques Fontanille, *Sémiotique du discours* (Limoges: Pulim, 1998), p.102; "L'énonciation pratique à l'oeuvre dans l'intermédialié et la rémédiation," in Tiziana Migliore (éd.), *Rimediazioni. Immagini interattive*, (Roma: Aracne, 2016), pp. 231-244.

은 존재하지 않는다는 사실이다. 우리가 생산하는 각각의 말들은 오직 역사적으로 이미 주어진 의미의 이 같은 세계 속에 각인되며, 선행하는 그 같은 의미를 다시 주파하면서, 다시 횡단하면서, 다시 배열하면서, 그리고 몇몇 경우에는 결코 전통에서 온축된 그 같은 의미를 무시하지 않은 채 그것을 변형시키면서 생산된다.

우리는 주어진 의미 속에 잠겨 있을 뿐만 아니라, 이 같은 의미는 우리에 앞서 생산된 수많은 발화작용들의 생산물이다. 우리가 우리 것이라고 생각하는 의미는 우리의 개인적 발화작용에 속하는 것처럼 생각할 수 있으나 따지고 보면, 그것은 시초부터 내재적으로 상호주체적이며, 대화적이고, 관계적인 의미일 뿐이다. 우리 자신도 불가피하게 최초의 단어들부터 관계를 맺을 수밖에 없는 다른 사람들과 공동으로 생산한 의미로 구성된다. 이렇듯 발화작용의 형식들 자체를 다시 심오하게 재사유하게 만드는 것은 바로 의미의 관계적 본질이다. 왜냐하면 개인적 발화작용에 앞서 의미가 존재한다면, 결코 최초의 담화는 존재하지 않는 것이며, 그 어떤 토대적 행위도 존재할 수 없기 때문이다. 쉽게 말해 '나'라고 말하는 어떤 주체도 없으며, 주체성조차도, 코케 교수가 시사한 것처럼, 기호학적 단위와 층위들의 복수성에서 성층화된 상이한 발화작용 심급들, 일종의 비인칭적인 것이 된다.

이런 맥락에서 코케 교수는, 전통적으로 자아(에고)로 환원되었던 발화작용을, 자아의 다른 심급들로부터 절단시켜서는 안 된다는 점을 상기시킨다. 에고의 창조적 분열의 개별성과 일치하지 않는 확산적인 형식의 또 다른 발화작용의 창발로 인해, 몇 개의 첨예한 쟁점들이 주체성의 재공식화로부터 파생된다.[50]

첫 번째 파급 효과는 텍스트 내재성의 개념에 대한 비판이다. 그 같은 비판은 내재성 원리를 단숨에 포기하기 위한 것이 아니라, 그것을, 개인의 주체성이 아닌, 발화작용 실천의 비개성적 차원과 결부된 발화작용의 원근법

---

50 Jean-Claude Coquet, *Phusis et Logos, Une Phénoménologie du langage* (Saint-Denis: PUV), 2007.

에서 다시 모델화시키는 데 그 목적이 있다. 발화작용의 심급이, 오직 생산된 개별 발화체들로부터 재구성되는 것이 아니라, 언제나 다른 심급들, 이를테면 공동체에서 공유하는 도식, 규범, 사용 관례들로부터 구성되는 것이라면, 내재성은 더 이상 단 하나의 텍스트 차원에서 발화체-텍스트로 정의되고 한계가 그어진 내재성일 수 없으며, 보다 방대한 배경으로 귀결되어야 한다.

② 발화작용 실천, 문화적 논리, 의미의 안정화

첫 번째 물음은 발화작용 행위의 개별적 양상과 실천의 비인칭적 형식 사이의 관계이다. 자아와 개인 주체성의 차원에 국한되지 않고, 분산적이며 상이한 심급들에 걸쳐 분포된 주체성은 발화작용이 랑그의 개인적 전유 행위라는 이론과 양립될 수 없다. 개인성은 그렇지만 여전히 하나의 역할을 맡을 수 있으며, 집단적 가정의 한 단계, 특정 계기가 될 수 있다. 더 정확히 말해, 개별적 심급은 이미 주어진 것과 이미 말해진 것의 비인칭적 차원을 여과시키는 것이다. 그 같은 여과 과정은 그 같은 의미를 확인하면서 또는 부정하면서, 또는 그것을 강화하면서, 개별적 본질에 속하지 않는 하나의 기호학적 시스템을 변형시키면서, 이루어진다.

만약, 한편으로, 발화체들, 텍스트 속에 현존하는 주체성이 상이한 기호학적 단위들과 이질적인 장들에 분산되어 있다면, 바로 거기에 모든 개별 발화체가 흩어져 있다고 말할 수 있을 것이다. 다른 한편으론, 각각의 발화작용의 행위가 이 같은 배타적이며 집단적인 따라서 몰개성적인 배경 차원의 상이한 결속력 또는 상이한 거부의 정도들에 따라 참여할 수 있다. 그것을 강화시키면서, 또는 다른 기호학적 크기들을 도입하면서, 이것은 기존 시스템의 반동과 변형을 전제로 한다. 그 본질을 통해, 의미는 개성적이며 동시에 몰개성적이다. 바로 그 지점이 개별성이 공유와 한짝을 이루는 형상화를 생산하고, 이타성이 상호주체성의 차원이 되고, 주체성의 토대가 되는 곳이다. 이 같은 기제는 문화적 시스템의 혁신과 변형을 다시 생각하게 만든다. 왜냐하면 이미 역사적으로 발화된 것의 변조는 오직 내재적 관계들을 재형상화할 수 있을 뿐이며, 의미의 새로운 변별성과 새로운 창발들을 규정하기 때문이다.[51]

4) 발화작용의 핵심 작동 원리 —연동작용(embrayage), 차단 분리 작용(débrayage)

연동작용과 차단 분리 작용이라는 그레마스의 기호학 개념은 야콥슨에서 영감을 받아 구축되었다. 그는 'shifter'(기어장치) 또는 연동장치 요소들에 대해, "연동장치들을 언어 약호의 다른 구성요소들과 구별시켜 주는 유일한 것은, 그것들이 반드시 메시지를 지시한다는 사실이다"[52]라고 말한 바 있다. 그는 연동장치 요소들로의 예로서, 인칭 대명사를 제시한다. 특히, '나'라는 인칭 대명사가 대표적이다. 하지만, shifter와 연동장치에 대한 이 같은 언어학적 정의는 그 같은 연동장치 요소들의 사용을 통해 생산하는 기호학적 효과들에 대해서는 관심을 갖지 않는다. 연동작용과 차단분리 작용이라는 이원적 쌍으로 발전하게 되는 것의 언어학적 개념화는 이중적 제약에 기초한다. 먼저, 그것은 연동장치 요소들을 언급하고 있지, 연동작용을 언급하고 있지 않다. 분석된 것은 문장의 몇몇 요소들에 대한 정밀한 본질과 기능이며 특정 담화의 전체적인 기호학적 기능 작동이 아니다. 둘째, 야콥슨은 차단 분리 요소들과 연동작용에 대해서는 언급하고 있지 않다. 야콥슨의 이론에서 연동 장치 요소들은 특별한 위상을 갖고 있는데, 그것은 정확하게 하나의 정확한 문법적 또는 언어학적 범주에 대립하지 않는다.[53] 야콥슨이 제공한 일차적 요소들로부터 그레마스는 그것을 구조적으로 결합하면서, 차단 분리 작용과 연동작용 개념들을 발전시킨다. 모든 담

---

51 Patrizia Violi, "L'énonciation et ses enjeux : évaluation des avancées, transformations, nouvelles problématiques", in: A. J. Greima: *L'avenir de la structure. Actes du congrès de l'AFS 2017*, AFS Editions, juin 2019, pp.389-396.

52 Roman Jakobson, *Essais de linguistique générale 1*(Paris: Minuit, 2003[1963]), p.179.

화를 성립하는 일차적 차단분리 작용은 "한편으로는 발화작용의 주체 장소, 시간의 창조적 분열이며, 다른 한편으로는 발화체의 공간적 시간적 행동자의 표상이다."[54]

그 결과, '내가 아닌 것'의 발화체 속에 '지금이 아님', '여기가 아님'을 투사시키는 것이다. 정반대로, 연동작용은 발화작용의 심급과 발화체의 심급 사이의 이 같은 분리를 취소하려는 언제나 결코 접근될 수 없는 시도에 해당되며 있는 바 그대로 발화작용으로 귀환하는 것이다. 《기호학 사전》에서는 차단 분리작용과 연동작용에 대한 항목들에서 이 같은 개념들의 사용에 의해서 개방되는 장들의 외연을 정확히 제시하고 있다.[55] 아울러, 이 같은 발화작용의 작동들의 각각에 기호학적 효과들이 자동적으로 결합된다. 《모파상—텍스트 기호학》에서 그레마스는 이렇게 적고 있다.

> 담화-발화체로서의 텍스트는 발화작용 주체와 발화체 사이의 객체적 차단 분리작용의 생산물이다. (…) 발화작용의 이중적 모사물의 발화체에로의 통합은 부분적 연동작용으로서 작동한다. 객체화되고 거리가 있는 바탕 위에서 "체험되고" "실재적인 것"에 대한 보다 은밀한 의미 효과를 창조하려고 애쓰면서 말이다. 비록 그것이 환상에 불과한데도 말이다.[56]

또한 〈알다와 믿다—하나의 유일한 인지적 우주〉라는 논문에서, 그레마스는 객체화적 차단분리 작용과 주체화적 연동작용의 이중적 절차를 언급한다.[57] 발화작용과 발화체 사이의 거리를 창조하면서, 차단분리 작용은 객

---

53 Roman Jakobson, *Essais de linguistique générale 1*(Paris: Minuit, 2003[1963]).

54 A. J. Greimas et J. Courtés, *Sémiotique: Dictionnaire raisonné de la théorie du langage* (Paris: Hachette, 1993[1979]), p.79.

55 같은 책.

56 A. J. Greimas, *Maupassant. La sémiotique du texte: exercices pratiques* (Paris: Seuil, 1976), pp.176-177.

57 A. J. Greimas, *Du sens II. Essais sémiotiques* (Paris: Seuil, 1983), p.128.

체성과 객관성의 효과의 기원에 놓인다. 그것은 텍스트가 생산하는 건조함의 원인이 될 수 있다. 풀어 말해 실재에 대한 체험에 어떤 자리도 내주지 않는 텍스트를 말한다. 정반대로 연동작용은, 다시 발화작용의 장면으로 돌아가, 체험 효과, 실재 효과, 보도록 해 주고, 보여지는 은밀함의 효과의 기원에 놓인다. 그것은 감성 표현에 효과적이다.

연동작용과 차단분리 작용 이외에도, 담화에, 즉 가용 가능한 기호 서사적 실재의 담화화의 과정에 참여하기 위해 부름을 받은 소환이라는 작동도 언급되어야 할 것이다. 예컨대, 발화작용은 부재하는 가능성들을 소환하고 그것들을 현존하게 만든다. 따라서 발화작용은 발화작용의 형식적 기구의 범주들만을 담화화하는 것이 아니라, 주제화와 구상화에 의해 발현되는 실재들을 담화화한다. 발화행위 또한 복잡한 통사를 사용하면서 발화작용의 주체와 피발화자 사이의 관계를 발현한다. 예컨대, 한국어 사용에서, 선생과 학생, 상사와 부하 사이, 또는 남성과 여성 사이, 아는 사람과 모르는 사람 사이에서의 관계를 생각해 보면 쉽게 이해가 갈 것이다. 이것은 매우 복잡한 통사인데, 발화작용의 주체와 피발화자 사이에 상이한 변수들이 현존하기 때문이다. 예컨대, 한 남성이 길거리에서 한 여성에게 길을 묻기 위해 말을 걸었을 때, 그 여성이 자신보다 나이가 많은 노인이냐, 아니면 나이가 어린 소녀인가에 따라 한국어의 정확한 통사 구성을 위해서는 형태, 어휘, 예의 등의 다양한 변수들을 고려해야 할 것이다.

제6장

의미의 최소 단위

제1장에서 보았듯이, 구조기호학에서 내용의 실질(substance)(즉, 의미의 본질)에 대한 연구는 특정 관점에서 선택된 형식의 틀 속에서만 실행될 수 있다. 의미론적 성분에 대한 기술 그 자체는 상이한 의미론적 단위들로 나누는 형식적 재단 작업으로 환원된다. 본 장에서는 의미론적 성분을, 의소들이 분절되는 내재적 수준과, 의미소들이 분절되는 발현 수준으로 나누어 고려할 것이다.[1]

내용의 실질에 대한 분석을 시도하기 위해서는 기본 가설로서, 그 자료를 분절할 수 있는 가능성을 수용해야 한다. 이것은 의미와 관련된 데이터를 상이한 단위들로 재단하려는 시도를 뜻하며 연속성의 세계에서 비연속적인 차원으로 이동할 수 있는 가능성을 말한다.

그레마스 기호학 이론에서 제시된 의미의 최소 단위인 의소와 의미소 개

---

1 그레마스 구조 의미론의 근간을 이루는 다음에 제시한 기본 개념들은 그의 기호학 이론의 표준형이자 개념적 종합이라 할 수 있는 그의 기념비적 업적인《기호학 사전》을 준거로 하여 논의되었음을 밝혀 둔다. 아울러 제2부에 나오는 개념의 정의를 비롯해서 그레마스의 서사 통사론과 양태성 이론에서 사용되는 거의 모든 개념들에 대한 논의에서도 이 사전을 출발점으로 삼아서 그의 다른 저술물에서 제시된 개념들과의 차이 및 발전 과정을 추적하면서 분석의 얼개를 잡았으며 핵심적 부분을 제외한 부분에서 일일이 인용 표시를 달지 않았음을 지적한다.

그레마스 기호학에 대한 거의 모든 이론과 해설은 이 사전을 논의의 핵으로 삼아서 이루어지고 있음은 주지의 사실이다. A. J. Greimas & J. Courtés, *Sémiotique: Dictionnaire raisonné de la théorie du langage I & II* (Hachette, 1979, 1986).

념에 대한 논의를 이해하기 위해서는 무엇보다 구조 언어학에서 이루어진 당대의 의미론의 흐름을 파악할 수 있어야 할 것이다. 소쉬르의 언어 이론에 토대를 둔 구조 언어학의 기본적 전제 조건은 모든 언어는 고유한 관계적 구조 또는 체계라는 점이다. 따라서 어떤 언어의 문장, 의미, 단어, 음성을 분석할 때, 하나의 단어나 음성은 동일 언어 체계 내에서 다른 단위들에 대하여 갖는 고유한 관계로부터 획득된다는 것이다. 이 같은 구조주의의 원리에 입각하여 의미론에서는 크게 의미장 이론과 의미 성분 분석 이론이 크게 발전하였다. 성분 분석은 의미장 이론의 보다 정교화된 확장으로 보는 것이 일반적인 방식이다.[2] 특히, 성분 분석은 의소 개념의 형성에 있어 직접적 연관성을 맺고 있다는 점에서 주요 이론적 전제가 된다.[3]

구조 의미론의 기본 가정에 의하면, 모든 어휘소의 의미는 보다 일반적인 뜻 성분(sense-component)의 집합으로 분석될 수 있다. 풀어 말해 뜻 성분들의 일부 또는 전체는 어휘 속의 다른 어휘소들에 공통적으로 존재한다. 구조 의미론의 역사를 개괄한 라이언스에 의하면 "뜻 성분은 원자적 개념으로 간주될 수 있고, 특정 어휘소의 뜻은 분자적 개념으로 간주될 수 있다".[4] 예컨대, '남자'라는 단어의 의미는 '남성'(또는 수컷)(male), '성인'(adult), '인간'(human)이라는 세 개의 원자적 개념을 결합한 것으로 파악된다.

1. 의소(sème)

1) 의소의 정의[5]

소쉬르의 언어학을 계승하여 이 같은 성분 분석을 시도한 최초의 학자들

2 이 점에 대해서는 다음 문헌 참조. John Lyons, *Semantics I* (Cambridge University Press, 1977). 존 라이언스, 《의미론 1—의미 연구의 기초》, 강범모 옮김(한국 문화사, 2011), 8장과 9장 참조.

3 이 점에 대해서는 라이언스, 《의미론 1—의미 연구의 기초》, pp.499-525.

4 같은 책, p.499.

은 그레마스 기호학의 이론적 근간을 마련해 준 옐름슬레우와 야콥슨이었다. 각각 언어소론 또는 언리학(glossématique)과 기능주의 언어학의 창시자였던 이들 현대 구조 언어학의 두 태두는 구조 음운론에 도입된 원리들을 문법과 의미론의 영역으로 확장할 수 있다는 확신에 차 있었다. 바로 이 같은 유럽의 구조 언어학에서 이루어진 성분 분석의 대표적 이론가들로서 그레마스, 포티에(B. Pottier), 프리에토(Prieto), 코세리우(Coseriu) 등을 손꼽을 수 있다.

코세리우에 따르면 의소는 하나의 어휘장에서 작용하는 최소의 변별적 의미 자질로 정의되며, 여러 종류의 대립을 통하여 어휘장을 구조화하는 기능을 맡는다. 의소의 예들로서는 포티에가 프랑스의 의자 관련 어휘들(chaise, fauteuil, canappé 등)의 어휘장 분석에서 변별적으로 인식된 뜻 성분이다. 의소와 달리, 부류소는 여러 개의 어휘장에 속하는 어휘소들에서 공통적으로 나타나는 일반적인 의미 성분이다. 부류소는 어휘화될 뿐만 아니라 문법화되는 경향을 보여 준다.

통상적으로 언어학 용어에서 의소는 의미 작용의 최소 단위로서 독립적으로 실현될 수 없으며, 따라서 늘 의미적 형상화 또는 의미소의 내부에서 실현될 수 있다. 예컨대, 의소 분석은 프랑스어 단어 'chaise'(팔걸이 없는 의자)와 'fauteuil'(팔걸이 있는 안락의자)의 대립을 설명할 때, 'chaise'라는 의미소(이 단어의 의미소는 다양한 의소들 S_1, S_2, S_3, S_4 '팔걸이', '한 사람을 위한', '앉을 수 있는' 등의 의소들로 구성되어 있다.)에는 없으나 'fauteuil'의 의미소에는 존재하는 의소 '팔걸이'를 첨부한다.[6]

의소라는 용어는 사실상 의미론적 자질(trait sémantique)과 의미론적 성분이라는 용어들과 동의어이기 때문에 의미 성분 분석을 실천하는 언어학

---

5 의소 개념의 총괄적 정의는 다음 문헌을 참조했음. A. J. Greimas & J. Courtés, *Sémiotique: Dictionnaire raisonné de la théorie du langage* (Hachette, 1979), pp.332-334.
이 밖에 다음 문헌을 참조할 것. Thomas A. Sebeok (General Editor), *Encyclopedic Dictionary of Semiotics* (Berlin and New York: Mouton de Gruyter, 1986), pp.879-884.

6 *Dictionnaire de linguistique*, par J. Dubois, et al. (Paris: Larousse, 1973), p.433.

자들에게서 빈번하게 사용된다.

'의소'(sème)란 통상적으로 의미 작용의 최소 단위를 가리킨다. 내용 차원에 위치하여 의소는 표현 면의 단위인 음소 구성소(phème)에 해당한다. 의소들은 언어의 두 면 사이의 평행을 유지하면서 의미소(sémèmes)를 구성하는 요소들이라고 말할 수 있다. 이것은 마치 음소 구성소가 음소를 이루는 요소들인 것과 같은 원리이다. 아울러 하나의 의미론적 체계는 기호학의 내용 면을 설명하기 위해 상정될 수 있다. 그것은 표현 면을 구성하는 음운 체계에 비교될 수 있다.

의소는 원자적 자율적 요소가 아니며, 오직 다른 의소들과 자신을 대립시키는 시차적 편차에서만 자신의 존재를 도출시킬 수 있다. 달리 말해, 의소들의 본질은 오직 관계적이며 실질에 의존하지 않는다. 의소는 관계들의 마디를 이루는 종결항일 뿐이다. 바로 의소적 범주, 즉 내용 면의 성립에 쓰이는 의미론적 범주는 그것을 구성하는 의소들에 논리적으로 선행한다. 의소는 오직 의미 작용의 기본 구조의 내부에서만 포착될 수 있다. 그 같은 구조를 성립하는 관계들에 대한 정확한 논리적 위상을 부여할 수 있을 때, 비로소 의소 개념을 규정하고 그 개념의 작동을 가능케 할 수 있을 것이다.

의소들은 구성 항, 즉 유의미적 교차점과 관계들의 만남 지점이기 때문에, 분석 절차가 진행될 때 자의적으로 명명된다. 풀어 말해, 의소는 자연언어에서 어휘적 실현에 상응하는 일이 드물다. 예컨대, '수직성/수평성' 따위의 의소는 메타언어적 성격을 띠고 있는 명명들이다. 이 점은 다른 의미론 학자들과 그레마스 이론의 차이점이다. 그레마스는 의소 분석은 하나의 메타언어적 구성물이라는 점을 분명히 한다.

의소를 내용의 최소 단위로 대략적으로 정의한 것은 의미의 단위라는 시각에서뿐만 아니라, 최소 단위라는 차원에서도 새롭게 제기되어야 할 것이다. 이론적으로 약 20여 개의 범주들의 조합이 하나의 자연 언어 또는 다른 모든 기호학의 필요를 전적으로 만족시켜 줄 수 있는 의미소들의 숫자를 생산할 수 있다는 가설을 제시하는 이론가들이 있다. 이런 식으로 목록화된 의소적 범주들은 언어의 보편소들의 총합을 이루며 바로 이런 의미에서 의소를 의미 작용의 최소 단위들로서 언급한다. 그렇지만 원초적 의소(sèmes primitives)들에 대한 그 같은 완결된 목록이 존재하지 않는 상태라면 모든 의소 분석은 완전하게 작동하지 못할 것이다.

아울러 의소의 최소적 성격은 상대적인 의미로 새겨져야 할 것이다. 즉 선택된 탐구 영역으로 한정시켜 이해되어야 한다. 그 결과, 주어진 친족성의 술어 체계 또는 닫혀진 계열체에서 성립된 규정적인 요소들의 통합체 부류의 존재를 앞에 두고, 의소 분석은 검토된 형태소들 사이의 모든 대립들을 도출하기 위해 필요한 시차적 자질들의 최소 숫자만을 상기할 것이다. 의소의 최소적 성격은 상대적이며 사용된 기술의 변별성의 기준에 기초한다.

상이한 의소적 범주들의 검토는 여러 가지 부류의 구분을 가능케 한다.[7]

첫째, '구상적 의소들'(sèmes figuratifs)(또는 '외부 지향적 의소들')은 자연 언어의 내용 면의 크기들로서, 자연 세계 기호학의 표현 면의 요소들에 해당된다. 다시 말해 감각적 차원의 분절들과 세계의 감각적 성질들에 해당한다.

둘째, '추상적 의소들'(sèmes abstraits)(또는 '내부 지향적 의소들')은 어떤 외재성을 지시하지 않는 내용의 크기들로서, 세계를 범주화하고, 그것을 의미 작용으로 설정하는 데 있다. 예를 들어, '관계/항', '대상/과정' 따위의 범주들이다.

셋째, '기분적 의소들'(sèmes thymiques)(또는 '자기 지향적 의소들')은 '유쾌'와 '불쾌'의 범주에 따라 의소적인 미시 체계들을 함축하며, 그 체계들을 가치론적 체계로 수립한다.

또한 의소적 총합의 조직 방식에 따라 다음과 같이 둘로 나눌 수 있다.

첫째, '계통적 분류'(또는 '체계적 분류')로서, 위계질서에서 동질적인 의소적 범주들의 조직을 표상한다.

---

7 A. J. Greimas & J. Courtés, 앞의 책, pp.333-334.

둘째, 의소들의 통합적 분절의 결과물인 '형태소적 구조들'로서, 이때 의소는 상이한 미시 체계들과 의소적 범주들로부터 도출된다. 이 같은 형태소적 구조들은 형상소들로 나타난다.

바로 이 같은 계통론적 개념과 의소적 조직을 포티에는 총칭적 의소와 특수한 의소로 구분한다. 의소적 조합의 자리매김은 많은 수의 의미소들을 산출하는데, 이때 의미소들은 단순한 의소들의 집합이 아니라, 일정한 형성 규칙에 종속하는 상위 지배적 구성이다. 의미소의 내부에서 우리는 '문맥적 의소'(sèmes contextuels)와 '핵의소'(sèmes nucléaires)를 구분할 수 있다.

2) 의소 개념의 발생[8]

앞서 살펴본 바와 같이, 《기호학 사전》[9]에는 의소 항목에 대해서 다음과 같은 두 가지 진술을 제시하고 있다.

① 의소는 최소 단위이다.
② 의소는 구성된 실재이다.

여기서 '단위'란 표현에서 '실재'란 표현으로 슬그머니 옮아간 것에 대해서 논란의 여지가 있지만, 그것이 문제의 핵심은 아니다. 그러나 이 두 개의 진술을 서로 접근시키면서 대질을 해 보면 문제가 발생한다. 두 번째 명제에서 의소의 '구성된'(construit) 성격에 대해서 과연 그것이 무엇을 갖고 구성된 것인지를 따져 볼 수 있다. 만약 의소가 구성된 것이라면 구성적 요소인 하위 의소적(subsémique 또는 하부 의소적〔infrasémique〕, 초의소적

8 의소 개념의 방법론적 인식론적 토대를 치밀하게 분석한 다음 문헌을 참조하였다. ① François Rastier, *Sémantique interprétative* (Paris: PUF, 1987), pp.18-38. ② Anne Hénault, *Les enjeux de la sémiotique* (Paris: PUF, 2012), pp.31-51.

9 A. J. Greimas & J. Courtés, *Sémiotique: Dictionnaire raisonné de la théorie du langage* (Hachette, 1979).

〔hyposémique〕) 요소의 정체가 파악될 경우, 의소는 그것의 최소 단위적 특성이 결여될 것이며 그 경우 하위 의소적 요소를 선호할 수밖에 없다는 것이 그레마스 전문가들의 지배적인 견해이다.

반드시 유념하고 있어야 할 사실은 의소 이론은 음운론에서 영감을 받아 형성되었다는 사실이다. 프라하 학파의 음운론에서 완성된 음소 분석으로부터 영향을 받았고, 아울러 현상학에서도 간접적으로 영감을 받았다. 물론 그레마스 기호학 이론에 있어서 의소 개념의 자율성과 엄밀성은 고유한 것이다. 하지만 곰곰이 따져 보면 이 두 가지 이론적 원천에서 문제가 발생함을 알 수 있다.

먼저 음운론 모델에 대한 참조는 피할 수 없는 것이었다. 그 논지의 바탕에는 표현 면과 내용 면의 '동형성'(isomorphisme)이 핵심으로 깔려 있다. 음운론 모델에 대한 참조는 하나의 모호함에 근거를 둔다. 제1단계에서 변별적 자질(즉, 음소 구성소, phèmes)의 기술은 변별성의 기준과 더불어 조음적 기초에서 이루어진다. 이 같은 기술의 장점들은 지나치게 과장되었지만, 중요한 것은 조음적 관점이 결정적으로 청취적 관점에 종속되었다는 점이다. 야콥슨의 진술에서 이 점이 분명히 나타난다: "변별적 자질은 단지 조음적·청취적 시각에서 기술되었는데 그 이유는 지금까지 우리가 가장 상세한 정보를 갖고 있는 유일한 두 가지 양상이기 때문이다. 이 두 가지 모델 중 어느 것도 궁극적이며 환원 불가능한 모든 구분들의 완결된 도표를 제시할 수 있다. 하지만 분절이 청취적 현상과 맺는 관계는 수단과 목적의 관계와 같다. 감각 기관적 데이터의 분류는 청취적 모델들에 대한 참조를 통해서 이루어질 수 있다."[10]

그렇다면 변별적 자질들의 규정에 어떤 변화가 생기는가? 이 질문에 대하여 야콥슨이 실행한 청취적 기술과 조음적 기술을 비교하면 그 배경이 바뀌었음을 깨닫는다. 청취적 배경은 조음적 배경보다 섬세하고 예민하며 미묘하다. 조음적 관점에서 대립은 지속적으로 '있음'과 '없음'의 편차에 의

10 R. Jakobson, *Essais de linguistique générale* (Paris: Minuit, 1963), pp.133-134.

해서 규정된다. 반면 청취적 관점에서는 주로 '상승-축소'(élève-réduit)의 편차에 의해서 제시된다. 달리 말해 조음적 기술은 범주적 유형의 대립에 호소하는 반면, 청취적 기술은 점증적 유형의 대립들을 작동시킨다. 우리는 여기서 청취적 관점이 조음적 관점보다 더 큰 변별성과 세련미를 갖고 있음을 알 수 있다.

그러나 범주적 대립은 그 단순성이란 명목으로 점증적 대립보다 선호되었다. 그리고 이 같은 범주적 대립들과 더불어 의소의 분석이 감행되었다. 한마디로 의소 분석은 그 대상과 숨바꼭질을 하는 것이다. 지식은 결국 대상을 쪼개고 쪼개서 파괴시키고 나서야 비로소 그 대상을 알 수 있는 것이다.

소쉬르가 제시한 차이의 우선권은 옐름슬레우의 다음 진술에서 더 세련되게 다듬어진다: "검토되는 대상은, 그 부분들이 관계와 종속들에 힘입어서만 비로소 존재한다."[11] 기호 그 자체에 적용될 때, 이 원칙은 실질을 사실성(facticité)으로, 형식을 배타적 데이터로 제시하게끔 만든다.

이렇듯 의소 개념은 음운론 모델에서 차용한 시차적 개념과, 아날로그적 개념 사이에서 주저한다. 그렇다면 이런 문제를 일반 인식론의 조건에서 살펴보자. 옐름슬레우는 언어를 언급할 수 있는 원칙으로 모두 5가지 원칙을 제시한 바 있다. 그것은 다음과 같다: ① 내용 면과 표현 면의 존재, ② 환입의 원칙, ③ 비일치성, ④ 체계-과정의 이원성, ⑤ 적합하게 규정된 관계들의 존재.

이들 가운데 처음 세 개는 특수성의 원칙으로 나머지 둘은 동질성의 원칙으로 묶어 볼 수 있다. 전자는 고립화의 원칙으로 불리기도 한다. 의소는 고립된 것이며, 그 핵(teneur)이라고 불리는 것을 고정하는 것이 문제의 핵심이다. 개념 작동이라는 용어로 말하자면, 의소는 하나의 차이를 통해서 구성된다. 의소는 하나의 차이의 부분일 뿐만 아니라, 그것 자체가 하나의 차

11 L. Hjelmslev, *Prolegomena to a theory of language* (Madison: University of Wisconsin Press, 1963), p.36.

이이다. 달리 말해 의소가 지속된다면 그것은 연속성의 원칙을 만족시키기 위해서인데, 비연속성의 원칙을 만족시키기 위해서는 연속성에 하위 의소적 비연속성을 장치해야 한다. 모든 단위는 관계들의 다발이며 관계들의 교차로이다. 앞서 말한 '상승-축소'의 대립은 연속적인 것을 비연속성으로서 파악한 것이며, 그것은 '긴장-이완'으로 이해할 수 있다.

의소는 최종 심급이 아니며, 의소 아래편에 긴장과 이완의 대립을 장치시켜야 한다. 이렇게 되면 대립의 구상화가 다시 그려진다. 의소는 하나의 의소적 '매스'로 나타난다. 즉 의소는 이완된 상태와 긴장된 상태에서 변하는 그 무엇이다. 이 두 상태의 상호 종속은 연속성의 축을 규정한다. 그 대립은 의소 S_1의 연속성의 축과 의소 S_2의 연속성의 축의 교차로서 파악된다.

그레마스에게서 의미의 포착은 먼저 전환이 가능해야 한다: "의미 작용은 언어의 한 수준에서 다른 수준으로의 전환일 뿐이다. 즉 하나의 언어에서 다른 언어에로의 전환, 의미는 이 같은 코드 전환의 가능성일 뿐이다."[12] 그리고 의미는 변형 가능하다: "의미의 생산은 그것이 주어진 의미의 변형일 때만 의미를 갖는다."[13]

앞서 우리는 기호학의 토대를 받쳐 주는 일반적 가설로서 두 가지를 제시한 바 있다. 첫째, 의미 작용에 대해서 우리가 알 수 있는 것은 형식이지 실질이 아니다. 둘째, 의미 작용의 형식은 관계들의 체계로 조직화된다. 마찬가지로 의미를 최소 요소들로서 분석하는 것과 관련된 가설들로 두 가지를 제시할 수 있다.

첫 번째 가설은 과학적 연구의 대상으로서, 의미 작용의 형식은 분할에 종속된다는 것이다. 의미 작용의 분할 가능성은 보통 사람들의 자연적 경험과 정면으로 상충되는 인식론적 혁명을 성립했다. 즉 의미의 판독 가능성이 지금까지는 연속적이며 구분되지 않는 '플럭스'로서 지각되었다. 하지만 지각된 것의 연속적 플럭스를 이산적 단위들로 이루어진 비연속체로 재단

12 A. J. Greimas, *Du Sens* (Paris: Seuil, 1970), p.13.
13 같은 책, p.15.

하는 수순 자체는 매우 오래된 것이다. 이런 운동과 견주어 기호학은 두 번째 단계로서 개입한다. 즉, 기호학은 각각의 언어가 세계에 대한 우리의 지각의 '분할'(fractionnement)에 어떻게 작용하는가를 보여 주면서 의미 분석의 시도에다 의미 분석 그 자체에 대한 메타 분석을 중첩시킨다. 이 같은 이차원의 분석은 의미 형식의 기술에 존재하는 추상적 단위들을 세우는 데 있으며, 즉발적으로 시도된 분석은 구체적이며 겉으로 드러난 단위들에 이르게 된다.

두 번째 가설은 이 같은 분할들 자체는 분석 층위에 달려 있다는 점이다. 언어학과 기호학의 문제 틀에서 제 수준들은 자의적으로 규정되지 않는다. 그 수준들은 그것들을 구성하는 요소들이나 단위들의 질적인 변천을 관찰하는 데서 비롯된다.

첫 번째 수준은 텍스트 또는 발현의 수준이다. 두 번째 수준은 담화적 수준이며, 여전히 표층적이다. 이것은 담화적 형상소들과 구상화 사이의 구분들에 착수하면서 단위들을 구성한다. 마치 아름다운 강이 있을 때 이 수준들은 맨눈으로도 식별할 수 있는 강의 빛깔 있는 물길의 흐름이다. 세 번째 수준은 의미 작용의 중간 단계들의 수준으로서, 실질의 총체성을 구분한다. 이것들은 맨눈으로는 보이지 않지만, 그 속성들의 존재를 부과한다. 바로 이 수준에서 서사적 현상들이 위치한다. 네 번째 수준은 의미 작용의 원자들의 기술이다. 이것을 '심층적 수준' 또는 '논리적 수준'이라고 부른다. 왜냐 하면 이 수준은 이 원자들을 구성하는 관계들의 기술로만 이루어져 있기 때문이다. 담화 수준에서는 '담화적 형상소'나 '구상화'를 언급하며, 서사 수준에서는 '행동자'와 '기능들'을 언급할 것이며, 마지막으로 심층적 수준에서는 최소 단위나 '의소'를 언급할 것이다.

위에서 제시한 두 가지 가설로부터 세 번째 가설, 즉 이원적 대립들의 관계로 분절된 의미 작용의 최소 수준을 제시할 수 있으며, 그 대립의 축을 '의소'(sèmes)라고 부른다. 이 같은 이원적 대립들의 관계는 바로 앞에서 제시한 '관계들의 망'이란 가설에서 나온다. 음운론에서 변별적 자질과 문법적 범주의 내부에서의 대립 개념이 그것이다. 예를 들어 프랑스어에서의 단수와 복수는 수라는 범주를 구성한다. 그리스어에서 그 관계는 단수·쌍수·복수의 세 가지 항으로 이루어진다.

기호학의 이원적 대립들은 음운론의 변별적 대립들과 동일한 원리에 기초한다. 이 대립들은 두 가지 유형의 관계들의 교차로에 위치한다. 유사성이나 연접의 관계, 차이점이나 이접의 관계를 그 예로 들 수 있을 것이다. 한국어에서 '미남'과 '부자'는 각각 '추남'과 '빈자'와의 대립으로서 제시된다. 여기서 아름다운 것과 추한 것은 미적 성질을 다룬다는 점에서 연접되었으며, 이 성질과 관련하여 이 둘은 서로를 부정한다. 의소는 "연접의 바탕에서 이접의 두 가지 관계에 의해서 엄밀하게 규정되는 의미 작용의 요소를"[14] 일컫는 말이다. 의소는 결코 자연 언어의 단 하나의 낱말에 의해서 표현될 수 있는 것이 아니다. '아름답다' 대 '추하다'의 관계에서 의소 '아름답다'를 제기하면, 이 명명은 한국어에서 '아름답다'란 낱말의 가능한 의미들의 총합을 포괄하지 않는다. 오직 그것의 공통분모의 관점에서 고려된 '추하다'라는 것과 견주어서 '아름답다'의 차이적 가치만을 배타적으로 포함할 뿐이다.

미적 성질

+	−
아름답다	추하다

의소 개념과 관련된 가설들은 여전히 음운론적 모델들과 연결된 기호학의 상태를 특징짓는다. 그것은 옐름슬레우가 표현 차원과 내용 차원의 행동 양식의 동일성, 즉 표현과 내용의 동형성(isomorphisme)이라고 부르는 것과 깊은 관련이 있다. 변별적 대립 개념을 내용 차원으로 전환하는 것은《언어 이론 서설》에서 표명된 바 그대로 그 역사적 가치를 상기한다는 점에서

14 A. Hénault, *Les enjeux de la sémiotique* (Paris: PUF, 1979), p.49.

재론할 만하다. 예를 들어, '암말'이라는 기의가 있을 때 이것은 구별되는 두 가지 의미 작용 단위들을 발현한다.

암말 = 암컷 + 말

이 요소들은 음운론에서 '환입'과 동일한 절차에 의해 나타난다. 실제로 프랑스어 /peau/라는 기표에서 두 가지 요소 p와 o가 있고, po는 pa가 아니며, fo는 fa가 아니다. 마찬가지로 p와 f를 대립시킬 수 있으며 다른 한편으론 o와 a를 놓고 대립시킬 수 있다. 옐름슬레우의 가설은, 이런 식으로 해나가면 내용 차원에서 한정된 수의 최소 요소들의 목록체를 얻을 수 있다는 것이다. 이런 식으로 내용 차원은 표현 차원과 견주어서 평행이 완벽하게 이루어진다는 주장이었다. 그 결과 변별적 자질들은 의소와 동등 가치를 갖게 된다.

그러나 그 같은 시도는 실패로 돌아갔다. 먼저 물질적 차원에서 다루어야 할 자료의 방대함이 그 원인이며, 이론적 차원에서 결국 한 언어의 어휘체의 종합에 대한 기술은 담화 기호학의 구축 없이는 가능하지 못하기 때문이다. 이러한 노력은 단지 한정된 부분적 체계들의 연구로 제한될 수밖에 없었다. 이로써 의미 작용의 원자화는 좌절의 고배를 마실 수밖에 없었다.

3) 의소적 핵과 부류소

그레마스 이론에 따르면, 두 가지 종류의 의소들을 구분할 수 있다. '핵의소'와 '부류소'(classème)가 그것이다. 핵의소는 '어휘소'(lèxeme)라는 발현 차원의 요소, 즉 통사적 단위들의 구성 속에 들어오는 요소들이다. 반면 부류소는 최소한 두 개 이상의 어휘소의 결합을 포함하는 보다 광범위한 통사적 단위들 속에서 발현된다.[15]

15 A. J. Greimas, *Sémantique structurale* (Paris: Larousse, 1966), p.43.

이 같은 구분과 그 내용을 이해하기 위해, 그레마스가 사용한 어휘소 'tête'(머리)의 예를 들어 보자. 문제의 핵심은 그 내용을 분절하려고 하는 언어적 발현 차원의 단위이다. 이 프랑스어 단어는 그것이 사전에 나타나는 상이한 문맥에 따라 연구된다. 그로부터 핵의소, 즉 불변하는 의소적 최소치가 도출된다는 것이 그레마스 방법론의 요지이다. 그레마스는 프랑스어 단어 'tête'(머리)라는 의미소에서 이 핵이 /말단성/과 /타원성/이라는 의소 주위에서 구성된다는 점을 지적한다.

머리의 의소적 핵 또는 핵 형상소는 핵의소들로 구성된다. 한 가지 예만 들어 보자면 다음과 같이 /말단성/이란 핵과 더불어서 '말단성 + 우위성 + 수직성'이라는 핵의소들을 얻을 수 있다.

> "la tête d'un arbtre" (나무의 꼭대기)
> "être à la tête des affaires" (일의 맨 앞에 있다)
> "avoir des dettes par-dessus la tête" (머리 위에 빚을 지다)

여기서 도출된 핵의소들과, 보다 더 넓게는 언어적 발현을 넘어서서 내재적으로 만날 수 있는 핵의소들은 그레마스가 언어의 우주론적 수준이라고 부른 것을 규정한다. 이것은 곧 외부 지향성, 즉 인간이 자신을 둘러싸고 있는 세계에 대해서 갖는 지각을 말한다. 달리 말해, 핵형상소들을 구성하는 핵의소는 세계에 대한 이 같은 외적 포착에 해당되는 것이다.

그러나 여전히 내재적 수준에 머물면서 우리는 의소의 또 다른 범주 즉 부류소를 구비하게 된다. 부류소는 최소한 두 개 이상의 어휘소의 결합을 함의하는 것이다. 실제로 부류소는 핵형상소에 나타나지 않는 의소이다. 즉 부류소들은 문맥에 의해서 규정된다. 부류소는 하나의 문맥적 의소이다.

만약 하나의 어휘소의 의소핵, 예를 들어 '머리'라는 어휘소의 의소핵이 불변소라면, 의미 변이형들은 문맥에서만 도래할 수 있으며, 바로 문맥은 의미 효과의 변화를 설명할 수 있는 의소적 변이형들을 포함한다. 그레마스는 이 같은 의소적 변이형들을 문맥적 의소로 간주한다. 한 가지 예를 들어 보자.

'Le chien aboie'(개가 짖는다)는 두 개의 의소적 형상소뿐만 아니라, 하나의 문맥적 의소, 즉 부류소인 동물을 포함한다. '개' 대신 다른 형상소, 예컨대 '형사'로 대체하면 인간이라는 부류소를 갖게 된다. 달리 말해, 하나의 핵형상소의 문맥화는 하나의 새로운 의소, 즉 문맥적 의소 또는 부류소를 출현시킨다. 이 문맥적 의소가 두 형상소의 결합을 가능케 한다.

언어의 기호학적 차원을 구성하는 핵의소들과 나란히, 부류소들은 의미론적 차원을 성립한다. 이것은 하나의 범주적 조직을 지시하는 내부 지향성이 지시하는 것이다. 외부 지향성과는 달리, 하나의 자연 언어의 기의에 자연 세계의 어떤 기표도 상응하지 않을 때, 내부 지향성이 있게 된다.

4) 의소에 대한 인식론적 물음들

우리는 의소가 의미론의 기본적 단위로서, 최소 의미 작용 요소임을 살펴보았다. 지금까지 검토한 의소 개념의 다양한 정의들은 인식론적 관점에서 크게 다섯 가지의 핵심적 요소로 압축될 수 있을 것이다.[16]

첫째, 의소들은 내용의 형식의 단위들이다. 이 논지를 해명하기 위해서는 앞장에서 언급한 언어학에서의 형식과 실질 사이의 관계에 대한 설명이 필요하다. 이 점에 대해서 옐름슬레우는 전범적인 위치를 차지하므로 앞서 언급한 논문 〈언어의 성층화〉(La stratification du langage)(1954)를 다시 읽어야 할 것이다. '랑그'는 내용의 형식과 표현의 형식 사이에서 조직화된 특수한 형식으로서 정의되기 때문에, 형식/실질의 대립은 표현/내용의 대립과 더불어 모든 방법과 원칙의 토론들이 집중되는 핵이라고 볼 수 있다. 결

16 F. Rastier, *Sémantique interprétative* (Paris: PUF, 1996), pp.18-37; Louis Hébert, *Introduction à la sémiotique des textes* (Paris: Honoré Champion, 2001), pp.14-30.

론적으로 말하자면, 형식/실질의 대립은 상대적이다. 먼저 두 종류의 실질을 구분해 볼 수 있다. 첫 번째 실질은 무정형의 실질 또는 질료(영어로는 'purport')로서, 칸트의 물 자체에 해당한다. 두 번째 실질은 기호학적으로 형식화된 실질로서, 이것은 과학의 대상에 귀속된다. 구조 언어학은 형식의 과학으로서 정의된다는 점에서, 의소들은 오직 기호적으로 형성된 실질의 단위들로서만 구조 언어학의 대상에 속한다. 다른 한편으론, 기호적으로 형성된 실질의 질료적 성격에 대해 물음을 던질 필요가 있다. 이 점에 대해서는 두 가지 견해로 양분된다. 의소로서 실질의 단위는 외연적으로 비언어적인 대상의 성질로서 규정될 수 있다는 견해로서, 이때 그 대상은 실재적 또는 상상적 세계에 속한다. 두 번째 견해에 의하면, 의소는 기능적 단위들 사이의 순수한 차이로서 정의될 수 있다는 것이다. 첫 번째 견해가 의소에 대한 실증적 정의를 대변한다면, 두 번째 견해는 순전히 대립적인 관점을 표방한다고 볼 수 있다. 인식론적 차원에서 보자면, 형식과 실질 사이의 대립에 대한 보다 폭넓은 정의를 도출할 수 있다. 다시 말해, 언어학의 차원을 넘어서 형식과 실질의 구분은 두 개의 성층이나 위계 사이의 구분을 함의하는 일체의 과학적 분석에 적용될 수 있다. 왜냐하면 형식은 대상의 본질적인 부분이며, 실질은 비본질적인 부분이라는 결론에 이를 수 있기 때문이다. 그러나 이것은 상대적인 관점으로 어떤 공리를 취하느냐에 따라서 그 위치는 변할 수 있다. 예컨대, 언어학에서 실질은 다른 과학에서는 형식이 될 수 있다. 어쨌든 옐름슬레우는 내용의 실질에 대한 기술은 사회적 제도와 관련된 문제를 비롯해 사회 인류학의 한 지류를 이룬다고 말하고 있다. 풀어 말해, 언어의 함수적 체계에 속하는 것은 형식이며, 나머지 다른 사회적 규범에 속하는 것들은 실질에 속한다고 말할 수 있다.

둘째, 의소들은 하나의 지시체의 성질들 또는 개념의 부분들이다. 영미 분석 철학과 논리학 전통에서는 내용에 대한 외연적 분석을 시도해 왔다. 이런 관점에서, 본질적인 문제는 기호의 지시체를 파악하는 일이다. 이런 이론적 틀 속에서, 하나의 기호의 내용에 대한 분석은 이 기호를 정확하게 외시하기 위해 필요한 조건들을 열거하는 데 있다. 이 조건들은 바로 지시체에 부여된 성질들에 해당한다. 그러나 외연적 의미 이론은 자연 언어에 적용될 경우, 몇 가지 난관에 봉착한다. 먼저 그것은 기호의 언어학을 가능케 할 뿐, 발화체나 텍스트의 언어학을 설명할 수 없다. 그것은 오직 명사들의 의미론으로 국한되며, 모든 기호들의 내용에 대한 통합된 처리를 가능케 하지 않는다. 그레마스는 바로 이 같은 의소 개념을 거부한다.

의소에서는 두 가지 의미, 즉 '작동적 의미'와 '형상적 의미'를 구분해야 한다. 시차적인 언어적 자질로서의 의소는 단지 작동적 의미만을 갖는다. 하지만, 의소는 그것의 형상적 의미를 규정하는 개념적 표상들에 결합될 수도 있다. 의소에 대한 이 같은 두 가지 정의들은 동일한 분석 수준에 놓이지 않는다는 점에서 혼동해서는 안 될 것이다.

셋째, 의소들은 보편소들이다. 문제는 더 이상 보편소들의 존재 방식에 대한 것이 아니라, 그것들의 존재 그 자체이다. 구조 언어학에서 의미론적 성분들에 관한 보편주의는 야콥슨의 논지에 기초하는데, 이것에 따르면 매우 적은 수의 변별적 자질들이 모든 언어의 음운 체계를 기술하는 것을 가능케 한다는 것이다. 다른 한편으로 이 같은 보편주의는 언어의 두 면 사이에 존재하는 동형성이라는 옐름슬레우의 논지에서도 나타난다. 하지만 이 두 가지 논지에 기초한 보편주의는, 한정된 수의 의소들이 모든 언어의 내용을 기술할 수 있게 해 줄 것이라는 결론을 너무도 쉽게 내려 버렸다. 생성 언어학에서 나온 카츠[17]와 포도르(J. Fodor)[18]의 의미론 이론도 언어의 보편적 범주들을 기술하려 했다는 점에서 보편주의의 표방이다.

만약 의소들이 지시체의 성질들을 표상한다면, 또 몇몇 지시체가 모든 언

---

17 Jerrold J. Katz and Paul M. Postal, *An integrated theory of linguistic descriptions* (Cambridge, Massachusetts: MIT Press, 1964).

18 Jerry Fodor, *Psychosemantics: The Problem of Meaning in the Philosophy of Mind* (Cambridge, Massachusetts: MIT Press, 1987); Jerry Fodor, *The Language of Thought* (Cambridge, Massachusetts: Harvard University Press, 1975); Jerry Fodor, *The Structure of Language*, with Jerrold Katz(eds.) (Upper Saddle River: Prentice Hall, 1964).

어에서 동일하다면 몇몇 의소들을 보편적이라고 결론 내릴 수 있을 것이다. 하지만, 이것은 어디까지나 가설에 불과하며, 의소들이 의미소들 사이의 관계를 규정하고, 모든 개별 언어가 가장 잘 공유하는 경험을 매우 직접적으로 어휘화하기 때문에, 의소들은 개별 언어마다 상대적으로 남아 있다. 만약 경험의 보편소들이 존재한다면, 그것은 언어적 단위들이 아니라, 개념적 형성들이다. 결론적으로 말해서, 의소들은 보편적이지만, 이때 이 논지를 생득적 관념이나 언어 외적인 현실의 성질로 동화시키는 것은 피해야 한다. 의소들은 언어학적 단위들이며 보편소들은 보다 추상적인 수준에서만 파악될 수 있기 때문이다.

넷째, 의소들은 한정된 수로 이루어져 있다. 생득적 관념이나 범주들은 매우 적은 수로 한정될 것으로 추정된다. 앞서 언급한 생성 의미론 언어학자들은 의미론적 자질들의 한정된 수는 인간 정신의 초월적 합리성에 기인한다는 주장을 내세운다. 그렇다면 의소들의 숫자를 어떻게 산출할 수 있을까? 의소들은 계열체 차원에서뿐만 아니라 통합체 차원에서 의미소들 사이의 관계에 의해서 규정된다. 이 두 가지 차원에서 의미소들 사이의 조합들은 자유롭지 않다. 의미소들 사이에는 고유한 부류들이 있고, 어휘의 선별 제약과 연대성의 존재가 있기 때문이다. 의미소들 사이의 조합이 자유롭지 못하다면, 그것들을 차이화하는 의소들의 조합도 자유롭지 못할 것이다. 성분 의미론을 비판하면서 에코는 이미 그 딜레마를 지적했다.[19]

의소들의 숫자는 무한한 것이 아니다. 만약 의소들이 지시체적 자질들이라면, 의소들의 숫자는 잠재적으로 무한할 것이다. 그러나 한 언어의 어휘부는 쉽게 파악될 수 있는 부류들의 닫혀진 목록체로 제시되지 않는다. 언어학자들은 어휘부란 한 언어의 가장 덜 구조화된 부분이며 가장 복잡한 구조라고 주장했다. 토도로프와 같은 사람은 우리는 아직 의미적 장의 경계를 그을 수 있는 형식적 기준들을 갖고 있지 못하다는 사실에 주목하면

---

19 U. Eco, *Semiotics and the philosophy of language* (London: The Macmillan Press, 1984), pp.112–129.

서 《구조 의미론》의 한계를 지적한 바 있다.

다섯째, 의소들은 궁극적 또는 원초적 성분들이다. 모든 과학자의 욕망은 궁극적 또는 원초적 요소들을 찾는 데 있다. 미시 의미론은 더 이상 분해될 수 없는 단위들을 구분해 낸다. 하지만 이 단위들은 단지 정의할 수 없는 개념들이다. 의미론 이론에서는 이 같은 원초적 요소들을 '노엠'(noème)이라고 부른다. 의소와 달리, '노엠'은 특정 언어에 연결되지 않는다. 그것은 모든 자연 언어와 독립해서 존재하여 제기된 의미의 자질이다. '노엠들'(noèmes)이 보편소로 간주되지만, 그것은 방법상의 보편소일 뿐이며 그것의 작동적 가치로부터 경험적 보편성을 도출시킬 수는 없다.

2. 의미소(sémème)[20]

1) 정의

앞서 의소에 대한 논의에서 밝혔듯이, 기호적 본질을 띠는 핵의소와 의미적 본질을 띠는 부류소는 내재적 층위에 속한다. 그 양자가 결합되면 보다 고차원으로 이동하여 있는 그대로의 내용의 발현을 구성한다. 물론 여기서 말하는 내용은 표현과 내용이 하나로 결합하는 언어적 텍스트적 발현과 혼동되어서는 안 될 것이다. 의소적 핵과 문맥적 의소들의 조합은 비로소, "의미소"라고 명명되는 의미 효과들을 담화 층위에서 촉발하는 것이다.[21]

그 결과, 의미소들은 일정한 조합술의 결과로서 나타나며 그 조합술의 구성 규칙 내지는 기능 작동의 결과를 비롯하여 그 같은 조합 원리를 특

---

20 의미소의 방법론적 인식론적 토대에 대한 상세한 내용은 다음 문헌 참조. ① F. Rastier, *Sémantique interprétative* (Paris: PUF, 1987), pp.58-86. ② A. J. Greimas & J. Courtés, *Sémiotique: Dictionnaire raisonné de la théorie du langage* (Paris: Hachette, 1979), pp.334-335.

21 A. J. Greimas, *Sémantique structurale*, p.110.

징짓는 제약들을 규정하면 그뿐이다. 예컨대, 핵의소들은 내용의 발현 수준에서는 부류소 없이는 나타날 수 없다. 의미소의 경우도 마찬가지다. 반대로 문맥적 의소들은 자기들끼리 서로 조합할 수 있으며 메타 의미소(métasémèmes)의 코퍼스를 이룰 수 있다. 즉, 의미소와 메타 의미소는 발현된 의미 작용의 두 가지 유형의 단위들이다.[22] 하지만 그 같은 의소의 조합술 및 그 결과로 나올 수 있는 수없이 많은 의미소들의 결과에 대해서는 많은 연구가 이루어지지 않은 상태다.

2) 의미소의 두 가지 유형론

한편, 그레마스는《구조 의미론》에서 의미소의 하위 부류들에 대한 유형론의 이론적 단초를 마련하고 있다. 그의 새로운 분절 방식에 따르자면, 발현된 우주는 그 전체 속에서 총체성의 범주에 의해서 정의될 수 있는 부류를 구성하며, 브뢴달의 이론에 착안하여 총체성이 이산성 대 통합성으로 분절된다는 점을 지적하고 있다. 즉 발현된 우주를 발현 순간에서 의소항들의 하나를 실현하면서 두 개의 하위 부류로서 분할한다는 것이다. 하나는 이산적 단위이고 다른 하나는 통합된 단위들이다.[23] 따라서 우리는 다음 두 가지 유형의 의미소를 갖게 된다. 첫째, 의미의 효과로서 매체 또는 실재로서 파악되는 의미소가 있으며, 둘째 그와는 정반대로 이 같은 이산적 단위들이라는 매체에 통합되는 의미소의 유형이 존재한다. 여기서 그레마스는 이산적 단위들로서 정의되는 의미소의 하위 부류를 지칭하기 위해 행동자(actant)라는 명칭을 제안하고, 통합된 단위들로서 간주되는 의미소를 지칭하기 위해 서술어(prédicat)라는 명칭을 제안한다.

행동자와 서술어의 결합과 더불어 이미 내용 차원의 발현의 통사적 조직의 기초가 그 윤곽을 드러낸다. 물론 행동자와 서술어는 상호 정의되며 모

22 J. Courtés, *Introduction à la sémiotique narrative et discursive* (Hachette, 1976), p.52.
23 A. J. Greimas, 앞의 책, p.121.

든 의미론적 메시지는 필연적으로 그 둘 중의 하나를 포함한다.

주어진 의미 작용의 세계에 대한 분석을 쉽게 하며 서술어들의 부류에 대한 분할을 제안하기 위하여 정태성과 역동성의 대립을 실현하는 새로운 부류소적 범주를 상정할 수 있다. 즉, 서술어적 의미소는 그것들이 정태성이냐 또는 역동성의 의소를 포함하고 있느냐에 따라서 행동자와 관련된 상태 또는 과정에 대한 정보를 제공할 수 있다.

그 결과 서술어적 의미소는 모든 문법화에 선행하여, 다음과 같은 문장에서처럼 프랑스어 동사 'aller'라는 어휘소가 사용되는 담화 속에서 실현되는 바대로라면 첫 번째 경우는 정태성의 부류소를, 두 번째 경우에서는 역동성의 부류소를 포함하는 것이다.

Cette robe lui va bien. (이 옷은 그 사람에게 잘 어울린다.)
(이 문장에서 프랑스어 동사 'aller'의 3인칭 단수 'va'는 옷이 어울린다는 상태를 나타낸다)
Cet enfant va à l'école. (이 아이는 학교에 간다.)
(이 문장에서 'aller'동사는 본래의 의미인 '가다'라는 동작의 움직임을 나타낸다)

그레마스는 역동적 서술어를 지칭하기 위해서 '기능'이라는 용어를, 반면 정태적 서술어를 이르는 용어로 '수식'(형용화)(qualification)이라는 용어를 사용한다.

서술어의 부류에 있어서 두 개의 상보적인 범주들로 분절시키는 방식으로 의미론적 제약을 도입한 데 이어서, 기능적 분석과 수식적 분석에 착수할 수 있는 여지가 남는다. 아울러 이 같은 두 가지 분석은 서로 포개어질 수 있다. 물론 수식적 요소와 기능적 요소가 중요한 분석 거점을 구성하지만, 그 요소들은 행동자의 부류라는 보다 상위의 심급에 종속된다. 처음 보면, 예컨대 담화의 기능 작동은 일정 수의 인물, 물체, 장소 등의 실재들을 배치시키며, 점증적으로 그 속성들을 부여하는 데 있다. 즉 먼저 행동자가 있고 나중에 가서 그에 대한 서술어가 결합되는 것이다. 만약, 통사적 활동인 과정의 통합체적 순서에 연연하는 대신, 행동자와 서술어 사이의 관계를 체계적인 관점으로 견지한다면 행동자들은 서술어들의 계열체에 의해서 구성된다고 말할 수 있다. 예컨대, 소설 주인공에 대한 초상화는 이야기의 진행에 따라서 구축돼 나가고 소설의 내레이션이 완전히 종결될 때 비로소 완전하게 성립되는 것이다. 이야기의 초반부에 주인공은 단지 고유 명사 또는 대명사에 의해서 지칭되는 매체일 뿐이며 텅 비어 있는 상태로서 작가는 연속적으로 소설의 선을 따라서 일정 수의 기능 또는 수식을 부여한다. 그 결과, 그레마스가 지적하고 있듯이, 개별적으로 취해진 메시지 수준에서는 비록 기능과 수식이 행동자에게 부여된 것으로 보이지만, 담화적 발현 층위에서 보면 그 정반대가 발생한다. 즉 다양한 수식을 비롯하여 기능들은 행동자들을 창조하고 행동자들은 서술어들의 부류들을 표상하고 심지어 포함한다는 사실로부터 메타언어적 삶으로 유도될 수밖에 없다. 그 결과 기능적 모델과 수식적 모델은 행동자 모델이라는 보다 상위의 수준에 속하는 조직 모델에 의해서 지배된다.

3) 의미소의 구성

앞서 든 예에서는 한정된 수의 문맥들 속에 위치한 어휘소 '머리'가 제시되었다. 그레마스는 어휘소 '머리'가 신체의 부분을 의미한다는 가설에서 출발했다. 그것으로부터 그가 특정 방식으로 묶은 문맥들에 힘입어서 '머리 = 신체의 부분'이라는 가설을 중심으로 상위 지배적 또는 하위 지배적 관계들의 다발로 배치되는 의미들의 성좌(constellation)가 분명히 밝혀졌다. 따라서 한편으로는 문맥적 변이형들 사이에, 또 다른 한편으로는 관찰된 어휘소 내용의 변이형들 사이에 상관 관계가 존재한다. 바로 이 두 번째 변이형들은 의미 작용의 기본 구조의 틀 안에서 정의될 수 있는 관계들로서 나타난다.[24] 그런데 여기서 그레마스는 어휘소 일반의 내용에 대해 우리가 알고 있는 것이 무엇인지 묻고 있다. 프랑스어 단어 'tête'(머리)는 'thème'(주제), 'terre'(땅), 'thèse'(논지) 등과 환입될 수 있다는 가능성의 사실로부터 '네거티브'한(소극적인 동시에 부정적인) 내용을 가지며, 아울러 의소들의 상위 지배적 배열이라는 점에서 '포지티브'한(적극적인 동시에 긍정적인) 의미를 지닌다. 그레마스는 이 같은 포지티브한 내용을 의소 핵으로 간주하고 'Ns'로 표기하는데, 이것은 영속적인 의미적 최소치, 불변항으로 제시된다. 따라서 Ns가 불변항이라면 의미의 변이형들은 문맥에서만 올 수 있다. 달리 말해, 문맥은 유일하게 의미 효과의 변화를 설명할 수 있는 의소적 변이형들을 포함하고 있어야 한다. 그레마스는 이 같은 의소적 변이형들을 문맥적 의소로 간주하고 'Cs'로 표기한다. 분명, 가능한 문맥의 경우들의 총체성이 모든 의소적 변이형들을 모두 밝혀 줄 수 있지만, 문맥적 의소들의 수는 문맥들의 경우들의 수보다 훨씬 그 수가 제한되어 있다. 따라서 제 문맥들을 문맥적 부류들로 묶는 것이 가능하며, 이 부류들은 언제나 동일한 의미 효과를 촉발시키는 문맥들로 성립될 것이다. 그레마스는 문맥적 의소가 모든 문맥 부류에 공통된 공약수라고 간주한다. 현 단계의 연구 수준에서 우리는 위에서 정의된 문맥적 의소의 내용에 대해서 아는 바가 없기 때문에, 그레마스는 문맥적 의소가 언제나 의소 그 자체, 즉 의미 작용의 최소 단위와 동일시된다고 단언한다. 발현 차원의 단위 분석에 필요한 작동적 개념들을 배치하기 위해, 그는 하나의 문맥적 부류가 오직 하나의 문맥적 의소에 의해서 정의되는 경우만을 겨냥한다. 그 결과 의소 핵 Ns와 문맥적 의소 Cs에 대한 정의는 의미 효과를 의미소(sémème)로 간주하고, 그것을 Ns와 Cs의 조합으로 규정하는 것을 가능케 한다.

의미소 Sm = 핵의소 Ns + 문맥적 의소 Cs

---

24 쿠르테스는 의소와 의미소의 관계에 대한 평이한 설명을 제공하고 있다. J. Courtés, *Introduction à la sémiotique narrative et discursive* (Paris: Hachette, 1976), pp.45-52.

앞서 언급했듯이, 기호(학)적 성격의 핵의소와 의미(론)적 본질에 속하는 부류소는 내재적 수준에 속한다. 그것들의 결합은 보다 높은 차원으로 옮아가면서, 내용의 발현을 성립시킨다. 의소 핵과 문맥적 의소들의 결합은 담화 차원에서 의미의 효과들, 즉 의미소(sémèmes)를 만들어 낸다. 이렇듯 의미소는 조합의 결과로서 나타나며, 그 구성 또는 작동 규칙을 지배하는 일이 관건이다. 예컨대, 핵의소들은 내용의 발현 차원에서는, 부류소 없이는 결코 출현하지 않을 것이다. 의미소의 경우가 그렇다. 반대로 문맥적 의소들은 그 자체에서 서로 조합할 수 있으며, 메타 의미소의 자료체를 구성한다.

포티에의 용어에서 의미소는 최소 기호의 내부에서 인지될 수 있는 의소들의 총합으로서 정의된다. 그렇게 구획이 그어진 의미 작용의 단위는 세 개의 하위 집합으로 구성된다. 총칭적 의소들을 의미하는 '부류소'(classème), 특수한 의소를 의미하는 '특수 의소'(semantème), 함축적 의소를 지시하는 '잠재소'(virtuème)가 그것이다.

이 정의와 관련하여, 의미소에 대한 그레마스의 개념은 다음과 같은 점에서 근본적인 차이를 보여 준다.

첫째, 포티에가 의소에 하나의 형태소가 갖고 있는 기의의 투자(investissements)들의 총체성을 부여하는 반면, 그레마스에게 있어서 의미소는 보통 일상 언어로 한 단어의 어의, 규정된 의미를 뜻하는 것에 해당된다. 포티에의 의미소는 따라서 그레마스가 말하는 어휘소에 해당한다. 어휘소란 하나의 공통적인 의소 핵에 의해 결합된 의미소들의 총합에 의해서 성립된다. 예컨대, 프랑스어 어휘소 'table'(테이블)은 사전들이 지칭하는 '여러 개의 다리에 의해서 지탱되는 평평한 면'과 같은 의미소에다 다음과 같은 표현들에서 인지될 수 있는 다른 의미소들을 포함한다. 'présider la table'(회의를 주재하다), 'table d'écoute'(청취석), 'tables de la loi'(법칙 도표) 등등. 의미소들의 결합으로서 어휘소는 특정 자연 언어의 역사적 발달의 결과이며, 반면 의미소는 하나의 구조적 사실, 내용 면의 단위이다.

둘째, 하나의 동일한 형성소(formant)에 의해서 포괄되는 다수의 의미소들에 공통적인 의미적 투자는 동일한 연쇄에 근접해 있는 의미소들의 의소적 투자들과 구분되며, 의미소의 핵을 성립하고 그것의 의미적 특수성을 보장한다. 이 핵, 또는 의소적 형상소는 바로 의미소가 고유하게 소유하는 것이며, 나머지는 문맥으로부터, 보다 빈번하게는 최소한 두 개의 의미소로 구성된 최소의 문맥적 단위로부터 생겨나고 그것의 분류론적 기초를 구성한다. 달리 말해, 의미소는 최소 기호의 차원들에 의해서 경계가 그어진 의미 작용의 단위가 아니다. 내재적으로 또는 랑그 차원에서 의미소는 하나의 의소적 형상소일 뿐이며, 담화 속에서 발현될 때 비로소 이 형상소는 자신의 부류소적 토대를 되찾고, 다른 가능한 행로를 배제하고 그것을 의미소로서 실현시키는 의소적 행로를 선별한다. 이 다른 행로들은 잠재적으로 남아 있으며, 다른 담화 문맥에서 동일한 어휘소의 다른 의미소를 산출할 수 있다. 포티에의 의미소 구성이

의미소 = 의미적 투자 + 부류소

로 나타난다면, 그레마스의 공식은 다른 부분을 대체한다.

의미소 = 의소적 형상소 + 부류소적 기초

셋째, 어휘소와 의미소 사이의 구분은 의미론 분석을 기호의 제약들로부터 자유롭게 해 주며, 상이한 어휘론적 표면 아래 유사한 또는 비교 가능한 의미소의 내용들을 다시 찾을 수 있게 해 준다.

끝으로, 의미소는 순수한 조합의 산물인 의소들의 집합으로서 고려될 수 있다. 의미소는 의소들의 통사적 조직으로서 제시되며, 핵형상소들은 빈번하게 묵시적으로 행동자적 구조들을 포함한다.

이상의 논의를 종합해 본다면, 의미소의 의소적 구조를 랑그와 문맥 차원

에서 나누어 기술할 필요가 있음을 깨닫는다. 먼저 랑그 차원에서 두 개의 문제가 동시에 제기된다. 첫째, 하나의 의미소를 기술하기 위해서는 어떤 의소들을 파악하는 것이 적절한가? 즉 어떤 유형들의 의소를 파악할 것인가? 둘째, 의미소 가운데서 의소들 사이의 관계들을 어떻게 기술할 것인가?

3. 의소, 의미소 개념의 적용—'머리'의 경우[25]

앞서 그레마스가 프랑스어 단어 'tête'에 적용한 의소와 의미소 개념을 한국어의 몇 가지 신체 어휘에 적용해 보자.

* 머리

'머리'에 대한 몇 가지 사전적 정의를 제시해 보자.

먼저 한글학회에서 지은 《우리말 큰사전》(어문각, 1992)은 '머리'라는 어휘에 대해서 다음과 같은 풀이를 제시하고 있다.

① 골이 들어 있는 사람의 목 위 부분: 머리에 모자를 쓰다, 머리를 긁다

② 생각하는 힘: 머리가 좋다, 머리를 쓰다

③ 머리털: 머리가 길다, 머리가 세다

④ 어떤 물건의 꼭대기

⑤ 우두머리: 단체의 머리 노릇을 하다

⑥ 어떤 일의 시작이나 처음: 머리도 끝도 없는 이야기

⑦ 어떤 물건의 앞부분: 뱃머리

---

25 이 부분은 1998년 제2학기 고려대 대학원에서 필자가 강의한 그레마스 기호학 세미나에 참여한 학생들과의 공동 토론에 기초하고 있음을 밝혀 둔다. 물론 그 내용에 대한 책임은 전적으로 필자의 것이다. 특히, 전단열, 조진현, 박상준의 분석이 도움이 되었다. 2012년 봄 학기에 진행된 대학원 강의에서 한국어 단어 '머리'의 의소 자질에 대한 상이한 해석이 제안되어, 약간의 수정을 가했다.

《금성판 국어 대사전》(김민수 외 공저)의 정의는 다음과 같다.

I (명)

1. (자립)

① 사람이나 동물의 목 위의 부분. 좁은 뜻으로는, 뇌가 들어 있는 부분만을 가리킴. 두상.

② 사유하는 지적 능력.

③ '머리털'의 준말

④ 사물의 앞이나 위, 또는 시작을 비유적으로 이르는 말.

⑤《음악》의 음표의 희거나 검고 둥근 부분. 부두(符頭).

2. (의존)

① 어떤 때가 시작될 무렵.

II (접미)

1) 사물의 한쪽 끝이나 가장 자리를 이르는 말.

2) 일부 명사에 붙어, 그 말을 속되게 이르는 말.

다음으로 최근에 나온《연세 한국어 사전》의 정의는 좀더 완결된 입체적 풀이를 제시한다.

머리 (명)

① 눈, 고, 입, 귀, 머리카락이 있는, 사람의 목 위의 부분: 그는 아무 말 없이 머리를 아래로 숙였다.

② 사람의 머리카락이 있는 부분: 그는 손을 머리에 얹었다.

③ 동물의 눈, 코, 입 따위가 있는 부분: 그는 소를 잡기 위해 도끼를 소의 머리에 댔다.

④ 머리에 있는 털: 그녀는 머리를 깎고 중이 되었다.

⑤ 사물을 판단하는 능력: 이 군은 무척 머리가 영리하고 우수한 소

년이었다.

⑥ 생각이나 기억: 그는 아무리 생각해도 좋은 도리가 머리에 떠오르지 않았다.

⑦ 어떤 물체의 윗부분: 저만치서 돌의 머리만 보였다.

⑧ 앞과 뒤가 있는 물건의 앞부분: 그는 달려오는 차머리에 치였다.

⑨ 어떤 일의 앞부분: 이 곡의 머리 부분은 좀 우울하다.

⑩ 어떤 집단의 우두머리: 구성원의 머리가 되려면 용기와 지혜가 필요하다.

머리 (접미) 〈일부 명사에 붙어〉

① 그 물건의 한쪽 끝을 나타냄: 발머리/책상머리.

② 그 명사를 속되게 이르는 말: 인정머리.

위의 한국어 사전들의 정의를 검토해 보면 프랑스어 단어 'tête'에 비해서 훨씬 더 풍부한 핵의소와 문맥적 의소들을 추출하는 것이 가능하다. 말단성, 상위성, 수직성, 구형성, 인접성 등은 한국어와 프랑스어 모두에서 나타나는 핵의소인 반면, 시간성, 제어성, 정신성, 생물성, 사회성, 지위성, 성숙성, 무지성, 비속성 등은 한국어의 고유한 문맥적 의소들을 형성한다.

(1) 첫 번째 핵의소: 말단성(extrêmité)

① 말단성만을 포함하는 경우: 논머리, 밭머리, 앞머리, 용두머리, 봇머리

② 말단성 + 상위성 + 수직성: 꼭두머리, 산머리, 기둥머리

③ 말단성 + 상위성 + 수직성 + 관계성 또는 지위성(상호 관계의 계층적 위계적 관계): 우두머리, 머리가 되지 꼬리가 되지 말아라, 도둑 떼의 머리 노릇을 하다

④ 말단성 + 전방성 + 수평성 + 공간성: 뱃머리

⑤ 말단성 + 전방성 + 수평성 + 시발성: 삼복 머리, 첫머리부터 잡치다

(2) 두 번째 핵의소: 구형성(sphéroidicité)

① 구형성: (악보에서) 머리와 꼬리, 혜성의 머리와 꼬리

② 구형성 + 돌출성: 못 대가리, 콩나물 대가리

(3) 세 번째 핵의소: 인접성

① 인접성 + 공간성: 머리가 길다, 머리를 빗다

② 인접성 + 공간성 + 유형성(머리 모양): 단발머리, 파마머리, 더벅머리

③ 인접성 + 공간성 + 정신성(머릿속에 포함된 뇌가 정신 작용의 구조와 기능을 담당하는 주체라는 사실에서의 '머리 = 두뇌'의 의미가 확장, 파생되어 발생한 경우): 그는 머리의 회전이 빨랐고 판단력도 정확했다

④ 인접성 + 공간성 + 유형성 + 관계성(전체와 부분의 관계)(일종의 제유법적 확장으로서 사람과 동물의 신체는 오직 하나만의 머리를 포함한다는 점에서 머리가 신체 전체를 지시하는 경우): 머릿수를 채우다

⑤ 인접성 + 공간성 + 무형성 + 제어성(생리적 감각적 작용을 제어): 머리를 짓누르다, 그는 머리가 돌았다, 머리 좀 식히면서 공부해라

(4) 네 번째 핵의소: 생물성

① 생물성 + 정신성 + 활동성: 머리가 터질 것 같다

② 생물성 + 지위성: 머리를 깎고 중이 되었다.

③ 생물성 + 성숙성: 머리에 피도 마르지 않은 녀석이 술 담배를 한다.

④ 생물성 + 성숙성 + 시초성: 머리에 털 나고 그는 처음으로 그 같은 가혹 행위를 받았다.

(5) 다섯 번째 핵의소: 정신성

① 정신성 + 판단성 + 감지성: 그자는 어리숙하게 보여도 우리들 머리 위에 올라앉아 있다는 것을 명심해야 한다.

② 정신성 + 창조성: 대학의 원로 교수들이 머리가 굳어 있어

③ 정신성 + 순간성 + 시간성: 그 문제를 해결하기 위한 기발한 생각이 머리를 스치고 지나갔다.

④ 정신성 + 자존심(권위성): 훌륭한 인품을 가진 자일수록 머리를 숙일 줄 안다.

⑤ 정신성 + 거부성 + 부정성: 이번 사건에 대해서 김 사장은 머리를 절레절레 흔들었다.

⑥ 정신성 + 상상성: 영희는 이상적인 남편감을 머리에 그리기 시작했다.

⑦ 정신성 + 비속성: 그는 인정머리가 없다.

간단한 일상적 신체 어휘소인 머리에 대한 위의 분석은 하나의 소묘에 불과한 것임은 물론이다. 머리라는 어휘소의 다양한 의소적 발현을 참작하건대 완결된 분석을 위해서는 보다 정밀한 연구를 필요로 할 것이다. 다만 잠정적으로 내릴 수 있는 결론은 국어사전의 예문에서 '꼭두머리', '산머리', '지겟머리' 등에서처럼 머리가 신체 중에서 가장 높은 위치를 점하고 있는 외형상의 특징이 비생물적인 자연의 사물이나 인공물에 유추적으로 전용된 경우라는 것이다. 머리는 대부분의 관련 표현에서 윗부분이나 꼭대기 또는 맨 끝 쪽을 나타낸다. 따라서 공간성, 가시성(즉 구체성), 수직성, 수평성, 상위성 등의 의소들을 포함한다. 하지만 국어에서는 상위성의 관념이 사회적 개인이나 집단에 적용될 경우 지위나 능력의 상위성에 해당하는 추상적인 사회적 지위성을 획득한다. 이것 역시 신체상의 외형적 구체적 상위 개념과 사회적 인간관계의 추상적 상위 개념 사이에 존재하는 위상학적 유사성에 의해서 설명될 수 있다. 의소 분석의 관점에서 이 같은 전용을 거치면서 앞서 핵의소의 하나였던 가시성 또는 구체성은 비가시성 또는 추상성으로 대체되어야 할 것이다.

한편 '책상머리', '상머리', '뱃머리' 등의 표현에서는 수직성이라는 의소 대신 전방성의 의소를 나타냄을 알 수 있다. 따라서 공간성, 가시성, 수평성, 전방성의 의소들을 포함한다. 이상의 세 가지 표현 양식에서 공통적으로 나타나는 핵의소는 공간성임을 보았다. 하지만 국어의 경우 앞서 제시한 예문 가운데서 공간성이 아닌 시간성을 나타내는 상당수 표현들이 존재함을 보았다. 예컨대, '해 질 머리' 또는 '이 곡의 머리 부분은 슬프다'란 표현에서 머리는 공간상의 전방성이 아닌 시간상의 첫 무렵 또는 시작을 지시한다는 점에서 시발성의 문맥적 의소를 갖는다.

또한 머리와 관련된 국어의 표현들은 빈번하게 정신성과 사회성의 의소를 포함하며 생생한 관용적 표현들을 만들어 낸다는 점도 특이하다. 결단을 의미하는 '머리를 깎다', 여자가 결혼했음을 뜻하는 '머리를 올리다', 낙심을 뜻하는 '머리를 떨구다', '복종과 반항'을 의미하는 '머리를 숙이다', '머리를 쳐들다', 무성의함을 뜻하는 '머리를 내밀다', 문제 해결의 고민을 나타낼 때 쓰이는 '머리를 (쥐어)짜다' 등, 머리와 이어서 오는 서술어와 합쳐서 새로운 의미가 발생한다. 또한 접미사로 쓰여 비속화를 동반하는 표현들의 경우—'대갈머리', '성깔머리', '소갈머리' 등등—그레마스의 의소 분석의 틀로서는 해명하기 어려운 국어의 문화적 속성을 드러낸다는 점도 언급되어야 할 것이다.

이 같은 표현들 가운데는 상당수가 은유와 환유의 메커니즘을 동원하는 것들도 있다는 점에서 전통 수사학의 시각에서 해명되어야 할 것이며 최근의 인지 의미론의 접근도 기호학의 의소 분석에서 유용하게 비교될 수 있을 것이다. 다만, 의소 분석은 어휘 체계의 위계적 질서를 보여 줄 수 있으며 광범위한 자료체의 분석을 통해서 각 언어의 핵의소를 추출하는 작업을 도와준다. 물론 고정 불변적인 핵의소란 있을 수 없으며 문맥 속에서 새로운 의미를 창출시킨다는 점에서 통사론과 화용론의 시각을 동참시켜야 할 것이다.

제7장

동위소

1. 동위소 개념의 다양성 및 발전

동위소 개념은 그레마스가 그의 주저 《구조 의미론》(1966)에서 도입한 개념으로서, 담화 분석과 텍스트를 과학적 대상으로 수립하는 데 있어 매우 중요한 개념이다. 그레마스는 동위소가 한 편의 텍스트의 동질성을 수립하는 요인을 파악하기 위한 효과적 개념이라고 정의한다. 이와 동시에 동위소는 여러 종류의 언어 층위와 체계들에 속하는, 자연 언어로 이루어진 한 편의 텍스트의 독서를 가능케 한다. 요컨대 담화의 수미일관성은 흡사한 또는 양립 가능한 요소들의 반복에 토대를 둔다. 동위소를 파악하기 위해서 밟아야 할 절차는 의소들의 다중성을 통해서 하나의 지배적 범주를 식별하는 데 있다. 그 같은 식별 방법은 그 범주의 발생 횟수와 그것이 텍스트의 전개 과정에서 맡는 역할을 통해서 이루어진다. 동위소는 특정 텍스트의 처음부터 끝까지 나타날 수 있다. 그 같은 작동은 일종의 의소적 범주들, 즉 부류소의 목록체를 전제로 한다. 이 같은 부류소들의 예로서, 생명/무생명, 공간성/비공간성, 시간성/비시간성, 연속/불연속, 유쾌/불쾌 등의 대립들을 제시할 수 있다.

그렇지만, 일정 수의 문학 텍스트들은 여러 개의 동위소 차원들에 걸쳐 있으면서 애매모호성, 즉 중의성을 계속해서 유지한다. 그 결과 핵심 주제어, 시, 신화 등은 이 같은 복수의 동위소에 기대어 의미론적 놀이를 진행한다. 예컨대 그레마스가 선택한 프랑스어 단어 'toilette'('화장', '몸단장', '의상', '화장실' 등의 상이한 의미를 갖고 있음) 예는 의복의 동위소와 위생학의 동위소라는 이중적 상기를 표현한다. 마찬가지로, 라스티에 교수는 말라르메의 시, 〈인사〉(Salut)[1]에 대한 분석에서 세 개의 동위소의 동시적 현존을 수립하는 데 성공했다. '향연', '항해', '글쓰기'의 동위소가 그것으로서, 이들 세 개의 동위소는 동일한 텍스트 속에서 서로 얽히고설켜 있다.[2]

'동위소'(isotopie)란 용어와 그 개념은 그레마스의 주저 《구조 의미론》에서 처음으로 출현했다. 물리학에서 차용된 동위소 개념은 구조 기호학 전공자들에게는 동일성과 유사성의 개념을 머릿속에 떠오르게 만들고, 다른 한편으론 하나의 장, 영역 또는 장소로의 귀속이란 개념을 상기시킨다.[3] 이

1 〈인사〉 (스테판 말라르메 지음, 김화영 옮김)
아무것도 아닌 것, 이 거품은, 이 때묻지 않은 시는
술잔의 모습을 지시할 뿐.
멀리, 해정(海精)의 떼들
수없이 몸을 엎치락뒤치락
바닷물에 든다.

오 나의 다양한 친구들아
우리는 함께 항행(航行)하나,
나는 벌써 선미(船尾)에 자리잡고
그대들은 장려한 선수(船首)에서,
우뢰와 찬 겨울의 물결을 끊고 나간다

아름다운 취기에 젖어
배의 요동을 두려워 않고
내 일어서 이 술잔을,

고독, 암초, 별의 술잔을 들어
우리들 돛이 받아 안은
그 백색의 모든 심려(心慮)에 인사한다.

2 다음 논문 참조. Alain Saudan, "Isotopie, linguistique," *Encyclopædia Universalis* [en ligne], consulté le 11 août 2016. URL: http://www.universalis.fr/encyclopedie/isotopie-linguistique/

3 동위소 개념에 대한 체계적 정의 및 인식론적 문제에 대해서는 다음 문헌 참조. ① A. J. Greimas & J. Courtés, *Sémiotique: Dictionnaire raisonné de la théorie du langage* (Paris:

개념의 창조는 아직도 모호하지만 "하나의 메시지에 상정된 의미 작용의 총체성"을 설명하기 위한 필요성에서 탄생했다. 또한 문맥적 의소 또는 부류소(classème)는 주어진 한 편의 텍스트에서 텍스트의 동질성을 보장하는 하나 이상의 동위소(isotopie)를 규정한다는 가설이 제기되었다. 임의의 담화 시퀀스가 주어졌을 때, 만약 그 연쇄체가 하나 또는 다수의 반복적인 부류소를 소유하고 있다면, 그 시퀀스는 동위소적이라고 말할 수 있다. 따라서 《구조 의미론》에서 그레마스는 최소한 두 개 이상의 의소적 형상소를 결합시키는 통합체는 하나의 동위소를 설정할 수 있게끔 해 주는 최소 문맥으로서 간주될 수 있음을 지적하고 있다.[4] 동위소라는 근본적인 개념은 따라서 "이야기의 일관된 독서를 가능케 하는 의미론적 범주들의 반복적인 집합"으로서 이해된다. 그런 의미에서 동위성이란 개념 덕분에 텍스트 전체가 어떻게 동질적인 의미론적 수준들에 위치하는가를 인지할 수 있으며, 아울러 유의미적인 집합의 전체적 기의가 선험적으로 상정되는 대신, 어떻게 언어적 발현의 구조적 현실로서 해석될 수 있는가를 일러 준다. 하지만 동위소에 대한 정의는 학자마다 차이가 있고, 그레마스 자신도 여러 논문에서 약간씩 상이하면서도 때로는 엇갈린 정의를 내놓고 있다.[5]

동위소 개념은 의사소통 일반의 이론과 접맥될 수 있는 가능성을 보여준다. 즉, 메시지의 동질성을 확보하는 동위소 개념은 중의성을 제거하는 것을 기본 목표로 삼는 의사소통의 목적과 무관하지 않기 때문이다. 따라서, 쿠르테스가 지적한 것처럼, 동위소 개념은 변별성 또는 적합성 개념을 보다 엄밀하게 정의하는 것을 가능케 한다.[6]

동위소 개념과 관련하여 지적할 두 번째 사항은 위에서처럼 추출된 최초

Hachette, 1979), pp.197-199. ② F. Rastier, *Sémantique interprétative* (Paris: PUF, 1996), pp.87-108. ③ U. Eco, *Lector in Fabula* (Milan: Bompiani, 1979). ④ M. Arrivé, "Pour une théorie des textes poly-isotopiques," *Langages* 31 (1973). ⑤ F. Rastier, "Sur le développement du concept d'isotopie," *Documents du G.R.S.L*, III, 29: pp.1-47.

4 A. J. Greimas, *Sémantique Structuale* (Paris: Larousse, 1966), p.72.

5 같은 책, p.53.

6 J. Courtés, *Introduction à la sémiotique narrative et discursive* (Paris: Hachette, 1976), p.51.

의 동위소들은 명백하게 개념적 본질에 속한다는 것이다. 예컨대, 라퐁텐의 우화에서는 동물 대 인간의 이중적 범주에 기초하여 텍스트를 놀이화한다. 하지만 동위소 개념을 오로지 의미론적 범주들로만 국한할 필연적 이유는 없다. 왜냐하면 핵의소들에 의해서 성립되는 세계의 형상소들은 주어진 텍스트에서 자율적인 독서 수준을 설정할 수 있기 때문이다. 즉 기호 차원의 동위소를 설정하는 것도 가능하다.

1) 첫 번째 정의

《구조 의미론》(1966)의 제6장 '담화의 동위소'(69-101쪽)라는 장에서 다음 내용을 읽을 수 있다: "하나의 텍스트의 동위소는 위계화된 부류소가 지속적으로 나타나는 것을 말한다. 이 같은 영속성은, 부류소의 범주들이라는 계열체의 개방성 덕분에 발현 단위들의 변이형들을 허락한다. 이 같은 변이형들은 동위소를 파괴하기보다는 오히려 그것을 확인할 뿐이다."[7]

이 같은 정의는 바로 내재성과 발현의 대립에 기초하며 옐름슬레우 언어학의 이론적 틀과 의미론 기획을 암묵적으로 참조한다. 특히 포티에의 '부류소'(classème) 개념은 중요한 자료이다.[8] 그것은 하나의 동위소의 설정에 참여하는 두 가지 현상들 사이의 구분을 마련한다. 동일한 범주들에 속하는 부류소의 반복과 발현 단위의 변이형들이 그것이다. 이 점은 여러 가지 물음을 제기할 수 있다.

요컨대 동일한 부류소의 범주에 속하는 의소들의 반복(잉여성)(redondance)은 하나의 동위소를 확보하는 데 충분한가라는 물음이 남는다. 이 경우 동위소는 단지 동일한 부류소의 반복에 의해서 정의되는 것이 아니라 동일한 범주에 속하는 부류소들의 반복에 의해서 규정된다. 이 점은 나중

7 A. J. Greimas, 앞의 책, p.96.

8 포티에(1974)에 따르면, 부류소는 의미소의 부분이며, 총칭적 의소들의 총합을 다시 묶는다. 반면, 그레마스는 부류소를 총칭적 또는 문맥적 의소의 의미에서 사용한다.

에 나오는 다음과 같은 정의를 일러 준다: “동위소는 일반적으로 고려되는 담화의 기저에 있는 반복적 의미론적 범주들의 다발을 의미한다.”[9]

다음 발화체에 이 정의를 적용해 보자.

① 그 여학생들은 선생님 한 분을 사랑한다.

이 언표는 명사구1, 동사, 명사구2 속에서 나타나는 반복적인 수(단수와 복수)의 범주에 기반하여 동위소적이다. 다음 발화체에 대해서도 마찬가지다.

② 그 여학생은 선생님들을 사랑한다.

동일한 이유에서 ①과 ②는 서로 동위소적이다. 결론적으로 단수와 복수의 범주를 사용하는 언어의 모든 언표들은 그것들끼리 동위소적이라고 말할 수 있을 것이다. 하지만 이 같은 정의는 너무 일반적이어서 변별성을 지니지 못한다.

다른 한편, 발현 단위들의 변이형에 대해서도 몇 가지 해명이 필요하다. 여기서 말하는 단위는 유의미소(semantèmes)다. 그레마스는 이것을 핵형상소 또는 의소적 형상소라고 명명한다. 다음 정의가 이 점을 확인한다:“최소한 두 개 이상의 의소적 형상소들을 집합시키는 명사 통합체는 하나의 동위소를 설정할 수 있는 최소 문맥으로서 고려될 수 있다.”[10] 이것은 곧 최소 동위소가 두 개의 의미소를 포함하고, 그것의 부류소는 반복적임을 말한다.

그렇다면 왜, ‘의소적 형상소’나 ‘유의미소’(semantèmes)를 발현 단위로서 정의할까? 부류소는 또한 발현의 단위들이다. 보다 명백하게 이해하려면

---

9 A. J. Greimas, *Du Sens* (Paris: Seuil, 1970), p.10.
10 A. J. Greimas, *Sémantique structurale*, p.72.

이 같은 정의의 문맥을 환기할 필요가 있다. 그것은 동일한 유형의 언표들 사이의 관계를 기술하기 위해 구축되었다. 그것은 채워야 할 시퀀스로 구성된 질문서에 대한 답이다. 예를 들어 다음 두 문장을 보자.

③ 그 사람의 운명은 처절하다.
④ 철수는 그의 미래가 암담하다고 생각했다.

③과 ④는 동위소적이라고 고려될 수 있다. 이 두 개의 문장을 동위소적 부류의 부분에 속하는 정의들로 고려하는 것을 가능케 하는 것은, 도입된 시퀀스에서 파악될 수 있는 '미래'와 '판단'이라는 부류소들의 존재이다. 즉, '운명'과 '미래'라는 공통적 단어와 '하다' 또는 '생각하다'의 서술어를 추론해 낼 수 있다.

2) 두 번째 정의

《구조 의미론》에서 동위소에 대한 또 다른 정의를 접할 수 있는데 그 정의는 소극적으로 표명된다: "하나의 메시지나 담화의 시퀀스는 그것이 공통적인 하나 이상의 부류소를 소유할 때만 동위소적이라고 고려될 수 있다."[11] 여기서 하나의 시퀀스의 동위소는 한 개 이상의 부류소의 반복성에 의해서 확보되는 것이며, 동일한 범주에 속하는 상이한 부류소들의 반복성에 의해서 확보되지 않는다. 'le chien avoie'(개가 짖는다) 같은 시퀀스는 다음과 같이 표상된다.

$$Sq = /N_1 + Cs_1/ + /N_2 + Cs_1/$$

여기서 N_1은 명사 'chien'(개)의 핵(또는 유의미소)이며, N_2는 동사

11 같은 책, p.53.

'aboie'(짖는다)의 핵이고, Cs_1은 'chien'(개)과 'aboie'(짖는다)에서 반복되는 /동물/이라는 부류소이다.

"동위소의 설정은 '근접성'(contiguïté)을 통한 선별로서 기술된다. 'aboie'(짖다)가 의미소로 성립되기 위해서는 담화의 실현 순간 그 자체에 개라는 문맥 속에 포함된 의소 S_1을 선택했다."[12]

앞서 연구한 유사성 또는 대조라는 계열체 차원의 관계의 첫 번째 정의와는 달리, 위 인용문에서는 근접성이라는 통합체 차원의 관계가 언급되고 있음을 알 수 있다. 그런데 그레마스 자신은 동위소의 계열체 차원의 정의와 통합체 차원의 정의 사이의 차이를 분명하게 설정하지 않았다.

최근의 연구 업적에서도 이 두 가지 관계에 대한 선명한 구분은 나타나지 않았다. 이를테면, 《기호학 사전》(1979)에서 다음과 같은 정의를 읽을 수 있다: "동위소는 통합체 차원의 연쇄를 따라, 담화-언표에 동질성을 확보해 주는 부류소들의 반복성을 지칭했다. 이 어의에 따르면, 최소한 두 개 이상의 의소적 형상소들을 결합하는 명사 통합체는 하나의 동위소를 설정 가능케 하는 최소적 문맥으로서 고려될 수 있다. 그 결과 두 개의 상반항들을 포섭하는 의소적 범주에도 마찬가지다. 기호학적 사각형이 생겨나는 행로들을 고려해 본다면 그 네 가지 항들은 동위소라고 할 수 있다."[13]

반면, 라스티에 교수는 동위소가 배타적으로 언어의 통합체 차원에만 속한다고 단정한다. 그는 동위소는 규정상 특정 언어적 단위의 반복성에 의해서 성립된다고 고려한다. 그 이유는 명백하게 통합체 차원을 벗어나서 반복성을 목격할 수 없기 때문이라는 것이다. 더 정확히 말하자면 동위소들은 계열체의 선별 축이 통합체의 조합 축으로 등가의 원칙을 투사시켜 나오는 것이다. 반면, 대부분의 기호학자가 동위소의 통합체 차원을 강조하는 경향이 지배적이다.

---

12 같은 책, p.52.

13 A. J. Greimas & J. Courtés, *Sémiotique: Dictionnaire raisonné de la théorie du langage* (Hachette, 1979), pp.197-199.

3) 세 번째 정의

〈신화적 서사물의 해석 이론을 위하여〉(1970)에서 동위소의 문제는 앞서 정의와 동일한 발전 단계에 놓여 있다. 이 논문에는 다음과 같은 정의가 나온다: "동위소란 서사물의 통일적 독서를 가능케 하는 의미론적 범주들의 반복적 총합을 의미한다."[14]

여기서 언급한 의미론적 정의들은 부류소적 범주들이다. 실제로 그레마스의 이론은 두 개의 내용 수준을 구분한다. 하나는 의미론적 수준으로서 부류소들의 총합으로 이루어지고, 기호학적 수준은 핵의소들이나 의소적 형상소들의 총합으로 이루어진다. 이 정의는 담화 일반과 관련되는 것이 아니라 서사물의 동위소와 관련된다. 그레마스는 서사물의 개념을 확장시켜 내용들의 방향성 있는 연속을 포함하는 모든 담화를 포함하는 데까지 이른다. 그 결과 예컨대 요리법은 서사적 프로그램의 연쇄체로 기술된다.

앞서 제시된 세 번째 정의는 그런 문맥에서 다시 이해되어야 할 것이다. 그레마스는 이렇게 적고 있다: "신화의 특별한 의미 작용은, 동시에 두 개의 동위소에 위치하며, 상이한 두 개의 독서를 낳는다. 하나는 담화적 차원이고, 다른 것은 구조적 차원이다."[15] 이 두 개의 동위소는 동일한 분석에 있지 않다. 첫 번째 동위소는 두 번째 동위소의 담화적 발현일 뿐이다. 두 개의 동위소는 상이한 단위들로서 구성된다: "어휘소의 담화적 동위소, 의소의 구조적 동위소가 있으며 이 두 번째 동위소는 더 심층적인 수준에 위치한다. 두 개의 동위소는 분명하게 구분되며 서열화된다."[16] 그러나 만약, 담화의 동시적인 두 개의 동위소 사이의 대립을 더 분명하게 하는 것이 적절하다면, 그것은 우리가 제안할 텍스트와 메타 텍스트라는 술어들이다. 이런 언급들은 몇 가지 관찰을 요한다:

14 A. J. Greimas, *Du Sens* (Paris: Seuil), p.188 (그레마스, 《의미에 관하여》, 김성도 옮김, 인간사랑, 1997, pp.246-247).

15 같은 책, p.246.

16 A. J. Greimas, *Sémantique structurale*, p.99.

① 어휘소들은 내용의 단위들이 아니며 기호의 단위들이다. 즉 내용 면과 표현 면 사이의 접점들이다.

② 하나의 동일한 담화가 여러 가지의 의미론적 동위소를 포함할 때, 이 동위소들은 동일한 분석 수준에 속한다고 말할 수 있다.[17]

③ 의소들의 동위소적 수준과 의미소들의 동위소적 수준 사이의 구분은 심층 수준과 표층 수준의 대립에 해당된다. 여기서 의소와 의미소들은 동일한 분석 수준에 속하는데, 그 이유는 동위소는 바로 그들 의소들의 몇몇 반복을 통한 의미소들을 결합시키는 관계이기 때문이다.

이제까지 제기된 물음들은 다음과 같이 정리될 수 있다.

① 의미론적 동위소는 오직 부류소들의 반복으로만 구성되는가? 이 부류소들은 그들 사이에 동일한가, 또는 하나의 동일한 범주에 속하는 상이한 부류소들인가?

② 동위소는 오직 언어의 통합체 차원에만 속하는가?

③ 의미론적 동위소들의 분석 수준은 무엇인가?

4) 동위소 개념의 확장

라스티에 교수는 다음과 같이 동위소에 대해서 재정의한 바 있다: "모든 언어 단위의 반복성을 동위소라고 부른다. 기본 동위소는 따라서 두 개의 발현 단위들을 포함한다. 이렇게 되면 하나의 동위소를 구성하는 단위들은 이론적으로 무한정하다."[18] 물론 이 같은 정의는 불충분하다.

17 F. Rastier, "Systématique des isotopies," in ed. A. J. Greimas, *Essais de sémiotique poétique* (Paris: Larousse, 1969), pp.86-94.

18 같은 논문, p.82.

먼저 이 정의는 동위소 개념을 표현 면으로 확장시킨다. 왜냐하면 동일한 유형의 언어 단위들이 문제가 되는 것이며, 그 단위들이 위치하는 수준이 무엇이든 상관이 없기 때문이다. 그레마스는 이 같은 외연을 음소 구성적 수준에서 인정한다: "하나의 동위소적 독서를 생겨나게 하는 음소 구성적 수준이 상정된 것 같다."[19] 아리베 교수는 그 점에 동의를 표한다.[20]: "동위소는 표현 면이나 내용 면의 발현된 또는 그렇지 않은 언어적 단위들의 반복에 의해서 성립된다."[21] 케르브라트 오레키오니(C. Kerbrat-Orecchioni)도 유사한 정의를 내리고 있다[22]: "동위소는 임의의 언어적 범주들의 반복에 의해서 확보되는 텍스트적 수미일관성의 원칙이다."[23] 그룹 뮈(Mu)의 정의도 대동소이하다.[24]

다른 한편, 내용 면에서 동위소는 부류소들의 반복으로 배타적으로 정의되지 않고, 모든 의미론적 단위들의 반복 발생에 의해서 규정되며 특수한 의소도 핵의소들에 의해서 구성된다. 그런데 이 같은 제한은 텍스트의 의미론적 분석의 관점에서 적절하지 못하다. 즉 문맥적 특질들에 의해서만 지배적 반복들과 구조들이 식별될 수 있는 것은 아니기 때문이다.

요컨대 라스티에는 동위소 개념을 각각의 특질의 반복성에 기초를 두는 반면,[25] 구조 의미론에서는 특수한 의소의 반복에 의해서 성립되는 '기호학적' 동위소들의 기술을 연구 방향으로 조준한다.

---

19 A. J. Greimas, "Pour une théorie du discours poétique," *Essais de sémiotique poétique*: pp.6-24.

20 M. Arrivé, "Pour une théorie des textes poly-isotopiques," *Langages* 31 (1973), pp.53-63.

21 같은 논문, p.54.

22 C. Kerbrat-Orecchioni, "Problématique de l'isotopie," *Linguistique et sémiologie* I (1976): pp.11-33.

23 같은 논문, p.33.

24 Group μ, *Rhétorique de la poésie* (Paris: Seuil, 1990), p.296.

25 F. Rastier, *Essais de sémiotique discursive* (Tours: Mame, 1973), p. 230.

2. 동위소와 담화의 의미론적 층위 사이에 존재하는 범주적 상동화

주어진 텍스트의 의미 분석에 착수할 때 우리가 갖고 있는 것은 그 텍스트를 구성하는 의미소밖에 없다. 그 같은 기술의 목적 중의 하나는 최소한 검토하고자 하는 담화의 기저에 있는 의소적 관계의 망들을 추출하는 데 있다. 각각의 의미소를 개별적으로 취하면, 그것이 내적인 조직을 구비하고 있지만, 동일 장르의 다른 단위들과 아무런 관련이 없다. 하지만, 담화의 맥락이 주어졌을 때 두 개의 의미소가 상호 접맥되는 경우는 전혀 다르다.

예컨대, '무도회'와 '가다'는 각각 그 두 개의 서술어를 특징짓는 일정 수의 의소들을 포함하고 있다. 즉, 이 두 단어는 다의소적(polysémique) 본질에 속한다. 만약, 이 두 개의 단어를 담화 속에 놓아서, 예컨대 '영희는 무도회에 간다'라는 발화체 속에 놓으면 우리는 곧장 동위소라고 불리는 현상을 목격하게 된다. 즉 동위소적 현상은 선험적으로 서로 무관했던 두 개의 단위들 사이에 친족 관계로서 설정되는 것이다. 그 친족성은 공통적인 의소, 즉 /공간성/이라는 의소에 토대를 두고 있다. 무도회라는 단어는 여러 가지의 자질들로 특징지어진다. 신체적 움직임, 사회적 교류, 공간적 장소 등이 그것이다. 한편, '가다'라는 동사 역시 공간성의 자질과 결합되며, 바로 '무도회'와 '가다'라는 동사를 나란히 놓으면서 독자는 공통분모를 선별할 수밖에 없으며 그것은 곧 두 단어의 자질에 공통적인 공간성이라는 의소이다(물론 '가다'라는 한국어 동사에는 동작과 공간성의 자질을 배제하는 다른 의소들도 포함되어 있음을 기억할 것. 예: 전기가 갔어〔기능의 장애〕, 쌀 한 가마에 이십만 원 간다〔비용〕, 손해 갈 장사를 누가 하겠니?〔손해나 피해를 입는 것〕).

물론, 동일한 발화체가 놀이화되는 단위들의 다의성으로부터 상이한 동위소적 수준을 포함할 수 있다. 다음과 같은 프랑스어 예문을 보자.

"Ce soir, ira-t-elle en carrosse au bal ?"

(오늘 저녁 그녀는 사륜마차를 타고 무도회에 가나요?)[26]

사륜마차를 의미하는 프랑스어 단어 'carrosse'가 /공간적/이라는 자질('carrosse'는 예컨대 백설 공주에서 언급되는 마차의 한 유형으로서 마차는 하나의 장소에서 다른 장소로 이동하는 데 쓰이는 운송 수단이다)과 더불어 호화스러운 특징으로 사회적 품위를 암시한다는 점에서 /사회적/이라는 자질을 갖고 있다는 점, 끝으로 '그녀'라는 대명사는 움직일 수 있는 생물 주어를 지시한다는 점을 참작한다면 다음과 같은 여러 개의 동위소를 추출할 수 있다.

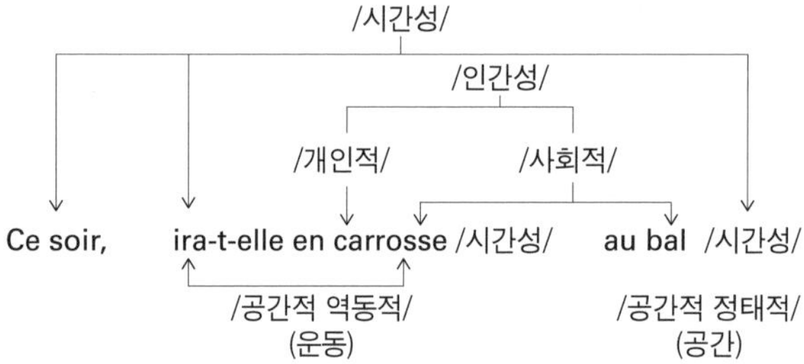

일반화시켜서 말하자면, 두 개 이상의 의미소 속에서 하나의 의소가 반복되는 것이 하나의 동위소를 규정하는 것이라고 말할 수 있을 것이다. 풀어 말해서, 만약 하나의 동위소가 최소한 두 개의 상이한 단위들을 전제로 한다면, 그 동위소는 아울러 무한한 수의 의미소들을 만들어 낼 수 있다. 아울러 동위소는 더 큰 담화로 확장될 수 있다. 우리가 기억할 것은 몇몇 형상소들은 그것의 다의성의 사실로 인해서 여러 개의 동위소에 속할 수 있다는 점이다. 앞서 한국어 동사 '가다'의 경우나, 프랑스어의 '무도회'라는 명사가 그런 경우에 속한다. 이 같은 다수의 동위소들이 텍스트를 따라서 전개되면서 우리는 다동위소(pluri-isotopie) 현상을 목격하게 된다. 예컨대,

26 이 예문에 대한 분석은 다음 문헌을 참조했음. J. Courtés, *Analyse Sémiotique du discours* (Hachette, 1991), p.194.

라스티에 교수는 말라르메의 〈인사〉(Salut)라는 제목의 시 분석을 통하여 몇 개의 어휘소 단위들이 동시에 향연, 항해, 글쓰기의 차원에서 해석될 수 있음을 세련되게 증명한 바 있다.[27]

이상의 논의를 정리하자면, 동위소는 오직 관련된 의미소들이 각자 잠재적으로 자신들의 문맥적 친족성을 설정할 수 있는 의소적 자질을 포함할 때만 비로소 가능하다. 돌려 말하자면 의미소들 사이의 양립 불가능성이 존재하는 경우들도 얼마든지 예상할 수 있다. 즉 하나의 공통적 의소와 동위소를 추출하는 것이 불가능한 경우도 있다. 만약, "그 말〔馬〕은 풀을 정보 처리한다"라는 발화체가 있다고 칠 때, 이 발화체는 통사적으로는 제대로 구성되어 있는 반면, 의미론적 차원에서는 온전한 해석이 어렵다. 말이 초식성 동물이라는 점에서 '풀'이라는 의미소와 결부될 수 있지만, '정보를 처리하다'라는 동사는 비동위소적이다. 따라서 이 문장은 아주 특이한 상황이나 초현실주의적 시에서가 아니라면 동위소를 찾기가 힘들다.

이처럼 불가능한 동위소 이외에도 결정 불가능한 동위소의 경우가 존재한다. 간단한 프랑스어 예문을 들어 보자.[28] "La cuisinière est enrhumée," (그 여자 요리사는 감기에 걸렸다.) "La cuisinière est émaillée."(그 요리 화덕은 에나멜로 칠해져 있다.) 이 두 개의 발화체에서 프랑스어 여성 명사 'la cuisinière'라는 동일한 어휘소가 첫 번째 문장에서는 /생명체/라는 의소와 더불어 사용된 반면, 두 번째 문장에서는 /무생물/이라는 자질과 더불어 사용되었다. 반면, "La cuisinuère ne tire pas."라는 문장은 문맥이 주어지지 않은 상태에서는 어떤 해석도 결정하기 힘들다. 즉, 여기서의 'cuisinière'는 요리 화덕을 뜻할 수도 있고, 요리를 하는 여성을 의미할 수도 있다. 즉, 이 프랑스어 문장은 "요리 화덕은 통풍이 잘 안 된다"는 의미와, "그 여자 요리사는 총을 쏘지 않는다"라는 뜻의 해석이 모두 가능하다. 이렇듯 동위

27 F. Rastier, "Systématique des isotopies," in A. J. Greimas, ed., *Essais de sémiotique poétique* (Larousse, 1972), pp.80-106.
28 M. Tutescu, *Précis de sémantique française* (Klincksieck, 1975).

소의 본질적 기능이 중의성 제거라는 점을 깨닫게 된다.

아울러 동위소 개념은 의소 영역으로만 국한되지 않는다는 점도 유념해야 한다. 즉, 표현 면에서도 동위소의 기술이 가능하다. 이와 마찬가지로, 문장을 다루는 언어학에서는 통사적 동위소를 언급할 수 있다. 예컨대, 다음과 같은 프랑스어 문장에서 여성형의 문법적 표시소 'e'가 반복적으로 나타나는 경우, 통사적 동위소라고 말할 수 있다.

> "Cette merveilleuse actrice est fameuse."
> (이 멋진 여배우는 유명합니다.)

바로 이런 맥락에서 라스티에 같은 기호학자는 동위소를 표면적으로 나타나는 언어적 단위들의 반복으로서 파악하거니와, 이때 단위들은 표현 면이거나 내용 면에 속할 수 있다. 이 같은 정의를 실제 텍스트에 적용하면 매우 흥미로운 결과를 얻을 수 있다. 특히 시 텍스트에 적용하면, 음운론, 통사론, 의미론 등의 상이한 동위소적 수준들 사이의 상관 관계를 고려하는 것이 가능해진다.

여기서는 표현 면을 놀이화하는 시 분석은 일단 접어 두고(이 점에 대해서는 잠시 후에 소개할 김수영의 시 〈풀〉의 분석을 참조할 것), 내용 차원에 위치하는 의미적 동위소로 논의를 국한시키면 다음과 같다. 우리는 위에서 발화체의 두 개 이상의 의미소 속에서 하나의 의소의 반복으로서 동위소를 정의했다. 이것은 곧 동위소는 엄밀하게 통합체의 본질에 속함을 말한다. 즉, 의소는 그 자체로서 하나의 실재가 아니라, 차이적이며, 구별적인 본질에 속한다. 다시 말해서, 의미소들 사이에 존재하는 대립 관계의 두 개의 종결항 가운데 하나라는 점이다. 이 점을 동위소의 틀로 옮겨 보자. 동위소 차원의 의소에는 고려되는 담화 속에서 최소한 상반되는 동위소적 의소가 대응해야 한다는 것을 뜻한다. 그 같은 대립은 의소적 성격을 띠며 더 이상 두 개의 의미소가 아니라, 두 개의 의미소의 집합과 관련된다는 점을 주목해야 할 것이다.

예를 들어 모파상의 단편 〈두 친구〉의 첫 단락은 다음과 같다.

> 파리는 포위되어 있었으며 굶주리고 헐떡이고 있었다. 지붕 위의 참새들도 아주 드물어졌고, 하수도에는 쥐들이 없어졌다. 사람들은 아무것이나 먹어 댔다.

먼저 우리는 담화적 시퀀스를 보장해 주는 공간적 동위소의 존재를 인지할 수 있다. 즉, 파리라는 도시 공간의 묘사에 있어서, 이 단락에는 지붕과 하수도를 택함으로써 수직성의 축에서 이해될 수 있다. 아울러 '포위되어 있다'는 어휘소로부터 추출할 수 있는 /에워싸여 있는/ vs /에워싸고 있는/ 것과 대립하여 또 다른 공간적 범주를 생성하며 이것은 수평성의 축에 놓인다. 따라서 이 단락에서 /수평성/과 /수직성/의 동위소들을 얻을 수 있으며, 아울러 동위소 덕분에 의미소들은 부류들로서 다시 무리지어진다. 즉 /높은 곳/에 속하는 부류들과 /낮은 곳/에 속하는 부류들로 나뉘어질 수 있다. 아울러 가치론적 차원에서도 이 단락은 불쾌라는 가치 범주에 속함을 알 수 있다. 동위소는 결국 주어진 발화체의 구상적, 주제적, 가치론적 범주화를 가능케 하는 주춧돌이며, 어휘소 수준으로부터 담화 수준으로 옮겨가는 것을 가능케 하는 핵심축인 것이다. 즉, 미시 의미론으로부터 거시 의미론에로의 이동을 가능케 하는 것은 바로 동위소로 인한 것이다. 이 같은 이동 과정은 다음과 같이 정리될 수 있다.[29] 첫 번째 단계에서는 주어진 텍스트의 의미소들에 대한 비교 검토를 통해서 기저 층위에 있는 의소적 범주들을 밝혀 놓는 작업이다. 두 번째로는 의소적 범주들의 수가 일정하게 반복되며 동위소적 범주들을 구성한다는 점을 파악하는 작업이다. 끝으로 세 번째 단계에서는 이 같은 동위소적 범주들을 담화의 의미론적 수

29 J. Courtés, *Analyse sémiotique du discours: De l'énoncé à l'énonciation* (Paris: Hachette, 1991), pp.196-198.

준들(구상적, 주제적, 가치론적 수준)에 따라서 배분하는 작업이다.

1) 의미론적 동위소와 어휘장 개념

동위소와 어휘장 개념은 텍스트의 설명 틀 속에서 많이 사용된다는 점에서 몇 가지 명료화가 필요하다. 동위소 개념은 어휘장 개념과 무관하지 않다. 두 개의 개념은 모두 하나의 텍스트 속에서 전개되어 갈 하나의 주제 또는 모티프에 대한 보다 폭 넓은 이해를 가능케 한다. 어휘장은 실제로 단어들의 집합으로서, 그것들의 일차적 의미 또는 그것들의 명시적 의미를 통해서 동일한 주제를 지시한다. 예컨대, '나무', '풀', '녹지대', '숲', 등의 용어들은 자연이라는 동일한 주제를 지시하며, 명확하면서도 명시적 방식으로 지시한다. 하나의 동위소는 동일한 주제('iso'는 어원적으로 동일하다는 의미를 지닌다)를 지시하는 단어들의 집합이나 지시 작용들의 놀이를 통해, 암묵적 의미 또는 제2차적 의미들, 비유들의 놀이를 통해서, 그 같은 의미들은 오직 맥락 속에서만, 즉 텍스트 전체에서 이해될 수 있다. 예컨대, 맥락을 벗어나, 다음과 같은 용어들이 지시하는 주제가 무엇인지를 자문해 볼 수 있을 것이다. '상처', '빨강', '화살', '고통', '심장'. 보통 사람의 상식적인 공통적 상상계는 이 같은 단어들을 사랑의 정념이라는 주제 보다는 전쟁과 폭력이라는 주제와 결합시킬 것이다. 이 같은 애매 모호성을 제거하도록 해주는 것은 텍스트의 전체 집합이다.

만약 프랑스의 고전주의 극작가 라신의 작품, 〈페드르〉에서 페드르는 이폴리트에 대한 근친상간의 사랑을 품고 있는 비극 작품이다. 그 작품은 문학에서 전통적으로 표상되는 사랑의 정념의 동위소를 사용하며, 사랑은 사람들이 감수하는 것, 인간이 고통을 받게 만드는 것으로 표상된다. 그렇다면 왜, 동위소라는 개념을 언급하는 것인가? 다름 아니라, 문학작품에서는 빈번하게 이 같은 중의성이 존재하기 때문이며, 다양한 관계들이 단어들 사이에서 직물을 짜는 것은 다름 아닌 지시 작용과 비유적 의미를 통해서이다. 빨강색을 통해서 지칭되는 것은 단순한 색채가 아니라, 상징적 방식으로 사랑을 지시한다. 같은 원리에서 상처는 신체적 상처가 아니라 상징적 의미의 표상에 해당된다.

2) 동위소와 텍스트의 수미일관성[30]

동위소 개념은 기호학, 의미론, 수사학 등, 언어학과 문학 등의 장에서 매우 폭넓게 사용된다. 그런데 아직은 문학 교육 차원에서는 아직 충분하게 그 개념의 내용과 활용 가능성에 대해서 충분하게 인식되지 못한 상황이다.

이 개념은 한 편의 텍스트의 의미의 구성을 위해서 가장 필요한 개념들 가운데 하나이다. 더구나, 특히 어휘장 개념보다 더 요긴하게 사용될 수 있는 개념이다. 엄밀한 의미에서 어휘장은 단지 특별한 어휘적 의미론적 동위소에 불과하기 때문이다. 사실상, 하나의 발화체(énoncé)에서 하나 또는 다수의 동위소들을 인식하는 것은 텍스트의 수미일관성을 확보해 주는 데 도움을 줄 수 있다. 이점에 대한 그레마스의 진술을 직접 인용해 본다.

> 수미일관성의 개념은, 사람들이 그것을 담화에 적용할 때, 처음 보면, 담화의 전체에서 범주들의 동일한 다발의 반복적 지속성으로서 이해되는 동위소라는 보다 일반적인 개념과 접목되는 것으로 보인다.[31]

동위소 개념에 대한 정의는 학자들에 따라서 다양한 견해가 피력되어 있으며, 특히 그 개념의 사용자가 의미론 전공자이냐 아니면 기호학자이냐 따라서 그 정의는 상당한 진폭으로 상이하다. 특히, 그레마스 학파를 주창하느냐 아니면 라스티에 교수가 주도하는 해석 의미론 학파에 속하느냐에 따

---

30 이 부분은 다음 논문을 참조하여 작성되었음을 밝혀 둔다. http://sites.estvideo.net/gfritsch/doc/rezo-cfa-2008htm.

31 A. J. Greimas, *Sémiotique et sciences sociales* (Seuil, 1976), p.20.

라서 판이하게 달라진다. 여기서는 철학적 심리언어학적 고려들에 대한 논쟁에 들어가지 않고, 텍스트 분석에 통용될 수 있는 작동 가능한 개념들을 제시하는 것으로 만족한다. 다음과 같은 정의는 동위소에 대한 일반적 정의를 비교적 무난하게 설명하고 있다.

> 그것의 가장 확장적인 의미에서, 동위소는 모든 종류의 언어적 요소들의 반복을 지칭한다. (음소, 의소, 어휘소, 구의 구조 등) 보다 제한적이며 보다 일반적으로 통용되고 수용되는 개념적 어의에서 의미론적 동위소는 고려의 대상이 되는 텍스트 시퀀스의 의미론적 동질성을 확실하게 마련하는 의소들의 반복을 지칭한다. 이 같은 의소들은 외시적이거나 또는 공시적일 수 있으며, 총칭적이거나 또는 특수할 수 있다.[32]

위의 정의와는 다소 상이한 두 개의 정의를 제시하면 다음과 같다.

> 하나의 텍스트 속에서 동일한 텍스트적 범주들에 대한 소속을 통해 서로 연결된 기호들의 망들은 동위소들이라고 명명된다. (그리스어, iso는 동일하다는 의미이며, topos는 장소를 의미한다.) (…) 단순한 동위소들과 이와는 상이한 보다 복잡한 동위소들을 구별할 수 있다. 가장 간단한 동위소들은 동일한 본질에 속하는 요소들을 결집시킨다. 즉, 동일한 음성적 본질, 동일한 형태론적 본질(동일한 어족이나 부류에 속하는 단어들), 동일한 어휘적 본질(동일한 주제를 지시하는 단어들), 동일한 의미론적 본질(공통적 의소들을 갖는 기호들). 가장 복잡한 동위소들은 이 같은 4개의 범주들의 요소들을 조합하는데, 이들 요소들은 텍스트의 상이한 양상들에 속할 수 있다.[33]

하나의 텍스트 안에서 의소적 잉여성들에 의해 표시되는 일체의 의

32 C. Fromilhague & A. Sancier, *Introduction à l'analyse stylsitique* (Bordas, 1991), p.63.
33 M. P. Schmitt & A. Viala, *Savoir-lire* (Didier, 1982), p.28.

미론적 망을 동위소라고 부를 수 있다. 고려의 대상이 되는 망을 지칭하는 어휘-유형(lexie-type)을 지칭하기 위해 심지어 다음과 같은 어휘-유형들의 어느 것도 텍스트 안에 나타나지 않는다 해도 원어휘소(archilexème)라는 용어를 사용하건 그렇지 않건, 전혀 중요치 않다. 중요한 것은, 예컨대, '죽음' 또는 '사랑' 또는 '새들', 또는 변형의 동위소들을 분리해 내는 것이다. 또한 대응하는 몇몇 어휘소들이 몇몇 맥락들 속에서는 이 같은 의미망에 자명하게 속하지 않는다 해도 말이다. 아울러 특히, 텍스트 속의 의미 생산이 이 같은 동위소들의 착종(imbrication)과 반응을 통해 서로가 서로에게 관련되어 만들어진다 해도 말이다.[34]

한편, 2016년 초 타계한 에코 교수는 다음과 같이 정의한다.

학자들은 여러 번에 걸쳐 의미론적 동위소, 음성적 동위소, 운율적 동위소, 스타일적 동위소, 발화적 동위소, 수사학적 동위소, 전제적 동위소, 통사적 동위소, 서사적 동위소 등을 언급했다. 이것은 우리로 하여금 동위소가 총칭적으로는, 상이한 텍스트적 수준들에서 독서 경로의 수미일관성으로서 정의될 수 있는 다양한 기호학적 현상들을 포괄하고 있음을 전제로 한다.[35]

이 같은 정의들로부터, 다음과 같은 특질들을 추출할 수 있다.

동위소는 독서 행위, 특정 의미의 구성 행위로 이루어진다. 그 일차적 목적은 하나의 발화체의 전부는 아니다 하더라도 대부분의 요소들을, 텍스트의 다의성의 환원을 확보해 주는 애매모호하지 않은 집합 속에 통합시키는 작업이다. "(…) 동위소는 이미 주어진 것이 아니라 특정 담론에 의해서 매번 고유한 양태성들에 따라 구성된다."[36]

34 G. Molinié, *Éléments de stylistique française* (PUF, 1986), p.24.

35 U. Eco, *Lector in fabula*, coll.Biblio Essais (Le Livre de Poche, 1985), p.117.

동위소는 특정 텍스트의 독서 속에서 수미일관적인 행로를 구성한다. 왜냐하면 동위소는 전체가 텍스트 분석의 동일한 수준에 위치하는 것이 아닌, 아울러 처음 보면 서로가 무관해 보이는 이 같은 요소들을 의미의 통일성 속에 각인시켜 주는 것을 가능케 하기 때문이다.

이점에서 어휘장 분석과는 달리 동위소는 의미 구성에 있어 구성 항들의 공시적, 은유적 가치들을 통합시킨다. 동위소는 심지어 명시적으로 특정 의미를 지시하는 구성 항들, 단어들의 부재 속에서도 성립된다. 그 결과 예컨대 '죽음'이라는 동위소는 랭보의 시, 〈골짜기에 잠든 자〉(Le Dormeur du val)[37]에서도 구성될 수 있다. 비록 그 어떤 단어도 명시적으로 죽음을 지시

---

36 Groupe mu, *Rhétorique de la poésie*, coll. Points (Seuil, 1990), p.40.

37 프랑스어 원문은 다음과 같다.

C'est un trou de verdure où chante une rivière,
Accrochant follement aux herbes des haillons
D'argent ; où le soleil, de la montagne fière,
Luit : c'est un petit val qui mousse de rayons.

Un soldat jeune, bouche ouverte, tête nue,
Et la nuque baignant dans le frais cresson bleu,
Dort ; il est étendu dans l'herbe, sous la nue,
Pâle dans son lit vert où la lumière pleut.

Les pieds dans les glaïeuls, il dort. Souriant comme
Sourirait un enfant malade, il fait un somme :
Nature, berce-le chaudement : il a froid.

Les parfums ne font pas frissonner sa narine ;
Il dort dans le soleil, la main sur sa poitrine,
Tranquille. Il a deux trous rouges au côté droit.

원문의 번역문은 다음과 같다.

그것은 어느 초록 구렁, 개울 하나가 은빛
누더기를 미친 듯이 풀 대궁에 걸어놓고
노래하고, 태양이, 오만한 산꼭대기에서
빛나는 곳. 그것은 햇살로 거품 이는 작은 골짜기.

어린 병사 하나가, 입을 벌리고, 맨머리로,
푸르고 신성한 물 냉이 속에 목이 잠긴 채,

하지 않는다 해도, 다시 말해 죽음과 관련된 일체의 어휘장의 부재에도 말이다.

동위소는 모든 전문가 독자가 파악해야 할 하나의 보편적 현상에 기초하여 구축된다. 그것은 다름 아닌 반복이다. 풀어 말해, 동위소 개념을 통해 텍스트 분석을 학습하는 학생들에게 전달할 수 있는 것은 바로 모든 텍스트에서 발견될 수 있는 반복 현상을 간파해 내는 능력이다. 바로 동위소에 기초한 독서 기법이라 할 수 있다. 특히, 선형적 독서와 동시에, 읽었던 텍스트의 앞부분을 다시 읽어 가면서 검토되는 담화의 조직에서 한 번에 그것들의 자리를 찾아낼 수 없는 특정 발화체의 모호했던 요소들을 텍스트 전체의 의미에서 통합시킬 수 있도록 해 준다는 점에서 매우 효과적인 개념이라 할 수 있다.[38]

그 밖에도 동위소 개념은 암묵적 의미를 해독하는 데에도 쓸모가 있다.[39]

암묵적 의미는 복잡한 언어현상이다. 물론 그것은 담론의 모든 유형들을 특징짓는 성격은 아니다. 일차적 접근법에서, 하나의 텍스트의 수직적 독서에서 용솟음치는 수직적 구조라고 말할 수 있다. 암묵적 의미는 명확성과 일의성이 법칙을 형성하는 공식적이고 과학적인 스타일에서 배제되는 경향이 있으나, 문학 언어의 고유함이며, 일상 구어의 고유함이다. 구어에서, 그

잔다. 풀숲 속에 구름 아래, 그는 누워 있다,
햇빛이 쏟아져 내리는 초록 침대 속에 창백하게.

두 발을 글라디올러스 속에 담그고, 그는 잔다. 미소 지으며
병든 아이가 미소 짓듯이. 그는 한 숨 자고 잇다.
자연이여, 그를 따뜻하게 잠 재워라, 그는 춥도다.

향기에도 그의 코끝은 움질거리지 않는구나.
햇빛 속에, 고요한 가슴에 손을 얹고
그는 잔다. 오른쪽 옆구리엔 붉은 구멍 두 개가 있다.
—한대균 옮김(한대균, 《시를 버린 시인 랭보》, 한국학술정보, 2012, pp. 29-30).

38 A. J. Greimas & J. Courtès, *Sémiotique: Dictionnaire raisonné de la théorie du langage* (Hachette Supérieur, 1993), p.317.

39 이점에 대해서는 다음 논문 참조. O. Solomarska, "Le sens implicite et la notion de l'isotopie dans un texte poétique," *UDC* 801.631.5 (2014).

것은 이따금씩 나타나나, 빈번하게 화용적 차원을 띤다. 우회적 수단들과 더불어 구체적 결과를 획득하려는 욕망이며, 대화 상대자의 전형적인 반응은, '알겠다'이거나 '무슨 말인지 모르겠다' 등으로 나누어진다.

반면, 문학어에서, 동위소는 작가가 지속적으로 사용하는 절차이며, 그의 미학적 양식적 개념화에 대해 일치하면서 텍스트의 깊이를 증가시키는 것을 겨냥한다. 통상적으로 문학사에서는 문학적 절차와 수순으로서의 암묵적 의미는 19세기 말경, 규칙적으로 사용되어 왔다고 진술하고 있다.

한편, 동위소 개념은 그레마스가 발명한 개념이다. 시적 텍스트의 암묵적 의미를 어느 정도 객관적으로 기술하기 위해서 매우 중요한 수단임이 입증되었다. 그레마스에 따르면, 담화의 수미일관성은 흡사한 요소들의 반복에, 또는 양립 가능한 요소들의 반복에 토대를 둔다. 따라서 구체적 텍스트의 분석 때, 지배적 범주의 의소들을 식별하는 것이 관건이다. 그 같은 작동은 일종의 의소적 범주들의 목록체를 전제로 한다. 풀어 말해, 그 같은 의소들의 식별 작업은 부류소, 예컨대, 생물과 무생물, 공간성과 비공간성, 시간성과 비시간성, 연속적인 것과 비연속적인 것 등등, 상이한 동위소들 사이의 일정한 위계화를 작동시키면서 진행된다. 아울러 동일한 어휘소에서 상이한 의소들과 또는 심지어 대립된 의소들을 축적시키는 것이다. 이것은 하나의 텍스트를 일종의 개별 낱장으로 이루어진 일종의 구조로서 표상한다. 거기서 각 층위는 각각 분리되어 기술되어야 하나, 그것의 일반적 의미 작용은 다양한 성층들의 집합, 즉 독서들로서 파악되도록 허용된다. 이 같은 독서들의 총합은 분석된 작품의 명시적 그리고 암묵적 의미를 형성한다.

텍스트의 응집성 문제는 의미론, 시학, 문체론 등, 다양한 분야에서 관심의 대상이었다. 더구나, 인공 지능의 이론가들은 텍스트의 응집성을 전제하면서도, 맥락에 대한 심지어 통계적 방법을 빌려 와 텍스트의 애매모호성을 축소하려는 시도를 해 왔다.

그런데, 하나의 텍스트가 문장들의 연속으로 환원될 수 없다는 사실은 제일 먼저 언어학, 특히 의미론의 관심을 끌었다. 자율적인 '텍스트 언어학'을 상정하지 않은 채, 텍스트를 그것의 특수성을 기술하면서 아울러 발화체와 형태소 등의 다른 층위들과의 관계들을 규명하면서 언어학적 대상의 특정 영역으로서 기술하는 작업을 말한다. 동위소 개념은 통사적 구조들에 직접적으로 종속되어 있지 않다는 점에서, 다름 아닌 텍스트의 응집성의 본질적 양상들을 설명해 내는 것을 가능케 한다. 따라서, 동위소 개념은 문장이라는 단위의 한계와 무관하며 단어를 포함한 명사구, 발화체와 텍스트 등의 층위에서 동위소들을 정의할 수 있다.

하나의 동위소는 동일한 의미론적 특질의 반복에 의해서 정의되며, 동위소 개념은 그것을 생산한 구조적 이론과 고립되어 생각될 수 없다. 의미론이 아직 정식화의 단계에 이르지 못했기 때문에, 이 같은 이론은 여전히 기술적 수준에 머무른다. 문제의 핵심은 하나의 이론을 수단으로 하여, 통일적인 방식으로, 문법적 일치와 제사법 등의 통사적 문제들, 은유, 알레고리 등의 수사학적 문제들, 심지어 텍스트 분석 등의 문제들을 다룰 수 있느냐의 여부이다. 동위소의 관점에서 텍스트는 근간을 이루는 중추적 층위이다. 특히, 적지 않은 학자들이 문학 텍스트의 기술에 애착을 가져왔다. 그 이유는 그 복잡성이 텍스트의 해석 이론을 시험할 수 있게 만들어 주기 때문이다. 텍스트 해석 이론이 필요한 이유는 언어학이 단지 그 대상으로서 텍스트들의 생성만을 갖지 않고, 텍스트의 해석의 문제까지 포괄하기 때문이다.

한편, 라스티에 교수가 채택한 시각은 구조주의 전통을 특징짓는 내재주의로부터 동떨어져 있다. 그의 시각에 의하면 한 편의 텍스트는 그것을 해석하기 위해 요구되는 모든 언어적 요소들을 포함하고 있는 것은 결코 아니다. 특히, 그것의 동위소들의 구성 또는 정체성 파악이 요구하는 모든 요소들을 포함하고 있지 않다. 그런데 필요한 지식들의 요청은 복잡한 의미론적 문제들을 야기시킨다.

라스티에 교수는 의미론과 화용론이 분할되는 1980년대 중반기 시점을 채택하여, 동위소 등을 다루는 텍스트 언어학 영역에서 이론적 심화의 필요성을 역설한다. 의미의 비맥락적 기술들을 구비하는 진영과, 다른 한편으로는 텍스트의 비언어학적 이론들을 제시하는 진영에서 첫 번째 진영의 형식적 범주는 지나치게 엄밀한 형식성을 추구하고, 두 번째 진영의 이론적 범주는 정반대로 엄밀성을 결여한다.[40] 요컨대 그는 해석을 다루는 합리적 의미론에서는 흔히 너무나 쉽게 화용론적 요인들로 간주된 요인들을 통합시켜야 한다는 점을 강조한다. 이점은 특히 동위소의 기술에 부과된다. 라스티에 교수의 진단에 의하면, 동위소의 구성 요소들을 분리하여 별도로 기술하는 것은 터무니없는 것이다. 동위소의 현동화는 화용론적 환경에 의해서 조건 지어지기 때문이다.

이 같은 이론적 요청들은 동위소 개념에 중요한 영향을 미친다. 그레마스는 의미론적 구성 요소들의 반복을 통하여 담화의 동질성을 설명하기 위해 동위소 개념을 창조했다. 따라서 동위소는 그것을 생산한 성분 의미론과 분리될 수 없다. 라스티에는 동위소 개념을 의미론적 구성 요소들의 모든 종류들에 대해 확장시킬 것을 제안했다. 라스티에 교수에 따르면, 동위소 개념의 장점은 통사적 구조들로부터 독립되어 있다는 점이며, 특히 문장이라는 한계로부터 자유롭다는 사실이다. 즉, 하나의 동위소는 두 단어, 하나의 단락, 텍스트 전체로 확장될 수 있다.

하나의 특수한 자질의 반복에 의해서 유도된 다양한 동위소들을 구별할 수 있다. 예컨대, '새벽에 동이 트면서 샘물을 비추었다'("L'aube allume la source" — Eluard)에서는 '시발적인' 자질의 반복을 포착할 수 있다. 또는 '그 해군 제독은 돛을 올리라고 명령했다'(L'amiral ordonne de carguer les voiles)에서는 /항해/라는 총칭적 자질의 반복을 읽어 낼 수 있다.

또한 언어의 기능적 시스템에 의해서 명령 지시된 동위소들과, 다른 규

40 다음 논문 참조할 것. François Rastier, "L'isotopie sémantique, du mot au texte," Thèse de Doctorat d'État soutenue le 20 avril 1985 à l'université de Paris IV. 학위 논문의 주요 내용 요약은 다음 참조. *L'information grammaticale* 27, no.1 (1985): pp.33-36.

범 시스템에 속한다는 점에서, 수의적인 동위소들을 구별해 낼 수 있다. 근본적으로 말해서, 하나의 동위소는 의소들 사이의 일련의 동일성의 관계에 의해서 수립된다. 이 같은 관계들은 의미소들 사이의 등가의 관계를 도입한다.

3. 동위소 개념의 적용 — 김수영의 시 〈풀〉[41]과 폴 엘뤼아르의 시 〈우리의 삶〉

위에서 제시한 동위소 개념을 김수영의 시 〈풀〉에 적용하여 이해를 돕도록 해 보자. 먼저 시의 전문을 시퀀스로 분할하여 적어 본다.

(1) 풀이 눕는다
(2-1) 비를 몰아오는 동풍에 (2-2) 나부껴
(3) 풀은 눕고
(4) 드디어 울었다
(5-1) 날이 흐려서 (5-2) 더 울다가
(6) 다시 누웠다
(7) 풀이 눕는다
(8) 바람보다도 더 빨리 눕는다
(9) 바람보다도 더 빨리 울고
(10) 바람보다 먼저 일어난다
(11-1) 날이 흐리고 (11-2) 풀이 눕는다
(12) 발목까지
(13) 바람보다 늦게 누워도

41 이 분석은 1998년도 제2학기 고려대 대학원의 그레마스 기호학 세미나에서 이루어진 공동 토론에 기초하고 있음을 밝혀 둔다. 특히 신정애, 조진현, 전단열의 분석이 도움이 되었다.

(15) 바람보다 먼저 일어나고

(16) 바람보다 늦게 울어도

(17) 바람보다 먼저 웃는다

(18-1) 날이 흐리고 (18-2) 풀뿌리가 눕는다

1) 통사적·형태론적 동위소

18행의 시 전문을 이루고 있는 지배적인 통사적 구조는 '주어+서술어'로 이루어져 있음을 알 수 있다. (2-1), (5-1), (11-1), (18-1), (18-2)행에서 각각 '동풍', '날', '풀뿌리'가 행동자로 사용되고 있는 것을 제외하면 이 시는 모두 풀이라는 주어와 동작 동사 또는 상태 형용사로 이루어진 서술어로 이루어져 있음을 알 수 있다. 또한 상태 형용사가 사용되는 (5-1), (11-1), (18-1)행을 제외한 나머지 행 모두에서 '나부낀다'와 '분다'라는 동작 동사가 사용되고 있다는 점에서 형태론적 동위소를 추출하는 것이 가능하다. 같은 원리로 이 시에서 반복되는 주격 조사, '이(가)'와 비교격 조사 '보다' 역시 형태론적 동위소를 이룬다고 말할 수 있다.

그 밖에도 시제의 차원에서 1연에서는 과거와 현재가 모두 사용된 반면, 나머지 연들에서는 현재 시제가 사용되고 있다. 즉, 시제 차원에서 지배적인 동위소는 현재라고 말할 수 있다. 또한 동사 차원에서도 '나부끼다'라는 동사를 제외하면 풀의 능동성을 표현하기 위해 거의 모든 동사를 비능격 동사들을 사용하고 있다. 미지막 행의 문장, '풀뿌리가 눕는다'에서 눕다는 비능격 동사인데, 비능격 동사는 행위자를 논항으로 갖는다. 이 시의 통사 구조를 분석한 한 연구에 따르면 이것은 시인이 능동성과 자율적 운동을 결여한 풀뿌리에도 그 같은 성격을 부여하기 위해 비능격 동사[42]인 '눕다'라

42 원래의 타동사의 목적어가 주어가 될 수 있는 동사를 일러 능격동사(ergative verb)라고 칭한다. 가령, '해가 얼음을 녹였다' → '얼음이 녹았다' 같은 경우이다. 반면, 비능격동사(non-ergative verb)는 순수한 자동사로서 심층 구조와 표층 구조에서 모두 주어 자리를 차지하는 자동사를 말한다. 한국어 동사의 예들로는 놀다, 걷다, 기침하다, 자다 등을 제시할

는 동사를 사용한 것이라는 것이다.

또한 모두 열 문장으로 이루어진 이 시에서 단문 형식은 단 두 문장에 불과하고 나머지는 모두 복문 형식의 등위 배열이거나 종속절 형식을 취하고 있다. 단문의 평서문 형식인 '풀이 눕는다'의 반복적 사용은 풀의 능동성을 객관화시키기 위한 것이며, 복문의 통사 형식은 바람과의 관련성을 설명하기 위한 것이다.[43]

2) 의미론적 동위소

이 시에 나타나는 반복적 의소에서 비교적 쉽게 부각되는 것은 서술어가 지시하는 상승과 하강으로 이루어진 방향성, 자연의 기후 현상을 나타내는 자연성, 과거와 현재로 이루어진 시간성, 그리고 공간성 등을 지적할 수 있다.

① 부류소 방향성에 따른 동위소

ㄱ. '눕다'(하강)/'일어나다'(상승): 의인화를 통한 풀의 움직임을 묘사하는 표현들은 방향성의 동위소를 이룬다.

ㄴ. '울다'(하강)/'웃다'(상승): '울다'는 기분의 침체를 내포한다는 점에서 하강을, '웃다'는 기분의 상승이라는 의소를 내포한다.

ㄷ. 수동성(하강)/능동(상승): 반복되는 서술어 '나부낀다'는 바람이라는 외적 요인에 의해서 움직인다는 점에서 수동성인 반면에, '눕다', '일어나다', '웃다' 등은 스스로의 의지에 의한 것이라는 점에서 능동성을 내포한다(이 경우 '울다'는 능동성과 동시에 하강을 내포한다는 점에서 예외에 속한다).

수 있다.

43 이점에 대해서는 다음 논문 참조. 엄홍준, 〈김수영의 시 '풀'에 나타난 통사구조 분석〉, 《우리문학 연구》 23(2008), pp.247-268.

ㄹ. 정태성과 동태성: 동작과 상태에 따른 동위소로서 각 행마다 날이 흐린 상태를 나타내는 정지와 풀이 '눕는다'의 동태성의 대립이 나타난다.

② 자연성

이 시는 지배적인 행동자인 '풀' 이외에도 '비', '동풍', '바람' 등의 자연 현상을 나타내는 의소들이 반복적으로 나온다.

③ 동물성

서술어 '눕다', '일어나다', '웃다', '울다', '몰아오다'는 모두 동물성의 동위소를 내포한다. 이것은 '나부끼다', '흐리다'가 내포하는 자연성의 동위소와 대조를 이룬다.

④ 공간성

이 시의 공간을 이루고 있는 곳은 '땅'과 '하늘'이다. 또한 '눕다', '일어나다'가 수직성이라는 공간성을 내포하며 '웃다', '울다', '몰아오다', '나부끼다' 등도 모두 공간성의 동위소를 이루고 있다. '흐린 날', '동풍', '바람' 등의 대기 현상이 하늘에서 일어나는 것이라면 풀의 생존 공간은 지상성, 즉 땅이다. (12)행에서 사용된 발목은 사람의 신체에서 땅에 가장 가깝다는 점에서 하늘과 대조를 이룬다. 따라서 이 시는 행동자들의 서술어 동사가 나타내는 수직성과 수평성의 의소로 이루어진 동위소와 행동 공간을 이루는 천상성과 지상성의 동위소로 이루어져 있음을 알 수 있다.

⑤ 감응(phorie)

이 시는 기쁨과 슬픔을 나타내는 부류소가 반복적으로 나타난다는 점에서 감응의 동위소가 추출될 수 있다. '울다'와 '웃다'는 바로 불쾌와 유쾌를 지시하는 서술어이며, 서술어 '눕다'와 '일어나다'는 각각 힘든 고난과 고통을 의미하거나, 회복과 기쁨을 나타낸다. 예컨대 다음과 같은 표현을 생각해 보라. '그는 요즘 유행하는 독감에 걸려 병석에 눕고 말았다', '점점 운세가 일어나서 살 만해졌다'. 또한 이 시에서 세 번 사용된 '흐리다'란 상태 형용사 역시 불쾌의 부류소에 속한다고 볼 수 있을 것이다.

⑥ 시간성

서술어의 시제는 과거와 현재가 반복된다. 그 밖에도 이 시에는 부사어 '빨리', '먼저'가 사용되고 있다. 서술어의 시제를 살펴보면 '울었다', '누웠다'를 제외하고는 모두 현재 시제를 사용하고 있음을 알 수 있다. 즉 현재성이라는 부류소가 과거성이라는 부류소에 비해 지배적으로 나타나는데 이것은 이 시가 당대의 현 상황의 극렬성을 부각시키려는 데서 기인한 것이다. 또한 과거 시제로 사용된 어휘가 기분성에서 불쾌, 즉 슬픔을 나타내는 '울다'와 '눕다'에 한정된다는 점에서 부정적인 과거와 긍정적인 현재를 대비시키려는 시인의 몸짓이 읽혀진다.

끝으로 이 시의 주어로 사용된 '풀', '동풍', '날'이 의미하는 바가 무엇인지 살펴보자.[44] 먼저 풀은 동위소의 관점에서 어떻게 풀이할 수 있을까? 위에서 제시한 여섯 가지의 부류소 가운데 풀은 직관적으로 보았을 때, 자연성과 공간성과 관련된다. 풀은 "줄기와 가지가 없거나 연하고, 대개 한 해를 지내고 죽는, 키가 작은 식물"(연세 한국어 사전)로 정의된다는 점에서 동물성과 기분성과는 관련이 없으며 동태성을 나타낼 수도 없다. 하지만 이 시는 풀이 갖고 있는 연약성과 한시성이라는 형상소와 상반되는 풀의 또 다른 비유적 의미인 지구성과 항구성에 기초한 강인한 생명력을 지닌 상징성을 부각시킨다. 따라서 문법적으로 같이 올 수 없는 동적인 서술어를 풀과

44 김수영의 시, 〈풀〉의 핵심 어휘의 의미에 대한 논문들을 참조할 것. ① 김종훈, 〈이상과 김수영 시에 나타난 반복의 상반된 의미〉, 《한국문학이론과 비평》 19, 1(2015), pp.191-212. ② 강웅식, 〈김수영의 시 「풀」에 나타난 상징적 의미와 그 초월성〉, 《민족문화연구》 제40권(2004), pp.239-264.

결합시킨다. 풀의 본래적 의미가 스스로 움직일 수 없으며 바람과 같은 외적인 힘에 의해서 움직인다는 점에서 순수한 수동성을 의미하는 반면 바람은 어떤 대상을 움직이게 하는 능동성과 사역성을 내포한다. 하지만 이 시에서는 이 같은 풀의 수동성보다는 외부의 온갖 시련에도 굴하지 않는 저항성의 이미지를 택하여 능동적 서술어들을 풀과 결합시키고 있다.

이 같은 동적인 능동성은 곧 '웃다'와 '일어나다' 등의 유쾌의 부류소와 결합하여 결국 풀을 희망의 은유적 표현으로 동화시키고 있다. 또 한 가지 지적할 것은 풀은 하향성을 지시하며 그에 따른 원초성과 토대성을 지시한다는 점에서 시인은 풀을 외적인 현상에 흔들릴 수 없는 근간으로 보고자 했다는 점이다.

김수영의 대표적 작품이며 생애 마지막 작품인 〈풀〉의 상징적 의미에 대해서는 그 난해함으로 인해 학자들의 엇갈린 다양한 견해가 제시된 상황이다.

총 3연으로 구성된 이 시는 바람과의 대립을 주축으로 삼으면, 눕고 울고 웃고 일어나는 풀의 행위를 반복해서 보여 줌을 어렵지 않게 간파할 수 있다. 한 연구자는 이 같은 시어의 반복에 대해 다음과 같은 설명을 제시하고 있다.

> 시어의 반복은 언어가 고정된 뜻에 정착하지 않고 자율성을 확보하는 데 도움을 준다. 다른 관념의 개입을 지연시켜 시의 요소들이 스스로 의미를 생성하게 하는 것이다.[45]

이 시의 해석에서 가장 핵심이 되는 '바람'과 '풀'의 관계에 대해서는, 억압 세력과 민중의 유비적 관계로 파악하는 대립 관계 또는 적대적인 관계만이 아니라, 심층적 차원에서의 상호 결합의 가능성을 파악해야 한다는 해석도

45 김종훈, 〈이상과 김수영 시에 나타난 반복의 상반된 의미〉, 《한국문학이론과 비평》 19, 1(2015), p.209.

제시되었다. 이를테면, 비를 몰고 오는 바람과 풀의 관계는 생태학적 관점에서 적대적이기는커녕 오히려 상호 친화적이라는 해석이 가능하다.

동위소 개념을 구체적 문학 작품 사례를 통해 적용해 볼 수 있을 것이다. 한 가지 예로서, 프랑스의 시인 폴 엘뤼아르(Paul Eluard, 1895-1952)의 시, 〈우리의 삶〉을 동위소 개념을 적용하여 분석할 수 있다.[46] 폴 엘뤼아르는 17년 동안 삶의 소중한 시간을 같이 나누었던 두 번째 부인 뉘쉬가 죽은 후 다음과 같은 시를 썼다. 이 시에서 그는 아내의 죽음 앞에서 그 슬픔을 표현하기 위해 자신의 삶이 죽음으로 가득 채워져 있다는 비애적 고백을 토로한다. 이를테면, 뉘쉬가 세상을 떠난 시점은 5월 무렵이어서, 대지도 그녀의 죽음으로 인해 주먹을 굳게 닫았다고 표현한다. 시 끝부분에서 그는 마침내 돌이킬 수 없는 아내의 죽음 앞에서 절규한다.

> 그대가 만든 우리의 삶은 죽음에 덮혀 있다.
> 5월의 어느 날 거리의 새벽
> 대지의 그 위에 주먹을 굳게 닫았다.
> 내 마음 속의 새벽이여 언제나 밝았던 17년의 세월이여
> 죽음은 물레방아 속으로 흐르듯 내 마음속으로 흐른다.
>
> 그대는 말했지 삶에 만족하고 우리가 사랑하는 것에 생명을
> 주는 것으로 행복한 우리의 삶이라고
> 그러나 죽음은 시간의 균형을 무너뜨려 버렸다.
> 오는 죽음 가는 죽음 체험된 죽음
> 보이는 죽임은 나의 희생을 대가로 음식을 섭취한다.

---

46 폴 엘뤼아르의 시에 대한 동위소 개념의 적용 분석에 대해서는 다음 논문을 참조하였음. O. Solomarska, "Le sens implicite et la notion de l'isotopie dans un texte poétique," *UDC* (2014). http://nbuv.gov.ua/UJRN/stt (2014.1.10).

눈에 보이는 죽은 그대여,
쇠잔한 내 육체의 목마름과 배고픔보다 더 가혹한 뉘쉬여[47]

이 시는 모두 15행으로 이루어져 있다. 한국어 번역문과 프랑스어 원문을 병기하면 다음과 같다.

1. 그대가 만든 우리의 삶은 죽음에 덮혀 있다. (Notre vie tu l'as faite elle est ensevelie)
2. 5월의 어느 날 거리의 새벽 (Autore d'une ville en beau mai)
3. 대지의 그 위에 주먹을 굳게 닫았다. (Sur laquelle la terre a refermé son poing)
4. 내 마음 속의 새벽이여 언제나 밝았던 17년의 세월이여 (Aurore en moin dix-sept années toujours plus claires)
5. 죽음은 물레방아 속으로 흐르듯 내 마음속으로 흐른다 (Et la mort entre en moi comme dans un moulin)
6. 그대는 말했지 삶에 만족하고 우리가 사랑하는 것에 생명을 (Notre vie disais-tu si docontente de vivre)
7. 주는 것으로 행복한 우리의 삶이라고 (Et de donner la vie à tout ce que nous aimions)
8. 그러나 죽음은 시간의 균형을 무너뜨려 버렸다. (Mais la mort a rompu l'équilibre du temps)
9. 오는 죽음 가는 죽음 체험된 죽음 (La mort qui vient la mort qui va la mort vécue)
10. 보이는 죽임은 나의 희생을 대가로 음식을 섭취한다. (La mort visible

47 엘뤼아르, 〈우리의 삶 1〉, 《이곳에 살기 위하여》, 오생근 옮김(민음사, 1974), p.68. 이 작품은 전체 15행인데, 한국어 번역본은 12행까지만 번역되어 있다. 이하 분석에서 제시되는 나머지 13행부터 15행은 필자의 번역이다.

boit et mange à mes dépens)

11. 눈에 보이는 죽은 그대여, (Morte visible Nusch invisible et plus dure)
12. 쇠잔한 내 육체의 목마름과 배고픔보다 더 가혹한 뉘쉬여 (Que la fois et la faim à mon corps épuisé)
13. 대지 위에서 그리고 그 아래에서 눈의 가면을 쓴 (Masque de neige sur la terre et sous la terre)
14. 눈먼 사람의 가면을 쓴 밤 속에서 흐르는 눈물의 샘 (Source de larmes dans la nuit masque d'aveugle)
15. 나의 과거는 용해되고 나는 침묵에 자리를 내 준다 (Mon passé se dissout je fais place au silence)

이 시는 구성상 1-7행, 8-15행의 두 부분으로 분할되고 그 길이는 거의 동일하다. 이 시에서 두 개의 지배적인 동위소들을 주목해야 할 것이다. 생명(i1)과 죽음(i2)이 그것이다. 생명의 주제를 +로 표시하고, 죽음의 주제를 -로 표시할 수 있다. 아울러 동일한 어휘소에서 생명과 죽음의 양가성, 즉 동시 겸용을 ±로 표시한다. 이 시의 동위소들에 대한 도식적 분석을 제시하면 다음과 같다.

1. 그대가 만든 우리의 삶은 죽음에 덮혀 있다. (Notre vie / tu l'as faite / ensevelie = ++−)
2. 5월의 어느 날 거리의 새벽 (Autore / ville / beau mation / mai= ++++)
3. 대지의 그 위에 주먹을 굳게 닫았다. (Sur laquelle [ville] / terre a refermé / son poing = ++−)
4. 내 마음 속의 새벽이여 언제나 밝았던 17년의 세월이여 (Aurore en moi / dix-sept claires = ++)
5. 죽음은 물레방아 속으로 흐르듯 내 마음속으로 흐른다 (Mort / entre en moi / comme dans un moulin = −±±)

6. 그대는 말했지 삶에 만족하고 우리가 사랑하는 것에 생명을 (Vie / de contente de vivre = ++)

7. 주는 것으로 행복한 우리의 삶이라고 (Donner la vie / ce que nous aimions = ++)

8. 그러나 죽음은 시간의 균형을 무너뜨려 버렸다. (Mort / a rompu / équilibre du temps = −−+)

9. 오는 죽음 가는 죽음 체험된 죽음 (Mort / vient / mort / va / mort / vécue = −±−±−±)

10. 보이는 죽임은 나의 희생을 대가로 음식을 섭취한다. (Mort / visible / boit et mange / à mes dépens = −±±−)

11. 눈에 보이는 죽은 그대여, (Morte / visible / Nusch invisible / dure= −± ±−)

12. 쇠잔한 내 육체의 목마름과 배고픔보다 더 가혹한 뉘쉬여 (Soif / faim / corps épuisé = −−−)

13. 대지 위에서 그리고 대지 아래에서 눈의 가면을 쓴 (Masque de neige / sur et sous la terre= −±)

14. 눈먼 사람의 가면을 쓴 밤 속에서 흐르는 눈물의 샘 (Source de larmes / dans la nuit / masque d'aveugle= ±−−)

15. 나의 과거는 용해되고 나는 침묵에 자리를 내 준다 (Mon passé / se dissout / je fais place au silence= +−−)

삶과 죽음의 동위소 빈도수 분석

		+	−	±
첫 번째 부분 시행	1-7	14	3	2
두 번째 부분 시행	8-15	2	19	9

동위소의 빈도수에서 확인할 수 있듯이 긍정적 동위소(생명)는 시의 첫 부분에서 지배적으로 나타남을 알 수 있다. '생명'의 동위소의 총 빈도수는

14회이다. 반면, 부정적 동위소(죽음)는 시의 두 번째 부분에서 모두 19차례가 나타난다는 점에서 시의 분위기는 완전히 반전된다.

특히, 양가적 동위소(±)에 대해서 특별한 주목을 할 필요가 있다. 시의 첫 부분에는 두 개의 동사가 존재한다. 동사, 'entrer'(들어가다)는 운동 동사로서, 이것은 생명의 내재적 성질로서, 스스로를 은유화시킴으로써 '죽음'과 더불어 조합한다(la mort entre en moi comme dans un moulin, 죽음은 물레방아 속으로 흐르듯 내 마음속으로 흐른다).

물레방아는 일반적으로 운동의 상징이며, 생명의 상징이다. 또한 구어의 상투형과 더불어 시인이 놀이를 하는 것에 주목해 볼 필요가 있다. 즉, 물레방아 속에 들어가듯이, 쉽게 들어간다는 것을 말한다.

시의 두 번째 부분에서 모두 9개의 양가적인 동위소 요소들을 주목해야 할 것이다. 그 9개의 동위소 요소들은 운동 동사, aller(가다), venir(오다), 생명체의 전형적인 행동들을 표시하는 데 사용되는 동사들, boire(마시다), manger(먹다) 등으로 이루어져 있다. 형용사, 'visible'은 두 번 나타난다. 이 형용사는 죽음과 접촉하여 부정적 의미를 취한다. 동사 'vivre'(살다)의 과거 분사형태인 'vécue'는 생명의 종언을 표시하는 과거이다. 명사 'source'(샘, 근원)는 특별한 맥락이 없이는 긍정적이며, 또한 구체적 맥락이 부재할 경우 중립적인 표현인 'sur la terre et sous la terre'(대지 위에서 그리고 대지 아래에서)가 나타난다.

두 번째 부분의 핵심 열쇠는 형용사 'dure'(딱딱한, 견뎌내기 힘든)로서, 두 개의 어의를 담고 있다. a) 물체들의 반열 속에서는 'morte'(=생명이 없는 물체)—dure; b) 은유적 반열에서는 'plus dure que la soif et la faim'이며, 여기서 'morte'(생명이 없는 물체)—고갈된 몸(corps épuisé)(생명이 있는)이라는 동일한 울림을 주목해야 할 것이다. 두 번째 부분은 'mort'(죽음)(추상명사)와 죽음(구상명사)의 대립들에 기초한다: 'morte—Nutsch'.

따라서 관사가 없는 명사와, 이름들의 구체적 명사 사이의 대립을 말한다. 즉 무관사는 추상성 속에서 취해진 것이다. 'visible-invisible'에서

'visible'은 무엇보다 죽음을 지시하고, 곧 이어서 추상명사 'morte'를 가리키고 있는데 이것은 논리적으로 비가시적일 수 없는 신체를 언급한다. 'invisible'(비가시적인)은 익숙한 인명인 뉘쉬(Nusch)를 지시하며, 그 결과 생명의 소멸을 상기한다.

이 시는 상이한 형태들을 취하는 반향언어(echolalie)의 원리에 기초한다. 특히 다음과 같은 특징을 취한다.

1. 동의어(넓은 의미에서) : enseveli – la terre a refermé son poing; boire et manger – la soif et la faim; aurore – beau mation; vivre – donner la vie; morte – corps épuisé
2. 동일한 단어들 또는 그 변이형들의 반복 : aurore d'une ville – aurore en moi; mort visible – morte visible; masque de neige – masque d'aveugle; sur la terre – sous la terre

시의 극적인 성격은 두 개의 동위소들이 상호 교착하는 것에서 전개된다. 동의어가 될 수 있는 단락들은 때로는 i1, 때로는, i2를 지시한다.

아울러 인칭대명사들의 사용과 1인칭과 2인칭의 소유 형용사들의 사용을 주목할 필요가 있다.

첫 번째 부분 1행–5행	notre - tu - moi
첫 번째 부분 6행–7행	notre - tu - nous
두 번째 부분 8행–15행	mes (dépens) – mon (corps) – mon (passé)

첫 번째 부분에서, 'je'와 'tu'는 'nous'에서 결합된다. 두 번째 부분에서, 'tu'는 지워지고, 'nous' 역시 소거되고 오직 'je'만 남는다. 이 같은 방식으로 텍스트의 세 번째 동위소인 '고독'을 발견할 수 있다. 삶과 죽음의 보다 더 밀접해지는 결합, 거의 역설적인 그것의 생명화에 기인한 동위소 2(i2)

의 강화, 동위소 3(i3)의 완만한 존재, 고독의 주제, 이 모든 것은 시의 극적인 성격을 강화시킨다. '주는 것으로 행복한 우리의 삶이라고'(donner la vie à ce que nous aimions et la mort vécue)라는 행에서 나타나는 비극적 이율배반은 사랑의 힘을 통해서 더 이상 살아 있지 않은 것에 대해 생명을 불어넣을 수 있는 가능성이 죽음 그 자체에 다시 생명을 불어넣는 데 이른다. 두 세계의 갈등 속에서, 즉 인간 세상(anthropos)과 우주(cosmos) 사이에서 결국 우주가 승리한다. 그렇지만, 텍스트의 깊이는 언급된 세 개의 동위소들에 한계가 그어지지 않는다. 즉, 생명, 죽음, 고독의 동위소에 이어, 네 번째 동위소를 찾아낼 수 있다. 시의 일반적 의미에 의해서 표현될 뿐만 아니라, 첫 번째 부분의 끝에서 반과거형의 동사와 더불어 표현된, 강조된 위치에서 발견되는 '우리가 사랑하는'(nous aimions)이라는 단어들에 의해서 표현되는 사랑을 말한다. 이 시의 1행에서 사용된 소유형용사 'notre'를 제외하고는 다른 행에서는 사용되지 않는 프랑스어 1인칭 복수 대명사 'nous'가 사용되고 있다는 점도 흥미롭다.

따라서 과거(생명과 체험된 사랑)와 과거의 비가역성을 증언하는 현재 사이의 일종의 분할을 목격할 수 있다. 동일한 양분(dedoublement)이 마지막 시의 귀절에서 체감된다. '나의 과거'(mon passé)(= 우리의 삶 notre vie) - '용해된다'(se dissout)(소멸) - '나는 자리를 내준다'(je fais place)(행동) - '침묵에'(au silence)(상태).

침묵(silence) 아래서, 소음의 부재, 생명의 종언을 들을 수 있으며, 담론의 종언을 들을 수 있다. 이 같은 대립은 여전히 로고스 유형의 텍스트 동위소를 계시한다. 말하다-침묵, 그 결과 말이라는 다섯 번째 동위소가 계시된다.

이 같은 방식으로, 텍스트의 깊이는 다섯 개의 동위소로 압축될 수 있다. 그 가운데 두 개는 표면에 존재하고 명시적 맥락에서 계시된다. 동위소 1-생명, 동위소 2- 죽음, 반면 다른 세 개의 동위소, 동위소 3-고독, 동위소 4-사랑, 동위소 5-말은 암묵적 맥락에 속한다. 하지만 객관적으로 존재하며 구체적인 어휘적 단위들을 선택해서 그것들의 상호적 관계들을 통해서 표현된다. 주어진 텍스트의 모든 뉘앙스들을 이해하기 위해서 독자는 메시지의 수동적 수용자로 머물러서는 안되며, 텍스트의 잠복적 메시지를 발견하기 위해서는, 텍스트의 깊이를 관통하기 위해 코드 해독의 능동적 노력을 수행해야 할 것이다.

제8장

기호학적 사각형

1. 기본 가설

1) 기호학적 사각형의 정의 및 주요 범주[1]

기호학적 사각형(carré sémiotique)은 의미 작용의 기본 구조를 표상하기 위해 고안된 일종의 이론적 모형으로 간주될 수 있으며 의미론적 범주의 논리적 분절을 시각적으로 표상한 모델로 정의할 수 있다.[2] 이 모델은 최초의 모델 수립 이후 몇 가지 단계를 거쳐 진화하였다. 일차적으로 필자는 그레마스가 최초로 이 모델을 제시한 논문 〈기호학적 제약들의 놀이〉[3]에 기초하여 그 구성 원리의 이론적 얼개를 설명한 후에 구체적 예를 제시하여 이해를 도울 것이다.

먼저 대문자 S는 기표의 총체성의 세계를 지칭한다. 그 첫 단계에서는 의미의 부재 $\overline{S}$가 모순항으로 설정될 수 있다. S축이 내용의 형식 수준에서 분절된다는 것을 수용하면 두 개의 상반된 의소로 분절됨을 알 수 있다.

1 기호 사각형이라는 용어를 사용하는 전공자들도 있다는 점에서 한국어 번역 용어가 정착되지 못한 대표적 사례이다.

2 A. J. Greimas & J. Courtés, *Sémiotique: Dictionnaire raisonné de la théorie du langage*, p.29.

3 A. J. Greimas & F. Rastier, "Les jeux des contraintes sémiotiques," in *Du Sens* (Paris: Seuil, 1970), pp.135-155. 한국어 번역본, 김성도 역, 《의미에 관하여》(인간사랑, 1997), pp.179-205.

$$S_1 \longleftrightarrow S_2$$

또한 이 두 개의 의소는 분리되어 각각 모순항을 산출할 수 있다.

$$\overline{S_1} \longleftrightarrow \overline{S_2}$$

의소 분절의 자리 배치에 이어서 S가 S_1과 S_2의 연접과 이접이라는 이중적 관계에 의해서 결합되는 복합적 의소로서 재정의될 수 있다는 사실을 고려하면, 의미 작용의 기본 구조는 다음과 같이 도식화될 수 있다.

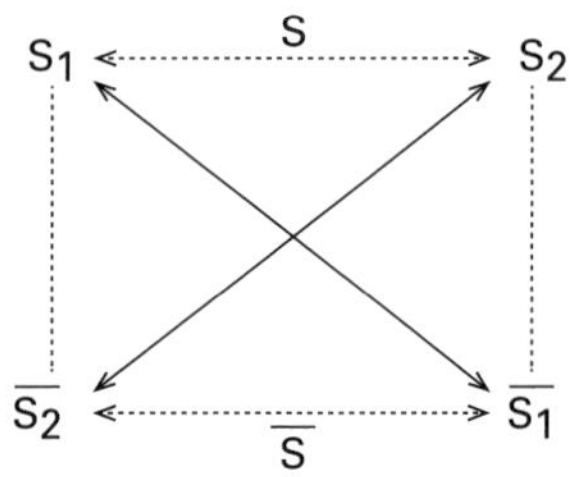

(←·····→ 상반성 관계 또는 반대 관계, ←——→ 모순 관계, ·········· 함의 관계)

이 모델은 구조적 관계를 해석하기 위해 연접과 이접이라는 개념을 사용하며 두 가지 유형의 이접, 즉 상반항들의 이접과 모순항들의 이접을 도입한다. 기호학적 사각형 모델은 의미 작용의 다양한 양식을 설명하는 기호의 내용 차원에 대한 구성 모델로서 일종의 연역적 모델이라 할 수 있다. 이 구성 모델의 형식적 특성은 다음과 같다. 첫째, 구성 모델은 서열적 관계를 이루고 있다. S_1, S_2와 대문자 S 사이에는 하위 지배적 관계(relation hyponymique)가 설정된다. 둘째, 위 모델은 상반 관계, 모순 관계, 함의 관계 등의 범주적 관계를 이루고 있다. 셋째, 구성 모델은 모두 6개의 차원(dimension)으로 이루어져 있다. 두 개의 축 S와 $\overline{S}$에서, 대문자 S는 S_1과 S_2를 포섭하는 복합 축이고, $\overline{S}$는 $\overline{S_1}$과 $\overline{S_2}$의 모순항들을 아우르는 복합축이며, S_1과 S_2에 대해서는 중립 축이다. 또 두 개의 도식 $S_1 + \overline{S_1}$, $S_2 + \overline{S_2}$와 두 개의 지시 세계(deixis)(하나는 함의 관계 S_1와 $\overline{S_2}$이며 다른 하나는 S_2와 $\overline{S_1}$)가 설정된다.

2) 긍정과 부정

구조 언어학의 기호 개념인 차이적 대립은 세계의 지각 수준에서 중추적인 구조화의 역할을 맡는다. 근본적으로 모든 의미 전개는 긍정과 부정이라는 두 가지 수순이 조합된 결과로 볼 수 있다. 모든 의미 구성은 이 같은 양극성의 사이에서 진행되는 놀이로 귀결된다. 세상에는 순전히 긍정으로만 말하는 사람도 순전히 부정으로만 말하는 사람도 없기 때문이다.

이원적 범주에 기초한 대립적 양 축 사이에서 작동되는 관계화의 유형은 매우 간단하다. 그것은 서술어들의 하나를 지속적으로 부정하고, 다른 하나를 긍정하는 데 있으며 이 양 축은 배제의 관계에 있다. 이것은 정태적 상태들이다.

반대로 처음에 제기된 것과 그 이후의 결과에 변화가 생겼을 때 운동이 발생하게 된다. 처음에는 이야기 속의 주인공이 가난했다가 나중에 부자가 되는 경우가 그 예이다. 그 같은 운동은 하나의 상태와 이것을 부정하는 새로운 구성 항 사이의 긴장으로서 작동된다.

정태적 텍스트는 시간과 공간에 무관하며 특정한 방향성을 갖지 않는다. 예컨대 '그 식당 주인은 정직하다'와 같은 상태는 그 같은 유형의 서술어를 사용하는 단언문의 형식으로 요약될 수 있다. 반대로 역동적 텍스트는 일정한 공간과 시간의 표상을 통합하며 최소한의 시퀀스들로 압축될 수 있는 역동적 텍스트 속에서 시작과 끝을 인지할 수 있다.

3) 상반항과 모순항

의미 작용을 구성하는 이원적 관계에 대한 성찰은 구조 음운론에서 제기되었던 오래된 문제 가운데 하나를 떠올리게 만든다. A가 B가 아니라는 관계는 최소한 A와 B가 비교 가능함을 전제로 한다. 즉 공통적 분모를 가지고 있어야 한다. A와 견주어서 B에 대해서 얻을 수 있는 정보는 두 가지 해석이 가능하다.[4]

ㄱ. B = A가 아님(non-A)

ㄴ. B = A의 상반된 것

음운론에서 A를 유성음으로 놓으면, 'A는 B가 아니다'라는 것을 나타내는 공식 A ≠ B는 B가 비유성음이라는 것을 함의한다. 그것은 논리적 유형의 대립이다. 만약 A에 예리한 음을 놓으면 A ≠ B는 다음과 같이 읽혀질 수 있다.

ㄱ. B = non–A = 예리하지 않은 음

ㄴ. B = A의 상반된 것 = 둔탁음

두 번째 경우에서 대립은 논리적 유형보다는 질적 유형에 가깝다. B라는 술어는 명명되고, 매우 정밀한 방식으로 A와 대칭적으로 시차화된다. 마찬가지로 의미론에서도 만약 A에 부자를 놓으면 A ≠ B는 다음과 같이 읽혀질 수 있다. 즉 'A는 B가 아니다'라는 명제에서 우리는 다음과 같은 두 가지 경우의 B를 생각해 볼 수 있다.

B = non–A = 부자가 아니다

B = A의 상반된 것 = 가난하다

---

4 기호학적 사각형에 대한 상세한 설명과 사례 분석에 대해서는 다음 문헌 참조. A. Hénault, *Les enjeux de la sémiotique* (Paris: PUF, 2012), pp.74–105.

이 두 가지 경우에서 B의 첫 번째 해석을 A의 모순항으로 대치시키면 A의 상반항으로서의 B만 남는다.

이것은 다음과 같이 나타낼 수 있다.

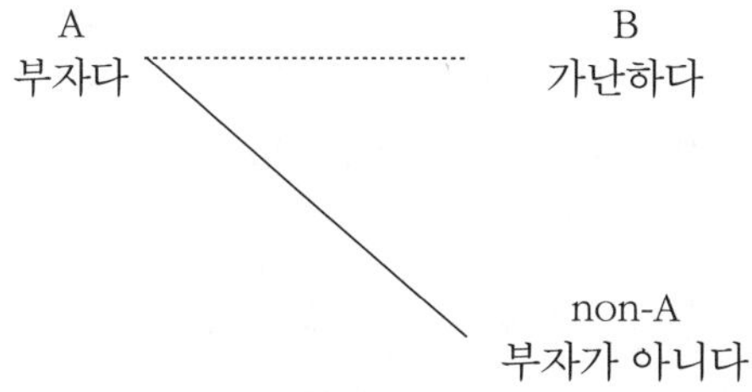

이 두 가지 논리적 차이들은 두 가지 유형의 대립들을 특징짓는다. 일반적으로 우리는 어떤 것에 대해서 그것이 A이면서 동시에 non-A라고 단언할 수 없다. 한 사람에 대해서 동시에 그가 '가난하다' 그리고 '가난하지 않다'라고 말할 수 없다. A와 non-A는 모순적이라고 지칭되며 이들은 서로 배제 관계를 유지한다. 즉 하나를 제기하면 반드시 하나를 부정하게 되어 있다. 반면에, 언어학적 논리와 발현은 A인 동시에 A의 상반된 것을 제시하는 것을 가능케 한다. 한 개인에 대해서 부자이면서 가난하다라고 말할 수 있다.

부자다	vs	가난하다	—	부자이며 가난하다
1		2		3

예컨대, 중산층 가정은 극빈자 가정에 비해서 부자이지만, 상대적으로 최상위 부유층에 비하면 가난하다고 말할 수 있다. 상반성의 논리는 배제의 논리가 아니다. 그것은 특별한 유형의 의미 효과들을 생산한다.[5]

이 같은 효과들은 여러 고전에서 암묵적으로 사용되고 있다. 성서에서 그 사례를 찾아볼 수 있다. "나는 알파요 오메가다 이제도 있고 전에도 있었고, 장차 올 자요, 전능한 자다"(요한 계시록 1장 8절)라는 표현을 비롯해

5 같은 책, p.125.

동양의 고전 《장자》에서 "삶이란 죽음을 뒤따르게 하며 죽음은 삶의 시작이 되오. (…) 그러므로 만물은 하나요"[6]란 표현이 나온다. 이 같은 상반적인 것들의 화해 현상은 하나의 판단에 대한 평가를 내릴 때도 빈번하게 사용된다. 즉 '예'와 '아니오'라는 양극단의 선택이 유지될 수 없을 때 사용된다.

하나의 개념의 모순항을 제기하는 것은 언제나 가능하나, 상반항은 그렇지 않다. 실제로 상반항들 사이의 관계는 덜 논리적이라는 점에서 감각적 세계의 지각에 더 종속된다.

상반항들과 모순항들은 상호 전제 관계 속에 있다. 'A = 부자다'라는 예에서 'non-A = 부자가 아니다'를 함의하지 않고서는 'B = 가난하다'를 제기할 수 없다. 가난한 것은 반드시 부자가 아니기 때문이다.

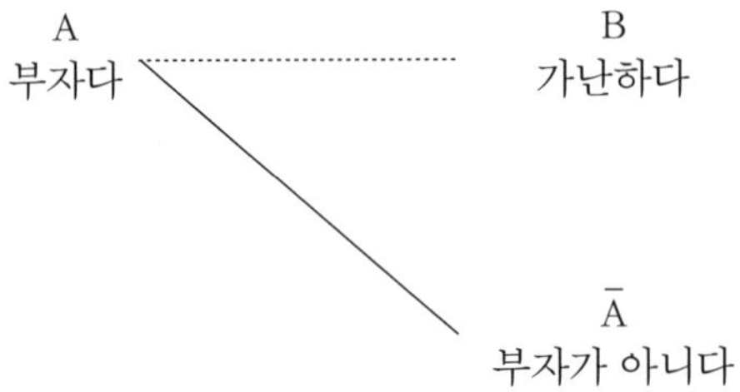

B와 $\bar{A}$는 동일한 축에서 연접한다. 양자는 동일한 의미 작용 범주의 두 가지 정의이다. 이 둘은 동일한 개념의 차원에 속한다.

그렇다면 기호학적 사각형의 구성은 어떻게 이루어지는 것일까? A를 출발점으로 삼기 전에, 우리는 B를 동일한 방식으로 취할 수도 있었을 것이다. 'B ≠ A', 'B = 가난하다'는 'A = 부자다', '$\bar{B}$ = 가난하지 않다'로 배치된다. 이것은 다음과 같이 나타낼 수 있다.

---

6 안동림 역주, 《莊子》(현암사, 1993), 〈知北遊〉, p.535: 生也死之徒 死也生之始 … 故萬物一也.

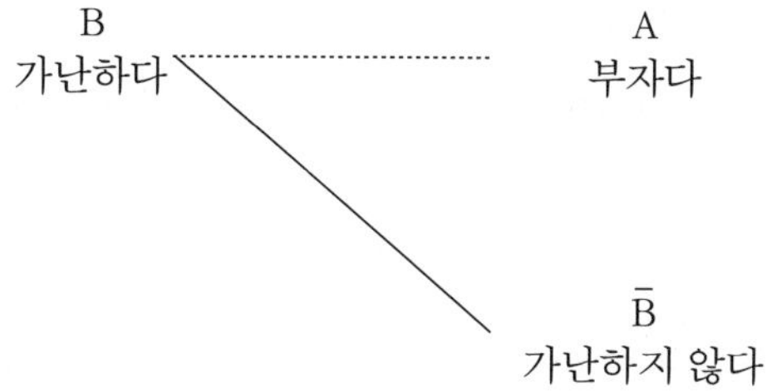

B vs A를 연결하는 선은 앞에서 그린 A vs B를 연결하는 선을 포괄한다. 만약 두 개의 형상들의 중첩을 그 방향을 유지하면서 작동시킨다면, 4개의 위치로 이루어진 다음과 같은 도식을 얻는다.

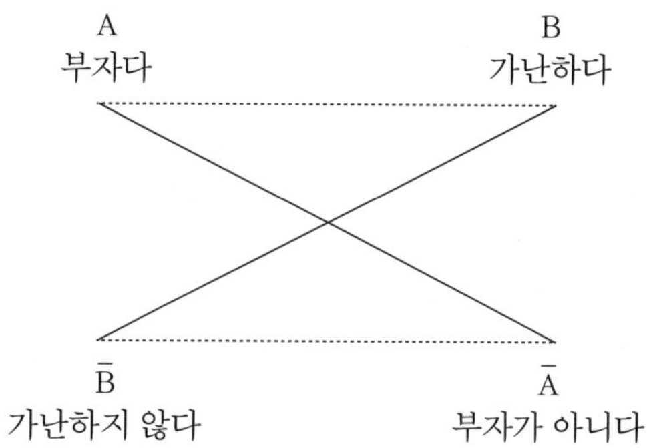

이것은 $2 \times 2 = 4$개의 위치와 $3 \times 2 = 6$개의 행로를 규정하며, 두 개의 행로는 연접과 이접 A vs B, $\bar{A}$ vs $\bar{B}$, 두 개의 배제 행로 $A \neq \bar{A}$, $B \neq \bar{B}$, 두 개의 함의 행로 $\bar{A} \rightarrow B$, $\bar{B} \rightarrow A$를 얻는다. 이 같은 도식은 그것이 규정하는 위치들 그리고 행로들과 더불어 의미 작용의 '구성 모델'을 성립한다.

일반화가 가능한 이 같은 구성 모델은 그것을 구성하는 항들의 의미와 독립하여 형식으로 사용되는 의미 작용의 기본 구조로서 나타난다. 에노 교수는 그 일반성을 다음과 같이 강조하고 있다: "브뢴달의 6각형과는 반대로, 이 모델은 특별한 의미 작용의 영역과 결부되지 않고, 그것의 일반성은 그 모델을 보편적으로 적용하는 것을 가능케 한다. 특히 모든 인간적 행동의 기술과 관련될 때 그렇다."[7]

예를 들어 이슬람의 라마단(Ramadan)에서 허가와 금지의 구조화를 기호학적 사각형으로 제시하면 다음과 같다.[8]

허가된 것	금지된 것
숨 쉬는 것 움직이는 것 노동하는 것 생각하는 것	먹는 것 마시는 것 여자와 정사를 나누는 것 거짓말하는 것 성내는 것 담배 피우는 것
금지되지 않은 것	**허가되지 않은 것**
여행하는 것 부주의로 마시는 것 부주의로 먹는 것 음란한 생각을 하는 것	하루 종일 잠자는 것 노동하는 것을 금지하는 것 책임을 회피하려고 하는 것 악에 자신의 시선을 주는 것

4) 소비 가치의 기호학적 사각형

또 다른 예로서, 자동차 소비의 가치론에 대해서 기호학적 사각형을 투사시킨 플로슈의 탁월한 분석을 예로 들어 보자.[9] 먼저 가치 있는 물건에 대한 그레마스의 분석에 기초하여 자동차의 이중적 기능성, 즉 실용적 가치와 신화적인 가치를 판별할 수 있다. 자동차의 운전 용이성, 커브 제어력,

---

7 A. Hénault, 앞의 책, pp.132-133.

8 같은 책, p.81.

9 J.-M. Floche, *Sémiotique, marketing, communication* (PUF, 1990), 제4장(한국어 번역본, 김성도 역, 《기호학, 마케팅, 커뮤니케이션》, 나남출판사, 2001, pp.173-216); 김성도, 〈자동차광고 텍스트의 의미 작용에 대한 구조생성기호학적 접근—소비의 가치부여 유형을 중심으로〉, 《광고연구 통권》 제59호(2003 여름), pp.213-241 참조.

수용 능력, 안전도를 중시한다면 자동차는 무엇보다도 운송 수단으로서 가치 매김 된 것이다. 이 경우 자동차는 사용 가치로 투자된다고 볼 수 있다. 이와는 정반대로, 자동차 운전자의 정체성, 사회적 품격을 비롯하여 운전자의 남성성 또는 여성성을 나타낼 때, 또는 자동차가 삶 또는 아름다움의 형상물일 때 자동차는 기본 가치가 투자된 것이다. 풀어 말해서 기본 가치란 존재의 근본적인 관심 차원에 해당되며 삶의 본원적 의미에 대한 추구를 말한다. 이상에서 언급된 자동차의 이중적 기능성은 암묵적으로 시사되기도 하지만 빈번하게 명시적으로 이율배반적이거나 상반된 것으로 제시된다. 즉, 소비자의 필요에 부응하는 자동차의 사용과, 소비자의 희망과 욕망에 해당되는 자동차의 소유, 또는 향유 사이에서 선택을 해야 하는 것으로 인식한다는 것이다. 실제로 수많은 자동차 광고문에서는 사용 가치와 기본 가치의 상반성을 강조하는 경우를 쉽게 찾아볼 수 있다. 바로 이 같은 두 가지 종류의 가치 부여에 대한 상반성과 모순성을 파악하여 플로슈는 다음과 같은 네 가지 종류의 가치 부여를 제시한다.

첫째, 실용적인 가치 부여로서 이것은 기본 가치의 상반된 가치로서 자리매김된 사용 가치에 해당된다. 다른 표현으로는 공리적 가치라는 용어도 가능하다. 운전의 용이성, 안락함, 안전성 등이 포함된다.

둘째, 유토피아적 가치 부여로서 사용 가치들의 상반적인 가치로 파악되는 기본 가치에 해당된다. 여기에서는 존재적 가치라는 표현도 가능하며, 정체성, 사회적 품위, 인생, 모험 등의 가치가 포함된다.

셋째, 유희적 가치 부여로서 이것은 공리적 가치들의 부정에 해당된다. 풀어 말해서 유희적 가치 매김과 실용적 가치 매김의 관계는 모순적이다. 유희적 가치에는 사치, 동기 부재, 세련미, 질주 본능 따위의 가치가 포함된다.

넷째, 비판적 가치 부여로서 이것은 사람들이 자동차에 투자할 수 있는 존재적 가치들의 부정에 해당된다. 비판적 가치 매김과 존재적 가치 매김 사이의 관계는 모순적이다. 품질, 가격 혁신, 비용 절감 등은 이러한 비판적 가치들에 속한다.

이상의 네 가지 가치 부여를 기호학적 사각형에 근거해서 유형화시키면 각각의 위치와 관계에 대한 입체적 시각을 확보할 수 있다.

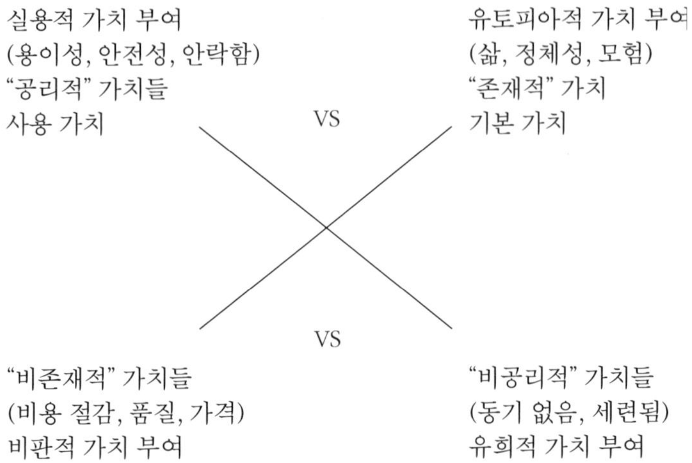

플로슈는 또 다른 연구물에서 가구의 올바른 사용법을 기술하기 위해서 소비 가치의 기호학적 사각형을 이용하면서 가구회사 아비타(L'Habitat)의 상품이 소비 가치의 사각형으로부터 규정될 수 있음을 보여 주고 있다.

소비 가치의 사각형은 사용자들의 담화 가운데서 표현되는 사용 가치와 기본 가치의 상반성을 통하여 만들어지며, 그레마스가 자동차의 가치를 기술하면서 사용했던 실용 범주 대 신화적 범주의 대립을 해석하는 것과 동일한 원리로 이해될 수 있다.[10]

먼저 상반성과 사용 가치와 기본 가치가 각각 무엇을 의미하는가를 설명해 보자. 예컨대, 침팬지가 손에 넣으려는 바나나는 기본 가치이며 이 같은 가치 프로그램의 실현을 위해 침팬지가 찾으러 다니는 막대기는 침팬지로

---

10 Jean Marie Floche, "La maison d'Epicure," in *Identités visuelles* (Paris: PUF, 1995), pp.145-180.

서는 사용 가치밖에 없다.[11] 상반성은 "하나의 의미 축의 두 항 사이에 존재하는 상호 전제의 관계, 즉 한 항의 존재가 다른 항의 존재의 전제가 되며 반대로 한 항의 부재가 다른 항의 부재를 전제하는 관계로 규정할 수 있다."

사용 가치 대 기본 가치의 범주를 기호학적 사각형에 투사하면 네 가지 유형의 가치 부여 과정을 인식할 수 있다. 각각 실용적, 유희적, 유토피아적, 비판적 가치 부여가 된다.

실용적 가치 부여는 사용 가치와 일치하는데, 사용 가치가 기본 가치에 상반되는 것으로 이해되는 순간에 만들어진다. 이를 공리적 가치 부여라 불러도 무방하다. 유토피아적 가치 부여는 기본 가치에 대응하며 그 같은 상반 관계에 의해서 받아들여진다. 사용 가치 대 기본 가치의 범주가 삶의 총체성을 분절할 경우 이 가치를 '실존적 가치'라 명명할 수 있는데 이 용어는 유토피아적 가치보다 덜 애매할 수 있다. 유희적 가치 부여는 실용적 가치 부여의 부정이다. 마지막으로 비판적 가치 부여는 유토피아적 가치의 부정이다. 이 가치 부여는 기본 가치에 견주어 거리 두기의 논리에 따라 이루어지는 계산과 이해관계의 논리에 의해서 파악될 수 있다. 소비 가치의 기호학적 사각형 모델 역시 가구 광고 담화에 적용해 볼 수 있다. 기능적이고 튼튼하면서도 변용될 수 있는 것으로 광고되는 가구들은 앞서 실용적이라고 명명했던 가치 부여에 해당된다. 화려함과 세련됨은 두 가지의 다른 테마로서, 효용성이라는 가치 부여에 해당되는 실용성에 대해서는 부정적이다. 물론 이 가치 부여에서 가구들의 기능성 자체를 부정하는 것은 결코 아니다. 셋째, 가구가 기능성을 초월하여 다른 가치를 가질 수 있다는 것을 발견하는 순간부터 거기에 본질적인 가치를 부여할 수 있는 가능성을 예견할 수 있다. 예컨대 가구는 현대성이나 전통을 표현한다. 가구는 주체-고객으로 하여금 그 시대에 편입하도록 하거나 다른 시대에 대한 향수를 체화할 수 있다. 이렇게 가치가 부여된 가구는 보다 일반적으로 주체가 갖고 있

---

11 A. J. Greimas et J. Courtès, *Sémiotique: Dictionnaire raisonné de la théorie du langage*, p.415.

는 정체성의 형상화로 간주될 수 있다. 끝으로, 경제적이며 기발한 것으로 광고되는 가구는 비판적 가치 부여에 속한다. 이러한 가구들은 이상적인 해결책, 즉 질과 가격 대비가 우수한 경우를 표현한다.

가구 카탈로그에 수록된 이야기들과 표현들을 분석해 보면 네 가지 유형의 가치 부여(valorisation)가 다양한 삶의 나이에 결부되는 것을 알 수 있다. 진정한 삶의 설계는 이렇게 제안된다. 새로운 삶을 시작할 때, 소비자는 경제적이면서 기발한 가구를 찾는다. 즉 경제성과 실용성을 꼼꼼하게 챙기는 비판적 안목에서 선택된 가구로서 젊은 부부의 신혼 살림살이의 가구들을 그 예로 제시할 수 있다. 이 나이에는 최소한의 예산으로 제한된 공간을 나누는 것이 이상적이다. 시간이 지나고, 사람들은 더욱 개인적인 삶을 살고자 한다. 가구는 전통적이든 현대적이든 소비자가 설계한 세상 혹은 소비자에게 알맞은 세상을 형상화한다. 다시 말해 소비자의 정체성을 만들어 가는 것이다. 소비자들은 가구에서 자신의 뿌리를 찾거나 현대성 혹은 탈현대성을 찾게 된다.

그러므로 삶이란 다양한 성질의 사물들을 추구하는 일련의 과정으로 나타난다. 인생의 상이한 세대들에 따른 가구의 '올바른 사용법'이라는 이데올로기를 소비 가치의 사각형을 다시 채택하여 표현하면 다음과 같다.

'아이키우기'
'튼튼하고 변용되는 가구'
'실용적 가치 부여'

'자신의 세계 만들기'
'전통적 또는 현대적 가구'
'유토피아적 가치부여'

'경제적이며 비판적 가치'
'기발한 가구'
'자신에게 선물하기'
'손님 맞이하기'

'유희적 가치'
'화려하고 세련된 가구'
'새로운 삶을 출범시키기'

2. 브뢴달의 대립 범주 구조

1943년 〈일반 의미론 시론〉에서 브뢴달은 기호학적 사각형 모델의 이론적 근거를 제시했을 뿐만 아니라, 그에 못지않은 정교한 모델을 구축했다는 점에서 상론을 요한다.[12] 우리는 여기서 언어학자는 물론 기호학 전공자들도 거의 언급되지 않는 그의 원전에서 직접 그의 대립 범주 구조와 유형론의 핵심을 이해할 필요성을 절감한다. 예컨대, 에노 교수는 별다른 논증도 없이 그의 모델이 일반성을 결여했다는 다소 섣부른 진술을 하고 있다.[13]

브뢴달은 소쉬르가 언어학에서 제시한 체계 개념에 기초하여 형태론 체계의 구조를 해명할 수 있는 보다 정교한 모델을 제시하는 데 목표를 두었다. 먼저, 그는 모든 종류의 구조를 지배하는 근본적 사실은 대립하는 양축 사이의 차이라는 것을 지적한다. 예컨대, 왼쪽과 오른쪽의 차이, 또는 두 개의 상반항들 사이의 차이, 이를테면 부정항과 긍정항 사이의 차이가 그것이다. 언어 형태론에서는 단수와 복수, 과거와 현재, 완료형과 미완료형을 대립시킨다. 그러나 분명한 것은 언어적 사실은 이 같은 단순한 이원성이나 양극성만으로 한정되지 않는다는 점이다. 브뢴달은 언어적 사실을 규정하기 위해서는 보다 풍성하고 신축적인 논리적 수단들이 필요하다는 점을 강조한다. 그러기 위해서는 먼저, 부정항과 긍정항에 대립되는 중립항을 수용해야 한다. 즉, 중립항은 상반항의 관계가 적용되지 않는 경우에 등장할 수 있다. 이 같은 형태론의 '제로항'은 음운론에서 말하는 '제로항' 못지않게 중요하다. 법에서는 직설법, 인칭에서는 3인칭을 그 정확한 예로 들 수 있다.

---

12 V. Brøndal, *Essais de linguistique générale* (Copenhague: Elinar Munksgaard, 1943). 모두 16편의 소논문으로 이루어진 이 책에서 다양한 대립 범주들을 제시하고 있는 곳은 두 편의 논문에서이다.("Structure et variabilité des systemes morphologiques," pp.15-24; "Les oppositions linguistiques," pp.41-48.) 이 책을 읽고 검토해 본 필자의 견해로는 그레마스의 기호학적 사각형의 직접적인 이론적 원천은 바로 브뢴달의 언어 범주 이론이었을 개연성이 매우 높다.

13 다행히 퐁타니유와 질베르베르그는 그들의 공동 저서에서 기호학적 사각형의 이론적 근원으로서 옐름슬레우와 브뢴달을 언급하고 있다. J. Fontanille & Cl. Zilberberg, *Tension et signification* (Mardaga, 1998), pp.45-51.

조금 더 자세히 설명하자면, 직설법은 특정 법의 형태를 벗어난 것(amodale)의 형태, 즉 법의 관점에서 미정된 상태로서 명령법도 아니고 접속법도 아닐 때 규정된다. 인칭 범주에서 볼 때 3인칭 역시 비인칭적 형태 또는 미규정된 형태로서, 일인칭도 아니며 이인칭도 아닐 때 규정된다.

이 같은 세 가지 구성 항–부정항, 긍정항, 중립항–과 더불어, 브뢴달은 네 번째 구성항인 복합항을 첨가한다. 중립항이 부정도 긍정도 아니라는 사실에 의해서 정의될 수 있기 때문이다. 그렇게 되면, 양극화된 구성항들에 의해서 대립되거나 상반된, 아울러 중립항에 의해서 배제된 특징들이 복합항에서 밀접하게 결합될 수 있게 된다. 이 같은 중의적 또는 중립적 구성항들의 종류가 필요한 이유는 논리학을 비롯한 정신 구조의 사회학적, 언어학적 문제 해결을 위해서 긴요하게 작동될 수 있기 때문이다.[14] 이 같은 복합항의 경우가 몇몇 언어에서는 드물지 않게 나타난다. 법에서는 취사선택법(l'optatif)으로, 상에서는 반복상(l'itératif)으로, 시제에서는 과거–현재로, 수에서는 쌍수로, 인칭에서는 이른바 4인칭이라고 불리는 두 개 이상의 인칭이 포함(1인칭과 3인칭을 포함하거나, 2인칭과 3인칭을 포함하는 형태)된 것을 그 예로 들 수 있다.

이 같은 가설에 따르면, 취사선택법 또는 복합법은 명령법과 접속법의 특징을 결합한 것이고, 반복상은 완료형과 미완료형을 동시에 취하는 것이며, 과거–현재 시제는 과거와 현재의 종합으로 명명된 것이다. 마찬가지로 쌍수의 경우, 엄밀하게 말해서 하나의 집단격 또는 단수–복수격이 결합된 것이고, 4인칭은 3인칭 속에 2인칭이 포함된 것이다.

이 네 개의 구성항, 즉 두 개의 양극항 또는 연대항과 두 개의 고립된 또는 자유로운 항들에다 두 개의 구성항을 첨가할 수 있는데, 이때 두 개 모두는 복합적이며 쌍방적으로 연대적이다. 그 가능성은 다음과 같은 사실 때문에 주어진다. 정의상, 두 개의 대립된 요소들을 포함하는 복합항의 내부에서는 부정항 쪽이 되었든 긍정항 쪽이 되었든 어느 하나에 관심은 반

14 여기서 브뢴달은 인류학자 레비–브륄의 연구를 언급하고 있다.

드시 모일 수밖에 없다. 이렇게 되면 (마지막 가능성으로서) 미분할되거나 강세가 주어지지 않은 복합항 옆에 강세가 주어진 또는 하위 분할된 두 개의 복합항을 가질 수 있게 된다. 이렇게 구성된 두 개의 초복합항의 예로서, 브뢴달은 헝가리어의 취사선택격의 두 가지 특수한 형태를 제시한다.

위에서 제시된 여섯 가지의 구성항들의 구조와 각 항의 위치를 쉬운 예로 도해하면 다음과 같다.

위치	예들	
긍정(positif)	뜨겁다	좋다, 훌륭하다
부정(negatif)	차다	나쁘다, 형편없다
중립(neutre)	따뜻하다	중간이다
복합(complexe)	뜨겁고 차갑다	들쑥날쑥이다
긍정 복합(complexe positif)	미지근하다	충분히 좋다
부정 복합(complexe negatif)	시원하다	범속하다, 그저 그렇다

브뢴달의 육각형은 다음과 같이 제시될 수 있다.[15]

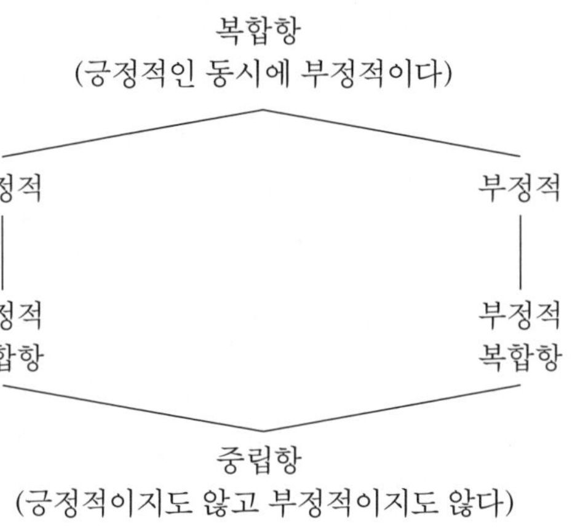

15 브뢴달 자신은 이 같은 6각형 도식을 그리지 않았으나 기호학적 사각형 모델과의 유사성을 보여 주기 위한 방편에서 제시한 것이다.

따라서 브뢴달은 이렇게 정의된 여섯 개의 구성항을 다시 네 개의 무리로 묶는다. 두 개의 무리는 한 개의 항으로 이루어진 것이며 다른 두 개의 무리는 두 개의 항으로 이루어진다. 그는 이런 항을 복잡성의 증가 순서에 따라서 다음과 같이 제시한다.[16]

A – 중립항

B – 부정항과 긍정항

C – 복합항

D – 부정 복합항과 긍정 복합항

단일 항으로 이루어진 무리(A와 C)는 자유롭다. 즉, 다른 무리들에 견주어서뿐만 아니라 그들 사이에서도 독립적이다. 반대로 이원적 무리들의 구성항(B와 D)은 양극적이며 쌍방적으로 연대적이다. 따라서 중립항 또는 복합항은 다른 무리에 대해서 어떤 영향을 미치지 않은 채 존재하거나 또는 그런 방식으로 존재할 수 없다. 하지만 부정항은 그것이 단순 부정항이건 복합 부정항이건 그에 상응하는 긍정항 없이는 결코 존재할 수 없다.

브뢴달은 여섯 개의 구성항들의 조합을 라이프니츠 규칙에 따라서 모두 63(2의 6승-1)으로 계산한다. 그러나 쌍으로 맺어진 구성항들의 연대성 또는 양극성에 의해 조건 지어진 제약을 참작할 경우, 48개의 시스템은 배제된다. 따라서 실현될 수 있는 15개의 시스템을 제시한다. 그 결과 모든 기본적 시스템은 A, B, C, D 무리들의 가능한 조합들의 총합에 의해서 규정된 15개의 시스템과 일치해야 한다. 논문의 나머지 부분에서 그는 자신이 가설로 제시한 이 같은 체계를 다양한 인도·유럽어의 사례들을 통하여 확인하는 과정을 보여 준다.

예컨대, 로망스어에서 형용사와 부사의 체계를 보자. 인도·유럽어 일반과 마찬가지로 라틴어는 긍정, 비교급, 최상급(bonus, melior, optimus)으

16 V. Brøndal, 앞의 책, p.17.

로 구성된 비교급 체계를 소유했다. 여기서 기본 형태인 긍정 표현은 물론 중립항이다. 그런데 로망스어에서는 엄밀한 의미에서의 최상급을 상실하였다. 예컨대, 이탈리아어에서 'ottimo'는 더 좋다는 의미의 비교급이 아니라, 다른 '-issimo'형태와 마찬가지로, 하나의 강조 형태일 뿐이다. 따라서 신(新)라틴어는 두 개의 형태만을 간직하게 된다. 프랑스어에서, 'bon'과 'meilleur', 이탈리아어에서 'buono'와 'migliore', 프랑스어에서 'bien'과 'mieux', 이탈리아어에서 'bene'와 'meglio'가 그것이다. 즉, 세 개의 구성항으로 이루어진 라틴어 체계(AB 유형)은 두 개의 구성항으로 이루어진 체계(AC 유형)로 대체된 것이다. 즉, 긍정 표현은 중립항으로 남고, 비교급-최상급의 이원성(B)이 하나의 유일하며 종합적인 형태(C)에 자리를 양보한 것이다.

하지만 여기서 머물지 않고, 브뢴달은 이 같은 기본 체계의 변형 가능성의 경우까지 고려하고 있다. 기본 체계의 총 숫자가 15개이고 체계의 변천은 이 같은 15개의 체계 가운데의 하나에서 다른 하나에로의 이동에 의해서 생산될 수밖에 없기 때문에 기본적인 변형의 수는 정확히 15 × 14 = 210이다. 따라서 양적 변형과 질적 변형에 따라서 형태의 숫자가 증가하거나 감소하여 체계가 복잡해지거나 단순화된다. 또는 형태의 논리적 본질이 변형될 수 있다. 질적 변천 가운데서 가장 중요한 것으로 브뢴달이 제시한 것은 추상화의 정도 또는 논리적 수준의 차이들로 귀결되는 변형들이다.

즉 각각의 언어는 대립의 다양한 형태들 가운데 하나에 더 많은 중요성을 부여한다. 일반적으로는 양극화된 항들이 지배적이다. 반대로 태곳적 언어들은 복합항의 많은 수들을 간직하고 있으며 일부 근대어는 중립항을 선호한다. 브뢴달에 따르면 복합항의 제거와 이와 나란히 나타나는 중립항의 발전은 지적 진보의 진정한 기준을 이룬다.[17]

끝으로 그는 이 같은 상이한 종류의 차이와 역사적 변화의 가능성은 심리학적 기원을 갖는 것으로 해석될 수 있음을 시사한다. 즉, 아이들, 시인

17 같은 책, p.47.

들, 또는 특정 민족은 통사의 잠복적 가능성을 자유롭게 발굴할 수 있는 표현 수단의 갱신을 보여 준다는 것이다. 아울러 동일 언어의 개인적 사용은 논리적 언어와 탈논리적 또는 정서적 언어 사이의 대조를 나타낸다. 이 같은 정서적 언어에서는 복합항들이 지배적이다.

3. 기호학적 사각형의 인식론적 한계

그레마스는 의미의 구조를 일러서 "최소 의미 작용의 단위들(또는 의소)로 의미의 세계가 분절되는 것으로" 기술하고 있다.[18] 이 같은 최소 단위들은 이원적 체계에 따라서 형성된다. 그런데 《구조 의미론》에서 그레마스는 의미 작용의 기본 구조는 오직 이원적인 것만은 아닐 수 있다고 진술하고 있는데, 《의미에 관하여》에서는 그의 입장 표명에 다소 주저함을 보이고 있다. 이 책에서 그는 이원주의에 대한 선택은 자의적이며, 하나의 구성 규칙일 뿐, 의미 작용의 존재 방식에 토대를 두고 있는 원칙으로 반드시 간주될 필요가 없음을 인정한다.[19]

의미 관계들의 유형론은 두 가지 유형의 이원적 대립에 기초하고 있으며 기호학적 사각형의 모델을 매개로 하여 발전되었다. 비록 기호학적 사각형의 원칙이 이미 초기 저서인 《구조 의미론》에서 지적된 바 있지만, 보다 상세한 설명은 《의미에 관하여》에 실려 있는 논문 〈기호학적 제약의 놀이들〉과 《기호학 사전》에 등재되어 있는 해당 항목의 해설에서 보여 주고 있다. 그런데, 기호학적 사각형의 특징과 속성에 대한 그레마스의 설명은 논란의 여지가 없지 않다. 실제로 어떤 곳에서 그레마스의 용어 사용은 일반적으로 설정된 관례에서 벗어나고 또 어떤 부분들은 명확성이 결여되어 있거나 모호하며, 심지어 오류가 발견되는 곳도 군데군데 나타난다. 또 다른 문

18 A. J. Greimas, *Du Sens*, p.40.
19 같은 책, p.40.

제는 그 모델이 상이한 맥락에서 제각기 다른 형식으로 변용되고 있다는 점이다. 따라서 앞서 소개한 모델을 다시 정리하면서 그 문제점을 지적해 보자.

앞 장에서 확인했듯이, 이원적 구조와 그 구조들 사이의 상호 관계는 그레마스 의미론 모델의 초석을 이룬다. 야콥슨의 이원론적 음운론에 따라서 그는 두 가지 유형의 이원적 구조를 파악하고 있다.

> 첫째, 특정한 자질(있음과 없음, 적색과 비적색등)의 존재와 부재로 특징지어지는 A/non-A 유형의 이원적 구조들로서, 이 같은 유형의 구조들은 모순항을 포함한다.
>
> 둘째, A/-A 유형의 이원적 구조들로서 이 같은 구조들은 상이한 형식에서 존재하는 하나의 동일한 변별적 자질을 발현한다. 예컨대, 남성/여성, 흑/백, 긍정/부정 등.

이 같은 두 가지 유형의 구조에서 나타나는 문제점은 구성항들 사이의 상호 관련성과 관련하여 혼란의 여지가 크다는 점이다. 예를 들어서, 그 같은 구조들은 아주 명료한 상반항들(흑/백)로부터 명료한 모순항들(긍정/부정)에 이르는 다양한 대립들의 범위를 모두 아우른다.

A/-A의 대립으로부터 시작해 보자. 이 두 개의 기본항들의 각각은 각각 A/non-A 유형의 새로운 대립을 생성할 수 있다.[20] 두 개의 대립들을 구성하는 항들은 최초의 생성항으로 불려지며 그 구조는 도식적으로 다음과 같이 표상된다.

---

20 기호학적 사각형 구성의 생성에 대한 다음 연구 문헌 참조. J. Fontanille, *Sémiotique du discours* (PULIM, 1998), pp.51-64.

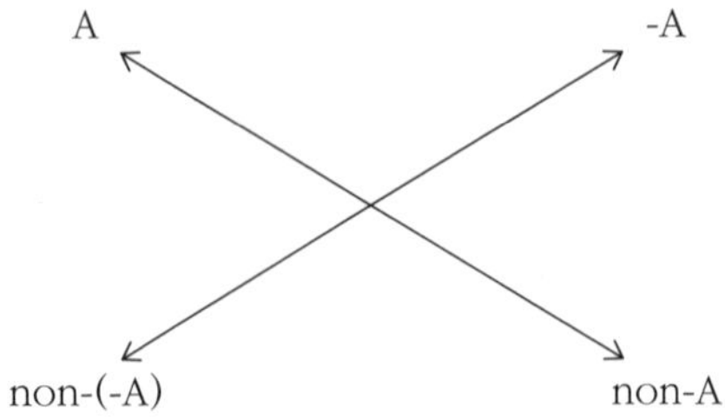

(여기서 화살표는 모순을 지시한다)

A/non-A 관계의 정태적 정의는 모순의 정의이다. 그것의 역동적 정의는 하나의 부정 작동으로서 A에 대해서 실행되면 non-A를 생성하고, -A에 대해서 실행되면 non-(-A)를 생성한다. 두 번째 작동은 긍정 작동이다. 이 같은 작동은 부정항 non-A와 non-(-A)에 대해서 실행되며 이들을 각각 -A와 A에 연계시킨다. 두 가지의 가능한 관계들이 이 같은 작동의 결과가 될 수 있다.

첫째, 만약 기초항 A와 -A가 모순적인 것으로 간주된다면, 달리 말해서 상호 배타적인 의미장에 속한다면, 긍정 작동은 기초항의 재출현을 야기시킨다. 그런 경우 non-(-A)는 A를 함의하고 non-A는 -A를 함의한다.

둘째, 만약 기초항 A와 -A가 상반항이지만 모순항이 아니라면, 함의 관계는 설정되지 않는다.[21]

그레마스의 시각에서 볼 때, 기초항들은 하나의 의미론적 범주, 즉 내용의 의미론적 실질의 기본 단위를 구성하는데, 단 이때 조건은 위에서 지적한 첫 번째 사항의 경우에 한한다. 이로써 의미론적 범주는 두 개의 기초항을 매개로 분절되고 있음을 그레마스는 밝히고 있다.[22]

그런데 놀랍게도, 그레마스의 논증에서 나타나는 다음 수순은 의미론

21 그레마스의 설명에서 함의 관계를 설정하는 작동은 -A와 non-A 사이와, -(non-A)와 A 사이의 상보성을 설정한다. 그런데 '상보성'이라는 용어에 대한 이 같은 해석은 일반적으로 받아들여지는 상보성 개념의 관례에서 상당히 벗어난다. 그레마스의 해석에서 상보성은 전제항으로부터 피전제항으로 나가는 방향 설정의 관계이다.

22 A. J. Greimas, *Sémantique structurale*, p.30.

적 범주를 구성하는 두 개의 기초항들 사이의 관계를 상반성으로 정의하고 있다는 점이다. 의미론적 범주의 개념 정의에 대한 그레마스의 첫 번째 사항에 대한 선택의 관점에서 이것은 상반성 개념에 대한 매우 한정된 사용이다. non-(-A)와 A, 그리고 non-A와 -A 사이의 함의 관계에 대해서 그가 강조한다는 사실을 참작할 때 이것은 곧 상반성 개념에 대한 그레마스 해석의 테두리에서는 모순적인 것으로 직감되는 단도직입적 모순과 대립만을 포함하고 있음을 의미한다. 다시 말해서 대립의 양쪽 모두가 허위적일 수 있는 열린 상반성들의 부류는 배제된 것이다. 여기서 우리가 기억할 것은 그레마스는 모순을 상반성의 특별한 경우로서 해석하고 있다는 것이다(이런 경우 non-(-A) = A, 그리고 non-A = -A이다).[23]

상반성에 대한 이 같은 협소한 해석은 그레마스가 상반성 개념을 다음과 같이 정의하고 있다는 점에서 보강된다. 즉 상반성은 "하나의 의미론적 축을 이루는 두 항들 사이에 존재하는 상호 전제의 관계로서, 하나의 존재는 다른 하나의 존재를 전제로 하며, 반대로 하나의 부재는 다른 항의 부재를 전제로 한다."[24] 이 같은 상호 전제는 두 개의 구성 항의 각각이 다른 하나를 전제로 하며 다른 항에 의해서 전제되는 관계이다.[25]

따라서 기호학적 사각형 모델의 전체 윤곽은 다음과 같이 나타난다. 이를테면 크게 두 개의 버전으로 나뉘는 데 그 양자 사이의 차이는 분명한 긴장 관계를 지시한다. 이에 대한 첫 번째 다이어그램은 《의미에 관하여》에서

---

23 A. J. Greimas, *Du Sens II*, p.69.

24 A. J. Greimas, 《기호학 사전》, p.69.

25 그레마스의 전제(presupposition) 개념은 결코 명확하지 않다. 전제는 전제항과 피전제항을 연계 짓는 관계로서 기술된다. 그 예는 옐름슬레우에서 빌려 오고 있다. 예를 들어서 라틴어 전치사 'ab'의 출현은 탈격(ablative)을 필요로 하지만 그 역은 참이 아니다. 따라서 'ab'는 전제항이며 탈격은 피전제항이다. 그렇지만 전제를 함의에 연관시킬 때, 그레마스는 탈격이 다음과 같은 의미에서 'ab'를 전제하고 있다고 지적한다. 즉, 피전제항으로서의 탈격은 전제항으로서의 'ab'에 견주어서 논리적으로 선행되어야 한다는 의미에서 말이다. 하지만 이 점은 정확치 못하다. 탈격은 탈격의 사용을 유발하는 무엇인가를 전제로 하지만 이것이 반드시 전치사 'ab'일 필요는 없다. 이것은 결국 열린 체계를 닫아 두려는 그레마스의 경향을 보여 준다. 이 점에 대해서는 다음 문헌을 참조할 것. Dolf Sorensen, *Theory formation and the study of literature* (Amsterdam: Rodopi, 1987), p.349.

제시된다.[26]

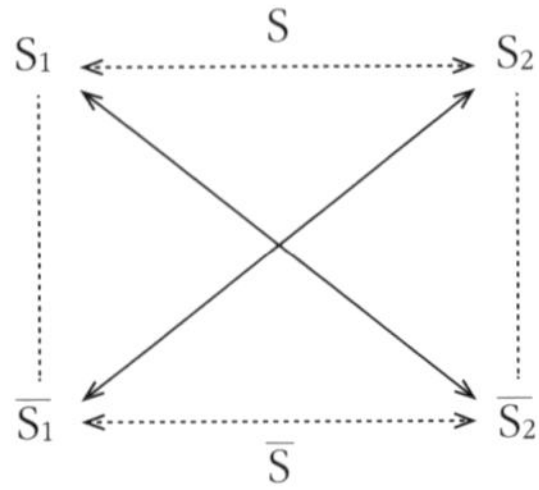

다양한 관계들이 다음과 같이 지시되고 있다.

←······→ 상반성의 관계

⟷ 모순성의 관계

………… 함의 관계

각주에서 함의 관계라는 용어와 관련하여 그레마스는 다음과 같이 진술하고 있다.

"이 같은 유형(의) 관계의 존재는 논란의 여지가 없어 보이지만, 그 방향의 문제($S_1 \rightarrow \overline{S_2}$ 또는 $\overline{S_2} \rightarrow S_1$)는 잘라 말할 수 없다. 그 해결책이 본 증명의 연속에서는 요구되지 않는다는 점에서, 이에 대해 언급하는 것은 자제하기로 한다."[27]

한편으로, 이 진술은 분명히 그레마스 자신이 하나의 문제에 봉착했음을 시사한다. 하지만 그의 진술은 사실과 다르다. 왜냐하면 함의 관계의 본질적 속성은 바로 그것이 방향 관계라는 점 때문이며 기호학적 사각형과 관련된 제 정의들의 네트워크의 부분을 이루고 있다는 사실 때문이다.[28] 특히

26 A. J. Greimas & F. Rastier, "Les jeux des contraintes sémiotiques," in *Du Sens* (Paris: Seuil, 1970), pp. 135-155(김성도 역, 《의미에 관하여》, 인간사랑, 1997, p.137).

27 같은 책(한국어 번역본), p.182.

28 이 점에 대해서는 다음 문헌을 참조할 것. Dolf Sorensen, *Theory formation and the study of literature* (Amsterdam: Rodopi, 1987), pp.201-208.

그는 동일 논문에서 함의 관계를 S_1과 $\overline{S_2}$, 그리고 $\overline{S_2}$와 S_1 사이의 양방향에서 함의 관계를 지속시키고 있으며 다시 S_1과 S_2 사이의 (옐름슬레우의 의미에서 말하는) 상호 전제를 이미 강조하고 있다. 이런 문맥에서 S_1항의 모순항의 모순항은 S_1이며, S_2항의 모순항의 모순항은 다시 S_2항이 된다는 점은 자명하다. 이렇게 그레마스가 내리는 정의는 그의 논문 〈서사 문법의 요소들〉에서 제시되는 기호학적 사각형의 설명에서도 명시적으로 반영된다.[29]

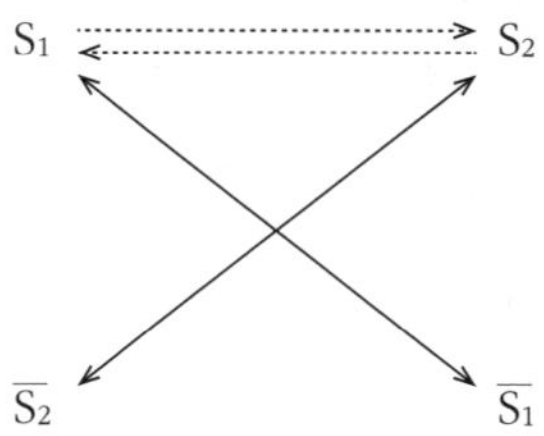

·········> 는 전제를, ←——→ 는 모순을 지시한다.(《의미에 관하여》, 160쪽)

《기호학 사전》에서 제시되는 기호학적 사각형 도식의 최종 정식화에서 S_1과 S_2의 관계는 상반항의 관계로 주어진다. 아울러 $\overline{S_2} \rightarrow S_1$의 관계는 상보성의 관계로 기술되는데 상보성이라는 용어는 함의 관계로 정의되고 있다. 따라서 도식적 정의는 다음과 같이 나타난다.

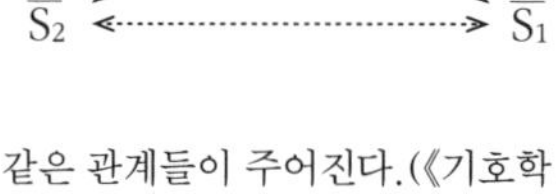

다음과 같은 관계들이 주어진다.(《기호학 사전》, 31쪽)

←——→ 모순 관계 ←·····> 상반 관계 ·········· 상보성 관계

S_1 — S_2 상반성 축
S_1 — $\overline{S_1}$ 긍정적 도식
S_1 — $\overline{S_2}$ 긍정적 지시 체계

$\overline{S_2}$ — $\overline{S_1}$ 하위 상반성 축
S_2 — $\overline{S_2}$ 부정적 도식
S_2 — $\overline{S_1}$ 부정적 지시 체계

29 A. J. Greimas, 김성도 역, 앞의 책(번역본), p.211.

상반과 모순 개념의 이해를 위해서는 구조 언어학에서 구축된 시스템에 대한 세 개의 상이한 이론적 개념을 파악할 필요가 있다. 첫째, 소쉬르의 언어 이론에서 구축된 차이들의 체계이며, 둘째는 야콥슨과 더불어 형성된 대립들의 체계, 셋째, 옐름슬레우의 언어 이론에서 제시된 의존성들(dépendances)의 체계이다. 물론, 관련성, 흡사함 등의 다양한 체계적 조직화의 양태성을 첨가할 수 있을 것이다. 어쨌거나 기호학은 체계를 자신에게 주어진 대상들의 분석과 기술 수단으로서 파악한다. 기술된 시스템들은 빈번하게 하나의 도식적 형상 속에서 모델화된다. 두 개의 커다란 도식적 형상들이 구조적 개념화에서 추출된다. 하나는 직선적이며 연속적이고 동질적인 나무 수형도로서 대칭적 경향을 갖는다. 다른 하나는 비직선적이며 연속적이고 이질적인 네트워크로서, 비대칭적인 경향을 나타낸다. 기호학적 사각형은 하나의 나무가 네트워크로 변형되는 사고 과정을 집약적으로 보여준다. 그레마스가 1968년에 선 보인 최초의 기호학적 사각형 모델은 나무와 네트워크의 교차지점에 위치하며, 비직선적이지만 동질적이고, 비연속적이지만 대칭적이었다.[30]

상반과 모순과 관련해서 그레마스 기호학과 파리 기호학파에서 생산된 문헌들의 분량은 헤아리기 어려울 정도이다. 기호학적 사각형 모델 형성에서 그레마스는 구조 언어학의 여러 전통들을 겪었으며, 특히 야콥슨의 음운론 모델, 옐름슬레우와 브뢴달 등의 코펜하겐 언어학파의 모델 등에서 영감을 받았다.

여기서 주목할 사항은 적지 않은 연구자들이 간파한 기호학적 사각형에서 나타나는 비대칭성 현상이다.[31] 기호학적 사각형은 처음 보면, 다양한

---

30 Sémir Badir, "Contrariété et contradiction: un parcours sémiotique," *Actes Sémiotiques* 117 (2014), p.1(http://epublications.unilim.fr/revues/as/5098).

31 그레마스와 옐름슬레우 등을 비롯한 다양한 기호학 이론에서 제시된 상반과 모순에 대한 상세한 내용은 다음 두 편의 논문 참조. Sémir Badir, "Valeur et variation, sémiologie et rhétorique," *Semen* 32 (2011), pp.11-33; Sémir Badir, "Contrariété et contradiction: un parcours sémiotique," *Actes Sémiotiques* 117(2014)(http://epublications.unilim.fr/revues/as/5098).

종류의 대립들을 제시한 논리학적 사각형과 많은 공통점을 지닌 것으로 보인다. 모순, 상반, 함의는 논리학적 사각형과 마찬가지로 기호학적 사각형 속에 작동된다. 그런데 이미 야콥슨의 음운론 이론에서 그것의 대칭성을 상실하게 만드는 적용상의 다양한 조정을 겪게 된다. 옐름슬레우의 경우에는 그 같은 비대칭성이 명확하게 단언되고 새로운 이론적 기초 위에서 상반과 모순을 파악하게끔 한다. 바로 이 같은 비대칭적 개념화가 그레마스의 기호학적 사각형에 장치되는 것이다.

야콥슨과 옐름슬레우의 구조 언어학 이론은 엄밀한 의미에서의 기호학적 형식들을 제공했는데, 다시 말해 그래픽 상징 부호들과 공식들을 포함하는 다양한 표현 수단들과, 내용의 목표물 모두를 제공함으로써 기호학적 사각형의 구축에 적합한 모델이었다.

아울러 기호학적 사각형 모델에서 감지할 수 있는, 배타적 관계들보다는 참여적 관계들에로의 열림이며, 모순항보다는 상반항에 할애된 선호이다. 상반항에 대한 선호는 사실상 어떤 근거가 있어서가 아니라 연구 대상과의 적합성의 탐구 때문이다. 실제로 일상 언어에서 모순항들은 존재하지 않으며 오직 상반항들만이 존재한다. 이점을 덴마크의 언어학자 오토 예스페르센(Otto Jespersen)은 부정의 문제를 다룬 그의 명저에서 관찰한 바 있다.[32]

어쨌거나, 대부분의 어휘적 범주들은 상반성에 의해서 지배됨을 질베르베르그 교수의 연구에서 확인할 수 있다. 그 이유는 간단하다. 자연 언어에서는 원칙적으로 어휘적 범주는 개방되어 있기 때문이다. 그런데, 범주의 개방은 다름 아닌 상반성이 구성하도록 해주는 것이다. 모순항들에 의해서 지배될 수 있기 위해서는 오직 문법적 범주들밖에 존재하지 않는다. 예컨대, 프랑스에서 남성 대 여성의 문법적 성의 범주들과 단수와 복수 등, 수의 범주들이 그것이다. 이 같은 경우들에서도 범주들은 배타적이라기보다는 참여적이다.

---

32 Cf. Otto Jespersen, *Negation in English and other languages* (Cophenhague: Blaco Lunos Bogtrykkeri, 1917).

모순, 특히, 부정을 통한 모순은 메타 언어적 허구, 즉 순수한 분석적 구성물이다. 이점은 모든 사람에게 자명할 수밖에 없다. 비-뜨겁다, 비-인간 등의 표현은 그 어떤 언어의 어휘에서도 목격된 바 없다.

언어학자들의 판단에서 본다면, 자연 언어에서 모순적인 배제들의 부재 또는 희소성은 인식론적 문제를 제기한다. 왜냐하면 과학적 접근법은, 비-모순의 원칙에 토대를 두고 있기 때문이다. 모순적 배제에 토대를 둔 합법적으로 이루어진 분석을 매개로 하여, 상반된 참여들로 구성된 대상을 어떻게 설명할 수 있는가?

상반과 모순이라는 주제에 대한 옐름슬레우의 이론적 명제들을 그레마스가 인지하고 있었다는 점을 확인할 길은 없다. 어쨌거나, 그는 기호학적 사각형의 개념화 과정에서는 옐름슬레우의 이론을 인지하고 있지 못했다. 옐름슬레우의 명제들이 그레마스의 기호학적 사각형 모델 개념화에 대해서 직접적인 영향을 행사했다는 주장을 펼치기 위한 것이 아니라, 단지 형태적 차원에서 상수/변수 등의 주제에 대해서 1979년 그레마스가 도입한 이론적 추가들이 어느 정도 그의 영향을 받았기 때문이다. 아울러 옐름슬레우의 명제는 논리학자들과 기호학자들 사이의 이론적 간극을 설명하는데 효과적으로 사용될 수 있다.

옐름슬레우의 이론에서는 모순과 상반을 대립된 개념들로서 제시한다. 즉 상반과 모순은 공통적 기초로 구성되며 동시에, 각각에 구체적인 한정사로 구성된다. 공통적 기초는 모순과 상반은 계열체의 분석에 속한다는 짐을 말한다. 여기까지는 놀릴 것이 없다. 야콥슨의 음운론적 분석들과 그레마스의 의미론적 분석들 역시 계열체의 분석들이다. 그것은 하나의 시스템의 수립을 겨냥한다. 즉, 제 범주들 아래서 요소들의 분절을 겨냥함을 말한다. 그것들의 구체적 차이는 다음과 같이 설명될 수 있다. 모순은 두 개의 요소를 포함하는 범주와 관련되는 모든 경우들에서 관찰된다. 그 이상도 그 이하도 아니다. 특히 부정은 모순을 정의하는 데 있어서도 상반을 정의하는 데 있어서도 어떤 자리도 없다. 만약 하나의 범주가 있다면, 제 요소들은 반드시 모순적이거나 또는 상반적이다. 이 두 개의 가능성들 가운데서 하나를 결정하기 위해서는 오직 요소들의 수를 헤아려 보는 수밖에 없다.

더 나아가 옐름슬레우는 모순과 상반 등의 상관 관계들이 배타적인지 아니면 참여적인지를 아는 것이 중요하다는 점을 강조했다. 배제 관계에서는 요소들은 그들 사이에서 서로 대치가 될 수 없다. 이와는 정반대로, 하나의 참여 관계 속에서, 요소들은 그들 사이에서 대치가 가능하다. 상관 관계들에 속하는 이 같은 새로운 규정들은 상반과 모순의 규정들과 교차한다. 여기서 그레마스의 기호학적 사각형과의 주된 차이점을 알 수 있다. 기호학적 사각형에서는 상반항들과 모순항들을 사용하는 단 하나의 분석 앞에 놓인다. 반면, 옐름슬레우가 파악한 분석들의 시스템에서는 상반항들과 모순항들은 결코 하나의 요소와 관련된 단 하나의 동일한 분석에 속하지 않는다.

바디르 교수에 의하면 옐름슬레우의 제안들이 그레마스의 기호학적 사각형에 직접적 영향을 행사했다고 말할 수는 없을 것이다. 그럼에도 불구하고, 옐름슬레우의 언어 이론은 기호학적 사각형의 다양한 이론적 해석을 놓고 하나의 일반적 틀을 제공한다. 특히 옐름슬레우의 저서《언어 이론 요약》(*Résumé d'une théorie du langage*)은 주어진 함수소(fonctif)의 분석에 대한 보편적 기술을 착발시켰다는 점에서 옐름슬레우의 언어 이론에서 중추적 자리를 차지한다. 보다 일반적 용어로 말하자면, 그의 언어 이론은 임의의 요소의 분석 방법의 제시를 다루고 있다. 그의 제안들은 모순과 상반을 다차원적으로 정의하는 것을 겨냥하고, 대립된 개념들을 제시하는데 이것은 곧 상반과 모순이 공통적 기초와 동시에 각각에 특수한 규정 요소로부터 구성된다. 공통적 기초는 모순과 상반이 계열체 차원의 분석에 속한다는 것을 말한다. 이 점에서는 새삼스러울 것이 없다. 야콥슨의 음운론 분석과 그레마스의 의미론 분석 역시 계열체 차원의 분석들이기 때문이다. 그 같은 분석들은 모두 하나의 시스템의 구축을 겨냥한다. 즉 다양한 범주들 아래 존재하는 요소들의 분절을 수립하는 것을 목표로 삼는다. 그것들의 구체적 차이는 모순은 두 개의 요소들을 포함하는 하나의 범주와 관련되는 모든 경우에서 관찰된다고 말하는 데 있다. 특히 부정은 모순의 정의에서도 상반의 정의에서도 어떤 특별한 자리를 차지하지 않는다. 하나의 범주 앞에 놓인다면 요소들은 필연적으로 모순적이거나 아니면 상반적이다. 이 같은 두 가지 가능성들 사이에서 하나를 선택하기 위해서는 긍정적 요소와 부정적 요소로부터 오직 요소들의 수를 확인하는 것으로 족하다. 그런데 어떤 경우에도 부정은 상관 관계 그 자체에 귀속된 것은 아니다. 그런데 여기서 기억해야 할 중요한 사실은 옐름슬레우에게 있어 제반 상관 관계들은 상반적인 것으로 정의되건, 모순적으로 정의되건, 여전히 충분히 규정된 것이 아니라는 점이다. 이 같은 상관 관계들이 배타적 속성을 띠고 있는지 아니면 참여적 속성을 띠고 있는지를 판별해야 한다. 하나의 배제에서 요소들은 결코 그것들 사이에서 대치될 수 없다. 아울러 그것들은 대치될 수 없기 때문에 환입이 가능하다. 정반대로 하나의 참여 속에서 요소들은 그것들 사이에서 대치가 가능하다.

그렇다면, 옐름슬레우의 이론적 제안들과 기호학적 사각형 모델의 차이점을 간파해야 할 것이다. 바디르 교수는 다음과 같이 설명한다. 기호학적 사각형과 더불어 우리는 오직 단 하나의 분석 앞에 놓여 있다, 이를테면 의미 작용의 기본 구조로서 그것의 한 복판 속에 상반항들과 모순항들을 갖는다. 반면, 옐름슬레우가 구상한 분석 시스템에서, 상반항들과 모순항들은 결코 임의의 요소와 관련된 유일하며 동일한 분석에 속하지 않는다. 하나의 상반 속에서 긍정적 요소와 부정적 요소를 구별해야 하며, 동일한 방식으로 그것들을 두 개의 모순적 요소들이라고 지칭하는 것은 과도한 것이다.

옐름슬레우는 이 같은 상관 관계들 사이에서의 가능한 모든 변형들을 내다보았다. 즉, 1) 상반적 참여 속에 존재하는 상반적 배제, 그리고 그 반대의 경우, 2) 모순적 참여 속에 존재하는 모순적 배제와 그 반대의 경우, 3) 상반적 참여들 속에 존재하는 모순적 배제와 그 반대의 경우, 4) 상반적 참여들 속에 존재하는 상반적 배제와 그 반대의 경우.

임의의 요소의 계열체 분석들의 시스템

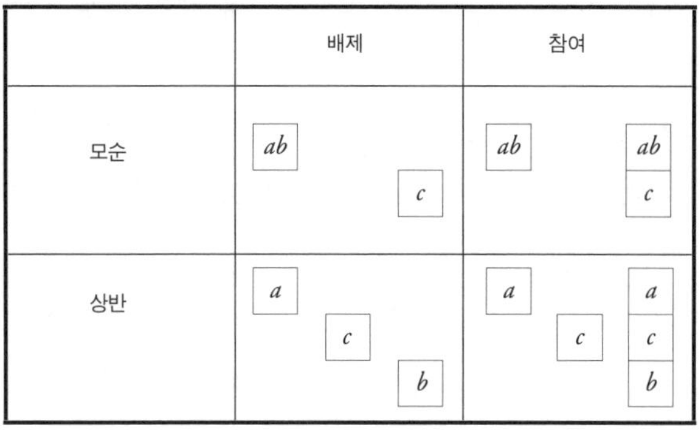

몇 개의 사례를 제시할 수 있다. 비음과 구음(입에서 조음된 음성) 사이의 모순적 배제는 비음과 임의의 음 사이의 모순적 참여로 변형될 수 있다. 왜냐하면 모든 구강 음은 임의의 음이기 때문이다. 모음의 비음과 자음의 비음 사이의 상반적 배제는 모음의 비음, 자음의 비음, 그리고 임의의 음 사이의 상반적 참여로 변형될 수 있다. 왜냐하면 모든 모음적 비음은 임의의 소리이며, 모든 자음의 비음 역시 임의의 소리이기 때문이다. 모음의 비음과 자음의 비음 사이의 상반적 배제는 모음과 자음 사이의 모순적 참여로 변형될 수 있다. 왜냐하면 모든 모음의 비음은 하나의 모음이고, 모든 자음의 비음은 하나의 자음이기 때문이다. 모음도 아니고 자음도 아닌 소리는 없기 때문이다.

요컨대, 이 같은 변형들과 그것들의 상호적 변형들은 중요한 이론적 함의를 갖는다. 왜냐하면 그 같은 변형들은 모순과 상반으로부터 분석의 대상인 임의의 요소는 하나의 범주와 더불어 상관 관계를 이루고, 이 같은 범주의 다른 가능한 구성요소들과 더불어 상관 관계를 이루기 때문이다. 다시 말해, 모순과 상반은 참여적 상관 관계들과 더불어 배제적 상관 관계들의 변형들의 가능성이라는 이유 때문에 시스템으로 이루어진 분석 수단들이며, 이 같은 획일적 시스템에 동질성을 할당시킬 수 없는 것이다.

지금까지 살펴본 것처럼, 그레마스의 기호학적 사각형의 원칙의 얼개는 다소 혼란스런 면이 없지 않다. 그 같은 혼란에 대한 물음은 다음과 같이 정리될 수 있을 것이다.

첫째, A/-A 유형의 이원적 대립의 특징과 이 같은 대립 유형이 모델에서 실제로 사용되는 경우, 양자 사이에서 나타나는 간극이 혼란을 유발하고 있다. 둘째, 상보성과 상반성 등에 대한 개념적 정의가 일반적인 의미에서 벗어남으로써 혼란을 가중시키고 있다. 셋째, 두 개의 상호 전제되는 항들을 포함하는 상반성 축의 정의가 엄밀하게 정의되지 못하고 있다. 더구나 그 같은 정의는 모순성과 상반성 사이의 차이를 혼란시키고 있다. 끝으로 상반성 축의 상호 전제에 대한 그레마스의 강조, 아울러 지시 체계의 함의/상보성 관계에 대한 강조는 과학적 모델로서의 엄밀성을 결여하고 있다. 예컨대, 상반성 축에 대한 그레마스의 해석에서 함의 관계는 상호규정에 의해서 발생한다. 물론 공식 자체로서는 타당하나 문제가 발생할 수 있다. 비부정은 긍정을 함의하고, 비죽음은 생명을 함의한다. 하지만 비흑이 백을 함의하거나 비여성이 남성을 함의한다는 가정은 그 같은 범주 안에서 어떤 항도 적용되지 않을 수 있다는 가능성을 수용하지 못하는 한계가 있다.

그레마스는 기호학적 사각형이라는 모델의 성격을 일러 의미 세계의 기술을 위해서 사용하고 있다는 말을 하고 있다. "의미 세계가 그 총체성 속에서 분절되기 위해서 필요한 의소 범주들의 근본적 목록은 (…) 동시에, 가능한 모든 미시 세계들의 잠재적 목록체로서, 각각의 문화와 개인은 특권화된 분절을 통하여 특정의 미시 세계를 선호할 수 있을 것이다."[33]

하지만, 의미 세계의 목록은 계량화를 허용하지 않는 모델의 도움으로 성취될 수는 없다. 즉, 제반 가치들의 현실화를 비롯한 이데올로기적 수준은 반드시 점증화의 가능성을 허용하여야 할 것이다. 물론 이점을 그레마

33 A. J. Greimas, *Du Sens*, p.161.

스는 누구보다도 더 명확하게 직감하고 있다. 앎(지식)과 믿음(신념)에 대한 그의 논의에서 기호학적 사각형의 도식적 적용의 어려움을 절감하고 있으며, 예컨대, 단언하다-의심하다, 부정하다-인정하다의 대립들은 모순항이 아니라, 점증적인 쌍들임을 받아들이고 있다. 아울러 신화 담론에서 빈번하게 점증성은 중요한 역할을 맡는다. 예컨대, 과잉과 부족에 대한 그의 견해를 들어 보자:

> 그 같은 사고 형식은 이원적 논리의 가파른 범주화와 대립할 뿐만 아니라, 각각의 과잉 또는 부족은 명시화 없이 전제로 하는 한계나 규범으로서 간주되는 이원적 범주의 항들 각각을 지시한다. 그때부터 그런 식으로 전제된 범주가 모든 것의 척도가 되며, 수량적인 것으로부터 질적인 것으로 이동하면서 척도의 이데올로기—도덕—를 위한 버팀목으로 사용되고 있다는 점은 놀랄 일이 못 된다.[34]

따라서 이원적 구성은 절대적 보편성에 속하는 것이 아니라 문화의 규범적 본질에 속한다는 점을 인정해야 할 것이다. 문제는 기호학적 사각형의 상호 관계로서는 이원적 구성의 규범에서 일탈하는 문화적 실천과 의미 작용을 모두 포착할 수 없다는 데 있다.

4. 기호학적 사각형의 메타언어적 위상

소쉬르의 공식 중의 하나는 의미는 오직 시차적 편차들의 생산과 파악에 의해서만 존재한다는 것이다. 차이 그것 자체는 아무것도 아니지만, 그 무엇인가를 만들어 낸다. 이는 노자의 도덕경에 나오는 "그릇을 만드는 것은 진흙이지만 그 쓰임을 가능하게 만드는 것은 그 빈 공간이다"라는 사상과

34 A. J. Greimas, *Du Sens II*, p.128.

도 일맥상통한다. 즉 모든 유의미성을 만들어 내는 것은 차이이다. 차이는 곧 관계 이론에 기초한다. 기호학적 사각형(carré sémiotique)은 그 같은 관계론적 이론의 표현이다. 그 같은 의미론적 대립과 차이는 모델의 형식을 빌려 인식론적 차원의 근본적인 가설을 반영하는 데 있다. 그 가설은 의미 작용의 기본 구조와 관련된다. 그리고 또 다른 이 점은 그 같은 가설을 방법론적 차원에서 작동시키는 데 있다. 그러나 이것은 어디까지나 자연언어의 문자로 도식화된 표상이기 때문에 논리학자와 수학자와의 대화를 요구한다.[35]

특히 기호학적 사각형은 여러 가지 인식론적 문제를 제기한다. 먼저, 상정된 모사물의 검증 문제가 있다. 그 지식의 대상의 적합성의 문제는 그레마스 이론에서 심층적으로 다루어지지 않았다. 이것을 단순한 누락으로 볼 수도 있겠지만, 그 이론의 현재 상태에서 의미론 기술과 의미 작용의 기본 구조는 반증 가능한 방식으로 정식화되지 않았다.[36] 달리 말해 하나의 동위소를 인지하기 위해서 담화 속에서 흩어져 있는 경우, 의미소들을 결집하는 하나의 의미소를 구성하고, 기저 의소적 범주들을 도출하기 위해서는 명시적인 기술과 발견 규칙들을 여러 개의 가능한 공식화들 가운데 선택할 수 있고, 가장 일반적인 규칙들을 사용하는 것을 평가하고, 비수미일관적이며 모순적인 법칙이나 규칙을 제거할 수 있게 해 주는 것이어야 한다. 그러나 현재 수준에서 의미 이론은 분석을 다분히 직관적으로 각자의 능력과 전공에 따라 수행하고 있는 상황으로서 요컨대, 샤브롤의 견해에 따르면, "의미론 이론의 주요 개념들은 실행적 기술과 발견 절차에 연결되지 않았다."[37]

---

35 기호학적 사각형에 대한 기본 텍스트는 *Sémantique structurale*, pp.18-29, 222-256 ; *Du Sens*, pp.135-155 ; *Dictionnaire*, pp.29-33, 362-363.

기호학적 사각형에 대한 심도 있는 논의는 다음 문헌을 참조할 것. F. Néf *et al.*, *Structures élémentaires de la signification* (Bruxelle : Complexes, 1976) ; E. Landowski, dir., "Le carré sémiotique," *Bulletin* 17 (1981).

36 Cf. Cl. Chabrol, "La quadrule......du carré," *Bulletin* 17 (1981) : p.11.

37 같은 논문, p.11.

논리학자의 관점에서 보았을 때 그레마스는 분석되지 않은 명제들에 대한 합리적 추론의 연구를 위해서 논리학이 사용하는 근본적 요소들을 차용한 것으로 판단된다.[38] 이 명제들은 논리적 상수나 작동 요소에 의해서 연결된 변수들로 파악된다.

첫째, 만약 참/거짓의 기준이 기호학적으로 변별성이 미약한 것으로 나타난다면, 그 기준은 기호학적 행동에 내재하는 내적인 기준에 의해서 대체되어야 한다. 유일하고 가능한 기준은 구체적인 의미론적 기준들이 적합하다는 것을 보장해야 한다. 이것은 체계적으로 심층 구조에서 만들어진 공식들을 표층 구조로 연결시키는 것을 허락하는 명시적인 파생과 변형 규칙들을 요구한다. 그 같은 규칙의 부재에서 논리적 언어의 사용은 임시변통이거나 은유적일 위험이 있다.

둘째, 논리적 관점에서 진리표 함수들의 체계적 표가 제공하는 다양한 가능성들을 전통 논리의 명제들의 기호학적 사각형이라는 특수한 경우로 환원시켜야 할 이유에 대해 물음을 던질 수 있다. 언어학적인 관점에서 옐름슬레우의 보다 일반적인 관계들(연대성, 선별, 조합)을 왜 하나의 특수한 경우로 환원시켜야 하는가에 대한 물음도 가능하다. 이에 대해서는 두 가지 답이 가능하다. 첫째, 기호학적 사각형의 선택은 대상들 속에서 직시된 의미론적 대립들을 생성하기 위해 가장 적합하며 가장 경제적이다. 둘째, 그것은 기호학적 메타언어를 형식화하고 조직화하는 것을 가능케 한다. 달리 말해, 기호학적 사각형은 메타 논리적 또는 메타언어적 구조이다. 실제로 논리학자들조차도 전형적인 또는 양태적 작동 요소들 사이에서 메타 논리적 관계들을 질서화하기 위해 자주 사용한다. 그러나 그것들이 연결하는 명제들 사이에서는 아니다.[39] 첫 번째 대답은 기술적 적합성이라는 미해결된 문제를 제기한다.

---

38 논리학 이외에도 클라인(Klein)의 4군(4-Groupe)은 수학 유형의 모델로 그레마스의 기호학적 사각형 모델과 비교되기도 한다. 다음 문헌 참조. J. Courtés, *Analyse Sémiotique du discours* (Paris: Hachette, 1991), pp.137-141.

39 Cf. R. Blanché, *Introduction à la logique contemporaine* (Paris: Armand Colin), p.55.

셋째, 심층 구조에 양태적 작동 요소의 도입은 기본 구조의 표상에서 하나의 급진적 변화를 함의한다. 기호학적 사각형에서 진리적, 인식적, 본분적 양태가 조직화되는가는 중요하지 않다. 이론적 준거로 취해진 양태적 논리[40]라는 새로운 언어를 위해서 중요한 것은 단지 그것이 기호학적 사각형의 고전적인 공식에 대해 적용되는 것이 아니라 이 기호학적 사각형을 선험적으로 그 수를 정할 수 없는 항들과 관계들의 열려진 구조로 파열시키고 만다는 것이다. 달리 말해 통사적 행로의 예측 가능성에 대한 개연성이 별로 없다. 서사성은 시간성을 요구한다. 이 같은 시간적 차원은 근본적인데, 그것을 기호학적 사각형과 같은 비시간적 표기로부터 도출할 수 없다는 것이 그 비판의 요지이다.

넷째, 기호학적 사각형은 의소의 단순 대립 형식과 의소 범주에 기초한 것이며, 이것은 음운론 모델에서 온 것이다. 이 모델은 내용 면과 표현 면이 상동적으로 조직화되었음을 가정한다. 그러나 모든 자연언어에서 절대적으로 보편화시킬 수 있는 한정된 의미적 최소 자질들을 찾을 수 없다는 사실이 판명되었다. 그렇다면, 기호학적 사각형보다 서사 문법의 모든 결과들을 쉽게 통합할 수 있는데, 왜 의미 작용의 기본 구조로서 하나의 통사적 구조를 선택하지 않는가라는 물음을 던질 수 있다. 그 이유는, 통사적 의미 작용을 생성하기 위해서는 심층 구조에 생성 언어학자들이 하는 것처럼 언표의 모델(논항들과 술어들)을 제기하는 것이 보다 수월하기 때문이다. 그러면 파생과 변형 규칙들의 공식화가 더 적절해진다.[41]

음소 구성소(phèmes)를 정의하기 위해 브뢴달은 두 가지 유형의 대립을 구분했다. 질적 대립(a vs b)과 결여적 대립(a vs non-a)이 그것이다. 이어서 의소를 정의하기 위해 그레마스는 옐름슬레우의 표현 면과 내용 면의 평행성의 가설과 일치하는 두 가지 유형의 대립을 사용했다. 그는 이 두 가지 유

40 Cf. H. G. von Wright, *An Essay in Deontic Logic and the General Theory of Action* (Amsterdam, 1968); R. Rey, *Modal Logics* (Louvain: E.Nauwelaerts, 1965).

41 F. Rastier, "Sur les Structures élémentaires de la signification," *Bulletin* 17 (1981): pp.24-27.

형의 대립을 조합하면서, 4단계별로 이루어진 구조를 얻었다. 나중에 가서 이것은 기호학적 사각형이라고 불린다. 이것은 세 번째 유형의 관계, a와 non-b 그리고, b와 non-a의 대립을 첨가해서 이루어진 것이다.

여러 가지 과제가 기호학적 사각형에서 코드화된다. 첫째, 계열체적 차원에서 모든 의미론적 관계를 표상하는 일이다. 기본 의미 구조에 대해서 이 모델은 근본적이게 된다. 둘째, 기본 통사와 기본 의미론이 파생되는 구성적 모델의 역할을 담당해야 한다. 즉 모든 언어 담화의 생성의 시발 역을 담당한다. 셋째, 기호학적 메타언어 그 자체를 구조화해야 한다.

질적 대립은 상반항들 사이의 대립에 동화되었다. 그 안에서는 결여적 대립과 모순항들의 대립이 동화된다. 세 번째 유형의 대립은 함의로 동화된다.

이런 사실로부터 기호학적 사각형은 몇몇 양상에서 논리학적 사각형과 비교 가능하다. 논리학적 사각형은 명제들의 이원적 논리의 16가지의 근본적인 테제를 나타낸다. 그러나 기호학적 사각형은 반드시 명제들만은 아닌 항들 사이의 관계를 규정한다. 그러나 논리학과의 만남은 우연이 아니다. "기본 구조의 개념은 이 구조가 하나의 논리적 해석과 공식화에 종속될 때만 작동될 수 있다"[42]라는 그레마스의 진술이 그 점을 말해 준다.

논리학자들은 수십 세기 동안 명제에 대해서 작업했다. 명제 논리의 형식화는 핵심을 변화시키지 못했다. 이 점에서 이 같은 수렴을 정확하게 하기 위해서는 기호학자는 어떤 점에서 기호학적 관계가 논리적 본질에 속하는지를 밝혀야 한다.

그렇다면 기호학적 사각형은 그레마스 모델에서 어디에 위치할까? 구성적 모델로 고려된 기호학적 사각형은 생성 행로의 기원에 위치하며, 심층적인 기호-서사 구조에 위치한다. 기호학적 사각형은 서사 통사 및 모든 담화 차원에서 나타난다.

---

42 A. J. Greimas & J. Courtés, *Sémiotique: Dictionnaire raisonné de la théorie du langage*, p.362.

라스티에는 그 이유로 의미 작용의 기본 구조로서 그것이 놓이는 모든 수준에서 내용들을 분절하기 위해 사용되기 때문이라고 설명한다.[43] 이 이론에서 기호학적 사각형은 어떤 특정 기호학 수준에 놓이지 않는다: "단지 그 이유는 그것은 기호학의 메타언어 수준에 놓이기 때문이다."[44] 거기서 다양한 기호학적 수준들을 기술하기 위해 사용되는 몇몇 관계의 상호 규정이 나타난다. 이 다양한 수준에서 실제로 실현된 구조들은 그 같은 사각형보다 간단할 수도 있고 복잡할 수도 있다. 사각형의 메타 언어학적 위상에 대한 이 같은 가설은 《기호학 사전》에서 그레마스가 다음과 같이 진술할 때 부분적으로 확인된다: "심층적 구조 수준에서 기본 구조는 기술 절차(그리고 경우에 따라서는 발견)의 역할을 맡는다."

결론적으로 말해서 기호학적 사각형은 기호학 자체의 제 개념들을 산출하기 위한 작동 장치로서 사용된다. 《기호학 사전》에서는 이 점을 다음과 같이 진술한다: "구조는 다름아닌 기초 기호학과 관련된 구조의 방식이며, 모든 행동자는 기호학적 사각형에 투사될 수 있으며, 최소한 네 개의 행동자적 위치로 분절될 수 있다(행동자, 반행동자, 부정 행동자, 부정 반행동자)."[45] 뿐만 아니라, 기호학적 사각형은 양태성 이론을 제시할 때도 사용된다. 한마디로 기호학적 사각형은 기호학의 인식론, 즉 메타-메타언어에 속한다.

5. 자연과 문화의 이분법과 기호학적 사각형

기호학적 사각형 모델을 레비-스트로스의 《신화지》(*Mythologiques*)에서 제시된 자연과 문화의 이분법에 적용해 볼 수 있다. 《야생적 사고》(*La pensée sauvage*)에서 레비-스트로스는 "자연과 문화의 대립은 (…) 오늘날 특히 방

43 F. Rastier, 앞의 논문, p.26.
44 같은 논문, p.26.
45 A. J. Greimas, & J. Courtés, 앞의 책, p.300.

법론적 가치를 우리에게 제공하는 것 같다"[46]고 진술한 바 있다. 마찬가지로 《신화지》에서도 최소한 '자연 vs 문화'의 대립은 전범적 가치를 갖는다. 우리는 거기서 신화가 배치하는 의미적 동위소의 첫 번째 분절을 볼 수 있다. 자연과 문화의 분절은 모든 신화의 바탕을 이룬다. "신화가 인류의 관점에 놓인다는 점에서, 첫 번째 대립은 자연과 문화의 대립이 된다."[47] 자연과 문화의 차이는 다양한 양태성들에 따라, 특히 생물학적이며 사회적인 대립으로 환원될 수 있는 양태성에 따라 분절된다: "자연에 따른 하나의 웃음은 순전히 물리적인, 일종의 텅 빈 것이다."[48] "웃음은 어떤 경우엔 해부학적, 즉 자연적 관점에서 파악되거나, 때로는 문화에 속하는 좋은 예의의 관점에서 고려할 수 있다."[49] 또한 자연과 문화는 연속적인 것과 이산적인 것의 계열체 차원의 대립이다: "원주민의 사상에서 자연에서 문화로의 이동은 연속적인 것에서 불연속적인 것으로의 이동에 해당한다."[50]

문화는 조직화의 원칙, 분절과 구분, 지칭의 장이며, 의미 작용의 체계들의 출현을 촉발한다. 반면 자연은 거의 부정적으로만 정의된다. 신화는 자연에 문화가 갖고 있지 않은 풍요로움을 부여한다. 자연은 일차적 비매개성, 인간이 다른 인간들과 세계에 대해서 갖는 투명성, 일체의 분절에 앞선 세계의 이면이다. 자연은 기원적(originaire)이며, 신화들은 자연을 사회적 조직이 전제로 하는 것으로서 고려한다. 신화가 제시하는 자연과 문화의 대립은 논리적 선행성의 관계에서 두 개의 항을 제기하는 발생적 원근법에서가 아니라, 생성적 측면에서 다루어진다. 문화는 자연에서 파생된 것으로서, 규범, 규칙, 조직화 등은 무분별과 '카오스'가 지배하던 상태를 전제로 한다. 인류의 도래는 원초적 연속체를 분절시키고, 근원들을 특징짓던 무정부 상태를 소멸시킨다. 자연과 문화의 이분법을 채택하면, 신화는 이

46 Cl. Lévi-Strauss, *La pensée sauvage* (Paris: Plon, 1962), p.327.
47 Cl. Lévi-Strauss, *Mythologiques III*, pp.152-153.
48 Cl. Lévi-Strauss, *Mythologiques I: Le cru et cuit* (Paris: Plon, 1964), p. 140.
49 Cl. Lévi-Strauss, *Mythologiques III*, p.352
50 Cl. Lévi-Strauss, *Mythologiques I: Le cru et cuit*, p.285

화려했던 태초를 비구분적이며 규칙이 없는 보편성으로, 사고하는 것이 불가능한 근원으로 거슬러 올라가게 만들 뿐이다.

기호학적 원근법에서 자연과 문화는 직접성과 중개 체계의 차원에 속한다는 점에서 이 두 개의 항들은 모순항의 관계에 있다.

C = non-N, N = non-C (C = 문화, N = 자연)

즉 하나를 제기하면 다른 하나를 부정하는 것이다. 그런데 만약 이 둘을 파생의 시각에서 고려하면 양상은 전혀 달라진다. 이 경우 모순항들이 아니라, 파생의 인과율적 관계가 결합하는 상반항들이 된다. 문화는 더 이상 자연의 부정이 아니라, 그것의 변형이 된다. 최초의 상태에서 문화 상태로 넘어가는 것이다.

규범이 하나의 긍정적인 면(=명령 지시〔prescription〕)과 부정적인 면(=금기〔prohibition〕)을 갖고 있다는 것을 참작하면서, 기호학적 사각형에 의거하여 최초의 조직화를 추론할 수 있다.[51]

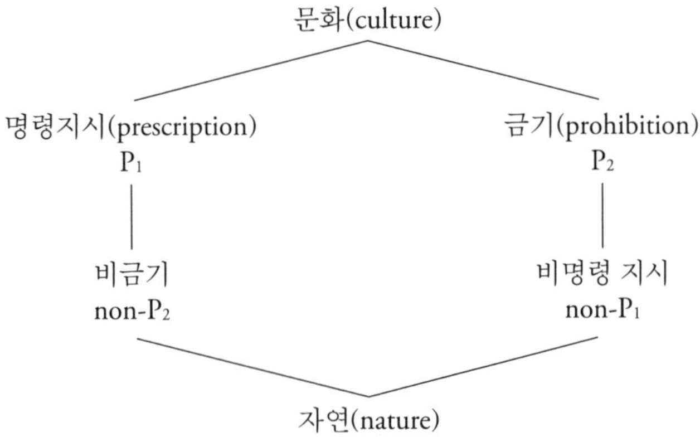

위 도식에는 한편으로는 부정적으로 정의되는 자연이 놓여 있고(N=

51 J. Courtés, *Lévi-Strauss et les contraintes de la pensée mythique* (Paris: Mame, 1973), p.48.

non-C) 다른 한편에는 문화가 존재한다. 여기서 근친상간의 금기를 P_2에 놓을 수 있을 것 같지만, 실제로 이 규칙은 긍정적이면서 부정적이다. "근친상간의 금기는 엄마, 누나, 또는 딸과 결혼하는 것을 금지하는 규칙이라기보다는, 타자에게 엄마, 누나, 또는 딸을 주도록 강요하는 규칙이다."[52]

이런 시각에서 레비-스트로스는 다음과 같이 말한다: "근친상간의 금기는 문화의 문턱이자 문화의 내부이며, 그리고 어떤 의미에서는—우리는 그 점을 보여 줄 것이다—문화 그 자체이다"[53], "만약 자연 vs 문화의 대립이 생물학적 존재와 사회적 존재 사이의 관계로 귀결된다면, 근친상간의 금기는 자연에서 문화로 이동이 완수되는 근본적인 수순을 구성한다."[54]

그런데, 레비-스트로스는 또 다른 흥미로운 언급을 하고 있다. 그는 자연과 문화의 관계를 자아와 타자, 안쪽과 바깥쪽, 내부와 외부 사이의 관계로 보고 있으며, 사회적 규범은 사회적 공간이라는 이 '다른 곳'으로부터 생물학적 주체에게 부과되는 것으로 정의 내리고 있다: "만약, 성들 사이의 관계의 조정화가 자연의 한복판에서 문화의 범람을 성립한다면, 다른 방식으로, 성생활은 자연 세계의 한복판에서 사회적 생활의 미끼(amorce)이다: 왜냐하면 모든 본능들 가운데서, 성적 본능은, 스스로를 규정하기 위해, 타자의 자극을 필요로 하는 본능이기 때문이다."[55]

달리 말해, 근본적 대립은 자연과 문화 사이에 있는 것이 아니라, 본능의 자유와 사회에서의 삶이 부과하는 규칙들 사이에, 근친상간과 그것의 억압 사이에 있다. 레비-스트로스는 음식과 성에 대해서도 그것이 자연과 문화의 교차점에 있다고 말한다.

앞에서 자연과 문화가 모순 관계에 따라 나타날 수 있었던 반면, 자유와 필연을 대립시키는 경우에는 이와 다르다. 자유로운 것과 의무적인 것 사이에는 다른 항이 낄 여지가 많다. 이를테면, 권장 사항이 있을 수도 있다. 근

---

52 Cl. Lévi-Strauss, *Les structures élémentaires de la parenté*, p.552.
53 같은 책, p.14.
54 같은 책, p.29.
55 같은 책, p.14.

친상간의 금기의 경우는 부정적 양상을 함축한다. 즉 금기된 것이다. 하지만 그것은 긍정적 양상도 갖고 있다. 달리 말해 그것은 명령 지시된 것이다. 하지만 명령 지시된 것은 허가된 것보다는 더 넓은 범주에 들어간다: "가능한 배우자들의 범주들은 선호하는 결합 체계에서 결코 닫히지 않았다: 금지되지 않은 모든 것은 허가된 것이다. 비록 때때로, 일정한 질서에서, 일정한 정도까지만 허락이 된다고 해도 말이다."[56]

따라서 다음 도식을 얻을 수 있다.[57]

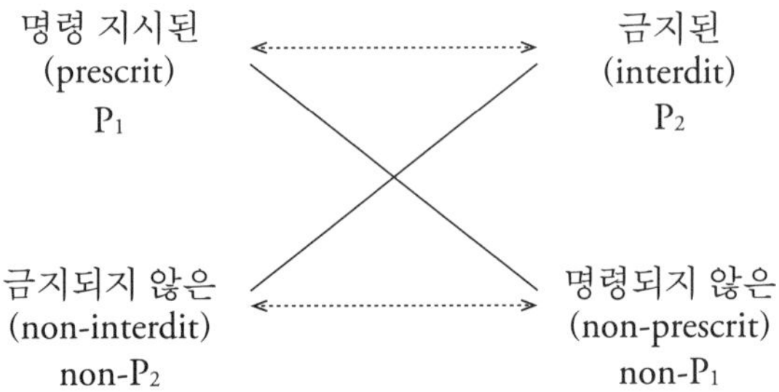

앞서 말했듯이, 근친상간은 문화의 도래에서 이중적 측면을 갖는다: "근친상간의 금기는 단지 하나의 금지는 아니다: 그것은 금지하는 동시에 명령을 한다. 근친상간의 금기는 그것의 확장된 사회적 표현인 이족 결혼(exogamie)처럼, 상호성의 규칙이다."[58]

근친상간의 금기는 따라서 P_1과 P_2를 연접하는 복합항이다. 물론, 이 결합은 교환 체계에서 만날 수 있는 가능성들을 모두 밝혀 주지는 못한다. 달리 말해, 문화는 '$P_1 + P_2$'의 총합으로 환원되지 않는다. 문화는 다른 복합항, 예컨대 'P_1 + non P_2'를 형성하는 선호되는 결합 속에 나타날 수 있다. 이 경우, "금지되지 않은 모든 것은 허가된다"라는 텍스트에 따라, 허가된

56 같은 책, p.56.
57 J. Courtés, 앞의 책, p.51.
58 Cl. Lévi-Strauss, 앞의 책, p.60.

것은 몇 가지 규칙에서 벗어나지 않는다.

문화 = $(P_1 + P_2) + (P_1 + \text{non-}P_2)$

자연= $(\text{non-}P_1 + \text{non-}P_2) + (\text{non-}P_1 + P_2)$

따라서 우리는 모순항들에 기초한 선행 도식을 다음과 같이 변형시킬 수 있게 된다.

C = non-N, N = non-C.

그리고 이 도식에 따르면, 우리는 두 개의 복합항들을 가질 뿐이다.

문화 = $P_1 + P_2$

자연 = $\text{non-}P_1 + \text{non-}P_2$

이렇게 되면, 모순항들의 축(P_2 — non-P_2)은 자연과 문화 사이의 경계선이 된다.

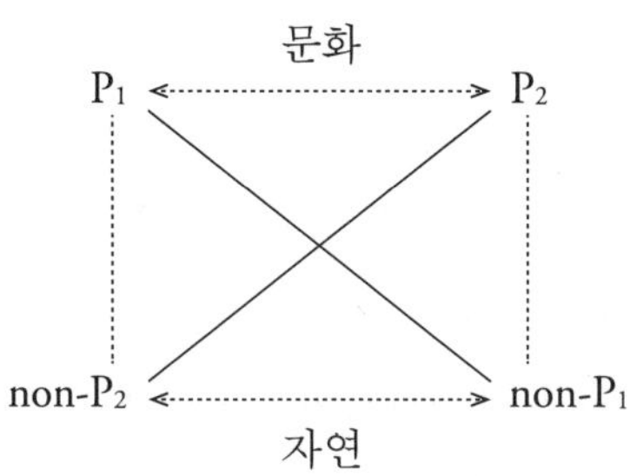

문화 측면에서는,

두 개의 복합항에 해당하는 규칙: $P_1 + P_2$가 있으며

허가된: $P_1 + \text{non-}P_2$ 가 있다.

자연의 측면에서는,

무정부: non-P_1 + non-P_2(규칙들의 부재)가 있으며

배제된: non-P_1 + P_2 가 있다.

그 결과 4개의 복합항들로 이루어진 체계가 짜여진다.

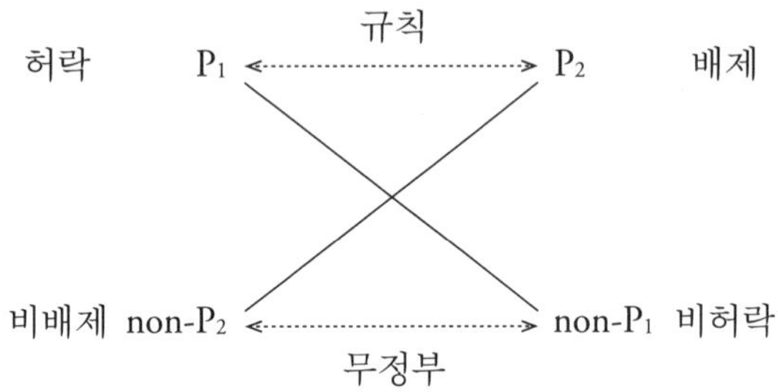

따라서 레비-스트로스가 심혈을 기울여 완성한《친족성의 기본 구조들》은 자연 vs 문화의 관계가 모순항들의 질서가 아닌 상반항들의 질서에 속한다는 것을 보여 준다. 우리는 P_1과 P_2가 상호 배제의 관계 속에 있지 않음을 보았다. 왜냐하면 $P_1 \neq$ non-P_2(금지되지 않은 것은 그만큼 명령 지시된 것은 아니다)이기 때문이다. 마찬가지로 그것은 공통적 축을 갖기 때문에(P_2 — non-P_2), 자연과 문화는 대립되는 동시에 상보적이다. 따라서 자연과 문화에서 하나를 긍정하는 것은 다른 하나를 등가적으로 제기하는 것이며—역으로—하나를 부정하는 것은 다른 것을 부정하는 것이다.

여기서 레비-스트로스의 자연과 문화의 이분법에 기초한 성관계의 사회적 모델에 그레마스가 기호학적 관점에서 구성 모델을 적용한 예는 적절한 이해를 도와줄 수 있다. 앞서 보았듯이 레비-스트로스의 기술에 따르면 인간 사회는 그들의 의미 세계를 두 개의 차원, 즉 문화와 자연으로 나누고 있다. 문화는 인간 사회가 긍정하고 투자하는 내용들에 의해서 정의되고, 자연은 인간 사회가 거부하는 내용에 의해서 정의된다. 따라서 문화는 허가된 성관계를, 자연은 배제된 관계들을 포섭한다. 허가된 관계들은 상이하게 코드화된다. 즉 문명사회는 한편으론 결혼 관계의 규칙을 통해서 정상적인 관계만을 허용한다. 이 같은 두 유형의 관계에 자연적인 지시 체계는 금기

된 관계(근친상간)와 명령되지 않은 비혼인 관계가 대립한다. 그레마스는 이것을 다음과 같이 도식화한다[59]:

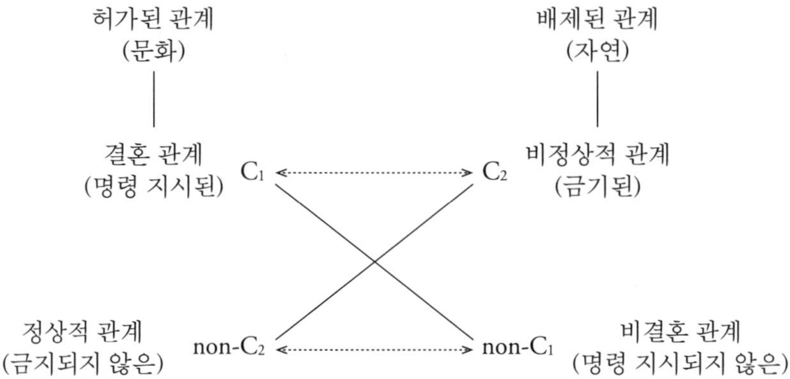

그 예로서 그레마스는 전통적인 프랑스 사회에서 네 가지 범주에 해당하는 예들을 제시한다.

C_1 = 부부 사이의 성관계

C_2 = 근친상간, 동성연애

non-C_2 = 남자의 부정한 간음

non-C_1 = 여자의 부정한 간음

물론 사회적 모델의 항들은 객관적 내용을 갖지 않는다. 이를테면 동성연애는 금지되기도 하고(영국),[60] 보로로 종족에서처럼 비금지되기도 한다.

또 다른 예로서 《신화지》에 나오는 요리 삼각형(triangle culinaire)[61]과 그

59 A. J. Greimas, 《의미에 관하여》, 김성도 옮김(인간사랑, 1997), p.190.

60 그레마스가 이 논문을 발표했던 1960년대와 달리 현재 영국에서는 동성애가 법적으로 허용된 상황이다.

61 요리 삼각형 모델이 최초로 제시된 다음 문헌을 참조할 것. Cl. Lévi-Strauss, "Le triangle culinaire," *L'Arc* 26 (1965): pp.19-29.

것이 작동시키는 조리법들을 고려해 보자.[62] 레비-스트로스의 요리 삼각형 도식은 다음과 같다.

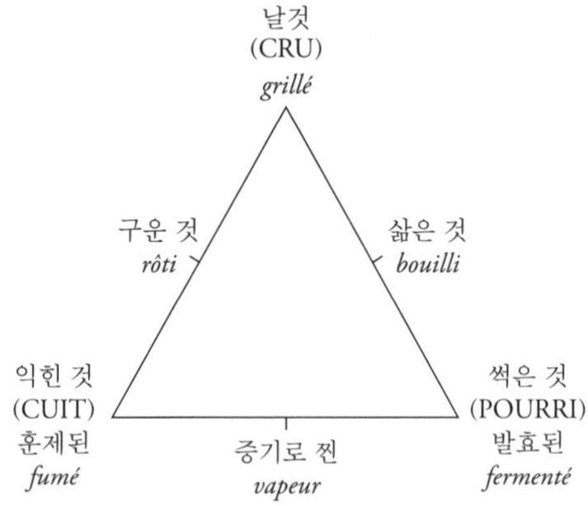

우리는 먼저 레비-스트로스의 단정에 따라 '날것'(Le cru)은 자연 쪽에, '익힌 것'(Le cuit)[63]은 문화 쪽에 있고 익힌 것은 인간성을 특징짓고, 날것은 동물성에 해당함을 알 수 있다: "표범과 인간은 양극적 항들로서 그 대립은 일상 언어에서 이중적으로 표명된다: 하나는 날것을 먹고 다른 것은 익힌 것을 먹는다."[64]

이런 의미에서 인간과 견주어서 익힌 것은 명령 지시된(préscrit) 차원에 속하며, 날것은 금지된 것의 차원에 속한다. 따라서 다음과 같이 정식화된다.

P_1 = 익힌 것
P_2 = 날것

62 레비-스트로스의 요리 삼각형 모델에 대해서 비판적 분석을 제시한 종합적 연구물을 제시한다. Jean-Pierre Poulain & Jean-Pierre Corbeau, *Penser l'alimentation entre imaginaire et rationalité* (Toulouse: Prirat, 2002), 제18장(pp.157-187).

63 'Le cuit'는 프랑스어 동사 'cuire'의 과거 분사형으로서 한국어로는 '익히다', '삶다', '굽다', '데치다' 등의 다양한 의미로 옮겨질 수 있다.

64 Cl. Lévi-Strauss, *Mythologiques I: Le Cru et le Cuit* (Paris: Plon, 1964), p.91, 한국어 번역본, 임봉길 역, 《신화학 1—날 것과 익힌 것》, 한길사, 2005.

잠시 썩은 것은 제외시키자. 왜냐하면 이것은 일정 의미에서 날것의 하위 범주이기 때문이다(날것은 신선하거나 썩은 것이다).

모순항 (P_2 — non-P_2)의 축이 자연과 문화의 경계선을 구성한다는 것을 상기하면서, 우리는 다음과 같은 조직을 얻는다.[65]

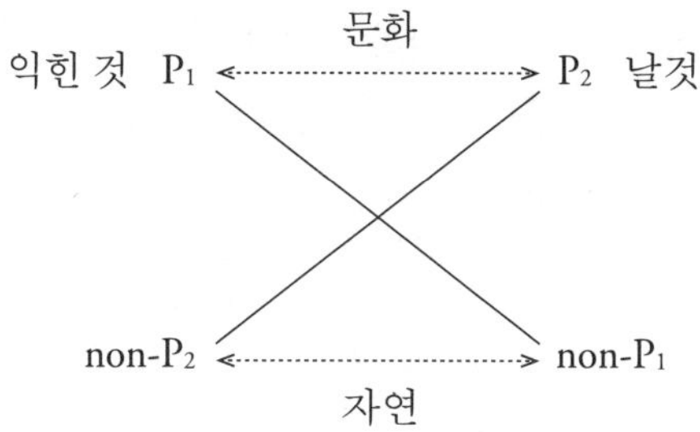

앞서 우리는 근친상간의 금기가 $P_1 + P_2$의 합이라는 것을 보았다. 하지만, 그만큼, 그것은 문화의 영역을 총체적으로 포괄하지 않는다. 여기서도 마찬가지다. 일견, 문화는 P_2와 P_1의 관계로 규정될 수 있을 것으로 보인다: "날것과 익힌 것을 결합하는 축은 문화를 특징짓는다."[66]

실제로 날것과 익힌 것 사이에는 세 번째 항이 있다.[67] 익힌 것은 실제로 훈제한 것(fumé), 삶은 것(bouilli), 즉 획일적으로 익혀진 것에 해당한다. 하지만, 하나의 식품이 잘 구워지지 않고는 날것일 수 없다. 불에 구운 것(roti)의 경우가 그것이다. 요리 삼각형에서 구운 것은 날것에 가까이 있다: "익힌 것과 날것의 친근성은 다음과 같은 사실로부터 비롯된다. 가장 빈번하게 구운 것은 불완전한 익히기(cuisson)를 받아들이며, 이것은 우리가 보기에는 요리가 추구하는 결과를 구성한다. 구운 것은 불균등하게 이쪽저쪽이 익혀진 것이거나, 바깥쪽과 안쪽이 불균등하게 익혀진 것이다. (…) 멕시코

65 보다 상세한 내용 분석은 다음 문헌 참조. J. Courtés, *Lévi-Strauss et les contraintes de la pensée mythique* (Paris: Mame, 1973), pp.50-187.

66 Cl. Lévi-Strauss, 앞의 책, p.152.

67 Cl. Lévi-Strauss, *Mythologiques III: L'Origine des manières de table* (Paris: Plon, 1968), pp.395-411.

의 포촘치(Pochomchi) 부족에게 구운 것은 날것과 태운 것(brulé)의 절충을 나타낸다."[68]

날것과 구운 것 사이의 친근성은 그 대립을 제거하는 것 같지 않다. 그 결과, 날것(P_1)에서 구운 것(non-P_2)으로 가는 축에서 우리는 자연의 가장 자리에서 정교하지 않은 것과 정교한 것 사이에 놓인다.

다음 도식은 문화의 둘레를 설정하고 있다.

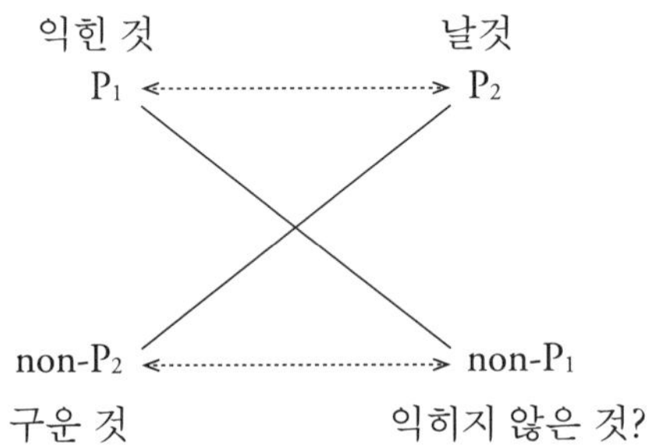

물음표는 자연과 관련된 요소를 지칭한다. 다음 사실을 이해한다면 non-P_1은 썩은 것으로 파악할 수 있을 것이다. 날것에 비해 익히지 않은 것은 함의 관계에 있다. 익힌 것은 문화적 변형이며, 반면 썩은 것은 자연적 변형이다. 이것은 자연과 문화의 두 영역을 존중한다. 이런 원근법에서 요리 삼각형은 날것과 구운 것의 대립을 통해서 사각형이 된다. 앞서 보았듯이, 썩은 것은 신선한 것과 대립되며 이 두 개 항은 식물계에 속하며 구운 것과 익힌 것은 육식에 속한다: "썩은 식물은 자연에 속하고 구운 고기는 문화에 속한다."[69]

이 같은 구분을 고려하건대, 두 개의 '요리 사각형'을 제안하는 것이 가능하다. 하나는 동물성 식품이고, 다른 하나는 식물성 식품이다. 이 둘은 모두 결핍된 자리를 갖고 있다(non-P_1은 정해지지 않은 채로 남아 있다).

---

68 같은 책, p.399.

69 Cl. Lévi-Strauss, *Mythologiques II: Du miel aux cendres* (Paris: Plon, 1967), p.152, 한국어 번역본, 임봉길 역, 《신화학 2—꿀에서 재까지》, 한길사, 2008.

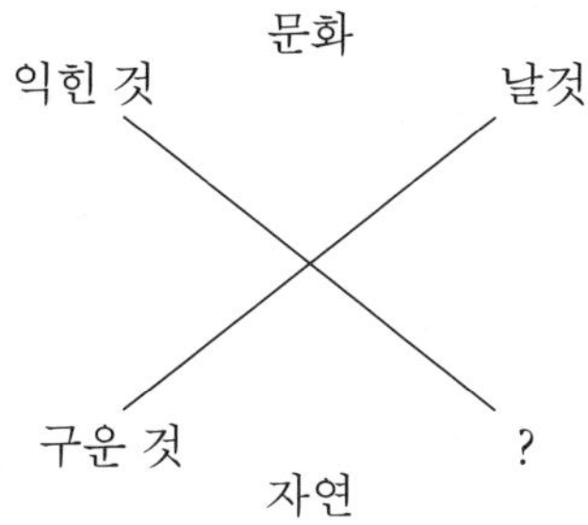

동물성 요리의 기호학적 4각형

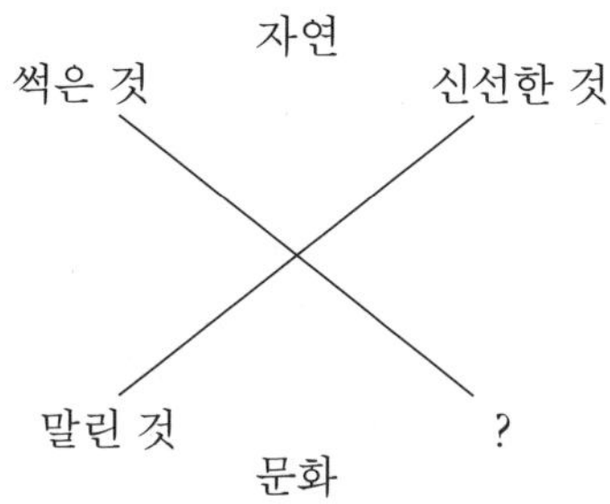

식물성 요리의 기호학적 4각형

특히 요리 영역을 참조하면서 레비-스트로스는 자연과 문화의 교차(intersection)의 관계를 제기한다: "요리는 자연과 문화 사이의 다리를 놓는 테크닉적 활동이다."[70] "요리하는 기술은 전적으로 문화 차원에만 놓이지는 않는다. (…) 자연과 문화 사이에 놓여서 요리는 그것의 필연적 분절을 확보한다. 그것은 두 영역에 속하며 그 발현의 각각에서 이 같은 이원성을 반영한다."[71] 이 말은 곧 요리가 자연과 문화의 교차에 있다는 것인데, 비인간적 영역에 속하는 것이 인간적 영역에 들어감을 말한다. 구운 것은 인간에 의해서 동화가 가능하다. 조작된 변형은 인간과 맺은 새로운 관계에 따라서 이해된다: "요리는 (자연적) 고기와 (문화적) 불 사이의 첫 번째 차원의 매

---

70 같은 책, p.22.

71 Cl. Lévi-Strauss, *Mythologiques III: L'Origine des manières de table* (Paris: Plon, 1968), p.405.

개를 작동시키는 반면, 기른 초목들—이미 날것 상태로, 자연과 문화의 중개에서 결과된다—은 익힌 것(cuisson)의 사실로부터, 단지 부분적인 그리고 파생적인 중개만을 감수할 뿐이다."[72]

72 Cl. Lévi-Strauss, *Mythologiques II: Du miel aux cendres* (Paris: Plon, 1967), p.259. 한국어 번역본, 임봉길 역,《신화학 2-꿀에서 재까지》, 한길사, 2008.

제9장

현대 의미론의 시각에서 본 그레마스의 일반 의미론

제2부를 마감하면서 그레마스의 의미론을 현대 의미론의 흐름과 역사적 맥락에서 파악하는 것이 필요한 과제라는 판단을 해 본다. 물론 이 문제는 별도의 단독 연구를 요구하거니와, 여기서는 두 가지 양상에 주안점을 두고 논의를 수렴하고자 한다. 그중 하나는 그레마스의 초기 의미론의 모태가 된 유럽의 구조 의미론의 주요 노선이었던 어휘장 분석과 어휘 성분 분석에 대한 방법론적 인식론적 한계이다. 다른 하나는 에코가 열린 의미론의 모델로서 제시한 백과사전(encyclopédie) 개념으로서, 그것과 대립되는 것은 닫힌 의미론 모델의 전형이라 할 수 있는 사전 개념이다. 이 두 가지 문제를 논의의 축으로 삼아 앞서 제시된 그레마스의 의미 이론의 주요 개념들(일부는 제3부에 나오는 서사성 모델과 양태성 이론을 포함)에 대한 종합적 평가를 마련하는 방향으로 나아갈 것이다.[1]

1 이 밖에도 그레마스의 구조 의미론을 인지 언어학과 인식론적으로 비교하는 작업도 유익할 것이다. 인지 언어학과 유럽의 구조 언어학에 대한 비교 연구를 수행한 다음 논문을 참조할 것. Klaus Willems, "Meaning and interpretation: The semiotic similarities and differences between Grammar and European structural linguistics," *Semiotica* 185-1/4 (2011), pp.1-50.

1. 《구조 의미론》의 인식론적 인간학적 정초

그레마스의 의미론과 기호학의 방법론적 인식론적 정초를 수립한 그의 초기 저술 가운데 가장 중요한 저서인 《구조 의미론》은 그 제목에서 확인할 수 있듯이, 그레마스의 의미론을 연구하는 데 있어 필수불가결한 백미라는 평가를 받고 있다는 점에서 그 핵심 얼개를 파악할 필요가 있다.[2]

1) 인식론적 프로그램

1966년 출간된 그의 주저 《구조 의미론—방법 연구》(*Sémantique structurale: recherche de méthode*)는 다음 절에서 다룰 동시대의 의미론 대가였던 포티에와 코세리우와 달리, 그의 '구조 의미론'작업은 당시 유행하던 개별 언어에 대해 적용된 어휘 의미론 차원에서의 분석 모델도 아니며 구체적 분석 사례 연구라고도 말할 수 없다. 더구나, 제3장에서 자세히 다룬 바 있듯이, 이 책은 그 이전까지 프랑스어의 어휘 분석에 집중했던 틀에서 벗어나, 훨씬 더 방대한 영역들에 대한 연구를 개시하고 있다는 점에서 그레마스 자신의 저작 목록에서 결정적인 계기를 표시하고 있다.

물론, 이 책에서는 여전히 의소, 의미소, 부류소 등의 당시의 구조 의미론에 고유한 용어들을 계속하여 사용하고 있다. 하지만, 이 책의 서론부터 우리는 그레마스가, 인류학과 생물학을 아우르는 일반 기호학을 향한 광범위한 원근법의 확대를 거냥하고 있음을 바로 확인할 수 있다. 특히, 그는 신화

---

2 《구조 의미론》의 핵심과 방법론적 인식론적 의의에 대해서는 여러 논문들이 있다. 본 절은 원전 텍스트를 확인하면서 아래 논문을 참조하여 작성되었음을 밝혀 둔다.

① Pierre Swiggers, "Décrire la vision du monde : L'enjeu anthropologique de la Sémantique structurale," *Semiotica* 214 (2017), pp.231-248.

② Herman Parret, "une certaine problématisation de Sémantique structurale," in: H.Parret, *Structurer. Progrès sémiotiques en épistémologie et en esthétique* (Paris: L'Harmattan, 2018), pp.5-26.

③ François Provenzano, "L'argument littéraire dans Sémantique structurale", *SEMEN* 32 (2011), pp.73-89.

담론과 문학 담론 분석, 정신분석학, 생물학에 특권적 자리를 부여하고 있다. 아울러 우리는 언어학의 인식론을 구축하려는 그레마스의 고심을 읽어낼 수 있다.

요컨대 그레마스는 다음과 같이 천명한다. "기호학자는 그의 방법에 대한 인식론적 제어를 필요로 한다"[3]

그렇다면 책의 부제에서 천명된 그 같은 방법에 대한 인식론적 통제와 관리, 즉 제어는 어떻게 이루어지는 것인가라는 첨예한 인식론적 문제가 제기된다. 《구조 의미론》의 첫 섹션은 "과학적 의미론의 조건들"로서 하나의 과학적 의미론이 어떻게 4개의 위계화된 층위들로 구성되는가에 대한 언급을 하고 있다. 첫 번째 층위는 언어-대상(langue-objet)이며 과학적 소명을 갖고 있는 모든 탐구의 필수적 요건이다. 두 번째 층위는 기술적이며 양도와 이전 가능한 메타언어(métalangage descriptif, translatif), 즉 언어-대상 속에 포함된 의미 작용들을 기술하고 번역하는 언어라 할 수 있다. 이 두 번째 층위의 메타언어는 그것의 필수불가결한 조건으로서 메타-메타 언어(méta-métalangage)라는 세 번째 층위를 전제로 한다. 이 세 번째 층위의 언어는 방법론적 언어로서 기술적, 양도적 메타언어의 개념들을 정의하고 메타언어의 개념적 체계의 내재적 응집성을 확인한다. 따라서 이 세 번째 언어는 개념의 정의와 확인이라는 이중적 기능을 갖고 있다. 이어서 그레마스는 우회할 수 없는 요구 조건인 네 번째 층위를 도입한다. 이 언어는 개념 정의의 전략들과 방법의 확인 전략의 전체 집합을 하나의 연역적인 공리적 집합으로 전이한다. 그것은 인식론적 층위로서 방법적 메타-메타 언어에 견주어 자율성과 독립성을 소유하며, 그레마스의 표현을 빌리면 진리에 대한 일정 개념화로부터 제어의 자율성과 판단의 자율성을 소유한다. 여기서 말하는 진리의 특정 개념화는 이중적 진리로서, 진리를 내재적 수미일관성으로서 간주하는 것과, 진리를 현실과의 일치로서 파악하는 개념이다. 참고로 진리라는 존재론적 용어는 《구조 의미론》에서 단 한 번 사용되고 있다. 그 결과

3 A. J. Greimas, *Sémantique structurale* (1966), p.12.

방법론적 전략들의 가치는, 인식론적 평가의 기능 작동이라 할 수 있는 그 모델의 네 번째 층위인 인식론적 제어에 의해 규정된다.

그 밖에, 《구조 의미론》의 인식론적 토대 수립에 있어 또 다른 중요한 개념적 대립은 내재성(immanence)과 발현(manifestation)으로서, 이것은 방법 층위에서는 더 이상 분석될 수 없는 실존(existence) 대 현존(présence)이라는 또 다른 대립과 상동화될 수 있다. 그레마스는 이 두 번째 대립에 대해 다음과 같이 명시적으로 말하고 있다. "인식론적 최소 요건의 원칙에 따라 그것의 분석은 더 이상 언어학자에 속하지 않는다."[4] 실존 방식은 늘 그리고 필연적으로 방법적으로 제어 가능한 의미 작용의 구조들을 성격짓고 있다. 왜냐하면 그 같은 구조들은 내재성의 시각에 따라 고려되는 반면, 현존 방식은 의사 소통 행위 속에서 발현된 이 같은 구조들을 특징짓기 때문이다.[5] 그레마스는 언어 행위를 포함해 각각의 행위는 이 같은 행위의 복잡한 유의미성의 일정 부분을 포함하거나 배제하는 하나의 선택을 필연적으로 함의한다는 점을 분명히 한다. 그렇지만 자유의 행사는 그 같은 자유가 대상-근원의 실존 방식의 취약성에 의해 한계가 그어지기 때문에 무소불위의 힘을 갖는 것은 아니다. 따라서, "호모 로쿠엔스(home loquens)라는 우리 인간들에게 부과된 조건의 울타리를 인정하고 그 가치를 평가할 수밖에 없다."[6] 풀어 말해, 대상-근원의 실존 방식은 절대적 제약을 부과시킨다. 그렇지만, 대상-근원의 현존 방식은 그것의 실존 방식에 견주어 그것의 유의미성에 있어 훨씬 더 풍부하다. 사실, 대상-근원의 현존은 담화의 생명과 의사소통의 목적론을 유도하는 자유의 모순적인 요구 조건들을 노출한다. 그레마스의 표현을 빌리자면, 담화는 "이질적이며 잡다하게 쌓아 올린 더미 또는 건물을 지을 때 사용하는 비계"로서 나타난다.[7] "의미 작용의 현존은, 존재 방식으로서 특징짓는, 기저에 내재적이며 관념적인 구조의 뒤틀림으

4 같은 책, p.19.

5 같은 책, p.34.

6 같은 책, p.42.

7 같은 책, p.42.

로서 사유되어야 할 것이다. 그 같은 실존 방식은 현존 방식에 의해 확인되서는 안 되며, 그 이유는 사회적 공동체적 의사수렴에 의해 제재를 받아서는 안 되는 것과 같은 원리이다. 담화가 비록 잡다스럽고 불규칙적이나, 동질적인 동위소로서, 의미 작용의 일정한 전체로서 나타난다는 사실은 현존 방식이 구조적인 실존 방식에 의해 지탱되고 있다는 사실로부터 도래하는 일정한 안정성으로서 설명되어야 하며, 담화의 생산 기원, 이를테면 발화자의 의도성, 인간 정신의 서술 능력(pouvoir prédicatif)으로 환원될 수 없다. 그렇다면, 현존을 축조하는 이 같은 창조적 자유와 실존을 부과시키는 위계적 제약을 화해시킬 수 있는 가능성은 무엇인가라는 물음이 남는다. 자유와 그것의 속박들의 이 같은 놀이를 지배하는 하나의 조절적 요소가 존재한다. 즉, 일체의 과잉, 과도한 연극적 연출 등으로부터 보호해 줄 수 있는 요소를 말한다. 이 같은 조절적 요소는 다름 아닌 그레마스가 인식론적 최소 요건, 특히 그가 지각이라고 부른 것에서 찾아볼 수 있다. 실존과 현존 모두 단지 지각 속에 터를 잡을 수밖에 없다. 인식론적 태도는 실천 속에서는 능동적이며, 지각을 의미 작용의 조절요소로서 파악하며 그 본질에 자문한다. 지각은 의소적 차이들과 그것들의 분절의 체계적 구성을 실존 방식의 층위에서 확인하고 정당화한다. 현존의 층위에서 의사소통이라는 사건과 담화의 생명을 파악하는 데 있어, 아울러 감각적인 것을 그것의 모든 양상들 속에서 포착하는 데 있어 늘 능동적이다.[8] 그레마스는《구조 의미론》의 여러 곳에서, 기호학적 차원, 즉, 실존 방식으로서의 내재성은 오직 "지각의 내부"에서만 파악될 수 있다는 사실을 강조하고 있다.[9] 따라서, 내재성의 기호학, 의미 작용들의 실존 방식의 기호학은 불연속성, 시차적 편차들의 존재를 지각할 수 있는 가능성에 기초한다. "우리들은 차이들을 지각하며, 이 같은 지각 덕분에 세계는 우리 앞에서 그리고 우리를 위해 형태를 취

8 이점에 대해서는 다음 연구 참조. Herman Parret, "Une certaine problématisation de Sémantique structurale," in H.Parret, *Structurer. Progrès sémiotiques en épistémologie et en esthétique* (Paris: L'Harmattan, 2018), pp.11-18.

9 Greimas, 앞의 책, p.56.

한다."[10] 그레마스에게서 의미론은 감각적 성질들로 이루어진 세계를 기술하려는 시도라고 말할 수 있다. 그는 "인간 세계의 의미 작용은 지각의 층위에 놓여 있으며 그 같은 사실은 감각적 세계의 내부에서 의미의 세계를 탐구해야 한다"는 점을 《구조 의미론》의 초반부에서 천명하고 있다.[11]

2) 프로그램의 공리화

총 12개의 장들로 이루어진 그의 주저 《구조 의미론》에서, 그레마스는 먼저 현실 확인과 과제로부터 출발한다. 먼저 그가 목격하고 확인한 것은 인간적 세계는 의미 작용의 세계라는 것이다. 여기서 인간적(humaine)이라는 성질은 필연적으로 일정한 의미 작용, 다시 말해, 생산되고 전달되고 수용되는 의미 작용을 전제로 한다. 이 같은 현실 직시는 그에 따른 직접적인 파급 효과를 발생시킨다. 그것은 인간적인 것의 연구, 즉 인문과학 전체 집합은 오직 의미 작용을 연구 대상으로 삼을 때만 비로소 존재할 수 있다는 것이다. 그레마스는 이렇게 말하고 있다. "자연과학이 인간과 세계는 어떻게 존재하는가라는 것을 알기 위해 탐문한다면, 인간과학들은 어느 정도 명시적으로, 인간과 자연이 각각 의미하는 것이 무엇인가를 알기 위한 물음을 스스로에게 제기한다."[12]

이 같은 현실 직시에 따른 과제는 의미 작용을 기술하는 작업이라 할 수 있다. 그레마스에게 있어 '기술하다'(décrire)라는 용어는 특정 언어의 구성을 함의한다. 그런데 이 언어는 의미 작용들이 운반되는 매체인 언어를 기술해야 한다. 따라서 의미 작용을 기술하는 그 같은 언어는 다름 아닌 메타언어의 위상을 획득한다. 과학적 기술(description)은 먼저 기술적 개념들을 정의해야 하는 것과 마찬가지로, 이 기술의 타당성을 허가하는 일정한 준거

10 같은 책, p.42.
11 같은 책, p.9.
12 같은 책, p.5.

틀, 즉 기술이, 기술된 것과 일치하는 적합성의 평가를 구비하기 위해서, 구조 의미론은 세 개의 메타언어를 포함하고 있어야 한다. 기술적 메타언어, 방법론적 메타언어, 인식론적 메타언어가 그것이다.

자연 언어들의 장점이며 동시에 혼란함은 그것들의 고유한 메타언어가 된다는 데 있다. 다시 말해, 구조 의미론을 성립하는 재료로서, 일체의 자연 언어는 그레마스의 표현을 빌리자면 판사이며 동시에 피고인이다.

구조 의미론의 과제는 일반적인 용어들로 정의된다. 즉, 의미 작용을 연구하기 위한 분석 장치를 제공하는 데 있다. 따라서 그 같은 장치의 존재 조건들을 정확히 규정하는 것이 핵심 관건이다. 그 같은 조건은 크게 세 개라고 할 수 있다. 첫째, 연구 대상에 기인하는 조건이다. 의미 작용은 구조적 가능성들의 집합으로부터 이루어지는 생산이며 수용이라는 점에서 두 개의 차원(plan)을 구별하는 작업이 핵심적이다. 내재적 차원(plan immanent)과 발현된 차원(plan manifesté)이 그것이다. 내재적 차원은 불변하는 요소를 포착하는 것을 가능케 하는 반면, 발현된 것의 차원은 변이의 연구와 관련된다. 그레마스 기호학에서 내재적 차원은 두 개의 층위로 성립된다. 기호학적 층위와 의미론적 층위가 그것이다. 그것은 언어의 두 개의 자율적 층위로서, 기호학적 층위는, 단순 어휘소들 또는 어휘소들의 시퀀스의 층위에서 의소들이 맺고 있는 관계들을 중심으로 구성된다.

기호학적 층위 곁에 존재하는 의미론적 층위는 텍스트 차원의 현실에 속한다. 또한 그것은 지성의 작용, 합리적 추론과 관련될 뿐만 아니라, 지각 범주와 관련된다. 이점은 그레마스가 이 지점에서 동위소라는 거시 텍스트적 개념과 부류소라는 개념을 개입시키고 있다는 사실에서 나타난다.

두 번째 조건은 기술적 수순과 절차와 관련된다. 옐름슬레우의 경험주의 원칙에 따라, 그레마스는 귀납적 접근법과 연역적 접근법 사이에 존재하는 필연적인 상보성을 강조한다. 여기서 말하는 귀납적 접근법은 기술하고자 하는 현실의 방향을 잡는 것을 말하며, 연역적 접근법은 기술적(descriptif) 모델의 요구들로부터 출발하는 연구의 방향을 말한다.

세 번째 조건은 특정 기술을 가능케 하는 분석 장치라는 관념 그 자체를 따르는 것이다. 즉, 기술하는 것(descriptum)과 기술되는 것(describens) 사이에서 그 관계는 체계적 환원 관계가 되어야 한다. 그레마스가 모델 구성(construction du modèle)이라는 용어 아래 포섭하고 있는 이 같은 이중적 활동은 일차적 원재료에 대해서 행사되어야 하고, 일차적으로는 하나의 자료체(corpus)를 수립해야 한다. 그리고 나서 그 자료체는 객체화되고 규범화된 하나의 텍스트로 변형되어야 할 것이다. 그레마스는 하나의 자료체 구성을 위한 세 개의 요구 사항을 정식화하고 있다. 대표성의 요구, 정밀성의 요구, 동질성의 요구가 그것이다.

3) 의미 작용의 기본 구조들로부터 의미(론)적 우주로

《구조 의미론》의 서론부와 그 이후의 장들에서, 그레마스는 어휘소들 사이에서 이루어지는 관계들의 층위에서 의미론적 모델을 구축한다. 그 결과, "의미 작용의 기본 구조"라는 장에서, 의미론 모델은 그 재료로서 어휘소들을 취한다. 그 같은 모델은 의미작용을 부류소들로 분석한다는 점에서, 아울러 그 같은 의미작용의 구조들로 조합된다는 점에서 분해와 재구성의 모델이라 할 수 있다. 또한 그 모델은 부정, 연접과 이접 등의 논리적 작동 요소들과 더불어, 아울러 성립된 기호들의 집합들 사이에서의 구조적 관계들과 더불어 작동한다. 여기서 구조 개념은 의미 작용의 구조를 말하며, 구조적 관계를 포함하는 것으로 파악되고, 의소들 사이의 관계로서 정의된다.

의미 작용의 구조는 두 개의 차원으로 성층화된다. 내용의 형식에 해당되는 기호학적 차원과 내용의 실질에 해당되는 의미론적 차원이 그것이다. 기호학적 차원은 의미론적 차원과 포개어지는 격자를 성립하고 있으며. 자연 언어들의 의미론적 조직 속에서 차이들을 보여 주도록 해 주는 것은 다름 아닌 이 같은 격자이다. 언어의 의미론적 층위에 도달하기 위해서는 의소들, 의미소들, 부류소들로 분해되는 구조적 분석은 메시지 차원, 더 나아가 텍스트 차원으로 확대되어야 한다. 그런데 이 같은 차원으로 이동하면서, 텍스트의 의미를 역동화시키는 의미론적 통사에 직면한다. 그레마스에 의하면, 의미론적 통사는 언어 활동에 내재하며, 그것의 점증적인 명료화만이 내용의 기술의 모델들의 자리 매김을 가능케 한다.[13]

그레마스는 프로프가 연구한 러시아 민담들 속에서 나타나는 기능들과, 프랑스의 미학자 수리오가 연구한 연극 드라마 상황들의 파악에 기초하면서 그 같은 의미론적 통사를 구축한다. 이 같은 의미론적 통사의 기술은 의미 작용의 기본 구조에 초점을 둔 기호학적 의미론적 차원들을 넘어설 수밖에 없다. 프랑스 언어학자 테니에르의 구조 통사론의 기술적 기구와 용어를 차용하면서, 그레마스는 행동자 개념을 중심으로 텍스트 의미론의 모델을 구성한다. 이 모델의 구성은 한 편의 드라마 또는 공연과 같은 서사물의 지각에 기초한다. 이때 서사는 세 개의 차원들에 의해 정의된다. 첫째, 기능적 차원으로서, 이것은 행동자들에 의해 담당되는 역할들 즉 기능들과 더불어 결합된다. 그레마스가 말하는 행동자는 토큰(token) 차원에서 행위자들이라는 형상들의 피상적인 다양성을 포괄하며, 활동들의 행로 속에 투자되고, 행동계(sphère d'action)를 전개시킨다.

둘째, 양태적 차원으로서 그레마스는 서사물에서 세 개의 변조(modulations)을 파악하고 있다. 그 세 개의 변조는 권력, 지식, 희망의 변조들로서 다양한 기능들을 담당하면서 발생한다.

셋째, 진화적 차원으로서, 그레마스는 그 자신이 다양한 변형들이라고 부르는 것에 관심을 갖고 있었다. 서사물에서 이루어지는 전개들은 최소한 세 가지 유형들의 과정을 포함하고 있다. 일정한 문턱을 넘어서기로서의 다양한 행동들, 다양한 변조들의 변형들, 예컨대, 서사물에서 모름의 상태에서 앎의 상태로 이동하거나 행동자들과 더불어서의 기능들의 쌍맺기 속에서 이루어지는 변형들이 그것이다. 세 번째 종류는 결합, 계약 등의 동시 발생과 대립의 경우들이다.

---

13 같은 책, p.117.

행동자 모델의 최소 구조는 행동자들과 서술어들 사이의 쌍 맺기를 도식화하고 있다. 이때 서술어들은 행동자들이 담당하는 기능들을 종합하거나, 행동자들에 영향을 미치는 성격 부여와 자격부여를 표현한다. 또한 서술어들은 상(aspect)과 양태성이라는 작동요소들에 의해 변조된다. 그레마스에게 있어, 행동자 모델은 텍스트에 적용된 의미론적 통사의 외삽(extrapolation)으로서, 일정한 환원을 통해서 획득되거나 이원적 대립들의 획득을 통해 성립된다. 그 결과 프로프가 식별한 31개의 기능들은 그레마스에게서 20개 기능으로 환원되며 이 같은 20개의 기능들은 내재적인 대립적 본질에 속하거나 일정한 거리를 두고 이루어지는 상관 관계를 맺고 있다.

그레마스는 기호학의 메타언어적 본질이 출발 단계에서 삼은 질료의 담론적이고 인간학적인 뿌리를 비롯해 궁극적으로 제 현상들을 있는 그대로 기술해야 하는 본래의 목적을 상실하게 해서는 안 된다는 점을 분명히 한다. 그레마스는 발현된 메시지에 고유한 의미론적 통사가 의사소통에 중심을 둔 언어 활동의 결과물이며, 일정한 세계관을 분절시키고 있다는 사실을 강조한다. 아울러 그레마스는 개인적이건 집단적이건, 이 같은 세계관은 단지 실존적 힘과 사회적 지렛대일 뿐만 아니라, 이데올로기적 촉매제라는 점을 분명하게 의식하고 있다.

《구조 의미론》에서 구조 개념은 요소들과 관계들의 공존을 전제로 한다. 내재적 차원과 발현 차원 모두에 있어 제 구조들은 공시태 차원의 산물들이다. 이 같은 공시태 차원의 압축은 동위소 차원의 맥락들 또는 동위소적 연속성들에 대한 한계 긋기를 통해 강화된다. 그 결과 메시지의 통일성, 보다 일반적으로는 의미 작용의 총체성의 통일성을 상정하는 데 이른다.

반면, 그레마스는 통시태에 대해서는 그가 통시태 차원의 변형들이라고 부른 것에 대한 언급 이외에는 별다른 언급을 찾아보기 어렵다는 점에서 그레마스 구조 의미론의 한계라고 할 수 있다.

2. 구조 의미론의 보편주의

영어권에서 나온 대부분의 의미론 교과서에서 그레마스가 누락되어 있는 반면, 현대 의미론의 고전의 반열에 올랐다고 할 수 있는 존 라이언스의 《의미론》에서는 그레마스의 초기 저술들을 평가하면서(《구조 의미론》, 《의미에 관하여》) 모두 다섯 곳에서 그를 언급하고 있다(제1권: 267, 318, 322, 331쪽; 제2권: 705쪽).[14]

그레마스의 의미론을 서술하고 있는 맥락은 어휘장 이론에 대한 종합적 평가가 제시된 부분이다. 라이언스는 그레마스의 의미론이 소쉬르의 통합체 관계와 계열체 관계 차원에서 이루어진 어휘 구조의 개념을 텍스트의 문체 분석 및 자연 언어 이외의 다른 기호 체계들로 확대했다는 진단을 내리고 있다. 아울러 소쉬르의 이론에 이론적 기초를 둔 구조 의미론 및 후기 소쉬르 의미론 모두에서 모든 언어 단위의 의미는 특정 단위와, 그 단위와 의미론적으로 관련된 다른 단위들 사이에 놓여 있는 계열체와 통합체의 관계들에 의해서 결정된다는 입장을 고수하고 있다는 점을 지적하고 있다. 또한 옐름슬레우와 야콥슨의 이론을 물려받은 그레마스의 의미론을 성분 분석(compositional analysis)의 맥락 속에서 자리매김하고 있다. 여기서 라이언스는 성분 분석의 두 가지 핵심 기제인 이원주의(binarism)와 변별적 자질 표기(feature-notation)의 사용을 상세하게 설명하고 있다. 야콥슨의 이원주의는 모든 어휘 대조가 이분법적이며 결여적(privatif)—즉 음운론에서처럼 유성음은 반드시 무성음의 성질을 결여하고 남성의 의미에는 여성의 의미가 결여된다—이라는 점과, 유표항과 무표항의 선택 기준의 비일관성 또는 자의성을 날카롭게 지적하고 있다. 더구나 남성과 여성 따위의 공리적 개념들의 보편성을 문제시하고 있다. 같은 맥락에서 의소와 부류소(classèmes)의 인식론적 전제에 대한 그의 비판은 그레마스 의미론 및 구조 의미론에 대

14 J. Lyons, *Semantics I & II* (Cambridge and New York: Cambridge University Press, 1977). 한국어 번역본, 강범모 역, 《의미론 I》(한국문화사, 2011).

한 설득력 있는 비판으로 볼 수 있다. 의소와 부류소는 의미 성분의 두 가지 종류로서 구조 의미론에서 상호 종속된 개념들이다. 라이언스는 이 두 개념의 출처로서 포티에와 코세리우의 연구를 언급하고 있으며 두 개념과 관련하여 그레마스 개념과의 차이점을 누락했다.[15]

코세리우에 따르면 의소는 단일한 어휘장 안에서 작동하는 의미의 최소한의 변별적 자질들로서 다양한 종류의 대립 차원에서 어휘장을 구조화한다. 의소의 예는 예컨대, 포티에가 프랑스어의 의자들의 여러 종류, 'chaise'(걸상), 'fauteul'(안락의자) 등으로 이루어진 어휘장에서 변별적으로 인지한 의미-성분들이 될 것이다. 의소와 대조적으로 부류소는 여러 가지 상이한 어휘장에 속하는 어휘소에 공통적으로 나타나는 매우 일반적인 의미-성분들이다. 아울러 부류소는 어휘화될 수 있을 뿐만 아니라 문법화될 수 있다. 부류소의 예들로는 생명/무생명, 수컷/암컷, '하다', '갖다' 등의 동사를 비롯하여 옐름슬레우가 예로 든 '남성', '여성', '수말'(stallion), '암말'(mare) 등의 분석은 의소와 부류소 모두를 포함한다. 그런데 흥미로운 점은 라이언스가 이 두 가지 개념의 대립을 카츠와 포도르(1963)[16]가 제시했던 구별소(distinguishers)와 표시소(markers)의 대립과 대부분 일치하는 것으로 보고 있다는 점이다.[17] 즉, 하나의 어휘소의 의미에서 체계적인 부분과 체계적이지 못한 부분 사이의 구별을 이 두 가지 개념들이 반영하는 것으로 보고 있다. 체계적인 어휘소의 의미 부분은 표시소들의 집합에 의해서 의미의 잔여 부분은 구별소에 의해서 표상될 수 있다는 것이다. 하지만 하나의 개별 성분이 표시소냐 아니면 구별소이냐를 결정짓는 필요충분조건은 카츠 & 포도르 모델에서 분명하게 규명되지 않았다.

---

15 B. Pottier, "Vers une semantique moderne," *Travaux de linguistique et de litterature 2* (1964): pp.107-37; B. Pottier, *Linguistique générale* (Paris: Klincksieck, 1974); E. Coseriu, "Lexicalische Solidaritaten," *Poetica I*, pp.293-303.

16 J. J. Katz & J. A. Podor, "The structure of a semantic theory," *Language* 39 (1963): pp.170-210.

17 J. Lyons, 앞의 책, 한국어 번역본, 강범모 역, 《의미론 I》(한국문화사, 2011) p.513. 한국어 번역본에서 각각 '구별자'와 '표지'로 번역되었다.

그렇다면 이 두 가지 개념과 앞서 언급한 의소와 부류소의 대립 쌍의 차이점은 무엇인가. 그것은 구조 의미론에서 말하는 의소와 부류소는 어휘장의 선험적 한계 설정에 기초하고 있다는 점이며, 미국의 언어 철학자들이 만든 표시소와 구별소의 개념은 어휘장 이론으로부터 완전히 독립하여 언어 안에서의 체계성 개념에 의존한다는 점이다. 하지만 유럽의 구조 의미론에서 말하는 부류소 개념과 카츠의 표시소 개념 사이에는 유사성이 존재한다. 요컨대, 카츠가 그의 표시소들이 언어에 대해서 체계적이라고 말했을 때, 그가 염두에 둔 것은 그의 의미론 이론에 따라서 선택 제약의 틀 속에서 표시소가 맡는 역할이었다. 예를 들어서, '그 남자는 임신했다'라는 문장의 비정상성은 '임신했다'는 어휘소가 남성의 의미 성분을 포함하는 명사와 조합될 수 없다는 사실에 의해서 설명된다. 이와 마찬가지로 포티에와 코세리우가 의미론 성분을 의소와 부류소로 분류했을 때 그들이 강조한 것은 의미론적으로 기반을 둔 명사와 형용사 사이의 통합체적 상호 종속성을 규정하는 것은 부류소들이라는 점이다. 아울러 올바른 어휘 형태를 선별하게 해 주는 것은 부류소이다. 다만, 의소와 구별소 사이의 유사성은 미약하다. 의소가 최소의 기능적 대립에 의존하는 반면, 구별소는 단지 어휘 의미의 잔여분일 뿐이며 표시소 차원에서 설명되지 못한다. 하지만 이 같은 차이점에도 불구하고, 이 두 가지의 개념 쌍들이 갖는 이론적 함의는 분명하다. 그것은 이 같은 개념들의 존재는 모든 언어에서 지속적으로 파악되며 어휘소들 사이의 의미적 구별과 등가는 부류소 또는 표시소 차원에서 설명되었다는 것이다.[18] 여기서 우리는 그레마스를 포함하여 현대 의미론의 보편주의에 대한 지향을 읽어 낼 수 있다. 그 보편성의 내용은 다음과 같이 요약된다.

첫째, 우리가 언급한 두 가지 종류의 의미 성분들은 보편적이며 언어 특수성과 문화적 특수성으로부터 독립된다. 둘째, 그 두 가지 개념들은 통사적으로 변별적이며 어휘화될 수 있다. 셋째, 소수의 어휘소로 한정되지 않

18 존 라이언스, 《의미론 I》, 강범모 역(한국문화사, 2011), pp.512-516.

고 어휘 전체를 통해서 광범위하게 배분된다.

이 두 가지 개념의 인식론적 함의는 언어 이론의 보편주의와 상대주의라는 점을 논외로 하고라도, 의미-성분이 보편적 원자적 개념이라는 가정은 도전받고 있다. 무엇보다도 의미-성분의 개념적 위상과 관련해서 성분 분석과 개념주의(conceptualism) 사이에는 필연적 연관성이 없다. 다시 말해서, 어휘소들 사이에 존재하는 의미 관계를 설정하고 그것을 이론적 구성물로 보는 것은 합당하지만, 어떤 정신적 실재의 존재를 단정 지을 수 있는 근거가 확정되지 못한 실정이다.

끝으로 구조 의미론을 비롯한 그레마스의 의소 개념에서 제기되는 또 다른 핵심적 사안은 원자성(atomicity)의 문제이다. 대부분의 의미 성분들의 경우, 그것이 원자적인지 비원자적인지를 결정짓기는 매우 어렵다. 요컨대, 생리적으로 원자적인 지각적 구별들의 차원에서 그 외시(denotation)가 설명될 수 있는 일부 어휘소(예: 색채 관련 어휘)를 제외하면, 지각적 원자성(perceptual atomicity) 개념을 적용하는 데는 적지 않은 어려움이 따른다. 그런데, 성분 분석을 비롯하여 그레마스의 의미 이론이 갖는 매력 중의 하나는 그것이 내포하는 보편주의에 기인한 것이다. 이 점에서 그레마스의 이론도 보편주의의 야심에서 자유롭지 못하다는 주장이 가능하다. 물론, 좀 더 세련된 보편주의의 유형론을 구축하는 작업도 마련되어야 할 것이다. 라이언스는 보편주의의 세 가지 하위 테제를 분별하고 있다. ① 보편적인 의미 성분들의 고정된 집합이 존재하며 모든 언어에서 그 같은 어휘 성분들은 어휘화된다. ② 이 같은 의미-성분들이 조합되어 그 생산물로서 어휘소의 의미를 생산할 수 있게 해 주는 형식적 원칙들은 보편적이다. ③ 모든 언어에서 모든 어휘소의 의미는 의미 성분의 조합으로 동질적으로 분해될 수 있다. 앞에 ①과 ②는 각각 실체적 보편소와 형식적 보편소를 지시하며, 옐름슬레우와 그레마스의 구조 의미론은 형식적 보편성의 약한 형태를 취하고 있다. 그레마스의 경우는 실체론적 보편주의를 명시적으로 부정하고 동시에 메타언어 이론의 일반성을 천명했다는 점에서 조심스런 입장을 보여 주고 있다.

물론 그레마스의 의미론은 초기 구조 의미론에서 노출된 어휘 분해의 한계들을 상당 부분 극복하고 있지만, 그의 의소, 의미소, 동위소 개념은 옐름슬레우와 포티에로부터 결정적인 신세를 졌다는 점에서 성분 분석의 한계들로부터 완전히 자유롭지는 못하다. 그 한계는 크게 다섯 가지로 요약될 수 있다.[19]

첫째, 의미의 변별적 자질들의 추상성을 지적할 수 있다. 요컨대, 의미의 뉘앙스를 무시한 채 너무나 투박하고 기계적으로 의미를 접근한다는 비난을 받고 있다. 간단한 예로,

> 소년 = 《인간》《남자의》《젊은》
> 소녀 = 《인간》《여자의》《젊은》

과 같은 어휘 분해에서 사용된 '남자 : 소년' = '여자 : 소녀'의 평행성은 아주 대략적인 평행성에 불과하다. 이 같은 분석 틀에서는 예컨대, 한국어에서의 '여장부' 같은 표현을 적절하게 설명할 수도 없으며, 특히 라이언스가 지적했듯이, 영어에서 소년에서 성인 남성으로의 전이는 소녀에서 성인 여성으로의 전이보다 더 일찍 발생한다는 사실을 반영하지도 못한다.

둘째, 분석의 사이비성을 지적할 수 있다. 예컨대, 'stallion : horse'(수말 : 말) 따위의 단어 쌍들은 그 단어들의 축에 있어서 상위 지배적 관계를 띤다. 왜냐하면 하나는 다른 것에 의해서 정의될 수 있기 때문이다(A stallion is a male horse). 반면 다른 상하위적 쌍들에서는 그 같은 정의가 불가능하다. 예를 들면, 'horse : animal'(말 : 동물).

다음과 같은 분석을 보자.

> horse = 《ANIMAL》《EQUINE》 (말 = 《동물》《말에 속하는》

19 A. Cruse, *Meaning in Language* (Oxford: Oxford University Press, 2000), pp.239-261.

앞서 stallion = 《HORSE》《MALE》로 분석했음을 보았다. 여기서 《MALE》을 제거한다고 가정해 보면 《HORSE》만 남는다. 마찬가지로 《HORSE》를 제외하면 《MALE》만 남는다. 남는 부분은 의미의 판별을 가능케 하는 부분이다. 그런데 말 = 《동물》《말에 속하는》에서 《말에 속하는》을 제외하면 문제가 안 되지만, 만약 《동물》을 제외하면 과연 어떤 의미에서 《말에 속하는》이라는 자질이 《동물》의 부재 속에서 판독 가능한 의미의 부분을 나타낼 수 있는가라는 질문에 설득력 있게 답할 수 없다. '말 = 《동물》《말에 속하는》'이라는 공식은 곧 '하나의 말은 말적인 동물이다'라는 것을 말한다. 즉 앞의 어휘 성분 분해인 '수말 = 수컷의 말'과는 전혀 다른 유형의 분석인 것이다.

셋째, 보편성과 특수성의 문제가 제기된다. 대부분의 성분 분석의 체계는 보편성을 지향한다. 즉 모든 자연 언어의 기술을 위해서 적합한 생득적, 인지적 능력을 전제로 한다. 그런데 대부분의 분석은 소수의 언어에서 환원과 대조에 기반을 두고 있다는 점에서 보편성을 보장할 수 없다.

넷째, 유한성과 정밀성 사이에 놓여 있는 기본적인 양립 불가능성을 지적할 수 있다. 물론 성분 분석의 옹호자들은 의미 성분의 기능은 어휘의 모든 풍요함을 설명하는 데 있지 않고 단어의 통사적 속성을 명시화하는 데 있다는 주장으로 사태를 모면하려 한다. 앞서 언급한 카츠와 포도르(1963)의 시스템은 중의성, 비정상성, 논리적 속성 등으로 국한된다. 아울러 어휘의 체계적 부분과 특이질적 부분을 구별하여 이른바 어휘의 잔여 부분을 분석의 영역에서 제외시키고 있다. 포티에의 모델에서처럼 성분 요소들의 역할을 어휘적 대조의 형식화로 국한시킨 것은 유한한 목록으로 국한시킨 것이다. 그런데 한 언어의 어휘소가 다양한 잠재적 단어들로부터 이루어진 하나의 선별이라는 점을 감안한다면 유한성 개념은 위태롭게 된다. 이런 점에서 그레마스의 의미소 개념은 성분 분석의 한계를 극복한 중요한 의미를 지닌다. 요컨대, 하나의 어휘소를 파악하는 데 충분한 자질들의 집합과, 하나의 어휘소의 의미에 대한 정밀한 기술을 제공하는 자질들의 집합을 구별하는 것이 핵심적이다.

다섯째, 많은 사람들이 지적한 바 있듯이, 성분 분석의 몇몇 체계는 의미 성분 요소의 이원적 본질을 고집한다. 즉 성분 요소들은 '+' 또는 '-' 가운데 하나를 갖는다. 이 같은 이원적 체계에서 의미 자질들은 쌍으로 결합된다. 하지만 변별적 자질들로 이원화되지 않는 어휘들, '말'이라는 단어는 수컷도 암컷도 아니며, 마찬가지로, '의자'도 남성과 여성 중 어느 것도 아니다. 그래서 음운론에서 중화라는 개념을 빌려 오고 대조의 중화를 지시하기 위해서 자질의 '제로' 가치라는 개념을 만들어 낸다. 이것은 곧 완전한 이원주의가 불가능함을 나타내는 반증이다. 이 밖에도 어휘 분해의 대부분의 체계는 의미 성분들이 더 큰 의미 단위를 형성하기 위해 어떻게 조합되는가에 대해서 설명을 제공하지 못한다. 물론 그레마스의 경우는 단어의 의미론에서 문맥의 의미론으로 다시 서사적 구조 등을 포함함으로써 이 같은 한계를 극복하려고 노력했다는 점에서 긍정적으로 평가될 수 있을 것이다.

3. 그레마스의 일반 의미론—사전 모델과 백과사전 모델 사이에서

1) 사전 의미와 백과사전의 개념

현대 의미론에서는 통상 사전 의미와 백과사전의 정보를 구별하고 있다.[20] 하나의 사전은 등재어(또는 목록소[listeme])의 의미를 제시함으로써 단어와 또 다른 단어를 관련짓는다. 사전을 찾아본 사람이라면 누구나 경험했듯이, 사전의 등재어는 대부분의 경우 두 가지 이상의 의미를 싣고 있으며 개별 문맥에서 어떤 의미를 취해야 할 것인지의 여부는 사전의 사용자의 몫이다. 즉, 사전 의미는 탈문맥화된 의미로서 구체적 텍스트에서 쓰이

20 Cf. K. Allan, *Natural Language Semantics* (Oxford: Blackwell, 2001).

는 해당 등재어의 다양한 경우들로부터 추상화된 의미이다.[21] 의미론에서 어휘부(lexicon)는 이 같은 등재어 또는 목록소의 의미들을 제공한다. 반면, 백과사전은 등재어가 지시하는 사물과 현상에 대한 정보를 제공한다. 백과사전은 지식의 다양한 분야들에 대한 정밀한 정보를 포함하는 데이터베이스로서 작용한다. 백과사전이 하나의 구조화된 데이터베이스라면, 어휘부는 백과사전의 통합된 부분이 된다. 쉽게 말해서 어휘부는 백과사전에 접근할 수 있는 한 가지 수단을 제공한다는 점에서 백과사전과 밀접하게 연관되어 있다. 요컨대 백과사전은 하나의 전체적이며 일반적인 지식 기반으로서 어휘적 지식은 그것의 고유한 부분이며 어휘 정보는 백과사전 정보의 한 종류일 뿐이다.[22]

에코 역시 그의 주저에서 의미론적 표상의 두 가지 상이한 형식으로서 사전 의미론과 백과사전 의미론을 지적한 후 현대 의미론의 역사를 양자 사이의 대립 구도로 파악한 바 있다.[23] 그에 따르면 논리학, 언어 철학 등에서 이 같은 대립은 분석적 속성과 종합적 속성 사이의 대립으로, 또는 의미에 대한 지식과 세계에 대한 지식 사이의 대립으로 나타난다.

분석적 속성은 내용의 조직에 연관된 반면, 종합적 속성은 세계의 경험에 대한 참조와 관련된다. 예컨대, 사람들은 말이 동물인 것은 정의 자체에 의해서 그렇다고 믿었던 반면, 개가 사족 동물이라는 것은 현실의 실제적 사실로부터 추론된 것이라고 가르쳐 왔다. 그들은 사족 동물이라는 특징 자체가 문화의 조직에 종속될 수 있다는 가능성을 참작하지 않았으며 동물의 분류가 지각 가능한 속성들을 함의할 수 있다는 점을 고려하지 않

21 같은 책, p.42.

22 같은 책, p.101.

23 U. Eco, *A Theory of Semiotics* (Bloomington: Indiana University Press, 1976); *Lector in Fabula. La cooperazione interpretativa nei testi narrativi* (Milano: Bompiani, 1979); *Semiotics and the philosophy of language* (Bloomington: Indiana University Press, 1984)(한국어 번역본: 《기호학과 언어철학》, 열린책들, 2009).

아울러 세베오크가 편집한 기호학 백과사전에 등재된 '백과사전' 항목 참조: T. Sebeok, *Encyclopedic Dictionary of Semiotics*, vol.3 (Berlin/New York: Mouton de Gruyter, 1986).

았다.

에코는 《이야기 속의 독자》에서 텍스트와 백과사전 개념을 탐구하면서, 백과사전 형식의 성분 분석은 코드로부터 벗어나 텍스트로 향하는 시각임을 분명히 한다. 그 이유는 백과사전의 의미 표상은 맥락적 상황적 선별들을 참작하기 때문이다. 물론 코드 이론과 텍스트 이론의 상호 관련성을 강조하는 것을 잊지 않는다. 즉, 코드 이론 속에서 존재하는 의미소는 하나의 가상적 텍스트로서 나타나며 텍스트는 단지 하나의 의미소의 팽창이라는 것이다. 아울러 에코는 다른 논문들에서 이 같은 생각이 퍼스의 기호 이론 속에 배태되어 있음을 강조한다. 뿐만 아니라 퍼스의 공동체 이론과 해석 개념을 기초로, 무턱대고 열려질 수도 없으며 무한할 수도 없는 백과사전에 대한 논리적 한계가 존재함을 상기한다. 그 같은 한계는 바로 담화의 세계(universe of discourse)이다.[24] 에코의 백과사전 개념이 나온 배경은 기호학의 영역을 단순 발화체를 넘어서 텍스트로 확대하려는 의도에서 나온 것이다. 그는 〈나무에서 미로로〉라는 에세이에서 백과사전 개념의 고고학적 탐색을 통하여, 각각 원초적 '파일', '나무', '17세기의 프랑스 백과사전 학파의 개념' 등을 일별한 후, 끝으로 기호학적 백과사전(semiotic enclycopedia) 모델을 제시한다.[25] 이것은 물리적으로 존재하는 현실적 백과사전이 아니라 모델로서의 백과사전임을 유념해야 한다. 그는 먼저 기존의 사전 모델(dictionary model)과 단순 위계 구조의 포르피리우스 수형도(Porphyrian tree) 모델의 단점과 한계를 조목조목 나열한다. 즉 의소 분석만이 사전 차원에서 수행될 수 있다는 주장을 고집하는 주장을 펼치는 사전 의미론의 옹호자들은 의소의 언어적 속성만을 고려하며 나머지는 경험적 지식과 백과사전 지식에 속한다고 단정 짓는다. 이 같은 태도를 견지한 장본인으로서 에코는 옐름슬레우의 의미 분석을 그 예로 들고 있다.

24 U. Eco, *The Role of the Reader: Explorations in the Semiotics of Texts* (London: Hutchinson, 1981), p.189.

25 '미로'에 대한 에코의 다음 최근 연구서를 참조할 것. U. Eco, *From the Tree to the Labyrinth* (Cambridge, MA., Harvard University Press, 2014).

옐름슬레우는 어휘 단위를 분석하는 문제를 제안된 목록의 실재들로서 파악함으로써 사전 의미론을 제안한 최초의 언어학자이다. 옐름슬레우는 내용 분석을 의미론적 성분들 또는 의소 차원에서 개시했다. 그가 20여 개의 어휘 단위들의 목록을 여섯 개의 총칭적 성분들과 두 개의 성 의소(남성과 여성)의 조합으로 환원시키면서 수행한 작동이 바로 그것이다. 예컨대, 'sheep'(양) = 'male ovine'(수컷의 양 부류)으로 분석한다.[26]

옐름슬레우는 이 같은 성분들의 본질에 대해서는 그다지 분명한 언급을 제시하고 있지 않다. 아울러 그는 이 같은 최소 의미 성분의 목록체를 어떻게 제한시켰는가에 대해서 별다른 언급을 하고 있지 않다. 하여간 그 원칙이 착발된 것만은 분명하다. 사전 의미론과 사전 기호학의 문제점은 예컨대, 그가 예로 든 수컷 양(male ovine)은 평범한 양(sheep)과 '남유럽산 야생양'(mouflon)을 구별하지 못한다는 점이다.

에코는 순수한 사전적 기술은 존재할 수 없으며 우리가 현실에서 접하는 사전들조차도 단어의 정의에 있어서 백과사전적 정보를 회피할 수 없다는 점을 지적한다. 그가 시종일관 강조하는 것은 의미론적 표상은 맥락과 상황에 달려 있으며 바로 이 점에서 사전 개념은 유지될 수 없다는 것이다.

보다 구체적으로 말해서, 사전 의미론에 기초한 기호학은 두 가지 근본적인 어려움에 봉착한다. 첫째, 그것은 규정된 텍스트의 기능 작동을 보여주기에 충분한 정의를 제공하지 않는다. 즉 그 같은 텍스트가 어떻게 생산되고 해석되는가에 대해서 말해 주지 못한다. 둘째, 사전의 의소들의 목록체가 어떻게 그리고 왜 그렇게 이루어져야 하는가에 대한 이론적 원칙을 마련하지 못한다.

반면 백과사전 의미론은 이와 같은 한계를 극복하면서 사전 의미론에 대립된다. 그것은 의미적 속성들뿐 아니라 사실과 관련된 속성들을 도입하는 것을 말한다. 백과사전 의미론은 의미적, 분석적, 개념적 속성들과, 사실적,

---

26 L. Hjelmslev, *Prolegomena to a theory of language*, trans. F. J. Whitfield (Madison: University of Wisconsin Press, 1961), pp.70-75.

종합적, 지시적 속성들의 차이를 거부한다. 성분 분석을 실행하는 언어학자가 각각의 언어 구성항의 내용에 부여하는 각각의 속성은 문화적 산물이며 우리가 고려하는 사전의 속성이나 분석적 속성은 다름 아닌 종합적 속성으로 귀결되는 요약적 표현일 뿐이다.[27] 다시 말하면, 백과사전 의미론은 의미적 속성들, 즉 성분이나 의소를 참작할 뿐만 아니라, 맥락적 도식, 프레임, 스크립트 등을 참조한다. 이 같은 백과사전 의미론의 문제점은 단번에 의미 성분의 숫자를 설정하는 데 성공할 수 없다는 점이다. 에코가 적절하게 지적했듯이, 백과사전 의미론에서 전반적인 의미론 체계는 점증적으로 하나의 국부적(local) 또는 부분적 시스템으로서 분석되어야 할 기호학적 공식으로 남는다.[28]

그런데 흥미로운 사실은 백과사전은 기존의 수형도 유형의 위계적 형식이 될 수 없다는 점을 에코가 강조하고 있다는 것이다. 그는 기호학적 백과사전의 구조적 표상을 돕기 위해서 들뢰즈와 가타리의 개념어인 리좀(rhizome, 근경)을 차용하여 설명함과 동시에, 백과사전의 형식에 있어서 의미론적 표상은 '해석체의 망'에 따라서 이질적인 맥락에서 정의될 수 있는 일종의 미로로서 간주될 수 있으며 따라서 다양한 해석의 경로들을 허락한다는 진술을 전개하고 있다. 그것은 잠재적으로 무한할 수밖에 없는데, 그 이유는 모든 문화가 상이한 표현에 할당한 개별 속성들을 고려해야 하기 때문이다. 뿐만 아니라 거기에는 사실의 영역을 넘어서 상상적인 것까지 포함되어야 한다. 그렇지만 에코의 백과사전 개념은 지식의 존재 자체를 부정하는 것은 아니다. 다만 지식이 결정적이며 영속적인 방식으로 조직화될 수 있다는 주장을 부정할 뿐이다. 앞서 말했듯이 지식은 전체적일 수 없고 부분적이고 국부적으로 조직화될 수밖에 없다. 백과사전에 대한 에코의 입장의 토대는 이렇게 정리된다. 백과사전은 하나의 기호학적 선결 요건으로

---

27 F. Neubauer & J. S. Petofi, "Word Semantics, Lexicon Systems, and Text Interpretation," in *Words, Worlds, and Contexts*, ed. H.-J. Eikmeyer & H. Rieser (Berlin, 1981), pp.133-150.

28 U. Eco, *A Theory of Semiotics* (Bloomington: Indiana University Press, 1976).

서 퍼스가 말하는 하나의 조절적 가설(regulative hypothesis)로서 세계에 대한 국부적 탐사를 장려한다는 것이다. 끝으로 백과사전을 문화적 지식과 리좀의 형태로 파악한 것은 규칙으로서의 코드 개념에서 가능한 추론들의 체계로서의 코드 개념으로 이동했음을 알리는 징표이다. 이것은 곧 안정된 정태적 해석에서 가추법의 역동적 과정으로 이동했음을 알리는 단서를 제공한다.[29]

그렇다면 그레마스의 의미론은 사전적 표상을 선호하는가 아니면 백과사전적 표상을 우선시하는가?[30] 이 문제는 간단치 않다. 무엇보다도 그레마스의 초기 이론에서 말기 이론까지 여러 변모된 양상들이 나타나기 때문이다. 여기서는 제2부에서 논의된 의소, 의미소, 지각, 형상소 등의 개념을 중심으로 살펴보자.

2) 의미소 이론

《구조 의미론》을 검토해 보면 그레마스의 이상형은 옐름슬레우의 모델에 기초한 사전 의미론이었음을 알 수 있다. 그가 핵의소 개념에서 제시한 공간성 의소는 사전성이 강한 개념에 해당된다. 포르피리우스 수형도 모델에 따라서 아래쪽 분지점의 각각의 성분은 종이며 그 유는 위쪽의 분지점의 성분을 이룬다. 그 결과 '머리'의 내용을 분석했을 때, 그것은 말단성, 구체성, 수직성 따위의 핵의소들로 분석되었다. 하지만 다른 문맥에서는 말단성, 전방성, 수평성, 연속성 따위의 또 다른 의소들을 가질 수 있으며, 앞

29 이 점에 대해서는 다음 문헌을 참조할 것. M. Caesar, Umberto Eco, *Philosophy, Semiotics, and the Work of Fiction* (Cambridge: Polity Press, 1999), p.105.

30 이에 대한 상세한 설명은 다음 논문에서 심층적으로 다루어진 바 있으며, 아래의 논의는 이 논문에서 이루어진 논의에 기초하여 작성되었음을 밝혀 둔다: U. Eco and P. Magli, "Greimassian Semantics and the Encyclopedia," *New Literary History* 20, no.3 (1989): pp.707-721. 이 논문은 프랑스어로 처음 발표되었으며 관련 서지는 다음과 같다: U. Eco and P. Magli, "Semantique greimassienne et encyclopédie," in éd. H. G. Ruprecht, *Exigences et perspectives de la sémiotique:recueil d'hommages pour A. J. Greimas* (Amsterdam/Philosophie: John Benjamins, vol. 2, 1985), pp.161-77.

서 한국어 분석에서 보았듯이, 한국어에서는 정신성, 미숙성, 사회성 따위의 또 다른 의소들을 갖는다. 아울러 핵의소들 가운데서도 최초의 출발점이 무엇인지에 대해서는 논란의 여지가 많다. 요컨대, '머리'의 의소에서 말단성과 구체성 가운데 무엇이 먼저인지 결정할 수 없다. 사전 의미론의 기획 중의 하나는 어떤 문맥으로부터도 독립된 아울러 문맥에 선행하는 내용 분석을 제공하는 데 있다. 반대로 그레마스의 분석에서 상이한 문맥들의 가능성은 사전 그 자체에 의해서 예측되고 기술된다는 것이다. 에코의 견해에 따르면 사전이 문맥의 복수성에 개방되었을 때 그것은 이미 백과사전의 모습을 어느 정도 갖추고 있는 것이다.[31] 《구조 의미론》에서 어휘적 기의는 상이한 문맥에서의 사용을 위한 이미 일련의 지시 사항으로 나타난다. '머리'라는 어휘소의 의미론적 검토는 다른 몇 개의 잠재적 의미들이 전개될 수 있는 비교적 안정된 의소 핵이 마련되었을 때, 몇 개의 의미소적 경로들은 문맥 안에서 그것이 어떻게 사용되느냐에 달려 있으며 더 나아가 담화 속에서 그것이 부분적으로 실현되는 과정에 달려 있다.

따라서 어휘소는 의소들의 잠재적 조직, 즉 가능한 담화 경로들의 집합으로서, 이 같은 담화 경로는 의미소가 문맥적 의소들, 즉 분류소와 연접함으로써 구성된다. 풀어 말하면 한 가지 의미 경로를 선택함으로써 각각의 의미 실현은 개발되지 않은 의미소의 잠재성을 미정 상태로 남겨 둔다. 그런데 중요한 것은 단어의 밀도 또는 팽창과 같은 의미 효과를 산출하는 것은 바로 이 같은 기저 층위에 있는 잠재성들의 존재라는 점이다. 사전에 등재되어 있는 어휘소는 비록 순수한 잠재성의 상태로 남아 있지만 그것은 구조의 산물이 아니라 한 언어의 역사와 문화, 관례의 집적체이다. 그런 이유에서 어휘소는 한 언어 공동체의 영고성쇠와, 퍼스가 말하는 언어적 타성의 운명을 겪는 것이며 바로 이 같은 언어적 타성의 변화를 에코는 백과사전적 변형으로 간주한다.

31 U. Eco & P. Magli, 앞의 논문, p.709.

3) 의소 유형론—지각의 문제

의미소는 단지 의소들의 집합은 아니다. 즉 음운론에서 사용되는 변별적 자질의 판단 기준처럼 순전히 부재와 현존의 조합의 산물은 아니다. 의미소는 상호 작용적 관계에 의해서 규정되고 위계 속에서 분절된 의소들의 통사적 조직이다. 한 문화 또는 한 개인과 더불어 동일 외연을 지니는 의미론적 세계를 분절하는 범주들에 대한 분류 기준을 찾기 위해서, 그레마스는 외부 지향적 속성과 내부 지향적 데이터의 구별을 강조하는 메를로-퐁티의 현상학에 호소한다. 외부 지향적 속성은 주체가 외부 세계를 지각하여 구성하는 속성을 말하며 내부 지향적 데이터는 외부 세계와 상관물을 갖지 않는 추상적인 개념을 지시한다. 끝으로 자기 지향적 요소들은 환경에 반응하는 것으로 지각되는 자신의 몸 자체에 대한 지각을 말한다. 그레마스 이론에서 이 같은 유형론이 중요한 것은 그가 제시한 담론 유형론의 기초를 마련하기 때문이다. 예컨대 구상적 담론, 주제적 담론의 구별 따위가 그것이다. 정리하자면, 그레마스의 구조의미론에서 내용 면, 즉 의미 조직의 문제는 세계의 형상소들의 지각적 현상학적 기의에 종속된다.

기호학의 내재성의 원칙에서 보자면 그레마스의 이 같은 현상학적 참조는 자칫 그의 이론의 형식화와 상충될 소지도 있다. 하지만 그는 이렇게 적고 있다. "기호적 범주들은 지각 과정 안에 위치해서 바깥쪽, 이를테면 의미의 탄생을 위한 외부 세계의 기여를 나타낸다."[32]

이 같은 유형의 지각은 핵의소와 부류소 사이의 식별을 가져오며 기호론적 수준에 속하는 핵의소들과, 언어의 의미론적 수준에 속하는 분류소 사이의 식별을 동반한다. 그는 핵 형상소를 그것의 유기체적 환경으로부터 분리하여 하나의 순수한 지각 편린(percept pur)으로 간주했다는 점에서 사전 기호학의 옹호자라는 인상을 준다는 것이 에코의 견해이다. 여기서 그레마스가 언급하고 있는 지각은 곧 하나의 메타 역사적 사실로 구성될 수

32 A. J. Greimas, *Sémantique structurale* (Paris: Larousse, 1966), p.65.

있는 것으로 보인다. 그레마스에게 있어서 기호론적 차원의 의소적 범주들과 체계들은 지각 차원에서 파악되는 것이며 이것은 마치 시지각의 도식(schéma) 원리와도 흡사하다.

그레마스는 사전 의미론과 백과사전 의미론 사이에서 주저하는 것 같다. 즉 핵형상소는 언어 외부의 이유로 인해서 가능한 것으로 나타나지만 여전히 하나의 추상적 분절을 구성해야 한다. 핵형상소는 보편적 경험, 즉 일차적인 공간 경험으로부터 도래하며, 개체의 경험으로부터 도래하는 것이 아니다. 하지만 그와 동시에 그레마스는 한정된 수의 핵형상소를 찾으려 했다는 점은 주목할 만하다.

그레마스의 형상소 개념은 그것의 기원을 옐름슬레우에서 찾을 수 있다. 주지하다시피 옐름슬레우에 있어 형상소는 비기호이다.[33]

소쉬르의 이원적 개념인 기표/기의에 의해서 구성된 기호는 옐름슬레우에게 있어 양상이 변한다. 옐름슬레우는 기표와 기의를 언어의 두 개의 자율적 면으로서 간주한다. 표현 면과 내용 면이 그것이다. 이 두 개의 면(표현 면과 내용 면)의 각각은 다시 두 개의 장르로 분할된다. 실질과 형식이 그것이다. 그 두 개의 형식들의 연대성, 즉 표현의 형식과 내용의 형식의 연대성은 기호학적 함수를 성립한다. 형상소들은 따라서 표현 면 또는 내용 면에서 서로 분리되어 성립된 단위들을 구성한다.

그레마스는 그의 주저 《구조 의미론》에서 기호학 이론을 구축하는 출발선부터 옐름슬레우의 기호 개념에 의존한다.[34] 이 책에서 그레마스는 두 개의 어휘론 연구를 제안한다. 하나는 당시 프랑스의 대표적 언어학자였던 포티에가 분석한 프랑스어 단어 'siège'(의자)의 분석이며, 다른 하나는 그레마스 자신이 분석한 프랑스어 단어 'tête'(머리)의 연구 사례이다. 그는 어휘

33 Louis Hjelmslev, *Prolégomènes à une théorie du langage* (Paris: Minuit, 1968-1971), p.64. A. J. Greimas et J. Courtés, *Sémiotique: Dictionnaire raisonné de la théorie du langage*, pp.148-149, 항목 figure 참조.

34 A. J. Greimas, *Sémantique structurale*, p.10.

소라는 문제 설정이 텍스트 분석을 위해서는 최소 단위로서 간주되기에는 불충분하다고 판단한다. 의미소(sémème)는 따라서 단어의 등가물이 아니며 의미의 효과로서 간주된다. 이때 의미의 효과는 기호의 핵과 맥락적 의소들의 결합으로서 정의된다.[35]

그레마스는 형상소라는 이름을 '핵 형상소'라고 불려지는 의소적 핵심에 할당시킨다.[36]

반면, 맥락적 의소에 대해서는 부류소(classème)이라는 이름을 부여한다. 이 용어는 포티에에게서 차용한 것이다.[37]

몇 년이 지나서, 그레마스는《기호학 사전》에서 형상소에 대한 다음과 같은 정의를 제시하고 있다.

> 이 용어를 자연 기호학(또는 자연 세계의)의 표현의 형상소들에 해당되는 유일한 형상소들을 할당시키면서 핵 형상소는 반복적인 맥락적 의소들(또는 부류소들)을 배제시키고 오직 의미소의 형상적 부분만을 포괄한다. 형상소에 대한 그 같은 개념화는 그것을 게슈탈트 이론, 형태 이론, 바슐라르의 형상과 접목시킬 수 있게 만든다. 다만, 차이가 있다면, 기호학적 형상소는 형상적 범주들(음소 구성소 또는 의소)의 구성 항들인 이 같은 간단한 단위들로 분해될 수 있는 이차적 단위로서 간주되어야 한다는 점이다.[38]

그레마스에게서 부류소는 핵 형상소와 독립하여 간주되며 동위소의 주요 구성요소이다. 동위소는 하나의 메시지 또는 담화의 일정한 시퀀스의 의미 작용의 총체성을 마련해 준다.

그레마스는 논문, 〈행동자, 행위자, 그리고 형상소〉에서 형상소를 담화

---

35 같은 책, p.45.
36 같은 책, pp.45-46.
37 같은 책. p.53.
38 A. J. Greimas et J. Courtés, *Sémiotique: Dictionnaire raisonné de la théorie du langage*, p.149.

차원 속에 다시 도입시킨다.[39] 담화 이론의 필요성을 강조하면서 그레마스는 서사 분석 전체를 기의 면에 위치시킨다. 그는 서사적 형식들이 내용의 기호학적 형식의 특별한 조직화들이라고 간주한다. 그렇게 해서 그레마스는 형상소 개념을 행위자와 접목시키면서 그 개념을 의미론 차원에서 도입한다. 행위자는 통사론에서는 어휘소와 더불어 비교될 수 있는 상황을 갖는다. 반면, 담화 행위자는 의미론적 본질에 속한다.

> 하나의 행위자는 오직 그것이 서사적 통사나 언어적 통사에 담당하는 경우에만 비로소 행동자로서 기능한다. 그것의 통사적 사용에 견주어 하나의 행위자는 통사의 모든 조종들에 해당되는 명사적 어휘소의 상황에 비교될 수 있는 상황 속에 놓인다. (…) 우리는 곧바로 이 같은 형상소들이 그것들 자체에 대해서 닫힌 대상들이 아니라, 매순간 그것들의 의미론적 행로들을 친족관계를 이루는 다른 형상소들을 만나면서 그리고 결착시키면서 그것들의 고유한 조직화를 갖는 형상적 성좌들로서 구성하면서 매 순간 연장된다는 점을 목격한다.[40]

이 논문에서 그레마스는 의미소적 행로(parcours sémémique)라는 용어를 사용하거나 또 어떨 때는 '형상적 망'(réseau figuratif)이라는 용어를 사용하기도 하는데 이것은 담화의 형상화 또는 담화의 형상들(옐름슬레우가 정의한 의미에서)을 성립하는 '형상적 행로'(parcours figuratif)를 지칭하기 위한 것이다. 실제로 형상적 행로는 프랑스에서 1950년대부터 바슐라르에서 문학비평가 리샤르(Jean-Pierre Richard)와 스타로뱅스키에 이르기까지 형성되어 온 개념 주제 비평 연구(recherche thématique)에서 영감을 받았다.

리샤르 교수의 정의에 의하면 "하나의 주제는 작품 조직의 구체적 원리

---

39 A. J. Greimas, "Les actants, les acteurs et les figures," in *Du sens II* (Seuil, 1983), pp.49-65.

40 같은 책, p.59.

이며 도식으로서 그 같은 도식을 중심으로 특정 세계가 성립되고 전개되는 경향을 지닌다. (…) 한 작품의 주요 핵심 주제들은 작품의 눈에 보이지 않는 얼개를 형성하는 주제들로서 작품 조직의 열쇠를 우리에게 넘겨줄 수 있어야 한다. 그 주제들은 작품에서 가장 빈번하게 전개되는 주제들로서, 가시적이며 예외적인 빈도수와 더불어 작품에서 만나게 되는 주제들이다. 다른 곳에서와 마찬가지로 반복은 강박을 알려 주는 신호이다."[41] 콜로 교수는 보다 완결된 정의를 제공한다. "주제 비평에서 말하는 주제는 개별적, 암묵적, 구체적인 기의이다. 그것은 한 명의 주체가 감각적 세계와 맺는 정서적 관계를 표현한다. 즉 그것은 변이형들을 지닌 하나의 반복을 통해 텍스트 속에서 발현된다. 그것은 한 작품의 의미적 형식적 경제를 구조화시키기 위해 다른 주제들들과 결합된다."[42]

이들 용어들의 사용과 더불어, 그레마스는 텍스트 분석의 세계에서 모티프의 연구와 주제 연구를 도입하게 된다. 그렇지만 그는 이들 개념들을 생성 행로의 요건들에 종속시킨다. 이 같은 종속은 담화 면에서 주제적 역할에 도달하기 위해 이중적 환원을 강요한다. 첫 번째 것은 담화적 형상화를 오직 형상적 행로 차원으로 환원시키는 것이다. 두 번째 환원은 이 같은 행로를 능력을 구비한 행동 주체로 환원시키는 것이다.

그 결과, 행위자의 구조는 토폴로지의 구조로서 나타난다. 즉 서사 구조(행동자 역할, 변형)과 담화 구조(주제적 역할)에 동시에 속하면서 이 같은 행위자 구조는 단지 그것들의 발현의 장소일 뿐이며 엄밀하게 따져서 그것들 가운데 어느 하나에도 속하지 않는다.[43]

그레마스가 형상소 개념을 도입한 이유는 결국 그의 생성 행로 모델 속에

41 Jean-Pierre Richard, *L'Univers imaginaire de Mallarmé* (Paris: Seuil, 1961). 다음 논문에서 재인용: Michel Collot, "Le thème selon la critique thématique," *Communications* 47 (1988), pp.79-81.

42 같은 글, p.81.

43 A. J. Greimas, *Du Sens II: Essais sémiotiques*, p.66.

주제적 차원을 도입하기 위한 것이었다.

4) 자연 세계의 거시 기호학

그러면서도 나중에 가서 그레마스가 이 같은 형상소들의 근원을 자연 세계의 기호학 안에서 파악하려고 애쓴다는 점은 흥미롭다. 이 같은 그의 시각은 백과사전적 입장을 취하게 만들며, 그로 하여금 국부적 의미에서 백과사전의 능력의 표상을 생각하도록 만든다. 의미의 탄생에 외부 세계가 기여한다는 것은 자연 언어의 거시 세계와 나란히 있는 진정한 거시 기호학을 성립한다. 어휘소 단위의 핵 형상소들은 자연 세계 속으로 투사된 것이다. 그레마스는《기호학 사전》에서 '형상소적'(figurative)이라는 용어를 "자연 기호학의 표현면의 형상소들에 해당되는 내용의 형상소"들로 국한시킬 것을 제안한다.[44]

의미소의 구상적(또는 형상적) 부분을 포괄하는 핵형상소는 어떤 담화적 발현에 선행하는 내용의 형상소이다. 핵형상소는 표현의 특수한 실질 속에서뿐만 아니라 신체적 행동 양식 속에서, 이를테면 영화 담론이나 구두 담론 속에서 스스로를 발현시킬 수 있는 공통적인 기호적 뿌리에 종속된다.

자연 세계는 하나의 구상적 언어로서 그 형상소들은 자연 언어의 내용면을 성립하며 세계의 감각적 성질들로 이루어지고 단어의 매개 없이 직접적으로 인간에게 영향을 미친다. 사실, 자연 언어의 범주화와 자연 세계 사이의 상관 관계는 단어와 사물의 방향에서 추구되지 않으며 의미 작용의 심층 층위에서 추구된다. 그레마스에게 세계는 여러 자연 언어들과 마찬가지로 양면 언어, 하나의 자연 기호학이다.[45]

비록 자연 세계가 감각적 성질들의 집합이지만 그것은 동시에 하나의 담

---

44 A. J. Greimas & J. Courtés, *Sémiotique: Dictionnaire raisonné de la théorie du langage* (Paris: Hachette, 1979), p.149.

45 자연 세계의 기호학적 접근을 소묘한 그레마스의 초기 논문 A. J. Greimas, 〈자연세계의 기호학을 위한 조건〉,《의미에 관하여》, 김성도 옮김(인간사랑, 1997), pp.98-158.

화 구조이다. 자연은 중립적 장소가 아니라 주체와 객체 사이의 관계들 안에서 상대화되었으며 문화화되어 있다. 그레마스는 이 점에서 자연 세계는 인간에 의해서 파악되며 판독될 수 있는 발화체라고 적고 있다. 그렇지만 자연 세계는 에코가 말하는 의미에서의 백과사전, 즉 말하는 주체의 전반적 능력 또는 공동체의 능력과 같은 개념을 아우르지 않는다. 자연 세계는 백과사전에 의해서 양태화된 지각 편린의 발현으로서 나타날 뿐이다.

자연 세계 또는 공통 감각의 세계는 형상적 지평의 형식을 취하며 그 같은 지평으로부터 인간은 불변하는 형상소를 찾기 위해서 적절한 추상적 조작을 통하여 자신의 형식 목록과 그들이 필요로 하는 것을 추출한다.

아울러 언어의 보편소들을 참조하는 그레마스의 시도에서 우리는 사전 의미론의 잔영을 볼 수 있다. 여기서 말하는 언어의 보편소는 핵형상소를 이루는 요소들이라 할 수 있는 분석적 속성들과 별반 다르지 않거니와, 이것은 부류소의 연속적인 문맥적 재조정에 의해서 표상되는 종합적 속성들과 대립된다. 하지만 앞 절에서 지적했듯이 그레마스 이론은 형식적 보편소들의 존재를 상정하는 생성 언어학에서 말하는 실체적 보편소를 인정하지 않는다. 그 대신 그는 보편소의 문제는 메타언어의 문제로 보고 있다.

따라서 형식적 메타언어로서 기호학 이론은 다양한 관계들의 유형론과 형식적 정의들의 저장소로서 제시되는 공리 체계를 공식화하려 한다. 즉 그레마스가 말하는 보편소들은 이 같은 형식적 관계들의 유형론과, 긍정과 부정 따위의 기본적인 논리적 작동들에 다름 아니다. 야콥슨이 음운론적 보편소들을 도입하려 했듯이, 그레마스는 의미적 성분의 작동 가능성을 보사하려 했으며 삶/죽음, 문화/자연 따위의 범주들을 단지 의미 세계의 분석을 위한 출발점으로 판단하면서, 임시변통의 보편소들로 간주했다. 이를테면 개인의 세계를 특징짓는 삶과 죽음의 이분법과 더불어 그레마스는 자연/문화의 대립을 사회적 의미 세계의 기본적인 투자로서 간주한다는 점에서 제4장에서 보듯이 레비-스트로스의 노선을 계승하고 있다.

5) 국부적 백과사전으로서의 의미론적 미시 세계

한 사회의 기호(학)적 공동체와 관련된 의미 세계는 그 정밀성에 있어서 완전하게 기술될 수 없다는 것이 그레마스의 소신이다. 1960년대 한때 확산되었던, 자연 언어와 동일한 외연을 갖는 의미적 세계를 기술할 수 있다는 주장은 더 이상 통용되지 않는다. 따라서 의미 세계의 총체성이 기술될 수 없다는 한계가 주어진 상태에서 그레마스는 의미의 미시 세계의 분석을 기호학의 실천 사항으로서 도입한다. 아울러 이때 그는 부분적인 백과사전적 표상의 양태성들에 대한 지적을 잊지 않는다. 그가 말하는 양태성의 표상은 개인 방언적 세계의 문제로서 추상적 의미론 구조로서 제시되거나 구상적 질서의 기호론적 상상물의 형식 속에서 제시될 수 있다.

하지만 그레마스는 더 나아가 다수의 구상적 가치들이 닫힌 텍스트 안에서 반복되는 것에 힘입어, 혹은 발화 작용의 주체에 의해서 설정된 대립들의 반복에 힘입어 취해질 수 있는, 텍스트 내부에서 국부적 백과사전의 분석의 한계를 긋는다. 따라서 《모파상》에서 그레마스는 작가의 개인 방언적 세계에 대한 기술 모델뿐만 아니라, 작가가 사는 당대의 사회 방언적 세계에 대한 기술 모델을 제공한다.[46] 이 같은 모델들의 상관 관계 속에서 그레마스는 개인적 가치들의 집단적 표상으로서 구성될 수 있는 구상적인 가치론적 구조를 파악한다. 물론 그는 개인적 세계의 경우에 개인적 가치들의 체계를 이루는 개성적 조직화의 경우도 포함시킨다. 이 같은 세계의 가치론화는 기분적(氣分的) 범주의 도입을 통해서 더 풍요로워진다. 예컨대 사회 방언적 구상적 구조들의 존재 방식의 기술을 기초로 그레마스는 모파상의 개인 방언적 세계에 대한 작업 모델을 파악하려 했다.

46 A. J. Greimas, *Maupassant: La sémiotique du texte : exercices pratiques* (Paris : Seuil, 1976), pp.139-144.

6) 잠재적 텍스트로서의 어휘소

그레마스는 백과사전의 형태론 및 통사적 조직에 대한 극도로 정교한 기술을 제공하였다. 그는 이 같은 현상을 순수한 상태로서 취한다. 즉 그는 그것의 모사물을 기호-서사 통사론의 층위에서 재구성한다. 이 같은 모사물은 인지적 세계의 조직의 형식화를 설명할 수 있는 것으로 판단된다. 그레마스는 이 같은 백과사전의 모사물을 서사성 안에서 재구성한다. 여기서 기억할 것은, 그레마스에게 서사성은 인간 상상물의 기본적 분절을 투영한 것이라는 점이다.

그 한 예는 집단적 세계와 개인적 세계의 조직을 설명할 수 있는 행동자 구조에 의해서 성립된다. 행동자의 기능과 관계는 그 같은 상상물의 첫 번째 분절의 기초를 생산하기에 충분하다. 즉 행동자는 의미의 발생과 생성 경로를 설명할 수 있는 형식적 위치들이다. 더 나아가 행동자 모델은 화용론적 차원의 요인들도 도입한다.

하지만 행동자 구조들은 /주다/와 /받다/ 따위의 서술어와 같은 상당수의 국부적 단위들의 심장부를 활성화시킨다. 이 같은 행동자 역할을 맡는 것은 필모어의 격 문법과 프레임 문법 또는 생크의 스크립트 개념과 유사할 뿐만 아니라,[47] 어휘론적 형상소들 속에 서사적 심급을 도입하면서 전통적인 계통적 계열체적 차원의 기술을 통합체적 서사적 기술로 변환시킨다. 어휘적 분석을 해석하는 이 같은 새로운 방식은 구조 의미론으로부터 기호학으로 이동한 그레마스의 이론적 흐름에 종속된다. 이 같은 새로운 시각에서, 그레마스는《기호학 사전》에서 의미론은 의미 작용의 일반 이론이라는 점에서 생성적이며 통합체적이어야 한다는 점을 분명히 밝히고 있다. 그 이유로서 그것은 개별 어휘적 단위들뿐만 아니라 담화 생산을 설명해야 하

---

47 Cf. C. Fillmore, "Frame semantics," in *Linguistics in the Morning Calm*, ed. Linguistic Society of Korea (Seoul:Hanshin, 1982), pp.111-38; R. Schank, & R. Abelson, *Scripts, Plans, Goals and Understanding : An Inquiry into Human Knowledge Structures* (Hillsdale, NJ: Lawrence Erbaum, 1977).

기 때문이다. 따라서, 계열체 이론으로부터 통합체적 심급으로의 이동은 그레마스의 이론이 점증적으로 담화 이론으로 변형되었다는 사실에 의해서 결정된다.

이 같은 비전 안에서 어휘소는 하나의 가상적 텍스트로서, 일종의 담화적 응축으로서 나타난다. 반면 텍스트는 하나의 어휘소의 팽창과 다름 아니다. "어휘소는 비록 그것이 완전하게 명료해졌다 해도 매우 복잡한 서사 담화 구조들을 포괄하는 것으로 악명이 높다. 매우 분산적이며 확산적인 방식으로 동일한 구조를 생산하는 팽창의 발화체-담화 안에서 존재한다는 것에 불편해해서는 안 된다. 그것은 차원에 있어서의 차이의 문제일 뿐, 본질의 문제는 아니다. 어휘소적 기술은 경제적인 방식으로 담화 분석을 예측할 수 있는 모델들을 성립시킬 수 있다."[48]

예컨대, 낚시꾼이라는 어휘소는 표면 구성에 있어서 극도로 압축되어 있다. 그것은 특수한 행동을 위한 능력을 갖춘 어떤 사람을 지시하며, 만약, 그의 능력과 행동과 관련된 서사 도식이 명료해지면 극도로 복잡한 서사 시퀀스가 획득될 수 있다. /낚시꾼/이라는 어휘소는 그 자신 안에 그가 하는 행동의 모든 가능성들을 수반하며 그의 행동과 관련하여 사람들이 예상하는 모든 것을 수반한다. 어휘소가 하나의 텍스트적 단위라 해도, 그 의미는 전환 방향 과정에 따라서 가장 심층적인 층위에서 표면적인 서사 구조로 발전된다.

그가 분석한 분노의 경우를 보자. 우리는 분노가 하나의 정념, 초조한 상태라는 것을 알고 있지만 그것은 무엇보다 하나의 어휘적 단위이다. 그레마스는 사전에서 제시된 정의와 더불어 어휘 분석을 시작한다. 이 같은 분석에서 그는 분노를 구성하는 요소들의 목록체를 구축한다. 다시 말해서 사전으로부터 어휘적 분석을 시도하고 이어서 목록화된 요소들로 분해하고 그것들을 다시 서사 프로그램 속에서 분석한다.

이 같은 어휘 분석에서 그레마스의 주요 관심사는 정념적 시퀀스의 형성

---

48 A. J. Greimas, *Du Sens II: Essais sémiotiques* (Seuil, 1983), p.225.

과 서사 도식의 근본적인 분절 사이의 평행성이다. 따라서 분노는 분절된 텍스트를 세 개의 기본적인 서사 프로그램으로 응축하는 거대한 담화적 구상화이다. 그의 분노 분석에는 분노와 유사한 감정의 상태를 보여 주는 상이한 정념적 상태들도 언급되는데 그 이유는 담화 분석의 목적을 위해서다. 하나는 분노를 유사한 형식들의 패러다임 속에 각인시키려는 것이며 다른 하나는 분노에 대한 담화를 그것의 극단적인 파급 결과까지 발전시키려는 것이다.

4. 텍스트의 합리성과 해석의 정치학

그레마스 학파의 몇몇 옹호자들은 구조주의적 내재주의를 보다 철저화시켰는데, 그레마스의 생성 기호학은 이 같은 내재주의의 중요한 시도라 할 수 있다. 생성 기호학은 텍스트 외부에 존재하는 현실(실재)에 대한 잠재적 지시를 이론의 내재적 미로로 옮겨 놓았다. 이 같은 태도의 철학적 목적은 그레마스를 비롯해 20세기의 큰 흐름을 반영하고 있다. 이 책에서 여러 번 인용된 바 있는, 그레마스의 명구 "텍스트를 벗어나서는 구원도 없다"는 표어는 가톨릭 교회의 교리에 포함된 표어 "교회를 벗어나서는 구원도 없다"(extra ecclesiam nulla salus)를 환언한 것이라 할 수 있다.

그레마스는 기호학이 다양한 텍스트들의 내부에 있는 것을 다루어야 한다는 생각에 어느 정도 집착했다고 말할 수 있다. 그 이유는 방법론적 내재주의에 대한 믿음을 지켜 가는 것이 해석의 합리성을 보장하는 유일한 길이라고 믿었기 때문이다.[49] 텍스트들의 의미에 대해서 그것을 외부로부터 텍스트들의 구조에 부여된 그 무엇인가로서 간주하는 것이 아니라, 그것들의 내부 구조들로부터 발산하는 것으로서 언급하는 것은 이를테면 기호

49 Massimo Leone, "The clash of semiotic civilizations," in *Sign Systems Studies* 45 (1/2), 2017, p.73.

학적 합리성을 보존하는 것이라 할 수 있다. 여기서 말하는 외부란 이를테면 해석주체의 심리, 민족성, 계급, 젠더 등에 따라서 사회에서 지배적인 해석적 경향들을 말한다. 그렇다면 특정 단어 또는 상황의 의미에 대한 해석의 수렴 또는 일치는 어떻게 성취될 수 있는 것인가란 물음이 제시된다. 언어 공동체에는 일정한 해석들을 금기시하거나 만류하는 의미 해석의 구조 또는 체계가 작동한다. 그레마스의 야심은 의미를 파악하는 합리적 방법을 제공하려는 것뿐 아니라, 보다 정교한 문학의 언어적 창조들을 아우르려는 방대한 기획이었다.

그런데, 이탈리아의 중진 종교기호학자인 레오네 교수에 의하면 의미의 합리적 기술이라는 그 같은 기획은 일정 정도에 있어, 에코의 해석 기호학의 기획과 결부된다. 에코에게서도 마찬가지로, 이른바 작품의 의도와 의미(intentio operis)는 핵심적 문제이다.[50] 하나의 텍스트의 약호를 해독하는 독자들은, 텍스트에 대한 그들의 주관적 독법 즉 독자의 의도(intentio lectoris)를 겨냥해서도 안 되며, 저자가 텍스트 속에 장치시킨 저자의 의도(intentio auctoris)를 목표로 삼아도 안 된다. 저자가 의미하는 바는 텍스트의 실제적 의미와 철저히 다르기 때문이다. 독자들은 텍스트 작품의 의도와 의미를 포착해야 할 것이며 이것은 곧 텍스트 그 자체가 일정한 해석적 운동들을 장려하거나 만류함으로써 독자 모델을 디자인하는 방식이라 할 수 있다.[51]

주지하다시피 에코는 소쉬르, 옐름슬레우, 그레마스로 이어지는 정통 구조 기호학의 노선에서 탈피해 퍼스의 기호학적 비전으로부터 자신의 철학적 기호학 프레임워크를 구축하면서 상호주체적으로 견지할 수 있는 텍스트와 서사 해석을 위한 방법을 제안했는데, 그것은 엄밀이라기보다는 상황과 맥락을 고려하면서 사리에 맞는 온당함을 지향했다.

철저한 내재주의에 입각한 형식적 합리성을 추구한 그레마스와, 열린 텍

---

50 같은 글, p.81.

51 Umberto Eco, *The Role of the Reader: Explorations in the Semiotics of Texts* (Bloomington: Indiana University Press, 1979).

스트를 지향하는 에코의 입장 사이에 존재하는 핵심적 차이가 바로 그것이다. 두 모델에는 각자의 강점과 약점이 있다. 퍼스의 해석 사상을 수용한 에코는, 텍스트의 의미를 규정하려고 할 때 주어진 해석자들의 공동체 내부에서 사리에 맞는 온당한 일치와 동의에 도달하는 것이 가능하다고 보았다.[52]

에코는 퍼스의 역동적 기호 철학을 채택하면서도 이 같은 해석적 일치가 결코 영속적인 것이라고 단정하지 않았다. 이를테면 텍스트의 구조에 영원히 각인된 일종의 플라톤의 이데아 같은 것을 수용하지 않았다. 에코는 그 같은 온당한 일치는 본질적으로 해석자들의 공동체가 공유하는 해석적 백과사전에 달려 있다는 점을 시사한다. 아울러 그 같은 백과사전은 변천 가능하며 문화적 돌연변이가 가능하다. 물론 에코는 그 같은 백과사전의 변천과 돌연변이의 원인들과 법칙들에 일차적인 초점을 두지는 않았다. 에코는 공동체와 문제가 되는 텍스트와 독립하여 독자들의 해석 작업을 길잡이 할 수 있는 추상적인 가이드라인을 제공하는 것을 목표로 삼았다. 이러한 관점에서 에코는 하버마스의 의사소통의 합리성과 상당히 흡사한 모델이라 할 수 있다. 여기서 중요한 것은 의사소통의 내용의 합리성에 대한 명령과 지시 사항을 제공하는 것이 아니라 그러한 내용이 의사소통 차원에서 다루어지는 프레임워크의 합리성이라 할 수 있다. 또한, 레오네 교수의 견해에 의하면, 로트만의 기호학 이론은 하나의 주어진 해석이 발생하는 공동체의 여건을 변형시키는 이른바 사회 문화적 역학의 기호학적 분석을 참조한다는 점에서 에코 이론에 대한 보완적 이론이 될 수 있다. 에코와 마찬가지로 로트만 역시 기호계에서 변화들의 원인들이나 동작 주체들에 초점을 둔 것이 아니라 의미의 환경이 시간의 흐름에 따라 어떻게 변화했는가를 탐구 대상으로 삼았다.[53]

---

52 Umberto Eco, *The Limits of Interpretation* (Bloomington: Indiana University Press, 1990).

53 Massimo Leone, "The clash of semiotic civilizations," in *Sign Systems Studies* 45, 1/2 (2017), p.74.

한편, 그레마스는 시간 차원을 고려하지 않은 한계를 노정한다. 이를테면 그는 기호계에서의 변화들은 독자들이 텍스트를 해석하는 방식들에 영향을 미칠 수 있다는 점을 진지하게 고려하지 않았다. 그레마스의 기획은 시간, 맥락, 문화 등의 요소들을 고려하는 사리가 맞는 온당한 방법을 제안하는 데 있지 않았고 의미의 분석을 위한 합리적 방법을 제안하는 데 있었다. 그레마스가 구축한 모델은 문화와 역사를 횡단하여 타당성을 가질 수 있는 의미 분석 방법이라 할 수 있다. 레오네 교수가 예리하게 지적한 것처럼 에코와 달리, 그레마스는 해석 주체들이 하나의 텍스트의 의미를 온당하게 해석하려는 프레임워크를 정의하려는 노력을 한 것이 아니다. 그가 기획한 것은 한 편의 텍스트의 의미 범위, 그것의 불변하는 상호 주체성의 타당한 내용을 정의하려는 시도였다고 말하는 것이 보다 적합한 진술이다.

끝으로 해석 주체들의 공동체의 변천 가능성에 대한 논의로 마무리를 짓도록 해본다.

에코가 역동적 의미에서 '해석 주체들의 공동체'의 중요성을 강조하는 것은 그레마스의 이론적 제안을 두 가지 방식에서 보완할 수 있다. 그것은 해석적 프레임워크의 변화하는 본질과 이데올로기를 가리키고 있고, 그 결과 해석의 정치학의 필요성을 제기한다.[54]

레오네 교수가 지적한 것처럼 그레마스와 달리, 에코는 텍스트 해석의 내용의 합리적 규정을 위한 방법론을 제공하려는 시도를 하지 않았다. 그는 하나의 느슨한 프레임워크의 윤곽을 그리려고 했을 뿐이며, 한 편의 텍스트의 온당한 해석을 위한 일반적 규칙들을 소묘하려 했다. 그레마스에게서는 한 편의 텍스트의 추상적인 서사적 방향을, 그것의 의미를 축조할 수 있는 것으로 간주할 수 있는 오직 단 하나의 방식이 존재한다. 이것은 곧 발신자와, 주체의 계약으로부터 주체와 수신자 사이의 제재와 보상에로 흘러가는 방향을 말한다. 그런데 에코에게서 이 같은 서사적 표준을 완만하게 변형시키는 공동체의 문화적 진화를 내재적으로 금기시하는 것은 아무것도

54 같은 글, pp.79-81.

없다. 즉 일정 단계에서 공동체가 주인공이 가치 대상을 획득하지 못했기 때문에 또는 심지어 자발적으로 그 같은 가치 대상을 위한 탐색을 포기했다는 이유에서 주인공이 수신자에 의해 긍정적으로 보상을 받는 이 같은 서사들을 유의미한 것으로 간주하는 지점까지 표준 서사를 변형시키는 것을 말한다.

종교 기호학자인 레오네 교수는 한 가지 사례를 제시한다. 과거의 종교 공동체로부터 단절하는 새로운 종교 공동체들의 진화는 빈번하게 극적인 변화들을 포함하고 있다. 그들은 성서의 의미를 새롭게 구성할 뿐만 아니라, 한 걸음 더 나아가 의미의 의미를 구축한다. 현대의 종교 세계에서 수많은 개인들은 이른바 근본주의에 사로잡힌다. 급진적 해석을 실천하는 이들 새로운 공동체들은 기존의 중도주의를 표방하는 공동체들과 더불어 분명히 동일한 성서를 공유함에도 불구하고 성서가 그들에게는 완전히 다른 방식으로 읽혀져야 하며 금융 규제에서 성적 행동 양식까지 모든 층위에서 공동체의 전적인 삶에 대한 상식적 의미를 배제하는 데 이를 정도로 그들의 해석은 와해적이고 급진적이다.

그레마스 기호학의 관점에서는 성서에 대한 근본주의자들의 해석은 잘못된 것이라고 주장할 수 있다. 최소한, 그 같은 해석들은 주류 해석들에 비해 보다 빈곤하다고 주장할 수 있을 것이다. 그 이유로서, 이 같은 텍스트들의 표현면과, 그것들이 의미하려는 것과 쌍을 맺기 위해 하나의 합리적 방법을 채택하지 않기 때문이다. 예컨대, 그레마스와 그의 학파에 있어, 성서 텍스트와 성서가 아닌 다른 장르의 텍스트들의 대부분의 주류 해석자들에게 있어서 모두, 담화가 구비하고 있는 통합체적 차원의 연속성은 그것의 의미를 규정할 때 고려되어야 할 것이다. 하나의 어휘소가 다른 어휘소 앞에 또는 그 뒤에 온다는 사실은 텍스트의 작품 의도와 의미(intentio operis)의 핵심적 구성 요소이며, 독자들로 하여금 그 텍스트의 의미 작용의 제안을 어떻게 지적할 것인지를 시사한다. 그 대신 근본주의적 독법에서는 이 같은 기초적인 해석 규칙의 합리성이 전복된다. 해당 텍스트의 특정 요소들의 본래의 성향에 대한 특별한 주의 없이 몇몇 단락들이 텍스트의 통합체적 연쇄로부터 분리되어 그들의 해석에서 임의적으로 재배열된다. 그레마스의 의미론 모델에서는 이러한 자의적인 해석과 임의적인 인용문 배치 등은 비합리적이다.

아울러 문헌학적 통사에 비해 전략적 화용론의 우세는 사리에 맞는 온당한 성격을 강조하고 있는 해석적 프레임워크의 주춧돌들 가운데 하나를 산산조각내고 전복시킨다. 그것은 에코가 평생 동안 연구했던, 해석과 사용 사이의 차이이다. 달리 말해, 그레마스와 달리 텍스트의 의미에 대한 합리적 정의를 위한 엄격한 규칙들을 제시하지 않으면서, 에코는 서양 세계에서 해석의 사회적 행사의 온당함을 위해서 그 같은 차이가 근본적이라고 고려했다. 즉, 텍스트들이 물질적으로 어떻게 성립하는가의 문제와, 독자들이 그들의 해석을 통해 성취하려는 바 사이의 차이가 유지되고 보존되는 것을 핵심적이라고 보았다. 그렇지만 에코는 해석적 온당함의 이 같은 표준이 보편적이라고 믿지 않았다. 에코는 기호학자였을 뿐만 아니라 비범한 중세학자였기 때문에, 다양한 기호계들은 그것들의 텍스트적, 기호학적, 심지어 존재론적 이데올로기들이 그 같은 이데올로기들을 전복시키고 대체하려는 외적 힘들에 기인한 변화들에 달려 있다는 점을 너무나 잘 알고 있었다. 요컨대, 비서양 문명은 온당한 해석을 성립하는, 보다 오래된 기준들을 차단시키는 새로운 해석 공동체를 가져다줄 수 있다.[55]

결국 상이한 문명권에서는 합리적이며 온당한 해석의 기준이 상이할 수밖에 없을 것이다. 더 나아가 이 같은 해석의 차이는 문명의 충돌로 진행될 소지가 있다. 하지만 레오네 교수는 문명 충돌이라는 표현을 기호학적 용어들로 해체할 필요성을 역설한다. 상이한 문명들은 상이한 존재론적 기호학적 텍스트적 이데올로기를 채택하고 있기 때문이다.[56] 요컨대 그에 의하면 문명 충돌이 존재한다면, 그것은 곧 의미를 착상하는 상이한 방식들 사

55 같은 글, pp.80-81.
56 같은 글, p.82.

이에 연속적으로 긴장된 형식으로서 존재한다고 말할 수 있다.

그레마스의 방법 이면에는 사실상 텍스트와 해석에 대한 일정한 관념이 서양 문명에서 근본적이게 된 장구하며 복잡한 역사가 존재한다. 따라서 그레마스의 의미론은 서양의 기호학적 문명의 핵심적 요소라 할 수 있는 생각, 즉 의미는 힘에 의해서가 아니라 소통에 의해서 창조되며, 폭력에 의해서가 아니라, 규칙들에 의해 합의된다는 정신과 맥을 같이 한다.

이 장에서 우리가 그레마스의 일반 의미론을 에코의 해석 의미론과 비교한 이유는, 그레마스가 해석이 가능한 유일한 방법으로서 고려한 것이 실제로는 해석 공동체들이 인정하고 실제로 의미 작용의 온당한 프레임워크로서 오랫동안 옹호했던 것의 결과물이기 때문이다. 달리 말해 그레마스는 텍스트의 의미가 무엇인가를 우리에게 설명하려 했다면, 에코는 서양 문명의 기호학적 이데올로기가 무엇보다 역사적 과정을 결속시키고 있다는 점을 시사하면서 그 같은 텍스트의 의미에 수반되는 해석 공동체의 기호학적 규범성을 강조한다.

제3부

서사 기호학

그레마스 기호학의 이론적 핵심은 서사성의 보편적 성격에 대한 문제 인식이라 말할 수 있다. 그는 서사 구조들이 자연 언어를 통해서 구현되는 의미의 발현 속에서뿐 아니라 신화와 예술을 포함하는 다른 문화 현상 전반에 걸쳐 존재한다는 사실을 감지하였다. 그레마스는 먼저 두 개의 수준을 구분한다. 하나는 서사물의 다양한 발현들이 이루어지는 외양적 수준이고, 다른 하나는 서사물의 발현에 선행해서 서사성이 자리 잡고 조직화되는 공통의 구조적 줄기를 성립하는 내재적 수준이라 할 수 있다. 서사 구조들이 서사물의 발현에 선행하여 존재하나, 그 발현을 실현하기 위해서는 언어적 단위를 사용해야 한다. 아울러 의미 작용은 그것의 물질적 발현 방식과 독립하여 다양한 매체를 통하여 실현될 수 있으나, 의미 작용이 조직되는 보다 광범위한 장소인 자율적 구조층을 상정할 필요가 있다. 그레마스는 자신의 일반 기호학에 이 같은 서사 구조의 심층적 자율적 층위를 통합할 것을 시도했다. 그러한 통합은 그가 구상했던 일반 기호학이 의미 세계의 분절과 발현을 문화적 차원과 개인적 차원을 모두 아우르는 의미의 총체성으로서 설명하려는 시도를 한다는 점에서 이해될 수 있다.

넓은 의미에서 서사성의 인지는 결국 담화적 서사 능력의 문제를 제기한다. 그레마스는 프로프, 뒤메질, 레비-스트로스 등의 연구 성과를 종합하여 보편적인 서사적 형식들의 존재를 인식할 수 있는 계기를 현대 인문학에서 마련하였다. 다양한 종류의 담론들의 생산과 독서를 가능케 하기 위해서는 서사적 능력이 전제되어야 한다. 서사적 능력의 인지는 결국 기호학 이론의 얼개를 결정짓는 보다 근본적인 물음을 제기한다. 그 같은 물음에 대한 답은 서사 구조와 담화 구조 사이의 종속 관계에 대한 미해결된 물음으로 남아 있다.

제10장

발화체와 표층의 서사 통사론

한 편의 텍스트 내용을 분석하는 절차에 있어 동위소는 의미의 행로를 재구성하는 것을 가능케 한다는 점을 앞서 확인했다. 다른 한편으로 동위소 개념은 통사적 고려를 통해 발화체(énoncé)에서 담화의 분절을 인지할 수 있는 조건을 제공한다. 그 결과, 만약 의미론적 관점에서 텍스트가 다양한 동위소들의 점진적 과정이라면 통사적 관점에서 텍스트는 일련의 발화체들의 연속으로 제시될 수 있다. 그레마스 기호학에서 표층의 서사 문법이라고 부르는 것은 서사화된 발화체들에서 이루어지는 내용의 통사적 분할화에 해당된다.

1. 발화체(énoncé)와 서술 작용(prédication)

기호의 기호학으로부터 언어의 기호학으로 이동하게 되면서 관심의 중심부에는 서술어 형식(formes prédicatives)의 문제가 위치하게 된다. 기호들의 경우 개별적으로는 세계의 사태에 대해서 그 사태가 실재하는 것인지 아니면 단지 가능한 것인지 단언을 하지 못하는 반면, 발화체는 세계에 대한 단언 능력을 갖는다. 발화체의 구조에 대한 언어학적 성찰은 두 개의 상이한 입장에 속하는 대안을 제공할 수 있다.[1] 첫 번째 대안은 고대 그리스 문법가들로부터 시작해 17세기 프랑스의 포르루아얄의 논리학자들을 거쳐 촘스키에 이르기까지 이어져 온 전통으로 주제어와 피주제어, 주어와 서술어, 명사구와 동사구의 구분을 기정사실로 여긴다. 반면, 옐름슬레우와 테니에르로 대변되는 최근의 구조 언어학의 전통은 이와는 다른 시각을 제시했다. 실제로 덴마크의 언어학자 옐름슬레우는 일반 문법의 관점에서 서술(작용)(prédication)이 발화체의 문장 기능으로서 자연 언어의 동사 속에 나타난다고 보았다. 이 같은 입장에 따르면 발화체는 서술어의 기능을 갖는다. 이것은 비구두 언어의 기호학에도 매우 유익한 견해라 할 수 있다. 왜냐하면 만약 언어가 무엇인가를 서술한다는 조건에서만 존재해야 한다는 생각이 정확하다면, 예컨대 하나의 성서 장면을 표현하는 그림은 서술 기능을 완벽하게 실현할 수 있어야 할 것이다. 그렇지만 시각 이미지에는 자연 언어의 동사-서술어에 비교될 만한 어떤 분절적 요소도 없다(시각 언어에는 영어의 'to be' 동사나 한국어의 '이다' 등의 계사〔copula〕가 존재하지 않는다). 바로 이런 제한된 조건에서만 내용 차원에서 회화, 사진, 영화와 같은 시각 언어들은 서술 형식들을 창조할 수 있으며, 이 형식을 통해서 인물을 특정 장면에 배치하고 속성을 부여할 수 있다.

여기서 테니에르는 발화체의 통사론 구성에 있어 그레마스에게 결정적인 영감을 주었다. 구조 통사론의 체계를 세운 자신의 저서에서 테니에르는 전통적으로 주어와 서술어 사이의 구분을 견지한 논리적-철학적 사변으로부터 일탈하여 동사를 발화체의 중심부에 갖다 놓는다. 그 결과 서술어는 발화체를 구성하는 관계로서, 즉 하나의 함수로서—그 종결항(termes aboutissants)들이 곧 행동자이다—파악된다. 여기서 직접 테니에르(1959)의 설명을 들어 보자. "주어와 목적어의 대립은 문장의 구조적 균형을 식별하는 것을 방해하며 더불어 다른 행동자들을 배제하고 주어를 행동자들 중

1 발화체 개념에 대한 개괄적 설명에 대해서는 다음 문헌 참조. A. J. Greimas & J. Courtés, *Sémiotique: Dictionnaire raisonné de la théorie du langage* (Paris: Hachette, 1979), pp.123-124; tome 2(1986), pp.74-75.

의 하나로 고립시킨다. 다른 요소들은 동사와 다른 모든 상황 보어들과 함께 서술어의 잡동사니로 돌려보내진다."[2]

간단히 말해서 테니에르의 시각에서 보았을 때 플라톤의 〈소피스트〉에서 현대 언어학의 새로운 문법 패러다임을 정초한 촘스키의 《통사 구조》(1957)에 이르기까지 주어에 지나치게 중요성을 부여했고, 다른 요소들은 서술어에 용해되어 버렸다는 것이다. 이런 상황에서 테니에르는 서술어의 과정에 참여하는 사람들과 사물들에 대해서도 적절한 중요성을 부여하기 위해 문장의 구성에 있어서 '동사'를 재정의하는 작업을 긴급한 과제로 여겼다. 동사구는 하나의 '작은 드라마'로서 간주되며, 하나의 있는 그대로의 과정을 포함하고, 빈번하게 행위자들과 상황 보어들의 과정을 포함한다.

동사 가치에 따라 제로 행동자(zéro actant)로 이루어진 서술어들—예컨대 "비가 온다"는 표현에서 프랑스어나 영어에서는 가주어 'il'이나 'it'을 쓴다—의 경우 주어는 형식상으로 존재할 뿐 주어의 진정한 역할을 맡는 행위자가 존재하지 않는 과정으로 간주된다. 또한 하나의 행동자로 이루어진 과정("철수는 달린다"), 두 개의 행동자로 이루어진 과정("철수는 영희를 사랑한다")을 생각해 볼 수 있다. 또는 세 개의 행동자로 이루어진 과정("철수는 순자에게 선물을 준다")도 가능하다. 그 밖에 시간, 장소, 수단을 나타내는 모든 규정들은 상황 보어들로 간주된다. 이 같은 테니에르의 이론을 수용하여 그레마스의 기호학에서는 발화체가 "서술어의 관계적 팽창"[3]으로 정의된다.

가장 일반적인 의미에서 발화체는 특정 언어학적 논리적 분석에 선행하여 구어 또는 문어 텍스트의 연쇄에 속하면서 일정한 의미를 갖는 모든 종류의 규모, 즉 일체의 크기를 말한다. 발화 작용(énonciation)에 견주어서 발화체는 그것의 통합체 차원들과 독립하여 결과적 상태를 지시하는 용어이다.

---

2 L. Tesnière, *Eléments de syntaxe structurale* (Klinsieck, 1959), p.105.

3 A. J. Greimas & J. Courtés, 앞의 책, p.331.

2. 기본 발화체[4]

옐름슬레우와 테니에르의 언어 이론에 착안하여 보다 정교하게 구축된 그레마스의 기호학은 텍스트의 통사를 기본 발화체들의 연속으로 형성된 것으로 간주하여 서술어와 행동자들의 통합체로 보았다.

기본 발화체는 몇 개의 구성 요소들로 분석될 수 있는 하나의 부류이다. 이를테면 그것은 하나의 공리로서 제기된 핵 문장이자 구조적 기술을 위한 선결 조건이다. 그레마스는 유일한 기본 발화체의 형식 대신, 발화체를 구성하는 함수에 대한 정의를 수집함을 비롯해, 그것과 독립적으로 다수의 정형화된 공식들을 제시한다. 따라서 기본 발화체는 행동자들 간의 관계들로 정의되는 동사를 핵으로 삼게 된다. 그 결과 그레마스는 기본 발화체를 행동자들을 구성하는 관계-함수로 파악하고 다음과 같이 표기한다.[5]

$F(A_1, A_2, \cdots)$

(F는 함수를, A_1, A_2……는 행동자들을 나타내는 약어이다.)

그레마스는 정형화된 발화체는 두 개 또는 세 개의 행동자들로 이루어진 것으로 파악하였다. 이원적 행동자로 이루어진 발화체는, 행동을 수반하는 능동적 행동자와 행동을 감수하는 수동적 행동자의 함수로 이루어진다. 두 개의 항으로 이루어진 발화체에서 첫 번째 행동자와 두 번째 행동자는 각각 주체(주어) 행동자와 대상(목적어) 행동자라는 이름을 얻는다. 반대로 세 개의 항으로 이루어진 발화체에서는 제3의 행동자가 개입한다. 변형과 소통의 기능을 맡는 함수가 그런 경우이다. 그레마스는 이 삼원적 행동자로 이루어진 최소의 의미론적 투자(investissement sémantique)를 설명하기 위

4 기본 발화체의 개념 정의는 다음 문헌 참조. J. Courtés, *L'Analyse Sémiotique du discours* (Paris: Hachette, 1991), pp.78, 98, 102.

5 A. J. Greimas & J. Courtés, 앞의 책, p.124.

해, 첫 번째 행동자를 발신자, 두 번째 행동자를 대상, 세 번째 행동자를 수신자로 명명한다. 이에 해당되는 아주 간단한 예의 한국어 동사들은 '주다', '받다', '소통시키다'가 될 것이다. 그레마스는 이와 같은 두 개의 기본 발화체의 원형적인 형식을 다음과 같이 표기한다.

$F(S ; O)$

$F(D_1 ; O ; D_2)$

단순 서사물 $F(A_1, A_2)$라는 정형화된 공식에서 출발해, 그레마스는 서사물을 특징짓는 두 가지의 기본 발화체의 유형론을 제시한다. 이 두 가지 유형의 연쇄로 나타나는 발화체의 시퀀스가 하나의 서사물을 구성하게 된다. 이때 서사물은 하나의 전체 발화체로 간주된다.[6]

또는 직선적인 표기법으로 적으면 다음과 같다.

$EN_1 = F$ 하다$(S \rightarrow O)$, $EN_2 = F$ 소통(발신자→대상→수신자)

첫 번째 정형화된 발화체인 EN_1의 단위들은 서사물의 두 가지 상이한 구성 요소들 중 하나인 사건을 지시하는 구성요소를 규정한다. 이러한 함수에서는 자연 언어 수준에서 인간의 모든 행동의 다양성을 기술하는 서술어들을 포함하는 능동적 행동으로 의미론적 투자가 이루어지는 것으로 간주

6 다음 문헌 참조. 그레마스, 〈행동자·행위자·형상소〉, 《의미에 관하여》, 김성도 옮김(인간사랑, 1997), pp.374-399.

할 수 있다. 두 번째 정형화된 발화체인 EN_2는 서사물의 또 다른 구성 요소, 즉 계약을 지시하는 구성 요소를 규정한다. 여기서 함수는 의미론적 차원에서 소통적 행동 또는 단순히 소통으로 규정된다. 그것은 소통 행위의 기술이며, 이때 이 같은 행위는 구두적일 수도 있고(정보의 전달) 비구두적일 수도 있다(물건들의 양도, 교환의 구조 등). 능동적 행동과 소통적 행동 모두 행동의 동사들이고 정태적 동사와 구별되며 첫 번째 범주에 속하는 전자의 동사만이 배타적으로 서사물로 간주된다.

이 두 가지 서사물의 주요 구성 요소에 대한 소묘는 그레마스의 여러 논문(1969, 1971, 1973a)에서 제시된 바 있으며 서사성 연구의 출발점이자 종착점이라 할 수 있다. 따라서 제일 먼저 착수해야 할 작업은 언어학에서 다분히 통상적인 구분인 동사-서술어와 그것들이 규정하는 의미적 역할을 정확히 파악하는 일이다.

3. 정태적 서술어와 역동적 서술어

동사-서술어를 상태와 사건이라는 친숙한 부류들로 치환하면 두 개의 기본적인 진술을 얻을 수 있다. ㄱ. 형식의 상태적 진술: 상태 역할, ㄴ. 사건적-역동적 진술: 사건 역할. 상태와 비상태의 구분은 정태적 상황과 역동적 상황의 구분과 중첩된다.[7] 먼저 문제를 접근하는 한 가지 방법은 상태 동사들과 사건 동사들 사이의 차이를 진술하는 일이다.

다음과 같은 간단한 예문들을 살펴보자.

① ㄱ. 백화점 문이 열렸다.
ㄴ. 석유램프에 불이 켜졌다.
ㄷ. 양은 죽었다.

7 다음 문헌 참조. A. J. Greimas & J. Courtés, 앞의 책, pp.289-290.

② ㄱ. 철수는 웃었다.
ㄴ. 김호진은 술을 마셨다.
ㄷ. 최민수는 상관의 지시에 따라 일을 하고 있었다.

①의 문장에서 문제가 되는 것은 일련의 과정으로서 명사는 그것의 상태를 변화시켰다고 볼 수 있다. ①의 문장들에서 동사는 하나의 과정으로서 규정되고 그것의 피동항인 명사에 의해서 완수된다. 다른 한편, ②에서 동사는 상태의 변화와 아무런 관련이 없다. 그것은 과정과는 동떨어진 축에 속한다. ②의 문장들이 표현하는 것은 어떤 사람이 이루는 행동 또는 활동들이다.

사건-과정과 사건-행동 사이의 차이는 인간 행동을 다루는 모든 이론들이 봉착하는 어려운 문제들 중 하나이다. ②의 예문들에서처럼 행동을 나타내는 문장에서 고유 명사는 그것의 상태를 변화시키는 무엇인가를 규명하지 않는다. 오히려 그것이 규명하는 것은 하나의 행동을 수행하는 그 누군가이거나 그 무엇이다. 그 같은 명사는 동사의 동작주 또는 행위자이다.

이제 세 번째 부류의 문장들을 제시해 보자. 이 문장들은 또 다른 종류의 사건을 밝혀 준다:

③ ㄱ. 김호진은 문을 열었다.
ㄴ. 철수와 만수는 석유램프에 불을 켰다.
ㄷ. 김호진은 양을 죽였다.

이 문장들 속에서 동사는 하나의 과정인 동시에 하나의 행동이다. 그것은 과정으로서 명사의 상태에서 변화를 가져오며, 행동으로서 그 누군가, 즉 동작주가 실행하는 것을 표현한다. 동작주는 여전히 무엇인가를 하는 그 누구이다. ③에서 동작주는 특정 내용의 행동을 누군가에게, 즉 과정의 피동작주에게 행한다.

요컨대, 하나의 사건 또는 역동적 상황은 ①에서처럼 하나의 과정일 수도 있고, ②에서처럼 하나의 행동일 수도 있으며, ③에서처럼 하나의 과정과 행동이 동시에 모두 될 수 있다.

이제 문법적 역할과 문법적 기능들의 관계, 동사의 의미론적 자질들을 비롯하여 사역성의 개념을 포함하는 방식을 지적하는 것이 가능하다. 통사적 표층 구조에 따라, ①의 ㄱ에서 '문'은 문법적 주어이며 ③의 ㄱ에서는 문장의 직접 목적어이다. 여기서 '문'은 철저하게 다른 두 개의 문법적 역할을 맡는다. 그런데 우리는 의미 수준에서 '열렸다(열었다)'와 관련한 문의 역할이 ①의 ㄱ과 ③의 ㄱ에서 동일하다는 것을 알고 있다. 두 경우 모두 문은 열려진 그 무엇이다.

구조 통사론에서 서술어에 대한 성찰은 한 걸음 더 나갈 수 있다. 표현된 관계의 본질에 따라, 그레마스는 기본 발화체를 두 개의 부류로 나누었다.[8] 그는 앞서 행동자들에 대한 설명에서와 마찬가지로, 발화체의 의미적 해석의 최소 가치를 정태적 부류와 역동적 부류로 나누었다.

역동적 발화체에는 '무엇을 하다' 또는 그 변형으로부터 주어진 서술어들이 속한다. 정태적 부류는 존재 또는 접속의 상태 서술어들로 이루어진 발화체이다. 간단한 예들을 들어 보자면, 첫 번째 부류에는 '잡다', '쓰다'등이 속하며, '존재하다', '있다' 등의 동사는 두 번째 부류에 속한다. 이 같은 구별에 기초하여 발화체를 역동적 발화체에 속한 변형의 서술어와, 정태적 발화체에 속한 상태적 서술어로 나누어 표기하면 다음과 같다.

EN = F(상태) (S — O)

EN = F(변형) (S → O)

따라서 문장의 서술어는 발화체의 본질을 규정하지만, 동시에 행동자들 간의 관계를 결속 또는 변형의 관계로 정의한다. 직선(—)은 주어와 대상의

8 A. J. Greimas, *Sémantique structurale* (Paris: Larousse, 1966).

결속 관계를 나타내며, 화살표(→)는 역동적 서술어에서 표현된 변형의 관계를 나타낸다. 이 같은 방식에서 서술의 방식은 위 공식에서 명백하게 표현되고 일체의 반복을 피할 수 있다. 위와 같은 이원적 구조로 이루어진 발화체들의 서술어들과는 달리, 삼원적 구조로 이루어진 발화체들은 다음과 같이 양도적 발화체들로서 해석되는 변형의 서술어들만으로 이루어진다.

F(양도적 변형) ($D_1 \rightarrow O \rightarrow D_2$)

발신자, 대상, 수신자를 취하는 삼원적 구조는 교환, 증여 등의 형식 아래 하나의 변형을 수반하는 모든 문장 분절체들에 공통적으로 나타난다.

4. 존재의 발화체—상태[9]

정태적 발화체와 역동적 발화체 사이의 구분을 설정한 후에, 그레마스의 이론은 상태의 발화체와 행동의 발화체로 이루어진 최소한의 유형론을 수립하려는 시도에 착수한다. 먼저 전자의 경우를 고려해 보자.

그레마스 이론에서는 주체(주어)의 행동자와 대상(목적어)의 행동자 사이의 결속 관계를 유지하는 기본 발화체를 '존재의 발화체' 또는 '상태의 발화체'라고 명명한다. 결속이란 하나의 의소 범주로서, 두 개의 상반항인 연접과 이접으로 분절된다. 따라서 두 가지 유형의 상태 발화체 형식을 도출시킬 수 있다. 연접 발화체와 이접 발화체가 그것이며 다음과 같이 표기된다.[10]

연접 발화체 ($S \cap O$)
이접 발화체 ($S \cup O$)

9 그레마스, 《의미에 관하여》, 김성도 옮김(인간사랑, 1997), pp.350-371.
10 그레마스의 다음 논문 참조. 〈서술문법의 기본요소〉, 같은 책, pp.206-241.

예컨대, 다음과 같은 문장을 보자.

몬테크리스토 백작은 IF성의 감옥수이다.

이 문장은 프랑스의 문호 뒤마가 쓴 소설의 전개 과정에서 볼 수 있는 한 가지 상태를 나타낸다. 여기서 감금을 표현하는 최초의 발화체를 EN_1로 나타낸다고 할 때, 우리는 이 같은 상태의 관계를 주체(주어) 행동자(몬테크리스토 백작)와 대상 행동자(감옥수) 사이의 연접적 관계($\cap$)로 설명할 수 있다. 따라서, 발현된 담화 수준에서 다음의 문장 '몬테크리스토 백작은 IF성의 감옥수이다'는 내재적 수준에서 연접 상태의 발화체를 표현한다.

$EN_1(E) : (S_1 \cap O_1)$

여기서

EN_1 = 발화체 1
(E) = 상태
$(S_1 \cap O_1)$ = 연접 상태의 발화체
S_1 = 행동자 : 주체(주어)(몬테크리스토 백작)
$\cap$ = 상태의 서술어 : 연접(그리고)
O_1 = 행동자 : 대상(감옥수)

그리고 나머지 요소들은 상황 보어로서 담화 수준의 분석 수준에서 구상적인 의미론의 윤곽이 부각될 때, 문장 통사의 한 요소로서 자리매김된다.

이어서 뒤마의 소설을 읽은 사람이라면 그 성으로부터의 탈출이 어떻게 이야기되는가를 알 것이다. 몬테크리스토 백작은 해방된다. 따라서 변형의 발화체가 설정된다. 또한 작가는 감옥으로부터의 도주가 어떻게 이루어지는지를 설명한다.

$$EN_3(E) = (S_1 \cup O_1)$$

여기서

$(S_1 \cup O_1)$ = 이접된 상태 발화체

S_1 = 행동자 : 주체(주어)(백작)

$\cup$ = 이접

O_1= 대상(감옥수)

이 같은 간단한 예로부터 이야기의 진전에 따라 연접과 이접 상태의 발화체들은 변형 관계 속에서 연속의 논리에 따라 놓여진다:

EN_1	EN	EN_3
$(S_1 \cap O_1)$	$\rightarrow$	$(S_1 \cup O_1)$

서사 통사 이론의 의도는 문장의 표층 수준에서 기본 발화체에 분석의 단위들을 정해 주는 데 있다. 따라서 그 다음 단계는 서사를 상태들의 변형으로 보는데, 여기서 변형이란 하나의 연접 상태에서 이접 상태로, 또는 그 정반대의 이동으로 규정된다.

여기서 기호학적 사각형 모델을 적용하면 존재의 발화체는 아래의 도식처럼 모두 네 가지 유형으로 확장된다.

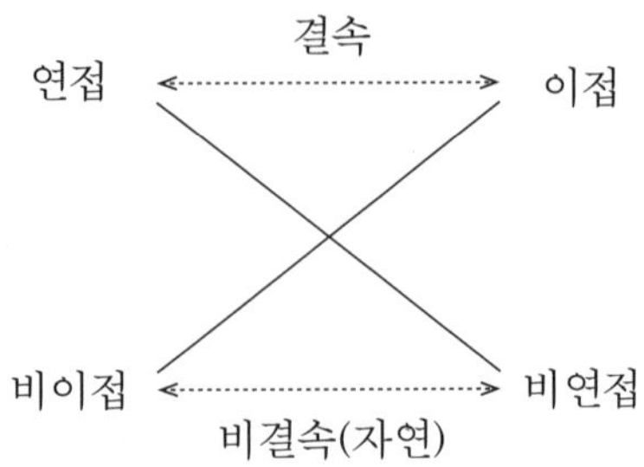

5. 행동의 발화체—변형[11]

뒤마 소설의 주인공은 도주에 이어서 보물을 찾아 나선다. 자유를 얻은 단테스는 다른 대상을 획득하기 위해 길을 떠난다. 물론 이 대상은 아직 손아귀에 넣지 못한 상황이기 때문에, 주체는 이 두 번째 대상과 이접되었다.

$EN_4(E)$: $(S \cup O_2)$

여기서

$(S \cup O_2)$ = 이접된 상태의 발화체
S = 행동자(몬테크리스토 백작)
$\cup$ = 이접
O_2 = 대상(구상화된 대상: 보물)

이런 상황에서 동화에서와 마찬가지로 누군가가 나타나 얻고자 하는 물건을 손아귀에 넣을 수 있는 정보를 주인공에게 제공한다. 즉 이접의 상태에서 연접의 상태로 변형시킬 수 있는 요건을 제시한다. 그 같은 변형을 $EN_5(F)$로 나타내면, 얻고자 하는 보물을 얻은 상태는 다음과 같이 표현될

11 J. Courtés, *Analyse Sémiotique du discours* (Paris: Hachette, 1991), pp.79, 98, 102.

수 있다.

$EN_6(F)$: $(S \cap O_2)$

이렇듯 이야기의 진술은 상태와 변형의 통합체 차원의 연속으로서 정의된다. 하지만 지금까지 이 변형이 무엇에 근거해서 작동되는지에 대해서는 명백하게 설명되지 않았다. 다시 말하면 변형이 하나의 상태를 변형시킨다는 것만을 지적했으며, 어떻게 그 변형이 이루어지는가에 대해서, 또 어떤 교환에 근거해서 이루어지는가에 대해서는 언급이 없었다. 우리는 그 같은 변형을 연접 변형과 이접 변형의 두 가지 형식으로 나누어 볼 수 있다. EN_2와 EN_5와 같은 두 개의 변형들은 각각 이접 변형(IF성으로부터의 탈주)과 연접 변형(보물의 발견의 경우)으로 나타난다. 이 두 가지 변형들을 상징 부호를 사용해서 표기하는 첫 번째 방식은 다음과 같다:

$EN_2(F) = (S \cap O) \rightarrow (S \cup O)$: 이접적 변형
$EN_5(F) = (S \cup O) \rightarrow (S \cap O)$: 연접적 변형

여기서 행동의 발화체에서 '하다'(faire)는 변형 관계로 이루어진 유인류적 성격을 띠는 통사적 언어 속에서의 전환을 말한다. 행동의 주체(주어)와 상태의 주체(주어)를 구분하여 두 가지 형식의 변형을 나타내면 다음과 같다.

$F\ [S_1 \rightarrow (S_2 \cap O)]$: 연접적 변형
$F\ [S_1 \rightarrow (S_2 \cup O)]$: 이접적 변형

여기서

S_1 = 행동의 주체(주어)

S_2 = 상태의 주체(주어)

이 같은 행동자 주어에 대한 다양화(상태 주어와 행동의 주어)는 기본 발화체의 정의 속에서 묵시적으로 남아 있다. 만약 발화체들이 서술어들에서 만들어진 관계에 기초를 둔다면, 아울러 서술어들이 변형 또는 결속이 될 수 있다면, 주어들은 정태적인 서술어냐 아니면 역동적인 서술어냐에 따라서 상태 또는 행동의 주어가 된다. 이 책의 제4부의 양태 이론에서 다시 설명하겠지만, 만약 양태성을 또 다른 서술어를 지배하고 변형시키는 요소로 정의한다면 또는 행동자-대상으로서 또 다른 발화체를 가지는 발화체로 정의한다면, '하다'(faire)의 양태적 성격인 작동과 조종을 정확히 인식하는 것이 중요하다. 작동적 행동은 '존재하게 하다'(faire-être), 조종적 행동은 '하게 하다'(faire-faire)가 된다. 달리 설명하면, 사물을 구성하고 변형하고 파괴하는 행동과, 존재들을 조종하는 사역적 행동의 구분이 그것이다. 다만, '하다'는 언제나 다른 발화체를 지배하는 양태적 발화체의 함수-서술어이다.

'하다'의 발화체에 기호학적 사각형을 도입하면 다음과 같은 결과를 얻을 수 있다.

'하다'의 발화체

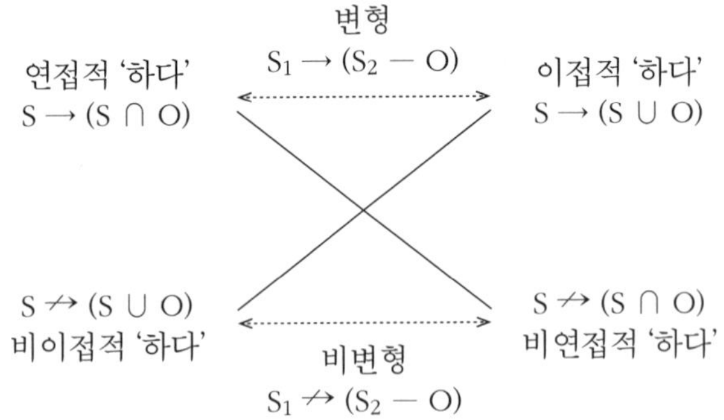

하위 항에 있는 두 가지 형식은 곧 모든 행동들이 상태 변형에 있지 않다는 것을 일러 준다. 예를 들어 비이접적 '하다'의 존재는 하나의 연접 상태의 유지를 지향하는 모든 경우들로 해석할 수 있다. 마찬가지로 비연접적 '하다'의 존재는 이접 상태의 유지를 지향하는 모든 경우들로 해석할 수 있다.

따라서 서사물의 서사 통사론은 발화체들의 통합체 차원의 연속으로서 다음과 같은 모델로 나타날 수 있다.

$$EN_1(E) \longrightarrow EN_2(F) \longrightarrow EN_3(E) \longrightarrow EN_4(E) \longrightarrow EN_5(F) \longrightarrow EN_6(E)$$

6. 프로프로부터 행동자 모델로[12]

독서 과정에서 형성되는 사건들은 순서화된 시퀀스로 정의될 수 있으며 따라서 하나의 서사물은 연대기적 차원을 갖는다. 그런데 이 같은 사건들은 시간적 점증에 기초하고 있다는 점에서 하나의 단일한 이미지로서 파악되어야 한다.

그레마스의 서사 기호학 이론에서 하나의 서사물은 두 개의 상보적인 차원을 갖는다. 하나는 서사적 모델로서 이야기의 결집성을 설명하며 그것의 플롯을 가능케 한다. 둘째는 이야기의 의미를 설명해 주는 포괄적인 의미론적 구조이다.

그레마스는 그의 서사 이론 초기부터 프로프가 상정했던 민담의 원형이라는 특정 서사 장르의 특수성을 넘어서 모든 서사적 담화들의 조직적 원칙을 설명할 수 있는 보편적 모델을 발전시키려 했다. 이 같은 초기 이론의 전개 과정의 주요 임무는 기본적인 서사 단위들을 파악하고 어떻게 그 단위들이 시련이라고 불려지는 매개적이며 반복되는 단위들로 조합될 수 있

12 서사 구조와 서사 단위에 대한 보다 상세한 내용은 다음 문헌 참조. A. J. Greimas, *Sémantique structurale* (Paris: Larousse, 1966), pp.172-191.

는가를 파악하는 작업이었다.

프로프의 《민담의 형태론》에 대한 세밀한 검토를 통하여 그레마스는 프로프가 제시한 기능의 개념과 서사물의 정의를 재해석하고 형식화하는 작업에 착수하여 프로프가 수립했던 31개의 기능을 보다 추상적인 모델로 환원시켰다. 프로프의 서사이론에서 기능은 지시체의 차원에서 하나의 사건을 지시하며 언어적으로는 하나의 명제를 함의한다. 문장의 설명과 기능의 변이형들은 기술적인 언어로 공식화되었다. 예컨대 악당은 왕의 딸을 유괴하고 왕은 영웅에게 특명을 내리고 왕은 배반자를 찾아낸다.

그레마스는 프로프의 기술은 일반화될 수 있으며 언어학적 절차들을 사용함으로써 보다 엄밀해질 수 있고 서사물을 서사적 명제들의 시퀀스로 정의함으로써 더 세밀해질 수 있다고 판단했다. 기초 명제의 본질을 파악하는 다수의 방식들이 존재할 수 있기 때문에 하나의 입장을 선택하는 것은 중요한 이론적 함의를 갖는다. 그레마스는 주어에 특권적 권리를 부여하고 다른 구성항들을 주어의 영역에 종속시키는 전통 문법 및 변형 생성 문법을 거부하면서 테니에르의 관계론적 문법을 수용했다. 이 문법은 명제의 궁극적 핵으로서 동사를 삼는다. 또한 명사들을 동사들의 궤도 속에 갖다 놓으며 다양한 구성항들을 의미론적 관계론적 망 속에서 연계 짓는다. 위 문장에서 악당과 왕의 딸은 모두 동사와 관련하여 동일한 통사적 자격을 가지며 보다 추상적인 텍스트 분석 수준에서 그것들은 행동자로서 간주되며 하나의 기능에 의해서 연결된다. 행동자와 기능의 관계는 다음과 같이 표기될 수 있다.[13]

함수(기능) Fonction (행동자 Actant) 또는 F(A) 또는 $F(A_1, A_2, A_3, \ldots A_7)$

기능과 행동자는, 가장 간단한 서사적 명제로서 정의되는 기본적인 서사 단위의 직접적인 성분 요소로서 상정된다. 동사, 행동, 또는 사건은 기능이

13 그레마스, 《의미에 관하여》, 김성도 옮김(인간사랑, 1997), pp.374-399.

며, 사건의 참여자는 행동자로서 지칭된다.

일련의 기능들에 대해서 프로프가 설정했던 연쇄에 대한 그레마스의 계열체 차원의 분석 및 구조화를 통해 시작부터 끝까지 서사적 과정의 역동성을 정의하는 반복되는 일화적 단위들의 존재를 감지할 수 있다. 이 같은 중계적 단위들은 계약과 시련이며 더 큰 단위들과 더불어 보다 큰 시련을 형성한다. 즉 플롯의 수량적 조직에서 반복되는 거시 시퀀스를 말한다. 여기서 말하는 더 큰 시련은 계약적 의미에서 하나의 일화로서 파악되며 구별되는 이야기나 장면으로서 연속적인 서사물에 통합되면서도 동시에 분리될 수 있다.[14]

프로프가 제시했던 간단한 민담에서 계약의 단위를 인지함으로서 그레마스는 보다 더 복잡한 서사물과 다른 텍스트들로 적용 영역을 확대시킬 수 있었다. 플롯을 제시, 상승, 절정, 해결로 보는 종래의 분해 방식에 비해서 보다 더 실감적이며 덜 구상적인 방식으로 플롯 구조를 볼 수 있는 전환점을 마련하게 되었다. 계약 개념은 의미론적 내용을 도입하여 모든 서사 플롯의 구조를 해석하고 계약의 설정 및 파기의 시각에서 보는 것을 가능케 한다. 실제로, 계약 또는 일치를 분절시키는 모든 단위들은 서사적 전개를 지배한다. 계약의 설정, 지연, 재설정, 실행, 완결, 또는 계약 파기. 계약의 양극단에서 발생하는 변화는 대부분의 이야기의 운동을 기술하는 것을 가능케 한다. 더구나 그 같은 부정에서 긍정으로 또는 긍정에서 부정으로의 양극 사이에서 발생하는 변화는 대부분의 이야기에 울타리를 쳐서 일정한 서사의 해소를 포함한다. 대단원의 막을 내리거나 분쟁과 시비의 해결은 계약의 위상에서 심층적 변화가 있을 때 비로소 가능한 것이다.

프로프의 서사이론에서 제시된 원형 민담은 계약의 불이행으로 시작해 결혼의 형식 아래서 계약의 수립으로 종결된다. 서사물의 두 개의 한계점은 계약적 사건에 의해서 표시된다. 민담은 그 기원에서부터, 심각한 충돌

14 A. J. Greimas, *Sémantique structurale* (PUF, 1986), p.174.

이 주체의 욕망과 발신자의 법 또는 사회적 규범 사이에서 작동된다. 예컨대, 주인공이 지배적인 사회적 질서에 도전을 하면서 혼돈을 불러오고 금기 사항을 위배한다. 최초 계약 파기는 최초의 발신자와 주체-주인공 사이에서 귀속적으로 존재하는 규범적 또는 법적 갈등을 지시한다. 이어서 그것은 주인공의 박탈 및 곤경의 시퀀스를 활성화시키고 붕괴 이전의 사회를 형상화한다. 이 같은 최초의 시퀀스, 즉 질서와 소외의 단절이라고 불리는 단계에서 사악한 악당은 주인공을 속여서 그에게 정보를 제공하며 그의 소유에 대해서 주인공을 기만한다.

원형 민담의 서사물은 세상이 혼란의 소용돌이 속에 빠질 때 시작하며 결혼, 즉 개인과 공동체의 완벽한 결합과 조화와 더불어 끝을 맺는다. 통합체의 시각에서 원형 민담은 계약에 의해서 전제되는 법적 체계에 의해서 형성되고, 두 개의 축에서 생겨나는 변화는 사회적 정치적 질서 속에 있으며 발신자와 더불어 주체가 도달하거나 실패하는 일치들로 이루어진다. 주체는 출발에서 법적 체계를 거부하며 새로운 사회적 질서의 부분이 되어서 종국에는 발신자와 더불어 계약을 받아들인다.

민담은 하나의 계약과 더불어 시작하고 종료될 뿐만 아니라, 하나의 종말에서 다른 종말로의 이동은 상호 신뢰, 협조, 통합과 같은 점증적인 스케일에서 상이한 발신자와 맺는 세 개의 계약 또는 긍정적 교환들과 더불어 발생한다. 원형 민담은 다섯 개의 일화(épisode)를 포함한다. 시련의 거시 시퀀스는 계약, 투쟁, 결과의 통합체 연쇄이며 프로프 자신이 인지하지 못한 이 같은 주요 시퀀스의 발견은 그레마스의 서사 기호학이 발견한 결정적인 성과이다.

시련은 모두 다섯 개의 기능으로 구성된다.[15]

계약: 명령 및 수용
투쟁: 대결, 성공

15 같은 책, pp.192-197.

결과: 획득

프로프의 원형 민담은 전체 이야기의 세 개의 주요 에피소드를 형성하는 시련의 반복을 나타낸다. 자격 시련, 결정 시련, 영광 시련이 그것이다. 그 세 가지 시련은 일반화된 불변적 도식의 변이형들이다. 주인공이 그의 임무를 수용한 다음에, 주인공은 입문 의식 또는 통과 의례를 거치며 그것은 준비된 탐색에 착수케 한다. 이 같은 통과 의례는 자격 시련으로서 증여자로부터 마술적 힘 또는 동작주를 수신하는 주인공과 더불어 끝을 맺는다. 전체 과정은 능력의 획득이며 주인공의 자격을 부여하는 데 필요한 권력의 획득이다. 주요 시험과 가치 탐색은 욕망의 대상 획득과 영웅적 행동의 수행을 다룬다. 두 명의 동등한 경쟁자인 주인공과 악당 사이의 투쟁, 주인공의 승리는 주인공의 자아를 사실적으로 만들며 그것은 이상화되고 제어된 자아이다. 이 같은 고차원적 행동들을 따라서 새로운 자기 이미지와 주인공의 영웅적 정체성은 사회적 환경에서 시험되며 인정된다. 주인공이 영웅으로서 인정받고 영광을 누리는 것이다.

대체로 이 같은 시련들은 주체의 자격 부여이자 그의 성취이며, 사회가 이 같은 성취를 인정하는 것이다. 주로 이 같은 세 개의 주요 에피소드는 한 개인의 이야기와 성장의 주요 단계들을 분절시킨다. 만약 민담의 기저 구조들이 역사, 전기, 자신의 삶에 대한 패턴 감각을 조직화하는 구조와 동일하다면, 그것들이 어떻게 구성되는가의 물음은 새로운 주목을 받는다. 보편적 서사 패턴의 정체성은 단지 민담이나 문학에 대해서 말해 줄 뿐만 아니라, 정신의 본질 또는 문화의 보편적 특질들에 대해서 일러 준다.[16]

비록 시련이 통합체의 성격을 갖지만, 그것은 행동자적 구조와 평행성을 유지한다. 여섯 개의 행동자 구조가 시련 속에 연루되어 있을 뿐만 아니라, 행동자 모델을 형성하는 세 개의 축은 시련에서 세 개의 동등 가치를 갖고 있기 때문이다. 따라서 발신자와 수신자에 의해서 결속된 커뮤니케이션의

16 같은 책, pp.198-203.

축은 명령과 수용을 포섭하면서, 계약에 해당된다. 결투로 이루어지는 투쟁은 스스로를 조력자와 대립자로 나타내는 힘의 대립들을 표현한다. 그 결과는 주인공이 성공에 따라서 획득하는 다양한 가치 대상들을 보여 준다. 시련들의 반복은 의미론적 반복성을 보여 주기 때문에, 단일한 시련은 최소의 서사물을 정의하기에 충분하다. 따라서 최소 서사물은 다음과 같은 명제들로 이루어진 통합체 차원의 시퀀스로서 정의될 수 있다.

계약 (발신자, 수신자)
투쟁 (조력자, 대립자)
결과 (대상, 주체)

여기서 계약의 시퀀스와 투쟁은 갈망하는 대상을 얻는 결과를 포함한다.

시련은 환원 불가능한 핵으로서 서사물을 통시태로서 정의하는 것을 가능케 한다. 그것은 또한 상황 전복의 한계를 고정시키는 가치론적 내용의 변형을 작동시킨다.[17]

서사물에서 변형의 핵심 공간이자, 결정과 해결의 거점을 마련하는 시련은 주요 시련 또는 결정 시련이다. 그것은 주체-주인공과 대립자 사이의 갈등이 최고점에 다다르며 직접적인 싸움에서 결합하는 행동의 최고 지점이다. 그 상황은 논쟁적 적대주의, 고유한 반박, 힘의 총체적 참여 등으로 특징지어진다. 결투의 최고 절정에서 우리는 단절점, 즉 싸움의 승자가 오직 한 사람인 순간에 도달한다. 한 사람의 승리는 다른 사람의 패배를 의미한다. 주인공에 의한 대상물의 획득은 적대자의 희생을 대가로 한다. 즉 주체가 대상과 연접하는 것은 적대자와 대상의 이접을 뜻한다.

두 개의 다른 시련, 주요 시련에 선행하는 자격 시련과 그 다음에 오는 영광 시련은 발신자와 더불어 일치 또는 계약의 문맥 안에서 모사된 상징적

17 A. J. Greimas, *Sémantique structurale* (Paris: Larousse, 1966), pp.192-203.

시련들이다. 주체와 발신자의 상호 작용은 적대적이라기보다는 상호 호혜적이다. 주체의 승리는 발신자에 대한 지배의 결과로 나타나지 않는다.

발신자는 주인공의 능력을 시험하는 상징적 대립자로서, 만약 주인공이 시련을 통과하면 그에게 가치가 있는 대상으로서 보상한다. 파급 결과는 발신자의 제재, 주인공에 대한 계약적 의무의 완수로 이루어진다. 여기서 두 대상 사이의 교환을 목격할 수 있으며, 그 거래는 흡사 경제적 교역과 비교될 수 있다. 즉, 주체-주인공은 최초의 계약 동의의 공유를 실행함으로써 발신자로부터 가치 대상을 획득하는 것이다.

앞서 제시한 상태와 변형의 개념을 한국의 시조 전승의 예를 들어 설명해 보자.[18] 시조 전승의 서사물은 '무엇인가를 성취한 이야기'이며 그 성취의 과업이 뚜렷한 경우가 다반사이다. 즉 위업을 달성하기 위한 행위가 전제된다. 이들의 성취를 하나의 변형으로 볼 경우, 이는 몇 가지의 시퀀스로 요약되며 '주인공이 왕이 되다'가 주된 문형을 형성한다. 즉, 왕이 되기 이전의 상태가 먼저 존재하고 왕이 되고자 하는 행위가 있은 후에 왕이 된다. 단군, 주몽, 혁거세 등의 시조 전승에서 이 점은 공통적으로 나타난다. 주인공이 왕이 되는 이야기가 존재하기 위해서는 주인공이 왕이 되지 않은 상태가 전제되어야 하고, 왕이 되고자 한 행위 이후, 왕이 된 상태가 존재하게 되는 것이다. 이때, 서사의 해결에 인간적 행위가 거의 개입하지 않을 수도 있고 인간적 행위가 핵심적 역할을 맡을 수도 있다. 송효섭 교수의 해설에 따르면, 단군 전승의 경우 환웅이 왕이 되는 데 있어서 어떠한 인간적 행위도 개입하지 않는다. 달리 말해 환웅이 왕이 되기 위한 시련이나 과업 수행이 문맥에서 쉽게 읽혀지지 않는다는 것이다. 이 같은 양상은 이러한 전승에 있어서 행위, 즉 상태를 변화시키는 행위가 그다지 중요하지 않음을 보여 준다. 주체를 행위 주체와 상태 주체로 나눌 때, 환웅이나 단군의 경우는 상태를 이루는 행위가 거의 드러나지 않는다는 점에서 상태 주체로 보

18 송효섭, 《삼국유사 설화와 기호학》(일조각, 1990), pp.34-90.

아야 할 것이다.[19]

단군의 탄생 속에는 '단군이 태어나다'라는 문형이 다음과 같은 여러 개의 종속적인 문형을 거느린다. '곰이 사람이 되다', '웅녀가 환웅과 결혼하다', '웅녀가 단군을 낳다' 등.

웅녀가 단군을 낳게 되는 과정에서도 발신자(파송자)는 환웅이며, 수신자(수령자)는 웅녀로 나타나며, 대상은 단군이다. 환웅 > 단군 > 웅녀가 되지만 한편 환웅이 그의 왕위를 물려줄 왕자를 얻었다는 점에서, 환웅은 발신자와 주체의 역할을 겸하고 있다는 분석이 가능하다.

환웅이 왕이 되는 과정에서도 특정 가치를 추구하는 데 있어서 특정 시련이나 시험이 부각되지 않는다. 즉, 평범한 민담의 서사 구조와 달리 과업을 수행하기 위한 반주체와의 투쟁이 나타나지 않는 것이다.

'환웅이 왕이 되다'라는 기술적 문형은, '환웅이 왕이 되고자 하다'라는 양태성을 전제하는데, 왕이 되는 과정 역시 발신자에 의한 일방적인 증여가 존재한다는 점에서 흥미롭다. 즉, 환인 > 인간 세상 > 환웅이 되며 또한 환인이 행위 주체가 되어 상태 주체인 환웅으로 하여금 인세를 얻게 한다는 것이다. 송효섭 교수는 이야기 속에 존재하는 대립의 해결에 인간의 행위가 거의 개입되지 않는다는 점을 강조한다. 단군 전승에서 행위 주체는 환웅이나 환인이지 단군은 아니라는 것이다. 풀어 말해 단군은 상태 주체로 부각되고 있다는 것이다.

"그러한 점은 단군 전승에서 단군의 행위보다는 그 존재가 더 강조됨을 말해 준다. 말하자면, 단군은 어떠한 행위를 하지 않더라도 이미 그의 신성성을 인정받는다는 것이다."[20]

따라서 서사의 시점에 필수 불가결한 욕망이 존재하기는 하지만, 단군의 욕망은 발신자의 힘에 의해 이미 해결된다. 발신자가 뚜렷하다는 점은 단군

19 같은책, p.36.
20 같은 책, p.40.

전승의 두드러진 특징이다. 이때 발신자는 환인, 혹은 신웅과 같은 신적 세계의 존재들이다. 이러한 발신자들과 수신자 사이에 가치의 교환이 이루어지며 이는 발신자와 수신자에 대한 일방적인 증여로 나타난다는 점에서 송효섭 교수는, 요컨대 발신자와 행위 주체가 포개진다는 사실을 단군 전승의 중요한 특징으로 보고 있다.[21]

21 송효섭, 《설화의 기호학》(민음사, 1999) pp.105-130. 저자는 단군 신화에 등장하는 인물들의 행동자적 구조와 행동자적 역할을 세밀한 분석을 통해 입증하고 있다.

제11장

행동자 모델

1. 행동자 개념의 기원 및 정의

행동자(actant)라는 용어는 1966년 그레마스가 자신의 서사 기호학 이론에 도입한 핵심 개념어 가운데 하나이다. 그것은 프로프가 사용했던 행동계(sphere of action)라는 용어와 그 의미가 엇비슷한 동의어로서, 극 인물에 의해서 지배된다. 하지만 그레마스의 '행동자' 개념은 프랑스의 통사론 학자 테니에르의 이론에서 직접 차용하여 구성되었다고 보는 것이 타당하다. 행동자는 하나의 추상적인 의미론적 범주에 해당되는 언어학의 개념을 지시하며 심층 구조 차원의 격 개념에 해당된다.

아울러 그레마스[1]는 프로프의 서사 모델로부터 영감을 받아 행동자 모델을 착상할 수 있었다. 행동자 모델은 원칙적으로 모든 현실적 행동 또는 주제화된 행동을 분석할 수 있도록 해 주는 장치이다. 물론 이것은 문학 작품과 시각 예술 작품을 포함하여 모든 매체에서 실현된 행동을 기술할 수 있게 해 준다. 행동자 모델에서 하나의 행동은 여섯 개의 구성 요소로 분석되며, 이 요소들을 행동자로 명명하고 있다. 따라서 행동자 분석의 목적은 행동의 요소들을 이 같은 행동자 부류들 가운데 어느 하나로 기술하는 데 있다.

행동자 모델은 여섯 개의 행동자들과 세 개의 축으로 이루어져 있다.[2]

---

1 A. J. Greimas, *Sémantique structurale* (Paris: Larousse, 1966), pp.174-192, 212.

여섯 개의 행동자들의 각각은 그 같은 기술의 축을 형성하는 세 개의 대립으로 분할된다. 첫째, '하기를 원하다'의 축(욕망)으로서 ① 주체/② 대상으로 이루어진다. 즉, 주체는 대상을 향해 존재한다. 이때 주체와 대상 사이의 관계는 결속(jonction)이라고 불린다. 대상이 주체와 결속되는가 아니면 분리되는가에 따라서 각각 연접과 이접이라고 부른다.

둘째, '할 수 있다'의 축으로서 ③ 조력자/④ 대립자를 포함한다. 조력자는 주체와 대립 사이에서 주체가 바라는 것과 접속의 실현을 도와주는 반면, 대립자는 그 같은 실현을 방해하거나 주체에 해를 입힐 수 있다. (예컨대, 검, 말, 용기, 지혜로운 사람 등은 왕자를 도와주는 반면, 요술 할머니, 용, 멀리 떨어진 성채, 두려움 등은 왕자에게 해를 입힌다.)

끝으로 전달의 축(그레마스에 따르면 지식의 축이다)으로서 ⑤ 발신자/⑥ 수신자가 포함된다.

발신자는 주체와 대상의 결합이 설정되기를 희망한다. (즉 왕은 왕자에게 공주를 구하라고 명령한다.) 수신자는 어떤 것을 추구할 때 그 추구의 실현으로부터 무엇인가를 얻는 수혜자이다. 간단히 말해서 수신자는(혹은 발신자−수혜자), 주체와 대상 사이에서 접속의 실현으로부터 수혜를 받는 것으로 해석할 수 있다. 왕, 왕국, 왕비, 왕자 등등. 또한 발신자의 요소들은 빈번하게 수신자의 자리를 차지할 수 있다.

쉽게 말해서 발신자는 행동을 촉발하는 사람 또는 사물이며, 만약 무엇인가가 특정 대상과 접속하려는 욕망을 불러일으키기 위해서 그것을 실현하는 과정 중에 개입하면, 그 같은 요소들은 조력자로 분류된다. 동일한 추론이 반발신자와 대립자들에게도 적용된다.

구체적 서사 시퀀스에서는 다양한 위치가 혼합되고 긴장들이 나타나는데 이 같은 표준 서사 도식은 그레마스의 최종적인 모델로서 원칙적으로

---

2 보다 상세한 개념 설명을 위해서는 다음 문헌을 참조할 것. Louis Hébert, *Dispositifs pour l'analyse des textes et des images* (Limoges: Presses de l'Université de Limoges, 2007), pp.87-102.

행동자 모델을 극복하고 있다. 실제로 발신자, 더 정확히 말해서 발신자-조종자는 '행동하기를 원하다'와 '행동해야 한다'에 기초하여 놀이를 하면서 행동을 자극하는 주체로 재정의된다.

행동자(actant)는 다른 모든 한정 수식어들로부터 독립해서 행위를 완수하거나 감수하는 사람이나 사물을 말한다. 앞서 지적한 것처럼 이 개념은 프랑스의 언어학자 테니에르에게서 빌려 온 것인데, 그의 정의에 따르면 "행동자란 어떤 자격이건 또 어떤 방식으로든 간단한 형상체(figurant)와 가장 수동적인 방식으로 과정에 참여하는 존재들이나 사물들을 말한다."[3] 이 같은 시각에서 행동자는 어떤 의미론적 이데올로기적 투자에 선행하여 엄밀하게 형식적인 특징을 띠는 통사적 단위의 유형을 가리킨다. 다른 한편 행동자는 서술어(prédicat)로서 기본 발화체를 주어, 목적어 따위의 함수들(기능들)로 분절시키는 일정한 통사론에 대한 개념을 가리킨다. 이때 서술어는 발화체의 핵으로 간주된다. 이것은 곧, 행동자들을 함수(기능)라는 관계의 종결항(termes-aboutissants)으로 간주할 것을 시사한다. 아울러 행동자 개념은 미국의 언어학자 필모어(Fillmore)의 격 문법의 틀 속에서도 해석될 수 있다. 격 문법에서 각각의 격은 하나의 행동자적 위치의 표상으로서 간주된다. 이런 점에서 기호학 유형의 행동자 문법은 격 문법의 보다 추상적인 정식화로서 제시된다고 그레마스는 밝히고 있다.[4] 다시 말해 행동자 문법은 문장이라는 언어학적 형식에 종속되지 않고, 보다 추상적인 수준에 위치하여 서사 통사의 수준에서 주어, 목적어, 서술어 등의 기능적인 통사적 범주들에 힘입어 서사 담론의 조직을 설명해 줄 수 있다. 이런 점에서 행동자 문법은 형태론적 부류들에 기초해서 작동하는 범주 문법들과 구분된다.

---

3 Cf. L. Tesnière, *Eléments de syntaxe structurale* (Klinsieck, 1959).

4 A. J. Greimas & J. Courtés, *Sémiotique: Dictionnaire raisonné de la théorie du langage* (Hachette, 1979), p.3.

서사적 정체성의 문제를 철학 차원에서 집요하게 천착한 프랑스 철학자 폴 리쾨르는 그레마스의 행동자 모델에 대해서 다음과 같은 밀도 높은 평가를 한 바 있다. "다름 아닌 그레마스의 행동자 모델과 더불어서, 이야기의 줄거리와 인물 사이의 상관 관계는 모든 감각적 구상화에 선행하여 최고의 철저성의 수준에 이른다. 바로 그런 이유 때문에 여기서는 인물이라는 말을 사용하지 않고 행동자란 표현을 쓰는데, 그것은 행동주라는 인간 중심적 표상을, 서사 행로에 있어 행동들을 작동시키는 주체의 위치에 종속시키기 위해서이다."[5]

뿐만 아니라, 행동자 개념은 문학 기호학에서 사용되던 인물이라는 전통적인 개념을 대체한다. 보다 구체적으로는 프로프의 '극 인물'(dramatis persona)의 개념을 효과적으로 대체한다. 행동자 개념의 효율성은, 그것이 인간들뿐만 아니라 동물, 물건 또는 개념들까지도 아우를 수 있다는 장점을 지닌다는 사실로 설명될 수 있다. 또한 인물이라는 개념은 부분적으로는 행동자들의 동시 통합성이 실현되는 행위자(acteur) 개념에 해당된다는 점에서 모호하다. 유형론적 관점에서 발화된 담화의 내부에서 몇 가지 유형을 구분할 수 있다. ㄱ) 소통의 행동자들: 곧 서사 주체와 서사의 피주체 또는 발화자와 피발화자, ㄴ) 서사의 행동자들: 주어/대상, 발신자/수신자. 여기서 다시 문법적 관점에서 통사적 행동자들(상태의 주어와 행동의 주어)과 규정된 생성 행로의 행동자적 역할들(rôles actantiels)을 포섭하는 기능적 행동자들(actants fonctionnels)을 구분할 수 있다. 담화에서 인지된 두 차원에 대해서 행동적 주체와 인지적 주체를 구분하기도 한다. 담화 의미론 수준에서는 구상화의 절차에 따라 행동자는 개인적이거나 쌍방적이거나 집단적일 수 있다. 모든 행동자는 기호학적 사각형에 투사되어 최소한 네 개의 행동자 모델로 분절될 수 있다. 행동자(actant), 반행동자(antactant), 부정 행동자(négactant), 부정 반행동자(négantactant)가 그것이다.

---

5 P. Ricœur, *Temps et recit II* (Paris: Seuil, 1986), pp.71-91. 그 밖에도 다음 책 참조. *Soi-même comme un autre* (Seuil, 1990), pp.167-198.

서사 담론의 수준에서 행동자는 일정 수의 행동자 역할을 맡을 수 있다. 이 역할들은 서사의 논리적 연쇄 속에서 행동자가 차지하는 위치와 그것의 양태적 투자—즉 그것의 형태론적 정의—에 의해서 정의된다. 이것을 기초로 해서 구축된 것이 다름 아닌 '행동자 모델'이다. 테니에르는 명제를 작은 드라마(dramma)로 보는 직관적 통찰을 발휘했는데, 이 같은 놀라운 직관은 간단한 명제 또는 문장을 서사물과 비교할 수 있는 가능성을 열어 놓는다.

2. 행동자 모델의 기본 요소

지금까지 설명한 행동자 개념을 다시 정리하면 다음과 같다. 행동자는 서사적 심층 구조에서 인물들이 유지하는 여섯 개의 항수 또는 불변수를 말한다. 그것은 인물들이 표면 수준에서 이야기의 형성에서 맡는 행위자들 또는 변화하는 역할과 대립된다. 각각의 행동자는 세 개의 쌍들이 획득되는 다른 행동자의 대립으로서 파악된다.

1) 주체 대 대상
2) 발신자 대 수신자
3) 조력자 대 대립자

여섯 개의 상호 관련된 행동자들의 집합은 행동자 모델을 형성하며 텍스트 속 정합성의 가능한 원칙을 제공한다. 행동자 모델은 의미 세계의 조직 원칙을 보다 작은 미시 세계들로 조직화한다. 텍스트의 요약, 보다 작은 서사물, 장면, 상황 등이 그것이다. 모든 장면에서 매우 작은 수의 역할들을 조망할 수 있기 때문에 행동자 집합은 미시 세계의 조직을 설명하기에 충분하다. 사실 의미론적 미시 세계는 그것이 행동자적 구조로서 스스로를 발현시킨다면 유의미적 집합으로서 정의될 수 있다.[6]

세 개의 행동자 쌍은 기본적인 서사적 구상화를 형성하기도 한다. 그것을 그레마스는 공간적으로 표상하는데, 이를테면 행동자들은 통사적 의미론적 관계들의 기능적 망에서 수직적 수평적 축들을 따라서 고정된다.

언어학의 행동자 개념은 그레마스의 행동자 모델의 창안에 최소한의 영향을 미쳤던 반면, 프로프의 행동계는 가장 엄밀하며 확고한 증거를 제공했다고 말할 수 있다.

세 개의 행동자 발명을 비교하고 재작업하면서 그레마스는 행동자들 사이의 구조를 파악하고 행동자들에 부여된 활동의 의미를 해석하면서 단순한 목록 개념을 넘어선다. 중요한 것은 개별적 행동자들이 아니며 그것들의 목록도 아니고 그것들을 상호 연관 짓는 의미론적 구조이다.

텍스트의 분석자에게 모델의 작동적 가치와 그 모델이 적용되는 순서를 보여 주기 위하여 그레마스는 러시아 민담을 분석 대상으로 하여 행동자와 행동계 사이에서 설정된 등가의 가치를 지적한다.

주체	영웅
대상	공주(찾는 사람)
발신자	발신자와 찾는 사람의 아버지
수신자	주인공
대립자	악당 및 가짜 주인공
조력자	증여자 및 도움을 주는 사람

프로프의 기능 시퀀스에 기초하여 수립된 행동자들의 통합체 차원의 순서 및 이에 대한 그레마스의 분석은 다음과 같이 재구성될 수 있다. 악당의

6 행동자 모델에 대한 상세한 설명은 다음 문헌을 참조. ① A. J. Greimas & J. Courtés, *Sémiotique: Dictionnaire raisonné de la théorie du langage* (Hachette, 1979), pp.3-5. ② A. J. Greimas, *Sémantique structurale* (Paris: Larousse, 1966), pp.172-191. ③ Louis Hébert, *Dispositifs pour l'analyse des textes et des images* (Limoges: Presses de l'Université de Limoges, 2007), pp.87-102.

상황으로부터 시작하여 주인공인 주체는 요청 또는 명령과 더불어 발신자에 의하여 접근된다. 불행 또는 결핍은 주체에게 알려지고—예를 들어 공주의 납치—주체는 파견된다. 따라서 주체는 목표물 또는 대상을 찾는 탐색을 개시하며 그 같은 탐색의 궁극적 목적은 목표물 또는 대상을 찾아내는 데 있고 그 대상은 민담의 최종적 위치에서 욕망의 대상이 된다. 증여자와 조력자는 주체가 수단들을 획득하고 대립자와 맞설 수 있는 힘을 준다. 민담은 최초의 불행 또는 결핍이 해소되는 이 같은 최초의 사건에서 절정에 이른다. 그 주인공은 그가 찾는 것의 대상을 찾는 데 성공한다. 이야기에서 그 다음 극적인 발현은 주체에 기인한 인지의 요구이다. 최종의 합법적 발신자는 사회적으로 인정받은 주체의 행동거지를 판단하고 제재하고 보상한다. 앞의 예의 경우, 주체는 공주와 결혼하여 왕관을 얻는다. 욕망의 대상은 여기서 소통의 대상과 동일하며 최종적 발신자는 다름 아닌 선물과 맞선물의 발신자이다. 아버지는 딸을 주체에게 보내고 그녀를 결혼시킨다. 따라서 주체는 궁극적 수신자가 된다.

이상의 내용에서 보았듯이, 서술어들은 통사적 관점에서 행동자들에 의해서 표현된다. 그레마스는 바로 이 상위의 수준에 위치해야, 내용 발현의 표층적 조직에 대한 개괄을 할 수 있다는 점을 강조한다. 제2부에서 다루어진 것을 다시 정리해 보면 다음과 같다.[7]

	형태론	통사론
표층 수준	의미소(sémèmes)	행동자 모델
심층 수준	의소(sèmes)	구성 모델 또는 의미 작용의 기본 구조(의소들의 조직)

심층적 조직과 표층적 조직의 관계에 대한 연구는 뒤로 미루고 여기서는 행동자 모델의 기술로 국한해 보자. 이것을 위해서 몇 가지 예비적 요소들을 언급하고 이어서 행동자 모델을 체계와 과정으로 파악한 쿠르테스의 해

7 Cf. J. Courtés, *Introduction à la sémiotique discursive* (Hachette, 1976).

석을 개괄해 본다.

자신에게 영감을 준 프로프의 서사 모델과 달리, 그레마스의 독창적 가설은 기능들의 영역으로부터 행동자의 영역으로 이동했다는 데 있다. 프로프의 불변소 목록과 프랑스의 미학자이며 문예이론가인 수리오(Souriau)가 수립한 연극 상황 목록으로부터 그레마스는 다음과 같은 행동자 모델을 구성한다.

러시아 민담과 극 상황의 자료체(corpus)에 기초해서 나온 이 모델은 그레마스에 따르면 "자연 언어들의 통사적 구조를 참작하여 구성된 것이다."[8] 앞서 지적한 것처럼 대상의 위치적 가치는 행동자적 축들의 수렴에 의해서 이중적으로 정의된다. 주체가 추구하는 욕망의 대상으로서, 그리고 발신자와 수신자 사이에 위치한 커뮤니케이션의 대상이 된다. 이 같은 네 개의 주요 행동자들에 두 개의 부차적 행동자들을 첨가할 수 있다. 조력자와 대립자로, 주체의 욕망의 실현을 쉽게 하거나 차단하는 이들의 행동은 조력적 역할 또는 대립적 역할을 맡는다.

프로프의 저서 《민담의 형태론》은 구조 서사학의 규범들을 수립한 선구자적 업적으로 손꼽힌다. 이 책에서 프로프는 서사물의 기본 단위를 분리해 내고 이 같은 단위들이 조합시키는 방식들과 원칙들을 규정하였다. 프로프는 내용의 불변적 요소들과, 변화하는 요소들의 기본적 구별을 도입하였으며 백여 개의 러시아 민담을 자료로 삼아서 플롯의 윤곽과, 자신이 행동계라고 부른 기본 역할의 성좌라는 놀라운 결과를 얻었다. 행동의 기본 단위로서의 기능들은 안정된 영속적 요소들로서 사용되는 반면, 인물들은

8 A. J. Greimas, *Sémantique structurale* (Paris: Larousse, 1966), p.180.

다양하게 변화한다. 프로프의 서사 모델에서 모든 민담은 모두 31개의 기능들 가운데 선택된 일정 수의 기능들로 이루어진 동일한 시퀀스에서 발현된다.[9] 이 같은 기능들을 묶는 것은 민담에 대한 한정된 유한한 수의 역할들로 이루어진 중심 성좌를 생산하며 그것은 행동계로서 기술된다. 역할들은 행동의 응축이다. 일곱 개의 행동계는 모든 민담에서 현존하며 항상적이며 불변한다. 반면 그것들을 수행하는 인물들은 변화한다. 프로프가 제시한 순서대로 그 역할을 적으면 다음과 같다. ① 악당 ② 증여자 ③ 조력자 ④ 공주와 그 아버지 ⑤ 파견자 ⑥ 주인공 ⑦ 가짜 주인공.

바로 이 지점에서 논리적 정돈을 위해 동일한 역할들이 제한된 수로 분배된다. 기본 발화체를 한 편의 극에 비유한 테니에르의 언급을 찬탄하면서 그레마스는 전통적 통사론에서 정의된 기능이라는 낱말들이 맡은 역할들과 다름이 아니라는 점을 상기한다. 명제 역시 그 같은 관념에서는 '말하는 인간'(homo locuens)이 스스로에게 부여하는 하나의 볼거리와 다름이 아니라는 결론에 도달한다. "볼거리는 다음과 같은 특징을 갖고 있으며 이것은 불변한다. 행동들의 내용은 언제나 변화하며, 연기자들은 다양하게 변하지만 발화체-볼거리는 언제나 동일하게 남아 있다. 왜냐하면 그것의 영속성은 역할들의 유일한 분배에 의해서 보장되기 때문이다."[10]

행동자 모델은 행동자들의 목록체에 대한 계열체 차원의 구조화에 힘입어 획득되지만 전통적인 통사적 분절에 기초하기도 한다.

① 순희는 자기의 애인 영수의 편지를 받았다.
② 순희의 애인 영수는 순희에게 편지를 보냈다.

이 두 문장의 형식 차원에서 '순희'의 통사적 역할이 ①과 ②에서 다르지

9 프롭(V. Propp), 《민담형태론》, 황인덕 옮김(예림기획, 1998), pp.59-106 참조.
10 A. J. Greimas, 앞의 책, p.173.

만 동일한 수신자의 위상을 갖게 될 것이다. 그레마스 자신은 이 모델을 철학자, 신, 그리고 세계의 관계를 설명하는 데 적용하고 있다. 그의 설명은 다음과 같다. "그 결과, 단순화시켜 말하자면 고전주의 세기의 철학자에게 있어서 욕망의 관계가 의소의 투자에 의해서 알고자 하는 욕망으로서 규정된다면 그의 지식의 광경에 나타나는 행동자들은 대략 다음과 같이 분배될 수 있을 것이다."[11]

주체 ———— 철학자
대상 ———— 세계
발신자 ———— 신
수신자 ———— 인류
대립자 ———— 물질
조력자 ———— 정신

아울러 혁명투사의 차원에서 마르크스주의 이데올로기는 인간을 도우려는 욕망 덕분에 다음과 같이 분배될 수 있을 것이다.

주체 ———— 인간
대상 ———— 계층이 없는 사회
발신자 ———— 역사
수신자 ———— 인류
대립자 ———— 부르주아 사회
조력자 ———— 노동자 계층[12]

행동자 구조에 대한 가장 일반화된 해석은 의미가 의도적 행동과 매우 근

11 같은 책, p.181.
12 같은 책.

접해 있다는 사실을 강조하며 한 사람이 외부 세계와 더불어 진행하는 거래를 포함한다. 두 개의 행동자 축인 주체-대상과 발신자-대상-수신자는 한 사람이 그의 대상 또는 욕망의 대상과 맺는 관계로서, 먼저 개인 차원에서 인간 상호 소통의 구조라는 틀을 통해 파악될 수 있다. 또는 사회적 수준에서 한 사람의 대상 가치를 창조하는 작업과, 교환 구조의 프레임워크 안에서 소통시키는 관계 속에서도 파악된다. 이 같은 기본적이며 보편적인 플롯 성좌의 독창성은 사회적 문맥을 대상 가치들의 교환 및 순환으로서 구성하는 방식에서 드러난다.

3. 체계로서의 행동자 모델

원칙적으로 모든 현실적 행동 또는 주제화된 행동, 즉 상상적 행동은 최소한 행동자 모델을 통해서 기술될 수 있다. 액면적 의미에서 한 편의 텍스트에서 단 하나의 행동자 모델이 존재하는 것은 아니다. 첫째, 다양한 행동들이 존재하는 만큼의 상이한 모델들이 존재한다. 둘째, 하나의 행동은 빈번하게 여러 가지 각도에서 분석될 수 있다. 예컨대, 주체가 보기에는 반주체가 되거나 라이벌의 시각 속에서 분석될 수 있다.

일반적으로 텍스트를 요약하는 행동을 선택하거나 핵심이 되는 행동을 요약할 때 행동자 모델들의 무리 또는 모델들의 구조를 분석하는 데 있어 어떤 결정적 장애물도 없다. 행동자 모델의 구조에서 제반 관계들은 시간적일 수도 있으며(완벽한 동시성 또는 부분적 동시성, 직접적 계속 또는 간극을 둔 계속) 논리적일 수도 있다(전제, 상호적 배제 등등).

1) 주체와 대상

주체와 대상의 관계는 행동자 모델의 핵심적 범주 가운데 하나이다. 이 범주는 프로프와 수리오가 작성한 두 개의 목록체에 기초해서, 주체와 대상을 구성하는 통사적 행동자들을 파악하면서 설정되었다. 이에 대한 그레마스의 설명은 다음과 같다. "(…) 주체와 대상의 관계가 (…) 여기서 두 개의 목록체 속에서 하나의 동일한 의미론적 투자, 즉 '욕망'의 투자와 더불어 나타난다는 것은 놀랍다. 발현의 신화적 수준에 위치한 타동성 또는 목적론적 관계는 이 같은 의소적 결합에 이어서, '욕망'이란 의미의 효과를 실현하는 의미소로서 나타난다."[13]

2) 기호학에서 주체의 정의

여기서 주체(주어)와 대상의 관계의 본질에 대한 상세한 논의가 필요하다. 기호학적 관점에서, 주체와 대상의 문제는 양자의 상호 정의에서 그 해답을 찾을 수 있다. 따라서 주체와 대상에 대한 기존의 개념을 간단하게 정리하고, 행동자 모델이 어떻게 전통적인 개념을 극복했는지를 살펴볼 필요가 있다.

주체라는 개념은 철학, 논리학, 언어학에서 다양한 정의의 대상이었다. 여기서는 두 가지 관점만을 정리해 본다.[14] 첫째, 주체는 어원적으로 성찰 또는 관찰에 종속되는 것에 대해서 언급된다. 말하는 내용(서술어)과 대립하여 그 내용의 대상이 곧 주체(주어)이다. 이 같은 주어와 서술어의 대립은 전통적인 논리학에서 내리는 통상적인 정의이다. 논리학에서 주어는 객관화된 발화체의 내부에 위치하여, 담화가 그것에 부여하는 한정 표현들을 수용할 수 있다. 또 다른 전통에서 주체는 성질뿐만 아니라, 행위를 수행할 수 있는 존재, 행동적 원칙을 지시한다. 심리학이나 사회학에서 부여된 의미가 그것이다. 아울러 언어학에서의 언어 주체나 인식론에서의 인식 주체

13 같은 책, pp.176-177.

14 ① A. J. Greimas & J. Courtés, *Sémiotique: Dictionnaire raisonné de la théorie du langage* (Hachette Université, 1979), pp.369-371. ② J. Courtés, *L'Analyse Sémiotique du discours* (Paris: Hachette, 1991), pp.75, 77, 93, 95, 112, 114.

가 그런 의미에서 사용된 경우라 할 수 있다. 하지만 이 같은 전통적 개념의 틀 속에서는 주체의 구체적인 개별적 특수성들을 배제하면서 주체를 하나의 추상적인 장소로 정의하려 한다.

이 같은 전통적인 관념에 맞서서 테니에르와 같은 언어학자는 문제의 틀을 역전시키면서 두 가지 관점을 극복한다. 주체를 먼저 규정하고 거기에 해당하는 한정 표현과 활동들을 주체에 부여하는 대신, 주체를 포함하는 관계의 우선권을 설정한다. 이런 전망에서 주체를 그것 자체로 정의하는 것은 불필요하며 그 가치는 발화체를 구성하는 함수의 본질에 의해서 정해진다. 행동자 문법은 바로 주체에 대한 실체적 정의들을 극복할 수 있는 도구이다.

따라서 기본 발화체의 틀 속에서 주체는 하나의 행동자로서 나타나며 그 행동자의 본질은 그것이 각인되는 함수(기능)에 달려 있다. 또한 담화 언어학의 출현은 문장의 주어 곁에 담화 주체의 존재를 설정하도록 만든다. 담화 주체는 발화체의 내부에서 다양한 행동자적 위치들을 차지할 수 있고 심지어 비주어의 위치를 차지할 수 있으며 조응 작용의 절차 등을 통해서 담화가 진행되는 동안 그것의 정체성을 유지할 수 있다.

이 같은 문장의 주어와 담화의 주어의 불일치는 기호학으로 하여금 문장과 동시에 담화 차원의 현상들을 설명할 수 있는 담화의 작동에 대한 논리적-의미론적 표상을 시도하도록 했다. 앞서 상세히 설명한 두 가지 유형의 기본 발화체—상태 발화체와 행동 발화체—에는 따라서 두 가지 종류의 주체가 상정되었다. 가치 대상과의 결속에 의해서 특징지어지는 상태 주체와, 변형 관계에 의해서 특징지어지는 '하다'의 주체가 그것이다.

담화의 이 같은 두 가지 상이한 차원들을 인지하면, 행동적 주체(sujets pragmatiques)와 인지적 주체(sujets cognitif) 사이의 구분을 설정하게 된다. 이 두 가지 종류의 주체들은 그것들을 상태 주체로서 규정하는 가치들의 본질과 행동 방식—정신적, 행동적이며 다른 한편으로는 인지적인—에 따라 구체적으로 실현된다.

통사적 주체들을 포함하는 이른바 서사 통사론은 서사성의 일반적 조직화에 대한 가설적 모델인 서사 도식과 혼동해서는 안 될 것이다. 서사 도식은 주체가 자신의 생명을 기획, 실현, 운명으로서 파악할 수 있는 형식들을 설명하려고 한다. 그 같은 주체를 기호학적 주체라고 부를 수 있다.

이 같은 주체는 계열체의 차원에서 기호학적 사각형에 투사시켰을 경우 네 개의 예측 가능한 위치들을 생성할 수 있다. 서사 도식은 먼저 주체와 그 앞에 반주체의 출현을 상정하는 갈등적 또는 계약적 구조로서 정의된다. 다른 한편으로, 서사 도식은 모든 수행적 주체에게 있어서 양태적 본질에 속하는 능력의 획득 요인을 예측한다. 주체들이 가지고 있는 능력의 본질에 따라, 능력적 주체들의 유형론을 모색하는 일이 가능하다.[15]

3) 대상

인식론적 성찰의 틀 속에서, '대상'(objet)이란 사유 행위 및 사유하는 주체와 구분되는 것으로서 사유되고 지각되는 것을 말한다. 이 같은 정의는 인식 주체와 인식 대상의 관계만으로도 양자를 판이하게 다른 상이한 존재들로 설정하기에 충분하다. 기호학에서도 이 같은 입장을 받아들여 대상은 오직 주체와의 관계로만 정의된다. "하나의 기호학적 주체는 최소한 하나의 규정을 인지한다는 점에서만, 다시 말해 그것이 특정의 가치 대상과 관계를 맺는다는 점에서만 주체로서 존재한다. 마찬가지로 하나의 대상—하나의 담화가 포함하는 수많은 대상들 가운데서—은 오직 그것이 하나의 주체에 의해서 관계를 맺고 조준될 때만 대상이다."[16] 따라서 대상은 형식적 위치에 불과하며, 관계적 본질에 속하는 규정들에 의해서만 인식될 수 있다. 행동자로서 통사적 대상들은 다양한 투자들을 부여받을 수 있는 행동자적

15 Cf. J.-Cl. Coquet, *Le discours et son sujet* (Paris: Klincksieck, 1984).

16 A. J. Greimas & J. Courtés, *Sémiotique: Dictionnaire raisonné de la théorie du langage* (Hachette, 1979), p.139.

위치들로 간주될 수 있다. 또한 주체와 대상의 접속을 지시하는 상태 발화체의 형식하에서는 주체가 연접되거나 이접되는 가치들의 투자라고 정의된 것을 표상할 수 있다.

주체와 대상의 관계는 쉽게 말하면 능동과 수동의 관계에 해당한다고 말할 수 있다. 주체는 무엇인가를 원하는 존재이고 대상은 원해지는 존재이다. 그 같은 관계에 의해서 그레마스가 상태 발화체(énoncé d'état)라고 부른 것을 정의할 수 있다. 즉, 하나의 요소가 다른 요소에 견주어서 차지하는 위치가 관건이며, 이 위치가 바로 결속(jonction)에 해당한다. 달리 말해, 주체/대상의 관계는 결속적 관계이며, 주체와 대상을 서로가 서로에게 기호학적으로 존재하는 것으로 간주하는 것을 가능케 한다. 이때 이 두 개의 항의 존재론적 본질에 대해서는 어떤 실체론적 정의도 필요로 하지 않는다. 주체와 대상은 상호 전제의 관계 속에서 쌍방으로 규정되기 때문이다. 결속 또는 결속적 관계는 의소적 범주로서, 연접과 이접이라는 두 개의 모순적인 항들로 분절된다.

4) 발신자와 수신자

행동자 모델의 구성에 나타나는 행동자들의 두 번째 쌍은 '발신자'와 '수신자'의 이원성에 의해서 성립된다. 이 관계는 두 주체 사이에 존재할 수 있는 관계로 환원될 수 없다. 두 주체가 동등성에 기초해서 상호 관계를 조명하는 것이 가능한 반면 발신자와 수신자의 관계는 일방적 전제 조건의 관계를 맺는 존재로서, 이것은 둘 사이의 소통을 비대칭적인 것으로 만든다. 발신자가 전제되는 항인 반면 수신자는 전제하는 항이다. 발신자와 수신자 쌍의 행동자 모델로의 도입은 대상과 관련하여 정당화된다. 대상은 앞에서 언급했듯이, 욕망의 축에 자리 잡으며, 동시에 소통의 축에 각인된다. 물론 겉으로 나타난 유일한 행위자가 여러 가지 행동자적 기능들을 겸직할 수 있다. 물론 행동의 주체가 수신자가 될 수도 있다. 예컨대, 스스로에게 무엇인가를 부여하거나 자기 이득을 얻는 주체의 경우가 그런 예이다. 마찬가지로 수신자 역시 자신의 고유한 발신자가 될 수 있다. 여기서 우리가 주목해야 할 것은, 활동으로서 인간의 모든 행동은 하나의 주체를 전제로 한다는 것이며, 아울러 그것은 메시지로서 객체화되었고 발신자와 수신자의 전달 축을 함의한다는 것이다.

참고로 프로프의 전통에서 발신자는 발령자의 행동 영역에 속하는 반면, 수신자는 일반적으로 주체-주인공으로서 이 주인공에게는 피해를 복구하거나 결핍 상태를 해소하는 임무가 할당된다. 본래, 발신자와 수신자는 야콥슨의 커뮤니케이션 모델에서 차용한 것으로서 가장 일반적인 의미에서 커뮤니케이션의 두 개의 행동자를 지칭한다. 이 두 개의 행동자를 모든 발화체의 암묵적이며 논리적으로 전제된 행동자로 고려하면, 곧 발화자와 피발화자가 된다. 반면, 명시적으로 언급한다면 서술자와 피서술자가 된다. 서사의 행동자로서 발신자와 수신자(이때는 보통 대문자로 쓴다)는 일방적 전제 조건 관계에 의해서 특징지어지는 행동자적 요인들이다. 계열체적으로 보았을 때, 발신자는 수신자에 비해서 상위 지배적 관계 속에 있다. 발신자와 수신자는 서사의 안정적이고 영속적인 행동자들이며 그들이 맡는 소통의 행동자들과 독립한다. 그 한 예로 수신자-주체는 발신자로서 자신의 수행에 대한 지식을 소통시킨다.

발신자는 빈번하게 초월적 우주에 속하는 것으로 제기되어, 수신자-주체에게 양태적 능력의 요소들뿐만 아니라, 관건이 되는 가치들의 총합을 소통시킨다. 또한 수신자-주체의 수행 결과가 전달되는 곳은 바로 발신자이다. 서사 도식의 관점에서 조종하는 최초의 발신자와 주체의 업적에 대해서 제재와 상벌을 수행하는 최종의 사법적 발신자를 대립시킬 수 있을 것이다.

서사물의 논쟁적 구조가 주어졌을 때, 주체와 반주체의 존재는 발신자(D_1)와 반발신자(D_2)의 존재를 전제로 한다. 이 같은 상반항들의 축은 기호학적 사각형 원리와 일치하여 두 개의 새로운 행동자적 위치들인 모순항들을 발전시키고 산출시킬 수 있다. 비발신자(non-D_1)와 비반발신자(non-D_2)가 그것이다. 끝으로 서사물의 분석에서 개별적 발신자와 사회적 발신자를 구분하는 일이 필요할 것이다.

5) 조력자와 대립자

전통적 통사론에서 상황 보어라고 부르는 것을 고려하면서 주체와 대상의 관계와 관련하여 최소한 두 가지의 판이한 기능들을 추출할 수 있다. 첫째는 욕망의 방향에서 처신하면서 또는 소통을 용이하게 하면서 도움을 주는 기능들이며, 둘째는 그와는 반대로, 욕망의 실현에 맞서거나 대상의 소통에 맞서면서 방해물들을 만들어 내는 기능들이다. 이 두 가지의 기능들의 다발을 각각 조력자와 대립자라는 이름 아래 두 개의 상이한 행동자로 간주할 수 있다. 이 두 개의 행동자 역시 프로프가 제시한 행동 영역으로부터 설정되었다. 그레마스는 상황 보어적 참여자들(participants circonstanciels)로 설명하기도 한다.

행동자 모델은 과정 수준에서도 이해될 수 있다. 먼저 주체와 대상의 결속적 관계에서 출발해 보자. 동일한 발화체에서 연쇄를 구성하면 '$(S \cap O) \rightarrow (S \cup O)$'를 얻을 수 있다.

이것은 이미 서사물의 강화로서 두 개의 결속적 발화체의 연속에 통합체 차원의 결속이란 이름을 부여한다. 하나의 상태 관계에서 다른 관계로의 이동은 변형의 도입을 함의한다. 연접된 발화체와 이접된 발화체의 연쇄는 주체가 대상과 맺는 관계에 영향을 미친다.

4. 행동자들의 유형

끝으로 행동자들의 주요 유형들을 열거해 보면 다음과 같다.[17]

1) 인물 행동자/비인물 행동자

하나의 행동자가 인물이라는 단어의 고전적 의미에서 반드시 하나의 구체적인 인물에 해당될 필요는 없다. 실제로, '인물'이라는 개념은 소박한 존재론의 관점에서, 넓은 의미에서의 존재들의 다양한 종류들을 규정한다. 하나의 행동자는 인간적 존재, 인간, 말을 하는 동물이나 '검'처럼 의인화된 존재, 또는 구체적인 비생명적 존재, 사물들을 포함하며(칼, 바람, 달려야 할 거리, 개념, 용기, 희망, 자유 등의 추상적 개념들일 수도 있다), 더구나 그것은 개인적일 수도 있고 집단적일 수도 있다. 예컨대 사회 전체가 행동자가 될 수 있다.

2) 행동자의 융합

하나의 요소는 하나이거나 다수, 또는 모든 행동자 부류들 속에서 발견될 수 있다. 하나의 동일한 행동자가, 이를테면 행위자로 불리는 요소가, 상이한 부류에 속하는 여러 개의 행동자들을 포함하는 사실을 기호학 이론에서는 행동자적 융합성이라 부른다. 예컨대, 이것은 주체인 동시에 조력자이다.[18]

더구나 분석의 동질성을 보존하기 위해서, 주체와 대상은 심지어 그것이 집단적인 것이라 할지라도 일반적으로 하나의 요소만을 포함한다. 실제에서는 주체들 사이에서 그리고 대상들 사이에서 선명하게 구별하는 것을 선호하지만, 비록 그것들이 강력하게 결합되어 있다 해도 상이한 기술들을 관리할 수 있기 위해서 결합되기도 한다. 예컨대, 동일한 대상을 갈망하는 연대를 이룬 두 주체가 한 명의 조력자를 제외하고 동일한 조력자들을 소유하는 극단적인 경우를 가정해 볼 수 있다.

---

17 Louis Hébert, 앞의 책, pp.93-95.

18 같은 책, pp.91-92.

3) 행동자/비행동자, 사실적 행동자/가능한 행동자

행동자들/비행동자에 관한 물음과, 사실적 행동자와 가능한 행동자, 능동적 행동자, 수동적 행동자들에 관한 물음은 서로 결합되어 있다. 도움을 줄 수 있었던 한 친구, 그렇지만 행동으로 옮기지 못한 친구는 대립자로 간주될 수 없으나 비조력자로 간주될 수 있다. 그것은 비행동자의 형식이다. 또는 가능한 조력자, 가능한 행동자의 형식이라 할 수 있다.[19]

4) 능동적 행동자와 수동적 행동자

익사할 위험에 처한 사람을 구하지 않는 것과, 그의 머리를 물속에 잠기도록 힘으로 계속 유지하는 것(즉 익사시키는 것)은 별개의 문제이다. 첫 번째 경우를 일러 사람들은 비조력자(비행동자의 형식)라 부른다. 또한 분별력 없는 가능한 조력자(사실적이지 않은 단지 가능한 행동자의 형식), 또는 수동적 대립자(수동적 행동자의 형식)도 생각해 볼 수 있다. 두 번째 경우에서 분별력 없는 가능한 조력자(사실에 근거한 행동자가 아닌 단지 가능한 행동자의 형식), 또는 더 적절하게 능동적 대립자(능동적 행동자의 형식)를 생각해 볼 수 있다.

수동적/능동적인 특징화는 반드시 인간 또는 의인화된 존재를 전제로 하지 않는다. 예컨대, 금은방에서 강도가 보석을 훔칠 때 반드시 울렸어야 할 경고 방송이 울리지 않은 경우 그것은 절도를 가능케 한 것으로서 수동적 조력자라 할 수 있다.

5) 의식적 행동자와 무의식적 행동자

의인화된 행동자는 의식적으로 또는 무의식적으로 자신의 역할을 수행

19 같은 책, p.95.

할 수 있다. 그 결과, 한 인물은 그 자신이 그 같은 행동과 관련하여 조력자인지, 발신자인지 알지 못할 수 있다.[20]

6) 전체 행동자와 부분 행동자

행동자 분석은 전체와 부분 사이에서의 대립을 도출할 수 있다. 왕자의 용기가 그의 고유한 명분을 위해서 조력자라고 말하는 것은 왕자가 전체적으로 한 명의 조력자라고 진술하는 것보다 더 정확하다. 각각의 부분들의 수준에 위치한 분석은 전체의 기술과 부분들의 기술 사이에서 지시할 수 있는 차이점을 설명해 준다. 예컨대, 왕자의 용기가 조력자라고 말하는 것은 자신의 고유한 대립자들을 형성하는 특징들을 지닐 수 있음을 함의한다. 예컨대 왕자가 조금 게으른 사람일 경우를 고려하면 수긍이 갈 것이다.

7) 적용—'예수가 인간들을 구원하다'

신약 성서를 예로 들어 보자.[21] 인간류의 행동자들에 초점을 둘 경우 분석을 단순화시킬 필요가 있다. 행동자 모델은 여기서 몇 가지 신학적 물음들을 표상할 수 있도록 해 주며 그것들을 하나의 문제 틀 속에서 통합시킨다.

① 주체와 대상

신약에서 주요 행동자 모델로서 예수가 인간들을 구원하는 모델을 생각해 볼 수 있다.

② 발신자들

행동자 모델의 발신자는 다음과 같다.

---

20 같은 책, pp.95-96.

21 이하의 내용은 다음 문헌을 참조하여 작성되었다. Louis Hébert, *Dispositifs pour l'analyse des textes et des images* (Limoges: Presses de l'Université de Limoges, 2007), pp.98-101.

신: 그분은 인간들을 구원하기 위해서 자신의 외아들을 보내셨다.

예수: 신이 설정한 의무에 대해서 예수는 인간들을 구원하기 원하는 개인적 욕망을 첨가한다.

인류: 인류는 예수의 오심을 희망하거나 또는 한탄한다. 신자들은 의식적 발신자들이며, 다른 사람들은 비록 말없이 그들이 구원을 희망한다 해도 무의식적 발신자들이라 간주할 수 있다.

③ 수신자들

만약 수신자를, 주체와 그것의 대상 사이에서 희망하는 결합의 실현으로부터 수혜를 입는 것으로 해석한다면 인류는 물론 그 같은 행동의 수신자이다. 그렇다면 신과 예수의 경우는 어떤가? 우리는 여기서 신학적 문제를 제기해 볼 수 있다. 두 개의 논증들이 신과 예수를 수신자로서 간주하는 것을 배제한다. 한편으로, 만약 완벽한 것은 더 이상 수혜를 입을 필요가 없다면, 완벽한 존재자인 신과 예수는 수신자가 될 수 없다. 다른 한편으로, 기독교 이데올로기에서 최고의 선한 행동은 주체가 그 어떤 개인적 수혜도 받지 않는 행동이다. 예수의 행동은 총체적으로 초연한 것이어야 한다고 말할 수 있다.

④ 조력자들과 대립자들

분석된 행동자 모델 속에서 조력자들과 대립자들을 추출하기 위해서, 서로 결합된 중요한 여러 가지 행동들 사이를 구별하는 것이 중요하다. 즉 행동자 모델의 구조를 성립하는 행동들을 말한다. 인간들의 구원을 얻기 위해서 예수는 부활해야 할 것이다. 부활하기 위해서는 반드시 죽어야 한다. 더 정확히 말해서 처형되어야 한다. 처형되기 위해서는 먼저 체포되고 심판을 받아야 한다. 물론, 이 같은 일련의 행동들이 발생하기 위해서 예수는 특히 인간들 사이에서 태어나야 한다. 분석의 목적을 위해서 세 개의 주요 행동을 주목해야 한다. ㄱ) 예수는 체포되고 십자가에 못 박혀 죽으신다.

ㄴ) 예수는 부활하신다. ㄷ) 예수는 인간들을 구원하신다. 세 번째 행동은 첫 번째 행동을 전제로 하는 두 번째 행동을 전제로 한다. 첫 번째 행동과 두 번째 행동은 시간 속에서 계속되는 반면 두 번째와 세 번째는 동시 발생적이다.

행동 ㄱ)의 조력자 인물들 가운데 우리는 예수를 팔아넘기는 유다, 그리고 재판관들, 그리고 예수보다는 바라바(Barabas)를 놓아주기로 선택한 이스라엘 백성을 손꼽을 수 있다. 그리고 예수 체포에 나서 예수 사형을 집행한 로마 병사들을 언급할 수 있을 것이다. 대립자 인물들은 일시적이면서 그 수가 적다. 사도들은 예수의 체포에 맞서려는 시도를 한다. 하지만 그 누구도 재판과 십자가 처형이 집행될 때 직접적으로 개입하지 않는다. 베드로는 오히려 예수를 모른다고 부정한다. 요컨대, 잠재적 대립자들은 사실적 대립자들로 거의 변형되지 않는다. 예수를 고발하기를 거부하거나 그를 놓아주기를 거부한 로마 총독인 빌라도는 따라서 조력자/대립자의 축에 위치한다. 그는 비조력자, 비대립자의 역할을 맡는다(성서에서 그는 손을 씻는다고 말한다). 사태를 다르게 볼 수도 있으며, 적극적으로 개입하지 않는 것은 사태의 악화, 즉 예수의 죽음을 우호적으로 도와주는 것이라고 간주할 수 있다. 따라서 로마 총독은 수동적 조력자이다. 예수는 더 명료하게 수동적 조력자들에 속한다. 실제로 사도들에게 예수는 그를 체포하려는 병사들에게 저항하지 말 것을 당부한다. 재판관들 앞에서도 예수는 직접적으로 자신을 변호하지 않는다. 십자가에 못 박혔을 때, 그분은 연약함의 순간, 즉 그의 반은 인간적이면서 반은 신적인 본질과 상관 관계를 맺는 순간을 경험한다. 그리고 자신의 운명을 한탄한다. 하지만 그는 개인적으로 자신의 운명의 흐름을 막지 않는다. 아마도 그 순간 모든 그의 기적 능력을 박탈당한 것이라 할 수 있다. 예수는 당신의 아버지를 불러서 자신의 죽음에 대한 대립자가 될 것을 당부한다.

행동 ㄴ)과 관련해서 조력자 인물들은 신과 예수가 된다. 또는 신 혼자이다. 만약 신의 유일한 힘으로 예수가 부활한다면 직접적으로 스스로를 발현하는 대립자 인물들은 존재하지 않을 것이다. 심지어 사탄이 기적의 실현을 막을 수 있다 해도 말이다. 인물이 아닌 대립자는 여기서 핵심적이다. 물질은 그것의 본성 자체로, 물리학의 원칙을 무시한 채 그 규칙을 위반하는 것에 저항한다. 생물학의 원리에서 죽은 자는 다시 태어나지 않는다.

행동 ㄷ)에 대해 언급할 차례이다. 그것은 전체적 행동이며 행동들 전체의 결과물이고, 그것들 가운데 가장 중요한 요소들은 예수가 인간들 사이에서 태어나신 것, 그의 죽음, 그리고 그의 부활이다. 이런 의미에서 결정된 행동들의 하나에 대해서 모든 조력자 또는 대립자는 또한 전체적인 행동에 대해서도 마찬가지다. 따라서 신학적 관점에서는 놀라운 결과들에 도달한다. 그 결과 예수는 한 명의 조력자이며 사탄은 앞뒤가 맞지 않는 그릇된 영감을 받은 것이다. 신이 사탄으로 하여금 예수를 법정에 팔면서 그분을 배반하게 만들 생각을 불어넣었을 때 말이다. 분석적 관점을 추상화한다면, 조력자들과 대립자들이라는 주된 인물들은 각각 신과 예수이며, 다른 한편으로는 사탄이다. 따라서 행동자 모델은 형이상학적 차원을 띤다. 인간들은 오직 발신자와 수신자 자격으로 개입한다. 그들의 역할은 개인의 구원의 모델 속에서 결정적이다. 집단적 구원은 예수가 제공한 회개를 통해서 확고하게 드러난다. 이제는 각 인간에게 자신의 천국을 자신들의 행동을 통하여 그리고 신의 은총을 통하여 획득하게 만드는 것이다. '너 스스로 도와라', '그러면 하늘이 너를 도울 것이다.' 이것을 위해서 사도들의 역할은 핵심적이다. 그들은 회개의 희소식을 알리고, 동시에 개인의 구원이라는 목적을 상기시킨다. 그리고 성서를 통하여 그들의 전범과 가르침, 거기에 도달하기 위한 수단들을 제시한다.

제12장

서사 프로그램

1. 서사 프로그램의 정의[1]

서사 프로그램(programme narratif)(보통 PN으로 표기함)은 표층에 속하는 서사 통사의 기본적 통합체로서, 상태 발화체를 지배하는 행동('하다') 발화체로 구성된다. 그것은 앞서 언급했듯이 다음과 같은 두 가지 형식으로 표상될 수 있다.

$$PN = F\,[S_1 \rightarrow (S_2 \cap Ov)]$$
$$PN = F\,[S_1 \rightarrow (S_2 \cup Ov)]$$

여기서 각각의 기호는 다음을 의미한다.

F = 함수 (또는 기능)

S_1 = 행동 주체

S_2 = 상태 주체

1 본 장의 내용에 대해서는 다음 문헌 참조. Anne Hénault, *Les enjeux de la sémiotique* (Paris: PUF, 2012), pp.177-201; A. J. Greimas & J. Courtés, *Sémiotique: Dictionnaire raisonné de la théorie du langage* (Hachette, 1979), pp.297-298; Louis Hébert, *Dispositifs pour l'analyse des textes et des images* (Limoges: Presses Universitaires de Limoges, 2007), pp.177-181.

O_v = 대상(가치 v의 형식 아래 의미적 투자를 수용할 수 있다)

〔 〕 = 행동의 발화체

( ) = 상태의 발화체

→ = 행동의 함수(변형의 전환으로부터 결과가 된다)

∩, ∪ = 최종 상태, 행동의 결과를 지시하는 결속 관계(연접 또는 이접)

간략하게 정리하자면 서사 프로그램은 임의의 주체 S_2에 영향을 미치는 임의의 주체 S_1이 실행하는 상태의 변화로서 해석될 수 있다. 그 실행의 결과로서 간주되는, 서사 프로그램의 상태 발화체로부터 담화 수준에서의 시련, 증여 등의 형상들을 재구성하는 것이 가능하다.

상태의 변화를 표상하는 모델로서 간주될 수 있는 서사 프로그램은 그러한 재구성의 출발점으로서, 공간적, 시간적 세계 속에서 다양한 형식들이 투자되기 전에 행동의 다양한 형식들의 개념적 작동적 이론의 구축을 표상한다. 상태의 변화 모델에서 나타나는 내적인 역동성을 탐구하는 일은 곧 기호 서사적 다양성에 대한 정밀한 기술 또는 행동의 여러 형식들의 일반적 좌표를 세우는 작업을 말한다.

2. 서사 프로그램의 유형론

다음과 같은 기준들을 참작하면서 서사 프로그램들의 유형론을 설정할 수 있다.[2]

① 결속의 본질: 연접과 이접으로서 각각 가치들의 획득과 결핍에 상응한다.

② 투자된 가치의 기준에 따라 양태성의 가치(valeur de modalité) 또는 기

2 J. Courtés, *Analyse sémiotique du discours* (Paris: Hachette, 1991), pp.79-83.

술적 가치(valeur descriptive)로 나누어지며 다시 기술적 가치는 행동적 가치와 인지적 가치로 분할된다.

③ 현존하는 주체들의 본질에 따라 주체들은 분명하게 구분되거나 단 한 명의 행위자 속에 통합되어 나타날 수 있다. 두 번째 경우, 서사 프로그램은 수행(performance)이라고 불린다.

서사 프로그램은 임무의 난관이나 극단적 성격에 속하는 의미의 효과를 생산하기 위한 강조의 목적에 사용되면서 다양화된다. 이 같은 강조에서 나타나는 빈번한 두 가지 수순은 서사 프로그램을 이중화하여 최초의 서사 프로그램에서는 실패하고 두 번째 프로그램에서 성공하는 것으로 이야기를 묘사하는 일이며, 다른 하나는 임무의 난관을 강조하기 위해 세 개의 서사 프로그램을 제시하는 방법이다.

하나의 서사 프로그램은 다른 서사 프로그램이 미리 실현되어야 한다는 조건을 제시할 때, 복합적 서사 프로그램으로 변형된다. 예컨대, 바나나를 얻기 위해 나무 지팡이를 찾는 원숭이의 상황이 그런 경우에 해당된다. 일반적 서사 프로그램은 '기초 서사 프로그램(PN de base)'이라고 불리고 전제되며, 필연적인 서사 프로그램은 '사용 서사 프로그램(PN d'usage)'이라고 불린다.[3] 사용 서사 프로그램은 완수해야 할 임무의 복잡성에 결합되어, 그 수가 무한하다. 사용 서사 프로그램은 주체 자체에 의해서, 또는 주체의 위임을 받은 다른 주체에 의해서 실현될 수 있다. 두 번째 경우, PN(PNa)으로 표기하여 부속 서사 프로그램이라고 명명한다. 담화화되고 실현될 목적으로 시간화된 전체 서사 프로그램은 바로 기초 서사 프로그램에 종속된다. 하나의 서사 프로그램은 복잡화의 수순을 밟아 가면서 작동적 프로그램화로 변형된다. 담화 차원에서 서사 프로그램은 명시적일 수도 있고 암묵적일 수도 있으며, 명시화는 표층의 서사 통사론을 요청한다.

단순 서사 프로그램이나 복합 서사 프로그램 모두 그것의 통합체 전체는 주체의 수행에 해당한다. 단, 그때 조건은 행동과 상태의 주체들이 규

3 A. J. Greimas, *Du Sens II* (Paris: Seuil, 1983), p.188.

정된 행위자 안에서 융합된다는 점이며, 부속 서사 프로그램의 주체는 주요 행동의 주체와 동일하다. 수행으로 불려지는 서사 프로그램은 능력(compétence)의 서사 프로그램을 전제로 한다. 예컨대, '존재하게 행동하다'(faire-être)의 주체는 먼저 '하기 원하다'나 '해야 한다'의 주체로서 양태화되어야 한다. 이 같은 관점에서, 능력은 사용 프로그램으로 나타나며 사용 프로그램이 지향하는 가치들은 양태적 본질에 속한다는 특징이 있다.

3. 서사 프로그램의 유형과 개념 구조[4]

서사 프로그램의 내적인 역동성을 작동시키면서 두 가지 이론적 문제가 발생한다. 하나는 '하다'의 부정의 위상과 관련되며, 다른 하나는 변형 개념을 상태 변화로 보는 정의와 관련된다.

'하지 않다'(ne pas faire)를 '하다'의 범주적 부정으로 간주한다면 이것은 곧 일체의 작위(agir)의 부재를 의미한다. 예컨대, '행동하지 않게 하지 않다'는 이 경우 위계적으로 상이한 두 명의 '하다'의 주체의 작위의 부재를 지적할 뿐이며, 방임(laisser-faire)은 아니다. '하지 않다'는 기호학 이론에서 부분적인 부정일 뿐이다. 달리 말해, '하다'와 '하지 않다'는 이원적 범주의 요소들로서 상호 전제하며, 그 공통분모는 작위이다. '하다'와 '하지 않다'는 작위를 향한 능력 있는 주체의 두 가지 가능성을 분절한다. 즉 주체가 무엇인가를 하거나 하지 않거나 둘 중 하나이다. 범주적 부정으로 해석되는 '하지 않다'는 그 결과 작위의 부재라는 사실 또는 일정한 행동 형식과 관련하여 무능한 행동 주체의 존재를 표현한다.

일반적으로 기호학에서는 변형을 특정 상태의 질적 변화로 간주한다. 그 결과 실현적 변형을 분절하는 서사 프로그램과 현동화 차원의 변형을 분절

---

4 A. J. Greimas & J. Courtés, *Sémiotique: Dictionnaire raisonné de la théorie du langage* (Hachette, 1979), tome 2, 1986, pp.177-181, 297-298.

하는 서사 프로그램을 구분한다. 첫 번째 경우에서 변형은 현동화된 최초의 상태(S_2와 O가 이접된다)로부터 실현된 최종 상태(S_2와 O가 연접된다)에 이른다. 두 번째 경우, 그 정반대의 이미지를 얻는다. 두 가지 유형의 변형은 상위 지배적 작동 요소인 '하다'(faire)에 의해서 지배된다. 앞서 인용한 두 가지 변형들을 '하지 않다'라는 상위 지배적 작동 요소에 의해서 규정되는 서사 프로그램 속에서 찾으려고 한다면, 다음과 같은 프로그램에서 찾을 수 있다.

① S_1은 현동화된 최초의 상태가 간직되도록 하지 않는다. (이것은 곧 실현된 최종 상태의 출현을 함의한다.)

② S_1은 실현된 최초의 상태가 간직되도록 하지 않는다. (이것은 현동화된 최종 상태의 출현을 함의한다.)

①은 곧 실현적 변형을 분절하고 이 같은 변형은 '하지 않다'라는 상위지배적 작동 요소에 의해서 지배된다. ②는 반대로 현동화적 변형을 분절하며 이 변형은 다시 '하지 않다'라는 상위 지배적 작동 요소에 의해서 지배된다.

그런데 위에서 인용한 두 가지 변형들을 지배하는 '하지 않다'라는 상위 지배적 작동 요소를 '하다'라는 상위 지배적 작동 요소로 대체할 경우, 서사 프로그램을 규정하는 두 가지 유형의 변형들을 갖게 된다.

① S_1은 현동화된 최초의 상태가 간직되도록 한다. (이것은 최종 상태가 최초 상태와 동일한 것을 함의한다.)

② S_1은 실현된 최초의 상태가 간직되도록 한다. (이것은 다시 최종 상태가 최초 상태와 동등한 것임을 함의한다.)

이렇게 되면 변형 개념이 반드시 상태의 질적 변화를 지칭하지 않음을 알 수 있다. 달리 말해, 상태 변화를 분절하는 역동적 본질의 변형이 가능할 뿐만 아니라, 특정 상태의 완고함 또는 연속화를 분절하는 정체적 본질의 변형이 존재한다.

1) 새로운 유형론

그 결과 하나의 상태의 변화 모델로서의 서사 프로그램에서 표현되는 내적인 역동성은 여덟 가지의 서사 프로그램을 포함하며, 각각은 특별한 행동 형식을 갖는다.

간단한 표기법을 위해 (S ∩ O)를 철자 'p'로, (S ∪ O)를 '-p'로 지칭한다면, 아울러 상위 지배적 작동요소 '하다'(faire)를 'f'로, 그것의 부분적 부정을 '-f'로 지칭한다면, 다음과 같이 모두 여덟 개의 서사 프로그램들이 제시될 수 있다.[5]

① PNa: (실현된 상태의 유지): f (p → p)
② PNb: (실현된 상태의 창조): f (-p → p)
③ PNc: (현동화된 상태의 창조): f (p → -p)
④ PNd: (현동화된 상태의 유지): f (-p → -p)
⑤ PN-a: (현동화된 상태의 출현): -f (p → p)
⑥ PN-b: (현동화된 상태의 보존): -f (-p → p)
⑦ PN-c: (실현된 상태의 보존): -f (p → -p)
⑧ PN-d: (실현된 상태의 출현): -f (-p → -p)

이상의 여덟 가지 프로그램은 하나의 상태 변화의 모델로서의 서사 프로

---

5 ① A. J. Greimas et J. Courtés, *Sémiotique: Dictionnaire raisonné de la théorie du langage*, tome 1 (Paris: Hachette, 1979), pp.297-299; tome 2 (1986), pp.177-179. ② J. Courtés, 앞의 책, pp.84-86.

그램의 내적인 역동성을 전체적으로 설명해 준다. 이 같은 여덟 개의 서사 프로그램의 도움으로 단순 또는 복합적인 상호 작용들의 형식의 구상화를 구성할 수 있다. 이 같은 구상화는 곧 세밀한 규칙에 따라 하나 이상의 대상으로 이루어진 소통이나 교환을 모형화할 수 있다. 표층의 기호-서사 수준에서는 오직 행동이나 상호 작용의 형식들만이 문제되기 때문에, 이 형식들은 하나의 공간적 시간적 우주 속에서 상이하게 투자될 수 있다.

2) 서사 프로그램의 이중화

앞서 우리는 주체와 대상의 관계를 보았다. 동일한 대상에 관심을 갖고 있는 또 다른 주체 또는 다른 대상을 도입하면서 주체와 대상의 조합을 확장시킬 수 있을 것이다.

$$(S_1 \cup O) \rightarrow (S_2 \cap O) \text{ 또는 } (S_1 \cap O) \rightarrow (S_2 \cup O)$$

즉, 통합체 차원의 결속에 계열체 차원의 결속이 첨가된다. 따라서 하나의 프로그램이 아니라 두 개의 서사 프로그램의 존재가 있음을 알게 된다. 그 두 개의 서사 프로그램의 연대성은 두 개의 주체를 규정하는 모순적 관계에서 기능들의 동시성에 의해서 보장된다. 상관 관계를 이루고 있는 두 개의 서사 프로그램의 존재는 동일한 서사물을 담화적으로 발현시키는 가능성을 설명한다. 이 같은 이중적 서사 프로그램은 다음과 같이 표기될 수 있다.

$$(S_1 \cup O \cap S_2) \rightarrow (S_1 \cap O \cup S_2)$$

마찬가지로, 동일한 대상에 관심을 갖고 있는 두 개의 주체를 도입하는 대신, 두 개의 대상에 호소할 수도 있다. 이럴 경우, 두 개의 결속 발화체를 구분할 수 있다. 주체 결속 발화체(énoncés joncteurs de sujets)와 대상 결속 발화체(énoncés joncteurs d'objets)가 그것이다. 이것을 각각 다음과 같이 표기할 수 있을 것이다.

$(S_1 \cup O \cap S_2) \rightarrow (S_1 \cap O \cup S_2)$
또한, $(O_1 \cup S \cap O_2) \rightarrow (O_1 \cap S \cup O_2)$

다음과 같은 기본 형식으로 이루어진 이중적인 서사 프로그램은

$(S_1 \cup O) \rightarrow (S_1 \cap O)$
$(S_2 \cap O) \rightarrow (S_2 \cup O)$

일종의 닫혀진 세계에서만 작동할 수 있다. 이 세계에 속할 때 하나의 주체가 가치를 얻을 때는 다른 주체는 결여될 수밖에 없다. 한쪽에는 연접적 변형을, 다른 쪽에는 이접적 변형을 동시에 행할 수 있다. 한쪽은 획득이라면 다른 쪽은 결핍이 될 것이다. 여기서 재귀적 행동과 사역적 행동의 관계를 도입한다면, 구상적으로 두 가지 종류의 연접적 변형들을 예측할 수 있다. 재귀적 행동의 경우는 '전유'(appropriation)이며 타동적 행동인 경우에는 '부여'(attribution)이다. 이접의 경우도 두 가지 형식이 있다. 만약 행동이 재귀적이라면 포기이며, 타동적일 때는 박탈이다.

3) 서사 통합체

지금까지 기술한 몇 가지 기본 발화체에 대한 언급은 서사성에 대한 대략적인 개념을 암시한다. 서사성이란 곧 다수의 변형으로 이루어지며 그 결과는 주체와 대상의 연접 또는 이접의 결속들이다.

앞서 우리는 행동자 및 기능들과 같은 요소들로부터 기본적인 통사적 형

식들이라 할 수 있는 서사 발화체들을 생성할 수 있음을 보았다. 보다 상위 차원에서 서사 발화체의 연쇄는 서사적 단위로서 조직화될 수 있다. 이것을 그레마스는 다음과 같은 세 가지 종류의 서사 발화체로 나타나는 수행으로 이해한다.

$EN_1 = F$: 대결 $(S_1 \leftrightarrow S_2)$

$EN_2 = F$: 지배 $(S_1 \rightarrow S_2)$

$EN_3 = F$: 부여 $(S_1 \leftarrow O)$

이 셋은 함의 관계에 따라 다음과 같이 연쇄화된다.

$$EN_3 \supset EN_2 \supset EN_1$$

서사적 단위를 발화체들 사이의 일련의 함의들로 정의하는 것은 내용의 발현 수준에서 서사적 분석을 실행할 때 실제적인 중요성을 갖는다.

4) 행동의 기호학

행동(action)은 행위들(actes)에 대한 통합체 차원의 조직화로서 정의될 수 있는데, 이때 기호학은 행동의 조직 그 자체의 본질에 대해 미리 판단을 내리지는 않는다. 통합체 차원의 기호학에서 행동은 생성 행로와 서사 프로그램의 주어진 한 순간에서 전환의 결과로 간주될 수 있다. 복합적 서사 프로그램의 경우에서 상이한 사용 프로그램은 행동을 구성하는 행위들에 해당한다. 이것은 곧 하나의 행동이 '옷을 입은 서사 프로그램'임을 말한다. 즉, 주체는 행위자에 의해서 표상되고, 행동은 과정으로 전환된다.[6]

서사 기호학은 엄밀한 의미에서 현실의 행동들을 연구하는 것이 아니라

6 J. Fontanille, *Sémiotique du discours* (PULIM, 1998), pp.187-199.

담화상에 나타나는 행동들, 즉 묘사된 행동들을 연구한다. 바로 서사화된 행동들의 분석이 서사 기호학으로 하여금 인간 활동의 '스테레오타입'을 인지하는 것과 유형론적 통합체적 모델들을 구성하는 것을 가능케 한다. 그 같은 절차들과 모델들에 대한 탐구를 통해 행동 기호학의 구축을 실현할 수 있을 것이다.

의미 작용 체계에서의 다른 모든 접근법처럼, 기호학은 특정 체계의 내적 조직(능력)을 특정 외적 공간 속에서의 발현으로부터 재구성하기 위해 행동에 대한 개념적 이론을 갖추고 있다. 이런 의미로 이해하면, 행동에 대한 개념적 이론은 기호학 이론의 동일한 요소 중의 하나가 된다.

행동에 대한 개념적 이론은 언어적 행동, 정신적 행동, 테크닉 행동 등의 담론적 실천적 다양성에 토대를 둔다. 그와는 반대로, 만약 피아제(Jean Piaget)가 '행동들의 좌표'라고 부른 것을 연구 대상으로 삼으면, 그것은 기호-서사적 수준, 즉 생성 행로에서 심층과 표층의 기호-서사 구조들에 속한다. 행동의 개념적 이론은 공간적-시간적 세계에서 구체화되기 이전의 작위의 형식들의 다양성을 규정할 수 있다. 그렇게 되면, 행동 이론의 구축을 염두에 두고 후설이 구분한 형식적 다양성과 물질적 다양성의 구분을 도입할 필요가 있다. 첫 번째 것은 행동에 대한 일반적 형식의 개념적 이론의 대상이며, 두 번째 것은 행동의 특수한 형식들에 대한 상이한 이론들의 대상이다.

행동의 형식 또는 일반적 좌표의 구성을 염두에 둔 준거 모델은 상태의 변화 모델로 이해되는 서사 프로그램이다. 최초의 상태와 최종적 상태 사이의 서열적 변형을 분절하는 서사적 프로그램은 정확한 내재적 역동성을 소유하며 행동의 여덟 가지 간단한 형식들로서 정밀화될 수 있다. 서사 프로그램 속에서 표현되는 변형이 상위 지배적으로 긍정되느냐 부정되느냐에 따라서 그 속성이 '하다'(faire)인 행동 형식의 부류와, 그 속성이 '하지 않다'(ne-pas-faire)인 행동 형식들의 부류를 구분할 수 있다. 이 서사 프로그램은 최초의 상태와 최종적인 상태 사이에서 작용하는 변형의 유형을 고려하면서, 역동적 또는 정태적 본질의 변형들에 봉착한다. 역동적 본질에 속하는 변형들은 상태 변화를 분절한다. 반면에 정태적 본질에 속하는 변형들은 비변화, 또는 상태들의 연속화를 분절한다.[7]

그 결과, 여덟 개의 간단한 행동의 형식들을 확보할 수 있으며, 네 개는 실현된 상태 또는 현동화된 상태의 유지 또는 보존을, 다른 네 개의 형식은 실현된 상태 또는 현동화된 상태의 창조 또는 출현을 표현한다. 이 여덟 가지 형식들은 서사 프로그램의 내적인 역동성을 해명한다. 이 여덟 개의 행동 형식의 기저에 있는 논리적 구조는 기호학적 사각형을 구성하는 속성들을 재생산하는 변형들의 사원적 구조이다.

행동을 나타내는 여덟 개의 형식들의 도움으로, 상호 작용의 단순한 구상화들의 정밀한 부류를 성립할 수 있다. 이때 그 상호 작용의 형식들의 공통적 속성은 두 개의 주체가 서로 독립되어 있고, 또 그 지향성에 따라서 즉 가치와 관련하여 상호 종속되어 있다. 상호 작용의 간단한 형식들과 관련하여 상이한 여덟 개의 구상화가 존재하는데, 각각의 구상화는 그 자신의 엄밀하고도 명시적인 규칙들을 소유한다. 다양한 구상화 덕분에 행위자들 사이의 교환과 소통(커뮤니케이션) 속에서 논쟁적 구조의 특수한 위치를 기술할 수 있다.

이 같은 간단한 행동의 형식들로부터 행동의 상이한 복합적인 형식들을 구성할 수 있다. 즉 두 개 이상의 서사 프로그램으로 구성된 행동들의 형식을 구성할 수 있다. 한 명의 행동 주체는 지향적 기획의 실현을 염두에 두고, 하나의 서사 프로그램의 특수한 문법에 의해서 고정된 단 한 개의 행로를 차용할 수 있을 뿐만 아니라, 다른 행로 또는 두 개의 (또는 다수의) 프로그램의 일정한 조합에 대해서 결단을 내릴 수도 있다. 행동의 이 같은 복합적인 형식들의 문제는 자기 조절적 능력의 문제를 제기한다. 독립적이긴 하지만 지향성에 따라서 상호 종속적인 두 명의 주체 사이의 복잡한 형식

7 A. J. Greimas & J. Courtés, *Sémiotique: Dictionnaire raisonné de la théorie du langage* (Paris: Hachette, 1979), pp.297-298.

들을 모사하는 상이한 구상화들은 상이한 결단 과정과, 하나의 실현해야 할 목적을 염두에 두고 실행되는 프로그램화의 과정을 명백하게 해 줄 뿐만 아니라, 전략 또는 반전략의 상이한 형식들을 밝혀 줄 것이다.

행동의 기호-서사 이론이 작위의 형식들의 다양성을 규정하고 탐구하기 때문에, 그것은 언어적 비언어적 통합체 차원에 속하는 것들의 분석을 위해서뿐만 아니라 테크닉의 정신적 활동의 분석을 위해서도 사용될 수 있다.

행동의 일반적인 형식들과 복수의 행동들의 구분을 유지하면서, 행동의 기호학은 두 개의 추상화 수준을 포괄한다. 하나는 기호-서사 수준에 위치하며, 다른 하나는 공간-시간과 복수의 행위자들에 고유한 담화적 또는 실천적 수준에 위치한다. 첫 번째 경우에서, 행동의 기호학은 행동과 상호 작용의 단순한 또는 복잡한 형식들의 통사적 구상화를 구축하면서 주체의 프로그램 지성을 탐구하는 통합체 기호학에 속한다. 두 번째 경우는, 한 명의 행위자 또는 여러 명의 행위자들의 복수의 행동들과 상호 작용을 모델화하는 시나리오를 구축하면서, 사회적·인간적 또는 인위적인 상이한 실천들을 설명하려는 시도라 할 수 있다.

4. 서사 도식과 전통적 플롯 모델의 비교

위에서 지적한 것처럼, 그레마스에게 있어서 서사물의 기본적이며 일반적인 구조는 두 개의 상보적인 차원을 갖는다. 첫째, 서사물에서 사건들의 응결성을 요약하는 서사 모델로서 플롯 요약 또는 이야기의 도식적 구조에 비교될 수 있다. 둘째, 포괄적인 의미론적 차원 또는 거시 구조로서 사건을 통하여 플롯 모델을 통하여 발현된다. 서사 모델은 서사 도식으로서 이루어지며, 그것은 이야기의 통합체 차원의 전개에 대한 계열체 차원의 투사이다. 아울러 그것은 사건이 아닌 행동자 또는 불변적 역할들에 초점을 두는 것이다. 그 모델을 전통적 플롯 모델과 비교하면 다음과 같다.[8]

두 모델 사이의 놀라운 차이는 전통적 플롯 패턴이 단일한 절정 또는 전환점을 따로 분리하고 있는 반면, 서사 도식은 이야기 속에서 두 개의 절정을 고조화시킨다는 것이다. 첫 번째 절정에 비해서 덜 두드러진 두 번째 절정은 주인공에 기인한 인지 요구인 요청 또는 두 번째 탐색이다. 전통적인 플롯 모델의 낙하 행동(falling action)이 존재하는 곳에서 기호학적 모델은 사회적 인정, 제재, 주인공의 행동에 대한 보상의 수준을 배치한다. 선형적으로 플롯 모델은 네 개의 시퀀스의 조직화로 표상된다. 조종(계약의 설정), 능력, 수행, (계약의) 제재가 그것이다. 이처럼 일정 수의 시퀀스로 환원된 플롯 윤곽은 서사 도식의 도표와 일치하지 않는다. 서사 도식에서 이야기는 계약의 파기와 더불어 시작한다. 프로프의 고전적인 31개의 기능들의 구조화에 대해서 그레마스는 논리적 전제 조건의 순서를 도치시킴으로써 최종 계약을, 출발부터 암묵적으로 설정된 포괄적인 주요 계약으로서 재해석한다.[9]

전통적 플롯 모델과 마찬가지로 서사 도식은 직선적이며 연대기적 순서에서 발생하는 형식적 프레임워크이다. 두 가지 모델 모두 일반적이며 관념적인 패턴을 제공하며 실제 이야기는 그 패턴의 변이형들이 될 것이다. 서사 도식은 어느 정도 정전(正傳)화된 것이라고 말해질 수 있는데, 왜냐하면 하나의 이데올로기적 준거 모델로 사용될 수 있으며 그 모델에 견주어서 일탈형들이 기록되고 평가되기 때문이다. 전통적인 플롯 모델과 달리, 서사 도식은 하나의 관념적인 패턴 또는 형식적인 프레임워크 이상의 것이다. 서사 도식은 하나의 완결된 개별적 이야기에서 삶의 의미와 형식을 기록한다. 더 정확히 말해서, 자격 획득, 실현, 인정 등의 일화들과 더불어 추구로서 기록한다. 그레마스는 프로프가 수립한 민담의 서사적 조직화는 모든 서사물을 의미의 추구로 읽을 수 있는 가능성을 제공한다는 점을 분명히 한

8 같은 책, p.440 참조.

9 Richard Shiff & Robert S. Nelson, ed., *Critical Terms for Art History* (The University of Chicago Press, 2003[1996]), pp.58-69; Anne Hénault, *Les enjeux de la sémiotique* (Paris: PUF, 2012), pp.177-202.

다. 행동자 모델은 서사 모델의 두 번째 양상을 형성하며 행동자들에 따라서 사건들을 다시 묶을 수 있다.

그레마스에 따르면 서사 의미론과 기능 의미론은 상보적이다. 그들의 단위들은 의미 작용의 기본 구조들이며 기호학적 사각형에서 분절될 수 있다. 그것은 의미론적 선별성이 상관 관계를 맺는 다이어그램이다. 그레마스는 의미 작용과 의미의 구별을 주문하는데, 첫 번째 것은 분절된 의미를, 두 번째 것은 기호학적 생산에 선행하는 것으로서 그것에 대해서는 아무것도 말해질 수 없는 것으로 정의된다. 의미 작용의 총체성은 의미론적 우주를 형성한다. 따라서 기호학에서 열쇠가 되는 작동 개념은 분절된 의미이다. 그것은 두 개의 구성항들 사이의 관계에 의해서 그 차이와 유사성의 지각으로 표시된다.

그레마스는 의미가 파악되도록 가능하게 하는 조건들에 대한 다양한 모색을 시도했다. 그는 문화적 대상을 구성하는 데 있어서 주체의 정신은 기호학적 대상들의 존재를 위한 조건들을 규정할 수 있는 다양한 제약들에 달려 있다는 점을 논증한다. 이 같은 대상들의 가장 중요한 대상은 의미 작용의 기본적 구조이다. 그것은 의미론적 논리적 본질에 속하며 표층의 서사 구조의 기저에 놓여 있다. 따라서, 그것은 서사 문법에서 심층적 추상적 구조들의 수준에 위치한다. 기본 통사론에 첨가하여 기본 의미론과 형태론을 형성하면서 말이다.

의미는 대립에 달려 있다. 의미 작용의 기본 구조는 가장 간단한 형태에서 백과 흑, 생과 사, 사인과 문화와 같은 이분법직 대립이다. 그깃의 보다 복잡한 형태에서 그것은 두 개의 대립들의 상관 관계이다. 그것은 기호학적 사각형으로 표상된다. 심지어 그것의 복잡한 형태에서도 기호학적 사각형은 하나의 간단한 논리 의미론적 구조를 갖는다. 그것은 대립의 유형들 가운데 가능한 조합적 관계의 윤곽을 잡아 주며 그중에는 삶과 죽음과 같은 상반적 대립, 삶과 비삶과 같은 모순, 비삶과 죽음과 같은 함의 또는 전제가 포함된다. 이 같은 대립들의 모든 유형들의 상관 관계는 의미를 다양하게 활성화시킨다. 기호학적 사각형은 역동적으로 하나의 상황에서 다른 상황으로 이동하는 것을 지시함으로써 텍스트의 의미론적 운동을 지시한다. 각각의 상황은 부정되거나 역전됨으로써 다른 상황으로 유도되며, 상반항 또는 모순항으로 유도되면서 상황 전환을 이룰 수 있다.

의미를 갖기 위해서는 서사물은 하나의 유의미적 전체를 가져야 하며 간단한 의미론적 구조로서 조직화되어야 한다. 기호학적 사각형의 기본적인 구상화는 서사물의 의미론적 거시 기호학적 구조를 유지하며, 그 안에서 시간적 대립은 주제적 대립과 더불어 상관 관계를 맺는다. 예컨대, 전:후 : 도치된 내용 : 적합한 자리에 놓인 내용. 달리 말해서 상황의 전복에 선행하는 상황과 그 후에 제기되는 상황은 최초의 주제적 문제와 주제적 해결 사이의 대립과 더불어 상관 관계를 맺는다. 따라서 서사물은 오직 그것의 의미론적 주제적 발전을 플롯의 발전에 관련지을 때만 전체로서 파악된다. 적합한 자리에 놓인 내용과 도치된 내용은 서사물의 퇴행적 규정을 지시하며, 서사물은 그 울타리에 의해서 정착되고, 종말은 그것의 선행하는 것을 규정한다. 따라서, 출발점은 종말부터 제기되거나 해결되는 최종적 내용과 더불어 이루어진다. 상황의 전복에 선행하여 내용은 도치되는 것이다.

또 다른 유형의 분절은 서사물의 골격에, 시퀀스를 형성하는 것과 대립하여 내용의 분포를 가능케 한다. 그 골격은 두 개의 토픽 내용을 포함하는데, 거기서 최초의 시퀀스와 최종적 시퀀스는 두 개의 상관 관계가 있는 내용을 형성하며 원칙적으로 토픽적 내용으로서 변형의 동일한 유형을 발현한다. 보다 더 분석적인 세련화와 더불어 서사물은 여섯 개의 시퀀스로 세그먼트화된다.

서사물의 골격

내용과 주제	역전된 내용			제기된(해결된) 내용		
	상관 관계를 맺은 내용	토픽적 내용		토픽적 내용		상관 관계를 맺은 내용
서사적 도식	최초 시퀀스	자격 시련	주요 시련	주요 시련의 종말	영광 시련	최종 시퀀스

도표[10]는 서사물의 사건 관련과 의미론적 구조를 요약하며 그들 사이의 상응 관계를 착수시킨다.

이 같은 포괄적 모델은 추상화된 서사물의 통합적 모델로서 오직 형식적 불변적 속성들을 밝혀 준다. 텍스트를 시퀀스로 세그먼트화하면서, 그 모델은 내용이 탐구될 수 있으며 분석될 수 있는 형식적 매개 요인들을 제공한다. 그 모델은 분석자로 하여금 시련의 결과와 가치 대상의 결과로서 발현되는 중요한 주제 또는 내용을 파악하는 것을 가능케 한다. 주요 시련은 이야기의 절정이기 때문에, 내용 변형의 발현과 그것의 파급 결과는 지배적인 주제 또는 서사물의 메시지를 지시한다. 그것은 근간을 이루는 영역으로서 그곳으로부터 의미론 분석은 기호학적 사각형을 수단으로 삼아 시작된다. 기호학적 사각형에 투사된 내용들은 예측 가능한 위치들에서 분절될 수 있으며, 의미론적 범주들에서 성립된다. 레비-스트로스의 《날것과 익힌 것》[11]에서 분석된 보로로 신화를 삼아서 그레마스는 기호학적 사각형의 적용에 있어서 다섯 개의 단계를 제시하며 그 신화의 기저에 놓여 있는 점증적인 정교한 구성을 제시한 바 있다.

첫 번째 단계에서는 주요 시련의 토픽 내용과 더불어 시작한다. 그 결과들은 다음과 같이 이루어진다. ① 날것(비생명)이라는 구성항을 부정하기 ② 익힌 것(생명)이라는 구성항을 긍정하기 ③ 신선하다라는 구성항을 긍정하기(비죽음) ④ 썩은 것(죽음)이라는 구성항을 부정하기.[12]

이렇듯 기호학적 사각형은 기술 절차의 역할을 수행하기 위해 어느 정도까지는 단언과 부정의 기본적 작동과 더불어 발견 절차의 역할을 맡는다.

---

10 Paul Bouissac, ed., *Encyclopedia of Semiotics* (New York: Oxford University Press, 1998), p.442.

11 레비-스트로스, 《신화학 1—날것과 익힌 것》, 임봉길 옮김(한길사, 2005).

12 이에 대한 설명은 그레마스가 할애한 3쪽의 분량을 참조할 것: 그레마스, 〈신화적 서술물의 해석 이론을 위하여〉, 《의미에 관하여》, 김성도 옮김(인간사랑, 1997), pp.242-302.

5. 표준 서사 도식의 개념 구조와 사례[13]

1) 개괄

먼저 표준 서사 도식의 종합적 제시[14]는 행동의 요소를 논리적으로, 시간적으로, 그리고 의미론적으로 조직화시키는 것을 가능케 한다. 그 같은 행동의 요소는 서사 프로그램에 의해서 표상될 수 있지만 그렇지 않을 수도 있다. 표준 서사 도식은 다섯 개의 구성 요소들을 구비한 구조로서 표상될 수 있다. ㄱ) 행동 자체는 두 개의 요소로 분해될 수 있다. ㄴ) 능력(행동에 필요한 선결적 요소로서, '행동하기를 원하다', '행동해야 한다', '행동할 줄 안다', 그리고 '행동할 수 있다'). ㄷ) 수행(행동의 실제적 실현과 관련됨). ㄹ) 조종('행동하기를 원하다'와 '행동해야 한다'를 위한 구체적 구성 요소). ㅁ) 제재와 대가(행동의 평가와 행동이 유발하는 보상 또는 응징).

서사 도식을 표준적 또는 정전적 도식으로 부를 수 있는 이유는 문학 텍스트, 영화, 회화 등, 상당수의 서사적 생산물에 나타나는 일반적 행동의 조직화를 적합하게 설명해 줄 수 있다는 사실에 있다.

① 표준 서사 도식의 논리적, 시간적, 의미론적 조직

구조 기호학에서는 표준 서사 도식에 대해서 논리적, 시간적, 의미론적 조직이라는 표현을 사용해 왔는데 이에 대한 정확한 개념 규정을 제시할 필요가 있다. 무엇보다 표준 서사 도식의 구성 요소들은 그것들 사이에서 존재하는 전제 관계에 의해서 맺어진다. 예컨대, 제재와 대가는 행동을 전제

13 이 부분은 다음 문헌에 기초하여 작성되었음을 밝혀 둔다. Louis Hébert, *Dispositifs pour l'analyse des textes et des images* (Limoges: Presses Universitaires de Limoges, 2007), pp.123-140.

그레마스 기호학에서 도식의 방법론적 인식론적 함의에 대한 다음 연구물을 참조할 것: J. Fontanille & Cl. Zilberberg, *Tension et signification* (Mardaga, 1998), pp.71-89.

14 J. Courtés, *L'Analyse Sémiotique du discours* (Paris: Hachette, 1991), pp.98-136.

항으로 가진다. 쉽게 설명해 어떤 행동이 있어야만 비로소 그 행동에 대한 제재와 대가가 가능하다. 이 같은 전제 조건들은 원칙적으로 시간적 연속에서 이루어지는 관계들의 기저에 깔려 있다. 전제된 항(terme présupposé)은 여기서 시간적으로 전제항(terme présupposant)에 선행한다. 끝으로, 각각의 구성 요소는 하나의 행동의 부류를 성립하고, 그 결과, 그 같은 행동에 속하는 각 요소는 개별적인 의미론적 성격을 획득한다. 그것은 조종의 요소이거나 제재와 대가의 요소이다.

② 표준 서사 도식과 서사 프로그램

그레마스가 제안한 표준 서사 도식은 그 자신이 구축했던 행동자 모델을 대체한다고 말할 수 있다. 양자의 주된 차이점을 간략하게 지적하면 다음과 같다.[15]

첫째, 행동자 모델은 하나의 주체와 대상을 중심으로 축이 이동한다. 만약 주체와 대상의 쌍을 서사 프로그램(PN)에 적용한다면 두 가지 사실을 목격할 수 있다. 첫째, 주체와 대상은 암묵적으로 하나의 접속에 의해서 결합된다. 둘째, 주체, 대상, 그리고 접속은 서사 프로그램의 두 번째 상태에 해당된다. 표준 서사 도식은 명시적으로 서사 프로그램을 중심으로 회전한다.

둘째, 행동자 모델에서 행동자의 한 쌍은 제거된다. 즉 조력자/대립자가 그것이다. 도움을 주고, 해를 입히는 요소들은 능력의 범주 속에 위치하며, 만약 그것이 명시적으로 행동자들로서 간주된다면, 이것은 PN(서사 프로그램)을 매개로 하여 이루어진다. PN의 행동자들은 오직 주체와 대상의 행동자들로 성립된다. PN의 대상은 따라서 이 같은 능력의 요소이며, 예컨대 '행동할 줄 안다'의 획득이다. 따라서 하나의 조력자는 능력의 유지 또는 획득의 서사 프로그램 속에서 행동의 주체라 할 수 있다. 대립자는, 능력의 상실 또는 비획득의 서사 프로그램 속에 존재하는 행동의 주체이다.

---

15 A. J. Greimas & J. Courtés, *Sémiotique: Dictionnaire raisonné de la théorie du langage* (Paris: Hachette, 1979), pp.244-247, 322-333.

셋째, 표준 서사 도식에서는 두 가지 유형의 발신자들을 구별할 수 있다. 발신자-조종자(이것은 조종의 구성 요소에 결부된다), 발신자-사법자(제재와 대가의 구성 요소와 결부된다), 수신자-주체라고 불려지는 수신자는 도식의 중심부에서 PN의 행동 주체(S_1)에 해당된다. 여기서 주체는 두 발신자들의 어느 하나와 더불어서 맺는 관계 속에서 조준된다.

여기서 몇 가지 방법론적 규정을 마련할 필요가 있다. 그 같은 장치를 구성하는 요소들 각각에 대해서 동등한 관심을 기울일 수 있거나 또는 정반대로 이 같은 요소들 가운데 몇 개에 중점적인 관심을 둘 수 있다. 두 번째 경우, 최소한 요약적으로나마 이차적 요소들을 연구해야 할 것이다. 행동자 모델에서처럼, 먼저 핵심적 요소인 '행동'을 위치시켜야 하며 제대로 선택을 해야 한다. 왜냐하면 다른 모든 요소들은 이 같은 중심적 요소의 함수이기 때문이다. 행동이 선별되면, 조종, 제재, 능력이 바로 이 같은 PN으로 귀결되는지, 아니면 동일한 이야기의 다른 PN으로 귀결되는지 확실하게 정할 수 있다.

2) 표준 서사 도식의 구조

표준 서사 도식에 대해서 다음과 같은 시각적 표상을 제시할 수 있다.[16] 화살표는 구성 요소들 사이의 전제 조건을 표시한다. 예컨대 제재와 대가는 행동을 전제로 하지만 행동은 제재와 대가를 전제로 하지 않는다.

표준 서사 도식의 표상

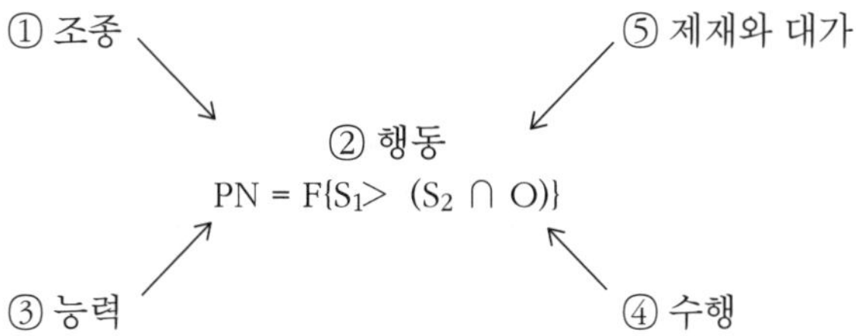

16 J. Courtés, 앞의 책, p.100.

여기서 전제와 시간에 대해서 간략한 언급을 첨언할 필요가 있다. 먼저 구성 요소들 사이에 존재하는 상이한 전제 조건들의 관계를 점차적으로 규명해야 할 것이다. 하지만 이미 몇 가지 논리적 시간적 원칙들을 제시하는 것이 가능하다. 전제하는 요소는 그것의 전제되는 요소에 견주어서 수의적이다. 따라서 전제되는 행동이 필수적인 반면, 전제되는 제재와 대가는 수의적이다. 전제되는 요소는 논리적으로 그리고 일반적으로 시간적으로 선행하지만 반드시 그런 것은 아니다.

전제 관계에 있어 구성 요소들 사이에 존재하는 시간적 동시성의 예를 생각해 볼 수 있다. 시간적 조직과 논리적 조직 사이의 도치 관계로서, 서비스 제공은 전적으로 미리 지불될 수 있으며, 그 결과 제재와 대가의 보상 단계는 부분적으로 행동에 선행한다. 왜냐하면 인지적 보상(예컨대, 축하, 덕담)이나 실용적인 보상(예, 금전)의 예기치 못한 추가가 이 같은 행동에 뒤따를 수 있기 때문이다.

① 조종

ㄱ) 긍정적 조종과 부정적 조종

조종은 '행동하기를 원하다', '행동해야 한다'의 변형들과 관련하여 표준 서사 도식의 구성 요소이다. 긍정적 조종은 그 같은 변형들을 출현시키거나 증가시키며 그 변형들이 충분한 수준에 놓이면 그것들을 유지할 수 있다. 부정적 조종은 그 같은 변형들을 사라지게 만들거나 축소시키는 것을 겨냥한다. 긍정적 조종은 행동하게 만들며 부정적 조종은 행동하지 않게 만든다.

ㄴ) 발신자-조종자와 수신자-주체

발신자-조종자는 수신자-주체에 대해서 자신의 조종 능력을 행사한다. 즉, 행동을 완수하거나, 완수하지 않으려는 주체에 대해서 자신의 조종을 행사한다. 행동을 표상하는 PN에서 이 같은 수신자-주체는 '행동하다'의 주체에 해당되며 S_1으로 표기된다. PN차원에서 긍정적 조종은 다음과 같이 표기된다. $PN=F_1 [S_1 \rightarrow F_2\{S_2 \rightarrow (S_3 \cap O)\}$

이 같은 공식은 표준 서사 프로그램과는 상이하다.(여기서는 주체가 하나 더 있으며, S_1와 S_2 는 각각 S_2와 S_3 가 된다.) S_1은 발신자-조종자를 표상하는 반면, 수신자-주체는 S_2와 일치한다.

ㄷ) 조종과 계약

조종은 그것이 발신자-조종자와 수신자-주체 사이에서 설정하는 명시적 또는 암묵적 계약의 도입을 통해서 가능태의 방식에서 '완수되어야 할 행동' 또는 '완수되지 말아야 할 행동'을 상기시키며, 그것과 결부된 긍정적 또는 부정적 보상을 환기시킨다. 긍정과 부정은 그 계약이 존중되거나 또는 존중되지 않는 경우에 각각 해당된다.

또한 조종과 반조종의 대립도 가능하다. 한 명의 장군은 발신자-조종자로서 긍정적 조종을 통해서, 즉 사기와 용맹을 고취시키고, 전쟁에서 승리했을 경우, 물질적 보상을 약속한다. 그의 부하들, 즉 수신자-주체를 적진을 향해 나가도록 독려하며 부정적 조종을 통하여 예컨대 위협이나 폭발물 앞에서 후퇴하게 만들거나, 동시에 적들로 하여금 행동을 하지 못하도록 하거나 물러서게 만든다.

② 행동

행동은 개념 차원에서 표준 서사 도식(=SNC)의 핵심적 구성 요소이다. 행동은 원칙적으로 서사 프로그램에 의해서 표상된다. 행동의 구성 요소는 그 자체가 능력과 수행으로 분해된다. 행동, 즉 수행은 조종을 전제로 한다. 행동이 있다면 반드시 조종이 있어야 하나, 조종은 심지어 그것이 성공해도 반드시 행동을 유발하지 않는다.[17]

행동에도 재귀적 행동과 타동적 행동이 존재한다. 이론적으로 표준 서사

17 Louis Hébert, 앞의 책, p.130.

도식 속에 서사 프로그램을 등록시키기 위해서는 이 같은 서사 프로그램이 기호학에서 수행이라고 부르는 것, 반성적 행동이라고 부르는 것이 성립해야 한다. 반성적 행동에서 $S_1 = S_2$이다. '나는 몸을 씻었다' 등의 문장이 이 같은 유형에 속한다. 이것은 타동적 행동과 대립되며 여기서 S_1은 S_2와 동일하지 않다.

③ 능력

능력은 행동의 실현에 해당되는 수행에 필요한 선결적 요소들의 변형과 관련하여 표준 서사 도식의 구성 요소이다.[18]

ㄱ) 행동의 네 가지 양태성

행동의 네 가지 양태성을 구별할 수 있다. 이 가운데 두 개는 동시에 조종의 범주에 속한다. 행동하기를 원하다 = v, 행동해야 한다 = d, 행동할 줄 안다 = s, 행동할 수 있다 = p.

ㄴ) 긍정적 능력과 부정적 능력

하나의 능력 또는 그것의 양태성들의 하나에 대해서 그것이 수행을 유발하기에 충분하다면 긍정적이라고 평가할 수 있다. 이와 상반된 경우, 그것은 부정적이다. 부정적 능력의 양태성은 마이너스 표시 기호로 기록된다. 예컨대, −v는 부정적인 '행동하기를 원하다'를 의미한다. 수행이 있기 위해서 능력은 한편으로는 긍정적이어야 하며, 다른 한편으로는 '행동할 줄 안다', '행동할 수 있다'에 대해서, 그리고 다른 한편으로는 '행동하기를 원하다'와 '행동해야 한다'에 대해서 적용될 수 있다(긍정적 '행동하기를 원하다'는 부정적 '행동해야 한다'를 보상한다).

모든 긍정적 행동은 반드시 하나의 수행이라는 결과를 낳는다. 그렇지

18 같은 책, pp.130-132.

않으면 행동이 완전히 또는 진정으로 긍정적이라 말할 수 없다. 예컨대, '그는 300킬로그램의 무게를 들어 올리기 시작한다. 그런데 갑작스러운 근육 경련으로 기절하였다'라는 발화체가 있다고 치자. 그는 표면적으로 300킬로그램의 무게를 들어 올릴 능력을 갖고 있다. 하지만 그것의 구체적이며 특이한 상황들 속에서 특이한 행동에 적응될 진정한 행동 능력은 갖고 있지 않다. 그 결과 능력과 수행 사이의 관계는 전제 조건이다. 즉 긍정적 능력이 있으면 반드시 수행들이 존재한다. 마찬가지로 수행이 존재하면 반드시 긍정적 능력이 존재한다.

④ 수행

수행은 표준 서사 도식의 구성 요소이며 긍정적 능력을 통해서 가능해진 행동이다. 따라서 그것은 엄밀한 의미에서의 실현과 관련된다. 수행은 능력을 전제로 한다. 수행이 존재한다면, 그것은 능력이 반드시 긍정적이기 때문이다. 실제적이면서 완전한 긍정적 능력은 반드시 행동의 실현을 함의한다.[19]

수행, 아울러 능력 역시, 범주적이거나 점증적일 수 있다. 그 결과 하나의 낭떠러지를 건너는 것은 일반적으로 하나의 범주적 행동으로 간주된다. 즉 성공하거나 그렇지 않거나이다. 하나의 선거는 범주적 수행이거나 점증적 수행을 성립한다. 승리는 사실과 관련되며, 최소한 투표수의 절반을 얻어야 한다. 하지만 범주적 차원도 역시 중요하다. 이 같은 승리의 강도는 그것이 총 투표의 백 퍼센트에 접근하면 그만큼 강렬한 것이다.

⑤ 제재와 대가

제재와 대가는 수행의 인식적 판단과 관련된, 그리고 이 수행의 주체가 관심을 갖는 적절한 보상과 관련된 표준 서사 도식의 구성 요소이다.[20]

---

19 같은 책, p.133.
20 같은 책.

ㄱ) 발신자–사법자와 수신자–주체

발신자–사법자는 그의 제재를 수신자–주체, 즉 행동을 완수하거나 완수하지 않을 주체의 차원에서 행사한다. 서사 프로그램에서는 행동의 주체는 S_1으로 표기된다.

ㄴ) 인식적 판단

인식적 판단은 조종 시 개입된 암묵적 또는 명시적 계약에 견주어서 수행의 일치에 대해서 행해진다. 예컨대, 행동이 실현되었는가, 또 제대로 실현되었는가라는 물음을 던져 볼 수 있다. 추정된 수신자–주체는 좋은 사람인가, 아니면 사기범인가?

ㄷ) 보상

곧 이어서 보상이 개입한다. 그것은 범주적이거나 점증적이며, 긍정적이거나(보상), 부정적이며(응징), 실용적이거나(금), 인지적(축하)일 수 있다.

3) 적용 사례

여기서 라퐁텐의 우화에 나오는 〈까마귀와 여우〉의 분석을 예로 삼아 위에서 상술한 서사 프로그램을 적용해 볼 수 있을 것이다.[21] 이 우화의 전문의 내용은 다음과 같다.

> 까마귀 한 마리가 부리에 치즈를 물고 나뭇가지에 앉아 있었다.
> 그 냄새에 유혹을 느낀 여우가 말했다.
> "안녕, 까마귀님! 당신은 정말 멋지군요! 무척 잘생겼어요!
> 진심으로 말하건대, 당신의 목소리까지 깃털 색깔과 어울린다면
> 당신은 이 숲 속 최고의 주인이 될 거예요, 진심이에요."

---

21 같은 책, pp.135-140.

여우의 말에 까마귀는 별로 기분이 좋지 않았다.

그래서 자신의 아름다운 목소리를 들려주기 위해서 부리를 크게 벌렸다.

그 바람에 입에 물고 있던 치즈가 떨어져 버렸다.

여우는 그것을 잽싸게 차지하고는 말했다.

"친애하는 친구여, 모든 아첨꾼은 그의 말에 속는

사람들 덕분에 살아간다는 것을 명심하시오.

이 치즈는 아마도 그러한 가르침의 대가로 충분할 것 같소."

까마귀는 부끄럽고 당황한 중에도 조금 늦긴 했지만

다시는 그런 말에 속지 않겠다고 맹세했다.[22]

① 서사 프로그램의 적용

위에서 인용한 라퐁텐의 작품 〈까마귀와 여우〉에서 여우의 충동질로 인해 노래를 하게 된 까마귀의 행동에 주목해 볼 수 있을 것이다. 까마귀(Corbeau)와 여우(Renard)는 프랑스어 단어의 어두음을 따서 각각 C와 R로 적을 수 있다.

조종

.R → (C → C ∩ 노래)

이 같은 PN은 아래에 해당

.R → C ∩ 행동하기를 원함

이 같은 PN은 다음을 전제함

.R → C ∩ 긍정적 보상의 가능성

가짜 계약의 (인지적) 보상

.R → C ∩ 영광

---

22 라퐁텐, 《지혜로운 영혼을 위한 240가지 이야기—라퐁텐 그림우화》, 박명숙 옮김(시공사, 2004), p.21.

제재

인식적 판단

.R → 행동∩긍정적 판단 (행동은 적절하게 실현된 것으로 판단됨)

보상

진정한 계약의 화용적 보상

.R → C ∪ 치즈 (박탈)

진지한 계약의 인지적 보상

.R → C ∩ 굴욕

.R → C ∩ 교훈 (아이러니한 보상)

능력

.R → C ∩ 행동하기를 원하다

.C → C ∩ 행동할 줄 안다 (이미 실현된 행동)

.C → C ∩ 행동할 수 있다 (이미 실현된 행동)

수행

.C → C ∩ 노래 (실현된 행동)

② 조종과 계약

조종 차원에서 여우는 암묵적으로 두 개의 계약을 제안한다. 하나는 참된 계약이고 다른 하나는 거짓 계약이다. 까마귀는, 자기가 노래를 하면 그 대가로 긍정적인 인지적 보상으로서, 아름다운 목소리를 갖고 있다는 영광을 받을 것이라고 생각한다. 이 같은 거짓 계약에서 치즈를 간직하는 일은 문제조차 되지 않는다. 왜냐하면 까마귀에게 노래 솜씨를 뽐내고 치즈를 간직하는 것은 서로 배제되지 않는 것으로 판단되기 때문이다. 최소한 여우의 아첨에 취해서 까마귀는 순간적으로 그것의 양립 불가능성에 대한 의식을 잃는다. 암묵적인 진정한 계약은 다음과 같다. 만약 까마귀가 노래를 부르면, 그것은 부정적인 보상으로서, 화용적 방식에서 자신의 치즈의 상실로 유도되며, 인지적 차원에서 자존심의 굴욕을 겪는다.

여우는 놀이 시작부터 까마귀에게 아름다움을 양보한다. 하지만 여우는 스스로가 아름답다고 짐작하는 까마귀의 목소리를 듣고 싶어 한다. 여우의 지적 우월성은 아첨에 대한 과장 어법적 성격에 의해서 부각된다. 여우의 아첨은 까마귀가 순진하며 허영심이 많다는 것을 보여 준다. 까마귀는 공작도 아니며 꾀꼬리도 아니다. 그렇지만 까마귀에게 전가하는 아둔함은 사실과는 다르다. 실제로 까마귀는 매우 영리한 동물이기 때문이다.

③ 제재와 대가(sanction)

제재와 대가가 이루어지는 순간 여우는 사법자-조종자가 된다. 인식적 판단은 어떤 문제도 발생시키지 않는다. 행동은 계약과 일치하여 실현된다. 이것은 참된 계약과 거짓 계약 모두 마찬가지다. 그렇지만 여우는 보상을 위해서 가면을 벗고 진정한 계약에서 예측된 보상을 부여한다. 그 진정한 계약에서 까마귀는 무의지적이며 의식하지 못한 서명자였다. 모종의 교환에서 그 계약은 까마귀의 박탈을 냉소적으로 숭고화시킨다. 이를테면, 치즈와 맞바꾸며 까마귀는 하나의 도덕적 교훈을 얻었다. 그런데 그 교환은 치즈라는 일차적 필요성에 속하는 실용적 대상과, 아름다운 목소리의 소유자라는 미적 인지적 대상을 대립시킨다는 점에서 불평등하다. 여기서 물질적 대상은 유일하며 공유가 될 수 없는 반면, 다른 대상은 여우가 그것을 타자에게 주면서도 준 만큼 줄어들지도 박탈되지도 않는다. 여우는 그 교훈을 간직하며, 더 중요한 것은 지능과 교활함을 모두 갖고 있다는 사실이다. 그 교훈은 이 같은 여우의 지능과 교활함의 발현에 불과하다.

제13장

생성 행로

1966년 출판된 《구조 의미론》에서 제시된 구조 기호학의 주요 개념들과 모델은 《의미에 관하여》(1970)와 《기호학 사전》(1979)에서 보다 정교해진 이론 체계로 심화되었다. 70년대에 출간된 이 두 권의 저서는 초기 구조 의미론의 기본 얼개를 적극적으로 수용했다. 그레마스 기호학의 인식론적 방법론적 토대를 수립하는 데 있어 결정적 기여를 한 이 세 문헌들에 나타나는 공통적 전제로서 두 가지를 지적할 수 있다.[1] 첫째, 의미는 결코 안정적 상태에 머무르지 않으며 하나의 역동적 과정 속에서 생성된다. 의미는 창발하는 것이며 이 같은 창발(émergence) 또는 의미의 생산성은 오직 그것의 고유한 전이(transposition) 수준에서만 존재한다. 둘째, 의미는 하나의 생성 행로로서 포착될 수 있다는 사실이며, 생성 행로에서 심층으로부터 표면에 이르는 다양한 지점들에 존재하는 '깊이'의 상이한 수준들을 구별해야 한다는 것이다. 이 두 가지 인식론적 가정은 기호학의 목표에 대한 독특한 개념화로부터 정식화된다. 즉, 그레마스의 기호학은 기호들의 유형이나 분류를 다루는 정태적 계통적 학술 분야가 아니라 의미 작용의 생산과 파악을 연구하는 학문이다.

기호학이 의미의 생산 과정을 연구하는 학술 분야라는 점을 누차 강조

---

1 Herman Parret, "Approches sémiologiques," *Recherches en communication* 11 (1999), pp.49-51.

한 그레마스는 여기서 의미의 전이적(transpositif) 개념을 도입한다. 즉, 의미는 오직 그것의 전이 속에서만 존재한다. 그레마스에 따르면 의미의 존재는 그것을 포착하고 파악하는 행위에 달려 있다. 따라서 그레마스 기호학에서 문제의 핵심은 전이적 의미의 인식론과 생성 행로의 인식론이라 할 수 있다.

실제로 그레마스의 구조 기호학은 의미가 심층 수준에서 표층 수준으로 발현되면서 거치는 여러 '깊이'의 다양한 수준들로 이루어진 모델을 사용한다. 이때 깊이의 상이한 수준들은 하나의 생성 경로(trajectoire générative)로서 조직화된다. 이 점에 대한 그레마스의 설명은 다음과 같다. "우리는 기호학 이론의 일반 경제를 지시하기 위해서 '생성 경로'라는 표현을 사용한다. 즉 그 구성 성분들이 조직화될 수 있는 방식을 지시하기 위해서이다. 우리는 이것을 생성의 관점에서 진술한다. 왜냐하면 각각의 기호학적 대상은 그것의 생산 방식으로부터 정의될 수 있기 때문에, 우리는 구성 성분들이 그것들을 하나의 경로로서 조합하는 과정 속에 진입한다고 상정하며, 이때 경로는 가장 단순한 것에서 가장 복잡한 것으로, 가장 추상적인 것에서 가장 구체적인 것으로 진행한다."[2]

1. 정의

생성 행로(parcours génératif)라는 용어는 그레마스 기호학 이론의 일반적 체계를 지칭하는 것으로, 기호학 이론의 구성 요소들을 생성이란 관점에서 상호 연계시켜 설명하는 모델을 말한다. 위의 그레마스 정의에서 확인한 것처럼 모든 기호학적 대상은 그것의 생산 방식에 따라 정의될 수 있기 때문에, 이 과정 속에 개입하는 구성 성분들은 가장 간단한 차원에서 가장 복

2 A. J. Greimas et J. Courtés, *Sémiotique: Dictionnaire raisonné de la théorie du langage*, tome 1(Paris: Hachette, 1979), p.132.

잡한 차원으로, 가장 추상적인 차원에서 가장 구체적인 차원으로 진행하는 하나의 행로에 따라 다른 구성성분들과 더불어 분절된다. 현대 언어학에서 생성 행로라는 표현은 여전히 생소한 모델로 받아들여지고 있는데, 언어학에서 촘스키가 가장 널리 사용한 생성 개념과도 비교할 만하다.

그레마스 기호학에서 말하는 생성 모델의 개념을 검토함에 있어 촘스키 언어학의 생성 개념과 연관성 여부를 검토할 여지가 있다.[3] 이 논의는 인식론적 차원에 속하며 이미 프랑스의 철학자 리쾨르가 제기한 바 있다.[4]

촘스키의 언어 이론은 언어라는 인간의 고유한 능력을 설명할 수 있는 독창적인 생성적 모델을 수립하는 데 주안점을 두고 있으며, 그 모델의 형식적 측면은 수리 논리학에서 개발된 형식 언어에서 그 기원을 찾을 수 있다. 하지만 촘스키의 생성 이론은 형식주의에 직접적으로 통합되는 자연 언어의 통사적 구조로 국한되며, 자연 언어가 다른 문화적 양상들과 맺는 관계들에 대해서는 별다른 관심을 보이지 않는다. 반면, 그레마스의 기호학 모델은 의미 작용의 출현에 대한 가장 일반적인 조건들을 표상하는 것을 지향하면서 다양한 수준에서 분절된 이론적 기획을 구상한다. 또한 그레마스 기호학은 전통적인 언어학 모델의 틀을 벗어나 문장 차원을 뛰어넘어 일차적으로 담화 차원의 단위들을 규정하는 것을 목표로 삼는다. 더 나아가 그의 이론은 발화 작용의 차원들을 참작하면서 화용론을 통합하려고 시도한다.

요컨대 생성 언어학은 그레마스가 생성 행로라고 부른 것을 표상하는 세 가지 도식을 연속적으로 제안한 바 있다. 생성 언어학에서 제시된 모델은 순전히 통사적인 구분으로부터 영감을 받은 것으로서, 본질적으로 심층 구조와 표층 구조의 구별에 기초한다. 심층적 통사 구조가 기본 요소에 의해

---

3 이 점에 대해서는 다음 논문을 참조할 것: T. G. Pavel, "Modèles génératifs en linguistique et en sémiotique," *Documents de recherche du Groupe sémio-lnguistique, de l'Institut de la Langue Française* 20(1980), pp.5-21.

4 P. Ricœur, "La grammaire narrative de Greimas," *Documents de recherche* 2, no. 15 (1980).

생성된다면 표층 구조는 변형 체계의 작동들로부터 도래하며, 이 두 가지 수준에 의미부와 음운부가 결속된다.

'생성'이란 술어는 본래 생물학적 의미나 인식론적 의미에서 생식이나 생산 행위를 지칭한다. 바로 그 두 번째 의미를 촘스키는 수학에서 다시 취해 언어학 이론에 적용시켰다.

먼저 '생성적'(génératif)이라는 용어의 의미부터 명확히 설명할 필요가 있다. 수학적 실재들의 집합이 생성되는 과정은 무엇보다 명시적 절차에 따른 체계적 구성을 의미한다. 보다 확장된 의미에서 형식적인 공리 체계는 공리들과 생산 규칙들로부터 그것의 정리들(théorèmes)을 생성한다. 생성한다는 것은 언제나 수학적 대상들의 총합에 대한 체계적 명시적 구성을 의미한다.

일상 언어에서 '생성한다'는 것은 '생산한다'는 비전문적 의미를 갖는다. 이런 통상적 의미에서 생성은 발생(engendrement)과 결속된다. 이처럼 '생성하다(générer)'라는 단어가 내포하는 의미의 이중성은 오해를 불러일으켰다. 요컨대 촘스키의 생성 이론은 수학적 모델에서 출발했던 반면, 그레마스의 서사 담화 기호학은 이와는 다른 길을 선택했다는 점을 분명히 지적해야 할 것이다.

그렇다면 그레마스 기호학은 과연 생성적인가라는 물음을 제기할 수 있을 것이다.[5] '생성 행로' 개념은 1970년대 출현하였다는 점에서 촘스키의 생성 문법 연구로부터 어느 정도 영감을 받았을 것으로 추정된다. 실제로, 《기호학 사전》이 출판된 1979년을 전후로 그레마스는 촘스키 이론과 적극적인 대화를 모색하고 있었다. 또한 《기호학 사전》 1권의 참고 문헌 목록에 촘스키의 저술들이 제시되었다. 《기호학 사전》은 생성 행로 모델이 완숙성의 단계에 도달할 무렵에 출간되었다. "우리가 구축하려고 애쓰는 기호학 이론은, 비록 촘스키로부터 영감을 받았으나 생성 언어학자들의 모델과 비교되는 것은 무리가 있다. 그 이유는 그것의 기획이 상이하기 때문이다. 의미 작용의 이론에 토대를 둔 기호학 이론은 모든 종류의 기호 체계들(단지

---

5 Jacques Fontanille, "La sémiotique est-elle générative?," *LINX* 44 (2001), pp.107-132.

자연 언어뿐만 아니라)을 설명하고, 여러 담화들을 생성할 수 있는(단지 문장뿐만 아니라) 모델들을 구성하는 데 있다."[6] 따라서, 생성 행로는《기호학 사전》에서 촘스키 이론의 한계를 극복하기 위한 도구로서 제시되었다고 말할 수 있다. 그 같은 극복은 다음의 세 가지 사항에서 진행된다. 첫째, 의미론적 관점의 철저한 일반화, 둘째, 자연 언어들로부터 '일체의 기호 체계들'로 이동하는 것, 셋째, 문장 층위로부터 담화 층위로 이동하는 것 등이다.

아울러 생성 의미론은 갈수록 추상적 표상의 층위들로 내려갔으며, 기본적인 논리-의미론적 구조들로 연구의 초점을 이동시켰고 그 같은 의미론적 해석의 과정을 완결 지으면서, 생성 기호학의 기틀을 마련했다고 말할 수 있다. 그레마스 자신이 인정하듯 논리적 의미론적 구조들로 거슬러 올라가는 것은 해석 개념의 경제(일반적 체계)를 만들어 내는 것을 가능케 한다. 당시 생성 행로 모델이 제시되었을 때, 생성 언어학자들에게 기호학적 생성 행로는 빈번하게 단지 촘스키가 제안했던 생성 개념의 한낱 은유에 불과한 것으로 곡해되었다. 즉 심층 구조와 표층 구조 사이의 구별을 모방한 재생에 불과한 것으로 오인되었다. 하지만 그레마스의 이론적 포부는 촘스키의 것과는 전혀 다른 것이었다. 실제로 생성 행로 모델은 소쉬르의 기획을 완성하고, 제 언어들의 일반 이론을 성립하려는 옐름슬레우의 보편적 언어 이론 기획의 계보에 놓여 있다.

오늘날 생성 행로는 그레마스 기호학에서 기호학적 사각형과 행동자 모델과 더불어 주요 방법론적 주춧돌 가운데 하나로서 그 이론적 중요성은 새삼 강조할 필요가 없다.

그의 주저《구조 의미론》에서 그레마스는 문장 수준으로 국한되지 않는 의미론적 분석의 테크닉을 상세하게 제시했다. 즉 텍스트나 문장과 같은 담화적 단위들을 포괄하는 것이 그것이다. 하나의 이야기를 의미적 핵으로 환원시키는 것은 이야기의 두 개의 시퀀스가—최초와 최종—두 개의 의소

6 A. J. Greimas et J. Courtés, 앞의 책, p.159.

적 범주들로 구성되는 공식에 기초한다.[7]

최초 시퀀스	최종 시퀀스
(séquece initiale)	(séquence finale)
A + C	C + A

《구조 의미론》의 서사 모델에서 계약의 존재는 계약의 부재에 대응한다. 이야기는 다름 아니라 거시 의미론의 작동일 뿐이다. 이야기가 전개시키는 비시간적 구조라는 생각은 레비-스트로스가 일러 준 가르침이다. 레비-스트로스는 오이디푸스의 신화 분석에서 신화는 비교적 간단한 논리적 구조를 포함한다는 것을 설명한 바 있다.

그레마스의 서사 담화 기호학의 성립에서 이루어진 중요한 업적은, 《구조 의미론》에서 주요 의미론적 개념들을 소묘하여 이 개념들을 문장 차원을 넘어서 일반화시켰듯이, 의미론적 구성의 가장 추상적인 양상들과 텍스트 데이터 사이의 병렬 관계를 소묘했다는 데 있다. 《의미에 관하여》에서 그레마스는 생성 행로에 대한 새로운 수미일관성을 부여하면서 기호학적 대상에 대한 가설을 제시한다. "의미 작용의 생성은 그것의 행로 속에서 서사 구조들에 의해서 중개되며 발화체들로 분절된 유의미한 담화를 생산하는 것은 바로 그 같은 서사 구조들이다."[8]

기호학적 대상에 대해서 제공된 생성이라는 정의는 그것의 계통론적 정의와 구분되어야 한다. 생성적 접근은 발생적 접근과 철저하게 대립한다. 발생적 접근은 대상의 발생을 시간이라는 선에 위치한 것으로 간주하며, 일련의 연속적인 형식들 속에서 완수되는 것으로 본다.

다시 한 번 강조하거니와, 그레마스가 추구하는 기호학 이론은 촘스키 계열의 생성 언어학자들이 사용하는 생성 개념과는 사뭇 다르다. 그 이유

7 A. J. Greimas, *Sémantique structurale*, pp.207-208.
8 A. J. Greimas, *Du Sens*, p.159(한국어 번역본, 《의미에 관하여》, p. 209).

는 그것이 지향하는 이론적 기획의 내용이 상이하기 때문이다. 의미 작용의 이론에 기초한 그레마스의 기호학 이론은 자연 언어의 기호학뿐만 아니라 모든 종류의 기호 체계들을 설명하려는 시도를 표상하며 문장이 아닌 담화들을 생성할 수 있는 모델들을 구성하는 것을 목표로 삼는다. 다른 한편, 가장 추상적인 일체의 범주들, 예컨대 통사적 범주들도 의미적 본질에 속하며, 바로 이런 사실 때문에 '유의미적'이라고 간주된다. 그레마스의 기호학 이론은 생성 행로의 각각의 요인에 대해서 의미적 통사적 하위 성분들을 별다른 어려움 없이 구분한다.

그레마스의 기호학 이론은 세 개의 자율적인 문제 틀을 구분하며, 그것들을 의미 작용의 분절 장소들과 메타 기호학적 구성의 장소로 간주한다. 기호-서사 구조들, 담화 구조들, 텍스트 구조들이 그것이다. 하지만, 처음 두 개의 형식이 두 개의 중첩된 심층 수준으로 고려되는 반면, 텍스트화(textualisation)의 문제 틀은 완전히 다른 것이다. 실제로 직선적 텍스트화는 생성 행로의 모든 순간에서 개입할 수 있다. 구상적 담론들뿐만 아니라, 비구상적 담론들도 텍스트화되며, 가장 추상적인 논리-의미론적 구조들도 텍스트화된다. 텍스트 구조들의 정식화는 의미론적 표상을 제시할 수 있으며, 이 같은 표상은 표층의 언어 구조들을 생성하는 언어 구조들에 대해서 심층 수준으로 사용될 수 있다. 하지만 그레마스는 이 같은 텍스트 구조들이 자율적인 연구 영역을 구성하는 것으로 보고, 생성 행로의 바깥쪽에 있는 것으로 간주한다. 그레마스의 기호학 이론을 계승한 파리기호학파에서 제시된 텍스트화의 모델은 보다 광범위한 영역을 포용하고 있으며 다음과 같이 분절된다. 첫째, 텍스트화의 협의의 의미에서 말하는 텍스트 구성요소(주제의 선택, 어휘소의 선택, 형태통사적 구성방식들의 선택), 둘째, 세계 속에서 사물을 감지하고 지각하는 주체의 행보로부터 비롯된 체험적 구성요소, 셋째, 발화작용의 실천과 관련된, 억견들에 의한 규정들과 총칭적이며 상호텍스트적인 규정들과 관련된 실천의 구성요소들이다. 이렇듯, 한편의 텍스트가 구체화되는 과정 속에는 단순히 언어적 구조의 실현뿐만 아니라 텍스트 속에 존재하는 주체의 신체적 감각적 차원과 아울러 텍스트의 주체가 놓여 있는 다양한 사회적 문화적 제약들에 대한 고려가 함께 이루어져야 한다.[9]

가장 추상적인 수준을 성립하는 기호-서사 구조들은 생성 행로의 시발역으로서 기호적 서사적 문법의 형식 아래 제시되며 이것은 각각 통사부와 의미부를 포함하고 두 개의 심층 수준을 갖추고 있다. 심층적인 수준에 있는 기본 통사론과 기본 의미론, 표층 수준에 있는 서사 통사론과 서사 의미론이 그것이다. 이 구조들은 기호학적 존재 방식과 관련하여, 소쉬르의 '랑그'뿐만 아니라, 서사 능력의 개념을 참조하면서 규정된다. 그 이유는 이 같은 구조들은 하나의 계통론뿐만 아니라 기본적인 통사적 작동들의 총합을 포함하고 있기 때문이다.

보다 표층에서 부각되는 담화 구조들은 표층의 기호 구조들을 담당하고, 발화 작용의 현동태를 통하여 그 구조들을 담화로 만든다. 담화 구조들은 아직 기호 구조들에 비해 그것에 대한 인식 수준의 완성도가 떨어지는 것이 사실이다. 다만, 현재까지의 기호학 연구 상태에서, 서사 구조들의 담화화(discurvisation)를 담당하는 담화 통사론과, 담화 의미론을 구분하고 있는데, 첫 번째에는 '행위화', '시간화', '공간화' 등의 하위 요소들이 포함되며, 두 번째에는 '주제화'와 '구상화'라는 하위 요소들이 포함된다. 여기서 행위화는 인물(personne) 범주의 담화배치(mise en discours, 즉 담화화)를, 시간화는 시간 범주의 담화배치를, 그리고 공간화는 공간 범주의 담화배치를 통해 이루어진다. 구상적 담론의 생산과 더불어 생성 행로는 종착역 구조에 이르며,—물론 이것은 모든 생성 과정이 구상적 담론을 산출하는 것을 추구한다는 것을 의미하지는 않는다—다만 구상적 담론이 의미론적으로 가장 구체적이며 통사론적으로 가장 세련된 의미 작용의 분절로 고려되어야 할 것이다. 이상의 내용에서 볼 때 생성 행로는 특정 자연 언어와 자연

9 이 점에 대해서는 다음 논문 참조: Marion Colas-Blaise, "Texte, textualisation et pratique : Le devenir de l'énonciation," *Semiotica* 219 (2017), pp.293-314.

세계에 선행하며 또 그것들로부터 독립된 관념적 구성물이다. 그레마스가 제시한 생성 행로는 다음과 같다.

	통사부		의미부
기호 서사 구조	심층 수준	기본 통사론	기본 의미론
	표층 수준	표층의 서사 통사론	서사 의미론
담화 구조	담화화 담화 통사론		담화 의미론
	행위화		주제화
	시간화		구상화
	공간화		

2. 생성 행로 모델의 구성 성분[10]

생성 행로는 하나의 공식으로 남아 있다. 지금까지 제시된 생성 행로는 다음 세 가지의 구성 원칙들에 호소한다.

① 의미부와 통사부의 이원성

② 여러 층위들의 단계화와 하나의 수준에서 다른 수준으로 이동을 가능케 하는 전환

③ 다른 수준들을 전제하는 것으로 자리매김되는 하나의 기본 수준의 선택

이 중 첫 번째와 세 번째는 서로 연결되어 있다. 이 둘은 기본 의미론을 선호하여 상반과 모순의 관계의 존재를 단정하고, 참여 원칙을 주변적인 것으로 만든다. 내재성은 곧 이 같은 선별에서 비롯되는 의미의 효과로 나타난다. 이 같은 시각은 기본 통사론에도 적용되어, 긍정과 부정만을 인정한

10 다음 문헌 참조. ① A. J. Greimas & J. Courtés, *Sémiotique: Dictionnaire raisonné de la théorie du langage* (Hachette, 1979), pp.157-160. ② J. Courtés, *L'Analyse sémiotique du discours* (Paris: Hachette, 1991), pp.137, 152.

다. 주목할 사실은 가치, 시간, 공간, 행동자성을 배제했다는 것이다.

각각의 구성 성분은 그것의 생성 방식과 존재 방식에 따라 구분될 수 있다.

1) 기본 의미론은 생성 행로의 시발역으로서 잠재적인 기초적 가치 구조이다. 그것의 생성 방식은 자기 수용적 범주들인 진위적 기질적 범주들의 두 단계가 기본적인 의미 범주로 적용된 것이다. 그것의 존재 방식은 자기 수용적이며 잠재적인 가치론적 구조이다. 이 구조는 자기 수용적이기 때문에 기호학적 사각형은 거기서 오직 정태적 정의에서만 사용된다. 모순, 상반성, 상보성의 관계들은 단지 느껴질 뿐이며, 이어서 정식으로 제기된다.[11]

기본 의미론은 기본 서사 의미론과 상보적이며, 이 둘은 기호 문법의 의미부를 성립한다. 기본 의미론은 무엇보다도 담화의 생성 행로의 시발역에 해당된다는 사실로부터 그것의 추상적인 성격으로 정의된다. 기본 의미론을 성립하는 단위들은 의미 작용의 기본 구조들이며 기호학적 사각형에서 분절될 수 있는 의미론적 범주들로서 공식화될 수 있다. 이 점은 바로 기호학적 사각형에 논리적 의미론적 위상을 부여한다. 원칙적으로 유일한 의미론적 범주는 각각의 생성적 심급에서 연속적인 투자들에 이어서 하나의 담화의 소우주를 지시하고 생산하기 위해 충분하다. 그렇지만 두 개의 구분되는 의미론적 범주들은 새로운 담화를 생성할 수 있다. 울타리가 쳐지지 않은 담화나 일관성이 없는 담화의 존재도 그 같은 개념에 위배되지 않는다. 두 개의 목소리로 이루어진 하나의 담화 또는 여러 목소리로 이루어진 담화가 오직 하나의 담화 우주를 성립할 수 있으며, 그것의 기본적인 조직은 유일한 범주에 기인한다. 어떤 규정된 조건에서는 유일한 범주가 하나의 미시 우주를 지배하면서 거기에 종속된 다른 범주들을 지배한다. 위계적 형식에 속하는 이 같은 장치는 주어진 문화적 우주를 담당할 수 있으며, 이것을 '에피스테메'(épistèmé)라고 부른다.

하나의 의미론적 범주는 두 가지 방식으로 분절될 수 있다. 즉 개인적 우주 또는 사회적 우주가 그것이다. 여기서 두 가지 종류의 의미론적 보편소

---

11 A. J. Greimas & J. Courtés, 앞의 책, pp.160, 330-331.

들의 존재를 생각해 볼 수 있다. 삶과 죽음, 자연과 문화가 그것이다.

바로 이런 수준에서, 기본 의미론은 발화 작용의 주체에 의해서 탐구될 수 있는 의소적 범주들의 목록체로 나타난다. 즉 잠재적인 가치론적 체계들로 나타나며 그것의 가치들은 오직 주체들과 결속할 때 서사 수준에서만 현동화된다. 계열체 차원에 속하는 기본적인 가치론적 구조는 통사적 작동들 덕분에 통합체 차원에서 파악될 수 있다.

2) 기본 통사론은 기본 의미론과 더불어 기호 서사 문법의 심층 수준을 성립한다. 기본 통사론의 목적은 담화라고 불려지는 통합체 조직들의 생산, 작동을 파악하여 설명하는 데 있다. 여기서 말하는 담화란 언어 기호학뿐만 아니라 비언어적 기호학에도 속한다. 기본 통사론은 이 같은 담화들의 생성 행로의 시발역을 표상하며 계통적 하위 성분과 작동적 하위 성분을 포함한다. 의미 작용의 존재 방식과 동시에 그 작동 방식을 설명하려 하는 기본 통사론의 이 같은 두 가지 양상은 모순이라는 단순한 용어에 의해서 밝혀질 수 있다. 모순이 용어는 두 개의 항 사이에 존재하는 관계와 동시에 다른 구성항의 출현을 촉발시키는 하나의 구성항의 부정을 지칭한다.[12]

계통적 모델은 의미 작용의 기본 구조 인지에 필요한 인식론적 조건들에 해당한다. 동시에 그것은 질적 논리학으로 정식화될 수 있으며 기호학적 사각형의 형식 아래 표상될 수 있다.

변형이라고 불리는 기본적인 통사적 작동들에는 두 가지 종류가 있다. 부정과 단언이 바로 그것이다. 만약 부정이 본질적으로 모순 항들을 산출하는 데 쓰인다면, 단언은 상반항들과 하위 상반항들의 축에 위치한 항들을 결합시킬 수 있다.

기본 통사론은 이렇듯 순전히 관계적이며 개념적이며 논리적이다. 따라서 기본 통사론은 표층의 서사 통사론에 논리적으로 선행한다.

12 같은 책, pp.380-381.

3. 행로의 유형론

《기호학 사전》에서 정의된 행로(parcours; 영어로는 path, process, trajectory 등으로 옮겨진다)의 정의로 국한하여 논지를 정리해 보자. 다음과 같은 정의를 읽을 수 있다. "지금까지 거의 사용되지 않은 행로란 용어는 점증적으로 부과되고 있는데, 그 이유는 행로라는 용어가 자신이 실행되는 요소들의 직선적 그리고 정렬된 배치를 함의할 뿐만 아니라 그 중개적 심급들에 힘입어서 한 점에서 다른 점으로의 진전을 암시하는 역동적 시각을 함의하기 때문이다."[13]

이어서 《기호학 사전》에서는 주체 또는 발신자의 서사 행로, 담화의 생성 행로, 주제적 행로와 구상적 행로 등의 예가 제시되어 있다.

1) 서사 행로

서사 행로(parcours narratif)는 "간단하거나 복잡한 서사적 프로그램(PN)의 하위 지배적 연속, 즉 하나의 논리적 연쇄망으로서 이 연쇄망 속에서 각각의 서사 프로그램은 다른 전제 서사 프로그램에 의해서 전제된다."[14]

서사 프로그램은 단순 통사적 단위들이며 통사적 행동자들은 임의의 주체나 대상이다. 다시 말해 담화-발화체의 내부에서 인지 가능한 모든 서사적 단락은 서사 프로그램으로 분석될 수 있다. 통사적 주체들은 일단 서사적 행로 속에 각인되면, 행로에서 차지하는 위치와 그것들이 결속되는 대상들의 본질에 따라서 정의될 수 있다.

행로에서 차지하는 위치에 따른 정의는 다음과 같이 풀이된다. 행동자 역할은 단지 실현된 서사 프로그램(PN)에 의해서 특징지어지지 않고 이미 실행된 행로의 총합을 포섭한다. 그것은 그 안에 존재의 증가 또는 상실을 포

13 같은 책, p.269.
14 같은 책, p.242.

함한다. 이 같은 이중적 특성은 행동자들을 '역동화'(dynamiser)시키고 각각의 순간에서 '담화의 서사적 진보'를 측정할 수 있는 가능성을 제공한다.

따라서 서사 행로는 행동자적 역할들을 포함하며 그 역할들의 총합은 기능적 행동자로 명명된다. 행동자를 그렇게 정의할 경우 그것은 고정된 것이 아니라 일체의 서사 행로를 포섭하는 잠재성으로 이해된다. 가장 잘 알려진 서사 행로는 주체의 서사 행로이다. 기능적 주체는 능력적 주체와 수행적 주체와 같은 행동자적 역할들의 총합으로 이루어진다.

2) 생성 행로

생성 행로(parcours génératif)라는 표현은 기호학 이론의 일반 경제, 즉 그 성분 요소들의 장치를 지칭하며, 그레마스에 따르면 이것은 생성의 시각에서 이해되어야 한다. 그레마스의 기호학은 실제로 모든 기호학적 대상이 그 생산 방식에 따라서 정의될 수 있다고 상정하며, 이 과정에 개입하는 성분 요소들은 "가장 간단한 것에서 가장 복잡한 것으로, 가장 추상적인 것에서 가장 통상적인 것으로 이동하는 하나의 행로"에 따라서 분절된다. '생성 행로'라는 표현이 '통상적 사용'에 속하지 않기 때문에 그레마스와 쿠르테스는 이 표현의 창안을 정당화했다.

3) 주제적 행로[15]

담화 의미론의 틀 속에서 주제적 행로(parcours thématique)는 특정 동위소의 발현으로서 주제적 역할로 환원될 수 있는 특정 주제를 갖는다. 주제적 역할이란 하나의 주제 또는 주제적 행로의 표상을 말한다. 예를 들어 '낚시하다'라는 행로는 낚시꾼이라는 역할에 의해서 응축될 수 있다.

---

15 같은 책, p.393.

4) 구상적 행로

구상적 행로(parcours figuratif)는 "하나의 주어진 주제와 상관 관계를 맺고 있는 형상들의 동위소적 연쇄체"를 의미한다. 이 연쇄체는 "부분적으로 제약을 받고, 또한 부분적으로 자유롭다. 그 이유는 첫 번째 형상소가 제기되면 그것은 다른 몇몇 형상소들을 요청할 수밖에 없기 때문이다."[16] 유일하고 동일한 주제를 구상화할 수 있는 가능성들이 다양하기 때문에, 주제는 상이한 구상적 행로의 기저에서 존재할 수 있다. 이것은 동일한 서사물의 다양한 변이형들을 가능케 한다. 예컨대, '성스럽다'는 주제는 상이한 형상들, 예컨대, '성직자', '성당지기' 또는 '교회지기' 등에 의해서 형상화될 수 있다.

위에서 제시한 네 가지 종류의 행로들에 공통적인 속성을 뽑으면 다음과 같다.[17]

① 행로는 하나의 단위(unité)이다. 그것은 통합체 축에 위치하며 구성된 기호학적 존재이다. '구상적', '연쇄체', '진전' 같은 표현들, 또는 보다 추상적인, '연속', '발현' 또는 '배치' 같은 용어들은 행로의 이 같은 통합체적 본질을 지시한다. 그것을 확인시켜 주는 것은, '주제적 행로'에 대해서 '동위소의 발현'에서 쓰이는 형용사들이다. 그리고, '행로' 그 자체를 정의하기 위해 '정렬된'이란 표현이 사용되었다. 모든 통합체의 단위처럼, 행로는 하나의 구성된 대상이다. 이 같은 사실은 생성기호학에서 행로를 기호들의 수준에 위치시키는 것이 아니며, 그 존재가 시간이나 공간에서의 실현에 종속되는 것으로 간주하는 것도 아님을 뜻한다.

장-마리 플로슈는 "비록 행로가 기호학적 메타언어에 속하지만, '직선적 배치' 등의 표현을 수용하는 이유는 그것을 상대적으로 구상적인 특성 때

---

16 같은 책, p.146.

17 J.-M. Floch, "Sur l'usage du terme de parcours dans le discours sémiotique," *Bulletin* 18 (1981), pp.9-15.

문이다"[18]라고 적고 있다. 더구나 주제적 행로를 정의하기 위해 '통합체 차원의 진열'(étalement syntagmatique) 같은 용어의 사용은 그 개념의 구상적 발현이 이차원적이라는 것을 보여 준다. 또한, 행로가 통합체 차원과 관련된다는 것은 망(réseau)보다 행로(parcours)를 선호하는 이유를 설명해 준다. 그러나 생성 행로가 통합체의 사실을 명명하는가를 단정하는 것은 현재의 기호학적 연구 상태에서 무리다. 생성 행로의 상이한 성분에 대한 연구는 일관적이지 않다. 담화적 구조가 표층의 기호학적 구조들과 그 담화 배치를 고려해야 할 책임을 지니므로, 심층적인 기호-서사 구조들은 표층의 구조들보다 논리적으로 선행한다.

② 기호학적 대상의 행로는 상대적으로 추상적이다. 《기호학 사전》이 서사적 도식에 대해서 부여하는 정의를 검토할 필요가 있다. 이 서사적 도식에서 행로의 존재는 세 가지 시련들—자격 시련, 결정 시련, 영광 시련—에 의해서 계시된다. 이것은 통합체적 축에 위치한 하나의 규칙성으로 나타난다. 서사 문법을 구성하는 데 있어서 최근의 분석과 진보는 추상적인 수준에서 그 도식을 고려하는 것을 허락한다.

③ 행로는 하나의 통사적 정의를 지니고 있으며 복잡한 서사적 프로그램을 전제로 한다. 앞서 말한 연쇄체는 정확한 통사적 본질을 함축한다. 몇몇 순간에 특정 심층 구조는 텍스트화를 통해서 표층에 올 수 있다. 모든 언표는, 담화 구조가 모든 서사 통사와 의미론의 발현에 필요한 단계를 구성한다는 점에서 일정한 제약을 전제로 한다. 그때부터, 생산, 구성, 자유, 제약은 행로의 개념을 작동시키며 그 작동을 통해서 주체는 존재를 얻거나 상실한다. 기호학적 대상으로서의 행로는 하나의 행동을 함의한다. 생성 행로는 주요 시련 또는 영광 시련을 함의하고, 이 시련은 주체-언표와, 지향하는 가치 대상-의미 작용의 접속에 이른다.

④ 행로는 하나의 사건이다. 행로는 그것 자체로 하나의 행동이 아니라, 고려되고 관찰된 행동이다. 행로는 한 점에서 다른 점으로의 진전을 암시하

18 같은 논문, p.12.

는 역동적 시점을 함의한다. 생성 행로는 가장 간단한 것에서 가장 복잡한 것으로 나아가는 하나의 행로에 따라 서로 분절되는 기호학적 이론을 이루는 성분 요소들의 구비, 즉 장치이다. 행동자적 역할은 그것의 이중적 정의를 통해서, 각각의 순간에 담화의 진보를 작동시키는 가능성을 제공한다. 끝으로 '서사 행로'에서 주체의 서사 행로에 있어 능력 있는 주체는 행동자적 역할들을 겸직하는 연속으로 이루어진다. 이 모든 표현들은 동일한 문제 틀로 유도된다. 즉, 그것은 사건의 문제 틀이다. 사건은—개인적 또는 집단적 주체의—행동으로 파악된다. 즉 그것이 하나의 인지적 주체에 의해서 인지되고 해석된다는 점에서 그러하다. 이런 논지를 수용한다면, 기호학자는 특정 기호학적 대상에 대해서 행로를 언급하면서 관찰자로 자리 잡는다고 말할 수 있을 것이다.

4. 행로와 기호학적 담화의 모티프

일부 그레마스 기호학 연구자들에 따르면 행로(parcours)를 하나의 모티프(motif)로서, 즉 기호학적 서사물의 모티프로서 고려할 수 있다. 어떤 점에서 행로는 하나의 모티프에 견주어질 수 있는가? 행로는 상대적으로 자율적이기 때문이다. 즉 그것은 생성적일 수도 있고 서사적, 주제적, 구상적일 수도 있다. 그 이유는 행로가 기호학적 사용의 산물로서 나타나기 때문이다. 또한 행로는 의미 세계의 역사적 조직화의 산물로서 나타난다.

행로는 하나의 통사적 불변소를 소유한다. 그것은 사건의 행동자적 구비이며 장치이다. 행동의 주체는 변할 수 있지만 행동 주체와 인지적 주체의 구분은 남는다. 행로는 더 넓은 서사적 행로들 속에 통합될 수 있다. 행로는 또한 의미론적 불변소를 소유한다. 의미 작용이 그것이다. 의미 작용은 기본 의미론 수준에 위치하며 다양한 크기로 분절화된다.

행로의 모티프는 모든 생성적 파악 또는 정의를 지칭하기 위해, 기호학적 메타 술어로 구성된 공간적 메타포로서 작동한다. 기호학자의 담론에서 행로의 중요성은 기호학자가 그 자신의 담론의 관찰자로서의 위상을 스스로에게 부여한다는 사실을 시사한다.

행로는 단순한 행동은 아니다. 따라서 행로를 사건으로 보는 것이 필요하다. 행로를 사건으로 보면 그것은 상화(aspectualisation)에 대한 보다 심오한 이론을 구성할 수 있는 가능성을 제시할 수 있다. 행동자화, 공간화, 시간화가 그것이다.

행로는 하나의 행동으로서 또는 하나의 공간으로서 이해될 수 있다. 부연 설명하면, 그것은 실현 중인 행동과 실현된 행동으로 나누어진다. 행로는 몸(corps)의 이동을 함의하는 정신적 실천이다. 기원 공간에서 목적지 공간으로 이동하는 것, 시간축에서 주어진 방향에 따라 출발점에서 도착점으로 이동하는 것이 그 예이다.[19]

이런 식으로 이해하면 행로는 공간적 편차이자 시간적 편차임을 알 수 있다. 그것은 언제나 운동을 함의한다. 기호학적 관점에서 행로의 존재 방식은 언제나 주체와 공간의 공존을 함의한다. 그것은 잠재적일 수 있다. 즉, 행로의 존재 조건들이다.

만약 행로가 물체(신체)의 이동이라면 그것은 더 이상 순전히 우연적인 운동이 아니라, 그것 자체로 하나의 목적을 갖는다. 그것은 무엇인가를 하기 위한 수단, 예를 들어 하나의 대상을 추구하거나 배치하기 위한 것이다. 행로는 모든 행동의 가능성의 조건이 된다. 행로는 일정한 방식으로, 진행 중인 행동이며, 따라서 행동의 행로라는 말을 할 수 있다. 모든 행동은 프로그램화된 행위의 정렬된 연속이거나 스테레오타입화된 행위들이다. 행위는 조종에 비해서 '존재하게 하다'(faire-être)이다. 행위가 '존재하게 하다'(faire-être)라면, 능력은 '존재하게 하는 것'(ce qui fait être)이다. 즉 행동을 가능하게 만드는 수단들의 총합이다. 생성 행로는 두 개의 연속적 단계인 능력과 수행으로 조직화된다. 수행은 능력을 전제로 한다. 양태적 능력의 획

19 A. Lévy, "Le parcours comme pratique sémiotique," *Bulletin* 18 (1981), pp.26-30.

들은 주체에 의해서 행동자적 역할들을 겸직하게 되는 연속적 과정의 포섭으로 이루어진다. 마찬가지로 수행의 실현은 논리적으로 연쇄화 된 행동자적 역할들의 연속으로 구성된다. 여기서 각각의 역할은 전제하는 역할에 의해서 전제된다. 그 결과 주체의 양태성은 행동으로 번역된다. 그레마스에 따르면 이 행동자적 역할들의 총합은 행동자를 규정한다. 그 역할들은 기본적인 세 가지 시련(자격 시련, 결정 시련, 영광 시련)의 범주로 묶인다. 이 같은 서사 행로는 상이한 종류의 활동들과 실천들을 분절하고 해석하는 것을 도와준다.[20]

이 같은 서사 행로의 하나의 특별한 테마를 통한 의미적 투자는 그 행로를 주제적 행로로 변형시킨다. 그것은 행동자적 역할들과 주제적 역할들의 연접이다. 그레마스에 따르면, 그것은 행위자(acteur)이다.

바로 여기서 역할의 개념은 근본적이다. 그것은 전통적인 기능의 건축적 개념을 대신한다. 예컨대 특정 거처가 일정 수의 기능들을 완수한다고 말한다기보다는, 거주자가 거처에서 '주거하다'라는 주제적 행로를 구성하는 일정 수의 역할들을 수행한다고 고려할 수 있다. 주체의 기호학적 해독은 따라서 다양한 행동자적 주제적 역할들로 분해되는 데 그 목적이 있다. 그리고 주체의 기호학적 해독은 그것을 조직하는 세 가지 주요 시련들의 인지로 이루어진다.[21]

초기의 기호학 연구에서 그레마스는 지각과 감각 세계에 초점과 우세를 둠으로써 그의 중기의 기호학적 얼개와 토대들과 비교했을 때 분명한 차별성을 갖는다. 하지만 생성 행로 및, 하나의 수준에서 다른 수준으로의 전환 방식들을 기술하기 위해 기술된 개념들이 단번에 그 타당성을 상실하지는 않는다. 그러나 초기 모델에서처럼 말기의 기호학 모델에서 그 우선권은 의미 작용 주체의 감각 기관 활동 속에 더 확실한 토대를 부여하며, 각각의 의

20 Anne Hénault, *Les enjeux de la sémiotique* (Paris: PUF, 2012), pp.89-91, 137-143, 179-186.

21 A. J. Greimas & J. Courtés, 앞의 책, pp.238-239.

미 구성의 단계를 그것의 감각 기관적 기초의 속성들의 하나로부터 파악하게 만들었다. 그것이 설정하는 힘들의 연속적 역동적 특성이나 양적으로나 질적인 측면에서 모든 경험의 공간적 시간적 연속체의 에너지 흐름의 조절들이 발현되는 점증화가 문제가 되었다.[22]

결정적 혁신은 의미 작용의 기본 구조 아래서, 그리고 각각의 수준에서 다른 수준으로의 이동에서 가장 표층적인 담화 구조들에 이르기까지 퐁타니유와 질베르베르그가 긴장적 공간(espace tensif)이라고 부르는 것을 상상하는 데 있다. 이 공간에서 지각적 발화 작용 활동에 고유한 에너지의 조절들이 이루어진다.

5. 생성 기호학과 생성적 포맷

생성적 포맷은 연구 프로그램의 한 가지 제안이다.[23] 기호학 이론의 포맷은 일련의 인식론적 양자택일들에 대한 반응으로서 정의된다. 대략 다음과 같이 요약할 수 있다.

- 구성 요소들의 존재 또는 비존재
- 구성요소들이 분석된 대상들과 독립된 또는 종속된
- 구성요소들이 상호의존적이며 상호 정의됨
- 구성 요소들의 유한 수, 또는 무한 수
- 각각의 구성 요소에서 변별적 요소들의 축소된 또는 확장된 수
- 포맷 공간 속에서 구성 요소들의 짜임새의 형태(직선적/비선형적/3차원적)
- 행로의 존재 또는 부재/구성요소들 사이의 상호 작용(일방향적이고 방

22 P. Boudon, "Parcours=discours? Du parcours en tant que procès génératif de la signification," *Bulletin* 18 (1981): pp.16-25.

23 Jacques Fontanille, "La sémiotique de Greimas: un projet scientique de long terme," *Semiotica* 214 (2017), pp.95-97.

향성이 있는, 양방향적)

– 포맷에 대해 관찰점의 현존 또는 부재, 만약 관찰점이 존재할 경우, 통합된 위치, 거리를 둔 위치

생성적 이론의 포맷은 하나의 '생성 행로'를 함의하며. 포맷의 제약들이 성립하는 일련의 결정들로부터 비롯된다. 1) 세심하게 상호 정의된 구성요소들 2) 유한수로 이루어진 구성 요소들 3) 각각의 구성 요소 속에서 한정된 수로 환원된 요소들 4) 위계화된 선형적 장치로서 구성 요소들을 그것들의 존재 방식에 따라 차이화시키는 것을 가능케 함(가상화된, 현실화된, 잠재화된, 실현된) 5) 방향성을 띤 하나의 행로로서, 생산 방향(상승행로) 또는 해석 방향(하강 행로) 가운데 하나이다.

이 같은 포맷의 제약들은 주로 세심하게 내재성의 층위들을 구별하는 데 이르는데, 이때 각각의 층위의 범주적 동질성을 배려한다. 예컨대, 그레마스의 서사 이론과 프로프의 서사 이론의 차이는 서사물의 역할들과 기능들의 숫자의 축소로서 해석된다. 그런데 퐁타니유 교수에 의하면 결코 그렇지 않다. 왜냐하면 그레마스 이론의 생성적 포맷은 프로프의 이론에 비해 훨씬 더 많은 역할들과 서사적 상황들을 생성하는 것을 가능케 하기 때문이다. 양자의 차이는 프로프에서는 서사물의 유형론이 단일 층위에 기초하여 이루어지는 반면(31개의 기능들과 그것들에 상응하는 역할들), 그레마스에게서 그 같은 서사물의 유형론은 복수의 층위들에 기초하여 분배된다는 사실에 기인한다. 이를테면. 기본 발화체들의 층위, 행동자 구조들의 층위, 양태적 구조들의 층위, 기분적 행로들의 층위가 그것이다.[24]

생성 이론의 역할을 이해하기 위해서는 '조력자'와 '대립자'라는 행동자들의 경우를 검토하면 이해가 쉽다. 이 두 개의 행동자들은《구조 의미론》(1966)에서 제시되었으나《의미에 관하여》1권(1970)과《기호학 사전》(1979)에서는 사라진다. 사실상, 행동자 구조는 그러는 사이, 양태적 구성 요소와

24 같은 논문, p.96.

분리되었으며 행동자 위치들로 국한되었다. 그런데 행동자 위치들은 양태적 능력들로 환원될 수 있다. 조력자와 대립자는 행동 능력 또는 행동 지식 등으로서 분석되고 심지어 일반화될 수 있으나, 주체, 대상, 발신자, 수신자만이 행동자 구성 요소에 속한다.

이론의 생성적 포맷은 실행성과 동시에 각각의 내재성 층위의 범주적 동질성에 대해서 역할을 맡는다. 이와 동시에 이 같은 층위들의 위계 속에서 다양한 변이들과 다양성의 자리에 대해서도 역할을 맡는다. 그 결과, 생성적 포맷은 이론의 상이한 장소들을 추출하고 분리시키고 위치시킨다. 아울러 연구의 행로는 이 같은 상이한 장소들의 각각으로부터 겨냥될 수 있다.

여기서 퐁타니유 교수가 강조하는 것은, 생성 행로의 문제적 장소들의 각각은 실제로 각각 분리하여 검토될 수 있다는 것이다. 왜냐하면, 그것은 하나의 동질적인 범주와 하나의 유일한 존재 방식에 해당되기 때문이다. 아울러 하나의 층위에서 다른 층위로의 이동은 프로그램화될 수 있다.

생성 행로의 이 같은 속성을 추출하는 데 있어 본질적인 개념으로서 퐁타니유 교수는 기호학적 발현(manifestation sémiotique)을 지적한다. 《기호학 사전》에는 다음과 같이 기술되어 있다.

> 우리가 구별할 수 있는 깊이의 상이한 층위들은, 분리하여 취해진 언어의 양면(표현과 내용)의 각각의 내재적 구조의 분절들이며 그것들의 생성 행로의 이정표의 요소들을 이룬다. 이와는 정반대로, 발현은 하나의 사건이며 중단이며 일탈로서, 이 같은 행로의 특정 심급을 기호들의 한 면에서 구성하도록 만든다. 언어학자는 심층 구조들을 분석하고 모종의 표상 체계의 도움을 빌려 그 같은 심층 구조들을 설명하려 할 때, 주어진 한 순간에서, 생성 행로를 정지시키고 고정시킨다. 그리고 그는 양면적 기호들(또는 해석가능한 상징들)의 연쇄의 도움을 받아 단일 면의 내재적 구조들을 발현시킨다. 마찬가지로 추상적 담론과 구상적 담론 사이의 구별은, 발현에 이어져 올 중단을 참작하면서 생산 과정의 두 개의

구별적인 계기들로 이루어진 생성 행로로부터 수립될 수 있다.[25]

여기서 문제가 되는 규칙은 두 개의 상보적 양상들을 포함한다. 1) 모든 발현은 임의의 층위에서 이루어지는 생성의 중단으로부터 진행된다. 아울러 2) 분석자에 의해서 생산된 메타 언어적 발현은, 다른 담론 유형들 속에서 이루어지는 다른 발현 유형들과 동일한 방식으로 진행된다. 달리 말해, 발현의 규칙은 기호학자의 분석 실천뿐만 아니라 일체의 발화작용 형식과 관련된다.

1) 표현면의 구조화와 생성[26]

그레마스 기호학은 표현 면과 내용 면의 자리와 구성을 예측한다. 하지만 오직 내용 면만이 체계적이며 작동적인 구성의 대상을 이루었다. 그것은 의미 작용의 생성 행로이다. 요컨대, 그레마스 기호학은 확장 의미론이며 일반 의미론이며, 이미 다른 학술 분야들에서 제시된 내용 분석에 대한 하나의 대안이다. 그런데 퐁타니유 교수는 이 지점에서 그레마스가 오직 내용의 구조화와 생성의 문제만을 발전시켰다고 비난하는 것이 지극히 부당하다고 설파한다. 구조주의의 부흥기 무렵 구조 의미론은 당시에 팽배했던 의미 연구에 대한 회의적 시각에 맞서, 구조적 원칙들을 내용 영역에 과감하게 적용하려는 도전을 감행했기 때문이다. 그레마스가 구조 의미론이라는 획기적 기획을 소묘할 때 여전히 구조의 승리는 음운론 모델에 기초한 기표, 즉 표현에 주안점을 두고 있었다.

이와 달리 그레마스는 자신의 구조 의미론을 그보다 훨씬 방대한 일반 기호학이라는 기획의 내부에 장치시켰다. 특히 그는《기호학 사전》에서 표

25 A. J. Greimas et J. Courtés, *Sémiotique: Dictionnaire raisonné de la théorie du langage* (Paris: Hachette, 1979), p.120

26 J. Fontanille, 앞의 논문, pp.99-102.

현, 발현, 세미오즈 등의 생성 행로의 자리를 정의한 바 있다.

2) 표현의 생성 행로는 진행 중인 연구 대상

변별성 층위의 행로 또는 내재성의 면은 위계화되어 있으나, 이 같은 위계는 넘어설 수 없는 제약이라기보다는 방법론적 도구이다. 직선적이고 위계적인 표상은 가장 간단하고 가장 실제적이지만, 다른 표상을 사용하는 것도 가능하다. 상이한 유형들의 기호학 대상들의 집합은 정의상 이질적인 것으로 파악되기 때문이다. 직선적인 위계적 장치는 다양한 제약들을 명시화하고 결정적 문제들을 파악하기 위해서 특히 효과적이다.

직선적 표상으로서 그 같은 장치는 통합 과정들이 하나 또는 다수의 층위들을 도약시킬 때 동시적 현상들(syncopes)을 예측하도록 만든다. 예컨대, 로고와 같은 하나의 기호는 압축을 통해 하나의 실천 또는 삶의 형식의 모든 속성들을 통합시키고 있다.

또 다른 제약은 층위들의 숫자이다. 이 같은 직선적 장치는 현재의 여섯 개의 층위들(기호들, 텍스트들, 오브제들, 실천들, 전략들, 삶의 형식들)이 모든 기호학 대상들과, 가능한 모든 유형들의, 가능한 세미오시스들을 설명하는 데 충분하가라는 물음을 던지게 만든다. 문제는 열린 채 남아 있다.

3) 세미오즈들의 형성과 그것의 사회 문화적 조건들

표현 유형들은 아울러 세미오즈(semiose, 기호 현상)의 유형들을 결정한다. 표현면의 일체의 유형론은 세미오즈들의 부분적 유형론을 함의한다. 텍스트성, 실천성, 삶의 흐름의 형식성은 실제로 세미오즈들의 유형들이며 표현 유형들이다. 하지만, 동일한 관찰을 내용의 생성 행로로부터 제시할 수 있다. 내용의 생성은 행로의 모든 층위에서 중단될 수 있다. 각각의 내용 층위에는 세미오즈의 유형이 상응하며, 그것은 가장 추상적인 것에서부터 가장 구상적인 것까지 아우른다. 세미오즈에 도달하는 과정들은 표현과 내용 모두에 대해 가치를 갖는다. 양쪽 모두에서, 생성은 발현면에 도달하기 위해서는 중단될 수밖에 없다. 아울러 두 개의 발현들은 세미오즈 속에서 결합된다.

생성적 포맷

내용의 생성	행로	층위들
중단	발현	세미오즈
표현들의 생성 행로 층위	중단	발현

그렇지만 세미오즈들의 이 같은 가능한 유형론은 표현과 내용의 생성 행로의 각각에 대해서 작동된 선별들로부터 단지 부분적일 수밖에 없다. 소쉬르도 지적한 것처럼 기표와 기의의 결합은 늘 불안정하며 중단 없는 운동 속에 놓여 있다. 기호들의 사회적 삶에서 표현 면과 내용 면의 각각은 영속적인 운동에 놓여 있다. 물론, 이 같은 불안정성의 이유들 가운데 하나는 관점의 문제이다. 내재성의 관점에서, 세미오즈는 분석과 생성적 과정이 내재적인 상호의존성들과 형식적 체계의 장으로부터 나오는 순간이다. 달리 말해 세미오즈는 사회적인 차원에 들어가며 여기에는 시간, 공간, 행위자들, 규범들과 사용 관례들이 놓여 있다. 아울러 세미오즈는 정의상, 연역적으로 내재성으로 접근되고 구조화될 수 있다.

그런데 사회적 차원의 관점에서 세미오즈들은 다양한 조건들에 종속된다. 문화 기호학을 비롯해 다양한 의미 과학들은 세미오즈의 이 같은 조건들에 대해서 탐구를 진행해 왔다.

제14장

그레마스 서사 기호학 모델의 적용

본 장에서는 앞서 제시한 그레마스의 서사 기호학 방법론과 모델을 한국 민담의 서사적 원형을 이루고 있는 세 가지 이야기에 적용해 보도록 할 것이다. 〈춘향전〉, 〈콩쥐와 팥쥐〉, 〈별주부전〉이 그 적용 대상이다.[1]

적용 절차는 먼저 각각의 텍스트를 시퀀스 또는 에피소드로 나누고 서사 수준의 구조를 추출하며 기호학적 사각형의 모델을 적용하여 주제적 내용을 분절시키는 순서로 진행될 것이다.

1. 〈춘향전〉

판소리계 소설에 속하는 〈춘향전〉은 흔히 연애류 소설로 분류되며 주인공이 몽룡과 성춘향은 사회 계층을 초월한 지고의 사랑을 실현하는 화신으로 알려져 있다. 하지만 여기서는 이 같은 통념적 해석의 틀을 따라 작품에 반영된 작자의 의도나 도덕론적 훈육의 주제를 설정하는 시도를 지양하고

1 이 부분은 1998학년도 제2학기 고려대 언어학과에서 개설한 학부 과목 〈언어와 기호〉를 수강한 학생들과의 공동 토론에 기초하고 있음을 밝혀 둔다. 특히 김미경, 조진철, 최윤제의 분석이 도움을 주었다. 또한 〈콩쥐팥쥐〉에 대한 이미영의 석사 논문도 참조하였으며, 2001년 고려대 대학원 기호학 강의 중 〈별주부전〉에 대한 김미경의 분석이 도움이 되었음을 밝힌다.

텍스트의 내부 구조에 대해 기호학적 형식의 분석 틀을 적용하는 데 주안점을 두었다. 판소리계 소설은 판소리가 지니고 있는 극적 분할 양식의 흔적을 남기고 있거니와, 예컨대 소설 텍스트의 행동자와 관련된 약호는 이 같은 분할 방식에서 다시 발견된다. 〈춘향전〉의 주요 얼개를 이루는 주제적 수준은 만남, 사랑, 이별, 절개, 재회 등이며 이야기의 줄거리는 상태와 변형을 반복하는 여러 사건들로 구성된 일련의 시퀀스로 이루어져 있다. 〈춘향전〉의 시퀀스 분할 방식은 시간적 관점을 택하느냐, 공간적 관점을 취하느냐에 따라서 달라질 수 있지만 대체로 다음과 같이 이루어질 수 있을 것이다.

① 춘향의 신분에 관한 과거의 묘사(춘향은 퇴기 월매와 성 참판 사이의 딸로 출생했다)
② 몽룡이 광한루로 출타하기 전까지 방자와 나누는 대화가 동헌에서 이루어진다.
③ 풍취를 즐기러 나간 광한루에서 이 몽룡은 그네 타는 춘향을 보고 춘향을 부르려 한다.
④ 춘향과 몽룡은 서로 마주치자마자 천생연분임을 확인한다.
⑤ 몽룡은 방자와 함께 춘향의 집을 찾아와서 그녀에게 결혼을 약속하고 하룻밤을 함께 보낸다.
⑥ 아버지를 따라 몽룡은 서울로 떠나면서 춘향과 이별의 슬픔을 겪으나 후일을 기약한다.
⑦ 변 사또가 동헌에서 새 관장으로 부임하며 춘향을 찾는다.
⑧ 변 사또가 춘향에게 수청을 요구하지만 춘향은 이를 거절하고 형벌을 받는다.
⑨ 옥에 갇힌 춘향은 꿈을 꾸고, 봉사에게 해몽을 부탁하는데 봉사는 길몽으로 풀이한다.
⑩ 한성에서 몽룡은 장원 급제하여 어사를 제수받는다.

⑪ 어사또가 되어 남원으로 오는 도중에 몽룡은 춘향에 대한 소문을 듣는다.
⑫ 춘향의 집에 찾아간 몽룡은 춘향의 모친과 만난다.
⑬ 옥에서 몽룡과 춘향은 재회한다.
⑭ 변 사또는 생일날에 잔치를 벌이고 몽룡은 신분을 숨긴 채 잠입한다.
⑮ 변 사또는 처벌받는다.
⑯ 어사또의 신분으로 돌아온 몽룡과 춘향은 서로의 마음을 확인하고 재회한다.
⑰ 춘향은 정조와 지조를 굳게 지킨 부녀자에게 내려지던 칭호인 정렬부인으로 인정받아 정부인이 되어 춘향의 모친과 함께 한양으로 올라가 몽룡과 행복하게 산다.[2]

연남경의 연구에서는 동일 내용을 다음과 같은 최소 시퀀스 단위로 분할하고 있다.

s1. 춘향과 몽룡이 만나다
s2. 춘향이 서울로 가게 된 몽룡과 이별하다
s3. 변사또가 춘향의 수청을 요구하다
s4. 춘향이 수청 요구를 거절하다
s5. 변사또가 춘향을 옥에 가두고 핍박하다
s6. 춘향이 몽룡을 기다리며 항거하다
s7. 몽룡이 암행어사가 되어 변사또를 벌하다
s8. 몽룡이 춘향을 구원하고 결혼하다

연남경은 이 이야기의 전개를 신분 상승의 관점에서 접근하여, 여주인

2 유사한 분석으로 다음 글 참조, 연남경, 〈최인훈 〈춘향뎐〉의 기호학적 분석〉, 《기호학》, 송효섭 엮고 씀(한국문화사, 2010), pp.128-167.

공이 자격 시련을 감수하면서 획득하는 신분의 연접 프로그램으로 간주한다.[3]

'신분 연접 프로그램'은 결합 상황—자격 시련—결핍 해소의 3단계로 진행된다. 기생 신분은 양반인 이몽룡과 사회적으로 원만한 관계 맺기가 어려운 한계에 해당하며, 곧 그들은 신분 차별이라는 사회적 장벽에 부딪혀 이별을 감수한다. 따라서 초기 상황은 연접에서 이접으로 변환된다. s3부터 s8까지의 이야기 진행은 춘향이 '고귀'라는 정신적 사회적 가치 대상을 취득하기 위해 자격 시련을 겪는 모습을 보여 주고 있다. 자격 시련은 여주인공이 이몽룡과의 이별을 피하기 위해서 '고귀'라는 신분을 획득하려고 감수하는 고통의 과정에 해당된다. 이 과정은 새로 부임한 사또 변학도와 춘향의 갈등 양상으로 나타난다. 연남경은 그레마스의 행동자 모델을 빌려와 이 같은 상황을 두 가지 시각으로 나누고 있다.

〈양인으로서의 춘향의 행동〉
양인 → 정절 → 춘향
향단 → 춘향 ← 변학도

〈춘향을 기생으로 보는 변학도의 행동〉
기생 → 수청 → 변학도
월매 → 변학도 ← 춘향

이어서 변학도와 춘향의 힘의 역학 관계에 따른 사태의 진행을 다음과 같이 도식화한다.

EN_1 = 대결(춘향 ↔ 변학도)
EN_2 = 지배(변학도 → 춘향)

3 같은 글, p.134.

EN_3 = 귀속(변학도 ← 수청)

그 결과 춘향전의 행동자(행위소) 모델은 다음과 같이 제시된다.

도덕적 인과응보 → 고귀 → 춘향
이몽룡 → 춘향 → 변학도

연남경은 다음과 같이 설명한다. "춘향은 이몽룡을 위해 목숨을 건 항거를 하였고 그 항거의 대가는 이몽룡이 조력자가 되어 그녀를 구출하고 그녀에게 고귀한 신분이라는 자격을 부여하고 결혼하는 것으로 나타난다. 이러한 능력 결핍 상황에서 능력 부여를 통해 결핍을 해소하고 과업을 완수하게 되는 자격 시련을 통한 보답이 가능한 것은 유교적 윤리의 인과응보 사상이 발신자의 위치에서 시련을 겪어 낸 행위소에게 보상을 부여하기 때문이다."[4]

이 같은 시퀀스의 통합체 구성을 행동자 모델에 적용할 수 있는데 이 때 〈춘향전〉의 주제를 어떻게 보느냐에 따라서 여러 가지의 모델 적용이 가능하다. 대략적으로 〈춘향전〉의 주제는 춘향과 몽룡의 사랑과 결혼, 춘향의 신분 해방, 춘향의 열녀상 등으로 나누어 볼 수 있을 것이다.

첫 번째 경우에서 주체와 대상은 이야기의 구성에서 직접적인 관계를 설

행동자 모델 1

발신자 하늘, 임금	→	대상 이 도령, 사랑	→	수신자 백성들, 하층민
		↑		
조력자 월매, 방자	→	주체 춘향	←	대립자 변 사또

도표 1

4 같은 글, p.137.

정하면서 기능하며, 발신자, 수신자, 대립자, 조력자 등이 이보다 간접적으로 관계를 맺는다. 이 경우 이몽룡은 이 관계의 대상이 된다.

물론 첫 번째 모델의 경우에서도 주체와 대상은 시점에 따라, 상황과 사건에 따라, 관계 설정의 방식에 따라 다원적으로 구성될 수 있다. 또한 행동자 모델의 구성 요소는 구상화된 인물뿐만 아니라 추상적인 대상과 가치도 포함할 수 있다는 사실을 유념해야 할 것이다. 예컨대 이몽룡의 시점에서 춘향을 정부인으로 맞이하기 위한 과정에 초점을 둔다면 이몽룡은 주체이며 춘향은 대상이고, 권력 획득의 상징인 장원 급제는 결혼의 실현을 위한 조력자가 될 수 있다. 마찬가지로 변 사또를 주체에 위치시킨다면 대상은 춘향의 수청이 될 것이다. 이 두 가지 모델은 모델 1의 변이형을 이룬다.

변이형 모델 1′

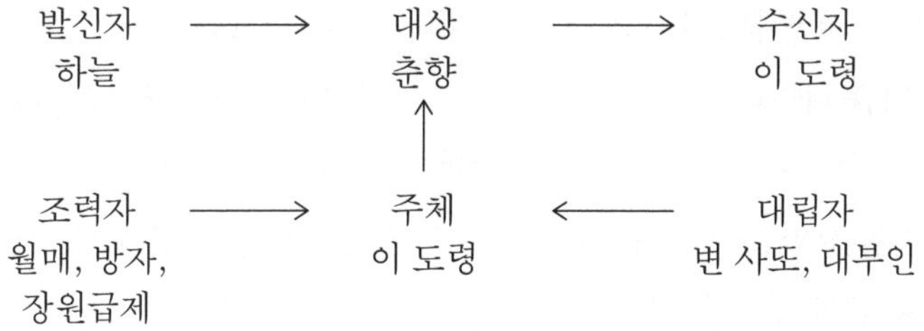

도표 2

변이형 모델 1″

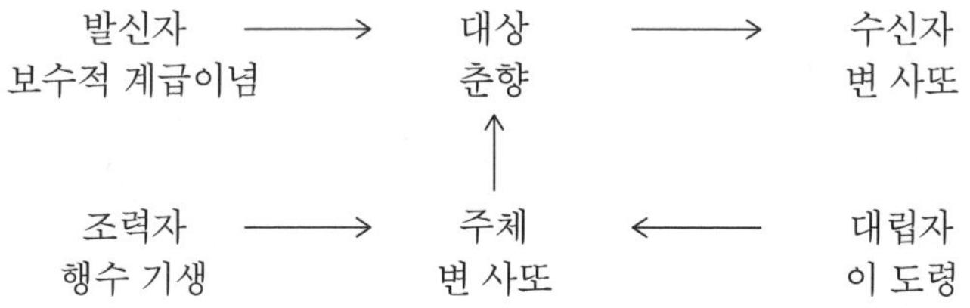

도표 3

발신자인 하늘의 역할은 주로 이야기의 시작과 끝 부분에서 기능한다. 예컨대 초반부에서 춘향의 태몽과 만남이 있기 전에 춘향의 모친 월매가 꾼 꿈 또는 수청을 거절하여 그 형벌로서 옥에 갇혔을 때 춘향이 꾼 꿈은 사건의 단서와 전환을 암시하는 역할을 맡으며 또한 초월적 공간을 표상한다. 특히 이야기의 말미에서 임금은 춘향을 정렬부인으로 봉하고 성은을 축수하는 역할을 맡음으로써 하늘이라는 발신자의 기능을 대리 수행한다. 그리고 이 같은 순수한 사랑의 이야기를 백성들로 하여금 받아들이게 만든다.

두 번째 모델은 춘향전의 주제를 단순한 개인적 사랑이 아닌 당대의 민중들의 신분 해방을 염원하고 있는 주제를 중심부에 갖다 놓을 수 있는 또 다른 관점을 제시한다. 이 같은 주제 의식에 있어서 춘향의 사랑은 자신의 신분과 이몽룡의 신분을 초월한 인간의 권리를 회복하는 데 목표를 두고 있다. 이몽룡에 대한 춘향의 사모함이나 결혼을 꿈꾸고 정절을 지키는 행위 등은 조선 시대의 유교 전통의 사회 규범과 도덕적 기율에서는 허락되지 않는 것이었지만 춘향은 사회적 신분이나 위계질서보다 더 근원적인 인간성의 권리를 나타내는 사랑을 실현하고자 한 것이다. 신분적 제약과, 그리고 인간적 해방에의 의지 사이의 갈등과 긴장은 〈춘향전〉이라는 작품 성립의 필수적인 요건을 이룬다. 쉽게 말해서 만약 춘향이 기생이 아니었다면 춘향과 몽룡의 헤어짐은 없었을 것이며, 춘향이에 대한 변학도의 수청 요구도 발생했을 리 만무하다. 이와 반대로 만약 춘향이 기생이었다면 춘향과 몽룡의 만남은 일회성으로 끝났을 것이며 변 사또의 수청에 대한 춘향의 거절도 있을 수 없을 것이다. 이것을 모델로 표시하면 다음과 같다.

모델 2

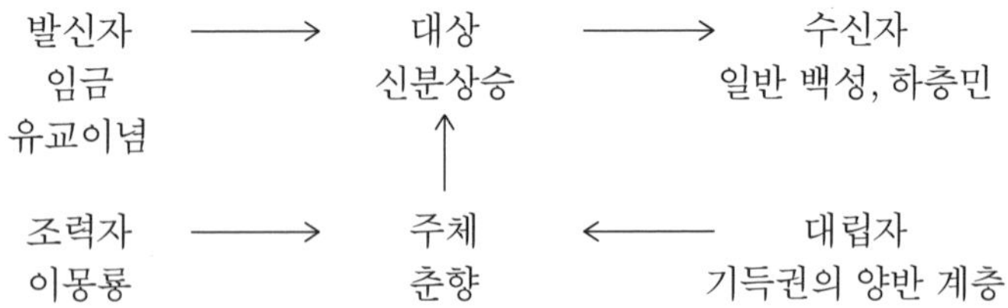

도표 4

이상과 같은 모델에서 춘향이 획득하고자 하는 욕망의 대상은 이몽룡의 사랑 자체보다는 그와의 합법적인 결혼을 통한 정부인으로서의 입지, 즉 양반 계급으로 진입하는 사회적 신분의 수직 상승이다. 이 같은 춘향의 꿈의 실현을 돕는 조력자는 표면적으로는 이몽룡이지만 보다 심층적인 수준으로 내려간다면 그녀와 비슷한 신분에 놓인 하층민들이며 이 같은 소외받는 계층의 희망과 욕망을 실현하는 구상적 상징적 인물이 춘향이라고 보는 것이 더 정확한 해석일 것이다. 실제로 변 사또와 맞선 계급적 투쟁은 남원 읍민들에 의해서 지지와 동정을 받는다.

물론 반대자는 기존의 체계와 신분 질서를 옹호하려는 보수 양반 계층이다. 이때 발신자는 아이러니하게도 이 같은 신분 상승의 실마리를 마련하는 유교의 이데올로기이다. 즉, 유교의 핵심 사상인 충효 사상과 정절을 지키는 춘향의 행동 양식이 그녀의 본래 태생의 신분을 극복하여 신분 해방을 허락하게 하는 것이다. 유교 이념에서는 철저한 계급적 신분 사회를 규정하지만, 피지배층인 백성, 하층민도 유교 이념을 실천할 때 그에 합당한 보상이 따른다는 사실을 주지시키고 있는 것이다. 한편 변 사또는 표면적으로는 자신의 욕정을 채우려는 인물로 나타나지만 보다 심층적으로는 춘향과 춘향의 모친의 신분 해방 욕구를 훼방하는 대립자에 해당한다. 변 사또가 춘향을 기생으로 취급한 것은 춘향이 설사 이몽룡과 결합한다 해도 첩으로밖에 남을 수 없는 한계를 전제로 한 것이었다. 이 같은 인식은 당시 보수적인 양반 계층의 뿌리 깊은 통념이었다는 점에서 변 사또는 그들의 사회적 통념 또는 신념을 대변하는 구상적 행위자에 불과하다.

따라서 〈춘향전〉의 심층 수준을 이루고 있는 서사적 수준의 주제를 의미 작용의 기본 구조 차원에서 추출할 수 있을 것이다. 춘향전이라는 서사물이 내포하는 결혼의 양상, 성적 윤리, 춘향의 사회적 신분과 기존 체제 등을 기호학적 사각형의 모델을 적용하여 다음과 같이 나타낼 수 있을 것이다.

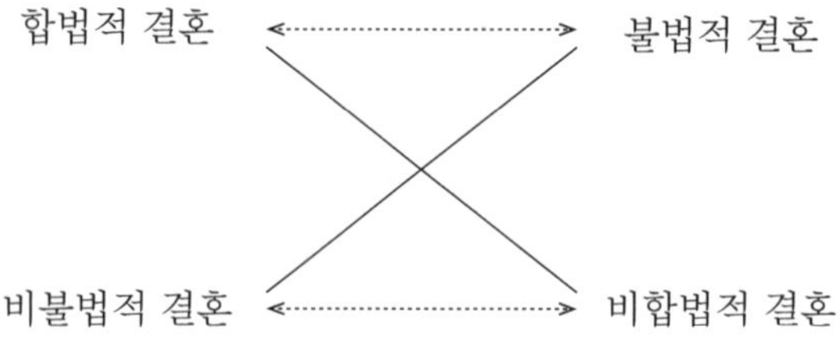

도표 5. 춘향과 이몽룡 결혼의 기호학적 사각형 모델

기호학적 사각형의 첫 번째 항인 합법적 결혼은 춘향과 이몽룡이 유교적 관례와 풍속에 맞게 합법적으로 결혼을 하는 경우이며 그것의 모순항인 비합법적 결혼은 아직 미혼인 이몽룡이 춘향을 첩으로 맞이하는 데 해당한다. 또한 불법적 결혼은 이미 결혼을 한 이몽룡이 춘향을 다시 정실로 맞아들여 결혼을 하는 경우로서 이는 물론 간통죄에 해당하는 사기 결혼이다. 끝으로 비불법적인 결혼은 결혼을 한 이몽룡이 춘향을 첩으로 삼는 경우에 해당된다. 여기서 지적할 사항은 춘향과 이몽룡의 관계의 본질에 대한 변 사또의 인식이다. 변 사또는 이들의 관계를 비합법적인 결혼 관계로 규정했기 때문에 춘향이 유부녀임을 부정했다. 아직 장가를 가지 않은 양반 댁의 자제가 첩을 맞이하는 것은 양반가의 합법적인 처사가 아니기 때문이다. 하지만 춘향 자신의 태도는 이와 달리 자신과 이몽룡의 관계를 합법적인 결혼 관계로 확신하고 기호학적 사각형의 하위 항인 비불법과 비합법의 축에서 자신이 첩으로 취급되는 것마저 강력히 부인한다. 그렇다면 춘향의 이 같은 자기 확신의 근거는 무엇일까? 춘향과 이몽룡의 결합의 합법성을 이루기 위해서는 이들의 사회적 신분 계층이 동일해야 함은 물론이다. 춘향은 기적에만 등록되어 있지 않을 뿐 천민 계층에 속하는 기생의 딸이며, 양반의 핏줄이 섞여 있다 해도 서녀일 뿐이다. 따라서 이몽룡과의 관계에서 그녀가 택할 수 있는 결혼 유형은 첩밖에 없다. 하지만 춘향은 이 같은 사회적 제도의 속박을 초월하여 스스로에게 합법성을 부여하는 제스처를 취하고 있다. 이 점을 기호학적 사각형 모델로 도해하면 다음과 같다.

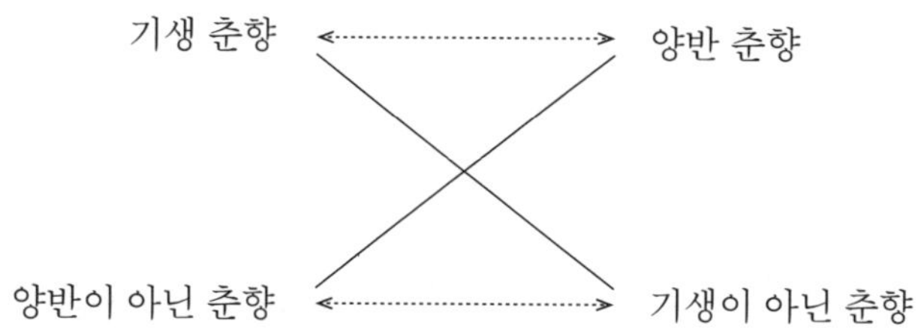

도표 6. 춘향의 사회적 신분의 기호학적 사각형 모델

기생 춘향은 두 가지 시각에서 볼 수 있다. 하나는 처음 춘향을 대면한 이몽룡의 시각이며, 다른 하나는 변 사또의 시각을 대변한다. 변 사또의 시각은 곧 기생의 딸로 태어나 기생 노릇을 할 수밖에 없다는 사회적 통념을 나타낸다. 물론 그 같은 태생에도 불구하고 시사(時仕)가 아닐 수도 있지만 여러 오입쟁이들뿐만 아니라 이몽룡이나 변 사또가 기생과 다름없이 취급하거나 기생으로 취급하는 것도 감수해야 할 처지이다. 하지만 춘향은 기생으로 행동하지 않고 기생이 아닌 자신의 정체성을 관철시키려 한다. 그 같은 근거는 춘향이 기적에 오르지 않았기 때문이다. 하지만 변 사또의 수청을 요구받은 춘향은 다시 기생의 신분으로 다시 돌아갈 것을 강요받는다. 이런 상황에서 춘향전의 말미는 극적인 반전을 이루어 어사또로 나타난 이몽룡의 선언으로 춘향의 위치를—즉 기생으로서의 춘향과 기생 아닌 춘향—양반의 위치로 상승시킨다.[5]

끝으로 〈춘향전〉에서 특기할 만한 것은 결혼에 대한 춘향의 능동성이다. 이 같은 능동적 선택은 결혼이라는 중심 사건의 동인으로 작용한다. 조선사회의 전통적 여인들과는 달리 그녀는 자신의 주체성을 의식하고 실천하고 있다는 사실에 주목할 필요가 있다. 즉 남자의 선택과 여성의 수락이라는 틀에서 벗어나 춘향은 진실된 사랑이라는 진정성 있는 명분을 내세운다. 춘향의 자율적 선택은 물론 당시의 이데올로기에 부딪쳐 수난을 면치

5 춘향의 자아정체성에 대해서는 다음 논문 참조: 진은진, 〈고소설에 나타난 여성의 자아정체성 인식과정 연구—《이춘풍전》과 《춘향전》을 중심으로〉, 《인문학 연구》, vol. 6 (2002), pp.55-79.

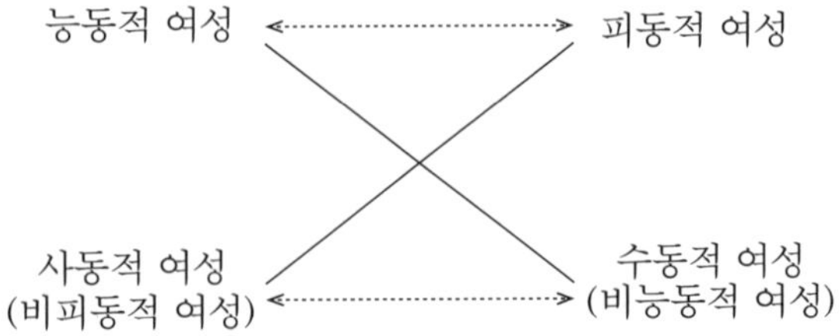

도표 7. 여성 주체로서 춘향이 취하는 태도의 기호학적 사각형 모델

못한다. 사회가 설정한 여성형의 범주에서 벗어난 대가로 그녀에게는 제재가 가해진다. 이 같은 상황에 기호학적 사각형 모델을 적용해 보면 다음과 같다.

자율성에 기초한 춘향의 선택은 능동적인 동기 부여와 선택 의지에 기초한다. 하지만 조선 시대의 혼인 제도에서처럼 처음부터 양가의 부모에 의해서 결정되는 자율적 선택권이 결여된 상태는 수동적인 상황이다. 양반 규수들이 택한 혼인 양식의 전범은 수동적 여성상이었음은 자명하다. 반면 여성의 의지가 남성에게 조금이라도 반영되는 사동의 가능성은 조선의 여성상에서는 구조적으로 배제되어 있다. 피동적 여성은 남성의 요구와 명령에 쉽게 굴종하는 경우를 나타내며 그것은 곧 주체성의 상실을 뜻한다. 이와 달리 춘향은 자신의 남편감을 스스로 선택했으며 자신의 선택을 훼방하는 변 사또의 명을 거부했다는 점에서 시대의 굴레에서 벗어났다.

이상의 논의에서 보았듯이 〈춘향전〉이 보여 주는 것은 단순한 사랑 타령은 아니다. 한 기녀의 딸이 사랑의 성취를 달성해 가면서 겪는 시련들을 통합제 자원에서 구성한 서사 구소뿐만 아니라 계열체 자원에서 나타나는 복합적 상황의 갈등과 의미 생성이 텍스트의 심층부에 놓여 있음을 알 수 있다. 특히 그레마스 기호학 모델의 몇 가지 개념을 적용하여 우리는 〈춘향전〉이라는 텍스트가 머금고 있는 당대의 이데올로기의 구조를 보다 세밀하게 읽어 낼 수 있었다.[6]

6 〈춘향전〉 연구의 종합적 흐름에 대해서는 다음 연구 참조: 설성경 편, 《춘향전 연구의 과제와 방향》, 국학자료원, 2003.

2. 〈콩쥐 팥쥐〉

두 번째 적용 사례로 택한 텍스트는 한국의 전통적 민담인 〈콩쥐 팥쥐〉이다. 〈콩쥐 팥쥐〉는 전통적으로 권선징악의 전형적인 스토리 구성을 보여 준다. 주인공인 콩쥐는 전체 이야기에서 주체의 역할을 맡는 반면 팥쥐와 계모는 반주체의 역할을 맡는다. 새로 부임한 사또와 결혼을 하려는 팥쥐는 콩쥐를 훼방하며 결혼한 콩쥐를 죽여서 가짜 콩쥐의 역할을 맡는다.[7]

이 텍스트는 크게 두 개의 에피소드로 나누어 볼 수 있다. 두 개의 에피소드는 다시 더욱 짧은 시퀀스들로 나누어진다.

(1) 첫 번째 에피소드

① 장소 및 인물 소개

② 콩쥐의 친부모의 죽음: 콩쥐의 어머니의 죽음, 아버지의 재혼

③ 계모에 의해서 학대받는 콩쥐: 세 가지 시련(밭을 갈고, 우물의 물을 길고, 낟알을 까고 말리고 찧는 일)

④ 사또와의 간접적인 만남: 새색시의 잔칫집으로 이동, 신발을 잃어버림, 사또가 신발을 발견하고는 주인을 찾음

⑤ 사또와의 결혼

⑥ 팥쥐와 계모가 짜고 콩쥐를 살해함

(2) 두 번째 에피소드

① 팥쥐가 사또의 부인이 됨

② 콩쥐의 혼이 여러 모습으로 변신함(연꽃과 진주의 모습으로 변신함)

③ 사또는 팥쥐의 공모를 알아냄

---

7 〈콩쥐 팥쥐〉에 대한 보다 상세한 분석은 다음 문헌을 참조할 것: 이미영, 〈L'analyse sémiotique d'un conte populaire Coréen, Kondji et Patji〉, 서강대학교 대학원 석사 논문, 1998.

④ 사또는 팥쥐를 벌주고 부활한 콩쥐와 다시 행복하게 산다

첫 번째 에피소드는 구박받고 박해받는 콩쥐의 상황을 묘사하고 사또와의 결혼에 이른 상태의 변형을 거쳐 팥쥐의 속임수에 넘어가 죽임을 당하는 최종 상황으로 이루어진다. 두 번째 에피소드의 첫 번째 상황은 팥쥐가 사또의 부인 행세를 하는 데 할애되며, 팥쥐의 거짓이 들통나고 처벌을 받는 변형 과정을 거쳐 콩쥐가 부활하여 다시 자신의 위상을 회복하고는 행복하게 산다는 종결부로 이루어졌다. 첫 번째 에피소드에서 각각의 주체들의 욕망의 대상은 사또와의 결혼이다. 주체와 대상의 관계를 연접과 이접으로 나눌 때 첫 번째 에피소드는 연접과 이접의 상태 변화로 이루어진다. 예컨대 콩쥐의 경우를 서사 발화체의 공식으로 나타낼 수 있다.

$$(S \cup O) \rightarrow (S \cap O) \rightarrow (S \cup O)$$

물론 두 번째 에피소드에서 콩쥐는 다시 사또의 사랑을 다시 찾는다는 점에서 최종적으로는 연접의 상태로 종결된다. 이 이야기를 발신자와 수신자 사이의 관계에 적용해 보면 콩쥐는 수신자인 동시에 피동적 행동의 주체이다. 또한 하늘의 명을 받은 검은 소, 두꺼비, 선녀, 장수 등의 도움을 받아 어려운 일을 해결한다. 이 같은 조력자들은 사또와의 결혼에 이르기 위한 콩쥐의 능력을 부여하게 만든다. 달리 말하면 콩쥐와 대상의 연접을 위한 양태성을 부여한다는 말로 통한다. 이것을 행동자 도식으로 나타내면 다음과 같다.

발신자	⟶	(수신자 ∩ 대상)
임금		콩쥐　　사또
원조자	대립자	

여기서 대립자는 콩쥐를 질시하며 박해하는 팥쥐와 계모가 된다.

서사 도식에 따라 이야기의 구조를 분석해 보자. 상태와 변형으로 나누어 봤을 때 변형 이전과 변형 이후로 나눌 수 있다. 변형 이전은 결핍의 상황이며 변형 이후는 결핍의 해소 상황을 지시한다. 이야기의 전반부 상황은 콩쥐가 팥쥐와 계모에 의해서 박해받는 상황에 해당한다. 그러다 결핍의 해소 상황은 첫 번째 에피소드와 두 번째 에피소드의 끝에 나타난다. 즉 콩쥐가 사또와 결혼하여 귀부인이 되며 부유하게 산다는 내용에 해당된다. 주지하다시피 서사 도식은 세 가지 시련의 연속, 즉 자격 시련, 결정 시련, 영광 시련으로 이루어져 있다. 자격 시련은 콩쥐와 사또가 결혼하게 만들며 콩쥐의 능력과 관련된다. 여기서 말하는 능력에는 착하고 어진 콩쥐의 품성이 포함된다. 한편 결정 시련은 수행에 해당되며 앞서 제시한 자격 시련 없이는 실현될 수 없다. 이 같은 조건들을 충족시켜 필요한 능력을 구비한 콩쥐는 계모가 시키는 힘든 일을 조력자들의 도움을 빌려 해낸다. 특히 선녀로부터는 일을 끝낸 후에 두 개의 선물을 받는다. 옷 한 벌과 신발 한 짝으로, 이것은 이웃집의 새색시를 구경 가게 하는 것을 가능케 한다. 여기서 신발은 콩쥐와 사또의 관계를 맺는 역할을 맡는다. 나중에 가서 이들의 인연의 단서는 바로 콩쥐가 개울가에 두고 온 신발이기 때문이다. 끝으로 영광 시련에서 콩쥐는 사또와 결혼하여 귀부인이 된다.

통사적 본질에 속하는 양태적 능력의 시각에 따라서 이야기의 구조를 분석하는 것도 가능하다. 네 가지 양태성을 생각해 볼 수 있다. /하기를 원하다/, /해야 한다/, /할 수 있다/, /할 줄 안다/. 먼저 /하기를 원하다/의 양태성을 고려해 보면 콩쥐가 사또와의 결혼에 대한 의지는 분명히 나타나지 않는다. 오히려 수동성을 내포한다는 점에서 앞에서 살펴본 춘향의 태도와는 대조를 이룬다. /할 수 있다/의 양태성에서 콩쥐는 사또가 개울가에서 발견한 신발을 가지고 있기 때문에 하나의 능력을 갖게 된다. 반면 다른 인물들인 팥쥐와 계모는 첫 번째 에피소드에서 특정 능력을 갖고 있지 못하다. 하지만 두 번째 에피소드에서 팥쥐는 콩쥐를 물에 밀쳐 익사시킴으로써 사또의 가짜 부인의 위상을 차지함으로써 /할 수 있다/의 양태성을 획득한다. 또한 /존재하게 하다/에 해당되는 실현적 양태성인 수행은 능력과 대립된다. 여기서 콩쥐의 수행은 신발을 떨어뜨리고는 새색시의 잔칫집에 달려가는 데 있다. 사역적 관계를 지칭하는 조종(manipulation)의 시각에서 보면 두 가지 조종이 있다. 긍정적 조종과 부정적 조종이 그것이다. 조종의 구성 성분은 두 명의 상이한 주체로 이루어진다. 조종하는 주체와 조종받는 주체가 그것이다. 긍정적 조종은 조력자들의 중개적 행동을 말하며 부정적 조종은 콩쥐와 팥쥐의 방해를 지시한다. 끝으로 인정과 제재(sanction)의 차원을 분석해 보자. 제재는 두 명의 행동자를 사용한다. 입법적 발신자와 수신자인 주체가 그것이다. 각각 화용적 차원과 인지적 차원에서 나타난다. 행동적 제재는 수신자의 행동에 대해서 이루어지며 인지적 주체는 수신자의 존재에 대해서 가해진다. 이 같은 사실에 기초하여 하늘의 가치론적 체계와 일치한 콩쥐는 조력자들의 선물을 보상으로 받는다. 또한 이야기의 끝에서 콩쥐는 하늘의 연민과 감복에 힘입어 다시 부활한다. 여기서 말하는 인지적 제재는 입법적 발신자인 하늘의 주체의 존재에 대한 인식적 판단과 동일시되며 주인공의 가치를 인지하는 것에 해당된다. 인지적 제재는 존재와 나타남의 관계에 기초한다. 두 번째 에피소드에서 콩쥐를 물에 익사시킨 후에 취하는 팥쥐의 행동 양식과 그 후의 콩쥐의 행동 양식을 보면, 먼저 콩쥐는 존재하지만 나타나지 않는 비밀의 위치에서 최종적으로 부활하여 사또의 사랑을 다시 얻는다는 점에서 실제로 존재하며 동시에 표면적으로 나타나는 진실의 위치로 나아간다. 반면 팥쥐는 콩쥐를 살해한 후에 거짓으로 사또의 부인 자리를 찬탈했다는 점에서, 진실로 존재하지도 않으면서 나타나기만 하는 환상의 위치에 있다가 자신의 공모가 들통이 나서 벌을 받는다는 점에서 존재하지도 않고 나타나지도 않는 허위의 위치로 옮겨 감을 알 수 있다.

또한 기호학적 사각형의 모델을 사용해서 이야기의 전체에서 콩쥐와 팥쥐의 위치를 생각해 볼 수 있다. 여러 동위소 가운데서 삶과 죽음의 경우로 국한시켜 보자.

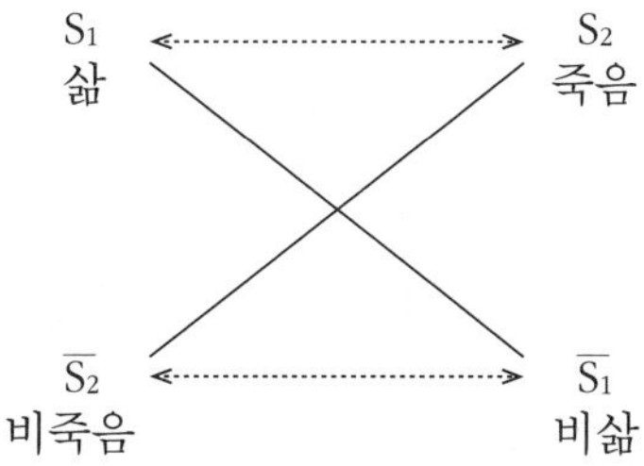

도표 8. 콩쥐의 삶과 죽음의 행로의 기호학적 사각형 모델

콩쥐는 첫 번째 에피소드에서 삶의 위치에서 비삶의 위치를 거쳐 죽음으로 이동한다. 이야기의 전반부에서 콩쥐는 살아 있으며 팥쥐와 계모가 그녀를 물속에 밀쳤다는 삽입 절이 암시하듯이 비삶의 단계를 거쳐 최종적으로 익사한다. 이어서 두 번째 에피소드에서 콩쥐는 다음과 같은 행로를 거쳐 다시 소생한다: S_2 죽음 → $-S_2$ 비죽음 → S_1 삶. 이 같은 행로를 설명하면 다음과 같다. 먼저 두 번째 에피소드의 전반부에서 육신은 죽은 상태로 나타나지만 연꽃과 오색이 진주의 형태로 스스로의 모습을 변신시키면서 비죽음의 상태를 거쳐 다시 태어난 육신과 정신의 일치와 함께 새로운 삶으로 옮겨 간다.

〈콩쥐 팥쥐〉의 주제는 권선징악으로 요약된다. 콩쥐의 선행과 팥쥐의 악행이 선명한 대조를 이룬며 선과 악을 구상적으로 표현하는 각각의 요소들은 선과 악에 주제적으로 해당된다. 또한 기분적 범주에 속하는 '유쾌'와 '불쾌'를 가치론적으로 상관 관계를 맺게 할 수도 있다. 이야기의 최초의 상태에서 콩쥐는 행복하게 살았다는 언급에서 유쾌가 지배적으로 나타나다 친어머니가 돌아가신 후 아버지의 재혼으로 불쾌적 상태로 변한다. 이런 식으로 이야기는 가치론적 수준에서 유쾌와 불쾌의 반전을 반복하며 유쾌와 불쾌 사이에 비유쾌와 비불쾌가 개입한다.

3. 〈별주부전〉

〈별주부전〉, 즉 〈토끼전〉은 근원 설화에서 시작해 판소리로 발전되어 판소리계 소설의 형성 과정을 거쳐 왔다는 것이 일반적 학설이다. 인도의 석가 본생설화와 그것의 한역인 불전설화가 불교와 더불어 한반도에 전수되어 토착화를 거친 설화로 전승되었고, 이것은 《삼국사기》의 〈귀토지설〉로 각색되기도 했다. 아울러 이 같은 다양한 설화를 토대로 연행 문법에 따라 판소리화 되는 과정을 통해서 〈수궁가〉가 만들어졌다.

〈별주부전〉은 판소리계 소설로서 다른 이름으로 〈토끼전〉, 〈토생원전〉이라고도 불린다. 동물이 주인공으로 등장하는 전형적인 우화로서 다섯 개의 전통 판소리계 소설 중 구성적인 면으로 볼 때는 단순한 형식을 띠고 있으며, 대부분의 우화가 그렇듯이 지혜에 대한 교훈을 해학적으로 풀어 보이고 있다. 〈토끼전〉은 〈별주부전〉 또는 〈토생원전〉의 속칭이다. 〈토끼전〉의 내용은 불교 경전 중에서 〈불설별미후경〉에서 소재를 선택하여 각색한 것이며, 또한 이 〈불설별미후경〉의 주요 내용은 현존하는 인도 최고의 우화집인 《판차 탄트라》에 나오는 이야기를 각색한 것이다. 이런 두 동물 간의 대립과 속임수, 지혜로운 탈출이라는 소재는 동아시아에 널리 퍼진 우화 형식이다. 〈별주부전〉 혹은 〈토끼전〉의 직접적인 국내 기원 설화는 '구토지설'로서, 김부식의 《삼국사기》 41권에 수록된 내용이다.[8] 그러나 이 내용 또한 불전(佛典)인 〈불설별미후경〉에 인용된 설화와 인도의 유명한 설화집인 《판차 탄트라》에 나오는 내용을 재구성한 것으로 보인다. 고소설 〈별주부전〉, 구토지설, 불전의 설화, 판차 탄트라의 설화는 동일한 소재를 다루고 있지만 핵심적 부분을 제외하고는 그 전개 양상과 구성 방식에 있어 다양한 변이형을 보이고 있다.[9] 최광석은 〈토끼전〉의 이본으로 간주될 수 있는

8 윤경수, 〈토끼전의 신화적 고찰〉, 《한국 고소설의 동굴 모티프 연구》(태학사, 1999), pp.297-318; 인권환 , 〈「토끼전」 근원설화(根源說話) 연구 - 인도설화(印度說話)의 한국적 전개〉, 《아세아연구》 10(1967), pp.87-108; 이성희, 〈「토끼전」과 용왕구병형(龍王救病型) 설화의 비교 연구〉, 한국민속학회 제12차 학술 발표회 요지(1998), N/A, Vol. 0, pp.39-60.

문학 텍스트의 조건으로서 다음과 같은 사건 전개를 제시한다. 1) 수궁의 용왕이 병이 든다 2) 용왕은 토끼 간을 먹어야 산다 3) 별주부가 토끼 간을 구하러 간다 4) 별주부가 토끼를 유인하여 수궁으로 데려온다 5) 용왕이 토끼에게 속아 토끼를 풀어준다 6) 토끼가 육지로 도망간다 7) 용왕은 죽거나 소생한다.[10] 설화의 다양한 변이형을 통해서 시공간의 차이에도 불구하고, 서사 구조가 어떤 공통적인 속성을 가지고 있으며 변이의 양상은 어떤 방식으로 이루어지는가를 고찰하고, 그에 따른 서사적 구조에 대한 기호학적 분석을 시도할 수 있을 것이다.[11]

1) 시퀀스 분할

(1) 판차 탄트라

① 악어와 원숭이는 나무 열매를 나누어 먹는 친구 사이인데 악어의 아내는 맛있는 열매를 주는 자의 심장을 먹고 싶어 한다.

② 악어의 아내는 열매를 주는 자(원숭이)와 악어 사이의 관계를 의심하고 질투하고 악어는 아내의 의심을 불식시키기 위해 요구에 응한다.

③ 악어는 아내의 의심을 풀기 위해서 원숭이에게 저녁 식사에 초대하는 거짓말을 한다.

④ 악어는 바다로 나가는 도중에 진실을 원숭이에게 말한다.

⑤ 원숭이는 자신의 심장을 나무에 걸어 두었다고 거짓말한다.

⑥ 악어는 원숭이를 태우고 심장을 가지러 다시 뭍으로 돌아간다.

⑦ 뭍에 도착한 원숭이는 악어가 믿음을 배신한 것을 비난하고 조롱한다.

---

9 연행 문법과 서사 문법의 개념을 도입하여 토끼전의 이본 계열 분류를 시도한 다음 문헌 참조. 최광석, 《토끼전의 지평과 변이》(보고사, 2010).

10 같은 책, p.11.

11 위의 분석 내용은 고려대학교 2001년 1학기 강의(기호학과 인지과학)에서 수강한 학생들과의 공동 토론에 기초한다. 특히 김미경의 분석이 도움이 되었다.

(2) 불설별미후경

① 자라와 원숭이는 친구인데 자라의 아내가 이들의 우정을 시기하여 꾀병을 앓으며 약으로 원숭이의 간을 요구한다.

② 자라는 망설이다가 원숭이를 죽이기로 마음먹는다.

③ 자라는 원숭이를 꾀어낸다.

④ 자라는 바다 가운데서 도중에 원숭이에게 진실을 말한다.

⑤ 원숭이는 간을 나무에 걸어 놓았다고 거짓말을 한다.

⑥ 자라는 원숭이를 태우고 다시 해안으로 돌아간다.

⑦ 원숭이는 자라를 조롱한다.

(3) 구토지설

① 동해 용왕의 딸이 심장에 병이 들어서 토끼의 간이 약으로 필요하다.

② 거북은 토끼의 간을 구하러 떠난다.

③ 토끼를 만난 거북은 토끼에게 감언이설을 한다.

④ 거북은 토끼를 태우고 가던 중 진실을 말한다.

⑤ 토끼는 간을 바위 밑에 두었다고 거짓말을 한다.

⑥ 거북은 토끼를 태우고 다시 돌아간다.

⑦ 토끼는 거북을 조롱하고 거북은 근심하며 돌아간다.

(4) 별주부전

① 남해의 용왕이 병을 얻어서, 그 약으로 토끼의 간이 필요하다.

② 별주부가 토끼를 잡아 오는 적격자로 판명되어 떠난다.

③ 육지에서 토끼와 마주친 별주부는 토끼를 거짓으로 설득한다.

④ 토끼는 부귀영화를 꿈꾸며 별주부에 동조하여 용궁으로 떠난다.

⑤ 용궁에 도착하여 토끼는 사로잡힌다.

⑥ 토끼는 용왕에게 자신의 간을 바위 밑에 두었다고 거짓을 아뢴다.

⑦ 다시 별주부는 토끼를 태우고 뭍으로 돌아온다.

⑧ 토끼는 달아나며 별주부를 조롱한다.

⑨ 별주부가 낙담하여 자결하려 하자, 화타가 명약을 주어 별주부는 기뻐하며 돌아간다.

2) 통합체 분석 방식과 계열체 분석 방식

이상과 같이 각각의 이야기는 표면적으로는 전혀 다른 이야기 배경과 주인공, 결말을 보이고 있으나 전반적인 기승전결의 구조는 동일한 양상을 보인다. 구조적인 동일성을 확인하기 위해 이와 같이 전체 텍스트를 통사적인 전개 순서인 시퀀스로 나눈 후 러시아의 민담 학자 프로프가 제시한 31가지 기능항으로 이 이야기들의 전개 방식들을 묶는다면 다음과 같은 비교 결과를 얻을 수 있을 것이다.[12]

<table>
<tr><th>시퀀스의 기능</th><th>판차 탄트라</th><th>불설별미후경</th><th>구토지설</th><th>별주부전</th></tr>
<tr><td>결핍</td><td>①</td><td>①</td><td>①</td><td>①</td></tr>
<tr><td>위임</td><td>②</td><td>②</td><td>②</td><td>②</td></tr>
<tr><td>사기</td><td>③</td><td>③</td><td>③</td><td>③</td></tr>
<tr><td>장소의 이동</td><td rowspan="2">④
④</td><td rowspan="2">④
④</td><td rowspan="2">④
④</td><td>④</td></tr>
<tr><td>악한의 정체 폭로
(진실 폭로)</td><td>⑤</td></tr>
<tr><td>(역)사기</td><td>⑤</td><td>⑤</td><td>⑤</td><td>⑥</td></tr>
<tr><td>귀환</td><td>⑥</td><td>⑥</td><td>⑥</td><td>⑦</td></tr>
<tr><td>구출</td><td>⑦</td><td>⑦</td><td>⑦</td><td>⑧</td></tr>
<tr><td>결핍의 해소</td><td></td><td></td><td></td><td>⑨</td></tr>
</table>

12 프로프가 제시한 31가지 기능항으로 시퀀스를 배분하는 과정에서 항목과 기능이 부합하지 않는 부분이 발생한다. 악어, 자라, 거북, 별주부가 원숭이, 토끼를 속인 것이 발각되는 진실 폭로의 과정은 프로프의 기능항으로 마땅히 정의할 수 없다. 단지 속이는 자의 신분이나 속마음이 드러나게 된다는 점에서 '악한의 정체 폭로'와 유사한 기능으로 배분할 수 있을 것이다. 또한, 〈별주부전〉을 제외한 판본에서 '장소의 이동' 기능은 바다로 나아가는 도중에 진실이 폭로된다는 점에서 장소의 이동과 진실 폭로가 동시에 일어나고 있다. 그러나 〈별주부전〉에서는 육지 세계와 대비되는 수궁이라는 공간적 이동이 명확하게 드러나고 있다.

프로프는 그가 제시한 31가지 기능의 연쇄들로 하나의 민담이 엮어진다고 보았으며 이러한 기능항들은 민담마다 차별적으로 나타나지만 기본적으로 이야기의 구성소로서 이러한 기능들이 대동소이하게 작용한다고 여겼다. 여기서 이야기의 변이 과정은 그 기능을 유지한 상태에서 행동적 측면만이 바뀌고 있다는 것을 주목해야 한다. 즉 친구인 두 인물의 최초 상태가 한 인물의 아내의 질투로 인하여 파기되고 애정의 증거로서 다른 인물의 심장 혹은 간을 요구하는 결핍의 초래는 용왕 혹은 그 딸이 병이 난 상태의 요소로 대치되고 약으로서 지목된 간을 구해 와야 하는 결핍 상황으로서 표현적인 내용만이 변이된다. 그러나 이런 내용의 변이는 전체적인 텍스트 구성에서 결핍이라는 기능항으로서 작용하며 그 결핍 요소를 구하려는 그 다음 항 즉, 임무를 요구하는 것이라는 측면에서 동일한 기능값을 갖는다고 볼 수 있다. 이것은 프로프가 제시한 31개 기능을 수행하는 일곱 개의 인물로 다시 정리될 수 있다. 주인공(héro)은 악어, 자라, 거북, 별주부가 될 것이며, 주인공은 임무를 위임받고 사기를 도모하여 자신이 찾으려는 인물(personnage recherché)인 원숭이 또는 토끼를 속이려 한다. 이때, 이 임무의 위임자(mandateur)는 악어의 아내 또는 용왕이 된다.

여기서 다루고자 하는 네 개의 설화 또는 소설들의 구성은 동일한 이야기 구조를 가지고 있음에도 기능의 분화가 달리 나타난다는 것을 보여 준다. 즉, 전설이나 민담, 설화의 형식을 벗어나 본격적인 소설로서 기록된 별주부전의 경우는 기존의 설화에서 나타나지 않는 장소의 이동(수궁), 결핍의 해소(화타의 명약) 기능이 추가적으로 삽입되어 있으며, 결핍의 시초와 임무의 위임 부분에 있어서 구토지설과 별주부전은 위임자와 주인공의 관계를 임금과 신하의 주종 관계를 통해 보다 명확하게 구분하고 있으나 부부관계를 기반으로 하는 앞의 두 설화는 아내의 의심, 시기의 부분과 임무의 부여 기능이 섞여 다소 약화되어 있음을 알 수 있다. 그리고 등장인물 간의 관계, 결핍의 사유(질투, 꾀병, 병), 사기의 방식(저녁 식사 초대, 꼬임, 부귀영화의 약속) 등에는 네 개의 판본 사이에서 조금씩 변이형이 나타나지만, 이 설화의 핵심적 부분이라 할 수 있는 후반부의 사기-진실 폭로-역(逆)사기-귀환-구출의 패턴은 모든 판본에서 동일한 기능을 드러내며 작동하고 있음을 알 수 있다.

그러나 프로프의 분석 방식은 레비-스트로스를 비롯한 여러 서사학자들이 비판한 것처럼, 서사 목록을 고정적이고 단선적인 기능항에 한정함으로서 계열체 차원에 속하는 다양한 접근 방식을 차단하고 있으며 그 기능항조차 상호 부분적으로 반복적이거나 특수한 맥락에 따라 부각되는 한계를 노출하고 있다. 뿐만 아니라 하나의 기능항으로 묶인 요소도 다양한 양상으로 다른 기능을 수행할 수 있으며, 특히 프로프가 제시한 기능항들은 내재적으로 목적을 향해 수렴되는 특징이 반영되지 않는 이야기의 경우는 적용하기 어려운 난점을 가지고 있다. 〈별주부전〉 분석에서도 이런 난점이 드러나는데, 모든 판본에서 나타나는 사기(악어, 거북, 자라가 원숭이, 토끼에게 하는 거짓)도 기능상으로는 결핍의 해소를 위한 사기이지만, 그 질적인 양상은 판이하게 다르며 이 질적인 차이로 인해 이후의 전개의 양상이 질적인 변모를 꾀하는 것을 프로프의 분석 방식으로는 포착할 수 없다. 또한 행동의 단선적인 연쇄로서 파악되는 이 분석 방식에서 '사기'는 타인에게 거짓을 말하여 속이는 행동을 말한다는 점에서 사기와 역(逆)사기(원숭이, 토끼가 악어, 거북, 용왕에게 하는 거짓)는 동일한 위상과 기능적 가치를 갖지만, 전체 서사의 전개에서 이는 판이하게 다른 질적 가치를 가지고 있는 것이다. 〈토끼전〉을 오랫동안 연구해 온 한 연구자는 〈토끼전〉의 속음 구조에 대해 다음과 같이 진술하고 있다. "토끼전은 속음과 속임의 구조를 갖고 있다. 세부적으로 보면 속음과 속임이 무수히 반복되면서 갈등이 전개되는 구조를 갖고 있지만, 크게 보면 자라의 속임과 토끼의 속음, 토끼의 속임과 용왕의 속음이 순차적으로 반복되는 구조를 공유하고 있다."[13]

---

13 최광석, 앞의 책, p.37. 특히, 일련의 상이한 속임들로 이루어지는 구조는 생명의 논리와 생존의 논리와 직결되어 있다는 점이 특이하다. 또한 〈토끼전〉에 설정된 공간 구조에 대해서는 같은 책, pp.45-64을 참조할 것.

3) 그레마스의 서사 기호학적 분석

그레마스는 프로프의 단선적인 통사적 분절을 넘어서 보다 심층적인 구조에 접근하고자 한다. 그 방법론으로서 그레마스는 서사 프로그램을 통해 특정 서사물이 가진 표층의 서사 통사론을 제시하고 행동자 모델을 통해 욕망과 소통의 역학적 관계를 모색한다. 그리고 기호학적 사각형을 통해 심층적인 의미 구조를 분절하고자 한다. 기존의 연구에서 지적된 바와 같이, 〈토끼전〉의 주요 인물들은 제각기 자신만의 욕망을 갖고 있으며 그 욕망은 하나같이 세속적 현세적 삶을 추구하는 공통점을 지닌다. 특히 중심인물들의 계층적 차이로 인해서 욕망의 내용에 대한 해석은 역사적 사회적 맥락을 읽어 가면서 수행될 필요가 있다. 특히 욕망의 대립이라는 관점에서 최고의 정점은 토끼와 용왕이 수궁에서 보여 주는 갈등에서 극에 이른다. 흥미로운 것은 서로의 욕망의 이해관계가 맞아떨어지는 욕망의 어울림 현상이 속임과 맞속임의 구조를 매개로 하여 진행된다는 점이다.[14] 최광석은 이점에 대해 다음과 같이 진술한다.

> 토끼전에서 욕망 대립은 속음과 속임, 머묾과 떠남의 추동력이라는 점에서 상호 밀접한 관련을 맺고 있다. 즉 토끼전의 중심인물이 갖고 있는 욕망은 그들 인물로 하여금 속음과 속임, 머묾과 떠남이라는 행동 방식을 갖게 하는 근본 동인으로 작용하고 있다.[15]

서사물의 인물 개념에 대해 프로프는 일곱 명의 극 인물을 상정했으나 그레마스는 이를 보다 심층적인 구조적 모델이라 할 수 있는 행동자 모델로서 체계화하였다. 〈별주부전〉의 행동자 모델은 다음과 같다.

---

14 별주부전에 나타난 욕망 대립의 서사적 구조에 대해서는 최광석, 앞의 책, pp.64-78 참조.

15 같은 책, p.77.

발신자	대상	수신자
용왕(주)	토끼의 간	별주부(종)
	↑	
조력자	주체	대립자
토끼의 욕망	별주부	너구리

도표 9. 별주부의 행동자 모델

용왕의 약재로서의 토끼는 별주부에 의해 추구되는 대상이며 이 축은 별주부의 욕망의 축이기도 하다. 소통의 축인 발신자와 수신자는 대상을 매개로 하여 행동자 모델에 도입되며 여기서 발신자인 용왕은 신하인 별주부로 하여금 대상을 추구하도록 명하며 욕망을 부여한다. 이 모델에서 특기할 사항은 프로프의 통합체적 분석에서는 드러나지 않는 토끼의 욕망이 또 다른 모델을 상정케 한다는 점이며 바로 이 점에서 〈별주부전〉의 교훈적인 면이 부각된다.

발신자	대상	수신자
용왕	부귀영화	토끼
	↑	
조력자	주체	대립자
별주부의 거짓	토끼의 욕망	별주부의 진심

도표 10. 토끼의 행동자 모델

발신자	대상	수신자
하늘	충(忠)	백성
	↑	
조력자	주체	대립자
화타	별주부	토끼

도표 11. 별주부의 행동자 모델

다시 말해, 거짓을 말하는 별주부와 부귀영화를 꿈꾸는 토끼의 욕망은 한 쌍으로 욕망의 축을 오가고 있는 것이며 별주부에게는 토끼의 간이, 토끼에게는 별주부의 용궁으로의 안내가 각기 상호간에 내재적인 욕망의 대상으로 자리 잡는다. 그러나 결말에 이르러 별주부가 한 거짓말로 인해 토끼가 자신의 욕망에 대한 위험과 시련이라는 혹독한 대가를 치루고, 역으로 토끼의 거짓말로 인해 별주부는 그의 임무를 수행하고자 하는 충성의 욕망이 좌절된다. 이것이 이 소설의 외연적인 주제로서 부각되는 바이다.

이와 같은 행동자 모델과 더불어 〈별주부전〉을 분석할 때, 우리는 이 작품의 전반을 꿰뚫고 있는 서사적 주제를 인식할 수 있다. 그것은 속임수와 획득한 것의 상실이다. 즉, 주체가 갖지 못한 것을 추구하는 과정에서 그것을 획득하고 다시 잃어버리는 과정 $(S \cup O) \rightarrow (S \cap O) \rightarrow (S \cup O)$가 각 발화체를 통해 나타나며 그 사이에는 각각 속임수가 매개되어 있다. 다시 말해서, 주체인 별주부가 대상인 토끼의 간을 가지고 있지 않은 상태에서 그것을 소유하는 상태, 그리고 다시 잃어버리는 상태로 상태 발화체가 구성될 수 있다. 이 상태들 사이의 변형을 이행하는 행위의 함수는 바로 속임수이다. 이접의 상태에서 연접의 상태로 이행될 때 별주부는 토끼에게 거짓을 말하고 속임으로서 상태를 변형시킨다. 그리고 다시 연접의 상태가 이접의 상태로 변형되는 것 역시 마찬가지로 토끼가 별주부와 용왕에게 거짓을 말하고 속임수를 씀으로서 다시 이접의 상태로 되돌아가게 되는 것이다. 이런 점에 있어 이 서사 구조는 반복적인 수미일관성을 유지하고 있다. 그러므로 별주부를 상대, 행동의 주체인 S로, 토끼를 욕망의 대상인 O로 볼 때, $EN_1(E) : (S \cup O) \rightarrow EN_2(F) = 《(S \cup O) \rightarrow (S \cap O)》 \rightarrow EN_3(E) : (S \cap O) \rightarrow EN_4(F) = 《(S \cap O) \rightarrow (S \cup O)》 \rightarrow EN_5(E) : (S \cup O)$라는 서사 통사론의 모델을 얻을 수 있다. 그리고 이 두 가지 주제는 전체적인 시퀀스의 공간적 분할과 일치한다. 즉, 앞에서 제시한 〈별주부전〉의 아홉 개 시퀀스는 수궁→육지→수궁→육지의 순서대로 반복되고 있으며 공간의 변화가 일어날 때 속임수가 등장하고 이접과 연접이 교차하게 되는 것이다. 즉 속임수는 변형의 함수(기능)가 되어 상태의 변형을 야기한다. 첫 번째 속임수는 별주부가 토끼에게 부귀영화를 약속하며 거짓말을 하는 것이며 이 함수(기능)로 인해 공간적 이동과 토끼의 임시적인 위상이 변하게 된다. 그러나 토끼 스스로가 별주부의 속임수와 속박된 자신의 위상을 깨닫고 역으로 다시 속임수를 사용하게 된다. 이 함수(기능)는 다시 본래의 공간으로의 이동과 자유로운 토끼의 신분으로 상황을 되돌리는 것이다.[16]

그러나 별주부전의 특징은 주체와 반주체가 동시에 진행하는 서사 프로그램이 대칭적으로 반복된다는 점을 들 수 있다. 즉, 토끼의 간이라는 대상(O)를 두고 주체(S_1)인 별주부와 반주체(S_2)인 토끼가 참여하는 이중의 프로그램으로 보았을 때, 서사 프로그램은 두 주체의 대결과 속임수 함수에 따라 다음과 같은 방식을 대칭적으로 나타난다.

$$F(S_1) \rightarrow \begin{cases} [(S_1 \cup O) \rightarrow (S_1 \cap O)]: \text{획득} \\ \qquad\qquad\qquad\qquad\qquad (S_1 \cap O \cup S_2) \text{ 또는 } (S_1 \cup O \cap S_2) \\ [(S_2 \cap O) \rightarrow (S_2 \cup O)]: \text{박탈} \end{cases}$$

한 주체의 타동적인 수행이 반주체의 박탈을 야기하는 이러한 프로그램은 바로 주체의 결정 시련과 연관된다. 주체가 욕망을 획득하고 실현하는 실행의 차원에서 별주부의 결정 시련은 토끼의 간을 획득하는 설득의 대결을 벌이는 것이다. 이런 결정 시련은 동일하게 토끼가 용왕과 별주부에게 설득을 하는 수행을 통해 실현된다. 그리고 이런 결정 시련에 앞서 수행에 전제되는 능력을 말하는 자격 시련이 위치한다. 별주부전에서 별주부는 그 스스로 천부적으로 부여받은 능력으로 인해 토끼의 간을 구해 오는 임

16 〈토끼전〉에는 수궁계, 육지계, 천상계의 세 공간이 설정되어 있고 이들은 서로 대립 관계를 맺는다. 또한, 토끼전의 허구적 세계인 수궁과 육지를 위협하는 세계로 설정되어 있다.
"토끼전 어떤 이본 계열이든 네 공간이 설정되어 있으며 이들이 일정한 대립 관계를 유지하고 있다는 점은 동일하다. 그런데 수궁계, 육지계, 천상계를 꼭짓점으로 하는 삼각 대립과 수궁계, 육지계, 인간계를 꼭짓점으로 하는 삼각 대립으로 분리해 볼 수 있다. 왜냐하면, 토끼전에서 천상계와 인간계는 직접적인 대결 관계를 형성하지 않기 때문이다." 최광석, 앞의 책, p.46.

무를 부여받고 있다. 바다와 뭍에서 모두 자유로이 움직일 수 있는 태생적인 능력과 충직한 심성, 상대를 설복시킬 언변이 별주부에게 적절한 자격을 부여하는 역량으로 작용한다. 즉, 이것은 다름 아닌 '알다(savoir)'와 '할 수 있다(pouvoir)'에 속하는 것으로서 반주체인 토끼에게 육지 세계의 위험을 알리고 수궁의 환상적인 삶에 대한 욕망을 부추기며 뭍과 바다, 수궁을 오갈 수 있는 것이다. 또한 이에 앞서 주체를 주체로서 정립하는 '해야 한다(devoir)'와 '원하다(vouloir)'가 주체의 역량으로 존재한다. 즉, 프로프에게 있어서 위임자의 역할을 담당하던 발신자가 주체에게 행위를 수행할 의무나 욕망을 부여함으로써, 주체는 주체로서의 자격을 위임받게 되는 것이다. 별주부 역시 입법적 발신자인 용왕의 명에 의해 의지를 부여받아 주체로서 존재하고 여기서 주체의 역량을 현실화하는 양상을 취함으로써 행위가 실현되는 것이다. 또한 이러한 능력, 수행과 함께 발신자와 주체간의 계약을 성사하는 조종과 행위 이후의 상벌이 따르는 제재가 위치한다. 입법적 발신자인 용왕은 별주부에게 토끼의 간을 구해 오도록 요구하고 이를 통해 충성을 증명하는 계약이 성립된다. 그리고 서사의 후반부에서 이 계약에 대한 사법적 발신자의 제재가 상(賞)으로서 나타나는데, 그것은 '화타'라는 하늘을 대변하는 인물의 등장으로 '명약'이라는 약을 얻는 것으로 담화화된다.

하지만 이 모든 과정에서 가장 중심이 되는 것은 바로 인지적 행동으로서의 '조종'이다. 용왕 혹은 하늘이라는 발신자가 주인공을 조종하는 것과 별개로 우리는 행동자들 사이에서 이루어지는 조종에 주목하게 된다. 그것은 이 이야기의 전환적 핵심부를 이루는 상태 변형 함수(기능)인 '속임수'에 의해 수행된다. 속임수란 거짓을 말하고 이를 통해 거짓 정보를 알려 주며 결국 사실과 다른, 거짓의 결론에 이르도록 '조종'하는 작업과 다름이 아니다. 여기서 이것은 인지적인 차원에서의 지식과 능력의 배분에 해당한다. 별주부는 토끼에게 능력과 지식의 차원에서 양태성을 변형하도록 만든다. 다시 말해서, 별주부의 설득은 포수와 맹수의 공격과, 위험하고 척박한 육지의 환경이라는 부정적인 가치 대상들을 제시하고 이것은 토끼의 능력, 즉 '할 수 있다'의 양태를 변형시키고 나아가 '해야 한다'와 연접하기에 이른다. 이것은 다름 아닌 '협박'이다. 게다가 별주부의 설득은 이렇게 화용적인 차원에서만이 아니라 지식에 근거한 인지적 차원에서도 작동하는데 별주부는 토끼에게 수궁의 안락한 삶과 안전함, 부귀영화와 출세, 성공에 대한 '유혹'을 통해 '알다'와 '원하다'의 차원의 양태를 연접시킨다. 그러므로 토끼는 육지에서의 자신의 처지를 '하지 않을 수 없다'와 '해야 한다'의 연접으로 받아들이며, 수궁에서의 자신의 위상을 '알다'의 대상을 통한 '원하다'의 양태로 가진다. 그러므로 결론적으로 별주부의 설득은 뭍의 삶에 대한 협박과 새로운 수궁의 삶의 유혹을 촉발시킨다.

그렇지만 후반부에 등장하는 토끼의 속임수는 지식 차원의 양태를 역으로 변형한다. 즉, 토끼는 자기 배 속에 간이 들어 있지 않고 자신은 자유로이 간을 출납할 수 있으며 그 사실을 확인하고자 자신을 죽이면 바위 틈에 숨겨 놓은 간을 찾아올 수 없노라 주장한다. 여기서 토끼가 설득하고자 하는 것은 간에 대해 알고 있는 자, 즉 지식을 소유한 자는 토끼 자신이고 알지 못하는 자는 용왕과 별주부라는 사실을 주지시키는 것이다. 이런 불균등한 지식, 앎의 배분은 초반부에 등장하는 별주부의 속임수와 전혀 다른 설득의 양식을 갖는다. 별주부가 토끼에게 설득하는 바는 토끼의 능력과 지식을 조종하여 기존의 위상과 다른 새로운 위상을 부여하는 인지적인 행동이며, 따라서 여기서 별주부의 거짓은 진실에 대한 지식을 소유한 조종자와 지식을 결여한 피조종자의 관계를 당사자들이 동시에 인지하지 못한다. 이것은 전형적인 속임수의 방식이다. 진실을 아는 자는 속이는 자이며 진실을 결여한 자는 속임을 당하는 자이다. 전자는 지식을 소유할 뿐 아니라 상대가 이 사실을 알지 못한다는 것을 알고 있으며, 후자는 지식을 결여했을 뿐만이 아니라 자신이 모르고 있다는 사실을 깨닫고 있지 못하다. 바로 이런 점에서 속임수가 성립된다.

반면에, 토끼가 용왕과 별주부에게 행하는 설득은 새로운 사실이 배분되는 불균등에 근거한다. 여기서 지식의 분배 자체가 속임수를 작동시킨다. 즉 실제로 간이 몸 안에 있는지를 아는 토끼와 그 사실을 모르는 용왕, 별주부의 지식 소유의 관계에 대한 메타적인 성찰을 당사자에게 요구함으로써 스스로 '알다'의 양태를 '알지 못한다'로 변형하게 만든다. 간이 몸 안에 있는지 바위틈에 있는지에 대해 알고 있는 자는 토끼이고 이 사실을 정확히 알지 못하는 자가 용왕, 별주부라는 점은 '참'이고 '진실'이므로 조종자와 피조종자가 모두 동시에 진실에 대한 지식을 소유하고 있다고 보여지지만, 실제로 그들이 '진실'로서 취급하고 있는 사실이 실제로는 '거짓'인 것이다. 다시 말해, 조종자로서 지식을 가지고 있는 자는 상대가 지식을 가지고 있지 않다는 것을 알고 있으나, 피조종자라 할 수 있는 지식을 결여한 자는 스스로 지식을 결여하고 있고 상대가 그 사실을 알고 있음을 피조종자는 인지하고 있다. 이런 점에서는 속임수가 성립될 수 없으나, 그 이전에 존재하는 전제, 즉 지식에 대한 진실 자체가 거짓이므로 속임수가 성립되는 것이다. 간이 몸 밖으로 자유로이 출납될 수 있다는 지식에 대한 진실 여부가 거짓이라는 것이다. 그러므로 이 두 번째 속임수는 국면을 전환한다는 기능적인 측면에서는 첫 번째 속임수와 동일한 속임수 혹은 사기에 해당한다. 그러나 위에서 언급되었다시피, 두 번째 속임수는 위기의 상황을 역전시키는 지혜가 되는 반면에, 전자는 단순한 유혹 차원에 머물게 되는 것이다.

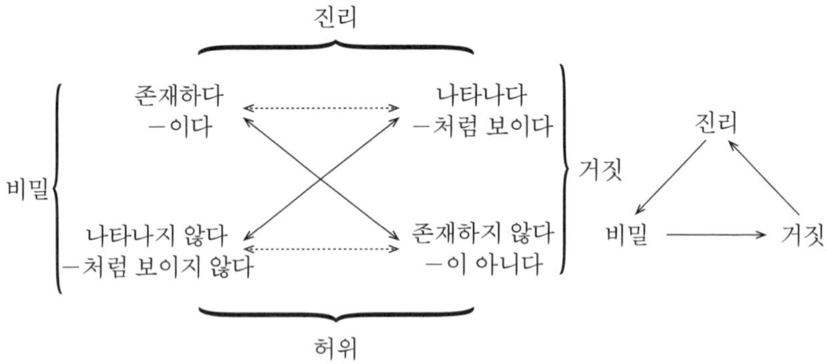

도표 12. 별주부의 기호학적 진리 모델

이러한 양태적 변환은 보다 심층적인 수준에서 기호학적 사각형에 의해 발현됨을 알 수 있다. 즉, 토끼와 별주부의 속임수는 진리의 기호학적 모델에 따라 도표 12와 같은 기호학적 사각형으로 표상될 수 있다.

별주부가 처음 토끼를 만나 토끼의 처지를 걱정하며 용궁에서의 낙원 같은 생활을 보장하는 것은 진리의 기호학적 사각형에서 그렇게 보이지만 실제로는 그렇지 않은 거짓의 축에 위치한다고 볼 수 있다. 별주부가 사용하는 속임수는 그럴듯해 보이지만 실제로는 그렇지 않은 거짓의 유혹을 하고 있는 것이다. 그러나 이 거짓에 속아서 목숨을 잃을 위기에 처한 토끼의 꾀는 자신의 위상을 진리의 축에서 비밀의 축으로 이동시키면서 용왕을 설득한다. 즉, 자신의 간이 자신의 몸속에 있는 것(존재, 나타남)은 사실이 아니며 자신의 간은 일정 기간 동안 청계수에 담가 놓으므로 다른 곳에 비밀리에 있다는 것(존재, 나타나지 않음)을 강조하면서 위기를 모면한다. 또한 이 말은 동시에 그럴듯해 보이지만 실제로 사실이 아니라는 점에서 거짓의 축에 놓이게 된다. 그러므로 진실의 축에서 비밀의 축으로 이동하면서 토끼가 용왕을 설득하고, 뭍으로 이동한 뒤 거짓의 축으로 이동한다. 결국 진리 → 비밀 → 거짓의 행로를 거쳐 이 진실 게임은 최종적으로 토끼의 승리로 끝나게 된다.

그리고 이 속임수와 진리의 결과와 더불어, 대상의 차원에서 서사의 기본적인 의미 차원을 위와 같은 기호학적 사각형으로 추출해 낼 수 있을 것이

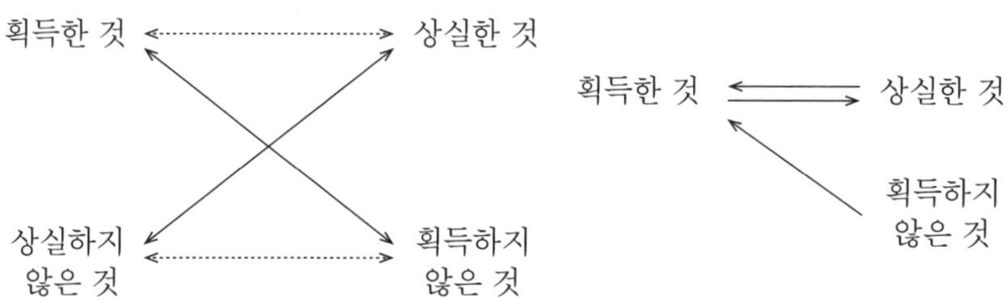

도표 13. 별주부의 획득과 상실의 기호학적 사각형 모델

다. 최초의 상태에 토끼는 획득하지 않은 잠재적인 획득물로서 존재하지만 별주부의 거짓과 자신의 욕망으로 인하여 획득되어진 포획물이 된다. 그러나 곧이어 토끼의 기지로 말미암아 토끼는 상실된 약재가 되며 다른 설화는 이 지점에서 행로를 멈추고 하나의 이야기로 모습을 드러낸다. 여기까지는 믿음에 대한, 거짓에 대한, 헛된 욕망에 대한 교훈과 충고가 전부이다. 그러나 〈별주부전〉은 여기서 한 걸음 더 나아가 아직 상실되지 않은 별주부의 임무와 그의 충정을 남겨진 것으로서 부각시키며 이것은 이어서 화타가 준 약으로 인해 획득된 것의 지위를 보상받고 임무는 완수되게 된다. 이 부분이 다른 설화와 〈별주부전〉의 결말부의 차이점이다. 〈별주부전〉은 믿음과 거짓, 욕망에 대해 말하고 있으며, 이와 더불어 충성이라는 유교적인 관념을 다른 한편으로 강조하고 있다.

제4부

양태성의 기호학

제15장

양태성의 이론

1. 양태화의 발생과 전개

양태적 표현들과 구성들을 다루는 의미론은 서사적 의미의 본질적 차원이라 할 수 있다. 사실, 서사물의 모든 갈등 또는 문제는 양태적 시나리오이다. 만약 우리가 인식적(épistémique)인 진리의 차원, 본분과 의무(déontiques)의 차원, 세계가 제공하는 가능성들과 규칙성들의 차원에서 사유하지 않는다면, 우리는 언표 내적(illocutoires) 발화체들의 수행적 힘을 이해할 수도 없을 것이며, 현실에서 체험한 경험의 의미도 거의 파악할 수 없을 것이다. 우리가 접하는 모든 이야기들 속에서, 우리는 누가 살아남을 수 있는가, 누가 죽을 수밖에 없는가, 가정을 위해, 사회를 위해, 국가를 위해, 인류를 위해, 반드시 해야 할 것을 과연 누가 할 수 있는가 등의 물음을 던진다. 그리고 우리가 알 수 있는 것으로부터 우리는 어떤 결론을 도출해야 하는가라는 물음을 던진다. 양태적 차원은 우리의 생각들을 역동화시키고, 지각의 도상성 배후에서 우리의 사유들을 사유되고, 감각되고, 구조화된 것들로 조직화시킨다. 문제는 언어학과 기호학에서 우리가 사용할 수 있는 어떤 개념적 수단들을 통해 양태적 차원을 모델화하고, 그것을 의미 이론의 전체 집합 속에 통합시킬 것인가의 문제이다. 양태성은 언어와 사고 속 도처에 편재하며 사고와 마찬가지로 우리의 경험의 기저에 존재한다.[1]

그런데, 텍스트와 담화에 대한 비매개적이며 즉각적 분석을 차지하는 오브제들, 상태들, 사건들을 다루는 주제적 의미론은 기호학의 시선에서 빈번하게 벗어난다.

그레마스는 이미 1966년 그의 주저 《구조 의미론》에서 행동자 범주들의 양태적 성격에 대해 두 쪽을 할애하고 있다. 그는 이렇게 기술하고 있다. "우리가 행동자적이라고 부르는 범주들은 우리가 보기에는 행동자들에 할당된 특수한 역할들을 성립하는 것으로 나타났기 때문에, 동시에 각각의 메시지-광경에 고유한 일정한 위상을 부여하는 본질을 갖고 있는 양태적 범주들로 보인다. 이 같은 방법론적 성찰의 층위에서 의미론의 과제는 분명하게 정의된다. 이 같은 양태적 범주들을 사용하면서, 간단한 행동자적 구조들과 의미론적 미시 세계의 형식 아래, 실존 방식들의 유형론을 수립해야 하는 것이다."[2]

실제로, 행동자들은 행동자 모델에서 그것들의 역할들에 의해 양태화된다. 행동자는 대상(물건)을 발송해야 한다는 점에서, 아울러 조력자 행동자는 이 같은 기획에 행동 능력(할 수 있음)을 가져다준다는 점에서, 대립자 행동자는 동일한 기획을 조준하면서 '할 수 없게 만드는 것'(ne-pas-pouvoir-faire)을 염두에 두면서 행동한다는 점에서 그렇다.

그레마스 접근법의 독창성은 프랑스 동사 'pouvoir'(할 수 있다)와 'devoir'(해야 한다)와, 그 두 개의 조동사의 부정 효과들과 그것의 구성들에 대한 관심을 양태성 연구의 중심에 갖다 놓았다는 데 있다

또한 그의 양태성 이론에서는 다음 섹션에서 보다 상세히 다루겠으나, '할 수 있다'(능력)과 '해야 한다'(의무)는 개별적으로 분석하기보다는 함께

---

1 양태성의 기호학 연구에서 중요한 연구성과는 다음 문헌을 참조할 것.

Per Aag Brandt, *La charpente modale du sens. Pour une sémio-linguistique, morphogénétique et dynamique* (Amsterdam: Benjamins, 1992).

—, *Dynamiques du sens* (Aarhus: Presses Universitaires, 1994).

Jacques Fontanille, "Le tournant modal en sémiotique," *Organon* (Porto Alegre, Université Fédérale du Rio Grande do Sul, 1995).

2 A. J. Greimas, *Sémantique structurale* (1966), pp.132-133.

분석해야 한다. 다음과 같은 예문을 사례로 들어 본다.

1) 아이를 돌봐야 하기 때문에 모임에 참석할 수 없습니다.
2) 제가 직접 논문을 발표해야 하기 때문에 학회에 참석하지 않을 수 없습니다.
3) 그 모임에 제가 참석하지 않는 것은 제가 선택할 수 있어요. 그 어떤 것도 저를 그곳에 가도록 강요하지 않습니다.
4) 여러분 자식들에게 먹일 수 있는 식품 10종류와 먹여서는 안 될 10종류의 식품이 있습니다.

이 4개의 사례에서, '할 수 있다'는 몫과 '해야 한다'는 몫은 인과율의 관계에 의해 결합되어 있음을 알 수 있다. 예문 1에서는 '해야 한다'가 '할 수 있다'를 차단한다. 예문 2에서는 '해야 한다'가 '할 수 없다'를 차단한다. 예문 3에서는 '해야 한다'의 부재가 '할 수 있다'를 개방시킨다. 예문 4에서는 '하지 않아야 한다'가 '해야 하는 것은 아니다'에 의해 표현되어 '할 수 있다'를 차단한다.

'해야 한다'가 갖고 있는 두 개의 강한 가치들인, 의무와 금기는 따라서 '할 수 있다'의 세 개의 가치에 영향을 미치고 있는 것이다. 즉, 가능성('할 수 있다'와 '하지 않을 수 있다'), 불가능성('할 수 없다'), 필연성('하지 않을 수 없다'). '해야 한다'의 세 번째 가치, 즉 그것의 부재는, 정상적으로는 사라지는 하나의 의무로서 개념화되고 표현된다.

매번, 동일한 상황과 관련된 두 개의 양상들이 문제가 됨을 알 수 있다. '할 수 있다'는 국면은 '해야 한다'의 국면에 의해 일방적으로 규정된다. '할 수 있는 것'은 '해야 한다' 또는 '하지 않아야 한다'에 종속된다. 이것은 평범한 현상학적 자명성이며, 삶의 양태적 사실이다.

앞서 행동자 모델을 비롯하여 여러 가지 시련 모델에 대한 서사적 가설을 제시했지만 이것은 프로프와 레비-스트로스의 서사 이론에 견주었을 때 근본적으로 혁신적인 모델이라고 말할 수는 없다. 반면, 그레마스 기호학의 가장 독창적인 면모는 양태성 이론에서 부각되며, 그가 말년에 매달렸던 정념의 문제도 바로 이 같은 양태성 이론의 연장선상에 있다고 볼 수 있다.[3]

본 절에서 우리는 양태성 이론의 인식론적 의의, 특히 그레마스를 포함하여 파리 기호학파에서 존재의 양태화 이론이 함의하는 인식론적 파급 효과에 대해서 간략하게 살펴보고자 한다.[4] 양태성 이론이 최초로 제기된 문헌은 《의미에 관하여》(*Du sens*) 제1권(1970)이며, 그레마스는 해당 논문에서 행동자 이론과 서사 시퀀스의 이론적 기초를 제시하였다.[5] 그가 설정한 서사 시퀀스에는 '능력'의 획득과, '행동(하다)'의 양태성의 획득을 위한 최초 단계가 포함되어 있다. 이어서 《의미에 관하여》 제2권에서 양태 이론의 일반화가 이루어지면서 '존재(이다)'의 양태성을 다루었다.[6] 존재의 양태성 이론은 기존의 서사성(narrativité)과 전혀 다른 연구 주제의 지평들을 열어 놓고 있다. 특히 《존재의 양태화에 관하여》라는 시론은 《의미에 관하여》 제2권에 제시된 그레마스 기호학 이론의 백미라고 해도 과언이 아닐 정도로 통찰의 섬광으로 번득이는 중요한 논문이다. 이 논문은 제1권에서 제시된 서사 통사론과 행동자 통사론에 대한 이론적 전개를 확장하면서, 동시에 그것과 더불어 유기적 연관성을 갖고 있다. 따라서 그레마스 이론의 전체 체계 속에서 양태성 이론의 수정을 통한 변화와 그것이 함의하는 인식론적 함의를 짚어 내는 것이 관건이다. 특히 양태성 이론은 다음 장에서 다룰 감각과 심미성의 문제를 비롯해, 정념의 기호학의 이론적 주춧돌 가운데 하

---

3 양태성의 개념적 정의, 구조, 유형에 대한 이론적 얼개는 다음 문헌 참조: A. J. Greimas & J. Courtés, *Sémiotique: Dictionnaire raisonné de la théorie du langage*, tome 1(Hachette, 1979), pp.230-232; tome 2(Hachette, 1986), pp.140-144.

4 다음 연구물 참조. Jacques Fontanille et Gian Maria Tore, "De la modalisation à l'esthésie," *Protée* 34, no.1 (2006), pp.23-32; Jacques Fontanille, *Sémiotique du discours* (PULIM, 1998), pp.163-180.

5 그레마스, 《의미에 관하여》, 김성도 옮김(인간사랑, 1997), pp.374-399.

6 같은 책, pp.400-432, 433-447.

나이며, 필시 그가 미학적 전회로 나아가는 영감의 근원이라 말할 수 있다는 점에서 방법론적 인식론적 파급 범위는 실로 방대하다.

반복해서 말하거니와, 그레마스의 양태성 이론의 가장 완성된 형식이라 할 수 있는 존재의 양태화 이론은 그레마스가 착발시킨 구조 의미론에서 진정한 혁신을 성립한다는 것이 전문가들의 중평이다.[7] 이 논문 이전까지 그레마스의 기호학 이론은 주로 서사물 분석에 초점을 두고 진행되었으며, 주로 20세기 서사학의 아버지라 할 수 있는 프로프와 현대 구조 신화학의 창시자 레비-스트로스의 방법과 모델을 전유하면서 이루어졌다. 제3부에서 상세히 검토한 바와 같이, 표층의 기호 서사 구조와 심층의 서사 구조를 모델화하면서 그의 서사 이론과 모델이 구축되었다는 점에서 그레마스의 서사 기호학은 초기 단계에서 본질적으로 간단한 서사물들을 연구하는 구조 의미론의 틀을 크게 벗어나지 못했다. 민담 등을 비롯하여 그가 분석의 자료로 택한 이 같은 간단한 이야기에서는 가치가 있는 물건들을 추구하는 것이 이야기의 핵심을 이루며 동시에 그 같은 가치 추구는 직선의 방향을 띤다. 방법에 있어서도 그 같은 서사 기호학 모델은 서사물의 종말로부터 출발하는 전제를 통한 이야기의 재구성 논리를 따르고 있다. 다른 한편, 초창기의 서사 기호학은 의미 작용의 조건들에 관심을 갖고 있었던 당시 그레마스 이론의 '에피스테메'와 완벽하게 일치한다. 따라서 그의 초기 기호학 모델에서는 이론과 방법이 언어 활동의 제 사실들에 대한 개념화를 계시하거나 실천한다. 풀어 말해 언어 활동의 사실들은 절대적 실증성, 객관성에 입각한, 즉 주어진 자료로 취급되었다.

반면, 양태성에 대한 심층적 연구에서는 의미와 '세미오시스'에 대한 전혀 다른 접근법이 채택될 수 있다는 점을 탁월하게 보여 주었다. 그레마스의 말을 빌리자면, 이제부터는 "주체들의 양태화를 기술하고 조절하는 주체적 논리들과, 발화된 대상들의 존재 방식을 다루는 객체적 논리들이 문제가 된다."[8] 바로 여기에서 그레마스 기호학에서는 기호학 방법론의 탈논리

7 Fontanille et Tore, 앞의 논문, p.24.

화와 반실증주의의 싹이 트기 시작했다. 그 같은 계기에서 그레마스는 양태 기호학이 양태 논리학과 혼동되어서는 안 될 것임을 누차 강조했다. 언어학에서 다루는 양태 논리는 서술어의 의미 작용 그 자체에 관심을 갖는 반면, 기호학은 서술화(prédication)의 존재적 변이 또는 서술화 행위의 사역적 변이를 연구했다. 즉, 기호학은 서술화에서 발생하는 주체와 대상의 효과에 관심을 갖는다. 초기의 기호-서사 구조들의 도식화에 견주어서 존재의 양태화를 통해서 작동된 개념적 이동은 다음과 같이 요약될 수 있다. 첫째, 연구의 출발점으로서 서술화 행위(하다)를 취하게 되지만, 그것이 의미를 획득하게 만들어 주는 존재 방식들 속에서 기호학 연구를 수행한다. 둘째, 의미의 상류에서는 근원이 되는 존재를 갖게 되는 반면, 의미의 하류에서는 표적이 되는 존재를 갖는다. 즉, '존재의 존재'가 바로 그 같은 하류에 위치하는 존재 표적이다. 요컨대, 기호학적 실존을 상류 속에서 '무엇을 하는 존재'의 변이와 양태화의 가능성으로서 연구할 수 있게 되었다. 따라서 그레마스의 양태 기호학으로부터 두 가지 노선의 윤곽이 그려진다. 그중 하나는 주체의 노선이다. 이 점에 대해 그레마스는 다음과 같이 진술한다. "'하다'의 주체는 하나의 동작주(agent)로서 능동적 요소로서 제시되며 자신 속에 '하다'의 모든 잠재력들을 축적한다. 정반대로, 상태 주체는 하나의 수혜자(patient)로서 나타나며, 그것은 대상들 속에 각인된 세계의 모든 흥분들을 채취한다."[9]

특히, 존재적 변이의 장은 정념들에 대한 이론의 공간을 개방한다.

이 같은 두 가지 노선은 모두 서사적 도식화의 새로운 문제 설정이라는 점을 강조할 필요가 있다. 바로 "'하다'의 존재'(être du faire)때문이다. "'하다'의 존재'에 대한 연구는 그레마스로 하여금 주체성에 대해 명시적으로 기호학적인 접근을 허락했다. 여기서 주체성은 어떤 능력의 판단이 위치하는 장소라 할 수 있다. 바로 이 같은 이유에서 그레마스는 발화 작용 언어학으로

8 A. J. Greimas, *Du Sens II* (Paris: Seuil, 1983), p.79.
9 같은 책, p.97.

부터 많은 생각들을 선취했으며 그 덕분에 그의 기호학 모델은 담화의 기호학으로 변신할 수 있었다.

두 번째 노선은 객체적 논리로서, 존재의 양태화는 기호학적 대상들에 대해서 보다 엄밀한 분석을 가능케 했다. 이 경우, '존재의 존재'에 대한 연구가 관건이다. 즉, 발화된 대상들의 존재 방식들을 다루는 기호학을 말한다. 기호학적 현실은 오직 그것의 양태적 초규정 덕분에 가치를 갖게 된다. 따라서 주체적 논리는 정념의 이론에 대한 접근을 제시하고, 다른 한편 객체적 논리는 인지의 문제를 제기한다. 인지는 바로 지각 대상들과 발화 작용의 대상들이 자신들의 '존재 방식'을 수용하는 장소이다. 요컨대 양태성 이론으로부터 그레마스는 인식적 주체의 구현을 작동시키고 있다. 달리 말해서, 그레마스는 기호학적 실천을 실증주의로부터 벗어나게 만든다. 기호학의 실천은 더 이상 객관적 증거나 안정성을 추구하는 것이 아니다. 존재의 양태성 이론으로부터 그레마스는 긴장성의 문제를 통해서 현존의 장 속에서 기분의 공간(espace thymique)을 착상하고 동시에 심미적 정념적 차원을 의미의 현동화 차원 속에 도입할 수 있었다.

2. 양태성의 정의

양태성(modalité)에 대한 지금까지의 연구를 정리하는 일은 이 책의 범위를 넘어서는 방대한 작업이다. 따라서 우리는 단지 그레마스 기호학에 국한하여 양태성 이론의 구축에서 나타나는 몇 가지 중요한 계기를 지적하는 것으로 만족할 것이다.[10] 이에 앞서 언어학과 논리학에서 제시된 양태성의 정

10 기호학에서 이루어진 양태성에 대한 대표적인 연구 3편을 뽑으면 다음과 같다. ① I. Darrault, ed., *Modalités: logique, linguistique, sémiotique* (Paris: Didier, 1976). ② Cl. Zilberberg, *Essais sur les modalités tensives* (Amsterdam: John Benjamins, 1981). ③ P. A. Brandt, *La charpente modale Du Sens: pour une semio- linguistique morphogenetique et dynamique* (Aarhus & Amsterdam: Aarhus University Press, 1992).

의를 간단하게 살펴보자.[11] 이 밖에도 양태성이란 주제는 기능 문법, 비판 언어학(critical linguistics), 사회 기호학에서도 핵심적인 주제로 다루어지고 있다.[12] 또한 양태성의 문제는 가치, 권력, 정동(emotion) 등과도 밀접한 연관성을 맺고 있는 학제적 사안이기도 하다.[13]

고대 그리스와 중세의 문법과 논리학에서 양태성은 하나의 명제에 대한 진리가(truth value)로서 파악되었다. 즉, 하나의 명제가 진실한 경우, 그것은 필연적으로 그렇거나, 현실에서 실제로 그렇거나 또는 그렇게 될 가능성이 있는 경우로 판단될 수 있다. 현대 논리학과 언어학에서는 이것을 진리 양태성(alethic modality)이라고 부르고 있다. 이 밖에도 잠시 후 살펴볼 인식적 양태성과 의무 본분의 양태성의 주제들이 핵심적이며 양태 논리학은 이들 문제들을 설명하는 데 있어 이론적 기초를 제공한다.[14]

통상적으로 언어학에서는 양태성을 다른 서술어들을 초규정하는 서술어들로서 정의한다. 준조동사로서 양태성을 다루던 형태 통사론적 접근은 오늘날 대부분이 포기되었는데 그 이유는 양태 조동사와 상적(相的) 조동사 사이의 구분을 짓는 데 어려움이 따르기 때문이며 또한 양태성 범주의 경계선을 긋는 작업에서도 부적합한 것으로 판명되었기 때문이다. 현대

---

11 양태성에 대해서 현대 언어학 및 논리학에서 이루어진 대표적인 연구 업적은 다음과 같다. ① F. R. Palmer, *Mood and modality* (Cambridge: Cambridge University Press, 1986). ② Kleiber, ed., *La Notion semantico-logique de modalite* (Metz: Klincksieck, 1983). ③ R. Mattews, *Words and Worlds on the linguistique analysis of modality* (Frankfurt am Main: P.Lang, 1991). ④ A. Papafragou, ed., *Modality : issues in the semantics-pragmatics interface* (Amsterdam & Oxford: Elsevier, 2000). ⑤ W. A. Liebert and ali, eds., *Discourse and perspective in cognitive linguistics* (Amsterdam: J. Benjamins, 1997).

12 이들 세 분야의 대표적인 연구 문헌을 적으면 다음과 같다. ① M. A. K. Halliday, *Language as Social Semiotics* (London: Edward Arnold, 1978). ② Norman Fairclough, *Discourse and Social Change* (Cambridge: Polity Press, 1992). ③ Robert Hodge and Günther Kress, *Social Semiotics* (Cambridge: Polity Press, 1988).

13 이 점에 대해서는 다음 논문 참조: Pekka Sulkunen & Jukka Törrönen, "The production of values: The concept of modality in textual discourse analysis," *Semiotica* 113-1/2 (1997), pp.43-69.

14 Jean Cervoni, *L'Enunciation* (Paris: PUF, 1987).

언어학에서 양태를 보는 지배적 시각은 의미론적 차원에 방점을 찍고 있으며 양태의 주된 기능에 대해 "자신의 논지와 관련하여 발화자의 입장을 표현하는 역할"[15]을 할당시키고 있다. 형태 통사론적 개념이 순전히 발화체에 초점을 두어 주로 품사와 통사적 기능에 초점을 두었다면, 양태화의 과정에 관심을 모으는 최근의 경향은 발화 작용의 언어학과 맥을 같이한다.

언어학에서 양태성을 정의하는 기준들은 대체로 다음과 같다.[16]

첫째, 명제와 명제에 대한 화자의 태도나 견해를 구분하는 것이 관건이다. 예컨대, 예스페르센(1924)은 '문장의 내용'에 대해서 언급하고 있고, 라이언스(1978)는 '문장이 표현하는 명제'에 대해서 언급하고 있다. 이 같은 구별은 오스틴이 제안한 발화 행위와 언표 내적 행위의 구별과 매우 유사하다. 즉 명제는 단언될 수 있을 뿐만 아니라, 명제의 내용은 의문시될 수 있으며, 부정될 수도 있고 가정될 수 있다. 이런 기준에서 보자면 양태성은 문장의 모든 비명제적 요소들을 지시하는 넓은 영역을 차지하게 된다.

둘째, 양태성의 영역을 차별화하는 요인은 주관성의 문제로, 이를테면 주관적 양태성과 객관적 양태성의 구별이 제시되기도 한다. 하지만 언어에서의 양태성은 발화체의 주관적 특성과 관련되며 주관성을 양태성의 본질적인 기준으로 봐야 한다는 것이 언어학자들의 대체적인 중론이다. 따라서 양태성은 화자의 주관적 태도나 견해의 문법화로서 정의될 수 있다.

셋째, 양태성의 중요한 기준은 사실성의 여부이다. 요컨대, 사실의 액면적 진술은 인식적 차원에서 비양태적인 문장이다. '그는 서울로 갔을지 모른다', '아마도 그는 뉴욕에 갔을 것이다'는 분명히 양태적 문장이지만, '그는 서울에 갔다'라는 사실적 문장은 양태적 문장으로 보기 곤란하다는 것이다.

네 번째 기준은 인식적 요소와 본분 의무적 요소 사이의 구별이다.

---

15 B. Pottier, *Théorie et analyse en linguistique* (Paris: Hachette, 1992), p.98.

16 F. R. Palmer, *Mood and modality* (Cambridge: Cambridge University Press, 1986), pp.14-22.

인식적 양태성은 지식, 신념, 또는 견해의 사안들과 관련되며 본분 의무적 양태성은 도덕적으로 책임 있는 동작 주체에 의해서 수행되는 행위들의 필연성 또는 가능성과 관련된다.

문제는 단일한 문법 형식으로서 이 두 가지 의미를 모두 표현할 수 있다는 점이다. 예컨대, 다음 영어 문장은 두 가지 해석이 모두 가능하다.

> * He may come tomorrow. - 그는 내일 올 수 있다.
> (Perhaps he will come/is permitted to come.
> - 아마 그는 내일 올 것이다/내일 오는 것이 허락되었다.)

다섯째, 앞서 언급한 인식적 양태성과 본분 의무적 양태성은 매우 밀접하게 관련되어 있을 뿐만 아니라, 이 같은 연관성은 전통적인 양태 논리학에서 핵심적 요소인 가능성과 필연성에 종속된다. 논리학에서는 주로 진위적, 본분적, 인식적 시각에서 명제들을 포착한다. 보다 구체적으로 논리학자들은 양태성에 대한 두 가지 상이한 규정을 제시한다. 첫 번째 개념은 제한적 개념으로서 명제의 내용이 필연성, 불가능성, 가능성 또는 우연성 등의 관념을 통하여 변용되는 경우들에 대해 양태성이라는 명칭을 사용한다. 그 같은 명제의 변형은 의미를 강화하거나 약화시키는 방향에서 실천될 수 있다. 예컨대, 불가능성은 강화이며, 우연성은 단순 부정의 약화이다. 두 번째 개념은 보다 넓은 의미를 지니며 명제의 내용이, 부사의 첨가, 해당 발화체의 종속절 등 임의의 방향과 의미에서 변형되는 모든 경우를 말한다. 좁은 의미의 정의는 아리스토텔레스로 거슬러 올라가며, 광의의 의미는 비교적 최근에 만들어진 개념이다. 대체로 논리학에서는 다음과 같은 양태성의 분류 체계가 세워져 있다.[17]

17 R. Nicholas, *Topics in philosophical logic* (Dordrecht-Holland: D. Reidel publishing company, 1968), pp.24-25.

–고전적 양태성으로서 진리적 양태성으로 불리며 '…은 필연적이다', '…은 불가능하다', '…은 가능하다' 등의 형식을 취한다.

–시간적 양태성으로서, 과거, 미래, '늘'(항상)과 '때때로' 등의 다양한 형식을 취한다. '늘 …이다', '늘 …일 것이다' 등등.

–본분 의무적 양태성으로서 '…은 의무이다', '…은 금지되어 있다', '…은 허용되어 있다' 등등.

–평가적 또는 가치론적 양태성으로서 '…은 좋다', '…은 나쁘다', '…은 바람직하다' 등등.

–인식적 양태성으로서 'x는 p를 알고 있다', 'x는 p라고 생각한다'.

현대 논리학이 양태성을 참작함으로써, 명제와 지시 세계의 관계는 그 사이에 다양하면서도 서열화된 중개화가 있다는 점에서 그 관계가 보다 복잡해졌다고 말할 수 있다.

발화 작용의 의미론과 논리학으로부터 영감을 받은 양태성 이론은 기호학에서 먼저 서사 도식(schéma narratif)을 재공식화하는 것으로 나타난다. 즉, 생성 행로의 각 단계는 하나의 양태성의 획득이나 작동으로 특징지어질 수 있다. '하기를 원하다', '해야 한다', '할 줄 안다', '할 수 있다' 등이 그것이다. 서술화 또는 서술 작용(prédication) 전체에 대한 양태적 분석의 일반화는 서사 이론의 전반적 재공식화를 가능케 했다. 또한 서사 도식은 가능한 양태적 시퀀스의 하나에 기초한다는 특징을 궁극적으로 부각시켰다. 양태 이론의 일반화는 양태적 행로를 기호학적 존재 양식의 행로라는 보다 일반적인 행로와 상동화시킬 수 있다는 점에서 인식론적 차원을 포함하며, 동시에 양태론적 방법론을 동반한다.[18] 그레마스 기호학의 틀 속에서 또는 그의 이론을 비판하는 흐름 속에서 양태성의 일반 모델을 제시하려는 시도는 크게 세 방향에서 진행되었다. 먼저 주체성의 기호학을 창발시킨 코케

---

18 보다 상세한 내용은 다음 문헌을 참조할 것: J. Fontanille & Cl. Zilberberg, *Tension et signification* (Mardaga, 1998), pp.169–196.

(J.-Cl. Coquet)에게 있어서, 담화 전체의 위상은 서사 차원에서뿐만이 아니라, 발화 작용적 현동태와 그것을 특징짓는 서술어들로부터 정의된다는 점에서 양태화에 종속된다. 발화 작용적 현동태(instance énonciative)의 유형론은 따라서 서술 작용(prédication)에 함의된 양태성들의 수에 기초한다.[19] 다른 한편, 질베르베르그는 양태화를 긴장성의 공간으로 확장시킨다. 그는 내용 차원이 표현 차원과 동형적이라는 기본 가설에서 출발하여 음운론에서 차용한 긴장/이완 또는 확산/압축과 같은 범주들의 효과를 시간, 공간, 인지와 같은 내용의 차원에 투사시켜 탐구한다. 양태화는 곧 긴장적 연속체의 변조의 양상을 띠게 된다.[20]

끝으로 제5부에서 자세히 다룰 정념의 기호학을 구축하는 과정에서 그레마스와 그의 수제자 퐁타니유는 '정념 이론이 긴장성과 상성(aspectualité)에 기초하여 분절되는 양태성의 개념으로부터 조준될 수 있다'는 점을 보여 주었다. 그들의 기본 생각은 서사 담화 통사는 양태성의 연쇄화에 기초하며 모든 양태적 조합은 특정 조건 아래서 정념적 의미의 효과를 산출할 수 있다는 것이다.

양태성의 문제는 매우 미묘한 영역으로서 아직도 그 연구의 초기 상태에 머물러 있다. 앞서 제2장에서 우리는 의미소가 두 개의 부류로 나누어짐을 보았다. 이산적 단위들(행동자라고 명명되었으며 행동자 모델이라는 특수한 구조에 따라 조직화되었다)과 통합된 단위들 또는 서술어들이 그것이다. 이 단위들은 그것들이 정태성에 속하느냐 또는 역동성에 속하느냐에 따라서 자격 부여 또는 기능들로 분배된다. 그레마스는 《구조 의미론》(1966)에서 이미 이 같은 기능들의 부류 내부에서 서술어와 관련하여 상위 지배적인 관계로 특징지어지는 양태성들의 하위 부류를 구분할 수 있다고 보았다. 예를 들어, '철수는 기타 연주하는 것을 좋아한다', '지구는 둥근 것 같다'라는 문장에서 '좋아한다'와 '것 같다'는 양태성들로서, 서술어에 논리적으로

19 J.-Cl. Coquet, *Le discours et son sujet* (Paris: Klincksieck, 1985).

20 Cl. Zilberberg, *Essais sur les modalités tensives* (Amsterdam: John Benjamins, 1981).

선행하여 그것의 변형의 틀을 구성한다. 달리 말해, 두 개의 서술어 사이에 하나가 다른 하나에 의해서 지배되는 관계 속에 있으면 그레마스 기호학에서는 양태성이 존재한다고 말한다. 이렇게 보면 양태성의 영역은 실로 방대해짐을 알 수 있다.

양태성은 본래 언어학적 정의에 속하는 문제로서 뱅베니스트가 '조동사성의 관계'[21]라고 부른 것을 보다 넓은 틀 속에 담고 있다. 사실 하나의 서술어는, 그것이 두 번째 서술어를 변형시킬 때, 양태라는 이름을 취하며 이 같은 변형을 양태화라고 부른다. 양태성 개념은 서술어들과, 서술어의 성격을 띠고 있는 의미소에 대한 성찰을 전개시킬 수 있게 해 준다. 두 번째 서술어에 선행하는 첫 번째 서술어는 양태적 서술어라 하고 두 번째 서술어는 기술적 서술어라 한다. 정리해서 말해 보자. 자신의 발화체가 아닌 다른 발화체를 대상으로 삼는 모든 발화체는 양태적이다. 양태적 서술어는 발화체들의 단언에서 두 번째 단계를 규정하면서 첫 번째 단계를 지칭하는 기술적인 것과 대립한다.[22] 다음 문장들을 비교해 보자.

나는 한국인이다.
나는 요리를 한다.

이 두 문장은 기술적 발화체(énoncés descriptifs)이다. 반면

---

21 E. Benveniste, *Problèmes de linguistique générale II* (Gallimard, 1974), 13장 참조.

22 한국어에서 양태 현상은 어미나 동사, 형용사 등의 용언과 관련된 부분과, 부사, 조사 등 다양한 품사의 어휘를 통해 어휘적으로 실현될 수 있다. 예컨대 다음과 같은 표현을 생각해 볼 수 있다.
ㄱ. 영수가 미국에 갔더라.
ㄴ. 영수가 미국에 갔네.
ㄷ. 영수가 미국에 갔겠어.
또한 용언 형태의 변형을 거쳐 양태 표현을 나타낼 수도 있다.
ㄱ. 대량 실업 사태가 발생하게 생겼다.
ㄴ. 내일은 눈이 올지도 모른다.
ㄷ. 이제 집으로 돌아가셔도 됩니다.
국어에서의 양태적 표현에 대한 종합적 정리는 다음 연구서를 참조할 것: 김지은, 《우리말 양태 용언 구문 연구》(한국문화사, 1998).

나는 요리를 하게 한다.

나는 요리하기를 원한다.

나는 요리 할 줄을 안다.

이 세 문장은 양태적 발화체(énoncés modaux)이다. 다시 말해서, 양태적 발화체는 기술적 발화체를 초규정한다. 잘라 말해 양태화란 기본 발화체의 의미론적 통사론적 복잡성의 한 가지 현상이다. 실제로 /하다(faire)/와 /이다(être)/로 이루어진 발화체들의 상호적 초규정의 조합은 /이다/ 또는 /하다/ 또는 이 둘을 특화시키는 한정된 수의 보충적인 의미적 투자들을 통해서만 가능해진다. 같은 방식으로, 심층적인 통사적 수준도 보다 인간화되고 생명력을 부여하는 분절 요소들을 수용한다. /하다/와 /이다/의 조합을 탄생시키는 네 가지 경우들은 1970년대 중반기부터 기호학의 핵심적인 연구 테마가 되었다. 그 네 가지의 조합은 다음과 같다.

대상 \ 결과	이다	하다
이다	진실성	수행
하다	능력	조종

이른바 실현을 가능케하는 양태 구조인 /이게 하다/는 모든 서술어적 변형의 형식적 정의를 포함한다. 그것은 표층 통사의 가장 추상적인 수준과 관련된다. 반면, /하다의 이다/는 /이다/에 잠재적 존재 유형의 의미를 잉여가치로 첨가한다. 풀어 말해 존재는 모든 인간적 표상에서 실현된 특정 행위에 선행하는 것으로 제시되는 능력을 지칭한다. 거의 모든 동화는 주인공의 주요 행동에 선행하여 /행동의 존재/, 즉 자격 시련, 다시 말해 주인공이 그 행동을 준비하는 과정을 제시한다. 양태적 발화체들이 양태적 가치 대상들을 탄생시키면서 명사화되는 일은 빈번하다. 예를 들어, 뽀빠이 만화에 등장하는 시금치는 무한한 행동 능력의 표상이다.

3. '하다'의 양태화

먼저 '하다'(faire)의 양태화를 고려해 보자. 앞서 우리가 진술한 논의에서 '하다'의 관점을 취하면서, 우리는 수행(performance)이란 개념을 도입했다. 수행 개념은 물론 행동 능력(compétence)이란 개념과 밀접하게 연관된다. 그레마스는 행동 능력을 주체의 수행 행위가 전제로 하는 희망, 지식, 능력으로 정의한다.

'하다'와 관련하여 우리는 세 가지의 가능한 양태성을 갖는다. '하고 싶다'(vouloir), '할 수 있다'(savoir), 그리고 '할 줄 안다'(pouvoir)가 그것이다. 물론 이 목록은 정밀한 것이 아니며, 다양하게 조합될 수 있다. 실제로 일부 기호학자들은 '해야 한다'(devoir)의 도입을 제안한 바 있다. '원하다'와 '해야 한다'는 두 경우 모두에서 '원하게 하다'(faire-vouloir)를 식별할 수 있다는 점에서, 친족 관계를 이루고 있다고 말할 수 있다. 즉, 만약 '원하게 하다'의 주체가 행위자 차원에서 실현해야 할 행동의 주체와 일치한다면 '하기를 원하다'를 가질 수 있다. 또한, '원하게 하다'의 주체가 실현해야 할 행동의 주체와 다르다면 '해야 한다'를 갖게 된다. 이런 관점에서 이 두 개의 서술어는 부분적으로는 상호 정의가 가능하다. 다만 '원하다'는 스스로의 마음 상태를 생각하게 만드는 반성적 성격을 띠고 있는 반면, '해야 한다'는 타동적 유형에 속한다. 이 밖에도 여러 가지 다양한 양태성들이 가능함은 물론이다.

이 세 가지 양태성들은 기능들의 하위 부류들 속에 등록되며, 이 부류 자체가 통합된 단위들의 총합을 구성한다. 이와 함께 이 같은 양태성들 역시 행동자라는 이산적인 단위들에 결속될 수 있다. '원하다'는 주체/대상의 축에 해당하며 '알다'는 발신자/수신자 축에 해당하고, '할 수 있다'는 조력자/대립자 축에 해당한다. 첨언할 것은 이 양태성들이 동일한 수준에 놓이지 않는다는 것이다. 예컨대, '원하다'는 주체를 있는 그대로 설정하는 반면, '알다'와 '할 수 있다'는 직접적으로 '하다'를 지시한다. 달리 말해, '원하다'의 양태성은 주체/대상의 축을 특징짓기 때문에, 상태의 관계에 맞추어지는 반면, '알다'와 '할 수 있다'는 변형적 '하다'의 수준에 놓인다.

다양한 양태성들의 도입은 행동자 도식에 있어서 더 많은 배치와 조합 가능성을 표층적 서사 통사론의 구성에 부여하면서, 행동자 도식을 정밀하게 구성한다. 그 결과 행동자 주체만을 고려하면서, 또 차이화된 행동자적 역할들을 출현시키면서, 그레마스는 양태성에 힘입어 주체를 분절할 것을 제안했다.

이 같은 주체의 양태성들에 대한 도해는 다른 행동자들로 확장될 수 있다. 더구나, 행동자들은 양태성들에 긍정적으로 또는 부정적으로 영향을 미칠 수 있다. 긍정적인 양태성은 '하다'의 실행에 필요하다는 점에서 일련의 변형에 참여하고, 원하는 것을 획득하게 만든다. 주체만의 틀을 넘어서면서 즉, 모든 행동자에 이 같은 구분을 확장하면서, 양태성과 행동자의 관계를 두 가지 방식으로 구분할 수 있다. 어떤 경우에는, 양태성은 행동자에 연접되며, 다른 경우는 그것과 분리, 즉 이접된다. 그 결과 민담에서 능력은 그 자체가 획득의 대상인 마술적 물건에 의해서 담당된다.

바로 이 점에서 우리는 조력자 vs 대립자의 행동자적 이원성을 다시 찾을 수 있다. 실제로 동화의 주인공은 그의 길에서 빈번하게 적대적이거나, 도움을 주는 존재를 만난다. 그 존재는 동물이나 의인화된 물체로 나타나는 것이 보통이다. 양태성 이론은 조력자로 하여금 행동자로서의 위상을 박탈했는데, 그 이유는 조력자는 의미의 순환에 필요한 요소라기보다는 단지 영웅의 양태적 속사의 외재화에 불과하기 때문이다. 예컨대 〈신데렐라〉에 나오는 생쥐는 신데렐라의 행동 능력을 구현한다.

다양한 양태성들을 다루는 문제 설정은 기호학 연구의 집중적 조명을 받고 있으며 현대 구조 기호학의 새로운 갱신을 가능케 하였다. 앞서 언급한 코케의 연구 업적(《담화 그리고 담화의 주체》)[23]은 주체들의 유형론을 양태성의 작동에 기초해서 구축한 명저이다. 요컨대 양태성에 관한 연구는 상

23 J.-Cl. Coquet, *Le discours et son sujet* (Paris: Klincksieck, 1985).

호 주체적인 관계들의 영역에 대한 기존의 성찰들에 대해 형식적 틀을 제공하는 데 결정적 공헌을 했다.

특히 /하게 하다/와 같은 양태적 도식은 다른 의미론적 분절들을 획득한다. 이것은 두 개의 행동 발화체 사이에서 설정되며, 따라서 상호 주체적인 행동을 전제로 하는 사역적 관계를 규정한다. 그 같은 행동은 빈번하게 인지적이다. 즉, 첫 번째 주체는 설득하는 것을 시도하고, 두 번째 주체는 설득당하는 것을 수용한다.

4. 진위적 양태화[24]

우리가 하나의 명제를 진술할 때, 담화의 암묵적인 법칙 중의 하나는 그것을 발설하는 사람이 그 명제를 믿는다는 것을 전제로 한다는 것이다. 그렇게 되면, 존재하는 것과 나타나는 것 사이에 거리가 없게 된다. 하지만 하나의 서사물은 존재하는 것과 나타나는 것 사이에 거리를 배치할 수 있다.[25]

'존재하다'(être)와 '나타나다'(paraître) 사이의 놀이는 담화 내부에서 담화에 내재하는 진리 차원을 설정하게 하는 절차이다. 서사물은 인지적 유형에 속하는 단언들과, 인지적 차원의 내적인 지시체로서 작동하는 사건적이며 화용적인 차원 사이에 존재하는 관계에 의해서 자신의 고유한 내재적 진리를 창조한다. 그레마스는 진리와 기만의 놀이가 '존재하다'와 '나타나다'라는 문법적 범주에 기초함을 주목하였으며, 서사의 모든 단계에서 끝없는 거울 놀이를 유도하는 '존재하다'와 '나타나다'의 범주를 통한 이 같은

---

24 다음 문헌 참조, A. J. Greimas & J. Courtés, *Sémiotique: Dictionnaire raisonné de la théorie du langage* (Hachette, 1979), pp.11–12.

25 예컨대, 한국어에서 다음과 같은 양태적 표현을 생각해 보라.
ㄱ. 도무지 기업의 구조 조정이 성공할 것 같지 않았다.
ㄴ. 그러다간 죽도 밥도 안 되기 십상이다.
ㄷ. 김 사장은 출장 갔나 보다.

초규정을 '진위적 양태화'라고 부를 것을 제안했다. 예컨대, 사기를 폭로하는 것은 보물을 발견하는 것과 동일한 자격으로 실마리 풀기의 가치를 가질 수 있는 인지적 사건이다. 탐정 소설의 본질인 이 같은 서사적 기본 축은 동화에서 매우 빈번하게 나타난다.[26]

이 같은 근본적인 이분법으로부터 구성 모델을 작동시키면서 네 개의 상위 범주들을 얻을 수 있다. 진리, 허위, 비밀, 거짓이 그것이다.

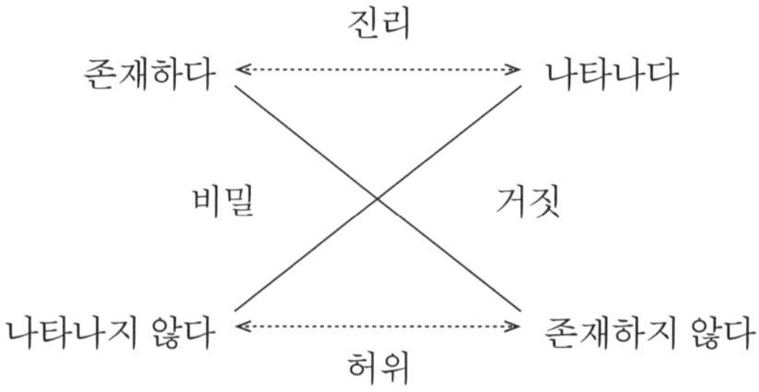

'존재하다'와 '나타나다'의 연접 또는 이접은 서사 발화체의 저차원에 속하는 기능과 관계를 양태화하는 다양한 상태들을 지칭하게 한다. '알다'에 기초한 고차원에 위치한 양태화에서, 위에서 제시한 네 가지 상태를 설명해줄 수 있을 뿐만 아니라, 그것들 사이에 인지적 행동으로 정의되는 변형적 '하다'를 도입할 수 있다.

진위성의 장에서 모든 이접은 오직 그것이 두 개의 주체를 관계화한다는 조건에서만 표현될 수 있다는 점에서, 두 가지 유형의 인지적 행동을 구분할 수 있다. 즉 발신자 쪽에서의 설득적 행동과 수신자 쪽에서의 해석적 행동이 그것이다. 달리 말해, 두 개의 행동자 사이의 관계는 '알다'에 기초한 양태화된 대상의 중개에 의해서 설정되며, 동시에 인지적 차원은 저차원에서 비교될 수 있는 서사적 통사적 도식에 따라 조직화될 수 있다.

하나의 서사물의 인지적 차원은 그것의 행동적 차원과 대립한다. 여기서 행동적 차원이란 하나의 이야기의 구체적 사건들을 장면화하는 차원을 말

26 앞서 분석한 〈별주부전〉 참조.

한다. 그렇다면, 양태성의 이론에서 보았을 때, 서사물의 한가운데서 모든 정보의 소통 도식들과 관련된 인지적 구성 요소를 어떻게 다룰 것인가라는 숙제가 남는다. 이때 어려움은 인지적 차원이 여러 가지의 수준들에 속한다는 점에 기인한다. 그레마스와 쿠르테스는 자신들의 논문 〈서사적 담론의 인지적 차원〉(La dimension cognitive des discours narratifs)[27]에서 '인지적 차원의 자율성'이라는 개념을 제시하면서 하나의 참된 지식의 획득 과정은 정형화된 서사물의 전체를 성립할 수 있으며, 정형화된 서사물에서 능력의 획득은 바로 '알다'와 관련된 희망, 능력의 획득임을 지적한 바 있다.

인지적 차원은 몇몇 추상적인 담론에서 매우 가시적인 서사적 자율성을 발현하는 것이 사실이지만, 인지적 차원은 일상적인 서사물에서도 규칙적인 역할을 맡는다. 이 같은 사실은 사건의 시퀀스에서 인지적 개입을 장면화하는 유인류적 주인공이 등장하는 이야기 속에서도 관찰된다. 행동 전에는 다른 현실 차원에 위치한 요인이 주인공에게 그가 해야 할 것을 지시하고 그에게 일종의 계약을 제안하며, 이 계약은 두 개의 행동 발화체를 연결시킨다. 동화의 전반부에서, 바로 그것 자체가 인지적인 주체가 어떤 제안을 수용하는 것은 조종적 요인인 인지적 위임에 해당된다. 즉 주인공은 만약 그가 일을 성사시키면, 그가 얻을 수 있는 것이 무엇인지를 알고 있다.

행동 후에는, 주체가 그의 위임에 대한 제스처의 성격을 이해하게 된다. 그는 자신이 실현한 완수된 행동의 성격에 대한 위상을 세워 줄 위임의 해석에 종속된다. 그 결과 화용적인 것과 인지적인 것의 대립 관점에서 구상적인 서사물의 대부분의 통합체적 연쇄는 다음과 같이 읽혀질 수 있다.

조종	자격 부여/행동	제재(인정)
인지적 (하게 하다)	(능력)-(수행) 화용적 ('하다'의 '이다') (있게 하다)	인지적 ('이다'의 '이다') (존재의 존재)

27 *New Literary History* 7 (1976), pp.433-447.

설득적, 해석적 형태로 나타나는 인지적 행동은 수행과 연결될 수 있으며 다시 그에 상응하는 능력을 요청한다. 예컨대 가짜 주인공이 왕에게 자신의 승리가 실제로 존재하는 것이라고 설득한다면 그 이유는 그가 욕망 또는 의지를 갖고 있기 때문만 아니라 무엇인가를 하려는 설득적 능력을 갖고 있기 때문이다. 또한 그의 행동이 기만적인 놀이를 특징지을 수 있는 설득적 인지를 구비하고 있기 때문이다. 그 결과 해석적 행동은 적합한 양태성을 요구하게 된다.

그 결과 화용적 또는 인지적 수행은 그에 상응하는 행동을 호출한다. 따라서 우리는 화용적 행동과 인지적 행동의 대립뿐만 아니라 화용적 능력과 인지적 능력을 구분할 수 있다.

5. 존재에 대한 앎[28]

존재의 수준에서 앎의 양태성이 적용되는 분석을 이용하여, 우리는 양태성의 관점에서 '이다'와 '하다'의 관계를, 오직 '알다'에 국한하여 부분적으로나마 조명할 수 있다. 여기서는 단지 가설적 본질에 속하는 몇 가지 선결적인 관찰이 문제의 핵심임을 분명히 해둘 필요가 있다.

그렇다면 '존재에 대한 앎'(있다는 것은 상태뿐만 아니라 변형들을 포괄한다)과 '할 줄 알다'를 어떻게 구분할 수 있을 것인가? 존재에 대한 앎은 현실적인 반면, '하다'는 잠재적이다. 행동에 견주어서 존재에 대한 앎은 계열체의 위치에 있고, '할 줄 알다'는 통합체의 위치에 있다.

실제로 '할 줄 알다'는 서사 프로그램의 잠재적 의식, 기억으로서 정의될 수 있다.

물론 '할 줄 알다'를 특징짓는 기억은 두 개의 상이한 상보적 축에 대해서

28 A. J. Greimas & J. Courtés, *Sémiotique: Dictionnaire raisonné de la théorie du langage* (Hachette, 1979), pp.129-130.

작동한다: ㄱ. 행동하는 순간에 하나의 반복을 나타내는 통합체 차원의 기억 ㄴ. 계열체 차원의 기억으로서, 이것은 이미 등록된 요소들을 참작하면서 임기응변식의 분포를 가능케 한다. 이것은 '할 줄 알다'가 단지 반복일 뿐만 아니라 창조일 수도 있음을 말한다. 예를 들어, 장인들은 자신들의 솜씨를 활용하여 자신들이 다루는 재료들의 다양성을 참작하면서, 계열체와 통합체의 축에 대해서 성분 요소들을 적절하게 조직화할 수 있다.

이 두 가지의 반복적인 창조적 '할 줄 알다'는 분명히 두 가지 방식으로 해석된다. 존재론적 유형의 가설에서는 하나의 근원을 생각할 수 있을 것이다. 그 근원은 반복적 행동의 경우에는 주체의 바깥쪽에 있을 것이며, 창조적 행동과 더불어서는 주체의 내부에 있을 것이다.

논리적으로 또는 신화적으로 '할 줄 알다'가 '하다'에 선행한다면, 반대로 발생론적 관점에서는 여러 번의 '하다'의 축적이 '할 줄 알다'를 만들어 낸다. 이야기 속에서 주어진 주체에게 '할 줄 알다'의 주체는 두 가지 방식으로 읽혀질 것이다. 첫째, 체계의 시각에서, 그의 '할 줄 알다'는 지나간 행동들의 계열체 차원의 요약이며, 둘째, 과정의 관점에서 주체에게 부여된 '할 줄 알다'는 그 이전의 역사를 부여하고 시간 속에서 그것을 등록시키는 것을 가능케 한다.

어떤 경우에서건, '할 줄 알다'는 여러 번의 '하다' 덕분에 하나의 시간적 축을 따라 획득됨을 알 수 있다. 물론, 동화에서는 주인공의 특별한 행동 능력을 자연적인 것으로 묘사하면서, 이 같은 시간적 제거를 표시할 수 있다. 동시성과 무한한 지속에 속하는 존재에 대한 지식과는 달리, '할 줄 알다'는

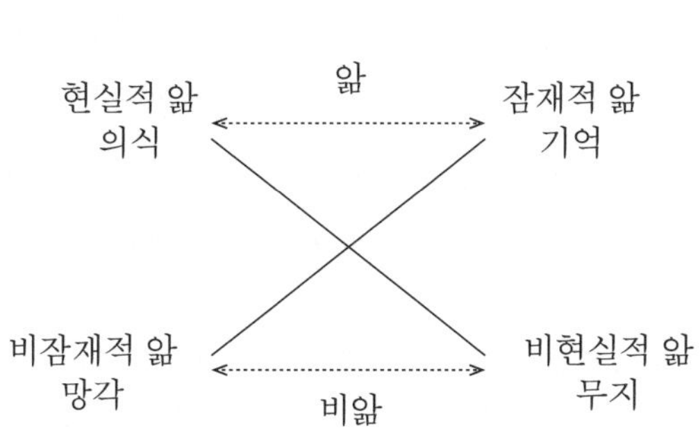

앞과 뒤, 현재 속에 과거의 포함을 전제로 한다.

예컨대, 기억은 '할 줄 알다'에서뿐만 아니라 존재에 대한 앎 속에서도 작동한다. 즉 기억은 행동에서뿐만 아니라 존재에서도 작동한다.

6. 초양태화(la surmodalité)[29]

기호학적 실천은 서사적 조직 및 담화적 조직에서 '원하다', '해야 한다', '할 수 있다', '알다'와 같은 양태적 가치들이 맡는 중요한 역할을 보여 주었다. 이 같은 양태적 술어들의 중요성은 이 네 개의 양태성이 수많은 자연 언어에서 공통적으로 존재하는 서술어들의 무리를 성립하고 있다는 사실로 설명될 수 있다. 그 같은 양태성들에 대한 가설을 정식화하는 시도는 일찍부터 있었고, 연역적으로 그 목록체를 작성하여 주체의 능력을 기술할 수 있는 근원점으로 삼고자 하였다. 그 같은 목록에 대한 첫 번째 성찰은 기호학적 존재의 방식에 따라, 양태성을 다음과 같이 재정렬하는 것을 가능케 했다.

능력		수행
잠재적 양태성	현동화적 양태성	실현된 양태성
하기를 원하다 해야 한다	할 줄 안다 할 수 있다	있게(존재하게) 하다

이 같은 기본 양태성은 '하다'의 발화체와 더불어 다음과 같이 조합될 수 있다: '하기를 원하다', '해야 한다', '할 수 있다', '할 줄 안다'. 또 '이다'의 발화체와 결합해서는 다음과 같은 조합이 가능하다: '있게 하기를 원한다', '있게 해야 한다', '있게 할 수 있다', '있게 할 줄 안다'. 이 구조들의 각각을

29 보다 상세한 이해를 위해서는 그레마스의 다음 논문 참조. 그레마스, 〈양태성의 이론을 위하여〉, 《의미에 관하여》, 김성도 옮김(인간사랑, 1997), pp.412-420.

기호학적 사각형에 투사함으로써 계열체 차원에서 고려할 수 있다. 그 모델에 따라서 '해야 한다'(devoir)의 구조를 제안해 보면 다음과 같다.

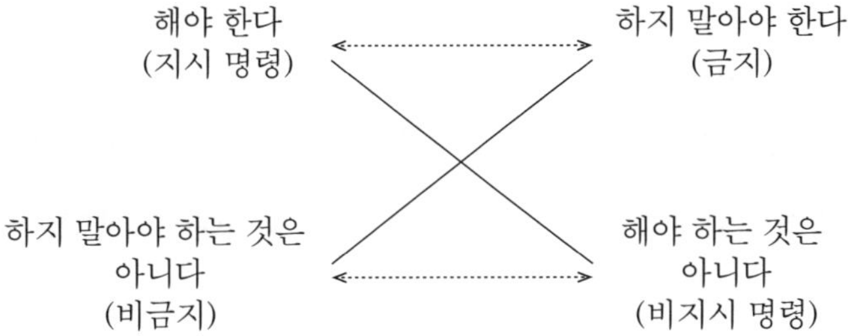

이렇게 획득된 각각의 양태성은 그에 해당되는 선택된 어휘적 명명을 수용한다. 예를 들어 구약 성서에 나오는 에덴 신화의 계약의 통합체에서 신이 내린 금지는 위에서 제시한 기호학적 사각형에서 '하지 말아야 한다'로 기술될 수 있을 것이다. 이처럼 상호 쌍방적 의무에서 설정된 행동들을 조절하는 각각의 계약은 '해야 한다'에 속하며, 빈번하게 주인공의 행동의 핵심을 이룬다. 설득은 '해야 한다'의 공식을 가정하며, 행동을 저지하기보다는 행동을 장려하는 경향이 있다. 예를 들어, 창세기에서 계약적 관계는 금지에 기초해서 설정되는데, 이때 신과 인간 사이의 관계를 조절하는 계명의 도입과 더불어, 모든 금지는 지시 명령의 자리를 차지한다.

기호학적 사각형에 대한 동일한 투사는 '존재하기를 원하다'(…이기를 원하다)의 양태적 범주에 대해서도 작성될 수 있다.

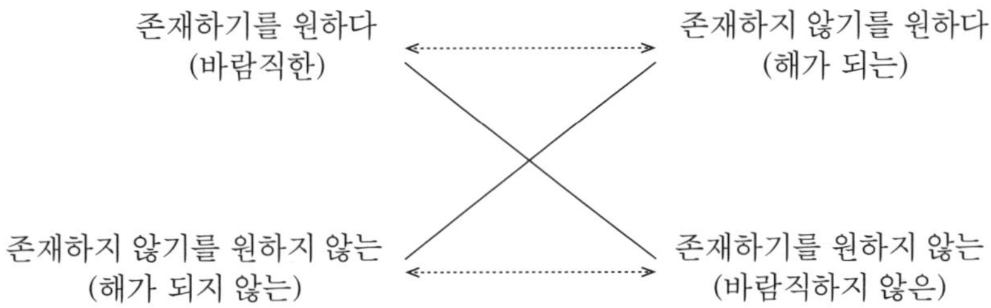

7. 양태성의 통합체이론[30]

주체가 단지 행위에 필요한 양태성의 통합체 연쇄를 소유만 한다면, 수행에 착수할 수 있음을 확인했다. 다시 말해, 주체가 발전시키도록 되어 있는 행위를 전개시킬 수 있는 인물로 주체의 정의가 이루어지면 그 요건이 충족된다. 우리가 제안하는 모델은 대안으로서 제공되는 계열체 차원의 가능성을 명백하게 하면서 하나의 수행을 실행하기 위해 필요한 양태성의 통합체를 밝혀 주고 있다.

우리가 능력을 '하다의 이다'(행동의 존재)라고 진술할 때, 우리는 행동을 만들어 내는 수평적 양태성들의 연쇄를 취하면서, 실제로 존재하다(…이다)의 서술어에 능력을 놓는 것이다. 따라서 능력은 '원하다-알다-할 수 있다/하다'의 연속으로 또는 '해야 한다-할 줄 알다-할 수 있다/하다'의 연쇄로 나타날 수 있다. 주체의 능력의 구성에서 '원하다'와 '해야 한다'는 계열체적으로 대립됨을 관찰할 수 있다. 반면 행동은 그 작동 과정에 있어서, 하나의 대상을 참여시키느냐, 아니면 그 수행이 다른 주체에 대해서 실행되는 조종이냐에 따라서 구분될 수 있다.

양태성의 통사적 속성들은 다음과 같다. 첫 번째 통사적 속성은 서사적 유형에 속하며 전제 조건에 기초한다. 변형의 순수한 작동적 요소로 파악되는 서사 주체로서 주어진 전제 조건의 논리는 이 같은 작동들에 필요한 속사들을 할당하도록 한다. 풀어 말해 행동에 필수 불가결한 이 같은 능력과 전제 요건에다 기호 언어적 위상을 부여하는 것이지, 심리적 위상을 결부시키는 것은 아니다. 이것을 위해서 기호학은 자신이 아닌 다른 서술어들을 파악하는 것을 가능케 하는 서술어들의 부류를 지칭하는 양태성의 언어학적 개념으로 향한다.

---

30 다음 문헌 참조. 그레마스, 〈양태성의 이론을 위하여〉, 《의미에 관하여》, 김성도 옮김(인간사랑, 1997); A. J. Greimas & J. Courtés, *Sémiotique: Dictionnaire raisonné de la théorie du langage* (Paris: Hachette, 1979), pp.230-232; Louis Panier, "Une posture éthique en deçà des valeurs," *Protée* 36, no.2 (2008), pp.69-78.

양태성은 행동에 선결되어야 할 조건과 자격 부여를 반영한다는 점에서, 프로프의 기능 분류에서 파생된 보다 추상적인 조력자와 대립자와 같은 역할에 대한 일반적인 재공식화를 성립한다. 양태성은 서사적 주체의 존재를 반영하며 이 같은 존재는 단 하나의 행위자 또는 다수의 행위자에 의해서 동시에 또는 연속적으로 발현될 수 있다. 행동의 양태성은 곧 행동의 전제된 조건들이며 한정사들이다. 예컨대, "김 사장은 운동을 하고 싶어 한다"와 같은 발화체에서 '운동하다'라는 서술어는 '원하다'라는 양태성으로부터 영향 받지 않고도 지연되거나 부정될 수 있다. 그 반대 경우는 반드시 참은 아니다. 예를 들어 "김 사장은 회사에 나가기를 원치 않는다"라는 발화체가 있을 경우에 많은 이야기들 속에서 그래도 "김 사장은 회사에 나간다"라는 발화체가 가능하다. 왜냐하면 하나의 의무 또는 하지 않을 수 없는 어떤 상위의 힘이 김 사장의 부정적인 원함의 힘을 무력화하기 때문이다.

이것은 곧 서술어의 배치에서는 거의 모든 양태적 조합들이 양립 가능하다는 것을 말한다. 행동을 양태적 능력과 연결시키는 존재 조건들은 자명하다. 기호학에서 양태적 능력과 수행 사이의 상관 관계의 탐구는 아직 면밀하게 연구된 바 없다. 다만, 함의 관계와 양보 관계를 생각해 볼 수 있을 것이다. 첫 번째 부류의 경우는 만약 '원한다, 할 줄 안다, 할 수 있다면 따라서 하는 것'이다(예문: 그는 미국으로 이민을 가기를 원했다. 그래서 미국으로 이민 갔다). 두 번째 부류에서는 비록 '원하고, 할 줄 알지만, 하지 않는다. 또는 할 줄 모른다, 하기를 원치 않는다, 그래도 했다'가 있다(예문: 그는 비빔밥을 먹고 싶어 했지만 먹지 못했다. 그는 주식 투자를 하고 싶지 않았지만 증권 회사에 다니는 친구의 간곡한 부탁 때문에 어쩔 수 없이 투자를 할 수밖에 없었다).

능력과 수행 사이에 또는 차원이 다른 두 가지 능력 사이에 필요한 관련에 대해서, 서사적 전제는 투사된 회고적 작동이며, 그 미래 전망적 상관물로서의 상이한 작동을 갖는다. 함의(implication)와 양보(concession)가 그것이다. 양보는 능력과 수행 사이의 관계가 필연적이지 않고 불가능하거나 우발적일 때 함의에 대한 대안이다. 함의적 형식은 대부분의 문화권에서 기다림과 예측에 상당한 구속력이 있다는 점에서 별다른 주의를 끌지 못했다. 예컨대, '그가 원한다면, 할 수 있을 것이다'라는 형식은 전혀 놀라움의 여지가 없다. 반면 양보적 형식은 복잡한 양태적 대질과 전환을 문제 삼기 때문에 정념적 도약과 효과에서 가장 풍성한 무리를 이룬다. 한마디로 양보적 형태는 정형화된 통사적 행로의 수미일관성을 문제시한다. 달리 말하면 함의는 됨(devenir)의 차원에, 양보는 갑작스런 돌발(survenir)의 차원에 속한다.[31]

한 가지 예로 '화용적 제재'의 구상화를 '용서'의 구상화와 비교해 보자. 그레마스가 《모파상》에서 기술하는 화용적 제재는 하나의 함의에 기초한다. 만약 두 친구가 간첩이라면 그들은 처형당할 것이다. 그들이 간첩이 아니라는 것을 증명하기 위해서는 암호를 제시해야 할 것이다. 이것은 다음과 같은 재공식화를 낳는다. 만약 두 친구가 암호를 제시하지 못하면 그들은 간첩이며 따라서 처형당할 것이다. 함의는 그 외에도 행동자가 부과하는 진위성과 재해석에 의해서 초규정된다.[32]

한편 용서의 경우를 살펴보자. 용서는 동일한 하나의 명사 통합체에 "S_1은 처벌되어야 한다"와 "S_2는 S_1을 처벌하지 않는다"를 결합시킨다. 그 둘의 관계는 함의의 관계가 아니라 양보의 통사적 구조에 속한다. 예컨대, "그 살인범은 극형을 받아야 마땅했지만, 교회는 그에게 자비를 베풀었다"라는 문장은 자연스럽지만, "만약 그 살인범은 극형을 받아야 마땅하지만 그래서 교회는 그에게 자비를 베풀었다"라는 문장은 이상하다. 즉 양보적 구조는 우리의 직관에 어긋나며 설명적 한계를 벗어난다. 에코는 그 같은 양보적 구조가 상황에 기초한 첨가적 조건, 즉 백과사전적 조건에 기초함을 강조한 바 있다.[33]

---

31 J. Fontanille & Cl. Zilberberg, *Tension et signification* (Maraga, 1998), p.179.

32 A. J. Greimas, *Maupassant: La sémiotique du texte : exercices pratiques* (Paris: Seuil, 1976), pp.175-188.

33 U. Eco & P. Violi, "Instructionnal semantics for presuppositions," *Semiotica* 64-1/2

함의와 양보는 두 개의 가치의 가치가(valence) 사이의 상관 관계의 전복으로서 이해되어야 할 것이다. 평범한 제재의 경우 실수가 크면 클수록 처벌은 가중된다. 이것은 환위적 상관 관계이다. 반대로 용서의 경우는 죄가 크면 클수록 용서는 더 커진다. 즉 양자는 도치적 상관 관계를 이룬다. 이 점은 곧 양태성이 점증적이라는 것과 아울러 상관 관계를 맺는 항간의 전환은 양태적 위치의 가치론적 평가의 출현을 동반함을 뜻한다.

8. 조종[34]

우리는 위에서 구성된 행동들이 두 가지 유형에 속한다는 것을 주목했다. 대상들을 향하는 화용적인 행동들과 주체들로 향하는 인지적 행동이 그것이다. 첫 번째 경우는 작동(opération)인 반면, 두 번째 유형은 조종(manipulation)으로서 파악된다. 첫 번째 것은 세계의 사태에 대한 행동인 반면, 두 번째 유형은 다른 개체와의 대질에서 하나의 설득의 형식으로서 간주될 수 있다.

그런데, 만약 우리가 조종을 하나의 설득의 형식으로 간주하기를 받아들인다면, 누구로 하여금 무엇인가를 하게 하거나 하지 말라고 설득하는 것을 생각해 볼 수 있다. 즉 두 가지의 조종 형식이 가능함을 알 수 있다. 앞서 언급한 구약 성서의 두 부분 사이의 연속성을 보장하는 것은 동일한 행위자이지만, 조종을 지지하는 양태적 구조는 변했고, 따라서 행동자적 역할의 형태론도 변했다. 그와 유사한 변형은 구약에서 신약으로 넘어오면서 목격되는데, 일반적으로 신약에서 신은 행동을 금지하는 주체가 아니라 행동을 증진시키기 위해 개입하는 주체로 제시된다. 아울러 사법적 발신자로서,

---

(1987), pp.1-39.

34 A. J. Greimas & J. Courtés, *Sémiotique: Dictionnaire raisonné de la théorie du langage*, tome 1 (Paris: Hachette, 1979), pp.220-222; tome 2 (1986), pp.135-137.

신은 처벌의 신이 아니라 용서하는 신의 역할을 맡는다. 기호학적 사각형에 투사시켜 보면 조종의 네 가지 가능성이 예측되며, 그것의 각각을 명명해 보면 다음과 같다.

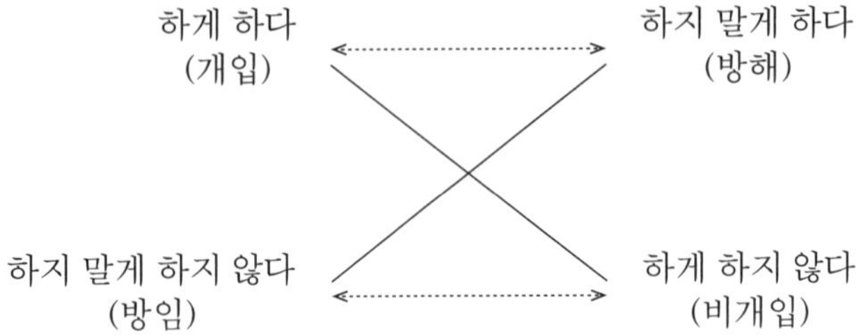

'하다'의 이 같은 설득은 '원하다'에 따라, 주체의 양태적 능력을 변형시킨다. 유혹과 시험이 그것이다. 반면 설득이 '해야 한다'와 관련하여 능력을 변형시키면, 도전 또는 협박의 형식을 얻는다. 유혹과 시험이 각각 '알다'라는 대상과 '할 수 있다'라는 대상의 명제를 통하여 주체의 '원하다'를 조종한다면, 도전과 협박은 부정적 대상의 명제를 통하여 주체의 '해야 한다'를 조종한다. 이때, 부정적 대상은 각각 '알다'라는 대상 또는 '할 수 있다'라는 대상의 형식을 맡는다. 조종의 네 가지 형상을 나타내는 도식은 다음과 같다.

	원하다(vouloir)	해야 한다(devoir)
알다(savoir)	유혹	도전
할 수 있다(pouvoir)	시험	협박

담화적 구상으로서, 조종은 계약적 구조와 동시에 양태적 구조에 의해서 지지된다. 실제로 문제의 관건은 발신자-조종자가 수신자-피조종자를 자유가 결핍된 위치로 몰고 가 수신자로 하여금 제안된 계약을 받아들일 수밖에 없게 만드는 소통 과정이다. 일견 문제가 되는 것은 수신자-주체의 양태적 능력의 변형이다. 만약 수신자-주체가 '하지 않을 수 없다'에 '해야 한다'를 연접시키면, 그것은 도전이나 협박에 해당한다. 또 거기에 '하기를

원한다'를 연접시키면, 그것은 유혹이나 시련에 해당할 것이다.

조종은 조종자가 제안하는 서사 프로그램의 발신자의 희망과 수신자-주체의 실제적인 실현 사이에 위치하여, 발신자의 설득적 행동과 수신자의 해석적 행동을 분절하면서 작동할 수 있다. 첫 번째 경우, 조종자는 '할 수 있다'의 양태성에 기초해서 자신의 설득적 행동을 실행할 수 있다. 화용적 차원에서 그는 피조종자에게 긍정적인 대상들(문화적 가치) 또는 부정적 대상들(위협)을 제안한다. 다른 경우에서 그는 '알다' 덕분에 수신자를 설득할 것이다. 인지적 차원에서 그는 피조종자에게, 긍정적 또는 부정적 판단의 형식 아래 그의 양태적 능력에 대해서 생각하는 것을 알게 만든다. 그 결과 권력에 따른 설득은 시험(긍정적 가치 대상이 제안된다)과 협박(부정적인 대상을 제시하면서)을 특징짓고, 지식에 따른 설득은 도전 (부정적 판단과 더불어: 예를 들어, 너 따위는 그런 걸 할 수 없어)과 유혹(긍정적 판단을 발현하면서: 이브야, 넌 저 선악과를 따 먹어도 돼)에서 나타난다.

다른 한편, 피조종자는 상관 관계적으로 해석적 행동을 실행하며 반드시 자신의 능력의 두 가지 이미지들 가운데서 선택하도록 유도된다. 지식에 따른 조종이라면, 유혹의 경우에는 긍정적인 이미지이며, 도전인 경우에는 부정적인 이미지이다. 조종이 능력에 대해서 작동한다면, 긍정적인 이미지의 시험과 부정적인 이미지의 협박이 가능하다. 위에서 제시한 조종 형식의 기본적인 유형론은 물론 잠정적이며 더 많은 연구를 요구한다.

수신자의 양태적 능력의 수준에서, '할 수 있다'라는 양태성만을 참작한다면 네 개의 위치를 예측하는 것이 가능하다.

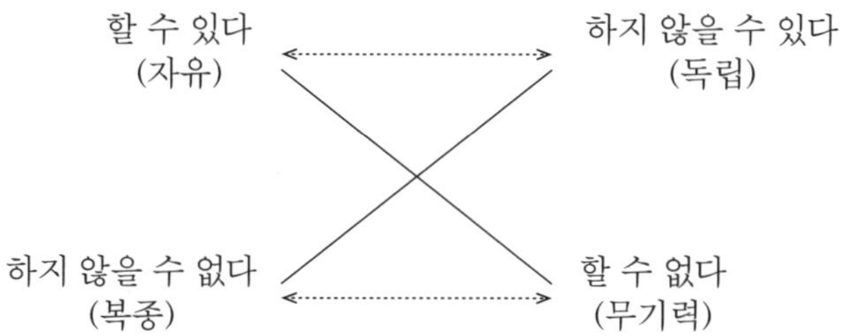

양태적 구조들에 대한 이 같은 대략적인 어휘화로부터, 수신자-주체의 관점에서 현대의 사회 문화적 세계에서 조종이 놀이화하는 명예의 하위 코드들의 종류들을 명명할 수 있다. 주권의 코드(자유 + 독립), 종속의 코드(복종 + 무기력), 자부심의 코드(자유 + 복종), 겸손의 코드(독립 + 무기력)가 그것이다.[35] 발신자의 조종에 이어서 수신자-피조종자가 실현하게 될 행동은 따라서 그에게는 단순한 사용 서사 프로그램이며, 그의 기본 서사 프로그램은 명예(지식의 차원에서의 조종일 경우)와의 연접, 또는 하나의 주어진 가치 대상(능력 차원의 조종일 경우)과의 연접이다.

'하게 하다'로서의 조종은 정형적인 서사 도식의 구성 성분의 하나로서 각인된다. 교환의 도식, 또는 보다 더 정확히 말해, 교환의 체계 속에 등록시키는 계약은 이를테면, 위계적으로 보다 고차원에서, 조종의 구조에 의해서 담당된다. 이 경우, 발신자와 수신자 사이의 관계는 단순한 교환 작동처럼 평등 관계가 아니라, 상급자와 하급자의 관계이다. 뿐만 아니라, 발신자에 의해서 실현된 조종은 발신자-사법권자의 제재를 부를 것이며, 이 두 가지 작동 모두 인지적 차원에 위치한다.(이것은 화용적 차원에서 실현된 수신자-주체의 수행과 대립한다.)

조종에 대한 분석은 파리 기호학파의 연구 진척 상황에서 아직 기초 상태에 머물러 있지만, 이 개념을 서사물 차원에서 기호학적 실천으로 전이시키면서, 진정한 의미에서의 조종의 기호학의 구축을 예상할 수 있다. 조종의 기호학은 인문과학에서 중요한 자리를 차지할 것이 분명하다.

---

35 A. J. Greimas & J. Courtés, *Sémiotique: Dictionnaire raisonné de la théorie du langage*, tome 1, p.221.

9. 희망, 능력, 의무, 수완의 기호학[36]

1) …하기(이기)를 원하다[37]

'…하기(이기)를 원하다'(프랑스어의 조동사 'vouloir', 영어의 'wanting')[38]는 '하다'의 발화체 또는 상태의 발화체를 지배하는 양태적 발화체의 서술어들 중의 하나를 지칭하기 위해 선택된 명명이다. 서술어의 이 같은 투자에 대한 정의가 불가능한 상황에서, 그것의 의미론적 위상은 양태적 서술어들의 분류론의 내부에서만 규정될 수 있으며, 그 서술어가 나타나는 통사적 조직화에 따라서만 규정될 수 있다. '원하다'는 것은, 행동의 의무와 마찬가지로, '하다' 또는 '이다'의 발화체의 생산을 조건 짓는 잠재적 선결 요소를 구성하는 것으로 판단된다. '원하다'의 양태적 발화체는 그것이 지배하는 발화체의 유형에 따라 두 가지의 양태적 구조들을 구성한다. 편의상 '…하기를 원하다'(vouloir faire)와 '…이기를 원하다'(vouloir être)로 지칭할 수 있다. 이 구조들을 기호학적 사각형에 투사시켜 두 개의 의지적 범주를 산출할 수 있다.

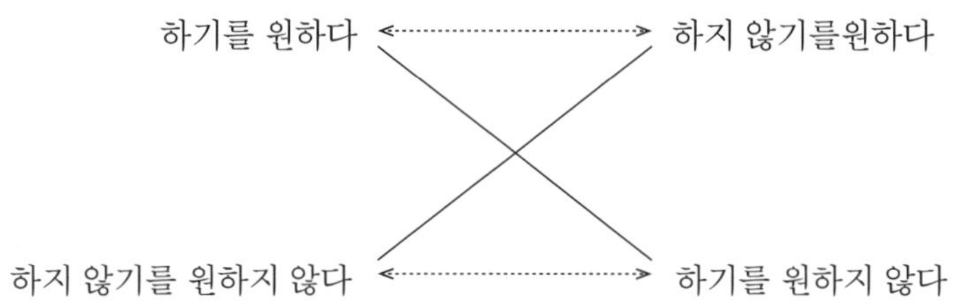

36 다음 문헌 참조. 그레마스, 〈양태성의 이론을 위하여〉, 《의미에 관하여》, 김성도 옮김(인간사랑, 1997), pp.400-432.

37 ① A. J. Greimas & J. Courtés, *Sémiotique: Dictionnaire raisonné de la théorie du langage*, tome 1 (Paris: Hachette, 1979), pp.421-422; tome 2 (1986), pp.253-255. ② J. Courtés, *L'Analyse Sémiotique du discours* (Paris: Hachette, 1991), pp.105, 107, 140, 223.

38 한국어에서 보조 형용사/동사의 '고' 다음에 쓰이는 '싶다'는 프랑스어의 'vouloir'의 의미장과 유사하다. 예컨대 다음 문장을 보라: "남자는 주저하면서 그 여자에게 저녁을 대접하고 싶다고 말했다."

또는

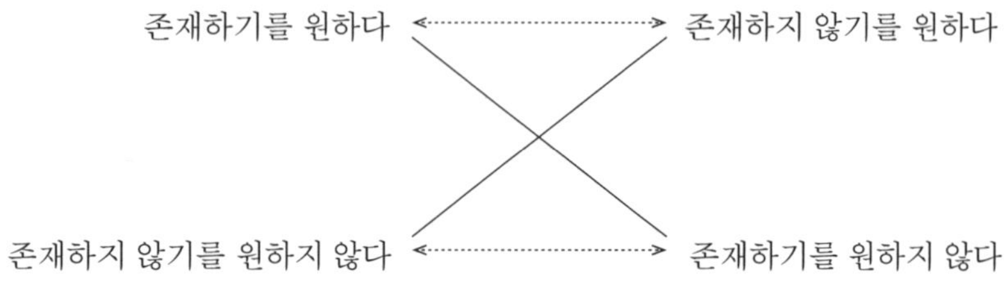

'해야 한다'의 양태성을 조종하는 논리들에는 본분적 논리와 진리적 논리가 있다. 그 같은 논리들은 이 같은 관계에 의해서 설정된 명명들을 사용하며, 동일한 본질에 속하는 양태적 구조들에 의해서 기호학적 사각형에서 상이한 위치에 해당된다. 반면, 의지적 논리는 비록 예측 가능하지만, 기호학적 명명들에 자신의 서술어를 제공하기 위해 있는 것은 결코 아니다. 다른 한편, 정신분석은 바로 이 같은 기호학적 기획에 가장 잘 들어맞지만, 과학적 소명을 내건 메타언어의 구축에는 근본적으로 반대하고 있다. 기호학 이론이 앞으로 이 같은 문제 틀에 대한 논리적-의미론적 분절을 담당해야 하는 것은 당연하다.

2) '…해야(이어야) 한다'[39]

'…해야(이어야) 한다'(프랑스어로는 조동사 'devoir', 영어로는 'having to do' 또는 'to do')는 '하다'의 발화체와 '이다'의 발화체를 초규정하고 지배하는 양태적 발화체의 가능한 서술어들 중의 하나이다. 이 서술어의 의미론적 투자는 그것 자체로는 정의될 수 없으며, 하나의 공리 체계를 염두에 두고 선별된 양태성들의 상호 정의들의 틀 속에서만 정의될 수 있다. 보다 간단

---

39 ① A. J. Greimas & J. Courtés, *Sémiotique: Dictionnaire raisonné de la théorie du langage* (Paris: Hachette, 1979), pp.95-96. ② J. Courtés, *L'Analyse Sémiotique du discours* (Paris: Hachette, 1991), pp.105, 107, 131, 223.

히 말하자면, '해야 한다'는 '하기를 원하다'와 더불어 행동 또는 상태의 최소 조건들을 성립하며, 발화체의 산출 차원에서는 '하다' 또는 상태의 발화체를 잠재화시키는 단계를 성립한다.

양태적 발화체는 지배되는 발화체와 마찬가지로, 각각 자신의 모순항을 가질 수 있으며, '해야 한다'를 기호학적 사각형에 투사시키면서 그것의 양태적 구조를 범주화할 수 있다.

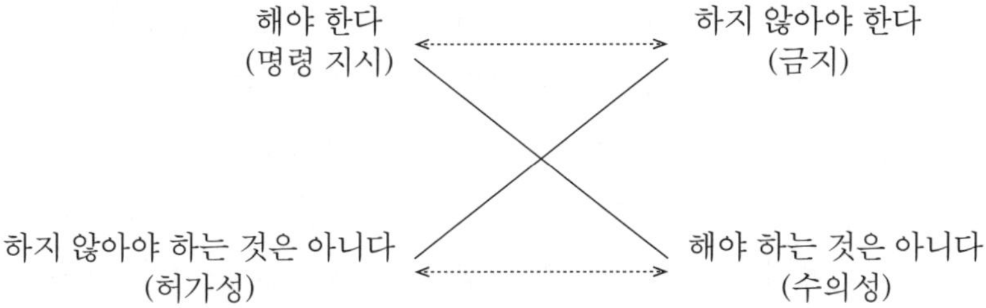

명명 절차는 그 효과로서 응축을 통해서 두 개의 서술어를 하나의 양태적 가치로 변형시킨다. 명명에 의해서 이렇게 성립된 양태적 범주는 몇 가지 변형을 제외하고는, 논리학에서 사용되는 본분적 양태성들의 장치를 다시 찾게 된다. 따라서 기호학에서는 본분적 양태적 범주라는 명칭을 간직할 것이다.

범주화 투사의 동일한 절차는 '존재해야 한다'(devoir-être)의 양태적 구조에 적용될 수 있다.

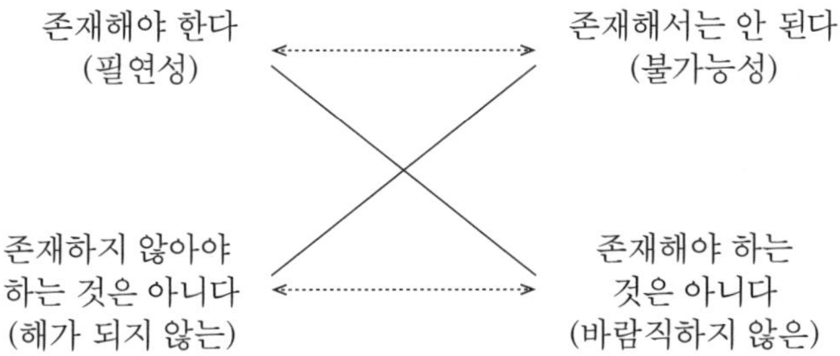

명명된 양태적 가치들은 논리학의 진리적 양태성들의 장치와 쉽게 상동화될 수 있다. 아울러 이 범주에는 진리적 양태적 범주라는 이름을 간직할 수 있다.

'해야 한다'의 양태적 구조는 이론의 여지없이 '하기를 원한다'의 양태적 구조와 의미론적 친족성을 포함하며, 기호학자들은 그 두 가지 양태적 구조들을 하나의 유일한 양태화의 구조로 환원하는 것이 가능하지 않냐는 물음을 던지기도 한다.

반대로 '존재해야 한다'의 양태적 구조는 '존재할 수 있다'의 양태적 구조와 가깝다. 예를 들어, 필연성은 '존재해야 한다'와 '존재하지 않을 수 없다'에 해당한다(예: 인간의 생명은 유한하다, 인간의 생명은 유한하지 않을 수 없다). 아울러 불가능성은 '존재해서는 안 된다'와 동시에, '존재할 수 없다'를 포괄한다. 논리적 접근과 기호학적 접근 사이의 간극은 여기서 벌어진다. 논리학이 선험적으로 명명들로 이루어진 진리적 장치를 상정하는 반면, 기호학은 명명들을 통사적 정의들에 토대를 두려고 하며, 그 결과 양태적 논리들의 몇 가지 빈틈을 엿볼 수 있게 해준다.

3) '…할 수(일 수) 있다'[40]

'…할 수(일 수) 있다'(프랑스어로는 'pouvoir', 영어로는 'being able to do' 또는 'to be')[41]는 양태성들의 이론에서 하나의 기술적 발화체('하다' 또는 '이

---

40 ① A. J. Greimas & J. Courtés, *Sémiotique: Dictionnaire raisonné de la théorie du langage* (Hachette, 1979), pp.286-288. ② J. Courtés, *L'Analyse sémiotique du discours* (Paris: Hachette, 1991), pp.105, 108.

41 한국어에서 프랑스어의 양태 술어 'pouvoir'에 가까운 대표적인 용언으로는 '있다'와 '되다'를 언급할 수 있다. 다음 문장들을 참조하라.

ㄱ. 상수는 이제 마음껏 뛰놀 수 있다.

ㄴ. 본 업소에는 만 20세 이상만 출입할 수 있습니다.

ㄷ. 대학원에 진학하면 병역이 연기될 수 있다.

이 문장에서 사용된 '있다'는 각각 능력, 허용, 가능성을 나타내는 용언이다. 다음 두 문장에서 모두 허용과 허락을 나타낸다.

ㄹ. 환자의 상태는 걱정하지 않아도 됩니다.

다'의 발화체)를 지배하는 양태적 발화체의 가능한 서술어들 중의 하나에 대한 명명으로 간주될 수 있다. '할 수 있다'는 그것 자체로는 정의가 불가능한 개념이지만, 공리적으로 선택되고 공식화된 양태적 가치들의 체계 속에서 상호 정의될 수 있다.

양태적 발화체들이 정의상 다른 발화체들을 지배하도록 되어 있기 때문에, '할 수 있다'의 두 가지 양태적 구조들을 고려해 볼 수 있다. 하나의 상태 발화체를 포함하는 구조로서 편의상 이것은 '존재할 수 있다'(pouvoir être)로 불려진다. 다른 하나는 그 대상으로서 '하다'의 발화체를 가지며, '할 수 있다'(pouvoir faire)로 명명된다. 이 두 가지 구조들은 다시 기호학적 사각형에 투사될 수 있으며, 그에 상응하는 양태적 구조들을 산출할 수 있다. 따라서 다음과 같은 결과를 갖는다.

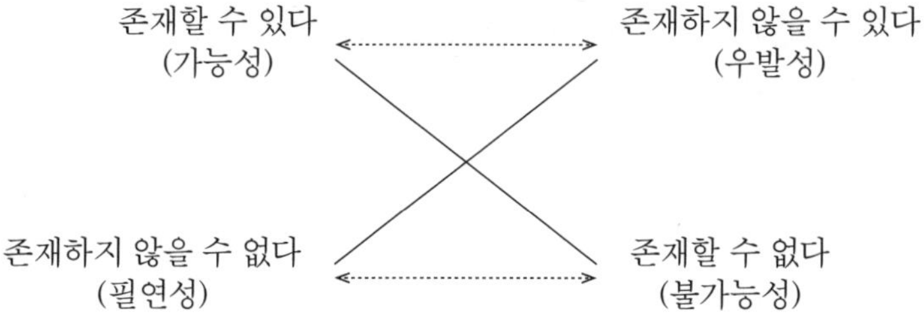

또는 다음과 같은 표상도 가능하다.

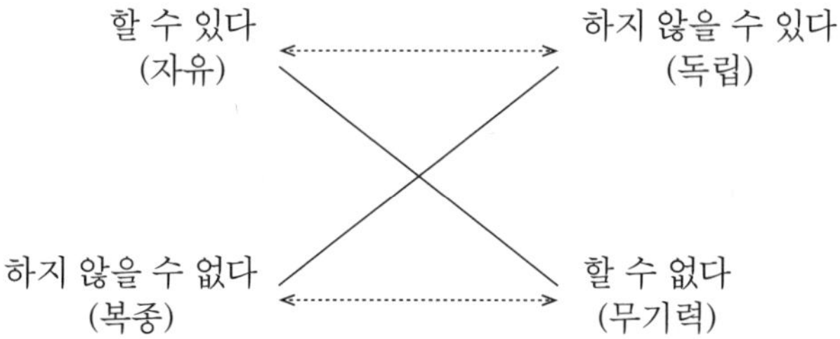

ㅁ. 이제 우리는 더 이상 헤어지지 않아도 된다.

각각의 양태적 범주들의 항에 부여된 명명들은 비록 의미론적 차원에서 직관적으로 동기 부여가 된 것이지만, 정의상 자의적일 수 있으며 보다 더 적절한 다른 범주들에 의해서 대체될 수 있다.

비록 이 같은 명명들이 의미론적 직관에 기초를 둔다 해도, 이 명명들은 '할 수 있다'와 '해야 한다'의 양태적 구조들 사이에 존재하는 친족성을 명백하게 밝힐 수 있다. 그 결과, '존재해야 한다'와 '존재할 수 있다'의 기호학적 사각형의 대질은 동일한 명명이 진리적 양태성들의 체계로 귀결되면서, 두 개의 양태적 구조를 포섭하는 것을 보여 준다. '존재해야 한다'와 '존재할 수 있다'가 그것이다. 이 두 개의 항은 매번 상보성의 관계에 놓인다. 두 가지 종류의 해석이 가능하다. 진리적 양태성들이 상보성의 관계에 있는 '해야 한다'와 '할 수 있다'의 양태성들을 포섭하는 복합항이거나(예컨대 필연성은 '존재해야 한다'를 전제로 하는 '존재하지 않을 수 없다'이다), 아니면 자율적인 두 개의 양태적 범주들을 구분하고 두 개의 상호종속적인 진리적 논리를 구성할 여지가 있다.

이와 마찬가지로, '해야 한다'와 '할 수 있다'의 양태적 구조들의 대질을 볼 수 있다.

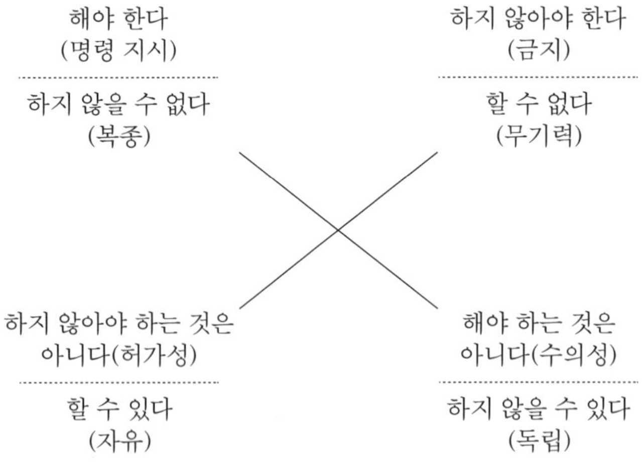

비록 그 명명은 차이가 나지만, 두 개의 양태적 범주들에 속하는 항들의 상보적 성격은 자명하다. 예를 들어, 복종은 주체의 일정한 능력을 규정하는 양태적 가치로서 명령 지시라는 또 다른 양태적 가치를 전제로 한다. 지배자와 피지배자의 서열적 관계들의 정의는 이 같은 양태적 상보성을 참작해야 할 것이다.

이상에서 본 것처럼, 우리는 '해야 한다'와 '할 수 있다'의 양태성들은 두 개의 자율적이면서도 상보적인 심급이라는 결론에 이른다. 하나는 잠재화적 심급(instance virtualisante)이며 다른 하나는 현동화적 양태화(modalité actualisante)이다.

4) … 할 줄 안다[42]

프랑스어의 서술어 'savoir'('…을 알고 있다'를 뜻함, 영어로는 'knowing')는 기호학에서 여러모로 중요한 동사이다. 기호학적 관점에서 커뮤니케이션은 발화 작용의 현동태에서 다른 현동태로 넘어가면서 발생하는 앎의 전달로서 고려될 수 있다. 그렇게 전달된 앎은 무엇보다 타동적 구조로서 제시된다. 앎은 언제나 무엇에 대한 앎이며, 앎의 대상 없이는 생각될 수조차 없다. 이것은 이미 담화의 전개 속에서 기술적 발화체들 차원에서 공식화될 수 있는 앎의 대상들이 마련되는 특수한 차원을 인지하는 것을 가능케 한다. 이것은 곧 화용적 차원이라고 불리는 것의 기본 층들을 성립한다. 다른 한편, 앎은 아울러 소통하는 대상으로서 제시된다. 즉 앎의 생산이니, 앎의 획득이니, 앎의 현존이나 부재라는 말을 하게 될 것이다. 대상으로서의 지식은 인지적 활동들을 실천하는 앎의 주체들이 놓이는 발화 작용의 심급으로 귀결된다. 다시 말해서 발화의 인지적 차원은 그 결과 화용적 차

42 ① A. J. Greimas & J. Courtés, *Sémiotique: Dictionnaire raisonné de la théorie du langage* (Paris: Hachette, 1979), p.321; tome 2(1986), p.193. ② J. Courtés, *L'Analyse sémiotique du discours* (Paris: Hachette, 1991), pp.106, 147.

원과 중첩된다.

발화 작용의 현동태에 대한 이 같은 귀환은 담화를 하나의 행동하다(faire)로서, 즉 하나의 인지적 활동으로서, 하나의 존재로서, 하나의 앎의 상태로서 파악하는 것을 가능케 한다. 그때부터 '할 줄 알다'(savoir-faire)는 이 같은 활동을 가능하게 하는 것, 즉 인지적 능력으로서, 서사적 프로그램화를 조직화하는 수완으로서 나타난다. 반면 '존재할 줄 알다'(…일 줄 알다)(savoir-être)는 대상들에 대한 앎을 제재하고 이 같은 앎의 양태적 성질을 보장하는 것, 즉 인식적 능력으로서 나타난다. 양태화의 정의에 따르면, 앎은 매우 일반적인 범위에 속하는 양태성으로 나타난다.

인지적 주체가 일단 담화 속에 자리를 잡으면, 다양한 활동들을 실천한다. 예컨대, 단순한 발송적 '하다'나 수용적 '하다' 또는 더 빈번하게 인지적 '하다', 설득적 '하다', 해석적 '하다' 등으로 전체 프로그램을 발전시킬 수 있는 행동들이다.

앞서 양태 동사들과 달리, '알다'의 경우는 보다 까다롭다. 예컨대, '할 줄 알다'(savoir-faire)의 상반항인 '하지 않을 줄 알다'(savoir ne pas faire)의 경우가 나타나는 경우를 찾는 것은 쉽지 않다(예를 들어, 쉽게 자신의 생각과 감정을 드러내지 않고 말을 아끼고 감정을 자제할 줄 아는 경우, 쉽게 돈을 벌 수 있지만 청빈한 생활로 부의 축적을 스스로 억제하거나 제재하는 경우 등등). '할 줄 알다'는 일종의 통합체 차원의 지능에 해당되며 일체의 프로그램화를 결합하고 조직화시킬 수 있는 수완을 말한다. 예컨대, 특급 요리사의 '할 줄 알다'는, 책으로 요리 비법을 표상할 수 있는 의미론적 능력과는 전혀 다른 본질에 속한다.

한편, '존재하다에 대한 알다'(savoir sur l'être)와 '할 줄 알다'(savoir-faire)를 어떻게 구별할 수 있을까? 첫 번째 경우에 '존재하다'는 상태와 변형 모두를 포괄한다. 즉 존재하는 모든 것과 관련된다. 반면 두 번째 것은 행동들, 즉 오직 변형들에 대해서 지시된다. '존재하다'에 대한 알다는 현실적(actuel)이고, '행동할 줄 알다'는 잠재적(virtuel)이다. 행동에 비해서 '존재하다'에 대한 알다는 계열체 차원의 위치에 있는 반면, '행동할 줄 알다'는 통합체 차원의 위치에 있다. 실제로 '행동할 줄 알다'는 잠재적 의식으로서, 하나의 서사 프로그램의 기억으로서 정의될 수 있다. 물론 '할 줄 알다'를 특징짓는 기억은 두 개의 상이한 상보적 축에 걸쳐 있다. 하나는 통합체 차원의 기억으로서 행동하는 순간, 하나의 반복을 낳는다. 즉 서사 프로그램은 매번 있는 그대로 다시 취해진다. 둘째, 계열체 차원의 기억으로서 이 같은 기억은 이미 등록된 데이터 요소들을 참작하면서 그때그때 상황에 따른 배분을 가능케 할 것이다. 이 점은 곧 '할 줄 알다', 즉 수완이 단지 반복만 될 수 있는 것이 아니라 창조가 될 수 있음을 설명한다. 예컨대, 목수, 구두 수선공 등의 장인들을 생각하는 것으로 족하다. 그들의 작업에서 자신들의 수완, 즉 테크닉을 채택할 수 있다. 다시 말해서 자신들이 다루어야 할 재료의 다양성을 참작하면서 계열체와 통합체의 양축에서 성분 요소들을 조직화할 수 있다.

'할 줄 알다'(수완, savoir-faire)의 이 같은 두 가지 형태, 즉 반복적 형태와 창조적 형태는 물론 두 가지 방식으로 해석될 수 있다.[43] 존재론적 유형의 가설에서는 반복적 행동의 경우에 주체 밖에 있는 기원을 상정할 수 있을 것이다. 즉 전범적 모델의 모방이 그것이다. 이와 달리, 창조적 행동과 더불어서는 주체의 내부에 기원을 상정할 것이다. 반면, 현실적 시각에서 신화적 투사에 대한 어떤 참조도 부과되지 않는다. 행동은 일단 실현되면, 기억에 의해서 등록되는 순간 자동적으로 '할 줄 알다'로 변형된다. 즉 쇠를 벼리면서 대장장이가 될 수 있는 법이다.

만약, 논리적으로 또는 신화적으로 '할 줄 알다'가 '하다'에 선행한다면, 반대로 발생론적 관점에서, 즉 실천의 측면에서, '할 줄 알다'를 생성시키는 것은 다수의 행동의 축적이다. 주어진 주체에 있어서 수완의 양태성은 따라서 두 가지 방식으로 읽혀질 것이다. 체계의 관점에서, 그의 수완은 지나간 행동들의 계열체 차원의 요약이며, 과정의 관점에서 주체에게 부여된 수

43 J. Courtés, *Introduction à la sémiotique narrative et discursive* (Hachette, 1976), p.80.

완은 그 전의 이야기를 그에게 부여하고 시간 속에서 그것을 삽입하는 것을 가능케 한다.

그 결과 우리는 모든 경우에서, 수완은 시간 축의 오랜 시간 동안 여러 번의 연속적인 행동에 힘입어 획득된다. 물론, 민담에서는 이 같은 수완을 선천적인 것으로 부여하기도 한다.

이런 경우는 획득 프로그램의 시작과 끝을 결합시키는 시간적 축의 제거가 문제시된다. 신동의 탄생 또는 초자연적인 힘은 그 같은 능력의 획득에 필요한 프로그램 과정의 축소 또는 부정을 함의한다.

동시성과 비결정적 지속에 속하는 존재에 대한 앎(savoir sur l'être)과는 달리, 수완은 선후의 관계, 과거의 현재 속에서의 기억적 포함을 전제로 한다.

제16장

가치론

1. 가치 개념의 학제적 정의

그레마스는 한 대담에서 역사의 마지막 단어는 '가치'가 될 것이며 기호학적 모험은 가치론에 있다는 진술을 한 바 있다. 다소의 비약을 감수하면서 말한다면 그의 기호학 이론은 가치론의 이론적 얼개를 수립하려는 전범적 시도라 할 수 있다. 도대체 가치란 무엇인가?

가치에 대한 성찰은 현 시대에서 두 가지 상황을 표출한다. 가치라는 용어가 머금고 있는 다가치성의 문제와 이 같은 다의성으로부터 야기되는 인식론적 난점들을 고려하는 것[1]이 그것이다. 그러나 다의성이란 명목에서는 그 누구도 경제적, 언어(학)적 가치, 진, 선, 미의 가치들의 존재를 의심하지 않는다. 특히 이 모든 영역에서, 일체의 한계선은 특정 관례의 사용일 뿐이다. 예컨대 별미를 추구하는 이들에게는 그들만의 식도락적 가치가 있는 반면, 단식 또는 검소한 식사를 실천하는 사람들에게는 그들만의 정치적, 윤리적, 종교적 가치가 중시된다. 어쨌건 하나의 실천이 목격되고 약호화되는 순간부터, 체계의 가치들과 과정의 가치들은 그것들이 상정할 입지를 마련한다.

---

1 J. Fontanille & Cl. Zilberberg, "La valeur," in *Nouveaux Actes Sémiotiques* 46-47 (PULIM, 1996), pp.39-69.

그러나 가치 일반에 대한 사변은 철학적 관점에서이건, 사회학적 관점에서이건, 기호학적 관점에서이건, 개별적 가치들에 대한 성찰에 기초를 둔다.[2] 왜냐하면 그것은 가치들의 상이한 차원들 사이에 존재하는 관계와 관련되기 때문이다.[3]

현대 프랑스 사회학과 인류학의 태두인 모스(Marcel Mauss)가 1950년에 출판한《증여론》[4]은 가치 대상들에 대한 기호학적 문제 설정에 있어서 중요한 사상적 원천을 제공했다고 평가받는다. 이 연구에 따르면 증여는 사회 공동체의 한복판에서 물건들의 순환 방식으로서 엄격한 상호성의 체계 속에 등록되어 있다. 도구이건, 식료품이건, 마술 주문이건, 장식품이건, 신화이건, 사회 활동의 기술적, 경제적, 의례적, 심미적 생산물들과 결합된 가치들은 그것들의 다양성의 기저에 깔려 있는 관계적 성격을 갖는다. 이 점에서 이 같은 가치들은 서로 비교 가능하며 대치 가능하고 상호 교환들의 일반화된 체계 속에 진입한다. 그렇게 해서 하나의 증여는 특정 형식 아래서 맞증여(contre-don)를 불러온다. 교환의 균형은 간주되는 사회 유형에 따라서 다양하게 실현되는 일정 수의 작동 방식들에 기초한다. 모스의 증여론은 먼저 레비-스트로스와 같은 구조 인류학자들로부터 집중적 관심을 받았으며, 이어서 그레마스를 포함하는 기호학자들에게 영향을 미쳤고, 특히 그로 하여금 가치의 문제를 본격적으로 기호학적 시각에서 연구하도록 만드는 동기를 제공하였다.[5] 예컨대, 가치들의 순환에 대한 통사론 구축의 시도를 선보인 그레마스의 음식 조리법을 주제로 분석한 논문이 그 대표적 사례이다.[6]

---

2 가치에 대한 사회학적 접근을 비롯한 사회과학에서의 다양한 접근에 대한 다음의 종합적 연구를 참조할 것: Nathalie Heinich, *Des valeurs. Une approche sociologique*, coll. Bibliothèque des Sciences humaines (Paris: Gallimard, 2017).

3 가치의 기호학적 개념화에 대한 객관적 연구물은 다음과 같다: J. Fontanille & Cl. Zilberberg, *tension et signification* (Mardaga, 1998), pp.29–44.

4 M. Mauss, "Essai sur le don. Forme et raison de l'échange dans les sociétés archaïques," *Sociologie et Anthropologie* (Paris: PUF, 1950), pp.143–279. 한국어 번역본, 이상률 옮김,《증여론》(한길사, 2002).

5 Denis Bertrand, *Précis de sémiotique littéraire* (Paris: Nathan, 2000), pp.206–207.

가치라는 용어는 한국어는 물론이요, 프랑스어(valeur)에서도 다의성이 심한 언어로서, 인문학에서도 언어학, 논리학, 경제학, 가치론, 미학, 도덕을 포함하여 일상 어법에서도 매우 다양하게 사용된다. 기호학에서는 가치 개념을 규정하는 데 있어 크게 세 가지의 의미를 접목, 화해시키고 있다. 언어학적 어의, 경제학적 어의, 가치론적 어의가 그것이다.[7]

먼저 언어학적 어의를 지적해야 할 것이다.

주지하다시피 현대 언어학에서 가치 개념을 최초로 도입한 사람은 소쉬르이다.[8] 그는 의미가 낱말들 사이에서 파악된 차이들 속에서만 존재한다는 사실을 목격하면서 의미 체계의 문제를 상대적 가치들, 즉 서로 상호적으로 규정되는 항들로서 제기하였다. 그는 언어 가치 이론을 설명하기 위해 다양한 메타포를 효과적으로 적재적소에 배치하고 있는데, 특히 경제적 가치에 비유한 단락은 기호학적 관점에서 여전히 그 통찰력이 돋보인다. "모든 가치는 역설적 원칙에 지배되는 듯이 보인다는 점을 확인하자. 이들 가치를 이루는 것은 항상 다음과 같다. ① 하나의 상이한 사항, 이 사항은 가치가 아직 미정인 사항과 교환될 수 있는 성질이 있다. ② 유사한 사항들, 이들은 문제의 가치를 지닌 사항과 비교될 수 있다. 이 두 요인은 한 가치의 존재에 필수적이다. 가령 5프랑짜리 동전의 값어치를 정하기 위해서는 다음과 같은 것을 알아야 한다. 즉 ① 이 동전을 일정량의 다른 물건, 가령 빵과 교환할 수 있다. ② 이 동전을 동일 체계의 유사한 가치, 가령 1프랑짜리 동전이나 다른 체계의 화폐(1달러 등)와 비교할 수 있다."[9]

옐름슬레우는, 소쉬르와는 다른 방식으로 가치 문제를 다루었다. 그는

---

6 A. J. Greimas, "Un problème de sémiotique narrative: les objets de valeur," *Du Sens II*, pp.19-48.

7 Denis Bertrand, 앞의 책, pp.207-210.

8 소쉬르기호학을 비롯하여 구조 기호학에서 가치의 문제에 대한 심층적 분석을 다룬 다음 문헌을 참조할 것. *Semen: Revue de sémio-linguistique des textes et des discours* 32 (Epistémologie et éthique de la valeur: du sémiotique au rhétorique(et retour)) (2011).

9 F. de Saussure, *Cours de linguistique générale* (Payot, 1916), p.159(최승언 옮김, 《일반 언어학 강의》, 민음사, 1990, pp.137-138).

장기 놀이, 경제적 가치들과 대수학적 가치들을 언급하고 있다. 특히 그는 표현과 내용의 상관 관계를 표상하는 함수(fonction) 개념을 강조하는데, 그의 가치 개념은 '논리적 수학적 의미'에 비중을 두고 있다. 이 같은 선호는 소쉬르가 암시했던 다양한 언어 모델들 가운데 하나인 '대수학주의'(algébrisme)를 채택하도록 했다. 옐름슬레우는 내용의 형식을 형식 개념과 의소적 분절들의 총합으로 해석했다. 이렇게 해서 언어학에서 가치는 의미론의 범주 내부에서 취한 의소로 파악될 수 있다. 어쨌거나, 가치 개념은 내용을 하나의 형식으로 제기하는 것을 가능케 했으며, 언어의 구성적 요소들을 파악하는 것을 가능케 했다.[10]

둘째로, 경제학에서 사용되는 가치 개념의 어의는 물질적 재화에 할당된 일정한 몫을 말하며 경제 주체들 사이에서 이루어지는 교환의 경제적 메커니즘, 협상, 증여와 맞증여의 메커니즘을 통해서 그 재화들의 순환을 조건짓는 요인을 말한다. 수요와 공급의 게임에 의해서 이루어지는 이 같은 순환의 조절은 물건들 사이의 등가를 조정하면서 매 순간 가치의 가치를 규정한다. 셋째, 가치론적 어의에 따르면 가치의 개념화는 미학적, 윤리적, 도덕적 등등의 가치들의 세계를 지칭하며 이때 그 같은 가치들의 세계는 그것들을 규정하고 장면화시키는 담화의 세계와 관련을 맺고 있다. 특히, 기호학은 가치들의 체계를 지칭하는 가치론의 개념과 특정 주체에 의한 가치들의 전달과 인수를 전제로 하는 이데올로기를 구별한다. 주체는 가치들을 선별하고, 통합체의 차원에서 그것을 현동화시키면서 서사물로 변형시킨다.

이 밖에도 논리학에서 사용되는 진리가(valeur de vérité)는 참 또는 거짓인 발화체가 소유하는 성질을 지칭하기 위해 사용되는데, 의미론적 범주에서 보면 양태적 가치들의 조직으로 해석될 수 있다. 하지만 진리가의 범위는 진위적 양태성으로 국한된다는 점에서 그 한계가 명백하다.

위에서 진술한 바와 같이 인문학과 사회과학에서 가치의 문제는 언어학,

---

10 L. Hjelmslev, "Sémantique structurale," in *Essais linguistiques* (Copenhague: Nordisj Sprog-og-Kulturforlag, 1959), pp.105-108.

경제학, 도덕, 미학 등에서 줄기차게 제기되어 온 중요한 사안으로서, 가치라는 문제는 기호학 전공자들로 하여금 가치 개념이 지니는 역설적이면서 동시에 불확실한 위상에 대해서 성찰하도록 만든다. 통상적으로 사람들은 자신들이 실행한 행동들의 정당화의 근거를 일정한 긍정성 또는 실증성을 부여하는 가치들에 두고 있다. 하지만 앞에서 지적한 것처럼 소쉬르의 가치 개념은 가치가 오직 네거티브의 방식, 즉 오직 차이에 의해서만 정의될 수 있다는 다소 급진적 이론을 생산하는 데 이른다. 이렇듯 사람들은 가치의 본질을 인식하는 근본적으로 상이한 두 가지 관점, 즉 긍정성(실증성)과 부정성(소극성)에서 첫 번째 어려움을 겪는다. 아울러 가치는 행위들, 오브제들, 관계들에 부여하는 성질이라는 점을 강조해야 하겠으나, 그것이 선행, 보석, 우정 등의 경우에서 동일한 의미를 가질 수 없음은 분명하다. 더 나아가, 가치에 의해서 표현된 성질은 다양한 상황과 '바이어스'(편향)를 통해서 수량으로 변형되고 그 결과 척도의 다양한 작동들의 장 속에 진입하는 경향을 보여준다.[11] 이를테면, 세계적 화가의 작품은 그 자체가 예술적 가치를 지니나, 경매시장에서는 화폐 가치로 환원된다.

그렇다면 일정한 유형의 가치가 특정 욕망이나 행동을 정당화한다고 말하는 것은 그 가치를 실증적인 그 무엇인가로서 파악하는 것을 말하는 것인가? 일반적으로 하나의 가치는 인간의 관심을 끄는, 사람을 속박시키는 물질적이거나 정신적인 그 무엇이라 말할 수 있다. 예컨대, 하나의 가치로서 파악된 아름다운 풍경은 사람들로 하여금 직접 그곳에 가보고 심미적 감상을 하도록 만드는 행동을 완수케 할 수 있다. 이런 의미에서 가치는 마음을 사로잡아 끌어당기는 힘이라고 명명할 수 있다. 그 같은 힘은 특별한 형태의 인과율을 행사하는데, 이를테면 물리적 인과율과는 상이한 의미론적 인과율로서 명명될 수 있다.[12]

---

11 가치를 세 개의 차원, 성질, 수량, 관계에서 파악한 다음 논문 참조. Jean-François Bordron, "Trois ordres de la valeur selon la qualité, la quantité et la relation," *Semen* 32 (2011), pp.35-52.

12 같은 논문, pp.36-38.

수학자 르네 톰은 그렇게 파악된 가치들이 자신이 '프레그넌시의 확산'(diffusion de prégnance)이라고 부른 절차에 의한 모종의 결합의 힘을 소유한다고 시사했다. 파블로프의 경험에서 개는 종소리를 들으면서 침을 흘리는데, 그 이유는 종소리가 개가 먹고 싶은 고기와 연상되어 있기 때문이다. 고기라는 가치는 종소리라는 소음에 대해서 확산되어 간 것이다. 이 같은 확산이 그 효과를 다른 오브제들에게로 확장시킬 수 있는 상황들을 상상해 볼 수 있다. 그 결과 이 같은 확산이 프레그넌시 또는 가치의 장을 성립하게 된다. 이 같은 개념화에서 가치는 실증적이면서 동시에 연상적이고 결합적이다. 가치는 하나의 장 속에서 구성 항들을 결합시키며, 그 같은 구성 항들은 가치가 없이는 어떤 관계도 갖지 못할 것이다. 보르드롱 교수는 가치를 일러 그 같이 계시된 실재들에 대해서 가시성의 공간을 열어주는 한 줄기 빛에 비유할 수 있다는 진술을 하고 있다.[13]

이 같은 추론을 따르자면, 가치를 하나의 장을 성립하는 관련짓기의 힘으로서 정의할 수 있을 것이며, 이것은 범주들이나 일반적인 구성 항들 등의 다른 관련성의 형태들과는 선명하게 차별화된다. 그레마스의 서사 문법에서 사용되는 '가치를 지닌 대상'(objet de valeur)이라는 개념은 그 기원이 무엇이건 하나의 장 속에서 취해진 오브제라 할 수 있다. 학자들은 가치가 시작되는 하나의 근원과, 그것이 지니는 형태적 특질이 존재한다고 전제한다. '가치를 지닌 대상'이라는 용어는 이 같은 사실로부터 하나의 힘, 즉 가치와 하나의 형태, 즉 대상(오브제) 사이의 변증법을 지칭한다. 가치와 대상은 일치하고 결합할 수 있으며, 또는 분리될 수 있다. 이를테면 어떤 대상(오브제)을 만나지 못한 방황하는 가치들처럼, 가치가 없는 물건들도 존재한다.

가치라는 단어가 함의하는 의미론적 다의성은 익히 알려진 바와 같다. 주식 시장에서 협상하는 가치, 즉 주가, 도덕에서의 가치를 비롯해 학자의 능력에 해당되는 가치에 이르기까지, 그 의미도 다양하거니와 그 단어에 포

13 같은 논문, p.38.

함된 함축적 의미들 역시 복잡하다. 그래도 몇 가지 의미론적 상수들이 존재한다.[14] 첫 번째 것은 가치에 대해서 오직 상대적 관계적 정의만을 제공할 수 있다는 사실이다. 만약 가치가 일정한 목적에 도달하도록 해주는 것이라면, 가치가 성립되는 것은 바로 이 같은 목적에 따라서 이루어진다. 가치의 정의를 사람들이 바라는 결과를 생산하는 것의 성질이라고 한다면, 가치는 늘 이 같은 결과의 이상적 관념적 유형에 따라서 정의된다. 따라서 가치는 늘 교환 개념을 상정하며, 교환은 순차적 과정이다. 사용 가치 역시 일종의 교환이다. 왜냐하면 가치는 숙명적으로 사용들 속에서 소비되기 때문이다.

두 번째 상수는 가치는 늘 측정 가능한 성격을 제시한다는 것이다. 주식시장은 가치들의 순환을 지배하는 척도들을 수립하기 위해 존재한다. 규범들의 척도 없이는 가치 판단은 존재하지 않는다. 이 같은 상수는 첫 번째 상수의 자명한 논리적 결과이다. 교환의 측정 도구 없이는 교환은 존재할 수 없다. 따라서 사물들 사이의 등가를 고정하는 하나의 규칙이 존재하며, 이때 그 같은 규칙이 없으면 그 같은 등가는 존재조차 할 수 없다. 왜냐하면, 교환된 가치들은 그 정의상 서로 상이하기 때문이다. 스포츠에서 최우수 선수에게는 메달이나 트로피를 부여하고, 서비스에 대해서는 화폐를 지불하고, 학교에서 성적 우수자에게는 상 또는 장학금을 수여한다. 규칙은 처음에는 그렇지 않았던 것들을 서로 동등한 가치를 갖게 만드는 것이다. 이것은 곧 그 규칙이 자연적 토대를 갖는 것도 아니며 필연적인 성격을 갖는 것도 아님을 분명하게 일러준다.

중세 스콜라 철학의 실재론에서 벗어나기 위한 시도를 하기 위해 소쉬르의 언어 이론을 계승한 옐름슬레우는 등가라는 관념을 간단히 제거할 수 있었다. 그의 이론에서 기호는 두 개의 상이한 면들에 속하는 두 개의 함수

---

14 가치의 문제에서 교환, 측정, 시스템의 관계에 대한 다음 논문 참조: Jean-Marie Klinkenberg, "Conclusions. De la valeur d'échange à la valeur éthique, en passant par la valeur de survie," *Semen* 32 (2011), pp.161-174.

소(fonctifs)들 사이에서 수립된 함수관계에 불과하다. 각각의 면에서, 단위들은 그것들이 서로 맺고 있는 관계들에 의해서 정의된다. 그 결과, 기호학은 가치 개념을 활발하게 사용하는 학술 분야가 되었으며, 함수 개념과 더불어, 가치가 시스템 구축에 얼마나 훌륭하게 기여할 수 있는가를 보여 준다. 심지어 가치가 시스템의 동력 그 자체라고 말할 수 있다. 왜냐하면 시스템은 오브제들에 의해서 만들어지는 것이 아니라, 교환들로 이루어지기 때문이다.

그레마스에게 있어서, 가치라는 문제 틀은 이중적이다. 이것은 원칙적으로 엄밀하게 차이에 기반한 언어학적 가치들과 서사적 가치들 사이의 중개를 표명하는 것이 관건이다. 그레마스의 시각에서 서사적 가치들은 주체의 생성과 '삶의 스타일'의 추구에 내재해 있는 것이라고 판단된다. 두 번째로, 만약 생성 행로가 가치들의 상이한 부류들을 굴절시킨다면, 표층의 서사 구조들에 속하는 양태적 주제적 가치들, 담화적 가치들, 가치들에 대한 성찰은 한 수준에서 다른 수준으로의 가치들의 전환으로 혼동된다. 이 점은 그레마스 기호학의 미완성을 엿볼 수 있게 해 준다.

기호학적 사각형의 도움으로 표상된 의미론적 범주는 투자된 가치들의 중립적이며 기술적인 상태에 해당된다. 그것의 존재 방식 차원에서 볼 때, 이 같은 수준에서 이 모든 범주는 잠재적 가치들이라고 볼 수 있다. 왜냐하면 가치들의 체계화, 즉 실현은 기질적 범주의 상보적 투자와 더불어서만 나타나기 때문이다. 이 같은 범주는 자기 지향적 차원에 속하며, 감응적 투자(investissement phorique)는 오직 기호학적 사각형에 의해서 분절된 특정 가치가 주체와 관련을 맺는다는 점에서만 파악될 수 있다. 이것은 곧 가치들은 표층의 서사 구조 안에서 예측될 때만 현동화될 수 있음을 말한다. 보다 상세히 말해서 가치는 상태 발화체들의 행동자-대상 속에 투자될 때만 현동화가 가능하다는 의미이다. 주체가 추구하는 대상과 연접되면 현실적 가치는 실현된 가치로 생성된다. 그레마스는 두 가지 부류의 가치를 구분한다. 첫 번째 가치는 기술적 가치들(valeurs descriptives)로서, 소비 및 축적이 가능한 물건, 쾌락 및 마음의 상태를 포함하며, 다른 하나는 양태적 가치(valeurs modales)로서, '원하다', '할 수 있다', '해야 한다', '할 줄 안다' 등의 서술어 등을 포함한다. 기술적 가치들은 다시 주체적 가치와 객체적 가치들로 나누어진다. 자연 언어에서 주체적 가치는 빈번하게 주체와 연접되며, 객체적 가치는 프랑스어나 영어의 'avoir'나 'have' 동사의 도움을 빌려 주체에 할당된다. 복합적 서사 프로그램의 인지는 서사 기호학으로 하여금 사용가치(valeurs d'usage)와 기본 가치(valeurs de base)를 구분하게끔 유도했다. 예컨대, 원숭이가 손아귀에 넣으려 시도하는 바나나는 기본 가치인 반면, 그 같은 프로그램을 실행하기 위해 그가 찾아 나서는 방망이는 그에게 단지 사용가치일 뿐이다.[15]

서사적 담론 (discours narratif)은 빈번하게 가치 대상들의 형식 아래 제시된다. 그것의 조직체는 일련의 가치들의 양도로서 기술될 수 있다. 그 같은 양도의 특수한 방식은 가치들의 교환을 통해서 이루어진다. 그 같은 작동은 교환된 가치들이 동일하지 않을 경우, 선결적인 평가를 함의한다. 즉, 신용적 계약이 교환에 참여하는 주체들 사이에서 설정된 것이다. 그 계약은 관건이 되는 제 가치들 가운데서 교환 가치를 선정한다.

2. 소쉬르의 가치 이론

1) 가치와 이원성[16]

앞 절에서 간략하게 언급한 것처럼 소쉬르는 의미 작용 이론을 가치 개념의 틀 속에서 파악한 최초의 언어학자이다. 특히, 《일반언어학 강의》에서

15 A. J. Greimas & J. Courtés, *Sémiotique: Dictionnaire raisonné de la théorie du langage* (Paris: Hachette, 1979), pp.414-415.

16 가치와 이원성의 관계에 대한 내용은 다음 논문 참조: Jean-François Bordron, "Trois ordres de la valeur selon la qualité, la quantité et la relation," *Semen* 32 (2011), pp.35-52.

뿐만 아니라, 2000년대 초에 출간된 《일반언어학 글모음》(*Écrits de linguistique générale*)에서 소쉬르의 가치 이론은 보다 미묘하고 복잡하게 전개되었다.

주지하다시피 《일반언어학 강의》 제3장, '정태언어학과 진화 언어학'의 도입부는 소쉬르가 '가치들에 대해서 작동하는 모든 학문들의 내재적 이원성'이라고 부른 것으로 시작된다. 소쉬르의 가치 이론이라는 맥락에서 제3장에서 피력된 소쉬르의 성찰이 함의하는 내용에 대해서 보다 상세히 다룰 필요가 있다.

소쉬르의 첫 번째 지적은 '시간이라는 요인'에 의해서 생성되는 난점들과 관련되는데, 시간의 영향력은 다름 아닌 이원성의 도입 속에서 집약된다. 먼저 소쉬르는 몇몇 학문들은 시간을 다루지만 이 같은 이원성으로 인해 전혀 특별한 어려움도 겪지 않는다는 점을 지적한다. 예컨대, 천문학은 천체의 별들이 현저한 변화를 발생시킨다는 점을 확인 한다고 해도 두 개의 학문으로 분리되지 않으며, 지질 형성의 연속적 단계에 대해 추론하는 지질학은 고정된 상태를 연구할 때, 철저하게 상이한 연구를 진행하지 않는다. 이와는 정반대로 정치 경제학과 경제사는 소쉬르에게 있어 동일 학문의 내부에서 선명하게 분리된 두 개의 학술 분야들을 성립한다는 점에서 이중성은 절대적으로 필수불가결하다. 소쉬르는 이렇게 설파한다. "이렇게 하는 것은 결국, 잘 의식하지는 못하면서도, 어떤 필연성 때문에, 우리는 언어학을 각기 고유한 원칙을 지닌 두 분야로 나눌 수밖에 없었던 것이다. 그 이유는 언어학에서도 경제학에서와 마찬가지로 가치 개념에 직면하기 때문이다. 이들 두 과학에 있어서 문제되는 것은 상이한 질서에 속하는 두 사물 사이의 등가 체계이다. 즉, 후자에 있어서는 노동과 임금, 전자에 있어서는 기의와 기표이다."[17]

소쉬르는 모든 가치는 그것이 언어적 가치이건, 경제적 가치이건, 가치가 발생하는 영역이 무엇이건 늘 두 가지 것에 의해서 성립되는데 그 두 개의

17 Ferdinand de saussure, *Course de linguistique générale* (Payot & Rivages, 2005), p.115(《일반언어학 강의》, 최승언 옮김, 민음사, 1990, p.111).

관계는 무엇보다 역설적으로 보인다.

1. 해당 가치와 교환될 수 있는 닮지 않은 것
2. 해당 가치와 비교 가능한 것들

예컨대, 1만 원 지폐가 지니는 가치를 결정하기 위해서는 상이한 것의 규정된 수량에 맞서 교환할 수 있는 것이 무엇인지를 알아야 한다. 예컨대, 만 원으로 살 수 있는 곡식의 분량과 교환될 수 있다. 또한 1만 원의 가치는 동일한 한국의 화폐 시스템의 흡사한 가치와 비교할 수 있어야 한다. 또는 달러나 파운드 등 다른 국가들의 화폐 시스템과의 비교가 가능해야 한다. 마찬가지로, 하나의 단어는 닮지 않은 그 무엇인가와 더불어 교환될 수 있다. 이를테면 하나의 생각과 교환될 수 있다. 더구나 그것은 동일한 본질의 그 무엇인가와 더불어 비교될 수 있다. 하나의 단어는 그 언어가 속한 동일한 언어 시스템의 다른 단어들과 더불어 비교될 수 있다. "따라서 낱말이 어떠어떠한 개념, 즉 어떠어떠한 의미와 '교환'될 수 있다는 것을 확인하는 데 그치는 한, 낱말의 가치는 미정인 것이다. 이 낱말을 또한 유사한 가치, 즉 이에 대립가능한 다른 낱말들과 비교해 보아야 한다. 낱말의 내용은 자기 외부에 있는 것의 도움을 받아야만 진정 결정된다. 낱말은 체계에 속하므로 의미뿐만 아니라 무엇보다도 가치를 지니는데 이는 전혀 별개의 것이다."[18]

따라서 가치는 교환과 비교라는 이 같은 이중적 운동 속에 존재한다. 일반적으로, 고전 경제학에서는 세 가지 차원의 가치를 구별한다. 노동 가치, 교환 가치, 사용가치가 그것이다. 이 세 가지 차원에는 분명히 그 어떤 등가의 관계도 존재하지 않는다. 정반대로, 그것들 사이에서는 소쉬르가 사용하는 용어의 의미에서 이원성의 체계들을 인식할 수 있다. 그 결과 노동 과정의 상이한 계기들과 생산된 상품의 상이한 부분들은 일대일 대응이 어렵

18 같은 책, p.160(《일반언어학 강의》, 최승언 옮김, 민음사, 1990, p.138).

고, 한국어의 개별 단어와 영어의 개별 단어 역시 일대일의 정확한 의미 대응이 존재하지 않는다. 그런데 노동 과정과 이 같은 노동의 생산물이라는 상이한 실재들은, 그 내재적 논리가 상이한 본질에 속하는 형태들 또는 규칙들에 의해서 표현되는데, 교환 가치 속에서 어떻게 공통적 척도를 찾을 수 있는 것인가라는 첨예한 물음이 제기된다. 동일한 문제를 언어학에서도 발견할 수 있다. 상이한 언어들, 즉 상이한 가치 체계들에 속하는 단어들이 어떻게 동일한 의미 작용 속에서 교환될 수 있는가?

시대에 따라서 경제학자들은 등가의 원리를 제공하는 것으로 간주된 하나의 근원에다 가치를 귀결시킴으로써 가치의 무게 중심을 이동시켜 왔다. 고전 경제학은 노동 속에서 경제적 가치들의 기원을 보았다. 그렇다면 노동을 어떻게 측정할 것인가, 어떻게 노동에 고유한 척도의 단위를 찾아낼 것인가? 마르크스가 가져다준 해결책은 가치가 하나의 재화 생산을 위해 사회적으로 필요한 노동 시간을 지시한다고 간주하는 데 있었다. 마르크스의 시각에서 시간은 측정 가능한 데이터로서 간주되었고, 그렇게 함으로써 잉여가치, 즉 착취의 계산 가능성을 열어 주었다. 그렇다면 하나의 척도의 수요는 무엇에 기인하는가? 아마도 실증주의의 시대에는 질적인 가치만으로 만족할 수 없었을 것이며 경제학을 비롯해 다른 분야에서 정량적 평가를 요구한 과학성의 요청이 작동되었을 것이다. 척도는 그 자체 속에서 가치의 근원이며, 그 결과 가치를 측정하는 것이 아니라, 화폐에서처럼 척도는 가치가 존재하게끔 보장하는 것이라고 말할 수 있다.

척도 가치와 그것의 역설에 대해서 부연설명하면 다음과 같다. 일반적으로 하나의 척도 도구에 대해서 세 개의 본질적 속성을 소유할 것을 주문한다. 첫째, 일정한 상수이다. 1미터는 그때그때마다 변할 수 없으며, 마치 단어들이 매 순간 의미를 변화시킬 수 없는 것과 같은 원리이다. 척도와 그 척도의 대상 사이에는 일정한 친화성이 존재한다. 사람들은 공간을 공간으로부터 측정하고, 상품을 상품 또는 화폐로부터 측정한다. 의미 역시 그것이 측정 가능한 것에 속하는 한, 단어들의 차원에 속한다. 그런데 단어들의 가치는 어떻게 측정될 수 있는가? 어떤 무엇인가를 어떻게 측정 가능하게 만들 수 있는가? 만약 무엇인가가 측정 가능하다면, 이것은 곧 이상적으로 말해서, 이 사물의 여러 가지 척도들이 동일한 결과를 생산해야 한다는 것을 의미한다. 마찬가지로 단어들의 의미는 교환 과정 동안 변화하면 안 될 것이며, 한 편의 텍스트의 상이한 독서들은 상이한 가치들을 생산해서는 안 될 것이다. 마치 여행을 하는 동안 그 여정의 길이가 변화하면 안 되는 것과 같은 원리이다.

2) 소쉬르와 가치 관계의 문제

우리는 《일반언어학 강의》가 가치와 의미 작용의 구별을 설정했음을 보았다. 그 같은 구별의 기능은 복잡하지만 이론의 여지가 없다. 그런데 《일반언어학 글모음》은 이 같은 구별을 조목조목 거부한다.

> 우리는 한 형태의 가치, 의미, 의미 작용, 기능 또는 용법 등의 용어들 사이에서 그 어떤 진지한 차이를 설정할 수 없으며, 한 형태의 내용으로서의 관념에 대해서도 마찬가지다. 이들 용어들은 동의어들이다. 그렇지만 가치라는 단어는 다른 단어보다 사실의 정수를 보다 잘 표현한다는 점을 인정해야 할 것이다. 그것은 곧 랑그의 정수로서, 즉 하나의 형태는 의미하는 것이 아니라 가치를 갖는다는 사실이다. 그것은 중추적 사안이다. 하나의 형태는 가치를 가지며 따라서 다른 가치들의 존재를 함의한다.[19]

아울러, 소쉬르 언어 이론에서 영감을 받아 축적된 구조 기호학 전통은 그와 유사하게 진행되었음은 사실이다. 예컨대, 그레마스와 쿠르테스는 공동으로 편집한 《기호학 사전》에서 '가치' 개념을 설명하면서 다음과 같이

19 Saussure, *Ecrits de linguistique générale* (2002), p.28.

진술한 바 있다. "언어학적 가치 개념을 도입한 미덕은 소쉬르에게 돌아가야 한다. 의미가 단어들 사이에서 파악된 차이들 속에서만 존재한다는 점을 목격하면서, 그는 의미 작용의 문제를 상대적 가치, 즉 서로가 서로에 의해서 규정되는 가치들 차원에서 제기한다."[20]

《일반언어학 강의》에서는, 한 언어의 내부에서 근접한 관념들을 표현하는 모든 단어들은 상호적으로 그 한계가 설정된다. '두려워하다', '공포에 사로잡히다', '겁을 먹다' 등의 동의어들은 오직 그것들의 대립을 통해서만 고유한 가치를 갖는다. 그 결과, 만약, '두려워하다'라는 단어가 존재하지 않는다면, 그것의 내용은 다른 경쟁 단어들의 몫이 될 것이다. "이처럼 그 어떠한 사항의 가치도 그를 둘러싼 주위에 의해 결정된다. 'soleil'(태양)을 의미하는 낱말조차도 그 주위에 있는 것을 고려하지 않고서는 그 가치를 정할 수가 없다. 어떤 언어에서는 's'asseoir au soleil'(앉아서 햇볕을 쬐다)라고 할 수가 없는 것이다."[21]

그런데 《일반언어학 글모음》에서는 역설적 견해가 나타난다. '한 단어의 동의어성은, 비록 다른 단어에 견주어서 정의된다 해도 그 자체가 무한대이다.

> '정신'이란 단어 속에 포함된 내용을 '영혼'이라는 단어 또는 '생각'이라는 단어와의 대립을 통해 완전히 규명하거나, '가다'라는 단어 속에 포함된 내용을 '걷다', '지나가다', '방문하다' 등의 단어들과의 대립을 통해서 그 의미를 완전히 규명하려는 것은, 과장 없이 말해서 한 평생이 걸릴 수 있을 것이다.[22]

따라서 가치는 재천명된 원칙에 따라, 네거티브하게(부정적으로, 소극적

---

20 Greimas & Courtès, 앞의 책, p.414.
21 《일반언어학 강의》, 최승언 옮김, 앞의 책, p.161.
22 Saussure, *Ecrits de linguistique générale* (2002), p.77.

으로) 규정된다. 다음과 같은 진술에서 그 점을 확인할 수 있다.

> 랑그 속에는 기호들도, 의미 작용들도 존재하지 않으며, 의미 작용의 차이들이 존재한다. 이 같은 차이들은 1) 서로가 서로에 의해서 (두 방향에서) 존재할 뿐이며, 따라서 분리될 수 없고 연대적이다. 2) 하지만 이들 차이들은 서로 정확하게 대응하는 데 이르지는 않는다. 바로 그 같은 사실로부터 다음과 같은 결론을 내릴 수 있다: 모든 것은 아울러 두 영역에서 (더구나 분리될 수 없는) 랑그 속에서 부정적이다. 그것은 복잡한 대립에 기초한다. 즉, 다른 어떤 종류의 실증적 데이터의 필요한 개입 없이도 오로지 하나의 대립에 기초한다.[23]

이 같은 맥락에서, 궁극적으로 가치가 무엇인지를 이해하기 위해서는 어떤 어려움도 없는 것으로 보일 수 있다. 즉, 문제는 시차적 가치로서, 그것들에 대한 다수의 정의들은 변화하는 텍스트들에 따라서 가능하다. 한 요소의 의미는 다른 요소들이 아닌 것 이외 다름 아니다.

그런데 미묘한 문제가 발생한다. 하나의 요소가 다른 요소들과 맺는 관계화가 궁극적으로 의미하는 것은 무엇인가? 왜 '정신'이라는 단어는 거의 고갈되지 않는 의미를 가질 수밖에 없는 것인가? 그 이유는 언어의 모든 구성항들과 견주어 그것을 위치시킴으로써만 그것의 가치를 규정할 수 있기 때문이다. 이 같은 관점에서, 단어는 하나의 환상이다. 왜냐하면 우리는 궁극적으로는 오직 관계들만을 가지고 있기 때문이며, 그 단어는 이 같은 관계들의 파급 결과이기 때문이다.

《일반언어학 강의》에서 소쉬르는 체스라는 하나의 게임을 사용한다. 체스 말의 가치는 다른 말들에 견주어서 네거티브하게 정의된다고 말할 수 있다.

---

23 같은 책, p.70.

그러나 상상할 수 있는 모든 비교 중에서 가장 명시적인 것은 언어작용과 체스 놀이 간에 설정할 수 있는 비교이다. 이 두 놀이 모두에 있어 우리 앞에 있는 것은 가치 체계이며, 우리는 이들 가치의 변경을 본다. 체스 놀이는 언어가 우리에게 자연 형태로 보여 주는 것을 인위적으로 실현하는 것과 마찬가지이다. (…) 우선 놀이의 어떤 상태는 언어의 어떤 상태에 잘 부합된다. 말들이 지니는 각각의 가치는 체스판 위에서 이들이 갖는 위치에 의존하며, 마찬가지로 언어에 있어서 각 사항은 다른 모든 사항들과의 대립에 의해 그 가치를 지니게 된다.[24]

기사를 예로 들어 보자. 이 말은 자기 하나만으로 경기의 요소가 될 수 있는가? 분명 그렇지 않다. 왜냐하면 제자리와 기타의 경기 조건 밖에서 순전히 그 물질성만 본다면, 이 말은 체스 놀이꾼에게 아무것도 아니며, 자기의 가치를 다시 띠고 이와 혼연일체가 된 다음에야만 실재적이고 구체적인 요소가 되는 것이다. 경기 중 이 말이 깨졌다거나 분실되었다고 하자. 이 말을 같은 자격이 있는 다른 말로 바꿀 수 있을까? 물론이다. 다른 기사로도 바꿀 수 있을 뿐만 아니라, 먼저의 말과 동일한 가치만 부여한다면 그와 비슷한 데가 전혀 없는 형상이라도 동일하다고 간주될 것이다.[25]

하지만 이 같은 정의로 만족할 수 없다. 게임은 승리를 하거나 패배를 할 수밖에 없다. 이것은 전혀 다른 성격의 문제이다. 바로 이 지점에서 우리는 가치를 비교와 교환의 이중적 관계에 의해서 정의한 소쉬르의 생각을 다시 발견한다. 체스 말의 가치는 동일한 시스템의 다른 말의 가치에 견주어 비교될 수 있으며 체스 판에서 모든 상황은 또 다른 성격에 속하는 그 무엇,

24 Saussure, *Cours de linguistique générale*, pp.125-126(《일반언어학 강의》, 최승언 옮김, 민음사, 1990, p.122).
25 Saussure, *Cours de linguistique générale*, pp.132-133(《일반언어학 강의》, 최승언 옮김, 민음사, 1990, p.153-154).

즉 승리에 견주어 교환될 수 있다.

> 매순간 가치는 흡사한 구성 항들의 시스템 속에 위치한 항의 동의어이다. 마찬가지로 그것은 분명하게 매순간 교환 가능한 것의 동의어이다.[26]

가치들은 담화에서 발현되기 이전에, 특정 단위에 접합된 의미 작용들을 통해서 랑그 차원에서 존재한다. 소쉬르의 가치 개념은 네거티브하게 정의되고, 동일 시스템의 다른 단위들과의 대립을 통해서 시차적으로 정의된다. 가치는 의미 작용이 아니다. 의미 작용은 하나의 실증적 의미가 특정 개념적 또는 현실적인 지시체에 할당되는 것을 통해 상기된다. 그렇지만 가치와 의미 작용을 연결시키는 일체의 성찰은 가치의 구조적 개념화와 견주어 이론 이전의 접근법에 속하며. 이점은 심도 있는 논의가 필요하다. 소쉬르의 가치 개념은 의미 문제에서 기본 주춧돌이나, 여전히 의미의 문제를 모두 해소하지 못하고 있기 때문이다.

소쉬르의 이론은 다양한 은유들에 의해서 설명되었는데, 특히 체스 놀이, 화폐, 영어 단어 sheep과 프랑스어 단어 mouton 사이에 존재하는 가치의 차이들 등에서 설명된 바 있다. 이를테면 영어에서 sheep과 mutton 사이의 차이는 프랑스어에서는 존재하지 않는다.

> 프랑스어의 mouton이 영어의 sheep과 의미는 같으나 가치는 같지 않을 수 있다. 이는 여러 가지 이유 때문인데, 특히 요리되어 식탁에 놓인 한 점의 고기에 대해 영어에서는 mutton이라 하지 sheep이라 하지 않기 때문이다. sheep과 mouton 사이의 가치 차이는 전자가 제2의 용어와 병존하는 데 비해 프랑스어 낱말의 경우는 그렇지 않다는 사실에 기인한다.[27]

---

26 Saussure, *Ecrits de linguistique générale* (2002), p.335.

27 Saussure, *Cours de linguistique générale*, p.138(《일반언어학 강의》, 최승언 옮김, 민음사, 1990, p.160).

그런데 최근에 출간된 《일반언어학 글모음》에서 소쉬르는 가치를 동의어 현상에 대한 그의 성찰과 관련하여 판이하게 다른 시각에서 다루고 있다. 두 개의 단락을 인용해본다.

> 그 어떤 기호도 실증적인 관념들의 총합에서 한정되지 않는다. 그것은 다른 기호들의 동시 발생적 현존에 의해서, 오직 네거티브한 방식에 의해서만 그 한계가 그어진다. 따라서 한 단어의 의미 작용들의 총합이 무엇이냐는 것을 찾으려 하는 것은 공허하다.[28]

> 랑그의 정수(essence)를 설명하기를 원하는 그 어떤 관점에서 간주되더라도 랑그는 절대적 또는 실증적 가치들의 시스템 속에 있는 것이 아니라, 오직 그것들의 대립의 효과를 통해서만 존재를 갖는 상대적이며 부정적인 가치들의 시스템 속에 있는 것이다.[29]

소쉬르 가치 이론의 토대에 놓여 있는 시차적 차원은 계열체 차원의 차이들에 기초한다. 하지만 이 같은 차이들은 통합체 차원과 맥락 속에서 존재하는 차이들을 제어하지 못한다.

> 만약 우리가 '달'(lune)이라는 단어를 다시 예로 취한다면, '달이 뜬다', '달이 찬다', '달이 기운다', '달이 다시 찬다', '초승달에 씨를 뿌린다' 등의 표현을 사용할 수 있으며, 무엇인가가 발생하기 전에 많은 달들(세월)이 지나갈 것이라고 말할 수 있을 것이다. 아울러 우리는 서서히 다음과 같은 사실을 목격한다. 1. 우리가 '달'이라는 단어에서 표현한 것 모든 것은 절대적으로 부정적이며, 다른 어떤 구성 항의 부재 이외의 다름이 아니라는 점이며, 왜냐하면 2. 수많은 언어들이 우리의 언어와는

---

28 Saussure, *Ecrits de linguistique générale* (2002), p.78.

29 같은 책, p.80.

전혀 다른 구성 항들로서 우리가 '달'이라는 단어를 통해 표현한 동일한 사실들을 표현할 것이기 때문이다. 첫 번째 표현의 달은 매달 변해 가는 달의 변화 단계(월령)를 의미하고, 두 번째 표현에서의 달은 태양과 상이한 다른 별을 뜻하며, 세 번째 표현에서의 달은 다른 별들과의 대립을 통해서 달을 의미하며, 네 번째 달은 '밤의 불꽃'을, 다섯 번째 문장에서의 달은 달과 대립되는 달빛 등을 표현한다. 이들 단어들 각각은 오직 다른 단어들과의 대립을 통해서 차지하는 부정적 위치를 통해서만 가치를 갖게 된다. 그것은 그 어떤 순간에도 달이라는 것의, 올바른 것이건 그릇된 것이건, 실증적 관념은 아니다. 이를테면 10개 혹은 12개의 구성 항들 아래서 제반 개념들의 분배를 지시하는 실증적 관념을 말한다.[30]

소쉬르는 언어적 차원과 독립될 수 있는 개념적 수준에서, 의미 작용의 자율적 층위의 자명성과 단절한다. 이 같은 개념화는 언어 시스템을 사유하게 만들어 주며, 바로 그 점에서 그것은 근본적이다. 더 나아가, 액면 그대로 취할 경우, 그 같은 개념화는 고유한 의미와 비유적 의미 사이의 구별을 문제 삼으며 동의어 개념 자체에 대해서 다시 물음을 던지게 만든다.

단어들의 고유한 의미와 비유적 의미 사이의 차이는 존재하지 않는다. 왜냐하면 단어들의 의미는 본질적으로 네거티브하기 때문이다.[31]

3. 서사 기호학에서 가치의 문제

1) 가치의 서사적 의미

빈번하게 혼동되는 것 가운데 하나는 가치가 욕망의 대상이 되는 물건과

30 같은 책, pp.74-75.
31 같은 책, p.80.

동일시되는 경우이다. 욕망이라는 사실만으로 욕망은 조준되는 대상의 가치를 함의하며, 가치는 대상과 혼동될 수 있다. 그 결과, '가치를 지닌 대상'(objet de valeur)이라는 명사 통합체는 하나의 유일한 개념을 형성하며, 빈번하게 '대상-가치'(objet-valeur)라고 명명된다. 하지만 서사적 역동성의 토대를 이해하기 위해서는 가치와 대상을 구별하는 것이 필요하다. 예컨대, 협상, 논쟁, 등 가치를 둘러싸고 진행되는 역동성은 대상들(물건들) 이전의 가치들인 것이다. 대상(물건)은 가치의 고정 및 투자 장소로 이해된다. 그런데 가치는 문화적 사용 및 관례의 생산물로서 대상들(물건들)과 밀접하게 연관되어 있다.[32]

그레마스의 가치 이론을 가장 핵심적으로 담고 있는 논문 〈서사 기호학의 한 가지 문제—가치의 대상들〉을 정리해 보면 그의 가치 이론을 이해하는 데 도움이 될 것이다.[33]

그레마스는 먼저 동화에 흔히 등장하는 마법의 물건을 예시하고 그것을 두 가지 부류로 나눈다. 재화와 용역이 그것이다. 용역이란 주인공이 자신의 숭고한 공적을 완수하기 위해 필요로 하는 물건들의 효력을 의미하며, 이런 부류에 속하는 물건들을 그는 양태적 보조물로 고려한다. 이를테면 비가시성과 전지력을 증여하는 모자나 요술 방망이를 예로 들 수 있을 것이다. 재화를 제공하는 마법의 물건은 신화적 발신자와 재화들을 제공받는 인간 사이의 중개자로서 나타난다. 이어서 그레마스는 물건과 가치를 구분할 것을 주문한다. 예컨대, 현대 사회에서 어떤 사람이 고급 자동차의 소유자로 처신할 때, 그가 획득하고자 하는 것은 물건으로서의 자동차가 아니라, 신속한 이동 수단이며, 더 나아가 사회적 위신이다. 즉 물건은 가치들이 투자되는 장소에 불과하다. 따라서 물건들을 그것 자체로 언급하는 것은 무의미하며 의소적 범주들, 즉 오직 가치들과 더불어서만 작동한다.

32 Denis Bertrand, 앞의 책, p.208.

33 A. J. Greimas, *Du Sens II* (1983), pp.19-48, 한국어 번역본, 김성도 역, 《의미에 관하여》(인간사랑, 1997), pp.332-373.

그레마스는 '자동차'라는 어휘소에 대한 규정이 완결적이기 위해서는 다음 세 가지를 포함하고 있어야 한다는 주장을 하고 있다.

첫째, 자동차라는 '오브제'(물건)를 구성 성분들로 분해하면 구상적인 구성 요소를 포함하고 있을 것. 둘째, 다른 자동차 제조업체들에 의해서 제작된 오브제들 가운데서 그것의 오브제(물건)로서의 위상이 갖는 차별적 특질들을 설명하는 계통 비교적 구성 요소를 포함하고 있을 것, 셋째, 실용적일 뿐만 아니라, 신화적인 그것의 기능적 구성 요소를 포함하고 있을 것 등.[34]

바로 이 같은 상이한 성분 요소들을 자동차에 대해 취하는 담화 속에서 선별적으로 투자하면서 자동차 담론의 상이한 가치론적 체계가 형성된다. 실제로 그레마스의 수제자 플로슈는 제품의 실용적 성분에 초점을 두느냐, 아니면 신화적 성분에 방점을 찍느냐에 따라서 자동차 광고가 네 개의 광고 이데올로기에 토대를 둘 수 있음을 밝힌 바 있다. 플로슈는 네 명의 광고인을 각각의 이데올로기를 대표하는 인물들로서 표상하고 있다. 오길비(지시적 광고), 세구엘라(신화적 광고), 펠드먼(실체적 광고), 미셸(우회적 광고)이 그것이다.[35]

주체는 대상과 상호 전제적인 관계를 맺는다. 가치는 무엇보다 대상이라는 통사적 장소에서 고정된다. 가치는 대상이라 명명된 장소에서 정해지고, 그 대상을 표출하기 위해 현전하는 가치는 주체와 관계를 맺기 때문이다. 기본 발화체는 주체와 대상을 파생시키는 방향성을 내포한 관계로서 정의될 수 있으며, 바로 이런 이유에서 추구되는 대상 속에 투자된 가치는 모든 발화체를 의미화시키고 단번에 그 대상을 겨냥하면서 가치와 만나는 주체의 가치가 된다. 따라서 기호학적 의미에서 주체의 가치가 주체를 위한 가치로 생성되기 위해서는 주체는 '존재하기를 원하다'(…이기를 원하다, vouloir-être)를 구비하는 것으로 족하다.

---

34 같은 논문, pp.21-22.

35 J.-M. Floche, *Sémiotique, marketing et communication, Sous les signes, les stratégies* (Paris: PUF), pp.184-208, 한국어 번역본, 김성도 역, 《기호학, 마케팅, 커뮤니케이션》(나남, 2003), pp.255-314.

또한 가치는 대상적 가치와 주체적 가치로 나누어질 수 있다. 예컨대, 민담과 동화에서 부의 추구와 획득은 거의 보편적인 주제인 것으로 알려져 있다. 부는 이야기 속에서 상이한 방식으로 소개되고 다양한 구상적 형식으로 나타난다. 다음 세 문장을 비교해 보자:

① 홍길동은 금동전으로 가득 찬 항아리를 가지고 있다.
② 홍길동은 엄청난 재산을 가지고 있다.
③ 홍길동은 대부호이다.

위 발화체들을 기호학적으로 분석해 보면, 대상(또는 객체)의 위상을 세 가지 상이한 수준에서 해석할 수 있다. 첫째, 통사론적 수준, 둘째, 의미론적 수준, 셋째, 발현 수준. 첫 번째 문장에 이 세 가지 수준을 적용하면, 통사론적 수준에서 행동자는 특정 물건이며, 의미론적 수준에서 가치는 부(富)라는 의소이며, 발현 수준에서 행위자는 구상적인 물건, 즉 금동전으로 가득 찬 항아리이다.

반면 문장 ②에서는 통사론적 수준과 의미론적 수준은 문장 ①과 동일하지만, 발현 수준에서는 비구상적 대상인 엄청난 재산이 사용되고 있다. 문장 ③에서는 속사적 발현 방식으로 나타난다.

그레마스는 상태 발화체의 구성적 연접을 '가지다' 계열의 동사와 '이다' 동사의 대립을 통해서 설명한 바 있다. 그는 이 두 부류의 동사에 대상적 가치들과 주체적 가치를 대응시키고 있다. 이것은 곧 가치들의 외재화와 내재화를 말하는 것이다. 예문 ①과 ②에서 두 개의 발현된 행위자들인 홍길동과 금동전으로 가득 찬 항아리, 엄청난 재산이 두 개의 행동자, 주체와 대상에 상응하는 반면, 예문 ③에서는 두 개의 동일한 행동자가 홍길동이라는 유일한 행위자의 안쪽에서 발현한다. 여기서 유념할 것은 기호학적 행동자와 담화적 행위자의 비일치 원칙이다.

2) 가치의 서사적 구조와 유형론[36]

그레마스에 따르면, 의미의 세계에 몰입되어 있는 인간들은 가치들을 내포하고 있는 무한한 수의 기호학적 대상들에 둘러싸여 있다. 인간들이 매 순간 사용하는 담화와 관련해서 볼 때 주체는 소유 상태 또는 가치를 추구하는 상태로 볼 수 있다. 기본 통사 도식은 주체를 인도하고 모든 경우에서 대상의 위치에서 가치들을 선별하고 기초가 되는 관계를 통해서 주체들과 객체들을 기호학적 존재로 성립시킨다. 가치들의 기호학적 위상을 분명히 한 후에 그레마스는 서사화(narrativisation)를 가치들의 통합체적 배치로서, 또 발화체의 구성적 요소들을 조종하는 담화적 조직화로서 파악한다. 그는 먼저 발화체의 구성적 기능의 변형들을 제시한다. 또한 기능을 하나의 접합으로 규정하여 연접과 이접으로 나눈다. 두 개의 상태 발화체 유형은 다음과 같다.

연접적 발화체 $= S \cap O$
이접적 발화체 $= S \cup O$

하나의 발화체에서 다른 발화체로의 통과는 메타 주체의 요청을 통해서 이루어진다. 이 메타 주체의 형식적 위상은 다음과 같은 행동 발화체의 틀 속에서만 명시화된다.

F 변형 $(S_1 \rightarrow O_1)$

여기서 S_1은 변형을 작동시키는 주체이며 O_1은 변형이 도달하는 상태 발

---

36 A. J. Greimas & J. Courtés, *Sémiotique: Dictionnaire raisonné de la théorie du langage* (Paris: Hachette Université, 1979), pp.414-415; tome 2, pp.249-250, 한국어 번역본, 그레마스, 《의미에 관하여》, 김성도 역(인간사랑, 1997), pp.332-373.

화체이다. 그레마스 기호학에서 서사성은 다수의 변형들로 성립되며, 그 변형의 결과들은 접합, 즉 주체와 대상의 연접이거나 이접이다. 이 같은 정의를 가치들의 통합화에 적용하면서 그는 주체와 대상의 연접을 설정하는 변형을 실현이라고 부른다.

실현(Real) = F 변형(trans) 《$S_1 \rightarrow O_1$ $(S \cap O)$》

아울러 대상이 주체와 연접할 때 대상 속에 투자된 가치를 실현된 가치라고 부른다.

한편 연접의 부정인 이접은 두 개의 행동자 사이의 관계를 폐기시키는 것으로 간주되어서는 안 될 것이다. 주체와 대상 사이에 맺어진 모든 관계의 상실은 기호학적 존재 그 자체의 폐기로, 즉 '카오스'로 치닫기 때문이다. 연접의 부정, 즉 이접은 주체와 대상에 상이한 연접적 상태의 존재 방식을 부여하면서 주체와 대상을 기호학적 존재자들의 위상 속에서 계속해서 유지한다는 점을 숙지하고 있어야 한다. 이접은 주체와 대상 사이의 관계를 연접의 가능성으로 유지하면서 그 관계를 잠재화하고 있을 뿐이다. 따라서 주체와 이접된 대상 속에 투자된 가치를 잠재적 가치로 고려할 수 있다.[37]

잠재화(Virtualisation) = F 변형 《$S_1 \rightarrow O_1$ $(S \cup O)$》

위와 같이 정의했을 때 서사성은 잠재화와 실현으로 이루어진 통합체의 연쇄체로 나타남을 알 수 있다. 다른 한편, 서사물을 가치들의 일련의 잠재화와 실현으로 간주한다면, 가치의 기원과 목적지라는 문제가 제기된다. 가치는 어디서 와서 어디로 사라지는 것일까? 그레마스는 커뮤니케이션 관점에서 세 가지 유형의 가치론을 제시한다.

37 그레마스, 《의미에 관하여》, 김성도 역, pp.345-346.

① 유일한 대상으로 이루어진 커뮤니케이션

동시에 현존하며 유일하고 동일한 대상에 똑같이 관심을 갖는 두 명의 주체가 이 모델에 해당된다. 이런 유형의 서사적 상태는 두 개의 발화체의 도움으로 공식화될 수 있다:

$$(S_1 \cup O) \supset\subset (S_2 \cap O)$$

위 공식은 상호 전제 관계를 통해서 결합된다. 즉 S_1이 O와 이접되면 S_2는 O와 연접하고, 변형에 이어서 S_1이 O와 연접한다면 S_2는 O와 이접된다.

서사적 상태의 통합체의 전개를 기술하는 일은 한 상태에서 다른 상태에로의 통과를 보장하는 변형적 행위의 존재, 특히 상태의 발화체들을 생산하는 행위의 주체를 누락시키게 해서는 안 될 것이다. 이 세 번째 주체만이 이야기의 역동성, 즉 그것의 통사적 조직을 설명하는 것을 가능케 한다.

또한 상태 발화체의 기능의 도치가 발생하면서, 대상의 관점에서 문제가 되는 것은 가치들의 전도이다. 잠재적 주체는 대상과 연접하게 되고, 현실적인 주체는 이접되어 잠재적이게 될 것이다. 다른 한편, 변형 속에서 관련된 주체의 관점에서 보자면, 주체들 사이의 커뮤니케이션 행위가 설정된다. 동시에 가치는 그것이 커뮤니케이션의 대상 속에 투자된다는 점에서 교환 가치의 위상을 부여받는다.[38]

	획득	결핍
시련	전유	박탈
증여	부여	포기

통합체의 관점에서 주체의 실현 방식에는 재귀적인 것과 양도적인 것이 존재한다. 주체가 자기 자신을 통해서 대상들을 획득하려고 할 때는 소유화이며, 그 대상들이 다른 주체를 통해서 주어질 때는 부여이다. 이와 마찬

38 같은 책, pp.359-361.

가지로 재귀적이며 양도적인 두 가지의 잠재화의 방식이 존재한다. 구상적 차원에서 이 두 가지 방식에는 두 가지 가치의 결핍 방식이 상응한다. 주체 자신이 스스로 가치들과 분리시킬 때는 포기이며, 다른 주체에 의해서 가치가 상실될 경우에는 박탈이다.

계열체의 관점에서 보자면, 서사화는 동시에 두 개의 주체를 함의하는 두 개의 서사 프로그램과 동시 발생적이며 연대적인 전개 과정에서 이루어진다. 즉, 주체들 중 한 명이 획득을 하면 다른 주체에게는 결핍이 발생한다. 따라서 소유화와 박탈, 부여와 포기에는 동시 발생성이 성립한다. 소유화와 박탈을 발생시키는 변형을 시련이란 용어로, 부여와 포기를 연대적으로 생산하는 변형을 증여라는 용어로 지칭한다면, 서사물의 간단한 계열체의 관계들을 해명할 수 있게 된다.

② 두 개의 대상으로 이루어진 커뮤니케이션[39]

시련과 증여는 참조하는 서사 프로그램 중 어느 하나에 따라 때로는 주체 실현의 두 가지 방식으로, 때로는 그것의 잠재화의 방식으로 나타날 수 있다. 교환 구조는 두 개의 가치 대상 O_1과 O_2의 존재를 요청한다. 주체들 중의 한 명이 포기하는 대상 O_1과 동일한 주체가 탐을 내는 또 다른 대상 O_2가 그것이다. 그런데 주체들 S_1과 S_2 각자가 두 개의 대상들과 동시에 관계를 맺을 수 있다는 사실은 세 개의 행위자로 된 발화체의 형식을 아래와 같이 공식화할 수 있게 한다:

$$(O_1 \cap S \cup O_2)$$

이 같이 구성된 복합적 발화체는 두 개의 기본 발화체가 하나의 복합적 발화체로 환원된 것이다. 이때 교환은 대상들의 두 가지 접합적 발화체의 이중적 변형으로 기술될 수 있다. 이 같은 변형은 동시 발생적으로 두 명의

39 같은 책, pp.361-367.

주체에 의해서 조작된다. 만약 행동의 주체인 S_1에 의해서 실행되는 첫 번째 변형이 다음과 같이 쓰여질 수 있다면,

$$(O_1 \cap S_1 \cup O_2) \Rightarrow (O_1 \cup S_1 \cap O_2)$$

S_2와 동일시되는 행동의 주체에 의해서 생산되는 두 번째 변형은 첫 번째 변형과 연대를 이루며 연접과 이접 기능들의 단순한 도치로 특징지어진다:

$$(O_1 \cup S_2 \cap O_2) \Rightarrow (O_1 \cap S_2 \cup O_2)$$

따라서 가치들의 커뮤니케이션 단위로서의 교환은 다음과 같이 정의될 수 있다:

$$F\ \text{변형}\ 《S_1 \rightarrow (O_1 \cup S_1 \cap O_2)》 \ni\in F\ \text{변형}\ 《S_2 \rightarrow (O_1 \cap S_2 \cup O_2)》$$

끝으로 여기서 직시해야 할 사항은 실현된 가치들과 잠재화된 가치들 사이의 동등 가치와 대체 가능성이다. 교환은 $O_1 \simeq O_2$일 때만 실현 가능하다. 달리 말해, O_1과 O_2가 대상 O의 부류들로 대체될 수 있는 경우들로 간주될 때만 교환은 실현될 수 있다. 또한 동등 가치의 설정은 교환 참여자들 사이의 묵시적 혹은 명시적인 신용적 계약에 기초한다.

③ 참여적 커뮤니케이션[40]

대상들의 양도를 비롯해 가장 간단한 표현으로 환원된 가치론적 세계 속에서 주체들의 커뮤니케이션을 설명할 때, 발신자의 측면에서 그 세계는 닫힌 상태였다. 발신자는 닫힌 공간에서 가치들의 커뮤니케이션을 보장해 주는 내적인 세계와 초월적 세계 사이의 중개자들이다. 발신자들은 초월적

40 같은 책, pp.367-373.

가치들을 소유하는 자격을 갖추고 있다. 특히 그들은 가치의 현실적인 동시에 초월적인 주체들로서 고려될 수 있다. 가치의 대상이 수신자에게 부여되면서도 발신자와 연접된 채로 남아 있는 경우도 가능하다. 그 예로, 그레마스는 영국의 여왕이 그녀의 권력을 점증적으로 헌법 기구에 위임함에도 불구하고 여전히 강력한 통치권자로 남는 현상을 들고 있다. 또한 복음서에 나오는 빵의 증식은 발신자 소유의 고갈되지 않는 특징을 통해서만 설명된다. 그레마스는 이 같은 소통을 참여적 커뮤니케이션이라 지칭한다. 참여적 커뮤니케이션에서 흥미로운 사실은, 동시 발생적인 포기 없이 발신자와 수신자 모두에게 대상이 부여된다는 점이다.

그레마스의 기호학에서 가치들의 서사적 조직화는 서사성의 토대를 이룬다는 점에서 본질적인 요소이다.

3) 구상적 분석, 주제적 분석, 가치론적 분석[41]

《구조 의미론》에서 제시된 바에 의하면 그레마스의 의미론은 기표의 부분인 의소에 토대를 두고 있다. 하나의 의소 반복은 하나의 동위소를 성립한다. 텍스트 층위에서 또는 단어와 문장의 층위에 대립하는 담화 층위에서, 제반 동위소들은 그것의 토대를 세워주는 의소들과 마찬가지로 구상적 요소들, 주제적 요소들, 가치론적 요소들로 분류될 수 있다.

① 형상과 주제

구상적/주제적/가치론적 분석에서, 주제는 형상과 대립된다. 구상적인 것은 주어진 담화 세계에서 그것이 언어이건 비언어적인 것이건, 전통적인 오감각들의 하나와 직접적으로 관련된 모든 것을 포괄한다. 즉, 외부 세

41 이 세 가지 분석의 유형에 대한 주요 내용은 다음 문헌에 기초하여 작성된 것임을 밝혀 둔다. Louis Hébert, *Dispositifs pour l'analyse des textes et des images*(Limoges : Presses de l'Université de Limoges, 2007), pp.141-150.

계에 대한 지각에 속하는 모든 것을 말한다. 이와 대립하여 주제적인 것은 "엄밀하게 그것의 개념적인 양상으로 특징지어진다."[42] 예컨대, 사랑은 하나의 주제로서 그것의 상이한 감각적 발현들은 형상들을 성립한다. 꽃, 입맞춤, 연애편지 등등.

② 가치론

가치론은 기호학에서 기분 범주(catégories thymique)라고 부른 것에 기초한다. 즉, 유쾌/불쾌 사이의 대립(또는 긍정적/부정적, 또는 끌림/꺼림)이 그것이다. 이 같은 대립으로부터 가치론적 양태론들의 목록체를 생산할 수 있다. 예컨대 주된 양태성들로는 유쾌, 불쾌, 쾌(phorie)(쾌는 유쾌와 불쾌가 동시에 존재하는 양가성을 말한다) 그리고 무쾌(aphorie)(이것은 유쾌도 불쾌도 아닌 것, 무관심 또는 초연함을 말한다)가 있다. 따라서 다른 양태성들과 가치론적 분석의 개발을 위해서는 기분 분석에 대한 장을 참조할 수 있다.

도상적인 것과 특수한 것/추상적인 것과 총칭적인 것의 하위 분할을 언급해 보자. 구상적인 것은 도상적인 구상과 추상적인 구상으로 분절된다. 주제적인 것과 가치론적인 것 역시 특수한 것과 총칭적인 것으로 분절된다. 각각의 대립의 첫 번째 구성항은 가장 특수한 것, 예컨대 도상적인 구상태(figuratif iconique)이며 두 번째 것은 가장 일반적인 것, 예컨대 추상적인 구상태이다. 한 요소를 도상적인 것/특수한 것/추상적인 것/총칭적인 것으로 분류하는 것은 문제가 되는 관계들의 속성에 달려 있다. 그 결과 예컨대, /운동/은 /춤/에 비해서 상대적으로 추상적 형상이나, /춤/은 도상적 형상인/탱고/와 한국의 전통 춤 /승무/에 비해서는 추상적인 형상이 된다. 미덕/악덕의 주제적 대립은 호혜/이기주의에 견주어 상대적으로 총칭적이다. 호혜는 가능한 미덕들 가운데 하나에 불과하다. 쿠르테스에 따르면 가치론적 범주인 유쾌/불쾌는 즐거움/슬픔, 안도감/당혹감에 비해서 총칭적

42 J. Courtés, *L'Analyse sémioitique du discours, De l'énoncé à l'énonciation* (Paris: Hachette, 1991), p.163.

이다.[43]

요컨대 기표/기의와 형상/주제를 구별해야 할 것이다. 기표는 기호의 지각 가능한 부분이다. 예컨대, '여름'이라는 단어의 ㅇ+ㅕ+ㄹ+ㅡ+ㅁ은 시각적으로 또는 청각적으로 지각된다. 기의는 내용이며, 기호의 판독 가능한, 지성적 부분이다. 여름이라는 기호의 기의는 낭만, 휴가, 더위 등의 관념을 지시한다. 형상은 감각적 지각을 상기시키는 내용의 요소이다. 예컨대 '여름'이라는 단어는 그것의 내용에 있어서 열기라는 관념을 상기시킨다. 주제는 감각적 지각을 상기시키지 않는 내용의 요소이다. 예컨대, '정의'라는 단어의 내용은 최소한 직접적으로는 하나의 감각적 지각을 상기시키지 않는다. 달리 말해서, 형상과 기표는 비록 구별되기는 하지만, 형상이 지각에 속한다는 점에서 기표와 닮아 있다. 반면 주제적 내용은 일종의 내용의 본질(essence)이다. 왜냐하면 그것은 기의와 마찬가지로 지각적 차원에 속하는 것이 아니라 지성적 차원에 속하기 때문이다. 기표가 형상과 맺는 관계는 기의가 주제와 맺는 관계와 일맥상통한다는 점에서 이들 요소 사이의 관계에는 상동화가 존재한다.

쿠르테스[44]는 기표와 기의, 그리고 기의와 구상적인 것, 주제적인 것 사이의 상동화를 주목한 바 있다. 물론 그 같은 상동화는 상대적인 것이며 절대적인 것은 아니다. 기호의 토대를 세워 주는 상호 전제의 관계, 즉 기표에 변화가 생기면 바로 기의의 변화를 생산한다, 한국어에서 '님'에서 모음을 'ㅏ'로 고치면 '남'이 된다. 또한 동음이의어와 다의어 등을 추상화한다면, 앞서 말한 상호 전제 조건의 관계는 구상적인 것과 주제적인 것 사이에는 존재하지 않는다. 예컨대 '눈물'이라는 형상은 기쁨 또는 슬픔이라는 주제를 지시한다. 아울러 주제적 결속이 없는 형상들도 존재하며, 비형상화된 주제들도 존재한다. 그렇지만 기표/기의 구조의 반복성은 거기서 멈추지 않는다. 기의의 형상적 주제적 수준들은 다시 하위 층위들로 분할된다.(구

43 같은 책, p.243.
44 같은 책, pp.61-176.

상적인 차원에 있어서 특수적/총칭적, 또는 도상적/추상적) 그런데, 쿠르테스에 따르면 도상적 형상은 최상의 지시체적 환상, 즉 현실의 환상을 성립한다. 주제적 수준과 가치론적 수준에 대해서는 현실 환영의 효과가 줄어드는 것과 마찬가지의 원리이다.

③ 형상들, 주제들, 가치론 사이의 관계

형상들을 대립으로 묶는 것, 그리고 주제들을 그들끼리 서로 대립으로 묶는 것이 유용하다. 그 결과 '빛'이라는 형상은 '어둠'이라는 형상을 떠오르게 만들며, '질서'라는 주제는 '무질서'라는 주제를 상기시킨다. 가치론적 양태성들과 관련하여, 만약 유쾌/불쾌의 대립적 무리화가 자명하다 해도, 쾌/무쾌 등의 가치론적 양태성들의 다른 조합들의 대립적 위상은 논란의 여지가 있다. 상이한 유형들의 내용들 사이에 존재하는 관계로 넘어가 보자. 상이한 관계들은 구상적, 주제적, 가치론적 내용들 사이에서 가능하다. 형상과 주제의 관계를 취해 보자. 동일한 원칙들이 형상-가치와 주제-가치에 대해서 가치를 갖는다. 이것은 다음과 같은 관계들을 갖게 될 것이다.[45]

ㄱ) 하나의 형상은 유일한 주제를 지시하게 된다. 특히 상투화된 상징들의 경우가 그렇다. 한국에서 돼지꿈은 행운을 상징한다.

ㄴ) 동일한 형상은 여러 가지의 주제를 지시할 수 있으며, 이 주제들은 대립 관계로 무리화될 수 있거나 그렇지 않을 수도 있다. 이를테면 한국에서 백색은 순결과 동시에 한민족을 상징할 수 있다. 또는 '소'라는 동물 형상은 어떤 민족에서는 정직함을 다른 민족에게서는 우둔함을 상징할 수 있다.

ㄷ) 다수의 형상들이 대립으로 무리화되거나 그렇지 않은 채로, 하나의 동일한 주제를 지시한다.

ㄹ) 하나 또는 다수의 구상적 대립들은 하나 또는 그 이상의 주제적 대립들을 지시한다. 대립들은 그들 사이에서는 서로 상동화된다. 예컨대 '높다'는 형상은 이상형의 주제에 어울리며 '낮다'는 형상은 현실의 주제에 걸맞다.

---

45 Louis Hébert, 앞의 책, pp.144-145.

4) 준-상징적 관계들(semi-symboliques)

관계가 구상적 대립으로부터 주제적 대립으로 이동하면서 설정될 때, 예컨대, 빛과 어둠(형상들)이 미덕/범죄(주제들)와 더불어 존재할 때, 그레마스 기호학은 이것을 준-상징적인 관계라고 말한다. 따라서 준-상징적 관계를 형상들-가치론의 관계로 확대시킬 수도 있다. 예컨대 빛과 어둠을 유쾌와 불쾌 그리고 희망과 절망을 (주제-가치론) 유쾌와 불쾌와 연결시킬 수 있다. 모든 유형의 준-상징적 관계들의 공통적 원칙은 두 개의 대립들 사이에 존재하는 상동화의 관계를 설정하는 일로 압축된다. 그 가운데 하나는 감각적인 것에 가까우며(지각적인 것), 다른 하나는 지성적인 것(이해 가능한 것)에 더 가깝다. 그렇지만 감각적인 것과 지성적인 것의 차이가 더 선명하게 부각되는 관계는 형상과 주체의 관계이다.

하나의 관계가 하나의 용어와 다른 용어 사이에 설정될 때, 상징적 관계라고 말한다. 예컨대, 기차라는 형상과 여행이라는 주제는 분석된 기호학적 생산에서 기차가 여행의 유일한 형상일 수 있다. 끝으로, 다른 모든 경우들에서도 이러한 기호학적 관계를 말할 수 있다. 만약 그 관계가 하나의 용어에서 다른 대립으로 진행된다고 해도 말이다. 예컨대, 동일한 텍스트에서, 눈물이라는 형상은 어떤 경우에서는 유쾌에 그리고 다른 경우에는 불쾌에 속한다.

5) 관계들의 역동성

형상들, 주제들 그리고 가치론적 양태성들 사이의 목록은, 세 가지 유형의 내용들과 마찬가지로, 문화와 담론, 장르, 분석된 개별 기호학적 생산물에 따라서 변화할 것이다. 주어진 순간의 상이한 시간성에 따라서 말이다. 물론 모호한 부분도 있다. 예컨대 삶과 죽음은 형상들인가, 아니면 주제들인가. 그레마스의 표준 기호학 모델에서 설정된 공식 가운데 하나는 삶/죽음(개별적 대립)과 자연/죽음(사회적 대립)은 모든 기호학적 생산에서 찾아볼 수 있다는 것이다. 그레마스의 수제자인 쿠르테스에 따르면, 삶/죽음, 자연/문화는 주제가 아니라 추상적 형상들이다.[46] 그는 그것을 실존적 구상태 속에 분류한다. 이 같은 분류에 대해서 이의를 제기할 수 있을 것이다. 특히. 자연/문화의 경우가 그런데, 이 같은 두 개의 대립들을 일단 형상들로 간주하기로 한다.

4. 기호학적 가치 모델과 윤리

그레마스의 기호학에서 제시된 가치 이론은 다양한 가치들의 정체성과 구성이라는 문제를 다룬다는 점에서 윤리와 맞닿아 있다. 특히 주체가 경제, 정치, 법률, 문화 등 그 적용 영역과 상관없이 하나의 실천 속에서 맺는 관계를 다룬다는 점에서 양자의 공통점은 부각될 수 있다. 요컨대 주체가 다양한 가치들을 비롯하여 실천들과 맺는 분절은 그레마스 기호학의 근본적 구성 체계를 이룬다. 실제로 앞서 살펴본 것처럼 그의 서사 문법의 핵심 요소들은 가치와 관련하여 두 가지 연구 방향을 시사한다. 그것은 첫째, 다양한 대상들(오브제들) 속에 투자된 가치들을 추구하는 행동자-주체(actant-sujet)의 방향이며, 둘째, 서사 프로그램 차원에서 특정 실천을 추구하는 방향 속에서, 그 같은 실천을 궁극적 목적으로 삼는 가치를 향하고 있다. 따라서 윤리적 문제는 행동자-주체의 이같은 이중적 방향성이라는 사실로부터 제기될 수 있다. 즉 여기서 말하는 문제는 주체와, 가치를 지닌 대상 사이의 결속(jonction)이 문제될 뿐만 아니라, 행동(action)과 관련된다. 즉 문제의 관건은 행동 그 자체에 투자된 가치들의 행동의 문제인 것이다.

이미 앞에서 강조한 바와 같이, 가치에 대한 최초의 정의는 통사적 대상들 속에서 이루어진 투자와 관련되며 가치론의 틀 속에서 작동된다. 잠재

46 J. Courtés, 앞의 책, p.232.

적 가치들의 계열체 차원의 분절은 그레마스의 표현을 빌면, "다양한 가치론들이라는 이름 아래 지칭할 수 있는 가치를 머금은 계통론"을 낳는다.[47] 다른 한편, 가치들의 통합체 차원의 조직은 가치들을 "기호학적 과정들의 잠재력으로서 나타나는 양태성들로 전환된다. 그리고 바로 그같은 양태성들은 기호학의 제약적 의미에서 이데올로기로서 간주할 수 있다."[48] 이데올로기는 과정이라는 형식 아래서 다양한 이데올로기적 가치들을 역동적으로 만들며 그 구조 속에 다양한 주체들을 참여시킨다. 따라서, 가치론과 이데올로기는 주체가 자신의 정체성을 스스로 규정해야 하는 가치들의 장을 규정한다. 가치들의 장이 주체의 설정에 선행하며 이로써 그레마스는 양태 구성의 차원에서 통사적 대상 속에서 가치의 투자 장치들을 분석할 수 있었던 것이다.[49]

두 번째 시각은 더 이상 대상들(물건들, 오브제들)이 아닌 행동의 의미와 가치를 가치들의 투자 장소로서 파악하는 것이다. 즉, 기호학적 주체의 성립 속에서 진행되는 가치들의 행로, 그것의 방향성과 기능을 연구하는 시각이 그것이다. 바로 이 지점에서 윤리는 주체가 스스로를 규정할 수 있게 해주는 행동의 흐름과 접점을 이루고, 바로 여기서 서사 기호학의 고전적 문제들, 이를테면 조종과 제재(인정) 등의 문제가 다시 제기됨을 알 수 있다.

서사 문법은 투사되거나 실현된 행동의 의미에 대한 통사적 표상을 제공할 수 있다. 예컨대, 제재는 미리 설정된 가치 체계와 일치하는 행동을 평가한다. 다소 추상적인 이 같은 복잡한 사안들을 성서의 한 잠언의 분석 사례를 통해서 설명할 수 있을 것이다.[50]

---

47 A. J. Greimas & J. Courtés, *Sémiotique: Dictionnaire raisonné de la théorie du langage* (Paris: Hachette Université, 1979), p.179.

48 같은 책.

49 A. J. Greimas, *Du Sens II : Essais semiotiques* (Paris: 1983), pp.93-102.

50 이 사례는 성서 기호학의 권위자인 파니에 교수의 다음 연구 문헌을 참조하였음. Louis Panier, "Une posture éthique en deça des valeurs," *Protée* 36, no. 2 (2008), pp.69-78.

〈누가복음 19장 12절-26절〉

"한 귀족이 왕위를 받아 오려고 먼 길을 떠나게 되었다.

그래서 그는 종 열 사람을 불러 금화 한 개씩을 나누어 주면서 '내가 돌아올 때까지 이 돈을 가지고 장사를 해 보아라.' 하고 일렀다.

그런데 그의 백성들은 그를 미워하고 있었으므로 그들의 대표를 뒤따라 보내어 '우리는 그자가 우리 왕이 되는 것을 원하지 않습니다.' 하고 진정하게 하였다.

그 귀족은 왕위를 받아 가지고 돌아오자마자 돈을 맡겼던 종들을 불러서 그 동안에 돈을 얼마씩이나 벌었는지를 따져 보았다.

첫째 종이 와서 '주인님, 주인님이 주신 금화 하나를 열 개로 늘렸습니다.' 하고 말하자

주인은 '잘했다. 너는 착한 종이로구나. 네가 지극히 작은 일에 충성을 다했으니 나는 너에게 열 고을을 다스리게 하겠다.' 하며 칭찬하였다.

둘째 종이 와서 '주인님, 주인님이 주신 금화 하나로 금화 다섯을 벌었습니다.' 하고 말하자

주인은 '너에게는 다섯 고을을 맡기겠다.' 하였다.

그런데 그 다음에 온 종의 말은 이러하였다. '주인님, 주인님이 주신 금화가 여기 그대로 있습니다. 저는 이것을 수건에 싸 두었습니다.

주인님은 지독한 분이라 맡기지도 않은 것을 찾아가고 심지도 않은 데서 거두시기에 저는 무서워서 이렇게 하였습니다.'

이 말을 들은 주인은 '이 몹쓸 종아, 나는 바로 네 입에서 나온 말로 너를 벌주겠다. 내가 맡기지도 않은 것을 찾아가고 심지도 않은 것을 거두는 지독한 사람으로 알고 있었단 말이지?

그렇다면 너는 왜 내 돈을 돈 쓰는 사람에게 꾸어주지 않았느냐? 그랬으면 내가 돌아와서 이자까지 붙여서 원금을 돌려받을 수 있지 않았겠느냐?' 하며 호통을 친 다음

그 자리에 서 있던 사람들에게 '저자에게서 금화를 빼앗아 금화 열 개

를 가진 사람에게 주어라.' 하고 일렀다.

사람들이 '주인님, 그 사람은 금화를 열 개나 가지고 있지 않습니까?' 하고 말하자

주인은 '잘 들어라. 누구든지 있는 사람은 더 받겠고 없는 사람은 있는 것마저 빼앗길 것이다.'"

여기서 분석의 초점은 금화(다른 한국어 성서 번역본에는 유대인의 화폐 단위인 미나로 되어 있음)에 의해서 형상화된 대상, 즉 오브제(물건)와 그 오브제가 나타나는 가치 투자들의 상이한 장치들, 그리고 그 오브제를 둘러싸고 맺어지는 주체들의 상이한 관계이다. 또한 이 성서의 이야기가 주체의 행로들을 가치 차원에서 어떻게 가치 매김 하는가를 검토할 수 있다. 이 분석을 시도한 성서 기호학의 권위자 파니에 교수는 오브제의 가치들과 행동의 가치들 사이에서 윤리의 문제 설정을 읽어 낼 수 있다는 점을 시사한다. 그리고 이 같은 윤리적 함의를 읽어 내는 데 있어서, 기호학적 독법은 텍스트의 수미일관성을 기술할 수 있다고 진술하고 있다.[51] 미나(성서의 화폐 단위) 즉 금화 한 개가 하나의 대상(물건)이라면 그것은 여러 가지 방식을 통하여 그 모습을 드러낼 수 있다. 모든 종에게 주어진 금화 한 개도 있고, 두 명의 종에 의해서 언급된 불어난 금화들도 있으며, 왕은 바로 그 같은 불어난 금화에 근거해서 보상을 내리고 있다. 이어 각각 열 개의 고을과 다섯 개의 고을을 다스리라는 보상을 하사한다. 그리고 끝으로 세 번째 종으로부터 빼앗아 첫 번째 종에게 부여한 금화 한 개가 존재한다.

그렇다면 이 서사물의 행동 추이가 어떻게 진행되는가를 간략하게 살펴보자. 서사 구조는 비교적 간단하다. 금화(미나)의 증여와 주인이 여행을 떠나는 것은 일정한 조종의 단계에 해당된다. 이 단계에서 종들과 관련된

---

51 이 이야기에 대한 파니에 교수의 또 다른 논문을 참조할 것. Louis Panier, "Récit et figure dans la paraboles des mines (Luc 19): Un modèle pour une Sémiotique du discours," *Modèles Linguistiques* XXIV-1, vol.47 (2003), pp.97-108.

하나의 서사 프로그램이 참여하고, 금화 한 개라는 이 같은 대상(물건, 오브제)의 형상은 주체들과 관련을 맺게 된다. 하지만 중요한 사실은 아직 이 금화 한 개의 가치는 정확히 규정되지 않은 상태라는 점이다. 즉 가치 차원에서 서사 프로그램은 아직 비결정된 상태로 남아 있다. 미나는 은의 일정 분량을 표시하지만(성서학자들에 따르면 약 100일 치 노동의 봉급에 해당됨) 이 이야기에서는 종들의 유일한 활동에 달려 있는 잠재적 가치로 남아 있다. 만약 이 미나와 더불어 어떤 사업을 한다면, 그것의 가치는 다른 가치가 될 수 있다. 왕은 돌아오자마자 종들이 미나를 갖고 수행한 것에 대한 정보를 확인하고 인식적 발신자에 의해 보수를 평가하는 인정과 제재(sanction)를 실행한다.

이 이야기에서 보수는 실행되지 않았으며 실제적인 물건의 이전도 존재하지 않는다. 종들은 왕에게 미나를 돌려주지 않으며, 다스릴 고을들에 대한 이야기도 들려주지 않는다. 그리고 세 번째 종에게서 빼앗은 미나를 첫 번째 종에게 나누어 주는 것에 대한 이야기도 없다. 오직 담화만이 존재하는 것이다. 즉, 종들에 대해서 왕이 선언하는 것, 그리고 논쟁이 나오며 왕의 수수께끼 같은 답이 이 잠언의 이야기를 끝맺고 있다. "잘 들어라. 누구든지 있는 사람은 더 받겠고 없는 사람은 있는 것마저 빼앗길 것이다."

왕이 종들에게 나누어 줄 보수와 보상에 대한 선언은 물건들 속에 투자된 가치들을 발현하고 있는데, 이때 물건들은 제안된 행동의 흐름 속에서 주체들의 참여 또는 비참여와 더불어 관계를 맺는다. 이 같은 왕의 보상은 두 가지 형식들에 종속된다. 앞에 나오는 두 명의 하인들에게는 고을들을 다스릴 수 있는 권력을 부여하는 것이며, 세 번째 종에게는 미나를 다시 회수하고 첫 번째 종에게는 다시 미나를 증여한다. 이 같은 왕의 선언은 한편으로 물건들 속에 투자된 가치들, 그리고 다른 한편으로 행동의 흐름, 즉 진행 경로 속에서 투자된 가치들과 맺는 주체의 위상을 말해 준다. 여기서 윤리적 문제의 두 가지 방향을 읽어 낼 수 있다.

요컨대 이 이야기 속에는 두 가지 유형의 주체가 제기되었다. 앞의 두 종들에게서 생산은 성공적이었다. 세 번째 종의 경우, 엄밀히 말해서 실패라고 보기는 힘들다. 왜냐하면 아예 이 종은 어떤 수행도 실천하지 않았기 때문이다. 따라서 가치와의 관련성을 관찰해야 할 지점은 주체들이 하위 행로 속에서 이루어지는 그들의 참여 조건, 즉 주체들의 설정이며, 그들의 능력(즉 '할 수 있다' 또는 '할 줄 안다')은 아닌 것이다.

앞의 두 종은 자신들의 고유한 능력이 아닌 미나 그 자체를 앞에 내세우면서 완수된 수행에 대해서 정보를 제공한다('금화 하나로 열 개로 늘렸습니다', '금화 다섯을 벌었습니다'). 왕의 대답은 행로의 성공을 주체의 신용적 위상과 결부시킨다('착한 종', '작은 일에 충성을 다했으니'). 즉, 주인이 여행을 떠날 때 전제되었으며, 최초의 미나에 의해서 발현된 신탁적 계약을 지시한다. 경제적 가치는, 그 자체가 비가치('지극히 작은 일')와 결부된 발화 작용 위치 그 자체에 종속된다. 왕의 인정과 제재를 시사하는 발화체는 가치들의 대비적이고 심지어 역설적인 구조를 발현한다. 즉, 불어난 상당한 미나의 분량 vs 지극히 작은 일에 대한 성실함. 주체의 최초의 위치는 서사 행로의 마지막 부분에 가서야 왕에 의해서 그 본모습이 밝혀지는데 그것은 바로 주체가 하나의 신탁적 장치와 맺는 관계, 그리고 참여라 할 수 있다. 여기서 말하는 신탁적 장치는 할당된 대상(물건)이 결정적이면서 동시에 지극히 작은 일임을 전제로 한 것이다.

따라서 '가치가 없는 대상'(금화 한 닢)이 갖는 기호학적 위상과 그것이 주체들의 설정 속에서 맡는 기능에 대해서 물어볼 수 있다. 생산의 행로가 종료되면서 비로소 미나는 가치로서(즉 불어난 미나=고을을 다스릴 수 있는 권리) 전환될 수 있다. 그리고 흥미로운 것은 불어난 미나와 그로 인해 종들이 갖게 될 마을의 숫자 사이에 설정된 대수학적 유형의 등가라는 작동을 통해서 그 같은 가치 전환이 전적으로 일어난다는 사실이다. 이것은 동위소의 전이, 또는 은유적 작동이라 말할 수 있다. 즉 도시에 대한 권력은 미나의 생산 가치를 의미하고 발현하는 것이다.[52]

---

52 Louis Panier, "Ricoeur et la Sémiotique : Une rencontre « improbable »?," *Semiotica* 168-1/4 (2008), p.74.

이 성서 이야기는 세 번째 종에 대한 제재를 상당히 복잡한 발화 작용의 장치 속에서 전개시키고 있다. 종은 자신에게 주어졌던 미나를 상실하지 않은 채 있는 그대로 복원하며, 자신과 그의 주인과 관련된 주관적이면서 정념적인 고려 사항('주인님은 지독한 분이라 맡기지도 않은 것을 찾아가고 심지도 않은 데서 거두시기에 저는 무서워서 이렇게 하였습니다')으로 인해서 미나를 불리는 프로그램에 참여하지 않은 자신의 결정을 정당화한다.

미나의 복원은 이 오브제로 하여금, 두 명의 주체들 사이에 존재하는 교환의 상호적 장치 속에 장치된 가치 대상의 위상을 전제로 한다. 만약, 주인과 더불어 계약이 존재한다면 그것은 이 오브제 속에 투자된 가치에 대한 것이며, 그 오브제의 예상과 기대에 대한 것이다. 즉 미나는 생산 과정(불어나는 과정) 속에 진입해야 하며, 왕은 이 생산의 결과물을 가로챌 것으로 가정된다. (이것은 세 번째 종의 진술을 다시 요약하는 왕의 다음과 같은 진술에서 예상된다. '내가 맡기지도 않은 것을 찾아가고 심지도 않은 것을 거두는 지독한 사람으로 알고 있었단 말이지?') 이 같은 세 번째 종과 왕의 진술에서 미나는 어떤 실천적 합리성에 따라서 물체적, 전유 가능한 가치로서의 생산으로 인식된다. 이같은 합리성은 미나가 고을로 전환되는 과정 속에서 작동되는 기호학적 합리성과 대립된다. 세 번째 종이 상상했던 '주인이 가혹할 것'이라는 입장은 종들에 대한 왕의 실제적인 입장과 정확히 반대이다. 즉, 왕은 불어난 미나를 취하지 않고, 그 의미를 해석하고 특정 의미를 부여하면서, 그에 대한 기호들을 생산한다. 왕의 인정과 제재는 미나가 불어난 과정을 확인하고, 최초의 오브제가 갖는 고정적인 가치 대상으로서의 위상에 대한 관심이 아닌, 그것의 신탁적 위상에 대한 관심을 갖는다.

이 성서의 이야기는 서사 구조들 속에 투자된 가치의 상이한 체계들 사이에 존재하는 대립에만 기초하는 것이 아니다. 이 이야기는 상이한 윤리적 장치들을 담화로 표상하고 있다, 즉, 가치들, 오브제들, 그리고 행동의 경로 과정 등과 맺는 다양한 관계의 방식들로부터 주체들이 설정되는 상이한 방식을 담화로 표상하고 있는 것이다. 금화 한 냥이라는 오브제의 형상이 그 의미를 변화시켜 나가는 행로를 전개하면서, 그 같은 담화적 표상이 이루어진 것이다. 미나는 처음에는 누구나 인식하고 있는 가치의 원형으로서 구상적으로 제기된다. 그런데 이야기가 전개되면서, 미나는 주체들 사이에서 그 오브제에 투자될 수 있는 가치들에 대해서 일정한 거리를 두는 것으로서 펼쳐진다.

윤리적 사안에 대한 기호학적 접근은 한 명의 주체에 대해서 가치들의 구성과 분절 모델을 제안할 수 있다. 그리고 주체가 행동 과정에서 취하는 다양한 실천들의 형식에 대한 모델을 제공할 수 있다. 앞에서 확인했듯이 이 성서의 이야기에서 문제가 되는 것은 가치 개념이다. 화폐의 일정량으로서 미나는 전형적으로 가치 대상의 형상이며 주인에 의해 주어진 공탁은 이 같은 가치들과 일치하는 하나의 프로그램을 전형적으로 설치시킨다고 말할 수 있다. 그리고 이 프로그램과의 결착은 좋은 종들과 다른 종을 갈라놓는 결정적 사안이 된다. 이 같은 분석을 통하여 성서의 복음적 틀을 넘어서 약간은 색다른 기호학적 장치들을 밝혀낼 수 있으며 윤리적 문제들을 비롯하여, 주체와 가치의 관계, 가치들의 가치라는 문제, 그리고 특정 주체에게서 발생하는 가치의 창발 지점의 문제 등과 관련된 주체의 구성 모델을 도출하는 것이 가능하다.[53]

윤리는 행동의 의미와 가치라는 문제를 제기한다. 윤리는 하나의 행동의 흐름 속에서 하나의 실천 속에 참여하는 주체를 전제로 한다. 의미와 가치는 이를테면 가치들의 범위를 훌쩍 넘어선다. 이 점은 그레마스 기호학의 서사 도식에서 제3의 행동자(발령자)를 자리 배치하는 조종과 세새의 단계들의 중요성을 다시 확인시켜 준다. 이 같은 조종과 제재의 단계들은 가치들의 가치와 가치들의 성질의 동위소를 발현하는 평가 절차들과 메시지들의 범주를 배치한다.

가치들의 생성 행로와 대상(물건, 오브제), 즉 물체적 정박이라는 고전적 시각에서 윤리에 대한 기호학적 시선은 바로 그 같은 것이었다. 그 같은 기

53 같은 논문, p.77

호학적 시선은 윤리적 장치들을 형식화하고, 상이한 담화적 또는 실천적 구성들 속에서 작동되는 선택들을 모델화시키는 것을 가능케 한다. 그런데 위에서 분석했던 성서의 이야기는 서사 행로의 경계선에 대한 새로운 관심을 갖게 만든다. 위의 이야기는 주체의 설정과 인정의 근거를 미리 분절된 가치들의 체계에 대한 결착에 근거를 두지 않는다. 예컨대 대상들 속에는 가치들의 투자가 이루어지는 관계에 영향을 미치는 차동(분리) 형식이 존재한다. 이것은 곧 주체-가치-대상의 관계를 분리시키는 형식을 말한다.

만약 윤리가 실천들 속에 참여된, 통사적 대상들 속에 투자될 수 있는 가치들의 세계를 전면에서 출현시킨다면, 그것은 일차적으로 이 같은 투자와, 주체의 설정 사이에 존재하는 관계의 문제를 제기하는 것이다. 그 다음으로는 주체의 행로가 갖는 의미 작용과 이해의 문제를 제기한다. 윤리적 문제는 곧 가치들의 이데올로기적 세계와 관련된 주체의 위상이 된다.

바로 이 같은 윤리적 문제가 위에서 분석한 성서의 잠언에는 잘 나타나고 있다. 이 이야기에서 한 명의 주체에게 있어서, 오브제들 속에 가치를 투자하는 것과 하나의 실천 속에 참여하는 것 사이에 긴장이 존재한다는 것을 관찰할 수 있었다. 그 같은 긴장은 하나의 행동의 흐름 속에서 나타나며, 바로 그 같은 행동의 경과가 지니는 의미와 가치는, 가치들에 대한 결착 또는 대상들의 투자에 대한 결착보다는 신탁(fiducie)에 속하는 선택에 의해서 결정된 채로 남는다. 따라서, 윤리는 하나의 행로 속에서, 즉 행동들의 연쇄 속에서 취해진 하나의 형상에 의해서 표상된 주체의 위상과 정체성과 관련된다.

제17장

상과 생성

1. 상화(aspectualisation)[1]

기호학의 쟁점들 가운데 하나는 상(相)에 대한 문장 차원의 언어학적 개념으로부터 담화 차원에서 이루어지는 상화의 이론으로 넘어가는 과정이다. 상의 문제는 엄밀하게 따져서 동사 및 동사구를 다루는 언어학 이론과 직결되어 있다. 상의 문제는 다양한 각도에서 형태소를 비롯한 여러 작동 요소들, 특정 범주와 동시에 여러 문법 차원을 포괄하는 것으로 나타난다.[2] 전통적으로 상(aspect)은 완료형, 미완료형과 같은 문법화된 시점(viewpoints)을 통하여 이루어지는 사건의 제시를 이르는 문법 범주로 파악되었다. 최근에 들어와 언어학자들은 시점과 상황 구조 사이의 상호 관련

1 상과 생성의 인식론적 문제에 대한 종합적 검토는 다음 문헌 참조. J. Courtés, *L'Analyse sémiotique du discours* (Paris: Hachette, 1991), pp.255-272; J. Fontanille & Cl. Zilberberg, *Tension et signification* (Mardaga, 1998), pp.113-125.

2 상에 대한 대표적인 현대 언어학의 연구 성과물은 다음과 같다: ① C. Fuchs, *Vers une théorie des aspects:les systèmes du français et de l'anglais* (Paris: Ecole des hautes études en sciences sociales, 1979). ② C. S. Smith, *The parameter of aspect* (Dordrecht: Kluwer Academic, 1991). ③ H. J. Verkuyl, *A Theory of aspectuality: the interaction between temporal and atemporal structure* (Cambridge: Cambridge University Press, 1993). ④ C. Vetters, ed., *Tense and aspect in discourse* (Berlin: Mouton de Gruyter, 1994). ⑤ J. L. Bybee, *The evolution of grammar:tense, aspect, and modality in the languages of the world* (Chicago: University of Chicago Press, 1994). ⑥ A. Giorgi, *Tense and aspect: from semantics to morphosyntax* (New York & Oxford: Oxford University Press, 1997).

을 주목하게 되면서 상이라는 용어의 사용은 상황 자체의 시간적 속성들을 포함할 정도로 그 범위가 확대되었다.

문장은 상황 유형과 시점에 대한 상과 관련된 정보를 제시한다.[3] 간단한 한국어 예문으로써 설명해 보면 다음과 같다.

ㄱ. 철수는 학교에 갔다.
ㄴ. 철수는 학교에 가는 중이었다.
ㄷ. 철수는 공원에서 걸었다.

문장 ㄱ은 하나의 목적을 갖고 있는 완결된 사건, 하나의 자연적인 종료를 제시한다. 즉 목표가 완성된 것이다. 문장 ㄴ은 동일한 유형의 사건의 부분을 제시하지만 그 목표가 성취되었는지에 대한 정보를 싣고 있지 않다. 문장 ㄷ은 하나의 목표를 포함하지 않는 완결된 사건을 제시하며, 사건은 종료되었다. 상과 관련된 이 같은 정보는 문장의 언어 형태에 의해서 제공된다. 상황 유형은 동사와 그것의 논항에 의해서 표시되며, 시점은 문법적 형태소에 의해서 표시된다. 물론 시제와 부사어 등은 부가적인 시간적 정보를 제공할 수 있다. 시점은 문장을 접하는 수용자에게 하나의 상황에 대

---

3 C. S. Smith, *The parameter of aspect* (Dordrecht: Kluwer Academic, 1991), pp.3–26.
저자는 모두 다섯 개의 상황 유형과 세 개의 주요 시점을 제시하고 있다. 이 같은 이론적 얼개는 다음에 거론되는 기호학적 개념과 상당 부분 겹쳐지거나 유사성을 보여 준다는 점에서 흥미롭다.
* 기본 상황 유형
1. 상태(정태적 상태, 지속적 상태)(know the answer, love Mary)
2. 활동(역동적 활동, 지속적 활동, 무목적적 활동)(웃다, 공원에서 어슬렁 거리다)
3. 성취(역동적, 지속적, 목적적 사건들로서 연속적인 단계들과 하나의 결과물로 이루어진다)(집을 짓다, 학교에 걸어가다, 그리스어를 배우다)
4. 순간 완료(semelfactive)(역동적, 무목적적, 순간적 사건들(두들기다, 노크하다))
5. 달성(역동적, 목적적, 순간적 사건들)(경주에서 승리하다, 정상에 도달하다)
* 시점의 주요 유형
1. 완료 시점은 최초 지점 및 최종 지점과 더불어서 전체로서의 상황에 초점을 맞춘다.
2. 미완료 시점은 상황의 부분에 초점을 두며 최초 지점도 최종 지점도 포함하지 않는다.
3. 중립적 시점은 상황의 최초 시점을 포함하며 신축적이다.

한 완결된 또는 부분적인 시각을 제공한다. 문장 ㄱ과 문장 ㄷ은 완결된 시각을, 문장 ㄴ은 부분적 시각을 제공한다. 따라서 상을 구성하는 요소들은 문장 안에서 상호 작용하며 이때 시점은 상황에 초점을 맞추게 된다. 한 문장의 상과 관련된 의미들은 이 두 가지의 복합이다. 특정 문장의 시점은 특수한 외연과 초점을 가지고 사건을 제시한다. 문장의 프레임을 형성하면서 화자는 상황 유형과 시점을 선택하며 이것은 언어의 패턴에 따라 변화한다.

상 문제에 대한 보다 자세한 언어학의 논의는 차후의 과제로 미루고 몇 가지 핵심 용어 및 기본 개념을 정확히 정의하는 것으로 논의를 시작하자.[4]

ㄱ. 상(aspect)은 동사와 동사구의 기술에서 사용되는 형태·의미론적 범주에 해당한다.

ㄴ. 상성(aspectualité)은 엄밀한 의미에서의 상의 기저에 있으며, 그 범위를 넘어서는 의미론적 통사론적 형상화(configuration)의 총합을 포괄한다. 상성은 바로 담화의 여러 차원들 중의 하나이다.

ㄷ. 상화(aspectualisation)는 그 결과로서 상성에 이르는 절차와 작동들의 총합을 지칭한다. 이런 명목에서 상화는 상 이론의 일반 경제, 특히 연속적인 것과 비연속적인 것의 관계들과 관련된다.

이렇게 볼 때 상의 문제와 더불어 비연속성의 기호학으로부터 연속성의 기호학으로 나갈 수 있는 발판이 마련될 수 있음을 알 수 있다. 예컨대, 비연속적인 것의 시간, 연대기적 시간, 양적 시간은 쉽게 간격으로 분석될 수 있을 것이다. 반면 연속적인 것의 시간, 생성의 시간, 질적 시간은 담화의 시간과 불가분의 관계에 놓여 있으며, 바로 이런 사실로부터 뱅베니스트가 언어적 시간이라고 명명한 시간적 방식으로 귀결된다.

---

4 한국어에서 상이 사용된 용언의 표현은 다음과 예들을 제시할 수 있을 것이다.
ㄱ. 철수는 과제물을 준비하고 있다.
ㄴ. 기차가 막 떠나기 시작했다.
ㄷ. 빨래가 마르다 말았다.

거칠게 말해서 지금까지의 기호학은 발화체의 기호학이었다. 그것은 오직 비연속적인 것의 시간만을 파악했다. 60년대에 그레마스가 기호학의 이론적 토대를 다질 때, 그가 취한 규범화의 절차들을 통해 비연속적 차원의 시간 문제로 연구를 국한시키는 방법론적 선택을 부과했다. 이를테면 텍스트를 객관화·객체화하기 위해, 주체적 시간과 연결된 모든 것을 제거하는 것이 필요했다. 《구조 의미론》을 읽어 보면 이 점은 분명해진다: "그 같은 제거는 메시지의 '지금'과 관련된 모든 지시들과 관련된다. 텍스트는 어찌 되었건 시간적 비동시성의 체계를 간직할 것이며, 이런 체계는 메시지와는 직접적인 관계가 없는 '그때'에 근거해서 구성된다."[5] 바로 이 '그때'에 따라서, 그것에 선행하거나 뒤에 오는 서사적 프로그램들이 재분배된다. 이어서 시간을 일정한 지속으로 측정하는 수순이 개입한다. 바로 여기서도 우리는 다시 간격과 상으로 귀결된다. 현실적으로 서사 프로그램을 구성하는 과정들은 상으로 분절될 때만 인식될 수 있다. 서사물의 과정을 인식할 수 있는 것은 오직 그것의 상이 언어적 분절을 제공한 덕분이다. 달리 말해, 문제가 되는 시간은 상화된 또는 발화체적 시간, 객체화된 시간으로서, 여기서는 연속성의 매개 요인이 배제되었다. 지속적 상이란 것도 최초와 최종의 경계선 사이에서 이해되는 시간적 간격에 불과하다. 바로 이 시기 동안에, 최초의 상태와 최종적 상태 사이에 도래하는 변형들이 실행된다. 달리 말하면, 오직 서사의 시간적 식별이 있을 뿐, 분석자는 담화의 주체와 관련된 모든 시간을 제거한다.

객체적 기호학은 따라서 상태들과 그것들의 변형의 기술에 할애된다. 객체적 기호학의 통사론은 오직 두 가지 유형의 기본 발화체, 동사 '이다'(존재하다)와 더불어 구성된 결속 발화체와, 동사 '하다'와 더불어 구성된 변형 발화체를 가지고 있을 뿐이며, 생성의 동사와 더불어 구성된 어떤 발화체에 대한 자리매김을 하지 않는다. 그래서 현대 프랑스 언어학계의 거장인 포티에 교수는 그 같은 상황을 이렇게 비판한 적이 있다: "'이다'와 '하다'는,

5 A. J. Greimas, *Sémantique structurale* (Paris: PUF, 1986), p.154.

본질적으로 비연속적인 원근법에서, 세계의 사건들의 기술을 위한 것으로 충분해 보인다."[6]

어휘 의미론의 차원에서 연구된 그레마스의 논문 〈향수〉는 이 같은 비판에 대한 답변이다. 동사 '하다'는 상적 의소들의 연속으로 불려진다. 이것은 객체적 기호학 속에서 전환의 궁극적 단계이다.

예컨대, 쇠약화의 상태는 동시적인 두 개의 상에 의해서 기록된다.

지속성 → 탈긴장성

그렇다면 진화적 과정을 연속적인 과정, 달리 말해 간격들의 병렬을 통해서 어떻게 설명할 것인가? 객체적 기호학에서 생겨나는 논리적 난관은 연속적인 것과 비연속적인 것의 분절을 이다-하다의 대립에서 다시 구성했다는 사실에 기인한다. 즉 그레마스는 상태를 생성과 대립시키며, 비연속적인 것을 연속적인 것에 단절을 도입하는 것으로서 파악했고 변형의 장소, 특히 상태들의 변형의 장소로 보았다.

반면에, 코케의 기호학은 이와는 정반대의 견해를 전개시킨다. 코케는 옐름슬레우와 그레마스 기호학이 고집하는 내재주의는 주체성을 연구 대상에서 제거했다고 비판하면서 담화 기호학을 지향하는 주체의 기호학을 들고 나왔다.[7]

비연속적인 것의 범주는 사물의 상태들을 아우르고, 연속적인 것의 범주는 생성의 범주를 포함한다. 코케는 그의 주저 《담화와 담화의 주체》(1984)에서, 생성(됨)의 우선권을 주장하고 나섰다. 그에 따르면, 생성은 모든 서사 프로그램의 기초이며, 상태란 기호학자의 인위적 환원에 불과하다는 논지이다. 즉 발화 작용의 문제가 발화체의 문제에 우선시되어야 한다는 주

6 B. Pottier, "Un mal-aimé de la sémiotique : le devenir," in *Recueil d'hommages pour A. J. Greimas* (Amsterdam-Philadelphia : J. Benjamins P.C., 1985), pp.500-501.

7 코케의 기호학에 대한 한국어 논문은 다음과 같다. 박인철, 〈장-클로드 코케의 '주관의 기호학'〉, 《기호학 연구》 2집(1996): pp.69-98.

장이다. 코케에 따르면 프랑스에서 생산된 구조 언어학의 요체를 담고 있는 뱅베니스트의 논문들은 이 같은 초점의 변화를 가능케 했다는 것이다. 그의 발화 작용의 언어학에서 기본 개념은 담화와 현동태(발화 기원)와 시간이었다. 뱅베니스트에게 있어서, 시간(시제)와 인물(인칭)은 담화의 두 가지 근본적인 범주들을 형성한다. "시간성은 실제로 발화 행위 속에서 그리고 발화행위에 의해서 발생된다. 발화행위로부터 현재 범주의 설정이 나오고, 현재 범주로부터 시간 범주가 생긴다. 현재는 원래 시간의 근원이다. 현재는 발화행위만이 가능하게 만드는 세계 내의 현존이다. 왜냐하면—이에 대해 깊이 생각해 주기를 바라는 바인데—인간은 담화를 세계 속에 삽입시킴으로써 '지금'을 실현하는 방법 이외에 '지금'을 살고 '지금'을 현행적으로 만드는 어떤 다른 방법도 가지고 있지 않기 때문이다. 우리는 여러 언어에서의 시제체계의 분석을 통해 현재의 중심적 위치를 증명해 보일 수 있을 것이다. 형태적 현재는 담화가 산출될 때마다 새로워지는, 발화행위에 내재하는 현재를 명시할 뿐이며, 우리의 고유한 현존과 동일한 외연을 지닌 이 연속적 현재로부터 우리가 '시제'라고 부르는 연속성의 느낌이 의식 속에 새겨진다. 그런데 연속성과 시간성은 존재 자체의 현재인 발화행위의 부단한 현재 속에서 생성되며, 내적 지시(référence interne)에 의해 곧 현재가 될 것과 이미 현재가 아닌 것 사이에서 그 경계가 확정된다."[8]

그런데, 언어학사의 차원에서 이 문제를 검토해 보면, 이미 70년대에 생성의 재통합을 가능케 하는 인식론적 전환이 발생했음을 알 수 있다.[9] 생성 행로의 틀 속에서, 상화란 담화가 성립될 때, 상적인 범주들의 장치가 자리매김되는 것을 말한다. 상과 관련된 범주들을 통해서, 행동자 관찰자의 암묵적 현존이 계시된다. 이 같은 절차는 일반적일 수 있고, 행위화(actorialisation), 공간화(spatialisation), 시간화(temporalisation)의 세 가지 요

---

8 에밀 뱅베니스트, 《일반언어학의 제문제》, 황경자 옮김(민음사, 1992), p.102.

9 J.-Cl. Coquet, "Temps ou aspect? Le problème du devenir," in *Le discours aspectualisé, Actes du colloque*, éd. J. Fontanille (Limoges/Amsterdam/Philadelphia: PULIN/Benjamins, 1991).

인을 특징지을 수 있다.

모든 시간화된 담화는 두 가지 종류의 의미 효과, 즉 시간성과 상성(aspectualité)을 산출하는 새로운 의미론적 투자를 포함한다. 시간성의 효과가 시간적 범주들의 총합의 자리매김에 연결된다면, 상성의 효과는 상과 관련된 범주들의 투자로부터 비롯된다. 이 범주들은 서사 발화체들의 함수들 또는 서술어들을 과정으로 전환시킨다.

역사적으로 상의 문제는 언어학에서 행동에 대한 관점으로서 제기되었는데, 자율적인 문법적 형태소의 형식을 통해 출현할 수 있었다. 상의 문제는 다양한 상들의 기저에 있는 행동자적 구조를 명시화하려고 노력하면서, 이 같은 담화의 형상화 속에 관찰자 행동자를 도입하는 데 이른다. 이 행동자 관찰자에게 있어서, 담화 속에 장치된 주체에 의해서 실현된 행동은 과정과 진행으로서 나타난다. 이런 관점에서 하나의 발화체의 상화는 이중적인 차단에 해당한다. 발화자는 담화 속에서 행동의 행동자-주체를, 다른 한편으론 인지적 주체를 위임한다. 인지적 주체는 이 행동을 관찰하고 과정으로 변형시킨다. 그 과정은 지속성, 완결성 또는 미완결성의 의소들에 의해서 특징지어진다.

그 같은 행동자적 구조의 자리 매김은 과정의 상이한 분절들을 설명하지만, 과정 그 자체의 본질에 대해서는 아무것도 말해 주지 않는다. 과정을 시간 속에 위치시키면서, 상화는 시간성의 초규정화로 이해될 수 있으며, 시간적 존재자로서의 과정은 상의 분절들 덕분에만 인지가 가능하다.

서사적 발화체들이 과정적 발화체에로 옮겨 가는 전환 가능성은 통시적 변형들과 그것들의 시간적 발현들 사이에 존재하는 관계를 이해하는 것을 가능케 한다. 요컨대 변형은 범주적인 반면, 그것의 시간적 발현은 하나의 과정으로서 제시된다.

기호학자는 상적인 형상화(configuration aspectuelle)란 용어를 통해, 하나의 과정을 설명하기 위해 자리매김된 상적 의소들의 장치를 지시한다. 그 결과, 예를 들어 '상과 관련된 시발성 → 지속성 → 종결성' 따위의 상 의소들의 연속을 발화체-담화 속으로 등록시킴으로써 상태 발화체 또는 행동 발화체를 시간화하면서, 그것을 과정으로 표상하고 지각하는 것이 가능해진다. 하나의 상적인 형상화가 하나의 문장, 시퀀스 또는 담화의 내부에서 발현될 수 있다는 것은 명백하다. 아울러 이 같은 형상화의 몇몇 의소들만이 때때로 명시화될 수 있을 것이다. 하나의 상들의 계통학으로서 구축될 여지가 있는 상적 체계에 통합체적 조직화들인 상적인 형상화가 이에 해당한다.[10]

앞서 언급한 것처럼 언어학적 관점에서, 상은 동사구의 문제 틀에 속한다. 실제로 상의 형성을 상화의 과정으로 연구할 수 있다. 상화의 시발역은 동사의 의소적 핵이며, 그 종착역은 전체적이거나 주변적인 명사구이다. 따라서 형식화될 수 있는 상적인 생성 속에서 선명하게 구분되는 단계들을 도출하는 것이 가능하다. 여기서 하나의 새로운 의소적 핵이 도입된다. "넌 다시 일을 시작할 수 있어"라는 문장에서, '할 수 있다'는 이 '하다' 속에서 '시작하다'라는 동사를 통해서 시발적 상화를 전제로 한다.

여러 수준에서 분절하는 생성적인 이론적 모델의 틀 속에서, 상화의 개념을 풍성하게 할 수 있는데, 엄밀한 의미에서의 상화 곁에 새로운 유형의 상화가 개입하면서 가능하다. 새로운 유형의 상화는 담화의 상적인 범주들의 가능성의 조건으로서 정의될 수 있을 것이다.

기호-서사 구조의 수준에서, 두 번째 유형의 상화를 다시 발견할 수 있는데, 이것은 인지적 양태성으로서 이해되는 상화이다. 이것은 서사적 과정의 한계들과 정도들을 제어하는 메커니즘이다. 이런 관점에서 상화란 발화작용의 요인과는 절대적으로 독립적인 것으로 나타난다.

자연 언어에서 시간과 상의 개념들은 불가분의 관계를 맺고 있다. 하지만 언어적 시간성은 연대기적 시간과 상의 속성들로 환원되지 않는다. 공간이 그것이 유클리드 공간이냐 아니냐에 따라서 동질적일 수도 이질적일 수 있듯이, 시간도 만약 연대기적 시간과 상의 속성들을 지시하면 동질적이다.

---

10 J. Courtés, *L'Analyse Sémiotique du discours* (Paris: Hachette, 1991), pp.265-266.

반면, 하나의 이질적 공간은 그 공간 속에 있는 신체들에 의해서 규정된다. 하나의 이질적 시간은 담화를 지배하는 현동태들에 의해서 규정된다.[11]

시간성은 발화 작용의 기점과 관련하여 이야기된 사건들을 위치시킬 수 있게 해 줄 뿐만 아니라, 발화체의 틀 속에서 다른 사건들에 견주어서 상호 위치시키는 시간성은 실제로 그것의 상화(aspectualisation)를 통해서만 지각될 수 있다. 그 결과, 일체의 서사적 기능은 그것이 시간 속에서 각인된다는 사실만으로도 구체적으로 하나의 '과정'으로서 제시된다. 즉 전제된 주체 관찰자에 견주어서 하나의 행동의 전개로서 제시된다. 범주적 유형의 변형으로부터—예컨대, 서사 수준에서는 하나의 상태로부터 다른 상태로 이동할 때— 이를테면 점증적 형식의 제시로 이동한다. 점증적 형식은 과정을 그것의 상이한 상들에 따라서 분절시킨다.

전통적으로, 언어학은 완결된/비완결된(또는 완료/비완료)의 상적 범주에 의존한다. 예컨대, '철수는 잠을 자고 있다'는 미완결된 것의 차원에 속하며, '철수는 잠을 잤다'는 완결된 것에 속한다. 첫 번째 경우에, 행동은 전개되고 있는 과정에 있는 것으로 제시되며 두 번째 것은 그 동작이 종료된 것으로부터 목격된 것이다. 물론, 두 문장 모두에서, 우리는 현재의 범주와 관련된다. 프랑스어의 경우, 언어적 현재 시제와 복합 과거는 오직 상을 통해서만 구별된다. 이 같은 동일한 상의 구성은 물론 과거를 조직화하는 데 사용된다. 즉 상화는 시간화와 구별된다는 점을 보여 준다. 그것은 시간적 형식들의 각각을 초규정할 수 있는 일종의 격자로서 존재한다.

일례로서, 점괄적 vs 지속적 범주에 호소할 수 있다. 그 결과, 많은 서사물들에서 다음과 같은 유형의 상동화가 가능하다.

점괄적 = 단순 과거

---

11 '담화'에 대한 보다 상세한 설명은 다음 문헌 참조: A. J. Greimas & J. Courtés, *Sémiotique: Dictionnaire raisonné de la théorie du langage* (Paris: Hachette Université, 1979), tome 2 (1986), pp.19-24.

지속적 = 반과거

예컨대 어떤 동화의 시작에서는 빈번하게 프랑스어로 반과거로 기록되어 영속적 사물들의 상태들을 제시한다.[12] 곧 이어서 우리를 사건 속에 도입시키는 단순 과거가 도래한다. 언어 차원에서는 확립된 것처럼 보이는 이 같은 상동화가 담화 면에서는 절대적이지 않다. 언어 차원에서는 점괄적/지속적(또는 완료/미완료) 동사들의 일정한 분류가 가능하다. 예컨대, '걷다', '말하다', '듣다' 등은 지속적 상의 유형에 속하는 동사들이다. 반면, '멈추다', '넘어지다', '찾아내다' 등은 점괄적 차원에 속하는 동사들이다. 이런 의미에서 '지루해하다'는 지속적 상에 속하며, '속다'는 점괄적 상의 유형에 속한다. 그런데, 우화나 소설 속에서는 이 같은 언어상의 유형을 도치시켜서, 그 자체로 점괄적 동사가 지속적 상의 표시를 취하는 경우가 있으며 마찬가지로, 지속적 상의 성격을 띠는 동사가 점괄적 상의 기호 아래 놓이는 경우도 있다.

그런데 상과 관련된 전통적 범주들에 비해서, 점괄적 vs 지속적인 범주를 선호하는 것은 점괄적이라는 용어가 그 분절이 가능하기 때문이다. 즉 그것의 위치에 따라서 점괄적인 것은 그것이 과정의 초반부에 위치한다면 시발적인 것(inchoatif)에 해당되며, 그것이 종언을 표시한다면 종결상에 해당된다.

2. 생성(됨)

앞부분에서 암시되었듯이 상의 문제는 궁극적으로 생성(됨)(devenir)의 문제와 밀접하게 연결되어 있다. 서구 철학에서 생성에 대한 물음은 그리스 철학자들에 의해서 일찌감치 제기되었다. 그들은 먼저 생성과 존재를 대립

12 J. Courtés, 앞의 책, pp.264-266.

시켰다. 사물이 만들어지는 점증적 운동에 주의를 기울일수록 존재 그 자체는 파악하기가 더 힘들어져 결국 생성의 흐름 속에는 개별적 상태들만이 남는다는 결론에 이르렀다. 《기호학 사전》 제1권에는 상화라는 항목을 게재하고 있는 반면에 생성 항목은 등재되어 있지 않다. 반면 《기호학 사전》 제2권에서 핀란드의 음악 기호학자 타라스티(Tarasti)가 생성의 중요성을 시간성 차원에서 강조하고 있다.[13] 그는 생성(되다)을 '이다'와 '하다'의 중립항으로서 자리매김하고 있는데, 이를테면 속도의 약화, 힘의 약화, 지연 등은 존재를 통한 양태화의 표현이라면 가속, 강세, 속결 등은 행동을 통한 양태화에 해당한다.

생성을 하나의 상태로부터 다른 상태로 이동하는 것을 지시한다고 간주하는 것은 오직 하나의 가능성만을 특권시하는 것이다. 생성에 대한 명료한 파악을 위해서는 먼저 하나의 계열체 속에서 진행되는 것이 무엇인지를 알아야 할 것이다. 생성을 포착할 때 제기되는 난점은 먼저 서술 작용(prédication)과 관련된 규정과 관련된다. 서술 작용이란 지시체적 중심 주위에서 조직화된 긴장적 공간에 적용된다. 이 같은 긴장적 공간은 거기에 분배된 강도와 집중성(강도, intensité)에 의해서 특징지어진다. 이런 의미에서 생성은 서술 작용 속에서 발화 작용의 현동태의 한 속성이다. 그것은 곧 현존성(présence), 집중성(강도), 외연(extension)과 직결된 변형들을 제어한다. 부재와 현존 사이의 긴장에 이르는 존재, 탄력성과 이완성 사이의 긴장에 이르는 집중성, 열림과 닫힘 사이의 긴장에 이르는 외연성 등은 생성과 관련된 서술 작용(prédication)의 세 가지 부류이다.[14] 소쉬르의 용어로 말하면 생성의 의미 작용은 하나의 술어에서 다른 술어의 이동과 관련되지만 생성의 가치는 세 가지 서술 작용 사이에서의 전제 관계 때문에 동일하지 않다. 부재와 현존으로 이루어진 존재는 집중성과 외연성을 전제로 한다. 또한 이 세 가지 유형의 생성은 반드시 상이한 가치와 정서를 머금는다. 관련된 생성이 대상

13 A. J. Greimas & J. Courtés, 앞의 책, pp.67-68.

14 J. Fontanille & Cl. Zilberberg, *Tension et signification* (Mardaga, 1998), p.114.

을 향할 때는 가치가 문제되며 주체를 향할 때는 정서가 문제시된다.

이 세 가지 서술작용은 특이한 긴장을 가진다. 집중적 서술 작용은 '템포'와 집중성의 통사적 윤곽을 갖는다. 내용 차원에서 그것은 사건과 상태라는 양극성과 관련된다. 외연적 서술 작용은 무엇보다 공간성의 문제이다. 즉 그것은 가치들이 발현하는 추상적 공간을 그린다. 예를 들어 "백화점이 닫혔다 또는 열렸다"와 같은 긴장적 공간을 규정한다. 그 공간에서 순환되는 가치들은 집중화되었거나 확장적이다. 외연적 양극성은 다음과 같이 설정된다.

배타성 ↔ 보편성

현존적 서술 작용은 시간화에 기초한다. 기호학적 관점에서 존재하는 것과 존재하지 않는 것의 대립 쌍은 오직 생성의 시각에서만 가능하다. 이 같은 차이에 대한 시간적 파악은 시선을 과거로 향하느냐 미래로 향하느냐에 따라서 달라진다. 존재했던 것과 존재할 수밖에 없는 것은 각각 과거와 미래를 나타낸다.

또한 담화의 '템포'를 고정시키는 것은 발화 작용 주체의 주요 임무 중의 하나이며 정서의 확산을 규정한다. 위에서 언급한 세 가지 서술 작용에 템포를 이식시키면 집중성(강도), 현존성, 외연성 각각의 기본적인 형태론을 설명할 수 있다.

또한 생성을 그것 자체로서 간주하면 '템포'의 다양한 변이형들에 의해서 다음과 같이 제시될 수 있다.[15]

템포	활기 있는	중화적	완만한
집중성	충격	전개	깊이
외연성	폭발	팽창	확산
현존성	정지	지속	기억

15 같은 책, p.118.

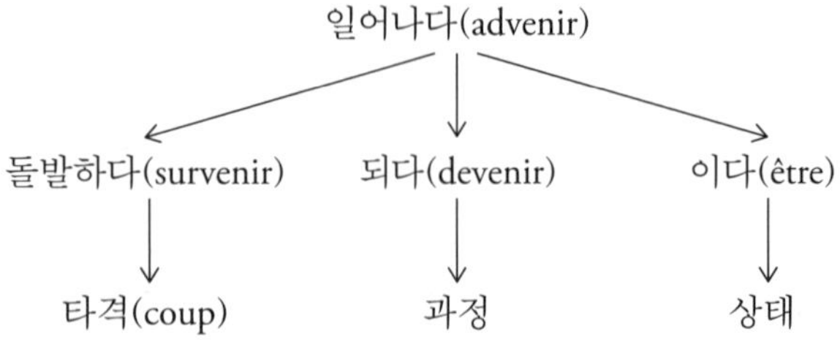

이것은 사태의 가속성의 여부에 따라 나눈 것이다. 방향성과 '템포'의 관계는 다양한 물음을 제기한다. 예컨대, 하나의 시퀀스에서 다른 시퀀스로 이동하기 위해 소요되는 시간, 사태의 진전을 가능케 하는 힘은 무엇이며, 반대로 그 같은 진전에 저항하는 요인은 무엇인가라는 물음들을 제기한다. 간단한 예를 들어 보자. 만약 어떤 사람이 외국어를 배운다고 할 때, 그는 하루에 10시간씩 집중적으로 3개월 동안 학습할 수 있으며 하루에 20분씩 3년을 배울 수도 있다. 그리고 수많은 난관을 극복해야 할 것이다.

이상의 간단한 논의에서 확인되었듯이 생성은 연속성과 상이라는 두 가지 범주 사이에 끼여 있다. 우리가 제시할 수 있는 가설은 생성은 연속체의 시발항과 상의 종착항 사이의 매개화로서 파악되어야 한다는 것이다. 끝으로 이른바 심층 구조 사이에서 생성의 자리매김의 파급 효과는 다음 장에서 살펴볼 정념의 기호학에서 나타난다. 생성의 중요성은 긴장적 공간과 연속체의 잠재성에서 비롯된다. 또한 생성은 양태화와 더불어 정념화와 관련된다. 초기의 기호학에서 제구조들은 결정적인 것으로 생각되었지만 상과 생성의 문제는 그 같은 구조를 긴장적 공간 속에 각인시킴으로써 제 구조들을 불완전하며 역동적이고 시간적인 것으로 인지케 만들었다. 또한 생성의 강조는 기호학에서 발화 작용을 일차적 성층으로 부각시키며 특히 지각적 기초에 대한 배려를 강조했다. 생성의 문제를 인식함으로써 얻어진 또 다른 반향은 생성 행로의 한복판에서 양태화에 대한 보다 진전된 이해를 가능케 했다는 것이다. 특히 양태화와 상화가 서로 상보적 관계에 있다는 점을 밝혀낼 수 있다. 상화가 과정을 비롯해 그 같은 과정이 겨냥하는 대상으로 향하는 반면 양태화는 생성 중에 있는 주체를 선호한다.

끝으로 행로의 관점에서 기호학적 대상들의 존재적(실존적) 되어 감의 문제를 분석한 퐁타니유 교수의 기발한 분석을 정리한다.[16]

대상의 되어 감(생성)은 실천 행위에 의해서 조정되는데 행위는 대상의 존재 방식에 대해서 이루어지는 작동들로서 간주된다. 가상적 방식과 실현된 방식 사이의 긴장을 탐구하는 첫 번째 행로는 '상승한다'는 표현으로 기술되는데, 그 이유는 발현을 향해서 올라간다는 의미를 갖고 있기 때문이다. 아울러 최초의 행로의 목적은 담화 지시의 중심에 도달하는 것이라는 의미에서 그렇다. 실현된 방식과 잠재화된 방식 사이에서 또 다른 긴장을 개발하는 두 번째 행로는 '하강한다'는 표현으로 기술되는데, 그것은 체계로 귀환하고 살아 있는 역동적 형태들을 상투적인 형식들로 고정시키고, 가장 전형적인 사용들의 생산물 덕분에 발화 작용의 주체들의 능력의 자양분을 제공한다. 상승적 행로에 따라서 유의미적 형태들이 발현을 염두에 두고 소환되며, 그 행로는 두 개의 상이한 행위들로 분석된다.

① 가상적 층위 > 현동화된 층위 《V > A》는 하나의 형태의 창발을 표상한다. 그것은 새로움 즉 혁신의 단계이다(V=virtuel, A=actuel).

② 현동화된 층위 > 실현된 층위 《A > R》는 하나의 형태의 출현을 기술한다. 거기서 형태는 하나의 표현이며. 그것으로 하여금 지시를 만들어내도록 하는 현실의 위상이다(R=réalisé).

하강적 행로에 따라서 유의미적 형태들은 암묵화되며, 기억화되고, 유형화되며, 소거되고 망각되는데, 이 행로 역시 두 개의 단계를 지닌다.

③ 현실화된 층위 > 잠재화된 층위 《R > P》는 살아 있고 혁신적인 형태로서의 하나의 형태의 쇠락의 조건이다. 이 단계는 따라서 사용 속에서 그것이 진입하는 것을 기술하며, 그것이 실천 속에서 고정되는 것을 기술한다(P=potentiel).

16 Jacques Fontanille, *Sémiotique du discours* (PULIM, 1998), pp. 277-283.

④ 잠재화된 층위 > 가상적 단계 층위 《P > V》는 하나의 형태의 소멸을 기술하며, 유의미적 실천의 행사 속의 기저에 깔려 있는 가상적 구조들 속에서 그것이 희석되는 것을 기술한다.

이 같은 도식 속에서 하나의 기호학적 행위는 특정 존재 방식을 촉진시키기 위해서는 다른 존재 방식을 낮추어야 한다. 그 결과 경쟁 중인 두 개의 존재 방식은 견고하게 변형된다.

실천은 따라서 최소한 상승적 방향성의 행위와 하강적 방향성의 행위를 포함한다. 따라서 기호학적 행동의 유형론은 다음과 같이 계산 가능하다.[17] 대표적인 두 가지 유형을 제시하면 다음과 같다.

ㄱ) 《A > R》 & 《P > V》: 다른 하나의 소멸과 상관 관계를 이루는 하나의 형태의 출현은 기호학적 회전 운동(révolution)을 성립한다. 이미지 영역에서, 비트겐슈타인이 제시한 유명한 예인 '오리 토끼'가 이 경우에 속한다. 여기서 토끼의 출현은 오리의 소멸을 유도하며, 그 역도 마찬가지다.

ㄴ) 《V > A》 & 《R > P》: 다른 형태의 쇠락과 상관 관계를 맺은 형태의 창발은 기호학적 왜곡이다. 생생한 비유법들은 그것이 언어적이건 시각적이건 이 같은 유형의 탁월한 예들로서 그것은 현동화된 형태와 잠재화된 형태를 경쟁 속에 갖다 놓는다.

ㄷ) 《V > A》 & 《P > V》: 다른 형태의 소멸과 결합된 형태가 창발하는 것으로서, 기호학적 개편으로서 문화적 원초소들과 체계 사이의 관계들에 영향을 미친다. 예컨대 하나의 스테레오타입 속에서 잠재적 조합을 다시 작동시키려는 일체의 작동이 이 범주에 속한다.

ㄹ) 《A > R》 & 《R > P》: 다른 형태의 쇠락과 결합된 하나의 형태의 출현은 기호학적 파동이다. 특히 하나의 은유에 의해서 결합된 두 개의 동위소가 차례차례 표층에서 발현될 때의 경우이다. 그것들의 교체는 형상을 만들어 내는 동위소가 현동화와 실현 사이에서 왕복 운동을 한다는 것을 전제로 하며, 형상화된 동위소는 잠재화와 실현 사이에서 왕복 운동을 한

17 같은 책, pp.278-279.

다는 점을 전제로 한다. 이미지 속에 있는 이미지의 형상은 흔한 예이다. 그림 속에 있는 그림에 주의를 고정시켜도, 전체 이미지가 시야에서 상실되지 않고 잠재적으로 여전히 사용 가능한 채로 남는다.

여기서 상화에 대한 논의를 쿠르테스 교수의 친절한 설명을 참조하여 풀어보도록 하자.

예컨대, 어떤 소설에서 두 명의 등장인물이 처음에는 적대감이나 반감을 갖고 있다가 점차적으로 서로를 알아가며 우정의 감정으로 변화되는 상황을 가정해 볼 수 있다. 논리적 의미론적 층위에서 '반감'이 '우정'으로 변형되는 것은 범주적 본질에 속한다면(즉, 반감 아니면 우정 둘 가운데 하나이다), 그 같은 변형의 담화화(mise en discours)는 그 변형을 사실상 발화의 수신자에게는 점증적인 방식에 따라 제시할 것이다. 이를테면, 다음과 같은 표현들을 사용할 수 있을 것이다. "그들은 서서히 호감을 갖기 시작했다", "그들은 간혹 서로에게 친근함을 느꼈다", "그들은 약간이나마 애틋한 감정을 갖게 되었다."

범주적(부문적)인 차원에서 점증적인 차원으로의 이동이 실현될 수 있는 것은 무엇보다도 상화(aspectualisation)의 작동 덕분이다. 그런 경우, 각각의 행동은 관찰자에 의해 앞으로 진전하는 것 또는 흐름, 방향성을 띤 직선적 전개로 간주될 수 있다. 이 같은 행동의 전개 양상과 성격은 다양한 상들을 통해 그것들을 분절시키는 것이 가능한 것이다.

소설은 물론, 시와 신화 등, 간단한 서사에서도 이 같은 상의 작동들이 매우 복잡하고 다양한 방식으로 나타난다는 점에서, 여기서는 아주 간략한 몇 가지 예를 제시하는 것으로 만족한다.

이를테면, 서사 작품에서 초반에는 엄청난 소음으로 시작하다 점차적으로 명상과 침잠, 고독 등의 침묵의 분위기로 반전되거나, 아니면 도입부에서는 두려움의 분위기가 팽배하다가 점차적으로 주인공인 안심하는 심리적 상태로 변화하는 상황을 상상해 볼 수 있다.

여기서는 쿠르테스 교수가 분석 대상으로 삼은, 기자이면서 작가인 케셀의 소설, 《사자》[18]의 분석을 쉽게 풀어서 소개한다. 분석 대상이 된 단락에 나오는 주요 인물은 10살 된 소녀 파트리시아(Patricia)와 야생동물 보호지역을 관리하는 그의 아버지, 그리고 서술자는 이 동물 보호지역을 이제 막 방문하고 나서 그곳에서 보고 느낀 점을 묘사하고 있다. 그곳은 아프리카의 사바나이며, 사자 한 마리가 누워 있고, 전율을 자아내는 발톱과 갈기 등을 묘사하고 있고, 특히 어린 소녀가 맹수의 가슴팍에 자신의 등을 기대고 어루만지고 있는 장면이다.

그런데 상과 상화의 문제는 반드시 시제와 밀접한 불가분의 관련성을 맺고 있다는 점에서 발췌문에서 사용된 시제의 특징을 소략하게나마 제시할 필요가 있다.[19]

이 소설의 발췌문은 그 핵심에 있어 과거 시제가 사용되고 있다. '그때'(alors)는 발화 작용의 '지금'의 부정에 의해서 성립된다. 여기서 쿠르테스는 파트리시아와 사자, 그리고 그녀와 서술자 사이에서 주고 받는 대화들에서 나타나는 현재 시제는 고려하고 있지 않다. 이들 대화문들은 발화체의 내부에서 의사소통의 구조의 투사에 해당된다.

케셀이 사용하는 과거는 두 개의 형태를 띠고 있다. 반과거와 단순 과거가 그것이다. 미완료상과 완료상 사이의 이 같은 대립에 기초하여 발췌문을 4개의 시퀀스로 분해한다. 먼저 시퀀스 A(1-11행)로서 반과거 시제로 묘사되었다. 단 하나의 예외는 9행에서 사용된, '나는 보았다'(je vis)라는 동사로서 이것은 내용 차원에서, 사자와 파트르시아 사이에 존재하는 '우정'에 해당되며, 따라서 '지속상'의 차원에 속한다.

시퀀스 B(12-41행)는 8개의 반과거 시제가 사용되었으며, 그 핵심은 단순 과거로 쓰여졌다. 여기서 우리는 '완료상'과 '점괄상'의 차원에 진입한다. 이것은 최초의 사건적 시퀀스로서, 서술자 '나'와 '사자' 모두에게 있어 양태성들의 자리 배치에 해당된다.

---

18 J.Kessel, *Le Lion* (Paris: Gallimard, 1958).

19 J. Courtès, *Sémantique de l'énoncé* (Paris: Hachette, 1989), pp.60-62.

시퀀스 C(42-59행)는 서술자의 정신 상태를 제시하기 위해 사용된 '미완료상'으로 다시 돌아간다. 시퀀스 D(60-110행)는 7개의 반과거 시제를 통합시키고 있으나, 전체적으로는 단순 과거 시제로 쓰여졌다. 두 번째 시퀀스와 동일한 시제 형태가 사용되었으나, 그것은 양태화와 관련되어 있는데, 네 번째 시퀀스에서는 결정적인 영광 시련과 관련된다.

이 같은 4분할적 분배에서, '비완료상'과 '완료상'의 교체는 우연의 결과가 아니다. 전체적으로 보았을 때, 아울러 내용의 관점에서 보았을 때, 세그먼트 A와 C는 '지속상'에 속하고 사물의 상태를 제시한다면, A는 '유쾌'의 유형에 속하는 반면, C는 선명하게 '불쾌'의 차원에 속한다. 시퀀스 B와 D는 특히 '점괄상'에 속하며 서사적 조직 차원에서는 대립한다.

쿠르테스는 여기서 소설에서 묘사된 두 개의 핵심적 행동들이라 할 수 있는, 수직 운동으로 이루어진 사자의 행동과, 수평적 이동에서 진행되는 서술자의 행동에 초점을 둔다.

먼저, 소설에서 묘사되는 '가까이서', '멀리서', 즉 카메라의 주밍(zooming) 처럼, 소설에서 이루어지는 행동들을 원거리에서 또는 근거리에서 묘사하는 상황이다.

소설에서 사용된 "휘젓고 있었다", "문지르고 있었다", "쓰다듬고 있었다", "비비고 있었다" 등의 동사 형태를 그 자체로서 고려할 경우, 자연히 이 같은 동사들은 '지속적인 것', 즉 일정한 지속성을 표현하는 상에 속한다는 인상을 자연스럽게 갖게 될 것이다. 특히, 이 같은 행동들은 그 행동이 발생하는 장소에 근접해서 관찰할 때 발화할 수 있는 것들이다. 동사, '비비다'(frotter)의 경우는 상의 차원에서 완만함과 신속함의 대립을 도입하면서 다시 세분화할 수 있다. 쉽게 비비는 행동은 완만하게 이루어질 수도 있고 신속하게 이루어질 수도 있는데, 이것은 암묵적으로 그 과정이 발화체의 주체에게 요구하는 시간과, 그 과정이 관찰자에게서 통상적으로 취하는 시간 사이의 비교를 암묵적으로 전제한다. 쿠르테스는 다음과 같은 도표를 제시한다.[20]

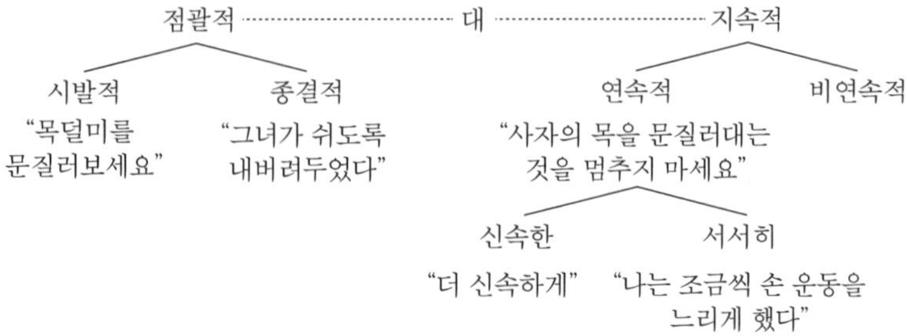

이 같은 움직임의 형상들('휘젓고 있었다', '문지르고 있었다', '쓰다듬고 있었다', '문질러 대고 있었다')을 검토된 담화의 보다 일반적인 틀 속에서 다시 정립한다면, 이 같은 다양한 몸짓들은 '지속적인 것'(지속상)에 속하지 않고, '종결적인 것'(종결상)에 속한다고 진술할 수 있다. 풀어 말해, 이 같은 몸짓들이 실제로 생성 행로의 마지막 부분에 위치할 때 그러하다. 생성 행로는 통사적 차원에서, '비연접'에서 '연접'으로 이동하고, 주제적 차원에서는 '비우정'에서 '우정'의 상태로 이동하며, 구상적으로는 '멀리서'에서 '가까이'로 이동한다. 시각적으로 말하자면, 이를테면 이 장면을 영화의 카메라 촬영에 비유한다면, 오브제가 초점이 되는 근접 촬영 장면으로부터, 장면 전체를 찍는 구도로 이동하는 것이다. 여기서 쿠르테스가 강조하는 것은, 이 같은 사실로부터 최소한 상화는 채택된 시점에 따라 이동할 수 있는 관계들의 체계에 불과하다는 점을 상기시켜 준다는 것이다. 이 점에서, '문지르다'라는 동사의 분별은 관찰자를 행동의 가까운 곳으로 위치시킨 것임을 알 수 있다. 하지만 발화체의 수용자, 즉 독자가 '문지르다'라는 동사를 '연접', '우정'의 수립으로 해석할 때, 이 장면 묘사를 읽는 독자는 일정한 거리 두기를 해야 하며, 그의 시각을 변형시켜야 비로소 이 같은 몸짓에 대해 그것의 완전한 의미를 부여할 수 있다. 물론, 이 모든 것은 작동되고 있는 다양한 시각들 사이의 관계들, 경우에 따라서는 발화체의 수용자에 견주어서, 그것들의 위계적인 조직화의 문제를 제기한다. 이때, 발화체의 수용

20 같은 책, p.63.

자가 텍스트가 구성하는 관찰자와 일치하거나 불일치할 수 있다는 상정이 이루어져야 할 것이다.

엄밀하게 담화적인 관점에서 본다면, 즉 오직 동사 형태에만 국한된 전통적인 문장 차원의 언어학으로부터는 파악될 수 없는, 인용된 전체 단락 모두를 고려한다면, 다음과 같은 동사 표현들 모두를 '점괄적 종결적'(점괄상과 종결상)의 범주에 갖다 놓을 수 있을 것이다.

> "나는 사자를 만지고 있었다."
> "나의 손바닥을 킹(King)의 목에 갖다 대었다."
> "더 이상 움직이지 마세요."

위의 문장들뿐만 아니라 다음 문장들도 마찬가지다.

> "사자의 앞 다리 사이에서"
> "그 아이의 목은 열려진 사자 아가리가 삼켜 버릴 수 있는 범위에 놓여 있었다."
> "어머어마한 사자의 송곳니 사이에서"
> "두 마리의 호랑이 사이에서 잠자다."

파트리시아뿐만 아니라, 사육사 또는 그녀의 아버지가 품게 된 '우정'의 위치는, '반감'은 아닐지언정 최소한 '비우정'이라는 선행 상태를 전제로 한다. 하나의 상태에서 다른 상태에로의 이동은 이 경우 야수들의 길들이기에 해당된다. 위의 문장들에서, '사이에서'(프랑스어 전치사 entre)는 프랑스어 사전에서 그 단어를 정태적 관점에서 '사물들을 갈라 놓는 공간에서'라고 정의하고 있다는 점을 주목할 필요가 있다. 그런데 여기서 그 단어는 담화적으로 무엇인가를 향해 가는(ad quem)의 운동을 표시하는 구성 항으로서 사용되었다. 그 단어를 사용한 목적은 논리적으로 전제된, 최초의 공간

적 이접으로부터 획득된 최대의 근접성을 표시하기 위한 것이다.[21]

물론, '우정'의 수립에 해당되는 '점괄적 종결적' 차원(점괄상, 종결상)과는, '비우정'과 상관관계를 맺은 '점괄적 시발적'(점괄성 시발성)이 대립한다.

'지속상'을 검토할 경우, 서술자에게 고유한, 아울러 그것의 서사 프로그램을 구상화하는, '멀리서'로부터 '가까이'에로의 이동은 관찰자에게는 어떤 경우에는 연속적인 형태로, 또 어떨 때는 비연속적인 형태로 제시된다.

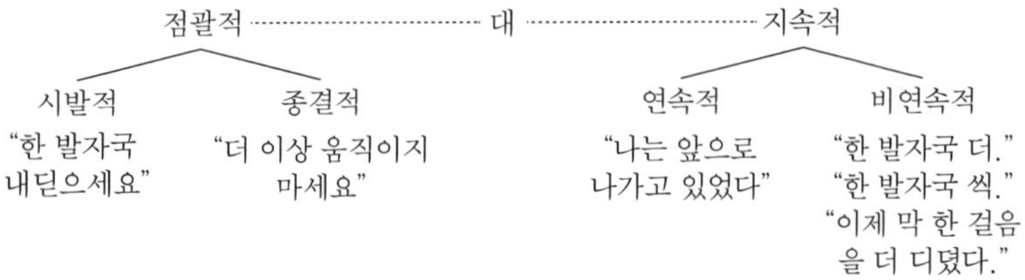

오직 한 가지 유형에서만 발생하는 '가까이서'와 '멀리서'의 대립과 달리, '위에서'와 '아래서'의 범주는 이와 정반대로 두 개의 가능한 방향에 따라 개발되고 있다. '위'에서 '아래로', 그리고 그 반대 방향에서 이루어진다. 담화적 관점으로 국한시켰을 때, 다음과 같이 '점괄상'을 조직화시킬 수 있다.

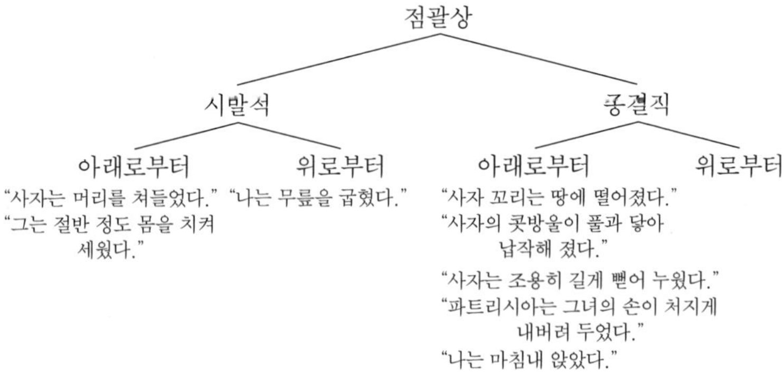

21 같은 책, p.64.

'시발상'이 이를테면 주체와 반주체를 대립시킨다면, 반대로 '종결상'은 '위로'부터 모든 주인공들을 결집시키고 있으며 여기에는 발신자인 파트리시아도 포함된다. '아래로' 향하는 그들의 모든 동일한 운동들은 '우정'과 '유쾌'의 결정적인 수립에 상응한다.

'점괄상'과 달리 '지속상'은 다음과 같다.[22]

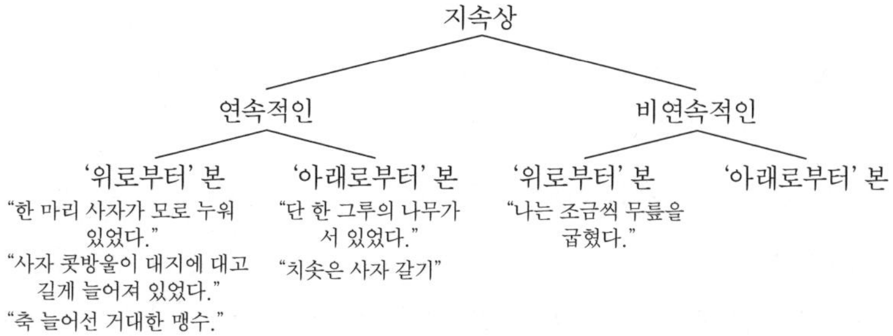

22 같은 책, p.66.

제18장
모파상의 〈두 친구〉 분석

지금까지의 이론적 모델을 구체적인 작품에 적용할 경우 그레마스가 모파상의 단편 작품 〈두 친구〉에 대해 시도한 세밀한 분석은 문학 기호학 연구의 본보기라 할 수 있다. 단 9쪽에 불과한 단편 작품을 270여 쪽에 이르는 방대한 분량을 할애하여 텍스트의 구조를 치밀하게 분석하고 있다. 그레마스가 직접 분석한 대표적인 작품 분석 사례라는 점에서뿐만 아니라, 기호학적 분석의 탁월한 전범이라는 점에서 다소 원문이 길다 하더라도 한국어 번역 전문을 싣고 간략하게 그 핵심 분석 내용을 개괄하는 시도는 의의가 없지 않을 것이다. 이 작품 분석에서, 그레마스가 사실 자신의 기호학 이론의 주요 모델과 개념들을 거의 모두 활용하고 있다는 점에서, 그의 개념이 구체적 작품에 적용되는 과정과 방법론적 절차를 파악할 수 있게 해 준다.

이 책에서 대략 150여 개의 그레마스 기호학 이론의 모델, 개념들이 적용되고 있다는 점에서 《정념의 기호학》 이전에 나온 거의 모든 개념들을 모두 녹여 내서 분석한 그레마스 기호학의 백미라고 할 수 있다.

〈두 친구〉

파리는 포위되어 있고, 굶주리고 허덕이고 있었다. 지붕 위의 참새들도 아주 드물어졌고, 하수도에는 쥐들이 없어졌다. 사람들은 아무것이나 먹어 댔다.

정월의 어느 청명한 아침, 직업은 시계상이나 때로는 집에서 한가로이 지내기를 좋아하는 모리소 씨는 제복 바지 주머니에 두 손을 찌르고 허기진 배를 하고 큰 외곽 도로를 따라 우울하게 거닐고 있다가, 친구로 여기는 한 동료 앞에서 우뚝 걸음을 멈추었다. 그는 물가에서 알게 된 소바주 씨였다.

전쟁 전에는 일요일마다 모리소는 새벽부터 한 손에는 대나무로 만든 낚싯대를 들고, 등에는 양철통을 메고 길을 떠나곤 했었다. 그는 아르장퇴유 행 기차를 타고 콜롱브에서 내려, 걸어서 마랑뜨 섬으로 갔었다. 그의 꿈의 장소인 그곳에 도착하자마자 그는 낚시질을 시작했고, 밤늦게까지 고기를 잡았다.

일요일마다 그는 거기에서 뚱뚱하고 쾌활한 자그마한 남자 소바주 씨를 만나곤 했었는데, 그는 노트르담 드 로레트 가(街)에서 잡화상을 하고 있는 또 하나의 광적인 낚시꾼이었다. 그들은 종종 손에는 낚싯줄을 드리우고, 발을 흐르는 물 위로 흔들거리면서 나란히 앉아 반나절을 보내곤 했었다. 그렇게 해서 그들은 서로 우의(友誼)를 맺게 되었던 것이다.

어떤 날에는 서로 말을 하지 않았다. 가끔 이야기를 하기도 했지만, 그들은 비슷한 취미와 같은 느낌을 가지고 있었기 때문에 아무 말을 하지 않아도 놀랄 만큼 서로 뜻이 맞았다.

봄이면 아침 열 시경쯤, 원기를 회복한 태양이 잔잔한 강에 물과 함께 흐르는 옅은 수증기를 띄우게 하고 열중해 있는 두 낚시꾼의 등에 새봄의 따뜻한 햇볕을 내리쬘 때면, 모리소는 곁에 있는 사람에게 가끔 "어때요, 얼마나 따스합니까!" 하고 말을 건넸다. 그러면 소바주 씨는 "이보다 더 좋은 것은 없을거요" 하고 대답하는 것이었다. 서로를 이해하고 믿기에는 이것으로 충분했었다.

가을에는 해 질 녘, 저무는 태양으로 핏빛처럼 붉어진 하늘이 진홍색

구름의 형태를 물에 던지고, 강물을 온통 붉게 물들이고, 수평선을 타오르게 하고, 두 친구를 불처럼 붉게 만들고, 겨울의 오한으로 살랑거리고 있는 단풍 든 나무들을 금빛으로 물들일 때면, 소바주 씨는 미소를 짓고 모리소를 바라보며 이렇게 말하곤 하였다. "얼마나 아름다운 광경입니까!" 그러면 모리소도 감탄을 하여 낚시찌에서 눈을 떼지 않고 대답하였다. "큰 거리보다 훨씬 낫지요, 안 그래요?"

그들은 서로 알아보자마자 힘껏 악수를 하였다. 너무도 다른 상황에서 만나게 되어 매우 감격했던 것이다. 소바주 씨는 한숨을 내쉬면서 중얼거렸다. "이게 무슨 일들이오!" 모리소도 매우 침울하여 이렇게 한탄했다. "무슨 날씨가 이런지! 오늘은 금년 들어 처음으로 날씨가 좋군요."

아닌 게 아니라 하늘은 새파랗고 햇빛으로 가득했다.

그들은 생각에 잠겨 침울하게 나란히 걷기 시작했다. 모리소가 다시 말을 했다. "낚시질은요? 얼마나 좋은 추억이오!"

소바주 씨가 물었다. "언제 거기에 다시 갈 수 있을까요?"

그들은 어느 작은 카페로 들어가 함께 압생트 한 잔을 마셨다.

그러고 나서 보도 위를 다시 거닐기 시작하였다.

모리소가 갑자기 걸음을 멈추었다. "한잔 더 할까요, 어때요?" 소바주 씨가 동의를 했다. "좋으실 대로." 그래서 그들은 다른 술집으로 들어갔다.

나올 때는 그들은 많이 취했고, 아무것도 먹지 않고 알코올로 배를 채운 사람들처럼 비틀거렸다. 날씨는 따스했다. 살랑거리는 미풍이 그들의 얼굴을 간지럽혔다.

훈훈한 공기에 완전히 취해 버린 소바주 씨가 걸음을 멈추었다.

"거기에 갈까요?"

"거기가 어디요?"

"낚시질하러 말이오."

"그러나 어디로?"

"우리들의 섬으로. 프랑스의 전초(前哨)가 콜롱브 근처에 있어요. 내가 뒤물랭 육군 대령을 알고 있으니까 쉽게 통과시켜 줄 것이오."

모리소는 낚시질을 하고 싶은 욕망으로 몸이 떨렸다. "결정되었소. 찬성이오." 그래서 그들은 낚시 도구들을 가지러 가기 위해 서로 헤어졌다.

한 시간 후에 그들은 나란히 대로를 걷고 있었다. 그러고 나서 그들은 대령이 차지하고 있는 별장에 이르렀다. 대령은 그들의 부탁에 미소를 짓고 그들의 엉뚱한 생각에 동의를 하였다. 통행증을 마련한 그들은 다시 걷기 시작하였다.

얼마 안 가서 그들은 전초선을 넘고 비어 있는 콜롱브를 가로질러, 세느 강 쪽으로 내려가는 작은 포도밭 가에 이르렀다. 대략 열한 시쯤이었다.

정면에 있는 아르장퇴유 마을은 죽은 듯이 보였다. 오르즈몽과 사누아의 고지(高地)들이 온 지방을 굽어보고 있었다. 낭테르까지 이르는 큰 평야는 벌거벗은 벚나무와 잿빛 땅만 잇고 텅 비어 있었다.

소바주 씨는 손가락으로 산꼭대기를 가리키면서 중얼거렸다. "프러시아인들이 저 위에 있겠지요!" 이 황량한 지역 앞에서 어떤 불안이 두 친구를 마비시켰다.

'프러시아인들!' 그들은 한 번도 그 사람들을 본 적이 없지만, 몇 달 전부터 파리 주변에서 프랑스를 파괴하고, 약탈하고, 학살하고, 굶주리게 하는, 보이지 않는 절대적인 권력을 가진 그들을 느끼고 있었다. 그들은 그 미지의 승리한 국민들에 대해서 가지고 있는 증오심에다 일종의 미신적인 공포를 추가하였다.

모리소가 더듬거리며 말했다. "어때요! 우리가 그자들을 만난다면?"

소바주 씨는 어떤 일이 있더라도 다시 살아나는 파리 사람다운 빈정거림으로 대답했다.

"그들에게 튀김이나 하나 줍시다."

그러나 온 지평선에 깔려 있는 침묵에 겁을 먹은 그들은 위험을 무릅쓰고 들판으로 내려가기를 주저하였다. 마침내 소바주 씨가 결단을 내렸다. "자, 출발! 그러나 신중히." 그래서 그들은 몸을 굽히고 기어서, 몸을 가리기 위해 덤불을 이용하면서, 불안한 눈으로, 귀를 곤두세우고 포도밭 안으로 내려갔다.

강가로 가려면 벌거벗은 광야를 가로질러야 한다. 그들은 달리기 시작했다. 높다란 둑에 다다르자, 마른 갈대 속에 몸을 웅크렸다.

모리소는 땅에다 뺨을 갖다 대고 근방에서 발자국 소리가 들리지 않나 들어 보았다. 아무 소리도 들리지 않았다. 그들만이, 오직 그들만이 있을 뿐이었다.

그들은 안심을 하고 낚시질을 시작했다.

그들 앞에 있는 버려진 마랑트 섬은 다른 쪽 제방으로부터 그들을 가려 주었다. 작은 음식점은 닫혀 있었고, 몇 년 전부터 버려둔 것 같았다.

소바주 씨가 첫 번째로 모샘치를 잡았고, 모리소가 두 번째 것을 잡았다. 그리고 낚싯줄 끝에서 팔딱이는 작은 고기가 매달린 낚싯대를 수없이 들어 올리곤 하였다. 참으로 놀라운 낚시질이었다.

그들은 물고기들을 발밑에 담가 놓은, 코가 아주 촘촘한 그물주머니 속에 조심스럽게 넣었다. 그러면 형용할 수 없는 기쁨이 그들의 마음에 스며들었다. 그것은 오래 전부터 빼앗겼던 가장 사랑하는 즐거움을 다시 찾았을 때 느끼는 그런 기쁨이었다.

쾌적한 태양이 그들의 어깨 사이로 열기를 흘려보내고 있었다. 그들은 이제 아무 소리도 듣지 않았다. 아무것도 생각하지 않았다. 그 밖의 세상은 몰랐고, 단지 낚시질만 하고 있었다. 그런데 갑자기 땅 밑에서 들려오는 듯한 어떤 둔탁한 소리가 지면을 흔들었다. 대포 소리가 다시 쾅쾅 울리기 시작했다.

모리소가 머리를 돌려 제방 위로, 왼쪽에 있는 발레리앙 산의 커다란 윤곽을 언뜻 보니 그 전면에는 방금 총구에서 불을 뿜어 낸 화약의 연기가 흰 깃털 장식처럼 걸려 있었다. 그리고 곧 두 번째 연기의 분출이 요새 꼭대기에서 솟아올랐다. 잠시 후에 또다시 포성이 울렸다. 그러고는 연달아 포성이 울리고, 간간이 산은 죽음의 숨결을 내뿜고 젖빛 연무(煙霧)를 내쉬는데, 그것은 고요한 하늘로 서서히 올라가 산 위에서 구름을 만들었다.

소바주 씨는 어깨를 으쓱했다. "또 시작하는군" 하고 그가 말했다.

낚시찌의 깃털이 연방 물속에 잠기는 것을 걱정스럽게 바라보던 모리소는 갑자기 화가 났다. 그것은 그렇게 서로 싸우고 있는 그 미친 사람들에 대하여 평화스러운 사람이 갖는 분노였다. 그래서 그는 투덜거렸다. "저렇게 서로 죽이다니, 어리석기 짝이 없어."

소바주 씨가 말을 이었다. "짐승보다도 나쁘지."

방금 잉어 한 마리를 잡은 모리소는 이렇게 분명히 말했다. "정부가 있는 한 언제나 이럴 것이오."

소바주 씨가 그 말을 중단시켰다. "공화국이라면 전쟁을 선포하지 않았을 겁니다…"

모리소가 그의 말을 가로막았다. "왕을 가지면 밖에서 전쟁을 선포하고, 공화국을 가지면 안에서 전쟁을 하지요."

그들은 시야가 좁은 온순한 사람들이 갖는 건전한 양식으로 큰 정치적인 문제들을 풀어 가면서, 사람들은 결코 자유로워질 수 없으리라는 점에 대해서는 의견의 일치를 보면서 조용히 이야기를 나누기 시작하였다. 그러는 중에도 발레리앙 산은 쉬지 않고 쾅쾅 울려 대면서, 프랑스의 집들을 포탄으로 파괴하고, 생활을 부수며, 사람들을 으스러뜨리면서, 많은 꿈에, 기다리던 많은 기쁨에, 기대하던 많은 행복에 끝장을 내면서, 다른 나라에 있는 부인들의 가슴에, 딸의 가슴에, 어머니의 가슴에 그치지 않는 고통을 파 놓고 있었다.

"이것이 인생이지요" 하고 소바주 씨가 분명하게 말했다.

"차라리 죽음이라고 말하세요"라고 모리소가 웃으면서 말을 이었다.

그러나 그들은 뒤에서 누군가가 걸어오는 소리를 들은 것 같아 질겁을 하여 몸을 떨었다. 눈을 돌려 보니, 그들의 어깨 곁에 네 명의 남자가 서 있는 것이 보였다. 제복을 입은 하인처럼 옷을 걸치고 납작한 모자를 쓴, 키가 크고 수염이 덥수룩한 무장한 네 명의 남자들이 총 끝으로 그들의 뺨을 겨냥하고 있었다.

두 사람의 낚싯대가 손에서 미끄러져 강물에 떠내려가기 시작했다. 당장에 그들은 체포되고 결박당했으며, 끌려가 배에 던져져 섬으로 이송되었다.

그들이 비어 있다고 생각한 그 집 뒤로, 스무 명가량의 독일 병정이 보였다.

의자에 말을 타듯 걸터앉아 커다란 사기 파이프로 담배를 피우던 거인 같은 털보가 그들에게 훌륭한 프랑스어로 물었다. "그래, 선생들, 낚시질은 잘 하셨소?"

그러자 한 병사가 주의해서 가져온, 물고기가 가득 든 어망을 장교의 발치에 내려놓았다. 프러시아인이 미소를 지었다. "오! 오! 안 되지는 않았군. 그러나 문제는 다른 것이오. 잘 들어요, 당황하지 마시고, 내가 보기엔, 당신 두 사람은 내 동정을 살피라고 보낸 스파이들이오. 난 당신들을 잡았으니 총살형에 처할 것이오. 당신들은 계획을 보다 잘 감추기 위해서 낚시질을 하는 체한 것이오. 당신들이 내 수중에 떨어졌으니, 당신들에게는 딱한 일이오. 이것이 전쟁이란 것이오. 그러나 당신들은 전초를 빠져나왔으니 다시 들어가기 위한 암호를 확실히 알고 있을 거요. 그 암호를 내게 말하시오. 그러면 당신들을 용서해 주겠소."

나란히 선 두 친구는 창백해졌다. 그들은 손을 신경질적으로 떨면서 잠자코 있었다.

장교가 다시 말했다. "아무도 그것을 절대로 알지 못할 것이고, 당신들은 조용히 돌아갈 수 있을 것이오. 비밀은 당신들과 함께 사라질 것이오. 만약 거절한다면 죽음이 있을 뿐이오, 당장에. 선택하시오."

그들은 입을 다물고 그대로 꼼짝 않고 있었다.

프러시아인은 여전히 침착하게 강 쪽으로 손을 펴면서 말했다. "생각해 보시오. 5분 후에는 당신들이 물 바닥에 있게 된다는 것을. 5분 후! 당신들에게는 가족이 있겠지요?"

발레리앙 산은 여전히 쾅쾅 울리고 있었다. 두 낚시꾼은 그대로 말없이 서 있었다. 독일인은 자기 나라 말로 명령을 내렸다. 그리고는 너무 포로들 가까이에 있지 않으려고 의자의 위치를 바꾸었다. 열두 명의 남자가 집총을 하고 이십 보 거리에 자리했다.

장교가 다시 말했다. "일 분의 여유를 주겠소. 그 이상은 절대로 안 되오."

그러고 나서 그는 갑자기 몸을 일으켜 두 프랑스인에게로 가까이 오더니, 모리소의 겨드랑이를 잡고 좀 먼 곳으로 끌고 가 낮은 소리로 말했다. "빨리, 그 암호는? 당신 동료는 아무것도 모를 것이오. 내가 동정하는 표정을 지을 테니까."

모리소는 아무 대답도 하지 않았다.

그러자 프러시아인은 소바주 씨를 끌고 가 똑같은 질문을 했다.

소바주 씨는 대답하지 않았다.

그들은 다시 나란히 서게 되었다.

장교가 명령을 내리자, 병정들이 총을 들어 올렸다.

그러자 모리소의 눈길이, 몇 발짝 떨어진 풀밭에 그대로 있는, 모샘치가 가득한 어망 위로 우연히 떨어졌다.

한 줄기 햇살이, 아직도 움직이고 있는 그 많은 물고기들을 반짝이게 하였다. 그는 온몸에 맥이 빠졌다. 안간힘을 썼으나 눈에는 눈물이 가득했다.

그가 더듬거리며 말했다. "안녕히 가세요, 소바주 씨."

소바주 씨가 대답했다. "안녕히 가세요, 모리소 씨."

그들은 서로 손을 꽉 잡았지만, 전율을 이길 수가 없어서 머리에서부터 발끝까지 흔들렸다.

장교가 소리쳤다. "발사!"

열두 발의 총알이 일시에 나갔다.

소바주 씨는 단번에 코를 박고 쓰러졌다. 그보다 키가 큰 모리소는 비틀거리면서 빙그르르 돌더니, 얼굴을 하늘로 하고 친구 위에 모로 쓰러졌다. 그러는 사이에 뿜어 대는 핏줄기가 가슴의 터진 웃옷에서 스며 나왔다.

독일인이 다시 명령을 내렸다.

그의 부하들이 흩어졌다가 밧줄과 돌들을 가지고 돌아와, 두 시체의 발에 붙들어 매었다. 그러고 나서, 시체를 강둑으로 운반했다.

발레리앙 산은 쾅쾅 울리는 것을 멈추지 않았고, 이제는 연기를 이고 있었다.

두 병정이 모리소의 머리와 팔을 잡았다. 다른 두 병정이 똑같은 방법으로 소바주 씨를 잡았다. 시체들은 잠깐 힘차게 좌우로 흔들리다가 멀리 던져졌다. 그것은 곡선을 그리면서, 처음에는 발에 매인 돌들 때문에 선 자세로 강물 속에 잠겼다. 물은 솟구쳐 튀어 올랐다가 거품이 일면서 흔들렸으나 곧이어 잔잔해졌다. 그러는 동안 잔물결이 강기슭까지 밀려왔다.

피가 약간 물 위에 떠돌았다.

여전히 침착한 장교는 낮은 목소리로 "이제는 고기들의 차례로군" 하고 말했다. 그러고는 집을 향해 되돌아갔다.

갑자기 풀 속에서 모샘치가 들어 있는 어망이 그의 눈에 띄었다. 그것을 주워 살펴보더니, 미소를 지으며 "빌헴!" 하고 소리를 질렀다.

흰 앞치마를 두른 한 병사가 달려왔다. 그러자 그 프러시아 인은 총살당한 두 사람이 잡은 고기를 그에게 던지면서 이렇게 명령했다. "아직 살아 있는 동안에 이 조그만 고기들을 당장 튀겨 오게나. 맛있을걸세."

그러고 나서 그는 파이프에 다시 불을 붙였다.

그레마스는 이 단편 소설을 모두 열두 개의 시퀀스로 분할하고 있다. 그것을 열거하면 다음과 같다.

① 파리 ② 우정 ③ 산책 ④ 탐색 ⑤ 평화 ⑥ 전쟁 ⑦ 포획 ⑧ 재해석 ⑨ 거부 ⑩ 죽음 ⑪ 장례 ⑫ 이야기의 결말

지면 관계상, 필자는 열두 개의 시퀀스 내용을 순서에 따라 정리하지 않고, 앞에서 제시했던 그레마스 기호학 이론의 핵심적 모델과 개념들을 중심으로 재배치하여 설명하는 수순을 밟았다. 대체로 다음과 같은 개념들에 주안점을 두었다. 행동자 및 행위자, 기호학적 사각형, 언어적 커뮤니케이션과 참여적 커뮤니케이션, 계약, 발신자, 시련(자격, 결정, 영광), 동위소, 서사 프로그램, 가치, '하다'와 '알다'의 양태성.

먼저 그레마스는 제1장에서 텍스트의 조직, 즉 그 짜임새의 구조를 제시한다. 시간적 공간적 이접, 주제적 역할과 상의 구조, 담화의 동위소, 가치론적 투자, 파리라는 공간적 형상 등, 단 두 개의 문장으로 이루어진 제1 시퀀스에 대해서 무려 20쪽에 걸쳐 치밀하게 분석하고 있다.[1] 먼저 시간적 관점에서 단편의 첫 번째 두 단락은 직관적으로 하나의 특정 시기를 지시하는 개념들의 총합으로 제시된다. 즉, 그것은 '전쟁'이라 불리는 매우 특수한 시기이다. 하지만 '전쟁'이라는 단어의 명명은 전쟁 이전의 사건들에 대한 이야기를 들려주는 세 번째 단락의 초입부에서야 나타난다. 따라서 전쟁을 중심으로 전쟁 이전, 전쟁 중, 전쟁 이후로 시간성이 분할됨을 알 수 있다.[2] 이 단편에서 작가는 역사적 시점을 암묵적으로 남겨 둔 반면, 공간적 정박

1 A. J. Greimas, *Maupassant: La sémiotique du texte: exercices pratiques* (Paris: Seuil, 1978), pp.19-38.
2 같은 책, p.20.

점은 명시적으로 공표된다. 즉, 단편의 첫 단어는 '파리'로 시작한다. 이것은 이 단편의 서사에 의해서 제시된 장소들 가운데 하나를 지시하는 지명이다. 파리라는 토픽적 장소는 고유 명사라는 점에서 그 자체의 의미 작용을 원칙적으로 결여하고 있는데, 문제는 파리를 수식하는 다양한 형용사들에 주목해야 한다는 것이다. 이 단편의 첫 문장은 '파리가 포위되어 있다'는 진술로 시작한다. 따라서 포위라는 단어를 통해서 '포위된'(파리), '포위하는'(파리가 아닌)의 의소적 범주가 가능하며 이제 행위자 모리소가 파리라는 포위된 공간을 떠나 파리를 포위하는 공간으로 이접하는 이동의 표시로 세 번째 단락이 시작된다.[3]

두 번째로 지적할 사항은 행위소적 이접이다. 제1 시퀀스와 제2, 제3 시퀀스 사이에서는 담화적 주체의 구별이 이루어진다. 제1 시퀀스의 주체가 파리인 반면, 제2, 제3 시퀀스의 주체는 모리소 씨와 소바주 씨이다. 아울러 파리는 집단적 행위자인 반면, 두 친구는 개별적 행위자라는 구별도 가능하다.[4]

두 번째 단계에서는 파리에 대한 다음과 같은 세 개의 형용사가 나온다. '포위되어 있고, 굶주리고, 허덕이고 있었다.' 이 같은 의미론적 구조에서는 공통적인 불쾌의 공시(connoation dysphorique)가 기저에 깔려 있다고 말할 수 있다. 첫 번째 형용사가 공간적 규정을 포함하고 있는 반면, 다른 두 개의 형용사는 가치론적 내용을 발현하고 있다는 점에서 차이를 드러낸다. 즉, 이 소설의 첫 문장에서 '파리'라는 명명은 공간적 정의와 가치론적 정의를 구비하고 있다. 여기서 '허덕이고 있다'는 형용사는 사람이 죽어 갈 때 내는 신음 소리를 말하는데, 이 점에서 파리가 의인화된 것이라 말할 수 있다. 반면, '굶주리고'라는 어휘소에서 발현되는 것은 '살아 있는 것'이라는 주제적 역할이라는 점에서, 앞의 '허덕이고 있다'는 어휘소에 내포된 '죽어 가는'이라는 주제적 역할과 나란히 놓을 수 있다. 누군가에 대해서 '죽어 가

3 같은 책, p.21.

4 같은 책, pp.21-22.

고 있다'고 말하는 것은 그의 상태가 아직 /죽지 않은/ 상태라는 것을 인정하는 것이며, '살아 있는 것'의 상태가 /생명/인 것과 마찬가지라는 점에서, 다음과 같은 기호학적 사각형이 가능하다.[5]

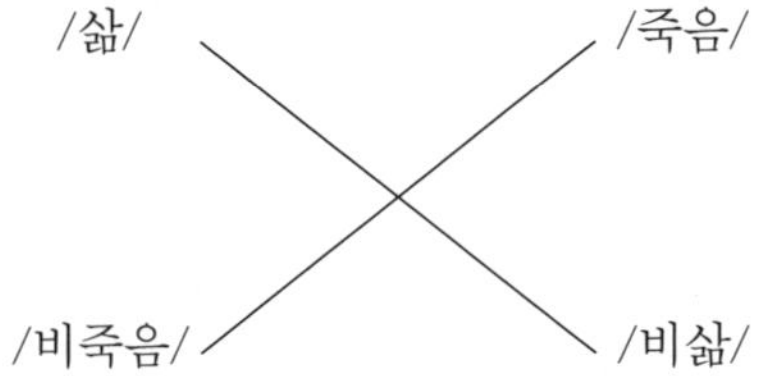

'허덕이고 있다'는 어휘소와 '굶주리고'라는 어휘소가 기술하는 것은 모순항들의 두 축에서 /죽어 가는 것/과 /살아 있는 것/의 두 개의 주제적 역할들의 불확실한 위치들이라 할 수 있다. 즉, '허덕이는' 상태는 아직 죽지 않았으나 죽음을 향해 가는 상태이며, 굶주리는 것은 완전한 삶도 죽음도 아닌, 양자의 어느 사이에 있는 상태라 할 수 있다.

아울러 이 두 개의 형용사에 대해서 그레마스는 상의 관점에서 분석하고 있다. /죽어 가는/과 /살아 있는/이라는 사실은 하나의 연속적 과정으로서 나타나며, 따라서 /지속성/이라는 상의 의소(sème aspectuel)를 구비한다.[6] 논리적 본질에 속하는 상태에, 시간화의 절차의 파급 결과로서 지속적 과정이 상응한다고 말할 수 있다. 지속적 과정은 다시 두 개의 점괄적(ponctuelles) 상의 구조에 의해서 한계가 설정된다. /시발성/과 /종결성/이 그것이다. 예컨대, /죽어 가는/이라는 주제적 역할의 경우, 그 기저에 깔려 있는 과정은 /비죽음/이라는 논리적 구성항에 대응하면서, 하나의 종결적 상이라 할 수 있고, 이것은 곧 /죽음/이라는 구성항에 해당된다. 세 번째 상의 의소가 도입되어야 하는데, 그것은 곧 /긴장성/이라는 의소이다. 이것은 점괄적 의소들 가운데 하나와 지속적 의소를 축약시키는 긴장 관계로서 정의될 수 있다.[7]

5 같은 책, pp.22-24.
6 같은 책, p.24.

요컨대 지속적 과정과 그것의 완수, 종결적인 점괄적 상 사이에 있는 긴장적 관계로서, 그 같은 긴장적 관계는 /죽어 가는/과 /살아 있는/의 두 개의 역할들의 서사 행로를 설명해 줄 수 있다. 즉 /살아 있는/이라는 주제적 역할의 논리적 층위는 /삶/과 /비삶/으로 이분법화되지만, 상의 층위에서는 지속상에서 일정한 긴장성을 통하여 종결상으로 진행되는 것으로 표상된다.

지금까지의 내용을 정리해서 첫 번째 속사적 명제의 의미론적 표상을 /파리/라는 고유 지명의 명명의 정의로서 간주한다면 다음과 같이 표기될 수 있다.

파리 = 〔포위된〕 + 〔+− 비삶〕 + 〔+− 죽음〕 + 〔불쾌〕 + 〔/인간/〕 + 〔/구상적/〕[7]

두 번째 시퀀스는 우정에 대해서 다루고 있다.[8] 이 부분에서 그레마스는 차단 장치와 연동 장치라는 중요한 기호학적 개념을 제시하면서 분석의 서두를 열고 있다. 차단 장치(débrayage)는 새로운 상상의 장소, 새로운 동위소를 설정하기 위해서 주어진 동위소를 벗어나, 그 동위소의 몇 가지 요소를 투사시키는 기제를 말한다.[9] 예컨대, 시간적 차단 장치는 이 단편에서, '전쟁 이전'이라는 표기법에 의해서 생산되는데, 이것은 텍스트의 전반적 시간성으로부터, 사이에 끼어 들어간 본 시퀀스를 이접시키고 있다. 새롭게 획득된 시간적 동위소는 이런 관점에서 보자면 서사물의 시간적 선조성을 부분적으로 파괴시키면서, 하나의 탈시간화의 결과로서 간주될 수 있다. '전'이라는 지시어는 다음과 같은 범주의 암묵적 장치를 전제로 한다: 전 vs 동안 vs 후.

---

7 같은 책, p.27.
8 같은 책, pp.39-64.
9 같은 책, pp.40-41.

여기서 '동안'(pendant)이라는 단어는 발화자의 시간과 관계가 없이 임의의 '그때'로서 제기한, 시간적 차단 장치에 의해서 획득된 서사물의 상상적 현재이다. 공간적 차단 장치는 '떠나곤 했었다'라는 동사에 의해서 예고된다. 여기서 '떠나곤 했다'라는 동사는 행위자 모리소가 '파리'라는 공간으로부터 파리의 외부로 이동하는 것을 외시한다. 즉 포위된 공간으로부터 포위를 하는 공간으로 이동하는 것을 말한다. 담화의 공간화는 텍스트 전체에 걸쳐서 상상적 공간들의 임의의 분배가 아니며 담화적 행위자들과 공간이 맺는 관계가 동반된다.

두 번째 개념은 연동 장치(embrayage)로서, 전체 단편의 구성에서 사이에 낀 시퀀스는 다시 그것을 담화의 연속체에 결부시키는 연동 장치의 기제에 의해서 회복된다. 이 같은 기제는 여기서 동일한 어휘소의 반복에 의해서 발현된다.[10] 시작 부분, "친구로 여기는 한 동료 앞에서 우뚝 걸음을 멈추었다", 끝 부분, "그들은 서로 알아보자마자 힘껏 악수를 하였다."

시간적 관점에서, 이미 우리는 사이에 낀 시간(이 시간은 수량적으로는 몇 해에 해당된다)은 이 막간의 시간을 포함하는 시간과 관계를 맺는다. 사이에 낀 시간을 연동화된 시간으로 간주한다면, 사이에 낀 시퀀스는 탈시간화의 현상이기는커녕, 정반대로 시간적 팽창이다. 다른 한편 이 같은 시간적 팽창은 두 행위자들의 인지적 활동과 동시에 발생한다. 삽입된 시퀀스의 지속에 해당되는 서사적 진행 과정은 두 개의 발화체들 사이에 위치한다[11]:

EN_1 = F 알아보기 (모리소 → 소바주)
EN_2 = F 알아보기 (소바주 → 모리소)

그레마스는 사전의 정의를 환기시키면서 알아보기가 기억을 통해서 정체

10 같은 책, pp.41-42.
11 같은 책, p.41.

를 파악하는 것임을 지적한다. 따라서 삽입된 시퀀스는 그것이 두 친구의 앎을 이야기하고 있다는 점에서, 상호 정체 파악을 가능하게 함으로써 비교를 통해 기억된 구성항의 역할을 맡는다.

시퀀스의 내재적 조직을 계열체의 조직과 통합체의 조직으로 나누어 간략하게 살펴보자.

먼저 계열체의 조직에서 시간적 지시어들과 행위자들이라는 고유 명사가 나타난다. 이 두 번째 '시퀀스'를 보다 세분화된 '세그먼트'로 분절하면 모두 다섯 개의 '세그먼트'가 도출된다.[12]

seg 1: 전쟁 중에는 일요일마다(행위자: 모리소)
〈 〉seg 2 일요일마다(행위자: 소바주)
seg 3: 소통(그들: 어떤 날에는 서로 말을 하지 않았다
... 서로 뜻이 맞았다)
seg 4: 봄이면(소통: M→S)
〈 〉seg 5: 가을에는(소통: S→M)

seg 3이 기본 축을 이루면서 seg 1과 seg 2, seg 4와 seg 5가 서로 대칭을 이룬다. 따라서 이 같은 형식적 배분 속에서 계열체의 관계들이 시퀀스의 통합체 전개로 투사되는 것을 인지하는 것은 어렵지 않다. 또한 담화의 표시소들로서 사용된 모든 시간적 지시 표현들은 모두 유쾌적 공시를 포함한다. 시퀀스 1이 전체적으로 불쾌의 공시를 포함한 것과 극명하게 대비를 이룬다.[13]

여기서 그레마스는 통합체의 조직을 주목한다. seg 1과 seg 2는 프랑스어의 반과거를 사용하면서 반복적인 세그먼트인 반면, seg 3과 seg 4는 첨가

12 같은 책, p.45
13 같은 책, pp.46-47.

적 '세그먼트들'이다. 이 같은 대립은 제2 시퀀스를 두 부분으로 나누는 것을 설명해 주며, 하나는 반복적인 방식으로 '서사적 하다'(faire narratif)를 표상하는 반면, 두 번째 부분은 완수된 변형들의 연속에 이어서 이 같은 '하다'로부터 결과되는 상태를 총체화한다.[14]

끝으로 그레마스는 이 부분에서 상세하게 묘사되는 태양의 변화에 대해서 언급한다. 반복적 어휘소 가운데 무엇보다 태양이라는 형상은 주체 자격으로서, seg 4와 seg 5의 요소 속에서 발현된다. 태양은 두 경우 모두 상이한 기능들이면서 동시에 구체적인 시간적 표기법을 구비하는 것으로 나타난다.[15]

> seg 4: 원기를 회복한 태양이 ~아침! 봄이면! 새로운 계절
> seg 5: 저무는 태양 ~ 저녁 ~ 가을에는 ~ 겨울의 오한

이 같은 분석을 통해 그레마스는 태양의 형상적 신비적 활동들과, 우주적 생명의 두 개의 자연적 주기 사이에 존재하는 상관 관계를 명시적으로 부각시킨다. '원기를 회복한'이라는 서술어는 태양이라는 구상적 행위자를 의인화하면서, 동시에 삶과 죽음의 주기적 개념화를 지시하고, 영원 회귀의 신화를 상기시킨다. 도식적으로 말하자면, 그 같은 개념화는 첫째. 시간적 지시어들로서 간주된 계절들에 생명과 죽음의 내용이 할당됨으로써 발현되며, 둘째, 태양이라는 행위자와 특정 시간적 지시어와의 연접이나 이접에 의해서 발현된다.[16]

끝으로 그레마스는 행동자적 분배에 대해서 살펴본다.

비록 seg 4와 seg 5가 태양의 우주적 드라마의 이야기를 들려주는 미시 서사물을 성립한다 해도, 이 서사물은 사람들에게 호소하는 메시지, 즉 하

---

14 같은 책, pp.47-48.
15 같은 책, p.55.
16 같은 책, pp.56-57.

나의 유일한 행동자-주체로 성립된 두 친구에게 호소하는 것이라는 점을 유념해야 한다. 더구나 그 서사물은 내면화되어 있으며, 기억되어 있고, 이 주체의 가치론적 구조의 주요 요소들을 포함하고 있다. 태양은 생명의 원리의 구현으로서 이 같은 생명적 가치들의 전달을 담당하고 있는 것으로 나타나며, 제안된 가치들의 가치에 대한 앎을 담당하고 있는 것으로 나타난다. 하지만 이 미시-서사물은 이것 이상의 것이다. 이것은 자신의 한복판에 행동자적 위치들을 통합시킨다. 여기서 주체의 자리는 두 친구에게 예상되어 있다. 아울러, '잔잔한 강에 물과 함께 흐르는 옅은 수증기'가 /삶/과 /비죽음/의 가치들의 연접을 요약한다면, 우주적 차원에서 존재의 가능한 파악으로서, '따뜻한 햇볕'은 발신자 태양에 의해서 두 명의 수신자 친구들에게 주어진 증여로서 전달된다.[17] 그런데, 그 햇볕은 이 텍스트에서 다른 곳에서 두 번 더 나타나는데, 두 개의 상이한 방식으로 간주될 수 있다. 먼저, 그것은 /존재하기를 원하다/로서, 즉 하나의 서사 프로그램을 실행할 수 있기를 원하는 주체를 성립하는 것이다. 또한 그것은 /원해진 존재/, 가치, 추구의 대상으로서 그 통합은 /존재하는 것/으로서 주체를 성립한다.

그레마스는 네 가지 유형의 발신자의 존재를 상정한다.[18]

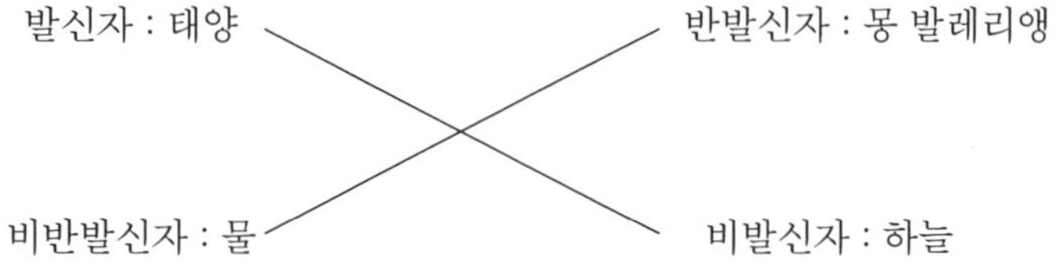

서사적 기술의 논쟁적 구조를 참작하건대, 두 명의 서사적 주체—즉 두 친구와 반주체 프러시아인들—는 각각 이중적 발신자를 구비한다. 발신자의 이중화는 프로프의 도식에 따르면 서사물의 통합체 속에서 발신자의

17 같은 책, pp.58-59.
18 같은 책, p.61.

두 개의 구별되는 위치에 해당된다. 첫 번째 위치는 최초의 발신자, 즉 증여자와 동시에 위임자이며, 두 번째 위치인 최종 발신자의 위치는 주체의 실현된 프로그램을 수용하고 그 프로그램을 제재한다.

세 번째로, 이 단편의 가장 극적인 부분에 해당되는 제9 시퀀스 거부에 대한 분석의 내용을 살펴보도록 하자.[19]

이 부분은 전체 소설에서 다음 부분에 해당된다.

> "그러나 당신들은 전초를 빠져 나왔으니 (…) 내렸다"

특히 이 부분에서 서사 프로그램과 반주체에 대한 그레마스의 분석이 돋보인다. 먼저 서사적 능력이라는 차원에서 그레마스는 명시적 서사 프로그램과 암묵적 서사 프로그램을 구별해 설명하고 있다. 프러시아 장교가 발설하는 '그러나'라는 이접의 존재는 그의 논지들의 토픽이 변화될 것을 알려 준다. 실제로, 앞선 제8 시퀀스가 일반적인 표준 서사 프로그램의 설명에 할애되었다면(즉 그것의 직접적 발신자는 전쟁이다), 두 번째 시퀀스의 첫 번째 세그먼트는 특수한 서사 프로그램으로서 그것의 책임은 S_2에 귀착된다. 즉 S_2는 자신의 발신자의 의도들을 매개화하고 규정한다. 이 같은 새로운 서사 프로그램은 그 획득을 겨냥하는 가치 대상에 의해서 정의될 수 있다. 그 대상은 다름 아닌 암호이다. 바로 제9 시퀀스 전부는 이 서사 프로그램의 실현에 할애되고 있다.[20]

다른 한편, 특정 가치 대상의 의미론적 본질에 대한 물음을 던지지 않으면서도 임의의 대상은 다음과 같은 두 가지 이유에서 '원함(희망)'의 대상으로 설정될 수 있다. 첫째, 그것은 그 자체로 갈망될 수 있으며 따라서 자율적인 서사 프로그램에 의해서 조준되는 대상이다. 둘째, 그것의 소유는 투사된 서사 프로그램의 실현이라는 차원에서 바람직하거나 필요하다. 첫 번

---

19 같은 책, pp.190-214.

20 같은 책, pp.192-193.

째 범주의 사례는 돈 그 자체를 탐하는 인색함이 해당되며 두 번째 범주는 무엇인가를 얻기 위하여 돈에 대한 욕구를 표출하는 경우이다. 이 두 번째 경우에 돈은 가치론적 가치가 아니라, 사용 가치이며 그것의 획득은 주요 서사 프로그램에 통합되는 하위 서사 프로그램을 성립할 수 있다.[21]

그렇다면 제9 시퀀스에서 문제가 되는 '암호'의 지식은 반주체(즉 프러시아 장교)에게 있어서 그 자체로 가치를 갖는 것으로 간주될 수 없을 것이다. 그 결과 '암호'는 사용 가치에 불과하며, 반주체는 이 같은 암묵적 서사 프로그램을 보다 더 방대한 서사 프로그램 차원에서 사용하기를 원하는 것이다. 물론 이 텍스트는 암묵적 서사 프로그램에 대해서는 아무 언급도 하고 있지 않으나, 궁극적 서사 프로그램은 암호를 알아내서 적진의 배후로 침투하려는 S_2의 기획이라 할 수 있다.[22]

보다 일반적인 시각에서, '통과 허가'의 획득을 겨냥하는 하위 프로그램은 표준적인 서사물에서 예측 가능한 위치를 차지하며 조력자의 획득에 해당된다. 이것은 자격 시련의 파급 결과이다. 즉 자신의 주요 서사 프로그램을 추구하기 위해서 반주체는 먼저 자격을 획득해야 한다. 그런데 이 같은 시련은 암호를 획득하지 못한 S_2에게는 하나의 실패로서, 그 실패는 프로그램 전체의 중단을 유발하게 만든다.

이어서 서사적 수행에 대한 그레마스의 예리한 분석을 간략하게 소략해 본다.

교환의 명제, 설득적 행동이라는 점에 대해서 초점을 두고 개괄할 것이다.[23]

S_2에 의해서 구축된 복합 서사 프로그램의 실현은 '암호'라는 사용 가치의 획득을 겨냥하는 하위 프로그램의 실행에 의해서 조건 지어진다. 이 같은 하위 프로그램은 다음과 같이 표기된다.[24]

21 같은 책, p.194.
22 같은 책, p.195.
23 같은 책, pp.196-201.
24 같은 책, p.196.

F trans(변형) 《S_1 ---〉 ($S_2 \cap$ 0: 암호)》

이것은 다시 교환이라 불리는 담화적 형상의 형식 아래 전개된다. 즉 시퀀스의 나머지를 지배하고 조직화하는 서사 프로그램은 S_2 쪽에서 보면, 교환이라는 명제로서 제시된다. 즉, '암호'가 소통적 지식의 대상이라는 점에서 암호를 제공하는 대가로 응징 대신 사면을 베풀어 석방을 약속하고 있다는 점에서 하나의 증여에 대한 맞증여의 구조로 이루어진 계약이다. 하지만 그레마스가 예리하게 지적하고 있듯이, 이 같은 교환의 계약 구조는 그 기저에 지배하는 자와 지배받는 자의 범주에 따라서 두 개의 계약 당사자들을 권력의 축이 구별 짓고 있다는 점에서 결코 평등하지 않다.[25] 이를테면 장교는 비록 완곡한 표현으로 말하고 있으나 암호 요구를 명령법으로 표명하고 있으며 그가 제안하는 '사면'이란 다름 아닌 권력의 심급에 의해서 행사되는 것이다. 따라서 장교의 제안은 교환의 제공과 동시에 다급한 촉구와 명령의 성격을 지닌다는 점에서 중의적이다. 두 번째로 지적할 것은 장교가 행하는 '설득적 하다' 행동(faire persuasif)이다. 설득적 행동은 일반적으로 '인지적 하다' 행동(faire cognitif) 형식들 가운데 하나로서 해석될 수 있다. 즉, 가치 대상을 다루는 '신체적 동작(행동)의 하다'(faire pragmatique)와 상반된다. 인지적 차원에 위치한 '설득적 하다'는 상호 신용적 계약의 설정을 겨냥하는 한 개 이상의 수행들을 포함할 수 있다. '설득적 하다'의 대상이 발화자의 진위라면 맞대상은 신용, 즉 피발화자가 발화된 담화의 위상에 부여하는 '참을 믿는 것'에 해당된다. 이것은 상호 신용적 계약의 특수한 형식으로서 그레마스는 그것을 가리켜 발화적 계약, 또는 진위의 계약이라 부른다.[26] 즉, 그것은 지식의 대상으로서의 발화된 담화에 근거한다. S_2는 S_1을 설득하여 그로부터 가치 대상을 획득할 것을 겨냥한다. 이 같은 목적에서, 그는 자신이 구축한 교환의 구조를 제안하며, 이것은 자신의 '하

25 같은 책, p.197.

26 같은 책, p.198.

다'의 화용적 차원에 속한다. 즉 무엇인가를 획득하기 위해서는 반대급부에 해당되는 무엇인가를 제공해야 한다. 이 같은 화용적 작동은 곧바로 인지적 차원 속에 각인된다. 가치 있는 대상을 획득하기 위해서는 상대의 구미를 돋게 만드는 제공된 반대급부의 가치를 제시하는 것이 적절하며 달리 말해서, 문제가 되는 대상을 값어치 있게 만드는 목적을 지닌 '설득적 하다'를 실천하는 것이다.

'설득적 하다'는 예측 가능한 두 개의 가능성을 명시화하며 다음과 같이 이루어져 있다. 첫째, 두 번째 단락에서, 제공된 /생명/ 가치의 사용 프로그램을 시사하면서 장교는 자신의 제안을 받아들일 것을 설득하는 데 있다. 둘째, 세 번째 단락에서 제안된 가치의 거부를 할 경우 그 결과로 초래될 사용의 서사 프로그램을 설명하면서 거부하지 말 것을 만류하는 데 있다.(이것은 곧 /비-원하다/의 부정이다.)[27] 실제로, '사면'의 지연은 표준적인 서사 프로그램의 실행을 재수립할 것이다. 이 위치에서 '배반자의 처벌'을 예측하면서, 그 결과 /죽음/의 가치를 제기할 것이다. 그레마스는 여기서 다시 S_2 담화의 본질적 모호성을 목격한다. 장점과 단점의 평가 명제로서 설득의 두 가지 형식을 제시하는 대신, S_2는 설득의 제안을 유혹과 위협으로서 표명하고, 그것을 양극화시켜서 그 결과 설득의 두 가지 프로그램에 의해서 제공된 가치들이 모순적인 것으로 분절된다. 즉, 수용과 거부의 관계는 사면(생명)과 처벌(비생명)의 관계로 상동화된다. 이렇듯 선택할 수 있는 자유는 선택해야만 하는 의무로 변형되며, 교환의 구조는 하나의 딜레마로 변형되는 것이다. 실제로 참여자들 각자에 대해서 교환은 가치 대상들의 대치로서, 예컨대 암호를 제시해야 사면을 획득하는 것이며, 사면을 부여하기 위해서는 암호를 받아 내야 한다. 결국 이 같은 구조는 교환의 두 개의 구성항을 부정하는 도식으로 이중화된다. 즉, 암호를 제시하는 않는 것은 바로 사면을 획득하지 못하고 곧 총살에 처하게 된다.

끝으로 주체의 서사 프로그램 차원을 다룬 그레마스의 시각을 개괄적으

27 같은 책, pp.198-199.

로 압축하면서 본 장을 마무리한다.[28] 그레마스의 날카로운 분석에 의하면 S_2의 서사 프로그램이 본질적으로 설득적 행동의 행사로 이루어진 반면, 그것과 상관 관계를 이루고 있는 S_1의 서사 프로그램은 해석적 행동의 프로그램으로 이루어져 있다. 그런데 이 같은 서사 프로그램의 분석을 어렵게 만드는 것은 해석적 행동이 텍스트에서 결코 명시적으로 발현되어 있지 않다는 사실에 연유한다. 이 단편의 주인공인 두 명의 친구는 침묵으로 일관하고 있다. 그렇다면, 이 같은 두 친구의 해석적 행동에 대해서 부여할 수 있는 해석은 교환의 거부가 도달할 결과들에 대한 지식에 기초를 둘 수밖에 없으며 다른 한편으로는 우리가 비발화자로서 S_1에 대해서 알고 있는 내용에 근거를 두는 수밖에 없다. 이를테면 그것이 서사물에서 차지하는 행동자적 위치와 의미론적 투자들이 그것이다. S_1의 위치에 자리를 잡고 만약에 전개될 수 있는 사용 프로그램을 주의 깊게 읽어 보면, S_1과 S_2의 각각의 세계관을 특징짓는 총체적 양립 불가능성을 주목하게 된다. S_2에 의해서 매력적인 제안으로 제시된 사용의 서사 프로그램은 S_1에 의해서는 불쾌한 것으로 읽혀지는 것처럼 매사가 진행되며, 그 반대로 제안을 거부하지 말도록 만류하려는 사용의 서사 프로그램은 오히려 그것을 거부하도록 부추긴다. 달리 말해서, 기호학적 사각형을 사용하면 다음과 같다.[29]

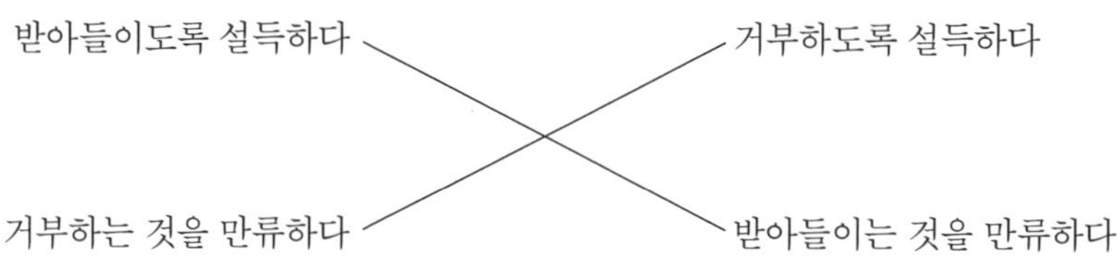

그레마스가 내린 결론에 의하면 S_2의 제안들에 대한 독법은 다음과 같이 해석하는 데 있다.

---

28 같은 책, pp.198-209.
29 같은 책, p.199.

① /받아들이도록 설득하다/가 마치 /받아들이는 것을 만류하다/처럼 해석되거나

② /거부하는 것을 만류하다/가 /거부하도록 설득하다/로 해석된다. 즉 설득이 만류로 독해되며, 반대로 수용을 쉽게 하기 위해서 수집된 논거들이 거부의 이유들이 된다.

모파상의 단편 《모파상—텍스트 기호학》은 그레마스의 저술 가운데 핵심 명저로 평가받는 《구조 의미론》(1966)과 《의미에 관하여》(1970) 이후에 출판되었다. 이 두 권의 저서와 더불어 그의 세 번째 단독 저서인 《모파상》은 파리 기호학파의 이론적 정초를 수립한 그레마스 기호학 저술의 또 다른 보물이다. 책의 부제인, '텍스트 기호학—실제 연습'에서 알 수 있듯이, 이 책은 그레마스가 '과학적 기획'이라고 불렀던, 자신의 기호학 이론을 모파상의 단편 작품을 사례로 들어 설명한 연구 성과물로서, 자신이 개발한 분석적 도구들과 방법을 실제 작품에 적용함으로써 서사 기호학의 적합성을 입증하는 데 성공했다. 특히, 이 책은 단편 작품에 대한 세밀한 서사 분석을 제공하고 있을 뿐만 아니라, 초기의 이론적 분석적 모델들을 단순 기계적으로 작용하는 차원을 넘어 그 범위를 확장하고 동시에 수정하고 있다는 점에서 그레마스의 가장 중요한 이론적 성과들 가운데 하나로 인정받고 있다. 이를테면 기존의 이원적 대립의 원리는 대략화(approximation)의 논리, 긴장성의 양상에 의해서 보완되고, 발신자의 행동자는 복잡한 원형 행동자 체계로 분할되고 있다. 구체적으로 말해, 텍스트 속에서 재현된 실존적 상황에 대한 기호학적 기술을 제공하고, 그것을 보편화시키는 시도라고 할 수 있다. 예컨대, 이 책의 시퀀스 IX에서 나타나는 딜레마 상황이 한 사례가 될 수 있을 것이다. 자신이 수립한 초기의 서사 모델이 실제 문학 작품에 적용했을 때, 불충분하다고 인식되었고, 그 결과 하나의 새로운 인지적 차원이 도입된 것이다. 그런데 면밀하게 살펴보면, 이 같은 새로운 발견들이 제시하는 새로운 가능성들은 그레마스 기호학의 토대를 수립한 방법론

적 입장에 이미 배태되어 있음을 깨달을 수 있다. 문학 작품을 비롯한 분석 대상은 테스트를 위한 거점이며 대상과 방법의 상호 호혜적인 대화는 기호학 이론과 방법 양자 모두의 발전을 위한 토대적 조건으로서 파악될 수 있기 때문이다. 그레마스 자신이 이 책의 결론부에서 이 같은 태도 또는 그의 표현을 빌리자면 연구 전략을 상세히 기술하고 있다. 그레마스에게서 그 같은 기호학 연구의 전략은 다름 아닌 방법론적 모델이라 할 수 있다. 이점에서 《모파상》은 분석 대상과 방법 사이에서 창조적 만남을 가능케 한 중요한 저술이다.

모파상의 단편 〈두 친구〉에 대한 그레마스의 분석은 그 이후 전개될 기호학 이론의 잠재성을 머금고 있으며 새로운 개념의 파생과 심층화를 가늠하게 해 준다. 그 같은 새로운 핵심 개념들 가운데 대표적인 것들은 발화작용과 시점의 문제이며 특히 인지적 차원에 귀속되어 있는 정념 기호학의 기원, 긴장성 기호학의 초기 단계, 심미성(esthésis)의 잠재력과 상황 기호학의 이론적 단서 등을 파악할 수 있다. 특히, 그레마스 기호학의 인식론적 중핵으로 천명된 내재성의 원칙이 이 책에서 어떻게 적용되고 있고, 그것의 한계에 대해 간략하게 살펴볼 필요가 있다.[30]

본서 5장에서 언급한 바 있듯이, 내재성의 원리는 그레마스 기호학에 있어 하나의 이론적 전제이며 기호학적 분석의 원칙이며, 그레마스 자신은 그것을 설명하기 위해, "텍스트를 벗어나서는 구원도 없다"("Hors du texte, point du salut")는 일종의 준칙을 선언한 바 있다. 그런데 문제는 이 같은 내재성의 원칙은 다양한 기호학적 현상들의 복잡성과 이질성을 접하면서 액면 그대로 엄격하게 준수하기가 어려워졌다는 사실이다. 예컨대, 그의 수제자인 퐁타니유 교수는, 엄격한 의미에서의 텍스트 구조들로부터 다양한 오브제들과 사회적 실천들의 분석으로 이동한 현대 기호학에서는 내재성

30 이 점에 대해서는 다음 논문을 참조. Dalia Satkauskyte, "The impossibility of immanence: A contemporary perspective on Algirdas Julien Greimas's Maupassant," *Sign System Studies* 45, 1/2 (2017), pp.120-136.

의 원칙이 더 이상 적합지 않다고 단언한다. 한 걸음 더 나가 그는 맥락적 물질을 포함시켜 내재성의 임계점들을 확대하려는 시도에 대해서도 회의적이다.[31] 반면, 또 다른 수제자 란도프스키 교수는 맥락은 연구 대상의 통합적 부분이며, '세미오시스', 즉 모든 기호 현상의 과정에는 맥락이 불가피하게 동시 발생적으로 참여한다는 주장을 제시하면서 내재성의 문제를 고려함에 있어 보다 신중하고 중립적인 태도를 견지한다.[32] 요컨대, 내재성 원칙은, 하나의 구체적인 텍스트의 구조에 존재하고, 의미 창조를 연구하기 위한 방법론적 전제이며 인식론적 선택이라고 말할 수 있다. 그레마스 자신은 텍스트에서 표상된 주체는 분명히 감각과 느낌을 갖고 있으며 텍스트의 역사적 문화적 사회적 맥락의 존재를 결코 망각하거나 생략하지 않는다는 점을 누차 강조한 바 있다. 다만, 텍스트의 내적 구조에 방점을 찍으면서, 이 같은 외적인 매개변수들을 괄호 속에 넣는 방법론적 작동을 실천하고 있을 뿐이다. 이점에서, 텍스트를 객관적 의미의 출현을 위한 유일한 거점으로 간주하는 극단적 내재주의와는 차별화되어야 한다. 그레마스의 기호학 인식론에서 하나의 텍스트는 결코 경험적 사실이 아니라, 하나의 구성물이다. 아울러 텍스트는 하나의 역사적 기원을 갖고, 의사소통의 일정한 조건들 속에서 고유한 기능을 갖고 있으며 해석 주체의 가치 체계와 이데올로기에 따라 생산되는 다차원적 현상들이다. 이점에서 맥락을 단순히 연구 대상에서 제거하는 것과, 방법론적 작동을 위해 그것을 괄호 속에 넣는 것은 구별되어야 한다. 실제로 그레마스의 분석 작업의 대부분에서, 기호학적 가치 체계의 역사성과 사회적 본질을 명시적으로 인지하고 있음을 확인할 수 있다. 이점에서 그의 초기 저술인 《구조 의미론》에 포함된 어떤 장의 제목은 "역사와 영속성"인데, 여기서 그는 연구자는 분석하고자 하는 유의미적 연구 대상의 역사적 차원을 결코 그의 시야에서 누락시켜선 안 된다는

31 Jacques Fontanille, "Pratiques sémiotiques : immanence et pertinence, efficence et optimisation", *Nouveaux actes sémiotiques* 104/106 (2006), pp.13-75.
32 Eric Landowski, *La Société réfléchie* (Paris: Seuil, 1985).

점을 강조하고 있다. 이때 역사 자체는 공시태 상태들의 변형적 시퀀스들로서 파악된다.

그렇다면, 《모파상》에서는 텍스트를 과학적 분석을 위한 대상으로 구성한 것인지, 아니면 맥락을 제거한 것인가라는 물음을 제기할 수 있을 것이다. 결론부터 말한다면, 맥락은 괄호 속에 놓여 있다고 볼 수 있다. 이를테면, 한 명의 구체적인 저자의 성격을 규정하는 해석들의 총체성도 과감하게 괄호 속에 넣고 있으며, 문학사에서 중시 여기는 사회적 환경과 결부된 문학 세계, 전통, 문학 사조, 장르 체계 등에 대한 언급을 찾아보기 어렵다. 요컨대, 그레마스는 맥락적 지식이 분석의 행로를 미리 규정하는 것을 허락지 않으면서, 텍스트를 통해 분석에 진입하는 방법론적 접근법을 수미일관적으로 준수한다. 그레마스의 서사 이론을 따라, 맥락을 하나의 서사적 행위자로서 간주한다면, 《모파상》은 이 같은 행위자의 역할들이 어떻게 변형되었는가에 대한 이야기로서 읽혀질 수 있다. 실제로, 이 책의 중반기부터 맥락과 관련된 주석들의 분량이 늘어나고 있고, 발화 작용의 주체가 표현하는 개인적 연상들에 대한 언급도 등장하고 있다. 맥락의 역할에 대한 이 같은 변형은 내재성 원칙의 문제 틀의 수립이며 결코, 맥락의 거부라고 볼 수 없을 것이다. 요컨대, 그레마스 기호학 분석의 걸작이라 할 수 있는 《모파상》은 독자의 문화적 능력이라는 차원과 아울러 텍스트 자체가 특정 시대의 문화적 맥락에 속한다는 차원에서, 텍스트를 벗어난 세계가 분명히 존재한다는 점을 보여 주고 있다.[33]

33 Dalia Satkauskyte, 앞의 논문, p.134.

제5부

감성의 기호학

제19장

정념의 고고학과 인식론

정념이란 주제는 전형적인 학제성에 속하는 복합적인 문제이다. 그것은 전통적으로 철학과 심리학에 관련되지만 이 두 학문 영역의 방대한 폭과 정념이란 어의의 다양성은 쉽사리 체계적인 정리를 허락하지 않는다. 전반적으로 정념은 분별력, 인지보다는 통상적으로 이성과 대립된다. 심리학은 정념을 다루는 여러 하위 분야들을 마련한 바도 있다. 인지 심리학과는 구분되는 정서 심리학 또는 정신분석학이 그것이다. 반면 철학은 정념적 세계의 계통적 분류를 통해 정념적 삶에 대한 부정적인 평가를 미리 내리면서 이성에 침투한 정신적 동요들을 탐구해 왔다. 이 같은 관점에서 인간 본성에 대한 성찰의 한복판에 정념의 문제를 갖다 놓는 사상 체계들은 상대적으로 희소하다. 이런 맥락에서 프로이트의 정신분석학 사상은 서양 인문학의 근대성에 있어 예외에 속한다고 볼 수 있다. 하지만 프로이트 역시 정념이란 개념 자체를 탐구했다기보다는 성적 충동을 연구했던 여정 속에서 간접적으로 그 문제를 인지했을 뿐이다. 이를테면 주체와 대상과의 관계 전복이나 "자신의 인격에 맞서는 뒤집기"(retournement contre la personne propre)[1]가 그것이다.

하지만 정념이라는 감각에 대한 제반 성찰의 문화적 배후로서 고려될 수 있는 철학적 정의들을 검토한다면, 정념이란 개념의 분류론적 기초를 재

1 Cf. Cl. Zilberberg, "Les passions chez Freud," *Actes Sémiotiques* 9 (1979): pp.46-48.

구성하는 작업은 가능해질 것이다. 서구 문화에서 정념은 '파토스'와 '로고스' 사이의 대립을 토대로 해서 읽을 수 있다. 다시 말하면 그것은 이성, 생명, 명증성, 코스모스, 조화, 천상세계, 보편성 등을 아우르는 로고스적 상상물과, 광기, 죽음, 어두움, 카오스, 부조화, 지하세계, 가변성들을 포괄하는 정념적 상상물의 대립에 근거한다. 하지만 정념은 또한 이 같은 두 가지 상상물의 경계선의 이름으로 행동과 대립되는데 그 이유는 정념이 행동을 동요하게 만들고 올바른 길로부터 이탈시키기 때문이다. 그런 이유에서 지식 철학이나 행동 철학은 정념을 제거하거나 환원시켜야 할 반-대상(anti-objet)으로서 각인시켰을 뿐 정념을 있는 그대로 탐구할 생각은 품지 않았다. 이 같은 난관을 극복하기 위해서 기호학은 정념에 대한 전통적인 정의들로부터 단절하여 새로운 문제틀을 구성하려는 시도를 했다. 먼저 본 장에서 우리는 정념의 고고학적 시각을 제시함으로써 통시적 개괄을 마련하고자 한다.

1. 감각과 신체—감성적 전회

그레마스의 기호학이 그의 중기 저술부터 의미의 문제 설정에 감각적 신체와 감성의 문제들을 통합시키면서 인식론적 방법론적 혁신을 이루었다는 주장은 대체로 수용되고 있다. 그레마스가 확장시킨 기호학의 외연적 확장에는 구체적인 상황들과 실천들의 문제들이 포함된다. 특히 그 자체로는 기호학의 방법론적 변별성의 기준에서 거부되었던 체험된 것(vécu)의 문제도 연구목록에 추가된다. 2000년대부터 파리 기호학파에서 다루어 온 최근의 주제들 가운데, 경험의 시간성, 기호학적 실천, 감각 통사론 등이 있으며, 다양한 기호학자들의 작업들이 바로 이 같은 진화를 증언한다.[2] 동시에 이

2 그레마스의 기호학에서 구조와 감성의 관계에 대한 아래의 진술은 다음 문헌에 기초하고 있음을 말해 둔다. Eric Landowki, *Passion sans nom* (PUF, 2003), 제2장(pour une

같은 새로운 대상들이 이론적 원칙들과 맺는 관계의 문제가 제기된다. 주지하다시피 내재성의 원칙, 구조적 관계들의 자율성 등은 바로 기호학의 본래의 고유한 인식론적 변별성의 토대를 받쳐 주는 주춧돌에 해당하는 중추적 원리이다. 한마디로, 이 같은 기호학의 외연적 확대에 있어서 제기된 문제는 구조와 감성 사이에 존재하는 관계의 본질을 파악하는 작업으로 집약된다.

그런데, 이 같은 문제 설정의 도입은 곰곰이 따져 보면 결정적 혁신이라고 보기 어려울 수도 있다. 감각적 의미 작용과 구조적 기술을 연결시키는 작업에 대한 물음이 오래전부터 공식화되었기 때문이다. 그것은 그 기원부터 그레마스 기호학의 역사적 행로 속에서 지속적으로 이론적 동력을 제공하는 실타래였다. 이를테면 1968년 《구조 의미론》의 발간을 시작으로 〈공통 감각의 사회학을 위하여〉라는 논문에서 그레마스는 기호학에 "과학적 파악이 여전히 불가능한 것으로 보이는 의미 작용의 장"을 통합시키는 수단들에 대해서 자문하였다. 그의 표현대로 "체험된 것과 느껴진 것, 일상적인 것과 인간적인 것의 수준으로서 사람들이 빈번하게 호출하는 의미 작용의 장은 기호학의 추상적이며 탈육체화된 성격과 대립될 수 있다."[3]

그렇다면, 그레마스가 이미 1970년대부터 말한 "체험된 것"과 "느껴진 것"을 통해서 기호학자들이 말하려는 바는 무엇인가, 즉, 그레마스의 저술 속에서 이 같은 감각의 차원이 차지하는 자리는 무엇인가라는 물음은 그레마스의 주저인 《의미에 관하여》와 《의미에 관하여 2》의 제목을 '감각적 의미에 대해서'라는 제목으로 대체할 수 있을 것인가, 또는 간단하게 '감각적인 것에 대해서'라는 제목으로 대체하는 것도 가능할 것인가라는 또 다른 물음으로 제기될 수 있다.[4]

첫 번째 물음은 프랑스어에서 'sens'라는 단어가 갖는 네 개의 커다란 어

sémiotique sensible, pp.39-56)을 참조할 것.

3 A. J. Greimas, *Du Sens* (Paris: Seuil, 1970), p.100.

4 다음 논문 참조. Denis Bertrand, "Structure et sensibilité," *Nouveaux Actes Sémiotiques* 112 (2009).

의들이 함의하는, 준 동음이의어에 귀속된 관계들을 검토하는 것으로 시작해야 할 것이다. 이에 대한 관계는 다음과 같다.

> ① 감각 작용으로서의 'sens'로서, 감각적 노선들을 통하여 감각적 경험의 힘과 방향(벡터)을 지시한다. ② 판단, 분별력으로서의 'sens'로서 프랑스어 표현에서 상식(bon sens), 그리고 그레마스가 소묘하려 했던 공통 감각의 의미로 사용되는 'sens commun'의 경우가 해당된다. ③ 의미 작용으로서의 'sens'로서, 즉 유의미적 기표들의 지적이며 공유 가능한 내용을 말한다. ④ 방향, 방향설정, 조준된 목적의 의미를 가지며, 프랑스어에서 '삶의 방향'이라는 표현에서 잘 나타난다.

그레마스와 쿠르테스가 편집한 《기호학 사전》에서 'sens'라는 단어에 할애된 정의들을 검토하면, 곧바로 이 같은 다의성의 문제에 직면하여 방법론적 선별 작업을 수행했음을 감지할 수 있다. 즉, 세 번째 의미만을 취하면서 의미 작용으로서의 'sens'가 핵심적인 자리를 차지함을 알 수 있다. 의미 작용은 일체의 기호학 이론이 조직화되는 핵심 개념으로서 나타난다. 과정으로서 조준되거나, 상태로서 조준되는 의미 작용이라는 단어는 엄밀하게 말해서 세미오시스를 지칭하며 그가 제시하는 정의의 토대는 차이, 시차적 편차들의 생산과 파악, 즉 구조에 두고 있다. 그것은 한마디로 분절된 의미를 말한다.[5]

따라서 'sens'는 논리적으로 이 같은 분절에 선행하는 것으로 나타난다. 사실상, 기호학 사전은 그것을 정의 불가능한 것으로 간주하며, "무거운 형이상학적 전제들의 부담 아래서 그 어떤 것도 말해질 수 없는 것"으로 파악된다. 분절된 의미 작용의 형식 아래서 발현되기 전까지 아무것도 말해질 수 없는 것이 바로 의미(sens)로서 간주된 것이다.

---

5 A. J. Greimas & J. Courtés, *Sémiotique: Dictionnaire raisonné de la théorie du langage* (Hachette Université, 1979), pp.352-353.

그런데 의미 작용이라는 용어는 세미오시스의 운동 속에서 특별한 위상을 수용한다. 왜냐하면 그것은 《기호학 사전》의 해당 정의의 두 번째 단락에서 표현 차원과 내용 차원의 재료, 매체, 물질을 지칭하기 때문이다. 그리고 그것은 세미오시스가 발생할 때, 하나의 형태가 담당하는 실질(substance)로서의 질료를 말한다. 하지만 이 텍스트에서 감각 작용이나 감각적 속성으로서의 'sens'에 대한 언급은 전혀 없다.

기호학적 엄밀성은 그것의 형식주의로부터 현상학적 명명들을 배제하고 있다. 그런데 문제의 관건은 바로 거기에 있다. 표현과 내용의 실질은 우리로 하여금 감성과 그것의 신체적 경험의 영역으로 우리를 유도하는 여정을 그리고 있기 때문이다.

'sensible'(감각적인 것, 감성적인 것)이라는 프랑스어 단어의 의미론적 역사는 두 개의 본질적인 어의를 출현시킨다. 이 단어는 프랑스어에서 16세기부터 목격된다. 한편으로 이 단어는 고전 라틴어로부터 수동적 관례를 차용하였으며, "감각들을 통하여 쉽게 지각될 수 있는 것을 의미한다." 다른 한편으로는 감정을 갖고 있고 제 인상들을 심오하게 느낄 수 있는 사람의 자격 부여를 지칭한다. 그 결과 18세기에서 감성적 인간의 이상형은 정직한 인간의 이상형을 대체한다.[6]

'sensible'이란 단어가 암시하고 있는 두 개의 어의의 기호학적 전이는 1980년대 연구의 두 개의 주요 장들의 발전을 통하여 반영된다. 감각적 지각을 지시하는 'sensible'은 구상성에 대한 연구물들 속에서 탄생했으며, 감정과 정서를 표현하는 'sensible'은 정념과 정념적 장치들에 대한 연구에서 전개되었다. 따라서 'sens'와 'signification'에 대한 한계적이며 제한적인 정의는 점증적으로 그 내용에 살이 붙어, 최초에 거부되거나 최소한 신중하게 거리를 두었던 어의들을 포괄하기에 이른다. 그레마스의 《불완전성에 대하여》는 이 같은 관점에서 두 개의 임무를 완수했거니와 심미성 속에서

6 A. Rey, dir., "sensible," *Dictionnaire historique de la langue française* (Paris: Le Robert, 1992).

의미의 구상적인 노선들을 참작하고 미학적 정서의 분석에서 정서적 감성화를 고려했다.

그렇다면 감성적인 것의 수준, 지각된 것의 수준, 느껴진 것의 수준, 체험된 것의 수준 등은 문학 기호학의 최고 권위자인 베르트랑 교수의 표현을 빌리면 놀라운 연속성을 발현하면서 어떻게 점증적으로 구조 기호학에서 그 중요성이 공인되면서도 그 방법론과 인식론의 토대적 원칙들을 변질시키지 않은 채로 존속될 수 있었는가라는 물음이 제기될 수 있다. 물론 이 점에 대한 기호학적 개념화의 역사를 쓰는 것은 방대한 작업이다. 그러나 베르트랑 교수가 환기한 바 있듯이, 그레마스의 논문들 가운데 별로 주목받지 못한 텍스트 〈단어의 불확실한 위상〉에 대한 검토를 통하여 몇 가지 단계들을 검토하는 것은 가능해 보인다.[7]

이에 앞서 언급한 1968년의 논문, 〈공통 감각의 사회학을 위하여〉는 다음과 같은 두 개의 진술로 결론을 맺고 있다. "공통 감각의 문화적 세계는 그것의 전체 집합 속에서 체험된 사회적 현실로서 공시화되는데, 그 결과 한 언어의 공시적(connotative) 구조의 발현으로서 나타난다." 이어서, "모든 문화적 대상들은 그것이 시각적이건, 청각적이건, 후각적이건, 미각적이건, 그것들의 존재 방식에 있어서 이중적 해석을 포함한다."[8] 즉, 특정 기호학으로서의 문화의 존재는 평행적인 공시적 구조를 상정하며, 그것의 다중적인 발현들은 도처의 인간을 에워싸고 그를 확실한 현실 속에 가두어 놓는다. 이 논문은 공시의 문제에 기초하며, 기호학에서 그것이 갖는 위상에 대하여 논하고 있다는 점에서 그 중요성이 부각된다.

그렇다면 그레마스에게서 구조와 감성의 관계는 무엇인가? 그의 최후의 단독 저서 《불완전성에 대하여》의 독특한 성격에 대해 학자들은 음악에 비유해서 대위법으로 이루어진 위대한 기획으로 특징짓고 있다. 위 물음과 관련하여, 이 같은 표현은 감각적인 것이 다양한 형상들을 통하여 구조의

7 A. J. Greimas, *Du Sens* (Paris: Seuil, 1979), pp.93-102.
8 같은 책, p.102.

대위법으로 제시될 수 있을 것이라는 점을 이해할 수 있다. 그런데 정반대로 구조와 감성은 은밀하게 뒤섞여 있으며, 밀접하게 서로 관류한다고 베르트랑 교수는 보고 있다.[9] 풀어 말해 양자를 동일한 요구 조건의 두 개의 측면으로 볼 수 있다는 것이다. 《구조 의미론》에서 《불완전성에 대하여》에 이르는 동안 양자는 밀접하게 서로 관통한다는 것이다. 기호학이라는 이론적 담론을 이곳저곳에서 균열시키는 희소한 이미지들은 반박의 여지가 없는 신호들이다. 두 개의 결론적 언급들이 이 같은 언급으로부터 전개될 수 있다.

감각적인 것과 심미성의 위대한 문제 설정은 현대 기호학에서 너무나 첨예하게 부각되어, 현상학을 명시적으로 참조한다. 그런데 구조와 감성 사이에 존재하는 유도선으로서 유지되는 그 같은 관계는 지각된 의미에 대한 유일한 현상학적 독법에 대한 저항을 일으킨다. 기호학은 자신 나름대로의 방식으로 그 같은 현상학적 독법을 갱신한다. 왜냐하면 현대 기호학은 전면에서 체험된 감성이 반드시 제 언어들의 여과 장치를 통과한다는 사실을 가정하기 때문이다. 심지어 언어로서 분절된 지각의 경우에도 마찬가지이다. 현대 기호학은 유의미적 상호 작용들의 요람으로서 감각적인 것의 귀속성에 역사의 첨예성, 사용과 관례 속에서 침전된 기억의 첨예성을 대립시키며, 작동 가능한 구조들로서 배치되는 발화 작용적 실천의 첨예성을 대립시킨다. 그리고 소통 가능한 의미 작용의 가능태들을 축조한다.

바로 그것으로부터 두 번째 궁극적인 언급이 도출된다. 형식적 구조와 감성 사이의 관계는 보다 세련되게 분절될 수 있다. 구조는 감각적인 것의 장소 자체로서 분석될 수 있다고 간주하는 것은 결코 유토피아적인 것이 아니다. 연속체 기호학의 옹호론자들과 의미의 범주적 비연속적 접근을 고집하는 사람들을 대립시키는 논쟁, 또는 실재의 원칙을 내재성의 원칙과 대립시키는 논쟁은 이 같은 근본적 관계의 해소를 겨냥한다. 특히 상이한 노선들 가운데 긴장성이라는 개념 아래서 연속체의 분절 양태성을 파악하려는

---

9 Denis Bertrand, 앞의 논문 참조.

시도를 하는 접근법은 그레마스 기호학 이론의 확대를 통하여 구조의 감성화라는 핵심적 문제들을 풍요롭게 한다.

그런데 여기서 다른 시선이 가능하다는 것을 망각하기 십상이다. 그것은 우리로 하여금 세계를 그 자체로서 보게 만드는 시선으로서, 그 세계에 대해서 심오한 지식을 갖게 하는 것을 말한다. 사물의 깊이와 내면 세계를 조응하는 그 같은 시선은 행동의 장보다는 명상의 대상으로서, 수단이나 도구보다는 동반자의 세계로서 우리의 관심에서 덜 주목받아 왔다. 그런데 구조 기호학은 빈번하게 사물과 사람을 작동시키는 원리와 기제에 대한 형식화를 선호하는 경향이 있다. 그 같은 조건들 속에서, 관심을 끄는 것은 어떤 점에서 사물과 사람들이 우리에게 유용할 것인지, 해가 될 것인지, 쾌적한 것인지, 불쾌한 것인지, 우리가 완수할 수 있다고 생각하는 프로그램에 따라서 사물을 작동시킨다. 도구적 차원의 기준으로부터 대상들의 가치를 정하려는 이 같은 방식, 더불어 우리가 세계에 대해서 투사하는 의미 작용을 그런 식으로 고정하려는 방식은 원칙적으로 존재들과 사물들을 멀리 떨어진 현실들의 위상 속에서 일종의 영혼이 없는 상태에 방치하는 것이나 다름없다. 요컨대, 가장 진부한 실천들의 기저에 있는 기능적 시각은 우리로 하여금 세계를 순간 발생적으로 객체화시키고, 그렇게 하면서 그것과 거리 두기를 만들어 낸다.

최근까지 구조 기호학은 일정한 방식으로 세계-대상을 주체 앞에 갖다 놓는 이원적 비전을 자명한 것으로 상정했다. 물론 대상은 의미 작용과 가치를 갖고 있으나, 순수한 외재성으로서 거리가 있는 외재성으로 간주해 왔다.

그런데 《불완전성에 대하여》(이하 《불완전성》)와 더불어 그레마스는 주체와 대상 사이에서 이루어지는 만남이라는 또 다른 주된 형식에 대해서 함의를 갖는 일련의 상보적 연구의 노선을 열어 놓았다. 그것은 곧 심미적 만남을 의미한다. 이 같은 차원에서, 더 이상 객체적 거리가 아니라, 직접적인 근접성, 즉 그 관계의 두 축 사이에 설정되는 것은 친밀성으로서, 느끼는 주체(sujet eprouvant)와 인식 가능한 대상 사이에 설정된다. 주체에게서 인식한다는 것(connaître)은 느끼는 것(sentir)과 분리되지 않는다. 따라서 핵심 물음은 세계의 형상들과 모종의 관계 방식을 착상하는 것이 가능하냐는 것이다. 다시 말해 주체와 대상의 분리로부터 나타난 탈신화화와 우주와 인간 사이에 존재하는 상징적 관계의 퇴색(désenchantement)에 대하여 어떤 처방을 가져다줄 수 있는 관계 방식을 발견하는 것이 가능하냐는 근본적 물음이다.

분절된 의미는 감각적 차원에서 직접적으로 도래하는 무엇인가를 그 자체 속에 구현한다. 의미 작용은 감각들이 우리로 하여금 지각하게 만들어 주는 것 속에 이미 현존하며, 세계의 감각적 성질들과 더불어서 발생하는 접촉은 분절된 의미가 구성되는 차원에서조차도 여전히 현존하는 상태로 남아 있을 수 있다.

2. 정념의 고고학

정념의 개념사와 계보학의 체계적 수립은 그 주제의 방대함으로 인해 무리한 시도로 비판받기 십상이다. 서구 철학의 잣대로 보자면 정념은 합리적 담론에서 벗어나는 일탈이다. 그러나 최근에 들어와 이제 서구 담론에서 정념은 가장 시사적인 주제로 부각되었다. 무미건조하고 철저하게 규제받는 일상생활에 활력소를 불어넣는다는 점에서도 이에 대한 연구가 활기를 띤다는 사실을 납득하기는 어렵지 않다. 바야흐로 현대 인문학은 감성의 시대를 맞은 것이다. 기호학에서 왜 갑자기 정념의 문제를 들고나왔는가를 따지기 전에 먼저 정념의 문제 틀 또는 계보에 대한 고찰이 필요하다. 이 계보의 시초를 개시한 사람들은 역시 고대 그리스인들이다. 물론, 철학자뿐만 아니라 의학 전공자들, 심리학자와 사회학자들도 정념에 대해서 다양한 시각을 피력해 왔다. 그러나 대부분의 경우 정념은 정상적인 것으로부터의 일탈이나 규칙위반으로 규정되었으며, 개인적 차원과 사회적 차원 모두에서 최악의 무질서로 낙인찍혔다. 그러나 정념은 인간과 동물, 인간적 본성과 자연 상태가 만나는 유일한 장소이다. 잡종적인 것으로 규정된 정념은 감각적인 취향과 그런 취향이 자극하는 표상, 그것들의 효과들에서 사람들이 절감하는 자극과 감동에 기인한다. 정념은 또한 개인을 성립하는 여러 요소들 가운데서 가장 개인적인 것이며, 인간이 자신과 맺는 상충과 갈등이 첨예화되는 곳이다. 사악과 미덕은 지연된 정념들이다. 게임과 놀이에 대한 거의 정신착란적인 취향, 사랑의 향유, 권력욕 등은 정념에 다름 아니다. 철학적 사상이 자처하는 지혜는 바로 이 같은 정념들에 종지부를 찍으려는 불가능한 몸부림이다. 잘라 말해 철학자들은 정념을 달가워하지 않는다. 그들은 이성으로 무장한 채 정념과 대립한다.[10] 예컨대 칸트는 이렇게 말한 적이 있다: "아무도 자기 자신을 위해서 정념을 바라는 사람은 없다. 인간이 자유로워질 때, 그 누가 스스로 결박당하기를 좋아하겠는가?"[11] 따라서 칸트의 결론은 이렇다: "감동과 정념에 굴복하는 것은 그것이 어떤 것이건, 영혼의 질병이다: 두 가지 경우 모두 이성의 제어가 배제되었다."[12]

정념에 대한 칸트의 이 같은 부정적 생각은 정념과 광기를 하나로 엮는 서구 전통의 반복일 뿐이다. 이 유구한 전통에서는 정념에서 정신의 동요만을 보았던 스토아 학파의 철저한 사고가 반영되고 있다. 그러나 서구 철학

---

10 본 절의 주요 내용은 정념에 대한 철학적 계보를 정리한 다음 문헌을 참조하여 작성되었다. H. Parret, *Les passions. Essai sur la mise en discours de la subjectivité* (Bruxelles: Mardaga, 1986); M. Meyer, *Le philosophe et les passions* (Librairie Générale Française, 1991).

정념의 역사, 심리, 성지석 차원에 대한 나음 서서를 참조할 것: M. Meyer, *Les passions ne sont plus ce qu'elles étaient* (Editions Labor, 1998). (한국어 번역, 전성기 역, 《열정의 레토릭》, 고려대학교출판부, 2004); 이광주, 《정념으로서의 역사》(문학과 지성사, 1987). 특히, 17 세기 유럽 문화와 사상에서 정념의 계보학을 다룬 다음 저서 참조: Susan James, *Passion and Action : the emotions in seventeeth-century philosopghy* (Oxford: Oxford University Press, 1997).

한국 학계에서도 2010년과 2011년에 각각 한국기호학회와 한국프랑스철학회에서 각각 정념이란 주제를 갖고 학술 대회 및 특집호를 마련한 바 있다: 1. 〔정념의 세계와 기호학〕, 한국기호학회 2010년 가을 학술 대회 발표 논문집; 2. 〔정념의 철학〕, 프랑스철학회, 2011.12월.

11 *Anthropologie 1*, III, trans. fr. P. Jalabert , tome III (Gallimard, 1986), p.1069

12 같은 책, p.1061.

사는 다른 각도에서 문제를 제기하고 있다. 만약 인간에게 정념이 없다면 인간의 삶은 어떻게 될까? 우리 범속한 인간들은 사랑과 증오, 환희와 고통, 그리고 시간에 대한 회한과 향수를 갖고 살지 않는가? 정념이 파괴적이라면 지혜도 그에 못지않게 파괴적이다. 궁극적으로 정념이 없는 이성은 영혼의 파멸이 아닌가. 바로 이 같은 발상에서 정념이 무엇인지 알아보려는 탐구의 정당성은 확보될 수 있을 것이다.

아리스토텔레스의 《수사학》을 읽으면 매우 흥미로운 생각을 찾아볼 수 있다. 그에게 있어서 마음의 평정은 수치심과 마찬가지로 정념에 속한다. 그에 따르면 정념은 평정과 분노, 부끄러움과 파렴치함, 두려움과 자신감(혹은 대담성), 선망과 경쟁심, 멸시와 연민, 호의와 분개, 그리고 마지막으로 사랑과 미움에 관한 것이다. "플라톤과 달리, 아리스토텔레스는 악을 덕과 대립시키듯 이성을 정념과 대립시키지 않습니다. 그가 잘못되었다고 하는 것은 지나침입니다. 그는 중용을 권장합니다."[13] 이것은 곧 전통적인 서구 철학에서 정념들을 극단적인 것들로 몰아세운 것과는 판이한 방식으로 정념들을 파악했음을 시사한다.[14] 데카르트에게 있어서 정념들은 육체로부터 오는 영혼의 운동이며, 영혼 그 자체의 운동은 아니다.[15] 그것은 마치 선천적 관념들처럼, 우리에게 영향을 미치는 무의지적 지각들이다. 의식이 자신의 반성적 제어를 상실하는 지점이 바로 정념이다. 파토스에 인도된 의식은 데카르트에게 있어서 소용돌이의 장소이다. 정념에서 의식은 육체가 부과한 다양한 변이형들에 굴복한다.

정념의 수는 데카르트, 프로이트, 아리스토텔레스, 성 토마스, 키케로에 따라서 열네 가지, 열한 가지, 네 가지, 또는 여섯 가지가 된다. 예컨대, 데카르트는 정념의 기본 형태로서 경이, 사랑, 증오, 욕망, 기쁨, 슬픔을 열거하

---

13 《열정의 레토릭》, p.35(한국어 번역본에는 열정으로 번역되어 있으나 본 맥락에 맞추어 정념으로 고쳤다).

14 Aristote, *Rhétorique*, Livre II, trans. ed. M. Dufour (Paris: Les Belles Lettres, 1992); M. Meyer, *Aristote ou la Rhétorique des passions* (Paris: Petite Bibliotheque Rivages, 1989).

15 R. Descartes, 《정념론》, 김형효 역(삼성출판사, 1990).

였으며, 스피노자는 인간의 기본 정서로서 기쁨, 슬픔, 욕망의 세 가지 정서만을 지적하고, 경이, 사랑, 증오는 세 가지 기본 정서에서 파생된다고 보았다.[16] 데카르트(René Descartes)는 자신의 기획이 "웅변가나 심지어 도덕 철학자로서 정념들을 설명하는 것이 아니라, 단지 물리학자로서 정념을 설명하는 데 있다"는 점을 진술한다. 이 같은 진술은 데카르트의 관심사가 그의 사상의 전체적 시스템과 더불어 절대적인 수미일관성을 이루는 정념 이론을 구축하는 데 있다는 점을 보여 준다. 즉, 물리적 메커니즘과 그것의 형이상학적 토대와 더불어 수미일관성을 이루는 것을 말한다. 따라서 데카르트의 정념 이론에서 핵심 관건은 메커니즘과 영혼 이론의 접속을 이루려는 그의 독특한 시각이라 할 수 있다.[17] 정념의 유형론에 있어서 철학이 제시한 논거들은 지극히 자의적이다. 마치 정념의 논리가 불가능한 것처럼 이들 사상가들은 처신한다. 그러나 정념의 사상에도 나름대로의 합리성은 존재한다.

먼저 그리스인들에게 있어서 정념은 근본적으로 정치적인 것이었다. 즉 그것은 공동체의 삶을 표시하는 지점이다. 풀어 말해서 정념은 자유로운 인간들의 상호 주관적 관계 설정에서 나오는 것이다. 공통적 선에 도달하기 위해서는 차이들과 이단자들을 협상시켜 그 거리를 좁히는 것이 관건이었다. 아리스토텔레스의 《수사학》에서 가장 많은 부분을 차지하는 정념 이론은 바로 그 같은 공동의 선에 대한 배려로부터 탄생한 것이다. 누군가를 설득하기 위해서는 그를 감동시켜야 한다. 그렇다면 이것을 위해서는 그의 정념이 무엇인지를 꿰뚫어 보고 있어야 한다. 그의 취향, 욕망, 신념, 기질 등을 알고 있어야 하는 것이다. 정념이란 차이들과 인간의 다양성의 징조이다. 그런 차이와 더불어 인간들은 더불어 살 수밖에 없다. 일체의 대립들이 발현되는 것도 바로 정념들이며, 그 차이들을 반영하고 소통하는 것도 정

16 같은 책, p.235.

17 이점에 대해서는 다음 논문 참조. Pierre Géraud, "La rationalité des passions dans le Traité des passions de Descartes,"(1998), *Philosoph'ile*, site de philosophie de l'Académie de la Réunion, mis en ligne en juillet 2007, p.6.

념들이다. 예컨대 '분노'를 생각해 보라. 요컨대 정념은 타자에 대한 반응을 표현한다는 점에서 자신의 의식이라고 말할 수 있다. 정념은 개인들 사이의 사회 정치적 관계일 뿐이다.

그러나 기독교의 도래와 함께, 인간과 그의 영혼에 대해서 사람들이 가졌던 비전은 사회의 변천과 더불어 전혀 다른 방향으로 선회했다. 아리스토텔레스가 설정한 열네 가지의 정념은 성 아우구스티누스에 의해 세 가지 주요 사악함이 된다. 그 사악함은 모두 원죄에서 용해가 된다. 그 결과 권력, 쾌락, 사치가 주요 정념으로 부각된다. 착한 기독교인은 겸손, 빈곤, 금욕을 맹세하는 사람이다. 서구의 인간관이 이렇게 해서 기독교적 인간관으로 변형된 것이다.

그러나 1500년부터 1900년까지 세 가지 주요 정념들은 다시 복권이 된다. 마키아벨리 그리고 홉스와 더불어 지배욕이 언술화되고, 공동체의 권리를 다시 찾을 수 있는 정치적 정념의 합리성이 모색된다. 200년이 흘러 경제적 정념은 정상적인 욕망으로 정의된다. 이를테면 고리대금업에 대한 비난은 사라진다. 정당한 이윤 추구는 인간의 정상적인 욕망으로 이해되는 것이다. 개인적인 부의 축적과 그에 대한 욕망은 사회 전체의 부의 증식을 위해서 이롭기 때문이다. 이것이 바로 물질적 정념을 복권한 애덤 스미스의 논지이다. 푸코는 《말과 사물》에서 노동, 욕망, 언어의 축에서 이 문제를 논한 바 있다. 프로이트는 육체적 정념에 이론적 위상을 부여한 공적을 남겼다.

하지만 정념은 정서적 급진성 또는 사회성을 이루는 기저 토대(soubassement)만으로는 환원될 수 없는 다른 무엇이다. 그것은 비정상성이나 비도덕성이기 전에 무엇보다 감수성이다. 정념은 인간 본성에 귀속된 우발성의 기호이다. 정념은 우리들 자신에 있는 또 다른 타자이다. 정념은 끝없는 약속들의 언어이지만 온갖 위험들을 암시하는 낱말이다. 정념과 도덕이 오래전부터 밀접하게 연결되었지만 '파토스'는 본래 무엇보다 우리를 삶의 물결 속에 빠지게 만드는 성찰되지 않은 감각적 의식이다. 정념은 우리를 세계에 결속시키는 만큼 우리에게 위험들을 알려 주면서 그 위험으로부터 우리를 구해 준다. 이렇듯 정념들에 대한 도덕적인 어법과 어조를 넘어서면 궁극적으로 미학적 차원이 부각된다. 잘라 말해, 정념은 미학과 정치학의 교차로에 있다.

3. 정념의 인식론

1970년대 말부터 기호학자들은 그들의 담론 분석에서 이른바 정념적(pathémique)이라 불리는 새로운 차원을 통합하게 된다.

먼저 '감응'(phorie)(유쾌 vs 불쾌)이라는 문제 틀의 소묘가 그려진 것은 가치라는 기호학적 위상에 대한 오래된 성찰에서 비롯된다. 그것은 서사 행로를 따라서 주체에 영향을 미치는 기분 상태들과, 가치 대상과의 접속 관계로 정의된다.[18] 이 성찰은 한 걸음 더 나아가 긴장과 지향성에 대해서 적용된다. 이런 맥락에서 초조와 욕망으로 가득 찬 주체의 도래를 위한 최소 조건들에 대한 다양한 연구가 이루어진다.[19] 그 결과, 행동자 구조와 양태 구조들에 대한 지식으로부터 얻어진 결과를 이용하면서 구체적 분석 사례가 축적되고, 정념을 표현하는 어휘소들에 대한 연구가 이루어진다. '인색', '분노', '존경', '믿음' 등이 초기 연구의 소재가 되었다.[20] 이 모든 연구들은 서사 문법의 가설들을 탐구했으며 특히, 조종의 기호학, 행동의 기호학, 설득의 문제틀의 연장선상에 있다.

---

18 이 문제는 다음 논문 참조. A. J. Greimas, "Un problème de sémiotique narrative : les objets de valeur," *Langages* 31 (1973), "De la modalisation," *Bulletin* (1979).

19 Cl. Zilberberg, *Essai sur les modalités tensives* (Amsterdam: Benjamins, 1982); J. Petitot, *Pour un schématisme de la structure, thèse de doctorat d'Etat* (Paris: L'EHESS, 1982); J.-Cl. Coquet, *Le discours et son sujet: essai de grammaire modale*, thèse de doctorat d'Etat, Paris IV(1982).

20 A. J. Greimas, "De la colère · · ·" ; J. Courtés, "Sentiments d'estime et de mésestime," in *Actes du colloque d'Albi Langage et Signification* (Université de Toulouse: le Mirail, 1981); G. Maurand, "La supersitition : de la léxicologie à la sémiotique"(같은 책).

앞서 정념의 고고학에서 보았듯이 정념은 데카르트, 스피노자, 라이프니츠, 칸트, 흄 등 위대한 철학자들의 성찰에서 부재하지 않는다. 하지만 그들의 성찰은 그들의 논리적 형이상학적 개념 파악의 중심적 핵에 비추어 보면 주변적이다. 정념들은 철학적 심리학의 원근법에서(데카르트의 경우), 윤리적 관점에서(흄, 스피노자가 좋은 예들이다) 설명되고 분리되었다. 낭만주의 이후 정념은 모든 예술의 근원과 구현으로서, 아울러 철학적 미학의 대상으로서 재평가된다. 정념은 특권화된 방식으로 다양한 예술들에서 발현된다. 그 결과 정념적 담론과 비정념적 담론 사이의 경계선이 그어졌다. 동일한 원리에 대해 예술적 언어와, 철학과 과학의 언어 또는 일상생활의 담론 등의 분리가 설정된 것이다. 동시에 정념은 감동과 달리 파악될 수 없는 성격의 속성으로 규정되어 피상적인 본질로 나타난다는 이유 때문에 과학적 설명에서 회피되었다.

바로 여기서 기호학은 담론의 유형론에서 정념적 담론과 비정념적 담론의 구분에 문제의 소지가 있음을 보여 준다.[21] 물론, 정념 vs 비정념의 이분법은 필요한 이론적 전략이다. 정념 vs X의 구도는 다양한 기호학적 우주들이 포괄하는 원초적인 계통적 관계이다. 그 결과 자연 세계에 대한 우주론적 기호학은 '코스모스'와 '카오스'의 대립에서 구성되며, 마찬가지로 사회 문화적 세계의 기호학은 어느 정도는 정념 vs X와 상동화될 수 있는 기본 대립들의 장 속에서 이루어진다.

서구 사상사와 심리적 사회적 태도의 역사는 정념적인 것이 이성적인 것, 합리적인 것, 논리적인 것과 모순 관계에 놓여서 계열체적으로 규정됨을 보여 준다. 정념을 억제하려고 한 역사가 단적인 예이다. 요컨대 이성적이고 합리적인 것의 이름으로 정념적인 것은 억제되었다. 물론 정념적 차원의 위상을 회복하려는 시도도 있었다. 몇몇 이데올로기는 정념적인 것과 합리적인 것의 변증법화를 자극하며, 다른 이들은 이상화의 행로를 장치시킨다. 하지만 정념에 대한 모든 개념 파악의 노력은 정념 vs X의 계통적 대립을

21 H. Parret, "Eléments pour typologie raisonnée des passions," *Document* IV, 37 (1982).

탐구의 기초로 삼았다. 이 기본 관계의 구성항들은 구성된 것이며 어휘소 속에서 반영된 속성들의 계통론을 포괄한다. 출발부에서 언급했듯이 로고스적인 것은 삶, 이성, 밝은 것에 속하며, 정념적인 것은 죽음, 모호성, 암흑의 영역을 표상한다. 이제 정념의 기호학은 이런 정념적인 것 vs 로고스적인 것의 원초적 부류소로부터 합당한 유형론을 도출하고 하나의 통사를 구성해야 한다.

여기서 우리는 정념적 세계의 두 가지 계열체의 모델들을 간단하게 언급할 필요가 있다.[22]

흄의 정념론의 체계에서 정념과 그 대상의 관계는 동정과 반감의 관계이다.[23] 이 성질들은 정념의 원인에 의해서 설명된다. 쾌락과 고통이 그것이다. 대상과 관련하여 발생하는 쾌락/고통-동정/반감의 연쇄는 연상적이며 인상적이다. 정념적 주체는 단지 표층에 불과하며 정념의 유형론은 끌림과 꺼림의 기계적 기준에 의해 생겨난다. 흄은 정념에 대해서 뉴턴적 비전을 제시했다는 점에서 그의 정념 이론은 물리적이면서 자연주의적이다. 즉 정념의 인간적 구상적 우주는 물리학의 그것이다. 정념적 경향들은 중력의 이론으로 표현된다.

칸트의 정념 체계는 이와 반대로 흄의 자연주의에 총체적으로 대립한다. 칸트의 정념 이론은 흄보다 우수한 기호학적 적합성을 제시한다. 그의 출발점은 동정 vs 반감의 이분법에 선행하는 수준에서 이루어진다. 정념적 배치가 실현하는 모든 감정의 틀(pathie)은 공감이라는 농밀한 감정(empathie)이라는 밑바탕에서만 가능하다. 칸트에게서 반감과 공감(친밀감)은 정념의 주위를 에워싼다. 정념의 우주는 칸트에게서 오직 정념이 농밀한 감정에 기초할 때만 정당화된다.

---

22 홉스, 데카르트, 말블랑슈, 스피노자, 파스칼, 로크 등 17세기 서구 철학에 있어서 정념의 표상을 다룬 다음 연구물을 참조할 것. S. James, *Passion and Action* (The emotions in seventeenth-century philosophy) (Oxford: Oxford University Press, 1997).

23 D. Hume, "Of the Passions," in *A Treatise on Human Nature*, vol. II, 특히 제1부, 1절에서 4절까지 참조할 것.

칸트에게서 정념적 생명의 윤리적 조직은 주체들의 농밀한 감정의 능력에서 만들어진다. 대부분의 철학자들은 정념을 수동성/능동성의 쌍을 통해 그들의 학설을 분절한다. 데카르트에게 있어서 정념은 영혼의 상태이며, 고통이며, 연약함이다.[24] 특히 데카르트는 정념의 역동적인 예측 불가능성과 돌발성을 정확히 인식하고 있었다.[25] 반면, 콩디야크를 비롯한 근대 사상가들은 정념을 하나의 힘으로 본다. 정념 이론에서 첫 번째 방향성은 정념을 행동과 대립시키며 두 번째 방향성은 정념을 실현된 행동과는 대립되는 경향이나 능동적 잠재성으로 본다.

두 번째 축 유쾌 vs 불쾌는 정념적 우주의 개념성의 총체성에서 존재한다. 정념적 생명은 따라서 일정한 감수성을 전제로 한다. 물론 이 감수성의 본질에 대해서는 관점이 상이하다. 이들 가운데서 우세한 시각은 감수성과 지각 사이에 내재적 관계를 설정한다. 객관적 세계의 외적인 감각적 성질들에 무게를 실어 주며 이와 동시에 주관성을 중립성과 수용성으로 환원시키는 것이다.

기호학에서 알려진 것은 외부 지향성과 내부 지향성의 축이다. 여기서, 지향성은 본질적으로 지각적인 감수성으로 귀결된다. 이것은 순전히 형식적인 개념이다.

먼저 능동성/수동성의 축에서 정념적 세계의 개념 파악은 능동적 잠재성의 개념을 빌어서 이루어진다. 유쾌/불쾌는 감수성의 개념이며 이것은 주관적 경험과 연결된다. 외부 지향성과 내부 지향성은 내재성과 외재성의 대립된 지각적 요소는 아니다. 어쨌건 이 세 가지 이분법적 성분은 정념적 능력의 공간적 개념의 출발점을 가능케 한다.

철학자들의 원형 이론에서 토론된 이 같은 정념의 유형론은 임의성을 띤다. 심지어 데카르트에게 있어서조차 정념의 본질과 그 작동에 대한 철학적 심리학을 제공하려는 시도는 합리적 유형론을 구축하는 데 있어서는 명료

---

24 R. Descartes, *Le traité des passions de l'âme*, 제1부를 볼 것.

25 김상환, 〈데카르트의 정념론과 그 이후〉, 《기호학연구》 28(2010), pp.17-36.

하지 않았다. 그의 유형론은 정념의 술어 체계의 존재에 토대를 둔 결과 정념적 어휘들의 의미론으로부터 정념의 유형론을 만드는 작업에서 실패할 수밖에 없었다. 적합한 유형론은 그 역동성 때문에 선험적인 어휘화에 의해서 한정될 수 없기 때문이다. 또한 어휘화된 정념들은 기저 체계의 우발적 표층에 불과하기 때문이다. 만약 정념적 담론의 구조적 속성들에 관심을 갖는다면, 보다 유보적인 입장을 취해야 할 것이다. 정념적 담론은 기저에 있는 활력(에너지)의 가능한 효과들 중의 하나이다. 정념적인 것을 정념의 담론적 지시소들로 파악하는 것은 언어 중심주의에 빠지는 것이다. 담론적 시퀀스가 정념들을 야기하는 것은 사실이며 정념의 모든 층위를 증명하는 것은 분명하다. 그리고 몇몇 정념들이 대상으로서 언어를 갖는다는 것은 매우 흥미로운 일이다. 그러나 정념의 온당한 유형론은 정념들의 담론 배치와 기저 체계론의 구분에 기초해야 한다.

기호학은 생성 행로의 단계들을 규정하고 기본 통사와 변형적 성분의 정체를 파악할 수 있게 해 주는 인식론을 갖추고 있다. 물론, 단계별로 이루어진 불연속적 모델이 갖고 있는 문제는 적지 않다. 특히 하나의 수준에서 다른 수준으로의 변환이 문제가 된다. 기호 통사론의 중개적 또는 표층의 구조들로 변환되는 것 역시 동일한 문제에 봉착한다.

그러나 한 가지 확실한 것이 있다. 기호학 모델에서 기저 체계는 심리적인 것으로 재구성되지 않는다는 사실이다. 다시 말해, 정념적 에너지는 그것의 기본 통사론에서 심리적 능력의 문제로 귀결되지는 않는다는 것이다. 이것은 영혼과 마음의 성향들과는 아무 상관이 없다는 것을 뜻한다. 따라서 기호학은 언어 중심주의와 심리학주의로부터 생겨날 수 있는 일체의 간섭을 피할 수 있다.

이 같은 정밀성에 입각하여 파레트는 생성 행로의 세 가지 단계를 구분한 바 있다.[26] 정념의 텍스트, 맥락화와 담화화가 그것이다. 생성 행로의 이 세 가지 단계는 존재론적인 것도, 현상학적인 것도 아니다. 그것은 기호학

26 H. Parret, 앞의 논문 참조.

적 재구성의 수준들이다.

첫째, 정념의 연구는 그것의 담론의 수준에서는 정념의 수사학과 정념의 담론의 구상적 창안성에 주의를 기울인다. 다른 관점에서는 정념적 담론의 특수한 수행성의 이론을 생각해 볼 수 있다. 오스틴과 설이 완수한 개념들의 확장은 정념적 상태에 해당하는 수행적 지시소들을 탐구하게 만든다.

둘째, 정념들을 그것의 맥락화에서 접근하는 것은 현동화된 문맥에서 정념적 능력의 분석에 동화된다. 정념적 능력의 이 같은 맥락화는 다음과 같이 이중적으로 이루어진다. 심리 사회적인 상호 작용적 매개소와 인식적 매개소가 그것이다.[27] 이 같은 정념적 맥락화는 기본 통사와 그것의 담화화 사이의 중간 단계를 나타낸다. 새로운 정의를 내린다면 감동은 맥락화된 정념이다. 이 중간적 단계의 특수성은 기호학 이론에서 명백하게 파악되지 않았다. 그 이유는 기호학자들은 하나의 기본 구조(정념의 기본 통사)와 담화 구조(정념의 담화화 수준)는 자율적이며 독립적인 매개소로 이루어진 단계에 의해 중개화되는 것으로 보기 때문이다.

셋째, 정념의 텍스트는 잠재화된 맥락에서 정념적 능력과 관련된다. 바로 이 층위에서 정념의 기호학은 재구성된 모델을 제공한다.[28]

4. 감성 기호학의 본질과 한계들

1) 감성 기호학의 주요 개념 요소

앞 절에서 확인한 것처럼, 의미 이론을 구축하려는 그레마스의 초기 기

27 희로애락의 감각 및 정동에 대한 정념 차원에서의 해석에 대한 다음의 연구 문헌을 참조할 것: A. O. Rorty, ed., *Explaining Emotions* (Berkele/Los Angeles/Londres, 1980); W.E. *Emotion* (Cambridge: Cambridge University Press, 1980); P. Newbury, *Emotion* (London: Sage, 1992).

28 "Sémiotique des passions," *Actes Sémiotiques-Le Bulletin* II, 9 (1979).

획 속에 감성의 문제가 이미 각인되어 있었다고 보는 것은 오늘날 그레마스 기호학파의 연구자들 사이에서 통용되는 해석이다. 그레마스의 의미 이론은 의미를 그것의 상이한 차원들 속에서 포착하고 기술하는 것을 가능케 한다. 이점에서 베르트랑 교수의 논문, 〈구조와 감수성〉을 언급할 수 있을 터인데, 그는 감성 기호학의 상이한 축들이 그레마스의 작업들 속에서 싹을 트고 있었다는 점을 입증하려 한다.[29] 보다 구체적으로 말해, 그는 프랑스어 단어 'sens'가 갖고 있는 4개의 의미, 즉 감각 작용, 공통 감각(sens commun 또는 상식) 의미 작용, 방향 설정 등의 상이한 의미들을 통해 그 기원들로부터 그레마스 기호학 이론의 이 같은 통일성을 설명한다. 아쉽게도, 《기호학 사전》은 이 4개의 의미 가운데, 세 번째 의미, 즉 의미 작용이라는 의미에 국한했으나, 그 이면에는 다른 세 개의 어의들도 늘 현존했고, 기호학 성찰의 전개를 따라 나름대로 발굴되어 왔으며 최초의 고려들과 완벽한 일치가 이루어졌다. 감각 작용(sensation)처럼, sens(의미)의 보다 최근에 이루어진 이론적 전개들 가운데서 코케 교수의 저술들을 상기할 필요가 있다. 그는 언어 현상학의 원근법에서, 체현된 발화작용을 통해 의미 작용의 신체적 토대들을 탐구해 왔다.[30] 하지만, 발화작용의 매개를 통해 신체적(물리적) 세계(phusis)로부터 로고스(logos)에로의 이동은 연속성 문제에 대한 해결책 없이 작동되었다. 아울러, 우리는 지성적 차원과 감성적 차원 사이의 관계들의 문제를, 구조와 감수성 사이의 착종, 즉 뒤얽힘의 특수한 문제로 의미의 문제를 환원하면서 다룰 수 있을 것이다.

다른 것들 가운데서, 시각 기호학의 발전은 구상성의 감각적 지각적 구성성분들에 대한 기호학적 연구에 초점을 두는 데 공헌했다. 이점에서 그레마스가 말년에 발표한 에세이 《불완전성에 대하여》은 하나의 전환점을 표상하는 것으로 간주되고 있는데 그 이유는 그것이 기호학 연구, 특히 구상

---

29 Denis Bertrand, " Structure et sensibilité", *Actes Sémiotiques* 112 (2009) [en ligne]. Disponible sur : <http://epublications.unilim.fr/revues/as/2880>

30 Jean-Claude Coquet, *Phusis et logos. Une phénoménologie du langage* (Saint-Denis, 2007). PUV.

성의 연구를 지각의 현상학적 뿌리로 다시 유도하기 때문이다. 《불완전성에 대하여》는 심미성의 현상에 초점을 두고 있는데 여기서 심미성은 세계에 대한 비매개적인 즉각적 포착으로서 파악된다.

따라서 1980년대와 1990년대 사이에 발생한 생성적 패러다임의 일반적인 재조직화의 맥락에 감각적 차원에 대한 새로운 관심을 위치시킬 필요가 있다. 이 기간 동안, 연속적인 것, 점증적인 것, 조합적인 것(modular)에 기초를 두고, 기호학의 이산적이고 범주적인 시각은 부분적으로 포기되었다. 이것은 연구 초점을 의미 작용의 시스템들로부터 의미의 과정들로, 행동(하다)로부터 존재(이다)로, 대상의 기호학으로부터 주체의 기호학으로 점증적 이동을 이끌었다.

텍스트 속에 각인된 구상적 차원의 위치는 기호학 연구 내에서, 지각 순간에 발생하는 그것의 창발성에 초점을 두면서 그것의 중심성을 점증적으로 상실했다. 특히, 그레마스의 수제자 퐁타니유 교수는, 구상성을 전체적으로 다시 재정의하는 데, 이때 구상성은 주어지는 것이 아니라 그것의 성립 순간에서 하나의 통사로서 파악된다. 같은 기간 동안, 다수의 연구는 체현의 문제를 다루었는데, 여기서 몸은 자연적 세계와 언어적 세계 사이의 결속, 그리고 주체와 대상 사이에서 이루어지는 만남의 접점을 성립하는 현상학적 몸으로서 이해된다.

몇몇 양상에 있어 존재론과 지시 작용을 재고려하면서, 생성 기호학의 이 같은 발전들은 에코의 해석 기호학과 겹쳐지는데, 해석 기호학에서 의미가 생성될 때 존재는 그것을 정초하는 계기가 된다. 사실, 1960년대부터 기호학은 지시체의 문제를 기호학 연구의 외부에 놓여 있는 것으로 간주했을 뿐, 상이한 기호학적 시스템들이 지시 작용의 행위들에 사용된다는 사실을 부정한 바 없다. 그레마스가 '자연 세계'에 대한 그의 개념에서 지적한 바와 같이, 지시체는 기호학 연구의 주제가 될 수 있는데, 그 이유는 그것 자체가 문화적 패턴들에 의해 기호화되고, 범주화되고 선이해되었기 때문이다. 그레마스는 이미 《구조 의미론》에서, 인간 세계는 본질적으로 의미 작용의 세계로 정의되며, 세계는 그것이 무엇인가를 의미하는 한에 있어 '인간적'인 것으로 불려질 수 있다고 말한 바 있다.

존재와 자연 세계 사이에는 언제나 간극이 존재하는데 이것은 지각에 기인한다. 그런데 문제는 지각은 언어적 범주화의 틀 안에 국한될 수 없다는 점이다. 왜냐하면 지각하는 행위는 생리적 요소들을 포함하고 있기 때문이다. 그렇다면 다양한 체계들과 의사소통의 과정들을 다루는 학문으로서의 기호학이 의미의 감각적인 선조건들을 연구하는 것이 과연 가능한 것인가라는 물음을 던져 볼 수 있다. 베르트랑 교수는 감각적 차원의 중요성을 인정하면서도, 그 연구를 다양한 담론들, 특히 문학 담론 속에서 실제로 발화된 표상들로 국한하면서 조심스럽게 접근한다. 이 같은 표상들은 문화적 규약들에 의해 매개되고 있다.[31] 이런 의미에서 문학 텍스트에 기초한 심미적 파악의 유형론은 특별한 담론 장르의 분석 외 다름 아니다.

하지만 기호학은 담론 속에 표상된 것을 넘어, 지각의 연구를 다루어야 할 것이다. 지각이 기호화되어 있다는 점에서 지각 연구를 기호학에서 생략할 이유가 없는 것이다. 기호학은 의미 작용을 수립하는 문화적 사회적 기제에 대한 연구에 초점을 둔 사회과학으로 남아 있어야 한다. 이 같은 맥락에서, 감각 기호학은 지각 활동을 지배하는 사회 문화적 조건, 언어학적 기호학적 범주들을 다루어야 할 것이다. 모든 지각 행위는 감각적 문화적 요소들과 더불어 얽히고설켜 있다는 사실을 고려하건대 이 같은 작업은 까다로운 일이다. 요컨대 기호학은 궁극적으로는 의미의 아우라적 순간들, 범주 이전의 순간들로 돌아갈 수는 없다. 원초적 혼융의 조건들에 대한 연구는 의미 작용의 연구를 핵심 대상으로 삼는 기호학에서는 다룰 수 없는 것이다. 예컨대, 주체와 대상의 혼융의 순간을 파악하며 심미적 체험을 절대적인 것으로 중시 여기는 시적 혼융(poetic fusion)에 과도한 중요성을 부여하는 후기 그레마스 기호학의 과도한 태도를 경계할 필요가 있다.[32] 감각

31 Denis Bertrand, *Précis de sémiotique littéraire* (Paris: Nathan, 2000).

32 이점에 대해서는 다음 논문 참조. Paolo Bertetti, "Signs and figures: Some remarks

적 차원에 대한 직접적이며 비매개적인 포착은 기호학의 지평을 벗어난다고 봐야 할 것이다. 범주화 이전의 지각적 경험으로서 정의되는 심미성은 문화적 범주들이 재의미화를 거치고 새롭게 갱신되는 순간에 비로소 기호학적 변별성을 갖는다. 그레마스 자신이 누차 강조한 바 있듯이, 과학적 소명을 갖고 있는 학술 분야로서의 기호학은 있는 바 그대로의 날것의 원초적 체험과 관련하여 그것을 직접 다룰 수는 없으며, 오직 그 같은 경험을 설명하고 문화적으로 조직화하고, 그것을 사회적으로 소통가능하게 만드는 범주들과 관련해서만 체험을 다룰 수 있다.

2) 감성 기호학의 몇 가지 양상—구상성, 발화작용, 주체성

그레마스의 생성 행로 모델이 비록 본질적으로 특정 차원에 중심을 두고 있는 상태로 남아 있으나, 그것은 추상화로부터 구체화로 이동하는 것을 분절하게 해준다. 그 결과 그레마스 기호학 이론에서는 생성 행로 모델의 개방성의 전제조건들이 그 이론의 내부에서 잉태되고 있음을 알 수 있다. 그 결과 최초의 모델의 개정을 예고하는 세 개의 개념이 출현함을 파악할 수 있다. 첫째, 구상성과 형상성과 그것의 관계이다. 구상성(figurativité) 대 형상성(figuralité).

그레마스의 의미 작용의 생성 행로 모델에서 구체적인 것(구상적인 것)은 심층적인 의미에 봉사한다. 이 두 개의 개념은 의미 작용의 생성 행로의 기원(형상성)에 있는 추상적 가치들을 넘어서고 가시적인 차원에 머무르지 않는다. 달리 말해, 패러다임의 미끌어짐이 작동한다. 왜냐하면 공간은 두 개의 심층적이며 근본적인 층위들에 위치할 수 있기 때문이다. 구상성 개념은 이론의 장을 이동시키고 생성 행로를 다른 담화 형식들로 개방시킨다. 예컨대, 공간적 세미오시스, 의미의 공간성이 그것이다. 따라서 그것의 구체적이며 구상적인 발현으로 개방하는 생성적인 형상적 공간에 대해서 말

about Greimas's theory of the figurative," *Sign Systems Studies* 45, 1/2 (2017), pp.88-103.

할 수 있다.

이 같은 맥락에서 두번째 개념으로 공간의 생성성(générativité de l'espace)을 손꼽을 수 있다. 베르트랑 교수에 의하면 공간의 생성성을 확인함으로써 생성 행로 층위들의 수정을 가능케 하며, 공간의 기호학을 예고한다. 구상적인 차원을 기호-서사의 심층 층위에 통합시킴으로써 닫힌 모델로부터 열린 모델로 이동하고, 가치들의 자리에서 생성적 성층들 속에서 구상적 차원을 수용할 수 있다. 둘째, 그레마스가 그 가능성을 내다보고 베르트랑 교수가 발전시킨 공간 기호학은 미각, 감각, 몸짓의 영역으로 연구를 개방시킨다.

셋째, 주체적 기호학에서 감성적 기호학으로 이동하는 과정의 한복판에 놓여 있는 발화작용 또는 느끼고 지각하는 주체를 언급해야 할 것이다.

그레마스가 제시한 패러다임 이후에, 코케 교수 등, 일부 기호학자들은 느끼고(sentant) 지각하는(percevant) 주체를 기호학적 작동들의 거점으로 취하면서 객체적 기호학(sémiotique objectale)을 이른바 주체적(subjectale)이고 감성적인 기호학으로 변화시키려는 노력을 기울였다. 그때부터 신체적 영감을 받은 기호학은 의미 작용의 현상들을 인지적이고 감각적이며 지각적인 행로 속에 정박시키면서 새로운 방향을 설정한다. 여기서 주체성과 감각성에 대한 개념 정의는 아래와 같이 제시될 수 있을 것이다.

• 주체성(subjectalité): 주체적 기호학은 객체적 기호학을 대체하는데, 그 의미는 생성 행로가 더 이상 몸이 개입되지 않은 논리-의미론적 작동들의 연속이 아니라, 의미 작용의 과정이 생성하는 특정 주체 속에 각인된다는 점에서 그 같은 대체는 필수적 과정이라 할 수 있다. 그 과정은 행동으로 옮겨진 담화를 구축하는 작업이라 할 수 있다.
• 감각성(sensitivité): 주체는, 양태적이고 인지적인 작동들의 거점으로서, 생성 행로의 행위자이며, 의미의 수학적 버전이라 할 수 있는 기호학적 사각형을 대체한다. 그렇게 하여 기호계에서 감성적인 것, 감각적인 것

에 참여하며, 이것은《정념의 기호학》과 같은 저서들을 생산하게 만드는데, 이 책에서 저자들은 기본 범주들을 기분의 차원에서 파악할 것을 제안한다. 그 결과 기호계의 주체화의 몫에 참여하게 되는 것이다. 이렇게 보완된 의미 작용의 생성 모델은 감각적 주체에 의해 체현된 지각이 세계로 개방되는 양상을 포착할 수 있게 된다. 풀어 말해, 인간을 보편적인 법칙들과 논리적-의미론적 기제들로 파악하는 것을 거부하면서, 객체적 모델로부터, 정념, 정동을 의미 형식의 성립에서 고려하는 주체적 모델로 이동하는 것이다. 달리 말해, 더 이상 객체적 생성 행로를 언급하는 것이 아니라, 주체적인 행로의 행위자화(actorialisation)로 초점을 옮기게 된다.

3) 리듬과 감성

우리는 앞에서 구조의 문제가 감성의 문제로 전이되기 위해서는 여러 범주들, 즉 이산적 단위들의 역동성과 그 단위들의 관계의 역동화를 전제로 한다는 점을 가정한다는 점을 언급한 바 있다. 이런 맥락에서 구조의 상보적 개념이라 할 수 있는 리듬은 구조로부터 감성과 감수성 차원에로의 개념적 이동을 담당하기 위한 탁월한 대안이라고 볼 수 있다. 리듬을 흐름(플럭스flux) 또는 됨(생성devenir)의 조직화로 정의하고 그것의 본질을 포착함으로써, 우리는 주체가 정서적으로, 더 나가 신체적으로 구조와 결합한다는 점을 주목할 수 있다.[33] 리듬을 하나의 현상으로서 파악하는 것은 곧 리듬에 의해 사로잡힌다는 것을 의미한다. 능동적 의미와 수동적 의미 사이에서 '나는 곧 리듬의 주체'인 것이다. 요컨대, 리듬의 지각은 지각의 리듬화가 된다.[34]

33 이점에 대해서는 다음 논문 참조. Verónica Estay Stange & Audrey Moutat, "Rythme, structure et sensibilité," in : A.J.Greimas: *L'avenir de la structure. Actes du congrès de l'AFS* 2017, AFS Éditions, Publication en ligne: afsemio.fr/juin 2019, 2019, pp.369-374.

34 Pierre Sauvannet, *Le rythme et la raison* (Paris: Kimé, 2000).

그레마스가 이끌었던 파리기호학파의 성과 가운데, 리듬과 숫자의 차이를 분별함으로써, 특히 연속체 차원에 우세를 부여하면서 리듬을 개념화한 질베르베르그의 작업을 손꼽을 수 있다. 리듬의 세계와 수량적 세계의 분간을 통해 도입되는 규칙성과 불연속체의 체제는 따라서 다음과 같은 양보적 논리로 기술된다. 즉, 그의 표현에 의하면 '시가 시인 이유는 그것이 운율적으로 정의되기 때문이 아니라, 비록 그것이 운율적으로 정의된다 해도 시는 시인 것'이다. 풀어 말해, 시의 본질은 운율이라는 수량적 차원을 뛰어넘어 그것의 고유한 리듬에 있다. 그때부터, 리듬은 완료 시제에 해당되는 도착 보다는 과정에 초점을 두는 행로와 결부되고, 의외의 순간적 발견이라기보다는 긴 시간에 걸쳐 이루어지는 탐색과 결부된다.[35]

한편, 그레마스에 의하면 심층 구조의 층위에서, 시차적 편차들은 사물들의 비교 가능한 양상들 사이에 존재하는 특정 관계, 특정 차이의 수립으로부터 결과된다. 그때부터 그레마스의 기호학 사상에서 근본적으로 의미 작용의 창발은, 구성항-대상들(termes-objets) 사이의 간격(박자)을 설정하는 관계로부터 비롯된다. 이 같은 간격의 기호학은 질베르베르그의 성찰 속에서 심화 발전되고 있다. 그의 비범한 통찰은 특히 활력의 흐름(에너지의 플럭스)가 어떻게 선명한 차이들에 의해서가 아니라, 미묘한 뉘앙스들(nunances)에 의해 분절되는가를 보여 준다.

긴장성의 문제를 다루는 그의 연구들은 감각적 질료에서 발현되는 특정 활력의 흐름의 활동을 설명하고 있는데, 강도(집중성)와 외연성 등의 가치가(발랑스valences)들에 의해 생성되는 변조들은 활력성과 템포, 다른 한편으로는 시간성과 공간성의 하위 차원들에 의해 분절되어, 특정 형식(형태)을 창발시키는 다양한 굴절들을 생산한다. 이 같은 그의 문제 설정에서, 리

---

35 Claude Zilberberg, *L'essor du poème. Information rythmique* (Saint-Maur-des-Fossés: Phoriques, 1985). Claude Zilberberg, "Précis de grammaire tensive," *Tangence* 70 (Université du Québec à Rimouski et Université du Québec à Trois-Rivières, 2002).

듬 개념은 근본적이다.

《기호학 사전》에서는 질베르베르그의 관점을 참조하며, 리듬을 정념적 관점에서는 기다림으로서, 상(aspect)의 관점에서는 시발성으로서, 양태적 관점에서는 희망 존재(…이기를 원하다vouloir-être)로서 성격짓는다. 특히 이 같은 정의 속에서 리듬의 횡단적 성격은 늘 연속체의 지배와 결합되어 인식된다.《기호학 사전》의 저자들은 리듬을 하나의 유의미적 형식으로 간주하는 정의를 명시적으로 수용한다. 리듬에 대한 그 같은 기호학적 개념화는 기존의 리듬에 대한 협소한 개념화의 틀에서 탈피하여, 리듬을 그것의 음성적 기표에 대한 결속으로부터 벗어나게 해 준다.

한 걸음 더 나아가, 심지어 기표 그 자체에 대한 기존의 결착으로부터 리듬을 해방시켜, 리듬을 내용의 층위에서 인식할 수 있는 가능성을 제공한다. 그 결과 리듬을 기표 차원과 분간시킴으로써 리듬에 대한 강력한 기호학적 모델화를 가능케 한다. 그레마스와 쿠르테스의 정의에서 우리는 4개의 핵심적 성격을 도출할 수 있다. 첫째, 표현과 내용을 아우르는 리듬의 횡단성, 둘째, 리듬의 성립에 있어 연속체의 우세, 셋째, 리듬의 정서적 양태적 투자의 직접성과 즉각성, 넷째, 리듬을 하나의 기다림으로 정의한다는 점에서 그것의 심미적 감성적 차원의 부각 등을 손꼽을 수 있다. 예컨대, 음악을 생각해 본다면, 음악이라는 영역에서 리듬은 하나의 작품 속에 결집한 매개변수들의 집합을 종합화하는 전반적 형식이다. 지속, 높낮이, 강도, 음색 등이 대표적인 음악의 매개변수들이라 할 수 있다. 리듬이 단지 정념적 기다림을 창조하고, 구조로부터 감수성에로의 이동을 가능케 한다는 사실은, 하나의 선율이 멈추었을 때 톤을 사용하는 음악에서 확인할 수 있다. 모국어 화자는 문장이 종결되지 않았을 때 또는 말을 얼버무릴 때 그것을 거의 몸으로 직감적으로 파악할 수 있다. '개시-긴장-이완'의 시퀀스로 성립되는 상 차원의 행로는 그것의 직접적 상관물로서 감각적 체험을 갖기 때문이다. 예컨대, 한국어의 모국어 화자는, 한국어 문장에서 시작, 중간

과정, 마무리의 언어학적 특징을 몸으로 체득했기 때문에, 문장의 자연스러운 시작과 끝마무리를 분별할 수 있다.

그레마스의 초기 기호학 모델이었던 행동자(actant) 차원에서, 리듬 개념은 비록 체계화된 개념의 대상은 아니었으나, 결속(jonction)과 프로그램화에 대한 대안으로서, 란도프스키가 제시한 결합(union)과 조절(ajustement)에 대한 고찰 속에서 소환되었다. 이 같은 원근법에서, 행동자들 사이의 심미적 교환은 행동자들의 창발을 규정하고, 조직화되고 지속적으로 일치되는 특정 운동으로 이루어진다. 그 같은 운동은 다름 아닌 리듬이다. 이점에서, 란도프스키가 든 춤의 사례는 의미하는 바가 크다. 그는, 춤이 함께 존재하는 것에 대한 부드러움의 조절로서, 상대자들 각각의 시간성들, 즉 고유한 리듬들 사이에서 이루어지는 조화의 연속적 추구로서 정의될 수 있다는 독창적 해석을 내놓은 바 있다.[36] 감성적 주체들 사이에서 진행되는 미학적 교환으로부터 주체와 대상 사이의 관계로 이동하면서, 감각성의 역동적 성격을 설명하기 위해 리듬이 갖는 이 같은 첨예성을 다시 발견하게 된다. 이점에서 퐁타니유가 발전시킨 신체 기호학은 감각적 의미 작용이 어떻게 감각과 생리 등 신체기관 영역의 중개를 통해 행사되고, 운동과 덮개의 분절을 통해 구성되는가를 보여 주고 있다. 그것은 감각적 차원들이 어떻게 감성의 기호학적 방식들로 조직화되는가를 보여 주고 있으며, 살의 은밀한 동작과 운동들이 몸으로 하여금 어떻게 의미와 감각을 형성하게 되는가를 파악하게 해준다. 그 결과 퐁타니유는 리듬에 대해 우세한 자리를 부여하고 있는데, 리듬에서 신체 감각과 생리 차원은 고유한 형식과 의미를 제공한다. 그의 설명에 따르면 감각적 생리적 운동은 구상적인 리듬들에 기초하며, 이 같은 리듬들에 대해 내용 면에서, 살과 정동(emotion)의 내재적 상태들을 조응시키고 있다. 그렇게 해서 '세미오시스'의 두 차원 사이에서 형성된 동형성(isomorphisme)을 보장하면서, 리듬은 감성의 방식들로부터 의미 작용의 창발에 참여한다. 그 결과 신체적 세미오시스는 근본적으로 리듬의

36 Eric Landowski, *Passions sans nom* (Paris: PUF, 2004).

분절에 기초하며, 그 같은 분절은 감각적 생리적 운동에 의해 세계와의 관계에 대한 현동화의 모델화에 착수한다.[37]

4) 조형 기호학

그레마스의 감성 기호학을 논의할 때, 다루어야 할 핵심적 주제들 가운데 하나는 조형 기호학이다. 조형 기호학은 그 출발점으로서, 지시체의 인상을 고려하지 않으며, 텍스트를 평범한 구상적인 방식으로 읽기보다는 보다 추상적인 조형적 양상에 초점을 둔다. 풀어 말해 조형 분석은 비구상적 기표 또는 조형적 기표를 의미의 보다 심층적 층위와 분절하는 것을 말한다. 아울러 조형분석은 특정 작품의 전체적 인상이 어떻게 창조되고, 구상 이전에 그리고 무의식적으로 어떤 의미들이 파악되는가를 설명하려는 시도이다. 이때 조형성은 의미와 관련해 위계적으로 연관된 층위들 가운데 하나가 아니다. 바로 그런 이유에서 조형성은 하나의 층위가 아닌 하나의 차원(dimension)으로서 다루어진다. 조형성은 텍스트의 추상적 차원이며, 거기서 감각과 의미의 효과들은, 날카로운/부드러운, 텅 빈/가득 찬, 동질적/이질적, 등의 일정한 조형적 성질들의 대립에 의해서 창조된다.

조형 기호학은 그레마스 기호학파의 가장 중요한 연구 분야 가운데 하나로서, 경험의 감각적 차원에 의해 생산되는 감각 효과들을 고려하는 것을 일차적 과제로 설정한다. 고전적 서사 기호학은 내용의 형식(구상적 층위는 그 형식의 일부분이다)을 분석하는 반면, 조형 기호학은 표현의 형식과 실질에 초점을 둔다. 조형 기호학은 자연 세계가 일종의 언어, 즉 일정한 유형의 기호학적 구조라는 가정에 기초한다. 조형 분석은 이 같은 보편적 조형 언어의 문법을 기술하려는 시도를 지칭한다. 그것은 복잡한 형상들의 기

37 Jacques Fontanille, "Modes du sensible et syntaxe figurative", *Nouveaux Actes Sémiotiques* 61-62-63 (1999); *Soma et séma. Figures du corps* (Paris:, Maisonneuve et Larose, 2004).

본적 특질들의 분절을 유효한 것으로 만드는 조형적 본질 또는 리듬적 본질의 원리들을 인식하려는 시도라고 정의될 수 있다. 조형 기호학에선 표현 층위가 전적으로 내용의 층위이며 그 결과 그것은 단일 면(monoplaner) 기호학에 속한다.[38]

그레마스 기호학의 자율적 연구 장으로서의 조형 기호학은 그의 미학적 에세이 《불완전성에 대하여》 발표 이후에 보다 선명하게 식별될 수 있다. 여기서 그는 조형 기호학의 일반적 성격을 섬세한 관찰력을 통해 보여 주었고, 감각적 차원을 분석할 수 있는 가능성들을 탁월하게 기술한 바 있다. 그 이후로, 조형 기호학은, 시각적 조형 기호학의 도구들을 개별 연구 장의 특수한 요구에 적절하게 적용하면서, 소리, 촉각, 냄새, 공감각의 장들로 연구를 팽창시키기 시작했다. 조형 기호학은 의미 또는 감각 체제를 파악하는 다양한 노선들로 일반 기호학 관련 연구들의 문제 설정을 갱신하는 기본적 윤곽선을 보여 주었다. 에컨대, 인상적 파악 개념이나 란도프스키 교수가 구축한 결합(union)의 체제 개념은 모두 주체와, 다양한 감각들에 의해 지각되는 세계의 내재적 성질들 사이에 존재하는 감각적 관계에 기초한다. 오브제들과 현상들에 배태된 감각적 성질들은 그의 사회 기호학 연구에서 중요한 역할을 맡는다. 물론, 조형 기호학의 괄목할 만한 발전에 있어 가장 중요한 기호학자는 이 분야에서 독보적인 업적을 남긴 장-마리 플로슈라 할 수 있을 것이다. 그는 초기 저술을 통해 조형적 차원의 분석을 강조한 바 있다.[39] 일상적 오브제들의 상이한 감각적 성질들을 통해 이루어지는 비구상적 커뮤니케이션은 그의 다른 주요 저술에서도 강조된 바 있다.[40] 하

---

38 시각 기호학으로부터 다른 감각들로 확대된 조형 기호학의 발생 과정에 대해서는 다음 논문 참조. Gintauté Zemaityté, "Plastic semiotics: From visuality to all senses", *Sign System Studies* 45 (1/2) (2017): pp.152-161.

39 Jean-Marie Floche, *Petites mythologies de l'œil et de l'esprit. Pour une sémiotique plastique* (Paris: Editions Hades-Benjamins, 1985)(플로슈, 《눈과 정신의 작은 신화》, 박인철 옮김, 한길사, 1994).

40 Jean-Marie Floche, *Les formes de l'empreinte* (Périgueux: Pierre Fanlac, 1986); *Identités visuelles* (Paris: Presses universitaires de Paris, 1995).

지만 《불완전성에 대하여》 발표 이전에, 그레마스는 그의 세미나에서 이미 조형적 차원의 쟁점들은 심도 있게 다루었다는 점을 환기할 필요가 있다.

조형 기호학은 먼저 시각 기호학의 장에서 창발했다. 가시적인 것과 언어로 말할 수 있는 것 사이의 혼동을 비판하면서, 시각 조형 기호학은 시각적으로 지각된 오브제들의 감각 논리를 기술하려는 시도에서 출발했다. 재현된 대상들을 알아보고 그것들을 해석하려는 시도를 하는 대신, 구성의 선택, 형태와 색채들의 처리, 붓 작업의 흔적들을 탐사하여, 시각 기표와 기의 사이의 특수한 관계 유형의 생산 조건과 의도성을 포착하여 작품 생산의 과정을 보다 심도 있게 이해하려는 노력이다. 조형적 성질들의 대립을 통해 의미를 구축하려는 그 같은 시도는 그 자체가 새로운 것은 아니었으나, 당시 조형 기호학의 대상은 구상 기호학과는 달리, 그 연구 대상이 자명하지 않았다. 그레마스는 그의 논문에서 조형 기호학의 위상을 기호학의 한 갈래로서 단언한 "인식론적 최소요건"을 표명했고, 이 같은 종류의 기호학적 과정들은 오직 구성된 언어를 통해서만 표상될 수 있다는 점을 강조했다. 그레마스에 따르면, 그 같은 분석을 통해 구상적인 독서 격자에 기초하지 않는 기표의 또 다른 세분화는 엄밀하게 조형적 단위들의 존재를 인식하도록 해 준다는 점을 언급하고 있다.[41] 흥미로운 것은, 그 같은 조형적 단위들은 아직 우리에게 알려져 있지 않은 의미 작용의 운반체들이며, 따라서 시각적 대상을 조형적으로 읽는 방식은 분석된 대상의 기표의 구조에 따라 그것의 언어를 구축하며, 조형적 격자를 통해 새로운 세계, 즉 내용 또는 구조의 새로운 형식을 생산한다.

플로슈에 의하면, 조형 기호학은 사진, 회화, 포스터, 심지어 복식에 존재하는 감각 논리를 탐구하는 분야이다. 조형 기호학 연구는 이 같은 시각 오브제들을 그것들의 의미로 환원시키는 것을 거부하며, 알아보기가 가능하고 이름을 부여할 수 있는 것으로 환원시키는 것을 거부한다. 따라서, 조형

41 A. J. Greimas, "Figurative semiotics and th semiotics of th plastic arts," *New Literary History* 20, 3 (1984), pp.627-649.

기호학은 모든 종류의 담론들과 의사소통들에 존재하는 비구상적 차원에 초점을 둔다. 시각적, 촉각적, 청취적, 후각적, 미각적 현상들은 그것들의 고유한 텍스트들을 생산하고, 이들 텍스트들은 그것들의 실체와 상관없이, 조형 기호학이 제공하는 도구들의 동일한 구체적 집합들을 사용하면서 분석될 수 있다. 조형 기호학은 감각적 지각의 범주들의 보편적 성질과, 그것들이 언어로 표현되는 공감각의 양상을 설명할 수 있다. 예컨대, '부드러운/딱딱한', '둥근/날카로운/ 등의 촉각적 범주들, '따듯한/차가운' 등은 청취적 시각적, 후각적 현상의 성질들을 묘사하기 위해 사용되는 통상적인 용어들이다. 은은한 불빛, 따듯한 목소리 또는 따뜻한 색 등이 그것이다.

조형 기호학은 일반 기호학과는 정반대의 경로로 발전되었다고 말할 수 있다. 일반 기호학은 언어학으로부터 출발하여 다른 인문학과 사회과학의 분야들로 확산되었다. 반면, 조형 기호학은 시각 현상을 다루는 기호학의 장에서 탄생했으며 그로부터 다른 연구 장들로 확대되어 나갔다. 구상과 비구상 또는 추상 사이의 차이가 미술사의 장에서 자명했다는 뚜렷한 사실은 조형 기호학이 제일 먼저 미술사 분야에서 가장 활발한 성과를 생산했다는 이유를 설명해 줄 수 있을 것이다. 그레마스의 기호학 방법을 활용하여 플로슈는 시각 담론들과 분석을 포함하여 공감 담론들, 일상의 물건들, 구두 언어의 조형성, 식도락 등의 분석을 위한 모델들을 제공하였다. 조형 기호학이 감각적 경험에 대한 기호학적 기술로 그 방향을 향하면서, 플로슈의 연구와 방법에 대한 성찰은 그레마스의 현상학적 기초를 입증한다.

그레마스의 이론으로부터 영향을 받아 탄생한 조형기호학의 발생 과정을 논의하면서 반드시 언급되어야 할 학자는 사회기호학을 구축한 란도프스키이다. 현존, 감각성, 심미성 등을 포함하는 상호작용의 체제에 대한 현상학 기반의 그의 연구는 그레마스가 선도한 파리 기호학파에서 감각 분석의 영역을 확대하는 데 결정적 기여를 했다는 것이 학자들의 중평이다. 란도프스키는 지각하는 주체의 감각적 지각 능력을 명명하기 위해 주체의 '심미적 능력'이라는 용어를 사용했고, 지각되는 대상의 물질적 실재의 조형적 리듬적 성질들을 지시하기 위해 '심미적 농도'라는 용어를 사용한 바 있다.[42] 지각 주체와 지각 대상 사이에서 이루어지는 상호작용은 기계적 형식적 접속(jonction)보다는 결합 또는 전염에 기초한다.

42 Eric Landowski, *Passions sans nom* (Paris: PUF, 2004).

제20장

정념의 기호학의 발생 과정

'정념의 기호학'이란 제목으로 최초의 연구 논문집이 발표된 것은 1979년 파리 기호학파의 기관지를 통해서였다.[1] 그 후 기호학자들에게 정념의 문제설정은 많은 관심을 불러일으켰고, 1986년 동일 학술지에서는 잠정적인 종합이 시도되었다.[2] 그 결과 감정, 감동과 정념의 기호학이 마침내 하나의

---

1 "Sémiotique des passions," *Le Bulletin* II, 9 (1979). 이 논문집은 정념의 문제 틀의 닻을 올린 중요한 계기가 되었다. 특히 다음 논문들은 각별한 주의를 요한다.

A. J. Greimas, "De la modalisation de l'être"; M. de Certeau, "L'absolu du pâtir : passions de mystique."

그 이후로 *Actes Sémiotiques-Documents*은 다음과 같은 논문들을 게재했다: F. Thürlemann, "L'admiration dans l'esthétique du XVIIe siècle," II, 11 (1980); J. Fontanille, "Le désespoir," II, 16 (1980), A. J. Greimas, "De la colère," III, 27 (1981); H. Parret, "Eléments pour une typologie raisonnée des passions," IV, 37 (1982); F. Marsciani, "Les parcours passionnels de l'indifférence," VI, 53 (1984).

또한 기호학 사전 제2권인 *Sémiotique: Dictionnaire raisonne de la théorie du langage, II* (Paris: Hachette, 1986)의 다음 항목 기사들을 참조해야 한다: "passion"(F. Marsciani, P. A. Brandt), "sémantique narrative"(J. Fontanille), "rôle pathémique"(P. Fabbri), "thymique" (J. Fontanille, J. Petitot).

그 밖에 그레마스의 *Du Sens II* (Paris: Seuil, 1983); I. Pezzini, "Paradoxes du désir, logique du recit," *Versus* (1982), pp.31-32; D. Bertrand, "Les discours d'une passion," *Le Français dans le monde, "Recherches et applications"*(Paris: Hachette, 1987).

특히 H. Parret의 다음 저서는 정념에 대한 철학적 계보를 체계적으로 정리해 주었다: *Les passions. Essai sur la mise en discours de la subjectivité* (Liège: Mardaga, 1986).

2 "Les passions. Exporations sémiotiques," *Actes sémiotiques. Bulletin*, XI, 39 (1986).

이 논문집에는 다음 네 편의 논문이 실려 있다. A. J. Greimas, "De la nostalgie. Etude de sémantique lexicale"; Jacques Fontanille, "Le tumulte modal:de la macro-syntaxe à la micro-syntaxe passionnelle"; A. Hénault, "Structures aspectuelles du rôle passionnel"; D.

동질적 이론의 형식을 취하게 된다. 시도된 관점들은 크게 어휘적 분석, 양태적 분석, 상적 접근, 담화적 연구 등이다. 일견 이질적인 접근법들이지만, 그 중심점은 생성 행로에 모아졌다. 즉 생성 행로의 각각의 단계에 새로운 문제들을 수립하는 것이다. 특히 서사성의 기질적 차원과 실존적 역할들을 비롯해 정념적 주체가 자신을 구성하고 표현하는 모사물들이 심도 있게 제기되었다.

기호학의 영역에서 정념 이론의 역사는 일련의 개념적 이동을 통해 다음과 같은 변화를 겪었다. 먼저 문화적 변이형들에 종속된 정념의 계통론으로부터 정념이 담화화되는 양상을 보여 주는 정념적 통사론만이 보편성을 얻는다는 점에서, 주된 개념은 통사론으로 이동했다. 아울러 서사 통사론은 양태 통사론이 된다. 이때 양태 통사론은 추구하는 대상 속에서 가치론적 투자들로부터 부분적으로 독립한다. 달리 말해 양태화는 정념적 효과들의 토대를 확보하는 것으로 전제된다. 다음으로는 주체들의 양태적 정체성이 정념적 유형들을 특징짓는 상적(aspectuel) 리듬적 자질들에 의해서 초규정된 것으로 나타난다는 점에서 양태화로부터 상화로 이동하게 된다. 끝으로 정념적 현상들은 담화 속에서 집중성(또는 강렬한 정도)을 조절하는 것으로 판단되어 긴장성의 문제 틀이 새롭게 부각된다. 이 같은 이동 과정은 결국 서사 통사론으로부터 긴장성에 초점을 둔 통사론으로 옮겨 간 것으로 요약될 수 있다. 하지만 방법론의 관점에서 또 다른 이동이 이루어졌는데, 그것은 바로 1980년대에 정념의 분석이 분노, 절망, 무관심 따위의 정념적 어휘소 또는 역할 등에 대한 분석으로 머물렀던 반면 1990년대에 접어들면서 점차로 담화의 정념적 차원에 대한 연구로 초점을 이동시켰다는 것이다. 특히 일부 기호학자들은 언어화되지 않은 정념적 발현에 관심을 갖게 된다.[3] 따라서 본 장에서는 그레마스 기호학에서 정념에 관한 관심이 싹터 가는 발생 과정을 인식론적 관점에서 다루어 볼 것이다.

Bertrand, "L'énonciation passionnelle. Etude de cas."

3 Cf. A. Hénault, *Le pouvoir comme passion, coll. Formes Sémiotiques* (Paris: PUF, 1994).

1. 주체, 대상 그리고 가치

그레마스는《의미에 대하여 II》의 서론에서 다음과 같은 물음을 던진 바 있다: "주체들로 하여금 대상들을 추구하게 만드는 것은 무엇인가? (…) 무엇이 특정 주체들이 다른 주체들보다 가치 대상들을 획득하는 것을 더 갈망하고, 더 그럴 능력을 갖게 만드는가?"[4] 바로 이 같은 물음에서 시작해서, 그레마스는 프로프의 서사모델 이후의 기호학 사상에서 질적인 변화를 가져오게 될 가장 흥미로운 단계에 착수하게 된다.

실제로 이 같은 연구의 추이과정은 주체 개념의 주위 상황을 추적하면서 읽어낼 수 있다.[5] 그 발전은 이중적인 접근에 의해서 특징지어진다. 한편으론, 심리적 존재론적 옷을 입히지 않은 채 있는 그대로의 주체에 대한 형식을 기술하는 일이요, 다른 한편으론 주체에 기호학적 존재를 확보하고 행동 논리학의 요청에 부응하여 그것을 의미론적으로 충만한 버팀목을 삼는 것이다. 바로 이 행동의 논리에 그것의 형식적 대응물인 정념의 논리가 봉합되었다.

그렇다면, 어떤 방식으로 정념들은 기호학적 대상으로 성립되게 되었고, 기호학의 기획에 참여하게 되었는가? 그것을 이해하기 위해서는, 그레마스 사상의 전체적 흐름을 파악하는 작업이 필수적이며, 특히 앞서 언급한《의미에 관하여 II》의 서론에서 그레마스 자신이 언급한 지적들을 세심하게 살펴봐야 할 것이다.

주체와 관련된 첫 번째 운동은 이론 밖에 있는 모든 규정들로부터 주체를 구제하는 일이다. 자율적인 서사 통사론의 구축에 있어서, 세 가지 시련으로 이루어진—자격 시련, 결정 시련, 영광 시련—정형화된 서사 도식의 형식은 프로프가 소묘한 정형화된 기능들의 연속들을 형식화하였는데, 이때

4 A. J. Greimas, *Du Sens II* (Paris: Seuil, 1986).

5 그레마스 기호학에 있어서 주체 개념의 양상에 대해서는 다음 논문 참조: Luisa Ruiz Moreno, "La place du sujet dans la sémiotique de Greimas," *Semiotica* 219 (2017), pp.183-200.

행동과 사건의 구분은 핵심적이다. 사건이 일차적이며, 이것은 외부에서 보았을 때, 행동을 완수하는 주체에 달려 있을 뿐이다. 사건은 이렇듯 관찰자라는 독립적 행동자의 매개를 통하여 구성된다.

'하다'(faire)를 행위로 해석한 이후에, 아울러 행동(action)을 '하다'의 프로그램으로 해석한 후에, 주체는 순수한 동작주, 즉 임의의 통사적 주체가 되며, 이것은 서사물의 의미론적 행동자들의 '하다'를 분석하는 것을 가능케 한다. 주체와 대상 사이의 관계에 대한 첫 번째 검토를 해 보면, 기본 발화체를 구성하는 관계의 종결항으로서 정의되는 임의의 통사적 행동자는 가치들의 순환의 재공식화의 순간에서 "주체들 사이의 소통"으로서 부과된 것임을 알 수 있다.

바로 여기서 주체의 기호학적 존재가 제기된다. 우선, 주체가 대상과 맺는 관계에 의해서 정의되는 주체의 최초의 의미 투자는 바로 이 대상에 위치한 가치이다. 주체는 동일한 위상을 갖는 다른 주체들과 이 대상을 교환한다. 상태 주체와 행동 주체의 대립은 여기서 선명하게 부각된다. 상태 주체는 대상과 맺는 관계에 의해서 정의된다. 즉 대상과의 연접이나 이접의 관계로 나누어진다. 주체에 대한 이 같은 정태적이며 가치론적 비전은 변형들의 작동 요소로 개입되는 두 번째 요소, 즉 결속들을 실현시키게 만드는 요소에 의해서 역동화된다. 바로 이렇게 재구성된 이론적 행로의 관점에서 초반에 제기한 문제들이 다시 제기됨을 알 수 있다. 이 문제에 대해서 그레마스는 주체와 대상의 초규정적 양태화의 성층을 하나의 수단으로 사용한다. 욕망의 대상이 되는 가치들에 투자된 가치들이 그것이다. 아울러 가치들을 겨냥하는 주체들은 그 대상들과 견주어서 능력이 제각기 상이하다.[6] 가치들의 순환은 양태적 계산에 의해서 다시 정의될 수 있다. 서사물의 인지적 차원은 이렇게 해서 그 중요성이 드러난다. 그레마스에 따르면 프로프의

6 그레마스 기호학에서 대상(오브제)에 대한 종합적 연구는 다음 논문 참조: Didier Tsala Effa, "Greimas et la perspective des objets: Pour une approche sémiotique en mode mineur", *Semiotica* 219 (2017), pp.377-395.

도식에서는 단지 서사물의 행동적 차원에 위치한 도상화된 존재들과 대상들이 문제였다면, 이제는 양태적으로 능력을 갖춘 주체들이 양태화된 대상들을 추구하는 인지적 경쟁과 상호 작용이 관건이라는 것이다.[7]

양태성에 대한 연구는 매우 풍성한 영역으로서 이 영역에 대한 기호학적 분석의 장은 점증적으로 확장되고 있는 추세이다. 서사성의 틀 속에서 이룩한 이론적 성과물은 일반화의 검증을 거칠 수 있으며 그 일환으로 상호주체적 소통의 메커니즘을 설명해 줄 수 있다. 앞장에서 언급한 조종의 기호학은 조종의 상충적 계약적 특징을 설명하며 그것에 첨가하여 주체의 행동에 대한 판단의 문제들을 설명하는 제재의 기호학을 갖다 놓는다. 문제의 관건은 새로운 양태적 장치들을 탐구하는 일이다. 다시 말해 주체와 대상을 연구의 중심에 갖다 놓으면서 주체와 대상의 성립 모델을 구축하려는 새로운 탐구를 지향해야 할 것이다.[8]

이 같은 연구의 일반적인 목표에 개별적인 양태 기호학들의 기획이 제기된다. 바로 이 지점에서 좀처럼 제어될 수 없다고 판단된 감정, 즉 마음의 상태라는 대상들, 요컨대 정념들에 대한 관심이 발현한다. 실제로, 최초의 분석 시도부터 정념에 대한 기호학적 해석은 양태성들의 시각에서 이루어졌음을 알 수 있다. 그 결과 서사적 발현에서 인물들에 부여된 감정 또는 성격들은 기저에 있는 양태적 구조들의 지표로서 계시되었으며, 규정된 통사적 행로의 귀결을 포괄하는 항들이 중시된다. 다른 한편, 정념들은 서사물이나 일상 속에서 주체에 쇄도하여 그들로 하여금 행동하게 만드는 것으로 나타난다. 기호학적 모델 안에서 정념이 담화 속에서 발생하는 현상을 설명하려는 새로운 임무는 기호학의 분석 대상 영역의 확장임과 동시에 그에 뒤따르는 시험과 검증 작업을 요구한다.

---

7 A. J. Greimas, *Du Sens II*, p.11.

8 주체의 기호학은 코케의 다음 저서가 준거가 된다: J.-Cl. Coquet, *Le discours et son sujet, Tome 1 : Essai de grammaire modale* (Paris: Klincksieck, 1984).

2. 정념의 기호학을 향하여—기분과 양태성

그레마스의 구조 의미론에서 문제의 관건은 무엇보다 양태 이론으로부터 담화의 의미를 단지 그것들의 동위소에서 추적하는 것뿐만 아니라, 특히 동위소 자체들의 변이화 속에서 추적하는 것이 핵심이었다. 표층의 기호-서사 구조들의 구도 속에서 당시까지 그 이론은 의미 작용을 생산하는 '단순한 볼거리'를 추출하는 것이 고작이었다. 즉 발화 작용은 상호 작용적 구조에 의해서 예측된 역할들을 연출한다. 하지만 존재의 양태성 이론을 통해서 결정적인 이동이 발생한다. "상태 주체는 매 순간 동요될 수 있으며, 행위자로서의 자신에 의해서 작동되거나 다른 행위자들에 의해서 작동되는 변형들에 종속될 수 있는 양태적 존재를 소유한다."[9]

즉 이때부터, 의미에 대한 연구에서 하나의 장면에 있어, 상화의 작용이 이루어지는 구상화와, 하나의 사건, 동요, 장면의 왜곡을 구별해야 한다. 즉 장면의 재형상화가 이루어진다. 달리 말해서, 한편으로는 프로그램화된 기호학적 존재와, 다른 한편으로는 그것의 탈프로그램화와 재모델화 사이에서의 차이와 긴장을 표시해야 한다. 바로 이 같은 차원에서 의미를 연구해야 하는 것이다. 이것은 장면과 사건, 프로그램화와 탈프로그램화 사이에서 부유하는 긴장, 형상화와 재형상화 사이에서 부유하는 대화와 긴장을 말한다. 이렇게 해서 사건의 기호학의 노선이 개방되며 이것은 바로 기호학적 불안정성과 재배열의 이론에서 시작된다. 실제로 이산적 단위들로 이루어진 의미론으로부터 긴장 기호학으로 이동한 것이다. 즉 그레마스 자신의 표현을 빌리자면 이것은 양태적 소용돌이(tumulte modal)이다. 그레마스는 이 같은 양태 이론을 분노에 대한 어휘 분석에 적용했다.

긴장의 문제 이외에도 기분과 심미성의 문제 역시 양태성 이론에서 잉태되었다고 말할 수 있다. 그레마스 기호학에서 구축된 양태성 이론은 앞서 언급한 것처럼, 매 순간 동요되며 제반 변형들에 종속될 수 있는 존재의 공

---

9 A. J. Greimas, 앞의 책, p.100.

간과 장을 제기한다. 즉 존재는 정서의 차원을 지니게 된 것이다. 다시 말해 실존은 제반 정서적 사건들을 파생하면서 긴장과 변이 속에 놓인다. 이것은 새로운 시각으로서 그것의 인식론적 위상은 '존재의 양태화에 관하여'라는 시론에서 명시적으로 참작되었다. 이 시론에서 기호학적 이론의 기초들은 신체성과 의미 작용 사이에 존재하는 관계의 주제화에 의해서 문제가 제기된다. 실제로, 이 시론은 양태성 이론의 토대를 세우기 위해서 기분(thymie)이라는 개념을 도입한다. 기분과 더불어 '세미오시스'는 정의상 신체와 그것의 환경 사이의 감각적 관계의 사안이 된다. 이것은 곧 모든 의미 작용은 상황 속에 놓여 있는 신체들의 변이들에 의해서 가치를 취한다는 것을 의미한다.[10]

《구조 의미론》과 《의미에 관하여 I》에서는 상호 작용적 장면에 국한됨으로써 구성의 변이성, 사건에 대해서는 신경을 쓰지 않았다. 그런데 존재의 양태화의 연구에서 상황은 돌변한다. 그레마스의 전략은 이 순간부터, 오직 기술적 상태들의 가치화와 양태화를 통해서만 세미오시스가 존재한다는 것을 제기하는 데 있다. 마찬가지로 기술적 상태들은 오직 양태적 또는 존재적 가치화 아래서만 의미를 만들어 낸다. 바로 그 같은 양태적 가치화를 통해서 의미 작용은 비로소 가치론이 된다. 그렇다면 상태적 가치들의 이 같은 가치화는 무엇으로 이루어지는가라는 물음이 제기된다. 그것은 바로 기분의 변이, 자기 수용적 지각의 변조로 이루어진다. 실제로 그것은 기분의 기능 작동이며, 활성화의 의미 효과이다. 양태적 공간은 의미 작용의 생성 행로의 심층 수준을 활성화시키는 기분 공간의 보다 표층적인 수준으로의 전환이다. 실제로 그레마스는 자기 지향적 지각(proprioception)을 심층 수준에 위치시켰으며, 여기서 하나의 기호학적 구성항은 기분의 구성항에 의해서 초규정된다.[11]

바로 그 같은 이유에서, 삶의 구체적 상황 속에 놓여 있으며 환경과 더불

---

10 Jacques Fontanille & Gian Maria Tore, "De la modalisation à l'esthésie," *Protée* 34, no1 (2006), pp.23-32.

어 변이 속에 놓여 있는 신체가 없이는 일체의 기호적 형상화는 단지 기술적 가치에 불과하다. 즉 그것은 순수한 계통론이며 텅 빈 의미 작용이다.

정념의 기호학적 문제 틀이 명시적으로 언급되기 이전에 집필된 《기호학 사전》을 열람해 보면, 이미 기호학 이론에 정념의 문제를 통합시킬 수 있는 가능성의 지표를 제시하고 있음을 알 수 있다. 그중 하나가 바로 '욕망'이라는 술어이다: "욕망이란 심리학의 술어로서, 심리학에서 이 단어는 빈번하게 의지와 대립된다. 욕망은 엄밀히 말해서, 기호학 술어 체계에 속하지는 않는다. (…) 기호학은 욕망이란 '현실'을 결코 부정하지 않으며, 그것을 '…하기 원하다'(vouloir-faire)의 양태성의 어휘화의 하나로 간주한다. 기호학의 논지는 본분적 논리와 의지적 논리학을 나란히 발전시키는 일이며, 그 논리의 내부에서 욕망과 의지라는 술어들은 '하기 원하다'의 변수로서, 보다 복잡한 의미론적 구조들과 상관 관계를 맺을 수 있는 것들을 명명하는 데 사용될 것이다."[12] 이 정의에서 그레마스와 쿠르테스는 의미론적 관점에서 논리학자 블랑셰가 제시한 '애호/혐오'(philie/phobie)라는 범주를 사용하여 육각형의 모델을 제시할 수 있음을 시사한다. 구상적 차원에서, 욕망이 대상을 추구하면서 앞쪽으로 이동하는 것을 표현한다면, 공포는 뒤쪽으로 물러나는 이동으로 표현될 것이다. 블랑셰는 다음과 같은 논리 육각형을 제시한 바 있다.[13]

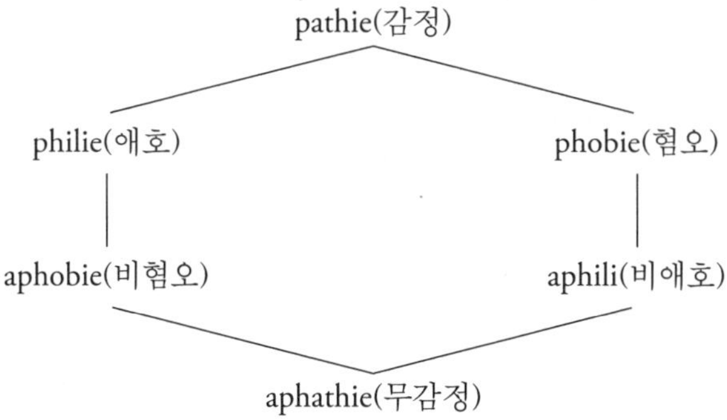

11 A. J. Greimas, 앞의 책, p.94.

12 A. J. Greimas & J. Courtés, *Sémiotique: Dictionnaire raisonné de la théorie du langage*, p.94.

블랑셰는 이 범주를 다른 지성의 범주들 가운데서, 지식이 아닌 행동과 관련된 실천적 개념들을 검토하면서 도입하였다. 그 같은 실천적 개념들의 논리에 대한 체계화를 시도한 현대 논리학에서 '무엇 무엇을 해야 한다'와 '좋다'의 개념은 밀접하게 연결되어 있다. 그 개념들은 절대적 선, 누군가에 좋은 것, 즉 공리적인 것, 그리고 쾌적한 것(정서적인 것) 사이에 설정한 칸트의 구분에 해당한다. 블랑셰는 실제로, "정서적 가치들은 양극적 대립의 전형이며, 쾌락과 고통 따위의 대조를 이루는 개념들의 쌍을 통한 사고를 통해 번성하는 가치들이다"라는 언급을 하고 있다.[14]

그 결과 사랑과 증오의 대립 쌍을 분석하면서, 그는 이것들을 특정 대상 속의 특징에 대한 투자에 선행하여, 보다 추상적인 형식 아래서 고려할 것을 제안했으며, 이것을 정신분석학에 고유한 성의 문제 틀과 구분짓기 위해, '애호/혐오'라고 불렀다.

가치와 대상의 구분, 범주들과 어휘적 명명의 구분은 이 책의 제4부 2장에서 자세히 언급한 그의 주요 논문인 〈서사 기호학의 한 가지 문제—가치 대상〉에서 이루어진다: "단지 민속학적 서사물들을 참조하면서, 결핍 혹은 욕망의 대상들을—예컨대 식량이나 금—언급할 정도로 사람들은 대상과 가치의 개념을 혼동하는 경향이 있다. 대상의 구상적 형식은 그것의 현실을 보증하고 가치는 거기서 탐내는 대상과 동일시된다. (…) 예컨대 누군가가 오늘날의 우리 사회에서 자동차의 소유자이고자 할 때 그가 획득하기를 원하는 것은 물건으로서의 자동차는 아닐 것이다."[15]

최초 단계에서 그레마스가 파악한 가치 개념은 언어학에서 차용한 것이다. 그것은 대상에서 그 윤곽이 드러나는 차이들로서, 통사적 연쇄의 내부에서 주체와 대상 사이에 설정된 관계는 가치론적 해석을 가능케 한다: "지금까지 우리는 가치란 술어를 그것의 언어학적 의미에서만 사용했을 뿐이

---

13 R. Blanché, *Structures intellectuelles* (Paris: Vrin, 1966), p.104.

14 A. J. Greimas & J. Courtés, 앞의 책, p.10.

15 A. J. Greimas, 앞의 책, p.21.

다. 즉, 말해질 수 없는 의미론적 구조를 포괄하고 부정적으로만 정의되는 자의적으로 명명된 항목으로서, 그것 자신이 아닌 것과의 관계에서 배제의 장으로서 사용된다. 그러나 그 장은 대상이라고 명명되는 통사적 장소에서 고정된다. 그렇지만 기호학에서 가치를 작동시키는, 가치에 대한 그 같은 정의는 그것의 가치론적 해석과 멀지 않다. 그 이유는 대상이라고 명명된 장소에서 고정되고, 그 대상을 표출하기 위해 현전하는 가치는 주체와 관계를 맺기 때문이다. 실제로 기본 발화체는 그것의 두 개의 종결항들—주체와 대상—을 파생하는 방향성을 띤 관계로서 정의될 수 있다는 점에서, 표적이 되는 대상 속에 투자된 가치는 모든 발화체를 의미화시키고 단번에 그 대상을 조준하면서 가치와 만나는 주체의 가치가 된다. 아울러 주체는 가치와의 관계를 통해서 의미론적 존재 속에서 규정된다. 따라서 궁극적인 단계에서 기호학적 의미에서의 주체의 가치가 이 술어의 가치론적 의미에서 주체를 위한 가치로 변화하려면 주체가 '존재하기를 원하다'(vouloir-être)를 구비하는 것으로 족하다."[16]

주체에 대한 이 같은 해석의 기초에는—여기서 일차적인 잠재적 양태성은 바로 희망의 양태성이다—살아 있는 존재를 '끌림'과 '꺼림'의 체계로 보는 개념적 파악이 있다. 끌림과 꺼림은 기분의 상태 범주에 의해서 표현되는데, 그 명명은 동기가 부여되어 있다. 《기호학 사전》에서 우리는 기분(thymie)이란 항목에서 다음과 같은 정의를 읽을 수 있다: "기분이란, 유머나 기본적인 정서적 성향(Petit Robert)으로서, 기분적 범주는 인간이 자신의 몸에 대해서 가지고 있는 지각과 직접적으로 연결된 의미적 투자를 분절하는 데 사용된다. (…) 기분적 범주는 유쾌/불쾌로 분절되며 (중립적 항인 비감응〔aphorie〕과 더불어) 가치론에서 의미론적 미시-우주의 변형 속에서 근본적인 역할을 맡는다."[17]

---

16 같은 책, p.16, 한국어 번역본, 김성도 역, 《의미에 관하여》(인간사랑, 1997), p.339.
17 A. J. Greimas & J. Courtés, 앞의 책, p.396.

정념의 분석에서 바로 가치들에 대한 이 같은 해석이 발전되며, 가장 명증한 이론적 파급 결과가 나타나는 곳은 〈존재의 양태화에 관하여〉라는 제목의 논문이다. 특히, 여기서 우리는 기본 발화체의 내부에서 양태적 몫의 분배에 대한 진정한 재검토를 만나게 된다. 그 이유는 "양태화는 관계 함수에 대해서뿐만 아니라, 주체 또는 대상에 대해서 이루어질 수 있기 때문이다."[18]

또한 여기서 심층 구조들의 표층 구조들로의 전환의 가능성이 주어진다: "전환이란 심층 수준에 위치한 기호학적 단위로부터 표층 구조 단위에로의 이동(=전사transcription)을 설명하는 절차들의 총합을 지칭한다는 사실을 기억해야 할 것이다. 표층의 이 같은 새로운 단위는 그 전 단위에 견주어서 동일 장소(homo-topique)이며 이질 형태(hétéro- morphe)인 것으로 간주된다." "그 같은 전환은 다음과 같이 정식화할 수 있는 일반적인 가설의 도움을 필요로 한다: 심층 구조에서 기분 범주의 도움으로 분절되는 의미 공간은, 표층의 기호학적 구조 수준에서 주체들과 대상들 사이의 관계들을 지배하는 양태적 분절들의 총체성과 관련하여 동일 장소이며 이질 형태인 것으로 간주될 수 있다. (…) 따라서 가치들의 전환은—기호학적 사각형의 내부에서 선별되고 가치로서 대상 속에 각인된 의소항을 담당하는 것 옆에서—주체를 대상에 연결시키는 관계 속에 투자되어 있는 기분과 관련된 구성항의 선별을 포함한다. 기호학적으로 존재하는 주체를 정의하는 주체와 대상의 관계는 이렇게 해서 '의미의 잉여'를 구비하고 주체의 존재는 특수한 방식으로 양태화된다."[19]

그레마스는 먼저 양태적 능력과 양태적 존재를 구분한다. 양태적 능력은 행동 주체에 영향을 미치는 양태성들에 의해서 성립되며, 그 위상을 변경시키고 이른바 지향적 관계들에 대해서 이루어진다. 반면 양태적 존재는 가치 대상의 위상의 변경에 속하며, 그 변경은 실존적 관계들에 대해서 이

---

18 A. J. Greimas, 앞의 책, p.97.
19 같은 책, p.95, 한국어 번역본, pp.435-437.

루어지는 양태성들에 의해서 이루어진다. 다시 말해 상태 주체를 변경시킨다. 따라서 행동 주체와 상태 주체의 상이한 변별성은 다음과 같이 특징지어진다: "이 구분들은 양태성들의 메타언어적 정식화를 용이하게 하기 위해서만 이루어진 것은 아니며, 텍스트의 실천에서 얻은 경험뿐만 아니라 양태적 현상들의 직관적 이해에 상응한다는 사실은 명백하다. 행동과 관련된 주체는 하나의 행동주이며 능동적 요소로서 제시되고, 자신에게 행동과 관련된 일체의 잠재성을 응축한다. 반대로 상태 주체는 피주어로서 나타나며, 그를 둘러싸는 대상들 속에 각인된 세계의 일체의 흥분을 수동적으로 맞아들인다."[20]

상태 주체의 이 같은 인내심, 또는 수동성에 대한 성찰에 의해서 도입된 참신함은 존재의 양태화를 재공식화하는 데 있다. 그 결과 '하기 원하다', '해야 한다', '할 수 있다' 그리고 '알다'의 네 가지 양태성은 행동뿐만 아니라 존재를 변형시키며, 논리학적 사각형에서의 분절들과 더불어 확장된 양태적 통사론에 대해서 하나의 계통적 망을 성립한다. 선택된 명명들의 도움으로, 하나의 가치 대상은 상태 주체와 자신을 '연접시키기를 원하는' 것에 상응하기를 갈망한다고 말해질 것이다. 그 반대로, '연접되기를 원하지 않을' 경우에는 '해가 된다'고 말해질 것이다. 대상에 대해서 말해지는 가치들은 그때부터 진정한 양태적 구조로서 제시된다:

$$V = me\ (s)$$

"여기서 '(s)'는 전환 시 선별된 의소적 크기를 지칭하고 'me'는 하나의 양태적 구조를 지칭한다. 이때 그 첫 항 'm'은 선별된 양태성들의 하나를 지칭하고 'e'는 양태화에 의해 변형된 존재적 관계를 지칭한다."[21]

가치에 대한 이 같은 처리는 서사적 발전의 매 순간에서 상태 주체의 양

---

20 같은 책, p.97, 한국어 번역본, p.439.

21 같은 책, p.100, 한국어 번역본, p.444.

태적 존재를 규정하고 계산 가능하게 만든다. 이때 서사적 진전은 행동 주체에 의해서 촉발되는 변형들에 종속되며, 행동 주체와 더불어 행위적 수준에서 가치의 처리는 통합적이며 동시적일 수 있다.

《기호학 사전》에서는 정념의 기호학이란 술어는 나타나지 않지만, 담화 분석 도구의 풍성화란 차원에서 정념들의 해석이라는 언급을 하고 있다. 확실한 것은 정념적인 것은 상태 주체에 영향을 미치는 양태화들의 특수한 층위 속에서 그 토대를 찾을 수 있다는 사실이다. 즉 주체와 대상을 연결 짓는 욕망의 관계 쪽에서 도출되는 의미의 잉여 속에, 또 그 욕망의 실현과 비실현 속에서 존재한다. 그레마스는 〈분노에 관하여〉란 논문에서, 주체와 대상의 연접에 이어서 일정한 쾌락이 첨가됨을 지적한 바 있다. 이 같은 의미의 잉여라는 관념은 인간의 행동에 대한 기계론적 모델의 불충분성을 지적해 준다. 즉 인간은 자신의 필수품을 표상하는 대상들의 조준에 의해서 규정되는 것만은 아니다. 예컨대, 먹을 것을 먹는 것은 언제나 필요의 만족이지만, 화용적 차원의 또 다른 수준에서 만족을 위해서 먹을 수도 있다.

그 결과, 그레마스는 "정념적인 것"이란 표현을 분노의 구체적인 분석에서만 사용한다. 즉, 담화적 발현에서 출발해서, 다시 말해 담화화의 구성 성분들을 참작하면서 말이다. 기호학자들은 표층의 정념들을 양태적 연쇄화 차원에서뿐만 아니라, 상화(aspectualisation)의 도움을 빌려 해석하기도 한다. 문제가 되는 양태적 장치는 이미 몇 가지 구상적 투자들에 속하는 '스테레오타입'으로서 제시된다. 실제로, 정념적인 모든 것에 대한 정의들은 담화적인 것과 매우 가까이 있다. 여기서 구상화 개념은 매우 중요한 자리를 차지한다.

3. 기분 분석[22]

기분 분석은 그레마스와 쿠르테스의 가치론적 분석을 발전시킨 이론적 성과로서, 유쾌와 불쾌 유형에 대한 평가를 중심으로 긍정적인 것과 부정적인 것에 대한 분석을 포함한다.

기분 분석에서 고려하는 주요 요소들은 다음과 같다. ① 평가 주체 ② 평가 대상 ③ 평가 대상에 할당된 기분의 양태성(유쾌, 불쾌 등등) ④ 양태성의 강도(약한, 중간, 강한 등등) ⑤ 평가의 시간 ⑥ 기분의 요소들에 영향을 미칠 수 있는 변형들. 예컨대 〈황새와 개미〉 우화에서, 이야기의 시작과 끝에서(시간), 개미(주체)는 노동(대상)을 긍정적으로(양태) 평가하고, 노는 것(대상)을 부정적으로(양태) 평가한다.

그레마스와 쿠르테스가 편집한 《기호학 사전》[23]에서 가치론은 유쾌/불쾌의 범주(즉 대립) 사이에 설정된 상동화의 관계로 정의된다. 유쾌와 불쾌는 기분적 범주라고 지칭되는데, 본래 기분이라는 용어는 기질과 유머(humeur) 일반과 관련된 심리학에서 나온 용어이다. 예컨대, 유쾌한 것이 불쾌한 것과 맺는 관계는 삶이 죽음과 맺는 관계와 같다. 철학의 한 분과인 가치론과의 혼동을 피하기 위해 그레마스 기호학에서는 이것을 기분 분석이라 부르고 있다.

1) 기분의 양태성들

양태성이란 하나의 관찰된 대상에 대해서 관찰 주체가 할당시키는 매우 일반적인 평가적 특징으로 정의된다. 기분의 범주라고 불리는 유쾌/불쾌의 대립을 기호학적 사각형 모델에서 분절시키면서, 다양한 기분의 양태성들을 획득할 수 있다. 그 가운데 주된 것은 유쾌(긍정적)와 불쾌(부정적), 쾌(긍정적인 것과 부정적인 것: 양가성), 무쾌(긍정적인 것도 부정적인 것도 아닌: 무관심)[24] 등을 손꼽을 수 있다.

---

22 본 절은 다음 문헌에 기초하여 작성되었음을 밝혀 둔다. Louis Hébert, *Dispositifs pour l'analyse des textes et des images* (Limoges: Presses de l'Université de Limoges, 2007), pp.151-172.

23 A. J. Greimas & J. Courtés, 앞의 책, pp.26-27.

쾌와 무쾌는 두 개의 단순 양태성들로 구성되어 있으며 정확한 규정을 필요로 한다. 시간이라는 요인을 비롯하여 분석 대상을 어떻게 착상하느냐에 따라서 단순 양태성으로부터 복잡한 양태성으로 옮아갈 수 있다. 예컨대, 한 사람이 어떤 날에는 김치를 좋아하다, 다음 날에는 김치가 싫어지고, 그 다음날에는 다시 그것을 좋아할 수 있다. 첫 번째 날을 기준일로 삼으면 유쾌에서 불쾌로 다시 유쾌로 옮아갔음을 말할 수 있다. 또한 평가 대상에 대한 규정이 변화될 수 있다. 만약 어떤 사람이 쌀밥을 좋아하고 동시에 보리밥을 싫어한다면, 다음 사실을 알 수 있다. 첫째, 두 개의 단위들 각각은 하나의 양태성으로부터 영향을 받는다. 둘째, 복합적 시간 속에 자리 잡는 유일한 단위는 '밥'이라는 유형이다.

2) 기분의 강도

기분의 평가는 진위적 평가와 달리 빈번하게 수량화된다. 기분의 평가는 더 이상 범주적 논리에 속하는 것이 아니라(예컨대, 유쾌적이거나 그렇지 않거나) 점증적 논리에 속한다(예컨대 약간 유쾌하다 등). 기분의 평가와 관련된 강도는 단어들이나 표현들에 의해서 표상될 수 있으며 숫자로 표시할 수 있다(만족도 조사 등에서, 예컨대 45%).[25] 또한 묘사적이거나(약하다, 중간이다, 강하다) 규범적이다(불충분하다, 충분하다. 너무 지나치다 등등). 또한 비교적이거나 상대적일 수 있다(덜, 만큼, 더 등 최상급의 표현).

3) 결정 가능한 양태성과 강도, 결정될 수 없는 양태성과 강도

양태성과 강도를 정식화할 수 있다면 그것은 결정 가능하다. 예컨대, 주체에게 이 대상은 유쾌할 수 있다. 반면 만약 그것을 정식화할 수 없다면 결

24 J. Courtés, *Analyse Sémiotique du discours* (Paris: Hachette, 1991), pp.176-177, 241, 273-274.

25 Louis Hébert, 앞의 책, pp.154-156.

정될 수 없을 수도 있다. 예컨대 주체가 기분의 차원에서 이 대상을 평가하려고 시도하지만, 정확하게 그 양태성을 규정하는 데 이르지 못한다. 이를테면 포도주를 전혀 모르는 사람이 포도주를 마셨을 때, 그 기분이 좋은 것인지 나쁜 것인지 평가하는 데 이르지 못할 수 있다. 또는 평가가 의도적으로 결정되지 않을 수도 있다. 예컨대 문제의 대상이 아직 평가되지 않았을 때의 경우로서, 예컨대 음식 비평가가 아직 요리를 맛보지 않았을 때, 또는 의도적으로 평가를 내리지 않았을 때의 상황이 그런 경우에 해당된다.

4) 긴장 도식과 강도(intensité)—현존의 밀도

그레마스의 서사 기호학에서는 주체가 희망하는 가치 대상을 획득하는 실현 단계에서, 그 강도에 있어서 나타나는 차이들을 포착하고 있다. 간단한 예를 들어 설명하자면, 어떤 식도락가가 자신이 평소 맛보고 싶었던 요리를 시식하는 순간에, 그것을 실현한 순간에 표현하는 기쁨의 강도는 음식에 별로 관심이 없는 사람이 시식할 때 갖고 있는 평범한 즐거움의 강도와는 다르게 표현될 것이다. 그레마스의 수제가 퐁타니유와 질베르베르그는 후기 그레마스 기호학에서 독창적 연구성과로 평가받고 있는《긴장성과 의미 작용》에서 강도의 문제에 대해 긴장 도식의 차원에서 논하고 있는데, 강도의 두 차원으로 템포(tempo)와 자극성(또는 활력성)(tonicité)를 손꼽고 있다. 반면, 시간성과 공간성은 외연성의 두 개의 하위 차원들이다. 긴장 도식은 후기 그레마스 기호학에서 핵심적 장치라고 할 수 있으며, 긴장 도식에서 하나의 주어진 가치는 두 개의 차원, 강도와 외연성(extensité 또는 외연)의 조합에 의해 성립된다. 외연성은 강도가 적용되는 외연이며, 수량, 다채로움, 현상들의 공간적 또는 시간적 외연에 해당된다. 강도와 외연성은 각각 힘이 없는 상태로부터 최대의 힘을 갖고 있는 단계에 이르는 연속적인 층위에서, 그들의 힘에 있어 다양한 변이들을 경험한다.[26]

강도와 외연성의 개념에 대한 이해를 돕기 위해 지식의 사례를 들어 설명해볼 수 있을 것이다. 강도는 지식의 깊이에 적용될 수 있는 반면, 외연성은 이 같은 지식의 장의 외연에 적용될 것이다. 강도와 외연성이라는 두 개의 가치가(valence)를 통해 낮은 수준의 힘과 높은 수준의 힘을 구별한다면, 지식 주체들과 지식 사이에서 4개의 유형들을 획득할 것이다. 1) 낮은 강도와 외연성(매우 적은 지식의 외연에 대한 극히 소량의 지식) 2) 높은 강도와 낮은 외연성(극히 적은 외연에 대한 심도 있는 지식) 3) 낮은 강도와 높은 외연성(많은 분야의 외연에 대한 얕은 지식) 4) 높은 강도와 높은 외연성(폭넓은 분야의 외연에 대한 높은 수준의 지식). 일반적으로 말한다면, 지식의 강도는 만약 그것의 외연이 넓어질수록 줄어들 수밖에 없으며, 그 반대의 경우도 마찬가지라고 생각할 수 있다. 예컨대, 의학 분야에서, 의대 교과과정에서 특정 분야이 전공의가 될 것인지, 의학 전 분야에 대한 일정 지식을 두루 갖춘 일반의가 될 것인지 선택할 수 있을 것이다. 물론, 지식의 수준과 깊이는 상대적이라, 일반의의 의학 전공 지식이 빈약하다는 것은, 전공의의 의학 지식에 견주었을 때이며, 결코 일반인의 의학 지식과 비교해서 그 같은 평가가 이루어질 수 없을 것이다.

한편, 의미의 장에서 창발하는 일정 크기의 힘과 중요성을 특징짓기 위해 사용하는 "현존의 밀도"(densité de présence)라는 표현은 강도와 집중성(intensité) 개념으로부터 영감을 받았다는 점에서 두 개념은 서로 밀접하게 결합되어있다. 여기서 말하는 일정한 크기 또는 단위(grandeur)는 언제나 지각의 자극성과 결부되어 있다. 예컨대, 어떤 아름다운 풍경 또는 한편의 회화 작품을 보았을 때, 그것을 감상하는 주체가 느끼는 자극의 정도와 강도는 상이할 것이다. 여기서 참작해야 할 것은, 주체가 대상과 접속되는 이 같은 실현화(réalisation) 단계에서 주체가 그 대상을 통해 획득한 밀도의 상이한 정도들이다. 이를테면, 이 같은 상이한 현존의 밀도들에 대한 기호학적 사각형 모델에서는 실현화 단계를 예측할 수 있을 뿐만 아니라, 그 이외의 다른 위치들 즉, 잠재화(potentialisation), 가상화(virtualisation), 현동화

26 Jacques Fontanille & Claude Zilberberg, *Tension et signification* (Liège: Mardaga, 1998).

(actualisation)에서 생산되는 감성과 자극의 효과들도 포착할 수 있을 것이다. 이 같은 위치들은 모두 긴장적 변동과 동요에 종속된다. 예컨대, 여행을 좋아하고 특히 티베트 불교 문화와 그곳의 자연환경을 사랑하는 사람은 물론이고 누구라도 실제로 티베트 고원의 풍경에 대한 밀도 있는 감흥을 느낄 수 있는 잠재력을 갖고 있다. 한 사람이 티베트의 고원을 여행가기 전에 사진을 통해 기대와 설레는 흥분 상태에서 그곳의 풍경에 대한 느낌을 형성하는 단계는 가상화의 단계이며, 직접 티베트로 여행을 떠나 그 풍경을 직접 경험하는 단계는 현동화 단계이며, 여행을 모두 맞추면 실현화 단계라고 말할 수 있다.

이때, 실현화로부터 잠재화로 이동하는 것은, 그 강도의 정도가 무엇이건, 연접적 경험의 효과들 가운데 완곡화의 한 경우가 될 것이다. 그렇지만, 대상(오브제)에 배태된 일정 크기의 현존의 밀도는 그 대상에 대한 기억작용의 농도에 영향을 미치게 된다. 이 같은 의미에서, 현존의 밀도화는 잠재화의 일정한 자극적이고 활력적인 성격에 영향을 미친다.[27] 티베트 여행에서 느낀 감흥이 강렬할수록, 그 기억은 생동감이 넘치고, 긴 여운을 갖게 될 것이며, 정반대로, 그곳의 풍경에 실망하거나 별다른 자극을 받지 않은 사람에게는 기억에서 쉽게 사라질 것이다.

사실, 그레마스는 주체가 대상에 대해 느끼는 감각과 자극의 강도와 집중성에 대한 상이한 구별에 의존하지 않고도, 이미 자극의 정도를 명시하지 않았던 사용 서사 프로그램(programme narratif d'usage) 모델 곁에, 보다 활력성을 띤 기본 서사 프로그램(programm narratif de base) 모델의 가능성을 내다보고 있었다. 양자 모두 실현화의 체제에서 연접의 새로운 충만성을 추구하고 있다. 요컨대, 현존의 방식들은 강도의 변이들을 참작해야 한다는 의미에서 그레마스 기호학의 수정을 주문한다. 어쨌거나, 우리가 직시할 것은 추구하는 대상과 연접했을 때 갖는 충만감의 농도는 본서 23장

27 그레마스 이론에서 강도의 문제에 대한 상세한 연구는 다음 논문 참조. Luiz Tatit, "La question de l'intensité dans la théorie greimassienne," *Semiotica* 219 (2017), pp.167-182.

에서 상세히 분석할 그레마스의 주저 《불완전성에 대하여》에서 전개되고 있는 성찰의 중핵을 이루고 있다는 사실이다. 그레마스는 한 편의 수려한 미학 에세이라고 할 수 있는 그 책에서, 주체가 세계를 대할 때 그가 체험하는 자극과 활력으로 가득찬 충만감에 대해서 심미적 문체로 묘사하고 있고, 뿐만 아니라 삶의 서사화를 통해 박재화되고 상투화된 탈의미화(désemantisation)에서 탈피하여 다시 새롭게 의미를 부여하고 창조하는 재의미화(resémantisation)의 과정과 심미적 자극들을 예리하고 포착하고 있으며, 특정 상황들 속에서 몇몇 대상들과 오브제들이 주체를 끌어당기는 힘에 대해서 섬세한 관찰을 제시하고 있다.

5) 기분의 평가와 시간[28]

① 평가의 지속과 평가의 변화

상이한 기분 평가의 지속과, 평가적 양태성들과 강도의 변화는 동일한 주체에게서 그리고 동일한 대상에 있어서 시간적 위치들의 변화와 상관 관계를 이루면서 대상과 주체의 변형을 함의하면서 발생할 수 있다. 예컨대, 한 인물은 노화하면서(주체의 변화) 젊었을 때 그에게 기쁨을 주던 것에 대해서 무관심해질 수 있다. 이것은 양태성의 변화이다. 사회적 야심으로 가득 찬 한 젊은이는 불행한 사고로 불구가 된 그의 젊은 여인과 더 이상 결혼하고 싶지 않을 수 있다. 이것은 곧 대상의 변형이다. 반면 진정으로 순수한 마음을 가진 사람은 오히려 그녀와의 결혼을 더 갈망할 수 있다(강도의 변화).

② 이야기의 시간과 전략적 시간

기분의 분석 장치가 고려해야 할 두 종류의 시간이 존재한다. 첫째, 이야기의 허구적 시간으로서 연대기적으로 이야기된 상태들과 사건들의 연쇄

28 Louis Hébert, 앞의 책, pp.157-159.

를 형성하는 시간이다. 둘째, 전략적 시간으로 부르는 시간으로서 실제 단위들의 지속에 의해서 생산된 시간이다. 이 두 개의 시간은 일치할 수도 있으며 그렇지 않을 수도 있다. 두 개의 시간이 일치하지 않는 경우를 예로 들어 보자. "나는 막걸리와 포도주를 좋아합니다." 이야기의 시간은 오직 하나의 시간적 위치로 구성되어 있으며, 여기서 두 개의 평가가 개입한다. 즉 막걸리도 유쾌하며 포도주도 유쾌한 대상이다. 하지만 전략적 시간은 일정한 순서를 만들어 내면서 두 개의 평가를 연속적으로 만든다.

6) 기분의 평가와 진위적 평가[29]

① 가정(assumption)의 평가와 준거의 평가

명시적이건 그렇지 않건, 기분의 평가는 늘 진위적 양태성으로, 즉 참/거짓과 관련된 양태성으로 표시된다. 예컨대, '독수리는 썩은 고기를 좋아한다'는 기분의 평가는 참이다.

기분의 평가에 할당된 진위적 양태성과 평가 대상에 할당될 수 있는 진위적 양태성은 구별되어야 한다. '한국의 미술 작품 감정사들은 이중섭의 진품을 좋아한다.' 이 같은 진위적 양태성은 대상을 표시한다. 진위적 양태성의 변화에는 빈번하게 기분의 양태성의 변화가 동반된다. 실제로 한국의 미술 작품 감정사들은 이중섭의 위작을 좋아하지 않는다.

기분의 평가 전체에 영향을 미치는 진위적 양태성을 간략하게 요약하면 다음과 같다. 하나의 준거 평가는 텍스트에 따라서 정확하다는 평판을 지닌 평가로서 그것의 진위적 양태성은 실제 그것의 존재와 일치한다. 그런데 가정에 근거한 평가는 준거 평가에 의해서 모순되는 것으로 밝혀질 수 있다. 예) 철수는 아람이가 애교스럽다고 생각한다. 반면 영수는 아람이가 가증스럽다고 생각한다. 즉, 그것은 가정에 근거한 평가이다. 그런데 이야기를 서술하는 사람은 아람이가 착하다고 잘라 말한다. 즉, 그 서술자는 실제로

---

29 같은 책, pp.159-161.

아람이는 착한 여자라는 준거 평가에 기초하고 있다. 철수의 생각이 옳고 (그의 가정적 평가는 준거 평가에 해당된다) 영수의 생각이 잘못된 것이다.

② 평가적 갈등과 수렴

기분의 평가적 갈등과 수렴은 그것이 주인공들 또는 제3자에 의해서 목격될 수도 있고, 무시될 수도 있다. 이때, 출현, 유지, 해소의 단계를 겪는다. 평가적 갈등의 가능성은 상이한 평가들의 상보성의 논리가 아닌 오직 상이한 평가들의 상호적 배제의 논리가 지배할 때 발생한다. 배타적 논리는 절대주의에 속한다. 그것은 오직 하나만의 평가를 좋은 것으로 선택한다. 반면 상보적 논리는 상대주의에 속한다. 그것은 동일한 대상에 대해서 여러 개의 평가 또는 모든 평가를 위치시킬 수 있으므로 절대적 상대주의에 속한다.

앞서 든 철수와 영수의 평가의 예에서, 그 이야기는 배타적 논리에 속한다. 즉, 두 개의 견해가 동시에 참일 수는 없다. 이와는 다른 경우에, 모순적인 기분의 평가는 동시에 참일 수 있다. 예컨대, 아람이는 진정으로 철수에게는 상냥하고 사랑스럽지만, 영수에게는 못되게 굴고 불친절할 수 있다. 모순적인 평가들의 공존의 예는 쉽게 찾아낼 수 있다. 한 사람이 보리밥을 유쾌하게 먹고, 다른 사람은 불쾌하게 여기지만, 서술자는 이 물음을 옳고 그름의 양자택일로 잘라 말할 수 없다. 특히 음식의 선호는 취향의 문제이기 때문이다.

평가 상황과 연루된 주체에게서 평가적 갈등은 총체적 또는 부분적 전환을 통해서 의사 수렴을 향하거나 상보적 논리로 향하는 이동을 통해서만 해소된다. 이 같은 전환에는 의심이 동반될 수도 있고 그렇지 않을 수도 있다. 여기서 평가와 반평가는 맞서며, 또한 특이한 기준과 시험 차원에서 하나의 평가를 선택하려는 검증이 동반될 수도 있다.

③ 진위적 평가 주체와 기분의 평가 주체

때때로, 동일한 평가에 대해서, 진위적 평가의 주체와 기분 평가의 주체는 일치하지 않을 수도 있다. 예컨대, 진위적 평가의 주체인 철수에 따르면, 영숙이(기분적 평가의 주체)는 피자를 좋아한다. '영숙이는 피자를 좋아한다'는 철수가 사실인 것으로 간주하는 명제이며, 철수의 가정은 옳은 것일 수 있지만 잘못된 것일 수도 있다.

7) 전체와 부분의 관계

전체와 부분의 관계, 즉 하나의 부류(유형, 모델에 의해서 정의된다)와 그것이 포괄하는 요소들 사이의 관계(이것은 해당 유형의 수많은 경우들, 발현들이다)는 기분의 기술에 대해서 영향을 미칠 수 있다. 부분적 관계들에 대해서도 마찬가지다. 이것은 하나의 전체와 부분들 사이에 설정된 관계들을 말한다. 예컨대, '한국인들은 불고기를 좋아한다'에서 평가 주체는 하나의 부류이다. 즉 하나의 유형으로서 한국인 일반, 즉 평균적인 한국인이다. 평가 대상인 불고기에 대해서도 마찬가지다. 흥미로운 예로서, 《어린 왕자》에서 장미는 전체로서는 긍정적으로 평가된다. 다만, 부분적으로 장미의 부분들 가운데, 몇 가지, 예컨대 가시, 심리적 성격들, 예컨대 지나치게 섬세하고 까다로운 성격 등은 부정적으로 평가된다. 보들레르의 〈개와 향수〉라는 시를 예로 삼아 기분 분석을 적용할 수 있다.[30]

> "내 예쁜 강아지, 착한 강아지, 귀여운 뚜뚜, 이리 오너라. 와서 시내의 제일 좋은 향수 가게에서 산 이 기막힌 향수 냄새를 맡아 보렴.
>
> 그러자 개는 꼬리를 흔들며—이것이 이 보잘것없는 것들에게는 웃음과 미소에 해당하는 표시인 듯하다— 다가와서 호기심에 끌려 마개를 연 병에 그의 축축한 코를 조심스럽게 갖다 댔다. 그러더니 갑자기 공포에 질려 뒷걸음치며 나를 비난하듯 짖어 댄다."
>
> "아! 별수 없는 개새끼. 만일 너에게 배설물 꾸러미라도 줬다면, 기분

30 같은 책, pp.168-172.

좋게 냄새를 맡고 어쩌면 그것을 다 먹어 치웠을지도 모르리라. 그러니 너는 내 슬픈 인생의 동반자로는 자격이 없고, 너 역시 대중과 다를 바 없다. 그들에게는 절대로 은은한 향수를 줘서는 안 된다. 그것은 그들을 짜증나게 할 뿐이니까. 오물이나 잘 골라 주면 된다."[31]

보들레르의 이 텍스트에서, 서술자 '나'는 동물 세계에서 자신처럼 커다란 후각적 능력에 도달한 사람이나 동물을 통하여 자신의 취향을 확인시켜 주기를 원한다. 실제로, 최상의 후각에는 도시 최고의 향수가 해당된다. 즉, 가장 많은 쾌락을 생산할 수 있는 향수를 말한다. 꼬리를 흔드는 것은—인간에게서 웃음과 결합된다—개가 긍정적으로 자기 주인의 칭찬과 부름을 평가한다는 것을 지시한다. 그래서 개는 주인의 부름을 받는 순간 행복하다. 인지적 인정, 개에게 제공된 아첨들, 이것은 그 개가 향수를 긍정적으로 평가하도록 자극한다. 개는 주인에 의해서 결정적으로 기만당하여 자신의 예상된 쾌락이 불쾌로 변형되는 상황을 경험한다. 그는 주인에게 자신의 분노를 표시하는데, 이것은 오히려 주인으로 하여금 응징의 태도를 취하게 만든다. 주인은 실망하여, 개를 꾸짖고, 하나의 가설적 시나리오를 상기하고 있는데, 개는 이 가상의 시나리오에서 오물을 긍정적으로 평가한다. 이 오물은 또한 형편없는 예술적 생산품들을 상기시키면서 은유적 의미를 획득한다. 서술자는 상동화를 통하여 진정한 시의 세련된 향수들을 감상할 수 있는 사람들과 결합된다. 보들레르의 서술자는 빈번하게 구성된 저자에 해당된다. 대문자 '나'는 일종의 공감각으로서 냄새들의 차원에서는 최고의 향수 감식자이다.

준거의 기분 평가는 '나'의 가정적 평가에 해당된다. 준거의 기분 평가는 다른 주체들의 평가의 적합성을 판단하도록 도와준다. 예컨대, 여기서 개는 향수를 사랑하지 않는 것이 잘못이며, '나'는 개가 오물을 좋아할 것이

---

31 C. Baudelaire, 1975, *Œuvres Complètes* (Paris: Gallimard), p.1604; 샤를 피에르 보들레르, 《파리의 우울》, 윤영애 역(민음사, 2008), p.52.

라고 추정한다. 끝으로, 우리는 강도와 무쾌의 상이한 정도에 대해서 유쾌/불쾌의 대립의 사용에 중요성을 부여할 수 있을 것이다.

〈개와 향수〉라는 시의 기분 분석에서 주체와 대상에서 주체에는 '개', '나' 그리고 '천민'이며, 대상은 '향수', '일반적 향수', '배설물', '나', '시', '전형적인 개', '하층민', '그의 삶', '시', '조향사' 또는 '향수 상인' 등이다. 다양한 기분의 양태성들이 나타나며 기분의 양태성과 서술자의 평가가 변경된다.

예컨대, 첫 번째 단락에서, 개에게 표상된 대상은 그에게 처음에는 긍정적 가치를 띤다. 왜냐하면 개는 꼬리를 흔들면서 접근하고, 향수병에 호기심에 젖어 코를 내밀고 있기 때문이다. 하지만 두 번째 단계에서, '나'의 믿음은 실망으로 변한다. 새로운 믿음이 탁월한 향수로부터 설정되며, '나'는 그것을 모든 향수들로 확대할 수 있다. '나'의 확인되지 않은 가설, 하지만 그것은 개연성이 높고 반박되지 않은 가설이다. '나'는 두 개의 가설을 정식화하는 것으로 보인다. 즉 평가의 강도와 관련하여 말이다. 두 번째 것은 덜 확실하다. 개는 아마도 배설물을 게걸스럽게 먹었을 것이다. 개는 배설물을 너무 맛있게 먹기 때문에, 천민보다도 열등하다. 개는 주인에게 항의의 표시로 짖는다. '나'가 주체가 되고 '향수'가 객체가 되면서, 배설물의 대립자로서 향수는 더 가치를 갖는다. 그렇지만 범속한 향수는 탁월한 향수에 비해서 가치가 떨어지는 것으로 평가된다. '나'라는 주체와 '시'라는 대상으로 넘어오면서 냄새는 비유적 의미를 띠면서, 범속한 향수를 선호하면서 진정으로 탁월한 향수를 감식할 수 없는 천민을 한탄한다.

4. 행동에서 정념으로

《구조 의미론》에서 시작하여 1980년대 중반까지 그레마스와 그의 제자들은 논리적 의미론적 차원에서 서사 주체들의 행동을 기술할 수 있는 개념적 기구의 구축에 특별한 노력을 경주했다. 이것은 곧 행동의 기호학으로 압축될 수 있으며, 기호학적 사각형의 차원에서 보면, 하나의 구성항에서 다른 구성항으로의 이동으로서 정의된다.

앞에서 확인한 것처럼 서사적 차원에서 일반적 규칙은 행동 주체와 가치 대상 사이의 연접과 이접의 작동들을 기술하는 데 있었다. 그레마스가 기호학 분석을 개시할 때 분석의 전면을 차지했던 것은 서사 층위였다. 이때 주제적 차원, 가치론적 차원에 대한 분석에 이어 그레마스는 특히 동위소들과 의소들의 문제를 심층적으로 다루었다.[32]

한편 1970년대 중반부터 조종, 제재와 인정 등의 다양한 문제를 분석하고, 분석 텍스트의 장르를 확대하면서 정념의 담론이라는 방대한 영토를 발견하게 된다. 가치의 기호학적 위상에 대한 성찰로부터 주체의 감응에 영향을 미치는 문제 설정의 윤곽을 잡게 된 것이다.[33] 그레마스가 1980년대 초반 선을 보인 '분노'에 대한 새로운 시도의 연구는, 행동들이 오직 능동적이라는 기존 기호학의 가정을 수정하게 만들었다. 그때부터 정념의 기호학은 행동의 기호학의 상호 보완물로서 자리를 잡는다. 하지만 텍스트의 정념적 차원에 대한 초기 연구들은 오직 어휘적 수준에 머물렀다. 이같은 상황은 정념 차원이 일단 파악되더라도 그것은 오직 불연속적인 현상으로서만 적합하게 이해될 수 있다는 이론적 전제에 의존한다. 이것은 텍스트의 정념적 구상화를 파악하기를 원한다면 마치 정념들이 행동들과 동일한 기호학적 범주에 속하는 것인 양 다루어야 한다는 것을 뜻한다. 이 점에서 아블랄리 교수의 지적은 정확하다.

> 하지만 분석 방법이 변화하지 않았기 때문에, 한 가지 고백해야 할 것이다: 불연속적 시각 속에서 정념들에 대한 검토는 오직 기호학적 건축물

32 그레마스 기호학에서 행동과 정념의 문제를 심층적으로 연구한 다음 연구물을 참조할 것: ① J. Fontanille, *Sémiotique du discours* (PULIM, 1998), pp.181–250; ② J. Fontanille & Cl. Zilberberg, *tension et signification* (Mardaga, 1998), pp.221–240.

33 행동의 기호학에서 정념의 기호학으로의 전개 과정에 대해서는 다음 논문 참조. Driss Ablali, "Le tournant des passions,"(제9장) *La sémiotique du texte : du discours au continu* (L'Harmattan, 2003), pp.181–208.

속에서 서사성의 양태성들이 점유하는 우선적인 자리에 자양분을 제공했을 뿐이다.[34]

'분노'라는 정념을 다룬 분석에서 그레마스는 여전히 주체의 행동 또는 '하다'(faire)의 모델을 따랐다.[35] 정념의 분석은 '분노'라는 어휘소를 분노에 선행하는 것과 그것에 뒤따르는 것의 차원에서 검토하는 것을 가능케 한다. 즉, 분노 이전과 그 이후의 차원에서 고찰하는 것을 가능케 하면서 정념은 서사 프로그램의 가치를 부여받는다. '분노'라는 기호학적 존재의 정의는 각각의 어휘가 전제하는 다른 어휘소에 의해서 전제되는 논리적 연쇄에 기초한다. 그런데, 아쉽게도 이때까지만 해도 정작 정념들의 생성의 원칙이라는 문제는 제기되지 않았다. 분노라는 정념에 대한 분석이 구상적 통합체(syntagme figuratif)로 다루어졌으며, 텍스트 속에서 정념의 창발이 이루어지는 선조건들의 문제를 덮어 두고 있었다. 따라서 정념의 고유한 생성 논리를 재구성할 수 없게 된 기호학은 정념을 복합 축, 즉 상태와 행동의 얽힘으로 구성된 담화적 시퀀스로서 간주되는 것으로 만족했다. 기호학이 정념의 문제를 제기한 것만으로도 첫 단추를 끼웠다고 말할 수 있었다. 당시 감성과 정념의 문제는 구조주의의 전통에 의해서 금기시되던 시절이었으나 그레마스의 통찰 덕분에 정념적 차원 역시 텍스트의 차원을 통하여 그 분석이 가능하다는 것이 입증되었다는 점에서 이론적 함의가 적지 않았다.

다시 말하거니와 그레마스 기호학은 1970년대까지 본질적으로 행동(action)의 기호학이었다. 행동은 하나의 서사 프로그램이며, 행동 주체에 의해서 실행되는 상태 변화로 해석될 수 있다. '무엇을 한다는 것'(faire)은 앎에 의해서 규정되는 모종의 의식적 태도를 전제로 한다. 행동의 밑바탕에는 언제나 이 같은 인지적 차원이 있으며, 관찰자는 행동의 주체를 거리를

34 Ablali, 앞의 책, p.191.
35 그레마스, 《의미에 관하여》, 김성도 역(인간사랑, 1997), pp.464-494.

두고 기술할 수 있다. 앎은 주체와는 분리된 대상을 다룬다. 이 앎은 상황의 지식이며 상황이 요청하는 것에 대한 지식이다. 따라서 인지적 차원을 주체와 행동의 거리 두기로 기술할 수 있다. 앎이 프로그램화된 행동의 토대를 세운다면 그 앎은 현실 세계의 포착에서 불연속적인 특성을 행동에 전달한다. 목적의 대상을 거리를 두고 투영하는 운동은 주체를 객체화한다. 현실 세계의 이 같은 포착 방식은 불연속성의 세미오시스에 속한다. 그 결과 주체는 세계와 분리된다.

이와는 정반대로 하나의 사건이라 할 수 있는 '고난 및 감정의 변화 따위를 겪는다는 것'(éprouver)은 내성과 명료한 의식에 속하지 않는 태도를 전제로 한다. 즉 그것은 체험한다는 사실에 의해서 규정된다. 이것은 바로 들뢰즈가 말하는 '감각의 논리'이며, 또 '의미의 논리'이다.[36] 즐거움과 괴로움, 동정과 연민 등 신체성을 갖고 있는 존재의 표현 능력이라는 미지의 세계에 우리를 맡기는 것이다. 따라서 우리가 무엇인가를 진정으로 체험할 때 앎의 경우에 나타나는 나와 세계의 거리 또는 분리는 있을 수 없다. 체험한다는 것은 인지 주체와 그 대상 사이의 기호학적 이접, 즉 분리를 무력화시킨다. 에노는 이렇게 말한다: "어떤 것을 겪는다는 것(éprouver)은 인지적 활동과는 달리 세계와의 거리 두기를 실천하지 않는다; 그것의 세미오시스는 연속적인 것으로 나타난다."[37]

체험하고 느낀다는 것은 말하기와는 전혀 다른 것이다. 무엇인가를 겪는다는 것은 순수한 체험이기 때문에 무엇을 겪는다는 것은 기껏해야 약간의 느낌이 발설될 수 있을 뿐이다. 느낌의 '시니피에'(기의) 그것은 우리의 몸에서 일어난다. 이 점을 에노는 이렇게 표현한다: "느낌의 기의는 언표화되기 전에 존재하며 무엇보다 신체적이다."

우리가 느끼는 것을 기호학적으로 기술하려는 것은 인간이란 동물이 자신의 담론을 압도하는 방식을 기술하려고 하는 것이다. 정념, 감정, 정서,

---

36 G. Deleuze, *La logique du sens* (Seuil, 1968).

37 A. Hénault, *Le pouvoir comme passion* (PUF, 1994), p.4.

감동, 정동, 감각 등, 모든 의미론적 장의 원형 의미소를 에노 교수는 '무엇인가를 겪는다' 또는 '느끼다'로 파악한다. 그녀가 정념(passion) 대신 고난, 감정 등의 변화를 겪는 것을 의미하는 프랑스어 동사 'éprouver'를 선호하는 이유는 정념이란 단어가 철학적 문학적인 복합적 함축적 의미를 담고 있기 때문이다. 정념의 기호학은 기존의 철학적 정념 계통 분류를 문제 삼는다.

반복되는 이야기지만 구조 기호학은 상이한 연구 축에 대한 편리를 위해 정념(passion)과 행동(action)을 구분한다. 이 두 술어를 철학의 실체적 술어 차원에서 이해하면 곤란하다. 기호학은 내재성을 실체적으로 즉 생리적으로 물리적으로 구분하는 것을 논외로 한다. 따라서 존재론과 형이상학적 질문은 기호학의 문제 틀에서 배제된다.

두 가지 문헌이 정념의 기호학의 인식론을 이해하기 위해 필수적이다. 하나는 그레마스와 리쾨르의 공개 토론이며[38] 다른 하나는 그레마스와 퐁타니유의 공저 《정념의 기호학》의 서론 및 제1부의 내용이다.[39] 여기서는 첫 번째 텍스트에 주안점을 두어 논의를 전개할 것이며 두 번째 텍스트는 다음 장에서 심도 있게 다루어질 것이다.

두 사람의 논쟁의 내용을 정리하기 전에, 먼저 궁금한 것은 철학자 리쾨르가 그레마스의 기호학 이론에 왜 관심을 갖게 되었는가라는 물음이다. 이 문제를 심도 있게 연구했던 아블랄리는 그 이유로서 기호학이 텍스트라는 주제에 대해서 엄청난 중요성을 부여한 구조주의의 이론적 가치들 가운데 가장 특화된 학술 분야를 체현하고 있기 때문이라는 점을 지적하고 있다.[40]

정념의 기호학의 발생 정황을 이해하는 데 있어 중요한 문헌으로 간주되

38 Cf. "Le débat du 23 mai 1989 entre A. J. Greimas et P. Ricœur sur la Sémiotique des passions", in *Le pouvoir comme passion* (PUF, 1994), pp. 191-216.

39 A. J. Greimas & J. Fontanille, *Sémiotique des passions, des états de choses aux états d'âmes* (Paris: Seuil, 1991).

40 Driss Ablali, "Sémiotique et herméneutique," *Semiotica* 168, 1/4 (2008), pp.287-304.

고 있는 1989년 5월 23일 있었던 그레마스와 리쾨르와의 공개 토론을 검토해 보자. 물론 그 토론 이전에도 리쾨르는 세 차례에 걸쳐 그레마스의 서사 기호학에 대한 우호적이면서도 동시에 비판적인 일련의 논문들을 발표한 바 있다.[41] 사실, 그레마스의 기호학에서 '설명하다'는 방법의 과정으로서 우선권을 갖는다. 물론 그레마스 자신은 이 같은 해석학의 전통에서 제기된 '설명하다'와 '이해하다'에 대한 논쟁에 참여한 적도 없으며, 특히 '설명하다'라는 술어에 대한 기호학적 연구를 진행한 적도 없다.

여기서 두 가지 점을 지적할 수 있을 것이다. 첫째, 그레마스의 기호학이 '이해하다'의 중요성을 배제하지 않으면서도 '설명하다'라는 방법의 우세로 특징지을 수 있다는 리쾨르의 주장은 일리가 있다. 마찬가지로 해석학 역시 '설명하다'의 매개화와 더불어 '이해하다'의 중요성에 의해서 특징지을 수 있다는 진단 역시 합리적 진단이다. 둘째, 리쾨르의 학문적 기획은 '설명하다'와 '이해하다' 사이의 내재적 변증법에 의해서 정의되는 일반적 해석학을 목표로 삼으며, 기호학은 방법론적 전복과 더불어 해석학의 변이형에 불과하다는 것이다. 풀어 말해서, 리쾨르에 따르면, 그레마스의 기호학은 '이해하다'에 견주어서 '설명하다'에 보다 큰 비중을 두고 있으며, 그 결과 '이해하다'는 '설명하다'의 여정 중에 놓인다는 것이다.[42]

먼저 리쾨르는 '설명하다'와 '이해하다'의 틀 속에서 기호학의 과학성이라는 문제를 설정한다. 그리고 전통적인 해석학의 이분법적 상황에서 벗어날 수 있다는 논지를 펼치고 있다. 딜타이를 기점으로 독일에서 일어난 해석학의 전통을 일별한 후, 리쾨르는 '설명할 것이냐' 아니면 '이해할 것이냐'의 양

41 ①*Temps et Récit, t. I* (Paris: Seuil, 1983), pp.85-129; ②*Temps et Récit, t. II* (Paris: Seuil, 1984), pp.49-91; ③"La grammaire narrative de Greimas," *Documents de recherche* du groupe sémio-linguistique de l'Institut de la langue française, *EHESS*, 15 (Paris: 1980).

42 기호학과 해석학의 관계에 대한 상세한 논의는 다음 논문 참조. Driss Ablali, "Sémiotique et herméneutique," *Semiotica* 168 - 1/4 (2008): pp.287-304. 또한 현대 기호학에 대한 리쾨르의 철학적 입장에 대한 상세한 분석을 제공하는 다음 참조. Pierre Caussat,"La philologie face à l'univers des signes : Positions et propositions de Paul Riceur sur la sémiotique et la sémiologie," *Semiotica* 168 1-4 (2008): pp.365-387.

자택일의 이분법을 시효가 만료된 것으로 보아야 한다는 논지를 전개한다. 다시 말해, 리쾨르는 정신과학은 이해에, 자연과학은 설명의 영역에 속하는 것으로 보는 이분법을 거부할 것을 시사한다.[43] 주지하다시피 자연과학과 정신과학 사이에 존재하는 과학적 위상의 차이는 '설명하다'와 '이해하다'라는 두 개의 방법들 사이에 존재하는 과학적 위상의 차이를 표상한다. 그리고 이 두 개의 방법은 서로 배타적인 관계로 인식되어 왔다.

그에 따르면 해석학은 '설명하다'와 '이해하다'를 분배하는 방식이다. 즉, 설명은 이해의 여정이라는 것을 보여 주는 방식이다. 즉 '설명하다'를 통한 '이해하다'의 중개화가 존재할 수 있으나 이 경우에도 여전히 '이해하다'가 지배적이다. 이것이 바로 해석학적 접근이다. 한편 리쾨르는 구조 기호학을 '설명하다'와 '이해하다'의 동일한 관계의 또 다른 작동으로서 규정한다.[44]

그는 이 같은 심층과 표층의 개념들이 매우 중요함을 강조한다. 해석학자와 기호학자의 위치를 파악하기 위해서는 '이해하다'와 '설명하다'의 위치가 역전되어야 한다는 것이다. 다시 말하면, "그것은 대치성의 관계가 아니라, 방법론적 우선권의 순서화가 역전된 관계"[45]로 리쾨르는 파악하고 있다.

비엔나 학파의 논리 실증주의에서 지배적이었던 '이해하다 없이 설명하다'는 분석 철학에서 지속되었다. 이 철학에 따르면 설명만으로 족하며, 이해는 세계를 포착하는 주관적 양태성으로 나타난다. 요컨대 논리 실증주의 철학에서 이해는 비엔나 시대의 포퍼의 명령어에 따라 과학의 영역에서 배제된다. 달리 말해 이해는 인식론적 개념이 될 수 없으며 심리적 개념만을 구성한다. 즉 그들은 감동적 '소피즘' 속에 '이해하다'를 귀속시키는 극단적 입장을 천명했다. 그런데 딜타이에게 있어서 이해한다는 것은 본질적으

---

43 Driss Ablali, "Sémiotique et herméneutique," *Semiotica* 168 – 1/4 (2008).

Paul Ricoeur, "La grammaire narrative de Greimas," *Documents de recherche* du groupe sémio-linguistique de l'Institut de la langue française, *EHESS*, 15 (Paris: 1980).

Louis Panier, "Ricoeur et la Sémiotique : Une rencontre « improbable »?", *Semiotica* 168-1/4 (2008): pp.305-324.

44 A. Hénault, *Le pouvoir comme passion*, p.196.

45 같은 책, p.196.

로 기호들로 이루어지며, 설명한다는 것은 사실들로 이루어진다. 기호를 앞에 두면 이해의 영역에 들어간다. 사실들의 종류에 들어간다는 것은 설명의 영역에 들어감을 말한다. 그러나 리쾨르는 기호들도 사실들임을 강조한다. 딜타이는 기호들은 바깥쪽에서 발송된 표현들이며, 따라서 외재화로 보았다. 그리고 이해의 문제는 기호들을 산출한 과정을 다시 찾기 위해 기호들을 탈객체화하는 것이다. 그런데 리쾨르의 판단에 따르면 여기에는 객관화 영역에 대한 무시가 스며 있다는 것이다.

리쾨르는 '설명하다'와 '이해하다' 사이에 유지되어야 할 변증법을 창출해 낸다. 정념의 기호학은 담화 차원에서 명시화되기 전에 이해한 것들의 놀이에 대해서 작동한다: "기호학의 내부에는 '설명하다'와 '이해하다'의 일종의 상호 지점이 있으며 '설명하다'를 유지하게 만든다."[46] 그런 의미에서 그는 그레마스의 기호학을 가다머의 변증법과 대립된 변이형으로 재규정한다. 이 두 번째 변이형에 따르면, 설명은 이해가 반드시 통과해야 할 중개화로 간주되고, 이해를 더 잘하기 위해 설명하는 것이다. 그런데 기호학에서 이해는 표층의 결과로 간주된다. 따라서 여기서 '이해하다'와 '설명하다'의 관계의 두 가지 형상이 나타난다.

그러나 리쾨르가 관심의 초점을 두는 곳은 서사적 차원이다. 즉 서사 기호학으로부터 정념들의 기호학으로 옮겨 가는 양상을 그는 날카롭게 지적했다. 즉 1980년대 말까지 근본적으로 서사성의 이론이었으며, 또 행동자 개념이 결정적이었던 그레마스 기호학에서 하나의 새로운 전환점이 나타났으며, 그는 그것을 '정념적 주체(sujet pathique)'의 돌출로 진단하고, 그 이유를 궁금해한다.

서사 영역에서 '이해하다'와 '설명하다'의 관계를 어떻게 볼 것인가? 우리는 서사물에 대한 문화적 친숙성을 익히 알고 있으며 리쾨르는 이것을 일러 서사적 지성(intelligence narrative)이라고 말한 바 있다. 기호학은 우리가 이미 이해한 것에 대한 합리적 '시뮬레이션'이다. 즉 우리는 우리의 문화와

46 같은 책, p.198.

배경을 통해서 이야기에 대한 선이해를 갖고 있다. 즉 "서사화의 모든 작동 모델 속에는 언제나 손안에 쥠(en sous-main)에 대한 이해의 일종의 길잡이(guidage)가 있다."[47]

그레마스의 서사 기호학을 다루는 논문에서 리쾨르는 언제나 명시적으로 발설되지는 않았다 해도, 이해의 나침판이 있다는 것을 보여 주려고 했다.[48] 또한 그는 이 같은 나침판이 정념에 대해서 명시적으로 언표화되었다고 간주했다.

기호학은 우리가 이미 이야기의 세계에 대해서 갖고 있던 친숙해진 문화적 이해를 다시 쓰는 방식이라고 말할 수 있다. 즉, 이야기는 근본적으로 생명 세계의 부분이다: "이야기하는 것은 바로 행동 세계의 부분이다."[49]

그러나 이어서 문학은 '이야기하다'를 그것의 삶의 문맥에서 떼어 내 문학성의 단절과 더불어 그것 자체로 하나의 세계를 삼는다. 기호학은 이 같은 문학성의 단절에 와서, 그것을 공인하고, 공고화하고, 고유한 작동들과 더불어 구조화한다. 바로 이 같은 관계, 우리가 삶 속에서 마주쳤고, 우리의 교양을 형성시켰으며, 교육시킨 모든 이야기들의 줄거리에 대한 지성, 그것들을 통해서 우리는 서사적 정체성(identité narrative)의 형식을 발전시켰다. 이것은 설명을 서사적 지성의 맞수가 아니라 보충과 중개자로 간주하게끔 만든다.

그레마스 서사 기호학의 철학적 함의를 다룬 장편의 논문에서[50] 리쾨르는 기호학적 사각형의 진전 과정의 기저에 깔려 있는 변형, 즉 기호학적 사각형을 동반하는 모든 변형들과 더불어 일종의 연속적 기초가 있다는 점을 밝힌 바 있으며, 이것은 "작위와 감수의 현상학에 속한다(relève d'une phenoménologie de l'agir et du pâtir)"[51]고 말하고 있다.

---

47 같은 책, p.199.

48 "La grammaire narrative de Greimas," *Actes Sémiotiques, Documents* 15 (1980), Lectures II (Paris: Seuil, 1992)에 재수록.

49 A. Hénaut, 앞의 책, p.199.

50 P. Ricœur, *Temps et recit II*.

그레마스는 "삶을 의미의 탐색으로 이해하기 시작할 때, 14살 15살의 소년이었다"라는 말로 그의 답변을 개시한다. 이어서 그는 존재의 의미와 의미의 존재를 구분한다. 그에 따르면, 의미의 존재를 추구하는 것은 설명의 차원에 속하며, 존재의 의미를 추구하는 것은 이해에 속한다. 이 같은 그레마스의 답변에서 읽어 낼 수 있는 핵심적 사안은 그레마스 기호학 이론의 전체 역사의 흐름으로서, 바로 행동의 기호학으로부터 연속체의 기호학인 존재의 의미를 다루는 기호학으로 이동했다는 점이다.

그레마스는 먼저 행동의 기호학으로 시작한 이유는 모든 문학이 복잡한 인물들, 기분들, 성격들, 정념들을 가지고 있기 때문이라고 진단한다. 그래서 그는 인물들로 하여금 심리적인 것을 모두 제거하려고 했다는 것이다. 이를테면 벌거벗은 인물의 행동에 관한 것이다. 그리고 행동자는 무엇인가를 하는 요인이다. 그 무엇인가는 하나의 변형이다. 바로 이로부터 행동의 기호학은 가능하다. 이제, 변형이란 무엇인가? 그것은 사물의 한 상태에서 다른 상태에로의 변화이다. 이때 행동 기호학의 약점은 "오직 변형들만을 고정시키는 기호학이라는 점이며, 사물의 상태들을 비규정된 것으로 방치한다는 점이다."[52]

그러나 상황을 뒤집어, 더 이상 행동이 아닌 상태들이 무엇인지 알 수 있을까라는 질문이 바로 그레마스의 출발점으로서 사물의 상태들을 취하고, 정신의 상태들을 이해하는 데 도달하기 위한 것이다. 즉 영혼의 정념들이 문제된다는 것이다. 그는 어떻게 거기에 도달할 수 있을까라는 물음을 던진 다음 행동이 정당화되고, '하다'가 가능하기 위해서는 능력 있는 행동자가 전제된다. 결국 능력은 양태성의 문제들에 다다른다. 능력, 희망, 의무 등등. 즉 "행동의 기호학은 오직 양태성들을 갖는다는 조건에서만 가능하다."[53]

---

51 A. Hénault, 앞의 책, p.200.
52 같은 책, p.202.
53 같은 책, p.203.

양태성의 근원은 무엇인가? 이 물음은 철학적이다. 그러나 기분적 '매스'(mass)가 있고, 이것은 그것을 분절하는 상이한 양태성들로 이루어지며 분해된다. 분절은 불연속의 도입을 전제로 한다. 여기서 기호학적 사각형, 즉 의미 세계의 최초의 분절이, 기분적 '매스'로 파악된 세계가 생략 또는 특정 위치값을 가지며 분절된다.

그레마스가 제안한 문법은 근본적으로 양태 문법이다. 이 같은 양태 문법은 불연속성으로서 세계를 파악하는 것에 의해서 조건화된다. 즉 오직 부정적인 대립들만을 통해서 의미가 있다는 것이다. 그런데 그레마스는 양태성만으로는 완전한 설명이 이루어질 수 없는 한계를 지적한다. 따라서 심층적인 수준으로 들어가서 사태를 봐야 할 것이다. 그래서 기분적 '매스'가 무엇인지를 탐색해야 할 것이다. 이 기분적 '매스'는 불연속의 양태에 따라 분절이 될 수 있다. 그리고 일정한 범주들을 생산해 낼 수 있다. 따라서 사물들을 제자리에 놓는 것은 인지적 합리적 차원이다. 이것이 서사성을 설명해준다. 요컨대 그레마스가 리쾨르에게 답한 내용의 요지는 의미 작용의 가장 기본적인 구조들의 배후에 존재적 지평(un horizon ontique)이 똬리를 틀고 있다는 사실이다. 하지만 그레마스는 겸손의 미덕을 잃지 않는다. 여기에 대해서 기호학자들은 무엇인가를 말할 도구가 없음을 실토할 수밖에 없는 실정이다. 자신의 이론은 불완전하게나마 가설적 모델로서 이 같은 존재적 지평에 대한 모사물의 투영을 상상해 볼 수 있을 뿐이라고 고백한다.

5. 두 가지 분석 사례(향수, 한恨)

그레마스가 지도했던 파리 학파에서 정념에 대한 최초의 전략적 운동 중의 하나는 서구 철학사의 성찰의 틀 속에서 구축된 이론들에 대한 체계적 검토였다. 그레마스가 정념의 철학적 이론들에 대한 검토로부터 도출한 주된 교훈은 그것들이 하나의 공통적인 성질을 갖고 있다는 것이다. 다시 말해

그것들이 분절하는 정념적 가치들의 선택과 위계와 독립하여 일정한 계통적 성격을 갖고 있다는 것이다.[54]

이 같은 인식 아래 그레마스는 정념의 통사론을 구성하려 했다. 그 전범적 연구는 〈분노에 관하여〉로서 정념적 구상화에 대한 어휘 연구이다. 그밖에 또 다른 예는 '기다림'과 '인내심'에 대한 연구가 있다.[55]

여기서는 그레마스가 향수에 대해서 분석한 내용을 예로 들어 보자.[56]

먼저 그는 《프티 로베르》(*Le Petit Robert*) 사전에서 제시된 'nostalgie' 항목의 정의에서 시작한다. 그는 '향수'에 대한 사전의 정의를 크게 세 부분으로 세분화된다.

//"쇠약과 우울의 상태//
//강박적 회한에 의해서 야기되는//
//고향에 대한 (회한)//
//___ 자신이 오랫동안 살았던 곳에 대한 ( )"//

두 번째 정의는 그것의 성분들을 다르게 어휘화하지만, 동일한 삼원적 분배를 인지케 한다.

//"....멜랑콜리....//
//회한......//
//(지난간 것에 대한 (회한) 또는
//___알지 못했던 것에 대한"//

---

54 A. J. Greimas, *Du Sens II*, p.15.

55 I. Pezzini, "Attente, patience : esquisse d'analyse pathémique," *VS* 40 (1985), pp.91-114.

56 A. J. Greimas, "De la nostalgie, Etude de sémantique lexicale," *Bulletin* XI (1986), p.39.

위의 정의에서 다음 세 가지 요소를 도출할 수 있다.

① 정념적 상태(쇠약(déperissement), 우울(langueur), 울적(mélancolie))

으로, 이 상태는 다음을 전제로 한다.

② 또 다른 정념적 상태(회한, 강박 관념적 또는 그렇지 않은).

이 상태는 다시 다음 사실에 의해서 야기된다.

③ 가치 대상과의 이접(고향, 지나간 것 등등).

따라서 핵심은 세 가지 층으로 이루어진 통사적 구성이다. 이것은 논리적 전제 조건으로서 해석할 수 있는 인과율이지만, 사전의 정의에는 서열적 중첩으로 동시 발생적인 것으로 제시된다.

그레마스는 프랑스어 사전을 참조하면서 "한 사람의 쇠약 상태"라는 것에 주목한다. 이것은 시의적절하게 다음 사실을 우리에게 상기시켜 준다. 즉 정념적 주체의 상태 발화체가 우리 앞에 있다는 것이다. 만약 쇠약을 쇠약해지는 상태라고 정의하는 것이 프랑스어 동사 'déperir'에 대한 귀결에 불과하다면, 그것은 "점증적 소모에 의해 쇠약해지다"라는 정의로 명시화된다. 더구나 쇠약이라는 규정은 일련의 준동의어들에 의해서 강화될 수 있다: "쇠약, 마르는 것, 빈혈(anemie), 기진맥진, 우울". 이 준동의어들은 모두 공통된 속성을 포함한다. '줄어듦'(diminuition)이 그것이다. '줄어들다'(diminuer)는 점점 작아지는 것이며, 우울의 반의어들은 다음과 같다: "활동, 활성화, 끈기, 열기, 힘, 생명, 생명력". 우리는 이 같은 줄어들기가 감수하는 의미론적 가치에 대해서 알 수 있다. 문제는 삶 vs 죽음과 같은 의미론적 보편소의 쌍들의 하나이다. 우리가 기술하려고 하는 상태는 따라서 한 상태에서 다른 상태로의 점증적 이동 과정으로서 '생성'(devenir)이라는 말을 사용할 수 있는 것이다. 이 생성은 오직 이런 방식으로만 범주적 수준에서 파악될 수 있다. 상태들로 정식화된 범주적 분절이 상화되고 다음과 같은 과정으로 제시될 수 있는 것은 오직 표층적인 담화 수준으로만 이동할 때 가능해진다.

/삶/ → /지속성/ → /탈긴장성/ → /죽음/

여기서 삶과 죽음은 의미론적 범주의 항목들을 표상하며, 지속성과 탈긴장성은 상적인 표지들을 표상한다.

강박 관념적 회한(le regret obsédant)

'향수'를 정의하는 이 같은 원기력의 점증적 쇠태는 '강박 관념적 회한'에 의해서 야기된다. 따라서 핵심은 이 어휘소의 의미장을 검토하는 일이 된다. 그래야 이 회한이란 말을 초규정하는 강박 관념적(obsédant)이란 표현을 다시 강조할 필요가 생기기 때문이다.

만약 그렇다면 회한이란 정의, 즉 "좋은 것을 상실해서 야기되는 괴로운 의식 상태"에서는 두 가지 요인 또는 두 가지 상태를 구분할 수 있게 된다:

/a/ 의식 상태
/b/ 괴로운 상태

먼저 의식 상태는 "자기 자신의 심적 활동을 직접적으로 인지하는 것"으로서 이 정의는 인지적 차원 또는 의미 작용의 파악에 있어서 메타 인지적 수준에 속한다. 왜냐하면 자기 자신의 인지에 대한 지식이기 때문이다. 따라서 우리는 위에서 인지적 사물들의 상태를 지배하는 메타 인지적 주체의 존재 앞에 놓인다. 이 상태는 바로 "하나의 좋은 것의 상실"에 의해서 야기된다. 즉 주체와 그 주체가 앞서 연접되어 있던 가치 대상과의 이접의 포착이다. 주체의 두 상태—연접과 이접—는 메타 주체에 의해서 실행되며, 시간성의 축에 위치한다.

S ∩ Ov → S ∪ Ov
과거　　　현재

그 구조는 탈시간화되어야 한다. 또한 인지적 모사물의 형식 아래 제시된 과거는 부재로 표시된 현재와 더불어 대질되기 위해서 탈시간화되어야 한다. 결핍의 인지적 주체는 프로프 이후로 잘 알려져 있거니와, 상실(그 준동의어들, 불행, 결여, 손실, 손해 등등)에 의해서 어휘화된다. 또한 결핍의 인지적 주체는 함축적인 기분적 차원과 '감응'의 차원에서 내포적 의미를 갖는다. 사전에 나오는 "괴로운 상태"가 그것이다.

괴로운 상태, 특히 도덕적 괴로움은 "제 경향들의 불만족에서 결과되는 견디기 힘든 감정이나 감동"으로 정의되며, 이것은 인지적으로 직시된 결핍을 둘로 나누어 상화된 /불쾌/에 의해서 번역될 수 있고, 더 나아가 /집중성/에 의해서 번역될 수 있다. '향수'의 경우, "괴로운 회한"에 의해서 야기되었으며, 그 집중성(강도)은 첨예한 정도에 이른다. 강박 관념적 회한은 "끝없이 고통받는" 회한이며, 끊임없이 부과된다.

이 두 개의 동사 '고통스러워하다'(tourmenter)와 '부과되다'(s'imposer)에서 'tourmenter'는 기원적으로 화용적 행동을 외시한다. '몹시 괴롭히다'(suppliciter), '고문하다'(torturer)가 그것으로서 이것들은 몸의 정념들을 촉발시킨다. '부과되다'(s'imposer)는 "거부될 수 없는" 불가피한 힘을 지칭하며, 기술된 정념적 총합에 도입되는 소용돌이를 알린다. 이로써 불쾌한 상태 주체가 그것의 집중성(강도)의 사실로부터 능력을 갖춘 행동의 주체로 변형된다. 그러나 상태 주체에서 행동 주체로 변형되는 것은 서사 기호학에서 충분하게 연구되지 못한 현상이다. 다만 퐁타니유의 암시에 따라서 서사성의 기분적 차원의 자율적 존재를 겨냥할 수 있는 가능성에 대해서 물어볼 수 있을 뿐이다.

이제 그 상실이 정념적 혼란을 초래한, 형식의 위상을 검토하는 일이 남았다. 향수의 경우, 그것의 첫 번째 정의로서 그 형식을 강박 관념적 회한으로 설정했다.

- 고향에 대한 회한
- 자기가 오래 살았던 장소에 대한 회한

즉 시간과 공간 속에서 멀리 떨어진 곳에서 복잡하면서도 모호한 대상들에 대한 것들이 향수의 대상이다. 그 대상들의 구상적 표상은 친숙한 풍경들, 사랑하던 사람들, 행복했던 순간들을 떠올리게 할 수 있다. 두 번째 정의는 보다 일반적인데, "지나간 것(une chose revolue)"에 대해서 언급한다. 현재와 단절된, 완결된 성격, 또는 알지 못했던 것에 대한 유감이다. 즉 알지 못했던 것은 상상적 체험이며, 알고 싶었던 것이다. 첫 번째 정의에서 두 번째 정의로 넘어오면서, 의미의 미끄러짐은 공간성의 의소의 지연에 의해서 얻어지며, 오직 시간적 멀어짐만을 포착할 뿐이다.

회한의 내용에 대한 보다 세심한 검토는 향수의 기원에 있는 대상-모사물의 위상을 보다 더 잘 이해할 수 있게 해 준다. 그 결과, 'chagrin'(도덕적으로 괴로운 상태)으로 규정되는 회한은 다음과 같은 대상에 관한 것이다.

- 자신이 했던 일 또는
- 과거에 (무엇인가를) 하지 못했던 일을

유감스럽게 여기는 가치 대상이 하나의 서사 프로그램의 형식 아래 나타나거나 해석될 수 있다는 것을 일러 준다. 이 같은 상태는 주체의 현재 상태와 대질되어, 불편한 파급 효과들을 발생시킨다.

우리는 위에서 "고향에 대한 향수"가 일련의 구상적 성격을 갖는 서사적 모사물의 상기를 포함한다는 점을 주목했다. 서사 프로그램이 실현된 것으로 고려되는 경우들에 있어서(무엇인가를 했다는 것에 대한 회한), 결핍으로부터 오는 불쾌한 상태는 윤리적 차원에 위치할 수 있으며, 회한(remords)(수치심을 동반하는 유감)이나, 뉘우침이 될 수 있다. 하지만, 이런 함축들이 없을 수 있고, 단순히 희망의 주체나 의무의 주체가 이전의 프로그램을 재활성화할 수 없다는 무기력에 빠지는 사물의 상태를 포함할 수 있기 때문이다.

실현되지 않은 서사 프로그램은 더 복잡하다. 그것이 윤리적 성격의 유감에 속한다는 것은 분명하지만, 다른 형상들의 경우도 가능하다. 즉 미완결된 서사 프로그램에서, "주관적 정서적" 동기들을 포함할 수 있다.

향수의 마지막 정의에 나오는 이런 부류의 서사 프로그램은 "만족되지 않은 욕망"이란 표기로 이루어진다—그것은 유쾌함이라는 함축적 의미를 포함한다. 희망의 주체는 삶의 기획을 갖고 소묘된 행동 프로그램을 갖고, 행복한 기다림의 상태에 놓인다. 유쾌적 프로그램은 행복의 흔적을 간직한다. '울적한 회한'(regret mélancolique)이라는 표현에서는 복합항 /유쾌 + 불쾌/를 포함한다. 여기에는 생기 있는 욕망, 실현을 못하는 무기력, 미완성의 고통 등이 포함된다.

이야기를 정리해 보자. 향수라는 복잡한 정념적 영혼의 상태를 산출하기 위해서 자리매김된 배치는 제 상태들과 조작들의 연쇄체로서 표상될 수 있다. 만약 결과적 상태를 통사적 중첩으로 고려한다면, 그리고 정념적 소용돌이들의 총합의 동시성으로 고려한다면 말이다. 쇠약한 상태는 실제로는 상태가 아니라, 지속적 과정이며 반복적 괴롭힘으로서 불쾌적 행동의 주체에 의해서 실행된다. 이 주체는 비교의 인지적 작동을 공시하는 집중적 불쾌로부터 도래한다. 향수란 메타 주체에 의해서 여기 지금 속에서 파악된 주체의 서사적 위치에 맞서서 주체가 그 행로의 한 순간에 담화 주체의 우울함에 이르는 동시에 축적적 과정을 착수하는 두 개의 서사 프로그램들의 비일치성이다.

물론 이것은 통합적 모델은 될 수 없지만, 담화 주체의 총합의 구상화를 추적한다. 이렇게 해서 기분적 사건들이 상이하게 양태화된 통사적 주체들을 놀이화하고, 결정적인 정념적 상태들을 도래하게 만든다.

향수에 대한 연구에서 그레마스가 도달한 결론은 다음과 같다: “따라서 기호학은 자율적이며 통사적으로 분절될 수 있는 서사성의 기분적 차원의 존재를 상정하는 작업을 시도하며, 그렇게 함으로써 '인간의 내적 삶'을 성립하는 이 같은 특별한 활동들에 대한 묘사를 시도하는 것을 가능케 한다.”[57]

그레마스가 '프랑스적'인 분노와 향수, 불안 등을 분석한 방식을 우리는 '한국적인' 정념인 한(恨)에 대해 적용하여 분석할 수 있을 것이다.[58] 《연세 한국어 사전》과 《동아 국어사전》은 한에 대해 다음과 같이 정의한다.

- 억울하고 원통한 일이 풀리지 못하고 응어리져 맺힌 마음
- 지난 일이 원망스럽거나 원통하거나 억울하게 생각되어 응어리가 진 마음

이 정의로부터 우리는 몇 가지 요소를 추출해 낼 수 있으며 이로서 한의 정념에 대한 통사적 구성을 마련할 것이다. 한의 정념적 상태는 억울, 원통의 정서로부터 비롯된다. 이 정서적 상태들로부터 추출해 낼 수 있는 요소들은 미완성, 미해결의 상태라는 것이며 그 해결의 의지가 좌절 혹은 지연됨으로서 보다 직접적으로 억울함, 원통의 상태가 야기됨을 알 수 있다. 또 여기서 핵심이 되는 것은 바로 억울함이라는 정서 상태이며 이것이 의미하는 것은 '불공정함', '인정할 수 없음', '수용 불가능함'이 강제적으로 부여되

57 A. J. Greimas, 앞의 논문, p.11.

58 이 분석은 2001년도 제1학기 고려대 대학원 〈기호학과 인지과학〉 강의 중 그레마스 정념의 기호학에 대한 김미경의 분석이 도움이 되었다.

어 마치 정반대의 상태, 즉 겉으로는 '공정함', '인정', '수용'의 형식으로서 받아들여지게 만들어지는 부조리한 상황이다. 그리고 이 상태에 대한 개선의 의지와 노력, 시도의 불가능함 혹은 무력함이 이 같은 이중적인 상태를 해결하지 못한 채로 지속시키고 있는 것이다. 특히 여기서 나타나는 원망과 억울함이 지나간 일에 대한 것이라는 점과 응어리가 져 있다는 정의로부터 정적인 지속의 의미소를 추출할 수 있다. 따라서 한의 정념은 다음과 같은 세그먼트로 분할될 수 있다.

강제성 / 억울함 / 인내
부당함의 강제적 권위 → 부당함에 대한 인정, 수용 → 상황의 지속 혹은 미완결

이런 한(恨) 정념의 통사론적 구성 요소들에서 강제성은 전제되는 것이며 억울함은 발현되는 정서의 상태이며 지연은 정념 이후의 성질을 나타낸다. 즉 강제성은 잠재적인 것이며 억울함은 현실화된 것이고 인내는 실현된 것이라는 것이다.

여기서 작동하는 양태성은 한의 정념의 발현의 동기를 명확히 해 준다. 양태의 범주에서 주체는 대상과 맺는 관계에 따라 부여받는 양태성을 연쇄적으로 변화시키고 양태적인 정체성을 구성할 것이며, 여기서 주체는 한의 정념의 내러티브를 통과하게 된다. 또한 이 같은 과정에서 주체와 주체가 추구하는 가치 대상과의 관계가 강제성으로 인한 이접으로 인해 정념 문제가 개시된다. 강제성은 자유와 자율, 속박과 복종의 문제와 밀접한 관련을 맺고 있다. 그런데 여기서 주체가 추구하는 가치 대상인 자유와 자율성은 이접된 상태로 변환하게 된다. 가치와 결속에 의해 변형되는 상태 주체들은 가치 대상과 이접하게 되고, 이때에 부여되는 양태는 두 가지로 작동한다. 여기서 강제성에 영향을 미치는 요소는 '해야 한다(devoir)'가 하나이고 다른 하나는 '할 수 있다(pouvoir)'이다. 이 두 양태성은 상보적인 관계를 맺고

서로를 역행적으로 보충한다. 그러므로 이는 결국 '할 수 있다'의 양태성으로 전환될 수 있다. 따라서 주체와 가치 대상이 이접되어 현실화되는 양태성은 '존재할 수 없다'로 귀결된다.

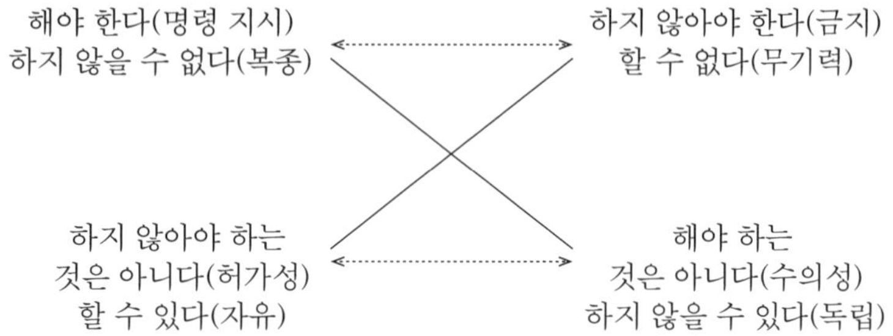

그러나 여기서 고려해야 할 사항이 하나 더 남아 있다. 그것은 바로 '존재할 수 없다'로서 수용되어진 이접의 상태가 지속적으로 나타나는 경우에 한해서만 한의 정념을 정의할 수 있다는 점이다. 이것은 상화와 밀접한 관련을 맺고 있다. 선행 조건 층위의 네 범주가 표층으로 소환되어 구성하는 시발상, 지속상, 종결상, 점괄상이 양태의 연쇄와 더불어 담화화의 과정에서 파악되어야 하는 것이다. 표층에서 담화화로 전환되는 과정에서 한의 정념은 상적 행로를 구성할 수 있다. 한의 경우는 강제성에 대한 시발성이 나타나고 이어서 강제를 수용하고 내재화하는 것이 지속상과 반복상으로 나타난다. 그러나 상적 측면에서 주목하게 되는 지점은 바로 '과거의 일에 대해', '응어리져'라는 의미소의 관계이다. 이는 지속상을 상정하게 하며 한의 논리에서는 종결상이 배제됨을 알려준다. 또한 '응어리져' 있다는 것은 한 정서의 구상화 차원으로 생각할 수도 있겠지만, 담화화의 차원으로 넘어가기 전에 이를 상화의 문제로 짚고 넘어가야 한다. 응어리져 있다는 것은 '응축, 압축, 축적, 응고'와 동의어를 이루며 '확산, 확대, 펴짐'의 의미와 대립되는 항을 이룬다. 이것은 하나의 지점을 두고 집중성(강도)을 가지는 것이며 지속적으로 하나의 영역으로 압축되어 밀도가 높아지는 상승 과정을 나타낸다. 그러므로 한의 상은 '지속성 → 긴장성'이라는 두 개의 상으로 나타나게 될 것이다. 지속성의 상은 선행 조건 층위에서 가동적인 범주로 분절되는 변조로서 심층으로 전환될 때 '할 수 있다'(pouvoir)의 양태로 전환되는 기질을 나타낸다. 지속상의 특성까지 파악할 때 비로소 우리는 한의 정념을 파악할 수 있을 것이다. 한의 정념은 문법화된 상 체계로 비유하자면, 현재완료 지속의 용법에 해당하는 상태로 볼 수 있는데, 그 이유는 갑작스런 개시나 종결적인 단계가 배제된다는 면에서 그리고 꾸준히 상승의 긴장을 유지한다는 점까지 포함한다는 면에서 그러하다. 그러므로 양태성으로 의미를 범주화하고 주체의 능력을 배분하는 심층에서 표층으로의 이산적인 전환과 달리, 상화는 담화화로 구상화되는 과정 속에서 주체보다는 과정의 대상을 감정의 흐름, 강약, 리듬으로서 파악하게 만든다. 여기서 비로소 우리는 한이라는 감정을 온전하게 정념이라는 이름으로 부를 수 있을 것이다. 그러므로 여기 담화화의 차원에서 우리는 한이 구상화되는 다양한 장면들을 만들어 낼 수 있을 것이며, 이로써 지각적으로 파악할 수 있는 감정의 산출물의 의미 작용이 시간과 공간 속으로 투사되는 것을 발견할 수 있을 것이다.

제21장

《정념의 기호학》의 개요

1. 《정념의 기호학》—저서의 성격과 전체 구성

앞장에서 지적했듯이 정념의 기호학의 인식론적 토대에 대한 상세한 내용을 담고 있는 원전 텍스트는 그레마스가 그의 수제자였던 퐁타니유와 공저로 출간한 《정념의 기호학》이다.[1] 사실, 이 책은 퐁타니유가 거의 대부분 내용을 집필하고 그레마스가 내용을 검토한 후 책에 서명을 한 것으로 알려져 있다. 그런 연유에서인지 몰라도, 책의 스타일은 주로 퐁타니유 교수의 문체가 감지되며 그레마스가 단독으로 발표한 그 어떤 논문이나 저서에 비해서도 더 추상적이고 난해하다. 뿐만 아니라, 대부분의 내용은 실증적인 연구 결과에 의존하기보다는 다분히 가설적인 수준에 머무르고 있다. 게다가 기호학 용어만이 아니라 지극히 관념적이고 형이상학적인 전문 용어들이 다반사로 사용되고 있다. 아쉽게도 책의 구성 차원에서 이 책은 독자들에게 그다지 친절하지 않은 체제를 갖고 있다는 판단이 든다. 각 장들의 구별은 표시되어 있으나, 장의 하위 단위에서 세부 주제의 분절에 대해 명시적으로 분할된 표시를 제공하고 있지 않아, 상위 주제와 하위 주제의 구별

1 A. J. Greimas & Jacques Fontanille, *Sémiotique des passions* (Des états de choses aux états d'âme) (Paris: Seuil, 1991), 336p(차례 포함). 알지르다스 J. 그레마스, 자크 퐁타니유, 《정념의 기호학》, 유기환·최용호·신정아 옮김(강, 2014).

이 혼란스러운 것도 사실이다. 어쨌거나 이 책은 크게 다섯 부분으로 이루어져 있다고 말할 수 있다. 먼저 첫 부분에 해당되는 서론(7-20)은 이 책 전체의 이론적 개괄이며 인식론적 토대를 제공하고 있는 핵심적 부분으로서, 다시 네 개의 주제로 분할될 수 있다. 먼저, 기호학 이론의 인식론적 방법론적 본질을 환기시키고, 이어서 불연속체로서의 세계와 연속체로서의 세계를 기호학의 인식론적 차원에서 대비시키고 있다. 이어서 두 가지 범주의 사물의 존재 방식을 언급한 다음, 이 두 가지 인식 방법에 대한 기호학적 접근법과 모델의 변모 양상을 지적하고 있으며, 그 중간 부분에 기호학적 실존(존재)(l'existence sémiotique)의 문제를 다루고 있다(이 서론의 핵심 내용에 대해서는 다음 장에서 다룰 것이다). 이어서 제1장 〈정념의 인식론〉(21-110)에서는 정념의 문제 틀을 구성하기 위해 동원된 약 20여 개의 새로운 개념들에 대한 세세한 인식론적 방법론적 토대를 논하고 있으며, 크게 네 부분으로 분할될 수 있다. 〈느끼는 것으로부터 인식하는 것으로〉, 〈표층의 서사 통사〉, 〈양태적 장치들〉, 〈정념의 방법론〉이 그것이다. 특히 두 번째 부분, '정념의 방법론'(83-110)에서는 정념의 방법론과 철학적 비전과의 관련성을 논하고 있다. 이어서 제2장(111-187)과 제3장(190-322)에서 각각, '인색'과 '질투'라는 두 개의 정념의 경우를 설정하여 다양한 문학 작품의 담화에서 형상화되는 과정에 주안점을 두면서 두 편의 사례 연구를 예시하고 있으며, 끝으로 다소 빈곤한 분량의(3쪽에 불과함) 결론(323-325)을 싣고 있다. 이 책에는 프루스트, 엘뤼아르, 카뮈 등의 문학 작품들이 적재적소에 배치되어 이해를 돕고 있음에도 불구하고, 전반적인 문체는 추상성의 극치를 보여 주는 동시에, 사용된 용어들 역시 현상학, 화학, 옐름슬레우 언어학 등에서 차용한 난해한 개념들이 상당수 나오고 있어 그레마스 기호학의 전공자들조차도 온전한 이해가 쉽지 않다.

그럼에도 불구하고 이 텍스트의 전반부(서론 및 제1장)에서 논의되고 있는 내용은 그레마스 사후, 파리 기호학파의 새로운 방향을 가늠 지을 수 있는 인식론적 전환점을 마련해 주고 있다는 점에서 여기서 기본적인 얼개를 소개하고자 한다. 이를 위해 필자는 먼저 해당 부분에 대한 면밀한 독서와 병행하여 《정념의 기호학》을 다룬 일련의 국내외 연구 논문들에서 제시된 상이한 해석을 인식론적으로 비교하는 수순을 밟았다. 흥미로운 것은 이들 이차 문헌들을 검토한 결과, 이 책에서 쏟아져 나온 수많은 개념들과 주제들에 대해서 제각기 고유한 관점으로 정념의 기호학의 핵심을 상이하게 표상하고 있다는 사실을 간파할 수 있었다. 따라서 필자는 주로 원텍스트의 내용을 최대한 존중한다는 차원에서 원문의 내용에서 중요하다고 판단된 개념과 주제를 선별하여 그 핵심 논지를 전달하고자 한다.[2]

담화의 정념적 차원에 대한 문제의식, 그리고 그 문제의 주제화와 관련하여 《정념의 기호학》이 출판되기 이전부터 프랑스에서는 다양한 학술 분야

2 참조한 연구물의 문헌은 다음과 같다.

① Cécilia Wiktorowicz, "Greimas et Fontanille, *Sémiotique des passions*. Des états de choses aux états d'âme," 서평 논문, *Études littéraires* 25, no.3 (Hiver, 1992-1993), pp.153-156; Quéré Henri, "Sémiotique des passions. Des états de choses aux états d'âme Algirdas Julien Greimas Jacques Fontanille," 서평 논문, *Zeitschrift für französische Sprache und Literatur* 103, no3(1993), 이에 대한 Fontanille의 회신, pp.156-161.

② A. J. Greimas & J. Fontanille, *The Semiotics of Passions*, foreword by Paul Perron & Paolo Fabbri, trans. P. Perron & F. Collins (Minneapolis and London: University of Minnesota Press, 1993), pp.vii-xvi (《정념의 기호학》의 영어 번역판 서문).

③ Fabbri Paolo et Perron Paul, "Sémiotique actionnelle, cognitive et passionnelle," *Protée*, vol.21 (1993)

④ Driss Ablali, "Le tournant des passions,"(제9장) *La sémiotique du texte : du discours au continu* (L'Harmattan, 2003), pp.181-208.

⑤ J. Fontanille, *Sémiotique du visible* (PUF, 1995), pp.5-22.

⑥ 홍정표, 〈정념의 기호학적 분석〉(한국 외국어 대학교 박사 학위 논문, 1995), p.208.

⑦ 홍정표, 〈정념의 기호학적 연구〉. 《프랑스학 연구》 제15권: pp.207-221.

⑧ 홍정표, 〈김동인의 단편 소설 〈배따라기〉에 나타난 정념의 기호학적 분석〉, 《기호학》, 송효섭 엮고 씀(2010), pp.192-246.

⑨ 박인철, 〈정념의 기호학 연구 서설〉, 《기호, 텍스트 그리고 삶》(월인, 2006), pp.445-480.

⑩ 박인철, 〈의미의 전조건〉, 《기호학 연구》 1집(1995): pp.89-108.

정서의 기호학을 다룬 캐나다에서 출간되는 대표적인 인문학 학술지의 다음 특집호를 참조할 것. *Protée* 21, no.2 (1993). 특히 다음 두 편의 핵심 논문을 참조할 것: 1) 정념의 기호학에 대한 종합적 해설 논문 Paolo Fabbri et Paul Perron, "Sémiotique actionnelle, cognitive et passionnelle", *Protée* 21, no.2 (1993), pp.7-12. 2) 정동과 담화의 관계에 대해서는 다음 논문 참조: Jacques Fontnanille, "L'émotion et le discours", *ProtéeProtée* 21, no.2 (1993), pp.13-20.

에서 정념 현상에 대한 관심이 분출되었다. 하지만 '정념'이라는 주제가 기호학의 장 속으로 통합된 상황을 단순한 일시적 유행의 효과로 간주하는 것은 곤란하다. 그레마스와 그의 수제자 퐁타니유가 공저한 이 난해한 저서는 이미 그레마스의 주도 아래 80년대 초부터 파리의 사회 과학 고등 연구원 산하에서 활동하던 기호 언어 연구 모임의 구성원들에 의해서 수행된 연구 성과들의 총결산이라 해도 과언이 아니다. 과연 이 저서가 얼마만큼 그레마스의 학문적 견해를 반영하고 있느냐에 대해서는 여러 연구자들이 몇 가지 엇갈린 가설과 설명을 내놓고 있다. 프랑스의 기호학계에서는 모든 책의 내용을 퐁타니유가 저술했으며 단지 그레마스는 책의 주요 내용에 동의하고 서명한 것으로 알려져 있었으나, 퐁타니유는 거의 책 한 권 분량 이상에 이르는, 그레마스와 주고받은 서신에 기초하여 진행된 치밀한 의사 교환을 통해서 책이 완성되었다는 점을 다음과 같이 힘주어 강조하고 있다. "《정념의 기호학》은 사용된 용어마다 두 저자 사이에서 이루어진 촘촘하고, 오랜 시간에 걸쳐 집중적으로 이루어진 협상의 열매이다."[3] 하지만 필자의 견해로 이 같은 절차상의 공동 저술이라는 주장에도 불구하고, 이 책은 명백히 퐁타니유의 언어이며, 그레마스의 언어는 아닌 것이 확실하다. 그레마스의 저술 가운데 일부를 번역한 경험이 있는 필자가 이 같은 판단을 내리는 근거는, 문체 속에서 사용된 개념과 논리적 전개는 빈번하게 도식성과 추상성의 최고 수준을 발휘하는 퐁타니유의 독창적 언어이기 때문이다.[4]

《정념의 기호학》을 총결산하고 있는 이 같은 학문적 종합은 크게 세 영역을 포괄하고 있다. 인식론, 이론, 실제 분석이라 할 수 있다. 이 책은 그레마스가 구축해 온 표준 기호학의 지형을 심오하게 변형시킨 구조 기호학의 필

3 Cécilia Wiktorowicz, "Greimas et Fontanille, *Sémiotique des passions*. Des états de choses aux états d'âme," 서평 논문, *Études littéraires* 25, no.3 (Hiver 1992-1993), pp.153-156, 이에 대한 Fontanille의 회신, p.156.

4 퐁타니유 교수의 상세한 전기에 대해서는 다음 문헌 참조: "Fontanille, Jacques," in Semiotics Encyclopedia Online, accessed March 27, 2012, http://www.semioticon.com/seo/F/fontanille.html.

독서임에는 틀림없다. 이 같은 과학적 기획의 틀 속에서 정념의 세계로 창문을 열어 놓은 기호학은 연속체의 기호학을 참작하면서, 그 이전까지 그레마스 기호학이 토대를 둔 행동의 기호학과 불연속성의 기호학적 수순에 엄청난 파급 효과를 미치게 되었다.

요컨대 이 저서에서 사용되고 있는 개념들의 수미일관성에 따라서 이 책의 인식론적 유효성은 결정될 수 있다. 보다 구체적으로 말해서 이 책의 색인에 제시된 약 108개의 개념어들의 정합성이 이 책의 학문적 엄밀성을 지탱하는 주춧돌이라 해도 과언이 아닌 것이다. 이들 개념들 가운데 상당수는 기호학 이외에, 현상학, 심리학 등에 결쳐 양가성을 갖는 추상적 개념들이며, 아울러 한국어로 번역어가 정착되지 못한 상황에 놓여 있다는 점에서 보다 이해하기 쉬운 언어로 풀어내는 데 어려움이 따른다.

그렇다면 《정념의 기호학》의 가장 핵심적인 요지는 어떻게 압축될 수 있는가라는 물음을 단도직입적으로 제기할 수 있을 것이다. 국내의 그레마스 연구자들 가운데 정념의 문제를 오랫동안 천착해 온 홍정표 박사는 다음과 같이 간결하게 《정념의 기호학》의 요지를 다양한 시각에서 제시하고 있다.

> 정념적인 의미 효과를 생산하는 데 기반이 되는 장치를 체계적으로 설정하는 것이 정념을 기호학적으로 연구하는 것이다.[5]

이어서 《정념의 기호학》의 저서가 갖는 의의에 대해서는 의미 작용의 이산화가 이루어지기 전의 잠재적 존재 양식으로 시선을 돌려 기호학의 지평의 확대를 꾀한다고 진술하고 있다.

> 다시 말해서 기존의 기호학 이론은 의미 출현의 원초적 조건을 심층 층위에 두고 의미의 생성 과정의 규명에 집착해 온 반면, 정념의 기호학에

5 홍정표, 〈정념의 기호학적 연구〉, 《프랑스학 연구》 제15권, p.207.

서는 이 조건을 선행 조건 층위(niveau des préconditions)에 두며 의미의 발생에 대한 가상물을 제시하고 있다.[6]

한편, 《정념의 기호학》의 한국어 공동 번역자 중 한 명인 최용호 교수는 해제에서 "기호학의 제국을 단지 지리적으로 확장하려는 것이 아니라 이념적으로 재정초하기 위해 마련된 일종의 새로운 설계도"라고 진술하면서 그 의의를 다음과 같이 풀이하였다. "《정념의 기호학》은 긴장 주체의 신체적 세미오시스에 내재되어 있는 이른바 감응적 긴장성의 역량, 다시 말해 가능화라고 하는 기호학적 주체의 새로운 존재 방식에 대한 탐구라 할 수 있다."[7]

풀어 말해서 구조 기호학에서 말하는 정념은 기호-서사물 분절 이전에 주체가 순수히 느끼는 것에서부터 출발하며, 이때 주체가 느끼는 것은 모든 사고나 행동 이전에 존재한다는 것을 의미한다. 홍정표는 자신의 박사 논문에서 또 다른 설명을 통해서 정념의 기호학의 궁극적 목표를 다음과 같이 포착하고 있다. "정념의 기호학에서는 범주화가 가능한 실용적, 인지적 차원을 다루는 기존의 기호학을 넘어서서, 범주화가 불가능한 정념, 느낌, 미 등을 다루기 위해 기질적 차원을 선행 조건 층위에 위치시킨다." "결론적으로 정념의 기호학은 인간의 정념이 과학화, 체계화된 논리로 드러날 수 있다는 것을 보여 주고 있다. 즉 정념의 기호학은 인간의 느낌, 지각과 개념화의 방식을 일반적 보편성에 근거한 체계로 객관화, 도식화시키고자 하는 데 그 목적이 있다."[8]

한편, 《정념의 기호학》의 영어 번역판 서문에서, 이탈리아 기호학계의 대가인 파브리 교수와 번역자 페롱 교수는 일종의 정념의 기호학의 계보를 작

---

6 홍정표, 같은 논문, p.207.
7 유기환, 최용호, 신정아 옮김, 《정념의 기호학—물적 상태에서 심적 상태로》(도서출판 강, 2014), pp.11, 34.
8 홍정표, 〈정념의 기호학적 분석〉(한국 외국어 대학교 박사 학위 논문, 1995), pp.189, 191.

성한다는 취지에서 정념의 세계를 기술하기 위해 고대 그리스 철학에서 생산된 이론적 접근법들로서 두 개의 관점을 환기시키고 있다. 각각 정념에 대한 어휘소적 분석과 정념을 과정으로 보는 '상적 분석'으로 규정될 수 있으며, 정념의 기호학의 선사 시대라 할 수 있는 이 두 가지 접근법을 요약하면 다음과 같다.[9] 첫 번째 관점은 이를테면 의미 영역의 전략으로서 정의될 수 있으며 아리스토텔레스의 《수사학》에서 나타난다. 주지하다시피, 《수사학》의 저자는 상세한 인간 감정의 구조를 해명하고 있으며 몇 개의 근본적인 원초적 심리 상태를 파악하고 다양한 접근법을 사용하여 이 같은 기본 감정을 조합함으로써 더 복잡한 감정의 연쇄체를 생산하고 있다. 현대 의미론에서 성분 분석으로 알려져 있는 이런 유형의 기술은 다양한 종류의 정념들을 분간하고 분절시킬 수 있다는 점에서 효과적이다. 파브리와 페롱의 설명에서 흥미로운 점은 고대 그리스의 언어 사상에서 생각해 볼 수 있는 또 다른 예를 식별하고 있다는 점이다. 이를테면 두세 개의 기본 요소들이 어휘소의 한 무리로부터 도출될 수 있으며 따라서 복합적인 요소들과 새로운 어휘소들을 도입하면서 새롭게 의미가 조합될 수 있다는 가정에 근거하여 흥미로운 의미 생성과정을 식별한다. 예컨대 스토아 학파의 철학자들은 '희망'을 무엇보다 하나의 욕망으로 보았으며 욕망은 다시 주체의 최소 상태가 된다. 따라서 희망이라는 것은 인간의 기본적 욕망에 무엇인가가 첨가된 복합적 상태, 즉 미래가 보태어진 욕망으로 파악된다.[10] 따라서 이 같은 관점에서는 시간이라는 개념이 포함되어야 했다. 더구나 욕망의 대상 또한 도입되어야 하며 이어서 문제가 되는 대상을 획득하려는 욕망을 갖고 있는 주체가 설정되어야 한다. 여기서 더 나아가 불확실성의 양태성이 삽입되어야 하는데, 그 이유는 만약 욕망의 대상에 대해 주체가 확실성의 상태에

9 이 두 가지 철학적 접근법에 대한 내용은 다음 문헌 참조: A. J. Greimas & J. Fontanille, *The Semiotics of Passions*, foreword by Paul Perron & Paolo Fabbri, trans. P. Perron & F. Collins (Minneapolis and London: University of Minnesota Press, 1993), pp.vii-xvi(특히, pp.x-xi.)

10 같은 책, p.xi.

놓여 있다면 더 이상 희망의 여지는 없기 때문이다. 예컨대, 부유층의 아이들은 내일의 따뜻한 밥 한 끼를 먹고 싶다는 희망을 가질 필요가 없다. 하지만 하루를 한 끼로 해결해야 할 빈곤층의 아이들에게 하루 세 끼를 먹을 수 있는 상황은 절대적 희망이다. 따라서 불확실성의 양태성에다, 시간과 욕망이란 두 개의 요소를 첨가해야만 비로소 희망이라고 부를 수 있는 그 무엇을 만들어 낼 수 있다.

이상에서 지적한 바와 같이 철학에서 취한 언어학적 전략 가운데 하나는 정념에 대한 어휘소들의 체계에 대한 분석적 기술을 매개로 하여 복합적 표현에 대해서 작업하는 것이었다. 두 번째 전략은 플루타르크와 세네카가 처음으로 제시했던 관점으로서, 정념을 과정의 차원에서 기술하는 시도이다. 예컨대 플루타르크가 '화'를 검토할 때 그는 먼저 분노의 시작과 전개, 그리고 종결 단계인 폭발을 검토하고 있다.[11] 플루타르크에게 화라는 정념은 시간 축에서 발생하는 하나의 과정이었던 것이다. 따라서 그레마스의 상에 대한 용어를 빌려 말하자면 화는 시발성, 지속성, 종결성을 필요로 한 것이고 바로 이 점에서 화의 정념은 시발성과 지속성만을 전제로 하는 원한이라는 정념과 대립하게 된다. 요약해서 말하자면 철학은 정념을 기술하기 위한 두 가지 전략적 수단들을 발굴했는데, 그중 하나는 어휘론적 전략이며 다른 하나는 정념을 행동의 구조로 파악하는 '서사적 파악'이다. 예를 들어서 모욕과 무례함은 상처 받은 주체에게 원한의 욕망을 촉발시키며 이 같은 욕망은 다시 응징의 행동을 작동시킨다.

한편, 이 공동 저서에서 그레마스와 퐁타니유는 존재의 형식화를 연구의 최종 목표로 조준하고 있다. 저자들에 따르면 존재란 '양태적 상태들'(états modaux)로 동화되며, 양태적 상태들의 정념적 효과는 담화로 전개된다는 전제 조건을 설정하고 있다. 쉽게 말해서, 기호학에서 말하는 정념은 결코 생리학과 심리학에서 언급하는 정념의 실체적 속성 자체를 연구하는 것이

11 같은 책.

아니라 담화로 표상된 정념이라는 점을 주지해야 할 것이다. 그레마스와 퐁타니유는 책의 서론부에서 곧바로 '의미 작용의 선조건'과 관련하여, '감응적 긴장성'(tensivité phorique)을 관류하는 '존재적 지평'(horizon ontique)을 상정한다. 의미의 선조건에 대해서는 다시 상론하겠으나, 홍정표 박사는 다음과 같은 정의를 제공하고 있다.

"의미의 선행 조건이란 주어진 의미 세계가 기호학 사각형을 통해 분절되고, 불연속적 단위인 주체와 대상이 이야기체 프로그램을 통해 변형되는 과정 이전의 연속적이고 미분화된 상태를 말한다."[12]

풀어 말하자면, 의미 작용의 선조건은 그레마스의 표준 기호학 모델의 대상인 의미 작용에 선행하면서 동시에 그것에 필수적인, 존재가 각인되는 가설적 지대로서 감각과 의미(sens)에 있어서 현상학적 토대를 전제로 한다. 따라서 그 같은 가설적 지대는 자기 지향적 지각(proprioceptivité)으로 귀결되게 되는데, 여기서 의미 작용의 과정은 몸을 비롯해서, 몸을 통한 느낌(sentir)에 의해서 이루어지는 세계의 매개화의 결과로 나타난다. 이 같은 논리를 따라서, 감응적 질료 덩어리(mass phorique)의 분열(scisson)은 어떤 불완전한 상태의 주체, 또는 준주체(presque -sujet)와 '가치의 그늘'(ombre de valeur)을 생산하면서, 기호학적 파악의 다양한 성층들을 투자할 수 있는 감각화와 감성화(sensibilisation)를 동반한다. 앞서 말한 준 주체와 가치의 그늘은 '끌림'과 '꺼림'이라는 긴장의 플럭스 속에 사로잡혀 있다.

소쉬르의 유산을 물려받은 의미의 시발점, 즉 발화 기원의 심급(instance ab quo)에 대한 구조적 시각의 상보적 요소로서 '활력성'(énergétisme) 또는 동양에서 말하는 '기'의 철학적 차원에서 정식화된 모형을 통해 의미 작용 행로의 한복판에서 연속체의 공간을 설정한다. 여기서 말하는 '활력성'은 특정의 사물과 대상을 향하는 긴장 또는 너무 가득 찬 것이 일정한 한계의 틀을 범람하는 것을 말한다.

저자들은 담화에 배태된 기분 차원의 자율성을 주장하면서 자연과학의

12 홍정표, 앞의 논문, p.6.

합리성을 수용하는 이 같은 인식론적 확장을 정당화한다. 돌려 말해서 그레마스와 퐁타니유는 감응적 세미오시스(sémiosis phorique)에 대한 체계적 구축화를 수단으로 해서 그 같은 기분의 차원을 공고하게 다듬는다.

이 저서에서 제시된 이론화의 핵심 연결 고리는 '상호 양태적 통사론'(syntaxe intermodale)의 차원에 위치한다고 말할 수 있다.[13] 기존의 구성 모델로부터 파생된 기본 통사론에 기초를 두지 않는 상호 양태 통사론에 대한 물음을 다음과 같이 던질 수 있게 된다. "하나의 양태성으로부터 그것과 상반되거나 모순적일 수 있는 다른 양태성으로의 변형을 어떻게 이론적으로 확보할 수 있을 것인가?"[14] 예컨대, '원하다', '알다', '할 수 있다' 등은 상이한 기호학적 스타일을 지시하며 또한 감응적 분열의 경우, 그것에 대한 파악과 관련된 다양한 스타일을 지시한다. 저자들에 따르면, 정념의 상호 양태성에서 그 같은 기호학적 스타일의 존재는 너무나 선명하게 나타난다. 바로 이 같은 통사론에서 그들은 정념의 행로 속에 귀속된 다양한 강도 내지는 집중성을 담당하는 자기 동력적인 행동 양식을 추출한다. 특히 존재의 양태화는 행동자 도식의 엄밀한 행동 능력에 국한되지 않으며, '존재의 양태적 짜임'(agencement modal de l'être)을 제기하는 데까지 이른다. 이때 이 같은 존재의 양태적 얼개와 구조를 지탱하는 것은, 범주적 구조로 표상되지 않고, 혼합적이며 거의 이질적인 상태들의 얽힘으로 구성된 양태화들의 통합체적 분절이다. 이 같은 이질적인 양태적 상태들의 변형을 설명하기 위해서는 이미 코케 교수가 설정한 기호학적 주체성이라는 문제 틀로 다시 돌아가야 한다. 실제로 그레마스와 퐁타니유는 의미 작용의 감응적 기층에 의해서 지시된 논리에 의존하면서 코케 교수의 작업에 동조 표시를 한 바

13 홍정표는 상호 양태적 통사법에 대해서 다음과 같은 명료한 정의를 제공하고 있다. "일반 기호학에서 이야기체 상태들의 연속뿐 아니라 변형을 다루는 것과 마찬가지로, 정념의 기호학에서도 단지 양태적 상태들의 연속만을 다룰 수는 없으며 양태적 변형도 다루어야 한다. 그리하여 양태적 상태들 및 양태적 변형들을 포함하는 통사법을 상호 양태적 통사법이라고 지칭한다." 앞의 박사 논문, p.91.

14 Greimas et Fontanille, *Sémiotique des passions*, p.81.

있다.

앞 장에서 이미 다룬 바와 같이, 정념 기호학은 이미 1980년대부터 여러 기호학자들에 의해서 시도되었다. 특히, 1986년 칸트 미학의 권위자인 파레트 교수의 저서, 《정념들—주체성의 담화화 시론》(*Les passions: essai sur la mise en discours de la subjectivité*)는 '해야 한다', '할 수 있다', '알다' 등을 의미한 프랑스어의 조동사들 및 동사들과, 이들 동사들의 조합으로부터 정념을 정의하기 위해 양태성들의 논리의 중요성을 보여 준 바 있다. 정념의 기호학적 분석은 그 결과 양태성들의 논리에서 이루어진 매번의 진보로부터 이득을 취할 수 있었다.

하지만, 그레마스와 퐁타니유가 공저한 《정념의 기호학》에서 채택된 방법은, 그 체계성이 정념 문제에서 선구자로 인정받고 있는 파레트 교수의 방법에 비해 훨씬 더 정교해졌다. 실제로, 파레트 교수의 기호학적 시도의 가장 큰 결점은 정념들을 양태적 범주들의 놀이로 환원시켰다는 데 있다. 즉, 특정 정념의 체험과 그것의 양태적 접근 사이의 차이를 고려하지 않았던 것이다. 여기서 말하는 정념의 체험이란 그것의 특이한 풍미, 독일어 Stimmung이 뜻하는 특수한 분위기, 그것의 느낌 등을 말한다. 그 결과, 정념들에 대한 세밀하고 독창적인 기술(description)은 그것의 법칙을 하나의 순수한 느낌에 부과시키려는 권위적인 엄격한 설정으로 퇴행했던 것이다.[15] 반면, 그레마스와 퐁타니유는 이 같은 양태적 도그마주의에 빠지지 않았고, 논리적 포착이 기호학적 관점에서 정념들의 문제에 접근하는 데 충분하지 않다는 점을 꿰뚫어 보았다.

요컨대, 양태성들의 논리는 고유한 요구 조건들에 따라 자신의 길을 걸어갔다. 그것은 존재의 온갖 종류들을 구성할 수 있다. 이 같은 논리적 존재들과 그것들의 관계들은 정념들의 본질에 속하는 다양한 부문들을 형성할

15 Jean-Pierre Cléro, "Sémiotique des passions: À propos de: Algirdas J. Greimas, Jacques Fontanille, *Sémiotique des passions. Des états de choses aux états d'âme* (Paris: Seuil, 1991)," 서평논문, *Revue de synthèse*, IVe S. Nos 3-4, juil.-déc. 1993, pp.533-538.

수 있다. 이 같은 논리적 존재들은 심지어 가능한 정념들에 대한 관념을 제공할 수 있다. 그렇지만, 그 같은 정념들의 제작은 결코 실재적인 정념들의 체계를 논리적으로 연역하는 것을 허락지 않는다. 특히 강조할 것은, 양태성의 논리를 통해, 구성된 그 같은 이론적 모사물들(simulacres)이 모두 실제로 인간들이 감각할 수 있는 것은 아니라는 점이다. 다시 말해 보통 사람들이 실제로 느끼고 자연 언어에 의해서 지칭되는 정념들은 논리적 체계가 우리에게 정념적으로 가능한 것으로 제시하는 것의 여과된 부분적 해석에 불과하다는 점이다.[16] 즉, 문화적 차이들은 양태적 논리가 필연적으로 제시하는 것의 우발적이며 우연적인 여과기의 한 종류라 할 수 있다.

따라서, 《정념의 기호학》은 그 이전까지 시도되었던 양태화의 기호학도 아니며, 주어진 한 언어에서 출발해 정념들이 어떻게 발화되고 체험되는가를 고려하는 아리스토텔레스의 수사학의 접근과도 차별화되어야 한다. 이 점에 대해 그레마스와 퐁타니유는 자신들의 정념 기호학은, 하나의 자연언어로부터 하나의 정념 체계를 건설하려는 시도와, 일체의 자연언어를 벗어나 하나의 자의적인 체계를 자율적으로 구축하려는 시도 사이에서의 적절한 균형을 이루고 있다고 말하고 있다.[17]

어쨌거나, 그들의 작업에는 정념화와 감각화 등의 용어에서 감지할 수 있듯이, 하나의 도식주의(schématisme)가 작동하고 있다.

2. 《정념의 기호학》의 인식론적 조건

앞서 언급한 것처럼, 이 책의 서론에서 그레마스와 퐁타니유는 정념의 기호학이 창발한 이론적 배경과 인식론적 조건을 세 개의 섹션으로 분할하여 제시하고 있는데(불연속체로서의 세계, 기호학적 존재, 연속체로서의 세계),

16 같은 논문, p.534.
17 같은 논문, p.110.

필자의 생각으로는 맨 앞쪽 부분이 기호학 이론의 인식론적 조건을 언급하고 있다는 점에서 이 서론 부분은 모두 네 개의 하위 주제로 분할될 수 있을 것이다.

먼저 저자들은 기호학 이론을 하나의 행로(parcours), 즉 서로가 서로를 함의하는 다양한 모델들의 서열적 배치로서 파악한다.[18] 저자들에 따르면, 기호학 이론은 자신의 행로에 대해서 성찰적 반성을 해야 한다는 점에서 그 자체가 구성 활동으로서 간주되는 행로이다. 그 시간성 또는 역사성에서 파악된 이 같은 구성 활동은 생성 행로로 재공식화된다. 이 활동의 주체는 각각의 수준에서 그 다음 수준을 산출할 수 있는 능력을 갖추어야 한다. 과학성을 지향하는 이론은 이런 조건에서 그 자체의 결함과 빈틈을 메워 가며 자기 교정을 수행한다. 이런 점에서 이론적 구성물은 경험적 검증 과정을 누락시킨 채 이론적 연역들에 기초한 선험적 토대성에 기초해서 구성될 수 없다. 텍스트의 표층에서 발견되는 비수미일관성은 이론적 장애를 발생시킬 수 있으며 생성 행로의 전반적인 얼개와 체계를 문제시할 수 있다. 이것은 곧 기호학적 수준은 생성 행로의 배치가 취하는 형식에 대해서 연역적이지만 그것의 종착항(ad quem)의 현동태를 탐구할 때는 귀납적이며 반대로 인식론적 공식화에 있어서는 가설적임을 뜻한다.[19] 요컨대, 그레마스와 퐁타니유는 여기서 옐름슬레우가 언어학 이론의 경험성의 원칙으로 제시한 세 개 요건, 즉 수미일관성, 정밀성, 단순성을 기호학 이론이라는 생성적 담론의 인식론적 조건으로 삼고 있는 것이다.

따라서 생성 행로에서 가장 많은 연구가 이루어진 부분은 그것의 담화적 인식론적 구성 요소들 가운데 중간 부분에 위치한 공간이다. 특히 저자들은 서사성의 모델화와 행동자적 조직을 손꼽고 있다. 하나의 행동자를 그것의 심리적 상태를 제외하고 오직 그것의 행동으로 정의한 초반기 모델의 개념적 파악은 행동 기호학의 필수적 조건이라는 것이다.[20]

---

18 Greimas et Fontanille, *Sémiotique des passions*, p.7.
19 같은 책.

두 번째 섹션인 '불연속체로서의 세계'에서 저자들은 그 같은 행동 기호학은 일반화를 통해 점증적으로 구성되며, 문화적 변이형들을 참작한 서사 형식들로부터 정식화된 정밀성으로 구성되기 때문에, 그 합리성과 수미일관성에 대한 의문의 여지가 남는다는 진술로 논의를 시작한다.[21]

서사의 주체가 무엇인가를 '한다는 것'(le faire)은 그 결과 가장 심층적인 수준, 변형들의 개념, 즉 일종의 추상적 점괄성(ponctualité)[22]으로 환원되는데, 이곳에서는 의미가 결여되어 있는 채로 두 상태 사이의 단절을 산출한다. 즉, 행동 기호학에서 서사적 전개는 오직 그것의 변형 가능성에 의해서만 규정되는 상태들의 세분화로서 정당화될 수 있었다. 그 같은 해석의 배후에서 윤곽이 드러나는 의미의 지평은 세계가 불연속적인 것으로 파악되는 의미론적 지평이라는 것이다.[23] 아울러 세계를 불연속체로서 간주하는 것은 구조 언어학과 서사 기호학에서 제시된 분절이라는 인식론적 수준에 상응한다. 주지하다시피 정통 구조 기호학에서 분절은 의미의 성립을 위하여 마련되어야 할 제1조건이다.

그런 맥락에서 이산적 단위들에 영향을 미치는 여러 작동들의 총합으로서 파악되는 서사 통사의 가능성은 이성에 기초한 합리적 인식론을 요구한다. 결국 문제의 관건은 인지 가능한 세계의 가시적인 현상으로서의 기본 구조를 넘어서 작동 주체로서의 인식 주체를 관계화시킬 인식론적 모델이 핵심 관건임을 저자들은 누차에 걸쳐 강조한다. 돌려 말해서 이론적 구성 활동의 주체는 의미 지평의 이산화, 즉 분절이라는 대가를 치르고서야 세계를 인식할 수 있고 범주화할 수 있다는 것이다.

이어서 두 저자는 세 번째 하위 주제인 기호학적 존재(실존)(existence

---

20 같은 책, p.8.

21 같은 책.

22 점괄성이란 언어학에서 동작의 발전 단계를 한 시점에서 파악하는 상의 관점을 말한다. 예컨대, '그 양궁 선수가 쏜 화살은 과녁에 명중했다.' 같은 문장은 하나의 찰나적 순간을 지시한다는 점에서 점괄적이라 할 수 있다.

23 같은 책.

sémiotique)를 다루고 있다. 그런데 이들은 점적인 틈(cassure)으로서의 변형은 분석 가능한 불연속체를 구성하고, 다른 조건들을 요청하며 새로운 물음들을 던진다는 논지를 펼침으로써 기존의 불연속체적 관점의 한계를 지적한다.[24] 보다 표층적인 수준에서 표명된 추상적 작동, 주체의 행동으로서 이 같은 작동은 행동에 선결되는 조건들을 상상하게 한다. 예컨대 서사 주체의 양태적 능력은 주체의 실행화를 가능하게 만든다. 이때 두 가지 물음이 제기될 수 있다. 도대체 양태적이라는 것은 무엇을 의미하는 것이며, 모든 작동 가능성의 근원인 양태적 능력의 존재 방식이란 무엇인가라는 물음이 그것이다.

여기서 저자들은 전통 언어학에선 소쉬르 언어 이론에서 제시된 이분법인 '랑그'와 '파롤'을 구분하면서 잠재태와 현실태 사이의 대립을 설정했다는 사실을 환기하면서 정념의 기호학은 거기에 머무르지 않고 더 세밀한 존재 방식의 유형화를 시도할 것을 시사한다. 따라서 음성적으로 실현된 파롤과 잠재적 체계로서 고려되는 랑그를 대립시키는 한, 언어 이외의 외적 장소로 그 같은 대립을 적용시킬 수 있다. 물론 랑그에 자율적인 과학적 대상의 위상을 부여하는 것이 중요하다는 점을 저자들은 인정한다. 하지만 자신들이 조준하려는 행동 주체의 위상의 경우, 소쉬르가 제기한 파롤의 공간에서, 즉 담화의 차원에서 두 가지 존재 방식을 구분해야 한다는 것이다. 행동의 선결 조건, 행동의 잠재성으로서 고려된 능력은 먼저 행동의 상태로서 존재한다. 이 상태는 그 존재의 형식이며, 실현에 선행하는 현실화된 형식이다.[25]

뿐만 아니라, 만약 인식론적 수준에서 의미 작용이 이산적 단위들의 형식 아래 출현할 수 있는 조건들을 검토한다면, 동일한 문제 틀이 나타남을 알 수 있다. 그것은 작동 주체의 존재 양식에 대한 물음으로 요약된다. 그 역시 인식론적 주체로서, 의미 작용의 이산화를 통해서 인식하는 주체로서

---

24 같은 책, p.9.
25 같은 책.

현실화되기 전에 잠재적 존재 방식을 거쳐야 한다. 인식론적 주체의 행로와 서사적 주체의 행로 사이의 유사성은 당연하다는 것이 저자들의 견해이다. 현재 기호학의 핵심 쟁점들 중의 하나는 기호학적 존재 양식의 자율적이며 동질적인 차원의 인지이다. 이 차원에 기호학적 형식들이 위치하며, 상이한 성층을 구분하면서 그것들을 서열화할 수 있다. '가능태'(potentiel), '잠재태'(virtuel), '현실태'(l'actuel), '실현태'(le réalisé) 등이 그것이다.[26] 이 같은 요소들은 상호 정의의 질서에 따라 '세미오시스'의 필연적 조건들을 구성할 수 있는 양태들이다. 존재자적 지평에서 하나의 담화를 유지하는 것은 기호학에 있어서 의미의 조건들과 선조건들의 총합에 관한 물음들을 던지는 것이며, 그 이산화에 선행하는 의미의 이미지를 소묘하는 것이지 그것의 존재론적 토대를 인지하는 것은 아니라는 점을 저자들은 누차 강조한다. 이 기호학적 형식들의 존재 방식에서 발현하는 근본적 동질성의 인지는 이렇듯 기호학적 행동이 실행되는 고유한 공간을 배치하는 것을 가능케 한다. 기호학의 대상은 현상적이고 동시에 역설적으로 실재적이다. 시발역(ab quo) 현동태의 관점에서 형식들의 기호학적 존재는 발현된 결과물의 차원에 속하며, 발현시키는 요인(manifestante)은 접근할 수 없는 존재이다. 종착역(ad quem) 현동태의 관점에서 기호학적 형식들은 내재적이며 '세미오시스'가 발생할 때 발현될 수 있다. 기호학의 담론은 그때부터 내재적 구조들의 기술이며, 모사물들의 구성은 의미의 발현들과 존재의 조건들과 선조건들을 설명한다.[27]

기호학 이론을 하나의 행로의 형식 아래서 파악하는 것은, 곧 그것을 이정표들로 표시된 길로서 상상하는 것과 일맥상통한다. 이는 근원적 모호성과 잠재성에서 시작해 그것의 잠재화와 현실화를 걸쳐 현실의 실현 단계까지 도달하는 점증적 '두터워짐'이라고 말할 수 있다. 그 같은 부피의 팽창은 인식론적 선조건들에서 시작해 담화적 발현들로 나가면서 이루어진다.

---

26 같은 책, p.10.

27 같은 책, p.11.

이론의 심층적 수준인 인식론적 심급(현동태)과 담화 심급(현동태) 사이에서 발화 작용은 중계의 지점이며 바로 여기서 상이한 연동 작용과 차단 분리 작용을 비롯해 양태화의 상이한 형식들 덕분에 담화로 사용되는 기호학적 보편소들의 총화가 작동된다. 담화 배치는 이 같은 발화 작용적 총화의 실행이다. 그러나 발화 작용은 일방통행적으로 인식론적 차원의 성분들을 탐구하는 것으로 만족하지 않는다. 발화 작용은 그 자체로 생성될 수 있다. 왜냐하면 그것은 역사적 문화적 실천이기 때문이다. 즉 발화 작용은 사회 개인적 방언이다.

따라서 발화 작용의 기원과 심급은 진정한 실천이며, 소환 가능한 구조들과 통합 가능한 구조들 사이의 왕복이다. 이 심급은 역사의 산물의 통합을 거쳐 변증법적으로 생성과 발생을 화해시킨다. 정념적 구상화들은 이런 사실에서 모든 심급들(현동태들)의 교차로에 있다. 왜냐하면 그것들은 그 발현을 위해 인식론적 차원의 몇몇 조건들과 특수한 선조건들, 발화 작용의 특수한 작동들 그리고 문화적 격자(grilles)들을 요청하기 때문이다.

다른 접근법을 사용하여 기호학적 존재 방식을 상이한 수준에서 이해하기는 어렵지 않다. 예컨대 자연 언어의 수준에서, 그 동질성을 조준할 수 있을 것이다. 자연 세계의 특질들과 형상들과 대상들은, 즉 그 기표들은 지각의 효과를 통해 언어 기표의 특질들, 형상들, 그리고 대상들로 변형된다: "세계가 의미로—언어로— 변형되는 것은 바로 지각하는 몸의 중개를 통해서이다. 외부 지향적 형상들은 내재화되고 구상성은 주체의 사고방식으로서 조준될 수 있다."[28]

몸의 중개는 그 고유성과 효율성이 그 느낌(sentir)에 있으며, 결코 순수하지 않다. 기호학적 존재의 동질화 당시 그것은 일종의 기분적 향수를 구성하는 자기 수용적 범주들을 첨가한다. 그리고 인지적 형식들의 우주를 감성화한다.

존재의 기호학적 차원의 동질화는 세계의 형상들과 그것들의 기호 외적

28 같은 책, p.12.

인 기의와 결속시키는 관계의 지연에 의해서 얻어진다. 세계의 형상들은 오직 몸의 중개가 부과하는 감성화를 대가로 해서만 의미를 만든다. 그런 이유에서 이론적 구성의 인식론적 주체는 순수한 인지적 주체로 제시될 수 없다. 실제로 의미 작용의 도래와 그것의 담화적 발현에 이르는 행로에서 그 주체는 기분의 감성화의 단계를 만날 수밖에 없다는 점을 지적하면서 기호학적 존재의 주제를 매듭짓는다.

네 번째 주제는 연속체로서의 세계를 논의하고 있다. 행동의 기호학이 그것의 통사를 위한 일차적 조건이라 할 수 있는 행동자와 변형이라는 개념들에 대해서 형식적 위상을 부여하면서 상태 개념에 대한 부담을 스스로 면제하여 의미론적 투자라는 문제 설정을 이동시킨 것에 불과하다는 점을 천명한다. 그런데 문제는 바로 상태가 행동하는 주체의 시각에서 보면 행동의 귀착점이거나 아니면 행동의 출발점이라는 것이다. 풀어 말해 그 사이에는 수많은 상태들이 존재할 수 있다는 점에서 문제가 제기될 수 있다. 그레마스와 퐁타니유는 또 다른 본질적 문제를 제기하고 있는데, 그것은 상태가 무엇보다 세계 속에 존재하는 사물들의 상태로서, 그 상태는 주체에 의해서 변형된다는 사실이다. 물론 그것은 행동 차원에서 일정한 능력을 구비한 '마음 상태'이기도 하며, 이때 능력은 바로 동시에 다양한 변형들을 감수하는 양태적 능력을 의미한다.[29] 저자들은 여기서 이 같은 상태의 두 가지 개념들이 동질적 존재의 기호학적 차원에서 화해될 수 있으며 그것은 신체적, 감성화적 매개의 대가를 치루면 가능하다는 점을 강조한다.

저자들은 기호학 이론 속에 '양태적 상태'라는 개념을 도입하면서 특히 과정의 다양한 강도와 얽힘들의 형식 아래서 파악될 수 있는 연속적인 파동의 이미지가 나타난다고 말하고 있다. 제반 상태들의 본질과 그것들의 불안정성에 대한 고찰은 결국 이론의 심오한 인식론적 수준 전체의 개념화에 대한 물음을 제기하는 데 이른다고 보고 있다. 결국 이들은 의미 작용의 인지적 파악을 넘어서, 담화 속에서 엉뚱하거나 기괴한 것으로 인식되는 파

29 A. J. Greimas & J. Fontanille, 앞의 책, p.13.

동적 발현들을 설명할 수 있는 긴장들의 지평을 설정할 필요성을 역설하고 있는 것이다.[30]

물론, 가장 간단한 해결책은 이 같은 담화의 기저에 존재하는 긴장들을 담화 배치 자체의 속성들로서 간주하는 것일 수 있으나, 그 같은 속성들은 서사적 범주화와 양태화를 설명해 줄 수 있다는 점에서 이론적 변별력이 떨어진다. 따라서 다양한 방법론적 난점들에 직면하여 기호학 이론은 심층적인 인식론적 수준에서 그 같은 문제들을 해결해야 한다는 것이다.

의미 작용의 최초의 분절들을 생산할 수 있는 작동 주체의 자리 배치는 의미 작용의 이론을, 의미 작용의 생산과 파악의 조건들을 관리하는 하나의 경제로 설정하기 위한 첫 번째 수순이다. 그런데 이제는 엄밀한 의미에서의 조건들에 앞서 존재하는 선조건들에 대한 소묘를 마련하는 것이 관건인 것이다.[31]

여기서 저자들은 심층적인 인식론적 수준에 존재하는 두 개의 핵심 요소로서 긴장성(tensivité)과 감응(phorie)을 제안한다.[32] 긴장성은 문장 또는 담화의 과정적 전개와 불가분의 관계에 있는 개념으로서 불연속체의 구조들의 투사 속에서 제어될 수 있는 것으로 판명될 수 있으며, 나중에 가서는 시간적 파동과 공간적 굴곡을 설명할 수 있는 상 문법(grammaire aspectuelle)의 구성으로 보완될 수 있다. 그런데 '이다'의 양태성들과 나란히 분절하면서 '하다'의 양태성들과 균형을 이룰 수 있는 새로운 양태성 이론은 곧바로 정념들의 문제 설정에 직면하도록 만든다. 여기서 까다로운 문제가 발생하는데, 그것은 담화의 주체가 정념을 지닌 주체로서 변형될 수 있다는 것이다. 쉽게 설명해 본다면, 기존의 행동의 기호학에서는 서사 프로그램에서 서사의 주체들은 자신들의 행동과 감정에서 서사가 진행되는 동안 시종일관 동일한 상태를 유지해야 한다. 이를테면 화가 난 사람은 시종

30 같은 책, p.14.
31 같은 책, p.15.
32 같은 책, p.16.

일관 화가 난 상태이며, 무엇인가 중요한 물건을 찾아 나선 사람은 물건을 찾을 때까지 동일한 행동 양식을 표출해야 한다. 그런데 정념을 지닌 주체는 인지적으로 아울러 화용적으로 프로그램화된 자신의 말에 대해서 스스로 동요를 일으킨다. 또한 이른바 담화 주체는 자신의 서사적 합리성을 중단시키거나 그것으로부터 일탈할 수 있다. 이를테면 기존의 서사 기호학에서는 설명될 수 없는 서사적 장애의 새로운 형식들이 출현하는 것이다.[33] 바로 이 지점에서 저자들은 발화 주체의 기원을 넘어서는 곳에 긴장적 공간을 위치시킨다. 끝으로 저자들은 긴장성과 더불어 의미 작용의 또 다른 요인으로서 감응(phorie)을 지적한다. 감응이란 지각하는 주체와는 달리, 몸과 느낌을 갖고 세계를 느끼는 주체가 담지하고 있는 감성의 세계를 지칭하기 위해서 제안된 개념어이다. 분노, 절망, 황홀 등의 정념들로 향할 때, 우리는 거기서 담화의 균열로서, 이질성의 요인으로서 감성화(sensibilisation)가 출현하는 것을 볼 수 있다. 이를 테면 정상적인 상태에 있던 주체가 마치 최면 상태 내지는 신들린 상태로 변화하는 상황을 상상해 볼 수 있다. 바로 이 같은 상황에서 정념은 합리적인 것과 인지적인 것을 부정하는 것으로 나타나고 '느낌'은 '지각하는 것'의 테두리를 훌쩍 뛰어넘는다.[34]

결론적으로 말해서, 이는 담화에 녹아 있는 정념적 구성 요소를 참작하면서 기호학 이론의 가장 심오한 층위들에 이르기까지의 총체적 구조 조정을 할 수밖에 없는 상황에 도달했다는 것이다.

이 책의 몇 가지 난점들을 언급하는 것으로 본 장을 마무리해 본다.[35]

정념화(pathémisation)와 감성화(sensibilisation)에 대한 강조와 결부된 첫 번째 문제는, 기호학이라는 학문이 무엇보다 체계화라기보다는 판단 활동이라는 것을 지시한다. 모든 체계는, 정념들의 집합을 환원시킬 수 있는, 상

---

33 같은 책, p.17.

34 같은 책, p.18.

35 Jean-Pierre Cléro, "Sémiotique des passions: À propos de: Algirdas J.Greimas, Jacques Fontanille, Sémiotique des passions. Des états de choses aux états d'âme" (Paris: Seuil, 1991), 서평논문, *Revue de synthèse*, IVe S. Nos 3-4, juil.-déc. 1993, pp.536-538.

황들의 유형들을 정리한 목록체이건, 양태성들의 목록체이건, 정념들을 체험할 때만 의미를 갖는다. 더 정확히 말해서, 정념의 문제를 기호학적으로 다루려는 그레마스와 퐁타니유의 기획은 양태적, 가치론적, 경제적, 사회적, 제도적 구조들을 분절시키는 데 있으며, 특정 관점에서 이 같은 분절을 파악하는 데 있다. 바로 이 같은 관점이라는 개념 없이는, 하나의 정념과, 가족 차원, 사회적, 경제적 상황과 국면을 구별시켜 주는 것은 아무것도 없다. 정념 구조들의 단순한 기술만으로는 충분치 않다. 정념을 사유해야 하는 것은 판단 활동 속에서이다.

두 번째 문제는, 정념들의 영역에서 작동되는 판단 활동은 정서에 대한 일체 사고를 분열시키는 심층적 분할들을 감출 수 없다는 점이다. 정념들을 사유하기 위해 양태적 체계에서 출발한다면, 그레마스와 퐁타니유가 정념적 잉여라고 부르는 것을 단숨에 잃어버리고 만다. 그와 정반대로, 느낌과 분위기에 더 많은 자리를 할애하고, 그것들에 자율성을 더 많이 부여할수록, 하나의 체계를 찾을 수 있는 확률은 적어진다. 정념들은 서로 연역될 수 없는 철저하게 이질적인 요소들을 결합시키고 있다.[36]

이 같은 두 가지 언급들은 정념이라는 개념이 과연 어떤 개념적 수미일관성을 갖고 있느냐는 물음을 던지게 만든다. 그렇다면 정념은 인식론적 장애물들에 속하는가, 아니면 모호하고 부유하는 체험이며 연구의 마무리를 맺는 것을 불가능하게 만드는 것인지 자문해 볼 필요가 있다. 끝으로, 정서성(affectivité)의 영역을 다루기 시작한 기호학은 단일 분류의 시각을 넘어, 개별 정념의 기호학적 분석의 한계를 넘어 정념들의 역학을 마련할 수 있을 것이라는 물음을 던질 수 있다.

---

36 같은 논문, p.537.

제22장

《정념의 기호학》의 세 가지 핵심 요소

1. 연속체로서의 세계

1) 형식으로부터 정념으로

1960년대 창발했던 구조주의의 '에피스테메'가 주체와 실질(substance)을 배제하면서 인문과학의 전범적 방법론과 인식론으로 등극하였다는 점은 주지의 사실이다. 이 같은 구조주의의 에피스테메는 텍스트를 하나의 불연속적인 연쇄체로서 정의했으며, 이 연쇄체는 오직 이산적 단위들로 분절될 때 비로소 의미를 생산할 수 있다. 따라서 구조주의의 문제 설정에서는 정신주의, 지각, 주체성, 정념 등의 주제는 처음부터 배제되었다. 담화에 선행하는 주체의 정신적 상태를 계시할 수 있는 모든 것은 언어학과 기호학의 관심을 얻지 못했던 것이 엄연한 사실이다.

그 무렵 인문과학의 모든 지적 공력과 열기는 주체성을 해체하고 다른 한편으론 일체의 직관주의적이면서 계통적인 분류 방법을 거부하는 것으로 수렴되고 있었다. 그레마스의 기호학은 실질에 비해서 형식을 우선시한 소쉬르 언어 이론의 인식론적 노선을 존중하면서도 코펜하겐 언어학파의 설립자인 옐름슬레우의 형식주의를 전폭적으로 수용하였다. 물론 여기서 형식주의와 대수학주의 모델을 수용한 코펜하겐 학파와, 보다 실질적이면서 기능주의적 모델을 추구한 프라하 학파 사이의 미묘한 차이와 대립은 염두에 두어야 할 중요한 사실이다. 무엇보다도 그레마스 기호학의 방법론적 인식론적 토대는 옐름슬레우의 언리학 이론의 전통 속에 그 뿌리를 두고 있다. 거칠게 말한다면 옐름슬레우 언어 이론의 기본 공식은 대략적으로 형식만이 유일하게 분석될 수 있으며 실질은 분석의 장에서 배제되어야 한다는 것으로 정의될 수 있다. '정념의 기호학'이 탄생하기 이전 구조 기호학의 초기에서 중기까지 그레마스는 옐름슬레우의 절대적 계승자로서 형식과 실질의 구분을 고수하였다. 특히 양자의 이중적 관계가 중요하거니와 변수로서의 실질과 상수로서의 형식 사이에서 벌어지는 통합체 축에서의 규정 관계와 계열체 축에서의 상호성은 그의 이러한 성향을 잘 드러내 주는 핵심 요소이다.

이에 대해 보다 상세히 설명하자면, 먼저 통합체 축에서 그에 의해 확고부동하게 설정된 가설에 따르면, 기호학적 관계는 오직 내용의 형식과 표현의 형식의 관계로서만 간주될 수 있다. 옐름슬레우의 언어 이론에서는 형식과 실질, 내용과 표현이라는 이중의 구별을 작동시키고 있다. 이 같은 구별들은 4개의 성층(strata)(단위들)으로 형식화된다. 첫째, 내용의 실질(기호학적으로 형식화된 언어 외적인 지시체), 둘째, 표현의 실질(최소 단위들로써 이루어지는 언어의 재단), 셋째, 표현의 형식(이 같은 최소 단위들의 구조화), 넷째, 내용의 형식(언어를 통한 내용의 실질의 구조화). 옐름슬레우의 이론은 언어 기호에 대한 소쉬르의 개념을 심화시키고 있다. 기호는 표현 면과 내용 면 사이에 수립된 기호관계(또는 기호함수)에 의해 표상된다. 이 두 개의 면들 가운데 하나에서 두 개의 언어 단위를 상호 교환할 때, 원칙적으로 다른 면에서 하나의 변화가 발생한다. 각각의 면에서는 언어 단위들을 그것들의 쌍방적 관계들에 의해 특징지어진다. 즉, 이 같은 표현 면에서 그 같은 언어 단위들에 선행하거나 이어서 나타나는 단위들(통합체 차원의 관계들)에 의해 특징지어지거나 문장의 이 같은 장소에서 사용될 수 있는 다른 양자택일의 선택적 단위들(계열체 차원의 관계들)에 의해 특징지어진다.[1]

그런데 이미 《구조 의미론》의 초기부터 그레마스는 실질이 어떻게 형식에 도래하는가의 문제를 제기하면서 그것은 의미 작용 발송의 조건들에 속하는 문제라는 점을 지적한 바 있다. 그런데 그 같은 차원에 물음을 던지는 것은 기호학에 대해서 심리학주의와 주관주의를 도입하는 일탈적 태도로 비추어졌다. 당시 구조 언어학과 기호학의 지배적 패러다임은 심리학주의를 지양하고 형식성을 추구했기 때문이다.

실질은 기호학 분석의 출발점에 불과하며 그것으로부터 벗어나는 것이 언어 이론의 근간이라는 옐름슬레우의 주장과 달리, 그레마스는 실질의 분석은 서술어 이전의(anté-prédicatif) 장소이며 근본적 단계임에도 불구하고, 그것을 물어볼 가설적 방법론적 모델이 아직 결여되어 있다는 예리한 판단을 내놓기도 했다. 그러다 초기 《구조 의미론》을 출간한 후 20년이 지난 1980년대부터 그레마스는 자신의 시각을 변경한다.

> 우리는 분석한 텍스트에서, 정념적 차원에 속하는 모든 것을 배제했다: 감수성, 감정 등등. 거기에는 하나의 결핍이 존재한다. 따라서 우리는 일종의 귀환을 작동시켰다: 왜 이 같은 귀환은 가능했을까? 왜냐하면 탁월한 방법론적 도구, 양태적 통사론이 존재했기 때문이다. 즉 우리는 다음의 사실을 간파했다. 만약 특정 정념이 존재한다면, 예컨대, '인색' 또는 '분노', 이 같은 정념들은 양태적 구조 차원에서 기술될 수 있을 것이다.[2]

《정념의 기호학》이 출판되기 약 8년 전에 피력된 위의 통찰에서 짐작할 수 있듯이, 이미 그레마스 기호학에서 패러다임의 질적 변화가 감지된다. 즉, 80년대부터 이미 구조 언어학에서는 발화 작용, 지시체의 문제가 본격

1 Cf. Louis Hjelmslev, *Prolégomènes à une théorie du langage—La Structure fondamentale du langage* (Paris: Éditions de Minuit, 2000).

2 A. J. Greimas, "Ouvertures métasémiotiques," entretien avec H.G. Ruprecht, *Recherches sémiotiques - Semiotic Inquiry*, p.10.

적으로 거론되기 시작하던 무렵이었다. 따라서 인지 언어학과 발화 작용의 언어학에서 동력을 얻은 방법론적 갱신에 대해서 그레마스 기호학이 모른 체 할 수 없는 상황이었다. 따라서 80년대 초반부터 그레마스는 텍스트의 발화 작용적 차원을 비롯하여 정념의 문제를 어휘적이면서 불연속적인 가설 차원의 방법 속에서 추구했으며 기호학의 전면으로 부각시켰던 것이다. 그리고 87년에 단독으로 나온 《불완전성에 대하여》에서 의미 작용의 선조건, 메타 모델화, 상화, 긴장성, 감응 등의 문제에 천착하게 된다.

《정념의 기호학》에서 저자들은 연속체, 주체, 양태성, 몸, 지각 등의 문제를 심도 있게 논의하고 있으며, 특히 메타 이론적 차원에서 기호학 이론의 본질에 대해서 난해한 설명을 제시하고 있다. 하지만 그것의 인식론적 중핵은 무엇보다 연속체의 수용이라 할 수 있다. 하나의 행동을 사물들의 또 다른 상태 속에서 상태들의 행동 변화로 파악하면서 연속체는 이제 행동들이 아닌 상태들이 무엇인지를 엿볼 수 있게 해준다.

요컨대, 그레마스의 전략은 자신의 고유한 비연속체의 기호학에 토대를 둔, 연속체의 기호학을 구축하는 데 있다.[3] 정념의 기호학 자체는 분할될 수 없는 이론적 블록을 형성하지 않는데, 거기서 준(準) 서사적인 유형의 제안들 뿐 아니라 현상학적, 긴장적, 담화적 유형의 제안들도 식별할 수 있기 때문이다. 마찬가지로, 연속적 현상들 역시 고전적인 서사 기호학에서 부재하지 않는다. 특히 주체와, 가치 대상 사이의 긴장과 관련해서 그 같은 주장이 가능하다. 연속체 개념은 의미의 출현에 선행하는 조건들을 의미의 효과로서 상상하는 것을 가능케 한다. 주체가 실행하는 행동의 배후에는 기분의 '매스(mass)'가 존재하며 이 '매스'는 이어서 상이한 양태성들로 분해된다는 생각이 깔려 있다. 담화의 인지적 차원이 서사성의 저장소로 사용되는 것이며, 그것이 바로 행동의 출발점이 되는 것이다.

---

3 연속체에 대한 다음의 기술은 다음 문헌들에 기초하고 있음을 밝혀 둔다.
Driss Ablali, "Le tournant des passions,"(제9장) in *La sémiotique du texte : du discours au continu* (L'Harmattan, 2003), pp.181-208.
Driss Ablali, "Sémiotique et phénoménologie," *Semiotica* 151, 1/4 (2004), pp.219-240.

하지만 기호학이 어떻게 의미 작용이 의미의 선조건들로부터 하나의 비연속적인 세계로 이동하는가를 설명하기 전에, 연속체 개념에 대해서 간략하게 설명할 필요가 있다. 이 문제를 자신의 박사 학위 논문에서 치밀하게 분석했던 소장 기호학자 아블랄리 교수가 강조한 것처럼, 연속체 개념은 기호학자들의 담론에서 명시적으로 정의된 바 없기 때문이다. 그것은 의미 작용의 선조건 개념과 상관관계를 이루기도 하며, 생성, 현존, 긴장성의 개념에 동화되기도 한다. 연속체와 불연속체는 하나의 쌍방적이며 상보적인 상호 종속의 관계에서 인식될 수 있다. 그리고 그것은 지각, 감응, 가치가(발랑스, valence), 선긴장성 등과의 관계 속에서 가능해진다. 요컨대 연속체를 텍스트의 고유한 속성으로 다룰 수 있게 해 준 새로운 가설적 모델이 가능해진 것이다.

그레마스는 텍스트가 정서적 사건들과 상태들을 장면화시킨다는 점을 누구보다 먼저 깨달은 장본인이었다. 아울러 지각은 텍스트 구조의 조직화 속에서 필수 불가결한 현상으로서 개입한다는 점을 간파했다. 이제 그에게 남은 것은 정념들의 연구, 정신 상태의 연구, 그리고 긴장성의 연구에 적합한 가설 발견적 모델을 찾아내는 일이었다. 물론 그레마스가 채택한 것은 심리학 모델이 아니라, 텍스트의 속성들 자체에 대한 시각이었다. 마침내 연속체의 공간이 인식되었으며 이제 텍스트의 분석 속에서 변별적 수준으로 그것을 구성하는 작업만이 남게 되었다.

행위자와 담화적 구성의 상이한 단계들, 그리고 그의 서사 행로의 상이한 단계들에 대한 탐구의 시작과 더불어, 연속체의 파악은 기호학으로 하여금 기호-서사 차원의 생성 행로를 의미 작용의 긴장적, 감응적, 선조건들로 확대시키는 것을 가능케 한 것이다. 그런데 여기서 유념할 사항은 생성 행로가 아무리 무정형의 분산적인 지대로 확대된다 해도, 이 같은 팽창에 도달하기 위한 유일한 노선은 불연속체와 다르지 않다는 점이다. 달리 말해서, 연속체는 일종의 상상의 이론적 공동체로서 정의되며, 이때 의미는 베일 속에 가려지고 분산적이다. 여기서 바로 소쉬르가 언어 이전에 존재하는 막연한 생각의 미분절 상태를 설명하기 위해 사용했던 '무정형의 덩어리'라는 표현이 머릿속에 떠오른다. 파브리와 페롱에 따르면, "그것은 존재의 베일을 가리는 그늘의 한 종류로서, 인식될 수 없는 상태로 남아 있으나, 그 존재는 논리적으로 존재적 지평으로서 전제되며, 의미 작용의 발현에 필요한 조건들의 집합으로서 정의"[4]될 수 있다.

《정념의 기호학》에서 연속체가 기술되는 방식은 그것의 탈주적이며 혼란스러운 양상을 명료하게 증언한다. 이 저서에서 그레마스와 퐁타니유가 연속체를 언급할 때마다 동일한 공식화를 호출한다. 한마디로 잘라 말해 연속체는 포착될 수 없는 장소로서 상상적일 수밖에 없다. 이는 다음과 같은 진술 속에서 더욱 뚜렷하게 나타난다.

> 대상들 속에(또는 가치로서의 세계) 투자된 가치들에 맞서는 긴장적 주체를 '제기'하기 전에 전조들(pressentiments)의 층위를 상상하는 것이 적절할 터인데, 그 같은 전조 속에서 세계에 대한 주체, 그리고 주체에 대한 세계는 서로 친밀하게 결합된다.[5]

위에서 언급된 전조는 마치 행동자 모델의 위치 설정에 선행하는 특이한 상황이라 할 수 있으며, 문제의 관건은 그것을 어떻게 포착할 것인지 상상하는 일이다. 이 같은 종류의 단락들은 이 책 도처에 나타나며, 그 핵심 관건은 동일하다. 연속체는 무엇보다 상상적 차원에 속한다는 것이다. 즉, 그것의 바탕은 이미지적이다. 따라서 사람들은 결코 연속체 자체에 도달할 수 없다. 연속체의 도래가 파악되는 것은 텍스트 속에서 잠재적 형식의 현동화 과정 모델 위에서 이산화와 범주화가 창발하면서부터 가능하다는 사실에 주목할 필요가 있다. 따라서 방법론의 시각에서 연속체의 기호학은 비연속

---

4 Fabbri Paolo & Perron Paul, "Sémiotique actionnelle, cognivie et passionnelle," *Protée* 21, no.2 (1993), p.13.

5 *Sémiotique des passions* (1991), p.25.

체의 기호학에 대한 양자택일이어서는 안 될 것이며, 정반대로 그것은 밀접하게 비연속체의 기호학과 결합될 수밖에 없다. 왜냐하면 연속체의 기호학은 마치 뫼비우스의 띠처럼 비연속체의 원칙을 머금고 있기 때문이다.

2) 주체와 준주체(presque sujet)

불연속체의 기호학은 시종일관 '하다(faire)'의 연구에 초점을 두었으며 제 상태들을 오로지 변화되어야 할 것으로 또는 이제 막 변화된 것으로만 간주했다. 하지만 상태는 변형의 출발점일 수 있거나 또는 변형의 결과로 생겨난 상태이다. 상태는 주체의 서사적 행로가 어떻게 구성되는지를 설명하지 못하며, 최초 상태와 최종 상태들의 경계선만을 표시할 뿐이다.[6] 방법론적 관점에서 이 모든 것은《기호학 사전》에서 다음과 같이 정당화된다.

> 상태라는 용어는 연속체라는 용어와 상동화될 수 있으며, 여기서 단절을 도입하는 불연속체는 변형의 장소이다.[7]

내용의 포함과 더불어 상태는 또 다른 가치를 부여받는다. 상태는 단지 변형의 한계들을 성립할 뿐만 아니라, '하다'의 범위만큼 변형에 참여한다. 상태는 행동과 무관하지 않은 것이다. 상태에 주어진 우세는, 그것이 표준 기호학에서 누렸던 '행동'의 위상에 해를 입히지 않으면서도, 기호학 전체 건축물의 얼개와 토대들을 심오하게 변형시켰다. 즉 상태에 부여된 인식론적 방법론적 우세는 불연속체를 기술하기 위해서 구축된 기존 개념들의 타당성을 무효화시키지 않는다.[8] 하지만 그레마스 자신의 표현을 빌리자면, 하나의 "긴장적 공간"에서 출발하는 상태에는 의미 작용의 기본 구조로 향

6 Driss Ablali, *La sémiotique du texte : du discours au continu*, p.198.
7 A. J. Greimas & J. Courtés, *Dictionnaire raisonné de théories du langage* (1979), p.134.
8 Driss Ablali, 앞의 책, p.198.

하는 또 다른 방향성이 존재한다. 그 결과, 연속체의 중심 고리로서의 상태를 포함시키는 것은 불연속체의 기호학이 부여하는 개념화와 다른 방식으로 이루어진다. 텍스트의 논리적 의미론적 표상이 상태들의 연속으로 정의된다면, 변형들에 선행하며 변형들에 이어서 오는 연속적 표상은 상태들 역시 역동적으로 변화되고 있음을 보여 준다. 변형이 발생하기 이전에, 주체는 연속적 '플럭스(flux)'(흐름) 속에 놓여 있으며 자신이 추구하는 대상과의 총체적 혼동 속에 빠져 있다.[9]

서술어 이전의(anté-prédicative) 위치 속에서 주체의 상태는 후설의 표현을 빌리면, 파악될 수 없는 그 무엇이다. 주체라는 개념을 중심으로 모든 서사 통사가 조직화되며, 그것은 불연속체 기호학의 주된 요소 가운데 하나이다.[10]

주체의 이 같은 개념화는, 한편으로는 존재 방식들을 통하여 진행되며, 다른 한편으로는 주제적 역할의 고정을 통하여 획득된다. 하지만, 주체의 존재 방식 이전에, 주체의 개념화가 생성 행로 속에서 차지하는 위치에서 주체화 이전에, 주체에게 권리를 부여하는 가치 대상의 출현이 관건이다.[11]

소쉬르적 어의에서 구성 항들의 가치는 오직 차이 차원에서만 포착될 수 있다. 즉 기호들은 오직 그것들의 역동적 갈등에 의해서 부정적으로만 정의된다. 기호학에서 가치가 주체에 대해서 가치를 획득하는 것은 그것의 가치화를 통해서, 이어서 가치가 작동들의 통사론 속에서 진행되는 그것의 투자를 통하여 이루어진다.[12]

> 주체는 가치와 그것의 관계를 통하여 그것의 의미론적 존재 속에서 규정된다. 따라서 궁극적인 단계에서 주체에 대해서 '존재하기를 원하다.(vouloir-être)'를 구비하게 만드는 것으로 족하다. 기호학적 의미에서

9 같은 책, p.198.
10 같은 책, p.199.
11 같은 책.
12 같은 책.

주체의 가치가 주체에 대한 가치로 변화되기 위해서 말이다.[13]

이 같은 주체-대상의 관계는 엄밀하게 말해서 불연속성의 방식을 특징짓는다. 여기서 다양한 물음들이 제기된다: 연속성의 수준에서 주체/대상의 이 같은 관계는 어떤 유형에 속하는가? 연속적 플럭스 속에서, 먼저 주체와 대상의 개념을 사용할 수 있는가? 주체와 대상을 연결시키는 잠재적 관계 속에 진입하기 전에 텍스트 속에서 진행되는 과정은 무엇인가? 그것의 결합 이전에 그것들의 존재에 무슨 일이 생겨나는가?[14]

이 같은 일련의 물음들에 대해서 그레마스와 퐁타니유는 이 단계에서 주체/대상의 관계는 무엇보다 시발적인 단계 속에 위치한다는 점을 강조하고 거기서 주체는 오직 현존을 예감할 뿐이라고 말하고 있다. 즉 하나의 '가치가'의 현존을 예감할 뿐이다. 주체는 아직 자신의 대상을 욕망할 수 없으며 단지 지향성을 갖고 있을 뿐이다.

가치의 그늘과 불가분의 관계로 결합된 선긴장적 주체는 그 결과 감응적 긴장성의 영사막 위에서 윤곽을 드러낸다.[15]

그 결과 발랑스(가치가) 개념은 가치에로의 이동을 이해하는 것을 가능케 한다.[16] 박인철 교수는 가치가, 즉 발랑스에 대해서 다음과 같은 정의를 제시한다.

---

13 *Du Sens*, 1983, p.23.

14 같은 책, p.200.

15 *Sémiotique des passions* (1991), pp.25-26.

16 프랑스어 사전에 제시된 발랑스의 정의는 다음과 같다.

"실험 심리학에서 대상이나 상황이 생물체의 관점에서 취하는 가치 및, 생물체가 그들의 시각에서 느끼는 끌림이나 꺼림을 유발하는 가치"(Grand Larousse de la langue française, Librairie Larousse, 1978).

홍정표 교수는 다음과 같은 정의를 제시한다. "발랑스는 대상과 관련지어져 있는 인력이나 척력의 잠재력으로 이해될 수 있다. 또한 발랑스는 선지향적 주체에 의한 가치를 싸고 있는 가치의 음영의 예감이다. 다시 말해서 가치의 음영은 가치를 싸고 있는 그림자가 터지며 가치가 표출되어 나온다." 앞의 논문 (1995), p.34.

> 그런데 대상의 가치는 대상을 '가치 대상'으로 만드는 의미 내용과 가치 내용에서 비롯하기도 하지만, 강조, 양, 상, 대상이 순환하는 템포에서 비롯하기도 한다. 따라서 엄밀한 의미에서의 가치에 대한 상관물을 제공하고, 아울러 가치 대상에 돌려진 의미 충당과 이 가치 대상을 규정하고 통제하는 긴장의 차원 및 형상의 차원을 구분하는 것은 매우 중요하다. 이러한 이유로 기존의 이론에서와 달리 담화 기호학에서 가치는 감각적이고 지각적인 자질들로부터 출현한다고 본다. 가치의 바탕을 이루는 자질들이 이른바 '가치가'이다. '가치가'는 가치가 출현하기 위해 필요한 조건이다.[17]

발랑스 개념은 가치가 감각적인 것과 정신적인 것으로부터 담화적인 것으로 어떻게 이동하는가를 보여 준다고 말할 수 있다.[18] 발랑스 개념은 서사적 수준에서, 가치의 가치 개념에 해당된다. 즉 그것은 '가치의 선형식'[19]으로서 의미론적 투자의 근원에 있다. 보편적인 가치와 상반되게 발랑스는 배타적이다.[20] 더구나 정의상 발랑스는 "인지적 주체에 의해서 인식될 수 없으며, 단지 긴장적 주체에 의해서 포착될 뿐이다"라는 진술을 그레마스와 퐁타니유에게 제공하고 있다.[21]

> 실질에 속하는 발랑스는 생성 행로에서 차지할 자리가 없다. 생성 행로는 안정성의 기호 아래에 있는 반면, 발랑스의 참작은 대상의 양가성과 주체의 불안정성을 전제로 하기 때문이다.[22]

> 바로 선긴장성을 통하여, 주체는 발랑스와 결합된다. 이 같은 수준에서,

17 박인철, 〈정념의 기호학 연구 서설〉, 《기호, 텍스트 그리고 삶》(월인, 2006), p.458.
18 Driss Ablali, 앞의 책, p.200.
19 *Sémiotique des passions* (1991), p.122.
20 같은 책, p.229.
21 같은 책, p.262.
22 Fontanille et Zilberberg, *Tension et signification* (Liège: Mardage, 1998) p.30.

> 그 어느 것도 여전히 범주화되어 있지 않다. 주체는 단지 미학적 감식 방식 속에서 가치를 느낄 수 있을 뿐이다. 하지만 대상과 결속하기 위해서, 발랑스에서 벗어나 가치로 향하기 위해서 주체는 무엇인가를 거부해야 한다. 부정은 여기서 하나의 범주의 지대를 한계 설정하는 작동으로서 정의된다. 부정은 곧 '주체가 스스로를 작동적 주체로서 토대를 세우게 만들어 주는 첫 번째 작동이며, 세계를 인식 가능하게 토대를 세운다. (…) 실제로 가치로서의 세계는 전적으로 긴장적 주체에 제공된다; 하지만 그것을 알기 위해서는 연속적 배열을 정지시켜야 한다. 즉 울타리를 일반화시켜야 한다. 하나의 지대를 포착하고, 장소를 호명해야 한다. 즉 이 장소가 아닌 것을 부정해야 한다.[23]

기호학적 시각에서 연속체(continu)는 오직 그것을 다른 것으로 생성시키는 변형 속에서 파악될 수 있다. 모든 의미 작용의 파악은 서사적 상태와, 그 상태에 동반되는 변형의 파악이라는 점에서 연속체는 불연속체와 분리될 수 없다. 하지만 변형이 작동되기 이전에 서사적 주체는 연속적인 '플럭스' 속에 놓이며, 문제의 관건은 자율적인 통합체적 단위들을 연속적 흐름 속에서 식별하기 위해 연속체를 분해하는 작업에 있다. 그 결과, 텍스트 속에서 작동되는 행동에 선행하여, 그 행동의 발생 이전에 기원적인 상태, 즉 시발적 상태(état ab quo)가 존재하게 되는데 그레마스와 퐁타니유는 그것을 불러 '의미의 선조건'이라 부르고 있다.[24]

하지만 강조해야 할 것은, 기호학에서 연속체는 의미의 정해지지 않은 무한 작용이 아니다. 아블랄리 교수가 지적한 것처럼, 그레마스의 연속체는 결코 퍼스식의 연속주의와는 거리가 멀다. 그것은 의미 작용의 선조건들에 대한 물음을 제기하며, 퍼스가 주장하는 무한한 해석들의 생성과정을 겨냥하지 않는다. 행동이 착발하는 이 같은 기원적 또는 근원적 상태는 불연

23 *Sémiotique des passions* (1991), p.40.
24 같은 책, pp.25-26.

속적인 상태 또는 양극화된 상태가 아니다. 이 차원에서, 문제는 더 이상 서사적 주체도 가치의 대상도 아니며, 《정념의 기호학》의 저자들이 말하는 주체의 선긴장성(protensitivé)으로서, 즉 고전적인 행동자 모델의 위치 설정에 선행하는 주체를 말한다. 이것은 상상하는 것으로 족한, 즉 잠재적 주체이며, 후설의 영감을 받아 제안된 용어이다. 선지향성이란 살과 피를 갖고 몸으로 느끼는 주체에 의한 세계의 조준이다. 여기서 주체는 잠재적 주체로서 행동자들의 근원이 된다.

기호학적 형식들을 담고 있는 세계가 동질적이라고 상정하는 것은 담화적 배치가 제기하는 구체적인 문제들을 다시 제기하게 만든다. 행동의 기호학은 행동자와 변형 개념에 형식적 위상을 부여하며, 이 같은 순서가 서사 통사를 설정하기 위한 조건이라고 보았을 때, 의미적 투자라는 문제 설정을 다른 곳으로 이동시켜 놓은 것일 뿐이다. 이때 상태란 개념에 대해서 그레마스는 자세히 논하지 않았다. 행동하는 주체의 시각에서 상태는 행동의 귀결이거나 출발점이다. 상태는 이전 세계의 사물의 상태이며, 주체를 통해서 변형된다. 또한, 상태는 행동을 염두에 둔 능력 있는 주체의 정신 상태이다. 양태적 능력은 동시에 변형들을 감수한다. 그리고 상태의 두 가지 개념 파악을 포괄하는 주체/세계의 이원주의는 다시 나타난다. 따라서 오직 동질적인 기호학적 존재를 단정함으로써만—이것은 느끼는 몸의 중개를 통해서 가능하다—이 같은 '아포리'(aphorie)에 맞설 수 있다. 이 같은 변모(transmutation) 덕분에 사물의 상태로서의 세계는 주체의 내부 공간에 재통합된다. 달리 말해 내부 수용적인 것과 외부 수용적인 것의 동질화는 사물의 상태와 주체의 정신 상태의 형식적 동등 가치를 설정한다.[25]

여기서 강조할 것은 상태의 두 가지 개념—변형 가능한 사물의 상태, 주체의 정신 상태—은 동질적 존재의 기호학적 차원에서 화해된다는 사실이다. 이때 그 대가는 정신적 감각적 중개화이다. '느낀다'(sentir)는 것은 인식론적 담화의 설정 및 기능 작용과 관련된 것이며, '아포리'(aphorie)를 해결

25 A. J. Greimas & J. Fontanille, 앞의 책, p.13.

할 수 있는 최소한의 요건이다.

문장 수준을 다룬 기존의 구조 언어학은 서사화가 양태화와 상화를 통해서 초규정된다는 사실을 일러 주었다. 양태화는 양태성과 능력의 틀 속에서 서사성의 불연속적 분절을 설명해 준다. 하지만 양태적 상태라는 개념을 기호학 이론에 도입하면, 특히 담화를 보다 세심하게 살펴보면 집중성과 과정의 소용돌이에서 파동이 일어남을 알 수 있다. 그것은 다름 아닌 담화의 상화이다. 상태들의 이산적 세분화에 맞서서 과정의 얽힘과 그 집중성의 변화는 상태들 사이의 경계선을 비결정적으로 만든다. 그리고 불연속성의 효과를 만들어 낸다. 이 같은 얽힘과 파동은 분석된 담화 표층의 복잡성으로는 설명될 수 없다. 상태들의 본질과, 특히 그 불안정성에 대한 고찰은 세계의 상태에 대한 일반적 성찰과 결합해 이론의 심층적인 인식론적 수준 전체의 개념 파악에 대한 근본적 물음을 던지게 만든다. 아울러 의미 작용의 인지적 파악을 넘어 긴장들의 다양한 지평이 존재하는지 탐문해 볼 필요성을 제기한다. 그 긴장들은 존재의 의미 피(皮)안에 있다. 그 긴장들은 담화 속에서 인지된 격렬한 파동들의 발현들을 설명해 준다.

가장 간단한 해결책은 물론 이 같은 기저 긴장들을 담화 배치의 속성들로서 고려하는 것이다. 하지만 그 긴장들은 서사적 범주화와 양태화를 설명해 준다. 실제로 아직 분절되지 않은 긴장들의 지평에서 바로 작동적 주체의 최초의 촉구(sommations)[26]는 실행된다. 이 주체는 최초의 이산적 의미

26 'sommation'은 촉구하고, 명령하다를 의미하는 프랑스어 동사 'sommer'의 명사형으로서 법률 분야에서 독촉, 경고, 최고(催告), 정지 명령 등의 의미를 갖고 있다. 또한 이 단어는 생리학에서는 자극의 축적 또는 가중이라는 의미를 갖고 있으며, 수학에서는 총합을 낸다는 의미로 사용된다. 《정념의 기호학》(pp.40-47)에서 그레마스와 퐁타니유는 기호학적 주체와 관련지어 다음과 같은 설명을 제시하고 있다. 그들에 따르면 주체가 정확한 가치를 알기 위해서는 무엇보다 부정하기(nier)를 필요로 한다. 즉 주체에 주어지는 오브제의 선형태들에도 불구하고, 생성의 변조 내지는 변화가 일종의 리듬과 템포를 도입하지만 아무것도 범주화되지는 않는다. 즉 불연속적인 분절의 속성을 띠고 있는 윤곽은 파악되지 않는다. 따라서 부정은 주체가 스스로를 주체로서 설립할 수 있는 최초의 작동이며 부정을 통해서 세계는 인식 가능한 것으로 세워진다. 이것을 필자들은 또 다른 종류의 이접으로 보고 있다. 즉, 첫 번째 이접이 우연성의 효과를 통해서 얻어지는 존재적 필연성과의 이접이라면 두 번째 이접은 다양한 긴장들의 연속적인 변조와의 이접, 아울러 알 수 없는 가치들의 세계와의 이접

단위들을 만들어 낸다. 달리 말해, 표층의 담화 분석에서 도래하는 방법론적 난점들에 직면한 기호학 이론은 그 난점들을 심층적인 인식론적 수준에서 해결하려고 한다.

3) 행로에서 장치(dispostif)로

《정념의 기호학》의 색인을 검토해 보면, 가장 많은 빈도수의 용어가 놀랍게도 프랑스어 단어 'dispostif'(장치, 배치)임을 알 수 있다. 뿐만 아니라, 앞서 상술한 바와 같이 《정념의 기호학》 서론 부분에서 저자들은 구조 생성 기호학의 이론적 발달 단계를 기술하면서 기호학 이론이 행로부터 '장치'로 이동했다는 점을 강조한다. '장치'라는 개념에 대해 한국의 푸코 전공자들을 중심으로 한 프랑스 인문학 연구자들이 주목하고, 심도 있는 연구를 시작했으나 여전히 이 단어는 한국어에서 생소한 것이 사실이다.

주지하다시피, 그레마스의 초기 저서인 《구조 의미론》 이후로 구조 생

이다. 여기서 부정은 두 가지 시간으로 나누어진다. 첫 번째 제스처는 순수한 행위로서 이것을 촉구(sommation)라고 부른다. 즉 작동을 실행하는 주체가, 가치의 그늘로부터 특정 범주의 지대를 포착하는 하나의 위치를 촉구하는 것이다. 이 같은 촉구는 긴장의 파동 속에서 하나의 부정, 또는 파악, 정지라고 볼 수 있다. 풀어 말해서 가치로서의 세계는 긴장적 주체의 느낌으로 다가오지만, 그 세계를 인식하기위해서는 연속적인 펼침을 멈추고 그 울타리를 일반화시켜서, 하나의 지대를 포착하고, 하나의 자리를 촉구하는 것이다. 즉, 그 자리가 아닌 것을 부정하는 것이라고 볼 수 있다. 두 번째 제스처는 모순(contradiction)으로서 범주적 의미에서의 부정을 말한다. 가치의 모호함에 적용된 촉구-부정은 기호학적 사각형의 최초 항인 S_1의 모순항인 non-S_1을 장치할 수 있게 된다. 즉, 이 같은 이접을 통하여 작동적 주체가 된 긴장적 주체는 가치의 모호함을 이산화시킬 수 있게 된다. 바로 이런 이유에서 최초의 이산적 작동은 부정이며 바로 이 같은 조건에서만 연속체에 불연속체를 도입함으로써 주체는 가치의 모호함 배후에서 대상을 인식할 수 있게 된다. 모순이 없다면 촉구는 단지 긴장적 연속체 속에서 순수한 특이성을 규정할 수 있을 뿐, 의미 작용을 도래하게 만드는 데 실패할 것이다. 한편, 《정념의 기호학》의 한국어 번역자들은 'sommation'에 대한 대역어로 감지를 선택하면서 다음과 같이 그 이유를 제시하고 있다.

유기환·최용호·신정아 역, 《정념의 기호학—물적 상태에서 심적 상태로》(도서출판 강, 2014), p.26: "여기서 우리는 이 용어를 감지라고 번역하였는데 그 이유는 이 작용이 감각적 차원에 속한 선조건 층위와 지성적 차원에 속한 기호-서사 층위를 매개하기 때문이다. 감지라는 한국어 대역어에는 감(感)과 지(知)라는 요소가 모두 들어 있어 이러한 매개적 역할을 충분히 수행할 수 있는 장점이 있다."

성 기호학의 중추적 개념은 모든 서사들의 의미 생산 원리를 설명하기 위해 고안된 모델인 생성 행로(parcours génératif)라 할 수 있다. 생성 행로 모델은 간단한 동화나 민담 분석에서 회화 이미지, 문학 작품 등의 텍스트 문법을 성립하는 핵심적 개념이라 할 수 있다. 앞 장에서 살펴본 것처럼, 그레마스의 기호학 이론에서는 모든 텍스트의 의미 생성을 심층 층위로부터 표면 층위로 점증적으로 이동하는 과정을 생성 행로라는 모델로 집약시켰으며, 생성 행로에 심층적 층위의 기호-서사 문법과 표면 층위의 담화 기호학을 포함시키고 있다. 담화 기호학에는 각각 담화 통사론과 담화 의미론이 포함되며, 이것은 의미의 종착 영역(instance ad quem)인 반면, 기호-서사 문법은 기초 기호학과 서사 기호학을 아우른다. 또한 서사 기호학은 서사 통사론과 서사 의미론으로 구성되며, 서사 통사론에는 표면 단계, 중간 단계, 심층 단계가 존재한다. 반면 기초 기호학은 기호의 기호학과 기초 의미론으로 이루어져 있으며 이것을 시발 영역(instance ab quo)이라 할 수 있다.[27]

그레마스 기호학파에서는 생성 행로를 기호학 이론의 일반 경제로 정의하고 있다. 이와 더불어 생성 행로는 기호학적 사각형에 투사될 수 있는 의미 작용의 기본 구조에 기초하고 있음을 앞서 확인한 바 있다. 아울러 이 같은 기호학적 사각형으로 투사되는 것을 일러 구성 모델이라고 지칭한다. 이때 심층 수준에서 표면 수준으로 이동하면 반드시 전환(conversion)이 발생한다는 점을 기억하고 있어야 한다.[28] 다른 한편, 그 역방향인 표면 층위에서 심층 층위로 이동할 때는 소환(convocation)이 존재한다. 구성 모델을 통하여 가능해진 변형의 주요 작동들에는 상반 관계, 상보성 관계, 모순 관계 등을 포함하여 상화, 범주화, 분류화, 담화화, 형상화, 형식화, 해석, 양태화, 텍스트화, 주제화 등이 있다.[29]

27 이 점에 대한 상세한 내용은《기호학 사전》1권과 2권을 참조할 것.

28 이에 대한 상세한 논의는 최근에 출간된 에노의 다음 개정 증보판 참조: Anne Hénault, *Les enjeux de la sémiotique* (Paris: PUF, 2012), pp.203-230.

29 이 점에 대해서는《기호학 사전》1권을 참조할 것.

그런데 서사성을 전면에서 제2선으로 돌려보내고, 담화성을 전면에 내세울 때, 생성 행로는 더 이상 그레마스 기호학의 일반 경제 전체를 모두 성립할 수 없게 된다. 중반기 이후부터 그레마스는 리쾨르의 우정 어린 비판을 포함하여 다양한 비판을 수용하면서 랑그와 담화의 변증법 또는 역동성을 참작하고, 도식과 사용, 구조와 역사, 긴장적 연속체와 범주적 비연속체의 사이에 존재하는 변증법과 역동성을 사유하는 방향으로 나갔다.[30] 그 결과 의미 작용의 기본 구조는 시간, 리듬, 템포 등의 문제에서 벗어날 수 없게 된 것이다. 특히 상(aspect)과 양태성의 문제는 보다 근본적인 역할을 맡는 것으로 인식되었다. 바로 이 같은 맥락에서 조종과 제재 등을 중심으로 형성된 행동의 기호학에서 정념의 기호학으로의 이동이 발생한 것이다. 초기 저서 《구조 의미론》에 비해서 그레마스 기호학은 이때부터 더욱더 통사적 차원을 강화시켰으며, 의미 작용의 과정은 더 이상 '기의'로 환원될 수 없게 되었다. 즉, 그레마스는 중기 이후로 의미는 결코 기존의 의미론의 차원으로 완결될 수 없다는 점을 인식한 것이다.

이 같은 인식 변화의 맥락에서 우리는 《정념의 기호학》의 서론의 초반부 내용을 보다 더 잘 이해할 수 있을 것이다. 퐁타니유가 주로 집필했을 것으로 추정되는 초반부에서 기호학 이론을 비롯한 일반 이론을 발생적 생성적 담론으로 규정하면서 이 같은 담론은 새로운 이론에 의해서 극복되고 보다 명시적인 생성적 담론으로 변형된다고 진술하고 있는 것이다. 즉, 행동의 기호학이 주로 사물의 상태를 다루고 있는 기호학으로서 그 대상과 환경이 비연속적인 세계, 즉 분절, 이산화, 범주화 등의 문제를 다루었다면, 정신 또는 영혼의 상태를 다루는 정념의 기호학은 삶의 형식과 실체로서 연속적 세계를 다룬다고 진술하고 있다. 저자들에 따르면 담화 속에서 주체의 상태가, 부재 속에서 현존하는 기호학적 실존이 발현된다. 기호학적 실존의 방식은 상상적이거나 실재적일 수 있다. 심층 수준에서는 가설적 연역적 성

30 이 점에 대해서는 다음 문헌 참조: Jean-Marc Lemelin, "Les états de la sémiotique," (1988), 미간행 원고.

격을 유지하고 또한 표면 수준에서는 귀납적 양상을 참작하면서 기호학은 기술되는 대상에 의해서 기술의 전염이 발생할 수 있다는 의미심장한 진술을 하고 있다. 즉 분석 대상이 분석 주체에게 영향을 미치는 현상이라 할 수 있는 것이다. 그렇지만 저자들은 자신들의 작업이 결코 전통적인 철학의 존재론이 아니며 단지 존재에 대한 문제를 다루는 존재자적(ontique) 성격을 띠고 있다는 점을 강조한다. 그 결과《정념의 기호학》에서 인식론과 현상학은 존재론이나 형이상학의 자리를 대신한다.[31]

이어서 저자들은 기호학적 보편소들과 일반화가 가능한 원초적 요소(primitifs)를 구별하고 동시에 생성의 문제와 발생을 구별하면서 자신들이 구축하려는 새로운 기호학에서 장치의 층위(niveau dispositif)와 더불어, '장치들에 대한 장치', 즉 메타 장치를 마련하려 한다는 점을 분명히 한다. 이 같은 장치에는 인식론적 층위, 기호-서사적 층위, 담화적 층위가 포함된다. 인식론적 층위는 현상학에서 차용한 주체가 자신과 세계를 향해서 갖는 지향성으로서 내부 지향성, 자기 지향성, 외부 지향성이 포함된다. 이를테면 자신의 고유한 몸에 대한 느낌 등이 여기에 포함된다. 여기서 하나의 양태적 상태는 상화를 지배하며 의미 작용의 조건들이라는 수준에서 불연속체의 양태화는 바로 그 상화에 달려 있다. 인식론적 층위는 의미 작용의 선조건들의 조건이라 할 수 있다. 긴장성, 감응, 기분, 활력 등의 문제들이 바로 그 같은 의미 작용의 선조건들의 요소라 할 수 있는 것이다. 따라서《정념의 기호학》의 초반부에는 '긴장적 공간', '살아 있는 살의 공간' 등과 같은 후설과 메를로-퐁티가 사용한 어휘들이 빈번하게 나오게 된다. 한마디로 의미 작용의 선조건은 논리적이고 이성적으로 발화하는 주체가 제어할 수 없는 이편에 놓여 있는 것이다. 그래서 정념의 기호학의 존재적 지평은 활력주의, 생기론, 생의 비약 등의 문제와 조우한다. 이것은 '나의 자아', '나의 몸'속에서 나 아닌 다른 목소리를 듣게 만드는 것이라 할 수 있다.

정념의 '느낌' 또는 삶의 향기는 양태적 구조들의 담화적 조직에 속한다.

---

31 A. J. Greimas & J. Fontanille, 앞의 책, pp.7-10.

저자들의 표현에 따르면, 존재의 '존재자적 영사막'(écran ontique)을 문턱으로 갖는 인식론적 층위에서, '긴장적 지평'은 아직 양극화되거나 범주화되어 있지 않다. 두 저자는 힘을 다루는 파동 물리학의 용어를 차용하면서, 복합항 또는 중립항이 의미 범주화의 기원에 놓여 있으며, 항들의 극성화는 그 이후에 도래하는 것임을 강조한다. 모든 것이 하나가 되는 융합성 또는 중립화는 이원적 대립과 범주화에 선행한다고 보고 있는 것이다. 따라서 그것은 일체의 차이가 발생하지 않는 '무차이의 세계'(univers indifférencié) 즉 비-차이(in-différence)로서 이 공간에 모든 의미 작용의 선조건이 놓인다. 모든 것의 융합적 상태로부터 분열 상태로 이동하는 것은 바로 긴장적 주체의 자기 고유함으로부터, '발랑스'(가치가, 즉 가치의 가치)의 총합인 신용의 공간, 즉 상호 주체성이 개입하는 공간으로의 이동을 말한다.

요컨대, 생성 장치는 다음 세 개의 장치를 포함한다. 첫째, 핵심 마디가 되는 장치 또는 양태적 상태로서, 의미 작용의 선조건들의 인식론적 층위를 포함한다. 여기에 느낌과 '됨', 감응적 연속적 긴장성, 미래를 향한 긴장성, 긴장적 주체, 타자에 대한 신뢰 등의 문제가 포진한다. 둘째, 양태적 장치로서 의미 작용 조건들의 기호-서사적 불연속적 층위, 또는 기본 구조들이 서사 구조들로 범주화되거나 전환되는 층위를 포함한다. 이 같은 전환에는 상호 양태적 통사론이 사용되며, 그 결과 삶의 스타일들은 담화 프로그램화를 마련해 준다. 셋째, 담화 배치의 작동들이 이루어지는 배치를 포함한다. 이 층위에는 발화 작용의 실천과 기원이 존재하고, 최초의 장치인 다양한 변조들로부터 발산하는 이산화를 통하여 두 번째 층위인 양태화로 전환된다.

2. 의미 작용의 선조건—긴장성과 감응

그레마스 기호학에서 의미 작용의 이론은 의미 작용의 생산 및 파악과 관련된 조건들의 경제라 할 수 있다. 그런데 정념의 기호학에서 핵심 관건은 엄밀한 의미에서 앞서 말한 의미 작용의 조건들의 도래에 앞서 존재하는 선조건들의 얼개를 파악하는 일이다. 기존의 구조 기호학 시각에서 보면 세계, 그리고 주체라는 존재의 문제를 다루는 영역은 존재론에 속한다. 존재는 겉으로 발현된 것을 가능케 하는 발현의 요인이며 근원이다.

그 결과 정념의 기호학에서 그레마스와 퐁타니유는 심층의 존재가 어떻게 표면상으로 나타나는가를 파악하려는 이론적 가설을 모색하게 된다. 이때 그들이 선택한 두 가지 핵심적 개념은 긴장성과 감응(phorie)이다. 긴장성은 모든 문장과 담화 과정의 전개에서 불가분의 현상이며, 처음에는 불연속체 구조들의 투사에 의해서 제어될 수 있었던 것 같았지만, 상 문법의 구성에 의해서 시간적 파동들을 설명해 줄 수 있다.

이때 한 가지 난점이 나타난다. 담화의 주체는 정념을 가진 주체로 변형될 수 있을 뿐만 아니라, 자신의 말하기, 즉 인지적 화용적으로 프로그램화된 말하기에 소용돌이를 일으키면서 담화적 발화체의 주체 역시 그 자신의 서사적 합리성을 중단하고 일탈할 수 있다는 점이 그것이다. 즉 주체는 정념적 행로를 차용할 수 있다. 이 사실에 주목할 만한 이유가 있는 것은, 정념적 행로가 새로운 서사적 기능 장애의 형식들에 속할 뿐만 아니라, 담화의 정념적 시퀀스들의 상대적 자율성을 보여주기 때문이다. 그레마스와 퐁타니유는 바로 이러한 긴장적 공간을 발화 주체의 영역을 넘어서는 곳에 위치시킨다: "긴장성 개념은 엄밀한 의미에서의 발화 작용의 현동태를 초월해서 인식론적 상상물의 영역으로 넘어갈 수 있다", "긴장성이란 인간 세계에 있어서, 이 내부적 공간의 근본적 속성들의 하나일 뿐이다."[32]

그러나 긴장성은 존재자의 상상물을 설명하기 위해 필요한 선조건이지만 충분 선조건은 아니다. 무엇보다 정념적 사실을 설명하기 위한 과정에서 그 점은 분명하다. 담화 상에 나타나는 정념들을 분석해 보면 하나의 정념이 문화권마다 다양하게 변화한다는 사실을 보여 준다. 요컨대 정념적 우주의

32 같은 책, p.17.

분절은 문화적 특수성을 규정한다.

그런데 담화의 한 시퀀스가 정념적이게 되는 것은 특수한 감성화 덕분이다. 긴장성과 독립한 또 다른 요인의 감성화가 존재하는 것이다. 정념적 담화의 일상적 형식들을 고려하는 대신, 이곳에서는 파동하는 감성화가 담화의 전개 속에 현존하는 긴장성과 구분되기 힘들다. 극단적 한계에 이른 경우들, 이를테면 분노, 절망, 공포 등의 거센 정념들로 향하면서 감성화는 그것의 시발적 순간성 또는 점괄성(ponctualité)에서 담화의 균열(fracture), 이질성의 요인, 주체를 예측 불허의 다른 곳으로 데리고 가는 입구가 된다. 즉 하나의 주체가 전혀 다른 주체로 변신한다. 예컨대 평소 얌전한 성격의 소유자가 자신이 좋아하는 스포츠 경기의 팀을 열정적으로 응원하는 경우, 또는 냉정하고 결코 평정심을 잃지 않던 인물이 아름다운 여인과 사랑에 빠져 가슴이 떨리고 감정의 기복을 겪게 될 때, 그 사례는 헤아리기 어려울 정도로 다반사이다. 여기서 정념은 합리성이라는 옷을 벗은 채 나타난다. 즉 합리적인 것과 인지적인 것의 부정으로서 모습을 드러낸다. 한마디로, 느끼는 것이 지각하는 것을 압도한다.

이 모든 것은 어떤 다른 목소리가 갑자기 부상해서 그 자신의 진실을 말하려는 것처럼 보인다. 이때 주목할 사실은, 지각할 때 인간의 몸은 중개 역할을 맡는다는 것이다. 즉 몸에서 긴장적이며 동질적인 기호학적 공간을 성립하면서 외부 지각적인 것과 내부 지향적인 것의 타협(transaction)이 이루어진다. 몸은 살아 있는 '살'로서 야생적 자기 지향성을 발현하며, 분석 이전의 전체적 느낌으로서 자신의 권리를 주창한다. 주체에게 오는 것은 자연 세계가 아니며, 주체는 스스로를 세계의 주인으로 선포한다. 주체는 자기 방식대로 세계를 구상적으로 재조직화할 수 있게 된 것이다.

이로써 자연 세계는 공통 감각(sens commun)의 세계로, 인간을 위한 상식의 세계가 되며, 인간적이라고 부를 수 있는 세계가 된다. 이런 열광은 예술적 창조뿐만 아니라, 모든 기호학적 과잉들을 설명하고, 구상성의 배치를 설명한다. 모든 정념적 발현의 표상적 성격, 이곳에서 정서적으로 영향을 받은 몸은 그것의 구상적 힘 덕분에, 일체의 정념적 연출이 이루어지는 거점이 된다. 바로 이 같은 발화 작용의 차원을 넘어서는 것을 그레마스와 퐁타니유는 기분(thymie)이라고 지칭하였다.

그레마스의 기호학은 일련의 방법론적 모색 이후, 새로운 모델을 구성하려고 시도했는데, 다음과 같은 두 가지 노선을 차용했다고 말할 수 있다. 사물의 상태를 가능한 한 가장 간단하게, 상상해 보는 것—이를테면 의미 작용의 기본 구조—이 그 하나이며, 동시에 기호학 모델에 복잡화의 소명을 부여할 수 있는 것이 두 번째 노선이다. 기호학적 주체는 혼란한 상황에 맞설 수 있으며, 극한 경우들로 향하면서 자신의 위치를 더 분명하게 볼 수 있다. 오직 극도의 역설적 상황들만이 그 현상의 특수성과 비환원성을 명증하게 만들 수 있다. 바로 이때 담화의 파동에서 긴장적인 것과 감응적인 것(phorique) 사이에 있는 편차들을 축소시킬 수 있는 가능성을 생각해 볼 수 있다.

이 같은 주체의 이분화, 즉 지각하는 주체와 느끼는 주체는 담화의 기능 장애를 규명하기 위해 필요하다. 주체가 세계를 자기 것으로 삼는 최면 상태(transes), 그리고 세계를 은유화하는 것, 또한 상호 호혜 등 발화 작용을 통한 이 같은 통과는 심층적인 인식론적 수준의 문제 틀에서 벗어나 생성 행로를 지배하는 '기분의 모사물'의 존재자적 지평에 각인될 수 있는 방향으로 진행되었다.

결국 그레마스와 퐁타니유는 두 개의 선조건을 두 개의 모사물, 즉 긴장적·기분적 모사물 아래에 모델화하면서 기호학 이론의 공간적 윤곽을 새롭게 잡아 갔다. 잘라 말해 존재의 영사막(écran)은 기분의 긴장성으로 파악할 수 있다.

정념들은 담화 속에서 매우 특별한 의미 효과를 발생하는 것으로 나타난다. 그것은 규정하기 어려운 미묘한 느낌이라 할 수 있다. 정념의 기호학이 주목한 사실은 이 특수한 향수가 양태적 구조들의 담화적 조직에서 도래한다는 사실이다. 그레마스와 퐁타니유에 따르면 이런 의미 효과는 일정한 분자적 짜임에서 온다. 이것은 어떤 특수한 분자의 속성은 아니며 다만 그 전체의 배치에서 비롯된다. 이에 대하여 첫 번째로 직시할 수 있는 사실은 담화의 정념적 감성화와 그것의 서사적 양태화는 함께 발생하며 어느 하나 없이는 다른 것도 이해될 수 없다는 것이다. 하지만 그것은 자율적이다. 둘째, 의미의 효과들을 하나의 담화로 배치된 기호 서사 배치들의 감성적 요소(senteur)로 파악하는 것은 정념들이 주체들의 배타적 속성들이 아니며 담화 전체의 속성들이라는 점을 시사한다. 간단히 말하자면, 정념은 기호학적 스타일의 효과를 통한 담화 구조들로부터 도래한다.

이제 정념은 생성 행로의 다른 끝자리에 도달하면 의미의 지평에 놓이게 된다. 그리고 감응적 긴장성으로서의 세계의 투영, 즉 이 움직이는 감응적 '매스'는 두 가지 다른 노선을 빌려 온다. 다만 양태화가 범주적 조직에 종속된다면, 그리고 이산적 양태적 조직들을 산출한다면, 정념적 조절들은 의미의 효과에 의해서 발현되는 바, 다른 유형의 구조적 배열들에서 도래한다. 즉, 그것은 단순한 양태적 내용들의 조합을 넘어서는 정념적 배치들에서 올 뿐 아니라, 인지적 범주화에서도 벗어난다. 정념에 대해서 논하기 위해서 이 같은 "인식하는 것과 느끼는 것 사이의 히아투스를 축소시키는 것"(c'est donc tenter de réduire cet hiatus entre le «connaître» et le «sentir»)[33]이 관건이다.

그레마스와 퐁타니유는 최초의 기호학이 분자적 양태적 분절들의 역할을 명증화하는 데 주안점을 두었다면, 이제는 그것들의 조합들이 산출하는 정념적 향수를 참작하는 일이 중요하다는 점을 강조하고 있다. 느낀다는 것은 존재의 자명한 방식이다. 그것은 삶의 원칙과 동일시되기도 한다. 정념을 의미 작용 너머로 위치시키고, 일체의 기호학적 분절에 선행하는 것으로 위치시킨다는 것은 순수한 느낌의 형식으로, 생명적인 것의 영도(degré zéro), 존재의 최소적 나타남을 포착하는 것이다. 간단히 말해서 그들의 주장은 인간이 인지하는 것에 대한 관심만큼이나 느끼는 것에도 우선

33 같은 책, p.22.

권을 부여하자는 것이다. 몇몇 정념들은 양극화되지 않은 지평의 가능성을 암시한다. 예컨대 놀라움과 대경실색은 두 가지 상이한 상적 형식들이다. 하나는 돌발성의 성격을 강조한다는 점에서 시발적이며, 다른 하나는 놀라움의 상태가 계속되는 과정에 초점을 둔다는 점에서 지속적이다. 동일한 느낌의 양극화되지 않는 두 가지 다른 상인 것이다.

유쾌와 불쾌의 양극화는 따라서 어휘적 발현 수준에서조차 중립화될 수 있다. 중립화란 이원적 대립보다 서열상으로 위에 있는 동시성으로 귀결된다. 이때 기호학의 역설이 인식론적 수준에서 발생한다. 무와 공, 전부를 동시에 설명하려는 것이 그것이다. 내용의 텅 빔은 분절들의 부재에 의해서 특징지어지며 그것은 긴장적 충만성의 소용돌이에 의해서 채워질 수 있다.

정념의 기호학의 이론적 요점은 다음과 같이 정리될 수 있다.[34] 구체적인 담화는, 그것이 구두적이건 비구두적이건, 그 표면에 불연속적 유형의 효과만큼이나 유의미한 연속적인 변조와 뒤섞임의 효과들을 만들어 낸다. 담화 구조들을 형성하기 위해 기호 서사 구조들이 요청될 때, 연속적인 것의 효과를 단지 기호-서사 구조들의 표층적 복잡화로 설명할 수는 없다. 물론 불연속적 구조들의 교차와 중첩이 복잡성을 생산하지만, 엄밀한 의미에서 연속적인 것을 산출하지는 않는다.

기호학에서 연속체라는 문제 설정의 출현은 주체들의 양태적 정체성과 주체들의 존재에 대한 물음과 연결된다. 실제로, 사물의 상태와 마음의 상태에 대한 제반 고찰들은 기호학적 존재의 두 가지 상이한 위상을 구분하기에 이른다. 사물의 상태 쪽에서는 결속적 상태를 존재로 간주하고, 마음의 상태 쪽에서는 양태적 상태를 존재로 간주한다. 첫 번째 경우의 예는, "소금은 물속에 부동의 상태로 있다"라는 문장을, 두 번째 경우의 예는, "철수는 수영할 줄 안다"라는 문장을 들 수 있다.

기호학에서 제기되는 인식론적 문제는 바로 두 가지 상태 유형의 분절과 그 상태들의 동질화이다. 만약 두 가지 상태의 유형이 동일한 기호학적 세

34 J. Fontanille, *Sémiotique du visible* (PUF, 1995), pp.5-22.

계에 속하는 것으로 가정된다면, 우리는 곧 정신의 상태가 사물의 상태를 변경시킬 수 있는 방식에 대해서 물어보아야 한다. 반대로, 만약 두 번째가 첫 번째 것에 의해 변경된다면, 첫 번째 것을 외부의 작동 주체의 개입 없이, 내적인 힘의 관계의 간단한 전복에 의해서 변형될 수 있는 불안정한 상태로 다루게 될 것이다. 그 결과 '수영할 줄 아는' 주체의 양태적 상태가 다시 반복되면, '부동의' 상태는 긴장된 상태, 잠재적 운동과 그것에 대립하는 저항 사이의 균형으로 나타날 수 있다. 바로 이런 이유에서 양태적 상태들을 참작하는 것은 연속체의 기호학에 속한다.

담화 쪽으로 자리를 옮긴다면, 파동과 변조, 뒤엉킴 등의 현상들은 발현의 형상들 가운데서 하나의 길을 터놓는 지각 활동과 발화 활동을 증언한다. 이 같은 담화적 현상들은 긴장성에 속하며, 긴장성의 심급은 바로 지각의 주체이다.

그렇지만 다른 한편에서 볼 때, 담화의 정서적 균열, 정신 상태의 갑작스러운 단절은 긴장성의 기저에 깔려 있는 형상들을 뒤흔들어 놓기 때문에, 감각적 자기 수용적 활동을 계시하며 바로 이 활동을 통해서 느끼는 주체의 고유한 몸은 담화적 의미 작용에서 자신의 권리를 요구한다. 이 같은 현상들은 감응(phorie)에 속하며, 그 심급은 바로 '느끼기'의 주체이다.[35] 기분은 느낌의 양극화되지 않은 단계를 특징짓는다. 이 단계는 기호학적 존재가 설정되는 순간에, 고유한 몸이 순수한 긴장적 효과들을 맞이할 수 있는 단계이다. 예컨대, '대경실색', '놀라움', '찬탄' 등에서 그 흔적을 찾아볼 수 있다. 더구나, 기분은 결코 엄밀한 의미에서의 행동자들이 현동화될 것을 전제로 하지 않는다. 기분의 경우 주체도 대상도 아닌, 단지 기본적인 긴장들의 효과의 근원이 있을 뿐이다.

바로 이것은 담화로 현동화된 자기 수용성이 행동자 구조들의 발현에 참여함을 말한다. 메를로-퐁티가 말했듯이, 만약 나의 몸이 다른 몸을 만진

---

35 A. J. Greimas & Jacques Fontanille, *Sémiotique des passions (Des états de choses aux états d'âme)* (Paris: Seuil, 1991), pp.28-38, 42, 45-46.

다면, 그 만지는 몸은 만져지는 몸을 자기 자신의 몸으로 느끼겠지만, 그는 동시에 그 다른 몸을 특정 위치와 상황에 갖다 놓는 것이다. 또한 이 다른 몸은 다른 타자의 몸이 된다. 이렇듯 간단한 접촉으로부터 두 개의 상호 주체가 탄생한다. 만약 그 접촉이 상호적인 것이 아니라면, 그 다른 몸은 하나의 '오브제'가 될 뿐이다.

기분은 곧 지각하는 주체의 고유한 몸에서, 주체가 놓여 있는 긴장적 공간 속에서 나타나는 역학 관계에 따른 변이형들의 효과이다. 기분은 고유한 몸으로 하여금, 그가 절감하는 힘의 한복판에서 자신의 통합성을 방어하는 것을 가능케 한다. 특히, 자신의 정신적 활력의 놀이와 힘의 재균형을 통해서 말이다. 이를테면, 소스라쳐 놀라기, 흥분, 전율 등은 그와 같은 표현들로서, 그가 자신의 환경으로부터 받는 긴장의 놀이에서 자신의 몸의 균형을 찾는 발현들이다.

에너지적 연속체의 가능한 두 가지 분절들의 종합은 일체의 인지적 기호학을 넘어설 때, 비로소 상정될 수 있다. 아울러, 감응적 긴장성(tensivité phorique)은 감각하고 지각하는 주체에 기초한다. 이 같은 첫 번째 분절은 긴장적 공간의 기초를 성립한다. 표현 면을 파악하기 위한 지각적 활동과, 표현과 내용의 응집 또는 파열을 확실하게 다지기 위한 감성적 활동이 그것이다.

지각의 주체에게 있어서 문제의 관건은 그가 세계를 조준하는 장소를 안정화시키는 것이다. 그 결과 이 같은 균형에 일조하는 기분, 곧 긴장적 공간에 대한 주체의 투사가 거기서 첫 번째 방향성을 나타낸다. 선긴장성(protensivité)이란 개념과 더불어 최소적 지향성의 문제가 제기된 것이다. 서사 기호학에서 지향성은 하나의 비약이나 결핍을 계시하는 상태들의 변형 속에서 해독되었던 반면, 미학적 기호학을 발전시킨 말기의 그레마스 기호학에서, 지향성은 그 근원을 존재의 미완성과 불완전성에서 취했다. 그런데 이것은 선기호학적 존재의 층위에서, 지향성이라고 하는 그 근원을, 총체적이고 토대적인 결핍 속에서 취한다는 것을 말하는 또 다른 방식이었다. 후설과 마찬가지로, 지향성은 비충만성과 각성, 즉 주어진 발현과 기대했던 것 사이의 감각적 시차에 연결된다.

《정념의 기호학》에서, 저자들은 잠재적인 것의 차이들이 긴장적 공간 속에 나타난다고 가정한다.[36] 최소한의 불균형도 근원/목표물의 효과를 만들어 내는 방향을 갖춘 변조로 해석될 수 있다. 이 같은 선긴장성, 즉 느끼는 주체에 의한 세계의 투사는 이 같은 최소적 잠재성의 차이에서 비롯된다. 여기서도 지향성은 결여, 긴장의 분배에서의 미완성으로부터 탄생한다. 특히 지향적 투사는 지각적 비충만성의 제 가치들이 제공하는 조명 덕분에 다양화될 수 있다. '초조'는 정념적 가치들의 토대를 세우고, 미완성은 심미성의 주체에 대해서 미적 가치들의 토대를 세우며, 결핍으로서 서사적 가치들의 구축을 가능케 한다. 과잉 또는 부족은 윤리적 차원에서 발전될 수 있으며, 분산 또는 응집의 요인으로서, 그것은 담화적 수미일관성의 전략을 유도한다.

세계에 대한 투사로서의 긴장성은 이렇게 해서 신용(fiducie)을 투영시킨다. 신용이란 용어는 가치의 가능성의 조건들을 아우르는 총칭적 술어로서, 가치의 신임성을 말한다. 문제의 핵심은 바로 제 범주들과 가치의 형성을 가능케 할 긴장적 공간의 첫 번째 분절이다. 신용이란 곧 다양한 종속, 차이들과 가치론들을 받아들일 수 있는 긴장적 공간의 속성이다.[37] 긴장적 공간이란 거기서 하나의 방향을 인지할 때, 신용적인 것이 된다. 가치들의 발현의 일반적 조건인 신용은 다시 기분의 긴장성의 특수한 조건들, 감각적 변조들에 종속되는데, 이때 엄밀한 의미에서의 의미론적 가치들과 구분하기 위해 '발랑스'(valence)라는 용어로 명명된다. 한편 담화의 리듬적 변조들은 첫 번째 유형을 성립한다. 템포와 속도, 다양한 각운과 박동은 집중성의 담화적 분절들로 나타나며, 바로 이 같은 분절들은 담화 속에서 가치들의 순환을 초규정하며 감각적 신용을 확보한다. 다른 한편, 감각적 세계의

36 같은 책, pp.33-35.

37 같은 책, pp.28-31, 40-43.

부분과 전체의 관계적 조직화는 두 번째 유형의 가치성을 성립한다. 모든 자리들이 긴장적 공간 속에서 그려지기 시작할 때, 지각의 주체에게 있어서 부분들 사이에 존재하는 관계들의 문제는 부분과 전체 사이에서 제기된다.

줄여 말해서 저자들이 탐구하려 했던 문제는 의미의 선조건들이라고 볼 수 있다. 1979년 출판된 《기호학 사전》에서 나타나는 기호학 이론의 상태에 견주어서, 정념의 기호학에서 제시되는 새로운 이론적 요소는, 의미 작용의 발현을 위한 조건에 첨가하여 그 선조건을 포함하는 독창적인 인식론적 수준에서 제안되었다고 볼 수 있다. 긴장성과 감응의 문제는 바로 그 같은 의미의 선조건들의 존재적 지평에 대한 표상을 '시뮬레이션'하기 위해서 선택된 근본적 개념들이다. 긴장성은 보편적인 유인력(attraction)의 개념을 전달하는 것으로 파악되는 반면, 감응은 긴장의 방향을 정해 준다. 이 같은 이론의 재편성으로 유도한 것은 그들이 정념 또는 인간의 행동 양식을 정념적, 경제적 또는 사회적 역할로서 정의하려고 시도했을 때, 설명될 수 없는 현상에 봉착했기 때문이다. 예를 들어서, 저자들은 인색함과 근검절약하는 사람의 역할은 기호학적으로 동일하며 단지 다음과 같은 차이가 있다는 것을 발견하였다. 오직 민감성이라는 현상만이 인색한 사람은 결코 근검절약하는 사람과 동일하지 않다는 것을 설명해 줄 수 있다. 따라서 그들의 이론에서 긴장성은 물리학의 원리에 의해 세계를 표상하려는 시도이며, 감응은 생물학의 유기체적 개념에 해당하는 것으로서 양자는 존재적 지평에서 감응적 긴장성으로 어우러진다. 바로 이 같은 지평에서 주체와 세계가 융합되기 시작하는 방식을 표상할 수 있는 '틀'이 나타난다.

일종의 활력(에너지)의 극성화로 볼 수 있는 정념화에 대한 이들의 연구는 상호 주체 및 소통의 문제와도 연관될 수 있다. 예컨대, 인간 공생의 핵심이라 할 수 있는 상호 신임의 최소한의 공존을 위한 기본이 무엇이냐는 물음도 새롭게 제기될 수 있다.

그레마스와 퐁타니유는 직관에서 출발하여 우주의 극성화를 가능케 하는 위치들을 상상해 냈다. 이것은 그들로 하여금 일종의 행동자 원형을 찾도록 만들었다. 말하자면, 아직 주체는 아니지만 무엇인가를 갈구하는 주체의 최소 상태이다. 다른 한편으로 그들은 일종의 대상의 잠재성을 포착하는데 이 같은 잠재성은 그들로 하여금 세계를 가치로서 파악케 한다. 이로써 문제는 다시 주체에서 대상으로 넘어감을 직감할 수 있다. 주체를 존재, 의미로서 이해하기 위해서 주체는 그들이 획득한 가치로써 정의되어야 한다. 이 같은 시각에서 정념의 기호학은 주체에 의해서 획득되고, 상실되고, 지연된 가치들의 기호학이 된다. 따라서 그레마스 기호학의 근본적인 관심은 가치의 문제로 모아진다고 볼 수 있다.

3. 양태화와 정념의 변조

앞서 제4부 양태성 부분에서 언급했듯이, 양태성은 언어에서의 주체성의 문제와 밀접한 연관성을 지닌다. 특히 양태성 이론은 상상, 정념, 느낌 등의 문제와도 유기적인 관련을 맺고 있다. 이 같은 양태성 문제의 인식 변화에서 정념 이론은 결정적이었다고 말할 수 있는데, 그 이유는 그레마스 기호학의 중반기부터 정념이라는 건축물이 양태성 이론에 기초한다는 공통 인식이 자리 잡게 되었기 때문이다.[38] 하지만 정념의 문제를 설명하기 위해 요구되는 양태성 이론의 유형에 대해서는 의견이 분분하였다. 정념의 인식론적 토대에서 가장 근간이 되는 문제는 기호학 이론이 어떤 점에서 양태화의 개념을 새롭게 갱신했는가를 꿰뚫어 보는 일이다.[39]

---

38 Cf. A. J. Greimas, *Du Sens II*, 특히 다음 논문 "De la modalisation de l'être"(Paris: Seuil, 1983).

39 이 문제는 앞서 언급한 그레마스와 퐁타니유가 공저한 《정념의 기호학》과 아울러 퐁타니유의 다음 논문에서 보다 체계적으로 정리되어 있다. 논자는 주로 두 번째 문헌에 기초하여 이 부분을 작성하였음을 밝혀 둔다.

① J. Fontanilles, "Modalisations et modulations passionnelles," *Revue internationale de philosophie* 48, no.189 (1994), pp.341-362.

이외에 다음 문헌을 참조할 것.

② J. Fontanille, *Sémiotique du discours* (PULIM, 1998), pp.170-180, 200-220.

본 장에서 검토할 사항은 크게 양태성과 서사성, 양태성과 정념적 의미의 효과, 양태화와 변조의 관련성, 양태적 통사론에 대한 간단한 소묘이다.[40]

이에 앞서 양태성의 문제와 정념의 기호학의 관계에 대해서 간략하게 언급해 보자.

1) 양태성과 서사성

서사적 주체가 제반 변형의 순수한 작동 주체로 파악된다는 점에서 이 같은 작동을 위해서 필요한 속성들을 주체에게 부과해야 한다는 것은 당연한 논리적 귀결이다. 풀어 말해 이것은 일체의 '하다'(faire), 즉 행동에 필수불가결한 이 같은 주체의 능력에 기호-언어적인 위상을 부여함을 말한다. 이것을 위해서 기호학은 양태성과 관련된 언어학적 개념을 수용하게 된다. 앞서 살펴본 것처럼 양태성은 다른 서술어들을 초규정하는 서술어들의 부류를 지칭한다. 영어에서 조동사가 대표적이며, 프랑스어에서는 '이다'(être)와 '하다'(faire)를 의미하는 동사들이 이에 속한다. 양태성의 개념은 그레마스의 기호학 이론에서 동화와 민담 등의 서사물에서 인지되었던 자격 시련에서 명시적으로 나타나며 동시에 계산 가능한 의미 내용을 부여하는 것 또한 가능케 했다. '하다'의 양태성은 따라서 행동의 전제 조건이며 그것을 결정짓는 요인들이다. 양태성은 그 자체로서 전제 규칙에 종속된다. 그 이유는 서술어는 양태 조동사가 전혀 영향을 받지 않은 채 지연되거나 부정될 수 있지만, 그 역은 참이 아니기 때문이다. 이런 이유에서 양태 조동사

③ J. Fontanille, et Gian Maria Tore, "De la modalisation à l'esthésie: Considérations (in) actuelles sur le passage de Du Sens à Du Sens II," *Protée* 34, no. 1 (2006): pp.23-32.

40 지각과 양태화의 문제를 그레마스의 시각에서 다룬 다음 논문 참조: C. W. Francis, "Du Sens: Prolongements théoriques autour de la perception et de la modalisation," *Protée* 34, no.1 (2006), pp.33-45.

는 서술어를 초규정한다고 말할 수 있다.

그레마스 기호학에서 양태성은 일련의 행동들에 선행하여 마련되어야 할 제반 조건들과 자격들을 반영한다는 점에서 서사 주체의 존재에 대한 보다 사실적 접근을 가능케 했다. 그레마스 기호학 이론의 중반기까지 사물의 상태의 의미 작용을 구성하게 해줄 수 있는 유일한 방법론적 장치는 상태들의 변형에 기반을 두었다. 즉, 의미는 오직 의미의 변형을 통해서만 접근될 수 있는 것이다. 양태성 이론과 더불어서 상태의 변형만으로도 의미 작용의 포착은 충분한 것으로 간주되었다.

요컨대, 인간 주체의 환경을 성립하는 양태화는 인간에게 특정 의미를 획득하게 해 주는 조건이 된다. 이 같은 시각 변화의 효과는 특히 단순한 상태 변형의 분석에서 벗어나는 비선형적 본질을 띠는 상이한 종류의 담론에서 감지된다. 변형 개념을 보충하면서 탄생한 양태성이라는 이론소는 기호학적 분석을 보다 정교하게 만들어 줄 수 있는 요긴한 장치가 된 것이다. 물론, 서사성 차원에서가 아니라, 담화성 차원에서 전개된 주체들의 양태적 정체성에 대한 연구는 존재의 양태적 변형들이, 그레마스가 초반기 이론에서 주장했던 것과는 달리, 가치 대상의 추구와 독립하여 자율적인 행로를 성립한다는 점을 입증해 주었다. 즉 담화적 존재의 변형들을 특징짓는 주체들의 양태적 역사는 가치들의 추구와 상보적으로 동시에 그것과 나란히 독립적으로 전개된다는 것이다. 이것은 곧 제반 가치 체계들과 정체성 추구 사이에서 설정되어야 할 관계들의 문제를 제기한다. 즉, 주체들이 양태성 차원에서 가치들을 추구하면서 의미 차원에 투자된 가치들 속에서 서로를 어떻게 재인식하면서 구성하게 되는가에 대한 문제가 남는다. 정체성 추구 가능성은 문제의 관건이 일정한 양태적 장치로 정의된다는 것을 전제로 한다.

이 같은 양태적 역사의 가능성은 곧 또 다른 유형의 서사성, 즉 주체가 존재로서 성취하는 기획에 토대를 둔 전혀 다른 서사성의 유형을 예상케 한다. 이 같은 유형의 서사성은 인지적 차원, 신용적 차원, 기분적 차원 등에서 탐구되었다.

다시 말해 문제의 핵심은 자신의 양태적 정체성을 추구하는 주체가 조준하는 기호학적 형식들이 무엇이냐에 대해 심층적으로 검토하는 작업이다. 이 같은 기호학적 형식은 세계의 대상들에 대해서 투사되기는 하지만 통상적인 의미에서의 가치 대상과는 구별된다는 점을 강조해야 할 것이다.

2) 양태성과 정념의 의미 효과—표준 서사 도식에서 표준 정념 도식으로

퐁타니유에 따르면 정념의 의미 효과는 양태적 배열의 느낌 또는 향수이다. 정념은 양태적 구조들의 효과가 아니라, 구조들의 잠정적 배열의 효과이다. 실제로 문제는 양태적 구조들이 아니라, 상이한 양태적 구조들 사이의 상호 교차, 조합, 상호 간섭 등의 현상인 것이다. 예컨대, 정념의 의미 효과의 간단한 예로서 한 남자가 한 여자와 사랑에 빠져 결혼하기를 원하나 부모의 반대로 그렇게 할 수 없는 경우, 심한 상실감 또는 분노에 빠질 수 있는 상황을 제시할 수 있을 것이다.

따라서 이 같은 정념의 의미 효과들의 양태적 기초를 참작하기 위해서는 새로운 규정들을 채택해야 한다. 이 말의 의미는 주체의 시퀀스 배열, 전체 조합, 일시적 양태 정체성을 고려해야 한다는 것이다. 이에 대해 퐁타니유는 양태적 연속, 양태적 장치, 양태적 역할들을 참작해야 한다는 점을 강조한다. 따라서 의미의 정념 효과는 일정한 장치를 실현하는 일련의 양태적 역할들로서 분석될 수 있다.

예컨대, 퐁타니유는 《정념의 기호학》에서 상세하게 분석된 '질투'라는 단어가 프랑스어에서 명명하는 정념 통합체(syntagme passionnel)의 구성을 반영하고 있다는 점을 환기시키면서 구체적인 문학 담론이나 사전들을 분석하여 다음과 같은 네 개의 커다란 구성 요소를 판별한다. ① 배타적인 애착, ② 의혹과 의구심, ③ 의심과 배반의 확신, ④ 사랑과 증오의 양가적 반응.[41]

이 같은 상이한 구성 요소들은 양태적 분석에서 확인될 수 있다. 애착은 하나의 필연성의 형식과 믿음에 기초한다. (즉 '…일 수밖에 없다'와 '믿다'의 조합에 기초한다.) 애착의 배타적 특징은 '…이기를 원한다'(연접)와 '…이어서는 안 된다'에 기초한다. 즉 아주 평범한 질투의 양식인, 남녀의 사랑에서, 자기가 사랑하는 여자의 마음을 사로잡은 자신의 경쟁자는 결코 그 여자의 사랑을 획득해서는 안 되며 오직 자신만이 그 여자의 사랑을 배타적으로 독점해야 한다는 심정이 질투의 주된 내용이다.

이어서 질투의 두 번째 요소인 의혹은 믿음에 대한 부정을 작동시키며 경쟁자의 출현 또는 그의 출현에 대한 공포로 인해서 발생하는 그 같은 의구심으로서 최소한 '…이지 않을 수 있다'를 전제로 한다. (질투의 대상에 대해서 예컨대, '그 여자가 날 사랑하지 않을 수도 있어'라는 의혹이 있어야만 질투심이 생겨날 것이다.)

세 번째 요소인 의심은 '무엇인가 알아야 할 것이 있다'라고 하는 앎과 더불어 지식의 차원을 도입한다. 즉 스스로 하나의 '알기를 원한다'를 장치시키는 메타-지식을 도입한다고 말할 수 있다. 끝으로 배반의 확신은 인식적 변형을 완수했다고 볼 수 있는데, 그 이유는 '…이지 않다'를 '알다'에, '…이지 않다'를 '믿다'에 각각 제공하기 때문이다.

배타적 애착에 대해서 그 행로가 완수되면 양태적 정의를 심층적으로 변형시키는데, 그 같은 애착은 모순에 기초하기 때문이다. 한편으로 거기에는 애착 자체에 필요한 신임을, 다른 한편으로는 배타성의 불가피한 통합체 차원의 전개가 되는 불신이 뒤섞인다.

구조들에 대한 연구로부터 구조들 사이에 존재하는 잠정적 배열과 상호 간섭의 차원으로 넘어간다는 것은 곧 양태화와 더불어 이질성과 반동위소(anti-isotopie)의 문제가 기호학에서 당당한 자리를 차지한다는 것을 의미한다. 왜냐하면 그 같은 이질성과 의미의 동질화로부터의 일탈이 새로운 의미를 만들어 낼 수 있기 때문이다. 아울러 새롭게 정의해야 할 분석 수준에서

---

41 J. Fontanille, 앞의 논문.

의미 작용은 계산 가능하며, 안정화된 기본 구조와 관계들의 구조에 기초하는 것이 아니라, 불안정한 긴장들의 배열에 기초한다는 중요한 사실을 인지하게 해 준다.

어떤 의미에서 볼 때, 이 같은 관심은 세계의 대상들과 사태를 있는 그 자체로 연구한다는 것을 함의한다고 말할 수 있으며, 그 이유로는 우리가 사는 세상은 현상들 사이의 상호 교차, 긴장적 연대적 요인들의 상호 작용으로 이루어지기 때문이라고 볼 수 있다. 따라서 복잡한 의미 현상을 안정된 기본 구조로 설명하려는 방법론적 환원주의에 대한 총체적 재검토가 필요하며 정념의 기호학은 바로 그 같은 문제 인식에서 나온 주제라는 점을 그 이론의 설계자인 퐁타니유는 주지시키고 있다.

실제로 정념의 의미 효과들을 산출하는 양태화는 행동의 양태화와는 몇 가지 점에서 상이하다. 무엇보다도 그것은 대상의 추구와 평행하여 양태적 정체성의 구성에 참여한다. 이에 대한 설명을 위해서는 우선 양자의 양태화가 갖는 층위의 차이를 언급해야 할 것이다. 먼저 행동의 양태화는 주체의 존재를 성립시킨다. 이렇게 성립된 존재의 양태화가 가능하고, 존재의 양태화는 따라서 엄밀한 의미에서의 서사 프로그램과 관련하여 두 번째 등급의 양태화로서 제시된다. 따라서 정념의 주체와 양태화된 행동의 주체를 혼동해서는 안 된다.

아울러 정념 효과를 띠는 양태화는 그것을 현동화하는 행동과 관련하여 언제나 하나의 양태적 잉여를 나타낸다. 예컨대, '충동성'을 검토해 보면, '…을 하는 사람이 되기를 원하다'는 행동에 필요한 단순한 '하기를 원하다'의 차원을 훌쩍 뛰어넘는다. 마찬가지로, 돈을 아끼는 경제적인 사람은 그의 '소유하고 싶어 하는 사람이 되기를 원하다'가 단순히 '소비하지 않기를 원하다' 또는 '획득하고 싶어 하다'를 넘어서는 순간부터 수전노로 변형된다. 수전노가 된 인색한 인간이 '필요한 것'을 넘어서 계속해서 부를 모으려고 하는 것을 설명해 주는 것은 바로 이 같은 양태적 잉여물이다.[42]

---

42 같은 논문, p.348.

문제가 되는 잉여 자체는 부분적으로는 정념적 의미 효과들을 지배하는 메타-양태화로서 해석될 수 있다. 왜냐하면 모든 경우에 있어서, 그 같은 잉여물은 필요성과 단절하는 과잉의 형상물로서 제시되기 때문이다. 요컨대, 양태적 잉여는 기호학 이론 자체의 인식론적 '…이어야 한다'의 부정을 나타낸다.

이 같은 관찰을 다른 일체의 과잉의 도덕화 문제로 확대시킬 수 있다. 일정한 필요를 넘어서는 주체의 존재 표현, 이를테면 사치, 포식, 주음, 난무 등은 일정한 규범과 문턱의 명목하에서 도덕적 비난을 받는다. 과잉은 필요성과 단절하는 것으로 주체 축의 감각적 증폭의 흔적인 것이다.

정념적 양태화는 자율적 파생 원칙에 종속되며, 전제 조건의 규칙들과 서사적 의미 작용의 구성 규칙을 준수하지 않는 고유한 역학에 종속된다. 양태성의 정념적 기능 작동에 의해서 제기되는 여러 문제들 가운데서 특히 양태화와 변조(modulation)의 분절에 대해서 초점을 두고 퐁타니유의 논지를 정리해 보자.

오랫동안 기호학의 구성 요소 가운데 가장 발달된 요소는 표면의 통사론이었다. 기능, 서사 발화체, 서사 프로그램, 생성 행로, 행동자 모델 등이 모두 통사론에 속한다. 특히 프로프의 서사학 모델로부터 영향을 받아 완성된 표준 서사 도식은 가장 대표적이라 할 수 있다. 서사 도식은 능력과 수행, 행동의 조종 및 제재 등과 관련되며, 세 가지 시련을 포함한다(자격 시련, 결정 시련, 영광 시련). 그런데 《정념의 기호학》에서, 저자들은 정념 장치에서 발신자를 축출하면서 기존의 표준 서사 도식의 보편성에 대해 이의를 제기한다. 즉, 기존의 생각을 바꾸어, 표준 서사 도식은 결코 보편적 요소를 갖고 있지 않으며 기호-서사 층위에 속할 권리도 없다는 것이다. 그들은 그것이 '이데올로기적 구성체'이며 '문화적 독법의 격자'에 불과하다고 진술하고 있다. 그들의 표현을 빌리자면, 서사 도식은 기호-서사 층위에 장치된 원초적 요소에 불과하다는 것이다.[43]

그 결과, 정념 분석에서 기호-서사 도식은 표준 정념 도식에 의해서 대치된다. 이 도식은 서사적 차원에 속하지 않고, 통사적 구성 요소와 의미론적 구성 요소를 갖는 담화적 차원을 갖는 것으로 간주된다. 먼저, 정념적 행로의 초벌구이, 또는 정념에 사로잡힌 주체의 담화 통사론이 존재하며, 이것은 성립(constitution)으로부터 성향(disposition)을 거쳐 감정화(sensibilisation)로 간다. 여기서 성립이란 '담화적 주체의 일반적 선경향으로서, 주체를 기다리는 정념적 행로를 선행하고 가치의 세계에 대한 그의 접근 방식을 규정하며, 특정 정념을 선별하도록 해 준다. 도덕화, 즉 가치 판단과 윤리적 판단이 정념적 행로를 종결하고 완수하는 '정념 도식의 초벌구이'가 오며 이것은 정념적 발현으로서의 정동(émotion)을 전제로 한다. 정동 자체는 감성화를 전제로 한다. 감성화는 기분의 변형이며 담화의 주체가 고통받고, 느끼고, 반응하고, 감동받는 주체로 변형시켜 주는 '작동'이라 할 수 있다.[44] 성향(disposition)은 사용과 관례에 의해서 역동화되고 선별된 장치들의 소환으로부터 결과된다. 성향은 양태적 연쇄의 상화, 정념적 행동을 특징짓는 '기호학적 스타일'을 장치시킨다. 하지만 성립은 시퀀스의 가장 위에 있으며 주체의 존재를 규정한다.

비록 정념이 주체의 존재 방식으로서 간주되지만, 기다림의 정념, 향수와 회상의 정념 등은 명백히 주체적인 정념보다는 객체에 대한 정념으로 나타난다. 즉, 잃어버린 대상에 대한 기다림이거나 향수가 그것이다. 그런데 상실 그 자체는 잃어버린 대상이 아니라 주체와 관련된다. 하나의 정념이 근본적인 것인지를 절대적 기준으로 규정하는 것은 불가능하다. 망설임으로서의 초조감은 궁극적으로 초조와 권태와 밀접하게 연결되어 있다. 그것은 특정인이나 특정 사물에 대한 권태가 아니라 총칭적 의미에서의 권태라는 것을 키르케고르, 하이데거는 말하고 있다. 시샘과 호기심은 진정한 주체적

---

43 A. J. Greimas & J. Fontanille, *Sémiotique des passions, des états de choses aux états d'âmes* (Paris: Seuil, 1991), p.267.
44 Jean-Marc Lemelin, 앞의 논문 참조.

정념들이다. 공포, 두려움 등의 불안감은 심오한 객체적 정념들로서 세계에 대한 정념들이라 할 수 있다.

정념의 주체는 개인이 아니라 오히려 장치라 할 수 있다. 장치는 주체가 아니지만, 주체는 장치라고 말할 수 있는 것이다. 《정념의 기호학》의 마지막 구절은 바로 그 주체를 '찾을 수 없는 것'(introuvable)으로 파악하고 있다.[45] 감응이나 기분은 전제된 발화 작용의 주체에 선행하지 않는다. 궁극적으로 정념의 주체, 정념에 사로잡힌 주체는 주체의 정념, 주체적 정념을 전제로 한다고 말할 수 있다.

3) 양태화와 변조

정념의 양태적 역동성은 양태적 구조들 속에 각인되지 않으며, 그 같은 구조들의 사용과 관례로 이루어진다. 하나의 주어진 문화권 안에서 가능한 조합이 무엇이며, 특히 하나의 정념적 효과를 갖는 특수한 구조가 무엇인지를 결정짓는 것은 그 같은 사회적 사용과 관례 때문이다. 실제로, 설사 양태성들이 보편적이거나 일반화될 수 있다 해도, 정념들은 그와는 반대로 지역, 문화, 시대에 따라서 다르게 특징지어질 수 있다. 예컨대, 완고함 또는 집요함의 경우에, '…할 수 없는' 상황에서도 '…하기를 원하다'의 의지를 강화시키거나 그것의 재긍정을 도입하는 것은 일정한 문화적 관례의 효과를 통해서이다. 마찬가지로 '충동성'은 /시발성/과 /집중성/의 자질을 띠면서 '원하다 + 할 수 있다'의 특수한 형태로서 나타난다.

여기서 관례와 사용에 호소하는 것, 아울러 역사와 문화의 산물이라 할 수 있는 구상화에 호소하는 것은 서사 기호학에서 이질성과 불안정성에 관한 연구가 필요함을 증언한다. 실제로, 정념의 양태적 장치들과 양태적 구조들 사이의 차이는 어휘소와 의미소 사이의 차이와 동일한 본질에 속한다. 판독 가능성을 위해서 어휘소를 의미소로 방법론적으로 환원시키더라

45 A. J. Greimas & J. Fontanille, 앞의 책, p.325.

도 여전히 어휘체의 역사적 문화적 불안정성의 모든 효과들에 대한 분석을 일시에 제거할 수 있는 것은 아니다. 더구나, 정념적 양태 장치들의 경우, 양태적 구조로 환원함으로써 우리가 상실하는 것은 바로 정념적 의미 자체의 효과이다. 적합성 차원에서 정념에 대한 기호학 이론을 방법론적으로 작동시키기 위해서 치러야 할 대가는 바로 구체적 사태와 사용 관례의 불안정성과 현상적 이질성에 대한 누락이다.

사용 관례의 생산물은 따라서 양태성들 속에서 얽히고설킴 그리고 어중음 소실(syncope)과 같은 것들을 제시하는 전형화된 양태적 장치가 될 것이며, 그것은 집중성과 상성의 자질에 의해서 초규정될 것이다. 따라서 정념적 의미의 효과를 책임지는 양태적 조합들이 고착된 일종의 블록 저장소를 성립하는 것이라고 볼 수 있다. 바로 그 같은 저장소에서 주체들은 자신들이 속해 있는 문화의 정념들을 발현하기 위해서 정념의 원천을 발굴할 수 있다.

고정된 장치들 속에서 양태성들을 동반하는 상적 긴장적 자질들의 총합을 퐁타니유는 '기호학적 스타일'이라고 부른다. 기호학적 스타일은 이런 점에서, 리듬, 상, 수량적 현상들의 형식 아래서 주체의 행로 동안에, 정념적이며 정체 파악이 가능한 과정에 적용될 수 있는 수미일관된 변조로서 나타난다.

이 같은 개념의 이점은 무엇보다 실제적인 것이다. 왜냐하면 우리가 하나의 정념을 파악할 수 있는 것은 일종의 증후의 형상을 만들어 내는 그것의 '스타일'을 인지할 때 가능해지기 때문이다. 예컨대, 동요 속에서 초조를, 고통 받는 사람의 다급한 동요 속에서 질투를 알아볼 수 있다. 정념의 기호학적 스타일이 인지되는 순간부터 하나의 정념은 주체의 양태적 구비로 특징지어질 수 있다. 따라서 정념적 스타일은 상당한 가설적 장점을 가질 수 있다.

뿐만 아니라, 그는 이 같은 기호학적 스타일을 특징짓는 자질들(리듬, 템포, 상, 집중성 등등)의 시각에서 우리는 이 같은 스타일들이 연속체의 변조, 존재의 긴장적 파동의 차원에 속한다고 평가한다. 따라서 아래와 같은 도표가 보여 주는 것처럼, 담화 속에서의 정념은 이산적 범주적 단위들(양태성)과, 긴장적 공간 속에서 분절된 연속적 단위들의 동시 소환으로부터 결과되는 것이다.[46]

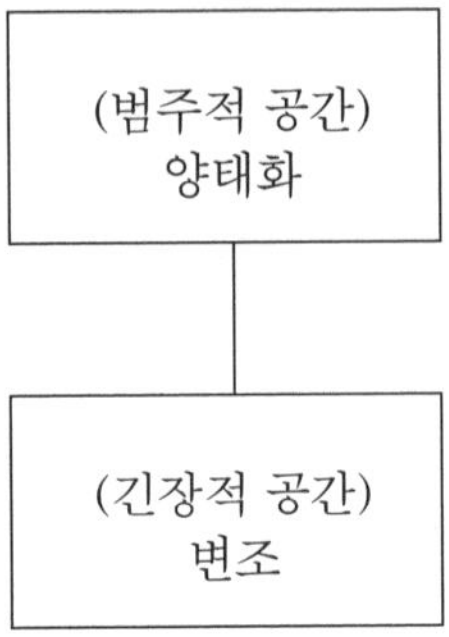

이 같은 긴장적 변조가 무엇이 될 수 있는가를 직관적으로 보다 더 잘 표상하기 위해서는 그것들을 생성의 변조, 연속적 변화의 템포 속에서의 모든 변화들의 종류들로서 간주할 수 있을 것이다. 이 같은 '생성의 변조들'을 참작한다는 것은 지금까지 구조 기호학을 활성화시킨 이산적 범주적 합리성 곁에다 플럭스, 생성, 리듬, 느낌, 감성적 합리성을 상정함을 뜻한다. 실제로, 불연속적 양태성들이 범주적 개념적 의미에서 인지적인 인식론적 주체에게 고유한 것이었다면, 연속체의 변조는 감성적이며 지각적인 긴장적 주체와 관련될 수밖에 없다는 것이 퐁타니유의 논리적 추론이다.

물론, 퐁타니유 자신이 시인하듯이, 현재로서 이 같은 구성 성분은 상당

46 J. Fontanille, 앞의 논문, p.351
《정념의 기호학》에서는 양태화와 변조, 그리고 상화의 관계를 다음과 같이 다소 상이한 도표로 제시하고 있다. (p.76)

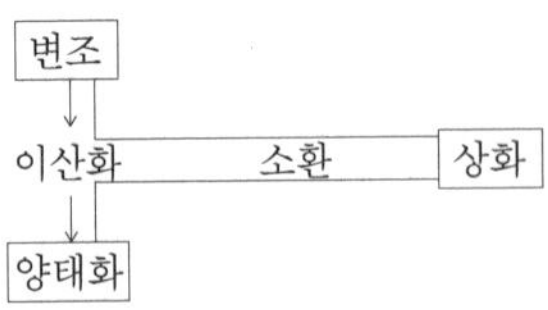

부분 가설적 상태로 남아 있다. 지금까지의 경험적 분석으로 보자면 두 가지 유형의 분절들이 판별 가능하다. 수량적 분절(특히 집중적 분절, 예컨대, 가속화 또는 완만함)과 위상학적 분절화(예컨대, 닫힘과 열림)가 그것이다. 아울러 상적 자질들은 반복, 완료성, 또는 시발성과 종결성 등으로부터 파생될 수 있다.

하나의 기호학적 스타일에 결부된 양태적 연속을 통하여 성립된 전체 집합은 하나의 정념적 성향(disposition passionnelle)을 드러낸다. 여기서 그는 성향이라는 것을, 정념적 장치와 그것에 결부된 스타일이 주체의 역사 속에서 매 순간 동일한 효과와 동일한 정념적 사건들을 파생시킬 수 있다는 의미에서 중요하게 여겨야 할 것임을 강조한다. 정념적 성향은 담화의 정서적 차원에 속하며, 이것은 마치 능력이 인지적-화용적 차원에 속하는 것과 마찬가지의 원리라 할 수 있다.

정념적 성향은 보다 방대한 정념적 구상화의 부분을 이룬다. 아울러 모든 정념적 구상화 자체는 다수의 성향을 결집하게 한다. 정념적 구상화는 통사적 규칙들에 따라서 조직화된다. 예컨대, 그레마스와 퐁타니유는 질투가 다음과 같은 방식으로 구성되어 있음을 보여 주었다.[47]

		A – 초조감	
		B – 의심	
① 배타적 애착	② 의구심	③ C – 확신과 배타적 비전	④ 사랑/증오
		D –고통	
		E – 수치심 또는 비통함	

상이한 정념들에 대한 현재까지의 연구 결과 ①번에서 ④번까지로 이루어진 연쇄체는 질투의 구상화가 보여 주는 특수한 양상이며 서사적 전제 조건의 법칙에 종속될 수밖에 없다. 즉, 사랑 또는 증오의 활성화는 질투라는 위기를 전제로 하고, 그 같은 위기는 의구심을 전제로 하며, 의구심은 다

47 A. J. Greimas & J. Fontanille, *Sémiotique des passions, des états de choses aux états d'âmes* (Paris: Seuil, 1991), 《정념의 기호학》, 제3장 참조.

시 배타적 애착을 전제로 한다. 반면, A에서 E까지의 요소로 이루어지는 ③번의 연쇄체는 정전화된 정념적 도식으로 일반화될 수 있는 정전적 구조를 제시한다.[48]

48 J. Fontanille, 앞의 논문(1994), p.356.

제23장

그레마스 기호학의 미학적 전회

1. 《불완전성에 대하여》—책의 스타일과 구성

1987년 그레마스는 그때까지 발표했던 자신의 기호학 저술들에 견주었을 때 의미의 농도와 글쓰기 스타일에서 완전히 단절하는 특이한 작품 하나를 발표한다. 그 책의 제목은 《불완전성에 대하여》(*De l'imperfection*)(1987)[1]이다. 그레마스의 기호학 사상의 지평에서 일종의 휴지부 또는 창조적 휴식기의 인상을 주는 이 작품은 고작 100여 쪽이 갓 넘는 소책자로서 기호학의 형식적 분석보다는 미의 세계에 대한 심오한 성찰과 거의 종교적 수준에 가까운 명상을 보여 줌으로써 독자들의 마음을 사로잡는다. 이 책은 그레마스라는 저자명을 모른 채 읽는다면, 기호학자의 저서라기보다는 십중팔구 여느 유명한 문학 비평가의 글, 이를테면 바르트의 비평으로 오인할 정도로, 그 이전까지의 그레마스의 저술에서 빈번하게 나타나는 형식적 엄격성과 도식성을 전혀 찾아볼 수 없다. 언어학과 기호학 연구에 한평생을 바친 그레마스의 학문 세계가 견지한 엄밀성에 비중을 두고 이 책의 가치를 기호학의 형식성으로부터의 일회적인 일탈 또는 문학적 향수에 빠져 있던 한 기호학자의 '에세이즘' 정도로 평가한다면 이 책에 녹아 있는 심층적 의

1 A. J. Greimas, *De l'imperfection* (A Périgueux: P. Fanlac, 1987). 이하 《불완전성》.

미와 진가를 놓치고 말 것이다.[2] 그레마스가 추구해 온 기호학의 과학적 기획이라는 관점에서 보면, 이 책을 일개의 시적 에세이를 시도한 모종의 일탈로 볼 수 있을지 모르지만, 앞서 우리가 자세히 고찰한《정념의 기호학》을 보건대, 주체의 경험에 대한 이해를 시도하는 미학의 접근법은 그레마스 기호학의 총체적 기획의 전개에 있어서 필연적으로 출현할 수밖에 없는 관점이라 할 수 있다.[3] 이 점은 그레마스 기호학 이론의 기본 얼개를 형성한《구조 의미론》의 초반부에 언급된 의미 작용과 지각의 관계에 대한 내용에서 이미 감지된다. 그는 지각을 "의미 작용의 포착이 자리 잡은 비언어적 장소"[4]로서 정의한 후에, 의미론을 감성적(감각적) 성질들의 세계에 대한 기술을 시도하는 작업으로서 규정하는 데 주저하지 않는다. 이때 "세계란 새벽부터 저녁까지, 태아에서부터 죽을 때까지 매 순간 온갖 형식 아래 우리에게 엄습하는"[5] 다양한 의미와 메시지들이 출발하는 근원이다. 심미적 사실을 주관성과 감성적 현실의 만남으로 설명하려는 시도는 결국 기호학이라는 학문의 담론 생성에서는 필연적으로 요청되어야 하는 것이며 그 자신이 추구했던 과학적 연구 프로그램을 완수하기 위해서도 출현할 수밖에 없었

---

2 이 책의 인식론적 미학적 토대와 더불어 그레마스의 전체 기호학 사상에서 차지하는 학술적 위상을 파악하고 있는 다음과 같은 연구 성과물을 참조하여 본 장을 작성하였음을 밝혀 둔다. 특히 부셰 교수와 케르시테 교수의 논문이 큰 도움이 되었다.

① Paolo Fabbri, "Introduzione", in A. J. Greimas, *Dell'imperfezione*, Palerme,

② Eric Landowski, éd., "Le sémioticien et son double", in *Lire Greimas* (Limoges: Pulim, 1997). Sellerio (1988).

③ Nijolé Kersyté, "La sémiotique d'A. J. Greimas entre logocentrisme et pensée phénoménologique," *Nouveaux Actes Sémiotiques* N.112 (2009).

④ G. Bucher, "De la perfection de la théorie à l'imperfection des lettres," in *Lire Greimas. Collection Nouveaux Actes Semiotiques* (PULIM, 1997), pp.169-183.

⑤ Driss Ablali, *La sémiotique du texte: du discours au continu* (L'Harmattan, 2003), pp.219-236.

⑥ Herman Parret, "Positions sémiotiques à l'égard de l'esthétique", in H. Parret, *Structures. Progrès sémiotiques en épistémologie et en esthétique* (Paris: L'Harmattan, 2018), pp. 67-76.

3 G. Bucher, 앞의 논문, pp.169-170.

4 A. J. Greimas, *Sémantique structurale* (Paris: Larousse, 1966, rééd. P.U.F., 1986), p.8.

5 A. J. Greimas, *De l'imperfection*, p.9.

던 것이다.

그레마스는 이 소책자에서 감각적 질료에 녹아 있는 시적 풍성함에 자신이 흠뻑 매료되어 있음을 주저 없이 표현하고 있으며, 또한 인간의 감각과 감성에 내포된 고갈되지 않는 심미적 가능성들에 의해서 매혹되었음을 고백한다. '세미오시스', 즉 기호학적 현상은 인간의 오감에 의해서 인간 자신에게 양도된 능력으로부터 구성된다. 몸에 의해서 저장된 감각들을 생성하는 내부 지향적 지각은 이 같은 다양한 감각 채널들을 집결시킨다. 파레트 교수에 의하면 인간의 지각 속에 배태된 감각적 차원은 주체를 순전히 인지적 주체로서 간주하게끔 하는 자명한 위험성에 빠지는 것을 막아 준다.[6]

책의 도입과 결론 역할을 맡은 이탤릭체로 기록된 짧은 두 편의 글 외에, 이 책은 '균열'과 '도피'라는 제목의 글로 각각 구성되어 있다. 제1부는 다섯 개의 걸작 작품들에 대한 압축적 묘사가 제공되고 있으며 제2부는 오늘날 목격되는 의미의 현대적 쇠약화와, 의미가 다시 솟아날 수 있는 가능성에 대한 몇 가지 추측을 제시한다. 이 책에서 제시된 다섯 편의 짧은 이야기들은 근대와 현대의 작가들과 예술가들을 주제로 삼고 있으며(프랑스의 현대 소설가 투르니에(Michel Tournieu 1924-2016), 이탈리아의 세계적 작가 칼비노(Italo Calvino 1923-1985), 독일 시인 릴케(Rainer Maria Rilke 1875-1926), 일본의 현대문학 작가 주니치로 다니자키(谷崎潤一郎), 부에노스 아이레스 출신의 아르헨티나 소설가 코르타자르(Julio Florencio Cortázar Descotte 1914-1984) 텍스트들 사이의 논리를 증명하기보다는 각 장에서 텍스트의 친화성에 대한 간단한 언급들이 나타날 뿐이다. 이 책에는 전문적인 기호학 학술 용어가 이따금 사용되고 있으나 결코 개념 자체에 대한 세부적 논증이 전개되지 않은 채 시각적, 촉각적 감각 작용과 공존한다. 다음과 같은 문장을 예로 들 수 있다. "물방울의 행동 양식의 서사화(narrativisation), 그것은 공간적 상화(aspectualisation)의 도움으로 발현되며—완만한 시발성, 길게 만들

6 Herman Parret, "Approches sémiologiques," *Recherches en communication* no.11 (1999), p.58.

기, 부풀림—배나무의 형식처럼 순간적인 유착(figement)으로 완수된다. 강력한 정념화의 사실로부터 여성의 몸의 몇몇 곡선들, 특히 바로크적 미학의 볼륨과 만곡(灣曲)을 암시하면서 말이다."[7] 그레마스는 단지 주제적이며 상징적인 울림에 촉수를 세우고 있으며 몇 가지 첨예한 특질들을 확대하거나 그것들에 강세를 둔다. 그레마스는 고차원적이며 거리 두기의 시각에서 차이들을 지워 버리는 대신, 각각의 텍스트가 포함하는 특이성들의 가치를 부각시킨다. 이 책에서 그레마스는 보들레르가 말하는 "추측으로 인해 사람을 취하게 하는 미궁" 속에 우리를 빠트린다. 그레마스 기호학 사상의 미학적 전회를 포착한 연구자들은 《불완전성》에서 펼쳐지는 것은 문학과 미학의 혼융으로부터 펼쳐지는 화려한 풍경이라고 이구동성으로 찬탄하고 있다.

2. 《불완전성》의 발생 과정—'텍스트'에서 '삶'으로

대부분의 그레마스 연구자들은 그레마스가 자신의 지적 활동의 종반부에 가서야, 이를테면 그의 최후의 단독 저서인 《불완전성》에 이르러서야 비로소 현상학과 접맥되었다는 평가를 내리고 있다. 이 같은 설명 도식에 따르면 두 명의 그레마스가 존재하는 셈이다. 제1의 그레마스는 오직 텍스트만을 신봉하는 사람으로 표상된다. 이점에 대해서는 그의 유명한 공식 "텍스트를 벗어나서는 어떤 구원도 없다"(hors du texte, point du salut)를 떠올릴 수 있을 것이다. 이 공식은 해체론의 기수 데리다의 표현 '텍스트를 벗어나서는 아무것도 없다'(Il n'y a pas de hors-texte)와 흡사하다. 제2의 그레마스는 '삶', '현실 그 자체', 세계의 사물들에 맞선 인간이 세계와 맺는 감각적 관계들에 관심을 둔다. 그레마스의 기호학 이론을 언어학 모델에 토대를 둔 순수한 텍스트 이론으로 소개하는 경향을 보여 주는 경우가 있으나 이 같은

7 A. J. Greimas, *De l'imperfection*, p.20.

부정확한 소개는 그레마스의 저술들에 대한 연대기를 검토해 보면 곧바로 근거가 없는 것으로 드러난다. 이를 위해서는 그의 초기 저술 가운데 세 편의 대표적인 논문을 환기할 필요가 있다. 1968년 발표한 〈자연 세계의 기호학의 조건들〉, 1972년에 공간 분석 특히 도시 공간의 분석을 다룬 〈위상 기호학을 위하여〉, 그리고 1978년 발표된 〈구상 기호학과 조형 기호학〉이 그것이다. 이 세편의 논문들에는 현상학과 관련된 어떤 저자도 언급되고 있지 않으나, 그레마스가 이들 논문에서 전개하고 있는 이론적 고찰들은 단순히 구조주의적 전제 조건에만 속하는 것이 아니라 현상학적 전제 조건들에 바탕을 두고 있다고 말할 수 있다.

결국, 그레마스의 이 같은 초기 핵심 논문들만으로도 그레마스가 초기부터 일반 기호학의 기획을 겨냥하고 있었음을 간파할 수 있다. 일찌감치 소쉬르 기호학으로부터 영감을 받은 그레마스는 언어 텍스트의 분석이 기호학의 다른 영역들 가운데 하나에 불과하다는 인식을 터득했다. 이 같은 조건들 속에서 《불완전성》은 그레마스의 초기 저술들에 견주어서 결코 하나의 단절 또는 부정을 성립하지 않고, 오랜 기간 동안, 몸짓, 공간, 그림 등 비언어적 대상들에 대한 분석을 다루고 있는 선행 연구의 논리적 연장에 놓여 있는 것이다.

그레마스 기호학 사상의 형성 과정에 조예가 깊은 리투아니아의 한 연구자 케르시테 교수는 《불완전성》에서 현상학적 논리를 식별할 수 있을 뿐만 아니라, 서사 기호학에서 필연적으로 나올 수밖에 없는 상이한 논리를 식별하는 것이 가능하다고 진술한다.[8] 물론 이 책에서 주체는 단지 양태적 범주들의 도움을 빌려서 기술되지 않으며, 대상은 닫힌 가치론적 세계에 머무르지 않고 소유의 차원에서 파악되는 가치가 아니다. 주체와 대상은 감각적 신체적 존재들로서 기술되며 각자 자신의 존재 방식을 갖는 것으로 기술된다. 그들의 관계는 여전히 연접 차원에서 정의된다.

---

8 Nijolé Kersyté, "La sémiotique d'A. J. Greimas entre logocentrisme et pensée phénoménologique," *Nouveaux Actes Sémiotiques* 112 (2009).

《불완전성》에서 세밀하게 묘사되고 있는 세계의 오브제들과 맺는 주체의 감각적 관계는 완전하게 현상학적 개념화에 상응하지는 않으며, 여전히 서사 기호학에서 맺어진 주체와 대상의 관계 모델에 영향을 받고 있다.

따라서 두 명의 그레마스를 구별하려 한다면, 그들의 관계는 순차적 질서가 아니라 동시적 질서에 속한다고 간주해야 한다. 그레마스의 수제자이며 사회 기호학의 권위자인 란도프스키 교수가 내린 진단처럼, 분리된 두 명의 그레마스가 존재하는 것이 아니라, 여러 얼굴을 갖고 있는 한 명의 그레마스가 존재한다고 봐야 할 것이다.[9] 케르시테 교수 역시 이 두 명의 그레마스는 그들의 연구 대상에 의해서 구별되는 것이 아니라, 상이한 전제와 사유 방식에 의해서 구별된다고 보고 있다. 그는 그것을 일러서 두 개의 사유 패러다임 또는 논리라 부를 것을 제안한다.[10]

첫 번째 것은 로고스 중심적 패러다임이다. 물론 이것은 데리다로부터 차용한 용어이다. 주지하다시피, 데리다는 의식과 신체, 내면과 외부, 동일성과 이타성, 고유한 것과 이색적인 것 등의 사이에 이원적이며 위계적 관계를 도입하면서, 이 같은 대립들의 첫 번째 항들을 중심에 갖다 놓고 두 번째 항들을 주변부로 몰아 놓는 사유를 일러 로고스 중심적 사유라 불렀다.

그것은 절대적 정신의 사유이며, 통일성과 동일성의 사유로서 순수 지성의 사유라 지칭되기도 한다. 데리다는 이 같은 사유가 경제적 원리, 자아와 동일자에 대한 귀환의 원칙에 의해서 지배된다는 점에 주목한다.

데리다가 비판한 이 같은 로고스 중심적 사유의 패러다임에는 서구의 형이상학적 사유가 속할 뿐만 아니라, 서사 기호학의 모델화를 통하여 텍스트들을 모델화시키는 과정 속에서 발견할 수 있는 서사적 사유도 동일한 범주에 속하게 된다.

그레마스는 그의 연구 초반부부터 이데올로기적 관점에서 중립적인 분

---

9 Eric Landowski, éd., "Le sémioticien et son double," in *Lire Greimas* (Limoges: Pulim, 1997), pp.229-255.

10 Nijolé Kersyté, "La sémiotique d'A. J. Greimas entre logocentrisme et pensée phénoménologique," *Nouveaux Actes Sémiotiques* 112 (2009).

석 장치로서 정의될 수 있는 보편적 서사 문법의 창조를 목표로 삼았다. 하지만 그가 기술할 수 있다고 주장한 서사 세계는 결코 중립적이지 않다. 서사 문법은 일정한 존재론을 전제하는, 즉 특정 장르들의 경험, 특정 유형의 실존적 비전, 주체와 세계의 대상 사이에 놓인 관계에 대한 개념화 등을 전제로 하는 상호 작용들의 모델들을 구성한다.

실제로 서사 구조의 일반적 모델은 도식적으로 요약하자면, 반복과 동일자에로의 귀환으로 번역되는 경제적 원리로 귀착된다. 가치가 있는 대상들은 주체들 사이에서 변형되지 않은 채, 아울러 그것들의 가치를 상실하지 않은 채 순환하는데, 이것은 마치 그 대상들이 시간을 벗어나 존재하는 것처럼 가정된 것이다. 서사 행로의 초기에 어떤 사람이 가치 있는 물건을 상실했을 때, 그것은 변형을 거치지 않은 채 자신의 본래의 장소로 필연적으로 다시 돌아온다. 표준 기호학에서는 두 가지 유형의 가치 대상들이 존재한다. 소유 또는 전유와 관련된 대상들과(이른바 축적 가능하고 소비 가능한 물건들) 양태적 대상들이 그것이다. 하지만 주체들 사이에서 물건들이 순환하는 방식에 있어서는 근본적인 차이가 없다. 서사 행로의 초반부에서 주체 행동자가 발신자 행동자로부터 양태적 대상('어떤 행동을 원하다', '무엇을 할 수 있는 능력' 등)을 부여받았을 때, 말미 부분에서 그의 능력은 상실되지 않고, 제대로 사용되고 실현된 것으로 발신자-입법자에 의해서 평가받아야 한다. 가치 대상으로서의 그 어떤 지식이나 능력도 서사적 세계의 경제에서는 사라지지 않으며 늘 어떤 식으로든 자신의 출발점으로 다시 돌아오기 마련이다.

주체의 서사 프로그램(주인공) 속에서, 주체가 대상과 맺는 관계는 '갖다', '소유' 또는 결여(연접 또는 이접) 차원에서 기술된다. 서사적 주체의 존재 방식과 관련하여 주체는 행동자적 역할들 차원에서, 또는 도식화되고 프로그램화된 행동 방식을 전제하는 주제적 역할들의 차원에서 정의된다. 서사 문법의 주체는 그 결과 형이상학적 철학의 주체에 해당된다. 그것은 스스로와 동일한 순수한 의식의 등가물이다. 서사 문법 속에서 상호 주체적 관계는 전유되어야 할 가치 대상들을 산출하는 경제적 교환으로서 개념화된다. 즉, 주체들은 가치 대상들의 전이와 양도의 장소들에 불과하거나, 그 같은 상호 주체적 관계는 인지적 또는 의지적 관계들로 간주한다.[11] 예컨대 소통은 지식의 교환으로 축소되거나 한 사람의 의지가 다른 사람의 권력에 종속되는 것으로 이루어진다.

그 결과 서사 세계를 하나의 경제적인 것과 인지적인 것의 차원으로 환원된 의미 세계로 만드는 이 같은 상수들은 서사 문법 속에서 형성될 수 있다. 그 이유는 오랫동안 기호학적 분석의 주요 대상들은, 닫히고 동질적인 가치론적 세계로서 파악된 전통 사회들 속에서 가치 대상들의 순환 체제를 반영하는 민담 또는 고전 문학의 서사물들이었기 때문이다.

이 같은 불변하는 서사적 상수들은 서사 세계를 지배하는 법칙들을 로고스 중심적 사유의 법칙들과 비교하는 것을 가능케 한다.

《불완전성》의 내용 구상과 관련하여 그의 양태성 이론에서 착발되었다는 가설도 설득력이 높다.[12] 즉, 감각 작용과 심미성의 문제 설정을 구축하는《불완전성》은 이미 양태 이론의 기초 자체를 형성하고 있었다는 것이다. 불완전성과 미완성은 바로 감각과 미적 경험들의 과정에 대한 이 같은 양태적 관점의 이론적 대상 외 다름 아니며, 가치론적 체계의 실현의 문제를 설정한다. '불완전하다'는 것은 정의상, 아직 완성되지 않은 행위 중에 있는 '세미오시스'이다. 가치론적 체계가 불완전성과 미완성 상태에 있다는 것은 그것의 실현 이전에 이미 다른 존재 방식들 속에서 파악될 수 있기 때문이다. 특히《불완전성》이 흥미로운 것은 바로 의미 작용의 변이화의 문제를 포착했기 때문이며, 또한 희로애락의 정동(emotion)이라는 주제를 함의하고 있기 때문이다.[13]

그레마스가《불완전성》을 집필하게 된 계기는 두 가지 지적 경험으로부

---

11 A. J. Greimas, *Du Sens II* (Paris: Seuil, 1983), p.47.

12 Jacques Fontanille & Gian Maria Tore, "De la modalisation à l'esthésie," *Protée* 34, no.1 (2006), pp.23-32.

13 같은 논문, p.30.

터 영향을 받은 데 기인한다. 하나는, 서사물들의 구조에 관한 연구로서 이것은 서사 문법을 생산한다. 다른 하나는 비언어적 본질에 속하는 감각적 집합들, 이를테면 회화 작품들, 공간들, 신체에 관한 연구에 의해서 동기 부여를 받은 것들로서, 이 같은 연구는 감각적 차원의 문법 토대에 대한 소묘이다.

비언어적 기호 체계와 감각적 차원에 할애된 그레마스의 선행 연구물들, 특히 앞서 언급한 세 편의 논문들에 견주어서 《불완전성》은 하나의 주제적 이동을 표시한다. 비언어적 오브제들의 텍스트적 독법 또는 형식적 판독성의 문제를 제기하는 대신 그레마스는 오브제와 현상들에 대한 독해 내용을 있는 그대로 기술하려고 애쓴 것이다. 즉, 주체와 대상 사이에 존재하는 직접적 관계로서, 감각적 차원에서 주체와 대상의 상호 작용으로서 이해되는 지각을 기술하려는 시도를 하고 있었다. 이 같은 시각을 선택하면서 그레마스는 현상학적 기술에 가장 가깝게 근접하고 있다는 분명한 인상을 우리에게 심어 주고 있다. 실제로 이탈리아의 그레마스 권위자인 파브리 교수를 비롯해서 이 책의 많은 주석가들이 현상학적 사유와 맺는 관계를 이구동성으로 강조했다. 물론 메를로-퐁티는 그레마스의 현상학적 전유에 있어서 누락될 수 없는 결정적 인물이다.[14]

3. 현상학과 미학의 융합

이 책이 빈번하게 참조했던, 그레마스가 중심이 되어 그의 제자들이 공동 편집한 《기호학 사전》에서 미학적 차원을 다루는 항목이 없다는 점은 다소 의외이다. 이 같은 제외는 미적인 것이 연속체로서 감각적 성질들의 차원에 속하기 때문이라고 설명할 수 있을 것이다. 반면 불연속체의 기호학은 범주

14 Paolo Fabbri, "Introduzione," in A. J. Greimas, *Dell'imperfezione* (Palerme: Sellerio, 1988).

화와 구상성에 호소한다. 그 결과 미적인 것은 이분법이나 이산화에 선행하는 수준으로서, 불연속체를 다루는 기호학에서는 적합지 않다. 왜냐하면 그것은 인상주의적 성찰만을 장려할 수 있기 때문이다.[15]

연속체의 특질에 속하는 모든 현상들과 심미적 차원을 포용한 것은 바로 그레마스의《불완전성》에 와서야 이루어진다. 실제로 이 책은 미학, 심미성에 대해서 많은 지면을 할애한다. 그 결과 기호학은 새로운 문제 설정을 기호학적으로 분석 가능한 대상으로 구성하도록 장려한다. 따라서 텍스트의 심미적 개념화, 심미적 대상, 주체의 심미성, 심미적 파악 등의 표현들이 즐비하게 나온다.[16] 이 같은 개념들과 더불어 기호학적으로 어떻게 미학과 심미성에 대해서 언급할 수 있을까? 그레마스의 말을 들어 보자.

> 주체의 통사적 기능을 구비하여, 주체는 바로 시선의 선긴장성(prétensivité)에 의해서 지각의 장의 한복판에서 구축되는데, 미학적 대상은 오직 시각적 공간의 연속체 위에서 불연속성을 생산하면서 결정적으로 성립된다.[17]

심미적 차원의 이 같은 문제 설정은 바로《불완전성》을 이루는 두 개의 구획의 기저에 있다. 각각 '균열'과 '도피'로서 이것은 메를로-퐁티와 뒤프렌의 철학과 매우 흡사하다. 실제로 그 같은 문제 설정은 연속체에 대해서 불연속체의 토대를 수립하기 때문이다. 텍스트라는 기호학적 대상에서 중요한 것은 단지 서사성이 아니라, 주체의 체감하는 육체의 매개를 통하여 그것이 자극하는 믿음의 감각적 토대이며, 기호학은 텍스트 속에서 심미성을 파악한다. 심미성은 의미 작용의 창발 과정을 판독 가능한 것으로 만든다.[18]

15 Driss Ablali, *La sémiotique du texte : du discours au continu*, p.229.
16 같은 책, p.230.
17 A. J. Greimas, *De l'imperfection*, p.28.
18 Driss Ablali, 앞의 책, p.230.

《불완전성》에서 기호학은 텍스트를 심미적 대상으로 채택하는 모험을 감수한다. 이런 의미에서, 이 책에서는 특히 어떻게 텍스트가 심미적 대상으로 변형되는가의 문제가 집중적으로 제기된다. 이때 주체와 대상의 관계 속에서 대상이 우리 앞에 있는 총체로 파악되는 순간에 초점을 둔다. 심미적 대상을 구성하는 부분들은 일탈하고, 주체에 저항하므로 심미성을 촉발한다. 더 정확히 말해서, 존재의 나타남과 이면 사이에서 비로소 미완성은 탄생한다. 바로 이 같은 미완성이 심미성의 원칙에 놓인다.

오랜 기간 동안 기호학과 미학의 접목을 시도해 온 벨기에의 대표적 석학인 파레트 교수의 견해에 의하면, 그레마스의 미학은 무엇보다 심미적 인간(homo aestheticus) 일반의 미학적 경험에 대한 원근법이라 할 수 있다. 그레마스의 에세이 《불완전성》은 기호학적 정통 교리에서는 결코 통합시킬 수 없었던 숨겨져 있던 억압된 요소를 그레마스 기호학 사상에서 발견하도록 해주었다. 그레마스가 강조한 심미적 파악(saisie esthétique)이라는 행복한 사건을 체험하는 것은 다양한 시간들과 공간들의 불연속성의 경험 속에서 이루어지며, 일상적 시간이 정지되고 세속의 모든 소음들의 정지가 이루어질 때, 비로소 깨달음의 시간의 수립을 통해서 행해진다. 현상학적으로 말해서, 이 같은 '균열', '순수성의 찰나', '영혼 상태의 동요' 등은 인지적으로 파악될 수 없으며, 이성과 정신을 마비시키는 맹목성이 동반된다. 마치 섬광에 의해서 눈이 부시는 것처럼 말이다. 이런 극적인 상황은 눈뿐만 아니라 마음이 동요되는 상태를 말한다.

특히 파레트 교수는 감각들의 위계와 관련하여 《불완전성》의 현상학은 손과 촉각의 중요성을 일깨워 주고 있다는 점에서, 그레마스가 폴 발레리 감수성으로부터 받은 미학적 세례 또는 영향력을 감지할 수 있다고 진술하고 있다.[19] 그레마스에 의하면 촉각은 감각 작용들 가운데 가장 심오한 것으로서, 가장 완벽한 결합, 외부 세계와 접촉할 때 인간의 마음에서 생기는

19 Herman Parret, "L'esthétique de Greimas face aux sensibilités valéryennes," *Semiotica* 219 (2017), pp. 133-145.

기분(thymie)이라는 관점에서, 가장 강렬한 합일을 실현하며, 따라서 심미적 경험의 심오함들 가운데서 으뜸이 되는 주춧돌이라는 것이다.

사실상, 《불완전성》에서 심미적 경험은 근본적으로는 촉각적 차원에 속하며, 결코 시각적 차원에 국한되거나 인지적 차원에 한정되지 않는다. 심미적 인간에 의한 아름다움의 전율적 감상은 주체와 그가 마주 대하며 상관관계를 맺는 대상과의 은밀한 융합을 함의하며, 그 같은 융합은 촉각 속에서 아울러 촉각을 통하여 실현된다. 그레마스는 릴케의 시를 분석하면서, 촉각성이 어떻게 감각성의 풍요로움에 영감을 줄 수 있는가에 대해서 세밀하게 묘사하고 있다. 물론 미각과 후각은 감각성의 놀이에서 부재하지 않는다. 예컨대 이 책에서 그는 일본의 다도와 프랑스 음식의 의례를 상기시킨다. 감성과 심미성을 갖춘 인간은 시각의 이성적 우주를 초월할 수 있다는 조건에서, 모든 종류의 공감각적 조합들과 공감각의 모든 변이형이 가능하다는 것이 그레마스의 지론이다.

텍스트와 미학에 대한 성찰을 관계 지으면서 기호학은 현상학적 담론의 권위에 의존한다. 지향성, 지각, 심미성에 대한 물음을 던질 때, 현상학에 대한 의탁은 불가피하다. 그리고 기호학은 감성, 감각, 지각에 대해서 메를로-퐁티의 성찰로부터 많은 영향을 받았다. 현상학적 미학은 뒤프렌과 같은 철학자의 작업을 활용하면서 심미성과 현존에 대해서 많은 것을 깨달았다.[20] 뒤프렌의 미학 이론에는 심미적 지각의 세 수준이 존재한다. 그것은 주체가 대상과 결합되는 단계이며 대상이 주체에게 계시되는 단계이기도 하다. 신체를 통한 현존, 상상력을 통한 재현, 반성을 통한 감정 등이 그것이다. 그에 따르면 이 같은 구별은 감각적인 것, 재현된 대상, 표현된 대상을 재단한다.[21] 메를로-퐁티와 뒤프렌의 신체 이론은 모두 지각 이론과 밀접하게 결합되어 있다. 그의 미학 이론에서 반성하기 전에 지각하는 것은 신

---

20 뒤프렌의 미학 이론에 대해서는 다음 연구물 참조: Driss Ablali, *La sémiotique du texte: du discours au continu* (Paris: L'Harmattan, 2003), pp.225-230.

21 M. Dufrenne, *Phénoménologie de l'expérience esthétique* (Paris: PUF, 1953), 한국어 번역본, 《미적 체험의 현상학》, 김채현 역(이화여자대학교 출판부, 1991).

체이다. 대상이 신체에 계시될 때, 신체는 곧바로 대상을 향해 열린다. 신체는 지식의 대상이 아니고 심지어 느끼는 것의 주체도 아니다. 그것은 단지 대상의 감각적 차원에 부응하는 감각태일 뿐이다. 이로써 현존의 수준에서 신체 속에 감각적인 것을 각성시키는 것은 심미적 대상이며, 그 결과 신체는 대상을 감각적 차원으로 수용하게 된다.[22]

> 심미적 대상은 무엇보다 감각적 차원의 최고조(apothéose)이다. 그리고 그것의 모든 의미는 감각적 차원에서 주어진다. 감각적 차원은 신체에 의해서 수용되어야 한다.[23]

더구나 신체를 통하여 주체는 심미적 대상 속에서 의미를 지각한다. 또한 신체로서 주체는 심미적 대상 속에서 다양성 이전에 주어진 통일성을 지각한다.[24] 즉 불연속체 이전에 연속체를 지각한다. 메를로-퐁티와 마찬가지로, 뒤프렌에게서도 지각의 우세를 발견할 수 있다. 지각은 주체와 대상의 관계가 보다 더 잘 발현되도록 해 주는 것이며, 감성적인 것을 통하여 기원적인 것의 출현에 접근하게 해 주는 것이다. 그 결과 미적 차원은 심미적 지각의 분할 이전에 그것이 하나의 체계로 분절되기 이전의 융합에 불과하다. 일단 심미적 지각의 대상이 인지되면, 곧바로 대상을 떠나서 즉 미학적으로 지각된 대상을 출발하여 지적으로 파악된 대상으로 향한다. 바로 이 점에서 현상학과 기호학의 접맥을 목격할 수 있다. 그 결과 지각은 구상성에 대한 성찰의 한복판에 놓이게 된다.[25] 왜냐하면 의미 작용의 현상학적 차원을 규정하는 것은 바로 지각이기 때문이다. 그레마스가 고백하고 있듯이, 연속체의 분석은 현상학에 의탁해야 한다.

《불완전성》은 심미적 사실을 주체의 의식 속에 도래하는 일종의 사건으

22 Driss Ablali, *La sémiotique du texte : du discours au continu*, p.232.

23 Dufrenne, 앞의 책, p.425.

24 같은 책.

25 Driss Ablali, 앞의 책, p.233.

로 묘사한다. 그 사고의 터짐은 하나의 일탈, 단절 또는 균열을 만들어 내며 동시에 의미의 충만성에 대한 개방을 가능케 한다. 이 같은 돌발적 사건은 주체를 정념적 주체로 변형시키면서 몸에 자신의 표지를 각인시킨다. 쉽게 말해 우리의 호흡은 가빠지고 체온이 올라간다. 심미적 경험 또는 정서적 긴장의 모든 상승은 생명을 의미하는 호흡, 즉 들숨과 날숨 사이에서 자리를 잡을 때만 실현될 수 있다.

《불완전성》에 포함된 교훈을 응축하자면 기호학자는 일상적 삶에 녹아 있는 심미적 경험들에 대한 분석으로 관심을 돌려야 하며, 그래야 비로소 윤리적 차원에 자신을 참여시킬 수 있다. 그 같은 심미적 경험이야말로 곧 일상적 삶이 우리들로부터 그 의미를 박탈하려는 오브제들과 행동 양식의 진정한 재의미화를 작동시킬 수 있다. 이것은 곧 기호학적 활동 자체의 재의미화를 가능케 할 것이다. 바로 여기서 기호학은 그 근원부터 윤리적 미학적 시도이기를 원했다는 점을 기억할 필요가 있다.[26] 《불완전성》은 결코 주변적이며 무시해도 좋은 작품으로 치부될 수 없으며, 오히려 정형화된 형식적 기구를 사용하여 기호학자가 실천하는 총체성에 대한 지식의 방법론적 인식론적 집착의 토대를 문제 삼는다는 점에서 기호학의 울타리를 근본적으로 다시 그려 볼 수 있는 새로운 원근법을 마련해 준다.

미완성은 나타남만이 존재에 대한 무엇인가를 계시할 수 있다는 가정하에 우리를 '나타남의 세계'로 초대한다. "향수와 기다림", "예상치 못한 것의 추구"는 미학적 가치들을 보호하려는 몸짓이다.

"이른바 심미적 가치들만이 일체의 부정성을 거부하면서 우리로 하여금 위로 향하게 하는 고유한 것, 유일한 것이다."[27] 여기서 심미적이라는 단어는 그것의 본래 의미, 즉 감각 작용과 감수성의 의미에서 새겨져야 할 것이다. 그러한 연유로 이 책 말미에서 그레마스는 미학이라는 말 대신 '에스테

---

26 이 점에 대해서는 다음 연구를 참조할 것. G. Bucher, "De la perfection de la théorie à l'imperfection des lettres," in *Lire Greimas. Collection Nouveaux Actes Semiotiques* (PULIM, 1997).

27 A. J. Greimas, *De l'imperfection*, p.99.

지스'(esthesis)라는 표현을 사용하고 있다.

"유일무이한 심미성을 기다리는 희망"이라는 감성은 신성한 것과 더불어 살과 영혼의 결합을 갈망한다. 바로 그 같은 결합에서 새로운 의미가 기대될 수 있다.

"기원의 명칭 아래 감추어진 향기 나는 조화(造化)가 자신들의 유착(coalescence)과 조응을 은폐할 것이다. 아울러 무시무시하고, 찬양하는 매료를 통하여, 신성한 것과 더불어 육적(肉的)인 것과 동시에 영적인 은밀한 흡수적 연접이 제공하는 새로운 의미 작용으로 주체를 인도할 것이다. 주체의 유머는 감성의 내재성을 다시 찾는다."[28] 앎의 시각으로서의 신성한 것은 곧 시적 언어와 관련하여 다시 나타난다. 시적 언어의 비속세적 본질은 그렇게 강조된다.

다양한 문학적 파편들에 대한 주석을 시도하면서, 그레마스는 이따금 심미적 파악에 대한 정의를 제시한다.[29] 물론 미적 파악은 지각 일반과 동일시된다. 그는 심미적 파악을 총체적 연접의 조준으로 정의한다. 또는 절대적 융합의 지향으로서 정의하는데 이를테면 이것은 동양의 자연 철학에서 말하는 자연과의 합일이라 할 수 있다. 만약 연접에 대한 바람이 있다면 의지가 존재한다. 분석이 끝날 무렵, 이 같은 바람은 종속, 흡수 등의 의지로서 규정되며, 심미성의 순간들은 점증적으로 점차 주체와 대상 사이의 암묵적 투쟁, 다시 말해 어느 하나가 다른 하나를 압도하려는, 두 힘 사이의 대결을 닮아 간다.

> 만약 심미적 파악이 두 경우에서 하나의 연접으로 해석될 수 있다면, 릴케에게서 조준되는 대상-세계는 투르니에의 그것과는 상반되게, 완성과 척도의 세계가 아니라 주체를 흡수하려는 침입적이며 위협적인 과잉

28 같은 책, p.78.

29 심미적 파악(saisie esthétique)에 대한 상세한 논의는 다음 논문 참조: Gianfranco Marrone, "La saisie esthétique, transformation non narrative de la subjectivité", *Semiotica* 219 (2017), pp. 115-132.

의 세계이다.[30]

이미지가 행사하는 지배는 힘의 관계를 전복시킨다: 가벼워지고 사라져 가는 현실의 멀어짐이라는 쾌락 대신 환영의 세계에 의한 주체의 몰입이 들어선다.[31]

분석된 작품들은 다음과 같은 순서로 진행된다. 처음에는 주체와 감각적 대상 사이의 거리가 유지되나, 이어서 주체는 갈수록 대상에 의해 흡수가 되어 자신이 소멸하는 문턱에 이른다. 파편들의 순서는 텍스트들의 선택이 아무렇게나 이루어진 것이 아님을 전제로 한다. 주체와 대상 사이의 이 같은 유형의 감각적 관계는 유일하게 착상될 수 있는 관계로서 제시된다. 심미적 관계는 결정적인 목표를 갖는 것으로 모델화된다. 절대적 연접, 주체의 소멸이 그것이다. 이 같은 목적은 거의 이 책을 이루는 모든 연구에서 상기된다.

그런데 주체와 대상 사이의 관계에 대한 이 같은 착상은 현상학적이지 않다. 그것은 차라리 사변적 형이상학적 철학에 따라서 주제화된 관계들의 유형을 상기시킬 뿐 아니라, 그 유명한 헤겔이 묘사한 주인과 노예의 투쟁을 떠올리게 한다. 유일한 목적이 권력을 한 사람으로부터 다른 사람으로 종속시키는 대결, 즉 그의 흡수, 자신의 이타성과 차이의 소멸이다. 이 같은 유형의 관계는 소유와 권력의 논리, 즉 로고스 중심적 논리에 종속된다.

그런데 빈번하게 《불완전성》의 그레마스와 사람들이 접맥시킨 메를로-퐁티는 바로 이 같은 개념화에 대립한다. 감각 작용은 그에 따르면 비인칭적 방식에서 발생한다. 감각 작용의 주체, 그의 신체는 익명이며 스스로를 다른 사람들과 차이가 나는 '나'로서 파악하지 않는다. 메를로-퐁티의 말을 들어 보자. "모든 지각은 일반성의 분위기 속에서 발생하며 우리에게 익

30 A. J. Greimas, *De l'imperfection* (Périgueux: Fanlac, 1987)

31 같은 책, p.59.

명으로서 주어진다. (…) 모든 감각 작용은 꿈의 씨앗 또는 탈개성화를 수반한다."[32] 물론 이 같은 발언은 주체가 감각 작용 속에서 용해되고 대상과 융합을 경험한다는 것을 의미하지 않는다. 그는 베르그송식의 주체와 대상 사이의 융화에 대해서 말하고 있는 것이 아니라, 감각적 경험 속에서, 그들의 각각의 존재 방식들 속에 존재하는 교감적 일치, 공존 등을 말하고 있다.

> 감각적인 것은, 우리에게 공간의 한 점을 제안하는, 세계에서 존재하는 일정한 방식 외에 다름 아니다. (…) 감각 작용은 액면 그대로 하나의 교감적 일치이다.[33]

메를로-퐁티는 감각적 상호 작용을 하나와 다른 것의 화해, 동감으로 기술한다.

> 만약 다양한 성질들이 자신들의 주변에서 일정한 실존 방식을 빛나게 한다면, 그 이유는 느끼는 주체가 그 같은 성질들을 오브제들로서 제기하기 때문이 아니라 그것들과 더불어 동감하기 때문이다. (…) 느끼는 주체와 감각적인 것은 서로 외적인 항들로서 마주 보는 것이 아니며, 감각 작용은 느끼는 주체 속에서 감각적인 것의 침입이다. 색채의 기저에 흐르는 것은 나의 시선이며 오브제의 형태의 기저에 흐르는 것은 나의 손의 운동이며, 또는 차라리 나의 시선은 색채와 하나로 일치한다.[34]

물론 《불완전성》에서 주체와 대상의 관계는 메를로-퐁티의 그것들과 등가의 차원에서 기술된다. 칼비노 텍스트의 한 파편에 대한 주석에서 팔로

---

32 Maurice Merleau-Ponty, *Phénoménologie de la perception* (Paris: Gallimard, 1945), p.249.

33 같은 책, p.247

34 같은 책, pp.247-248.

마르가 여성의 가슴과 만나는 것은 시선이 첨예한 형태들에 적응하는 것으로 기술된다.

> 심미적 대상은 통사적 행위자로 변형되며 그 결과 자신의 첨예성을 발현하면서 주체-관찰자를 넘어선다. 동일한 적응은 더구나 경험의 주체와 관련된다. 시선은 무엇보다 그의 시각의 간단한 도구로서 현존하며 그 자체가 주체의 능동적 위임자가 되고, 시선은 앞으로 나가고, 뒤로 물러서며, 신체적 주체를 벗어나, 맞이하는 위치 속에 자리 잡는다.[35]

하지만 이어서 시선의 지향적 행위를 그레마스는 인지적 수준의 양태적 범주들 속에 각인시킨다. "심미적 파악은 연접의 상호적 바람으로서 나타나지 않는다면 다른 무엇이겠는가? (…) 촉각은 극대적 친밀성을 근접적으로 표현하는 것이며 인지적 차원에서 총체적인 연접의 바람을 발현한다."[36]

다섯 편의 텍스트에서 문제의 핵심은 그가 '심미적 파악'(saisie esthétique)이라고 명명하는 것 속에 있다. 우리는 이 같은 표현의 중의성에 유의할 필요가 있다. 주체는 외부 세계의 현실을 포착하지만 이 같은 포착은 동반되는 감성적 감각적 특징으로 인해 관찰자에게 다시 돌아와 영향을 미친다. 파악은 곧 급격한 감동(saissement)으로 변모한다. 이야기들의 한복판에서 문제가 되는 것은 의식의 소용돌이이다. 거기에서는 통상적인 표상과 재현을 동요시키는 환희, 황홀이 생겨난다. 체험된 경험은 융합적이다. 즉 체험된 경험은 요청된 텍스트들의 생기와 엄밀성이 외시하는 해독 작업을 전제로 한다는 점에서 지성적이지만, 동시에 시간과 공간 게슈탈트의 파악과 관련된다는 점에서 정서적이며 감성적이다.

주체와 객체는 "심미적 파악" 덕분에 접촉한다. 하지만 이 같은 접촉 배후

35 A. J. Greimas, *De l'imperfection*, p.27.
36 같은 책, pp.28-30.

에는 삶과 죽음의 직관에 도달하려는 기대 속에서 잠재적으로 몸과 영혼의 묵시론적 실체가 존재한다. 거기에 참여한 개념적 이동은 빈번하게 지적된다. "심미성의 전율, 구체화는 따라서 주체와 동시에 객체에 대해서 배분된다. 그것은 두 개의 행동자의 융합, 인간과 세계의 순간적인 혼융을 표시하며, 동시에 이를테면 데카르트에서처럼, 영혼의 정념과 육체의 정념을 결합한다."[37] 주체와 객체의 그 같은 융합에 대한 필요는 빈번하게 강조된다. "대상과의 실재적인 연접의 욕망",[38] "주체와 객체의 총체적 융합",[39] 특히 신체적 차원에서 그것의 실현은 강조된다. "객체와 주체의 연접, 또는 객체에 의한 주체의 엄습이 이루어지는 곳은 다름 아니라 신체적 차원에서, 순수 감각의 차원에서—모든 색채로부터 휘황찬란하게 빛나며 눈 속으로 들어오는 물질의 분자들—이다."[40] 이 같은 융합에서 중요한 양상은 색채적 요소이다. 주체와, 주체를 흡수하는 현실 사이의 융합은 심미적 경험의 결정적인 계기이다. 하지만 그것은 동시에 주체 자체의 용해, 궁극적으로 주체의 절멸(annihilation)이기도 하다.

"왜냐하면, 마침내 문학적 대상의 최상의 효율성은—더 일반적으로는 심미적 대상—주체에 의해서 가정되는 그것의 연접은 그것의 용해, 독자-관객의 죽음에 의해서 강요된 이동 속에 있지 않는가? 죽음 또는 황홀적 삶, 그것이 무엇이건 중요치 않다, 그것은 우리가 꿈꾸어 온 심미성이 아닌가?"[41] 여기에는 관능적인 그 무엇인가가 존재한다. 왜냐하면 책의 말미에서 여성의 몸매와 옷차림새는 고집스럽게 하나의 방해물이자 동시에 위반에 대한 자극으로 간주되기 때문이다. 앞서 이 책의 초반부에서 우리에게 제공된 것은 기대의 이론, 즉 예기치 못한 것에 대한 기다림의 이론이었다. 그레마스는 우리가 기호들을 제스처로 변화시켜 삶을 재의미화해야 한다

37 같은 책, p.31.
38 같은 책, p.39.
39 같은 책, p.73.
40 같은 책, p.52.
41 같은 책, p.67.

고 암시하면서 그 같은 이론을 내다본다. 아울러 상상적 심미성의 직관에 도달하려는 목적과 더불어 취향의 미학을 초월하려는 뜻을 시사한다:

> 우리는 꿈꿀 수 있을 것이다. 만약, 모든 삶을 변모시키려 하고 주체의 행로 전체를 놀이화하려고 애쓰는 총체주의적 야심 대신, 주체의 프로그램들의 파편화, 체험된 것의 디테일의 가치화에 착수한다면, 만약 환유적이며 세심한 시선이 진지하게 소박한 것들을 흡수하는 데 활용된다면 말이다.[42]

이 책의 말미에서는 그 어떤 판단적 결론을 회피한 채, 물음표로 막을 내린다.

> 모래 위에 무엇인가를 세운다는 것, 그것이 예기치 못한 것의 기다림을 장려하는 것이 아닐까?[43]

각각의 텍스트들은 신비로운 섬광의 빛나는 장면을 드러내는데, 예컨대 첫 번째 텍스트로 선정된 미셸 투르니에의 작품《방드르디, 태평양의 끝》에서 가치를 부여하는 찬란함은 바로 이 책의 주된 모티프이다. 그레마스가 든 예는 아주 하찮은 것이다. 그것은 자신의 근원으로 돌아가는 물방울로서 "시간의 흐름의 도치에 착수한다."[44] 하지만 물방울의 효과는 소용돌이를 불러일으키며 강렬한 환희를 만들어 낸다. 이어지는 두 편의 텍스트는 각각 이탈로 칼비노와 릴케의 것으로서 그 장면은 유사하다. '응시'(Guizzo)라는 제목을 달고 있는 텍스트에서 모든 것은 시선 속에서 탄생하는 욕망에 초점이 모인다. 시각의 가치는 가벼운 스침, 거의 촉각적인 음미로 인해 복잡해진다. 감성적 충격은 욕망과 대상의 짧은 융합이 새겨 넣는 절정 속

42 같은 책, p.97.
43 같은 책, p.98.
44 같은 책, p.18.

에서 변형의 힘으로 탈바꿈한다. 시선의 이 같은 관능성은 빛의 번쩍임 속에서 최고조에 달한다. 이것이 바로 이탈리아어 단어 'guizzo'이다. 끝으로 마지막 두 편의 글에서는 일본 화가 주니치로 다니자키와 아르헨티나 소설가 훌리오 코르타자르의 텍스트를 다루고 있다. 이 두 편의 텍스트는 앞서 언급한 심미적 파악에 대한 우리의 지식을 증진시켜 주면서도 그것의 전제 조건을 확장시킨다. '그림자의 색'이란 제목에서는 선(先)텍스트로서 일본 화가의 글 〈그림자의 찬미〉를 택하고 있다. 여기서 만들어진 균열은 순수한 찬란함으로 묘사된 심미성으로서 그것은 그림자 생성의 신비를 심오하게 만든다. 왜냐하면 어둠 또는 없음의 가치는 결코 아무것도 아닌 것이 아니기 때문이다. 특히 그림자가 완벽한 암흑일 때 그것은 낮의 약속을 포함한다. 분할의 미학의 수수께끼에 중심을 둔 이 텍스트는 우리를 현상의 근원으로 다시 유도한다.

우리는 지금까지의 검토를 통해 이율배반적인 두 개의 원근법과 대면하게 된다. 문학적 원근법이라는 단순성과 아름다움으로 이루어진 부정할 수 없는 우월성, 즉《불완전성》이 말하는 것은 다름 아닌 다음과 같은 간단한 사실이다. 의미가 말해진다면 바로 이 말하기를 겸손하게 청취하라는 것이다. 우리가 살고 있는 세계 자체의 한계들을 규정하는 언어에 대한 외부적 관점은 있을 수 없다.[45] 그 결과 만약 모든 통제와 제어의 의지가 환상적인 것으로 밝혀진다면 우리에게 남겨진 일은 말라르메가 말하는 '철자의 신비' 속에 내재하는 놀이를, 남김없이 그것의 모든 파급 결과를 감수하는 수밖에 없다. 이것은 마치 전통적인 철학적 원근법을 가장 철저하게 넘어서고 있는 하이데거가 남긴 한 편의 텍스트와 맞닿는다: "따라서 우리는 무엇보다도 말 속에 있으며 말 곁에 있다. 말로 향하는 길은 불가능하다. 말을 향한 길은 심지어 불가능하다. (…) 우리는 여기서 기묘한 어떤 것을 위험하게 감수한다. 우리는 그것을 다음과 같은 방식으로 파악할 것이다: 말에다 말

45 이 점은 비트겐슈타인의《논리 철학 논고》(5.6)에 나오는 다음의 아포리즘과 일맥상통한다: "나의 언어의 한계들은 나의 세계의 한계들을 의미한다."

로서 말을 갖다 놓아라."[46]

기호학과 아울러 인문학으로부터 영감을 받은 형식적 엄밀성의 배려로 인해 문학적 심미성의 생성 과정에 심오하게 관심을 기울인 《불완전성》은 새로운 길을 터놓고 있으며 가장 기본적인 물음들을 완전히 다른 시점으로 밝혀 놓을 수 있게 되었다. 특히 이 책의 첫 줄에 나오는 현상의 문제가 더욱 그렇다: "모든 나타남은 불완전하며 미완성이다. 그것은 존재를 감추고 있지만 바로 그것으로부터 '존재하기를 원하다'와 '존재해야 한다'가 구성된다."[47]

또 하나의 문제는 분할의 심미성 또는 비의미나 침묵과 더불어서 유의미성의 복잡성이다. 무의 창조적 통합 또는 언어의 스테레오타입의 혁신적 전복은 형식적으로뿐만 아니라 발생적으로 의미와 비의미 사이에 상정된 긴장을 연결시킨다. 《의미에 관하여》의 초반부에서 그레마스는 이미 이 같은 사실을 언급한다: "의미에 대해서 말하고 또 의미에 대해서 무언가 의미 있는 것을 말하는 것은 대단히 어렵다. 그것을 적절하게 하기 위한 유일한 수단은 아무것도 의미하지 않는 언어를 구성하는 작업이 될 것이다: 그 결과 의미 있는 담론에 대해서 의미가 결여된 담론들을 유지할 수 있는 객관적인 거리를 설정하게 될 것이다."[48]

과학이 완벽성을 갈망하고 일반성을 지향한다면 예술, 특히 그 전범으로서의 문학적 경험은 다차원의 가치들과 역설을 수용한다는 점에서 처음부터 미완성과 불완전성에 속한다. 예술은 무한성의 파편들을 우리에게 인도할 때도 늘 불만족을 표현하고 또한 침묵을 받아들인다는 점에서 비소통에 노출하게 한다. 반면 이론의 완벽성이라는 꿈에 전적으로 투신하려는 욕망에 사로잡힌 과학은 비완결성의 쓴맛을 체험하도록 운명 지어진다. 인

---

46 M. Heidegger, *Acheminement vers la parole*, trans. fr. Trad. de lallemand par Jean Beaufret Wolfgang Brokmeieret Francois Fédier, (Paris: Gallimard, 1976), p.228, 한국어 번역본, 마르틴 하이데거, 《언어로의 도상에서》, 신상희 옮김, 나남, 2012

47 A. J. Greimas, *De l'imperfection*, p.7.

48 A. J. Greimas, *Du Sens* (Paris: Seuil, 1970), p.7.

간 언어의 조건을 초월하려는 존재 속의 갈망은 자신도 모르게 삶 자체를 불순한 것으로 괄호 속에 넣으려 하는 백색 신화로 치닫게 만든다.[49]

끝으로 언어 과학 또는 기호 과학과 문학적 심미성의 작동 사이에 존재하는 주목할 만한 시차는 바로 문학적 심미성에 내재적으로 귀속된 윤리적 배려이다.[50] 바로 이 점은《불완전성》의 제2부 '도피'의 대상을 이룬다. 문학적 명령은 의미 사건의 수용, 생동화된 의미의 배려, 그리고 타자의 청취를 부과한다. 제2부의 여러 곳에서 그레마스는 정념적 차원을 윤리적 참여와 명시적으로 결합시키고 있다: "증인으로서 장치된 인지적 행동자는 동시에 정념적 윤리적 역할을 맡은 행위자이다. 그는 소설의 인물들 가운데서 살기 시작한다."[51] 특히《불완전성》의 마지막 장에서 그레마스는 심미성의 퇴락 또는 망각에 맞서서 투쟁의 조건을 검토한다. 만약 문학적 창조가 공통적 장소들 속에 갇힌 세계를 변모시키는 것을 소명으로 삼는다면 소진되어 가는 의미의 재생성은 어디에서 도래할 것인가? 바로 이에 대한 답을 그레마스는 다음과 같이 제시한다: "미학적 우주는 자신의 가치를 중립적 지평으로부터 평가하고 고양시킨다: 문제의 핵심은 그 가치들을 부각시키는 정념적 돋보임으로 쓰이는 초연함 또는 임의의 참작을 거부하는 것 곧, 무의미로서, 상승하는 미학적 가치들은 의미의 잉여로 스스로를 단언한다."[52]

막 탄생하는 의미의 경험이 급격한 감동과 심미적 환희라면 기다림과 희망을 자양분으로 섭취하는 상상적인 이타적 공간을 구성하면서 삶을 미화하려는 기호학은 다시 한 번 미래의 길을 터줄 것이다.[53]

농밀하면서도 축약적인 또 다른 단락에서 그레마스는 고전적 기호학의 초연함, 즉 반심미성과 처음부터 단절하는 명상적 성찰을 준비한다. 이것은 곧 탄생하는 상태에서 의미의 생성에 대한 배려를 전혀 하지 않는 모든 과

49 G. Bucher, 앞의 논문, pp.179-180.
50 같은 논문, p.180.
51 A. J. Greimas, *De l'imperfection*, p.62.
52 같은 책, pp.85-86.
53 G. Bucher, 앞의 논문, p.180.

학의 제스처와도 단절하는 것이다. 합리적 담론의 표피적 신용을 넘어 의미 작용 자체가 결여될 수 있다는 생각은 무서운 시각이며 이것은 진정으로 도덕적이며 문학적인 시각에서는 믿음이 갈 수밖에 없다[54]: "이전에 우울 또는 반항을 촉발했던 마멸은 무의미성의 문턱에서 멈추는 상실된 추구에 이른다."[55]

"예기치 못한 것의 기다림"이란 제목에서 그레마스는 두 개의 가능한 출구를 구분한다. 첫 번째 것은 흩어지고 미세한, 하지만 능동적인 심미성의 우연들이다. 일상의 범속성을 언제든지 다시 변모시킬 수 있는 수없이 많은 활력의 예감들이 그것이다. 두 번째 것은 짧은 의문을 낳는 것으로서 전체의 변환 가능성과 관련된다: "순진무구함: 근원으로 돌아감의 꿈. 근원적 심미성 속에서 인간과 세계는 하나였다. 유일무이한 심미성, 눈을 감지 못하게 할 환희에 대한 주의 깊은 희망. 단지 빛만을(Mehr Licht)!"[56]

그레마스가 시도한 탐구는 심미성에 대한 유일무이한 의식을 전제로 한다. 그 같은 의식은 주체성과 모든 기존 관념의 자아에 대한 폐쇄성을 산산조각 낼 수 있는 것이다. 성스러운 것은 서사화된 일상을 사로잡으며 일상을 초월하거나 그 기초를 이루면서 자연적 리듬을 해체한다.

《불완전성》의 제1부에서 그레마스는 자의적으로 선택된 텍스트들의 단순한 비교를 통해서 반복되는 형상화를 추출하는 것으로 만족했다. 하지만 이제 우리는 예감된 통일성의 의미를 심오화할 수 있는 가능성을 얻는다. 예술, 언어의 근원, 성스러움의 근원에 대한 그의 성찰에서 새겨진 탐구는 방대한 고고학적 우회를 요청한다. 심미성에서 발현하는 성스러움에 대한 황홀적 경험은 실제로 문학 자체의 신화적 기층의 해명을 필요로 한다. 《불완전성》에서 제안된 독창적 수순은 언어에 대한 성찰의 지평에 각인되었다는 점에서 문학 작품과 현대 철학의 몇 가지 흐름과 맞닿아 있다.[57]

54 같은 논문, pp.180-181.
55 A. J. Greimas, 앞의 책, p.88.
56 같은 책, p.99.
57 G. Bucher, 앞의 논문, pp.181-182.

근원으로의 회귀와 관련된 모든 예측과 계산은 그 상관물로서 언어와 관련된 우리의 통상적인 종교적 합리적 개념을 문제 삼는 것이기 때문이다. 그러나 한데, 이를테면 말의 유일무이한 작동은 어떻게 의식과 세계 속의 존재와 관련하여 전통적인 선험성의 초월을 가능케 하는지에 대한 물음, 혹은 말의 신비 그 자체이기도 한 부활적 힘을 말에 가져다주는 것은 무엇인가와 같은 물음들은 여전히 풀리지 않은 것들이다.[58]

《불완전성》은 그레마스의 기호학적 프로젝트의 지평에서 조망할 때 두 개의 상반된 운동을 나타낸다. 무엇보다 그가 약 30년간 구축했던 기호학의 인식론적 건축물에서 그것은 일종의 의미의 결여라는 이상야릇한 징후로 나타난다. 이 같은 균열을 식별하면서 우리는 언어에 대한 일체의 과학적 테크놀로지적 모형과 각 이론의 해석의 상충을 넘어서 언어에 대한 철저한 반성의 계기를 마련할 수 있을 것이다. 쉽게 말해서 기호학의 과학적 구성이 형식성의 울타리 안에 갇히는 것을 막아 줄 수 있는 난간 장치를 마련해 주는 것이다. 하지만 그와는 반대로 이론적 토대에 대한 철저한 비판을 겨냥하면서 그의 문학적 성찰의 영양분을 제공하고 말의 신비성을 첨예하게 부각하는 그레마스의 방법론적 배려를 추출하는 것도 가능하다. 이 점에서 뷔셰 교수의 견해는 정곡을 찌른다: "명명백백하면서도 동시에 신비스런 그것의 이중성 속에서 우리 작가의 작품(=《불완전성》)은 우리에게 우리 자신의 존재의 신비와 혼융되는 의미 현상에 대한 보다 높은 지성의 길을 열어 줄 것이다."[59]

이 같은 관찰들은 그레마스가 문학적 파편 속에서 진행되는 것을 기술하는 것 이외에 다른 어떤 것을 하고 있지 않으며, 이 점에서 현상학적 기술을 완수한다고 말할 수 있다. 하지만 그가 해석하기 시작할 무렵, 즉 그가 감각적 차원에서 진행되는 것을 서사적 양태적 범주들로 전사하려는 시도를 할

---

58 같은 논문, p.182.

59 G. Bucher, "De la perfection de la théorie à l'imperfection des lettres," in *Lire Greimas*, coll. Nouveaux Actes Semiotiques (PULIM, 1997), p.183.

때부터, 그는 '레지스터'를 변경한다. 그는 감각적 현상들의 세계를 하나의 목적론, 의지의 형이상학에 종속시킨다. 현상학에서는 단순한 조준, 방향, 대상을 향한 방향성으로 특징지어지는 지향성이 그레마스에 의해서는 목적론적 방식으로 기술된다. 즉 미리 규정된 목적의 조준으로서, 필연적으로 미리 투사된 종결로 귀결될 수밖에 없는 행동으로서 기술된 것이다. 그 결과 지향은 바람과 동일시되고, 욕망과 동일시되지만, 현상학에서 지향이 다루어지는 방식과는 멀어진다.

그레마스의 사유를 지배하는 이 같은 두 가지 논리는 나중에 가서 란도프스키 교수로 하여금 이 책으로부터 주체와 대상의 감각적 관계에 대한 다른 기호학적 개념을 발전시키는 것을 가능케 했다. 연접과 이접 등의 접속 체제에 결합 또는 적응의 체제를 대립시키고 있는데, 이 체제는 바로 메를로-퐁티에 의한 지각의 현상학적 기술들에 정확히 해당된다.

그레마스 사유의 해석은 여기서 요컨대 해체론에 입각하고 있다. 그 해석은 두 개의 대립된 논리를 발견한다. 이 두 개의 논리는 상이한 두 개의 차원에 속한다. 로고스 중심적 논리는 동시에 서사성의 논리이며, 순전히 인지적 차원에서 영향력을 행사한다. 정반대로, 감각적 신체적 차원이 나타나는 곳에서 작동되는 것은 현상학적 법칙들에 영향을 끼친다. 물론 이것은 로고스 중심적 원칙들이 오직 서사적 텍스트들 속에서만 나타난다는 것을 의미하지는 않는다. 감각적 경험 또한 그 같은 로고스 중심적 원리에 의해서 해석될 수 있기 때문이다. 대칭적으로 현상학적 법칙들은 오직 체험된 경험 속에서만 배타적으로 지배하는 것은 아니지만, 이야기는 현상학적으로 읽힐 수 있다. 그레마스는 그 같은 법칙들을 식별했으나 공식화하지 않았다.

4.《불완전성》의 인식론적 의의

끝으로 그레마스의 미학적 전회를 마련한《불완전성》을 그의 다른 기호학 저술들과 대조하는 작업이 남았다. 특히 본 장의 마지막 작업을 위해 그의 서사성 이론과 시 기호학을 비롯해 그의 최후 저서인 《정념의 기호학》과의 연관성을 파고 들어가야 할 것이다.

앞서 언급한 다섯 편의 텍스트는 모두 창조적 심미성의 체험된 정념 또는 시성(詩性, poésis)의 신비에 대한 것이다. 다섯 편의 문학 작품에 대한 분석은 이론적 틀에 얽매여 있기보다는 매번 유일무이하며 전범적인 방식에 근거하여 문학적 사건을 재완성시키고 그것의 통합성을 재탄생시키려는 시도를 한다. 그 점에 있어 그레마스의 언어는 문학적 언어의 본질과 비밀을 꿰뚫어 보려 한다. 특정 문학 텍스트를 심오하게 만드는 그레마스의 설명 방식은 엄밀한 기호학 방법이 아니라 심미적·시적 언어를 선택하고 있다. 그것은 상실과 재창조의 시적 경제의 부분을 이루며 새로운 문학적 형식을 창안한다. 《불완전성》이 말하고 있는 것은 다름 아니라 본래의 작품들이 말하고 있는 것으로 다만 예상치 못했던 방식으로 원전 텍스트들을 살아 있는 물고기처럼 팔딱팔딱 뛰게 하는 것이다. 글쓰기의 즐거움이 내포하는 명증한 표징들, 주석의 쾌활성과 경쾌함, 그리고 적확성은 체험된 매료, 실현된 욕망을 증언한다. 그렇게 되면 《불완전성》에서 실천된 문학적 연습과 다른 저술들에서 그레마스가 추구한 기호학적 접근 사이의 거리는 더욱 더 기묘하게 나타난다. 동일한 한 작가에게서 나타나는 이 같은 부조화는 분명하게 해명할 필요가 있다. 실제로 "말할 수 없는 것의 문제 틀을 거부하면서 새로운 신비화"[60]를 회피하려고 했던 시 기호학의 기획과, 다른 한편으론 "말해질 수 없는 것을 말하려 하고, 보이지 않는 것을 그리려 하는 결단"[61] 사이에서 모순은 명명백백하게 보인다. 그레마스는 1970년대에 쓴 글에서 시 기호학은 현실의 충실한 재생이 될 수 없으며 단지 하나의 구성물일 수밖에 없다는 점을 분명히 했고, 시 기호학이 관념적으로 생성시킬 수 있다고 주장하는 시적 대상들은 결코 텍스트적 발현 체험의 충만성에 도달

60 A. J. Greimas, *Essais de sémiotique poétique* (Paris: Larousse, 1970), p.20.
61 A. J. Greimas, *De l'imperfection* (A Périgueux: P. Falnac, 1987), p.99

불가능한 구성된 대상물일 수밖에 없다는 결론에 다다른 바 있다.[62]

《불완전성》은 분명히 단절적 측면을 노출하고 있는 것이 엄연한 사실이다. 그의 형식적 분석은 본서 제4부 제4장에서 간략하게 정리한 모파상의 단편 소설 분석에서 정점에 다다랐는데, 그것은 기호학의 형식성이 도달할 수 있는 엄밀성과 체계성의 극치를 보여 준 것이었으며, 그 어떤 미학적 가치에 대한 탐색도 없었다. 불과 6쪽에 불과한 모파상의 단편 〈두 친구〉에 대해서 무려 250쪽에 이르는 분석을 제공하는 저서에서 그는 자신의 모든 기호학적 개념과 도구(행동자, 동위소, 양태성, 기호학적 사각형)를 활용한다. 그레마스는 분석의 말미에서 의미의 포괄적 체계적 이해에 대한 확신을 피력하고 있다:

> 그 같은 텍스트 조직이 생산하는 전체 의미의 효과는 분명하다: 텍스트는 하나의 기호로서 제시되며 그 기호의 담화는 다중적인 구상적 동위소들로 분절되고 그것의 기의를 해독하도록 유도하는 기표와 다름없다.[63]

비록 분석의 대상은 문학 작품이었지만, 이 책은 그 분석적 엄밀성 측면에 있어서 그레마스의 초기 저술들에 더 가깝다. 따라서 우리가 다루는 《불완전성》의 글쓰기 스타일의 자취를 찾아보기 힘들다. 이탈리아 비평가 세그레는 다른 어떤 그레마스의 저술물에서도 《불완전성》에 담긴 울림과 소산(消散, dissipation)의 흔적을 찾을 수 없다는 점에서 《불완전성》의 독창성과 단절성을 강조한다.[64]

기호학적 메타언어의 구축이 궁극적으로 엄밀한 의미에서의 문학적 생

---

62 A. J. Greimas, *Essais de sémiotique poétique* (Paris: Larousse, 1970), p. 22.

63 A. J. Greimas, *Maupassant : La sémiotique du texte:exercices pratiques* (Paris: Seuil, 1976), p.267.

64 C. Segre, "The Style of Greimas and Its Transformations," *New Literary History* vol. 20 (1989).

성 가능성을 괄호 속에 집어넣을 수밖에 없게 만든다는 점을 받아들인다면 과연 그레마스의 저술들이 포함하는 그 절묘한 균형 또는 은밀한 모순은 어디서 도래하는 것인가를 물어야 할 것이다. 이 물음에 답변하기 위해서는 먼저 그의 기호학의 과학적 형식성과 시적 감수성이라는 이율배반의 본질을 명확히 규명하려는 작업이 선행되어야 한다. 모든 기호학적 시도는 일련의 잠재적인 결단들로 진행되며, 《불완전성》에서 제안된 문학적 심미성과의 대질은 바로 그 같은 결단들을 조명한다.[65] 그 같은 결단은 크게 세 개의 부류로 묶일 수 있다. 즉 과학적 관념성(또는 이상성)을 구성하기 위해서는 주체를 대상화시켜야 하며 특히 일체의 정념적 또는 정서적 표현을 철퇴시켜서 삶의 비순수성을 거부하는 방식 또는 주체의 죽음을 고정하거나 주체를 죽은 것으로 결빙시키는 방식에 이른다는 것이 첫 번째이고,[66] 둘째는 첫 번째 것과 상관관계를 맺으며 언어의 지시적 기능을 지연시켜 구조적 자율성을 보장하는 방식을 취한다. 마지막으로 셋째는 언어의 다가성과 모순을 일체의 이분법들로 환원시키며 명증성의 이성적 또는 합리주의적 신화의 토대를 세우려는 제스처가 그것이다. 다시 말해 창조적 심미성 또는 상징적인 기호 발생을 한정된 수의 형식적 구조로 환원시킴으로서 비로소 기호학적 구성주의가 구축될 수 있는 것이다.[67] 왜냐하면 선험적인 이분법적 논리로 귀결된 발현적 현상은 끊임없이 시야에서 상실될 수밖에 없기 때문이다.

따라서 유의미성의 세계에 적용된 논리적 합리성으로 규정될 수 있는 기호학은 서구의 존재 신학적 전통에 귀속된 몇 가지 제약과 한계를 보다 분명히 부각시킬 수 있다.[68] 기호학은 실제로 엄청난 파급 결과를 초래할 수 있는 중요한 결단들을 부과시키면서 그 자신이 거부하고 무시한 경험으로

---

65 G. Bucher, "De la perfection de la théorie à l'imperfection des lettres," in *Lire Greimas. Collection Nouveaux Actes Semiotiques* (PULIM, 1997), pp.174-177.

66 같은 논문, p.174.

67 같은 논문, p.175.

68 같은 논문.

다시 거슬러 올라가려는 하나의 공리 체계로서 제시된다. 《불완전성》의 집필 시기와 동시에 완성된 《정념의 기호학》은 점증적으로 작동된 그 같은 절차를 완벽하게 해명한다. 그것은 "발생적이며 생성적인 담화로부터 담화의 생성적 근원"으로 거슬러 올라가려는 기획으로 스스로를 제시한다. 주목할 것은 이 책의 긴 서론 부분에서 그레마스가 자신의 방법론에 대한 주요 노선을 정확히 밝혀 두고 있다는 점이다. 정념의 기호학에서 사용된 수순은 의미를 볼거리로 환원시키고 그것을 합리적 시선 아래서 포착하는 방식으로 이론화한다. 즉 인식 주체와, 인식 가능한 세계의 기본적 구조를 관계 짓는 고전적인 인식론적 모델을 동원한 것이다.[69] 기호학적 구성을 실행하는 활동 주체는 이 점을 인식하고 범주화하기 위해 의미 지평의 이산화라는 대가를 치르면서 비로소 능력을 발휘한다.[70] 논리적 형식적인 선험성에 기초한 이 같은 이산화에서 출발하여 기호학은 자신의 틀에서 벗어나는 연속성 또는 총체성을 재구성하려는 의도를 겨냥한다. 그 결과 정념적 차원은 형식화된 지성에 첨가되어야 한다. 왜냐하면 그 같은 조준 속에서 정서는 언제나 보충적 자료이자 불순한 잔여물로서 나타나고, 분석가는 전체적인 기술적 전략의 한가운데서 거부하거나 아니면 재통합하려는 시도를 할 것이기 때문이다.[71] 더구나 앞서 보았듯이 그레마스 자신은 《불완전성》에서 심미적 파악은 곧장 정서적인 것, 지성적인 것, 감성적인 것의 역설적 또는 깊은 심연의 공발생(cogenèse) 속에서 대립된 것들의 우연적 일치임을 일러주었다.

그런데 주목할 점은 기호학의 가장 심오한 단계에서 기호학자가 다시 찾은 것은 바로 인간과 세계를 발생시키는 미학적 문학적 경험의 근원이라는 점이다.[72] 하지만 역설적으로 정통 기호학자는 그 같은 경험에 뒷걸음질 치

---

69 같은 논문.

70 A. J. Greimas & J. Fontanille, *Sémiotique des passions* (Paris: Seuil, 1976), p.7.

71 G. Bucher, "De la perfection de la théorie à l'imperfection des lettres," in *Lire Greimas. Collection Nouveaux Actes Semiotiques* (PULIM, 1997), p.176.

72 같은 논문, p.176.

면서 또 그 같은 원초적 경험에 등을 돌리면서 궁극적인 요인에 도달한 것처럼 처신한다. 《정념의 기호학》의 여러 단락은 여기서 매우 증상적이며 모든 근본적인 균열의 사건으로 수렴되고 있다. 예컨대 다음 구절을 인용해 보자: "환희 또는 공포는 담화의 균열로서, 이질성의 요인으로서 주체를 예측 불가능한 다른 어떤 곳으로 이동시키는 이를테면 주체를 다른 주체로 변형시키는 일종의 주체의 최면 상태에 개입한다. 바로 거기서 정념은 발가벗은 상태에서 합리적인 것과 인지적인 것의 부정으로 나타나며, 느낌은 지각을 범람한다."[73]

그 이론적 윤곽과 기술에 쓰이는 용어들을 보건대 《정념의 기호학》은 《불완전성》이 훤하게 밝혀 놓은 심미성의 어법과 점근적으로 맞닿는다. 기호학은 궁극적 추측 속에서 카오스적이고 비순수한 영역을 결합시키며 이것을 위해 긴장성과 기분의 문제 틀을 설정한다[74]: "발화 작용 주체의 아래쪽에 있는 것, 질서를 교란시키는 이 같은 안쪽을 우리는 감응(phorie)이라는 이름으로 지칭한다. (…) 오직 극단적이며 역설적인 상황들만이 현상의 특수성과 비환원성을 명증하게 해 줄 것이며 이것은 담화의 파동 속에서 긴장적인 것과 기분적인 것 사이에 있는 편차의 감소를 무릅쓴다."[75]

소쉬르가 말한 무정형에 대한 접근에 있어서, 즉 소리와 관념의 분절 이전에 지식의 경계선에서 상기되는 것은 주체와 세계의 융합이라는 주제이다: "문제의 관건은 세계에 대한 주체와 주체에 대한 세계가 서로 밀접하게 연결되는 '예감'의 층위를 상상하는 일이다."[76]

끝으로 심미성(esthésis)이라고 불리는 단락에서 그레마스의 논증은 《불완전성》에서 전개된 주제들과 가장 근접한다. 여기서 그는 주체의 전복과 인지적 관계의 도치를 조준하는 데까지 이른다[77]: "주체는 자신을 생성시

73 A. J. Greimas & J. Fontanille, 앞의 책, p.18. G. Bucher, 앞의 논문에서 재인용, p.176
74 G. Bucher, 앞의 논문, p.176.
75 A. J. Greimas & J. Fontanille, 앞의 책, p.19.
76 같은 책, p.25.
77 G. Bucher, 앞의 논문, p.177

킨 최초의 분간 속에서 가치를 실험한다. 심미성의 발현들은 대부분의 경우 통사적 역할들의 교환을 동반한다: 기분 속에 다시 침수하여 심미적 주체는 자신의 원형적 형상화가 주체로서뿐만 아니라 객체로서 설정될 수 있었던 계기를 다시 찾는다. 때때로 우리는 구상적 표상 속에서 다른 심미적 행동의 주체로 변형되는 심미적 대상을 본다. 이때 정서의 주체 자신은 다시 대상이 될 수 있다."[78]

이란의 세계적 기호학자인 샤히리 교수가 그레마스가 기호학에 열어 놓은 현상학적 노선이 어떻게 신비적 행로로 나갈 수 있는지에 대해 통찰을 제공하고 있다. 그는《불완전성》에서 그레마스가 주된 관심사로 삼았던 '인간의 상황'이라는 문제에서 논의를 시작한다. 그것은 '나타남'(paraître)을 의미의 불완전성을 낳는 요소로서 파악한다. 어쨌거나, 그레마스의 이 작품은 신비적 우주와의 대화를 열어 놓을 수 있는 가능성을 제공한다. 여기서 샤히리 교수는 이 같은 시각에서, 육체-살의 포기를, 페르시아 최고의 신비주의적 시인으로 추앙받는 몰라나(Mawlãnã, 1207-1273. 흔히 Rûmi라는 이름으로 알려져 있다. '몰라나'는 '우리들의 스승'을 의미하는 호칭이다)가 초월성에 입문하는 요건으로 정의한 반가치론적 입장과 접맥시키고 있다. 이 같은 초월성은 감각적이며 감각화된 관계에 의해서 부과되는 황홀경의 기초 위에서 획득된다. 신화적 행로는 따라서 감각적 체험으로 시작하나, 거기서 멈추지 않는다. 왜냐하면 신비적 주체는 숭고함의 세계로 향해야 하고, 초월성에 도달해야 하기 때문이다.[79] 실제로, 그레마스는《불완전성》에서, 주체의 '용해', '시간의 정지 순간' 등을 언급하고 있는데, 이것은 다름 아닌 황홀경의 체험으로 간주될 수 있다는 것이다. 이런 관점에서, 그레마스 주체는 신비적 주체와 결합한다고 말할 수 있는데, 그 이유는 두 경우 모두에 있어 주체가 소거되고 비주체가 형성되기 때문이다. 샤히리 교수는 주체들의

78 A. J. Greimas & J. Fontanille, 앞의 책, p.30. G. Bucher, 앞의 논문에서 재인용, p.177
79 Hamid Reza Shairi, "De l'imperfection: un dialogue avec l'univers mystique," *Semiotica* 214 (2017), pp.260-261.

존재 방식의 변화로부터 신비의 기호학에 대한 성찰을 실현할 수 있는 조건들을 세밀하게 검토하고 있다.

무엇보다 그는 그레마스의 작품《불완전성》을 신비의 기호학으로 향하는 기원으로 보고 있다. 시공을 초월하여 그레마스와 페르시아 신비주의가 대화하도록 장려한 샤히리 교수는, 그레마스가 시사하고 있는 의미 너머의 세계(l'outre-sens)가 어떻게 신비적 관점에서 의미의 초월성으로 변형될 수 있는가를 설득력 있게 입증한다. 그의 분석에 의하면, 전체적으로 보았을 때 신비적 행로는 크게 4개의 단계로 이루어진 횡단으로 성격 지어질 수 있다. 1) 존재와의 이접으로서 이것은 신비적 주체와 존재 사이의 총체적 거리를 말하다. 2) 존재와의 비이접으로서, 그 거리가 계속해서 존속하면서도 약화되는 것을 의미한다. 실제로, 존재는 여전히 부재한다. 3) 존재와의 연접으로서 신비적 주체와 존재 사이의 상호 관계적 충만함의 증인이 된다. 4) 존재와의 융합이다. 이것은 심미성의 순간으로서 여기서 주체는 존재 속에 흡수된다. 이 단계는 숭고함에 접근하는 황홀적 상황으로서 인식된다. 5) 단일성의 정수가 출현한다. 존재의 무한한 차원이 모든 것을 지배하는 것처럼 매사가 진행된다. 존재와 결합되는 숭고한 순간으로서의 초월성이라 말할 수 있다.[80]

페르시아 신비주의의 최고 시인인 몰라나의 시에서, 샤히리 교수는 두 개의 심미적 시간성의 흔적들을 포착한다. 그것은 다름 아닌 육체의 탈물질화, 짓누르는 살과 탈주하는 자아 사이의 이접으로서, 그 계기를 통해 황홀함과 심미성으로 이동하게 된다.

《불완전성》에서 그레마스는 황홀적 체험을 가능케 하는 다양한 해결책을 제공하고 있다. 특히 황홀함을 체험하는 강력한 순간들 가운데 하나로서 '성스러움'을 누차 강조한다. 성스러움에 도달하기 위해서는 삶의 습관적 리듬과 단절할 수 있어야 한다. 여기서 성스러움을 강조하는 이유는, 그것이 페르시아의 신비주의의 길에서 주체의 혼융과 초월성으로 이동하게 만

80 같은 논문, p.265.

들어주는 균열로서 장려하고 있기 때문이다.[81]

페르시아의 신비적 행로에 있어, 성스러움으로의 이동은 의식의 세계를 포기함으로써 실현된다. 이것은 숭고함의 추구를 의미하는 모종의 취기와 도취 상태라 할 수 있다. 지혜는 육체를 일체의 물질적, 인지적, 감상적인 무게와 억압으로부터 해방시키기 위해, 모종의 지혜의 어지러움, 혼미 상태로 변용된다. 달리 말해, 숭고함에 도달하기 위해 신비적 주체는 자아의 세계를 넘어서야 하며, 그 같은 현기증과 혼미 상태 없이는 초월적 세계로의 진입이 불가능하다.[82]

결국, 신비적 초월은 그레마스가 '주체의 소멸'이라는 사용했던 표현을 통해 파악될 수 있다. 결론적으로 신비적 성찰은 세 개의 구별되는 차원에 토대를 두고 있다. 첫째, 세계와의 감각적 관계 속에 들어간다. 둘째, 육체-살로부터 스스로를 해방시켜 황홀적 세계 속에 진입하며, 여기서 우리는 우리를 초월성과 존재와의 합일로 향하게 만들어 줄 가능성으로서의 혼융을 체험한다. 셋째, 자기-살과 자아-육체를 동시에 붕괴시킴으로써 자신을 소멸시킨다. 성스러운 세계는 존재와의 합일의 체험에 의해서 총체적으로 사로잡힌 주체를 엄습한다. 바로 이때 숭고함이 발생하고, 그레마스가 말하는 '아름다움의 정념'들은 지혜들의 취기와 도취를 페르시아의 신비적 우주와 《불완전성》 사이에 열려진 대화의 가능성으로서 증언한다. 신비적 주체의 체험은 따라서 자신의 실재적 실존적 방식을 잠재적인 존재 방식으로 변화시키는 데 있다.[83]

81 같은 논문, p.273.
82 같은 논문, p.274.
83 같은 논문, p.275.

제24장

결론—세미오시스의 삼차원 행동, 정념, 인지

지금까지 그레마스 기호학의 이론적 체계와 형성 과정을 인식론과 방법론의 차원을 중심으로 검토하였다. 본 결론부에서는 그레마스 기호학 사상의 발전 단계를 서술하는 데 있어 다양한 관점들의 채택이 가능하다는 점을 재차 강조하면서, 그의 언어 이론과 기호 이론의 진화 과정을 간략하게 다시 환기하고자 한다.

발트 연안의 리투아니아에서 태어나 고국에서 대학 교육까지 마친 그레마스의 지적 성장 배경을 고려하건대, 그가 프랑스어의 모국어 화자는 아니었다는 사실을 강조할 필요가 있다. 자신의 조국이 구소련의 점령하에 놓이자 그는 프랑스로 건너가 전통적인 어휘론 연구에서 도제식 교육을 받으며 프랑스어사와 문헌학을 섭렵했다. 1949년 박사 학위를 취득하자마자 그레마스는 이집트와 터키의 대학 강단에서 10여 년 동안 프랑스어를 강의했다. 그레마스가 본격적으로 언어학을 연구하기 시작한 시점은 그의 비범한 학문적 역량을 알아본 레비-스트로스와 바르트가 고등연구실천원(L'Ecole pratique des hautes études)으로 그를 초빙했던 1965년으로 거슬러 올라간다. 당시 소장학자였던 그레마스는 기존의 전통적 어휘 연구의 방법론적 한계를 절감했고, 이때부터 소쉬르와 옐름슬레우의 구조 언어학 전통의 유산을 물려받으면서 제3 세대의 명맥을 유지했던 명실상부한 소쉬르의 사상적 계승자라 할 수 있다. 이미 제1장에서 상세하게 서술한 바 있듯이, 그레마스 구조 기호학의 본격적인 형성 과정에서 제1단계는 1956년에 발표한 불후의 명논문[1] 〈소쉬르주의의 현재성〉부터 1966년 간행된 최초의 구조 의미론과 구조 기호학의 종합을 성취한 《구조 의미론》까지의 기간에 해당한다. 이 단계에서 그레마스는 무엇보다 연구 단위로서 단어와 문장이 갖는 한계를 벗어나서 일반 의미론이라는 더욱 큰 규모에 속하는 언어 연구의 '집'을 설계했다. 여기서 단어가 전통적인 언어학이 설정했던 연구 단위라면, 문장은 전통 문법과 당시 60년대 창발한 촘스키의 생성 문법이 담았던 연구 단위를 염두에 두고 있다고 볼 수 있다. 물론, 그레마스는 단어보다 더 작은 의미 단위를 분석하기 위해 어휘적 의미를 최소 의미 단위, 즉 '의소'로 분해하는 이론을 구축하기도 했다. 다른 한편으로는 문장의 단위를 뛰어넘어, 텍스트의 다양한 구조들을 파악할 수 있는 보편적 이론을 만들어 냈다. 특히 이 지점에서 영어 번역본의 출간과 더불어 레비-스트로스의 적극적인 소개로 유럽의 인문학계에 그 진가가 알려지기 시작했던 러시아의 민담 분석 연구자인 프로프의 형태론적 서사학이 그레마스의 서사 기호학 이론 형성에 결정적으로 영감을 주었다는 점도 반드시 지적해야 할 중요한 사실 가운데 하나이다. 단어보다 더 미세한 단위에 놓여 있는 의소라는 미시적 의미구조, 그리고 문장의 층위를 넘어 존재하는 텍스트 구조에 관한 연구라는 두 개의 방향을 접목시키면서 그레마스는 그의 기호학 이론에서 가장 독창적이면서도 동시에 가장 난해한 개념 가운데 하나인 동위소 개념을 발명했다. 제2부 제3장에서 자세히 살펴본 바와 같이 동위소는 쉽게 풀어 말하자면 의소들의 반복을 통하여 텍스트의 의미론적 수미일관성을 확보해 준다. 바로 앞서 언급된 그의 초기 저서이며 오늘날에 읽어도 그 독창성이 반감되지 않는 《구조 의미론》은 앞서 언급했던 두 가지 연구 방향의 기본 얼개를 마련하고 있다.[2]

---

1 필자의 견해로는 소쉬르의 언어 이론을 다룬 수천 편의 논문 가운데 가장 독창적인 논문 다섯 편을 뽑으라고 한다면 주저 없이 이 논문을 손꼽을 것이다. 이 밖에 옐름슬레우의 논문, 미국 언어학자 웰스, 코세리우, 마우로가 쓴 논문 등이 소쉬르학의 명논문에 실릴 것이다.

그레마스 기호학의 두 번째 형성기는 1968년부터 1979년까지 펼쳐졌다. 1968년 그레마스는 자신의 수제자 가운데 한 명인 라스티에와 공동으로 〈기호학적 제약의 상호 작용〉이라는 기념비적 영어 논문을 《예일 프랑스학 연구》에 발표하여 최초로 기호학적 사각형 개념의 인식론적 방법론적 틀을 잡았다(이 논문은 1970년에 출간된 《의미에 관하여》에서 〈기호학적 제약의 놀이들〉(Les jeux des contraintes sémiotiques)이라는 제목으로 수록되었다). 특히 1979년은 역시 그의 제자 쿠르테스와 공동으로 편찬한 《기호학 사전》 1권을 내면서 이론적 체계를 완성했다. 기호학적 사각형 개념은 하나의 의미론적 망을 구성하는 논리적 관계들을 시각화시키는 것을 가능케 했다. 예컨대, 선과 악은 상반항이고, 선과 선이 아닌 것은 모순항이고, 선도 아니고 악도 아닌 것은 상보적 항이다. 맛있는 음식과 맛이 없지 않은 음식이 완전히 동일하지 않다는 점에서 기호학적 사각형 개념은 의미의 다양성과 애매모호성을 비롯한 미묘한 차이를 설명해 주는 데 요긴하다. 특히 이 기간 동안 그레마스가 고안한 가장 중요한 이론적 모델은 의미 작용의 생성 행로라고 말할 수 있다.

의미 작용의 생성 행로란 간단하게 말하자면, 한 편의 시, 건축물, 한 벌의 의상, 하나의 문장, 한 편의 단편 소설 등, 그 단위가 무엇이건 하나의 기호학적 대상의 의미 생성은 3단계로 나뉘어 진행된다는 이론적 가설을 말한다. 최초 단계는 가장 심층적인 층위로서 이곳에 바로, 일종의 논리학적 사각형인 구성 모델이라 불리는 의미 작용의 기본 구조가 존재한다. 구성 모델은 동일 범주에 속하는 의소들 사이에 존재하는 다양한 관계들을 기술하기 위해서 효과적으로 사용될 수 있다. 그다음 층위는 중간적 층위 또는 서사적 층위로서 이 수준에서는 서사에서 나타나는 활동의 범위와 세계를

2 이 책의 한국어 번역은 기호학 전공자는 물론, 국어학, 언어학 일반, 문화 이론 전공자들에게 큰 도움을 줄 것으로 확신한다. 학생들과 함께 이 책을 강독하면서, 그레마스의 강의 필기록 초안을 편집하여 약간 어색하거나 의미가 제대로 통하지 않는 부분들이 다소 남아 있어 아쉽기는 하나, 그레마스의 구조 의미론과 기호학의 원리를 이해하기 위한 필독서라는 데 토를 달 수는 없을 것이다.

지시하는 행동자(actant), 그리고 서사의 생성 과정의 유형들을 표시하는 기능들이 작동한다. 이 같은 서사적 단위들은 한정된 수로 이루어진 근본적인 범주들로 조직화된다. 세 번째 층위인 표면 층위는 담화 층위로서 기호학적 발현이 실현되는 수준을 지칭한다. 이 같은 개념적 장치를 통하여 그레마스는 자신의 언어 이론을 자연 언어 현상을 포함하여 모든 기호 체계들로 확대해 나갔다. 모든 기호 현상들의 발현은 오직 담화 층위에서 비로소 구체적으로 실현될 수 있기 때문이다.

그레마스 기호학 사상의 최종 단계는 1980년부터 그가 타계한 해이자 동시에 퐁타니유 교수와 공동으로 서명한 《정념의 기호학》이 나온 1992년으로 볼 수 있다. 이 기간 동안 세 개의 독창적 방향이 수렴되어 간 것으로 보인다. 먼저 서사 구조의 이론은 양태성에 대한 성찰로 집중되었다. 제4부 제1장에서 상세히 다룬 바 있듯이, 폭넓은 의미장과 독특한 어감을 갖고 있는 네 개의 프랑스어 단어 'être'(이다), 'savoir'(알다), 'vouloir'(원하다), 'pouvoir'(할 수 있다)를 통하여 실현되는 다양한 양태적 표현들에 대한 정밀한 기호학적 체계화에 도달했으며, 바로 그 같은 다양한 양태성들은 주체와 추상적인 기호학적 대상 사이에 존재하는 관계로 귀결된다. 그레마스 기호학의 정평 있는 연구자들이 밝혀 놓은 바 있듯이 양태 이론은 정념의 기호학이 나올 수 있었던 이론적 토양을 마련했다고 말할 수 있는데, 그 이유는 양태성 이론의 핵심을 이루는 주체 개념이 정념의 이론이 발생하는 장소가 되었기 때문이다. 예컨대, 어떤 주체가 화가 났을 때는 주체와 대상의 관계가 반드시 설정되어야 한다. 그레마스 기호학 사상의 최종 단계인 제3기에서 주요 이론적 성취인 양태성 이론, 주체의 기호학적 설명과 더불어 빼놓을 수 없는 세 번째 요소는 바로 가치의 문제로서 정념의 기호학은 당연히 가치의 이론을 전제로 한다. 이 시기에 이루어진 네 번째 이론으로서 긴장성과 의미 작용의 관계를 설정하여 기존의 이분법적 기호론에서 탈피하려는 시도를 언급할 수 있겠으나, 긴장의 문제는 그레마스 자신이 천착한 연구 주제는 아니라는 점에서 심도 있는 연구는 차후의 과제로 미루었다.

따라서 이 책의 제목인 '구조에서 감성으로'는 그레마스 기호학 사상의 이 같은 인식론적, 방법론적 변천의 동선을 압축하고 있는 표현이라고 말할 수 있다. 요컨대 그의 기호학 사상은 의미 작용의 구조로부터 주체의 정념과 사물의 감성적 차원으로 이동하는 기나긴 여정이었다고 말할 수 있다.[3] 특히 그의 지적 전개에서 말기로 오면서 현상학으로 다시 돌아가려는 강렬한 몸짓이 읽혀질 수 있다는 점도 첨언하고자 한다.

이 책에서 우리는 그레마스 기호학 사상의 흐름을 연대기적, 주제적, 인식론적 각도에서 비교적 소상하게 살펴보았다. 캐나다의 그레마스 연구의 권위자들이 그의 기호학 이론을 종합적으로 조망한 연구서의 제목이 암시하듯이,[4] 그의 기호학 기획은 크게 세 개의 핵심어로 축약될 수 있다. 행동, 정념, 인지가 그것이다. 이 세 개의 단어는 그레마스로부터 영감을 받아 전개된 구조 기호학의 이론적 방법론적 성과에 대해 가해진 비판의 기저에 깔려 있는 핵심적 주제어라 할 수 있다. 아울러 그 세 개의 핵심어는 대체로 지난 60여 년간 그레마스 자신과 그의 제자들이 성취한 기호학 이론의 역사를 집약적으로 반영한다 해도 과언이 아니다. 그레마스 기호학 이론을 한 편의 연극에 비유했을 때 제1막이라 할 수 있는 행동자 모델에서 그는 행동과 그 표상을 서사 기호학의 주요 연구 대상으로 삼았다. 또한, 그가 타계한 1990년대 초반기부터 현재까지도 진행 중인 인지, 지각, 감각 작용의 요인들 속에 함의된 인식론적 기초에 관한 연구는 그레마스가 추구했던 기호학 기획의 향방을 새롭게 재정의하고 있다. 끝으로 행동과 인지 사이에는 정서와 감성 차원에서 핵심 요소인 정념의 문제가 놓여 있다. 그레마스 기호학 이론의 서막에 해당하는 행동이라는 요소가 사실들의 세계를 다룬다

---

3 구조 개념을 중심으로 그레마스의 기호학 사상의 발생과 전개 과정을 다룬 최근의 가장 종합적 연구성과를 제시한다. Greimas aujourd'hui: L'avenir de la structure. Actes du congrès de l'AFS 2017, AFS Éditions Publications en ligne: afsemio. fr/juin 2019.

4 이 같은 주장의 근거로서 그레마스 기호학 이론의 중요한 해설서 가운데 이 세 개의 핵심어를 책의 주요 얼개로 짠 경우가 적지 않다는 점을 대표적 사례로 지적할 수 있다. 다음 저서를 예시한다. P. Ouellet, dir., *Action, Passion, Cognition d'après A. J. Greimas* (Québec et Limoges: Nuit Blanche Editeur & PULIM, 1997).

면, 의식의 세계를 다루는 인지 영역으로의 이동은 바로 정념이 개입된 신체의 세계를 통해서 이루어졌음을 주목할 필요가 있다. 그 같은 문제 설정의 근본적 변화는 지난 30년 동안 이루어진 그레마스 기호학의 심오한 이론적 변천들 가운데 하나다.

그 세 개의 핵심어를 풀어 말하면 각각 화용계(le pragmatique), 기분계(le thymique), 인지계(le cognitif)로 압축시킬 수 있으며, 그레마스 이론을 분절하는 이 같은 세 개의 시간들은, 캐나다의 문학 기호학자 우엘레 교수의 직관에 기초하자면,[5] 각각 칸트의 기획을 상기시키는 '프락시스', '에스테지스', '노에시스' 등의 인간학적 능력들에 대한 새로운 비판으로서 성립되었다고 말할 수 있을 것이다. 그의 해석에 의하면 바로 이 같은 세 가지 능력의 토대는 다름 아닌 '세미오시스' 속에 있으며, 그레마스의 작품은 이것에 대한 미완성의 비판이라고 볼 수 있다. 즉 그것은 칸트의 '판단력 비판'에 버금가는 '무엇인가를 의미할 수 있는 능력'(faculté de signifier)에 대한 비판이다. 어찌 되었건 그레마스 기호학은 인간의 상징화 능력을 비롯하여 체험된 세계를 표상할 수 있는 능력이 단지 기호 체계들의 제어된 사용에만 기초하는 것이 아니라, 그보다 더 근본적으로 우리의 상징적 활동의 기저에 놓여 있으며 그 활동을 구성하는 인지적, 정서적, 감각 기관적 과정의 작동에 기반을 둔다는 점을 꿰뚫어 보았다.

사물의 상태, 정신의 상태, 그리고 신체의 상태가 '세미오시스' 의 자장 속에 모두 흡수된다.[6] '의미'의 우주를 이해하는 데 있어 가장 먼저 통과해야 할 관문은 단순히 기호를 통해서 가리키는 지시 작용의 문이 아니라, 의미의 원초적 작동이 이루어지는 기호 발생(sémiogenèse)의 지점이다. 의미는 물질성과 신체성을 전제로 한다는 점에서 체현된 그 무엇이다. 따라서 이제 더는 감각들(sens)을 고려하지 않고서는 의미(sens)를 논하는 것 자체가 어렵게 되었다. 바로 이 점을 그레마스는 그의 저서 《불완전성에 대하여》에

---

5 P. Ouellet, dir., *Action, Passion, Cognition d'après A. J. Greimas*, p.7.
6 같은 책, p.8.

서 수려한 심미적 언어로 세련되게 기술한 바 있다. 그때부터 기호 물리학(sémiophysique) 또는 현상 물리학은, 기호와 의미를 '지각된 세계', 즉 사물의 상태들의 세계 속에 정박시키는 한편, 정념의 기호학 또는 감각과 감성의 기호학은 기호와 의미를 '신체 자체' 속에, 즉 느끼고 지각하는 주체의 정신 상태의 세계 속에 각인시킨다. 후설 현상학의 '모토'에서 시사된 바와 같이 그레마스 기호학은 구조 기호학에서 절연시켜 놓았던 지시체의 세계로, 사물 그 자체의 세계로 귀환한 것이라고 말할 수 있다.

요컨대 그레마스의 기호학은 궁극적으로 '공통 감각'(sens commun)의 세계로 다시 돌아간 것이다. 그것은 곧 체험의 세계이자 나타남(apparaître)의 세계로의 귀환이라고 말할 수 있을 것이다. 존재와 나타남의 사이에서, 깊이와 표면의 사이에서, 완성될 수 없는 것과 불완전성 사이에서, '생겨남'(parution)과 '나타남'에 이 같은 고유한 운동이 존재한다. 그 같은 운동 속에서 대상과 주체는 행동, 기분, 인지의 경험 속에서 형식과 의미를 취하게 된다. 최근의 그레마스 기호학 이론에서 주제로 삼은 '삶의 형식들'에 대해서 기호학이 파악하려고 했던 것도 다름 아닌 이 같은 경험의 형식들이다.[7] 그레마스가 지닌 번득이는 직관은 바로 이 같은 인식론적 변동의 토대를 마련해 주었다는 데 있다. 즉 가치의 문제를 상실하지 않은 채 지성적 차원과 감성적 차원을 깔끔하게 분절하려는 그의 의지가 돋보인다.

주지하다시피 위에서 언급한 '삶의 형식'이란 비트겐슈타인으로부터 차용한 개념으로서, 모든 '세미오시스' 속에 윤리와 미학이 서로 얽혀 있음을 일러 주는 매우 적절한 개념이다. 왜냐하면, 감각적인 것(감성적인 것)은 지각 또는 정념의 차원에서 사유 된다는 점에서 불가피하게 다양한 제도들과 사회적 담론들로부터 유산을 물려받은 경험들의 형식 속에서 표현되기 때문이다.[8] 그 같은 제도들과 담론 속에서 일체의 발화적 실천에 고유

7 다음 문헌 참조. J. Fontanille, dir., "Les formes de vie," *RS/SI* 13, no.1-2 (1993), pp.5-138.

8 P. Ouellet, 앞의 책, p.8.

한 '상이한 언어 놀이'들이 구축됨은 익히 알려진 사실이다. 초반부터 그레마스 기호학 사상의 기저에 흐르고 있었던 '상상계의 인간학'(anthropologie de l'imaginaire)이란 기획은 바로 이 점에서 새로운 활력을 재충전할 수 있다. 즉, '의미는 자신에게 형식을 부여하는 가치를 갖는다'는 통찰을 말한다.[9] 의미는 주체의 사회적·역사적 입장을 드러내는 그의 태도, 행동 양식, 에토스가 표시되는 주어진 장 속에서 특수한 힘과 무게를 실어 주는 상징적 투자들과 밀접한 관련을 맺는다. 이 같은 맥락에서 앞서 언급된 세 가지 핵심어인 '행동, 정념, 인지'와 더불어 또 다른 요소인 '발화 작용'이 놓여 있음을 직시할 수 있다. 따라서 제 담론들이 순환되는 가치들의 세계 속에서 취해야 할 방향을 제공하는 발화 작용에 대한 연구는 포스트 그레마스 기호학의 핵심 주제로 부각되었다.[10]

자연 언어의 범위를 뛰어넘는 기호학적 언어, 즉 광범위한 의미에서 언어 능력(faculté de langage)이란, 지각되고 체험된 세계에 견주어서 공간적 위치와 입장을 취하는 것을 가능케 하며, 동시에 담화의 현존성(présence discursive)을 부여하고 그 같은 세계를 표상하는 것을 가능케 한다. 그 같은 능력은 물론 기호 체계들에 대한 어느 정도 숙달된 사용으로 보일 수 있을 것이다. 이 같은 기호 체계들은 하나의 특수한 담론 유형에 고유할 것이며 일반적인 사용에 속할 경우 이들은 계약적이며 다소 상투적으로 정형화될 것이다. 하지만 기호 현상의 창발이라는 시각에서 보면, 즉 언어가 체험된 내용과 경험을 의미화하기 위해서 조직화하는 순간부터 이 같은 기호 체계들과 사용 차원을 뛰어넘어야 한다. 경험을 하나의 담화(담론)로 변형시키기 위해서 그것을 조직화한다는 것은 무엇보다도 그 같은 경험 속에서 일정한 방향, 질서, 지향성의 형식, 더 나아가 구조 등 일정한 합리성을 발견하고 그것을 투사한다는 것을 말한다.

정리해서 말한다면, 그레마스 기호학은 바로 우리의 경험을 담화(담론)

9 같은 책, p.9.
10 같은 책.

로 분절화하는 데 쓰이는 주요 합리성들, 즉 행동, 정념, 인지 등에 할애된 시도라고 말할 수 있다. 바로 그 세 가지는 인간의 언어 활동의 세 가지 차원들을 성립한다고 말할 수 있다.[11]

화용적 차원에 속하는 행동은 자신만의 고유한 논리를 갖고 있다. 무엇보다 행동은 변형들의 논리이다. 행동은 본질적으로 그것의 목적화된 특성으로 성격지어진다. 행동에 고유한 합리성은 다름 아닌 프로그램화(programmation)의 합리성이다. 즉 담화의 운동 속에서 행동은 목적, 수단, 역할, 행로를 갖춘 하나의 프로그램을 운영한다.

한편, 정념 또는 정념적 차원은 행동자의 감각적 신체에 부과되는 현존성과 긴장적 논리를 따른다. 바로 그런 이유에서 대부분의 정념적 효과들은 담화 속에서, 강도(집중성)의 다양한 변이들의 시각에서 파악될 수 있을 것이다. 그런 맥락에서 우리는 제4부와 제5부에서 상, 양태성, 리듬 따위의 요소들을 고려해야 할 필요성을 강조했다.

정념적 행로가 하나의 프로그램을 따르는 것은 오직 그것이 상투적으로 정형화될 경우로 한정된다. 다시 말하면 감각적 경험은 오직 회고적으로 파악되는 것이 아니라, 일어나는 순간 그 자체에서만 담화에 의해서 파악될 수 있다. 따라서 정념적 담론은 도래하는 것(advenir)의 합리성, 정서들의 갑작스러운 침입의 합리성, 정서적 긴장들의 생성(devenir)의 합리성 등, 전혀 다른 종류의 합리성에 의해서 지배된다.[12] 그러므로 정념의 세계에 고유한 합리성은 곧 사건의 합리성이다. 사건은 결코 정해진 목적에 따라 고정된 방향으로 전개되지 않는다. 사건은 일어나고, 생기고, 닥치는 것이며, 이 같은 닥침을 당하는 사람에게 영향을 미친다.

끝으로 인지 또는 인지적 차원은 두 가지 의미에서 이해될 수 있다. 먼저 일반적이면서도 포괄적인 의미에서 인지는 빈번하게 언어 능력의 총화, 즉

---

11 세 가지 차원에 대한 상세한 해설은 다음 저서를 참조할 것. J. Fontanille, *Sémiotique du discours* (PULIM, 1998), pp.181-233

12 J. Fontanille & Cl. Zilberberg, *Tension et signification* (Mardaga, 1998).

앞서 언급한 세 가지 차원들을 지칭한다. 왜냐하면, 담화 속에서 모든 것은 인지적이기 때문에 상이한 변별성의 수준들과 상이한 합리성들을 구별해야 하기 때문이다. 따라서 언어는 그것이 우리가 경험하는 세계와 우리 자신에 대해서, 또 언어가 촉발시킬 수 있는 가능 세계 또는 가상 세계에 대해서 우리에게 제공할 수 있는 제반 지식들의 원근법 속에서 파악된다. 이 같은 전망에서 담화(담론)는 단지 정보가 순환하는 장소로서가 아니라 판독 가능한 의미 작용의 총체로서 간주되어야 한다. 이 경우에 또 다른 논리, 즉 체험된 세계의 파악 형식(modes de saisie)들이 속하는 인식적 논리가 부과된다. 이 같은 파악 방식에는 가추법 등의 추론을 통한 파악을 비롯해, 인상을 통한 파악, 또는 육감을 통한 파악 등 다양한 양식이 존재할 것이다.

이 같은 파악의 각각에는 추론적·합리적·감각적 합리성 등 특수한 유형의 합리성이 상응한다. 하지만 전체적으로 인지적 합리성은 이해와 포착(appréhension)과 발견의 합리성으로 이해될 수 있을 것이다. 세계의 현존과 스스로에 대한 현존의 포착과 발견, 진리의 발견, 기존의 지식들 가운데서 나타날 수 있는 새로운 연결 가능성의 발견 등, 그 형식은 다양할 것이다.

담화의 제반 논리들에 대한 이 같은 접근법은 의미 작용에 대한 경험적 정의와 일치한다. 즉 의미 작용은 오직 그 생성 속에서 또한 변형 속에서만 파악될 수 있다. 지금까지 언급한 세 가지 논리 각각은 바로 변화를 포착하는 나름의 방식이라고 말할 수 있다.

한편, 제5부에서 언급한 것처럼, 정념의 기호학이라는 새로운 연구 영역이 수립된 결정적 계기는 1980년대 말부터 정통 구조 기호학이 연구 대상에서 배제했던 실질, 연속물, 주체 그리고 지각에 관심을 가지면서 시작된 인식의 근본적 전환 때문에 마련되었다. 이 같은 전환을 통해 그레마스와 그의 제자들은 담화(담론)의 정념적 차원에 주목하여 의미 작용의 표준 이론에 상당한 변형을 가했다.[13]

기호학의 발전 과정에서 보면 오늘날 지각적 토대를 기호학의 필수 불가

13 Driss Ablali, *La sémiotique du texte : du discontinu au continu* (Paris: L'Harmattan, 2003).

결한 요소로 삼고, 현상학에서 차용한 개념들을 새로운 맥락에서 작동시키는 최근의 구조 기호학은 소쉬르와 옐름슬레우로부터 그 이론적 유산을 물려받은 전통적인 인식론적 토대에서 보자면 인식론적 비약 또는 단절이라고 볼 수도 있을 것이다. 그렇지만, 소쉬르가 기호학의 무한한 팽창을 이미 예고했듯이, 이 같은 기호학의 진화는 기호학 이론의 방법론적 가능성들을 확장하여 그 전제 조건들을 새롭게 탐구하려는 노력의 결과라고 봐야 할 것이다. 그레마스의 전기 기호학이 주로 앎과 지식에 초점을 둔 인지 기호학이라면, 그 이론적 모델을 완결하기 위해 기호학적 감성에 대한 요청이 나타난 것은 당연한 결과이다. 더 쉽게 말하면, 담화(담론)의 주체에 지금까지 누락되었던 '몸'을 다시 부여하려는 의지로 볼 수 있다. 감각 작용, 전율 등의 문제가 더 이상 내재성 원칙에 뿌리를 둔 기호학의 방법론적 효율성이라는 원칙의 볼모로 남을 수는 없다.[14] 그렇다면 과연 기호학에서 이 같은 감성적 범주들의 자리를 마련하는 일은 가능할 것인가라는 물음에 대해 진지하게 성찰할 필요가 있다. 그런데 이 물음에 대한 답변의 내용이 무엇이건, '몸'이 제 언어의 표현 차원의 파악에 연루되었다는 엄연한 사실을 부정할 수는 없는 형국이다. 아울러 이 같은 몸의 함의는 기호 현상의 내용 즉 '세미오시스'의 구조화에도 엄청난 파급 결과를 미칠 것임에 분명하다. 엄밀한 의미에서의 정념적 차원을 넘어서면서, 그레마스와 퐁타니유가 공저한 이른바 신기호학의 고전으로 자리 잡은 《정념의 기호학》은 방법론적으로 완전한 작동 가능성의 면모를 보여 주기보다는 다분히 인식론적 사변을 제시하고 있는 수준이지만, 기호학에 긴장성의 문제를 도입하면서, 새로운 인식론적 문제 틀을 도입했고, 발화 작용 실천의 개입이라는 문제와 더불어 인류학적 문제 틀을 제시하였다. 뿐만 아니라, 지각적 행위와 유의미적 행위의 관계화와 더불어 방법론적 갱신을 이루었다고도 볼 수 있다. 물론 지각 그 자체에 대해서, 기호학이 획기적으로 새로운 발견을 가져다준

14 이 점에 대해서는 다음 연구서의 서론 부분을 참조할 것. J. Fontanille, *Sémiotique du visible* (PUF, 1996).

것은 아니라 해도, 지각 행위는 다른 발화적 행위나 해석적 행위와 마찬가지로 담화(담론) 분석으로부터 재구성될 수 있으며, 바로 이것을 매개로, 지각 행위가 개별적 또는 집단적 문화들에 의해서 어떻게 분절되고 굴절되는지를 보여 주는 것이 가능하다.

정념의 기호학에서 정립된 인식론은 새로운 연구 영역을 낳았으며, 이에 따라 새롭게 열린 연구의 장에서 담화(담론)의 정념적 차원은 핵심적 역할을 맡았다. 따라서 행동 기호학에 단지 두 번째 이론적 '모듈'로서 정념의 기호학을 첨가하는 것은 무리이다. 기호학적 행동은 언제나 담화(담론)의 구체적 분석에서 만난 어려움들에 처하면서 또 새롭게 제기되는 문제들을 포괄하면서 기호학적 건축물에 새로운 자리 배치를 이루게 된다.

담화 속에서 정념들의 작동은 기호학적 실존의 지각적 토대를 재고려하고 연속체와 긴장성의 기호학에 자리를 마련하도록 할 것이며, 생성적 행로의 총합을 수정하고 문화적 망의 형성 속에서 발화 작용적 실천을 파악할 것을 주문한다.

끝으로 이 책의 초반부에서 지적했듯이, 그레마스 기호학의 이론적 체계를 한국어로 옮기는 과정에서 많은 한계에 봉착했음을 고백한다. 예컨대, 그가 새롭게 제안한 전문 용어들의 한국어 번역어는 아직 통일되어 있지 않은 상황이다. 그레마스의 기호학 이론의 정확한 수용과 이해를 위해서는 먼저 그의 초기 저술들을 번역하는 것이 급선무라고 생각된다. 특히 그레마스의 학문적 아성과 권위는 그의 초기 작품인 《구조 의미론》에서 잉태된 것이라 해도 과언이 아니다. 현대 기호학이 제도적 인식론적 차원에서 그 토대를 다져 가던 시기였던 1960년대 중반기에 나온 이 책은 오늘날 읽어도 그 참신성과 깊이가 전혀 반감되지 않을 정도로 그 개념적 엄밀성과 독창성에서 완성도가 높은 책이다. 물론 우리가 제1부에서 살펴본 것처럼, 이 같은 그레마스의 체계적 스타일은 옐름슬레우로부터 전수받은 접근법이다. 옐름슬레우의 언어학은 다분히 프로그램적 성격을 지니며 이론적 입장은 물론 분석 테크닉의 시각에서 당시의 귀납적 언어 분석으로부터 단절된 연역적 특징을 보여 주고 있다. 하지만 당시의 구조 인류학을 도입한 그레마스의 방법은 옐름슬레우와 비교하면 보다 구체적이며 신축적이다.

이런 점에서도 옐름슬레우에 대한 국내 학계의 연구 부진은 그레마스 기호학 사상의 온전한 수용을 가로막는 걸림돌이다. 끝으로 지적할 사항은 그레마스의 이론은 자연 언어를 비롯한 문학, 시각예술, 공연예술, 건축, 공간, 종교, 법, 사회현상 등에서 효과적으로 적용될 수 있다는 점이다. 하지만 그레마스의 이론과 모델을 활용한 국내 대학에서 생산된 상당수의 학위 논문과 언어학, 문학, 광고학 등의 분야에서 발표된 수백 편에 이르는 일반 논문의 연구 주제들을 점검해 본 결과 아쉽게도 그의 초기 모델들을 광고, 대중매체, 디자인 분야에 답습적으로 적용하고 있을 뿐, 중기, 말기 모델의 동위소, 양태성 이론 및 정념 모델을 적용한 사례를 찾아보기 어렵다.

아무쪼록 이 책이 그레마스 기호학의 깊이와 넓이를 깨닫게 해 줄 수 있는 계기가 됨과 동시에 의미 현상에 대한 새로운 인식, 혹은 일상생활 속에서 탈의미화되거나 고갈된 의미를 재의미화 할 수 있는 구조 기호학의 이론적 안목과 감수성을 독자들에게 심어 줄 수 있을 것이라는 희망을 걸어 본다.

그레마스 저술 목록

1943 (리투아니아어) "Cervantes et son Don Chisciotte", Varpai, Almanach Littéraire.

1947 (avec G. Matoré), "Notes lexicologiques", *Le français moderne* 15.

1948a "Le Mode en 1830. Essai de description du vocabulaire vestimentaire d'après les journaux de mode de l'époque", Thèse de doctorat des lettres, Paris. Texte dactylographié.

1948b (avec G, Matoré) "La méthode en lexicologie A propos de quelques thèses récentes", *Romanische Forschungen*, LX.

1950 (avec G, Matoré) "La méthode en lexicologie II", *Romanische Forschungen,* LXII.

1956a "L'actualité du saussurisme", *Le Français Moderne*, 3.

1956b "Pour une sociologie du langage", *Arguments*, n° 1.

1956c "Remarques pour servir à l'histoire des mots", *Le Français Moderne*, 24(2).

1957 (avec G. Matoré) "La naissance du génie au XVIIIe siècle", *Le Français Moderne*, 4.

1958 "Histoire et Linguistique", *Annales*, l.

1959 "Les problèmes de la description mécanographique", *Cahiers de lexicologie*, l, (repris in Linguistics, 22-,1966.).

1960 "Idiotismes, proverbes, dictions", *Cahiers de lexicologie*, 2 (repris partiellement in Greimas 1970b avec le titre " Les proverbes et les dictions").

1962a "observations sur la méthode audio - visuelle de l'enseignement des langues vivantes", *Etudes de linguistique appliquée*, l.

1962b "Méthodes audio-visuelles et enseignement des langues", *Études De Linguistique Appliquée*, 1.

1962c " La linguistique statique et la linguistique structurale. A propos du livre de P. Guiraud". *Le Français Moderne*, 30, 241.

1962-3 "Linguistique statistique et linguistique structurale", *Le Français Moderne*, 30.

1963a "Comment définir les indéfinis? (Essai de description sémantique)", *Etudes de linguistique appliquée*, 2.

1963b "La description de la signification et Mythologie comparée", *L'Homme*, sept -déc., (repris in Greimas, 1970b, avec le titre "La mythologie comparée").

1964a "Les Topologiques, essai de définition d'une classe de lexèmes", *Cahiers de lexicologie*, 4.

1964b "La structure élémentaire de la signification en linguistique", *L'Homme*, 4.

1964c "La signification et sa manifestation dans le discours", *Cahier de lexicologie*, 5.

1965 "Le conte populaire russe, analyse fonctionnelle", *International Journal of Slavic Linguistics and Poetics*, IV.

1966a *Sématique structurale*, Larousse, Paris. (nouvelle éd. PUF, Paris, 1986).

1966b "Esquisse d'une morphologie du français en vue de sa description mécanographique", *Linguisics*, 22.

1966c "Préface", à la traduction française de Hjelmslev 1963 (Le langage).

1966d "Eléments pour une théorie de l'interprétation du récit mythique", *Communication*, 8 (repris in Greimas 1970b).

1966e "Structure et histoire", *Les Temps Modernes*, 246 (repris in Greimas 1970b).

1966f (avec J. Dubois) “Présentation.”, *Langages*, 3, numéro consacré à Linguistique française. Le verbe et la phrase, A. J. Greimas et J. Dubois(dir).

1966g “Elementi per una teoria dell'interpretazione del racconto mitico”, *Rassegna Italiana Di Sociologia*, 7(3).

1966h “Elements for a theory for the interpretation of the narrative in myth”, *Rassegna Italiana Di Sociologia*, 7(3).

1967a “Approche générative de l’analyse des actants”, *Word*, 23, 1-2-3 (repris in Greimas 1970b avec le titre “La structure des actants du récit, essai d’approche générative”).

1967b “Les relations entre la linguistique structurale et la poétique”, *Revue Internationale des Sciences Sociales*, vol. XIX, n° 1 (repris in Greimas 1970b avec le titre “La linguistique structrale et la poétique”).

1967c “L’écriture cruciverbiste”, *To honor Roman Jakobson*, Mouton, Paris, (repris in Greimas 1970b).

1967d *Modelli semiologici*, Argalia, Urbino.

1967e “Le problème des ad’dâd et les niveaux de signification”, J. P. Charney(éds), *L’ambivalance dans la culture arabe*, Anthropos, Paris.

1968a “Semiotica o metafisica?”, *Strumenti critici*, II, l(febbraio).

1968b (avec F Rastier) “The interaction of semiotic contraints”, *Yale French Studies*, 41 (repris in Greimas 1970b avec titre “Les jeux des contraintes sémiotiques”).

1968c “Per una sociologia del senso comune”, *Rassengna Italiana di Sociologia*, 2, (repris in Greimas 1970b avec le titre “Pour une sociologie du sens commun”).

1968d “Conditions d’une sémiotique du monde naturel”, in Pratique et langages gestuels, *Langages*, 10, Greimas éd.(repris in Greimas 1970b).

1969a *Dictionnaire de l’ancien français*, Larousse, Paris.

1969b “Transmission et communication”, conférence faite in L’enseignement de la littérature, *Actes du Colloque*, Plon, Paris, 1971.

1969c "Des modèles théoriques en socio-linguistique (pour une gammaire socio -Linguistique", *Actes du Colloque* (repris in Greimas 1976a).

1969d "La structure sémantique", conférence faite au Colloque Cognitive Studies and Artifical Intelligence Research, Chicago (repris in Greimas 1970b).

1969e "Eléments d'une grammaire narrative", *L'Homme*, IX, 3 (repris in Greimas 1970b).

1970a "Sémantique, sémiotique et sémiologie", A. J. Greimas et al. (éds), *Sign. Language, Culture*, Mouton, Paris.

1970b *Du sens*, Seuil, Paris. (한국어 번역본, 《의미에 관하여》, 김성도 역, 인간사랑, 1997.)

1970c "La littérature ethnique", conférence faite au Colloque Simposio internazionale di letteratura etnica, Palermo (repris in Greimas 1976a).

1970d *Sign, language, culture. Signe, langage, culture. Znak, język, kultura. Znak, i͡azyk, kul'tura* (Janua linguarum. Series maior ; 1). The Hague: Mouton.

1970e (avec F. Rastier) "Les jeux des contraintes sémiotiques", in: *Du Sens*, Paris, Seuil, 1970.

1971a "Préface" à R. D. Collis, *Pour une sémiologie esquimaude*, Dunod, Paris.

1971b (avec E, Landowski et al.) "Analyse sémiotique d'un discours juridique (la loi commerciale sur les sociétés et les groupes de société)", *Documents de travail*, 7, Urbino (repris in Greimas 1976a).

1971c "Narrative grammar : units and levels", *Modern Language Notes*, 86 (6).

1971d "Réflexions sur les objets ethno - sémiotiques", Actes du Ier Congrès International d'ethnologie européenne, Paris, Août, 1971, Maisonneuve et Larousse, Paris, 1974 (repris in Greimas 1976a).

1972a "Pour une théorie du discours poétique", Greimas (ed.), *Essais de sémiotique poétique*, Larousse, Paris.

1972b "Sémiotique de l'espace", publié avec le titre "Pour une sémiotique topologique", *Notes méthodologiques en architecture et en urbanisme*, 1974 (repris in Greimas 1976a et in Sémiotique de l'espace, Denoë 1/ Gonthier, Paris, 1979).

1973a "Structural semantics", *Pàkha Sanjam*, 6.

1973b "Sur l'histoire événementielle et l'histoire fondamentale", *Geschichte - Ereignis und Erzählung*, Monaco (repris, avec beacoup de modification, in Greimas 1976a).

1973c "Un problème de sémiotique narrative: les objects de valeur", *Langages*, 31 (repris in Greimas 1983b).

1973d "Les actants, les acteurs et les figures", C. Chabrol et al.(éds.), *Sémiotique narrative et textulle*, Larousse, Paris (repris in Actes sémiotiques - Documents, 13 et in Greimas 1983b).

1973e "Description et narrativité dans La ficelle de Guy de Maupassant", *Revue canadienne de linguistique romane*, 1, 1 (repris in Actes sémiotiques - Documents, 13 et in Greimas 1983b).

1974a "Dialogue", H. Parret, *Discussing Language*, Mouton, The Hague.

1974b "Sémiotique", article de Grande Encyclopédie, Larousse, Paris.

1974c "Entretien", avec R. P. Droit, *Le Monde*, 7 juin, Paris.

1974d "Le contrat de véridiction", conférence faite au Colloque Le vraisemblable et la fiction (repris, parmi d'autres in Greimas 1983b).

1974e "L'ÉNONCIATION (une posture épistémologique)", *Significação: Revista De Cultura Audiovisual*, (1), 9-25.

1975 "Des accidents dans les sciences dites humaines: analyse d'un texte de G Dumézil", *Versus*, 12 (repris in Greimas 1979g et in Greimas 1983b).

1976a *Sémiotique et sciences sociales*, Seuil, Paris.

1976b *Maupassant, La sémiotique du texte :exercices pratiques*, Seuil, Paris.

1976c (avec F. Nef) "Entretien sur les strucures élémentaires de la signification",, *AA*Ⅴ Ⅴ, 1976.

1976d "Préface", à C. Legaré, La structure sémantique, Le lexème coeur dans l'œuvre de Jean Etudes, Les Presses de l'Université du Québec, Québec.
1976e "Entretien", pratiques, 11-12.
1976f "Les acquis et les projets", préface à Courtés
1976g "Entretien", avec B. Vardar, Dilbilim, 1.
1976h (avec J. Courtés) "The Cognitive Dimension of Narrative Discourse", New Literary History, 7.
1976i "Pour une théorie des modalités", *Langages*, 43 (repris in Greimas 1983b).
1977a "Postface", Group d'Entrevernes, Signes et paraboles ; sémiotique et texte évangélique, Seuil, Paris.
1977b (avec F. Nef) "Essai sur la vie sentimentale des hippopotames", T. A van Dijk et J. Petöfi (éds.), *Grammars and Descriptio*n, De Gruyter, Berlin.
1977c (avec Catherine Porter) "Elements of a Narrative Grammar." *Diacritics* 7, no. 1.
1978a "Pour une sémiotique des passions", *Actes sémiotiques - Bulletin*, 6.
1978b (avec J. Courtés) "Cendrillon va au bal. Les rôles et les figures dans la littérature orale française", *Systèmes de signes*. Textes réunis en hommage à G. Dieterlen, Hermann, Paris.
1979a "Pour une sémiotique didactique", *Actes sémiotiques -Bulletin*, 7.
1979b *Apie dievus ir zmones :Lietuvin Mitologijos Studijos*, AM & M Publications, Chicago.
1979c "Avant-propos", à A. Hénault, *Les enjeux de la sémiotique*, PUF, Paris.
1979d "Avant-propos", à F. Bastide, "Le fois lavé. Approche sémiotique d'un text de sciences expérimentales", *Actes sémiotiques - Documents*, 7.
1979e "Avant-propos", à J. Coutés, "La "lettre" dans le conte populaire merveilleux français. Contribution à l'étude des motifs", *Actes sémiotiques - Documents*, 7.
1979f "Rapport d'activités du groupe sémio — linguistique 1977-1978 et 1978-1979", *Actes sémiotiques — Bulletin*, 12.

1979g (avec E. Landowski) "Les parcours du savoir", *Introduction à l'analyse du discours en sciences sociales*, Hachette Université, Paris.

1979h (avec J Coutés) *Sémiotique Dictionnaire raisonné de la théorie du langage*, Hachtte, Paris. (한국어 번역본, 천기석, 김두한 역, 《기호학 용어사전》, 민성사, 1988.)

1979i "La soupe au pistou ou la construction d'un objet de valeur", *Actes sémiotique -Documents*, 5 (repris in Greimas 1983b).

1979j "De la modalisation de l'être", *Actes sémiotiques - Bulletin*, 9 (repris in Greimas 1983b).

1979k "About Games.", *Substance* 8, no.4.

1980a "Roland Barthes : une biographie à constuire", *Actes sémiotiques- Bulletin*, 13.

1980b "Notes sur le métalangage", *Actes sémiotiques-Bulletin*, 3.

1980c "A propos du jeu", *Actes sémiotiques- Documents*, 13.

1980d *Dictionnaire de l'ancien français jusqu'au milieu du XIVe siècle*. Larousse, Paris.

1980e "Le contrat de verdiction." *Man&World* 13, no. 3/4.

1981a "De la colère. Etude de sémantique lexicale", *Actes sémiotiques - Documents*, 27 (repris in Greimas 1983b).

1981b "Contre-note", *Actes sémiotiques -Bulletin*, 17.

1982a "Le défi", *Actes sémiotiques- Bulletin*, 27 (repris in Greimas 1983b).

1982b (avec J. Courtés) "versión espanõla de Enrique Ballón Aguirre y Hermis Campodónico Carrión.", *Sémiotica*, Editorial Gredos, Madrid.

1982c "Metaphore et isotopie", *Significação: Revista De Cultura Audiovisual*, (3), 4-13.

1983a "Préface" à A. Gueuret, *L'engendrement d'un récit. L'évangile de l'enfance selon Saint Luc*, Les éditions du Cerf, Paris.

1983b *Du sens II - Essais sémiotiques*, Seuil, Paris.

1983c "De la figurativité", *Actes sémiotiques - Bulletin*, 26.

1983d "Observations épistémologiques", *Actes sémiotiques -Documents*, 50.

1983e "Interview zur aktuellen lage der semiotischen Forschung", avec P. Stockinger, *Zeitscriff für Semiotik*, 5 (3).

1983f *La semiótica del texto : ejercicios prácticos : análisis de un cuento de Maupassant*, Paidós, Barcelona.

1983g "Le savoir et le croire : un seul univers cognitif", *On believing*, De gruyter, Berlin.

1984a "Sémiotique figurative et sémiotique plastique", *Actes sémiotiques- Documents, EHESS - CNRS*, n° 60, Paris.

1984b "Entretien", avec J. Fontanille, *Langue française*, 61 (1).

1984c "Avis au lecteur", préface à I. Calvino "Comment J'ai écrit un de mes livres", in *Actes sémiotiques- Documents*, 51.

1984d (avec H. G. Ruprecht) "Ouvertures métasémiotiques: entretien avec A J Greimas", *Recherches sémiotiques* (RSSI), 41.

1984e "Semiótica figurativa e semiótica plastica", *Significação: Revista De Cultura Audiovisual*, (4).

1985 "The love-life of the hippopotamus: A seminar with A.J. Greimas."

1985b *Exigences et perspectives de la semiotique : recueil d'hommages pour Algirdas Julien Greimas*, J. Benjamins Pub. Co, Amsterdam ; Philadelphia.

1985c *Des dieux et des hommes: Etudes de mythologie lithuanienne*, PUFrance, Paris.

1986a "De la nostalgie. Etude de sémantique lexicale", *Actes sémiotiques - Bulletin*, 39.

1986b (avec J. Courtés) (éds.) *Sémiotique Dictionnaire raisonné de la théorie du langage II*, Hachette, Paris.

1986c (avec A. Zinna) "Conversation", *Versus*, n° 43, Bompiani, Milano.

1987a "Avant-propos" au numéro "Quatre thèses" in *Actes sémiotiques - Bulltin*, 43.

1987b *De l'imperfection*, Pierre Fanlac, Périgueux.

1987c *On meaning : selected writings in semiotic theory, Paul J. Perron and Frank H. Collins(trans.)*, F. Pinter, London.

1988a. "De la nostalgie. Etude de sémantique lexicale", *Cahiers D'Études Hispaniques Médiévales*, 7(1).

1988b "Una mano una mejilla". *Revista De Occidente*, Vol.0(85).

1988c *La Lettre : Approches sémiotiques : Les actes du VIe Colloque interdisciplinaire* (Collection "Interdisciplinaire" ; vol. 9). Fribourg, Suisse: Editions universitaires.

1988d Greimas, A. & Onofrio, S. "The voices of myth in Lithuania - conversations with J.-L.Durand, P. Ellinger, P. Judet de La Combe, G.Pinault", *Uomo & Cultura,* Xxi-xxii(41-44).

1988e, « Les voix du mythe en Lithuanie. Rencontres avec Algirdas Julien Greimas (entretien avec J.-L. Durand, P. Ellinger, P. Judet de La Combe, G.-J. Pinault) », *Lalies : Actes des sessions de linguistique et de littérature*, 6, J. Lallot (éd.), Proceedings of the Conference held in Aussois, Savoy, France, August 27-September 1, 1984, Paris, Université de Paris III Sorbonne-Nouvelle, pp. 9-39.

1989a "Description and Narrativité: The Piece of String", *New Literary History* 20, no 3.

1989b "On Meaning", in: *The New Literary History*, vol. 20, n. 3.

1989c "What Is a Word?", *Le Francais dans Le Monde*, 29(Supplement), 58.

1989d Greimas A. & Collins, F., & Perron, P. "Figurative Semiotics and the Semiotics of the Plastic Arts", *New Literary History*, 20(3).

1989e Greimas A., Collins F., & Perron P. "The Veridiction Contract", *New Literary History*, 20(3).

1990 *Narrative semiotics and cognitive discourses*, Pinter, London.

1991a (avec J. Fontaille) *Sémiotique des passions Des états des choses aux états d'âme*, Seuil, Paris.

1991b Greimas A., & Keane T. (1991). "L'éloge du mot: Considérations méthodologiques à propos d'un nouveau dictionnaire", *Cahiers De Lexicologie*, 58(1).

1991c Greimas, A. & Žukas, S. *Iš arti ir iš toli : Literatūra, kultūra, grožis*, Vilnius: Vaga.

1991d "Karsavino aktualumas", *Baltos lankos*, Vilnius, 1, pp. 40-42.

1991e "Predchuvstvie sovershenstva. Actualnost Karsavina", ("Le pressentiment de la Perfection", L'actualité de Karsavine »), *Soglassie*, Vilnius, 9 (83), 28.04.

1992 *Of gods and men : Studies in Lithuanian mythology* (Folklore studies in translation). Bloomington: Indiana University Press.

1993 (avec J. Fontaille) *The Semiotics of Passions*, trans. P. Perron & F. Collins, University of Minnesota Press, Minneapolis and London.

1995a *Dictionnaire de l'ancien français: le moyen âge*, Larousse, Paris.

1995b "Introduction" to the letter in the Conte populaire merveilleux français, by J.Courtés. *Ethnologie Française*, 25(2), 154-156.

1996a "Reflections on Actant Models", *Vestnik Moskovskogo Universiteta, Filologiya*, 51(9).

1996b "Thinking of the "modèles actantiels", *Vestnik Moskovskogo Universiteta. Seriia 9 Filologiia*, 1, 118-135.

1996c Algirdas Julien Greimas & Edith Lopes Modesto, "A sopa ao "Pistou! ou a construção de um objeto de valor", *Significação: Revista De Cultura Audiovisual*, (11-12), 7-21.

2000 *La mode en 1830: langage et société : écrits de jeunesse*:, PUF, Paris.

2001 *Dictionnaire du moyen français*, Larousse-Bordas/HER, Paris.

2002 Sémantique structurale: Recherche de méthode, Paris: Presses Universitaires de France, Collection: Formes sémiotiques. Greimas, A. (2003). Pra bahoŭ i li͡u͡dzeĭ ; U poshukakh ėtnichnaĭ pami͡a͡tsi. Minsk: "Ėntsyklapedyks".

2003 *Sémiotique : dictionnaire raisonné de la théorie du langage*, Hachette,

Paris.

2004 "Folclore, religião, história", Significação: Revista De Cultura Audiovisual, 31(21), 9-28.

2005 Greimas, A. & Nastopka, K., *Lietuvių mitologijos studijos*. Vilnius: Baltos lancos.

2006 "Entretien avec Algirdas Julien Greimas (1917-1992)", in Chevalier, J.-Cl. et Encrevé, P. (éds.), *Combats pour la linguistique, de Martinet à Kristeva. Essai de dramaturgie épistémologique*, Lyon, ENS.

2007 "Acerca do jogo", *Significação: Revista De Cultura Audiovisual*, 34(27).

2011 "Tawals – deus auctor facultatum", *Baltistica*, 11(2).

2016 Greimas, A. J ; Korostenskienė, Julija, "Cervantes and His Don Quixote", *Cervantes: Bulletin of the Cervantes Society of America*, Vol.36(1).

2017a Greimas, Algirdas J. ; Perron, Paul, "Les universaux de la narrativité", *Semiotica*, Vol.214.

2017b Greimas, Algirdas J.; Broden, Thomas F., "(1966–1990): De la sémiologie à la sémiotique. Choix de lettres d'A. J. Greimas", *Semiotica*, Vol.214

2017c Greimas, A., Castellana, M., & Cesar, M., "Le sens et la musique. Propos recueillis par Marcello Castellana (1986)", *Semiotica* 214.

그레마스 저술의 외국어 번역서 서지

1964

"Réflexions sur les possibilités d'une description de l'histoire de la linguistique," 16p. 스텐실로 타자한 원고. 영어 번역, Considerations as to the possibilities of a description of the history of linguistics. 15p. 스텐실로 타자한 원고. Text prepared in advance for participants in "Revolution vs. Continuity in the Study of Language," symposium no. 25 the Wenner-Gren Foundation for Anthropological Research in Burg Wartenstein, Austria, pp.15-25 August 1964.

1966

Sémantique structurale: recherche de méthode (Langue et langage). Paris: Larousse. (1964-1965 Cours de sémantique)의 개정증보판. 독일어 번역(1969), 이탈리아어 번역(1969), 스페인어 번역(1971), 포르투갈어 번역(1973), 영어 부분 번역(ch.1, 1973), 덴마크어 번역(1974), 영어 부분 번역(1975-1976), 핀란드어 번역(1980), 영어 완역(1983), 일본어 번역(1988), 리투아니아어 부분 번역(ch.1, 2, 1989), 중국어 번역(1999), 중국어 신 번역(2001); 러시아어 번역(2004), 리투아니아어 완역(2005).

1967

Modelli semiologici. Urbino: Argalia. 이탈리아어 번역, Paolo Fabbri &

Giuseppe Paioni, 1963-1970년 발표된 그레마스의 주요 논문 번역.

1970

Du sens: essais sémiotiques. Paris: Seuil. Collects articles published 1960-1970, an introduction & La quête de la peur. 스페인어 번역(1973), 이탈리아어 번역(1974), 포르투갈어 번역(1975), 루마니아어 번역(1975), 영어 부분 번역(1987 & 1990), 리투아니아어 부분 번역(1989), 일본어 번역(1992), 한국어 번역(1997), 중국어 번역(2005).

1971

Sémantica estructural: investigación metodológica (Biblioteca románica hispánica 3, Manuales 27). Madrid: Gredos. 스페인어 번역 Alfredo de la Fuente of 1966.

Strukturale Semantik: Metodologische Untersuchungen (Wissenschaftstheorie, Wissenschaft und Philosophie 4). Braunschweig: Vievveg. xvi, 독일어 번역, Jens Ihwe of 1966.

1972

(Ed.), Essais de sémiotique poétique: avec des études sur Apollinaire, Bataille, Baudelaire, Hugo, Jarry, Mallarme, Michaux, Nerval, Rimbaud, Roubaud, Paris: Larousse. 포르투갈어 번역(1976), 스페인어 번역(1976).

1973

En Torno al sentido: *ensayos semióticos* (Lingüistica, epistemologia y semiótica 1). Madrid: Fragua. xii, 스페인어 번역, Salvador Garcia Bardon & Federico Prades Sierra of 1970.

Semântica estrutural; *pesquisa de metodo.* São Paulo: Cultrix, Editora da Universidade de São Paulo. 포르투갈어 번역, Haquira Osakabe & Izidoro Blikstein of 1966.

Structural semantics. [특별호]. Pakha Sanjam (Patiala, Punjab) 6. 231-300. 영어 번역, Harjeet Singh Gill of 1966.

1974

Del senso (Studi Bompiani, Il campo semiotico 8). Milan: Bompiani. 이탈리아어 번역, Stefano Agosti of 1970.

Strukturel semantik. Copenhagen: Borgen. 덴마크어 번역, Gudrun Hartvigson of 1966.

Entorno al sentido : ensayos semióticos, Editorial Fragua, Madrid. 스페인어 번역,

1975

Despre sens: eseuri semiotice. Bucharest: Univers. 루마니아어 번역, Maria Carpov of 1970.

Sobre o sentido: ensaios semióticos. Petrópolis, RJ: Vozes. 포르투갈어 번역, of 1970 by Ana Cristina Cruz Cezar, Ana Maria Sampaio Fernandes, Katia Hakim Chalita, Clara de Andrade Alvim & Maria Zelia Barbosa Pinto, revised by Milton José Pinto.

1976

Maupassant: la sémiotique du texte, exercices pratiques. Paris: Seuil. Translations: 스페인어 번역(1983), 영어 번역(1988), 포르투갈어 번역(1993), 리투아니아어 번역(2017).

Sémiotique et sciences sociales. Paris: Seuil. Collection of texts 1969-1976. 스페인어 번역(1980), 포르투갈어 번역(1981), 영어 부분 번역(1987 & 1990), 이탈리아어 번역(1991), 중국어 번역(2009).

Semiótica do discurso cientifico: da modalidade(Monografias de Semiótica e lingüistica 1) São Paulo : DIFEL, Difusão Editôrial SA, SBPL Sociedade Brasileira de Professores de Lingüistica. xviii, 포르투갈어 번역 Cidmar

Teodoro Pais of two articles 1975, 1976.

쿠르테스(Joseph Courtés)와의 공동 논문. "The cognitive dimension of narrative discourse," In *Thinking in the arts, sciences, and literature.* [특별호]. New Literary History 7(3). 프랑스어 번역, Michael Rengstorf from French manuscript; in French in 1992 Les points de vue.

Ed) *Ensayos de semiótica poética* (Ensayos/Planeta de lingüistica y critica literaria 47). Barcelona: Planeta. 스페인어 번역, Carmen de Fez & Asuncion Rallo of 1972.

Ed) *Ensaios de semiótica poética: com estudos sobre Apollinaire, Bataille, Baudelaire. Hugo, Jarry, Mallarmé, Michaux, Nerval, Rimbaud, Roubaud.* São Paulo: Cultrix, EDUSP. 포르투갈어 번역, Heloysa de Lima Dantas of 1972.

1979

Apie dievus ir žmones : lietuviu mitologijos studijos [신들과 인간들에 관하여: 리투아니아 신화 연구]. Chicago: AM & M. 프랑스어 번역(1985), 이탈리아어 부분 번역(1985), 이탈리아어 신 번역(1995); 영어 번역(1992), 루마니아어 번역(1997), 벨라루스어 번역(2003).

쿠르테스(Joseph Courtés)와의 공저. *Sémiotique: dictionnaire raisonné de la théorie du langage* (Hachette universite. Langue, linguistique, communication). Paris: Hachette. 1993년도 참고문헌과 색인을 갖춘 신판(Hachette université. Linguistique). 영어 번역(1982), 스페인어 번역(1982), 포르투갈어 번역(1983), 러시아어 부분 번역(1983), 이탈리아어 번역(1986), 네덜란드어 번역(1987), 덴마크어 번역(1988), 한국어 번역(1988), 터키어 부분 번역(2000).

1980

Semiótica y ciencias sociales (Lingüistica, epistemologia, semiótica). Madrid: Fragua. 스페인어 번역, J. Adolfo Arias Munoz of 1976.

Strukturaalista semantiikkaa (Kielitieteen peruskirjallisuutta). Helsinki: Gaudeamus. 핀란드어 번역, Eero Tarasti of 1966.

1981

Semiótica e ciências sociais. São Paulo: Cultrix. 포르투갈어 번역, Alvaro Lorencini & Sandra Nitrini of 1976.

1982

쿠르테스(Joseph Courtés)와의 공저. *Semiótica: diccionario razonado de la teoria del lenguaje* (Biblioteca románica hispánica 5, Dicconarios 10). Madrid : Gredos. 스페인어 번역, Enrique Ballón Aguirre & Hermis Campodónico Carrión of 1979.

쿠르테스(Joseph Courtés)와의 공저. *Semiotics and language : An analytical dictionary* (Advances in semiotics) with a bibliography by Edward McMahon. Bloomington, IN : Indiana University Press, xvi, 영어 번역, Larry Crist, Daniel Patte, James Lee, Edward McMahon, Gary Phillips & Michael Rengstorf of 1979.

1983

Du sens II: essais sémiotiques. Paris: Seuil. Collects articles published 1973-1983, with an introduction. 이탈리아어 번역(1985), 영어 부분 번역(1987 & 1990), 리투아니아어 부분 번역(1989), 스페인어 번역(1989), 한국어 번역(1997), 중국어 번역(2005).

La semiótica del texto: ejercicios prácticos : análisis de un cuento de Maupassant (Paidós Comunicación 7). Barcelona & Buenos Aires : Paidós. 스페인어 번역, Irene Agoff of 1976.

Strutural semantics: An attempt at a method. Lincoln, NE & London: University of Nebraska Press. 영어 번역, Daniele McDowell, Ronald Schleifer & Alan Velie of 1966.

쿠르테스(Joseph Courtés)와의 공저. *Dicionário de semiótica.* São Paulo: Cultrix. 포르투갈어 번역, of 1979 by Alceu Dias Lima, Diana Luz Pessoa de Barros, Eduardo Penuela Caiiizal, Edward Lopes, Ignácio Assis da Silva, Maria José Castagnetti Sembra & Tieko Yamaguchi Miyazaki.

1985

"Intelektualinės autobiografijos bandymas [지적 자서전의 시도]," *Metmenys* 1985, 프랑스어 부분 번역(1993), 영어 부분 번역(1995).

Del senso 2: narrativa. modalità, passioni (Studi Bompiani, 11 campo semiotico). Milan: Bompiani. 이탈리아어 번역, Patrizia Magil & Maria Pia Pozzato of 1983 Du sens II.

1986

쿠르테스(Joseph Courtés)와의 공동 편저. *Sémiotique: dictionnaire raisonné de la théorie du langage II: compléments, débats, propositions* (Hachette université. Langue, linguistique, communication). Paris: Hachette. 스페인어 번역(1991), 이탈리아어 번역(1999, 2007).

에릭 란도프스키(Eric Landowski)와의 공동 편저 (eds.), *Análise do discurso em ciências sociais* (Global Universitária. Literatura e Lingüistica 8). São Paulo: Global. 포르투갈어 번역, Cidmar Teodoro Pais of 1979.

1987

De l'imperfection. Périgueux: Fanlac. 이탈리아어 번역(1988), 스페인어 번역(1990), 네덜란드어 번역(1991), 리투아니아어 번역(1991), 폴란드어 번역(1993), 터키어 번역(1995), 포르투갈어 번역(2002), 페르시아어 번역(2010).

Analytisch woordenboek van de semiotiek [기호학의 분석적 사전] (TFT-Studies 6). Tilburg: Tilburg University Press, 네덜란드어 번역, Ko Joosse & Paul de Maat of 1979.

On meaning. Selected writings in semiotic theory (Theory and History of Literature 38). Minneapolis, MN: University of Minnesota Press, 영어 번역, Paul Perron & Frank Collins of texts from 1970 *Du sens*, 1976 Sémiotique et sciences sociales & 1983 *Du sens II*, 1963년, 1983년에 출판된 논문들.

1988

Dell'imperfezione (La civiltà perfezionata). Palermo: Sellerio. 이탈리아어 번역, Gianfranco Marrone of 1987.

[*Kõzõ imiron: hõhõ no tankyu*/Structural semantics: An attempt at a method]. With a new preface by the author. Tokyo: Kinokuniya Shoten. 일본어 번역, Tajima Hiroshi & Torii Masafumi of 1966.

Maupassant: The semiotics of text. Practical exercises (Semiotic Crossroads 1). Amsterdam & Philadelphia: Benjamin. 영어 번역, Paul Penon of 1976.

[*Nihongo-ban maegaki*/Preface to the Japanese edition]. [*Kozo imiron: hoho no tankyu*/ Structural semantics: An attempt at a method], 일본어 번역, Tajima Hiroshi & Torii Masafumi. Tokyo: Kinokuniya Shoten.

쿠르테스(Joseph Courtés)와의 공저. 《기호학용어사전》 [Dictionary of semiotics]. 서울, 민성사, 한국어 번역, 천기석 & 김두한 of 1982 Semiotics and language (trans of 1979). (영어 번역으로부터 중역)

쿠르테스(Joseph Courtés)와의 공저. *Semiotik: sprogteoretik ordbog* [기호학, 언어 이론 사전]. Arhus: Aarhus Universitetsforlag. 덴마크어 번역. 1979년 출판된 프랑스어 초판으로부터 번역. Per Aage Brandt, Erling Davidsen & Ole Davidsen with Finn Frandsen, Hans Jørgen, Kasper Olsen & Mette Søeborg.

1989

Del sentido II: ensayos semióticos (Biblioteca románica hispánica 2, Estudios y ensayos 37). Madrid: Gredos. 스페인어 번역, Esther Diamante of 1983.

Semiotika: darbų rinktinė [기호학: 선별된 논문], *Rolandas Pavilionis (ed.).* 저자의 새로운 서문 첨가. Vilnius: Mintis. 리투아니아어 번역, Pavilionis of French texts 1964-1987.

에드먼드 리치(Edmund Leach)와의 공동 논문. *Rytual i narracja* [의례와 서사] (Metodologia Humanistyki), Greimas texts, Warsaw: Panstwowe Wydaw. Naukowe. 폴란드어 번역, Anna Grzegorczyk & Ewa Uminska-Plisenko of articles 1963, 1966, 1974.

"Basil soup or the construction of an object of value," In Paul Perron & Frank Collins (eds.), *Paris school semiotics,* vol. 2, Practice (Series Semiotic Crossroads 3), 1-12. Amsterdam & Philadelphia: Benjamins. 1983 영어 번역, Gary Phillips of 1979 La soupe au pistou.

"Pragmatics and semiotics: Epistemological observations," In Paul Perron & Frank Collins (eds.), *Paris school semiotics* (Semiotic Crossroads 2), vol. 1, *Theory,* pp.91-94. Amsterdam & Philadelphia: Benjamins. 영어 번역, Perron & Collins of 1983.

1990

Tautos atminties beieskant. Apie dievus ir imones [민족의 기억을 찾아서: 신들과 인간에 관하여]. Vilnius: Mokslas & Chicago: Algimantas Mackus Fund. 프랑스어 부분 번역(1988), 이탈리아어 부분 번역(1995), 벨라루스어 번역(2003).

The Social Sciences, a Semiotic View, University of Minnesita Press, Minneapolis.

De la Imperfección, Universidad Autónoma de Puebla, Mexico.

1991

자크 퐁타니유(Jacques Fontanille)와의 공저, *Sémiotique des passions: des états de choses aux états d'âme.* Paris: Seuil. 영어 번역(1993), 포르투갈어 번역(1994), 스페인어 번역(1994), 이탈리아어 번역(1996), 루마니아어 번역

(1997), 러시아어 번역(2007), 한국어 번역(2014).

De betekenis als verhaal: semiotische opstellen [이야기로서의 의미: 기호학 연구] (Semiotisch perspectief 1). Amsterdam: Benjamins. 네덜란드어 번역, Paul Claes, Dirk de Geest & William van Belle of texts 1968-1987, Claes, de Geest, Herman Parret & van Belle의 서론 첨가.

Semiotica e scienze sociali (Collana di semiotica). Torino: Centro Scientifico. 이탈리아어 번역, Dario Corno of 1976.

쿠르테스(Joseph Courtés)와의 공저. *Semiótica: diccionario razonado de la teoria del lenguaje. Tomo II* (Biblioteca románica hispánica 5, Dicconarios 10). Madrid: Gredos, 스페인어 번역, Enrique Ballón Aguirre of 1986.

1992

[*lmi ni tsuite*/About meaning]. Tokyo: Suiseisha. 일본어 번역, Kenzo Akaba of 1970 *Du sens.*

1993

Maupassant: a semiótica do texto: exedeios práticos. Florianópolis, Brazil: UFSC Universidade Federal de Santa Catarina. 포르투갈어 번역, Teresinha Oenning Michels & Carmen Lúcia Lima Gerlach of 1976.

사울리우스 쥬카스(Saulius Žukas)와의 공저. *La Lithuanie: un des pays baltes.* Vilnius: Baltos lankos. 리투아니아어 번역, Ramutė Ramunienė of 1993.

사울리우스 쥬카스(Saulius Žukas)와의 공저. *Lietuva Pabaltijy: istorijos ir kultūros bruožai*, Vilnius: Baltos lankos. 프랑스어 번역, 1993.

"Autobiographie: Paris et nulle part ailleurs," *Lettres actuelles* 1-2. pp.20-22. 프랑스어 부분 번역, Danutė Litvinienė with Denis Bertrand of 1985-1986 Intelektualinės autobiografijos bandymas.

자크 퐁타니유(Jacques Fontanille)와의 공저, *Semiótica das paixões : dos estados de coisas aos estados de alma.* São Poulo : Ática. 포르투갈어 번역,

Maria José, Rodrigues Coracini of 1991.

자크 퐁타니유(Jacques Fontanille)와의 공저, *The semiotics of passions : From states of affairs to states of feeling.* Minneapolis, MN : University of Minnesota Press, 영어 번역, Paul Perron & Frank Collins of 1991.

1994

자크 퐁타니유(Jacques Fontanille)와의 공저, *Semiótica de las pasiones: de los estados de cosas a los estados de ánimo* (Lingüistica y teoria literaria). Mexico: Siglo Veintiuno & Puebla: Universidad Autónoma de Puebla. 스페인어 번역, Gabriel Hernandez Aguilar & Roberto Flores of 1991.

1995

Kusur konusunda [불완전성에 대하여]. Istanbul: Yapi Kredi Yayinlari. 터키어 번역, Ayşe Eziler Krran of 1987.

Miti e figure, Francesco Marciani (ed.) (Teorio della cultura). Bologna: Progetto Leonardo, Esculapio. 이탈리아어 번역, of texts 1956-1991.

"An attempt at an intellectual autobiography: Excerpts," *Lituanus* (Chicago) 41(3). 영어 번역, Arvydas Gaizauskas of 1985-1986 Intelektualines autobiografijos bandymas.

1996

자크 퐁타니유(Jacques Fontanille)와의 공저, *Semiotica delle passioni: dagli stati di cose agli stati d'animo* (Studi Bompiani). Milan: Bompiani. 이탈리아어 번역, Francesco Marsciani & Isabella Pezzini of 1991.

1997

Despre zei şi despre oameni: studii de mitologie lituaniană [신들과 인간에 대하여] (Arta si religie 13). Bucharest: Meridiane. 루마니아어 번역, Rodica

Paliga of 1985 French (trans. of 1979).

《의미에 관하여—기호학 시론》, 서울, 인간사랑, 한국어 번역, 김성도 번역, (1970 *Du Sens* & 1983 *Du Sens* II.)

자크 퐁타니유(Jacques Fontanille)와의 공저, *Semiotica pasiunilor*: *de la starile lucrurilor la starile sufletului* [The semiotics of passions: From states of affairs to states of the soul]. Bucharest: Scripta. 루마니아어 번역, Madalina Lascu & Rodica Paliga of 1991.

1999

[*Jiegou yuyixue: fangfa yanjiu*/Structural semantics: A search for a method] (Falanxi si xiang wen hua cong shu). Beijing: Sanlian. 중국어 번역, Wu Hongmiao of 1966.

2001

[*Jiegou yuyixue*/Structural semantics] (Xinshiji Renwen Yicong). Tianjin: Baihua wenyi chubanshe. 중국어 번역, Zihua Jiang of 1966

2002

Da imperfeição. São Paulo: Hacker. 포르투갈어 번역, Ana Claudia de Oliveira of 1987.

2004

Apie netobulumą. Vilnius: Baltos lankos. 리투아니아어 번역, of 1987 by Saulius Žukas, Arunas Sverdiolas & Valdas Petrauskas.

2005

[*Lun yiyi: fuhaoxue lunwenji*/On meaning: Semiotic essays] (Xin shi ji ren wen yi cong). 2 vols. Tlanjin: Baihua wenyi chubanshe. 중국어 번역, Wu

Hongmiao & Feng Xuejun of 1970 *Du sens* & 1983 *Du sens* II.

Struktūrine semantika: metodo ieškojimas [Structural semantics: A search for a method]. Vilnius: Baltos lankos. 리투아니아어 번역, Kęstutis Nastopka of 1966.

2007

쿠르테스(Joseph Courtés)와의 공저, *Semiotica: dizionario ragionato de/la teoria del linguaggio* (Sintesi. II metodo semiotico), Paolo Fabbri (ed.). 2nd enlarged edn. Milan: Bruno Mondadori. 이탈리아어 번역, Fabbri with Angelo Fabbri, Renato Giovannoli & Isabella Pezzini of 1979 & partial trans. Paolo Fabbri of 1986.

자크 퐁타니유(Jacques Fontanille)와의 공저. *Семиотика страстей: от состояния вещей к состоянию души*. [*Semiotika strasteĭ: ot sostoianiia veshcheĭ k sostoianiiu dushi*/The semiotics of passions: From states of affairs to states of the soul]. Moscow: LKI. 러시아어 번역, Inna G. Merkulova of 1991.

2009

[*Fu hao xue yu she hui ke xue*/Semiotics and social science] (Er shi shi ji Ou Mei wen lun cong shu). Tianjin: Baihua wenyi chubansne. 중국어 번역, Weimin Xu of 1976.

2010

"How to define the indefinite: An essay in semantic description," *Genre* 43. 영어 번역, Albert Samuel Whisman & Ronald Schleifer of 1963.

참고 문헌

A) 국외 논문 및 저술

Aarne & Thomson, "The types of the folktale", FF *Communications*, n°184, Helsinki, 1961.

Abicht L., "Jameson (Fredric). The Political Unconscious, Narrative as a Socially Symbolic Act.", *Revue belge de philologie et d'histoire* no. 3, 1983.

Ablali D., *La sémiotique du texte : du discontinu au continu*, L'Harmattan, Paris, 2003.

______, "Sémiotique et herméneutique", in *Semiotica* 168 – 1/4, 2008.

______, "La «sémantique de corpus», le programme inachevé de Sémantique structurale," Texto!, vol. XXII, n° 1, 2017.

Actes sémiotiques –*Bulletin* : 4

Actes sémiotiques–Documents:12(Eric Landowski, L'opinion publique et ses porte-parole), 1980

Adam J.-M., *Le récit*, PUF, Paris, 1984.

______, *Le texte narratif*, Nathan, 1985.

Adam J.-M., & Petit Jean A., *Le text descriptif*, Nathan, 1989.

Adrián López E., "El esquema L como cuadrado semiótico. Un posible rostro del poder en la era capitalista mass/mediática", Vol.24, N.56, Opción, 2008.

Alexandrescu, S., *Logique du personnage*, Tours: Mame, 1974.

Allan K., *Natural Language Semantics*, Oxford: Blackwell, 2001.

Almeras D., “Violence Against Women: Men and the social imaginary”, *Development* 44, no. 3, 2001.

Altunkaya, H., “Analysıs Of Story “Beyhude Ömrüm” Accordıng To Greımas’ Actants Model”, *Journal of Turkish Studies*, Volume 7 Issue 4-I(7), 2012.

Amsterdamska O., *The Schools of thought, The developmentof linguistics, From Bopp to Saussure*, Dordrecht: Reidel, 1987 (암스테르담스카, 《언어학파의 형성과 발달》, 임혜순 역, 아르케, 1999).

Aneja A., “The Medusa’s slip: Hélène Cizous and the underpinnings of écriture feminie.”, *LIT: Literature Interpretation Theory* 4, no. 1, 1992.

Apresjan J. D., *Principles and Methods of Contemporary Structural Linguistics*, La Haye: Mouton, 1973.

Aristote, *La Rhétorique, livre I, II* éd. & trans. M. Dufour, Paris: Les Belles Lettres, 1932.

Arnold M., “Images, diagrams, and narratives: Charles S. Peirce’s epitemological theory of mental diagrams.”, *Semiotica* 186, no. 1–4, 2011.

Arrigo B., “Insanity Defense Reform and the sign of abolition: Re–visiting Montana’s experience.”, *International Journal For The Semiotics Of Law* 10, no. 2, 1997

Arrivé M., “Pour une théorie des textes poly–isotopiques”, in: *Langages* 31, 1973.

______, “Le concept de symbole”, *Actes sémiotiques* – Documents, n° 25, 1981, et n° 36, 1982.

______, *Linguistique et psychanalyse*, Paris, Méridiens–Klincksieck, 1986.

______, “Saussure, Barthes, Greimas”, in: *CFS* 56, 2003.

______, *Langage et psychanalyse, linguistique et inconscient*, PUF, Paris, 1994.

______, *Le linguiste et l’inconscient*, Paris: PUF, 2008. (아리베, 《언어학자와 무의식》, 김성도 옮김, 고려대학교출판문화원, 2017)

______, “Préface”, in A. J. Greimas, *La mode en 1830*, Paris: PUF, 2000.

______, “Préface mêlée de souvenirs sur la préhistoire de la sémiotique”, in A. J. Greimas, *La mode en 1830*, Paris: PUF, 2000.

______, “Greimas et la linguistique, la poétique et la sémiotique au quotidien, d’après sa correspondance inédite avec Michel Arrivé,” *Semiotica* 214, 2017.

______, “Greimas lecteur de Saussure”, *Linx*, 74, 2017.

______, “Souvenirs scientifiques et autres sur A. J. Greimas,” *Nouveaux Actes Sémiotiques*, 1993.

Arrivé M., & Gadet F., & Galmiche M., *La grammaire d’aujourd’hui, guide alphabétique de linguistique française*, Paris: Flammarion, 1986.

Arrivé M., & Coquet J.-Cl., *Sémiotique en jeu*, Amsterdam: John Benjamins Pub Co , 1987.

______, “Algirdas Julien Greimas mis à la question”, in: *Sémiotique en jeu -A partir et autour de l’œuvre d’ A. J. Greimas*, Paris/Amsterdam/Philadelphia:Editions Hadès−Benjamins, 1987.

Avalle d’A., “System and structures in the folktale”, *20th Century Studies*, N.3, 1970.

Ayto J., *Dictionary of Word Origins*, London: Bloomsbury Publishing Plc, 2001.

Āzār, A. & Āzād, V., *Ilāhī'nāmah-’i ‘Aṭṭār dar naẓarīyah-’i nishānah - ma‘nā'shināsī Ālzhīr Giramas va shikl'shināsī-i Zhirār Zhint* (چاپ اول. ed.). Tihrān: Intishārāt-i Sukhan, 2014.

Badir S., “Contrariété et contradiction : un parcours sémiotique”, Nouveaux Actes Sémiotiques, N°114, 2011.

______, “How the Semiotic Square Came”, in: Béziau J.-Y. and Payette G. (eds.), The Square of Opposition. A General Framework for Cognition, Bern: Peter Lang, 2012.

Bak H., *Grundprobleme Der Strukturalen Textsemantik : Die Reichweite*

Des Isotopiekonzepts Von Greimas in Bezug Auf Literarische Texte, Berlin:Köster, 1994.

Balandis E. "Greimas žurnale „Darbas", *Deeds and Days*, 68, 145-161, 2017.

______, Raffi M., & Zilli L., "Problemi del testo : Narratologia e creazione", *Quaderni della Scuola di perfezionamento in lingue e letterature straniere dell'Università di Padova* ; 2). Bologna ; Padova: Pàtron, 1978.

Baloğlu, Uğur. "WILLIAM SHAKESPEARE'IN HAMLET YAPITININ A. J. GREIMAS'IN EYLEYENSEL ÖRNEKÇESİNE GÖRE ÇÖZÜMLENMESİ", *The Turkish Online Journal of Design, Art and Communication*, 3(1), 2013.

Barros Diana Luz P., "Les études de société selon la perspective de la sémiotique greimassienne," *Semiotica* 214, 2017.

Barthes R., *Mythologies*, Paris: Seuil, 1957.

______, *Le degré zéro de l'écriture*, Gonthier, 1964.

______, *Le système de la mode*, Paris: Le Seuil, 1967.

______, "Rhétorique de l'image", *Communication*, n°4, 1964.

______, "Eléments de sémiologie", *Communication*, n°4, 1964.

______, *The Language of Fashion*, translated by Andy Stafford, edited by Andy Stafford and Michael Carter, Oxford, New York: Berg, 2006.

Bastide R. *Sens et usage du terme structure dans les sciences humaines et sociales*, The Hague: Mouton, 1962.

Baudelaire Ch. *Oeuvres complètes*, Paris: Gallimard, 1975.

Batista M., "GREIMAS E A LINGUÍSTICA — GREIMAS ET LA LINGUISTIQUE", Acta Semiótica Et Lingvistica, 22(2), *Acta Semiótica et Lingvistica*, Vol.22(2), 2018.

Beividas W., "La sémiotique de Greimas: Une épistémologie (discursive) immanente", *Semiotica*, 219, 2017.

Beividas W. & Lima E., "Ainda para e sobre Algirdas Julien Greimas", *Estudos Semióticos*, 14(1), I-V, 2018.

______, “Uma homenagem ao centenário de Algirdas Julien Greimas”. *Estudos Semióticos*, 13(2), I-V, 2017.

Bellanova R. & Duez D., “A different view on the ‘Making’ of European Security: The EU Passenger Name record system as a Socio–Technical Assemblage.”, *European Foreign Affairs Review* 17, 2012

Benatsēs A., *To sēmeiōtiko tetragōno : Synchrones hermēneutikes prosengiseis stē logotechnia.* Athēna: Ekdoseis "Epikairotēta" : Kentrikē diathesē, Danaos, 1994.

Benveniste É., “Structuralisme et linguistique [Entretien avec Pierre Daix,” In *Problèmes de linguistique générale*, 11–28. Paris, Gallimard, «Tel», 1974[1968].

______, *Problèmes de linguistique générale* 1 et 2, Paris: Gallimard, 1966, 1974.

Berrandonner A., *Eléments de pragmatique linguistique*, Paris: Minuit, 1981.

Bertetti P., “Signs and figures: Some remarks about Greimas theory of the figurative,” *Sign Systems Studies* 45(1/2), 2017.

Bertrand D., Bordron J.-F., Darrault I., Fontanille J. (coordinateurs), *Greimas aujourd'hui: L'avenir de la structure. Actes du congres de l'AFS 2017.*, AFS Editions, Publication en ligne: afsemio.fr/juin 2019.

Bertrand D., *L'espace et le sens:Germinal d'Emile Zola*, Hadès–Benjamins, 1985.

______, “L' énonciation passionelle. Etude de cas”, in: *Bulletin*, XI, 39, 1986.

______, “Les discours d'une passion”, in: *Le Français dans le monde, Paris: Hachette*, 1987.

______, “Narrativity and Discoursivity”, *Paris School Semiotics*, Amsterdam: John Benjamins, 1989.

______, *Précis de sémiotique littéraire*, Paris: Nathan, 2000.

______, “Structure et sensibilité”, in *Nouveaux Actes Sémiotiques*, N.112, 2009.

______, Dézé A. & Missika J.–L., "Le "carré sémiotique" des discours politiques", Sciences Humaines, N.209, November 2009.

Beyaert-Geslin A. "Sièges de l'art, sièges du design," *Figures de l'art* 47, 2015.

______, *L'image préoccupée.* Paris: Lavoisier, 2009.

______, *Sémiotique des objets. La matière du temps.* Liège: Presses universitaires de Liège, 2015.

______, *Sémiotique du design.* Paris: Presses Universltaires de France, 2012.

Bezantakos N., *To aphēgēmatiko montelo tou Greimas kai hoi tragōdies tou Euripidē.* Athēna: Institouto tou Vivliou, A. Kardamitsa, 2004.

Biancofiore A., Jachia P., Ponzio A., & Bakhtin, M., *Bachtin e-- : Averincev, Benjamin, Freud, Greimas, Lévinas, Marx, Peirce, Valéry, Welby, Yourcenar : Con inediti di M. Bachtin* (1.st ed., Biblioteca di cultura moderna (Editori Laterza) 1041). Roma: Laterza, 1993.

Blanché R., *Stractures intellectuelles*, Paris: Vrin, 1969.

______, *Introduction à la logique contemporaine*, Paris: Armand Colin, 1997.

Blodgett E. D., "Behind Every Good Man, Etc.", *Essays On Canadian Writing* no. 30, 1984

Bloomfield L., *Language*, London: George Allen & Unwin, 1957.

Bonfiglioli S., "Aristotle's Non-Logical Works and the Sqaure of Oppositions in Semiotics.", *Logica Universalis*, 2, 2008.

Bordron J., *Descartes, recherches sur les contraintes sémiotiques de la pensée discursive* (1re éd. ed., Formes sémiotiques). Paris: Presses universitaires de France, 1987.

Bordron J. F., "La fonction structurante", in: Nef, F. (ed.), *Structures élémentaires de la signification*, Complexe, Bruxelles, 1976.

______, "Phénoménologie et sémiotique," *Actes Sémiotiques* 114, 2011.

Bordwell D., "Chapter 5: Semantic Fields.", *Interpretation of Cinema*, 105, 1989.

Boudon P., "Parcours=discours? Du parcours en tant que procés génératif de la signification", in: *Bulletin*, 18, 1981.

Bouissac P. *Encyclopedia of semiotics*, New York: Oxford University Press, 1988.

Bouita, "Cognitive Reference for Narrative Semiotics – Greimas as a Sample", *SEMAT*, 1(1), 2013.

Bostic H., "Greimas and gender: Mere recipe or real meal?", *Semiotica*, 219, 2017.

Brandt P., "D'où vient le sens? Remarques sur la sémio-phénoménologie de Greimas", *Semiotica*, 219, 2017.

Brandt P. A., "Quelques remarques sur la véridiction. Hommage aux jefalumpes", *Actes sémiotiques-Documents*, IV, 1982

______, *La Charpente modale du sens*, Benjamins, Aarthus & Amsterdam: 1990.

______, *La charpente modale du sens: pour une sémio-linguistique morphogenetique et dynamique*, Arahus University Press, Arahus & Amsterdame, 1992.

Bréal M., *Essai de sémantique. Science des significations*, Paris: Hachette, 1897.

Brémond C., *Logique du récit*, Paris: Seuil, 1973.

Brier S., "Trans-scientific frameworks of knowing: complementarity views of the different types of human knowledge.", *Systems Research & Behavioral Science* 17, no. 5, 2000

Broden Thomas F., "Algirdas Julius Greimas: Educación, convicciones, carrera", *Tópicos Del Seminario*, (34), 2015.

______, Thomas F. & Dalia Kaladinskienė. "The Outlines of Algirdas Julius Greimas' Biography", Transl. by Dalia Kaladinskienė. A.J. Greimo Centro Studijos. Semiotika, 8, 01 December 2012, Vol.8.

Broden T., "Introduction: From A. J. Greimas to romance semiotics today", *Semiotica*, 219, 2017.

______, "A. J. Greimas: Education, Convictions, Career", *The American Journal of Semiotics*, 31(1-2), 2015.

Broden T. F., "Avant−dire", Algirdas Julien Greimas. La Mode en 1830, xxvii-xliv, Paris: Presses Universitaires de France

______, "Commemortive essay, A. J. Greimas(1917−1992)", *Semiotica* 1995.

______, "The sign in Paris semiotics", in *Semiotica*, 1/1-1/2, 1996

______, "Toward a biography of Algirdas Julius Greimas (1917-1992)," *Lituanus*, 57(4), 2011.

______, "A. J. Greimas: les années de formation. Texto!," *Textes & Culturés*, 20(2), 2015.

______, "A. J. Greimas' historical lexicology(1945-1958) and the place of the lexeme in his work," *Sign System Studies* 45(1/2), 2017.

______, "Chronology of A. J. Greimas," *Semiotica* 214, 2017.

______, "Selected works by A. J. Greimas," *Semiotica* 214, 2017.

Broekman J., & Catá Backer L., *Signs In Law - A Source Book :The Semiotics of Law in Legal Education III* (1st ed. 2015. ed.). Cham: Springer International Publishing : Imprint: Springer, 2015.

Brøndal V., Essais de linguistque générale, E. Munksgaard, Copenhague, 1943.

______, *Traité des prépositions-Introduction à une sémantique rationnelle*, E. Munksgaard, Copenhague, 1950.

Brügger N. & Vigsö O., *Strukturalisme*, Roskilde Universitetsforlag, 2002.

Brunot F., "Les mots témoins de l'histoire", in *Institut de France*, séance publique annuelle de l'Académie des inscriptions et belles lettres du vendredi 23 novembre 1928, t.II, no.22 bis, Paris, Firmin Didot, 1928.

______, *Histoire de la langue française*, Armand Colin, Paris, t.2: La Renaissance, 1906.

______, *Histoire de la langue française des origines à nos jours*. (13 vols.) Paris: Colin, 1905–1981.

Bucher G., "De la perfection de la théorie à l'imperfection des lettres", in: *Lire*

Greimas. Collection *Nouveaux Actes Semiotiques*, Limoges: PULIM, 1997.

Bühler K., *Ausdruckstheorie Das System an der Geschichte aufgezeigt*, Stuttgard: Fisher Verlag, 1993.

Bybee J. L., *The evolution of grammar:tense, aspect, and modality in the languages of the world*, Chicago: University of Chicago Press, 1994.

Caesar M., Umberto Eco, *Philosophy, Semiotics and the Work of Fiction*, Cambridge: Polity Press, 1999.

Callicott J., & McRae J., *Japanese environmental philosophy*. New York, NY: Oxford University Press, 2017.

Caputo C., Su *Hjelmslev: la nuova di Amleto: segno, senso e filosofia del linguaggio*, Napoli: Scientifiche Italiane, 1993.

Cassirer E., "Le langage et la construction du monde des objets", *Journal psychologique*, 1933.

______, *La philosophie des formes symboliques*. 1. le langage, Paris: Minuit, 1972.

Cauzinille-Marmèche E., ali., "Catégories et procesus de catégorization", *Modèles généraux et locaux du développement cognitif*, éd. G.Netchine, Paris: PUF, 1988.

Cervoni J., *L'énonciation*, Paris: PUF, 1987.

Certeau M., de, "L'absolu du pâtir: passions de mystique", in: Actes Sémiotìques, *Bulletin*, II, 9, 1979.

Chabrol C. (dir.), *Sémiotique narrative et textulle*, Paris: Larousse, 1973.

______, "La quadrule... du carré", in: Actes Sémiotìques, *Bulletin*, 17, 1981.

Chalfant E., "A Greimas rectangle for a new New Atheism", *Culture and Religion*, 19(3), 2018.

Chambers, *Dictionary of Etymology*, New York: The H.W. Wilson Company, 2000.

Chandès G., *Être pénétré par l'éclat du sacré*. Lexia, 15–16, 2014.

Chené A., & Greimas, A., *De Jésus et des femmes : Lectures sémiotiques : Suivies d'un entretien avec A.J. Greimas*, (Recherches (Editions Bellarmin); nouv. sér., 14). Montréal: Editions Bellarmin; Paris: Editions du Cerf, 1987.

Chevalier Jean C., “Barthes et Greimas à Alexandrie, 1949-1950, précédé de: Barthes à Bucarest, 1947-1948,” *Histoire de l'enseignement du français langue étrangère ou seconde dans le bassin méditerraanéen* Volume 1, Documents pour l'histoire du français langue étrangère ou seconde, 2001.

Chevalier Jean C. & P. Encrevé. *Combats pour la linguistique, de Martinet à Kristeva. Essai de dramaturgie épistémologique*, Paris: ENS, 2006.

Chomsky N., *Structures syntaxiques*, Paris: Seuil, 1969.

______, *Aspects de la théorie syntaxique*, Paris: Seuil, 1971.

______, *Communications*, Seuil, revue thématique.

Chorlay R., “‘Local–Global’: the first twenty years.”, *Archive For History Of Exact Sciences 65*, no. 1, 2011.

Cléro Jean-Pierre, “Sémiotique des passions,” In *Revue de synthèse*, 114, 1993.

Cliche D., “Schémas et programmes narratifs : de Greimas à Fontanille : L'Homme gris de M. Laberge et La Répétition de D. Champagne”, *Protée*, Vol. 34, N. 1, pp.77–88, 2006.

Colas-Blaise M., *Le discours de la transgression: lecture sémiotique des historiettes du Marquis de Sade*, PhD Thesis (in fact something more advanced: “Doctorat de 3e cycle”), Université de Metz, 1990.

Collins F. & Perron P. (eds.), *Greimassian Semiotics, special issue of New Literary History*, vol. 20, N. 3, 1989.

______, *Paris School Semiotics I: Theory*, Amsterdam–Philadelphia: John Benjamins, 1989.

Combet G., “Complexification et carré performatoire”, in: Nef, F. (ed.), *Structures élémentaires de la signification*, Bruxelles: Complexe, 1976.

______, “Cinq ans aprés”, in: Landowski, E. (ed.), *Le carré sémiotique, special issue of Le Bulletin du Groupe de Recherches sémio-linguistiques*, 17, 1981, pp.32–25

______, "Dix ans avant", in: Petitot, J. (ed.), *Aspects de la conversion, special issue of Actes sémiotiques - Bulletin*, V, 24, 1982.

Cooren F., *The organizing property of communication* (Pragmatics & beyond ; new ser., 65). Amsterdam; Philadelphia: J. Benjamins, 2000.

______, "Arguments for the in–depth study of organizational interactions: A rejoinder to McPhee, Myers, and Trthewey.", *Management Communication Quarterly* 19, no. 3, 2006

Coquet J. C., "Questions de sémantique structurale", in: *Critique*, 1968.

______, *Sémiotique littéraire*, Mame, 1973.

______, *Le discours et son sujet 1 & 2*, Paris: Klincksieck, 1984–1985.

______, (dir.) *Sémiotique : l'Ecole de Paris*, Paris: Hachette, 1982.

______, "Linguistique et sémiologie", *Actes sémiotiques*, Documents 88, 1987.

______, "Réalité et principe d'immanence", *Langages*, n°103, 1991, p. 23–35.

______, "Temps ou aspect? Le problème du devenir", in: *Le discours aspectualisé*, Actes du colloque, éd. J. Fontanille, Limoges/Amsterdam/Philadelphia: PULIM/Benjamins, 1991.

______, "Note sur Benveniste et la phénomènologie", LINX, n°26, 1992, p. 41–48.

______, *La quête du sens*, Paris: PUF, 1997.

______, "L'Ecole de Paris", in: *Sémiotique L'Ecole de Paris*, Paris: Hachette, 1982.

______, *Phusis et Logos, Une phénoménologie du langage*, Paris: Presses universitaire de Vincennes, 2007.

Corso J., "What Does Greimas's Semiotic Square Really Do?", *Mosaic : A Journal for the Interdisciplinary Study of Literature*, 47(1), 69-89, 2014.

Cortina A., "Percurso da semiótica por meio das obras de Greimas", *Estudos Semióticos*, 13(2), 37-50, 2017.

Coseriu E., "Lexicalische Solidaritaten", *Poeita* I.

______, "Structure lexicale et enseignement du vocabulaire," In *Actes du Premier Colloque International de Linguistique Appliquée*, 175–217. Nancy : Centre de recherches de linguistique appliquée et de traduction automatique, 1966.

______, "Vers une typologie des champs lexicaux", *Cahiers de Lexicologie*, 27, 1975, 30–51.

Cosson S., "Le carré sémiotique de la généalogie", *genealogieblog.com*, 2011.

Courtés J., "L'organisation fondamentale de la séquence "mariage" dans le conte populaire merveilleux français", in: Nef, F. (ed.), *Structures élémentaires de la signification*, Bruxelles: Complexe, 1976.

______, *Lévi-Strauss et les contraintes de la pensée mythique*, Tours: Mame, 1976.

______, *Introduction à la sémiotique narrative et discursive*, Paris: Hachette, 1976.

______, "Sentiments d'estime et de mésestime", in: *Actes du colloque d'Albi Langage et Signification*, Université de Toulouse: le Mirail, 1981.

______, *Le conte populaire: poétique et mythologie*, PUF, 1986.

______, *Sémantique de l'énoncé: applications pratiques*, Paris: Hachette, 1989.

______, *L'analyse sémiotique du discours*, Paris: Hachette, 1991.

______, *Phusis et logos. Une phénoménologie du langage.*, Presses Universitaires de Vincennes, 2007.

Crang M., "Spacing Times, Telling Times and Narrating the Past.", *Time & Society* 3, no. 1, 1994.

Cristina, "Le statut de la pulsion dans la sémiotique narrative morphodynamique", *Semiotica*, 157, 1/4, 2005

Cruse A., *Meaning in Language*, Oxford: Oxford University Press, 2000.

Cruzeiro Semiotico, *revue de L'Association portugaise de sémiotique. numéros 5 et 6: L'énonciation*(1986–1987); n° 7: Le conte 1987.

Culler J., *Structuralist poetics*, Ithaca & New York: Cornell University Press, 1975.

D'Agostino S., Soggetti di senso. *Semiotica ed ermeneutica a confronto tra Ricoeur e Greimas*, Rubbettino, Soveria Mannelli, 2009.

Danesi M. & Perron P., *A. J. Greimas and Narrative Cognition*, Toronto: Toronto Semiotic Circle, 1993.

Daniel A. K., "From folktales to algorithms: developing the teacher's role as principal storyteller in the classroom.", *Early Child Development & Care* 177, no. 6/7, 2007

Darmesteter A., *La vie des mots étudiée dans leurs significations.* (2nd ed.) Paris: Delagrave, 1887.

Darrault I., (ed) *Modalités: Logique, Linguistique, sémiotique*, Paris: Didier, 1976.

Darrault-Harris I., "A psicossemiótica: Um desejo inalcançável de Greimas", *Estudos Semióticos*, 13(2), 2017.

Darrault-Harris Ivan, "Algirdas Julien Greimas, De l'Imperfection, Fanlac, Périgueux, 1987, Chap. 《Le Guizzo》," *Actes Sémiotiques* 115, 2012.

Darrault–Harris J. et Klein J.P., *Pour une psychiatrie de l'ellipse*, Paris: PUF, 1994.

Daujotypé V., "La réalité de la pensée greimassienne", in *Nouveaux Actes Sémiotiques*, N.112, 2009.

David H., "Pragmatics constraints on narrative processing: Actants and anaphora resolution in a corpus of North Carolina ghost stories.", *Journal Of Pragmatics* 32

Davidson J. W., "Criticism and Social Action Part 2.", *Papers On Language & Literature* 19, no. 1, 1983.

De Geest D., "La sémiotique narrative de A.J. Greimas", *Image & Narrative*, 2003

De Keere Kobe & Elchardus M., "Narrating linguistic conflict: a storytelling analysis of the language conflict in Belgium.", *Journal Of Multilingual & Multicultural Development* 32, no. 3, 2011.

Delédalle G., *Théorie et pratique du signe*, Payot, 1979.

______, *Semiotics and pragmatics :proceedings of the Perpignan symposium* (Foundations of semiotics ; v. 18). Amsterdam; Philadelphia: J. Benjamins, 1989.

Deleuze G., *La logique du sens*, Seuil, 1968.

______, "A quoi reconnaît−on le structuralisme?", in: *Histoire de la Philosophie*, 8, éd. F. Chatelet, Paris: Hachette, 1973.

De Libéra A., "La sémiotique d'Aristote", in: Nef, F. (ed.), [1976]

______, "Note sur "On binary opposition" d'Arild Utaker", in: Nef, F. (ed.), [1976].

______, "Du carré au cube: "Production du sens par la foi" de Ph. Laï", in: Nef, F. (ed.), [1976].

Demuru P., "Ficção seriada televisiva, jornalismo político e construção do real: Hipóteses a partir de Greimas", *Significação: Revista De Cultura Audiovisual*, 44(48), 2017.

De Paris L., "L'anthropologie morphogénétique selon Lucien Scubla (Mécanisme victimaire, théorie des catastrophes et carré sémiotique)", 1996.

Derrida J., *La dissémination*, Paris: Seuil, 1972.

Descartes R., *Le traité des passions de l'âme Documents de travail et prépublications, publiés par le centre international de sémiotique et linguistique*, Urbino, Italie (Plus de 170 numéros parus, concernant des objects sémiotiques différents et présentant des prolématiques fort variées).

Discini Norma, "O estilo e o ator da enunciação: Greimas na contemporaneidade", *Estudos Semióticos*, 14(1), 2018.

Douglas R., "Metapragmatics and its discontents.", Journal Of Pragmatics 10

Dubois J., *Grammaire structurale du français: Nom et pronom.* Paris: Larousse,

1965.

______, *Grammaire structurale du français, le verbe.* Paris: Larousse, 1967.

______, *Dictionnaire de linguistique* Paris:Larousse, 1973.

Ducard D., "Language and the game of chess," *Semiotica* 214, 2017.

Dufrenne M., *Phénoménologie de l'expérience esthétique*, PUF, Paris, 1953. (뒤프렌, 《미적 체험의 현상학》, 김채현 역, 이화여자대학교 출판부, 1991)

Durand G., *Les structures anthropologiques de l'imaginaire.* Paris: PUF, I960.

Duval J. N., "Using Greimas' Narrative Semiotics: Signification in Faulkner's 'The Old People'.", *College Literature* 9, no. 3, 1982.

Ebdrup N., "Hvad er strukturalisme?", *videnskab.dk*, 2012.

Eco U., *La structure absente*, Mercure de France, 1972. (에코, 《열린 예술 작품》, 조형준 역, 새물결, 1995)

______, *A Theory of Semiotics*, Bloomington: Indiana University Press, 1976.

______, *Lector in fubula. La cooperazione interpretativa nei testi narrativi*, Milano: Bompiani, 1979.

______, *The Role of the Readers: Explorations in the Semiotics of Texts*, London: Hutchinson, 1981.

______, *Semiotics and the philosophy of language*, London: The Macmillan Press, 1984.

______, *Sémiotique et phiosophie du langage*, Paris: PUF, 1988.

______, *Les limites de l'interprétation*, trad. M. Bouzaher, Paris: Grasset, 1992.

Eco U. & Magli P., "Greimassian Semantics and Encyclopedia", *New Literary History*, vol. 20, n.3, 1989; in: éd. Parret H. & Ruprecht H. G., *Exigences et perspectives de la sémiotique: recueil d'hommages pour A. J. Greimas*, Amsterdam: John Benjamins, 1985.

Eco U. & Violi P., "Instructionnal semantics for presuppositions", in: *Semiotica*, 64–1/2, 1987.

Effa D., "Greimas et la perspective des objets : Pour une approche sémiotique en mode mineur". *Semiotica*, 219, 2017.

Engler R., *Lexique de la terminologie saussurienne*, Utrecht/Anvers: Spectrum Éditeur, 1968.

Estivals R., *THÉORIE GÉNÉRALE DE LA SCHÉMATISATION 2 — Sémiotique du schéma*. Paris: Editions L'Harmattan, 2003.

Everaert-desmedt N., *Sémiotique du récit*, Bruxelles: de Boeck, 1987.

Fabbri P., "Introduzione a Semantica strutturale di A.J. Greimas", 2000.

______, "Introduzione", in A. J. Greimas, *Dell'imperfezione*, Sellerio Editore Palermo, 2004.

______, "Simulacres en sémiotique : programmes, tactiques, stratégies", *Nouveaux Actes Sémiotiques*, N.112, 2009.

Felski R., "Context stinks!" *New Literay History* 42(4): 573–594, 2011.

Fillmore C., "Frame semantics", in: *Linguistics in the Morning Calm*, ed. Linguistics Society of Korea, Seoul: Hanshin, 1982.

Fiorin J., "Itinerário intelectual de Greimas: O percurso da estrutura", *Estudos Semióticos*, 13(2), 13-18, 2017.

Floch J.-M., "Sur l'usage du terme de parcours dans le discours sémiotique", in: *Bulletin* 18, 1981.

______, *Petites mythologies de l'oeil et l'esprit*, Hadès−Benjamins, 1985.

______, *Les forms de l'empreinte*, Fanlac, Périgueux, 1986.

, *Sémiotique et maketing, sous les signes, les stratégies*, Paris: PUF, 1990. (플로슈, 《기호학 마케팅 커뮤니케이션》, 김성도 옮김, 나남, 2003)

______, *Sémiotique, marketing, communication*, Paris: PUF, 1990.

______, *Identités visuelles*, Paris: PUF, 1995. (플로슈, 《비주얼 아이덴티티》, 권승태, 박일우 옮김, 커뮤니케이션북스, 2017)

Fontanille J., "Le désespoir", *Actes sémiotiques*−Documents II, 16, 1980.

______, *Les points de vue dans le discours, thèse de doctorat d'État*, Université de Paris III, 2 vol., 1984.

______, *Le savoir partagé*, Hadès−Banjamins, 1987.

______, “Les passion de l’asthme”, *Nouveaux Actes Sémiotiques*, 6, Limoges: Pulim, 1989.

______, *Les espaces subjectifs. Introduction à la sémiotique de l’observateur*, Paris: Hachette, 1990.

______, “Affective modulations + a response to the review by Wiktorowicz,” Cecilia of *Sémiotique des passions*, Etudes littéraires: Win. 1992.

______,(dir.) “Les formes de vie”, in: *RS/SI* 13, n.1–2, 1993.

______, “Modalisation et modulation passionelles”, *Revue internationale de Philosophie*, 3, 《Les passions》, Bruxelles–Paris, 1995.

______, “La base perceptive de la sémiotique”, in: *Degrés* 81, 1995.

______, “Sémiotique du visible. Des mondes de lumière”, coll. *Formes sémiotiques*, Paris: PUF, 1996.

______, “Le tempo de l’échange: inceste, véridiction, et passion de échange”, in éd. P. Oullet, *Action, passion, cognition*, Montréal: Nut Blanche éditeur, 1997.

______, *Sémiotique du discours*, PULIM, 1998.

______, *Sémiotique du discours*, Limoges: Pulim, 1998.

______, “La sémiotique est-elle générative?”, in: Arrivé M. and Badir S. (eds.), *Sémiotique et linguistique*, special issue of *Lynx*, 44, 2001.

______, “La sémiotique est–elle générative”, in M. Arrivé & S.Badir, dir. *Sémiotique et linguistique*, LINX, 2001.

______, “Pratiques sémiotiques: immanence et pertinence,” *efficience et optimisation. Nouveaux actes sémiotiques* 104/106: 13–75, 2006.

______, *Pratiques sémiotiques*, Paris : PUF, 2008.

______, *Corps et sens*, Paris : PUF, 2011.

______, “Immanence et créativité: Du Cours de Saussure au Dictionnaire de Greimas”, *Recherches Sémiotiques*, 34(1-2-3), 2014.

______, “Praxis and enunciation: Greimas, heir of Saussure,” *Sign Systems Studies* 45, 2017.

______, "La sémiotique de Greimas: un projet scientifique de long terme," *Semiotica* 214, 2017.

Fontanille J. & Zilberberg Cl., "La valeur", in: *Nouveaux Actes Sémiotiques*, PULIM, 1996.

______, *tension et signification*, Bruxelles: Maraga, 1998.

Fontanille J. et Tore M. G., "De la modalisation à l'esthésie", *Protée*, vol.34, n.1, 2006.

Foucault M., *Les mots et les choses*, Paris: Gallimard, 1966.

Franzosi R., "Narrative analysis, or why (and how) sociologists should be interested in narrative.", *Annual Review Of Sociology* 24, no. 1, 1998.

Franciscu Sedda, "Relationalism: From Greimas to hyperstructuralism", *Sign Systems Studies*, 45(1/2), 2017.

Freud S., "Pulsions et destins des pulsions", in *Métapsychologie : 1915*, Folio, Paris: Galliard, 1986.

Frías M., "Beyond the basics of statutory interpretation.", *International Journal For The Semiotics Of Law* 11, no. 2, 1998.

______, "L'inconscient", in *Métapsychologie*, Folio, Paris: Galliamrd, 1986

Fuchs C., *Vers une théorie des aspects: les systems du français et de l'anglais*, Paris: Ecole des hautes études en sciences sociales, 1979.

Galland C., & Johnson A., *The New Testament and structuralism : A collection of essays* (Pittsburgh theological monograph series ; 11). Pittsburgh: Pickwick Press, 1976.

Galofaro F., "Dal quadrato semiotico alle controverse bioetiche. Una discussione formale?", in: Storari G.P. and Gola E. (eds.), *Forma e formalizzazioni*, CUEC, Cagliari, 2010.

Genette G., *Figures I*, Paris: Seuil, 1966.

______, *Figures II*, Paris: Seuil, 1969.

______, *Figures III*, Paris: Seuil, 1972.

Geninasca J., *Signes et paraboles : Sémiotique et texte évangélique*. Paris: Seuil,

1977

______, *Signs and parables : Semiotics and Gospel texts* (Pittsburgh theological monograph series ; 23). Pittsburgh: Pickwick Press, 1978.

______, "Pour une sémiotique littéraire", *Actes sémiotiques-Documents*, n°83, 1987.

______, *La parole littéraire*, Paris: PUF, 1997.

Geslin Anne B., "La factitivité, postérité d'un concept," *Semiotica* 214, 2017.

Gluscevskij D., "Methodological issues and prospects of semiotics of humour," *Sign Systems Studies* 45, 2017.

Girard R., *Des choses cachées depuis la fondation du monde*, Paris: Grasset, 1978.

Giorgi A., *Tense and aspect:from semantics to morphosyntax*,New York & Oxford: Oxford University Press, 1997.

Godel R., *Les sources manuscrites du Cours de linguistique générale*, Genève: Droz-Minard, 1957.

Gomes R., "Um olhar semiótico sobre a atualidade: A aspectualização a partir de Greimas", *Estudos Semióticos*, 14(1), 2018.

Graffi G., *Struttura, forma e sostanza in Hjelmslev, studi linguistici et semiologici 3*, Bologna: Mulino, 1974.

Grams R. G., "Narrative Dynamics in Isaiah's and Matthew's Mission Teology.", *Transformation* 21, no. 4, 2004

Greenwood L., "Goldman's Nietzschean Anarchism: A Greimasian Reading of Minorities Versus Majorities.", *Theory in Action* 4, no. 4, 2011.

Greimas A. J., "Greimas, Algirdas Julien, 1917-1992", *ProQuest Author Pages*, ProQuest Author Pages, 2018.

Grigori M., Sifakis., "Towrds a modern poetics of old comedy.", Mètis. *Anthropologie Des Mondes Grecs Anciens* no. 1, 1988.

Grigorjevas A., Gramigna, R. & Salupere S., "A. J. Greimas: The perfection of imperfection," *Sign Systems Studies,* 45(1/2), 7-15, 2017.

Grize J. B., “Des carrés qui ne tournent pas rond et de quelques autres”, *Travaux du Centre de Recherches Sémiologiques*, N.56, pp.139–152, 1988.

Groleau C. & Cooren F., “A Socio–Semiotic Approach to Computerization: Bridging the Gap between Ethnographers and Systems Analysts.”, *Communication Review* 3, no. 1/2, 1999

Group μ, Rhétorique de la poésie. Bruxelles: Complexe, 1977.

Groupe d’entrevernes, *Singes et paraboles*, Seuil, 1977.

______, *Analyse sémiotique des textes*, Presses universitaires de Lyon, 1979.

Gudbjörg V. & Tulinius T. H., “Tales of two subjects: Narratives of career counseling.”, Journal Of Vocational Behavior 75

Grigorjevas A., Gramigna, R. & Salupere, S.. “A. J. Greimas: The perfection of imperfection”, Sign Systems Studies, 45(1/2), 7-15, 2017.

Gueuret A., “L'engendrement d'un récit : L'Evangile de l'enfance selon saint Luc” (Lectio divina ; 113). Paris: Editions du Cerf, 1983.

Guillaume G., *Temps et verbe - théorie des aspects, des modes et du temps*, Paris: Champion, 1968.

Guiraud P., La sémiologie, coll. *Que sais-je?*, Paris: PUF, 1986.

Ha Y. M., *Interpéetation et production du texte deviant : fin de partie de Samuel Beckett*, Thesis (doctoral), Ecole des hautes études en sciences sociales, 1990.

Hacker P. M. S., *The intellectual powers : A study of human nature*, Oxford: Wiley Blackwell, 2013.

Hallböck G., “The fall of Zion and the revelation of the law.”, *SJOT: Scandinavian Journal Of The Old Testament* 6, no. 2, 1992.

Hammand M., “La privatisation de l’espace”, *Nouveaux actes sémiotiques*, n° 4–5,Pulim, Université de Limoges, 1989.

______, “La Succession,” *Semiotica* 214, 2017.

Harkot de La Taille E., “Por que Greimas?”, *Estudos Semióticos*, 14(1), 2018.

Hartz R. & Steger T., "Heroes, villains and 'honourable merchants'" narrative change in the German media discourse on corporate governance.", *Organization* 17, no. 6, 2010

Hatton H. A., "Structural analysis of narrative.", *Language In Society* 7, no. 2, 1978.

Hébert L., *Dispositifs pour l'analyse des textes et des images*, Presses de l'Université de Limoges, Limoges, 2007.

______, "The Semiotics of Nirvāṇa: Salvation in Buddhism," *Semiotica* 214, 2017.

Hénault A., *Les enjeux de la sémiotique*, PUF, Paris, 1979. (에노, 《기호학으로의 초대》, 홍정표 옮김, 어문학사, 1997)

______, *Narratologie -Sémiotique générale*, PUF, Paris, 1983. (에노, 《서사, 일반기호학》, 홍정표 옮김, 문학과지성사, 2003)

______, "Structures aspectuelles du rôle passionnel", in: *Bulletin*, XI, 39, 1986.

______, *Histoire de la sémiotique, coll. Que sais-je?*, Paris: PUF, 1992. (에노, 《기호학사》, 박인철 역, 한길사, 2000)

______, *Le pouvoir comme passion, coll. Fprmes sémiotiques*, Paris: PUF, 1994.

______, "Introduction à La sémiotique des passions et du sensible est-elle une nouvelle sémiotique?" In *Questions de sémiotique* (sous la dir. d'Anne Hénault). Paris: PUF, 2002.

______, "A. J. Greimas, um projeto teórico em construção", *Estudos Semióticos*, 13(2), 2017.

Hénault A. & Beyaert, A., *Ateliers de sémiotique visuelle*, Paris: PUF, 2004.

Heilbrunn B., *Market Mediations : Semiotic Investigations on Consumers, Objects and Brands*. London: Palgrave Macmillan UK : Imprint: Palgrave Macmillan, 2015.

Herman P., "Regularities, rules and strategies.", *Journal Of Pragmatics* 8,

2012.

______, “Grammatology and linguistics. A note on Derrida’s interpretation of linguistic theories.”, *Poetics* 4, 1989

Hjelmslev L., *Principe de grammaire générale*, Copenhague: Host &son, 1928.

______, *Omkring sprogteoriens grundlaeggelse*, København: Munksgaard, 1943.

______, *Recherches structurales*, 1949: Interventions dans le debat glossematique, Travaux de Cercle linguistique de Copenhague, v.5 (Copenhague: Nordisk Sprog-og Kulturforlag, 1949.

______, *Prolégomèna to a theory of language*, Françis J. Whitfield (trans.). Baltimore: Waverly, 1953.

______, “Sémantique structurale”, in *Essais linguistiques, Copenhague*, Nordisj Sprog-og-Kulturforlag, 1959

______, *Le language*, Paris: Minuit, 1969.

______, *Prolégomènes à une théorie du langage*, Paris: Minuit, 1971.

______, *Prolegomenes à une théorie du langage*, Una Canger & Annick Wewer (trans.), Paris: Minuit, 1971.

______, *Essais linguistiques*, Paris: Minuit, 1972.

______, *La catégorie des cas*, W. Fink, Munich, 1972.

______, *Nouveaux essais*, Paris: PUF, 1985.

Hidegger M., *Acheminement vers la parole*, trans. fr., Paris: Gallimard, 1976.

Holenstein E., *Jakobson ou le structuralisme phénoménologique*, Paris: Seghers, 1975.

______, *Roman Jakobson’s approach to language*, Catherine Schelbert & Tarcisius Schelbert (trans.). Bloomington, IN: Indiana University Press, 1976.

Hume D., “Of the Passions”, in: *A Treatise on Human Nature*, vol. II, Penguin books, 1969.

Istiqomah N., “APLIKASI SEMIOTIKA NARATIF A. J. GREIMAS

TERHADAP KISAH THALUT DALAM AL-QUR'AN", *QOF*, 1(2), 2017.

Ivan D.-H. "La rencontre Greimas/Lévi–Strauss. Une convergence éphémère", in : *ethnosemiotica*.it.

______, (dir.), *Semiotica y psicoanalsis*, Topoicos des Seminario, n.11, juin 2004 (éd.), Puebla. présentation du niméro.

Jakobson R., "Closing statement: Linglstics and poetics," In Thomas A. Sebeok (ed.), *Style in language*, 350-377. Cambridge, MA: MIT Press, 1960.

______, *Essais de linguistique générale*, Paris: Minuit, 1963.

______, *Qustions de poétique*, Paris: Seuil, 1973.

James S., *Passion and Action*(The emotions in seventeenth–century philosophy), Oxford: Oxford University Press, 1997.

Jameson F., *The prison-house of language*. Princeton, NJ : Princeton University Press, 1972.

______, "After Armageddon: Character Systems in Dr. Bloodmoney", *Science Fiction Studies*, Vol.2, Part 1, N.5, March 1975.

______, "Introduction", *On Meaning. Selected Writings in Semiotic Theory*, trans. Perron P. & Collins F., University of Minnesota Press, Minneapolis, 1987.

______, "Morus: The Generic Window.", *New Literary History* 34, no. 3, 2003.

______, *The ideologies of theory* (Updated ed.). London; New York: Verso, 2008.

Jardat R. & Saurel P., "Procédure judiciaire inter–entreprise et liaisons / déliaisons paradozales : le cas des contentieux informatiques. (French).", *Revue Management Et Avenir* no. 29, 2009.

Jespersen O., *The philosophy of grammar*, London: Allen and Unwin, 1924.

Journal For The Study Of Religions & Ideologies, "Paul Ricoeur and the biblical hermeneutics.", *Journal For The Study Of Religions & Ideologies*

9, no. 7, 2010.

Juodinyte-Kuznetsova K., "Architectural space and Greimassian semiotics.", *Socialiniu Mokslu Studijos* 3, no. 4, 2011.

Kacerauskas T., "The place of Beauty in the Cultural Robe.", *Logos-Vilnius* no. 61, 2009.

Kalinowski G., "Carré sémiotique et carré logique", *Le Bulletin du Groupe de recherches sémio-linguistiques*, 17, 1981.

______, *Sémiotique et philosophie*, Paris/Berlin: Hadès-Benjamins, 1985.

Kašponis R., *Greimas arti ir toli*(Greimas close and far), Kaunas: UAB Humanitas, 2014.

Kant I., *Anthropologie 1*, Ⅲ, trans. Jalabert, P., coll. Bibliothèque de la Pléiade, Paris: Gallimard, 1986.

Katilius-Boydstun M., "The semiotics of A.J. Greimas: an introduction", Lituanus. *Lithuanian Quarterly Journal of Arts and Sciences*, Vol.36, N.3, Fall 1990.

Katz J., *An intergrated theory of linguistic descriptions*, Cambrige: MIT Press, 1964.

______, *Semantic theory*, New York: Harper and Row, 1972.

______, 'Mentalism in Linguistics' *Langauge* vol. 40, pp. 124−137

Katz J. & Fodor J. A., "The structure of a sematic theory", *Language* 39, 1963..

Katz J. & Postal, *An integrated theory of linguistic description*, Cambrige: MIT Press, 1964.

Kęstutis Nastopka, "Actuality of Greimas. Editor's introduction",. A. J. Greimo centro studijos. *Semiotika*, Vol.13, 2017.

______, "Under Greimas' Sign. Kęstutis Nastopka Interviews Algirdas Julius Greimas's Student and Colleague Jacques Fontanille", A.J. Greimo Centro Studijos, *Semiotika*, Vol.13, 2017.

Kerbrart-Orecchioni C., "Problématique de l'isotopie", in: *Linguistique et sé-*

miologie I, 1976.

______, *La connotation*, Lyon: Presses universitaires de Lyon, 1977.

______, *L'énonciation de la subjectivité dans le langage*, Paris: Collin, 1980.

______, *L'implication*, Paris: Collin, 1986.

Kersyté N., "La sémiotique d'A. J. Greimas entre logocentrisme et pensée phénoménologique", *Nouveaux actes sémiotiques*, N.112, 2009.

______, "A. J. Greimas' semiotics at the crossroads of text analysis and analysis of sensory experience.", *Filosofija-Sociologija* 20, no.1, 2009.

______, "The 'Marriage' of Structuralism and Phenomenology in Greimas' Semiotics (in Lithanian)", *Filosofijos Studijos* 5, Athena, 2009.

______, Rethinking ideology: Greimas's semiotics, neomarxism, and cultural anthropology, *Semiotica*, 219, 2017.

Kim D Jeong-Hee, Hong, Jong -You, "Designing Urban Media Storytelling through Greimas' Narrative Model", *International Journal of Multimedia and Ubiquitous Engineering*, 9(3), 2014.

Kim T., *Vom Aktantenmodell zur Semiotik der Leidenschaften: eine Studie zur narrativen Semiotik von Algirdas J. Greimas*, Tübingen: Gunter Narr, 2002.

Kleiber(ed), *La notion semantico-logique de modalite*, Klincksieck, Metz, 1983.

Klinkenberg J., "Greimas e a semiótica do mundo natural", *Estudos Semióticos*, 13(2), 2017.

Kocher Z., "How to Interpret the Mirror of Simple Souls: Internal Comparisons and the Making of Meaning.", *Medieval Perspectives* 18, 2003.

Kukkola J. & Pikkarainen E., "Edusemiotics of meaningful learning experience: Revisiting Kant's pedagogical paradox and Greimas' semiotic square", *Semiotica*, 212, 2016.

Kukuh Yudha Karnanta, "Struktural (dan) Semantik: Teropong Strukturalisme dan Aplikasi Teori Naratif A.J. Greimas", *Atavisme*, 18(2), 171-181, 2015.

Lakoff G., *Women, Fire and Dangerous Things: What Categories Reveal about the mind*, Chicago: University of Chicago Press, 1987.

Lambropoulos V. & Miller D., *Twentieth century literary theory :an introductory anthology* (Intersections (Albany, N.Y.)). Albany: State University of New York Press, 1986.

Lamizet Bernard, "Sémiotique de l'identité : La figure de l'autre," In Louis Hébert & Lucie Guillemette (dirs.), *Intertextualité, Interdiscursivité et intermédialité*, 303-316 Ville de Quebec: Presses de l'Université de Laval, 2009.

______, *Le sens de la valeur. Sémiotique de l'économie politique*, Paris: Classiques Garnier, 2014.

Landowski E., "Le carré sémiotique", in: *Bulletion* 17, 1981.

______, *La société réfléchie*, Paris: Seuil, 1989.

______, "Sémiotique et psychanlyse: psychanalyse ou sémiotique ?", in www.ucs.mun.ca/~lemelin/semiopsy

______, *Lire Greimas, Presses Universitaires de Limoges*, Limoges: Pulim, 1997.

______, "Le sémioticien et son double" dans : *Lire Greimas*, Limoges: Pulim, 1997.

______, *Passion sans nom*, PUF, 2003.

______, *Les interactions risquées*(Nouveaux actes sémiotiques 101-103). Limoges: Pulim, 2005.

______, "Avoir prise, donner prise", *Nouveaux actes sémiotiques*, N.112, 2009.

______, "Honoris causa", *Nouveaux actes sémiotiques*, N.112, 2009.

______, "Honoris causa", in *Nouveaux actes sémiotiques*, N.112. 2009.

Landowski E. & Greimas A. J., (dir.) *Introduction à l'analyse du discours en sciences sociales*, Paris: Hachette, 1979.

Lejeune M., *Actes du sixième congrès international des linguistes*, Paris:

Klincksieck, 1949.

Lenoir T., “Was that Last Turn a Right Turn? The Semiotic Turn and A.J. Greimas”, *Configurations*, 2, 1994.

Leone M., “The clash of semiotic civilizations,” *Sign Systems Studies* 45, 2017.

Lerat P., *Sémantique descriptive*, Hachette, 1983.

Leroi-Gourhan A., *Le geste et la parole, La mémoire et les rythmes*, Paris: Albin Michel, 1965.

Lévi-Strauss C., *Anthropologie structurale*, Paris: Plon, 1958.

______, *La pensée sauvage*, Paris: Plon, 1962.

______, “The structural study of myth,” In *Structural anthropology*, Claire Jacobson & Brooke Grundfest Shoepf (trans.), 206–231. New York: Basic, 1963[1955].

______, *Mythologie I*: Le cru et le cuit, Paris: Plon, 1964. (레비스트로스, 《신화학 1 (날것과 익힌것)》, 임봉길 역, 한길사, 2005)

______, *Mythologie II*: Du miel aux cendres, Plon, Paris, 1966. (레비스트로스, 《신화학 2 (꿀에서 재까지)》, 임봉길 역, 한길사, 2008)

______, *Les structures élémentaires de la parenté*, Paris: Plon, 1967.

______, *Mithologie III*: L'origine de manières des table, Paris: Plon, 1968.

______, *Mithologie IV*: L'homme nu, Paris: Plon, 1971.

______, *Anthropologie structurale deux*, Paris: Plon, 1973.

______, *Le regard éloigné*, Paris: Plon, 1983.

______, De près et de loin: Suivi de “Deux ans après”, Paris: Odile Jacob, 1988. (레비스트로스, 《가까이 그리고 멀리서》, 송태현 옮김, 강, 2003)

Lévy A., “Le parcours comme pratique sémiotique”, in: *Bulletin*, 18, 1981.

Levina J., “Nežinomas Greimas egodokumentų archive”, *Darbai Ir Dienos*, 68, 71-84, 2017.

Liebert W. A. & ali, (eds) *Discourse and perspective in cognitive linguistics*, Amsterdam: J. Benjamin, 1997.

Lorusso A., Paolucci C. & Violi P., *Narratività : Problemi, analisi, prospettive*

(1.st ed., Temi semiotici ; 3). Bologna: Bononia University Press, 2012.

Lotman I., *Universe of mind*, London: I.B. Tauris, 1990.

Lotman Jouri M., *L'explosion et la culture[Culture and explosion]*, Inna Merkoulova (trad.). Limoges: PULIM, 2004.

Lowey C. & Venkatesan P., "Making Science Accesible: A semiotics of Scientific Communication.", *Biosemiotics* 1, no. 2, 2008.

Lücke B., *Semiotik und Dissemination : Von A.J. Greimas zu Jacques Derrida : Eine erzähltheoretische Analyse anhand von Elfriede Jelineks "Prosa"*, "Oh Wildnis, Oh Schutz vor ihr" (Epistemata. Reihe Literaturwissenschaft ; Bd. 409). Würzburg: Königshausen & Neumann, 2002.

Lukken G. & Griemas A., *Semiotiek en christelijk uitingsvormen : De semiotiek van A. J. Greimas en de Parijse school toegepast op bijbel en liturgie.* Hilversum: Gooi & Sticht, 1987.

Lukken G. & Searle M., *Semiotics and church architecture : Applying the semiotics of A.J. Greimas and the Paris School to the analysis of church buildings* (Liturgia condenda ; 1). Kampen: Kok Pharos Publishing House, 1993.

Lukken G., Tongeren L. & Caspers C., *Per visibilia ad invisibilia : Anthropological, theological, and semiotic studies on the liturgy and the sacraments* (Liturgia condenda ; 2). Kampen, The Netherlands: Kok Pharos, 1994.

Lyons J., *Linguistique générale*, Paris: Larousse, 1970.

______, *Semantics I & II*, Cambridge and New York: Cambridge University Press, 1977. (라이언스, 《의미론 I》, 강범모 역, 한국문화사, 2011)

______, *Semantics I & II*, Cambridge and New York: Cambridge University Press, 1977.

______, *Eléments de sémantique*, Paris: Larousse, 1978.

Maingueneau D., *Initiation aux méthodes de l'analyse du discours*, Paris: Hachette, 1976.

______, *Nouvelles tendances en analyse du discours*, Paris: Hachette, 1987.

______, "Guest editorial.", *Discourse Studies*, 2002

Mancini R., "Sem Greimas, com Greimas, após Greimas, cem Greimas", *Estudos Semióticos*, 14(1), 2018.

Marin L., *Sémiotique de la passion*, Paris: Aubier–Montaigne, 1971.

Marina S., "On illocutionary types.", *Journal Of Pragmatics* 8, 2012.

Marsciani F., "Les parcours passionnels de l'indifférence", *Actes sémiotiques*–Documents, VI, 53, 1984.

Martin B., *Dictionary of semiotics*, London: Cassell, 2000.

Martins G., "O último Greimas e o elogio da literatura. Estudos Semióticos", 13(2), 2017.

Martinet A., *Eléments de linguistique générale*, Paris: Colin, 1970.

______, (dir.) *Le langage*, Paris: Gallimard, 1968.

Marx P., *Heiner Müller, Bildbeschreibung : Eine Analyse aus dem Blickwinkel der Greimas'schen Semiotik (Studien zur deutschen und europäischen Literatur des 19. und 20. Jahrhunderts* Bd. 37). Frankfurt am Main ; New York: P. Lang, 1998.

Matoré G., *Le vocabulaire de la prose littéraire de 1835 à 1845, Théophile Gautier et ses premières œuvres en prose*, Université de Paris Doctorat d'État (lettres) principal dissertation. Genève: Droz, 1946. (다음의 제목으로 개정판 출판: Le vocabulaire et la société sous Louis-Philippe. Paris: Droz, 1951)

______, *La méthod en léxicologie*, Paris: Didier, 1953.

______, (dir.) *La linguistique, guide alphabétique*, Paris: Denoël, 1969.

______, *Le vocabulaire et la société sous Louis-Philippe*, 1951, nouv. éd. Genève: Slatkine, 1967.

Mattews R., *Words and Worlds on the linguistic analysis of modality*, Frankfurt am Main: P. Lang, 1991.

Matthews, Stéphanie W., "Interview with François Rastier," *Semiotica* 214,

2017.

Mauraud G., "La supersitition : de la léxicologie à la sémiotique", in : *Actes du colloque d'Albi Langage et signification*, Université de Toulouse : le Mirail, 1981.

Mauss M. "Essai sur le don. Forme et raison de l'échange dans les sociétés archaïques", *Sociologie et Anthropologie*, Paris: PUF, 1950.

Mawlãnã, Djalãlad-Dīn Muhammad R., *Choix des poèmes*, Téhéran: Rowzaneh, 2005.

Mbala Ze B. & Mbarga J., *Algirdas Julien Greimas et la science des signes (Théories et critique)*. Paris: Harmattan, 2012.

McAlear, R., "The Value of Fear: Toward a Rhetorical Model of Dystopia.", *Interdisciplinary Humanities* 27, no. 2, 2010.

Meillet A, "Comment les mots changent de sens", *L'année sociologique* 9, 1906.

______, "Comment les mots changent de sens," In Meillet, Antoine, *Linguistique historique et linguistique générale.* Vol. 1. (New ed.) Paris: Honoré Champion, 230–271, 1958[1906].

Memmi D., *Du récit en politique : L'affiche électorale italienne*. Paris: Presses de la Fondation nationale des sciences politiques, 1986.

Merleau-Ponty M., *Éloge de la philosophie*, Paris: Gallimard, 1953–1960.

______, *Singe*, Paris: Gallimard, 1960.

______, *Le visible et l'invisible*, Paris: Gallimard, 1964.

______, *La prose du monde*, Paris: Gallimard, 1969.

______, *Phénoménologie de la perception*, Paris: Gallimard, 1976.

______, *L'oeil et l'esprit*, Folio essais, Paris: Gallimard, 1989.

______, *Éloge de la philosophie*, Paris: Gallimard, 1953–1960

Messenger C. K., "A structural semantics for sports fiction.", in *Coroebus triumphs: the alliance of sport and the arts*, San Diego: San Diego State University Press, 1998

Metz C., *La signification au cinéma,* Paris: Klincksieck, tome 1: 1968; tome 2 : 1972.

Meyer M., *Aristote ou la rhétorique des passions*, Paris: Petite Bibliotheque Rivages, 1989.

______, *Le phillosophe et les passions*, Librairie Générale Française, 1991.

Meyer M., *Les passions ne sont plus ce qu'elles étaient*, Editions Labor, 1998. (메이에르, 《열정의 레토릭》, 전성기 역, 고려대출판부, 2004)

Migliore T., *Incidenti ed esplosioni : A. J. Greimas e J. M. Lotman. Per una semiotica della cultura*(1.st ed.), Aracne, Roma, 2010.

Mitropoulou E., "Le sens de l'échange," *Semiotica* 214, 2017.

Moreno L., "La place du sujet dans la sémiotique de Greimas", *Semiotica*, 219, 2017.

Moretti A., *The Geometry of Logical Opposition*, PhD Thesis, Université de Neuchâtel, Switzerland, 2009.

Morris C., *Foundations of the Theory of Signs*, Chicago: University of Chicago Press, 1938.

Nastopka, K., "Les recherches de Greimas sur la mythologie lithuanienne," *Semiotica* 214, 2017.

NEF F. (dir.), *Stuctures élémentaires de la signification*, Bruxelles: Complex, 1976.

______, "Introduction to the Reading of Greimas: Toward a Discursive Linguistics," *Diacritics* 7(1), 1977.

Neubauer F. & Petofi J. S., "The Word Semantics, Lexicon Systems and Texts Interpretation", in: *Words, Worlds and Contexts*, ed. Eikmeyer H.-J. & Rieser H., Berlin, 1981.

Newbury P., *Emotion*, London: Sage, 1992.

Nicolas R., *Topics in philosophical logic*, Dordrencht-Holland, D. Reidel publishing company, 1968.

Normand C., *La quadrature du sens*, Paris: PUF, 1990.

Nouveaux actes sémiotiques (10 numéros par an ; ont pris le relais des Actes sémiotiques – Documents), Limoge: Pulim.

Nuessel F., "The Greimas Centennial in Review", *The American Journal of Semiotics*, 34(3/4), 2018.

Mounin G., "Travaux récents de sémantique", in: *Linguistique*, 1968.

Maurand G., "La supersitition : de la léxicologie à la sémiotique"

On believing / De la croyance : arroches épistémologiques et sémiotiques, ouvrage collectif, Berlin: Walter de Gruyter, 1983.

Onega Jaén S. & García Landa J., *Narratology : An introduction (Longman critical readers).* London; New York: Longman, 1996.

Organization, "Textual Agency: How Texts Do Things in Organizational Settings.", *Organization* 11, no. 3, 2004.

Orr L., "Hermeneutic resistance: Four test cases for the notion of literary uninterpretability.", *Journal Of Literary Semantics* 36, no. 2, 2007.

Ouellet P., "Voir et savoir: la perception des univers du discours", coll. *L'univers des discours*, Montréal: Éditions Balzac, 1992.

Öztokat N., "A. J. Greimas : un Professeur à l'université turque," *Semiotica* 214, 2017.

Palmer F. R., *Mood and Modality*, Cambridge: Cambridge University Press, 1986.

Panovsky E., *Architecture gothique et pensée scolastique*, Paris: Munuit, 1967.

______, *L'oeuvre d'art et ses significations: essai sur les "art visuels"*, Paris: Gallimard, 1969.

Panier L., "Une posture éthique en deça des valeurs", in : *Protée* vol.36. n.2. 2008.

______, "Récit et figure dans la paraboles des mines (Luc 19) : Un modèle pour une sémiotique du discours", *Modèles Linguistiques*, tome XXIV–1, vol.47, 2003.

______, "Ricoeur et la Sémiotique : Une recontre《improbable》?", *Semiotica*,

168–1/4, 2008.

Paolo F. et Paul F. "Sémiotique actionnelle, cognivie et passionnelle" in *Protée*, vol.21 1993.

Papafragou A., (ed) *Moality: issues in the semantics-pragmatics interface*, Amsterdam & Oxford: Elsevier, 2000.

París José Antonio, "Aplicación del cuadrado de Greimas a los cuatro aspectos esenciales del marketing", *Poliantea*, 11(21), 2015.

Parret H., "Approches sémiologiques", *Recherches en communication*, n.11. 1999.

______, (ed) *Discussing Language*, Hague/Paris: Moton, 1974.

______, "Eléments pour typologie raisonnée des passions", in: *Document*, IV, 37, 1982.

______, *Les passions. Essai sur la mise en discours de la subjectivité*, Mardaga, Liège, 1986.

______, *Le sublime du quotidien*, Paris & Amsterdam: Hadès & Benjamins, 1988.

______, "L'esthétique de Greimas face aux sensibilités valéryennes", *Semiotica*, 219, 2017.

Parret H. & Ruprecht H. G., (éd.) *Exigences et perspectives de la sémiotique : recueil d'hommages pour A. J. Greimas*, Amsterdam/Philadelphia: John Benjamins, vol. 2, 1985.

Patte D., *The Religious Dimensions of Biblical Texts: Greimas's Structural Semiotics and Biblical Exegesis*, Scholars Press, 1990.

Pavel T. G., "Phèdre : outline of a Narrative Grammar", *Language science*, n° 28, 1973.

______, "Modèles génératifs en linguistique et en sémiotique", in: *Documents de recherche du Group sémio-linguistique*, de l'Institut de la Langue Française, 20, 1980.

______, *Le mirage linguistique*, Paris: Minuit, 1988.

______, "Semiotique et Sciences Sociales.", *Dialogue: Canadian Philosophical Review* 20, no.1, 1981.

______, "Human action in narrative grammars," *Semiotica* 214, 2017.

Peeters G. & Hendrickx A., "The Similarity Between the Perception and Interpretation of Information in a Profane and a Religious Context.", *International Journal For The Psychology Of Religion* 12, no. 1, 2002.

Peirce C. S., *Collected Papers*, Cambridge, MA: Harvard University Press, 1931–56.

______, *The collected papers of Charles S. Peirce*, 8 vols., C. Hartshorne, P. Weiss & A. W. Burks (eds.). Cambridge: Harvard University Press, 1931-1966.

______, *Ecirts sur le signe*, Paris: Seuil, 1978.

______, "Deduction, induction, and hypothesis," In Nathan Houser & Christian J. W. Kloesel (ed.), *The essential Peirce*, 186–199. Bloomington, IN: Indiana University Press, 1992.

Pelc J., "On the concept of Narration", Sémiotica, 1, 1971.

Pelkey J., "Greimas embodied: How kinesthetic opposition grounds the semiotic square," *Semiotica* 214, 2017.

Perelman C., *Olberchts-Tyteca, La nouvelle rhétorique. Traité de l'argumentation*, Paris: PUF, 1958.

Perrault C., Contes, *Classiques Garnier*, 1967.

Perron P., "Greimas," In: Cobley, Paul (ed.), *The Routledge Companion to Semiotics and Linguistics*. London: Routledge, 194–195, 2001.

______, *Narratology and text : Subjectivity and identity in New France and Québécois literature* (Toronto studies in semiotics and communication). Toronto ; Buffalo: University of Toronto Press, 2003.

Perron P. & Collins F., (ed) *Paris School Semiotics I, II*, Amsterdam–Philadelphia: John Benjamins, 1989.

Petitot J., *Pour un schématisme de la structure, thèse de doctorat d'Etat,*

EHESS, 1982.

______, *Morphogénèse du sens I*, Paris: PUF, 1985.

Petitot J. & Thom R., “Sémiotique et théorie des catastrophes”, *Actes sémiotiqeus - Documents*, n°47–48, 1983.

Petofi J., “Text–grammars, text–theory and the theory of literature”, *Poetics*, 7, Mouton, La Haye.

Petraitytė-Briedienė A., “Greimas ir Giedroycas, arba nelemtos pokario prognozės”, *Darbai Ir Dienos*, (68), 181-192, 2017.

Pezzini I., “Paradoxes du désir, logique du recit”, in： *Versus*, 1982.

______, “Attente, patience： esquisse d’analyse pathémique”, in： *VS*, 40, 1985.

Phelan J. & Rabinowitz P. J., “Glosssary.”, *Companion To Narrative Theory*, 2005.

Piaget J., *Le structualisme, coll. Que-sais je?*, Paris： PUF, 1968.

Piper R. A., “The Gospel According to Matthew. A Structural Commentary on Matthew’s Faith.”, *Scottish Journal Of Theology* 42, no. 3, 1989.

Pokorný P., & Roskovec J., *Philosophical hermeneutics and biblical exegesis* (Wissenschaftliche Untersuchungen zum Neuen Testament 153). Tübingen: Mohr Siebeck, 2002.

Pottier B., “Vers une semantique mordane”, *Travaux de linguistique et de litterature* 2, 1964.

______, *Linguistique générale*, Paris: Klincksieck, 1974.

______, *Théorie et analyse en linguistique*, Paris: Hachette, 1987.

______, (dir.) *Le langage, Centre d’étude et de promotion de la lecture*, 1973.

______, “Un mal–aimé de la sémiotique： le devenir”, in： *H. Parret et H.G. Ruprecht, H.-G. Exigences et perspectives de la sémiotique*, tome 1, John Benjamins, 1985.

______, “Ouvertures métasémiotiques：entretien avec A. J. Greimas”, in： *RSSI*, vol. 4, n.1. 1984.

______, *Sémantique générale*, Paris: Hachette, 1992.

Pozzato M., "L'arc phénomènologique et la flèche sémiotique(Notes à propos de Merleau–Ponty et de Greimas)", in: dir. E. Landowski, *Lire Greimas*, Limoges: PULIM, 1997.

______, "Le monde textuel", *Nouveaux actes sémiotiques*, 18, Limoges, PULIM.

Prince G., "Classical and/or Postclassical Narratology.", *Esprit Createur* 48, no. 2, 2008.

Propp V., *Morphologie du conte*, Seuil, Points, 1970. (프로프, 《민담의 형태론》, 황인덕 옮김, 예림기획, 1998)

______, *Les racines historiques du conte merveilleux*, Paris: Gallimard, 1983.

______, *Morphology of the Folktale*. Trans. Laurence Scott. Austin, U of Texas P, 1968.

Provenzane F., "L'imaginaire politique de la théorie de l'enonciation," *Langage et societe* 147. 133–150, 2014.

______, "Politiques de la sémiotique: Flux et reflux de la critique idéologique chez A. J. Greimas," *Semiotica* 214, 2017.

Ruiz Moreno L., "Algirdas Julien Greimas, el hombre y su obra. Conversación con Teresa Keane Greimas", *Acta Poética*, 13(1-2), Acta Poética, 11/11/2015, Vol.13(1-2), 2015.

Quellet P.(dir), *Action, Passion, Cognition d'après A. J. Greimas*, Québec et Limoges: Nuit Blanche Editeur & PULIM, 1997.

Quemada B., "Greimas lexicologue", in: ed. Fontanille, *Hommages à A. J. Greimas, numéro spécial de Nouveaux actes sémiotiques* 25, 1993.

Quéré H., "Symbolism et énonciation", *Actes sémiotiques - Documents*, n° 43, 1983.

______, "Sémiotique des passions. Des états de choses aux états d'âme Algirdas Julien Greimas Jacques Fontanille," *Zeitschrift für französische Sprache und Literatur*, 103(3), 1993.

Rasmussen M., *Louis Hjelmslev et la sémiotique contemporaine*, Copenhague:

Cercle Linguistique de Copenhague, 1993.

Rastier F., "Systématique des isotopies", in: ed. A. J. Greimas, *Essais de sémiotique poétique*, Paris: Larousse, 1972.

______, *Essais de sémiotique discursive*, Mame, 1973.

______, "Sur les structures élémentaires de la signification", in: *Bulletin* 17, 1981.

______, "Sémantique interprétative", coll. *Formes sémiotiques*, Paris: PUF, 1987.

______, *Sens et textualité*, Paris: Hachette, 1989.

______, "Sémantique et recherches cognitives", coll. *Formes sémiotiques*, Paris: PUF, 1991.

______, *Meaning and Textuality*, Toronto: University of Toronto Press, 1997.

Rector M. "Algirdas J.Greimas: An Intellectual Biography", *The Semiotic Web* 1987, New York: De Gruyter Mounton, 1988.

______, *Meaning and Textulity*, Toronto: University of Toronto Press, 1997.

Reisig Christian K., *Professor K. Reisig's Vorlesungen über lateinische Sprachwissenschaft*, (Haase, Friedrich, ed.) Leipzig: Lehnhold, 1839.

Rey R., *Modal Logics*, Louvain: E. Nauwelaerts, 1965.

Rey A., dir., *Dictionnaire historique de la langue française,* Paris, éditions Le Robert, 1992.

Ricca M., "Ignorantia Facti Excusat: Legal Liability and the Intercultural Significance of Greimas' "Contrat de Véridition". *International Journal for the Semiotics of Law - Revue Internationale De Sémiotique Juridique*, 31(1), 101-126, 2018.

Ricœur P., "La grammaire narrative de Greimas", *Actes sémiotiques - Documents*, n°15, 1980.

______, *Temps et récit I*, Paris: Seuil, 1984.

______, *Temps et récit II*, Paris: Seuil, 1986.

______, "Entre herméneutique et sémiotique", *Nouveaux actes sémiotiques*,

Paris: Pulim, 1990.

______, *Soi-même comme un autre*, Paris: Seuil,1990.

Richter M., *Das Narrative Urteil :erzählerische Problemverhandlungen Von Hiob Bis Kant*, 2008.

Robichard D., "Greimas' Semiotics and the Analysis of Organizational Action.", 2002.

______, "Textualization and Organizing: Illustations from A Public Discussion Process.", *Communication Review* 3, no. 1/2, 1999.

______, "Greimas Narrative Grammar.", New Literary History 20, no. 3.

Rorty A. O., (ed) *Explaining Emotions*, Berkely/London: University of Califonia Press, 1980.

Rothman A., "Lafcadio Hearn in New Orleans and the Caribbean.", *Atlantic Studies* 5, no. 2, 2008.

Rudof E., *Edition critique du Cours de Linguisitque Générale, I*, Wiesbaden: Harrassowitz, 1989.

Ruiz Moreno L., "Algirdas Julien Greimas, el hombre y su obra. Conversación con Teresa Keane Greimas", *Acta Poética*, 13(1-2), Acta Poética, 11/11/2015, Vol.13(1-2), 2015.

Ruprecht H.−G., "Ouvertures métasémiotiques: entretien avec A., J. Greimas", in: *RSSI*, vol.4, n.1, 1984.

______, "Ecueils de parcours: la modalisation de la connaissance chez E. Husserl et A. J. Greimas", in: *Sémiotique en jeu.*, Paris/Amsterdam/Philadelphia: Hadès-Benjamius, 1987.

Satkauskytė Dalia, "The impossibility of immanence: A contemporary perspective on Algirdas Julius Greimas' Maupassant," *Sign System Studies* 45(1/2), 2017.

Saussure F. de, *Cours de linguistique générale*, Paris: Payot, 1985.

Schank R. & Abelson R., *Scripts, Plans, Goals and Understanding: An Inquiry into Human Knowledge Structure*, Hillsdale, NJ: Lawrence Erbaum,

1977.

Schleifer R., "The Space and Dialogue of Desire: Lacan, Greimas, and Narrative Temporality," *MLN*, Vol. 98, 1983.

______, *A.J. Greimas and the Nature of Meaning: Linguistics, Semiotics and Discourse Theory*, London and Sidney: Croom Helm, 1987.

______, "The semiotics of sensation: A. J. Greimas and the experience of meaning," *Semiotica* 214, 2017.

Schleiner L., *Cultural semiotics, Spenser, and the captive woman. Bethlehem [Pa.]* : London: Lehigh University Press; Associated University Presses, 1995.

Searle J., Les actes de langage, Paris: Hermann, 1972.

______, *Sens et expression*, Paris: Minuit, 1982.

Seboek T., *Encyclopedic Dictionary of Semiotics*, vol. 3, Mouton de Gruyter, Berlin/New York, 1986.

Segre C., "Greimas's Dictionary : From Terminology to Ideology", *Semiotics* 50, 1984.

______, "The style of Greimas and Its Transformations", in : *New Literary History*, vol. 20, 1989.

Seguin E., "Narration and legitimation: the case of in vitro fertilization.", *Discourse & Society* 12, no. 2, 2001.

Semiotica, revue de l'Asscociation internationale de sémiotique.

______, homenaje a Greimas : actas del III Seminario Internacional del Instituto de Semiótica Literaria y Teatral, Madrid, UNED, 26-28 de abril, 1993

Sémiotique de l'espace, ouvrages collectif, Paris: Danoël/Conthier, 1979.

Sémiotique et bible, revue de Centre d'analyse du discours religieux, Lyon: CADIR.

Senemoglu O., "De Leo Spitzer à A. J. Greimas La création du département de langue et littérature françaises de la Faculté des Lettres de l'Université d'Istanbul," *Histoire de l'enseignement du français langue étrangère ou seconde dans le bassin méditerraanéen* Volume 1, Documents pour l'histoire du français langue étrangère ou seconde, 2001.

Sériot P., "Vološinov, la philosophie du langage et le marxisme," *Langages* 182, 83–97, 2011.

Shairi Hamid R., "De l'imperfection: un dialogue avec l'univers mystique," *Semiotica* 214, 2017.

______, *Étude de la dimension sémiotique de I'extase: le cas de la poésle persane*. Lexia, 15–16, 2014.

Shiff R. & Robert S(ed.). Nelson, *Critical Terms for Art History*, Chicago: The University of Chicago Press, 2003

Silhouette-Dercourt V. & Christel L., "Using Greimas Semiotics in ethnic consumer research," in *International Journal of Market Research*, Vol. 58, Issue 2, 2016.

Silhouette-Dercourt V. & De Lassus C., "Using Greimas' semiotics in ethnic consumers' research", *International Journal of Market Research*, 2016.

Shimoda L., "O CONCEITO DE CONOTAÇÃO EM GREIMAS", CASA: *Cadernos De 4Semiótica Aplicada*, 11(2), Vol.11(2), 2014.

Smith C. S., *The parameter of aspect*, Dordrecht: Kluwer Academic, 1991.

Sorensen D., *Theory formation and the study of literature*, Amsterdam: Rodopi, 1987.

Souriau E., *Les deux cent mille situations dramatiques*, Paris: Flammarion, 1950.

Sousa Silvia Maria de., "A partir de Greimas: Formação, atuação e pesquisa em semiótica", *Estudos Semióticos*, 14(1), 2018.

Souza Gomes Regina, "Um olhar semiótico sobre a atualidade: A aspectualização a partir de Greimas", *Estudos Semióticos*, 14(1), 2018.

Steiner W., *The Sign in music and literature* (1st ed., The Dan Danciger publication series). Austin: University of Texas Press, 1981.

Stephens W. P., "Martin Luther. An Introduction to His Life and Work.",

Scottish Journal Of Theology 42, no. 3, 1989.

Stern B. B., Craig J. T. and Eric J. A., "Narrative Analysis of a Marketing Relationship: The Consumer's Perspective.", *Psychology & Marketing* 15, no. 3, 1998.

Stjerngelf F., "The ontology of espionage in reality and fiction: A case study on iconicity.", *Sign Systems Studies* 31, no. 1, 2003.

Stockinger P., "Prolégomènes à une théorie de l'action", *Actes sémiotiqeus - Documents*, n°629, 1985.

Swiggers P., "Terminologie et termlnographle llnguistiques: problèmes de définition et de calibrage," In F. Neveu (ed.), *La terminologie linguistique: problèmes éplstémologiques, conceptuels et traductionnels* (Syntaxe et sémantique 7), 13–28. Caen: Presses Unlversitalres de Caen, 2006.

______, "Décrire la vision du monde: L'enjeu anthropologique de la Sémantique structurale," *Semiotica* 214, 2017.

Tamba-Mecz I., *La sémantique, coll. Que sais-je?*, Paris: PUF, 1988.

Tarasti E., *FONDEMENTS DE LA SÉMIOTIQUE EXISTENTIELLE*. Paris: Editions L'Harmattan, 2009.

Tarasti E., *Signs of music : A guide to musical semiotics* (Approaches to applied semiotics ; 3). Berlin ; New York: Mouton de Gruyter, 2002.

______, "The semiotics of A. J. Greimas: A European intellectual heritage seen from the inside and the outside," *Sign System Studies* 45(1/2), 2017.

Tesnière L., *Eléments de syntaxe structurale*, Paris: Klincksieck, 1969.

Thom R., *Paraboles et catastrophes*, Paris: Flammarion, 1983.

______, *Esquisee d'une sémiophysique*, Paris: Interéditions, 1988.

Thürlemann F., "L'admiration dans l'esthétique du XVIIe siècle", *Actes sémiotiques - Documents*, n°11, 1980.

______, "Regarder avec les oiseaux. Sur la structure d'énonciation d'un type de carte géographique", *Nouveaux actes sémiotiques*, N.112, 2009.

______, *Paul Klee : analyse sémiotique de trois peintures*, Lausanne, L'âge d'homme, 1982.

Todorov T., *Théorie de la littérature. Textes des formalistes russes*, Paris: Seuil, 1966.

Todorov T. & Ducrot O., *Dictionnaire encyclopédique des sicences du langage*, Paris: Seuil, 1972.

Toelle H., "Les destinateurs cosmologiques dans la Nuit Cauchemar de Maupassant", *Nouveaux actes sémiotiques*, N.112, 2009.

Togeby K., "La glossématique : l'heritage de Hjelmslev au Danemark", *Langages* 6, Paris: Didier/Larousse, 1967.

Toronto Semiotic Circle, & Victoria University, *Paris School semiotics : Texts and documents* (Monographs, working papers, and prepublications ; 1983, no. 3). Toronto: Victoria University, 1983.

Trubetzkoy N., *Principles of phonology*, C. Baltaxe (trans.). Berkeley, CA: University of California Press, 1969[1939].

Tutescu M., *Précis de sémantique française*, Paris: Klincksieck, 1975.

Uther H.-J., *The types of International folktales: A classification and bibliography. based on the system of Antti Aarne and Stith Thompson*, 3 vols. Helsinki: Suomalainen Tiedeakatemia, 2004.

Vardar Berke., (propos recueilll par) "Entretien avec A.·J. Greimas", *Dilbilim* I, *Revue du Departement du Français de l'Ecole Superleure des Langues Etrangères de l'Unlversité d'lstanbul*, Istanbul, 1977.

______, (propos recueilll par) "Deuxième entretien avec A. J. Greimas", *Dllbilim* VI, *Revue du Département du Français de l'Ecole Superiéure des Langues Etrangères de l'Université d'lstanbul*, Istanbul, 1981.

______, (propos recuellll par) "Troisième entretien avec A. J. Greimas", *Dilbilim* VII, *Revue du Département du Français de l'Ecole Superiéure des Langues Etrangères de l'Unlverslte d'lstanbul*, Istanbul, 1987.

Veivo H., Ljungberg, C., & Johansen, *Redefining literary semiotics*. Newcastle upon Tyne: Cambridge Scholars, 2009.

Venancio R., *Narrative between Action and Transformation: A. J. Greimas' Narratological Models*. SSRN Electronic Journal, SSRN Electronic Journal, 2016.

Venkatesan P., "The legitimation of local knowledges: introducing the postmodern into laboratory science.", *Social Semiotics* 18, no. 4, 2008.

Verlinden K., et al., "Self–other and third–person categorization in normal and autistic children.", *Developmental Science* 6, no. 2, 2003.

Verckens J. P., "'The organizing property of communication" by François Cooren.", *Document Design* 3, no. 2, 2002.

Verkuyl H. J., *A Theory of aspectuality : the interaction between temporal and atemporal structure*, Cambridge: Cambridge University Press, 1993.

Vetters C.(ed.), *Tense and aspect in discourse*, Berlin: Mouton de Gruyter, 1994.

Vielle C., P. Swiggers & G. Jucquois (éds.), "Comparatisme, mythologies, langages," *En hommage à Claude Lévi-Strauss*, Louvain la Neuve: Petters, 1994.

Vignaux G., *Le discours acteur du monde. Enonciation, argumentation et cognition*, Ophrys, Paris, 1988.

Virgilio M. E., & Ludema J. D., "Let's talk: Creating Energy for Action through Strategic Conversation.", *Journal Of Change Management* 9, no. 1, 2009.

Vološinov V., *Marxisme et philosophie du langage*, Patrick Sériot & Inna Tylkowski Ageeva (eds. & trans.). Limoges: Lambert Lucas, 2010.

Wegner P. E., "Greimas avec Lacan; Or, from the symbolic to the real in dialectical criticism." *Criticism* 51, no. 2, 2009.

______, "Lacan avec Greima", *Minnesota Review*, (77), 62, 2011.

Wildgen W., *Die Sprachwissenschaft des 20. Jahrhunderts :Versuch einer Bilanz*. Berlin; New York: Mouton de Gruyter, 2010.

Wright H. G., *An Essay in Deontic Logic and the General Theory of Action*, Amsterdam: North-Holland, 1968.

Wiktorowicz C., "Greimas et Fontanille, Sémiotique des passions. Des états de choses aux états d'âme" , *Études littéraires*, Volume 25 N.3, Hiver 1992–1993.

Wölfflin H., *Principes fondamentaux d' l'histoire de l'art. Le problème de l'évolution du style dans l'Art moderne*[Principles of art history], Claire et Marcel Raymond (trans.), Paris: Gérad Monfort, 1992[1986].

Yiğitbaşı K., "Analyzing the Children's Book The Journey Using Greimas' Semiotic Analysis", *Middle East Journal of Refugee Studies*, 3(1), 2018.

Yücel T., *Yapısalcılık*, Istanbul: Can Yayinlən, 2008.

______, *L'lmaginaire de Bernanos*. Istanbul: Edebiyat Fakültesi, Bastmevi, 1969.

Yuliani Rahmah. (2015). SANMAI NO OFUDA DALAM PERSPEKTIF GREIMAS. Izumi, 4(1), 28-36, 2015.

Zilberberg C., "Les passions chez Freud", *Actes Sémiotiques*, *Bulletin*, n° 9, 1976.

______, "Greimas et le paradigme sémiotique", in: *Raison et poétique du sens*, Paris: PUF, 1988.

______, *Essai sur les modalités tensives*, Amsterdam: John Benjamins, 1981.

______, *Raison et poétique du sens*, Paris: PUF, 1988.

______, "Actualité de Brøndal", in: *Raison et Poétique du sens*, Paris: PUF, 1988.

______, "Modalités et pensée modale", *Nouveaux actes sémiotiques*, Limoges: Pulim, n°3, 1989.

______, "Actualité de Brøndal", in: *Raison et poétique du sens*.

______, *Éléments de grammaire tensive*, Limoges: Pulim, 2006.

______, *Des formes de vie aux valeurs*, Paris: PUF, 2011.

______, "Condition de la négation", *Nouveaux actes sémiotiques*, 2011.

______, “Actualité de la rhétorique: métaphore et image,” *Semiotica* 214, 2017.

Zima P., *Semiotics and dialectics :ideology and the text* (Linguistic & literary studies in Eastern Europe ; v. 5). Amsterdam ; Philadelphia: J. Benjamins, 1981.

______, *The philosophy of modern literary theory.* London ; New Brunswick, NJ: Athlone Press, 1999.

Zimma P., *Texte et société*, Paris: L'Harmattan, 2011.

Zinna A., “La théorie des formants. Essai sur la pensée morphématique de Louis Hjelmslev”, *Versus*, 43, juin–avril 1986.

Zinna R., *Hjelmslev Aujourd'hui. A l'occasion du 50ème anniversaire de la publication de Omkring sproteoriens grundloeggelse*, 1943–1993. Brepolis: Turnhout, 1997.

______, *Hjelmslev Aujourd'hui*, Brepolis: Turnhout, 1997.

Žukas S., “Karsavin et le monde intellectuel lituanien (à travers les souvenirs de A. J. Greimas),” *Revue des études slaves*, volume 68, 1996.

王铭玉. “符号的结构语义分析与叙事语义分析—Greimas思想探析”, 当代语言学, 15(01), 2013.

B) 국내 논문

강은진, 〈디즈니 영화에 등장하는 마녀 캐릭터의 기호학적 분석: “겨울왕국”'과 “말레피센트”〉, 《어린이미디어연구》, 제13권 제2호, 2014.

강재신, 《밈 콘텐츠의 커뮤니케이션 분석을 위한 기호학적 접근—그레마스의 의미생성모델을 중심으로》, CONTENTS PLUS, Vol. 18, Issue 1, 2020.

공현희, 〈그레마스 이론을 통한 '에반게리온 신극장판(ヱヴァンゲリヲン新劇場版)'의 변화양상 고찰〉, 《디자인학연구》, 제23권 3호, 한국디자인학회, 2010

______,, 〈TV 공익광고의 기호학적 연구—그레마스의 의미생성모델을 중심으

로〉, 일러스트레이션 포럼, Vol. 25, 2010.
공현희·이견실, 〈친환경 공익광고의 효과성 분석—그레마스의 기호학적 사각형과 장-마리 플로슈의 연구를 활용하여〉, 《일러스트레이션 포럼》, Vol. 22, 2010.
곽노경, 〈호칭을 통해 다시 읽는 마태복음—설화구조와 담화구조의 분석을 중심으로〉, 《신앙과 학문》, 제13권 3호, 기독교학문연구소, 2008.
권상우, 〈장편 3D 애니메이션 쿵푸팬더에 재현된 의미구조 분석—A. J. 그레마스의 기호 분석을 중심으로〉, 《한국디자인포럼(Design forum)》, Vol.42, 2014.
______, 〈Dumb Ways to Die에서 재현된 행위소의 의미해석작용 분석—A. J. 그레마스의 기호학을 중심으로〉, 《멀티미디어학회논문지(Journal of Korea multimedia society)》, 제19권 제6호, 2016.
권승태, 〈영화분석 방법론으로서 기호학과 해석학의 접목—영화 〈레미제라블〉의 시각 정체성과 서사 정체성을 중심으로〉, 《영상문화》, Vol.35, 2019.
김경민, 〈장애 관련 인쇄매체 공익광고에 나타난 시각적 은유의 설득 구조와 이해 연구〉, 《발달장애연구》 22. 1, 2018.
김경원, 박영원, 〈미디어 패러다임 변화에 따른 커뮤니케이션디자인의 개념과 범주에 관한 연구—그레마스 기호사각형을 중심으로〉, 《기호학 연구》, 제 53권, 2017.
김기화, 〈라반의 Effort 요인들의 의미생성구조와 여덟 가지 기본 Effort Action들의 정서적 기호해석 적용가능성 고찰〉, 《한국무용연구》, 제29권 1호, 한국무용연구학회, 2011
김도희, 〈이현화 〈불가불가〉의 기호학적 연구 ('극중극'의 보조행위소 기능을 중심으로)〉, 《드라마연구》, 제23호, 한국드라마학회, 2005
김대식, 〈여성감독과 남성적 응시의 정당화〉, 《학술언론학회 학술대회 발표논문집》, 한국언론학회, 2003.
김민혁, 〈《홍길동전》의 이중 서사 구조와 통일 서사 구조〉, 《한국언어문화》. Vol. 61, 2016.
김보름·이경미·정순희, 〈프리미엄 푸드 마켓, 소비가치의 기호학적 의미와 소비행위 읽기—신세계 푸드 마켓을 중심으로〉, 《소비자정책교육연구(Consumer policy and education review)》, 12권 1호 통권 38호, 2016.

김상기, 〈이사야 63장 16절의 관점에서 본 아케다 이야기〉, 《신학지평》, 제57집, 안양대학교 신학연구소, 2010.

김상환, 〈데카르트의 정념론과 그 이후〉, 《기호학연구》, 제28권, 한국기호학회, 2010.

김성도, 〈서사성의 기호학—그레마스 기호학의 인식론적 토대〉, 《현대 비평과 이론》, 제9권, 한신문화사, 1995.

______, 〈기호학의 안과 밖—현대 기호학의 몇 가지 새로운 패러다임〉, 《현대 비평과 이론》, 제9권 1호, 한신문화사 1999.

______, 〈지각 공간과 의미 작용—시각 기호학의 한 가지 문제〉, 《동서문화》, 제32권, 1999.

______, 〈말, 글, 그림—융합기호학의 서설〉, 《기호학 연구》, 제7권, 2000.

______, 〈마케팅 및 브랜딩의 기호학적 접근〉, 《광고학연구》, 제13권 4호, 한국광고학회, 2002.

______, 〈예의의 기호학을 위한 몇 가지 인식론적 성찰〉, 《기호학 연구》, 제13집, 한국기호학회, 2003.

______, 〈시각적 정체성의 기호학적 연구—기업 로그의 구조와 의미작용을 중심으로〉, 《기호학 연구》, 제15권, 2004.

______, 〈도시 브랜딩의 기호학적 접근〉, 《텍스트 연구학》, 제23권, 2007.

______, 〈디자인 기호학의 인식론적 정초〉, 《기호학 연구》, 제26권, 2009.

______, 〈정신의 기하학과 조형의 생명력—서예의 기호 현상학적 시론〉, 《영상문화》, 제22권, 2013.

김숙영, 〈2014 소치동계올림픽 안현수 현상에 대한 의미구조분석〉, 《기호학연구》, 제41집, 2014.

김승종, 〈최서해 소설의 기호학적 연구—간도 배경 소설들을 중심으로〉, 《현대문학의연구》, 제36집, 한국문학연구학회, 2008.

김영수·김정선, 〈그림책 평론—모리스 센닥의 "괴물들이 사는 나라"〉, 《조형미디어학》, 제13권 4호, 한국일러스트학회(구 한국일러스트아트학회), 2010.

김영수, 〈앤서니 브라운 그림책 '고릴라' 의미 연구〉, 《한국콘텐츠학회논문지》, 제10권 2호, 한국콘텐츠학회, 2010.
김용구, 〈소설 비평에 있어서의 구조주의적 접근〉, 《인문과학연구》, 제4권, 강원대학교 인문과학연구소, 1997.
김은경, 김수정, 〈아파트 브랜드 아이덴티티의 기호학적 분석을 통한 의미 연구—Greimas의 구조주의 기호학을 중심으로〉, 《기초조형학연구》, 제10권 2호, 한국기초조형학회, 2009.
김은주, 〈그레마스 이론을 통한 "건희의 령" 분석〉, 《디지털영상학술지》, 제3권 2호, 한국디지털영상학회, 2006.
김재우, 〈태권도 경기장의 의미구조 분석〉, 《한국체육학회지》, 제40권 3호, 한국체육학회, 2001.
김재영, 〈창작무용극 「도미부인」을 통해 본 도미설화의 현대적 변용과 공연미학〉, 《인문사회 21》. Vol. 9. No. 6, 2018.
김정희, 〈캐릭터중심의 스토리텔링 연구—드라마 〈또 오해영〉을 중심으로〉, 《기호학 연구》, Vol. 58, 2019.
김지원, 〈한국춤에 대한 기호학적 이론과 적용〉, 《우리춤 연구》, 제1집, 한양대학교 우리춤연구소, 2005.
______, 〈그레마스 기호학의 무용분석적 적용에 관한 논의—살풀이춤을 중심으로〉, 《대한무용학회논문집》, 제49권, 대한무용학회, 2006.
______, 〈그레마스 기호사각형에서의 한국춤 사유구조 읽기〉, 《기호학연구》, 2016.
김지은·이지현, 〈자연모사적 패션디자인의 유형 및 의미 해석〉, 《服飾(Journal of the Korean society of costume)》, 제65권 제4호 통권187호, 2015.
김태환, 〈그레마스의 행위소 모델 수용의 문제점—발신자/수신자 개념을 중심으로〉, 《독일어문화권연구》, Vol. 10, 2001.
______, 〈의인법과 서사적 구조—이솝우화를 중심으로〉, 《구비문학연구》 45. 2017.
김형래, 〈그레마스 기호학으로 본 로베르트 무질의 소설 『생도 퇴를레스의 혼란』과 폴커 슐렌도르프의 영화 〈청년 퇴를레스〉의 비교 분석—서사의 표층 구조와 심층 구조를 중심으로〉, 《헤세연구》, Vol. 37, 2017.

남경호, 〈고전소설 '오유란전'의 설화구조 특징 연구—그레마스의 기호학적 분석을 중심으로〉, 《한국학연구》, 50집, 2014.

동시영, 〈노천명 시(詩)의 그레마스(Greimas) 행역자 모델(Actantial Model)에 의한 분석〉, 《한국어문학연구》, 제28권, 한국어문학연구학회, 1993.

라영균, 〈Handlung und Funktion in Robert Walsers Roman 《Jacobvon Gunten》〉, 《세계문학비교연구》, 제6권, 세계문학비교학회, 2002.

류선정, 〈프랑스 전래동화 《미녀와 야수》의 애니메이션화〉, 《한국프랑스학논집》, 제55권, 한국프랑스학회, 2011.

류은영, 〈신데렐라 서사의 현대적 패러다임—동화 『신데렐라』와 영화 〈미녀는 괴로워〉를 중심으로〉, 《세계문학비교연구》, Vol. 42, 2013.

류유희·한창완, 〈그레마스 기호학적 접근을 통한 애니메이션 캐릭터 분석—TV 애니메이션 〈NEW 아기공룡 둘리〉를 중심으로〉, 《한국디자인포럼》, 제30권, 한국디자인트렌드학회, 2011.

류정월, 〈〈변강쇠가〉의 의미 층위 연구〉, 《기호학 연구》, 제34권, 2013.

문성민, 〈보너스카드 디자인의 일러스트레이션 의미연구—국내 4대 정유사를 중심으로〉, 《일러스트레이션 포럼》, 제23권, 한국일러스트레이션학회, 2010.

민신기, 〈행위소 모델을 기저로 춘향뎐과 스핀오프된 방자전의 캐릭터 비교 연구〉, 《커뮤니케이션 디자인학연구》. Vol. 67, 2019.

민성희, 〈주체와 대상과의 관계를 중심으로 본 기호학적 춤 연구〉, 《대한무용학회논문집》, 제39권, 대한무용학회 2004.

박동열, 〈예수 탄생이야기에 관한 기호학적 분석(마태복음 1장 18절~2장 18절)〉, 《신앙과 학문》, 제10권 2호, 기독교세계관학술동역회, 2005.

박소현, 〈옥국재(玉局齋) 이운영(李運永)의 〈임천별곡(林川別曲)〉에 나타난 근대성(近代性) 양상(樣相)—그레마스의 행위소 모형을 중심으로〉, 기호학연구, Vol: 57, 2018.

박세리, 〈그레마스의 행동자 모델을 적용한 일한 광고 번역 사례 연구—SK-II 광고 분석〉, 《통번역학연구(Interpreting and translation studies)》, 제19권

3호, 2015.

박수진, 〈《금루사(金縷辭)》의 의미 구조 분석과 공간 구조 연구—그레마스의 행위소 모형을 적용하여〉, 한국언어문화. Vol. 48, 2012.

______, 〈'찬 해영 명긔 명션이라'의 욕망 구조 고찰—그레마스 행위소 모형을 중심으로〉, 《溫知論叢》, 제47집, 2016.

박여성, 〈융합 기호학의 프로그램으로서의 음식 기호학〉, 《기호학 연구》, 제14권, 2003.

______, 〈도시 기호학을 위한 다섯 가지 쟁점〉, 《영상문화》, 제3권, 2008.

______, 〈역사 서술과 언어학의 상호작용—구조 의미론, 원형 의미론 및 텍스트 언어학을 중심으로〉, 《개념과 소통》, 제9권, 2012.

박승현·김대식, 〈여성감독과 범죄영화—〈블루 스틸〉과 남성적 응시〉, 《언론과학연구》. Vol. 6 No. 1 , 2006.

박일우, 〈'보이는 것의 기호학' 서설〉, 《기호학 연구》, 제28권, 2010.

______, 〈'조형'과 '정념'—파리 기호학파 회화 분석의 비판적 수용〉, 《한국프랑스학회 논집》, 2011.

______, 〈시각 기호학의 체계 정립을 위한 예비 연구〉, 《기호학 연구》, 제47권, 2016.

박인철, 〈문화와 기호/기호학의 현단계—의미의 전조건〉, 《기호학 연구》, 제1권, 한국기호학회, 1995.

______, 〈지식과 믿음의 대상〉, 《불어불문학 연구》, 제32권 1호, 한국불어불문학회, 1996.

______, 〈기호에 관한 성찰—장-클로드 코케의 '주관의 기호학'〉, 《기호학 연구》, 제2권, 한국기호학회, 1996.

______, 〈설화 텍스트에서 정념의 역할과 정념의 구조〉, 《인문과학》, 제90권, 2009.

______, 〈설화 텍스트에서 행동과 정념의 상관관계—프랑수와 모리악의 『테레즈 데스케루』를 중심으로〉, 《기호학 연구》, 제42권, 2015.

박태순, 〈스타크래프트에 관한 기호학적 분석—그레마스의 기호 사각형을 응용한 의미분석〉, 《한국게임학회 논문지》, 제7권 제1호, 2007.

배현숙·신용재, 〈기호사변형 모델로 본 포틀랜드 시청사의 건축색채 의미〉, 《대한건축학회연합논문집》, Vol. 15, Issue 2, 2013.

백승국, 〈문화 콘텐츠 개발을 위한 기호학적 분석 방법론〉, 《기호학 연구》, 제15권, 2004.

______, 〈마케팅 기호학의 이론과 방법론 고찰〉, 《기호학 연구》, 제42권, 2015.

백효현·이지연, 〈현대 하위문화 패션의 조형 특성과 그레마스 기호사각형을 통한 의미 해석〉, 《복식》, Vol. 67(8), 2017.

변찬복, 〈"세계테마기행" 호스트 배낭여행객의 관광경험에 대한 기호학적 분석—이슬람 문화권을 중심으로〉, 《관광연구》, 제26권 4호, 대한관광경영학회, 2011.

서상린, 〈TV 역발상 광고 커뮤니케이션의 기호학적 연구—그레마스 행동자 모델을 중심으로〉, 《한국디자인포럼》, Vol. 29, 2010.

서정철, 〈그레마스의 기호학 사각형〉, 《외국어교육연구》, 제8권, 대구대학교 외국어교육연구소, 1992.

서준호, 〈의미생성을 위한 상호작용 공간의 기호·서사 구조—그레마스 기호학 관점〉, 《기초조형학연구(Bulletin of Korean society of basic design & art)》, vol.15 no.5, 2014.

성례아, 〈'눈의 여왕'과 '겨울왕국'의 비교분석—그레마스의 기호학을 중심으로(Comparative Analysis on 'The Snow Queen' and 'Frozen': Focusing on A.J. Greimas' semiology)〉, 《한국콘텐츠학회논문지(Journal of the Korea contents association)》, 제16권 제2호, 2016.

소필균, 〈김춘수 '꽃'에 대한 그레마스 사각기호를 적용한 인지적 고찰〉, 《한국문학이론과 비평(Korean literary theory and criticism)》, 제20권 2호 제71집, 2016.

______, 〈이상 『거울』의 그레마스 사각기호를 적용한 인지적 고찰〉, 《국어문학》. Vol. 72 , 2019.

______, 〈정현종 '잎 하나로'에 나타난 아포리즘적 언술의 인지적 고찰—그레마스 사각기호 적용을 중심으로〉, 《한국언어문학》, 109. 1, 2019.

손완호, 〈한국전통가구에 나타난 조형표현의 기호학적 의미에 관한 연구〉, 《韓

國工藝論叢》, 제17집 제3권, 2014.

손창범, 〈컴퓨터 배경화면 이미지의 의미연구〉, 《일러스트레이션 포럼》, 제25권, 한국일러스트레이션학회, 2010.

송치만, 〈협조자라는 행위소 역할의 재검토〉, 《프랑스학 연구》, 제45권, 2008.

______, 〈진리 검증 사각형의 유효성 연구〉, 《프랑스학 연구》, 제52권 2010.

______, 〈의미생성행로의 층위 전환 문제 연구〉, 《기호학 연구》, 제31권, 2012.

______, 〈서사적 변형의 공간화 연구〉, 《기호학 연구》, 제33권, 2012.

______, 〈서사적 변형의 시간화 연구—시간성과 상성을 중심으로〉, 《기호학 연구》, 제40권, 2014.

신원선, 〈〈오세암〉 전설의 문화콘텐츠화 양상과 한계〉, 《인문연구》, 제58호, 영남대학교 인문과학연구소, 2010.

______, 〈팩션사극 〈뿌리깊은 나무〉의 대중화 전략〉, 《인문연구》, Vol. 64, 2012.

신정아·최용호, 〈조던 필 감독의 〈겟 아웃〉에 나타난 정치적 무의식—검은 피부, 하얀 뇌 기호사각형의 변증법적 활용을 중심으로〉, 《기호학 연구》. 제59권, 2019.

신혜원·백선기, 〈디즈니 애니메이션의 젠더 표상과 이데올로기—'라푼젤'에 대한 그레마스 개념과 모형 적용을 중심으로〉, 《한국방송학보》, 통권 제28-2호, 2014.

안보라, 〈어린이용 가상세계의 기호학적 연구—툰타운(Toontown Online)을 중심으로〉, 《한국컴퓨터게임학회 논문지》, 제14호, 한국컴퓨터게임학회, 2008.

양성호·손성우, 〈영상역사물의 구조에 대한 연구〉, 《커뮤니케이션학연구》, 제18권 1호, 한국커뮤니케이션학회, 2010.

양희철, 〈서사체의 인물범주(人物范疇) 모형에 대하여—그레마스 모형의 변형의 대안고〉, 《서강어문》, 제4권, 서강어문학회, 1984.

오장근, 〈기호학적 방법론에 기초한 축제 문화 리터러시 교육을 위하여—가평의 자라섬 국제 재즈 페스티벌을 대상으로〉, 《인하교육연구》, 제11권, 인하대학교 교육연구소, 2005.

오정근·이훈, 〈그레마스의 행위소 모형을 이용한축제(祝祭)의 이해집단간(利害

集團間) 의미구조(意味構造) 관계(關係) 분석(分析)—안동국제탈춤페스티벌을 대상으로〉, 《관광학연구》. Vol. 33 No. 7, 2009.

오영미, 〈최금동 시나리오 연구〉, 《드라마 연구》, 제35권, 한국드라마학회, 2011.

유기환, 〈《사랑의 한 페이지》에 나타난 질투의 기호학적 연구〉, 《외국문학연구》, 제45호, 한국외국어대학교 외국문학연구소, 2012.

유택상, 〈예술형식으로서 화예의 예술적 등록 조건과 분석 및 비평 기준 도출 방법에 대한 연구—그레마스의 행위소 모델을 응용한 구조주의적 접근을 통하여〉, 《한국화예디자인학회논문집》, 제13호, 한국화예디자인학회, 2005.

윤선희, 〈문화 간 커뮤니케이션과 뉴스 보도의 내러티브 분석〉, 《한국언론정보학보》, 36호, 한국언론정보학회, 2006.

윤예영, 〈삼국유사설화의 인식적 차원에 관한 기호학적 연구〉, 《기호학연구》, 제26권, 한국기호학회, 2009.

윤은경·이재석, 〈기호학적 서사 모델을 통한 기념관의 전시 서사구조 분석에 관한 연구〉, 《한국공간디자인학회 논문집》, Vol. 15, No. 2, 2020.

윤주현·김종덕, 〈2000–2013년 TV광고에 나타난 한국인의 피로감에 대한 내용분석—박카스, 우루사, 아로나민의 TV광고를 중심으로〉, 《디자인學研究(Journal of Korean society of design science)》, 제27권 제3호(통권111호), 2014.

윤필상, 〈그레마스 기호학 이론을 통해 본 리브레토의 서사구조—시빌리야의 이발사(Il Barbiere di Siviglia)를 중심으로〉, 《예술인문사회융합멀티미디어논문지》, 9. 12, 2019.

윤혜진, 〈포스트페미니즘 시대의 여성상에 대한 기호학적 연구— 한국과 미국의 동시개봉 영화포스터를 중심으로〉, 《한국디자인포럼》, Vol. 44, 2014.

이견실, 〈레이블디자인의 일러스트레이션 의미연구—그레마스 기호학을 중심으로〉, 《일러스트레이션 포럼》, 제16권, 한국일러스트레이션학회, 2008.

______, 〈그레마스의 행동자 모델에 의한 이데올로기 탐색 연구—판매촉진용 리플릿을 중심으로〉, 《일러스트레이션 포럼》, 제20권, 한국일러스트레이션학회, 2009.

______, 〈피에르 멘델 작품의 의미생성에 관한 연구—플로슈의 조형기호학을 중심으로〉, 《한국디자인문화학회지》, 제15권 4호, 한국디자인문화학회(구 서울디자인포럼학회), 2009.

이경래, 〈서사 기호학과 이야기 해석학—리쾨르와 그레마스를 중심으로 〉, 《프랑스 문화연구》, 제2권, 한국프랑스문화학회, 1998.

이경재, 〈조정래 〈태백산맥〉의 서사구조 고찰〉, 《인문학연구》, 제12권 2호, 원광대학교 인문학연구소, 2011.

이도흠, 〈18~19세기의 시조에 나타난 사랑의 태도 유형 분석〉, 《한국문학이론과 비평》, 제41권, 한국문학이론과 비평학회, 2008.

이란·백선기, 〈디즈니 애니메이션 '겨울왕국'의 여성 젠더 표상과 다층적 이데올로기—그레마스 기호학적 분석방법 적용을 중심으로〉, 《한국방송학보》, 통권 제29−6호, 2015.

이서라·정의준, 〈역사드라마의 콘텐츠 재목적화에 관한 연구—드라마 '뿌리깊은 나무'의 기호학적 분석을 중심으로〉, 《방송과 커뮤니케이션(Broadcasting and communication)》, 제15권 제3호, 2014.

이선화·신주철, 〈김지하 '오적'의 기호학적 고찰—그레마스의 기호−서사구조를 중심으로((A)semiotic study of Kimjiha's「Ojeok」: Focusing on the Semio-Narrative Structure of A.J. Greimas)〉, 《우리말글((The)Korean language and literature)》, 제66집, 2015.

이성희, 〈"토끼전"과 용왕구병형 (龍王救病型) 설화의 비교 연구〉, 《한국민속학회 제12차 학술 발표회 요지》, 한국민속학회, 1998.

이소연, 〈『포의교집(布衣交集)』에 드러나는 금기 위반의 양상과 초옥의 욕망〉. 《기호학연구》, 제52권, 2017.

이수범, 〈공익광고에 나타난 의미구조와 이데올로기에 대한 연구〉, 《광고연구》, 제85권, 한국광고홍보학회(구 한국광고교육학회), 2010.

이승철, 〈동해 〈영등제〉의 존재양상 분석〉, 《강원민속학》, 제21권, 강원도민속학회, 2007.

이영헌, 〈애니메이션의 서사 구조에 관한 연구—그레마스의 기호학을 중심으로〉, 《애니메이션연구((The) Korean journal of animation)》, vol.12 no.1 통권37호, 2016.
이영현, 〈애니메이션 〈인어공주〉의 기호학적 비교분석—프로프와 그레마스의 이론을 중심으로〉, 《디지털영상학술지》. Vol. 9, 2012.
이윤석·김슬기, 〈한국 영화에 나타난 아버지 캐릭터의 부성성에 대한 기호학적 연구〉, 《한국콘텐츠학회논문지》, 제11권 2호, 한국콘텐츠학회, 2011.
이윤혁, 〈'반려동물 사료' 포장디자인의 기호학적 의미 분석—그레마스의 행동자 모델을 중심으로〉, 《한국디자인문화학회지》. Vol. 25(2), 2019.
이지은, 〈생성적 서술이론의 정립가능성에 대한 소고 Th. Mann의 'Tonio Kroger'에의 적용 분석〉, 《독일문학》, 제48권, 한국독어독문학회, 1992.
______, 〈그레마스의 기호학과 서술이론〉, 《독어독문학(구 독일문학)》. Vol. 69, 1999.
______, 〈소설의 중층구조와 의미의 생성〉, 《뷔히너와 현대문학》, 제33권, 한국뷔히너학회, 2009.
이진숙, 〈3D애니메이션 슈렉(Shrek)의 기호학적 분석에 관한 연구(그레마스 기호학을 중심으로)〉, 《문화산업연구》, 제5권 1호, 한국문화산업학회, 2005
이혜지·심현주·백승국, 〈그레마스 서사도식의 스키마 이론 고찰—웰니스 콘텐츠 이용자의 인지행로 분석을 중심으로〉, 기호학 연구. Vol. 42, 2015.
이홍란, 〈韓·中 '뱀신랑'설화에 대한 構造分析〉, 《한국문예비평연구(Journal of Korean literacy criticism)》, 제44집, 2014.
인권환 , 〈"토끼전" 근원설화 (根源說話) 연구—인도설화의 (印度說話) 한국적 전개〉, 《아세아연구》, 제10권 1호, 고려대학교 아세아문제연구소, 1967.
임광수·유진형, 〈그레마스 이론에 의한 전시디자인의 의미작용에 관한 연구—키슬러의 금세기의 예술 전시디자인을 중심으로〉, 《한국공간디자인학회논문집》. Vol. 8 No. 4, 2013.
임영내·이규백, 〈김개천의 종교 공간에 나타난 기호학적 특성 연구—그레마스 기호사변형을 중심으로(Research about semiologic characters expressed on religious space of Kim-Kaichun: Focus on Greimas's square of the semiotic)〉, 《기초조형학연구(Bulletin of Korean society of basic design & art)》, vol.16 no.5, 2015.

임운주, 〈그레마스 기호학적 접근을 통한 애니메이션 캐릭터 분석〉, 《한국콘텐츠학회논문지》, 제9권 5호, 한국콘텐츠학회, 2009.
______, 〈SBS 수목드라마에서 나타난 등장인물 관계분석—그레마스 행위소 모델 중심으로〉, 《디지털융복합연구(Journal of digital convergence)》, 제13권 제1호, 2015.
임윤서, 〈그레마스 문화 기호학을 통해 본 소년의 성장서사 분석—〈드래곤 길들이기〉와 〈빅 히어로〉 비교((A)Study of Greimas Cultural Semiological Approach to an Epic Narrative of Boys' Growth: A Comparison of "How to Train Your Dragon" and "Big Hero 6")〉, 《인문콘텐츠》, 제38호, 2015.
장미숙·남용현, 〈스토리에 근거한 그림책 캐릭터의 시각적 정체성 연구〉, 《일러스트레이션 포름》, 제30권, 한국일러스트레이션학회, 2012.
______, 〈스토리 분석을 통한 그림책의 시간성 연구〉, 《일러스트레이션 포럼》, Vol. 37, 2013.
장세영, 〈존재적 특성에 따른 슈퍼히어로의 변신 유형 연구〉, 《조형미디어학》. Vol. 21 No. 3, 2018.
장현자, 〈이집트소설 〈시작과 끝〉 읽기 기호론적 접근〉, 《아랍어와 아랍문학》, 제9집 1호, 한국아랍어학문학회, 2005.
전재민·김재우, 〈태권도 경기장의 의미구조 분석〉, 《한국체육학회지》, 제40권 3호, 한국체육학회, 2001.
전정구, 〈문학치료의 학적 원리와 방법의 비판적 검토—문학치료학의 기초서사 분류모형을 중심으로〉, 《(열린정신)인문학연구》, 제16집 1호, 2015.
정고운, 〈"흥부전"의 기호-설화분석—그레마스 기호학을 중심으로〉, 《콘텐츠문화》, 제6호, 2015.
정소윤, 〈육성 시뮬레이션 게임을 활용한 교육용 가상세계의 콘텐츠 연구〉, 《디지털스토리텔링연구》, 제3권, 디지털스토리텔링학회, 2008.
정순희·신민경, 〈한국의 서스펜디드 커피(Suspended Coffee) 운동, 미리내 가게의 소비자주의적 가치 연구—그레마스 기호학을 중심으로〉, 《소비문화연구(Journal of consumption culture)》, 제17권 제1호, 2014.
정유연·이태구, 〈그레마스 기호학을 이용한 서사 분석 〈파리의 자살가게〉를 중심으로〉, 《영상문화콘텐츠연구》, Vol. 16, 2019.

정한솔 · 전승규, 〈한국 영화에서 나타난 남성 캐릭터스토리텔링과 여성 캐릭터스토리텔링의 비교 연구—영화 〈친구〉와 〈써니〉를 중심으로〉, 《CONTENTS PLUS》, Vol. 11, Issue 3, 2013.

조국형, 〈Articulation sémio-sémantique du figuratif et du thématique〉, 《프랑스어문교육》, 제22집, 한국프랑스어문교육학회, 2006.

조운한, 〈식품3사 라면 포장디자인의 기호학적 연구—그레마스의 행동자 모델을 중심으로〉, 《일러스트레이션 포럼》, Vol. 23, 2010.

______, 〈공익광고에 함의된 은유소구의 서술구조 연구—그레마스의 행동자 모델을 중심으로〉, 《커뮤니케이션 디자인학연구》, Vol. 40, 2012.

주경복, 〈그레마스 기호학의 이론적 기초에 대한 비판적 고찰(1)〉, 《프랑스학논집》, 제10권, 한국프랑스학회 , 1992.

______, 〈그레마스 기호학의 이론적 기초에 대한 비판적 고찰(2)〉, 《프랑스학연구》, 제11권, 한국프랑스학회, 1993.

주근옥 · 자크 퐁타니유, 〈정념의 인식론, 'The Semiotics of Passions: From States of Affairs to States Feeling(1993)' 중에서. 2, 2〉, 《한脈문학》, 제26권 제2호 통권281호, 2014.

주형일, 〈그레마스 기호학을 이용한 서사 분석의 문제—'겨울왕국'을 중심으로〉, 《한국언론정보학보(Journal of communication & information)》, 통권76호, 2016

최기수, 〈호세아 1:1-11[2:2]의 해석학적 연구〉, 《대학과 복음》, 제8집, 대학복음화학회, 2003.

최병길, 〈그레마스의 의미론과 크라우스의 구조주의 미술사 지평〉, 《범한철학》, 제55집, 범한철학회, 2009.

최병길, 〈크라우스의 연극성 비판과 후기구조주의 조각비평의 전개〉, 《범한철학》, 제53집, 범한철학회, 2009.

최승락 · 유재웅, 〈스토리 전개와 등장인물 성격간의 연관성 분석 방법—그레마스 의미생성모델, 에니어그램 중심으로〉, 《디지털디자인학 연구》, 제14권 제2호 통권42호, 2014.

최용호, 〈그레마스의 의미생성 모델에 대한 비판적 고찰—의미와 설화성을 중심으로〉, 《언어와 언어학》, Vol. 38, 2006.

______, 〈기호학에서의 도식 개념에 관하여—서사도식, 정념도식, 긴장도식을 중심으로(Les concepts de schéma en sémiotique: schéma narratif, schéma passionnel, schéma tensionnel)〉, 《불어불문학연구》, 제8권, 2011.

______, 〈행위소 구조에 대한 세 가지 모델—그레마스, 꼬께, 퐁타뉴를 중심으로〉, 《기호학연구》, 제52권, 2017.

최인순, 〈롤랑 바르트의 〈모드의 체계〉에 대한 비판적 수용〉, 《디자인여성학연구》, 제1권, 디자인여성학회, 2005.

최윤정, 〈기호학적으로 읽는 오장환 시의 탈식민성〉, 《한국문학이론과 비평》, 제13권 4호, 한국문학이론과 비평학회, 2009.

최종철, 〈불멸의 사랑, 미디어의 '확장된 영역'을 위하여〉, 《미학 예술학 연구》. Vol. 57, 2019.

한지영, 〈무용 영화 「블랙 스완 Black Swan」(2010)을 통해 본 무용예술과 영화의 매체교체성 연구—그레마스 기호학을 중심으로〉, 대한무용학회논문집. Vol. 77 No. 1 (2019) pg. 269, 25p.

홍숙영, 〈그레마스 행위소 모델을 통해 본 기업의 CSR스토리텔링 전략—현대자동차 CSR홈페이지를 중심으로〉, 《디지털융복합연구》, Vol. 14, Issue 10, 2016.

홍인경, 이진희, 〈조형기호의 의미 생성구조—그레마스의 서술 기호학을 적용한 본인 작품 중심으로〉, 《한국화예디자인학연구》. Vol. 27, 2012.

홍정표, 〈정념의 기호학과 담화 기호학의 상호보완적 고찰—박경리의 《재귀열》을 중심으로〉, 《기호학연구》, 제28권, 한국기호학회, 2010.

______, 〈박경리의 《표류도》에 나타난 정념의 기호학적 분석〉, 《기호학연구》, 제26권, 한국기호학회, 2009.

______, 〈그레마스 기호학에서 '정념 도식'의 적용과 한계—이효석의 《화분》을 중심으로〉, 《기호학연구》, 제24권, 한국기호학회, 2008.

______, 〈김동인의 단편 소설 《배따라기》에 나타난 정념의 기호학적 분석〉, 《기호학연구》, 제20집, 한국기호학회, 2006.

______, 〈줄리앙 그린의 《인간이라는 괴물》에 나타난 주인공들의 정념 행로〉, 《프랑스학논집》, 제31호, 한국프랑스학회, 2005.

______, 〈정념의 독점성과 미시체계 연구〉, 《한국프랑스학논집》, 제25권, 한국프랑스학회, 2003.

______, 〈주체의 존재태 연구—정념의 기호학을 중심으로〉, 《불어불문학연구》, 제50집, 한국불어불문학회, 2002.

______, 〈정념 도식 연구〉, 《불어불문학연구》, 제48권, 한국불어불문학회, 2001.

______, 〈'질투'에 관해서—정념의 기호학〉, 《불어불문학연구》, 제39권, 한국불어불문학회, 1999.

______, 〈양태 이론 고찰—정념의 기호학을 중심으로〉, 《불어불문학연구》, 제37권, 한국불어불문학회, 1998.

______, 〈정념의 기호학적 연구〉, 《한국프랑스학논집》, 제15권, 한국프랑스학회, 1997.

______, 〈황순원의 단편소설 「그늘」에 대한 담화 기호학적 분석〉, 《기호학 연구》, Vol. 61, 2019.

황석자, 〈동위소, 함의와 텍스트 해석〉, 《불어불문학연구》, 제28권, 한국불어불문학회, 1993.

황영미, 〈한국 TV 의학 드라마에 나타난 의사 캐릭터 유형 변화 양상 연구〉, 《세계한국어문학》, 제5집, 세계한국어문학회, 2011.

C) 국내 학위논문

고예인, 〈동초제 〈심청가〉 서사구조의 기호학적 고찰—그레마스 기호학을 중심으로〉, 고려대학교 대학원 응용언어문화학협동과정 석사학위 논문, 2019.

권현주, 〈하나후다와 화투에 투영된 문화기호의 구조적 연구〉, 전북대학교 대학원 박사학위논문, 2011.

김가연, 〈휴먼다큐멘터리 이데올로기 신화연구—〈인간극장〉의 구조 기호학적 분석을 중심으로〉, 전남대학교 문화전문대학원 석사학위논문, 2012.

김길환, 〈소설의 기호론적 분석 시론—베르꼬르의 〈별을 향하여〉에 대한 그레마스이론의 적용연구〉, 숙명여자대학교 석사학위논문, 1992.
김민지, 〈삶의 공간과 시각커뮤니케이션—아파트 브랜드 명과 심벌마크의 의미작용에 관한 기호학적 고찰〉, 홍익대학교 석사학위논문, 2006.
김성희, 〈20世紀 後期 美術에서 身體 記號의 意味 分析과 解析—아바카노비치와 키키 스미스를 中心으로〉, 홍익대학교 대학원 박사학위논문, 2006.
김완숙, 〈알퐁스 도데의 〈Le secret de Maître Cornille〉의 기호론적 분석—그레마스 이론을 중심으로〉, 조선대학교 대학원 석사학위논문, 1988.
김영도, 〈융합콘텐츠의 의미 생성 구조에 관한 연구—이항대립 개념을 중심으로〉, 국민대학교 테크노디자인전문대학원 박사학위논문, 2008.
김영하, 〈90년대 디즈니 애니메이션에 내재된 폭력성과 여성관에 대한 고찰—사회인지이론의 관점으로〉, 충남대학교 교육대학원 석사학위논문, 2006.
김용필, 〈시학에 대한 연구〉, 건국대학교 대학원 석사학위논문, 1993.
김은정, 〈조선후기 사랑방 목가구의 표현과 의미에 관한 기호학적 분석〉, 연세대학교 대학원 박사학위논문, 2012.
김윤배, 〈애니메이션 캐릭터의 기호학적 생성구조 연구〉, 홍익대학교 대학원 박사학위논문, 2003.
김재은, 〈게리 힐의 비디오 아트에서 나타나는 파편화 특성 연구〉, 홍익대학교 대학원 석사학위논문, 2007.
김재호, 〈내러티브의 상위구조와 하위구조에 따른 애니메이션 분석모형 연구〉, 홍익대학교 대학원 박사학위논문, 2008.
민성희, 〈그레마스 기호학을 중심으로 한 한국 춤 해석〉, 부산대학교, 박사학위논문, 2004.
박기현, 〈숙종설화 연구〉, 동아대학교 석사학위논문, 2002.
박소현, 〈책의 편집 공간에 내재된 서술 구조에 관한 연구—마쌩의 〈대머리 여가수〉를 중심으로〉, 홍익대학교 대학원 석사학위논문, 2003.
박지숙, 〈1980년대 회화에서 '유기적 이미지'의 형상화에 관한 연구〉, 홍익대학교 대학원 석사학위논문, 2011.
백수연, 〈광고매체에 표현된 그래피티의 이데올로기 연구〉, 중앙대학교 대학원 박사학위논문, 2011.

변영원, 〈구조주의 성서해석—눅10장 25–37절 중심으로〉, 호남신학대학교 신학대학원 석사학위논문, 1999.

서상란, 〈TV 광고의 '놀이' 메시지에 함의된 의미 연구〉, 중앙대학교 대학원 박사학위논문, 2010.

서정은, 〈언어적 모델에 대한 변증법적 비평—프레드릭 제임슨의 《언어의 감옥》을 중심으로〉, 연세대학교 대학원 석사학위논문, 2001.

서현승, 〈Une aventure d'astérix analyse d'un discours particulier〉, 서강대학교 대학원 석사학위논문, 2000.

석유진, 〈김원일 소설의 가족 서사적 양상 연구〉, 서울시립대학교대학원 석사학위논문, 2011.

송미리, 〈그레마스 이론에 의한 Maupassant, *La Parure*의 기호학적 분석〉, 조선대학교 대학원 석사학위논문, 2002.

송용성, 〈매체간 상호비평(Inter–media criticism)속에 나타나는 미디어 담론에 관한 연구—그레마스(A. J. Greimas)의 행위주 모델(Actant model)을 중심으로〉, 한국외국어대학교 대학원 석사학위논문, 2004.

손자영, 〈최명익소설의 기호학적 분석〉, 이화여자대학교 대학원석사학위논문, 2007.

송치만, 〈소통의 관점에서 고찰한 행위소 모형과 《심청전》의 이야기 분석에 대한 적용〉, 건국대학교 대학원 석사학위논문, 1994.

시아오 시아오슈 (Xiao, Xiaoxu), 〈한중 합작 리메이크 영화 제작의 방향성 연구—나는 증인이다의 성공사례를 중심으로〉, 고려대학교 대학원 응용언어문화학협동과정 석사학위 논문, 2017.

신영호, 〈서사 문법 혹은 이야기의 구조—프롭 이전과 이후〉, 경희대학교 대학원 석사학위논문, 2008.

안광선, 〈강릉단오제 문화원형과 문화콘텐츠 연구〉, 관동대학교 박사학위논문, 2010.

오정근, 〈축제의 의미부여와 의미구조—안동국제탈춤페스티벌의 이해집단을 중심으로〉, 한양대학교대학원 석사학위논문, 2009.

원승재, 〈《더문2 퍼포먼스》 분석〉, 성균관대학교석사학위논문, 2008.
이영미, 〈유아 교육 애니메이션의 캐릭터 스토리텔링 구조에 관한 연구—EBS 유아 교육 애니메이션을 중심으로〉, 세종대학교 대학원 박사학위논문, 2012.
이은정, 〈Greimas 기호학으로 본 브랜드아이덴티티의 의미생성 연구—한방 화장품을 중심으로〉, 중앙대학교 대학원 석사학위논문, 2007.
이미영, 〈L'analyse sémiotique d'un conte populaire Coréen, Kondji et Patji〉, 서강대학교 대학원 석사학위논문, 1998.
이종세, 〈초감각적 몸과 '촉지(觸知)적 공간'의 관계성에 관한 연구〉, 홍익대학교 대학원 박사학위논문, 2011.
이종철, 〈바울의 로마 항해(행27:1-28:16) 내러티브에 관한 연구〉, 한신대학교 신학전문대학원 박사학위논문, 2012.
이중목, 〈애니메이션의 통과의례 서사 연구—〈마당을 나온 암탉〉과 〈쿵푸팬더〉의 구조분석을 중심으로〉, 홍익대학교 영상대학원 석사학위논문, 2012.
이진영, 〈종묘(宗廟)공간의 기호 현상학적 연구〉, 고려대학교 대학원 언어학과 석사학위 논문, 2013.
이현수, 〈Maupassant의 *La Ficelle*에 대한 기호학적 의미구조 분석—그레마스 이론을 중심으로〉, 가톨릭대학교 대학원 석사학위논문, 1995.
임계영, "La spatialité romanesque dans "Au bonheur des dames" d'Émile Zola: (approche sémiotique)", Thesis (doctoral), Universite de Toulouse-Le Mirail, 1996.
임창섭, 〈추상표현주의도자의 의미 생성구조—그레마스의 서술 기호학을 중심으로〉, 홍익대학교 대학원 석사학위논문, 2007.
장효정, 〈《보바리 부인》의 이야기·담화구조 연구—그레마스의 의미 이론을 중심으로〉, 이화여자대학교 대학원 석사학위논문, 1987.
전선영, 〈신경숙 사랑 담론 소설의 구조 연구〉, 충북대학교 석사학위논문, 2009.
정흥균, 〈대한민국 공익광고의 의미 작용에 따른 이데올로기 연구—지난 10년간의 TV공익광고를 중심으로〉, 홍익대학교 대학원 박사학위논문, 2008.
조운한, 〈패러디광고의 서술구조에 관한 연구—TV-CM을 중심으로〉, 중앙대학교 대학원 박사학위논문, 2009.
지정숙, 〈그레마스 기호사각형을 활용한 한국 패션디자이너의 작품 특성 분석〉, 고려대학교 대학원 생활 과학 대학원 박사학위 논문, 2019.
최병권, 〈텍스트 기호학의 이론과 실제—A.J. Greimas의 설화문법에 의한 B. Brecht의 “Mann ist Mann” 분석 시도〉, 서강대학교 대학원 석사학위논문, 1989.
한인갑, 〈청소년기 주일학교 교리교육 안에서의 성서교육에 대한 비판적 고찰—성서 기호학과 Lectio Divina의 실천적 적용〉, 대구카톨릭대학교 석사학위논문, 2001.
한정임, 〈조선시대 傳統酒의 문화콘텐츠 개발을 위한 시각이미지 의미생성 방안에 관한 연구—그레마스의 문화기호론적 분석방법을 중심으로〉, 원광대학교 대학원 석사학위논문, 2009.
함보아, 〈Surrealism 표현특성과 기호학적 적용방법을 통한 공간분석 연구—그레마스의 기호사변형을 중심으로〉, 국민대학교 테크노디자인전문대학원 석사학위논문, 2010.
홍근표, 〈그레마스의 기호사각형 모델을 적용한 현대건축의 특성 분석(An analysis on the characteristics of contemporary architecture utilizing the Greimas' semiotic square model)〉, 고려대학교 건축대학원 박사학위 논문, 2013.
홍정표, 〈정념의 기호학적 분석〉, 한국외국어대학교대학원 박사학위 논문, 1995.

D) 국내 단행본

경상대학교인문과학연구소, 《현대의 새로운 패러다임과 인문학》, 백의, 1994.
______, 《현대 기호학 강의》, 민음사, 1998.
기호학 연대, 《기호학으로 세상읽기》, 소명출판, 2002.
김성도, 《현대기호학강의》, 민음사, 1998.

______, 《구조에서 감성으로—그레마스의 기호학 및 일반 의미론의 연구》, 고려대학교출판부, 2002.
______, 《기호 리듬 우주—기호학적 상상력을 위하여》, 인간사랑, 2007.
______, 《도시인간학—도시 공간의 통합 기호학적 연구》, 안그라픽스, 2014.
김승종, 《(키워드로 읽는) 매체언어》, 글누림, 2010.
김영순, 《문화와 기호—문화 기호학의 이념과 실천》, 인하대학교 출판부, 2004.
김영순·박여성·오장근·임지혜, 《문화기호학과 공간스토리텔링》, 북코리아, 2015.
김운찬, 《현대기호학과 문화분석》, 열린책들, 2005.
김윤배, 《시각이미지 읽고쓰기》, 미담북스, 2005.
김정철, 《다윗, 사울의 죽음을 슬퍼하다!—다윗의 조가에 대한 구조주의적 연구》, 2009.
김준오·김치수·이어령 외 저, 《구조주의》, 고려원, 1992.
김지원, 《춤은 말한다—기호의 세계와 춤의 언어들》, 서울대학교출판문화원, 2010.
김지은, 《우리말 양태 용언 구문 연구》, 한국문화사, 1998.
김치수·김성도·박인철·박일우, 《현대기호학의 발전》, 서울대학교출판부, 1998.
김태환, 《푸른 장미를 찾아서—혼돈의 미학》, 문학과지성사, 2001.
______, 《문학의 질서—현대 문학이론의 문제들》, 문학과지성사, 2007.
김혜니, 《(내재적) 비평문학의 이론과 실제》, 푸른사상사, 2005.
데카르트, 《정념론》, 김형효 역, 삼성출판사, 1990.
나병철, 《소설과 서사문화》, 소명, 2006.
동시영, 《노천명 시와 기호학》, 집문당, 2005.
______, 《현대시의 기호학》, 한국학술정보, 2008.
라레인, 죠지, 《현대사회이론과 이데올로기—이데올로기의 역사적 전개와 그 쟁점》, 한상진 옮김, 한울, 1987.
라퐁텐, 《지혜로운 영혼을 위한 240가지 이야기 라퐁텐 그림우화》, 박명숙 역, 시공사, 2004.
레흐트, 존, 《(문화연구를 위한)현대사상가 50》, 김시무 옮김, 현실문화연구,

1996.
______, 《한 권으로 보는 현대 사상가 50—초기구조주의에서 포스트모더니티까지》, 곽동훈 역, 현실문화연구, 2003.
목영해, 《한국교육의 기호학적 분석》, 부산: 세종, 2009.
민성희, 《춤 기호학—춤/과/기/호/학/이/만/난/다》, 한국학술정보, 2009.
박덕은, 《현대문학비평의 이론과 응용》, 새문社, 1988.
박여성, 《응용문화기호학》, 북코리아, 2014.
박영원, 《디자인 기호학》, 청주대학교출판부, 2001.
박인철, 《파리학파의 기호학》, 민음사, 2003.
______, 《기호, 텍스트 그리고 삶》, 월인, 2006.
박일우, 《시각기호학》, 북코리아, 2019.
방인, 《다산 정약용의 주역사전(周易四箋) 기호학으로 읽다》, 예문서원, 2014.
백선기, 《보도의 기호학—한국신문과 사회의 의미구조》, 성균관대학교 출판부, 1995.
______, 《영화, 그 기호학적 해석의 즐거움》, 커뮤니케이션북스, 2007.
백승국, 《문화기호학과 문화콘텐츠》, 다할미디어, 2004.
베르제, 다니엘, 《문학비평방법론》, 민혜숙 옮김, 동문선, 1997.
변의수, 《(융합학문) 상징학》, 상징학연구소, 2015.
서정철, 《기호에서 텍스트로—언어학과 문학 기호학의 만남》, 민음사, 1998.
______, 《현대 프랑스 언어학》, 문학과지성사, 1985.
송효섭, 《삼국 유사설화와 기호학》, 일조각, 1990.
______, 《설화의 기호학》, 민음사. 1999.
______, 《해체의 설화학》, 서강대학교 출판부, 2009.
______, 《기호학》, 한국 문화사, 2010.
신현숙 편, 《기호 텍스트 그리고 삶》, 월인, 2006.
안느, 에노, 《기호학으로의 초대》, 홍정표 역, 어문학사, 1997.
______, 《서사, 일반기호학》, 문학과 지성사, 2003.
오민석, 《현대문학이론의 길잡이》, 시인동네 : 문학의전당, 2017.
오정근, 《(기호학적 접근방법에 의한) 축제의 의미와 의미구조》, 한국학술정보,

2010.
윤경수, 《한국 고소설의 동굴 모티프 연구》, 태학사, 1999.
이도흠, 《화쟁기호학의 이론과 실제》, 한양대출판부, 1999.
이어령, 《이어령의 삼국유사 이야기》, 서정시학, 2006.
이정, 《현대 불란서 언어학의 방법과 실제》, 연세대학교 출판부, 1994
전동열, 《기호학》, 연세대학교출판부, 2005.
조창연, 《광고기호학의 핵심이론》, 커뮤니케이션북스, 2016.
______, 《기호학과 미학》, 커뮤니케이션북스, 2016.
주네트, 제라르, 《현대서술이론의 흐름》, 석경징 엮음, 솔, 1997.
주형일, 《〈내가 아는〉 영상 기호 분석》, 인영, 2007.
______, 《영상커뮤니케이션과 기호학》, 패러다임북, 2018.
지마, 페터 V, 《문예 미학》, 허창운 역, 을유문화사, 1993.
최광석, 《토끼전의 지평과 변이》, 보고사, 2010.
최용호, 《텍스트의미론강의》, 인간사랑, 2004.
최용호 외, 《광고, 커뮤니케이션, 문화마케팅》, 인간사랑, 2005.
최용호, 《의미와 설화성》, 인간사랑, 2006.
타디에, 장 이브, 《20세기 문학비평》, 김정란 역, 문예출판사, 1998.
트라반트, 유르겐(Trabant, Jurgen), 《기호학의 전통과 경향》, 안정오역, 인간사랑, 2001.
파레트, 헤르만, 김성도 옮김, 《현대기호학의 흐름》, 이론과 실천, 1995.
한교경, 《문화원형의 스토리텔링 전략과 분석》, 북코리아, 2013.
호옥스, 테렌스, 《구조주의와 기호학》, 오원교 옮김, 신아사, 1982.
홍정표, 《정념기호학—문학텍스트에 나타난 희로애락》, 한국외국어대학교출판부, 2014.

찾아보기

인명

저술, 논문 등

용어

ㄱ

ㅂ

ㅇ

구조에서 감성으로

그레마스 기호학 및 일반 의미론의 연구

초판 발행 2002년 2월 20일
개정증보판 발행 1쇄 2020년 12월 10일

지은이 김성도
펴낸곳 고려대학교출판문화원
www.kupress.com
kupress@korea.ac.kr
(02841) 서울특별시 성북구 안암로 145
Tel 02-3290-4230, 4232
Fax 02-923-6311
찍은곳 네오프린텍(주)

ISBN 979-11-90205-90-0 93700

값 55,000원